KB111231

생활법률

정재길 외

도서출판 오 래

생활법률

머 리 말

　우리의 삶은 행복을 추구하고 우리들 생활은 평온하기를 원합니다.

　행복한 삶과 평온을 지켜 주는 울타리가 법입니다. 오늘 쇼핑거리가 행복했고 오늘 밤 잠자리가 편안한 것은 법의 혜택입니다. 무법의 세상에서는 아무도 편안할 수 없습니다.

　법이 있어 우리의 생활이 편리하고 편안하다고 하여 우리는 그 모든 법을 다 알면서 생활할 수는 없습니다. 다만 법의 존재를 의식하고 법을 존중하는 마음을 가진다면 법은 더욱 우리와 친근할 것입니다.

　이 책은 법을 공부해 보려는 사람들의 입문서로 기획되었습니다. 이 책을 읽으면 모든 법을 다 알 수 있게 되는 그런 책은 아닙니다. 이 책을 다 읽으면 우리 생활 속에 법이 어떻게 작용하고 있고 우리 사회구조가 어떻게 조직되어 움직여 가고 있는지를 큰 테두리로 보게 될 것입니다. 그런 분위기가 되면 법학도로서 이제 본격적으로 법을 공부할 수 있게 되거나 또는 시민으로서 생활 속의 법률에 한 걸음 다가가 있게 될 것입니다.

　이 책을 만들면서 주의했던 것은 법을 처음 대하는 일반인에게 거부감 없이 읽혀질 수 있도록 하여야 할 것과 생활법률 문제에 쉽게 접근할 수 있도록 하여야 한다는 것이었습니다.

　첫째, 복잡하고 어렵게 보이는 법률문제를 해설하기 위하여 우리 주변의 실제 상황을 사례로 들어 독자를 접근케 함으로써 이해를 높이도록 하였습니다. 본문 설명에 앞서 생활 사례를 들고 그 사례에서 법률 문제가 되는 것이 무엇인가를 주지케 한 후 해설하였고 다시 사례의 물음에 대한 답으로써 전체를 정리하였습니다.

둘째, 기본 6법을 넘어 가급적 생활 속의 전 법을 다루었습니다. 그러다 보니 책이 커졌고, 또 내용에서도 몇십 페이지로 축약되기도 하였으나 이 책이 이론·학설 위주가 아니라는 점에서 생활 속의 법률 문제를 짚고 해설하는 데 그 몇십 페이지의 양이 크게 불충분하지는 않았습니다.

셋째, 집필은 경향 각지의 그 분야 신진 전문 교수들이 맡았습니다. 여러 개성의 필진이다 보니 화법이 같지 않고 문체 또한 일사불란한 점이 없기도 하지만 그러한 서툴어 보이는 점은 계속 다듬어 고쳐나갈 것입니다.

기획의도에 결과가 생각만큼 따라주지 못한 듯하여 아쉽기도 하지만 독자들의 성원이 있기를 바라는 마음은 큽니다.

이 책의 출판을 맡아주신 황인욱 대표께 이번에도 감사한 마음을 전합니다.

2014 새해 아침
집필자를 대표하여

정 재 길

차   례

1. 인간과 법

〈정재길·변환철〉

인간과 법

2. 민　법

〈진도왕·황경웅·김성필·이준형·정구태〉

제1. 민법총칙

제4. 친족법

제5. 상속법

3. 헌 법

〈노기호·장용근·김용훈〉

제1. 헌법 개관

제2. 기본권

4. 형 법

〈박찬걸·남선모·최병호〉

제1. 형법총론

제2. 형법각론

제3. 군형법

5. 상 법

〈김동민·이성우·안택식〉

제1. 상행위

7. 사회법

〈송강직·노호창〉

제1. 근로계약법

제2. 노동단체법

제3. 사회보장법

8. 행정법

〈채우석·오승규〉

제1. 행정법 총론

제3. 경찰행정

제4. 공물법

제5. 공용부담법

제6. 행정소송

9. 국제법

〈성재호〉

국제법

10. 국제거래법

〈김기영〉

국제거래법

11. 경제법

〈박수영〉

제1. 공정거래법

제2. 소비자기본법

제3. 약관규제법

제4. 할부거래법

제5. 방문판매법

제6. 전자상거래소비자보호법

12. 지식재산권법

〈한지영〉

지식재산권법

13. 세 법

〈황남식〉

세 법

1. 인간과 법

인간과 법

* 집필: 정재길. 전북대학교 법과대학 교수
변환철. 전 중앙대학교 법학전문대학원 교수

Ⅰ. 인간과 법

1. 인간— 존엄성과 가치

칸트는 철학일반의 개념을 정의하면서 철학을 한다는 것, 즉 철학의 명제를 다음의 4가지 물음, 즉 '우리는 무엇을 알 수 있는가', '우리는 무엇을 해야 하는가', '우리는 무엇을 원하는가', '인간이란 무엇인가'로 정리하고 첫번째 질문은 형이상학이, 두 번째 질문은 도덕이, 세 번째 질문은 종교가, 네 번째 질문은 인간학이 해결하나, 앞의 3가지 질문도 결국에는 인간이란 무엇인가에 집약된다고 하였다.

역사가 시작된 이래 인간에 대한 정의는 무수히 생겨났다. 경제인, 정치인, 권력인, 리비도인 등의 정의가 그러하고, 이성적 인간, 종교적 인간, 공작적 인간, 디오니소스적 인간, 무신론적 초월인의 분류가 그러하며, 라메트리의 기계인간론, 마르크스의 투쟁인간론도 역시 그러하다. 그러나 인간에 대한 정의가 아무리 넓고 포괄적이라고 해도 인간은 여전히 그 정의를 벗어난 다른 모습을 나타내보이면서, 자신의 참 모습을 드러내지 않는다. 그러므로 인간의 본질에 대한 질문은 우리 인간이 영원히 짊어져야 할 시지프스의 바위이고, 인간이란 먼 옛날부터 지금까지, 그리고 또 먼 훗날 언제까지이고, 자신의 참 모습을 찾아 끝없는 순례의 길을 걷고, 또 걷는 고독한 순례자인지도 모른다.

그러나 인간에 대한 정의가 어떻게 내려지든, 인간의 본질을 어떻게 파악하든, 인간의 이해에는 절대로 흔들리지 않아야 할 대전제가 있으니 그것은 인간의 존엄성과 가치에 대한 올바른 인식이다.

인간은 존엄하다. 그리고 그 존엄성은 어떤 경우에도 침해받아서는 아니 되고, 침해하여서도 안 된다. 국가는 마땅히 인간의 존엄을 존중하고 보호하여야 하며 이는 모든 국가권력의 가장 기본적인 의무이기도 하다.

인간의 존엄성에 대하여 순자는 왕제편에서 이렇게 기술하고 있다.

'불과 물은 기는 있으나 생명이 없고, 초목은 생명은 있으나 지각이 없으며, 금수는 지각은 있으나 옳고 그름을 분별하지 못하되, 인간은 기도 있고, 지각도 있으며, 생명도 있을 뿐 아니라, 옳고 그름의 분별도 있으니 천하에 제일 귀한 것이 인간이다'(水火有氣而無生, 草木有生而無知, 禽獸有知而無義, 人有氣有知, ,亦且有義, 故最爲天下貴也).

또 조선말 동학을 이끈 해월 최시형 선생도 '사람이 곧 하늘이니 사람 섬기기를 하늘과 같이 하라'(人是天 事人如天)고 하였고 이는 곧 천도교의 '사람이 바로 한울이요 한울이 바로 사람이니, 사람 밖에 한울이 없고 한울 밖에 사람이 없느니라'(人是天 天是人 人外無天 天外無人)라는 '인내천(人乃天) 사상'으로 정립되었다.

고대 그리스 철학자인 소포클레스는 세상에서 경이로운 것이 많지만 인간보다 경이로운 것은 없다고 하였고, 프로타고라스는 인간을 만물의 척도라고 하였다. 서양 문명의 두 기둥 중 하나인 기독교사상에서는 인간이 하나님의 모습(이때의 모습이란 겉으로 나타난 생김새를 이야기하는 것이 아니라, 하나님의 품성을 지칭하는 것으로 봄이 옳다)대로 지음을 받은 특별한 존재이기 때문에 인간은 존엄한 것으로 이해하고 있다. 또 근세 철학자인 파스칼은 인간의 존엄성에 대하여 이렇게 설명한다. '인간은 자연계에서 가장 약한 갈대에 불과하다. 그러나 그는 생각하는 갈대이다. 바로 여기에 도덕원리가 있다. 인간을 파괴하기 위해서 전 우주가 무장할 필요는 없다. 수증기, 혹은 한 방울의 물로도 인간을 죽이기에 충분하다. 그러나 전 우주가 그를 파괴한다고 할지라도 인간은 여전히 그를 파괴하는 우주보다 고귀하다. 왜냐하면 그는 그가 죽는 것을 알고 있기 때문이다. 우주가 그에게서 모든 이익을 취한다고 하더라도 우주는 이 점을 전혀 모르고 있다. 그러므로 인간 존엄성은 전적으로 인간이 사유하는 데 있다.'

인간이 존엄하다는 근거를 인간이 신의 형상대로 지음받았기 때문이라고 생각하든지, 인간 스스로가 만물의 척도라고 생각하기 때문이든지, 또는 인간을 이성을 가진 존재로 생각하기 때문이든지 간에 인간이 존엄하다는 생각 그 자체는 변함이 없음을 알 수 있다.

따라서 모든 제도와 사상은 인간의 존엄성과 가치에 대한 확고한 인식 위에 구축되어야 하고, 그 정당성을 인간의 존엄성과 가치에 대한 확고한 인식이라는 틀 안에서 검증받아야 한다. 특히 전체주의에 의하여 인간의 존엄성이 전례 없이 유린된, 또한 그 유린의 가능성이 여전히 사라지지 않고 있는 현대에서 더욱 절실한 것이 인간의 존엄성과 가치에 대한 새로운 인식이다.

2. 법— 인간의 존엄과 가치의 수호자

(1) 인간의 사회성과 규범의 필요성

인간은 사회적 존재이며 홀로 고립되어서는 살 수 없다. 사람을 뜻하는 한자 '人'자도 사람들이 서로 받쳐 주고, 의지하여 살아가는 모습을 문자화한 것이다. 사람들의 이러한 사회성에 착안하여 키이르케는 '인간의 인간다움은 인간과 인간의 결합에 있다'고 하였고, 하이데거는 '사람의 존재는 개인과 공존에 있다'고 하였다. 또한 순자는 '사람은 힘에 있어서 소나 말을 당할 수 없으나, 그들이 사람에게 이용되는 까닭은 사람의 공동생활인 사회생활에 있다'고 하였다. 비노그라도프도 '사람의 사회적 교섭은 자연 스스로가 명하는 것이다'라고 하여, 인간의 사회성을 역설하고 있다.

인간은 태어나면서부터 한 가정의 자녀이고, 한 사회의 구성원이며, 한 국가의 국민일 뿐 아니라 지구촌의 한 가족으로서 다양한 형태의 공동생활을 영위하게 되며, 이러한 공동생활을 통하여 한 인간으로서 성숙해져 간다. 그런데, 이러한 공동생활에는 구성원 상호간에 서로 이해관계의 충돌로 인하여 분쟁이 발생하기 마련이다. 토마스 홉스는 이렇게 분쟁으로 얼룩진 인간사회를 '만인(萬人)의 만인(萬人)에 대한 투쟁'이라고까지 극단적으로 표현하였다. 이렇듯 만인의 만인에 대한 투쟁까지는 아니어도, 사람들의 한살이(一生)에는 그들이 결코 원하지 않았던 크고 작은 다툼이 늘 있어 왔고, 또 앞으로 남은 날에도 그러한 다툼을 피해 가기는 어려울 것이다.

그런데, 이러한 다툼이나 분쟁이 발생하였을 때, 이를 해결해 줄 아무런 제도가 없어서, 타인의 권리를 침해한 자와 자신의 권리를 침해당한 자들 스스로 그 문제를 해결해야 한다면 사회는 그야말로 토마스 홉스가 표현한 것처럼 '만인의 만인에 대한 투쟁상태'에 빠질 것이며, 그 결과 강자는 살아남아 약자를 지배하고, 약자는 인간으로서의 존엄성과 가치를 유린당한 채 굴종의 삶을 살게 되어 인간사회에 정의와 평화는 찾아볼 수 없을 것이다.

그리하여 모든 인간사회에는 구성원들의 행위를 통제하고, 그 이해관계를 조정하며 분쟁이 발생하였을 때 이를 해결하여 정의를 구현하고, 사회의 통합을 유지하기 위하여 다양한 규칙, 즉 규범들이 마련되어 있는데, 도덕, 종교, 관습, 법 등이 바로 그러한 규범들이다. 그런데, 위 여러 규범들은 여러 면에서 차이점이 있지만, 가장 중요한 차이점은 도덕, 종교, 관습 등의 규범은 사회 구성원들이 이를 준수하지 아니하고 어겨도, 그에 대한 도덕적, 종교적, 사회적 비난만 가해질 뿐 그 규범을 실현하기 위한 강제수단은 사용할 수 없으나, 법규범은 국가권력에 의하여 이를 어기는 자에게 즉각 제재를 가하고, 그 실현을 강제할 수 있어 실효성이 있다는 점이다. 그리고 바로 이러한 점 때문에 사회 구성원들의 행위를 규율하고, 사회의 통합을 유지하는 데는 법규범이 다른 규범들보다 중요하다고 할 수 있다. 모든 사회는 그 나름대로 특유한 법규범을 가지고 있다. 비노그라도프는 '어린이가 둘이서 놀 때에도 지켜야 할 규칙이 없이 각자 마음대로 행동한다면 서로 노는 목적을 이룰 수가 없다'고 말하였고 괴테는 지옥에도 법이 있다고까지 하였다.

　원시사회나 문화가 덜 발달한 사회에는 도덕, 종교, 관습, 법의 경계가 모호하여 그들이 서로 섞여서 구별되지 않는 경우가 많았다. 아주 옛날 모든 사람이 순박하고 사회도 단조로웠던 시대에는 종교나 도덕만 가지고도 충분히 사회 질서를 지켜 나갈 수 있었다. 이 시대에는 이들 종교, 도덕, 관습 등이 법규범의 역할까지 하였다. 그러나 인지가 발달하여 이해(利害)의 대립이 커지고 사회가 복잡해지면 종교나 도덕과 같은 신(神)에 대한 두려움이나 가슴 속의 양심에 주로 호소하는 규범만 가지고는 사회의 평화를 누리기가 어렵게 된다. 이에 일정한 질서를 지킬 것을 명령하고 그것에 따르지 않을 경우에는 가슴에 손을 대고 뉘우치게 하는 데서 그치지 않고, 한 걸음 더 나아가 밖에서 강제적으로 제재를 가할 수 있는 규범이 필요하게 된다. 이 규범이 법인 것이다. 그리하여 법은 사람의 행동을 사회가 기대하는 일정한 모습에 합치하도록 통제하는 수단으로서의 역할을 담당하게 된다.

　이렇듯 법(규범)은 강자의 횡포로부터 약자의 권리와 인간으로서의 존엄성을 지켜 인간사회에 정의를 실현하는 유용한 도구임에도 불구하고 예로부터 법을 도리어 사람을 억압하는 도구로 생각하는 경향이 있기도 하다. 그 단적인 예가 착하고 선량하여 다른 사람에게 해를 끼치지 않는 사람을 가리켜 흔히 '법 없이도 살 사람'이라고 하는 데서 나타난다. 이때 '법 없이도 살 사람'이라는 뜻은 법의 강제를 받지 않아도 자신의 할일을 다하고, 다른 사람에게 나쁜 짓을 하거나 해악을 끼치지 않을 사람이라는 뜻이지, 법의 보호를 받지 않아도 되는 사람이라는 뜻은 아닐 것이다. 따라서 '법 없이도 살 사람'이라는 말에는 법은 사람을 강제하는 것, 억지로 무엇을 하도록 시키는 것이라는 부정적인 의미가 강하고, 법은 약자를 보호하고, 지켜주는 것이라는 긍정적인 의미는 담고 있지 않다. 위와 같은 법에 대한 잘못된 인식은 그동안 법을 다루는 위정자들이 법을 악용한 경우가 적지 않았기 때문이라고 생각되나, 이는 법을 다루는 사람이 잘못한 것이지 법의 고유한 기능은 아니다. 인간은 법과 이를 구체적으로 실현하는 사법제도가 존재함으로써 타인으로부터 자신의 자유와 권리를 부당하게 침해당하지 않을 수 있을 뿐 아니라, 이를 침해당했을 때에는 즉시 그 회복을 구할 수 있어 자신의 존엄성을 지킬 수 있고, 나아가 타인의 자유와 권리를 침해한 사람도 자기가 저지른 침해행위에 상응하는 불이익만을 당할 뿐 무한으로 보복당하는 것을 방지할 수 있는 것이다.

(2) 법의 어원

'법'을 한자로 쓰면 '法'이라고 쓴다. 물(水)을 뜻하는 삼수 변(氵)과 갈 거(去)를 합한 것이다. 그리고 흔히 이 글자의 의미를 물이 자연의 이치에 따라 높은 데서 낮은 데로 흘러가듯 모든 일이나 분쟁을 이치에 맞게 순리대로 처리한다는 뜻으로 새긴다. 그런데 이 글자는 한(漢)대 이전의 고문에서는 위에서 본 水+去에 해태를 뜻하는 치(廌)를 합하여 법(灋)이라고 썼다. 이 고문에서 사용하던 법이라는 글자의 의미에 대해서는 설문해자 등의 고대 문헌은 다음과 같이 설명하고 있다.

'법은 형(刑)을 뜻하는데, 물이 어떠한 그릇에 담겨도 평평한 것처럼 형은 공평해야 하므로, 먼저 물을 뜻하는 삼수 변(氵)을 취한다. 또 치(廌)는 해태와 비슷한 신화 속의 동물로서 뿔이 하나 달렸으며, 겉 모습은 소를 닮기도 하고, 산양이나 사슴을 닮기도 하였는데, 옳고 그름과 굽고 곧은 것을 판별할 줄 알았다. 따라서 재판을 할 때 이 해태가 바르지 않은 자의 몸에 뿔을 닿게 하여 부정을 가려내어 사라지게 했으므로, 치(廌)자와 간다는 뜻의 거(去)자를 합하여 사용하였다. 그후 후대에 내려오면서 치(廌)자가 빠져 수(水)와 거(去)만이 남게 되었다.'

따라서 고대에서 사용하던 이 법이라는 글자도 그 글자 자체로 법의 이념인 정의, 형평의 뜻을 함축하고 있으며, 법이란 것이 위정자나 권세자의 마음대로 이리 굽고 저리 굽을 수 없다는 평범하지만 간단하지만은 않은 진리를 드러내고 있다.

한편, 그리스어에서 법을 뜻하는 말인 노모스(nomos)는 원래 '나누어준다'는 뜻의 동사 '네모'($\gamma \varepsilon \mu \omega$)에서 유래했다고 한다. 결국 노모스(nomos)도 의식주의 토대인 토지를 서로 공평하게 나누어 갖는 데서 시작되었다고 볼 수 있다. 라틴어의 'jus', 독일어의 'Recht', 프랑스어의 'droit'는 모두 옳은 것, 즉 정의를 뜻하는 것이며 법이란 정의를 실현하는 것이라는 관념과 일치한다. 또 라틴어의 'lex'나 영어의 'law' 등도 명령을 따르는 것에 유래해 그것이 계율을 뜻하게 되었고 다시 법률을 뜻하게 되었다고 한다.

(3) 법의 기능

가. 법의 인권 보장적 기능

법의 인권보장적 기능은 법의 가장 기본적인 기능이다. 인간의 존엄성과 가치를 지키는 최후의 보루가 법이라고 하여도 과언이 아니다. 법은 국가권력으로부터 개인의 자유와 권리를 보호하는 것을 그 이념으로 삼는다. 법질서를 유지하는 강제력을 가지는 국가는 당연히 인권을 보장할 의무를 갖는다.

법의 역사는 인권보장의 역사다. 역사적 발전과정에서 볼 때 인권을 무엇보다 심각하게 위협한 존재는 모순되게도 국가권력 또는 권력을 가진 자였다. 권력을 가진 자가 자신의 권력을 남용하여 자국민(나아가 전쟁 등을 통하여 타국민까지도)의 인권을 유린해 온 사실은 역사가 잘 증명해 준다. 국민은 실력으로 이에 저항하기도 하였지만 권력 남용을 막기 위한 제도적인 안전장치도 끊임없이 강구해 왔는데 그 대표적인 것이 법이다. 이와 같이 법은 거대한 국가권력(또는 권력자)으로부터 인권을 보호하고 자유를 지키는 중요한 기능을 담당하고 있는 것이다. 법은 이렇게 역사 속에서 인권을 지키는 보루로서 지대한 공헌을 해 왔다. 법은 이러한 인권보장적 기능을 앞세워 앞으로도 여러 거대 권력에 맞서 인간의 존엄성을 지키는 최후의 가치로 역할을 할 것이고, 또 해야만 할 것이다.

나. 법의 질서유지 기능

(가) 조직규범(사회통합기능)

법은 국가조직의 근간을 형성하는 기능을 한다. 예를 들면, 헌법을 통하여 통치기구의 기본조직을 정하고, 정부조직법, 법원조직법, 국회법 등을 통하여 각 기관의 기본직제를 규정한다. 이와 같이 법은 국가·자치단체 등의 조직 또는 작용에 관한 사항을 규정하는 규범으로서 법의 제정·적용·집행을 담당하는 기관의 조직과 이 조직을 구성하는 기관에 일정한 권한을 부여하는 근거를 규정하는 규범으로서 역할을 하고 있다. 조직규범으로서의 법은 개개 조직과 관련한 법체계를 전체로서 통괄하여, 국가의 기본조직과 통합운영의 원칙을 규정함으로써 법은 통치질서를 유지하고 그 기능을 발휘할 수 있도록 보장한다. 조직규범은 국민 일반의 사회생활을 규율하는 것이 아닌 점에서 행위규범과 다르며, 위법행위에 대해 강제력을 발동하는 것이 아니라는 점에서 재판규범과 구분된다. 법은 이러한 역할을 통하여 사회조직을 유기적으로 통합하는 역할을 담당한다.

(나) 행위규범(질서유지 기능)

법은 구성원이 할 수 있는 일과 해서는 안 되는 일이 무엇인가를 미리 설정해 놓은 기준을 통하여 제시해 준다. 예를 들면 절도를 하면 처벌을 받는다는 것을 미리 법규정을 통하여 알려 줌으로써 절도를 하지 않도록 제어를 한다. 돈을 빌리면 변제를 해야 한다는 것도 그러하다. 이와 같이 법은 사회적 가치를 객관적으로 설정하고 이를 구성원에게 알려 줌으로써 사회의 질서를 유지하고, 사회의 안정을 보장한다. 이는 법이 가지는 교육적 기능이라고도 볼 수 있다. 또한 법의 이러한 교육적 기능에 힘입어 사회구성원들은 일상생활을 하면서 법이 제시한 기준을 벗어나지 않도록 주의를 기울여 행동하게 된다. 이와 같이 법은 구성원들이 사회의 기본가치에 맞게 행동하도록 제어함으로써 사회의 안정을 도모하고 사회가 지향하는 목적을 이루고자 한다. 또한 기본가치를 어기는 행위를 한 사람에게는 국가는 강제력을 동원하여 제재를 가한다.

다. 법의 분쟁해결적 기능

법은 사회구성원들 사이에 분쟁이 발생하였을 때 무엇이 법인가를 선언함으로써 분쟁을 해결하는 기능이 있다. 분쟁의 법적 해결은 종국적으로는 재판에 의한다. 법은 분쟁해결을 위한 판단기준으로서 법의 이념을 제시하여 이를 실현시킨다. 재판제도가 확립됨으로써 분쟁의 해결은 결코 사인간의 힘으로 해결해서는 안 되며, 법의 힘을 빌려 재판으로 해결되게끔 되었다. 재판제도를 통한 분쟁의 해결은 분쟁에 대한 최종적 판단인 동시에 위법행위를 사전에 예방하는 기능도 갖는다.

라. 법의 문화적 기능

법은 사회적·문화적 산물이다. 법은 모든 규범 중에서도 구성원들의 의사가 가장 집약된 규범이다. 따라서 사회질서를 규율하는 절대적인 가치기준으로서 동시대의 정신을 담고 있다. 이러한 의미에서 법은 문화규범이라고 할 수 있다.

마. 자원배분기능

법은 국가가 보유한 여러 자원을 일정한 기준에 따라 나누어 주는 역할을 담당하기도 한다. 법제도는 경제제도를 창설하기도 하고, 또 유지·발전시키는 역할을 담당한다. 특정한 경제정책을 추진하기 위하여 법률을 제정·개정하기도 하고, 국토를 효율적으로 관리하기 위한 여러 제도를 창설하는 법률이 만들어지기도 한다. 이와 같이 법은 사회가 가진 여러 재화나 자원을 법이 가진 가치기준에 따라 분배·활용하므로 법에는 자원배분기능이 있다고 할 수 있다.

Ⅱ. 법과 사회규범

1. 법과 도덕

도덕이란 인간으로서 당연히 지켜야 할 사회적 도리라고 볼 수 있다. 도덕은 법이 생기기 전부터 인간사회를 규율해 온 사회규범이다. 법이 도덕으로부터 유래되었다고 하여도 과언이 아니다. 고대부터 중세에 이르기까지 법과 도덕은 뚜렷이 구분되지 않았다. 울피아누스는 '법은 정의에서 나온 형평과 선의 기술'이라 하여 법을 도덕적 질서의 한 부분으로 보았다. 근대에 이르러서야 법과 도덕을 구분하게 되었다. 그리하여 법과 도덕의 관계가 무엇이며 그 관계를 어떻게 정립하여야 할 것인지 하는 문제가 대두되었다. 법의 규정 중에는 도덕과 관계없는 것들도 많다. 예를 들면, 대통령 임기를 몇 년으로 하고, 국회의원 정수를 몇 명으로 할 것인지의 여부, 특정 지역의 건물의 용적률을 어떻게 정할 것인지의 여부 등에 관한 법은 대체로 도덕과는 관계가 없다. 그러나 법적의무와 도덕적 의무의 내용이 일치하는 예도 많다. 살인하지 말라, 타인의 물건을 절취하지 말라, 계약을 이행하라는 등의 요청은 법규범인 동시에 도덕적 규범의 내용이기도 하다.

법과 도덕의 상호관계에 관하여 법과 도덕은 중복된다는 견해가 있다. 다만, 법과 도덕의 규범내용이 같다고 할지라도 규율하는 목적은 서로 달리 작용한다고 본다. 그리고 법은 도덕의 일부라는 견해도 있다. 제 사회규범들이 피라미드 구조를 이루고 있다고 가정하고, 그 가장 기초에 도덕이 있고 그 상위에 법규범이 있으므로 법은 도덕의 일부를 구성하고 있다고 보는 견해다. 다음으로 법과 도덕은 서로 달라 병행관계에 있다고 보는 견해가 있다. 법과 도덕을 어떻게 구분할 것이냐의 문제에 대해서는 그동안 많은 학설이 제기되어 왔으나 아직도 뚜렷한 정설은 없다. 법철학자 예링은 이 문제를 '법철학에서의 케이프 혼'이라고까지 표현하였다. 케이프 혼은 남미 최남단에 있는 곳으로 주변의 바다는 강풍과 큰 파도, 빠른 해류와 유빙 때문에 극히 위험하며, 이러한 위험 때문에 선원의 무덤으로 알려진 곳이다. 예링의 위와 같은 지적은 법과 도덕과의 상호관계를 설명하는 것이 얼마나 어려운지 단적으로 보여준다.

(1) 법과 도덕의 구분

법과 도덕은 다 같이 사회규범으로 사회의 가치·질서를 위한 규범이라는 점에서는 차이가 없으나, 양자의 가치기준이 상이하여 내용상 다음과 같은 차이점을 보인다고 한다.

가. 법의 외면성과 도덕의 내면성

법은 사람의 외면적·물리적 행위를 규율하고, 도덕은 사람의 내면적·정신적인 의사를 규율한다는 것이다. 독일의 계몽기 자연법론자인 토마지우스에 의해 최초로 제시된 견해이다. 토마지우스에 의하면 법은 타인과의 관계에서 인간의 외면적 행위를 규율함으로써 외적 평화의 확립을 추구하는 데 반하여 도덕은 인간의 내면적 양심을 규율함으로써 내적 평화의 달성을 지향한다고 한다. 법은 인간이 외부에 표출한 행동만을 규율하므로 내심으로 사람을 살해할 의사를 가지고 있다고 하더라도 그것이 행위로 나타나지 않는다면 법에 위반되지 않는다고 본다. 도덕의 세계에서는 간음을 할 마음을 품는 것조차 비난의 대상이 될 수 있지만, 법의 세계는 간음이라는 부정한 행위가 외면에 나타났을 때 비로소 간통죄가 성립되고 비난의 대상이 된다고 본다.

그러나 법이 외면성만을 규율하고 도덕이 내면성만을 규율한다고 보기는 어렵다. 법의 세계에서도 내면적 의사의 존재 여부에 따라 그 취급을 달리하고 있기 때문이다. 예를 들면, 형법상 원칙적으로 내면적 의사로서 고의가 있는 경우에만 처벌되고, 고의가 없는 과실범의 경우에는 예외적으로 처벌된다. 민법에서도 어떤 법률적 행위를 함에 있어 선의냐 악의냐의 구분에 따라 그 법률효과가 달리 나타난다. 다만 여기서 선의·악의라 함은 해당 법률행위를 함에 있어 기초

가 되는 어떤 사실을 아는 것(악의), 모르는 것(선의), 즉 내면의 지(知)를 의미할 뿐
해를 끼칠 의사를 말하는 것은 아니다.

나아가 인간의 외면적 행위는 그 내면적 심리과정과 분리시켜 논의할 수
없는 복합적인 것이다. 따라서 법이 외적 행위와 내적 심리를 필연적으로 함께
법적용의 대상으로 하는 한, 법과 도덕의 이와 같은 구별은 절대적인 것이 될 수
없고 관심방향의 차이에 불과하다고 볼 수 있다.

나. 법의 강제성(타율성)과 도덕의 자율성

법은 외부적인 힘을 요인으로 하는 타율성을 그 본질로 하지만, 도덕은 양
심에 기초를 둔 자율성을 그 본질로 한다는 것이다. 그리하여 법은 국가권력에
의하여 그 준수가 강제되고 이에 위반할 경우 제재가 예정되어 있으나, 도덕의
경우에는 사회적·양심적으로 막연하게 강제될 뿐이고 이를 위반하더라도 일반적
인 비난만 가해질 뿐 국가권력에 의한 제재는 예정되어 있지 않다. 독일법철학자
예링은 강제성은 법의 중요한 요소로서 강제성이 없는 법은 타지 않는 불과 같이
그 자체로 모순이라고 하였다.

그러나 법적 의무도 스스로의 판단에 따라 자율적으로 실천할 수 있다. 오
히려 대부분의 사람들은 제재가 무서워 법적의무를 이행한다기보다는 민주화된
시민으로서 스스로의 자율적 판단으로 법적 의무를 이행하는 경우가 더 많을 것
이다. 반면 도덕은 자기 자신을 규제할 뿐만 아니라 타인도 규율한다는 면에서는
타율적이 된다. 예를 들면 '타인의 재물을 탐내지 말라'는 도덕적 문제는 자신은
물론 타인에게도 요구되는 규범이다. 실제로 법이나 도덕은 모두 외부로부터 영
향을 받거나 강요(강요는 심리적일 수도 있고, 물리적일 수도 있으며, 물리적 강제의 예정
을 통하여 심리적으로 강요할 수도 있다)로써 성립된다고 볼 수 있다. 따라서 자율성
유무로 법과 도덕을 구분하는 것은 타당하지 않은 견해라고 할 수 있다.

다. 법의 양면성과 도덕의 일면성

권리는 이에 상응하는 의무를 전제로 하므로, 법은 주고받는 대가(對價)적
관계의 양면성을 가지는 데 대하여, 도덕은 일방적으로 의무 의식의 일면만 갖는
일면성(편면성)의 특성을 갖는다는 견해다. 법적 의무는 반대급부인 권리가 있으
나, 도덕적 의무는 이에 상응하는 권리가 없고 자신의 양심에 기초를 둔 양심적
의무만이 일방적으로 있을 뿐이다. 양심적 가치에 따른 행동은 반대급부를 요청
하지 않고 의무자 자신의 의무만이 목적이고 대상이라는 것이다. 이 설을 주장한

학자는 베키오였다. 도덕적 규범은 행위자에게 일방적 지시만을 뜻하나 법규범의 지시는 항상 권리와 의무의 양면성을 지닌다는 것이다.

그러나 법에도 권리와 의무가 늘 같이 연관되어 있는 것은 아니다. 권리만 있고 의무가 따르지 않는 것이 있는가 하면, 그 반대의 경우도 있다. 예를 들면 취소권·추인권·해제권과 같은 형성권의 경우에는 권리는 있으되 그에 상응하는 의무는 없다. 반대로 청산인의 공고의무(민법 제88조, 제93조), 이사 또는 청산인의 등기의무(민법 제50조 내지 제52조, 제85조, 제94조) 등의 경우에는 의무만 있고 이에 대응하는 권리는 수반되지 않는다. 따라서 일면성과 양면성으로 법과 도덕을 구분하는 것은 타당하지 않다.

라. 법의 단일성과 도덕의 병존성

법은 국가권력에 의해서 성립되고, 그 준수가 강제되는 사회규범이므로 한 나라의 법체계 속에서 그 내용이 서로 상충되는 두 개 이상의 법은 존재할 수 없는 단일성을 가진다. 설령 내용이 다른 두 개의 법이 있는 경우라도, '신법우선의 법칙', '특별법은 일반법에 우선한다는 원칙' 등에 의하여 그 적용상의 우열·우선을 미리 정해 두므로 적용상 상호충돌이 되는 경우는 없다. 그러나 도덕은 한 나라 또는 한 사회 안에서도 사회구조나 계층, 지역에 따라 서로 모순되는 두 개 이상의 도덕률이 존재할 수 있다. 예컨대 신·구 세대의 계층간에는 서로 모순되면서도 병존할 수 있는 도덕률이 성립할 수는 있다. 그러나 이러한 성질이 법과 도덕을 구분하는 결정적 기준은 될 수 없다.

(2) 법과 도덕과의 관계

사회규범으로서의 법과 도덕이 서로 밀접한 관계에 있음을 부인할 수는 없다. 법은 도덕의 최소한이라는 법언처럼 그 생성의 바탕에 도덕을 두고 있다. 그러나 도덕이 지켜지지 않는다고 하여 이를 모두 법으로 만들고 그 이행을 강제할 수는 없다. 어른을 공경하고 보살펴 드리는 문제나 사회적 약자를 돕는 문제 등은 이를 법으로 제정하여 강제한다고 하여 해결될 수 있는 문제가 아니며 오히려 사회적 도덕심을 함양하여 해결의 방향을 잡는 것이 훨씬 바람직하다. 그렇다고 하더라도 또한 도덕규범만으로 공동생활의 제반 문제가 해결되는 것도 아니다. 도덕규범만으로 질서유지가 어렵기 때문에 법을 제정하고, 그 준수를 위하여 물리적 강제력까지 동원하는 것이다. 더구나 현대사회와 같이 다원화된 사회에서는 도덕규범만으로 사회를 이끌어 나갈 수 없기 때문에 법규범도 다양하게 존재한다. 이러한 의미에서는 '법은 도덕의 최대한이다'라는 법격언도 상당한 타당성을 지닌다고 볼 수 있다.

2. 법과 종교

정치와 종교가 분리되지 않았던 제정일치시대에는 법과 종교를 사회규범으로서 동일하게 보았었다. 즉 종교적인 금기(taboo)가 동시에 법규범으로 되었다. 터부를 어기면 그 개인도 종교적으로 부정을 타게 되지만, 마을에도 재앙을 몰고 오게 된다는 이유로 법적으로 비난을 하고 제재를 가하기도 하였다. 모세의 십계명이나 신라의 세속오계도 종교규범이면서 동시에 법규범으로서의 역할도 하였다. 종교가 맹위를 떨치던 중세에도 종교는 법과 도덕을 포괄하고 있었다.

근세 이래 국가권력의 형성에 따라 법규범과 종교규범도 분화되어 법규범은 국민의 사회생활을 규율하고, 종교규범은 종교단체의 신자사회를 규율하게 되었다. 종교와 정치가 분리된 국가에서 법규범은 조직화된 국가권력에 의하여 성립·지지·강제되지만, 종교규범의 실천은 모든 사람에게 무조건 강제되는 것은 아니다.

한편 앞서 법과 도덕에서 본 것과 마찬가지로, 법은 외면성을 가짐에 대하여 종교규범은 내면성이 더 강하다. 또한 법은 타율성임에 대하여 종교규범은 신자가 그 스스로의 결단에 의하여 실천하므로 좀더 강한 자율성을 가지고 있다. 법은 단일성임에 대하여 종교규범은 한 나라 안에서도 신자의 수에 따라 두 개 이상이 있을 수 있는 병존성을 가진다고도 볼 수 있다.

인간의 정신세계에 기초를 둔 신앙의 유무나 선택 등의 인간의 내적인 믿음의 자유는 제한할 수 없는 절대적 자유이다. 그러나 종교적 행위가 외부로 표출되는 대외적 행위의 자유는 제한이 가능하다. 종교적 의식행위로서 간음행위나 일부다처제, 안수기도로 상해를 준 경우 등은 허용되지 않는다고 본다.

3. 법과 관습

관습은 일정한 행위가 한 사회 내에서 장기간 반복됨으로써 그 사회구성원의 행동준칙으로 사회규범화된 것이다. 법은 관습을 바탕으로 형성되는 경우가 많기 때문에 양자는 서로 밀접한 관계를 가진다. 역사적으로는 법보다 관습이 먼저 생성되었다. 그런 의미에서 관습은 법의 전 단계로 이해할 수 있고 '실정화되지 않은 법'으로 파악할 수도 있다.

그러나 법과 관습은 다음의 점에서 구별된다고 할 것이다. 먼저 법은 국가에 의하여 인위적으로 성립·제정된다. 그러나 관습은 한 사회에서 자연적으로 형성된다. 또한 법은 특별한 사정이 없는 한, 한 국가의 모든 지역, 모든 사람에게 그 효력이 강제되나, 관습은 그 관습이 형성된 특정지역이나 일정한 사람들간에서만 효력을 가지는 경우가 많다. 나아가 법은 사람들에게 복종에 대한 동의를 묻지 않으나 관습은 임의의 자발적 복종을 근거로 효력을 갖는다고 보는 견해도 있다.

Ⅲ. 법의 목적

법의 이념 혹은 목적은 법에 대한 존재론적 사유이다. 즉, 법은 무엇을 위하여 존재하는가, 법은 왜 있는가에 대한 물음인 것이다. 이 점에서 법의 목적에 대한 고찰은 법 개념의 출발점이라고 볼 수 있다. 법은 일단 제정되면 그 준수가 국가권력에 의하여 강제되며, 개개인의 호·불호에 따른 선택의 여지는 없게 된다. 따라서 준수의 강제를 받게 된 개개인은 당연히 이 법이 어떤 이유로 존재하는지, 왜 준수가 강제되는지에 대한 심각한 의문을 가질 수 있다. 어떤 법이라도 아무런 이유없이 제정되지는 않는다. 사회·국가적 필요에 의하여 제정되며 어떤 이념과 가치를 실현하기 위하여 존재하게 된다. 따라서 법의 본질을 파악하기 위해서는 당연히 법이 추구하는 이념에 대한 이해가 선행되어야 할 것이다.

법의 이념에 관하여 많은 학자들이 여러가지로 설명하고 있으나, 독일과 우리나라에서는 법의 이념에 대해 총체적으로 설명하는 독일의 라드부르흐의 견해를 중심으로 파악하고 있다. 그는 법의 목적을 정의, 법적 안정성, 합목적성 등 3개의 기본가치를 들어 설명하고 있다.

1. 정   의

라드부르흐는 법과 정의의 관계에 대해서 다음과 같이 설명하고 이다. '정의는 실정법의 가치표준이며 입법자의 목적이다. 정의는 어떤 상위가치에서 연원되는 것이 아니고, 진·선·미와 같이 그 자체에 근거하는 절대적 가치이다.' 이 설명과 같이 법은 정의에 그 근원을 두고 있고, 정의를 실현하려는 데에 그 목적이 있다. 그리스에서의 법(Dike)과 정의(Dikaion), 로마에서의 법(Ius)과 정의(Iustitia)에서도 알 수 있듯이 서양 법철학에서는 법과 정의를 불가분의 관계로 파악하고 있다.

그렇다면 정의란 무엇인가? 이 문제는 법철학의 가장 근원적인 문제로서 오랫동안 논의되어 왔다. 정의는 상대적인 개념으로서 시대와 사회적 배경에 따라 견해를 달리할 수 있다. 정의의 개념에 관한 학자들의 주요한 견해를 살펴보면 다음과 같다.

1) 고대 그리스의 자연철학에서는 정의를 삼라만상의 자연적인 것으로 인정하고, 인간의 주관적 판단을 초월하는 것으로 보았다.

2) 프로타고라스는 인간은 만물의 척도라고 하면서, 정의에 대한 객관적인 가치척도를 부정하고 주관적 상대주의를 대표하였다.

3) 소크라테스는 주관적 상대주의를 배척하고, 법과 정의를 같은 것으로 보면서 법과 정의는 개인적인 이해관계에서 나오는 것이 아니고 인간의 본성에서 나오는 것이라고 하였다.

4) 플라톤은 정의를 인간의 이성에서 구하려고 하였으며 그는 덕을 지혜·용기·절제·정의로 나누고, 정의의 본질은 공동생활 속에서 각자가 자신의 분수를 지키는 것이라고 보았다.

5) 아리스토텔레스(Aristoteles)는 정의의 개념을 최초로 이론화하였으며 오늘날까지 정의론의 지주를 이루고 있다. 그는 정의를 윤리학적 견지에서 고찰하여 정의는 사람이 이행해야 할 최고의 덕목이며, 단순한 개인의 도덕이 아니고 각자가 다른 사람과의 관계에서 실현하여야 할 사회적인 도덕이라고 하였다. 아리스토텔레스는 정의를 평등으로 보았으며, 평등을 다시 교환적 정의와 분배적 정의로 구별하였다. 교환적 정의는 매매계약에서와 같이 서로 대등한 당사자 사이에 적용되는 정의라고 보았다. 이에 반해 배분적 정의는 비례적 평등을 의미하는 것으로 파악하였다. 즉, '같은 것은 같게, 다른 것은 서로 다르게'라는 말과 같이 일정한 가치를 한 공동체 내의 구성원들에게 어떻게 분배할 것인가와 관계되는 정의이다. 아리스토텔레스의 정의론은 개인주의와 단체주의의 양 측면을 고려하고 그 조화를 꾀한 것으로 후세의 정의론에 결정적 영향을 미쳤다고 할 수 있다.

6) 로마의 키케로와 율피아누스는 정의를 '각자에게 그의 것을 주려는 항구적 의지'(suum euique tribuere)라고 규정하였는데, 이는 현재의 정의의 기본개념이 되었다.

> <현대 법철학에서의 정의론 >
> · 칸트는 정의가 소멸하면 인간이 지상에서 존재할 하등의 가치가 없다고 하면서 정의의 가치를 강조하였고, 정의의 원칙을 평등의 원리로 파악하였다.
> · 라이프니츠는 정의를 자연법의 3단계로 구분하였다. 첫째는 엄격한 단계로 '타인을 해치지 말라'는 교정적 정의, 둘째는 형평의 단계로 '각자에게 그의 몫을 나누어 주라'는 배분적 정의, 셋째는 경건과 성실의 단계로 '성실하게 살아라'는 보편적 정의라고 하였다.
> · 홉스는 정의와 부정의를 구별하는 기준은 국가권력의 의사결정에 있다고 보아 국가의 의사와 정의를 동일하게 다루었다.
> · 파운드는 정의는 법을 통해 인간의 이상적 세계를 실현·유지하는 것이라고 하였다.
> · 라드부르흐는 법에서 문제삼는 정의는 객관적 정의로서 그것은 인간 상호간의 관계, 이상적인 사회질서를 대상으로 하는 정의로 보았다. 그리고 아리스토텔레스의 정의론을 인용하면서 정의를 평균적 정의와 배분적 정의로 구분하였다.
> · 켈젠은 법실증주의자로서 정의의 상대성을 강조하였다. 즉 정의가 절대적으로 무엇인지 말하는 것은 불가능하며, 실제로 정의를 규정하는 것은 실정법이며 정의의 객관적 기준은 있을 수 없다고 보았다.
> · 롤스는 기본적으로 개인의 자유와 보장을 전제로 하면서, 분배의 공정성에서 정의의 본질을 찾고 있다. 그는 불균등한 분배가 허용되는 것은 그 불균등한 분배에서 가장 불리한 처지에 놓이는 사람들을 위해서도 그것이 도리어 유리한 경우에 국한된다고 주장하였다.
> · 샌델은 정의를 분배의 문제나 자유주의적 정의로 규정하지 않고 자유를 바탕으로 한 공동선을 강조한다.

2. 법적 안정성

법적 안정성은 두 가지 측면에서 파악할 수 있다. 먼저 법적 안정성이란, 법의 질서유지적 기능에 주목하여 법적으로 보장된, 법에 의하여 유지되고 지지되는 사회질서의 안정이라고 파악한다. 다른 측면으로는 '법 그 자체의 안정성', 곧 법 그 자체가 구성원들의 동의없이 졸속으로 개정되거나 폐지되지 않고 오랫동안 존속하면서 그 효력을 갖는 것을 말하는 것이다.

법은 행위규범인 동시에 재판규범이다. 따라서 법이 자주 변경되면 국민은 행동지침을 잃게 되고 그 결과 사회도 안정될 수 없다. 법적 안정성을 유지하기 위해서는 다음과 같은 요건을 갖추어야 한다.

첫째, 법의 명확성(확정성)을 갖추어야 한다. 법은 그 의미 내용이 객관적으로 명확하게 확정되어야만 구성원들의 행위규범으로서의 역할을 다할 수 있다. 국민이 불명확한 법에 의해 처벌을 받게 되거나 단속되는 경우가 있다면 국민은 항상 불안에 떨게 될 것이다.

둘째, 법은 실제로 집행되어야 한다. 법이 존재하면서도 법을 어긴 자에게 제재를 가하지 않는다면 법은 유명무실하게 되어 질서유지가 어려울 것이므로 사회는 안정을 잃게 될 것이다. 강제성이 없어 집행을 하지 못하는 법은 장식에 불과하고 타지 않는 불과도 같아 그 자체로 모순이 된다. 따라서 법은 그 위반자에게 예정된 제재를 반드시 실행하여 실효성을 확보하는 것이 법적 안정성을 위하여 긴요하다.

셋째, 법은 함부로 변경되어서는 안 된다. 법은 새로 제정될 때에는 그 필요성과 효과에 대하여 구성원 사이에서 많은 논의가 필요하다. 그러나 일단 이러한 절차를 거쳐 제정되고 시행되면 특별한 사정이 발생하지 않는 한 상당기간 동안 존재하고 실효성을 가져야만 법적 안정성을 꾀할 수 있다. 법이 언제 제정되었고 언제 개정되었는지 또는 언제 개정될 것인지를 알 수 없이 수시로 바뀐다면 구성원들은 그 법을 행위규범으로 삼아 법생활을 영위할 수 없을 것이다.

넷째, 법은 국민의 법의식에 합당한 것이어야 한다. 법이 국민의 정서나 법의식에 합당하지 아니하고 정의감에 반하는 경우에는 구성원들이 준법의지를 가질 수 없을 뿐 아니라, 오히려 시민불복종운동이나, 저항권의 대상이 될 수도 있어 법으로서의 존재가치를 부정당할 것이기 때문이다.

3. 법의 합목적성

합목적성이란 '어떤 사물이 일정한 목적에 적합한 방식으로 존재하는 성질'을 말한다. 법은 본질적으로 국가의 의사이므로 법의 목적은 국가의 목적과 부합된다. 따라서 법은 국가의 목적에 맞추어 제정되고 운영될 것이 요구된다. 이것이 법의 합목적성의 이념이다. 법의 합목적성은 사회의 가치관에 따른 상대적 개념이다. 법의 합목적성은 그 사회가 가지는 시대적·정치적·사상적·경제적 배경에 따라 구체적 내용이 결정된다. 즉, 법의 합목적성의 이념은 국가와 사회가 처해 있는 상황 속에서 지향해야 할 문제이다.

국가의 목적을 이루는 여러 주의는 서로 대립되고 모순되기 때문에 현실적으로 어떤 주의를 택할 것이냐는 구성원 사이의 세계관과 양심에 따라 상대적으로 정해진다고 본다. 다만, '인간의 최소한의 존엄과 가치'는 어떠한 법질서에 의해서도 침해될 수 없는 절대적 가치이므로 이를 파괴하는 법은 합목적성을 상실한 법으로서 허용될 수 없다고 할 것이다.

4. 법의 목적과의 관계

법의 목적인 정의, 법적 안정성, 법의 합목적성은 각각 독자적으로만 기능하는 이념이 아니라 본질적으로 상호 모순적이면서도 또한 상호 보완·조정 관계에 있다. 정의는 그 본질상 평등을 지향하기 때문에 공공복리를 바탕으로 하는 합목적성과 대립관계를 가질 수 있다. 법적 안정성은 법의 내용이 정의와 합목적성에 부합하는지의 여부를 도외시하면서 그의 존속만을 추구하는 경향이 있으므로 때로는 정의나 합목적성과 긴장관계를 보여준다.

이렇듯 정의·법적안정성·합목적성 사이에서는 대립과 긴장도 있지만, 전체로서의 법의 목적을 구현하는 데는 서로 보완관계에 있다. 정의에 의하여 어떤 명령이 법의 개념으로 인정되고 합목적성을 척도로 하여 그 명령이 내용적으로 정당성 여부가 결정되면 법적 안정성의 정도에 따라 그 명령에 효력을 인정하여 평가받는 것이다.

그러면 법의 목적 상호간에 모순 충돌이 있을 때, 어느 것을 더 중요시할 것인가? 헌법은 국민의 모든 자유와 권리는 국가안전보장, 질서유지, 또는 공공복리를 위하여 필요한 경우에 한하여 법률로써 제한할 수 있으며, 제한하는 경우에도 자유와 권리의 본질적인 내용을 침해할 수 없다(헌법 제37조 제2항)고 규정하고 있다. 따라서 헌법은 정의, 법적 안정성, 합목적성이 충돌하는 경우에는 각 경우에 적합하게 합리적·조화적 조정을 위하여 노력을 경주하되, 그 경우에도 자유와 권리의 본질적 내용을 침해해서는 안 된다는 점을 대원칙으로 삼고 있다고 할 것이다.

Ⅳ. 법의 존재형식

1. 법원의 개념

　　법원(法源, source of law)은 법의 원천, 법의 연원의 줄인 말로서 여러 의미로 사용된다. 때로는 법이 성립하는 기초인 법의 타당성·근거를 뜻하는 실질적 의미로 사용되기도 하고, 때로는 법의 존재형식과 종류를 뜻하는 형식적 의미로 사용되기도 한다. 일반적으로는 형식적 의미로 많이 사용된다. 법은 강제력을 가진 사회규범으로서 사람들이 인식할 수 있는 형식으로 존재해야 하기 때문이다.

　　법은 그 존재형식에 따라 성문법(成文法, written law)과 불문법(不文法, unwritten law)으로 분류된다. 성문법은 국가 및 기타 자치단체의 입법기관에 의해 제정된 법이므로 제정법(制定法, statutes)이라고도 한다. 불문법은 입법기관에 의해 문서로써 제정·공포되어 있지 않고 그 내용과 형식이 구전에 의하여 전해지므로 비제정법이라도도 한다.

2. 성문법원

　　성문법은 국가의 입법기관에 의하여 일정한 절차를 거쳐 문장의 형식으로 표현된 제정법이다. 권한 있는 기관이 문서의 형식을 갖추고 일정한 절차와 형식에 따라서 제정·공포하므로 제정법이라고도 한다. 법의 진화과정을 존재형식의 측면에서 보면, 불문법에서 성문법으로 이행되어 왔다고 볼 수 있다. 오늘날의 문명국가는 원칙적으로 성문법을 기본으로 하고 있다. 성문법원(成文法源)의 종류에는 헌법, 법률, 명령, 규칙, 지방자치규칙이 있다.

　　성문법은 법규범을 성문화·법전화함으로써 그 내용이 문자로 고정하여 규정되어 있다. 성문법의 이러한 특징은 장점과 단점으로 나타난다. 성문법의 장점은 법의 존재와 의미내용이 명확하여 법을 구체적으로 시행하기에 적합하고, 법의 통일·정비로 법적 안정성을 확보할 수 있다. 반면 성문법의 단점은 법의 문서화·법전화로 법이 고정되어 급변하는 사회의 현실적 수요에 대처하기가 어렵고, 법문의 성질상 일반적이고 추상적인 문장으로 되어 있어 일반인이 법의 내용을 정확하게 이해하기가 어려우며, 법의 개정에 국회의 의결 등의 복잡한 절차를 거쳐야 할 뿐 아니라 그 과정에서 많은 시간이 소요되어 사회적 수요에 탄력적으로 대응할 수 없다는 점 등을 들 수 있다. 성문법의 장·단점은 거꾸로 불문법의 단·장점이 된다.

(1) 헌 법

'헌법'은 국가의 이념·조직 및 작용에 관한 국가의 기본법으로, 국가 법질서의 최상위에 있는 단일의 법규범이며, 헌법이라는 법전으로 구성되어 있다. 헌법은 '규범 중의 규범'의 성질을 갖는다. 헌법에도 성문헌법과 불문헌법이 있는데, 영국 등 몇 나라를 제외한 대부분의 국가들은 성문헌법을 가지고 있다.

우리나라의 헌법은 1948년 7월 12일에 제정되어 같은 해 7월 17일에 공포 시행한 이래 9차례에 걸쳐 개정되면서 오늘에 이르고 있다. 현행법은 전문, 본칙 130개조, 부칙 6개조로 구성되어 있다. 헌법은 국가의 최상위법이므로 그 효력은 법률·명령 등 하위법에 우선한다. 헌법의 제정권과 개정권은 국민에게 있고, 그 개정 절차도 매우 어려운 경성헌법이다.

(2) 법 률

법률이란 용어는 광의와 협의의 두 가지 의미로 사용된다. 넓은 의미의 법률은 실질적 의미의 법으로, 모든 법규·명령을 포함한 법 일반을 말한다. 이에 비하여 좁은 의미의 법률은 형식적 의미의 법으로, 입법부(국회)가 헌법에 규정된 일정한 입법절차에 따라 심의·의결을 거쳐 제정되고 공포된 법률만을 말한다. 일반적으로 법률이란 좁은 의미의 법률을 말하고, 이 점에서 행정기관이나 사법기관에 의해 제정한 명령이나 규칙 등과는 구별된다. 법률은 그 효력상 헌법의 하위규범이므로 헌법에 위반되는 법률은 헌법재판소의 위헌심판을 거쳐 무효가 된다. 그러나 법률은 명령, 규칙의 상위규범이므로, 법률에 위배되는 명령, 규칙은 무효이다.

법률은 원칙적으로 일반적·추상적이어야 한다. 일반적이라 함은 법률이 불특정다수인에게, 곧 모든 사람에게 적용되어야 하는 것을 말하고, 추상적이라 함은 법률이 모든 사건에 적용되어야 함을 뜻한다. 헌법에서 반드시 법률로 정하도록 한 사항이 있는데 이를 법률사항 또는 입법사항이라고 한다.

법률은 (법률안)제안－심의·의결－이송－공포의 과정을 거쳐 성립되고 시행된다.

법률안제안권은 정부와 국회의원 10인 이상 및 국회의 상임위원회(소관사항에 한정)에 있다(헌법 제52조; 국회법 제79조). 정부가 법률안을 제출하고자 하면 국무회의의 심의를 거쳐(헌법 제89조 제3호) 국무총리와 관계 국무위원의 부서를 받은 후(헌법 제82조) 대통령이 국회의장에게 제출하게 된다. 제안된 법률안의 심의는 상임위원회중심주의에 의하여 행해진다. 상임위원회에서 심의·채택된 법률안은 일단 법제사법위원회에 넘겨 체계와 자구수정을 거쳐 본회의에 부의한다. 국회 본회의에서는 소관상임위원장의 심사보고를 듣고 질의와 토론을 거쳐 표결처리한다. 법률안이 본회의를 통과하려면 재적의원 과반수의 출석과 출석의원 과반수의 찬성이 있어야 한다(헌법 제49조).

국회에서 의결된 법률안은 정부에 이송되어 15일 이내에 대통령이 서명·공포하게 된다. 대통령의 서명·공포에는 국무회의의 심의와 국무총리 및 관계국무위원의 부서가 있어야 한다. 그리고 대통령은 법률안의 서명·공포절차에서 이송된 법률안에 이의가 있을 경우 거부권을 행사할 수 있다. 이러한 거부권의 행사는 이송된 날로부터 15일 이내에 이의서를 붙여 국회로 환부하고 그 재의를 요구하게 된다. 법률안이 환부거부되면 국회는 재의에 붙이고 재적의원 과반수의 출석과 출석의원 3분의 2 이상의 찬성으로 재의결하면 법률로서 확정된다. 이와 같이 확정된 법률은 다시 정부로 이송되어 5일 이내에 대통령이 공포하지 않으면 국회의장이 이를 공포하게 된다. 그리고 법률안이 정부에 이송된 후 공포나 재의 요구도 없이 15일이 경과됨으로써 법률로 확정된 경우에도 국회의장이 이를 공포하게 된다(헌법 제53조 참조).

공포된 법률은 특별한 규정이 없는 한 공포한 날로부터 20일을 경과함으로써 효력을 발생한다.

(3) 명 령

명령은 국회의 의결을 거치지 아니하고 법률의 위임을 받아 행정기관이 제정하는 성문법이다. 명령은 법률의 하위규범이므로 법률에 위배된 명령은 효력을 가질 수 없다. 그러나 예외적으로 국가비상사태에 임하여 대통령은 법률의 효력을 제한하거나 정지시킬 수 있는 긴급명령권을 가진다.

명령을 제정권자를 기준으로 분류하면 대통령령(헌법 제75조), 총리령 및 부령(헌법 제95조)이 있다. 대통령령, 총리령, 부령 사이의 서열은 대통령령은 총리령과 부령보다 상위에 있으나, 총리령과 부령의 효력은 같다.

법률은 일반적·추상적 규정으로서, 사회에서 일어나는 모든 사항을 세세하게 규정할 수 없다. 따라서 법률은 구체적·세부적인 사항에 대해서는 전문적인 행정기관에 위임하고 있으며, 이에서 명령의 존재의의를 찾을 수 있다. 명령은 국회의 의결을 거치지 않고 제정권자가 단독으로 개정 내지 폐지할 수 있으므로 그 개폐가 시의적·탄력적이기는 하나, 같은 사유로 제정권자의 자의가 개재될 수도 있다.

(4) 규 칙

일반적으로 규칙은 세 가지 의미로 사용된다. 첫째 법규명령의 성질을 갖는 규칙이 있다. 법규명령으로서의 규칙은 헌법의 규정에 따라 국가기관이 제정한 규칙을 말한다. 이러한 규칙에는 국회규칙(헌법 제64조 제1항), 대법원규칙(헌법 제108조), 헌법재판소규칙(헌법 제113조 제2항), 중앙선거관리위원회규칙(헌법 제114조 제6항)이 있다. 이는 헌법기관인 국회, 대법원, 중앙선거관리위원회 등은 헌법의 위임을 받아 제정된 것으로 그 법적 성질은 명령이면서 규칙이라고 불린다.

둘째 법률이나 명령에 특별한 수권규정 없이 행정기관 내부의 사항을 규율하기 위한 일반적 규범으로서 법규의 성질을 갖지 않는 행정규칙 또는 협의의 행정명령이 있다. 이러한 규칙은 보통 훈령, 일일명령, 지시, 예규, 통첩 등의 형식으로 존재하며, 행정기관 내부의 사항을 규율하는 것을 목적으로 하므로 일반권력관계나 다른 행정조직 내부에는 효력이 미치지 않는다. 셋째 지방자치단체의 장이 제정하는 자치법규인 규칙이 있다.

(5) 지방자치법규

지방자치단체는 주민의 복리에 관한 사무를 처리하고 재산을 관리하며 법령의 범위 안에서 자치에 관한 규정을 제정할 수 있다. 이와 같이 '지방자치법규'는 지방자치단체가 헌법에 규정된 자치입법권에 의거하여 법령의 범위 안에서 제정한 법규범이다(헌법 제117조 제1항).

지방자치단체가 제정하는 지방자치법규에는 조례(條例)와 규칙(規則)이 있다.

조례는 지방자치단체가 지방의회의 의결을 거쳐 그 사무에 관하여 제정한 자치법규이고(지방자치법 제15조), 규칙은 지방자치단체의 장이 조례에서 위임한 범위 안에서 그 권한에 속하는 사무에 관하여 제정한 자치법규이다(지방자치법 제16조).

(6) 조 약

조약은 문서에 의한 국가간의 명시적 합의를 말한다. 조약은 내용에 따라 조약, 협약, 헌장, 규약, 규정, 협정, 규정서, 의정서, 약정, 잠정협약, 교환공문 등 그 명칭이 다양하게 사용되고 있다. 그러나 명칭과는 상관없이 모두 조약에 해당한다.

조약은 대통령이 국무회의의 심의를 거쳐 체결하도록 되어 있으므로 대통령이 비준한다(헌법 제73조). 다만 국민생활에 중대한 영향을 미치거나 국내법의 개폐를 요구하는 경우에는 국회의 동의를 받아야 한다(헌법 제60조 제1항). 헌법에 의하여 체결, 공포된 조약과 일반적으로 승인된 국제법규는 국내법과 같은 효력을 가진다.

3. 불문법원

불문법(不文法)은 성문법 이외의 법, 곧 법규범이 문자나 법전의 형식으로 표현되지 않았고 특정한 제정기관에 의하여 일정한 절차에 따라서 제정되지 않았으며, 관습법이나 법원의 판례 등에 의해서 그 실효성이 인정되는 법을 말한다. 불문법에는 관습법과 판례법 및 조리가 있다.

(1) 관 습 법

'관습법'이라 함은 사회에서 형성된 관습이 법적 확신(법규범으로서의 의식) 내지 인식을 갖게 됨으로써 사람들의 행위규범화된 사회규범을 말한다

관습법의 성립근거에 대하여는 관행설, 법적 확신설 및 국가승인설 등 견해가 있다. '관행설'은 관습법의 성립근거를 동일한 행위가 오랫동안 관행되어 온 사실에서 찾는다. '법적 확신설'은 관습법이 성립하기 위해서는 관행 외에 법적 확신, 곧 관습에 따르는 것을 권리 또는 의무라고 하는 확신이 있어야 한다고 주장한다. '국가승인설'은 법은 제정법에 한정되므로 관습법으로 성립되기 위해서는 제정에 해당되는 국가의 행위, 즉 국가가 어떤 관습을 법으로 인정하는 것이 필요하다고 한다.

관습법이 성립하기 위해서는, 먼저 일정한 관행이 존재하여야 한다. 관행은

어떤 사항에 관하여 일정기간 동안 동일한 행위가 반복되어 행하여진다고 인정되는 상태를 말한다. 다음, 관습이 법적 가치를 가진다는 법적 확신 내지 인식이 있어야 한다. 법적 확신에 이르지 않은 관습은 사실로서의 관습에 불과하다. 그리고 관습이 선량한 풍속 기타 사회질서에 반하지 않아야 한다. 이러한 관습법이 성립하는 시기는 법원이 관습법을 인정한 때로 보고 있다.

관습법은 원칙적으로 성문법에 대하여 보충적 효력(補充的效力)을 가지고, 예외적으로는 개폐적 효력(開廢的效力: 변경적 효력)을 가진다.

그러나 형법에서는 죄형법정주의가 기본원리로 되어 있기 때문에 형벌에 관한 한 관습법의 효력은 전혀 인정되지 않는다.

(2) 판 례 법

판례법(case law)은 사법기관인 법원의 판결로 존재하는 법이다. 법원은 동일한 종류의 사건에 대해서 이미 판결을 한 선례가 있다면, 그 전의 판결내용과 동일한 내용으로 판결을 하게 되며, 이러한 판결례가 반복되면서 사실상 법원을 구속하게 된 경우 판례법이 성립된 것으로 볼 수 있다. 이와 같이 판례법이란 '개별 법규범의 의미와 내용에 관하여 가지는 법원의 일관된 견해'를 법인식의 근거로 인정하는 것을 말한다.

대법원은 법률해석의 최종권한을 가지는 헌법기관이고 법원조직으로서도 최상위의 법원이다. 따라서 이러한 권위와 권한을 가진 대법원에서의 판결례는 그 자체로 하위 법원의 판결지침이 되고 있다. 또한 상급법원의 판례와 다르게 판결을 하면 상급심에서 파기되는 경우가 많으므로 사실상 대법원의 판례를 따르게 되는 것이 현실이다. 이러한 점에서 판례, 특히 최고법원의 일관된 판례는 사실상 구속력을 가지는 것으로 이해될 수 있다.

(3) 조 리

조리(條理)에 해당하는 영어 'nature of things'를 직역하면 '사물의 본성'이 된다. 이와 같이 조리는 공동생활관계에 내재하는 질서, 공동생활에 적합한 원리를 지칭하는 말로 볼 수 있다. 조리는 때로는 자연법과 같은 의미로도 사용된다. 이는 경험법칙, 사회통념, 공서양속, 신의성실의 원칙 등으로 표현되기도 한다. 조리는 성문법 체계에서 볼 때 조리가 법규범 자체가 아니기 때문에 법원성을 인정하기 어렵지만, 불문법 체계에서는 법원성을 인정하여 법규범으로서 인정받고 있다.

우리 민법은 제1조에서 '민사에 관하여 법률에 규정이 없으면 관습법에 의하고 관습법이 없으면 조리에 의한다'고 규정하고 있다. 이는 조리의 법원성을 명시적으로 인정한 것으로 해석된다. 그러나 형사사건에 있어서는 적용할 법이 없을 때에는 죄형법정주의의 원칙에 의하여 무죄를 선고하여야 한다.

V. 법 계

법계(法系)란 동일 계통에 속하는 법질서, 달리 말한다면 각국의 법을 계통적으로 분류한 것을 말한다.

법계는 이를 분류하는 기준이 다양하다.

법계는 법원(法源)을 기준으로 하면 대륙법계·영어사용권법계·이슬람법계 등으로, 인종을 기준으로 하면 인도유럽법계·유대법계·몽고법계·비문명법계 등으로, 법규범의 내용을 기준으로 하면 독일법계·프랑스법계·스칸디나비아법계·영국법계·러시아법계·이슬람법계·힌두법계·극동법계 등으로, 이데올로기와 법기술적 방법을 기준으로 하면 로마게르만법계·보통법계·사회주의법계 등으로 분류할 수 있다.

비교법학자들은 위 기준 외에도 여러가지 기준과 방법에 따라 법계를 분류하므로, 법계는 위에서 열거한 외에도 분류방법에 따라 많이 존재할 수도 있다.

법계의 양대산맥이라 하면 '대륙법계'와 '영미법계'로 볼 수 있다. '대륙법'은 독일·프랑스를 중심으로 한 서유럽에서 로마법, 게르만법, 카논법(교회법)의 전통을 토대로 형성·발전되어 온 법이고, '영미법계'는 영국법 질서의 전체와 영국법의 영향을 받은 미국과 영연방 국가의 법을 이야기한다.

영미법과 대륙법은 부분적으로는 서구 열강들의 식민지 지배를 통하여 아시아와 아프리카에, 부분적으로는 각 나라의 생활 형태가 산업화·도시화·문화적으로 서구화함에 자발적인 계수를 통하여 세계 각국에 전파되었다. 따라서 오늘날 세계의 모든 국가는 비록 자신의 종교적인 법과 국부적 법 관습에 의하여 수정·보완되고 있기는 하지만, 이들 양 법계의 영향을 받고 있다고 할 수 있다.

Ⅵ. 법의 분류

법은 여러가지 방법으로 분류된다. 그 중 가장 일반적인 방식은 법의 존재형식에 의한 성문법과 불문법의 분류다. 그 밖에도 법은 제정된 장소, 규율대상, 그 내용, 법전 및 법규의 형태 등에 따라 다양하게 분류된다.

1. 공법과 사법

(1) 공법과 사법의 구분

법을 공법과 사법으로 분류하는 것은 공법에 적용되는 원리와 사법에 적용되는 원리가 다르기 때문이다. 그러나 어떤 기준에 의하여 공법과 사법으로 분류할 것인가 하는 점에 대해서는 로마법 이후로 많은 학설상의 논쟁이 있어 왔다. 공·사법의 구별은 구체적인 법적 분쟁에서 행정소송·민사소송의 관할권을 정하기 위해서도 필요하다. 공법과 사법의 구별기준이 무엇이냐와 관계없이 현행법상 공법은 헌법, 형법, 민사소송법, 형사소송법, 행정법, 국제법 등이며, 사법은 민법, 상법, 국제사법 및 민사특별법 등이다.

(2) 공법과 사법의 구별기준

공법과 사법의 구별기준에 대해서는 여러 견해가 나뉘고 있다.

1) 주체설　　법이 규율하는 주체에 따라 공법과 사법을 구별하는 견해다. 즉, 당사자의 쌍방, 또는 일방이 국가 또는 공공단체가 주체가 되는 법이 공법이고 개인 상호간의 법률관계를 규율하는 법이 사법이라는 견해다. 그러나 국가나 공공단체가 사인과 매매계약을 체결하는 행위와 같이 국가라도 개인과 마찬가지 지위에 서는 경우가 있는데 이 경우 국가가 매매계약의 주체이긴 하지만, 그에 대하여 적용하는 법은 공법이 아니라 사법이다. 주체설은 이러한 경우를 설명하지 못하는 단점이 있다.

2) 목적설　　법이 보호하는 이익이 무엇이냐에 의한 분류이다. 공법은 사회의 이익(공익)을 보호하는 것을 목적으로 하며, 사법은 사인의 이익(사익)을 보호하는 것을 목적으로 하는 법이라는 견해다. 그러나 공익과 사익의 구별이 언제나 명확한 것은 아니며 사익의 보호를 통하여 공익이 보호되는 경우도 있고, 그 역

의 관계도 성립 가능하다. 사회질서의 유지라는 공익을 목적으로 하는 형법이 사인의 이익(절도죄에 있어서의 사인이 재산권)을 보호해 주는 것에 대해서는 목적설에 의한 설명이 불가능하다.

3) 법률관계설(종속설) 법률관계의 당사자들의 관계가 상하관계인가 대등관계인가에 따라 공법과 사법을 구별한다. 불평등한 자간의 권력, 복종관계를 정하는 것이 공법이고, 평등·대등한 관계를 정하는 것이 사법이라는 것이다. 그러나 국제법은 공법임에도 불구하고, 국가간의 관계는 서로 대등한 관계라는 점, 사법에 해당하는 친자관계가 상하 복종관계에 있는 점 등을 제대로 설명하지 못하는 문제가 있다.

4) 통치관계설 법이 규율하는 내용이 국가통치권의 발동에 관한 것이면 공법이고, 그렇지 않은 비통치 관계를 규율하는 경우에는 사법이라는 견해이다. 국제사회에서 국가의 통치권의 작용을 규율하는 국제법이 공법에 속하며, 국가나 공공단체가 사인과 같은 자격으로 체결하는 계약은 통치권의 발동에 관한 것이 아니므로 사법에 의하게 된다. 타당한 견해이지만, 공법적 특성과 사법적 특성을 모두 포함하지 못한다는 단점이 있다.

5) 통합설 통합설은 이상에서 살펴본 학설을 종합하여 분류한 것이다. 공법은 공익적, 국가적, 강제적, 통제적, 권력적, 불평등한 사회적 관계를 규율하는 법이다. 사법은 공법과 반대의 성격을 가지는 것으로 사익적, 사회적, 임의적, 비통제적, 비권력적, 평등한 법률관계를 규율하는 법이라는 견해다. 통합설이 다수설의 입장이다.

(3) 사 회 법

공법과 사법의 어느 것에도 분류하기 어려운 노동법·경제법·사회보장법 등을 보통 사회법이라고 한다. 라드브루흐는 법을 공법·사법·사회법으로 3분하였다. 사회법은 자본주의 경제의 모순이 심화·고도화하면서 나타난 여러 사회문제를 해결하기 위하여 국가가 근대법의 원칙인 재산권절대의 원칙과 계약자유의 원칙에 대하여 공법적 제한을 가하는 등의 행정권을 강화하기 시작하면서 등장하였다. 이러한 사회법의 등장으로 '사법의 공법화'와 '공법의 사법화' 현상이 초래되었다.

2. 실체법과 절차법

법률의 규정내용을 기준으로 분류하면 실체법과 절차법으로 분류된다. 실체법(實體法)은 법률관계의 실체, 즉 권리의무의 주체, 그 내용과 범위 및 종류, 권리의무의 발생·변경·소멸 등을 규정한 법이다. 이에 반해 절차법(節次法)은 실체법의 내용인 권리의무를 구체적으로 실현하기 위한 수단과 방법·절차를 규정한 법이다. 민법, 형법, 상법 등은 실체법이고, 민사소송법, 형사소송법, 행정소송법, 부동산등기법 등은 절차법이다.

3. 일반법과 특별법

법의 적용되는 효력 범위를 기준으로 한 분류이다. 일반법은 그 적용에 있어서 사람, 장소, 사항 등에 관하여 특별한 제한이 없는 법인 반면, 특별법은 시간적·장소적·인적·사항적으로 일정한 범위 내에서 제한적인 효력범위를 가진 법이다. 민법과 형법 등이 일반법이며, 상법, 공무원법, 군형법, 선원법, 도시계획법 등이 특별법에 해당한다. 그러나 양자의 구별은 상대적인 것이다. 상법은 민법에 대해 특별법이지만, 보험업법에 대해서는 일반법에 해당한다.

양자를 구별하는 실익은 법의 적용 순서에서 나타난다. 법을 적용함에 있어서 동일한 사항에 대하여 일반법과 특별법이 병존할 때에는 '특별법 우선의 원칙'에 따라 특별법이 일반법보다 우선 적용된다.

4. 강행법과 임의법

이 구별은 당사자의 의사에 의하여 법의 적용을 배제할 수 있는가 하는 점, 즉 법효력의 정도에 따른 분류이다. 강행법은 당사자의 의사 여하에 관계없이 그 적용이 강제되는 법이며, 임의법은 당사자의 의사표시에 따라 그 적용을 배제할 수 있는 법이다. 민법 중 채권법 부분, 상법 중 상행위에 관한 규정이 대부분 임의조항임에 비하여 헌법·형법·소송법 등의 공법은 주로 강행규정에 속한다.

양자의 구별 실익은 당사자의 의사표시에 의한 당해 법률의 적용을 배제할 수 있느냐이다. 민법 제105조는 '법률행위의 당사자가 법령 중의 선량한 풍속 기타 사회질서에 관계없는 규정과 다른 의사를 표시한 때에는 그 의사에 의한다'고 규정하고 있다. 따라서 임의규정은 위 조항에 따라 당사자의 합의에 의하여 그 적용을 배제할 수 있지만, 강행규정의 경우에는 그러하지 아니하다.

강행규정은 다시 그 제재의 정도에 따라 효력규정, 단속규정으로 나눌 수 있다. 효력규정은 당해 규정을 위반하여 이루어진 법률행위는 사법상의 효력을 부정하여 무효로 하는 것이고, 단속규정은 법규 위반의 제재로서 형벌이나 행정벌을 부과하는 것에 불과할 뿐 사법상의 효력에는 영향을 미치지 않는다.

5. 고유법과 계수법

법의 연혁에 의한 분류이다. 고유법은 한 나라의 사회생활에서 생성되고 발전해 온 전통적인 고유의 규범이며, 계수법은 다른 나라의 법을 계수하여 제정된 법을 말한다. 우리나라는 헌법을 비롯한 대부분의 법이 계수법이며, 고유법은 친족편에 가장 많이 반영되어 있다. 계수의 방법에는 직접계수(외국법을 그대로 번역하여 자국의 법으로 만든 경우)와 간접계수(외국법을 기초로 하거나 참고하여 자국의 사정에 맞도록 변형한 법을 만든 경우), 자발적 계수와 강제적 계수, 입법적 계수와 관습적 계수가 있다. 계수를 해 준 다른 나라의 법을 모법이라 하며, 계수한 법을 자법이라 한다. 계수법이라고 할지라도 오랜 세월 동안 당해 국가 내의 사회생활에 반영되어 국민들이 이를 준수하고 있다면 계수법의 성질은 없어지고 고유법으로서의 성질을 가지게 된다. 따라서 양자의 구별은 상대적이라고 볼 수 있다.

6. 국내법과 국제법

법의 지배영역에 의한 분류이다. 국내법(Domestic Law)은 국가의 단독의사에 의하여 정립되고, 그 효력범위가 해당국의 영역에만 미치는 법이다. 이에 비하여 국제법(International Law)은 국가와 국가 사이의 명시적·묵시적 합의에 의하여 정립되어 국제사회에서 국가와 국가와의 상호관계를 정하는 법이다.

국제법은 국가를 기속하는 법이지만, 국내법에 비하여 위반시 강제수단이 매우 불완전하다. 우리나라는 대부분의 국가에서와 같이 국제법의 효력을 국내법과 동등하게 보고 있다.

7. 조직법과 행위법

조직법은 조직·제도를 정하는 법이고, 행위법은 사람의 행위 자체를 규율하는 법을 말한다. 일반적으로 헌법·소송법 등은 조직법으로, 민법·상법·형법 등은 행위법에 속하는 것으로 분류한다. 조직법은 법률질서의 기초에 관한 것이므로 법의 해석·적용상 엄격주의가 적용되나, 행위법은 대체로 자치의 원칙이 인정된다고 본다.

Ⅶ. 법의 효력

법의 효력은 법이 가진 규범력을 말한다. 법은 구속력을 가지고 인간의 실제 생활을 규율하고 그 내용대로 실현할 수 있는 힘을 가지는데 이를 법의 규범력이라고 한다. 즉, 법의 규범력이란, 법이 행위규범으로서 법의 목적을 실현하는 강제력을 말하는 것이다. 법의 효력에는 실질적 효력과 형식적 효력으로 구분하여 설명할 수 있다. 법의 실질적 효력은 법의 타당성 문제와 실효성 문제를 포함한다. 한편, 법의 형식적 효력은 시간, 장소, 사람에 관한 법의 효력, 즉 법의 효력 범위를 정하는 문제이다.

1. 법의 실질적 효력

법규범은 행위규범과 강제규범의 성격을 모두 가지고 있으므로 법이 효력을 갖기 위해서는 규범적 타당성과 실제적 실효성을 동시에 갖추어야 한다. 법의 규범적 타당성이란 법이 구속력을 가지고 그 내용으로 정한 행위를 마땅히 준수하도록 요구할 수 있는 정당한 자격 내지 권능을 말한다. 한편, 법의 실효성이란 법이 강제규범으로서 국가권력에 의하여 보장받아 강행되는 것을 말한다. 법은 법규범을 위반한 자에 대하여 그에 상응하는 강제 내지 제재를 가하는데, 이러한 강제가 현실적으로 가능한 근거가 법의 실효성인 것이다.

법의 타당성과 실효성은 법의 필수적 요건으로 사실상 불가분의 관계로 결합되어 있다. 타당성이 없는 법은 비록 실효성이 있다 할지라도 악법이 될 것이고, 반대로 타당성이 있더라도 실효성이 없는 법은 사문화된 법, 장식에 불과한 법이 되어 그 존재가치를 상실하게 될 것이다.

(1) 법의 타당성

법은 행위규범이므로, 사회구성원들이 그 법의 존재가치를 인정하고 이를 준수할 때 실제적 효력을 가진다. 이러한 법의 규범적인 측면을 법의 규범적 타당성이라고 한다. 따라서 어떤 법이 규범적 타당성을 가진다는 것은 법의 존재가치에 대하여 구성원들이 동의를 함으로써 준수될 수 있고, 또한 이를 준수하지 아니하는 자에 대해서는 제재 내지 강제를 할 수 있는 정당한 자격 내지 권능이 있다는 뜻과 같다.

그렇다면 법이 현실에서 이러한 강제력을 가지는 근거는 어디에서 찾을 수 있을까? 이에 대하여는 법에 선행하는 초월적인 것, 즉 법의 외적인 것에서 타당성의 근거를 구하는 견해와 법 자체의 내재적인 것에서 그 근거를 구하는 견해 등의 여러가지 견해가 제시되고 있다.

가. 자연법설

자연법설은 법의 타당성의 근거를 자연법에서 구하려는 견해이다. 실정법 이전에 존재하는 만고불변의 법이 있다고 가정하고 이를 자연법으로 본다. 그리고 이러한 자연법이 구체적 실정법의 기본원리가 되어, 실정법이 타당성을 갖는 근거 내지 기준이 된다고 본다. 그러나 이 설에서 말하는 자연법은 매우 관념적인 것으로서 시대에 따라 자연법의 내용을 달리 파악하고 있다. 즉, 고대에는 '있는 그대로의 자연질서', 중세에는 '신의 의사', 근대에는 '인간의 이성', 현대에는 '사물의 본성'으로 보는 등 시대에 따라 그 해석을 달리하고 있다. 따라서 법의 타당성을 설명하기에는 적합하지 아니하다.

나. 사실의 규범력설

이 설은 '사실'은 그 속에 규범으로 바뀔 힘이 내재하고 있다고 보는 견해이다. 옐리네크는 사실상의 관행이 오랫동안 반복되면 관습법이 성립되어 규범력을 가지게 된다고 보았다. 또한 혁명이라는 사실에 의하여 종래의 법체계가 부정되고 새로이 창설된 규범체계가 효력을 가지게 되는데 이 또한 사실이 가지는 규범력에서 비롯된다는 것이다. 그러나 이 견해 또한 법의 존립을 사실의 힘에서 구한다는 점에서 법의 타당성 근거로는 불충분하다.

다. 주권자 명령설

이 설은 실정법의 본질을 통치권자인 국가의 명령으로 보고, 법의 타당성의 근거를 명령의 발동에서 찾는다. 법은 실력을 가진 자의 명령이며 최고지배자의 지배형식이라고 본다. 지배계급이 국가권력과 결합하여 실력의 지지를 받게 되면 법은 유효하게 행하여지지만, 실력의 뒷받침을 잃게 되면 효력이 상실된다는 것이다. 명령설은 의식적으로 발달된 법제만을 그 대상으로 하고, 통치자의 명령만을 법이라고 하기 때문에 이 설에 따를 경우 불문법은 물론 국제법 또한 법이 아닌 결과가 된다. 또한 통치자의 명령이 법의 효력을 가질 만큼 정당화되는지를 설명하지 못하고 있어 타당하다고 볼 수 없다.

라. 법률적 효력론(근본규범설)

이 설의 대표적인 것은 켈젠의 법단계설이다. 켈젠은 국가의 법규범은 평면적으로 병존하는 것이 아니라, 입체적으로 상하의 종적·단계적 질서를 이루면서 구성되어 있다고 보았다. 법질서는 최상위인 헌법에서부터 최하위의 명령이나 자치법규에 이르기까지 상하의 단계적 구조를 이루는데, 하위법규의 타당성은 상위법규의 수권규범에서 온다는 것이다. 즉 법률은 상위법규인 헌법에 의하여, 헌법은 보다 상위의 근본규범으로부터 정당성을 위임받는다고 하며, 근본규범이란 법을 제정할 수 있는 국가의 정치적 근본원리로서 논리적 의미의 헌법이라고 한다. 이 견해는 실정법의 존재기반과 그 타당성의 근거를 근본규범에서 찾고 있으나 근본규범이 무엇인지에 대한 설명이 없어서 지나치게 형식적 이론이라는 비판이 있다.

마. 목 적 설

목적설은 법의 타당성 근거는 법의 목적에 있다는 견해이다. 예링(Jhering)은 그의 저서 '법에 있어서의 목적'에서 '목적은 모든 법의 창조자'라고 하면서 법의 타당성 근거를 법의 목적에서 구하였다. 법이 현실사회에서 규범 내용대로 실현되기를 요구하는 것은 법 속에 목적이 내재하고 있기 때문이라고 한다. 따라서 법에 있어서 목적이 없는 법은 무의미하며, 목적이야말로 법의 존재이유이고 법이 타당성을 갖게 되는 근거로 보는 것이 타당하다고 보았다.

(2) 법의 실효성

법의 실효성은 법이 강제규범으로서 국가권력에 의하여 보장받아 강행되는 것을 뜻한다. 법은 행위규범이고 강제규범이므로 그 규범의 내용대로 사실을 실현할 수 있는 힘을 가지고 있고, 규범을 위반한 자에 대하여 강제력이 가지고 있는데 이러한 법의 사실적 측면을 법의 실효성이라고 한다. 법의 실효성은 국가권력에 그 정당성의 기반을 둔다. 따라서 개개인의 실력이나 폭력에 의한 것은 허용되지 않는다. 다만 '정당방위', '긴급피난' 등 법률이 예외적으로 자력구제를 허용하는 경우에 한하여 인정되는 경우도 있다.

법의 실효성은 당연히 법의 타당성을 전제로 한다. 규범적 타당성을 결여한 법이 실효성을 가질 때, 즉 악법(惡法)이 존재할 때 그 법은 어떻게 볼 것인가?

법적 안정성을 강조하고 자연법을 부정하는 법실증주의자들은 악법도 정당한 절차만 밟아 제정되었으면 법이라고 주장하면서 악법도 법이므로 이를 준수해야 한다고 보고 있다. 이에 반하여 자연법론자들은 정의의 원리에 반하는 법, 즉 타당성을 상실한 법은 법이라고 보지 않는다. 법적 안정성이라는 형식적인 이념이 내용적인 정의보다도 우위에 설 수 없다는 것이다. 다만, 악법도 '참을 수 없을 정도로 악한 법'과 그 정도는 아니지만 '여전히 악한 법'으로 구별할 수 있는데, 후자의 경우에는 법으로는 인정하되 '불복종'이나 '법개정운동'을 전개하고, 전자의 경우에는 이를 법으로 볼 수 없으므로 오로지 저항권행사만이 문제된다고 보는 견해도 있다. 라드브루흐도 '참을 수 없을 정도로 악한 법'은 법이 아니라고 하였다.

2. 법의 형식적 효력

법의 형식적 효력은 구체적으로 법이 적용되는 범위를 말한다. 법의 형식적 효력은 시간, 장소, 인(人)의 3가지 면에서 나누어 볼 수 있다.

(1) 법의 시간적 효력

가. 법의 시행
법은 시행일로부터 폐지일까지 효력을 갖는다. 이와 같이 법(성문법)의 시간적 효력은 법이 효력을 갖는 시간적 범위를 말한다. 법의 시행일로부터 폐지일까지의 기간을 법의 시행기간 또는 유효기간이라고 한다. 법은 시행기간 안에 발생하는 사항에 대해서만 효력을 갖는 것이 원칙이다.

법은 시행에 앞서 공포되며(헌법 제53조 제1항), 공포는 관보에 게제함으로써 하는 것이 원칙이나, 국회의장이 법률을 공포하여야 하는 경우에는 서울특별시에서 발행하는 둘 이상의 일간신문에 게재하여야 한다(법령등공포에관한법률 제11조). 공포는 법을 시행하는 전제로서 법의 내용을 국민에게 널리 알리기 위한 것이다.

법령의 시행기일은 공포된 개개의 법령에 개별적으로 정할 수 있는데, 이는 부칙에서 정하는 경우가 대부분이다. 민법은 1958년 2월 22일에 제정되었으나, 부칙 제28조에 의하여 1960년 1월 1일부터 시행한다고 명시되어 있다. 한편, 시행일이 특별히 정하여 있지 않은 경우에는 공포한 날로부터 20일을 경과함으로써 효력을 발생한다(법령등공포에관한법률 제13조)

법령의 공시일로부터 시행일까지 일정한 기간을 두고 있는데, 이 기간을 주지기간이라고 한다. 한편 성문법과는 달리 관습법은 시행기일을 정할 수 없으므로 성립과 동시에 효력을 발생하는 것으로 보아야 할 것이다. 그러나 관습법은 그 성격상 성립시기가 불분명한 경우가 많다.

나. 법의 폐지

법의 폐지란 법이 가진 효력을 명시적·묵시적으로 소멸시키는 것을 말한다. 법은 폐지에 의하여 그 효력을 상실한다.

(가) 법의 명시적 폐지

법의 명시적 폐지에는 두 가지 경우가 있다.

첫째, 법이 시행기간(유효기간)을 정한 때에는 그 기간의 종료로 당연히 그 법은 폐지된다. 이렇게 일정기간 동안만 효력을 발생하도록 제정된 법을 '한시법'이라 한다.

둘째, 신법에서 명시적 규정으로 구법의 일부 또는 전부를 폐지한다고 정한 때에는 이에 해당하는 구법의 일부 또는 전부는 당연히 폐지된다. 그리고 이 경우 신법은 구법을 대신하여 효력을 갖는다. 그리고 구법의 일부만 폐지된 경우에는 폐지되지 아니한 부분은 당연히 신법과 병존하여 효력을 갖게 된다.

(나) 법의 묵시적 폐지

묵시적 폐지는 신법이 제정되면 구법은 자동으로 효력을 잃게 되는 경우이다. 동일 사항에 관하여 신법과 구법이 서로 모순·저촉되는 경우 그 범위 내에서 구법은 당연히 효력을 잃게 된다. 따라서 묵시적으로 폐지되는 것이다. 이를 '신법우선의 원칙'이라고 한다.

제정된 법령이 '해제조건'의 법일 경우에도 묵시적 폐지가 일어날 수 있다. 즉, 처음부터 일정한 조건의 성취, 목적의 달성을 위하여 제정된 법은 그 조건의 성취, 목적의 달성이나 소멸로써 당연히 폐지가 된다. 이 경우에는 법이 규율할 사항이 완전히 소멸되어 버렸으므로 규율대상이 없어진 법도 자연히 폐지되는 것이다.

다. 법률불소급의 원칙

'법률불소급의 원칙'은 법의 효력은 시행 후에 생긴 사항에 관해서만 적용되며, 시행 이전에 발생한 사항에 대하여는 소급하여 적용하지 못한다는 원칙이다. 법률불소급의 원칙은 죄형법정주의의 파생원칙으로 때에 관한 효력 중에서 중요한 하나의 원칙이다. 어떤 행위를 할 당시에는 법이 금지하는 행위가 아니었는데, 그 후 제정된 법률에 의하여 과거의 그 행위를 위법한 것으로 보고 처벌한다면 이는 법질서의 문란을 야기시킬 뿐만 아니라 법적 안정성을 심하게 침해하게 된다. 이러한 혼란을 방지하고 국민들의 권리를 보호하고자 나온 원칙이다. 그러나 예외적으로 소급효를 인정해도 법적 안정성을 해하지 않는 경우에는 이러한 원칙이 적용되지 않는다. 예를 들어 어떤 행위가 행위 당시에는 범죄로 취급되었으나, 그 후 제정된 신법에 의하여 범죄를 구성하지 아니하거나 형이 감경되는 등의 신법의 적용을 받는 자에게 유리한 때에는 이 원칙이 적용되지 않고 신법에 의하게 된다. 형법 제1조 제2항은 '범죄 후 법률의 변경에 의하여 그 행위가 범죄를 구성하지 아니하거나 형이 구법보다 경한 때에는 신법에 의한다'고 규정하고 있다.

라. 경과규정

구법시에 발생한 사실에 관해서는 구법을 적용하고, 신법이 제정된 이후에 발생한 사실에 관해서는 신법이 적용되는 것이 원칙이다. 그러나 어떤 사실이 신·구 양법 사이에 걸쳐 발생했을 때, 즉 구법시에 발생한 사실이 신법시까지 진행되고 있을 때 신·구법 중 어느 법을 적용할 것이냐 하는 문제가 발생한다. '경과규정'(경과법)이란 이러한 경우를 정하고 있는 규정을 말한다. 경과규정은 통상 법으로 따로 제정하는 것이 아니고, 신법의 부칙 또는 시행령에 특별규정을 두는 것이 일반적이다.

예를 들면, '구법에 의하여 처가 부의 허가를 요할 사항에 관하여 허가 없이 그 행위를 한 경우에도 본법 시행일 후에는 이를 취소하지 못한다'는 민법부칙 제5조와 '상법시행 당시 구법에 의한 소멸시효기간을 경과하지 아니한 권리에는 상법의 시효에 관한 규정을 적용한다'는 상법시행령 제4조 제1항을 들 수 있다.

(2) 법의 장소적 효력

장소에 관한 법의 효력은 국가의 전 영토에 미치는 것이 원칙이므로 그 영역 내에 있는 내외국인을 불문하고 법은 모든 사람에게 적용된다. 이를 국가의 영토주권이라고 한다. 국가의 영역은 국가의 주권이 미치는 범위로서 영토, 영수(영해, 내수), 영공을 포함하며 이러한 영역 안에서는 자국인·외국인을 불문하고 법은 모든 사람에게 일률적으로 적용되는 것을 원칙으로 한다. 그러나 국제법상 치외법권을 가진 자, 또는 외국군대가 관리하는 토지·시설물에 대해서는 자국법이 미치지 않는다. 역으로 외국의 영역 내에 있는 자국의 원수, 외교사절과 그 수행원, 군함·선박 및 항공기 안에서는 물론 자국법의 효력이 미치게 된다. 그리고 도시계획법이나 지방자치단체가 제정하는 조례와 규칙 등은 그 도시나 그 자치단체에 한하여 법의 효력이 미친다.

(3) 법의 대인적 효력

법의 대인적 효력이란 법을 적용할 때 어떠한 범위의 사람에게 적용하여야 하느냐 하는 문제를 말한다. 우리나라를 비롯한 대부분의 국가에서는 속지주의를 원칙으로 하면서 속인주의 및 보호주의를 가미하는 입법주의를 채택하고 있다.

가. 속지주의 우선의 원칙

법의 대인적 효력과 관련해서는 '속인주의'와 '속지주의'가 있다. 속인주의란 사람의 소재 여하를 불문하고 그 사람이 속하는 국적을 표준으로 하여 그 국가의 법을 적용하여야 한다는 원칙이다. 속인주의는 자기 나라 국민은 자국의 법을 적용한다는 국가의 '대인주권'에서 유래한다. 이에 대하여 속지주의는 '영토주권'에 의하여 자국의 영토 내에 있는 사람은 내·외국인을 불문하고 모두 자국법을 일률적으로 적용한다는 원칙이다.

근대국가의 성립과 더불어 영토권이 확립되면서 속지주의가 관철되었고, 현대국가는 양자를 병용하면서도 속지주의를 우선하고 있다.

나. 속지주의의 예외

참정권·병역의무 등과 같은 헌법상의 권리·의무는 국가적 이익을 위하여 자국에 거주하는 외국인에 대해서는 적용하지 않는다. 형법상의 일정한 범죄에 대하여는 타국에 있는 자국민뿐만 아니라 타국에 있는 타국민에게도 적용되는 것이 있다. 우리 형법 제5조는 '본법은 대한민국 영역 외에서 다음에 기재한 죄를 범한 외국인에게 적용한다'고 하고, 그러한 죄로서 내란의 죄, 외환의 죄, 국기에 관한 죄, 통화에 관한 죄, 유가증권 및 우표와 인지에 관한 죄, 문서에 관한 죄 중 일부 및 인장에 관한 죄 중 일부를 들고 있다.

내란죄, 외환죄, 국기에 관한 죄 등은 대한민국 영역 밖에서 죄를 범한 외국인에 대하여도 우리나라 형법을 적용한다.

속지주의는 외교특권(치외법권)을 가진 자에게는 적용되지 아니한다. 외교특권이란 체제국의 법의 적용을 받지 아니하고 본국법의 적용을 받을 권리를 말한다. 국가의 원수, 외교사절 및 그 가족·수행원, 입국승인을 받은 군대·군함 등은 체재국의 법에 따르지 아니하고 본국법에 따른다는 것이 일반국제관습법, 영사조약 및 주둔군지위협정 등에 의하여 인정되어 있다.

VIII. 법의 해석과 적용

법의 해석은 추상적으로 규정되어 있는 법규의 의미와 내용을 특정한 사건에 구체적으로 적용하기 위하여 이를 명백하게 밝히는 것을 의미한다. 성문법의 법규는 일반적·추상적이기 때문에 구체적 사건에 그대로 적용하기에는 어려움이 있을 수밖에 없다. 입법자가 아무리 세심한 주의를 기울여 법을 제정했다고 해도 천태만상의 인간생활을 모두 담아낼 수는 없으며, 또한 사회의 변화에 따라 입법 당시에는 전혀 예상할 수 없었던 새로운 사실이 발생할 수 있다. 따라서 추상적 법규를 구체적 사건에 적용하기 위해서는 해석의 과정이 필요하게 된다. 법의 해석은 법이 지닌 뜻을 규명하는 이론적 문제이기 때문에 논리적이어야 하며 단순히 언어학적 해석의 문제가 아니라 법규범상의 문제로 보아야 할 것이다. 이러한 의미에서 법의 해석은 일정한 가치판단을 전제로 하여 객관적이고 과학적이어야 하며 규제되는 사실과 규제의 결과를 고려하면서 해석해야 한다. 법 해석의 대상이 되는 법은 주로 성문법이다. 불문법은 그 존재 자체에서 의미와 내용을 나타내고 있으므로 법의 해석보다는 법의 존재 여부가 문제로 된다. 관습법도 해석을 필요로 하는 경우가 있으나 관습법은 사회생활 속에서 관행을 통하여 구체적인 형태로서 존재하기 때문에 해석하는 경우에는 어려운 점이 없을 것이다.

1. 실정법 해석의 방법

법의 해석은 그 해석이 법적 구속력을 가지는가 여부에 따라 유권해석(공권해석)과 학리해석(무권해석)으로 나누어진다. 유권해석은 헌법상 권한을 가진 국가기관에 의해서 해석되는 것이고, 학리해석은 법률학자에 의한 해석을 말한다.

(1) 유권해석

유권해석은 국가의 권한있는 기관에 의하여 법규의 의미·내용이 해석되고 확정되는 법적 구속력이 있는 해석이다. 공권해석이라고도 한다. 유권해석은 해석기관에 따라 입법해석, 행정해석, 사법해석의 세 가지로 구별된다.

가. 입법해석

입법해석이란 입법기관이 행하는 법의 해석, 곧 입법기관이 법을 제정할 때 입법으로서 특정의 용어에 대해서 법 규정으로 해석하는 방법이다. 다시 말하면, 어떤 법령규정의 의미를 분명히하기 위하여 그 법령 중에 또는 별도의 법령으로 특별규정을 두어 법 규정 자체에 의하여 법 규정에 대한 해석을 하는 것, 곧 법문으로 어떤 용어의 뜻을 확정하는 경우를 말한다. 이는 실질적으로는 법의 해석이 아니라 하나의 입법이라고 할 수 있다. 입법해석은 민법 제98조의 '본법에서 물건이라 함은 유체물 및 전기 기타 관리할 수 있는 자연력을 말한다'와 같이 동일법령 중에 그 해석규정을 두는 방법, 수표법 부칙 제66조의 '본법에서 휴일이라 함은 국경일, 공휴일, 일요일 기타 일반 휴일을 이른다'와 같이 부속법규에 해석규정을 두는 방법, 민법 제32조의 '학술, 종교, 자선, 기예, 사교 기타 영리 아닌 사업을 목적으로 하는 사단 또는 재단은 주무관청의 허가를 얻어 이를 법인

으로 할 수 있다'와 같이 법문 중에 실례를 들어 해석의 표준을 두고 있는 방법
등이 있다.

나. 행정해석

행정해석이란 행정관청이 행하는 해석이다. 즉 행정기관이 소속기관이나
지방자치단체에 대하여 법령의 실시나 집행을 위하여 하는 해석을 말한다. 예컨
대 상급 행정관청이 법령집행에 관하여 하급관청에 대해서 그 의의를 해석하여
훈령을 내리거나 또는 하급관청의 신청이나 질의에 대하여 지령이나 회답을 발하
는 것이 행정해석이다. 행정해석도 실질적으로 하급관청을 구속하게 되므로 유권
해석으로 보는 것이 일반적이다. 행정해석에 이의가 있는 경우에는 행정쟁송, 곧
행정심판과 행정소송의 대상이 된다. 한편 행정해석은 재판을 통한 법원의 사법
해석으로 취소될 수 있다. 따라서 사법해석에 우선하지 못한다.

다. 사법해석

사법해석은 법원(특히 최고법원)의 판결의 형식으로 나타나는 법의 해석이
다. 사법해석은 구체적으로는 판결로 나타난다. 판례법주의를 채택하고 있는 영
미법계 국가에서는 말할 것도 없고 대륙법계 국가에서도 상급법원에 의하여 내려
진 법의 해석은 사실상 하급법원을 구속하며, 당해 사건에 대한 판결은 구속력이
인정되어 다툼을 종국적으로 해결한다. 따라서 사법해석도 구속력이 있는 유권
해석으로 보는 것이 일반적이다. 법원조직법 제8조는 '상급법원의 재판에 있어
서의 판단은 당해 사건에 관하여 하급심을 기속한다'고 규정하고 있다.

(2) 학리해석

학리해석은 학술적 해석, 곧 학리적 방법에 의하여 법규의 의미를 해석하는
방법을 말하고, 보통 법의 해석이라고 할 때에는 학리해석을 가리킨다. 학리해석
은 법이론을 기초로 한 개인의 법에 관한 자유로운 견해에 지나지 않으므로 강제
력을 갖지 못하여 무권해석이라고도 한다.

학리해석에는 문리해석과 논리해석이 있다.

가. 문리해석

문리해석은 법규의 자구·문언 등을 언어학적 의미로 해석하는 방법을 말
한다. 즉, 법문의 단어와 문장의 의미를 밝혀내는 해석방법이다. 문언적 해석이라

고도 한다. 모든 법령은 문자로 표시되어 있으므로 문리해석은 법해석의 첫 단계를 이룬다. 예를 들면 형법 제355조(횡령, 배임)는 '① 타인의 재물을 보관하는 자가 그 재물을 횡령하거나 그 반환을 거부한 때에는 5년 이하의 징역 또는 1,500만원 이하의 벌금에 처한다. ② 타인의 사무를 처리하는 자가 그 임무에 위배하는 행위로써 재산상의 이익을 취득하거나 제삼자로 하여금 이를 취득하게 하여 본인에게 손해를 가한 때에도 전항의 형과 같다'고 규정하고 있다. 위 규정 중 '타인의 재물' '타인의 사무'가 무엇을 뜻하는지를 언어학적 의미로 밝히는 것이 문리해석이다. 문리해석이 필요한 이유는 법률의 용어 사용방법은 일반의 용어 사용방법과 다른 경우가 많기 때문이다. 예를 들면 민법 제109조(착오로 인한 의사표시)는 '① 의사표시는 법률행위의 내용의 중요부분에 착오가 있는 때에는 취소할 수 있다. 그러나 그 착오가 표의자의 중대한 과실로 인한 때에는 취소하지 못한다. ② 전항의 의사표시의 취소는 선의의 제3자에게 대항하지 못한다'고 규정되어 있다.

　　일반적으로 '선의'라고 하면 그 뜻은 대체로 '호의'라고 인식되나, 위 규정에서 사용된 '선의'라는 법률용어는 '어떤 사정을 알지 못함'의 뜻이 된다. 따라서 위 규정상의 '선의의 제3자'는 '해당 의사표시가 취소될 수 있는 의사표시였음을 모르는 제3자'라는 의미를 가진다. 같은 의미로서 일반적으로 '악의'는 '해할 의사'로 인식되나, 법률용어로서는 '어떤 사정을 알고 있음'의 뜻으로 사용된다.

　　어떤 법률에서 사용한 용어는 시대와 사회사정의 변화에 따라 그 의미가 변화될 수 있다. 예를 들면 민법 제103조는 '선량한 풍속 기타 사회 질서에 위반한 사항을 내용으로 하는 법률행위는 무효로 한다'고 규정하고 있다. 이 경우 '선량한 풍속 기타 사회질서'를 법 제정시의 기준에 맞추어 볼 것인지, 현대적 기준에 맞추어 볼 것인지가 문제될 수 있는 것이다. 그 법률의 제정시의 뜻대로 해석하여야 한다는 주장(연혁적 해석론)과 현재의 의미에 따라 해석해야 한다는 주장(진화적 해석론)으로 나뉘나 대체로 후자의 견해가 타당하다고 본다. 시대나 장소에 따른 진화적 해석이 필요한 것이다.

　　일반적으로 법규범의 내용은 사회평균인을 표준으로 하고 있다. 따라서 어떤 용어가 일반인에게 통용되는 의미와 전문가에게 통용되는 의미가 있을 때에는 사회평균인에게 통용되는 의미로 해석하여야 한다. 또한 입법기술상 용어의 사용에 일정한 관례가 있을 때에는 그 관례에 따라 해석하여야 한다.

나. 논리적 해석

'논리해석'이란 법문의 자구(字句)에 구속됨이 없이 법 제정 당시의 사회적 사정, 입법의 취지, 목적, 사회생활의 필요성, 법의 적용 효과 등으로 법규의 의미를 해석하는 방법이다. 일반적으로 법령의 해석은 문리적 해석만으로는 불충분하기 때문에 문리적 해석을 기초로 하고 그 바탕하에서 논리해석을 하게 된다. 논리해석의 방법에는 확장해석, 축소해석, 반대해석, 물론해석, 보정해석 등의 방법이 있다.

(가) 확장해석

확장해석이란 법문의 의미를 보통의 뜻보다 넓게 해석하여 법에 내재된 진정한 의미를 밝혀 내려는 해석방법을 말한다. 예를 들면 '마차통행금지'라고 했을 때 반드시 말이 끄는 마차뿐만 아니라 소까지 포함시켜 '우마차통행금지'라고 해석하는 것과 같은 경우이다. '공원의 수목을 꺾지 마시오'라는 표현은 공원 내의 화초도 포함된다고 해석하는 것도 확장해석의 예가 된다. 민법 제752조는 '타인의 생명을 해한 자는 피해자의 직계존속, 직계비속 및 배우자에 대하여는 재산상의 손해 없는 경우에도 손해배상의 책임이 있다'고 규정하고 있다. 통상적으로 법률상 '배우자'라 함은 법률상의 배우자를 의미하지만 위 규정상의 배우자는 사실상의 배우자도 포함된다는 해석도 확장해석의 예이다.

(나) 축소해석

축소해석이란 법문의 의미를 통상보다 축소하여 해석하는 방법으로 제한해석 또는 한정해석이라고도 한다. 법문의 의미를 보통의 경우보다 좁게 해석하는 방법을 말한다. 예를 들면 형법 제329조가 '타인의 재물을 절취한 자는 6년 이하의 징역 또는 1천만원 이하의 벌금에 처한다'고 규정하고 있다. 일반적으로 재물은 동산과 부동산을 포함하는 개념이지만, 형법상 절도죄의 객체인 재물에는 부동산을 포함하지 않고 동산만으로 제한하여 해석하는 것이 축소해석이다. 도로교통법 제22조(앞지르기 금지의 시기 및 장소) 제3항은 도로의 구부러진 곳에서는 다른 차를 앞지르지 못한다고 규정하고 있다. 도로의 구부러진 곳이란 문의 그대로 해석하면 조금이라도 휘어진 도로, 즉 도로가 완전히 직선이 아닌 모든 곳을 말하나 위 규정과 관련된 제반규정과 입법목적에 비추어 볼 때, '앞지르기로 인하여 위험을 초래하고 교통안전에 지장을 줄 수 있는 정도의 구부러진 도로'로 한정 해석하는 것도 축소해석의 예이다.

(다) 반대해석

'반대해석'이란 법을 해석함에 있어 명문으로 규정되어 있지 않을 경우에는 그와 반대로 해석하는 것을 말한다. 예를 들면 민법 제800조는 '성년에 달한 자는 자유로 약혼할 수 있다'고 규정하고 있다. 따라서 위 규정을 반대로 해석하면, 성년에 달하지 못한 자(미성년자)는 자유롭게 약혼할 수 없고 법정대리인의 동의나 승낙을 얻어서만 약혼할 수 있다고 해석되는 것이다. 민법 제3조(권리능력의 존속기간)에 사람은 생존한 동안 권리와 의무의 주체가 된다고 규정하고 있다. 따라서 반대해석상 사람은 사망한 이후에는 권리와 의무의 주체가 될 수 없다고 보는 것도 반대해석의 예이다. 민법 제832조에 '부부의 일방이 일상의 가사에 관하여 제3자와 법률행위를 한 때에는 다른 일방은 이로 인한 채무에 대하여 연대책임이 있다'고 규정되어 있기 때문에 어떤 채무가 일상가사에 관한 채무가 아닌 한 연대책임이 없다고 해석하는 것도 반대해석에 의한 것이다.

(라) 물론해석

물론해석이란 법문에 일정한 사례를 규정하고 있는 경우, 그 규정에 명시되어 있지 않은 사항에 대해서도 사물의 성질상 또는 입법정신에 비추어 당연히 그 규정에 포함된 것이라고 해석하는 것이다. 예를 들면 위험지역에서 '자전거통행금지'라는 표시는 그보다 더 위험한 자동차는 당연히 통행이 금지된다는 의미로 해석하는 경우이다.

(마) 보충해석

보충해석, 또는 수정해석은 법문의 자구가 틀렸거나 부정확하게 사용되었을 때 이를 보충·정정하는 해석을 말한다. 예를 들면 민법 제240조(수지, 목근의 제거권) 제3항은 인접지의 수목뿌리가 경계를 넘은 때에는 임의로 제거할 수 있다고 규정하고 있다. 이 경우 제거된 수목의 뿌리는 누구에게 속하는지 불분명하므로 법을 보충하여 해석하여야 한다.

(바) 역사적 해석

입법자의 의사를 기준으로 법규범을 해석하는 것을 '역사적 해석'이라고 한다. 이는 법이 성립한 배경을 중심으로 해석하는 것이다. 법안의 이유서, 제안자의 의견, 의사록 및 정부위원의 설명 등이 역사적 해석을 위하여 중요한 의미를 가진다. 이 해석방법은 법문의 의미를 사회의 진화과정에 적합하도록 해석하는 진화적 해석방법에 대립되는 해석이다.

(사) 체계적 해석

'체계적 해석'은 법조문을 전체 법률 내에서 다른 법조문들과의 관계를 따져 해석하는 것이다. 법은 전체로서 하나의 체계를 이루고 있다. 따라서 서로 모순·충돌되는 것처럼 보이는 조문들 사이에는 조화가 이루어지도록 해석되어야 한다. 체계적 해석을 함에는 각 규정간의 논리적 체계를 중시하여야 함은 물론 상하규범간의 체계 또한 중시하여야 한다. 법을 해석한 결과 여러가지 해석이 가능한 경우에는 헌법의 이념에 부합하는 해석을 우선하여야 한다.

(아) 목적론적 해석

목적론적 해석은 법의 근본취지 또는 규율목적에 맞게 해석하는 것을 말한다. 이러한 목적론적 해석은 개개의 법규의 목적뿐만 아니라 널리 법의 목적을 고려하여 행해진다. 여기서 목적은 입법자가 가지고 있었던 목적이 아니라 법규정 자체에서 합리적으로 인정되는 목적을 말한다.

(자) 유추해석

유추해석은 어떠한 사항에 대하여 적용할 법조문이 존재하지 아니할 경우 그와 비슷한 다른 법조문을 적용하는 것을 말한다. 예를 들면 자동차와 오토바이는 운송수단으로서의 기능 등 중요한 점에서 유사하므로 자동차에 대한 출입금지를 오토바이에 대해서도 적용할 수 있다는 것이 유추이다. 유추해석은 명문규정에 없는 사항이 명문규정에 있는 사항과 유사함을 이유로 확대 적용한 경우임에 반하여, 확장해석은 법조문에 의한 확장으로서 적어도 법규 자체가 이미 예상하고 있는 범위 내의 해석이라는 점에서 구별된다. 형법해석에서 유추해석을 허용하면, 형법에 명시되지 않은 행위가 처벌될 가능성이 있기 때문에 죄형법정주의의 원칙상 허용되지 아니한다. 다만 법의 논리성이 허용하는 범위 안에서 피고인에게 불리하지 않는 유추해석의 경우에는 죄형법정주의에 반하지 않는다고 본다.

한편, 유추는 중복하여 규정할 필요성이 없기 때문에 규정하지 않는 준용(민법 제10조)과 구별된다. 엄격하게 말하면 유추는 법해석의 한 방법이나, 준용은 입법기술상의 방법이다.

(차) 비교해석

비교해석이란 법규의 의미를 구법이나 외국법 등과 비교하여 해석함으로써 법의 의미와 내용을 명확하게 하는 것을 말한다. 우리나라처럼 외국법을 많이 계수한 경우에는 계수된 모법과의 관계에서 비교해석은 중요한 의미를 갖는다.

2. 법의 적용

법의 적용이란, 추상적 법규정을 구체적인 사안에 대입하여 결론(법적 효과)을 내리는 일을 말한다. 즉, 추상적인 법규범을 대전제로 하고 구체적인 사안을 소전제로 하여 3단논법에 의하여 결론을 도출해 내는 것이 법의 적용이다. 재판은 법을 적용하는 절차이고 따라서 법의 적용은 법관의 임무에 속한다. 그리고 법을 적용하는 재판절차는 제1단계로 사실의 확정, 곧 구체적 사실의 유무와 내용을 확정하고, 제2단계로 법의 해석, 곧 확인된 사실관계에 적용할 법규를 찾아 해석함으로써 결론을 도출하는 단계를 밟아 행하여진다.

이와 같이 법의 적용은 사실에 대한 조사, 즉 사실 심리(사실확정)와 밝혀진 사실에 따른 결론(판결)이라는 복합적인 구조를 가진다. 그리고 밝혀진 사실과 그 사실에 따른 판결, 이 양자를 연결해 주는 고리의 역할을 하는 것이 바로 법률이다. 즉 사실조사 과정을 거쳐 어떤 사실이 밝혀지면(①) → 그 사실에 법률을 적용하여(②) → 그에 따른 판결을 하게 된다(③).

돈을 빌린 사실(①)에 대해서는 → 민법의 대여금에 관한 규정을 적용(②)하여 → 빌린 돈을 갚으라는 판결(③)을 한다.

물건을 산 사실(①)에 대해서는 → 민·상법 등의 매매에 관한 규정(②)을 적용하여 → 매매대금을 지급하고, 물건에 대한 소유권을 이전하라는 판결(③)을 하게 된다.

이 경우 민·상법 등의 법률은 이미 제정되어 있으므로 새로 확정을 지을 필요가 없다. 그러나 돈을 빌리거나 물건을 산 사실이 있는지의 여부에 대해서는 그랬을 수도 있고, 아닐 수도 있으므로 각각의 사안마다 이를 조사하여 밝혀 볼 필요가 있다. 이를 사실의 확정이라고 한다.

(1) 사실확정의 중요성

사실이 확정되지 않으면 법을 적용할 수 없으므로 사실의 확정은 법의 적용 여부를 결정하는 중요한 문제이다. 사실의 확정이 어떻게 되느냐에 따라 법규범이 예정하고 있는 법률효과의 적용을 받을 수 있는지의 여부가 결정되기 때문이다. 사실확정의 방법에는 사실의 입증과 사실의 추정 및 의제(간주)가 있다.

(2) 사실확정의 방법

가. 사실의 입증

(가) 증거의 개념

갑이 을에게 돈 100만원을 한달 후에 받기로 하고 빌려 주었다고 가정하자. 한달 후에 을이 돈 100만원을 갚으면 아무 문제가 생기지 않는다. 그러나 을이 한 달이 지난 후에도 돈을 갚지 않는다면 문제가 발생할 여지가 생긴다. 이 경우에도 을이 돈 100만원을 빌려 간 사실은 인정하면서 다만 지금 형편이 어려우니 조금만 기다려 달라며 사정을 해 오면 갑과 을 사이에 소송문제까지는 생기지 않는다. 그런데, 을이 마음이 변하여 돈을 빌린 사실을 부인하면 문제는 복잡해지게 된다. 갑이 억울하여 을을 상대로 돈 100만원을 돌려달라는 소송을 제기하였다. 그 경우 담당 법관은 어떤 근거로 어떤 판결을 해야 하고, 또 할 수 있는지는 사실에 대한 입증에 따라 달라지게 된다.

담당법관이 갑의 말만 믿고 을에게 100만원을 지급하라는 판결을 할 수 없음은 당연하다. 판결에 앞서 과연 두 사람 사이에 돈을 빌려 주고, 빌려 받은 사실이 있는지 밝혀 내는 사실확정 과정을 거쳐야 한다.

이러한 사실확정의 근거가 되는 것, 사실확정의 자료를 증거라고 한다. 예를 들면 을명의의 차용증이나 현금 보관증, 또는 갑이 을에게 돈을 빌려 준 것을 본 증인 등이 증거가 될 수 있다.

실제의 소송은 그 절차의 대부분을 이와 같은 사실 심리, 즉 소송당사자들이 제출한 증거를 조사하고, 이를 토대로 하여 소송당사자 사이에서 있었던 구체적인 사실을 밝혀 확정하는 데 집중된다. 따라서 소송에 임하는 당사자들은 먼저 사실을 밝히는 것에 최선의 노력을 다하여야 하고, 이를 위하여 그 사실을 밝혀 줄 수 있는 구체적이고 직접적인 증거를 수집하여 법관에게 제시하는 것이 중요하다.

(나) 증거의 역할, 가치

어떤 젊은 여자 둘이 갓난아기를 안고 솔로몬 왕을 찾아 왔다. 그리고 서로 그 아기가 자신의 아기라고 주장하였다. 솔로몬 왕은 두 여자의 주장을 듣고 난 후 누가 그 아기의 어머니인지 판단하기 어려우니 그냥 아기를 반으로 갈라 각자 반씩 나눠 가지라는 판결을 내렸다. 그러자 한 여자는 자신의 주장을 거두어들이고, 그 아기를 죽이지 말고 상대방 여자에게 주어 기르게 할 것을 호소했고, 다른 여자는 그 판결에 그대로 따르겠다고 했다. 이에 솔로몬 왕은 자신의 주장을 거두어들인 그 여자를 진짜 어머니로 판단하고 그 여자에게 아기를 돌려주고 다른 한 여자를 엄벌에 처했다. 누구나 다 잘 알고 있는 솔로몬의 재판에 관한 이야기이다. 진짜 어머니라면 비록 자신이 아기를 못 키우는 한이 있더라도 자신의 아기를 해치는 일은 하지 않을 것이라는 판단을 한 것이다. 그런데, 만약 솔로몬 왕의 위 판결에서 벌을 받은 한 여자가 현대인들처럼 좀더 영악했더라면 어떻게 되었을까? 그 여자는 평소 뛰어난 지혜로 칭송받던 솔로몬 왕이 누가 보아도 황당하기 이를 데 없는, 아기를 반으로 갈라 나눠가지라는 판결을 내린 의도를 간파하고, 그 자신도 진짜 어머니였던 그 여자처럼 아기를 죽이지 말 것을 호소하였다면 다시 사건은 원점으로 돌아갔을 수도 있다.

　　그런데 위 사건이 지금의 법정에서 전개되었다면 아이와 생모라고 주장하는 두 여자의 유전자를 감정해 보는 증거방법을 통하여 간단하게 생모를 확정지을 수 있다. 비록 재판장이 솔로몬 왕과 같은 지혜를 갖추지 못하였어도 구체적인 증거만 있으면 사건을 훨씬 더 정확하게 판단할 수 있는 셈이다.

　　실제 재판에서 원고나 피고는 자신의 주장을 장황하게 설명한 후 아무런 증거도 제시하지 않은 채 무조건 자신의 주장이 옳으니 자신의 주장대로 금방 판결을 내려 줄 것을 구하는 경우가 많다. 심지어는 자신이 옳은 것은 하늘도 알고 땅도 알고 세상 사람도 다 아는데 왜 판사는 자신의 말을 믿지 않느냐고 화를 내는 사람도 있다. 그러한 당사자에게 어떤 법관은 이렇게 대답했다고 한다. '하늘이 알고, 땅이 알고, 세상 사람이 다 알면 무슨 소용이요, 판결을 할 법관인 내가 모르는데.'

　　어떤 사건을 판단하고, 사실을 확정하는 데 솔로몬의 지혜보다 더 필요한 것이 그 사건에 대한 직접적이고도 구체적인 증거이다. 이러한 증거만 있다면, 비록 솔로몬의 지혜를 갖추지 못하여도 사안을 정확히 판단해 낼 수 있지만, 그러한 증거 없이는(모든 재판관이 솔로몬 만한 지혜를 갖출 수는 없는 터에) 설령 솔로몬의 지혜를 갖추었다고 하더라도 구체적인 증거에 입각하여 판단하는 경우보다 오판의 가능성이 더 높아진다. 확실한 문서나 물증만 남겨 놓으면 위 예의 을과 같이 상대방도 괜한 억지를 부리지 않는다. 따라서 모든 거래나 약정에 구체적이고도 확실한 문서나 물증을 남기는 것이야말로 장래의 분쟁을 예방하는 첫걸음이 된다는 것을 잊지 말아야 한다.

　　소송법이 인정하는 증거방법은 인적 증거는 증인·감정인 및 당사자 본인

등이 있고, 물적 증거는 문서 및 검증물 등이 있다.

나. 사실의 추정

추정이란 어떤 사실의 존재 여부가 불명확한 경우에 공익상의 이유나 주위의 사정으로 인하여 사회의 통상적인 상태를 기준으로 일단 그 사실을 존재하는 것으로 가정하고 그에 상응한 법률효과를 부여하는 것이다.

사실의 추정은 사실의 존재 여부에 대한 가정에 불과한 것이므로 반대의 사실을 주장하는 당사자의 반증이 있을 경우에는 그 확정을 번복시킬 수 있다. 우리 법률상 추정규정은 많이 있다. 예를 들면 헌법 제27조 제4항은 형사피고인은 유죄의 판결이 확정될 때까지 무죄로 추정한다고 규정하고 있다. 이로써 형사피고인은 무죄추정을 받아 인권보호를 받을 수 있다. 또한 민법 제844조 제1항은 '처가 혼인중에 포태한 자는 부의 자로 추정한다'고 규정하고 있다. 위 민법규정은 혼인중에 아내가 임신을 하면 그 아이를 다른 남자의 아이로 보기에는 입증이 곤란하고 사회의 통상 상태를 기준으로 판단하여 일단 그 남편의 아이로 추정하는 것이다. 따라서 갑남과 을녀가 혼인중이고 을녀가 자를 포태하였다면 민법 제844조 제1항에 의하여 처인 을녀가 포태한 자는 부(夫)인 갑남의 자로 추정된다. 그러나 을녀가 포태한 자가 을녀의 불륜행위로 인한 타인의 자라는 것이 입증된다면 추정된 효과는 생겨나지 않는다. 위 각 예에서 보듯이 추정의 경우 법규상에는 '…을 추정한다'로 규정하고 있다.

다. 간 주

간주(또는 의제)란 사실의 진실 여부에 관계없이 사실이 존재하는 것으로 확정적으로 보는 것이다. 간주는 법이 의제하는 사실이 존재한다는 것을 기초로 하여 법을 적용하기 때문에 그 사실의 진실 여부를 불문하고 반증을 들어 이를 부인하는 것도 허용되지 아니한다. 예를 들면 민법 제28조는 '실종선고를 받은 자는 실종기간이 만료하였을 때 사망한 것으로 본다'고 규정하고 있다. 이 규정에 의하여 실종자는 실종기간이 만료하였을 때부터 사망한 자로 인정되고, 설령 나중에 실종자가 살아서 돌아왔다고 하더라도 그 사실만으로는 위 사망한 자로 간주된 법률효과가 번복되지 않는다. 실종자가 사망간주의 효과를 부인하려면 법원의 실종선고에 대하여 취소선고를 받아야만 한다. 따라서 사실의 확정에 있어서 추정규정보다는 간주규정의 효력이 더 강하다고 할 수 있다. 간주의 경우 법규상에는 '…으로 본다'로 규정하고 있다.

(3) 입증책임

가. 입증책임의 개념

입증책임을 쉽게 설명하기 위하여 두 가지 소송을 예로 들어 보자.

제1 예

원고가 피고를 상대로 빌려간 돈을 갚으라는 소송을 제기하였는데, 피고는 원고로부터 돈을 빌린 사실이 없다고 주장하고 있다. 그런데 위 소송에서 원고도 자신이 피고에게 돈을 빌려 주었다는 사실에 대하여 차용증, 현금보관증, 영수증 등의 서증이나 증인 등의 증거를 제대로 대지 못하고 있지만 피고도 자신이 돈 빌린 사실이 없다는 증거를 제출하지 못하고 있다

제2 예

원고가 피고를 상대로 빌려간 돈을 갚으라는 소송을 제기하였는데, 피고는 원고로부터 돈을 빌린 사실은 있지만 이를 갚았다고 주장하고 있다. 그런데 위 소송에서 피고는 자신이 돈을 갚은 사실에 대한 영수증, 변제증서 등의 서증이나 증인 등의 증거를 제출하지 못하고 있으며, 원고도 자신이 피고에게 빌려 준 돈을 돌려받은 바가 없다는 사실에 대한 아무런 증거도 제시하지 못하고 있다.

위 두 가지 사례는 원·피고 누구도 자신의 주장사실에 대하여 구체적이고도 직접적인 증거를 내세우지 못하고 있다. 위 사건을 담당하는 판사는 어떤 근거로 어떤 판결을 내리는 것이 타당한가?

결론적으로 말하면, 특별한 사정이 없는 한 위 두 가지 사례 중 제1 예는 원고 패소, 제2 예는 피고 패소로 판결을 하는 것이 타당하다.

이러한 차이는 입증책임의 귀속과 관련이 있다. 즉, 입증책임이 누구에게 있는가에 대한 차이에서 오는 결과인 것이다.

즉 소송상 주장 사실에 대하여 입증책임이 있는 사람이 그 사실에 대하여 충분한 입증을 하지 못하였을 때에는 그 사실은 소송상 존재하지 않은 것으로 취급을 받게 된다. 앞서 본 예에서 제1 예는 원고가 돈을 빌려준 사실에 대하여 입증책임이 있다. 그런데, 원고가 돈 빌려 준 사실에 대하여 충분한 입증을 하지 못하였으므로 그 사실, 즉 돈 빌려 준 사실은 소송상 없었던 것으로 취급받는다. 돈 빌려 준 사실이 법률상 인정이 되지 않으므로 돈을 갚으라는 판결을 할 수 없고

그 결과 원고는 패소하게 된다.

　　반면, 제2 예에서는 피고가 돈을 갚은 사실에 대하여 입증책임이 있다. 그런데, 피고가 돈을 갚은 사실에 대하여 입증책임을 다하지 못하였으므로 그 사실, 즉 돈을 갚은 사실은 소송상 없었던 것으로 취급받게 된다(피고가 돈을 빌린 사실은 인정하였으므로 위 소송에서는 원고가 피고에게 돈을 빌려 준 사실은 쟁점이 되지 않는다). 따라서 피고는 돈을 빌렸으나, 갚은 사실은 인정되지 않았으므로 당연히 돈을 갚으라는 판결을 받을 수밖에 없고, 그 결과 피고는 패소하게 되는 것이다.

나. 입증책임의 분배

　　이처럼 입증책임은 소송에서 승소와 패소를 가르는 결정적인 분수령이 된다. 그러면 구체적인 소송에서 쟁점사실에 대하여 원고·피고 중 누구에게 입증책임이 있는지 어떻게 결정되는 것인가?

　　일반적으로 자신에게 어떤 권리(예를 들면 빌려 준 돈을 받을 권리, 물건 대금을 받을 권리, 손해배상을 받을 권리, 임금을 받을 권리, 공사대금을 받을 권리 등이 있다)가 있다고 주장하는 사람은 자신에게 그러한 권리가 있다는 사실에 대하여 입증책임이 있다. 입증책임을 다하지 못하면, 그러한 사실이 없었고, 따라서 권리도 발생하지 않았다는 취급을 받는 불이익을 받게 된다.

　　이에 대하여 상대방이 주장하는 권리가 존재하기는 했으나, 그 후에 별개의 사유로 그 권리가 소멸하였다든지(권리 소멸 사실 — 예를 들면 빌린 돈을 갚았다, 소멸시효가 완성되었다), 상대방에게 권리가 있기는 하나 아직 그 권리를 행사할 시기가 아니라든지, 또는 조건이 성취되지 않았다든지(권리행사 저지사실 — 예를 들면 아직 돈 갚을 기한이 남았다, 임대기간이 만료되지 않았다) 하는 사실을 주장하는 사람은 그러한 사실이 있음을 입증할 책임이 있고, 역시 입증책임을 다하지 못한 경우 그 주장사실을 인정받지 못하는 불이익을 받게 된다.

Ⅸ. 권리와 의무

1. 법률관계

　　인간은 다양한 모습의 생활관계를 형성하며 살고 있다. 이러한 여러 생활관계 중에서 특히 법의 규율을 받는 관계를 법률관계라 한다. 법률관계를 당사자간의 관계로 환원해 보면, 권리와 의무의 관계로 나타난다. 권리와 의무는 원칙적으로 상대적으로 존재한다. 즉 권리는 법에 의하여 자기의 법익을 향수할 수 있도록 상대방(의무자)에게 요구하는 법적 힘이라면, 의무는 이러한 요구를 따라야 하는 법적 구속이다. 따라서 이 둘의 관계는 서로 상대적인 것으로 볼 수 있다. 예를 들어 갑이 을에게 자동차를 매매한 경우를 생각해 보자. 매매라는 법률관계에 의하여 매도인인 갑은 을에게 자동차대금지급청구권을 가지고, 을은 갑에게 대금지급채무를 부담하게 된다. 그런데 동시에 을은 갑에게 자동차소유권이전 및 자동차 인도청구채권을 가지고, 갑은 자동차소유권이전 및 자동차인도채무를 부담하게 된다. 또한 매매라는 법률관계로 인하여 궁극적으로는 갑은 자동차의 소유권을 상실하고 그 대가로 대금의 소유권을 취득하게 되고, 을은 그 반대가 된다. 이와 같이 법률관계는 권리·의무의 발생·변경·소멸(권리·의무의 득실변경)이라는 법률효과를 가져오게 된다. 이러한 법률효과를 가져오게 된 원인을 법률요건이라 하는데 위 예에서는 매매계약이 법률요건이다. 그리고 법률요건을 구성하는 개개의 사실을 법률사실이라고 한다. 매매가 성립되기 위해서는 갑이 자동차 매도 의사를 표시하고, 을은 이에 응하여 매수의사를 밝혀야 한다. 이와 같이 매도인의 매도의 의사(청약)라는 법률사실과 매수인의 매수의 의사(승낙)라는 법률사실이 합치되어 매매라는 법률요건이 성립되고 그 결과 목적물이전 및 대금지급이라는 매매의 법률효과가 발생하게 된다. 어떠한 생활관계가 법률관계로 되는가는 사회적 요청과 법의 이념에 의하여 정해진다. 근대국가의 성립 이전의 법률관계는 대체로 피치자의 의무본위로 구성되었으나, 근대국가의 성립과 더불어 법률관계는 권리본위로 전환되었다. 현대에 와서는 권리의 공공성·사회성이 강조되어 권리는 의무를 수반한다고 보고, 구체적 권리행사에 제약이 가해지고 있다. 그 대표적인 예가 바이마르헌법 제153조 '소유권은 의무를 진다'는 규정이다. 우리 헌법도 제23조 제2항에서 '재산권의 행사는 공공복리에 적합하도록 하여야 한다'고 규정하고 있고, 우리 민법도 제2조에서 '① 권리의 행사와 의무의 이행은 신의에 좇아 성실히 하여야 한다. ② 권리는 남용하지 못한다'고 하여 신의성실의 원칙과 권리남용의 금지를 규정하고 있다.

　　법률관계는 호의관계(好意關係)와 구별된다. 호의관계는 법적 의무가 없음에도 불구하고, 호의로 어떤 행위를 해 주기로 하는 생활관계이다. 자기가 운전하는 차에 아는 사람을 무료로 태워주는 경우(호의동승), 부모가 외출하는 동안 아이를 무료로 볼봐 주기로 하는 경우 등이 그 예이다. 이러한 호의관계는 법의 규율을 받지 않기 때문에 그 이행을 강제받지 않으며 약속을 어기더라도 제재를 받지는 않는다. 단지 도덕적·사회적 비난만 받을 뿐이다.

호의관계와 법률관계의 구별이 쉽지 않은 때도 있다. 구체적인 경우의 모든 사정을 참작하여 합리적으로 판단해 볼 때 당사자에게 법적으로 구속당할 의사가 있었다고 보아야 하는지에 의하여 결정함이 타당하다.

2. 권   리

(1) 권리의 본질

권리란 법익, 곧 법이 보호하는 이익 또는 가치를 향수하게 하기 위하여 특정인에게 부여되는 법률상의 힘을 말한다고 볼 수 있다.

이러한 권리의 본질이 무엇인가에 대해서는 의사설, 이익설, 법력설 및 권리부인설이 대립되고 있다.

'의사설'은 의사를 권리의 본질이라고 보고, 권리를 법에 의하여 인정되는 의사의 힘 또는 의사의 지배라고 한다. 칸트(Kant), 헤겔(Hegel) 등은 '의사의 자유'를 권리의 본질이라고 보았다. 이 설에 따르면, 의사를 가진 자만이 법률상의 권리를 가지게 된다. 따라서 의사무능력자인 태아나 정신병자 및 의사능력을 가지지 못하는 법인 등은 권리를 가질 수 없게 된다. 따라서 의사무능력자의 권리를 인정하고 있는 현재에 있어서는 적합하지 않은 설이 된다.

'이익설'은 법이 보호하는 이익을 권리의 본질이라고 하는 견해이다. 이익설은 목적법학의 창시자인 예링과 데른부르크가 주장하였다. 이익설에 따르면 권리주체와 의사주체는 반드시 같을 필요는 없으므로 의사능력을 가지지 않는 유아나 정신병자도 권리주체가 될 수 있다. 그러나 이 견해에 따를 경우 권리주체와 수익주체는 항상 같아야 되는데 반사적 이익과 같이 수익을 누릴 수는 있으나 권리가 인정되지 않는 경우도 있고, 또한 친권과 같이 권리자에게 아무런 이익을 주지 않는 권리도 존재하기 때문에 권리의 본질에 관한 설명으로는 타당하지 않다고 보는 것이 일반적이다.

'법력설'은 권리를 일정한 이익을 누릴 수 있는 법률상의 힘 또는 가능성이라고 본다. 여기서 '일정한 이익'이란 개인의 사회생활에서 필요한 가치 있는 것,

즉 물질적·경제적 내용을 가진 것뿐만 아니라 생명, 신체, 정조, 비밀, 자유, 명예 등과 같은 비물질적인 이익을 포함한다. 또한 '법적으로 부여된 법률상의 힘'이란 법에 의하여 인정되는 힘을 의미한다. 이 견해는 의사설과 이익설의 결점을 보완한 학설로서 오늘날의 지배적인 학설이다. 법력설에 따르면 권리는 법에 의하여 주어진 힘이므로 법을 떠나서는 존재할 수 없는 동시에 그 내용도 법으로 제한할 수 있다고 본다.

(2) 권리와 구별되는 개념

권리와 구별되는 개념에는 권원, 권한, 권능, 반사적 이익 등이 있다.

'권원'(權源)은 어떤 법률상 또는 사실상의 행위를 하는 것을 정당화하는 근거가 되는 원인을 말한다. 예를 들어 지상권자나 임차권자는 지상권·임차권의 목적이 되는 타인 소유의 부동산에 자기의 동산을 부속시켜서 그 부동산을 이용할 수 있는 권리를 가지는데, 이 경우 지상권·임차권이 동산 부속행위를 정당화시켜 주는 권원이 되는 것이다.

'권한'(權限)은 타인을 위하여 그 자에 대하여 일정한 법률효과를 발생시키는 행위를 할 수 있는 법률상의 자격을 말한다. 예를 들면 공무원의 권한, 단체간부의 권한, 회사 이사의 권한, 개인에 있어서는 대리인의 권한 등을 들 수 있다.

'권능'(權能)은 일반적으로는 권리에서 파생되는 개개의 기능 또는 권리의 내용을 이루는 개개의 법률상의 작용을 의미한다. 예를 들면 소유권은 하나의 권리이지만 그 안에는 사용권, 수익권, 처분권의 세 가지 권능이 있다. 권리의 내용이 하나의 기능으로 성립하는 경우에 권능은 권리와 같다.

'반사적 이익'은 법률이 특정인 또는 일반인에게 어떤 행위를 명함으로써 다른 특정인 또는 일반인이 그 반사적 효과로서 받는 이익을 말한다. 예를 들면, 공중목욕장영업허가를 일정한 경우 제한함으로써 기존 공중목욕장 영업자가 받는 영업상의 이익이 그 예이다. 흡연장소를 제한함으로써 비흡연자가 원치 않는 간접흡연을 피할 수 있는 것도 그 예가 될 수 있다. 이러한 반사적 이익은 권리가 아니므로, 반사적 이익이 침해되었다는 이유로 법원에 구제를 청구할 수는 없다.

(3) 권리의 분류

권리는 대체로 공권, 사권, 사회권으로 나누어진다.

'공권'은 공법상의 권리로서 공적·정치적·국가적 생활에서의 이익을 목적으로 하는 권리이다.

'사권'은 사법상의 권리로서 사적·시민적·사회적 생활에서의 이익을 목적으로 하는 권리이다.

'사회권'은 국민이 인간다운 생활을 영위하는 데 필요한 조건의 형성을 국가에 대하여 요구할 수 있는 권리이다.

가. 공 권

공권은 다시 국내법상의 공권과 국제법상의 공권으로 분류된다.

(가) 국내법상의 공권

국내법상의 공권은 국가나 기타 공공단체가 가지는 국가적 공권과 국민이 국가나 기타 공공단체에 대하여 가지는 개인적 공권으로 분류할 수 있다. 국가적 공권은 작용에 따라 입법권·사법권·행정권으로, 목적에 따라 조직권·경찰권·군정권·형벌권·재정권으로 분류된다. 개인적 공권은 자유권·수익권· 참정권 등으로 나뉜다.

(나) 국제법상의 공권

국가는 대외적으로 독립적인 인격자로서 국제법상의 권리·의무의 주체가 된다. 국제법상의 공권은 독립권·자위권·평등권 등이 있다.

나. 사 권

사권은 권리의 내용, 작용, 이전성, 표준성 등에 따라 분류할 수 있다.

(가) 내용에 따른 분류

권리의 내용을 표준으로 재산권, 신분권(가족권), 인격권, 사원권 등으로 구분할 수 있다.

1) 재산권은 권리자의 재산에 대한 이익을 목적으로 하는 권리이다. 재산권의 대표적인 것으로는 물권, 채권, 무체재산권 등이 있다. 물권은 권리자가 물건 기타 객체를 직접 지배하여 배타적으로 이익을 얻는 권리이다. 민법이 인정하는 물권은 점유권·소유권·지상권·지역권·전세권·유치권·질권·저당권의 8가지이고, 관습법상의 물권으로 분묘기지권, 관습법상의 법정지상권이 있다. 채권은 특

정인(채권자)이 특정인(채무자)에게 채무의 내용인 일정한 행위(이행행위, 이를 '급부'라고 하기도 한다)를 청구하는 권리다. 채권은 계약·사무관리·부당이득·불법행위 등 여러가지 원인에 의하여 발생하는데 그 중 가장 중요한 원인은 계약이다. 무체재산권은 인간의 정신적 창작물을 지배할 수 있는 권리로서 특허권·지적재산권·실용신안권 등이 있다.

2) 신분권은 친족관계에 있어서의 일정한 지위에 따르는 이익을 누리는 것을 내용으로 하는 권리이다. 친족권과 상속권이 해당된다.

3) 인격권은 권리의 주체와 불가분적으로 결합되어 있는 인격적 이익을 누리는 것을 내용으로 하는 권리이다. 생명권·신체권·자유권·명예권·초상권 등이 있다.

4) 사원권은 사단법인의 구성원이라는 지위에서 단체에 대하여 가지는 포괄적인 권리이다. 민법상 사단법인의 사원의 권리, 주식회사의 주주의 권리 등이 있다.

(나) 권리의 작용에 따른 분류

사권은 권리의 작용을 표준으로 지배권·청구권·형성권·항변권 등으로 구분할 수 있다.

1) 지배권은 권리자가 타인의 행위를 게재시키지 않고 권리의 객체를 직접·배타적으로 지배하는 권리이다. 물권이 그 대표적이며, 무체재산권·친권·후견권 등도 지배권에 속한다.

2) 청구권은 특정인이 다른 특정인에 대하여 일정한 이행행위(작위, 부작위, 인용 등)를 요구하고 그 이행행위를 통하여 권리의 만족을 얻는 권리로서 채권이 대표적이다. 지배권은 권리자가 권리의 객체를 직접 지배하여 권리의 만족을 얻음에 대하여 청구권은 권리의 객체를 직접 지배하지 아니하고, 오로지 타인의 이행행위를 통하여 권리의 만족을 얻는 점에서 큰 차이가 있다.

3) 형성권은 권리자의 일방적 의사표시에 의하여 법률관계를 발생·변경·소멸시키거나 일정한 법률효과를 발생시키는 권리로서 해제권·해지권·취소권·추인권·인지권 등이 있다.

4) 항변권은 타인의 청구권행사에 대하여 그 권리를 인정하면서도 그 권리의 행사를 저지할 수 있는 권리로서 동시이행의 항변권, 보증인의 최고·검색의 항변권, 상속에 있어서 한정승인 등이 있다.

(다) 권리에 대한 의무자를 표준으로 한 분류

권리에 대한 의무자를 표준으로 절대권과 상대권으로 나눌 수 있다. 절대권은 어느 누구에게도 주장할 수 있는 권리로서 물권·인격권 등이 해당되며, 상대권은 특정인에게만 주장할 수 있는 권리로서 채권 등이 있다.

(라) 권리의 이전성을 표준으로 한 분류

권리의 이전성을 표준으로 일신전속권과 비전속권으로 나눈다. 일신전속권은 성질상 권리자로부터 분리할 수 없고, 오직 권리자만이 향유할 수 있는 것으로 인격권·신분권 등이 있다. 비전속권은 성질상 권리자로부터 분리할 수 있는 것으로 상속·양도 등의 승계가 가능한 재산권 등이 해당된다.

(마) 권리의 독립성을 표준으로 한 분류

권리의 독립성을 표준으로 주된 권리와 종된 권리로 나눈다. 주된 권리는 다른 권리에서 완전히 독립된 권리로서 채권·원본채권 등이다. 종된 권리는 다른 권리의 효력을 담보하기 위하여 그에 부속된 권리로서 채권에 대한 담보물권, 원본채권에 대한 이자채권 등이다.

다. 사 회 권

사회권은 국가의 기능이 사회적·경제적 영역에까지 확대되어 국민생활의 보장이 국가의 책임으로 된 결과 발생하는 권리이다. 이는 인간다운 생활을 할 권리, 건강하고 쾌적한 환경에서 생활할 권리, 보건에 관하여 국가의 보호를 받을 권리, 교육을 받을 권리, 근로의 권리, 근로자의 단결권·단체교섭권·단체행동권 등이다.

(4) 권리의 보호

권리가 의무자나 그 밖의 자에 의하여 침해되는 경우에 그에 대한 구제가 필요하게 된다. 과거에는 권리자가 자기의 힘으로 권리를 보호·구제하는 이른바 사력구제(私力救濟)가 인정되었으나, 근대 법치국가에 와서 권리의 보호는 공권력구제 또는 국가구제를 원칙으로 하고 있다. 권리침해가 급박하여 국가의 구제를 기다리면 너무 늦어 권리의 보호라는 목적을 달성할 수 없는 경우에는 제한적으로나마 사력구제도 인정되고 있다.

가. 공권력구제

공권력구제 또는 국가구제란 국가가 재판기관인 법원을 통하여 국가의 공권력에 의하여 분쟁을 강제적으로 해결하는 제도를 말한다. 이러한 국가구제는 크게 나누어 재판제도와 강제집행제도가 있다.

(가) 재판제도

의무자가 그 의무의 이행을 해태하거나, 제3자에 의하여 권리의 침해가 있을 때 권리자는 법원에 그 구제를 위한 재판을 청구할 수 있다. 권리가 침해된 경우에 법이 정하는 절차에 따라 권리자는 국가기관인 법원에 대하여 그 보호를 청구하게 된다. 권리자로부터 권리보호의 청구가 있는 것을 소의 제기라고 말하며, 법원에 의한 소송은 이러한 소의 제기에서 시작하여 판결의 확정으로 끝나는 과정으로 이루어진다. 우선 법원은 사실문제로서 구체적 사건의 내용을 확정하고, 법률문제로서 당해 사건에 관한 법규의 내용을 명확히 하게 된다. 여기서 사실의 확정은 당사자의 공격·방어에 의하여 쌍방이 제출하는 증거를 조사하여 당사자가 주장하는 사실의 진부를 가리는 것을 말한다. 배심제도가 인정되는 나라에서 사실의 확정은 배심원의 심증형성에 의하지만, 배심제도가 없는 우리나라에서는 법관의 자유심증에 의한다. 그 후 법원은 추상적 법규를 대전제로 하고 구체적 사실을 소전제로 하여 판결이라는 결론을 내리게 된다(이른바 판결삼단논법).

그러나 이것은 어디까지나 원칙론이다. 예컨대 민사소송청구의 취지와 원인에 의하여 결정되는 민사소송이나 공소범죄사실에 의하여 결정되는 형사소송에서는 처음부터 사실적인 것과 법적인 것이 함께 섞여 있다. 따라서 법규범 자체가 사실성과 규범성의 양면을 가지고 있는 것과 같이 법의 실현과정으로서 재판과정도 처음부터 이러한 양면을 가지고 있기 때문에 사실인정과 법령적용이 동시에 이루어지는 경우가 많다.

(나) 강제집행제도

강제집행제도란 판결에 의하여 확정된 권리의 내용을 국가의 강제력에 의하여 사실적으로 실현하는 제도를 말한다. 이러한 강제집행제도는 결국 사법상의 청구권의 만족을 얻기 위하여 채무자에게 국가권력에 의한 강제력을 가하여 급여청구권의 실현을 목적으로 하는 민사소송절차의 하나이다. 그런데 강제집행절차가 민사소송절차의 하나라고 하더라도 판결절차와 강제집행절차는 별개의 기관이 관장하는 독립된 절차이며 판결절차의 필연적 연장으로서 강제집행절차가 있는 것은 아니다.

(다) 판결절차와 강제집행절차의 차이

강제집행절차와 판결절차는 서로 분리·독립되어 있기 때문에, 양자는 절차진행상 근본이념의 차이가 있다. 판결절차는 심리의 정밀·정확·신속을 요한다. 그러나 강제집행절차에 있어서는 채권자의 신속하고도 확실한 집행의 이익과 채무자에 대한 집행으로 인한 불필요하고도 과대한 경제적 손해 및 개인적 자유에 대한 침해를 고려하여야 하며 채권자·채무자의 이익을 공평하게 조화시킬 것을 이념으로 한다.

나. 사력구제

오늘날 예외적으로 인정되고 있는 사력구제에는 정당방위와 긴급피난 그리고 자력구제가 있다.

(가) 정당방위

예컨대 외딴 골목에서 강도가 칼로 위협하는 경우에 경찰이 그 피해자의 생명과 신체 및 재산을 보호하는 것은 시간적·공간적으로 불가능하다. 이러한 경우 강도를 만난 자는 스스로 강도의 생명·신체를 훼손해서라도 자신을 지킬 수밖에 없다. 이러한 경우를 정당방위라 한다. 이처럼 정당방위란 타인의 불법행위에 대하여 자기 또는 제3자의 이익을 방위하기 위하여 가해행위를 하는 것을 말한다.

민법 제761조 제1항에 의하며, 정당방위에 의한 가해행위는 그 위법성이 조각되어 불법행위가 되지 않고, 따라서 가해자는 손해배상책임을 지지 않게 된다. 여기서 타인의 불법행위는 객관적으로 위법한 행위이면 족하고, 행위자의 고의·과실 및 책임능력을 필요로 하지 않는다. 그리고 이익이란 법률상 보호할 가치 있는 이익을 의미한다. 또한 정당방위는 부득이한 경우에 행하는 행위이기 때문에, 타인의 불법행위가 급박하여 그것을 방어하기 위해서는 자신도 타인에게 손해를 가할 수밖에 다른 적당한 방법이 없는 경우이다. 뿐만 아니라 방위되는 이익에 비하여 방위를 위하여 가한 손해가 객관적으로 균형을 잃지 않아야 한다.

정당방위에 대하여 형법 제21조는 '① 자기 또는 타인의 법익에 대한 현재의 부당한 침해를 방위하기 위한 행위는 상당한 이유가 있는 때에는 벌하지 아니한다. ② 방위행위가 그 정도를 초과한 때에는 정황에 의하여 그 형을 감경 또는 면제할 수 있다. ③ 전항의 경우에 그 행위가 야간 기타 불안스러운 상태하에서 공포, 경악, 흥분 또는 당황으로 인한 때에는 벌하지 아니한다'고 규정하고 있다.

(나) 긴급피난

예컨대 광견(狂犬)이 달려들 경우 경찰에 도움을 요청할 여유가 없으면 광견을 만난 자는 자신을 지키기 위해 바로 옆집의 문을 부수고라도 들어가서 피신할 수밖에 없다. 이러한 경우처럼 급박한 위난을 피하기 위하여 부득이 타인에게 가해행위를 하는 것을 긴급피난이라고 한다.

이러한 긴급피난에 대해서 민법 제761조 제2항은 위법성이 조각되어 불법행위를 구성하지 않는다고 규정하고 있다. 긴급피난에서 인정되는 급박은 반드시 위법한 것일 필요가 없다는 점에서 정당방위와 근본적으로 차이가 있다. 따라서 정당방위는 부정(不正) 대 정(正)의 관계이고, 긴급피난은 정(正) 대 정(正)의 관계로 표현할 수 있다. 그리고 이러한 급박한 위난의 원인은 사람이든 물건이든 상관없으며, 가해행위로 인한 손해는 위난의 원인이 된 사람이나 물건뿐만 아니라 제3자에 대하여 가해진 경우도 무방하다.

긴급피난에 대하여 형법 제22조 제1항은 '자기 또는 타인의 법익에 대한 현재의 위난을 피하기 위한 행위는 상당한 이유가 있는 때에는 벌하지 아니한다'고 규정하고 있다.

(다) 자력구제

자력구제란 권리를 실현하기 위하여 국가기관의 협력을 기다릴 여유가 없는 경우에 권리자가 자력으로 실현하는 구제방법을 말한다. 정당방위나 긴급피난은 현재의 침해에 대한 방위수단인 데 반하여, 자력구제는 주로 과거의 침해에 대한 회복이라는 차이가 있다.

이러한 자력구제는 이를 인정하지 않으면 국가의 보호가 불가능 또는 현저히 곤란하게 되는 경우가 아니면 허용되지 아니한다. 민법(제209조)은 점유침탈의 경우에 자력구제를 인정하고 있다. 그러나 점유침탈 이외의 경우에도 그 수단이나 정도가 상당한 것이면 자력구제를 일반적으로 인정하게 된다.

(5) 권리행사의 한계

민법은 제2조 제1항에서 '권리의 행사와 의무의 이행은 신의에 좇아 성실히 하여야 한다'고 규정하고 있고, 같은 조 제2항에서 '권리는 남용하지 못한다'고 규정하여 '신의성실의 원칙'(신의칙이라고도 한다), '권리남용 금지의 원칙'을 천명하고 있다. 여기서 신의성실이란 상대방의 신뢰를 헛되이 하지 않도록 성의를 가지고 행동하여야 하는 것을 말한다. 신의성실의 원칙에서 파생되는 원칙으로는 '사정변경의 원칙', '실효의 원칙' 등이 있다. 한편, 권리남용 금지의 원칙상 권리의 행사가 신의칙에 위배되는 경우에는 권리남용이 되어 정당한 권리의 행사로 인정되지 않는다.

3. 의　무

'의무'란 의무자의 의사와는 무관하게 일정한 행위를 하거나(작위) 하지 말아야 할(부작위) 법률상의 구속을 말한다.

의무와 책임은 구별된다. 의무가 자기의 의사와 관계없이 일정한 작위 또는 부작위를 하여야 할 구속인 데 대하여, 책임은 의무위반으로 법의 강제력에 굴복하는 상태를 말한다.

(1) 의무의 종류

가. 공의무와 사의무

공의무라 함은 공적·정치적 생활관계에서의 일정한 법적 구속을 말하고, 사의무는 사권에 대응하는 사법상의 의무이다.

나. 작위의무와 부작위의무

의무는 적극적 의무(작위의무)와 소극적 의무(부작위의무)로 나누어지기도 한다. 작위의무는 의무의 이행에 있어서 의무자의 적극적인 행위를 필요로 하는 적극적 의무를 말한다. 물건을 인도하거나 노무를 제공하는 등의 의무다. 부작위의무는 의무자가 어떤 행위를 하지 않을 것을 내용으로 하는 의무로서 법의 금지규정에 의하여 발생하는 소극적 의무이다. 부작위의무는 예를 들어 건축을 하지 않을 것, 경업을 하지 않을 것과 같은 단순부작위의무와, 임대인이 임대물을 수선하는 것을 임차인이 방해하지 않는 것과 같은 인용(認容)의무가 있다. 인용의무는 달리 수인(受認)의무라고 하기도 한다.

(2) 의무의 이행

의무의 이행이란 의무자가 의무의 내용을 실현하는 행위를 하는 것을 말한다. 그 행위는 의무의 내용에 따라 작위일 수도 있고 부작위일 수도 있다. 의무의 이행은 의무를 발생시킨 계약 등의 법률관계에 따라야 함은 물론 민법 제2조의 규정대로 신의에 따라 성실하게 행하여야 한다.

4. 권리와 의무의 관계

매매의 예에서 보듯이 권리와 의무는 불가분의 관계를 이루며 서로 대응한다. 그러나 취소권·추인권·해제권과 같은 형성권의 예에서 보듯이 권리만 있고 의무가 없는 경우도 있고, 반대로 의무만 있고 권리를 수반하지 않는 경우도 있다. 청산인의 공고의무(민법 제88조, 제93조), 이사 또는 청산인의 등기의무(민법 제50조 내지 제52조, 제85조, 제94조) 등이 후자의 예이다.

X. 권리의 주체와 객체

1. 권리의 주체

(1) 권리의 주체와 권리능력

권리가 귀속되는 주체가 권리의 주체다. 그리고 당연히 의무가 귀속되는 주체는 의무의 주체가 된다. 이와 같이 권리의 주체가 될 수 있는 지위 또는 자격을 '권리능력'이라고 한다. 권리능력은 '(법)인격'이라고도 한다. 물론 훌륭한 성품을 뜻하는 인격이라는 말과는 다르다. 권리능력에 대응하여 의무의 주체가 될 수 있는 지위나 자격을 '의무능력'이라고 한다. 권리를 가질 수 있는 자는 동시에 의무도 가질 수 있으므로, '권리·의무능력'이라는 표현이 용어상으로는 정확하겠으나, 우리 민법이 법률관계를 권리 중심으로 규율하고 있기 때문에 일반적으로는 권리능력이라는 용어를 사용한다.

(2) 민법상의 권리능력자

민법상 권리·의무의 주체가 될 수 있는 자, 즉 권리능력자는 ① 살아있는 사람(자연인), ② 사람이 아니지만, 법에 의하여 권리·의무의 주체가 될 수 있는 능력이 부여되어 있는 일정한 사단(社團, 사람의 집단)과 재단(財團, 재산의 집단)이다.

살아 있는 사람을 '자연인'이라고 하고, 법에 의하여 권리능력이 인정되는 사단 또는 재단을 '법인'(法人)이라고 한다. 매도'인', 매수'인', 본'인' 등의 용어에서 사용된 '인'에는 자연인과 법인이 모두 포함된다. 그리고 채권'자', 채무'자', 선의의 제3'자', 수익'자' 등에서 사용된 '자'(者)에도 자연인과 법인이 모두 포함된다.

2. 자 연 인

(1) 자연인의 권리능력

민법은 '사람은 생존한 동안 권리와 의무의 주체가 된다'(민법 제3조)고 규정하고 있다. 따라서 모든 사람은 생존해 있는 동안에는 평등하게 권리능력을 가진다. 권리능력에 관한 규정은 강행규정이다.

(2) 자연인의 권리능력의 시기와 종기

가. 민법의 태도

민법은 사람이 생존한 동안 권리와 의무의 주체가 된다고 규정하고 있으므로, 사람은 생존하기 시작하는 때, 즉 '출생한 때' 비로소 권리능력을 가지게 된다. 따라서 출생하지 아니한 태아는 원칙적으로 권리능력을 가질 수 없다. 다만, 민법은 태아의 권리보호를 위해 예외적으로 태아가 권리능력을 가질 수 있는 경우를 규정하고는 있다. 사람은 출생한 때 비로소 권리능력을 가지므로, 언제를 '출생한 때'로 보느냐 하는 문제가 생긴다. 민법에는 여기에 관한 명문의 규정이 없다. 그래서 진통설·일부노출설·전부노출설·독립호흡설 등 여러 견해가 있으나, 통설은 태아가 모체로부터 완전히 분리된 때에 출생한 것으로 보는 입장이다(전부노출설).

사람은 생존하는 동안에만 권리능력을 가지므로(민법 제3조), 사망에 의하여 권리능력을 잃게 된다. 그리고 오직 사망만이 권리능력의 소멸을 가져온다.

사람이 사망하면, 그의 재산이 상속되고, 유언의 효력이 발생하는 등 여러 가지 법률효과가 발생한다. 따라서 사망의 유무나 시기를 확정하는 것은 법률관계에서 매우 중요하다. 사람은 언제 사망하는가? 통설은 호흡과 심장의 기능이 영구적으로 정지한 때 사망한 것으로 본다. 사망의 유무나 시기는 법적으로 대단히 중요한데, 그것을 증명·확정하기 어려운 경우가 있다. 그러한 경우에 대비하는 제도로 동시사망의 추정, 인정사망, 실종선고 등이 있다.

나. 제도사망

(가) 동시사망의 추정

2인 이상이 동일한 위난(위험한 재난)으로 사망한 경우에는, 동시에 사망한 것으로 추정된다(민법 제30조). 동시사망의 추정은 상속과 중대한 관련이 있다.

(나) 인정사망

인정사망은 수해·화재나 그 밖의 재난으로 인하여 사망한 사람이 있는 경우에 그것을 조사한 관공서의 사망통보에 의하여 가족관계 등록부에 사망의 기록을 하는 것을 말한다(가족관계의 등록 등에 관한 법률 제87조).

(다) 실종선고

부재자의 생사불분명 상태가 오랫동안 계속되어 사망의 개연성은 크지만 사망의 확증이 없다고 하여 이를 그대로 두면, 배우자는 재혼을 할 수 없고, 상속도 일어나지 않는 등 이해관계인에게 큰 불이익을 준다. 여기서 민법은 일정한 요건하에 실종선고를 하고, 일정시기를 기준으로 하여 사망한 것과 같은 효과를 발생시키는 제도를 두고 있는데, 이를 실종선고제도라고 한다.

법원이 실종선고를 하려면 ① 부재자의 생사불명, ② 실종기간의 경과(생사불명이 일정기간 계속되어야 하는데, 이 기간을 실종기간이라고 한다. 실종기간은 보통실종의 경우에는 5년이고(민법 제27조 제1항), 특별실종 즉 전쟁터에 나간 자, 침몰한 선박 중에 있던 자, 추락한 항공기 중에 있던 자, 기타 사망의 원인이 될 위난을 당한 자의 경우에는 1년이다(민법 제27조 제2항)) ③ 이해관계인(법률상의 이해관계인에 한한다. 배우자, 상속인 등)이나 검사의 청구, ④ 공시최고(즉 6개월 이상의 기간을 정하여 부재자 본인이나 부재자의 생사를 아는 자에 대하여 신고하도록 공고하여야 한다) 등 4가지 요건을 갖추어야 한다.

실종선고가 확정되면 실종선고를 받은 자는 실종기간이 만료한 때에 사망한 것으로 본다(민법 제28조). 따라서 실종기간이 만료한 때를 기준으로 상속의 개시, 유언의 효력 발생, 혼인관계의 해소 등의 효과가 발생한다. 실종선고의 경우에는 사망이 추정되는 것이 아니고 간주되기 때문에(법문상 사망한 것으로 '본다'고 되어 있다) 실종자가 살아 돌아온다고 하여도 사망간주의 효과가 곧바로 없어지지 않는다. 실종선고의 효과를 뒤집으려면, 법원의 재판으로 실종선고의 취소가 있어야 한다. 실종선고가 취소되면 처음부터 실종선고가 없었던 것으로 된다. 즉 실종선고로 생긴 법률관계는 소급적으로 무효로 된다. 다만, 실종선고 후 취소 전에 선의로 한 행위는 무효로 되지 않는다.

3. 법　　인

일정한 목적을 위한 사람의 단체(사단) 또는 재산의 집합체(재단)에 법인격이 인정될 때 이를 법인이라고 하며, 자연인과 함께 권리·의무의 주체가 된다. 이와 같이 사람의 집단이나 재산의 집합에 권리능력을 인정하는 실질적 계기는 자연인과 마찬가지로 이들도 그 기관(이사, 사원총회, 감사 등)을 통하여 사회생활에 사실상 참여하고 있다는 데 있다. 법인은 대표를 통하여 행위한다. 모든 사람의 모임이나 재산의 집합이 당연히 법인격을 갖는 것은 아니며 법률이 정한 요건과 절차를 갖추어야 법인이 될 수 있다. 그리하여 법인으로서의 실체는 갖추었으나 법인격을 취득하지 못한 경우가 생기는데 이를 '법인격(또는 권리능력) 없는 사단 또는 재단'이라고 한다. 종중이 대표적인 예이다. 법인격 없는 사단이나 재단의 경우 특별한 법규정(예컨대 민법 제275조)이 있으면 그에 따르나, 그밖에는 권리능력을 전제로 한 사항을 제외하고는 법인에 관한 규정을 유추적용하여야 할 것으로 본다.

4. 태　　아

태아는 권리능력을 갖지 못하는 것이 원칙이지만 이를 고수하면 태아가 나중에 살아서 태어난 경우 가혹한 결과가 될 수 있다. 그리하여 민법은 태아의 보호를 위하여 일정한 경우에는 태아인 상태에서 이미 출생한 것으로 보아 권리능력의 취득시기를 앞당기고 있다. 이와 같이 태아의 일반적인 권리능력을 부인하고 특별히 보호되는 예외를 인정하는 것을 개별주의라고 한다. 민법이 태아를 이미 출생한 것으로 보고 있는 법률관계는 ① 불법행위로 인한 손해배상의 청구(민법 제762조), ② 상속(민법 제1000조 제3항), ③ 대습상속(민법 제1001조), ④ 유증(민법 제1064조, 제1000조 제3항), ⑤ 유류분(민법 제1118조) 등이다.

5. 권리의 객체

　권리의 내용 또는 목적을 실현하기 위해서 일정한 대상을 필요로 하는데, 이러한 대상을 강학상 권리의 객체라고 한다. 민법은 권리의 객체를 권리의 목적으로 표현하고 있다(민법 제191조, 제260조, 제288조 등) 권리의 내용이나 목적이 각기 다르기 때문에 당연히 권리의 객체도 권리의 종류에 따라 다르다. 물권은 물건(예외 있음), 채권은 채무자의 일정한 행위, 권리를 목적으로 하는 권리는 대상인 그 권리(예를 들면 지상권을 담보목적으로 하는 저당권은 지상권이 권리의 목적이 된다), 형성권은 형성(동의, 추인, 취소, 해제 등)의 대상이 되는 법률관계, 인격권은 생명·신체·사유·명예 등의 인격적 이익, 친족권은 친족법상의 지위, 상속권은 상속재산, 지적재산권은 저작·발명 등의 권리자의 무형의 정신적 산물을 각 그 권리의 객체로 하고 있다. 권리의 객체가 이와 같이 다양하기 때문에, 민법은 권리의 객체 전부에 관한 일반적인 규정을 두지 않고, 물건에 관하여만 규정하고 있다.

　민법에서 물건이라 함은 유체물 및 전기 기타 관리할 수 있는 자연력을 말한다(민법 제98조). 물건이 되기 위해서는 다음의 각 요건을 갖추어야 한다.

　1) 유체물 또는 무체물　유체물은 공간의 일부를 차지하고 사람의 오감에 의하여 지각할 수 있는 형태를 가진 물질, 즉 고체·액체·기체를 말한다. 무체물은 어떤 행체가 없이 단지 관념속에서만 존재하는 것으로 전기를 비롯하여 열·에너지·빛·음향 등이 있다. 법문상 자연력으로 표현된 것이 무체물이다. 권리가 물권의 객체가 되는 수도 있으나 권리는 물건이 아니므로 무체물은 아니다.

　2) 관리 가능성이 있을 것　물건이 되기 위해서는 관리할 수 있는 것, 즉 배타적 지배의 가능성이 있어야 한다. 해·달·별 등은 유체물이지만, 배타적 지배 가능성이 없기 때문에 물건이 되지 못한다.

　3) 외계의 일부일 것　살아있는 사람의 신체나 그 일부에 관하여 배타적 지배는 인정될 수 없으므로, 물건은 사람이 아닌 외계의 일부이어야 한다. 다만 인체의 일부라도 인체와 분리된 경우(분리된 모발·치아·장기 등)에는 물건성을 가진다.

4) 독립한 물건일 것   물건은 배타적 지배가 가능해야 하므로 독립적이어야 한다. 독립성의 유무는 사회통념에 따라 결정된다.

XI. 권리의 변동

1. 권리변동 일반

권리변동이란, 권리의 발생·변경·소멸을 의미한다. 예를 들어보자. 갑이 자신의 소유 A아파트를 을에게 2억원에 매도하는 매매계약을 체결한 후 을로부터 2억원을 받고 위 아파트에 대한 소유권을 이전해 주었다고 가정하자. 이를 권리의 변동이라는 측면에서 살펴보면, 갑은 A아파트의 소유권을 상실하고, 을은 A아파트의 소유권을 취득하였으며, 대신 을은 2억원의 금전에 대한 소유권을 상실하고, 갑은 2억원의 금전에 대한 소유권을 취득하였다.

이러한 권리의 변동(법률관계의 변동이라고도 한다)은 아무런 원인도 없이 생기는 것은 아니다. 당연히 일정한 원인이 있는 경우에 그 결과로서 발생한다. 앞의 예에서 '매매'로 인하여 아파트의 소유권에 대하여 변동이 생겼다. 이와 같이 권리변동의 원인이 되는 것을 '법률요건'(앞의 예에서 매매가 법률요건이 된다)이라고 하고, 그 결과로서 생기는 권리변동을 '법률효과'라고 한다.

2. 권리변동(법률효과)의 모습

권리변동에는 권리의 발생·변경·소멸의 세 가지가 있다. 이들 중 권리의 발생·소멸은 권리가 귀속하는 자(권리의 주체)의 입장에서 보면 권리의 취득·상실에 해당한다.

권리의 발생은 권리의 주체의 입장에서 보면 권리의 취득인데, 권리의 취득에는 원시취득과 승계취득이 있다.

원시취득(절대적 발생)은 타인의 권리에 기초하지 않고, 원시적으로 권리를 취득하는 것이다. 집을 새로 건축하여 소유권을 취득하는 경우가 원시취득의 예가 된다. 반면 타인의 권리를 바탕으로 하여 권리를 취득하는 것을 '승계취득'이라고 한다. 앞의 예에서 을이 갑의 소유인 A아파트를 매수한 결과 을은 갑으로부터 위 아파트에 대한 소유권을 이전받게 된 경우가 승계취득의 예가 된다.

권리의 소멸은 권리의 주체의 입장에서 보면 권리를 상실하는 것이다.

권리의소멸에는 절대적 소멸(상실)과 상대적 소멸(상실)이 있다. 절대적 소멸은 권리 자체가 세상에서 없어져 버리는 것이다. 예를 들면, 건물에 화재가 발생하여 소실됨으로써 건물에 대한 소유권이 소멸하는 것이다. 상대적 소멸은 권리 자체가 없어지는 것이 아니고 권리의 주체가 변경되는 경우이다. 엄밀히 말하면 권리가 소멸하는 것은 아니나, 권리주체의 면에서 보면 자신의 권리가 소멸하는 것이므로 이를 상대적 소멸이라고 보는 것이다. 다른 면에서 보면 승계취득 중 이전적 승계이다.

권리의 변경은 권리가 동일성은 그대로 유지하면서 주체·내용·작용(효력)에 있어서 변화가 있는 것이다. 예를 들면 물건의 인도를 목적으로 하는 채권이 채무불이행으로 인하여 금전손해배상채권으로 변하는 것(민법 제390조 참조), 소유권에 저당권과 같은 제한물권이 설정되는 경우가 그 예이다.

3. 권리변동의 원인

(1) 법률요건

일반적으로 어떤 상태가 변화를 가져오기 위해서는 먼저 그 변화를 일으키기 위한 조건들이 충족되어야 한다. 예를 들면 물이 수증기로 변하기 위해서는 일정한 열이 공급되어야 하는 것이다. 이는 법률관계에서도 마찬가지다. 법률관계의 변동이 있기 위해서는 그 변동을 오게 한 일정한 원인이 있어야만 한다. 예를 들어 갑이 그 소유의 자동차를 을에게 1,000만원에 매도하는 매매계약을 체결하였다. 위 매매계약의 결과 갑은 을에게 1,000만원의 매매대금지급청구권을 가지게 되었고, 을은 갑에게 위 자동차에 대한 소유권이전 및 인도청구권을 가지게 되었다. 즉 매매계약이라는 원인이 있고 그 원인으로 인하여 갑·을이 서로에게 일정한 청구권을 가지게 된 결과가 발생하였다. 이처럼 매매라는 요건이 구비되면 대금지급청구권이나 물건에 대한 소유권이전청구권발생이라는 효과가 생기는데, 이러한 결과를 '법률효과'라고 하고, 법률효과를 가져오게 되는 원인을 '법률요건'이라고 하는 것이다. 법률효과를 권리의 관점에서 보면 권리의 변동으로 나타난다. 이처럼 권리변동이 생기기 위해서는 먼저 법률요건이 충족(존재)되어야 하고, 법률요건이 충족되면, 법률효과는 발생한다.

법률효과의 발생을 가져오는 법률요건으로는 법률행위·준법률행위·불법행위·부당이득·사무관리 등 여러가지가 있는데, 법률행위가 가장 중요한 법률요건이 된다.

(2) 법률사실

법률요건을 완성하기 위하여 구성되는 개개의 사실을 '법률사실'이라고 한다. 이러한 법률사실은 그 단독으로 또는 다른 법률사실(들)과 합해져서 법률요건을 이루게 된다.

법률사실은 사람의 정신작용에 의한 것과 그렇지 않은 사실로 나눌 수 있다.

먼저 사람의 정신작용에 의하지 않은 것을 '사건'이라고 한다. 예를 들면 사람의 출생과 사망, 건물의 멸실, 시간의 경과 등이 그것이다. 이러한 '사건'이 있으면, 그 결과로 법률효과가 발생한다. 즉 사람이 사망하면 '상속'이라는 법률효과가 발생하고 건물이 멸실하면 소유권의 소멸이라는 법률효과가 발생하는 것이 그것이다.

사람의 정신작용에 의한 법률사실은 적법행위와 위법행위로 나눌 수 있다.

위법행위는 법질서에 반하는 것으로 채무불이행과 불법행위가 있다. 위법행위(법률사실)가 있으면, 그 결과로서 법이 규정하고 있는 일정한 제재(즉, 법률효과. 예를 들면 손해배상채무 등)를 받게 된다.

적법행위는 법질서에 부합하는 행위로서 다시 '의사표시'라는 법률사실을 필수적 요소로 하느냐에 따라 다시 법률행위와 준법률행위(準法律行爲)로 나뉜다. 법률행위는 하나의 의사표시로 성립하는 단독행위(유언, 취소, 해제 등)와 2개 이상의 교차적 의사표시의 합치에 의하여 성립하는 계약(매매, 임대차, 고용 등)의 둘로 나누어진다. 단독행위는 의사표시라는 하나의 법률사실이 곧바로 법률요건으로 된 것이고, 매매·임대차·고용 등의 계약은 청약이라는 의사표시와 승낙이라는 의사표시(두 개의 법률사실)가 결합하여 하나의 법률요건으로 된 것이다. 준법률행위는 적법행위 중 법률행위를 제외한 그 밖의 모든 법률요건을 포괄하는 추상적 개념이다.

(3) 법률행위

법률행위는 법률관계를 이해하는 데 가장 기본적인 개념이다. 그러나 우리가 법률행위를 공부하면서 먼저 알아야 할 것은 법률행위는 실존하는 개념이 아니라는 사실이다. 실제거래에서는 법률행위라는 개념은 사용되지 않는다. 오히려 실존하는 것은 매매·임대차·고용·유언·채권양도 등과 같은 개개의 행위유형이다. 그럼에도 불구하고 법률행위는 민법에서는 가장 중요한 기본개념으로 이해되고 있다. 왜 실제에서는 사용되지도 않는 '법률행위'개념을 만들고 이를 중심으로 법률관계를 설명하는가?

실제 학생들이 법률행위를 너무 어렵게 생각하고, 그 개념을 이해하는 것을 힘들게 생각하는데, 사실 그렇게 어렵게 볼 것도 아니다. 법률관계에서만 그런 것은 아니고 다른 영역에서도 이와 같은 설명을 많이 하기 때문이다. 예를 들어 보면, 붕어·광어·송사리라는 물고기는 있지만 '어류'라는 이름을 가진 물고기는 존재하지 않는다. 그렇지만 우리는 일상적으로 어류라는 단어를 많이 사용한다. 어류는 '물 속에서 살면서 아가미로 호흡하는 척추 냉혈동물'을 총칭하는 추상적인 개념의 단어다. 수많은 개개의 물고기들이 있지만, 이들은 모두 '물 속에서 살면서 아가미로 호흡하는 척추 냉혈동물'이라는 공통점을 가진다. 우리는 이러한 특징을 가진 동물을 총체적으로 가리킬 때 어류라는 단어를 사용한다.

법률행위의 개념이나 법률행위가 만들어진 목적도 위와 같다고 보면 된다. 실제 거래에서는 매매·임대차·고용·유언·채권양도 등과 같은 개개의 행위유형이 있다. 그런데 이들 행위유형은 모두 '의사표시'라는 요소를 그 속성으로 가지고 있다는 공통점이 있다. 따라서 의사표시를 중심으로 위 행위유형 전부를 총괄하는 집합개념 내지 추상화 개념으로 법률행위라는 개념을 만들게 되었다. 즉, 모든 법률행위를 의사표시를 중심으로 통일적으로 처리하고자 하는 의도에서 마련되었다.

예를 들어 보자. 민법은 사기에 의한 의사표시는 취소할 수 있다고 규정하고 있다(민법 제110조 제1항). 따라서 채무면제가 사기에 의하여 이루어졌다든지, 매매계약이 사기에 의하여 체결되었다면 의사표시를 한 자는 이를 취소할 수 있다. 채무면제에는 '채무면제의 의사표시'가 들어 있고, 매매계약은 '청약의 의사표시와 승낙의 의사표시'가 들어 있다. 따라서 만일 '채무면제라는 의사표시'나 '청약이나 승낙의 의사표시'가 상대방의 사기에 의하여 이루어졌다면 위 민법 규정에 의하여 이를 취소할 수 있게 되어 법률관계가 간명·간편해 진다. 위 규정이 없다면, 개개의 법률관계마다 그 법률관계가 '사기에 의하여 이루어졌다면 이를 취소할 수 있다'는 규정을 매번 반복하여 해 두어야 할 것이다. 그러나 '기망에 의한 의사표시를 취소할 수 있다'고 하는 규정 하나를 두면, '의사표시'가 든 법률행위가 단독행위이든(앞서 본 채무면제), 계약이든(앞서 본 매매) 상관없이 위 규정 하나로 모두 취소가 가능하다.

　이와 같이 법률행위 개념에 의하여 그에 관한 공통적인 원리가 법률상 간단하게 규정될 수 있고, 또 그 규정으로 모든 경우를 통일적으로 규율할 수 있게 된다.

　법률행위의 개념을 이해하면서 '행위'라는 부분이 낯설게 느껴질 수도 있다. 일반적으로 행위라는 관념은 사실적인 행위나 행동을 의미하기 때문일 것이다. 민법상의 행위는 '법률행위'를 가리킬 때도 있고 일반적 의미인 사실적 행위·행동을 가리킬 때가 있음을 유의해야 한다. 예를 들면, 대리행위에서의 행위는 법률행위를 가리키나, 불법행위에서의 행위는 행동을 의미한다. 불법행위는 당연히 법률행위가 아니기 때문이다.

　일반적으로 법률행위는 '의사표시를 필수적 요소로 하는 법률요건'이라고 설명한다. 추상적 개념이기는 하나, 의사표시와 법률요건이라는 두 가지 측면에서 이해를 하면 좋을 것이다.

　1) 사법상의 법률요건　　법률행위는 법률요건이다. 따라서 법률행위가 있으면 그로 인하여 법률효과(권리변동)가 발생하게 된다.

　2) 추상적 개념　　앞서 보았듯이 법률행위는 구체적인 행위 유형 모두를 총괄하기 위한 목적으로 발견된 개념이다. 거래의 실제에서는 법률행위라는 행위 자체는 존재하지 않는다. 실제로 존재하는 것은 매매·임대차·상계·채권양도·혼인·유언 등과 같은 개별적인 행위유형만이다. 법률행위는 이러한 행위 유형을 추상화한 상위개념이다.

　3) 의사표시와의 관계　　법률행위는 의사표시를 필수불가결한 요소로 한다. 따라서 의사표시가 없는 법률행위는 있을 수가 없다. 그러나 의사표시가 곧 법률행위는 아니다. 법률행위는 하나의 의사표시로 성립할 수 있는데(예를 들면 취소·해제·상계·유언 등이 그러하다) 이 경우에는 그 의사표시가 곧 법률행위가 된다. 그러나 계약(매매, 임대차, 고용 등)은 '청약의 의사표시'와 '승낙의 의사표시'로 성립된다. 따라서 계약이 성립하기 위해서는 복수의 의사표시가 필요하다. 이와 같은 경우에는 각각의 의사표시는 법률행위를 성립시키는 구성부분에 불과하므로, 의사표시와 법률행위는 같은 것이 아니다. 그리고 법률행위가 복수의 의사표시가 필요한 경우에는 법률관계의 변동은 각각의 의사표시에 의해서 발생하는 것이 아니고, 그 의사표시들이 결합되어 성립된 법률행위 즉, '계약'에 의하여 일어난다. 한편 법률행위 가운데에는 의사표시 외에 다른 법률사실(사실행위, 관청의 협력 등)이 더 필요한 경우도 있다. 예를 들면 우리 민법은 법률혼 주의를 취하고 있으므

로, 혼인이 성립하려면 반드시 혼인신고가 있어야 한다(민법 제812조 참조). 혼인신고가 없다면 수십년을 같이 생활하였다고 하더라도 이는 '사실혼' 관계에 불과하다. 또 민법상의 법인이 성립하려면 주무관청의 허가가 요구된다(민법 제32조 참조). 그러나 이러한 법률관계에서도 의사표시는 반드시 있어야 하며, 의사표시 없이는 '혼인의 성립', '법인의 성립'이라는 법률효과는 발생하지 않는다. 의사표시는 법률행위의 본질적인 구성요소로서 법률행위의 핵심이다. 그 결과 의사표시의 흠(무효. 취소사유)은 곧바로 법률행위의 흠으로 된다.

4) 의사표시의 내용에 따른 법률효과의 발생　법률행위가 있으면 의사표시의 내용대로 법률효과가 발생한다. 갑이 을에 대하여 채무를 면제하면, 의사표시에 다른 흠이 없는 한, 채무면제의 효과가 발생한다. 병이 정에게 그 소유의 자동차를 매도하기로 하는 매매계약을 체결하면, 특별한 사정이 없는 한, 병에게는 대금지급청구권이 발생하고, 정에게는 자동차에 대한 소유권이전 및 인도청구권이 발생한다. 이러한 효과가 발생하는 것은 법률행위의 당사자가 각각 그러한 법률효과를 원했기 때문이다. 이 점에서 법률행위는 다른 법률요건과 차이가 있다. 법률행위 이외의 법률요건의 경우에는 법률효과가 당사자의 의사와는 관계없이 법질서에 의하여 주어진다. 불법행위를 예로 들어 보자. 갑이 고의나 과실로 을의 자동차를 손괴하였다면 불법행위가 성립한다. 이 경우 법은 갑에게 손해배상책임을 부과한다. 이는 갑의 의사와는 무관하다. 갑이 '나는 을의 자동차를 손괴하더라도 손해배상책임을 지지 않겠다'고 미리 선언하였다고 하더라도 갑이 손해배상책임을 지는 것은 변함이 없다. 법률행위가 있으면 그 의사표시 내용대로 법률효과가 발생하기 때문에 법률행위가 중요하고, 사법적 법률관계 형성의 중심이 되는 것이다.

5) 법률행위의 종류　법률행위는 여러가지 표준에 의하여 그 종류를 나눌수 있다. 아래에서는 가장 기본적인 분류 몇 가지를 살펴보기로 한다.

가) 단독행위. 계약. 합동행위　법률행위는 그것의 요소인 의사표시의 수와 모습에 따라 단독행위. 계약. 합동행위로 나누어진다.

ㄱ) 단독행위　단독행위는 하나의 의사표시만으로 성립하는 법률행위이다. 단독행위는 상대방이 있느냐에 따라 상대방 있는 단독행위와 상대방 없는 단독행위로 세분된다. 채무면제·상계·추인·해제·해지·취소 등이 전자의 예이고, 유언. 권리의 포기는 후자의 예이다.

ㄴ) 계 약　계약은 복수의 당사자가 서로 상대방에 대하여 내용적으로 일치되는 의사표시를 함으로써 성립하는 법률행위를 말한다. 이는 반드시

여러 개의 의사표시가 필요하다는 점에서 단독행위와 구별되고, 그 여러 개의 의사표시의 방향이 평행적·구심적이 아니고, 대립적·교환적인 점에서 합동행위와 차이가 있다. 넓은 의미의 계약에는, 채권의 발생을 목적으로 하는 채권계약, 물권의 변동을 목적으로 하는 물권계약, 채권 이외의 재산권의 변동을 목적으로 하는 준물권계약, 혼인. 입양과 같은 가족법상의 계약이 모두 포함된다. 좁은 의미의 계약은 채권계약, 즉 채권의 발생을 목적으로 하는 계약만을 가리킨다.

ㄷ) 합동행위   합동행위는 같은 방향의 여러 의사표시가 합치함으로써 성립하는 법률행위를 말한다. 의사표시의 방향이 평행적·구심적인 점에서 계약과 구별된다. 사단법인의 설립행위가 그 전형적인 예이다. 갑·을·병이 민법상의 사단법인을 설립하려고 할 때 그들의 의사표시의 방향을 보면, 서로 마주보고 있지 않고 같은 방향(법인설립이라는 방향)을 보고 있다. 이와 같이 평행적·구심적 의사표시의 일치에 의하여 성립하는 사단법인 설립행위는 합동행위인 것이다.

나) 요식행위·불요식행위   의사표시가 일정한 방식에 따라 행하여져야 하는 법률행위를 요식행위라 하고, 그렇지 않고 자유롭게 행하여질 수 있는 법률행위를 불요식행위라고 한다. 민법상 법률행위는 원칙적으로 불요식행위이나, 유언(민법 제1060조). 혼인(민법 제812조)과 같이 일정한 방식이 요구되는 것도 있다.

다) 채권행위·물권행위·준물권행위   법률행위는 그것에 의하여 발생하는 법률효과에 따라 채권행위·물권행위·준물권행위로 나눌 수 있다. 채권행위는 채권을 발생시키는 법률행위이다. 채권행위가 있으면 채권자는 채무자에 대하여 일정한 행위(이를 급부라고 함)를 청구할 수 있는 권리만 가질 뿐이고, 채무자의 이행이 있을 때까지는 그들 사이에 존재하는 권리가 직접 변동되지는 않는다. 그리하여 채권행위에 있어서는 채무자의 이행의 문제가 남아 있게 된다. 물권행위는 물권의 변동을 목적으로 하는 의사표시(물권적 의사표시)를 요소로 하여 성립하는 법률행위이다. 소유권이전행위·저당권설정행위가 그 예이다. 물권행위는 채권행위와 달리 직접 물권을 변동시키고 이행의 문제를 남기지 않는다. 준물권행위는 물권 이외의 권리를 종국적으로 변동시키고 이행이라는 문제를 남기지 않는 법률행위이다. 채권양도·채무인수가 그 예이다.

2. 민 법

제1. 민법총칙

* 집필: 진도왕. 인천대학교 법과대학 교수
* 별명이 없는 법조문명은 '민법'임

Ⅰ. 총 설

민법은 사적(私的) 법률관계인 재산관계와 가족관계를 규율하는 법규범이다. 민법은 사회 구성원들의 행위 기준을 제시하는 규범적 기능을 담당한다는 점에서 전체 법규범의 일부를 차지하고, 사회 내의 일반 개인들 사이의 사적 관계를 규율한다는 점에서 사법(私法)에 해당하며, 특별한 제한 없이 모든 이들에게 일반적으로 적용된다는 점에서 일반법에 해당한다.

우리 민법전은 총칙, 물권, 채권, 친족, 상속의 5개의 부분으로 구성되어 있다. 그 중에서 총칙은 민법 전반에 걸쳐 통용되는 일반적 개념이나 규정들로 구성되어 있지만, 주로 재산관계에 초점을 두어 마련된 것으로 이해되고 있다. 이러한 민법총칙은 민법의 통칙, 권리의 주체, 권리의 객체, 권리의 변동에 관련된 사항들을 정하고 있다.

1. 민법의 법원

법원(法源)이란 법의 존재형식을 일컫는 말로서, 법관이 재판에 적용하는 구체적인 판단기준을 의미한다. 이에 관하여 우리 민법은 민법의 법원과 그 적용순서를 규정하고 있다. 즉, 민사에 관하여 법률에 규정이 없으면 관습법에 의하고 관습법이 없으면 조리에 의한다(제1조). 이로써 우리 민법은 법률, 관습법, 조리를 민법의 법원으로 삼는 동시에 그 열거된 순서를 각 법원의 적용순서로 정하고 있는 것이다. 따라서 제정법을 의미하는 법률이 재판에 우선적으로 적용되고, 적용할 수 있는 법률이 존재하지 않는 경우에는 관습법이 적용될 수 있으며, 그러한 관습법조차 없는 경우에는 조리가 적용된다.

민법 제1조에서 말하는 법률이란 헌법이 정한 절차에 따라 제정된 모든 성문 형식의 법을 의미한다. 관습법이란 사회 내에서 오랫동안 지속되어 온 관행이 법적 확신을 얻어 사회 구성원들이 그것을 법규범으로 인식하는 것을 말한다. 그러나 오래 지속된 관행으로 존재할 뿐 법적 확신에까지 이르지 못한 것을 '사실인 관습'이라고 하는데, 이는 관습법과 구별되는 개념이다. 한편, 조리는 사물의 본성이나 자연의 이치, 혹은 사회통념이나 경험칙 등을 표현하는 것으로 이해되고 있지만, 실체적인 내용을 담고 있는 것으로 파악하기는 힘들다. 다만, 민법의 법원이 완전무결한 것은 아니므로 그로 인해 발생할 수 있는 법적용의 공백을 막고자 재판의 기준으로 정한 것이라 볼 수 있다.

판례도 법원이 될 수 있는지에 대해서는 견해가 대립되지만, 성문법주의를 취하는 우리 법의 태도에 비추어 볼 때 판례의 법원성을 인정하지 않는 것이 일반적이다. 다만, 법원이 재판을 통해 생성시킨 판례는 실질적으로 동종사건의 재판에 영향을 미치기도 하고, 특히 대법원 판례는 일반인들의 법생활에도 지대한 영향을 미치기 때문에 사실상의 구속력을 가지는 것으로 본다. 그러나 이는 법적 구속력이 아님을 유의해야 한다.

2. 민법의 기본원리

민법의 규정들은 공통적으로 특정의 가치들을 구현하기 위해 기능하는 것으로 볼 수 있다. 즉, 민법이 추구해야 할 가치들을 민법의 기본원리라고 한다. 이러한 기본원리는 민법을 해석함에 있어서 중요하고도 근본적인 지침을 제공한다. 그러나 우리 민법전에 기본원리가 명시적으로 규정되어 있는 것은 아니므로, 무엇이 민법의 기본원리인지에 관해서는 견해의 대립이 있을 수 있다. 다만, 전통적 입장이라 할 수 있는 근대민법 3원리를 기초로 변화하는 사회의 모습을 반영하여 보완하는 기본적인 틀은 크게 다르지 않다.

(1) 근대민법 3원리

가. 사유재산권 존중의 원리

일반 개인이 자신의 행위를 자유롭게 결정하기 위해서는 물질적 기반이 보장되어야 하는데, 이를 위해 각 개인에게는 자신 소유 재산에 대한 절대적 지배권이 부여된다. 그리하여 어떤 개인이 소유하고 있는 재산에 대하여 타인이나 혹은 국가가 간섭하거나 방해할 수 없다고 보는 것이다.

나. 사적 자치의 원리

법이 허용하는 테두리 안에서라면, 개인은 자신의 자유로운 의사에 입각하여 자신의 책임 하에 법률관계를 결정하여 형성할 수 있다. 사적 자치의 원리 안에는 계약의 자유, 단체결성의 자유, 유언의 자유 등이 포함되어 있다고 본다.

다. 과실 책임의 원리

어떤 행위로 인해 타인에게 손해를 입힌 자는 원칙적으로 그 행위에 대하여 고의나 과실이 존재하는 경우에만 그 책임을 지게 되는데, 이때 그 행위는 위법한 것으로 평가될 수 있는 것이어야 한다. 이렇게 개인의 책임을 일정범위 내로 한정 짓는 것은 결국 개인의 자유로운 활동을 보장하는 데에 유용하다.

> <민법에서의 고의(故意)·과실(過失)>
> 고의는 자신의 행위가 일정 결과를 발생시킨다는 점을 인식하면서 그 행위를 한 경우이고, 과실은 자신의 행위가 일정 결과를 발생시킨다는 점을 부주의(不注意)하게 인식하지 못한 경우이다. 형법에서는 행위 자체의 악성(惡性) 여부에 따라 범죄성립과 형벌이 결정되므로 고의·과실의 구별이 유의미한 반면, 민법에서는 손해라는 결과발생에 초점을 두므로 고의·과실의 구별에 실질적인 의미가 없다. 그리하여 민법에서는 고의와 과실의 구별을 엄밀히 하지 않는데, 이때에는 과실이라는 표현 안에 고의의 의미까지 포함되는 것으로 해석한다.

(2) 사회적 조정의 원리 (보충적 원리)

위에서 언급한 근대민법 3원리는 개인의 자유를 보장하여 인간의 존엄과 가치를 확보하는 데에 의의가 있다. 그러나 인간의 존엄과 가치는 무제한의 자유 보장을 통해서만 확보할 수 있는 것은 아니고, 거기에 형평이나 공평의 이념도 균형 있게 반영될 필요가 있다. 그리하여 근대민법 3원리를 어느 정도 제한하는 원리로서 사회적 조정의 원리가 요구된다. 이러한 원리의 구체적 예로는, 신의성실의 원칙(제2조 제1항)과 권리남용 금지의 원칙(제2조 제2항), 사회질서에 반하는 법률행위 금지의 원칙(제103조), 불공정한 법률행위 금지의 원칙(제104조) 등이 있다.

3. 법률관계와 권리·의무

(1) 법률관계

사람이 사회생활을 하면서 맺게 되는 생활관계 중에서 특히 법이 그 규율의 대상으로 삼는 생활관계를 법률관계라고 한다. 법률관계는 궁극적으로는 사람과 사람 사이의 관계로 귀결되는 것이고, 그러한 관계를 연결짓은 핵심요소는 법적 권리와 의무가 된다. 즉, 사람과 사람 사이의 권리·의무관계를 법률관계라고 할 수 있다. 예컨대, 가옥을 매매하기로 하는 계약의 당사자들은 그 가옥을 이전해 주어야 할 의무와 가옥의 이전을 요구할 수 있는 권리, 또는 그 가옥 매매계약에서 합의한 대금을 지급해야 할 의무와 대금을 요구할 수 있는 권리가 교차하는 법률관계에 놓이게 되는 것이다.

(2) 권리와 의무

권리란 일정한 법적 이익을 향유할 수 있도록 법이 부여하는 힘을 말한다. 이에 반해 의무는 일정 행위를 해야 하거나 혹은 하지 않아야 하는 법적 구속을 의미한다. 권리가 존재하면 그에 상응하는 의무가 있는 것이 일반적이지만, 항상 그런 것은 아니다. 권리만 존재하거나 혹은 의무만 존재하는 경우도 있다.

민법에서의 권리 개념은 국가권력과의 관계에서 발생되는 공권(公權)과는 달리 사회 구성원간의 생활관계에서 발생되는 사권(私權)을 의미한다. 사권의 종류는 그 분류기준에 따라 나뉠 수 있는데, 가령 그 권리의 내용을 이루는 이익이 재산적 가치를 담는지의 여부에 따라 재산권(財産權)·비재산권(非財産權)으로 구분할 수 있다. 또는 그 권리의 작용에 따라 지배권·형성권·청구권·항변권 등으로 나눌 수도 있다.

권리가 침해되는 경우에는 그 침해된 권리를 보호하는 수단이 존재해야 한다. 이에는 국가구제와 사력구제(私力救濟)가 있는데, 우리 법은 국가구제를 원칙적 보호수단으로 인정한다. 즉, 자신의 권리가 침해되어 그 보호를 받기 위해서는 우선적으로 국가구제수단인 재판제도나 그 외 분쟁해결수단(화해, 조정, 중재)을 이용해야 한다. 다만, 법이 특별히 정한 경우에는 예외적으로 정당방위·긴급피난 (제761조)이나 자력구제(제209조) 등의 사력구제수단이 허용될 수 있다.

(3) 권리행사와 의무이행— 신의성실의 원칙

권리행사는 권리의 내용을 실현하는 것이고, 의무이행은 의무의 내용을 이행하는 것이다. 원칙적으로 권리행사는 권리자 자신의 의사에 따라 자유롭게 행사하는 것을 전제로 한다. 다만, 민법은 신의성실의 원칙을 규정함으로써 법률관계의 당사자, 즉 권리자·의무자 모두 상대방의 정당한 이익을 성실히 고려하고 서로의 신뢰를 보호하는 방법으로 권리를 행사하고 의무를 이행하도록 하고 있다(제2조 제1항). 신의칙(信義則)은 구체적 법률관계 당사자들의 행위준칙이면서 동시에 법관의 재판기준이 되기도 한다. 이로써 신의칙은 사회 구성원간의 합리적이고 공평한 법률관계 형성에 기여하는 역할을 담당한다. 신의칙으로부터 파생된 하위 원칙은 다음과 같다.

가. 권리남용 금지의 원칙

어떤 권리의 행사가 신의칙에 반하면 이를 권리남용으로 보아 정당한 권리행사로 인정하지 않고 동시에 그 권리행사의 효과도 발생하지 않는다. 권리남용 금지는 민법 제2조 제2항에 규정되어 있으나, 그 성립요건이 명시되어 있지 않아 무엇이 권리남용에 해당하는지에 관해서는 학설과 판례에 맡겨져 있다. 그러나 권리남용의 인정 여부는 구체적 사안에 따라 탄력적으로 결정되어야 하므로 획일적으로 정할 수는 없다. 다만 우리 판례의 다수는 권리남용의 성립에 있어서 주관적 요소와 객관적 요소를 모두 고려하는 편인데, 가령 '권리행사가 권리의 남용에 해당한다고 할 수 있으려면, 주관적으로 그 권리행사의 목적이 오직 상대방에게 고통을 주고 손해를 입히려는 데 있을 뿐 행사하는 사람에게 아무런 이익이 없는 경우이어야 하고, 객관적으로는 그 권리행사가 사회질서에 위반된다고 볼 수 있어야 하는 것'이라고 설명한다(대법원 2003.2.14. 선고 2002다62319 판결).

나. 사정변경의 원칙

당사자 사이에 법률관계가 형성된 후 법률행위의 전제가 된 사실이나 사정에 중대한 변경이 있는 경우, 그 법률행위의 효력을 그대로 인정하게 되면 부당한 결과가 발생할 수 있다. 이런 경우에 그 법률행위(대표적인 예는 계약)의 내용을 수정하거나 혹은 해제·해지할 수 있도록 하는 것이 사정변경의 원칙이다. 과거 우리 판례는 사정변경의 원칙을 부정하였으나, 최근에는 이 원칙을 인정하는 추세에 있다.

다. 금반언(禁反言)의 원칙

어떤 행위를 한 후에 그 행위와 상반되는 행위를 하는 경우 그 상반된 행위의 효력을 인정하지 않는 것을 말한다. 선행되는 행위에 반하는 행위는 신의칙에 반한다고 보기 때문이다.

라. 실효(失效)의 원칙

실효의 원칙이라 함은 권리자가 장기간에 걸쳐 그 권리를 행사하지 아니함에 따라 그 의무자인 상대방이 더 이상 권리자가 그 권리를 행사하지 아니할 것으로 신뢰할 만큼 정당한 기대를 가지게 되는 경우에 그 권리행사는 신의칙에 반하는 것으로 보아 허용하지 않는 것을 말한다(대법원 1994.6.28. 선고 93다26212 판결).

Ⅱ. 권리의 주체

사례 1　　(권리의 주체)

(이하의 사례는 각각 독립적임)

(1) 갑은 백화점에서 쇼핑을 한 후 백화점 앞 횡단보도를 건너던 중 과속으로 운전하던 을의 차량에 치여 사망하였다. 당시 갑의 아내 병은 임신상태였는데, 이 사고 이후 A가 태어났다. A는 을에 대하여 위자료청구권을 행사할 수 있는가?

(2) 갑과 을이 함께 해외여행을 갔다가 비행기 추락사고로 사망하였다. 이 경우 갑과 을의 사망시점은 어떻게 판단하는가?

(3) 18세의 을은 백화점 매장직원 갑으로부터 300만원 상당의 점퍼를 구입하기로 약속하였다. 이때 을과 갑 그리고 을의 친권자 병의 관계를 설명하라. 만약 을이 혼인한 상태였다면 어떠한가?

(4) 갑은 아프리카 탐험을 떠난 뒤 현재까지 생사가 불명한 상태이다. 이에 배우자 을은 갑에 대해 실종선고를 신청하여 결국 갑은 실종선고를 받았다. 이후 을은 병과 재혼을 하였으나, 갑이 살아 돌아와서 법원은 실종선고를 취소하였다. 을의 재혼은 유효한가?

(5) 재단법인의 출연재산 귀속시기가 왜 문제가 되는가?

1. 권리주체 일반론

　권리주체란 권리를 행사할 수 있는 주체를 의미하지만, 일반적으로 의무의 주체도 포함시켜 표현된다. 우리 민법은 권리주체로서 자연인(自然人)과 법인(法人)을 예정하고 있다. 자연인이란 사람 또는 인간을 의미하고, 법인은 그러한 사람의 집단(사단) 또는 재산의 집합(재단)에 자연인에 준하는 지위를 법이 부여한 것을 말한다.

　권리주체는 권리능력자로서 권리를 가질 수 있는 동시에 의무를 부담할 수 있는 능력을 가진 자이다. 사람은 생존하는 동안 권리능력자이고(제3조), 법인 또한 그 정관의 목적 범위 내에서 권리능력을 가진다(제34조). 이에 대해 의사능력이란 자신 행위의 의미를 판단할 수 있는 능력을 말한다. 사적자치의 원리에 비추어 볼 때, 개인의 의사는 타인과의 법률관계를 형성시키는 데에 매우 중요한 요소이므로 의사능력이 없는 자(가령 정신병자나 유아)의 법률행위에는 효력을 부여할 수 없다. 법인의 경우 그 성질상 의사능력이 문제되지 아니한다. 한편, 행위능력이란 독자적으로 유효한 법률행위를 할 수 있는 지위를 의미하는데, 이는 권리능력과 의사능력을 전제로 하는 것이다. 의사능력과 달리, 행위능력은 획일적 기준에 의해 결정된다. 가령, 19세 미만의 자는 미성년자로서 행위능력이 제한된다. 이렇듯 행위능력에 일정 제한이 가해지는 자를 제한능력자라고 하는데, 여기에는 미성년자, 피한정후견인, 피성년후견인이 있다. 우리 민법은 이들 제한능력자를 보호하는 규정을 두고 있다.

2. 자 연 인

(1) 권리능력의 존속기간: 출생과 사망

　모든 자연인은 살아 있는 동안 권리능력을 가진다. 그리하여 사람은 출생시로부터 사망시까지 권리주체로 인정된다. 태아의 경우, 아직 출생 전의 상태이므로 원칙적으로는 권리주체가 될 수 없는 것이지만, 태아에게도 권리능력을 인정해야 할 필요가 있는 경우에는 권리의 주체로 인정될 수 있다. 예컨대, 상속 순위에 있어서 태아는 이미 출생한 것으로 보고(제1003조 제3항), 불법행위에 기한 손해배상청구권에 관련하여서도 태아는 출생한 것으로 본다(제762조). 이렇듯 민법은 개별규정을 두어 예외적으로 태아의 권리능력을 긍정하고 있다. 한편, 사람은 사망한 때로부터 권리능력을 상실하게 된다. 전통적으로 심상이 정지된 때를 사망시기로 보고 있으나, 최근에는 뇌사까지도 사망으로 인정해야 한다는 주장이 대두되고 있다.

(2) 동시사망 추정의 원칙

동일한 위난에서 여러 사람이 사망한 경우(가령, 비행기 추락사고로 가족이 사망한 경우), 그들의 사망시점의 선후(先後)는 상속문제와 관련하여 중요하게 다루어진다. 사망시점은 사망자 상호간에 상속이 이뤄지는지의 여부와 그에 따라 누가 상속인이 되는지의 여부를 정하는 중요한 판단기준이 되기 때문이다. 그런데 동일한 위난에서의 수인의 사망시점의 선후는 그 증명이 곤란한 경우도 있기 때문에, 이러한 증명곤란의 문제를 해결하기 위해 민법은 동시사망의 추정 원칙을 정하고 있다. 즉, 수인이 동일한 위난으로 사망한 때에는 동시에 사망한 것으로 추정한다(제30조). 다만, 이 추정은 반대 사실, 즉 동시에 사망하지 않았다는 사실을 증명함으로써 번복시킬 수 있다.

(3) 행위능력

모든 자연인은 권리능력을 취득하지만, 모든 자연인이 행위능력을 가지는 것은 아니다. 가령, 유아나 정신병자는 자연인으로서 출생한 때로부터 권리능력을 가지지만 단독으로 유효한 법률행위를 할 수 있는 지위, 즉 행위능력까지 인정되는 것은 아니다. 이들은 스스로 권리를 행사하거나 의무를 이행하는 데에 어려움이 있으므로, 민법은 이들을 제한능력자로 규정하고, 제한능력자의 독자적인 법률행위는 취소할 수 있는 것으로 정하였다(제5조 제2항, 제10조 제1항, 제13조 제4항). 이러한 행위능력제도・제한능력제도는 일반적으로 재산적 법률행위에 주로 적용되고, 신분상의 법률행위(친족법상의 행위)에는 원칙적으로 적용되지 아니한다. 제한능력자의 종류와 그 내용은 다음과 같다.

가. 미성년자

민법은 만 19세에 이른 자를 성년자로 규정하고 있으므로(제4조), 그렇지 않은 자는 미성년자에 해당한다. 다만, 만 18세의 미성년자가 부모의 동의를 얻어 혼인(법률혼만을 의미함)한 경우에는 그 가정의 독립성을 보장하기 위해 부모의 친권으로부터 벗어나 완전한 행위능력을 취득한 것으로 의제된다(성년의제. 제826조의2). 그리하여 성년의제가 된 미성년자는 단독으로 유효한 법률행위를 할 수 있게 된다. 성년의제의 경우가 아닌 한, 미성년자는 법률행위를 함에 있어서 법정대리인의 동의를 얻어야 하고, 그렇지 않으면 법정대리인이 그 법률행위를 취소할 수 있다(제5조). 다만, 미성년자가 권리만을 얻거나 혹은 의무만을 면하는 법률행위의 경우에는 법정대리인의 동의가 요구되지 아니한다(제5조 제1항 단서). 한편, 법정대리인은 일정 범위를 정하여 재산의 처분을 허락할 수도 있는데, 이 범위 내에서 미성년자는 임의로 재산을 처분할 수 있다(제6조). 또한, 법정대리인은 미성년자로 하여금 특정 영업을 행할 수 있도록 허락할 수 있는데, 그 영업에 관한 한 미성년자는 성년자와 동일한 행위능력을 가진 것으로 본다(제8조 제1항). 법정대리인은 1차적으로 친권자(일반적으로 부모)가 맡게 되고(제911조), 친권자가 없는 경우에는 후견인이 법정대리인이 된다.

나. 피성년후견인

피성년후견인이란 질병, 장애, 노령 등의 사유로 인한 정신적 제약으로 사무를 처리할 능력이 지속적으로 결여된 사람으로서 가정법원으로부터 성년후견개시의 심판을 받은 자이다(제9조). 피성년후견인의 법정대리인은 성년후견인이 되고, 성년후견인은 피성년후견인의 법률행위를 대리하거나 혹은 취소할 수 있다(제10조 제1항). 다만, 일용품의 구입 등 일상생활에 필요하고 그 대가가 과도하지 않은 법률행위는 성년후견인이 취소할 수 없다(제10조 제4항).

다. 피한정후견인

피한정후견인이란 피성년후견인만큼의 지속적 정신제약이 있는 것은 아니지만 사무처리능력이 상당히 부족한 자로서, 역시 가정법원의 한정후견개시 심판을 거치도록 되어 있다(제12조). 피한정후견인의 법정대리인은 한정후견인이 되며, 가정법원은 한정후견인의 동의를 요하는 행위의 범위를 정하고, 이 범위 내에서 한정후견인의 동의 없이 한 피한정후견인의 법률행위는 취소의 대상이 된다(제13조 제1항·제4항). 다만, 피성년후견인의 경우에서와 마찬가지로, 일상생활에 필요하고 그 대가가 과도하지 않은 법률행위에 대해서는 한정후견인의 동의가 없었다고 하더라도 취소할 수 없다(제13조 제4항). 한편, 피한정후견인의 이익이 침해될 우려가 있음에도 불구하고 한정후견인이 동의를 하지 않는 경우 가정법원이 한정후견인의 동의에 갈음하여 그 행위를 허가할 수 있다(제13조 제3항).

라. 피특정후견인

정신적 제약으로 인해 일시적 후원 또는 특정 사무에 대한 후원이 필요한 사람을 말한다(제14조의2). 가령, 매매의 법률행위를 제한하는 경우는 한정후견에 해당할 수 있는 반면 구체적으로 특정 아파트의 처분을 제한하는 경우는 특정후견에 해당한다. 원칙적으로 특정후견은 본인의 의사에 반하여 할 수 없는 것이고 (제14조의2 제3항), 특정후견개시의 심판을 할 경우 특정후견의 기간 또는 사무의 범위를 정해야 한다(제14조의2 제3항). 특정후견인은 피특정후견인의 법률행위를 대리권만을 가지며, 동의권이나 취소권은 가지지 않는다고 본다.

(4) 제한능력자의 상대방 보호

제한능력자의 법률행위는 제한능력자 본인은 물론이고 그 법정대리인에 의해 취소될 수 있으므로, 제한능력자와 거래한 상대방의 지위는 불안정할 수밖에 없다. 이에 우리 민법은 제한능력자의 거래상대방을 보호하기 위한 제도규정을 두고 있다.

제한능력자와 거래한 후 그 제한능력자가 능력자로 된 경우에는, 거래상대방은 그 능력자에 대해 법률행위(거래행위)를 추인(법률행위가 있었던 때로 소급하여 인정하는 행위)할 것인지 여부를 확답하라고 요구할 수 있고, 정해진 기간 내에 확답하지 아니하면 추인한 것으로 본다(제15조 제1항). 제한능력자와 거래한 후 그 제한능력자가 아직 능력자로 되지 않은 경우에는, 거래상대방은 그 법정대리인에 대해 위와 같은 촉구를 할 수 있고, 정해진 기간 내에 확답이 없으면 역시 추인한 것으로 본다(제15조 제2항).

제한능력자임을 모르고 계약을 체결한 거래상대방은 제한능력자 측의 추인이 있기 전에 자신의 의사표시를 철회할 수 있다. 가령, 제한능력자와 토지매매계약을 체결한 상대방은 추인이 있기 전에 자신의 토지매수 의사표시를 철회할 수 있고, 이로써 토지매매계약은 처음부터 없었던 것이 된다.

다만, 제한능력자가 속임수를 써서 거래상대방으로 하여금 자신을 능력자로 믿게 하였다거나 혹은 법정대리인의 동의가 있는 것으로 믿게 한 경우에는 제한능력자 측의 법률행위 취소권이 인정되지 아니한다(제17조).

(5) 주 소

사람과 사람 사이에 법률관계를 발생시키는 데에 있어서는 그 당사자들이 실재하는 장소가 필요하게 된다. 즉, 법률관계가 확정되기 위해서는 그 법률관계의 당사자들 역시 확정되어야 하는바, 여기에는 당사자들의 생활관계의 중심지인 주소가 요구된다. 민법상 주소의 구체적인 효과는 부재와 실종의 표준이 되고(제22조, 제27조), 또 채무의 변제 장소를 정하는 기준이 되기도 한다(제467조). 한편, 주소와 구별되어야 하는 개념으로 거소(居所)가 있는데, 이는 사람이 일정 기간 계속하여 거주하는 장소로서 주소보다는 장소적 밀접성이 떨어지는 것을 말한다. 주소를 알 수 없는 경우에는 거소를 주소로 본다(제19조).

(6) 부재와 실종

가. 부재자의 재산관리

종래의 주소나 거소를 떠나 당분간 돌아 올 가망이 없는 자(생사불명일 필요까진 없음)를 부재자라 하는데, 부재자의 재산이 그대로 방치되면 사회적·경제적 손실을 발생시킬 수 있다. 이러한 손실을 막기 위해 우리 민법은 부재제도를 두어 부재자의 잔류재산을 관리하고자 한다. 만약 부재자가 따로 재산관리인을 두었다면 원칙적으로 가정법원이 개입될 필요가 없는 것이지만, 반대로 그러한 재산관리인 없다면 가정법원이 적극적으로 재산관리에 관여하여 관리에 필요한 적절한 처분을 명하거나 혹은 재산관리인을 선임·개입할 수 있다(제22조 제1항). 다만, 재산관리인이 있는 경우라도 본인의 부재중에 그 재산관리인의 권한이 소멸한 경우나 혹은 본인의 생사가 분명하지 않게 된 경우에는 가정법원이 재산관리에 적극적으로 개입하여, 재산관리에 필요한 처분을 명하거나 또는 재산관리인의 개입을 명할 수 있다(제22조 제1항, 제23조). 법원에 의해 선임된 관리인은 기본적으로 해당 재산의 보존행위, 재산의 성질을 변형시키지 않는 한도 내에서의 이용 및 개량행위만을 할 수 있고, 그 범위를 벗어나는 경우에는 법원의 허가를 얻어야 한다(제25조). 한편, 재산관리인은 관리행위에 따른 보수와 필요비 등을 청구할 수 있다(제26조 제2항).

나. 실종선고

주소나 거소를 떠나 장기간 돌아오지 않는 부재자의 생사가 불분명한 경우, 민법은 일정 요건하에서 그 부재자를 사망한 것으로 본다. 본디 사람의 권리 능력은 사망으로 인해 소멸되는 것이지만, 사망사실의 입증이 없더라도 그 개연 성이 높은 경우에는 사망으로 간주함으로써 남아있는 이해관계인들의 이익을 보 호하고자 하는 것이다. 그렇지 않으면, 부재자의 배우자는 재혼을 할 수 없게 되 고 상속도 이뤄질 수 없기 때문이다. 일반실종의 경우에는 5년의 생사불명의 기 간을 요건으로 하고, 전쟁, 항공기 추락, 선박 침몰 등에 의한 특별실종의 경우에 는 위난 발생 후 1년의 기간을 요건으로 한다(제27조 제1항·제2항). 이러한 기간이 지나면 이해관계인 또는 검사의 청구에 의해 법원이 실종선고를 내릴 수 있는데, 실종선고의 효력은 위의 기간이 만료한 때 발생한다(제28조).

실종선고는 사망으로 간주하는 효력을 가지므로, 실종선고 후 부재자가 생환(生還)하거나 다른 시점에 사망한 사실이 입증되었다고 하더라도 그로써 당연 히 실종선고의 효력이 소멸하는 것은 아니다. 실종선고의 효력을 소멸시키기 위 해서는 이해관계인 또는 검사의 청구에 의해 법원이 실종선고를 취소해야 한다 (제29조 제1항).

실종선고의 취소는 원칙적으로 소급효를 가지므로 기존에 내려진 실종선 고는 소급적으로 무효가 되고, 모든 사법적 법률관계는 실종선고가 있기 이전의 상태로 돌아간다. 이렇게 되면 법원에 의한 실종선고를 신뢰한 이해관계인이나 제3자는 불측의 손해를 입을 수 있으므로, 민법은 이러한 자들을 보호하기 위한 규정을 두고 있다. 즉, 실종선고 후 실종선고 취소 전에 선의로 한 법률행위에는 실종선고 취소의 소급효가 배제되어 유효한 것으로 본다(제29조 제1항 단서). 예컨 대, 배우자의 실종선고 후 재혼을 하였으나 그 배우자가 생환하여 실종선고를 취 소하게 된 경우, 재혼 당사자 모두가 선의라면 실종선고 취소의 소급효는 그 재 혼에 영향을 미치지 아니한다. 또한, 실종선고를 직접 원인으로 하여 재산을 취 득한 자가 선의인 경우에는 그 받은 이익이 현존하는 한도 내에서만 반환의 의무 가 발생하고, 악의인 경우에는 그 받은 이익에 이자까지 붙여서 반환해야 하며 손해가 있다면 이를 배상해야 한다(제29조 제2항).

3. 법 인

(1) 총 론

법인이란 법이 사람의 집단 또는 재산의 집합에 인격을 부여하여 자연인에 준하는 권리와 의무의 주체로 삼은 것이다. 이로써 법인은 자연인처럼 독립적으로 법적 거래행위를 할 수 있게 된다. 민법상 법인은 사단법인과 재단법인으로 나뉘는데, 전자는 일정 목적을 가진 사람들의 단체(社團)에 권리능력이 부여된 것이고, 후자는 일정 목적을 위해 모여진 재산(財團)에 권리능력이 부여된 것을 말한다. 법인의 권리능력은 법률 규정에 좇아 정관에서 정한 목적 범위 내에서만 인정될 수 있다(제34조). 이러한 법인은 법률 규정에 의해 설립되는 것을 원칙으로 하고(제31조), 설립등기를 마침으로써 성립한다(제33조).

법인의 대표기관인 이사나 대표자가 자신의 직무와 관련하여 타인에게 손해를 입힌 경우, 법인은 그 손해를 배상할 책임이 있다(제35조 제1항). 이때 가해행위가 대표기관의 직무와 관련이 없다면 이는 법인의 불법행위가 아니라 대표기관 개인의 불법행위가 되므로 원칙적으로 그 행위를 한 대표기관만이 손해배상책임을 부담한다. 다만, 법인의 불법행위가 성립되지 않더라도 피해자 보호를 위해 의결에 찬성한 사원과 이사, 이를 집행한 이사 기타 대표기관이 연대하여 배상할 책임이 있다(제35조 제2항). 한편, 직무관련성이 인정되어 법인이 손해배상책임을 지게 되더라도, 이로써 대표기관이 자신의 손해배상책임으로부터 해방되는 것은 아니다. 즉, 법인은 피해자에게 손해배상을 한 이후에 대표기관에 대해 구상권을 행사할 수 있다(제65조, 제61조).

(2) 법인의 설립

사단법인의 설립행위의 법적 성질은 합동행위이다(다수설). 즉, 2인 이상의 설립자의 의사의 합치가 요구된다. 한편, 재단법인의 설립행위는 상대방 없는 단독행위이다. 양자 모두 서면에 의하여야 하는 요식행위로 본다.

법인 설립을 위해서는 법률 규정에 따른 정관의 작성이 요구된다. 사단법인의 경우 ① 목적, ② 명칭, ③ 사무소 소재지, ④ 자산에 관한 규정, ⑤ 이사 임면에 관한 규정, ⑥ 사원자격 득실에 관한 규정, ⑦ 존립시기나 해산사유를 정하는 경우 그 시기 또는 사유를 정관에 작성하여 기명날인해야 한다(제40조). 재단법인의 경우에는 일정 재산을 출연하고 위의 ①-⑤의 사항을 정관에 작성하여 기명날인한다(제43조). 사단법인 정관의 변경은 총사원 2/3 이상의 동의를 요하고, 이는 다시 주무관청의 허가를 얻어야 효력이 발생한다(제42조). 재단법인의 정관 변경은 원칙적으로 그 변경방법을 정관에 정한 때에만 가능하다(제45조 제1항).

　　법인설립 허가를 받은 후 주된 사무소 소재지에서 설립등기를 마쳐야 하는데, 그 등기사항은 ① 목적, ② 명칭, ③ 사무소, ④ 설립허가 연월일, ⑤ 존립시기나 해산이유를 정한 때에는 그 시기나 사유, ⑥ 자산의 총액, ⑦ 출자의 방법을 정한 때에는 그 방법, ⑧ 이사의 성명, 주소, ⑨ 이사의 대표권을 제한할 때에는 그 제한이다(제49조).

　　민법 제48조는 출연된 재산이 재단법인의 소유로 귀속되는 시기를 정하고 있다. 이에 따르면 생전(生前)의 처분으로 재산을 출연하여 재단법인을 설립하는 경우에는 법인이 성립된 때, 즉 법인설립등기를 한 때에 그 재산이 법인으로 귀속되고(제48조 제1항), 유언으로 재산을 출연하여 재단법인을 설립하는 경우에는 유언의 효력이 발생하는 때, 즉 출연자의 사망시에 출연재산이 법인의 소유로 귀속된다(제48조 제2항). 그런데 이러한 규정은 출연재산이 부동산인 경우에 우리 민법이 취하고 있는 물권변동의 형식주의(제186조)와 상충되는 문제가 있다. 즉, 부동산의 소유권 변동은 이를 등기한 때로부터 비로소 효력이 있는데, 위의 민법 제48조 규정은 이러한 원칙을 정면으로 배제하고 있는 것이다. 이에 대해 다수의 학설은 민법 제48조를 재단법인의 재산적 기초를 충실히 하기 위한 특칙으로 이해하여, 재단법인 앞으로의 부동산등기가 없더라도 민법 제48조에서 정한 시기에 권리귀속이 이루어진다고 한다(제186조의 예외). 판례는 재산출연자와 법인과의 관계에 있어서는 등기 없이도 민법 제48조에서 정한 시기에 법인에 출연재산이 귀속되지만, 제3자에 대한 관계에서는 민법 제186조(등기를 요하는 물권변동)의 적용을 받아 등기를 하여야 출연재산 귀속의 효력을 주장할 수 있다고 한다(대법원 1979.12.11. 선고 78다481·482 전원합의체판결).

　　사단법인의 사원의 지위는 양도 또는 상속할 수 없다(제56조).

(3) 법인의 기관

　　법인의 업무수행을 위해서는 자연인으로 구성된 기관이 필요하다. 사단법인의 필요기관은 이사와 사원총회가 있고, 임의기관으로는 감사가 있다. 재단법인의 기관으로는 이사와 감사가 있고, 그 성질상 사원총회라고 하는 것은 고려할 수 없다.

가. 이 사

이사는 법인의 사무를 집행하는 자로서 필요기관이다(제58조 제1항, 제57조). 이사의 수나 임기에 관한 사항은 정관에 임의로 정할 수 있다(제40조, 제43조). 이사가 수인인 경우에는 정관에 다른 규정이 없는 한 법인의 사무집행은 이사의 과반수로써 결정한다(제58조 제2항).

이사가 법인의 사무에 관하여 각자 법인을 대표함에 있어서 정관의 취지에 위반해선 안 되고, 특히 사단법인의 경우에는 총회의 의결에 따라야 한다(제59조 제1항). 대표기관으로서 이사의 행위는 곧 법인의 행위로 취급되어 법인이 그로 인한 권리와 의무를 부담하게 되는 것이다. 이사의 대표권은 정관으로 제한할 수 있지만, 이를 반드시 등기하여야 제3자에게 그 효력을 주장할 수 있다(제60조, 제49조). 즉, 대표권 제한에 관한 사항을 등기하지 않은 경우, 그 제한을 위반하여 대표권을 행사한 이사의 행위의 효과는 제3자와의 관계에 있어서 그대로 법인에게 귀속된다.

이사는 직무를 수행함에 있어서 선량한 관리자의 주의를 기울어야 하고(제61조), 이를 위반할 시에는 채무불이행에 기한 손해배상책임을 부담할 수 있다. 이러한 주의의무를 소홀히 한 이사가 수인인 경우에는 연대하여 배상책임을 부담한다(제65조).

나. 감 사

법인은 정관 또는 총회의 결의로 감사를 둘 수 있다(임의기관. 제66조). 감사는 법인의 재산상황이나 이사의 업무집행 상황을 감사하고, 거기에 부정(不正)이나 불비(不備)가 있으면 이를 총회나 주무관청에 보고해야 하며, 그 보고를 위해 총회를 소집할 수 있다(제67조).

다. 사원총회

사원총회란 사단법인의 구성원인 사원 전원의 구성체로서 최고의사결정기구이다(필요기관). 예컨대 주식회사에 있어서 주주총회에 해당하는 기관이다. 사단법인의 사무는 정관으로 이사 또는 기타 임원에게 위임한 사항 외에는 총회의 결의에 따라 결정해야 한다(제68조). 특히 정관의 변경(제42조)이나 임의해산(제77조 제2항)은 사원총회 결의사항이 된다.

(4) 법인의 소멸

법인은 해산(解散)과 청산(淸算)의 절차를 거쳐서 청산등기를 마침으로써 소멸한다. 법인의 해산이란 기존에 해 오던 업무를 정지하고 청산의 과정으로 들어가는 것을 말하고, 청산이란 해산한 법인의 잔존 업무와 재산을 정리하는 절차를 의미한다.

가. 해 산

법인은 존립기간 만료, 법인의 목적 달성 또는 달성불능 기타 정관에서 정한 해산사유의 발생, 파산 또는 설립허가의 취소로 해산한다(제77조 제1항). 여기에 사단법인만의 추가적 해산사유로는 사원이 없게 되거나 총회의 결의로써 해산될 수 있다(제77조 제2항). 총회 결의에 의한 해산을 임의해산이라고 하는데, 정관에 다른 규정이 없는 한 총사원 3/4 이상의 동의를 요한다(제78조).

나. 청 산

해산한 법인이 청산절차에 들어가면 청산법인이 된다. 이때 해산한 법인은 청산의 목적 범위 내에서만 권리가 있고 의무를 부담하게 된다(제81조). 법인이 해산하는 이유가 파산신청에 의한 경우에는 파산법에서 정한 절차를 따르게 되고, 그 외의 사유에 의한 경우에는 민법의 규정을 따른다. 그리하여 법인이 해산하는 때에는 파산의 경우를 제외하곤 이사가 청산인이 되고(제82조), 청산인이 될 자가 없는 경우에는 법원이 청산인을 선임할 수 있다(제83조). 청산인은 ① 현존사무의 종결, ② 채권의 추심 및 채무의 변제, ③ 잔여재산의 인도의 직무를 수행해야 한다(제87조 제1항). 청산 과정에서 법인의 재산이 그 채무를 완제하기에 부족한 것이 분명하게 된 때에는 청산인은 지체없이 파산선고를 신청하고 이를 공고하여야 한다(제93조 제1항).

<사례1 해설> (권리의 주체)

(1) 태아도 손해배상청구권에 관하여는 이미 출생한 것으로 보는데, 아버지인 갑이 교통사고로 사망할 당시 태아가 아직 출생하지 않았다고 하더라도 그 뒤에 출생하였다면 아버지의 사망으로 인하여 입게 될 정신적 고통에 대한 위자료를 청구할 수 있다(대법원 1993.4.27. 선고 93다4663 판결).

(2) 수인이 동일 위난으로 사망한 경우에는 동시에 사망한 것으로 추정한다.

(3) 을은 미성년자이므로 점퍼를 구입하기로 한 갑과의 계약을 취소할 수 있다. 또

한 을의 친권자인 병 역시 법정대리인으로서 취소할 수 있다. 한편, 갑은 을측에게 취소권의 행사 여부를 묻는 최고권을 행사하거나, 을측의 추인이 있기 전에 철회할 수 있다. 을이 만약 혼인한 상태였다면, 이는 성년의제 규정이 적용되어 단독으로 유효한 법률행위를 할 수 있는 것이므로 갑과의 계약을 취소할 수 없다.

(4) 실종선고 후 그 취소 전에 이루어진 법률행위가 선의로 이루어진 경우에는 실종선고의 취소의 효력이 미치지 아니한다. 따라서 을의 재혼이 선의에 의한 경우라면 여전히 유효한데, 이 경우 재혼의 쌍방, 즉 을과 병 모두 선의여야 한다.

(5) 위의 3(2)의 제4문단을 참조하라.

Ⅲ. 권리의 객체

1. 의 의

권리의 내용이나 목적이 실현되는 데에 있어서 그 대상이 되는 것을 권리의 객체라고 한다. 가령, 물권(物權)의 객체는 원칙적으로 물건이 되고, 채권(債權)의 객체는 채무자의 특정 행위(給付)가 된다. 우리 민법은 권리의 객체 중에서 물건에 관하여만 총칙편에 규정을 두고 있다.

2. 물 건

물건이란 유체물 및 전기 기타 관리할 수 있는 자연력을 말한다(제98조). 여기서 관리할 수 있다는 말은 배타적으로 지배할 수 있다는 뜻으로 풀이된다. 따라서 유체물이라도 배타적으로 지배할 수 없는 것이라면 물건이 될 수 없고(가령, 해나 달), 무체물이라도 관리가 가능하다면 물건이 될 수 있다고 본다(가령, 전기나 원자력). 또한 물건은 외계의 일부로서 비인격적인 것이어야 한다. 따라서 사람이나 사람의 신체 일부는 물건이 될 수 없다. 사체(死體)나 유골(遺骨)이 물건성에 관해서는 견해의 대립이 있으나, 어느 견해를 취하든 사용·수익·처분의 대상이 될 수 없다고 보므로 실질적인 차이는 없다. 한편, 물건의 배타적 지배가 가능하기 위해서는 물건의 독립성이 필요하다. 따라서 물건의 일부나 구성부분 또는 물건의 집합 등은 원칙적으로 물건이 될 수 없다. 물건의 독립성 유무는 사회통념에 따라 결정된다.

민법은 이러한 물건을 부동산(不動産)·동산(動産), 주물(主物)·종물(從物), 원물(元物)·과실(果實)로 나누어 규정하고 있다.

(1) 부동산·동산

부동산은 토지와 그 정착물을 말하고, 동산은 부동산 이외의 물건을 말한다(제99조). 부동산의 경우, 토지의 정착물이란 토지에 고정되어 쉽게 이동할 수 없는 물건을 말하는데, 여기에는 토지의 구성부분으로서 일부에 지나지 않는 것(가령, 돌담이나 교량)과 토지와 별개로 독립한 물건(가령, 건물, 입목등기를 한 수목, 명인방법을 갖춘 수목, 농작물)이 포함된다. 이러한 부동산 외의 물건은 동산에 해당한다. 관리할 수 있는 자연력도 동산에 해당한다(제98조).

부동산과 동산의 구별하는 이유는 그 공시방법의 차이에 있다. 일반적으로 부동산은 등기를 요하지만, 동산의 경우에는 인도(점유의 이전)를 요한다(제186조, 제188조).

(2) 주물·종물

물건의 소유자가 그 물건의 일상적 사용에 필요한 자기 소유의 다른 물건을 이에 부속시킨 경우에, 앞의 물건을 주물이라고 하고 그 주물에 부속된 물건을 종물이라 한다(제100조 제1항). 즉, 각기 독립한 두 개의 물건 사이에서 한 물건이 다른 물건의 효용을 돕는 관계에 있는 경우를 말한다. 예컨대, 배와 노 혹은 자물쇠와 열쇠 등이 그러하다. 민법은 주물과 종물의 경제적 효용 가치를 보전하기 위해 양자의 법률적 운명을 같이하도록 규정하고 있다. 그리하여 종물은 주물의 처분에 따르도록 하고 있다(제100조 제2항). 예컨대, 배를 처분하는 경우에 특별히 다른 언급이 있지 않는 한 노도 함께 처분되는 것으로 본다.

(3) 원물·과실

어떤 물건으로부터 발생되는 경제적 이익을 과실이라고 하고, 그러한 과실을 발생시키는 물건을 원물이라고 한다. 민법은 과실의 종류로서 천연과실과 법정과실을 규정하고 있다. 천연과실은 물건의 용법에 의하여 수취하는 산출물을 말하는데(제101조 제1항), 열매나 가축의 새끼 또는 광물이나 토사 등이 여기에 해당한다. 법정과실은 물건의 사용대가로 받는 금전 기타 물건으로서(제101조 제2항), 임료나 지료 또는 이자 등이 대표적인 예이다.

Ⅳ. 권리의 변동

1. 권리변동의 의의

사람과 사람 사이의 생활관계 중에서 법이 규율하는 관계를 법률관계라고 하고, 그러한 법률관계는 결국 권리·의무관계로 요약된다. 이 법률관계는 일정 요건(법률요건) 하에서 변동(법률효과)이 일어나는데, 그것은 권리의 발생·변경·소멸의 형태로 나타난다. 예컨대, 가옥매매계약이라는 법률요건이 충족되면 그 가옥을 매도한 자는 가옥의 소유권을 매수인에게 이전함으로써(권리 주체의 변경) 종래 자신이 가지고 있던 가옥소유권을 상실하게 되고(권리 소멸), 매수인은 가옥에 대한 소유권을 취득하게 된다(권리 발생).

(1) 권리 변동의 구체적 모습

권리취득은 원시취득과 승계취득의 형태로 나눌 수 있다. 원시취득은 타인의 권리에 기초함이 없이 원시적으로 취득하는 것이다. 예컨대, 무주물 선점(제252조), 습득(제253조), 매장물 발견(제254조), 시효취득(제245조) 등이 그러하다. 반면, 승계취득은 타인의 권리를 취득하는 것을 말한다. 이는 다시 이전적 승계취득과 설정적 승계취득으로 나눌 수 있다. 전자는 종래의 권리자로부터 새로운 권리자에게 동일성이 유지되면서 권리가 이전되는 것을 말하는데, 여기에는 특정승계와 포괄승계가 있다. 특정승계는 매매와 같이 하나의 특정된 원인을 통해 권리를 승계하는 것이고, 포괄승계는 상속과 같이 하나의 원인을 통해 수개의 권리·의무를 승계하는 것이다. 한편, 설정적 승계는 어떤 소유권 위에 지상권·전세권·저당권을 설정하는 것처럼, 종래의 권리자는 자신의 권리를 그대로 보유하면서 새로운 권리자는 그 권리의 일부 권능(사용·수익·처분권능)만을 취득하는 것이다.

권리의 변경은 권리 자체의 동일성은 그대로 유지되면서 그 권리의 주체·내용·작용에 대하여 변경이 가해지는 것을 말한다. 주체의 변경은 앞서 설명한 이전적 승계에 해당한다. 내용의 변경은 소유물 위에 제한물권이 설정되는 경우나 물건의 인도 대신 손해배상청구권을 취득하는 경우 등에 해당한다. 작용의 변경의 예로는 부동산 임차권이 등기되어 대항력을 취득하는 경우이다.

　　권리의 소멸은 절대적 소멸과 상대적 소멸로 구분할 수 있다. 전자는 목적물 멸실로 인한 소유권 소멸처럼 기존의 권리가 완전히 없어지는 것이고, 후자는 어떤 권리가 타인에게 이전되어 종래 권리자가 권리를 잃는 것을 말한다.

(2) 권리변동의 원인

　　민법의 규정들은 어떤 사실이 있으면 어떤 효과가 발생한다는 방식으로 표현되어 있는데, 전자를 법률요건이라고 하고 후자를 법률효과라고 한다. 가령, 매매계약을 체결하게 되면 그 계약의 당사자들 사이에는 매매 목적물을 이전할 의무와 대금을 지급해야 할 의무가 발생하게 되는데, 이때 매매계약의 체결은 법률요건에 해당하고 그로부터 발생하는 목적물 이전 의무 등은 법률효과에 해당한다. 민법상 법률요건은 크게 두 개로 나눌 수 있는데, 하나는 권리변동을 의욕한 당사자의 의사표시를 중심으로 하는 법률행위이고(대표적으로 계약), 다른 하나는 법률규정을 포함한 법률행위 이외의 것들이다(예컨대, 소멸시효, 취득시효, 사무관리, 부당이득, 불법행위 등).

　　법률사실이란 법률요건을 구성하는 개개의 사실을 말한다. 앞서 제시한 매매계약의 예에서 그 계약은 법률요건인 법률행위에 해당하고, 그 계약을 구성하는 청약·승낙의 의사표시는 법률사실에 해당한다. 이러한 의사표시를 요소로 하는 법률행위는 사적자치의 원리가 지배하는 민법에서 가장 중요하게 다루어지는 부분이다.

2. 법률행위

사례 2　　(법률행위)

갑은 자신 소유의 토지를 을에게 매매하기로 하였으나, 이러한 사정을 알고 있던 병은 갑을 부추겨 자신에게 그 토지를 넘길 것을 요구하여 결국 갑은 병에게 그 토지의 명의를 이전하였다. 갑과 병 사이의 토지매매는 유효한가?

(1) 법률행위의 의의

법률행위는 의사표시를 불가결의 요소로 하는 법률요건이다. 법률행위가 의사표시만으로 구성되는 것은 아니지만(예컨대, 법인설립을 위해서는 주무관청의 허가까지 요구됨), 의사표시 없는 법률행위는 존재할 수 없다.

법률행위는 구분 기준에 따라 여러 종류로 나누어 볼 수 있지만, 법률행위를 구성하는 의사표시의 수나 방향에 따른 구분이 가장 중요하다. 이에 따라 법률행위는 단독행위, 계약, 합동행위로 나눌 수 있다. 단독행위는 하나의 의사표시만으로 성립하는 법률행위이다. 하나의 의사표시만으로 법률효과가 발생하여 경우에 따라서는 상대방을 구속할 수 있으므로, 이는 관련 법률규정이 있는 경우에만 인정된다. 계약은 두 개의 의사표시가 합치되는 경우에 성립하는 법률행위인데, 일반적으로 채권계약을 의미한다. 합동행위는 사단법인 설립행위와 같이 두 개 이상의 의사표시의 합치로써 성립하는 법률행위인데, 계약에서처럼 두 개의 의사표시가 서로 교차하는 것이 아니라 하나의 목적을 위해 한 방향으로 나아가는 특징이 있다.

(2) 법률행위의 요건

법률행위가 법률효과를 발생시키기 위해서는 먼저 법률행위가 제대로 성립하여야 하고, 다음으로 성립한 법률행위가 유효한 것이어야 한다. 법률행위의 성립요건으로는 일반적으로 당사자, 목적, 의사표시가 있어야 한다. 이 외에 특별성립요건으로서 혼인에서의 신고나 유언에서의 일정 방식 등이 추가적으로 포함될 수 있다. 이렇게 성립한 법률행위가 유효한 것으로 인정되기 위해서는 당사자가 능력(권리능력·의사능력·행위능력)을 갖추어야 하고, 법률행위 내용(목적)이 확정·가능·적법·타당하여야 하며, 법률행위를 구성하는 의사표시에 흠결(欠缺)이 없어야 한다.

법률행위 내용은 명확히 확정될 수 있어야 한다. 여기에는 법류행위의 해석이 필요하게 되는데, 그 해석의 기준은 우선적으로 당사자의 의사나 목적이 된다. 당사자의 의사가 불명확한 경우에는 임의법규와 다른 관습이 있다면, 그 관습이 법률행위 해석의 기준이 된다(제106조). 임의법규란 법률행위의 당사자가 의사표시로써 그 적용을 배제시킬 수 있는 법규정을 말하는데, 이때 임의법규는 선량한 풍속 기타 사회질서에 관계없는 것이어야 한다(제105조). 이러한 해석과정을 거치고도 법률행위의 내용을 확정지을 수 없다면 그 법률행위는 무효이다.

법률행위의 내용은 실현 가능한 것이어야 한다. 실현 불가능(불능)한 내용의 법률행위는 무효이다. 불능은 불능사유의 발생 시점에 따라 원시적 불능과 후발적 불능으로 나눌 수 있다. 예컨대, 가옥의 매매계약을 체결한 경우 그 가옥이 계약체결 전에 화재로 인해 소실되었다면 이는 원시적 불능에 해당하고, 계약체결 이후에 소실되었다면 후발적 불능에 해당한다. 원시적 불능은 법률행위를 무효로 만들지만, 후발적 불능의 경우에는 이미 성립한 법률행위는 유효한 것으로 보고, 다만 그 불능에 귀책사유가 있는지 여부에 따라 채무불이행에 기한 손해배상책임(제390조)이나 위험부담(제537조, 제538조)의 문제로 처리된다. 한편, 불능의 범위에 따라 전부불능과 일부불능으로 구분할 수 있다. 전부불능인 경우에는 법률행위가 전부 무효가 되지만, 일부불능의 경우에는 일부무효의 법리(제137조, 이하에서 설명)에 따르게 된다.

법률행위의 내용은 적법한 것이어야 한다. 사법(私法)상 법규는 임의법규와 강행법규로 나뉘는데, 임의법규는 사적자치의 원리가 허용되는 영역에 해당하지만 강행법규는 사적자치의 한계를 설정하는 기능을 하여 사적자치가 허용되지 않는 영역에 해당한다. 이러한 강행법규에 위반하는 내용의 법률행위는 적법하지 않은 것으로서 무효라고 할 것이다. 민법상 강행법규의 예로는 능력에 관한 규정, 법인제도에 관한 규정, 대부분의 물권법과 가족법의 규정들이 있다. 이러한 강행법규 안에 단속법규도 포함되는 것으로 해석하지만, 단속법규에 반하는 법률행위는 벌칙의 적용만 있을 뿐 사법상의 효력까지 부인되는 것은 아니다(가령, 무허가 음식점).

법률행위의 내용은 사회적으로 타당한 것이어야 한다. 즉, 법률행위의 내용이 선량한 풍속 기타 사회질서에 반하는 것은 무효가 된다(제103조). 예컨대, 이중양도, 범죄행위를 조장하는 대가지급약속, 부첩계약 등은 그 행위의 내용이 사회적으로 타당한 것이 아니어서 무효이다. 또한, 상대방의 궁박·경솔·무경험을 이용하여 현저하게 균형을 잃은 거래를 함으로써 부당한 재산적 이익을 얻는 불공정한 법률행위 역시 사회질서에 반하는 것으로서 무효이다(제104조). 이른바 공서양속이라 불리는 이 요건은 강행법규와 마찬가지로 사적자치의 한계를 설정하는 기능을 담당한다.

의사표시의 흠결이 없어야 한다. 이에 대해서는 장을 바꾸어 자세히 설명한다.

<사례2 해설> (법률행위)

부동산의 이중매매가 반사회적 법률행위에 해당하면 절대적 무효이다. 반사회적 법률행위가 되기 위해서는 제2매수인이 매도인의 배임행위에 적극 가담하여 이루어져야 하는데, 그 적극 가담의 정도는 제1매수인에게 부동산이 매도된 것을 알면서도 자기에게 매도를 요청하여 매매계약에 이르는 정도가 되어야 한다. 이러한 판례에 따르면, 갑과 병 사이의 매매계약은 반사회적 법률행위로서 무효가 된다.

3. 의사표시

사례 3 (의사표시)

(1) 갑은 시한부 선고를 받은 친구 을을 기쁘게 해주기 위해 을이 평소에 좋아하던 갑 소유의 그림을 을에게 무상으로 증여한다고 말하고 이를 인도하였는데, 사실 갑은 내심으로 을이 사망한 후에 그 그림을 다시 찾아올 생각이었다. 얼마 후 을이 사망하자 병이 상속인이 되었다. 갑은 병에게 그림의 반환을 청구할 수 있는가?

(2) 갑은 채권자들의 강제집행을 면탈하기 위해 을에게 부동산을 매도하는 허위 매매계약서를 작성하고 소유권이전등기를 마쳤다. 그 후 을은 이러한 사정을 모르는 병에게 그 부동산을 매도하여 현재 병 명의로 등기가 되어있다. 갑은 을에게 부동산의 소유권을 주장할 수 있는가?

법률행위를 통해 법률효과를 발생시키기 위해서는 법률행위의 요소인 의사표시에 흠결이 없어야 한다. 그러나 현실에서는 당사자의 의사와 그 표시에 일치하지 않거나 혹은 타인의 부당한 간섭에 의해 의사표시가 이루어지는 경우가 있다. 우리 민법은 이렇듯 의사표시에 흠결이 있는 경우의 효과를 규정하고 있는바, 진의 아닌 의사표시(제107조), 통정한 허위의 표시(제108조), 착오로 인한 의사표시(제109조), 사기·강박에 의한 의사표시(제110조) 규정이 그러하다. 또한 민법은 상대방 있는 의사표시에 있어서 그 의사표시의 효력발생시기(제111조), 의사표시의 상대방이 제한능력자인 경우의 효과(제112조), 의사표시의 공시송달(제113조)을 규정하고 있다.

(1) 의사와 표시가 불일치한 경우의 효력

진의 아닌 의사표시는 표의자가 그것이 진의 아님을 알고 한 것이라 하더라도 유효하다(제107조 제1항). 즉, 자신이 표시하는 내용의 객관적 의미가 자신의 내심과 일치하지 않음을 알면서도 의사표시를 한 경우에는 법이 그 자를 보호할 가치가 없으므로 일단은 유효한 것으로 본다. 다만, 상대방이 그 의사표시가 표의자의 진의와 다름을 알거나 알 수 있었을 경우에는 그 상대방을 보호할 가치가 없게 되므로 무효로 한다(제107조 제1항 단서). 가령, 사직할 의사가 없으면서 고용주의 자신에 대한 신임의 정도를 알아보기 위해 사직서를 제출한 경우, 원칙적으로 거기에는 사직의사가 있다고 보아 효력이 발생한다. 그러나 고용주가 그러한 사정을 알거나 알 수 있었을 경우에는 사직의 의사표시는 효력이 없는 것으로 된다. 진의 아닌 의사표시가 무효가 되더라도, 거래의 안전을 위해 그 무효는 선의의 제3자에게 효력이 미치지 않는 것으로 한다(제107조 제2항).

통정에 의한 허위표시는 상대방과 통정하여 진의 아닌 의사표시를 하는 경우에 해당한다. 예컨대, 재정상태가 악화되어 강제집행을 면하기 위한 목적으로 친구와 통정한 후 자신의 유일한 재산인 부동산을 친구에게 양도하는 경우를 말한다(이렇듯 허위표시로 구성된 법률행위를 가장행위(假裝行爲)라고 한다). 이 경우 실제로 자신의 부동산을 친구에게 양도하려는 진의가 없으므로 진의 아닌 의사표시에 해당하지만, 양도의 상대방인 친구와 통정하였다는 점에서 민법 제107조의 진의 아닌 의사표시와 구별된다. 이러한 통정허위표시는 표의자뿐 아니라 그 상대방 모두 진의 아님을 알고 있었던 경우이므로 보호가치 없고, 따라서 의사표시의 효과가 발생하지 않는다(제108조 제1항). 이러한 무효의 효과는 선의의 제3자에게는 미치지 아니한다(제108조 제2항). 이는 거래안전을 위하여 그 가장행위의 외관을 신뢰한 제3자를 보호하기 위함이다.

착오로 의사표시를 하여 그 표시가 표의자의 진의와 일치하지 않게 되더라도, 그 의사표시는 유효한 것으로서 표의자를 구속하는 것이 원칙이다. 그러나 진의 아닌 의사표시나 통정허위표시의 경우와 달리 표의자는 착오로 인해 자신의 의사와 표시가 불일치함을 알지 못하므로 보호받을 가치가 있다. 그리하여 민법은 그 착오가 법률행위 내용의 중요부분에 관한 것이고, 또한 그 착오가 표의자의 중대한 과실로 발생된 것이 아닌 때에 한하여 표의자로 하여금 자신의 의사표시를 취소할 수 있도록 규정하였다(제109조 제1항). 표의자가 취소하면 그 의사표시에 기초한 법률행위는 소급적으로 무효가 된다. 다만, 거래안전을 위하여 그 취소의 효과는 선의의 제3자에게 미치지 아니한다(제109조 제2항).

(2) 하자 있는 의사표시의 효과

하자(瑕疵) 있는 의사표시는 타인의 부당한 간섭에 의해 의사표시가 이루어진 경우를 말하는데, 사기(詐欺)나 강박(强迫)에 의한 의사표시가 이에 해당한다. 사기·강박에 의한 의사표시는 취소할 수 있다(제110조).

사기에 의한 의사표시가 성립하기 위해서는 사기자에게 이중의 고의가 있어야 한다. 즉, 표의자를 기망하여 착오에 빠지게 하려는 고의와 그 착오에 의해 의사표시를 하게 하려는 고의가 요구된다. 또한, 표의자에게 그릇된 관념을 가지게 하는 기망행위(欺罔行爲)가 있어야 하는데, 여기에는 적극적으로 허위사실을 알리는 행위 뿐 아니라 소극적으로 침묵하여 진실을 숨기는 행위도 포함될 수 있다(이 경우에는 그 진실을 알려야 할 의무가 존재했어야 함). 민법 제110조의 적용을 받는 기망행위는 신의칙 및 거래관념에 비추어 용인될 수 없는 정도의 위법한 것이어야 한다. 한편, 기망행위-착오-의사표시 사이에는 인과관계가 성립되어야 하는데, 이때 인과관계는 표의자의 주관적 인식을 기준으로 결정된다.

강박에 의한 의사표시가 성립하기 위해서는 강박자에게 이중의 고의가 있어야 한다(사기의 경우와 동일). 강박행위(强迫行爲)란 어떤 해악(害惡)을 고지하여 상대방으로 하여금 공포심을 불러일으키는 행위를 말한다. 민법 제110조의 적용을 받는 강박은 표의자의 의사결정을 제한하는 정도를 의미하는 것이어서 공포심이 있는 가운데에서라도 적어도 의사표시는 표의자 스스로 한 경우를 말한다. 그에 반해, 표의자의 의사결정의 자유를 완전히 박탈시키는 절대적 강박의 경우에는 행위의사가 결여된 상태로서, 그러한 상태에서의 의사표시는 취소가 아닌 무효의 대상이 된다. 강박행위-공포-의사표시 사이에는 인과관계가 존재해야 하고, 강박행위는 위법한 것이어야 한다.

제3자가 사기나 강박을 행하여 표의자에게 착오나 공포를 불러일으키고 그로 인해 표의자가 상대방에게 의사표시를 한 경우에는 표의자 보호 뿐 아니라 표의자의 의사표시를 신뢰한 상대방의 보호도 고려되어야 한다. 민법은 제3자의 사기나 강박이 개입된 경우 상대방이 그러한 사실을 알거나 알 수 있었을 경우에 한하여서 표의자가 취소할 수 있도록 규정하였다(제110조 제2항).

사기·강박에 의한 의사표시의 취소는 선의의 제3자에게 영향을 미치지 아니한다(제110조 제3항).

(3) 의사표시의 효력발생

상대방 있는 의사표시는 상대방에게 도달한 때에 그 효력이 발생한다(도달주의. 제111조). 여기서 도달이란 상대방이 일반적·객관적으로 그 의사표시를 인식할 수 있는 상태에 놓이는 것을 의미하고, 반드시 상대방이 그 의사표시의 내용을 알았을 것을 요구하지 않는다. 도달주의의 예외로서, 격지자간의 계약에서 청약에 대한 승낙의 의사표시는 발송한 때에 발생한다(발신주의. 제531조).

의사표시의 상대방이 제한능력자인 경우에 표의자는 그 의사표시가 도달하였다는 이유로 그 효력의 발생을 주장할 수 없다(제112조). 다만, 상대방의 법정대리인이 의사표시의 도달을 안 후에는 그러하지 아니하다(제112조 단서).

<사례3 해설> (의사표시)

(1) 갑의 증여의 의사표시는 진의 아닌 의사표시이므로 원칙적으로 유효하지만 을이 이러한 사정을 알았거나 알 수 있었을 경우에는 무효가 되어 을은 그림의 소유권을 취득할 수 없다. 그러나 이 무효는 선의의 제3자에게 대항하지 못하는데, 민법 제107조 제2항에서 말하는 선의의 제3자에는 포괄승계인은 제외되므로 상속인인 병은 위의 선의의 제3자에 해당하지 않는다. 따라서 을이 갑의 증여의사 없음을 알았거나 알 수 있었던 경우에는 갑의 증여는 무효로 되고, 또한 병은 동조의 선의의 제3자에 해당하지 않으므로 무효의 효과가 미치므로 갑은 병에 대해 그림의 반환을 청구할 수 있다.

(2) 갑과 을 사이의 매매계약은 허위표시에 의한 것으로서 무효이지만, 그 무효의 주장은 선의의 제3자에게 주장할 수 없는 것이므로, 갑은 선의인 병에게 해당 부동산의 소유권을 주장할 수 없다.

---

4. 대 리

사례 4 (대리)

(1) 을은 갑의 임의대리인으로서 병과 거래를 하던 중 갑은 을의 평소 행실에 문제가 있음을 알고서 곧 을의 대리권을 박탈하였다. 그럼에도 을은 그 이후에도 정을 복대리인으로 선임하여 정으로 하여금 병과의 거래를 계속하도록 하

였다. 그 과정에서 정은 병의 물건을 시가의 3배를 더 주고 매수하기로 계약을 하였고, 이에 병은 그 대금의 지급을 갑에게 청구하였다. 이 경우의 **법률관계를 설명하라.**

(2) 을이 아무 권한도 없이 갑의 대리인이라고 칭하고 갑 소유의 부동산을 병에게 **매각한 경우의 법률관계를 설명하라.**

(1) 대리의 의의

대리(代理)란 타인(대리인)이 본인의 이름으로 법률행위를 하고 그 법률효과는 직접 본인에게 발생하도록 하는 제도이다. 복잡다단한 현대사회에서 모든 법률관계를 스스로 형성시키는 것은 매우 어려우므로 대리제도를 통해 보다 전문화된 자에게 이를 맡기는 것은 합리적인 일이고(사적자치의 확장), 또한 제한능력자는 단독으로 유효한 법률행위를 할 수 없으므로 법정대리인을 통해 법률관계를 형성시킬 수 있다(사적자치의 보충). 대리는 본인이 대리권을 수여한 경우인 임의대리와 법률규정에 의한 경우인 법정대리로 구분될 수 있다. 또한 대리인이 정당한 대리권을 가지고 있는지에 따라 유권대리(有權代理)와 무권대리(無勸代理)로 나뉜다.

(2) 대리의 3면관계

대리의 법률관계는 대리인-본인-상대방 사이의 3면 관계를 중심으로 검토되어야 한다. 구체적으로 그 검토 대상은 ① 본인과 대리인 사이의 대리권, ② 대리인과 상대방 사이의 대리행위, ③ 본인과 상대방 사이의 대리의 효과이다.

가. 대 리 권

대리권이란 본인의 이름으로 법률행위를 하거나 또는 의사표시를 수령함으로써 본인에게 직접 법률효과를 귀속시킬 수 있는 법률상 지위 또는 자격을 말한다. 대리권은 법정대리권과 임의대리권으로 나뉜다. 법정대리권은 친권자나 후견인처럼 법률규정이나 법원의 선임에 의해 부여되는 대리권을 말한다. 법정대리권의 범위는 그 발생의 근거가 되는 법률규정에 따른다. 이에 반해 임의대리권은 본인이 대리인에게 대리권을 수여하여야 발생한다. 이처럼 임의대리권은 본인의 수권행위에 의한 것이므로, 그 범위 또한 수권행위에서 정한 대로 따르는 것이 원칙이다. 그러나 수권행위에 대리권의 범위를 정한 바가 없어서 불분명한 경우에는 보존행위와 이용 및 개량행위만을 할 수 있다(제118조). 여기서 이용 및 개량행위는 대리의 목적인 물건이나 권리의 성질을 변하지 않는 범위 내에서만 허용된다(제118조 제2호).

한편, 대리인 자신이 상대방이 되어 본인을 대리하는 자기계약이나 한명의 대리인이 동일한 법률행위의 당사자 쌍방을 모두 대리하는 쌍방대리는 원칙적으로 금지된다(제124조). 이는 본인-대리인, 본인-본인 사이의 이해충돌을 방지하기 위함이다. 그러나 본인의 허락이 있거나 단순한 채무의 이행의 경우에는 자기계약과 쌍방대리도 유효할 수 있다(제124조 단서).

대리권은 본인의 사망, 대리인의 사망, 대리인의 성년후견 개시 또는 파산이 있게 되면 소멸한다(제127조). 다만, 임의대리권의 경우에는 앞의 경우 외에도 본인과 대리인 사이의 수권행위를 있게 한 법률관계(가령 위임계약관계)가 종료하거나 혹은 법률관계 종료 전이라도 본인이 수권행위를 철회함으로써 소멸할 수 있다(제128조).

나. 대리행위

대리인이 한 의사표시의 효과가 직접 본인에게 귀속되려면 그것이 본인을 위한 것임을 표시해야 한다(顯名主義. 제114조 제1항). 대리인이 상대방의 의사표시를 수령하는 경우에는 상대방이 본인에 대한 의사표시임을 표시하여야 한다(제114조 제2항). 대리인이 본인을 위한 것임을 표시하지 아니한 때에는 그 의사표시는 대리인 자신을 위한 것으로 본다(제115조). 또한 의사표시의 효력이 하자(의사의 흠결, 사기나 강박 등)로 인하여 영향을 받을 경우에 그 판단은 대리인을 기준으로 한다(제116조 제1항). 그러나 특정한 법률행위를 위임하여 대리인이 본인의 지시를 쫓아 그 행위를 한 경우에는 본인은 자신이 안 사정 또는 과실로 인하여 알지 못한 사정에 관하여 대리인의 부지를 주장할 수 없다(제116조 제2항). 한편, 대리인은 행위능력자임을 요하지 않는다(민법 제117조). 본인 스스로 제한능력자를 대리인으로 삼았다면 그에 따른 불이익도 감수하는 것이 마땅하기 때문이다.

다. 대리의 효과

대리인이 한 법률행위의 효과는 본인에게 직접 귀속된다(제114조).

(3) 복 대 리

복대리인(復代理人)이란 대리인이 그의 권한 내의 행위를 하게 하기 위하여 대리인 자신의 이름으로 선임한 본인의 대리인을 말한다(제123조 제1항). 대리인이 복대리인을 선임하더라도 대리인의 대리권은 그대로 존재하고, 복대리인은 본인이나 제3자에 대하여 대리인과 동일한 권리·의무가 있다(제123조 제2항).

임의대리인은 원칙적으로 복대리인을 선임하지 못하지만, 본인의 승낙이 있거나 부득이한 사유가 있을 때에는 선임할 수 있다(제120조). 이에 따라 임의대리인이 복대리인을 선임한 경우에는 본인에 대하여 그 선임감독에 대한 책임을 진다(제121조 제1항). 그러나 본인의 지명에 따라 복대리인을 선임한 경우에는 복대리인의 부적임 또는 불성실을 알면서도 본인에게 통지하지 않거나 해임을 태만히 한 경우에만 책임을 진다(제121조 제2항).

법정대리인은 원칙적으로 본인의 승낙 없이 복대리인을 선임할 수 있다(제122조). 다만, 복대리인의 선임감독에 관하여 과실이 없더라도 책임을 부담한다. 다만, 부득이한 사유로 복대리인을 선임한 경우에는 그 선임감독상의 과실에 대해서만 책임을 진다(제122조 단서).

복대리권도 결국 본인에 대한 대리권이므로 대리권의 일반 소멸사유(본인의 사망, 대리인의 사망, 대리인의 성년후견 개시 또는 파산)에 의해 소멸한다(제127조). 또한 대리인과 복대리인 사이의 내부적 법률관계가 종료하거나 대리인이 수권행위를 철회한 경우에도 복대리권은 소멸한다. 복대리권은 대리인의 대리권을 기초로 발생한 것이므로, 대리인의 대리권 소멸도 복대리권을 소멸시키는 사유가 된다.

(4) 무권대리

가. 무권대리의 의의

무권대리(無權代理)란 대리의사는 있으나 대리권 없이 행한 대리행위로서, 원칙적으로 그 행위의 효과를 본인에게 귀속시킬 수 없는 것을 말한다. 우리 민법은 광의(廣義)의 무권대리 안에 표현대리와 협의(狹義)의 무권대리를 규정하고 있다(통설).

나. 표현대리

표현대리(表見代理)란 대리인에게 대리권이 없음에도 마치 대리권이 있는 것과 같은 외관이 존재하고, 본인이 그러한 외관형성에 기여하는 등 본인이 책임져야 할 사정이 있으며, 나아가 상대방이 거기에 대리권이 있다고 믿거나 혹은 그렇게 믿는 데에 과실이 없는 경우, 그 무권대리행위의 효과를 본인에게 귀속시키는 제도이다. 민법이 규정하고 있는 표현대리로는, 대리권수여의 표시에 의한 표현대리, 권한을 넘은 표현대리, 대리권소멸 후의 표현대리가 있다.

(가) 대리권수여의 표시에 의한 표현대리

제3자에 대하여 타인에게 대리권을 수여함을 표시한 자는 그 대리권의 범위 내에서 행한 그 타인과 제3자간의 법률행위에 대하여 책임이 있다(제125조). 그러나 제3자가 대리권 없음을 알았거나 혹은 알 수 있었을 때에는 그러하지 아니하다(제125조 단서). 예컨대, 갑이 자기 소유 토지의 매매에 관하여 을을 대리인으로 선임한다고 외부에 광고한 후 실제로는 대리권을 수여하지 않았던 경우, 그 광고를 접한 병이 을을 갑의 대리인으로 믿고 토지거래를 하였다면 을의 대리행위의 효과는 갑에게 귀속되어 갑이 책임을 진다. 민법 제125조의 표현대리는 대리권 수여 표시라는 요건이 충족되어야 하므로 임의대리에만 적용이 있다.

(나) 권한을 넘은 표현대리

대리인이 대리권은 있으나 그 대리권 범위 밖의 대리행위를 한 경우, 제3자가 그 권한이 있다고 믿을 만한 정당한 이유가 있는 때에는 본인은 그 행위에 대하여 책임이 있다(제126조). 민법 제126조가 적용되기 위해서는 우선 기본대리권이 존재해야 하는데, 여기에 법정대리권도 포함될 수 있다. 그리하여 부부간의 일상가사대리권(법정대리권. 제827조 제1항)을 기본대리권으로 하는 표현대리도 가능하다고 본다(다수설). 한편, 거래 상대방인 제3자는 대리인에게 그러한 권한이 있다고 믿은 데에 정당한 이유가 있어야 한다. 가령, 대리인이 당해 거래에 필요한 서류로서 등기필증이나 인감증명서 등을 소지하고 있었다면, 특별한 사정이 없는 한 거기에는 그러한 권한이 있다고 믿을 만한 정당한 이유가 존재한다(대법원 1968.11.26. 선고 68다999 판결). 민법 제126조의 표현대리는 임의대리와 법정대리 모두에 적용된다.

(다) 대리권소멸 후의 표현대리

대리권이 소멸하여 대리권이 없게 된 자가 대리행위를 한 경우, 그자와 거래한 상대방이 선의이고 무과실인 때에는 그 대리행위의 효과가 본인에게 귀속한다(제129조). 민법 제129조는 대리인이 이전에는 대리권을 가졌지만 대리행위를 할 당시에는 그 대리권이 소멸한 경우에 적용되는 것이고, 처음부터 전혀 대리권이 없었던 경우에는 적용되지 않는다. 동조는 임의대리와 법정대리 모두에 적용된다.

다. 협의의 무권대리

협의의 무권대리란 광의의 무권대리 중에서 표현대리에 해당하지 않는 유형의 무권대리를 말한다. 민법은 그 대리행위가 계약인 경우와 단독행위인 경우를 나누어서 규율하고 있다. 이는 주로 무권대리의 상대방 보호에 관한 규정들이다.

(가) 계약의 무권대리

대리권 없는 자가 타인의 대리인으로 한 계약은 본인이 이를 추인하지 않으면 본인에 대해 효력이 없다(제130조). 이 때 상대방은 상당한 기간을 정하여 본인에게 그 추인여부의 확답을 최고할 수 있다(제131조). 또한, 상대방은 본인이 추인하기 전까지 본인 또는 그 대리인에 대하여 계약을 철회할 수 있다(제134조). 본인이 그 기간 내에 확답을 하지 않으면 추인을 거절한 것으로 본다(제131조 단서). 만약 본인이 추인을 하면 대리권 없이 한 계약이라도 계약시에 소급하여 유효한 것으로 된다(제133조).

한편, 타인의 대리인으로 계약을 한 자가 그 대리권을 증명하지 못하고 또 본인의 추인을 얻지 못한 경우에는 상대방의 선택에 따라 그 계약을 이행할 책임 또는 손해를 배상할 책임이 있다(제135조 제1항). 다만, 대리인으로서 계약을 맺은 자에게 대리권이 없다는 사실을 상대방이 알았거나 알 수 있었을 경우 또는 대리인으로 계약을 맺은 자가 제한능력자일 경우에는 그러하지 아니하다(제135조 제2항).

(나) 단독행위와 무권대리

대리인이 상대방 없는 단독행위를 한 경우에는 특별히 보호해야 할 상대방이 없으므로 앞의 상대방 보호규정(제131조부터 제134조)이 적용될 여지가 없다. 상대방 있는 단독행위의 경우에도 원칙적으로는 무효이지만, 무권대리인이 대리권 있다고 믿은 상대방을 보호할 필요가 있기 때문에 일정한 요건 하에 계약의 무권대리에서 적용되는 상대방 보호 규정들을 준용하고 있다(제136조).

<사례4 해설> (대리)

(1) 대리인이 대리권 소멸 후 직접 상대방과 사이에 대리행위를 하는 경우는 물론 대리인이 대리권 소멸 후 복대리인을 선임하여 복대리인으로 하여금 상대방과 사이에 대리행위를 하도록 한 경우에도, 상대방이 대리권 소멸 사실을 알지 못하여 복대리인에게 적법한 대리권이 있는 것으로 믿었고 그와 같이 믿은 데에 과실이 없다면 민법 제129조의 표현대리가 성립할 수 있다(대법원 1998.5.29. 선고 97다55317 판결). 대리권 소멸로 선의·무과실인 거래 상대방에게 대항할 수 없으므로 갑은 병에게 책임을 진다.

(2) 을이 대리권 있음을 증명하지 못하거나 갑으로부터 무권대리의 추인을 얻지 못하면, 을은 병의 선택에 따라 계약의 이행 또는 손해배상의 책임을 진다(제135조 제1항).

5. 법률행위의 무효와 취소

사례 5 (법률행위의 무효와 취소)

미성년자 갑이 자신의 부동산을 법정대리인의 동의 없이 을에게 매도하고 을은 다시 병에게 매도하였다. 이 경우의 법률관계를 설명하라.

(1) 무 효

법률행위의 무효란 법률행위가 성립한 때부터 법률상 당연히 효력이 없는 것으로 확정된 것을 말한다. 민법상 무효사유로는 의사무능력, 강행규정 위반, 공서양속 위반(제103조), 불공정한 법률행위(제104조), 진의 아닌 의사표시(제107조), 통정허위표시(제108조), 무권대리(제130조) 등이 있다. 무효의 종류로는 절대적 무효, 상대적 무효 또는 당연무효, 재판상 무효가 있다. 절대적 무효는 모든 사람에 대하여 무효의 효과를 주장할 수 있는 반면, 상대적 무효는 특정인에 대해서는 무효의 주장을 할 수 없는 경우이다. 가령, 진의 아닌 의사표시나 통정허위표시에서의 무효처럼 선의의 제3자 보호규정이 있는 경우에 해당한다. 한편, 재판상 무효는 반드시 소송을 통해서만 이를 주장할 수 있는 반면, 당연무효는 소송을 통하지 않더라도 무효를 주장할 수 있다. 민법상 무효는 당연무효이다.

법률행위의 일부분이 무효인 때에는 그 전부를 무효로 한다(전부무효의 원칙. 제137조). 그러나 그 무효부분이 없더라도 법률행위를 하였을 것이라고 인정되는 때에는 나머지 부분은 무효가 되지 아니한다(전부무효 원칙의 예외. 제137조 단서). 또한, 무효인 법률행위가 다른 법률행위의 요건을 충족하고 당사자가 그 무효를 알았더라면 다른 법률행위를 하는 것을 의욕하였으리라고 인정될 때에는 다른 법률행위로서 효력을 가진다(무효행위의 전환. 제138조). 예컨대, 입양신고에 갈음하여 혼인중의 출생자로 신고한 경우에 그것은 친생자 출생신고로서는 무효이지만, 입양의 실질적 성립요건이 모두 구비되어 있다면 입양의 효력이 발생한다(대법원 1977.7.26. 선고 77다492 전원합의체판결). 한편, 무효인 법률행위는 그것을 추인하여도 효력이 발생하지 않는다(제139조). 그러나 당사자가 무효임을 알고 추인한 때에는 새로운 법률행위로 본다(제139조 단서).

(2) 취 소

법률행위의 취소란 일단 유효하게 성립한 법률행위를 취소권자의 의사표시로써 소급적으로 무효화시키는 것이다(제141조). 취소권자는 제한능력자, 착오 또는 사기·강박에 의한 의사표시를 한 자, 그의 대리인 또는 승계인이 된다(제140조). 취소가 되면 법률행위는 소급적으로 무효가 되므로, 그 법률행위로 인해 이미 이행된 급부가 있다면 그것은 부당이득으로서 반환되어야 한다(제741조). 다만, 제한능력자의 경우에는 그 행위로 인하여 받은 이익이 현존하는 한도에서 상환할 책임이 있다(제141조 단서).

취소할 수 있는 법률행위는 취소권자가 추인할 수 있고, 일단 추인을 하면 더 이상 취소할 수 없기 때문에(취소권의 포기) 그 법률행위는 확정적으로 유효가 된다(제143조). 추인은 취소의 원인이 종료한 후에 해야만 효력이 있다(제144조 제1항). 가령, 제한능력자는 능력자가 된 후에 추인할 수 있다. 그러나 법정대리인에 의한 추인은 취소원인의 종료 전이라도 가능하다(제144조 제2항).

취소권은 추인할 수 있는 날로부터 3년 내에, 법률행위를 한 날로부터 10년 내에 행사하지 않으면 소멸한다(제146조). 이 기간은 제척기간이다.

> **<사례5 해설>** (법률행위의 무효와 취소)
> 취소가 있으면 그 법률행위는 처음부터 무효인 것으로 본다. 또한 당사자의 제한능력을 이유로 취소하는 경우에는 취소의 효과를 제3자에게도 주장할 수 있는 절대효를 가지므로 선의의 제3자에게도 대항할 수 있다. 따라서 갑이 을과의 계약을 취소하는 경우에는 병이 선의라도 갑은 소유권을 회복할 수 있다.

6. 조건과 기한

사적자치의 원리하에서는 당사자가 법률행위 효력 발생이나 소멸을 장래의 일정 사실에 의존케 하는 것도 허용된다. 이런 방식으로 법률행위에 부가시키는 약관을 부관(附款)이라고 한다. 우리 민법은 부관으로서 조건(條件)과 기한(期限)을 규정하고 있다.

(1) 조 건

조건이란 법률행위의 효력의 발생 또는 소멸을 장래의 불확실한 사실의 성부(成否)에 의존케 하는 법률행위의 부관이다. 조건의 종류에는 정지조건과 해제조건이 있는데, 정지조건은 조건이 성취한 때로부터 효력이 발생하는 것인 반면, 해제조건은 조건이 성취한 때로부터 효력이 소멸되는 것을 말한다(제147조 제1항·제2항). 조건은 모든 법률행위에 대하여 가능한 것이 아니다. 예컨대, 신분행위나 단독행위의 경우에는 조건을 붙일 수 없다.

만약 조건이 선량한 풍속 기타 사회질서에 반하는 것(불법조건)이라면, 그것이 붙은 법률행위는 무효가 된다(제151조 제1항). 법률행위 성립 당시에 이미 성취된 조건(기성조건)의 경우에는 그것이 정지조건이라면 조건 없는 법률행위가 되고, 해제조건이라면 그 법률행위가 무효로 된다(제151조 제2항). 법률행위 성립 당시에 이미 불능인 조건(불능조건)의 경우에는 그것이 해제조건이면 조건 없는 법률행위가 되고, 정지조건이라면 그 법률행위는 무효로 된다(제151조 제3항).

조건부 법률행위의 당사자는 그 조건의 성부가 아직 정해지지 않은 동안에는 조건의 성취로 발생할 수도 있는 상대방의 이익을 해하지 못한다(제148조). 또한, 조건의 성취로 인하여 불이익을 받을 자가 신의성실에 반하여 그 조건의 성취를 방해한 경우에는 상대방은 그 조건의 성취를 주장할 수 있다(제150조 제1항). 조건의 성취로 이익을 얻을 자가 신의성실에 반하여 그 조건을 성취시킨 때에는 상대방은 그 조건이 성취하지 않은 것으로 주장할 수 있다(제150조 제2항).

(2) 기 한

기한이란 법률행위의 효력 발생 또는 소멸을 장래에 발생하는 확실한 사실에 의존케 하는 법률행위의 부관이다. 기한의 종류에는 시기(始期)와 종기(終期)가 있는데, 시기는 법률행위의 효력 발생에 관한 기한을 말하고, 종기는 법률행위 효력 소멸에 관한 기한을 말한다(제152조).

기한의 이익이란 기한이 도래하지 않음으로써 당사자가 받는 이익을 뜻한다. 민법은 기한을 채무자의 이익으로 추정한다(제153조 제1항). 기한의 이익은 포기될 수 있지만, 이때 상대방의 이익을 해하지 못한다(제153조 제2항).

V. 기 간

사례 6　(기간)

다음 괄호 안에 들어갈 내용을 생각해보라.

(1) 사단법인의 사원총회 소집을 1주일 전에 통지하여야 하는 경우에 총회일이 11월 19일이라고 하면 늦어도 (　)월 (　)일 오후 12시까지는 소집통지를 발신하여야 한다.

(2) 2월 2일부터 1개월이라고 하면 (　)월 (　)일까지이다.

(3) 5시부터 5시간이라고 하면 (　)시까지이다.

1. 기간의 의의

기간이란 어느 시점에서 어느 시점까지의 계속된 시간을 말한다. 기간계산에 관한 민법 규정은 임의규정으로서, 법령이나 재판상 처분 또는 법률행위에 달리 정한 바가 있으면 그에 따른다(제155조).

2. 기간의 계산방법

기간을 시·분·초로 정한 때에는 즉시로부터 기산한다(제156조). 기간을 일·주·월·년으로 정한 때에는 기간의 초일을 산입하지 아니한다(제157조). 그러나 그 기간이 오전 영시로부터 시작하는 때에는 초일을 산입한다(제157조 단서). 기간을 일·주·월·년으로 정한 때에는 기간말일의 종료로 기간이 만료한다(제159조).

<사례6 해설> (기간)

(1) 기산점이 19일 0시이므로, 일주일 전인 11일 오후 12시(12일 0시)까지 통지하여야 한다.

(2) 기간을 일·주·월·년으로 정한 때에는 초일을 산입하지 아니하므로 기산일은 3일이고 따라서 3월 2일 24시에 만료된다.

(3) 시·분·초를 단위로 하는 기간의 계산방법은 즉시로부터 기산한다.

Ⅵ. 소멸시효

1. 시효제도의 의의

시효란 일정한 사실상태가 일정 기간 동안 계속되는 경우에, 그 사실상태가 진실한 권리관계에 일치하는지를 따지지 않고 그 사실상태에 일정한 법률효과를 부여하는 제도이다. 시효에는 권리취득의 효과를 발생시키는 취득시효와 권리소멸의 효과를 부여하는 소멸시효가 있는데, 총칙편에는 소멸시효에 관한 규정만을 두고 있다.

2. 소멸시효

소멸시효는 일정 기간 동안 권리를 불행사하는 상태가 지속되면 그 권리를 소멸시키는 제도이다. 소멸시효의 대상이 되는 권리는 채권과 소유권 이외의 재산권이다(제162조). 소유권은 영속적이고 항구적인 특징을 가지므로 소멸시효의 대상이 될 수 없다. 소유권 이외에도 점유권, 형성권, 항변권, 비재산권 등은 소멸시효에 걸리지 않는다.

소멸시효는 권리를 행사할 수 있음에도 불구하고 행사하지 않는 때로부터 진행된다(제166조 제1항). 가령, 시기부 권리의 경우 그것이 확정기한부인 때에는 그 기한이 도래한 때로부터 소멸시효가 진행되고, 불확정기한부인 때에는 기한이 객관적으로 도래한 때로부터 진행된다. 소멸시효는 그 기산일에 소급하여 효력이 발생한다(제167조).

일반채권은 10년의 소멸시효 기간에 걸리고, 채권 및 소유권 이외의 재산권은 20년의 소멸시효 기간에 걸린다(제162조). 이 외에 3년의 단기소멸시효에 걸리는 채권(제163조)과 1년의 단기소멸시효에 걸리는 채권(제164조)이 있고, 판결 등에 의하여 확정된 채권은 그것이 단기소멸시효에 해당하는 것이라도 10년의 소멸시효기간에 걸린다(제165조).

소멸시효는 권리의 불행사라는 소멸시효의 기초사실이 사라진 경우에 중단될 수 있다. 소멸시효가 중단되면, 이미 진행된 시효기간의 효력은 상실된다. 소멸시효의 중단 사유로는 청구, 압류·가압류·가처분, 승인이 있다(제168조). 이러한 사유가 발생하여 소멸시효가 중단되면, 그 때까지 경과한 시효기간은 더 이상 효력이 없고, 그 중단사유가 종료한 때로부터 새롭게 소멸시효가 진행된다(제178조 제1항). 소멸시효중단의 효력은 당사자 및 그 승계인 사이에서만 발생한다(제169조).

일정 사유가 발생하면 그 사유가 종료한 때로부터 일정기간 내에는 소멸시효가 완성하지 않도록 하는 것을 소멸시효의 정지라고 한다. 이는 소멸시효의 완성을 막아 권리자를 보호한다는 점에서 중단과 유사하지만, 이미 경과한 시효기간이 효력을 잃지 않고 일정 유예기간이 경과하면 시효가 완성된다는 점에서 중단과 차이가 있다. 예컨대, 소멸시효 기간만료 전 6개월 내에 제한능력자에게 법정대리인이 없는 경우에는 그가 능력자가 되거나 법정대리인이 취임한 때로부터 6개월 내에는 시효가 완성되지 않는다(제179조).

소멸시효의 이익은 시효기간이 완성되기 전에는 미리 포기하지 못한다(제184조 제1항).

소멸시효와 구별되는 개념으로 제척기간(除斥其間)이 있다. 제척기간이란 어떤 권리에 관하여 법률이 미리 정하고 있는 그 권리의 존속기간이다. 따라서 그 기간 내에 행사하지 않으면 그 권리는 당연히 소멸한다. 소멸시효는 소급효를 가지지만, 제척기간은 장래효를 가진다. 또한 소멸시효에서의 중단은 제척기간에 적용되지 않는다. 소멸시효는 변론주의에 입각하여 소송에서 당사자가 스스로 주장해야 하는 반면, 제척기간은 법원의 직권조사사항으로서 당사자의 주장 여부와 관계없이 고려된다. 소멸시효의 이익은 포기될 수 있으나, 제척기간의 경우에는 포기가 인정되지 아니한다. 소멸시효의 기간은 법률행위로써 이를 단축 또는 경감할 수 있으나(제184조 제2항), 제척기간은 자유로이 단축할 수 없다.

제2. 물권법

* 집필: 황경웅. 중앙대학교 법학전문대학원 교수
* 별명이 없는 법조문명은 '민법'임

Ⅰ. 물권의 의의

사례 1　물권이란

A가 B에게 부동산인 아파트를 매도하는 매매계약을 체결한 후 매매대금을 다 받았으나 아직 이전등기를 하지 않고 있던 중, A가 자신에게 아직 등기가 남아있음을 기화로 C에게 다시 위 아파트를 매도하는 매매계약을 체결하였고 C도 A에게 매매대금을 모두 지급하였다. 위 아파트의 소유자는 누구인가?

1. 물권의 개념

물권은 물건에 대하여 가지는 권리로서, 그 종류로서는 민법상으로 점유권, 소유권, 지상권, 지역권, 전세권, 유치권, 질권, 저당권 등을 규정하고 있다. 그러나 그 이외에도 특별법에 의한 담보물권으로 가등기담보, 공장저당법에 의한 공장저당 등이, 관습법에 의한 관습법상의 법정지상권, 양도담보 등이 있다.

물권 중 소유권은 물건에 대하여 전면적인 지배권으로 그 물권을 사용하고 수익을 취할 수 있는 포괄적인 권리이다. 이런 포괄적인 권능 중 사용가치를 다른 사람에게 부여하여 그 사람이 그 물건을 이용하게 할 수도 있는데 이때 그 사람이 가지는 권리를 용익물권이라고 하고, 용익물권에는 지상권, 지역권, 전세권(전세권은 용익물권적인 성격과 담보물권적인 성격을 겸유하고 있다), 관습상의 법정지상권 등이 있다.

또 소유권의 권능 중 교환가치를 이용하여 금융을 얻을 수도 있는데 이때 채권자가 그 물건에 대하여 가지는 권리를 담보물권이라고 한다. 담보물권에는 유치권, 질권, 저당권, 가등기담보, 양도담보 등이 있다.

이런 용익물권과 담보물권은 소유권의 권능 중의 일부에 대하여 제한을 가한 것이라는 의미에서 이 둘을 합쳐 제한물권이라고 부른다.

이처럼 물권은 법률(관습법도 포함)에 의해 규정되어 있는 것에만 한정되어 그 종류나 내용이 정해져 있는 것임에 반하여(물권법정주의), 채권은 그 대상이나 내용이 다종다양하여 그 모든 종류와 내용을 열거한다는 것은 불가능할 정도로 많다(예를 들면 특정물 또는 불특정물에 대한 매매계약, 공연계약, 의료계약 등등).

2. 물권과 채권의 구별

재산권인 물권과 채권은 서로 밀접한 관련을 가지면서 또 서로 구별해야 하는 개념이다. 즉 물권은 물건을 직접 지배하여 이익을 얻는 배타적이고 절대적인 권리를 말하고, 채권은 특정인에 대하여 어떤 행위(금전을 지급하는 행위 또는 이전등기를 하는 행위, 환자에 대해 치료를 하는 행위 등)를 요구할 수 있는 권리이다.

사례1에서 A가 자기 소유의 아파트를 B에게 매도하는 경우, A는 B와 매매계약을 체결한 후 대금을 받고 B에게 아파트에 대한 소유권이전등기와 인도를 해 주게 되면 B는 아파트의 소유권을 취득하게 된다. 이 과정을 채권과 물권이라는 법적인 관점에서 분석해 보면 A는 아파트에 대한 소유권(물권)을 가지고 있다가, 채권계약인 매매계약을 체결함으로써 A는 B에 대하여 매매대금을 자기에게 지급해 달라고 할 수 있는 매매대금지급 청구권(채권)을 가지게 되고, 반대로 B는 매매대금을 지급할 의무(채무)를 부담한다.

한편 B는 매매대금을 지급하는 채무를 이행하면 A에 대하여 자기 명의로 이전등기를 해 달라고 청구할 수 있는 소유권이전등기청구권(채권)과 아파트의 점유를 자기에게 이전해 달라고 청구할 수 있는 인도청구권(채권)을 가지게 되며, 반대로 A는 위와 같은 의무(채무)를 부담하게 된다. 그 후 B가 이전등기를 하게 되면 점유를 이전받지 않았더라도 이제 B는 아파트에 대한 소유권(물권)을 취득하게 된다. 이런 관점에서 보면 물권은 채권계약의 완전한 이행으로 인하여 취득하게 된다고 볼 수 있다.

그러면 물권과 채권은 어떤 차이가 있는가?

(1) 절대권과 상대권

위 두 권리는 개념상으로는 앞서 본 바와 같고 구체적으로는 물권은 물건을 지배하는 권리(지배권)임에 반하여, 채권은 어떤 행위를 청구할 수 있는 권리(청구권)이고, 또 물권은 모든 사람에 대하여 주장할 수 있는 권리(절대권)임에 반하여 채권은 모든 사람이 아닌 어떤 특정인에 대해서만 주장할 수 있는 권리(상대권)이며, 물권은 채권보다 우선하고 물권 상호간에 우열관계가 있지만(우월성, 배타성), 채권은 물권에 우선당하고 채권 상호간에 평등하다(채권자 평등주의)고 말한다.

이것을 사례1에서 구체적으로 보면, 물권인 소유권은 A가 아파트를 독점적으로 다른 사람의 행위의 개입없이 직접 사용·수익하여 만족을 얻을 수 있다는 의미에서 지배권적 성격을 가진다. 이에 반하여 채권은 위의 예에서 보듯 A가 B에 대하여 매매대금의 지급을 청구하거나, B가 A에 대하여 이전등기 또는 인도를 청구하여 상대방이 그 청구에 대한 어떤 행위(B의 금전지급이나 A의 등기이전행위 또는 인도행위)가 있어야(채권에서는 이를 이행행위라고 한다) 비로소 만족을 얻을 수 있는 점에서 청구권적 성질을 가진다.

또 아파트에 대한 소유권은 A가 그 소유권을 모든 사람들에 대하여 주장할 수 있다는 의미에서 절대권(대세권)이라고 하고, 이에 반하여 매매대금청구권이나 이전등기청구권 또는 인도청구권은 A가 B에 대해서만 혹은 B가 A에 대해서만 요구할 수 있는 권리라는 점에서 상대권(대인권)이라고 한다.

또 배타적인 권리로서 물권인 소유권은 하나의 물건 위에 하나의 소유권만이 있을 수 있는 데(일물일권주의) 반하여, 채권인 매매대금지급청구권이나 이전등기청구권 또는 인도청구권은 A나 B가 아닌 다른 사람도 가질 수 있다. 즉 사례1과 같이 A가 B에게 아파트를 매도하고 난 후 이전등기를 해 주기 전에, 다시 C에게 아파트를 매매하는 경우로서 소위 이중매매의 경우에 생길 수 있다. 이렇게 되면 A는 B나 C에 대하여 매매대금지급청구권을 행사할 수 있고, B와 C는 A에 대하여 이전등기청구권과 인도청구권을 행사할 수 있다. 이처럼 채권에서는 동일한 물건(또는 행위)을 대상으로 하여 2개 이상의 채권이 성립할 수 있는데 이 경우 B와 C 상호간의 권리에는 우선권이 없다. 다시 말하면 B가 C보다 먼저 매매계약을 체결하였다고 하여 C보다 권리가 우선하거나, C가 B보다 먼저 매매대금을 전부 지급하였다고 하여 B보다 우선하지 않고, 오로지 A가 B와 C 중 누구에게 물권인 소유권을 취득하게 해 주느냐, 다시 말하면 A가 누구에게 이전등기를 해 주느냐에 따라 B와 C의 우열은 결정된다.

즉 이 경우는 등기를 하는 사람이 물권인 소유권을 취득하게 되어, 등기를 하지 않은 사람보다 우선하여 소유권을 취득하게 되는 것이다. 이를 법적으로 보면 C가 먼저 A로부터 등기를 이전받게 되면 C가 아파트의 소유권이라는 물권을 취득하게 되고, 그때부터서는 A가 아파트의 소유자가 아니게 된다. 이런 상황에서 B는 A에 대해서만 아파트에 대한 이전등기청구권과 인도청구권이라는 채권을 가질 뿐으로 채권은 상대권이어서 C에 대하여는 위 채권을 행사할 수 없게 되고, B는 아파트의 소유권을 취득할 수 없게 된다.

결국 B로서는 A에 대하여 매매계약상의 이전등기 및 인도채무를 이행할 수 없게 되었음을 이유로 채무불이행책임(이행불능)인 손해배상청구만을 할 수 있을 뿐이고, 아파트의 소유권을 취득할 수는 없게 된다.

(2) 차이의 상대성

위와 같은 설명은 전형적인 물권과 채권의 차이를 설명하고 있다. 그러나 이런 차이가 철저하게 지켜지는 것은 아니다. 부동산취득을 내용으로 하는 이전등기청구권이라는 채권적 권리도 가등기를 해 두면, 그 후에 물권자가 나타나더라도 그 물권자보다 우선할 수 있고, 판례에 의하면 제3자에 의한 채권침해를 인정하고 있으며(제3자에게도 채권을 주장할 수 있는 결과가 된다), 또 대항요건을 갖춘 임대차(채권계약)에 방해제거청구권을 인정하는 다수설에 따르면 물권과 채권의 구별은 관철되고 있지 않다.

그리고 어떤 경우에는 법률이 특별한 이유로 일정한 채권에 대하여 저당권 등의 물권에 우선하는 효력을 인정하는 경우(근로기준법의 임금우선특권(근로기준법 제30조의2), 주택임대차보호법의 소액보증금, 상법의 우선특권(상법 제468조, 제866조) 등)가 있다.

그럼에도 불구하고 이런 구별을 하는 이유는 이런 구별이 민법의 기본적 사고방법의 하나이고 이념형으로서 법률관계를 설명하고 전달하는 데 유익하기 때문이다.

<사례1 해설> (물권이란)

B와 C는 아직 어느 누구도 자기 명의로 등기를 하고 있지 않기 때문에 B와 C는

채권자의 지위에 있어 서로 상대방에 대하여 우월한 지위에 있다고 주장할 수 없다. 우리나라에서는 부동산의 경우 물권자가 되기 위해서는 소유권을 넘긴다고 하는 물권적 합의와 공시방법으로서 등기를 요하므로, 결국 B와 C 사이의 아파트의 소유권은 누가 먼저 등기를 하느냐에 달려 있다. 그리하여 B가 먼저 등기를 하면 B가, C가 먼저 등기를 하면 C가 아파트의 소유자가 된다.

II. 물권변동

우리 민법은 동산의 물권변동과 부동산의 물권변동에 관하여 규정을 따로 두고 있는데, 이는 동산의 경우에는 점유, 부동산의 경우에는 등기라는 다른 공시방법을 가지고 있기 때문이다.

물권변동은 매매와 같이 법률행위로 인한 경우와 상속과 같이 법률의 규정에 의한 경우로 나눌 수 있는데, 실생활에서 가장 많이 이용되는 것이 매매와 같은 법률행위로 인한 물권변동이다.

법률행위에 의한 부동산 물권변동은 민법 제186조가 규율하고 있고, 법률의 규정에 의한 부동산 물권변동은 민법 제187조가 규율하고 있는데, 이 두 법조문은 부동산 물권변동에 있어서 뼈대를 이루고 있다고 해도 과언이 아니므로 이 두 조문을 중심으로 살피기로 한다.

물권변동의 이해를 돕기 위하여 매매에 의한 소유권의 변동을 주된 예로 하여 설명한다.

1. 부동산 물권변동

(1) 법률행위에 의한 물권변동

물권변동의 원인 중 가장 많은 것이 매매인바, 이것은 매매라는 채권계약인 법률행위에 의하여 물권변동이 일어나는 것을 의미한다.

물권은 지배권으로 대세권이므로 다른 사람들에 대하여 소유자가 누구인지를 널리 알릴 필요가 있고, 이런 필요에 의하여 고안된 제도가 부동산에 있어서는 등기라는 제도로서, 등기란 국가기관(등기소)이 전산정보처리 조직에 의하여 일정한 권리관계와 같은 등기정보자료를 입력해 두는 것 또는 그 기록 자체를 말한다.

물권변동과 등기와의 관계에 대해서는 등기하여야만 물권변동, 즉 소유권이라는 물권의 변동이 일어난다는 입법주의(성립요건주의)와, 매매계약의 당사자 사이에서는 매매계약의 체결로 소유권이라는 물권이 매수인에게 이전되는 것으로 보나 계약 당사자가 아닌 제3자들 사이에서는 등기가 있어야만 소유권이라는 물권의 변동을 주장할 수 있다는 입법주의(대항요건주의)가 있다.

가. 성립요건주의

우리나라는 민법 제186조에서 '부동산에 관한 법률행위로 인한 물권의 득실변경은 등기하여야 그 효력이 생긴다'고 규정하여 성립요건주의를 취하고 있음을 확실히 하고 있다.

예컨대, A로부터 B가 A 소유 H아파트를 매매하는 과정을 생각해 보자.

A와 B가 채권계약인 매매계약을 체결하고, 계약금, 중도금 및 잔금을 지급하고 통상 잔금 지급과 동시에 이전등기에 필요한 서류와 현관 열쇠를 B가 A로부터 교부받은 후 그 서류를 이용하여 B가 단독으로 자기 명의로 이전등기를 경료하게 된다.

이런 과정에서 B가 소유권이라는 물권을 취득하게 되는 때는 민법 제186조에 따라 이전등기를 경료하는 때이다. 따라서 B가 A에게 매매대금 전부를 지급하였고 현관 열쇠까지 받았더라도(이는 점유의 이전에 해당한다) 이전등기를 하지 않고 있다면 B는 이전등기청구권만을 가지는 채권자적 지위에 있을 뿐이고, A에게나 다른 제3자에게도 자신이 H의 소유자임을 주장할 수 없다. 그리고 이런 상태에서 A가 이중으로 C에게 H를 매도하고 이전등기를 해 줘 버리면 특단의 사정이 없는 한 C가 H의 소유자가 되고, B는 이제는 H에 대한 소유권을 취득할 수 없게 된다.

이처럼 부동산에 관하여 물권자인 소유자가 되기 위해서는 매매계약 외에 소유권을 넘기는 것에 대한 A와 B 사이의 합의(채권적 합의 내지 계약과 구별하는 의미에서 통상 이 합의를 물권적 합의라고 부른다)와 등기가 있어야 하는 것이다.

학설 중에는 이런 물권적 합의가 매매계약인 채권행위와 독립하여 따로 행해진다고 하는 물권행위의 독자성을 주장하는 견해도 있으나 우리 판례는 이런 입장을 취하지 않고 있다.

이렇게 물권적 합의와 공시수단인 등기를 하게 되면 물권의 변동이 일어나게 되므로 만일 A와 B 사이에 매매대금이 모두 지급이 되지 않은 상태에서 B명의로 먼저 이전등기를 하고 후에 매매대금을 지급하기로 합의가 되고, 이에 따라 B명의로 이전등기가 이루어지면 그 이후부터는 B가 소유자로 된다.

그런데 그 후 B가 매매대금을 지급하지 않게 되면 A는 B의 매매대금 미지급을 이유로 매매계약을 해제하는 등으로 그 효력을 상실시키고 H의 소유권을 되찾아오는 절차를 취하게 되는데, 이때 그 소유권은 언제 A에게 복귀하게 되는가?

나. 부동산 물권변동에 관한 판례이론(유인성)

이와 관련하여서는 물권행위의 독자성을 강조하는 입장에서는 채권행위가 무효로 되더라도 물권행위에는 영향이 없고 따라서 소유권은 여전히 B에게 있고, A명의로 이전등기를 하여야만 A에게 소유권이 복귀된다고 보게 된다(무인성 이론).

그러나 우리 판례(대법원 1977.5.24. 선고 75다1394 판결)는 일관하여 이런 견해를 취하지 않고, 채권계약이 취소나 해제가 되어 소급하여 무효가 되면 그에 따른 물권적 효과도 소급하여 무효가 되어 소유권은 소급하여 복귀되고, 무효의 경우에는 처음부터 소유권은 이전되지 않은 것으로 보고 있다(유인성 이론). 따라서 판례이론에 따르면 A는 소유권에 기하여 무효의 등기인 B명의 이전등기의 말소를 구할 수 있고, 이 말소등기청구권은 소유권에 기한 것으로서 소멸시효에 걸리지 않게 되며, 만일 B가 그동안 목적 부동산을 점유하여 사용하였다면 그 이득은 A 소유의 부동산을 법률적 원인없이 사용한 셈이 되어 그 이득을 부당이득으로 반환하여야 한다.

유인성 이론에 따라 당사자 사이에 매매계약이 취소가 된 때에는 소급하여 소유권변동의 효력이 부정되고, 무효인 때에는 처음부터 소유권이 이전되지 않았다고 보게 되면, 이전등기가 되어 있던 B로부터 그 이전등기를 믿고서 매수한 제3자가 있는 경우에는 그 제3자는 소유권을 취득할 수 없다고 보아야 할 것이다.

이렇게 되면 거래의 안전에 큰 위험이 생기게 된다. 유인성 이론에서 거래의 안전을 도모할 방법은 없는가 하는 것이 문제로 된다.

다. 제3자 보호문제

어떤 부동산을 매수하려고 하는 사람의 입장에서는 소유자가 누구인지를 알 수 있는 것은 공시제도, 즉 등기부상에 누가 소유자인가를 조사하는 수밖에 없고, 등기부에 소유자로 기재된 사람을 일응 적법한 소유자라고 믿고서 거래를 하게 된다. 그 등기의 기재내용을 믿고서 거래한 자는 항상 소유권을 취득하는가?

예컨대, B가 소유자 A로부터 부동산을 매수하여 자기 앞으로 이전등기를 하였고, 그 후 C에게 매도하여 C 앞으로 이전등기까지 마쳤는데, 그 후 A와 B의 매매계약이 무효가 되거나 취소되거나 해제되는 경우. C는 소유권을 취득하는가?

유인성 이론에 따르면 A와 B의 매매계약이 원래부터 효력이 없거나 소급하여 효력을 잃게 되어 B는 처음부터 소유자가 아니게 된다. 이렇게 보면 C는 결국 무권리자인 B와 거래를 한 셈이 되고 무권리자로부터는 어떠한 권리를 취득할 수 없기 때문에 C는 소유권을 취득할 수 없게 된다고 보지 않을 수 없다. 이는 거래가 빈번하게 이루어지고 있는 현대 시장경제체제하에서는 거래의 안전에 큰 위협이 된다. 그렇다고 하여 거래의 안전을 위하여 위와 같은 경우에 항상 C를 보호하게 되면, 이제는 진정한 소유자인 A의 이익이 위험하게 된다.

위와 같은 모든 경우에 어느 한 쪽이 항상 우선하는 것으로 하는 조치는 너무 극단적인 것으로 타당한 결과를 가져올 수 없다. 결국 이런 경우에는 A와 C의 이익을 조정하는 선에서 타협을 할 수밖에는 없는바, 우리 민법은 어떠한 해결책을 제시하고 있는지에 대하여 보도록 한다.

(가) 무효의 경우

우리 민법에 의하면 A와 B의 매매계약이 무효로 되는 경우로 제103조(반사회적 법률행위), 제104조(불공정 행위), 제107조(비진의 의사표시), 제108조(통정 허위표시)를 들 수 있고, 그 중 제103조와 제104조에 의한 경우에는 선의의 제3자를 보호한다는 내용이 없고, 그 외의 무효의 경우에는 선의의 제3자를 보호한다는 규정이 있다.

민법 제103조와 제104조에 제3자 보호규정을 두지 않은 것은, 위 규정에 위반되는 계약은 우리나라가 기본적 가치로 삼고 있는 사회적 질서에 반하는 것으로서 어떠한 경우에도 효력을 인정할 수 없고, 설사 제3자가 피해를 보는 한이 있더라도 그런 계약은 무효로 하여 사회에서 근절시켜야 할 정도로 위법성이 크다고 입법자들이 평가하였기 때문일 것이다.

이에 반하여 민법 제107조와 제108조의 경우에 선의의 제3자를 보호하는 규정을 두고 있는 것은, 이들 규정에 의한 무효는 의사표시를 한 자에게도 그 의사표시에 관하여 어느 정도 책임이 있다는 것을 고려하여 선의의 제3자를 보호하여 거래의 안전을 도모하려 한 것이라고 평가해야 할 것이다. 따라서 A와 B의 매매계약의 무효가 선의의 제3자를 보호한다는 내용이 없는 민법 제103조나 제104조에 의하여 무효가 되는 경우에는 C는 보호되지 못하여 A의 말소등기청구에 응할 수밖에 없고 C는 당해 부동산에 관한 소유권을 취득할 수가 없다. 이는 B에게 이전등기가 경료되었다고 하더라도 소유권은 B에게 이전되지 않은 채 등기만이 B 앞으로 되어 있었던 것에 불과하므로, 무권리자인 B로부터 양수받은 제3자인 C는 무효인 사실을 모르고(선의) B로부터 매수하여 이전등기를 경료하였더라도 A의 말소청구에 응하여야 한다는 것을 의미한다. 이는 달리 말하면 등기부의 기재가 진실성을 담보하지 못하고, 따라서 그 기재를 믿고서 거래를 하더라도 선의자는 보호되지 않는다는 것이다.

이와 같이 등기부의 기재내용이 실제 권리관계와 다른 경우에는 그 등기부의 기재대로 권리관계가 있었던 것으로 보지 않는 것을 두고 등기에 공신력을 인정하지 않는다고 한다. 한편 A와 B의 매매계약의 무효가 민법 제107조와 제108조에 의하여 무효가 되는 경우에는 C가 선의라면 C는 해당 부동산의 소유권을 취득할 수 있게 된다.

(나) 취소의 경우

매매계약이 취소로 되는 경우는 민법 제5조(미성년자의 행위), 제10조(피성년후견인의 행위의 취소), 제13조 제4항(피한정후견인의 행위와 취소), 제109조(착오 의사표시의 취소), 제110조(사기·강박에 의한 의사표시의 취소) 등을 들 수 있다. 그런데, 제5조, 제10조, 제13조의 취소의 경우에는 선의의 제3자를 보호하는 규정이 없는데, 이는 거래의 안전보다는 행위능력이 제한되는 자를 더 보호해야 한다는 입법자의 결단 때문이다. 따라서 A가 제한능력자임을 이유로 A와 B의 매매계약이 취소되는 경우에는 C는 보호받지 못한다.

그 외 취소사유에는 선의의 제3자를 보호하는 규정이 있는데, 이 경우에는 그 표의자에게 어느 정도의 책임이 있는 것을 고려하여 이와 같이 규정한 것으로 평가할 수 있을 것이다.

보호되는 제3자의 범위에 관하여 보도록 한다.

취소는 처음에는 일응 유효하였던 계약이 취소라는 의사표시에 의하여 소급하여 효력을 상실하게 되는 것인바, A와 B 사이의 매매계약은 최초에는 유효하므로 B는 적법하게 소유권을 취득하게 된다. 따라서 A와 B의 매매계약이 취소되기 전에 C가 B로부터 매매계약을 체결하고 이전등기를 경료하였다면 C는 적법한 소유자인 B로부터 소유권을 취득한 셈이 되어 적법하게 소유권을 취득하게 된다. 그런데 그 후 A가 B와의 위 계약을 취소하게 되면 그 소급효로 인하여 B는 소유권을 소급하여 잃게 되고, 매매계약은 승계취득이므로 앞 사람이 가지고 있었던 권리를 그대로 취득하고 그가 가진 것 이상의 권리를 취득할 수 없기 때문에 C 역시 그 소급효로 인하여 적법하게 취득한 소유권을 상실하게 되는 결과가 된다.

만일 C가 A와 B 사이의 매매계약이 위와 같이 취소될 위험이 있다는 것을 알았다면(악의), C는 위와 같은 위험을 감수하고서 B와 매매계약을 체결하였던 것이므로 C를 보호하지 않아도 큰 불합리는 없을 것이다. 그러나 C가 취소가능성을 전혀 모른 상태에서(선의) 등기부상의 B명의의 등기까지 확인하여 위와 같은 위험을 전혀 고려함이 없이 B와 매매계약을 체결하였다면 위와 같은 결과는 거래의 안전을 심하게 훼손하는 것이 된다.

이런 이유로 제3자를 보호하는 규정을 둔 것이므로 이런 취지를 고려하면 C는 A가 취소의 의사표시를 하여 B가 적법하게 취득하였던 소유권을 소급시켜 무효로 되기 전에 거래를 하였어야 한다고 보아야 할 것이다. 즉 C는 A가 취소의 의사표시를 하여 그 의사표시가 효력을 발휘하게 되는, B에게로의 송달시까지 취소 가능성을 모르고 B와 거래를 한 사람을 의미한다고 할 것이다.

그러면 A에 의한 취소의 의사표시가 B에게 송달되었지만 아직 A명의로 이전등기가 이루어지기 전에 C가 취소한 사실을 모르고 B와 매매계약을 체결한 사람은 구제받을 수 있는가?

A가 취소의 의사표시를 하여 그 의사표시가 B에게 송달되면, 유인성 이론에 따라 A는 자기 명의로 등기를 하지 않았더라도 소유권은 복귀하게 되므로 취소 이후 소유자는 A이지, B가 아니게 되고, C는 소유자가 아닌 B로부터 매수하였으므로 등기에 공신력이 인정되지 않는 우리 법제하에서는 소유권을 취득할 수 없다.

A가 취소하기 전에 C가 B와 매매계약을 체결한 앞의 경우에는 적어도 A가 취소하기 전까지는 적법한 소유자였던 적이 있었지만, A가 취소한 후에 B와 매매계약을 체결한 C는 처음부터 소유자가 된 적이 없는 자이다. 이런 자도 선의의 제3자로 보호하여야 하는가가 문제이다.

C의 입장에서 보아 A가 취소하기 전에 B와 매매계약을 한 경우나, A가

취소한 후 A 앞으로 등기가 이루어지기 전에 매매계약을 한 경우 거래의 안전이라는 측면에서 보호가치에 있어 차등을 둘 이유는 없다. A의 입장에서도 취소를 하게 되면 곧바로 자기 명의로 등기가 이루어지도록 하거나 가처분을 하는 등으로 이해관계인이 생기지 않도록 하는 조치를 게을리한 잘못도 있으므로 A보다는 C를 보호해야 할 것이다.

판례도 '사기에 의한 법률행위의 의사표시를 취소하면 취소의 소급효로 인하여 그 행위의 시초부터 무효인 것으로 되는 것이지 취소한 때에 비로소 무효로 되는 것이 아니므로 취소를 주장하는 자와 양립되지 아니하는 법률관계를 가졌던 것이 취소 이전에 있었던가 이후에 있었던가는 가릴 필요없이 사기에 의한 의사표시 및 그 취소사실을 몰랐던 모든 제3자에 대하여는 그 의사표시의 취소를 대항하지 못한다고 보아야 할 것이고 이는 거래안전의 보호를 목적으로 하는 민법 제110조 제3항의 취지에도 합당한 해석이 된다'고 판시하였다(대법원 1975.12.23. 선고 75다533 판결).

(다) 해제의 경우

물권변동과 관련하여 해제가 문제되는 경우로서는 A와 B 사이에 매매대금이 지급되지 않은 상태에서 먼저 소유권이전등기를 하기로 특약을 하고 그 특약에 기하여 B명의로 이전등기를 한 상태에서, C가 B로부터 매매계약을 체결하여 이전등기까지 경료한 후 B가 매매대금을 지급하지 아니하는 등 매매계약에 기한 채무의 이행을 하지 않아 이를 이유로 A가 매매계약을 해제하는 경우이다.

이 경우에는 A와 B 사이에는 물권적 합의와 공시로서 등기가 경료되었기 때문에 B가 적법하게 소유권을 취득하게 되고 그 권리에 기하여 C에게 처분하게 되는 것으로 C가 적법하게 소유권을 취득한다. 그런데 그 후에 A와 B 사이의 계약이 해제되고 그 해제의 소급효로 인하여 B의 소유권이 소급적으로 박탈당하게 되고 이에 따라 C에게로의 물권변동도 최초에는 적법 유효했던 것이 소급하여 효력을 상실하게 되는 구조이다. 효력면에서만 보면 취소와 구조가 비슷하다.

B의 입장에서는 자신의 채무불이행으로 불이익을 당하는 것이므로 당연히 감수해야 할 것이지만, C의 입장에서 보면 행위 당시에는 매매계약도 적법하여 유효하게 소유권을 취득하였는데 그 후 자신과 무관한 A와 B의 사정으로 인하여 소유권을 박탈당하게 되는 결과가 되어 부당하다고 하지 않을 수 없다. 이런 사정으로 인하여 민법 제548조 제1항 단서에서 제3자의 권리를 해하지 못한다고

하여 제3자의 권리를 보호하고 있는 것이다.

　　따라서 앞의 예에서 만일 매매대금 지급 전에 미리 소유권이전등기를 해주기로 하는 특약이 없음에도 B가 서류를 위조하여 이전등기를 하게 되면 이때에는 물권적 합의가 없이 공시가 이루어진 것으로 물권변동의 효력이 없어 B는 소유권을 취득하지 못하게 된다.

　　이런 상태에서 B가 C에게 매도하는 것은 소유권이 없는 무권리자가 매도하는 셈이 되어 해제의 소급효를 제한하는 민법 제548조 제1항 단서가 적용될 여지가 없다. 이렇게 소유자가 아니면서 자기 명의로 이루어진 것을 기회로 B가 C에게 매도하는 것은, B가 마치 아무런 권원없이 서류를 위조하여 자기 명의로 이전등기를 하여 소유권이 없는 상태에서 C에게 매도한 것과 동일하게 평가할 수 있다. 이렇게 무권리자가 매매를 한 경우에 관하여는 부동산의 경우 등기에 공신력을 인정하지 않는 우리 법제하에서는 선의의 제3자도 보호되지 않으므로 그 후에 A가 B와의 매매계약을 해제하게 되면 C는 보호받지 못한다. 또 민법 제548조 제3항에서 규정하고 있는 제3자보호 규정은 적법하게 권리를 취득한 사람과 제3자가 거래를 하여 이해관계를 가지게 된 경우에 적용되는 것이지, 제3자가 무권리자와 거래를 하여 이해관계를 가지게 된 경우에 적용되는 것이 아니므로 위 규정이 적용되지도 않는다(서류를 위조하여 자기 이름으로 등기한 자와 거래한 제3자를 민법 제548조 제3항의 제3자라고 할 수는 없는 것이다).

(2) 법률의 규정에 의한 물권변동

가. 민법 제187조의 의미

　　위 규정에 따르면 법률행위가 아닌 원인으로 인한 부동산의 물권변동 중 물권의 취득은 등기 없이도 취득하지만, 이를 처분하기 위해서는 등기를 해야 한다. 물권을 민법 제187조에 의하여 등기없이 취득한 자가 그 물권을 매매계약 등의 법률행위로 처분하려면 매수인에게 등기를 해야만 매수인이 물권을 취득할 수 있도록 하여 간접적으로나마 등기를 하도록 강요하고 있다.

　　다만 민법 제245조는 점유로 인한 부동산 소유권은 등기함으로써 소유권을 취득한다고 규정하고 있으므로, 이와 같은 점유취득시효로 인하여 물권을 취득하는 것은 법률의 규정에 의한 물권취득이지만 법률의 규정 자체에 등기를 요하게 함으로써 민법 제187조의 예외라고 할 수 있다.

나. 적용범위

민법 제187조는 상속, 공용징수, 판결, 경매 기타 법률의 규정에 의한 것을 법률규정에 의한 물권변동의 예로 들고 있다. 이때의 법률에는 관습법도 포함되므로 관습상의 법정지상권 등도 이에 속하게 된다.

이렇게 취득에 등기를 요하지 않는 이유는 다음과 같다. 상속과 같은 경우에는 등기의무자인 피상속인이 사망하게 되면 상속등기를 공동으로 신청을 할 수 없다. 또 상속인이 등기하여야만 소유권을 취득한다고 하게 되면 피상속인의 사망 후부터 상속등기 전에는 무주의 부동산이 되어 민법 제252조 제2항에 의하여 국가에 귀속된다고 하지 않을 수 없는데 이렇게 되면 상속인은 국가로부터 소유권을 이전받지 않는 이상 소유권을 취득할 수 없다고 보아야 함에도 우리 민법은 피상속인이 사망하면 피상속인 소유의 부동산은 상속인의 소유로 보고 있어 이를 이론적으로 설명하기 어렵다는 어려움이 있다. 이처럼 이론적인 난점과 그 외 법정책적인 사유 등으로 등기가 없이도 물권의 취득을 인정하는 것이다.

또 건물을 신축하는 경우도 새로운 물건을 창조해 내는 것으로 민법 제187조의 물권변동으로 보고 있어 자신의 명의로 등기가 없더라도 소유권을 취득하게 된다.

이하에서는 법률의 규정에 의한 물권변동의 예를 보도록 한다.

(가) 판 결

매도인 A가 매수인 B에게 이전등기를 해 주지 않으면, B는 A를 상대로 소유권이전등기청구소송을 제기하여 승소판결을 받은 후 그것이 확정되면 이 판결에 기하여 B가 단독으로 등기를 할 수 있게 된다. 이 경우 위 판결은 민법 제187조의 판결에 해당하는가? 즉 위 판결을 받으면 등기를 하지 않더라도 위 판결만으로 B는 소유권을 취득하는 것인가?

그렇지 않다. 위 판결은 A가 B와 공동하여 이전등기를 신청할 의무가 있음에도 이를 이행하지 아니하고 있으므로, B가 A에 대하여 그 이행을 구하는 것으로서 이 판결이 확정되면 B는 단독으로 이 판결을 가지고 이전등기를 신청할 수 있는 것에 불과하고, 그 효과는 A와 B가 공동하여 이전등기를 신청하는 것과 같은 것이다.

그렇다면 A와 B가 공동으로 신청하여 이전등기를 한 경우나 B가 A에 대하여 위 판결을 받아서 단독으로 이전등기를 하는 경우는 모두 그 효과가 같아야 하는 것인바, 이렇게 보면 매매계약의 경우 매도인과 매수인이 순순히 협력하여 이전등기를 한 경우나, 매수인이 매도인을 상대로 이행판결을 받아 이전등기를 한 경우 모두 민법 제186조에 의한 물권변동으로서 등기를 해야만 물권변동의 효력이 발생하는 것이다.

그러면 민법 제187조에서 말하는 판결은 어떤 판결을 말하는 것인가?

본조에서의 판결은 이행판결이 아니라 형성판결을 의미한다. 형성판결이란 판결에 의하여 당사자의 권리관계가 변동이 일어나게 되는 것을 말하는 것으로 그 예로서는 민법 제268조의 공유물분할판결, 민법 제1013조에 의하여 협의가 성립하지 아니한 경우의 상속재산분할심판 등이 있다. 즉 이행판결에서는 A가 B에 대하여 이전등기의무가 이미 존재하고 있는 것이므로 이것을 이행하도록 명령하는 것임에 반하여, 형성판결에서는 그 판결 전에는 공유 재산 중 어느 재산이 얼마만큼 누구에게 귀속하는지, 상속재산 중 어느 재산이 어느 상속인에게 얼마만큼 귀속하는지는 알 수 없고 그 판결이 확정되어야만이 그 범위나 소유자가 결정되는 것이다.

이런 형성판결은 그것이 확정된 경우 각자에게 귀속하는 것으로 결정된 부동산은 각자 명의로 등기하지 않더라도 그들 소유로 물권이 변동된다.

(나) 경 매

경매에는 강제집행과 담보권실행을 위한 경매, 민법·상법 그 밖의 법률에 의한 경매가 있다(민사집행법 제1조). 그 외에도 세무관서 등에서 하는 공매처분도 있다.

B가 A에 대한 저당권이 있거나, A가 B에게 금원을 지급할 것을 명한 판결이 있음에도 A가 변제하지 않는다면 A의 부동산을 A의 의사에 반하여 법원에 경매신청을 할 수 있다.

부동산에 대한 경매의 자세한 절차는 민사집행법에 넘기도록 하고, 민법과 관계되는 부분만 간략하게 본다.

먼저 경매신청을 하면 법원은 경매개시결정을 하면서 부동산에 대하여 경매개시등기를 하고(압류에 해당) 아울러 채무자, 소유자 등 이해관계인에게 통지를 하게 되고, 부동산의 시가감정과 현황조사(부동산의 존재 여부, 임차인의 존재 여부 등을 조사)를 명하게 된다. 그 후 매각기일과 배당요구의 종기, 매각결정기일을 정하고 매각기일에 최고가 매수신고인이 있으면 매각기일을 종결하고 매각허가결정을 한 후, 정해진 대금납부기일에 최고가 매수신고인이 매각대금을 납부하면, 법원은 직권으로 경매개시결정등기 및 매수인이 인수하지 아니하는 등기의 말소와 매수인 앞으로 이전등기를 촉탁하고 매각대금으로 채권자들에게 배당을 하게 된다.

　　　이런 절차 중에 언제 매수인에게 소유권이 이전되는가? 매수인은 자신의 명의로 등기한 때가 아니라 대금을 완납한 때에 등기 없이도 소유권을 취득하게 된다.

2. 동산에 관한 물권변동

(1) 법률행위에 의한 물권변동

　　동산물권의 변동에 대해서도 법률행위에 의한 물권변동의 경우에는 물권적 합의와 공시가 필요하다. 따라서 동산에 있어서의 공시방법은 점유이므로 물권적 합의 외에 점유의 이전이 있어야 한다.

가. 점유이전의 방법

　　점유이전의 방법으로 현실의 인도, 간이인도, 목적물반환청구권의 양도, 점유개정 이렇게 4가지가 있다.

　　현실인도는 현실적인 점유의 이전을 의미한다.

　　간이인도는 A가 동산을 B에게 임대해 주어 B가 점유하고 있던 중 B가 A로부터 그 동산을 매수하는 경우로서 인도가 이미 그 전에 이루어진 상태이므로 점유를 이전한다는 의사표시만으로 소유권이 이전되는 경우의 점유이전방법을 의미한다.

　　목적물 반환청구권의 양도는 A가 동산을 B에게 보관시키고 있던 중 C에게 그 동산을 양도하는 경우와 같이 A가 B에 대하여 가지는 목적물반환청구권을 양도하여 C로 하여금 소유권을 취득하게 하는 것을 의미한다.

　　점유개정이란 A가 자기 자신이 점유중인 동산을 B에게 매도함과 동시에 B로부터 임차하여 자기가 계속 점유하는 것을 의미하고, 양도 전후로 점유는 계속 예전의 소유자 A가 점유하는 것에 특색이 있다.

　　위 점유이전의 방법 중 문제로 되는 것은 목적물반환청구권의 양도와 점유개정인바, 점유개정은 선의취득에서 보도록 하고, 여기서는 목적물반환청구권의 양도에 관하여 예를 통하여 보도록 한다.

예컨대, A가 B에게 기계를 임대하여 B가 그 기계를 점유, 사용하던 중 A가 C에게 B에 대하여 가지는 반환청구권을 양도하는 형식으로 매도하였는데, 당시 A는 C에게 그 기계를 B에게 임대한 사실을 알리지 않아 C는 당장이라도 그 기계를 반환받을 수 있는 것으로 알고서 양도받았다고 하는 경우 C는 B에게 즉시 위 기계의 반환을 구할 수 있는가?

C는 물권적 합의와 인도에 의하여 물권자인 소유자가 되었고, B는 그 기계에 대하여 채권자적 지위인 임차인의 지위에 있으므로 소유자로서의 C의 반환요구에 응하여야 할 것으로 생각된다.

그러나 다른 한편으로 생각해 보면, C가 양도받은 것은 A가 양도 당시에 가지고 있던 권리를 승계하여 취득하는 것이므로 B에 대한 임대차 계약의 부담이 있는 기계의 소유권을 양도받았다고밖에 볼 수 없고, 또 C는, A가 B와의 임대차계약에 기초하여 발생하는 반환청구권을 양도받은 것이므로, C의 반환요구에 B는 양도되기 전에 A에 대하여 대항할 수 있었던 사유로 대항 가능할 것이므로(민법 제451조), A와의 임대차계약기간중임을 이유로 적법하게 점유할 권한이 있다고 주장할 수 있다고 볼 수도 있을 것이다.

생각건대 C가 물권자인 이상 채권자적 지위에 있는 B는 C에게 자신의 임차권을 주장할 수 없다는 이론은 수긍이 되지만, 동산 임차인의 경우는 부동산 임차인의 경우와 달리 등기를 하여 대항력을 갖출 수 있도록 하는 제도(민법 제621조)가 마련되어 있지 않다. 민법 제621조가 부동산 임차인에게 공시방법으로서의 등기에 대항력을 인정해 준다면 동산에 대하여도 임차인에게 공시방법인 점유에 대항력을 인정하여도 부당하지 않은 점 및 C로서도 B가 점유하고 있다면 그 점유의 경위를 조사하여 거래에 응하여야 할 것이라는 점 등을 감안하면 B는 C에 대하여 자신의 임차권을 주장할 수 있다는 견해에 찬성하고 싶다.

그러면 나아가서 C는 임차권이 없는 것으로 알고 기계를 매수하였으므로 선의취득은 인정되는 것이 아닌가 하는 의문이 들 수도 있다. 그러나 선의취득이 인정되기 위해서는 선의이고 과실이 없어야 하는데 위의 예처럼 B가 기계를 점유하고 있는 상황에서는 이를 매수하려는 C는 어떤 경위로 B가 점유하고 있는지를 조사해야 할 것인데 이를 하지 않은 것에 과실이 있다고 해야 하지 않을까? 그렇게 본다면 선의취득은 인정되지 않을 것이다.

나. 선의취득

민법 제249조는 양도인이 동산에 대하여 무권리자이더라도 양수인은 권리를 취득할 수 있다고 규정하여, 승계취득시에는 양수인은 양도인의 권한의 범위 내에서만 그 권리를 취득할 수 있다는 원칙에 예외를 인정하고 있다.

이는 점유라고 하는 공시방법에 대하여 그 공시가 실제의 권리관계와 다른 경우 실제권리관계가 아닌 그 공시에 의하여 표상되는 권리를 인정하는 것으로 공신의 원칙이라고 하고 동산에만 인정되고 부동산에는 인정되지 않는다.

이런 공신의 원칙은 신속한 거래를 필요로 하는 분야에서 거래의 안전을 위하여 예외적으로 인정되는 것으로서 증권화된 채권(민법 제514조, 제524조, 제525조)에도 인정되는 예가 많다.

그리고 이런 선의취득은 거래의 안전을 보호하기 위한 것이므로 거래와 무관한 경우, 즉 공연장의 대기실에 외투를 맡겨둔 후 찾았는데 직원의 실수로 다른 사람의 옷을 준 경우에는 거래관계가 아니므로 그 옷에 대하여는 선의취득이 인정되지 않고, 또 거래행위 자체는 유효 적법해야 하므로 그 거래가 무효나 취소되는 경우에는 선의취득이 인정되지 않는다.

경매를 거래행위라고 볼 것인가에 대해서 의문이 있을 수 있으나, 경매의 법적 성격을 사법상의 매매와 같이 보고 있으므로 선의취득이 인정된다.

(가) 요 건

ㄱ. 객체에 관한 요건― 양도 가능한 동산

선의취득이 모든 동산에 적용되는 것은 아니고, 양도가 금지된 동산(아편, 국유문화재 등등)이 아니어야 한다. 선의취득제도가 거래의 안전을 도모하기 위한 것이라면 본래 양도가 금지되어 있는 동산에 대하여는 거래의 객체로서의 자격이 없으므로 보호대상에서 제외되어야 할 것이다.

그러나 양도가 가능한 동산이라도 그 양도방법이 부동산의 등기와 같이 장부에 의하여 이루어지는 경우가 있다. 대표적인 것이 자동차와 중기, 선박 등으로서 이런 것들은 자동차등록원부, 중기등록원부, 선박등기부 등으로 공시하고 있어 양도방법은 부동산에 준하여 취급된다. 따라서 이에 대하여는 선의취득 규정이 적용되지 않는다.

그리고 또 문제가 되는 것은 금전이다. 금전은 기재된 금액의 가치를 표상하는 것으로 그 소유자와 점유자가 일치한다. 따라서 금전을 빌려주거나 보관을 시킨 때에도 금전의 소유권은 현재의 점유자에게 귀속한다. 따라서 이런 사람에 대하여는 금전의 소유권에 기한 물권적 반환청구권을 행사할 수가 없고, 오로지 부당이득반환청구만이 문제가 된다. 다만 기념주화와 같이 그것이 가치표상으로 거래된 것이라고 보기 힘든 경우에는 선의취득이 인정된다.

ㄴ. 양도인에 관한 요건— 동산을 점유하고 있는 무권리자

양도인은 동산에 대하여 권리가 없는 자로서 동산을 점유하고 있어야 한다. 선의취득제도는 동산을 점유하고 있는 양도인이 적법한 권리자라고 믿은 것에 대한 거래상대방의 신뢰를 보호함으로써 거래의 안전을 도모하는 것이므로, 점유라는 공시방법을 취하고 있지 않은 양도인을 적법한 권리자라고 믿은 거래상대방은 보호할 가치가 없고 또 그와 같이 믿은 데에 과실이 있다고 하지 않을 수 없다.

양도인은 직접점유자이든, 간접점유자이든 상관없으며, 점유보조자를 점유자로 잘못 알았다고 하더라도 선의취득의 다른 요건을 갖추고 있다면 선의취득을 인정해도 상관없을 것이다.

양도인이 무권리자여야 하는 것은 당연하다. 그가 권리자라면 그와 거래한 사람은 양도인의 권리를 그대로 취득할 것이기 때문에 선의취득을 인정할 이유가 없을 것이다.

문제는 분량적으로 일부에 대해서만 권리를 가지는 경우, 즉 A, B가 공유하는 동산을 A가 점유하고 있던 중 C에게 매도한 경우이다. 이 경우 C로서는 A의 지분 1/2에 대해서는 A로부터 적법하게 매수한 것이고, B의 지분 1/2에 대해서는 다른 요건이 갖추어지면 선의취득이 가능할 것이다.

ㄷ. 양수인에 관한 요건— 평온, 공연, 선의, 무과실로 점유를 취득

무권리자로부터 양수인이 평온, 공연하게 동산을 선의로 과실없이 양수하게 되면 그 동산의 소유권을 취득하게 된다.

평온이란 폭력을 동원하지 않는다는 것이고 공연이란 비밀스럽지 않게 공개적인 것을 의미하고, 선의란 양도인이 무권리자인 것을 알지 못한 것을 의미한다. 이 3가지 요건은 양도인이 점유(간접점유도 포함하여)하고 있으면 민법 제197조에 의하여 추정되므로 선의취득을 주장하는 자가 증명할 책임이 없고, 상대방이 그 반대의 사실을 증명해야 한다.

문제는 과실에 대한 입증책임으로서, 양도인이 점유하고 있는 것을 보고 양수인이 소유자로 믿은 것에 대하여 과실이 없다는 것에 대해서도 추정이 되는가이다. 이에 대해 다수설은 민법 제200조를 근거로 추정이 된다고 보아 양도인이 양수인에게 과실이 있었음을 증명해야 한다고 한다. 그러나 소수설과 판례(대법원 1981.12.22. 선고 80다2910 판결)는 양수인이 자신에게 과실이 없었음을 증명하여야 한다고 한다.

증명책임의 분배는 증거에의 접근 및 증명의 용이함과 가능성도 중요하므로 단순히 법규정의 형식만으로 결정할 것은 아니다.

예컨대, A 소유의 자전거를 B가 임차한 후, C에게 그 자전거를 자신이 소유자인 것처럼 양도하고, 다시 C가 D에게, D가 E에게 각기 양도하여 현재 E가 점유하고 있다고 하는 경우, A가 소유자로서 E를 상대로 자전거의 반환을 구함에 대하여 E가 선의취득을 주장하면 A와 E는 어떤 상황에 처하게 되는가?

다수설에 의하면 A는 'E가 D로부터 자전거를 양수할 당시에 과실이 있었음'을 증명해야 하는데, A로서는 E가 누구한테서 자전거를 취득하였는지, 어떤 경위로 E가 취득하게 되었는지를 알 길이 없으므로 E의 과실을 증명하는 것은 불가능에 가까울 것이고, 따라서 이런 경우에는 대부분 진정한 소유자인 A가 지게 되는 결과가 될 것이다. 그에 반하여 E의 입장에서는 자기가 누구로부터 매수하였는지는 잘 알 수 있고, 그에 대한 증거도 쉽게 접근하여 용이하게 획득할 수 있으므로 E에게 '자기에게 과실이 없었음'의 증명책임을 부담시킨다고 하여 부당하다고 할 수는 없을 것이다. 이런 점에 비추어 보면 판례와 소수설의 입장이 타당한 것으로 생각된다.

양수인이 점유를 취득하여야 한다는 요건과 관련해서는 살펴보아야 할 문제가 있다.

점유이전의 방법에 4가지가 있다는 것은 앞에서 보았는데, 문제가 되는 것은 반환청구권양도와 점유개정이다.

먼저 반환청구권의 양도의 경우를 예로써 본다.

예컨대, A가 기계를 B에게 보관시켰는데, B는 다시 C에게 보관을 의뢰하여 C가 보관중, B가 D에게 위 기계가 자신의 소유라고 말하고 D에게 C에 대한 반환청구권을 양도하는 형식으로 소유권을 양도하였다. 이 경우 D는 선의취득을 할 수 있는가? 통설과 판례(대법원 1999.1.26. 선고 97다48906 판결)는 반환청구권의 양도의 경우에도 선의취득을 인정하므로 D는 소유권을 취득한다고 한다.

다음으로 점유개정에 대하여 본다.

예컨대, 인쇄업을 경영하는 A는 영업자금이 부족하게 되자 B로부터 1억원을 차용하면서 인쇄기의 소유권을 넘기되 자기가 이를 임차하여 계속 사용하기로 하여 인쇄업을 하고 있었다(이를 양도담보라고 한다). 그러던 중 자금압박이 더욱 심해지자 C에게 위 인쇄기계가 자기 소유라고 속여 5천만원을 차용하면서 위 기계의 소유권을 C에게 넘기되 자기가 임차하여 계속 사용하는 것으로 하였다(이중으로 양도담보한 경우이다). 그래도 자금사정이 호전되지 않자 A는 D에게 위 인쇄기계를 양도하고 인도하여 주어 D가 그 기계를 점유하고 있다. 이 경우 인쇄기계는 누구의 소유인가?

판례와 통설은 점유개정시에는 선의취득이 인정되지 않는다는 입장(부정설)인바, 그 이유는 양수인의 점유취득은 물건에 대한 사실상의 지배관계가 원소유자의 지배를 벗어나서 취득자의 지배 안으로 들어와야 하는데 점유개정에 의한 경우에는 이러한 지배의 이전이 없다는 데에 있다고 한다.

위의 예에서 A와 B 사이에 소유권을 넘기고 점유개정을 한 때에는 점유개정도 점유이전의 한 태양이므로 B가 적법, 유효하게 소유권을 취득하고 그 이후부터서는 A에게 소유권이 없다. 따라서 C는 무권리자인 A로부터 소유권을 취득할 수 없으므로 C에게 선의취득이 인정되지 않는 이상 위 인쇄기의 소유권을 취득할 수 없다. 그런데 판례에 따르면 점유개정으로는 선의취득이 인정되지 않으므로 C는 소유권을 취득하지 못하게 된다.

만일 위의 예가 여기서 끝난다면 B는 A가 점유중인 기계에 대해 소유권에 기한 반환청구권을 행사하여 기계를 찾아올 수 있을 것이다.

그런데 앞의 예는 나아가 D에게 매도하고 현실인도까지 해 주었다는 것인바, 이렇게 되면 D가 선의취득의 다른 요건, 선의·무과실 등의 요건을 갖추고 있었다면 D가 선의취득을 하게 될 것이다.

그러나 선의취득의 다른 요건을 갖추고 있지 않다면, 예를 들면 D가 악의라거나 과실이 있다면 선의취득이 되지 못하고 여전히 B의 소유라고 보아야 할 것이므로 B의 반환요구에 D는 응해야 할 것이다.

ㄹ. 유효한 거래행위

선의취득제도는 거래의 안전을 위하여 양도인의 무권리만을 구제해 주는 것이고, 거래행위 자체는 유효하고 적법해야 한다. 부적법한 거래행위를 보호하면서까지 거래의 안전을 도모할 수는 없기 때문이다.

(나) 효 과

선의취득자는 유효하게 물권을 취득하는데, 취득하는 권리는 동산에 관한 물권으로서 소유권과 질권에 한한다. 점유권이나 유치권은 법정의 요건에 해당되어야 취득할 수 있는 것이므로 선의취득이 문제될 수 없다.

그리고 선의취득은 원시취득으로서 양도인의 소유권을 승계하는 것이 아니므로 종전의 소유권에 부가되어 있던 부담은 소멸하게 된다.

(다) 도품 및 유실물에 관한 특칙

도품과 유실물의 경우에는 소유자에게 어떤 책임이 없으므로 소유자를 보호하기 위하여 정책적으로 민법 제251조를 두어 선의취득의 요건을 갖추더라도 소유자가 2년 이내에 찾아올 수 있도록 하고 있다.

이러한 2년은 점유상실시부터 기산하고 조속한 권리관계의 안정을 기하려는 입법취지에 비추어 제척기간으로 보아야 할 것이다.

(2) 법률의 규정에 의한 물권변동

동산에 관하여는 부동산과 같은 총칙규정(민법 제187조)이 없다.

물권의 취득 부분에 대하여는 소유권에서 규정한 후(취득시효, 무주물 선점, 유실물 습득, 매장물 발견, 부합, 혼화, 가공), 타물권에 준용하고 있다.

Ⅲ. 물권의 소멸

물권의 소멸원인에는 각 물권에 공통된 것과 개별 물권에 특유한 것이 있는데, 후자에 대해서는 해당 물권에서 검토하고 여기서는 공통된 것을 보기로 한다. 공통된 것으로는 목적물의 멸실, 소멸시효, 물권의 포기, 혼동 등을 들 수 있다.

물건의 소멸의 경우에는 그에 관한 물권이 소멸하지만, 물상대위와 같이 물권의 효력이 그 물건을 대신한 것에 미칠 수 있는 것이 있다(제342조, 제355조, 제370조 등).

소멸시효의 완성에 의하여 지상권, 지역권, 전세권 등은 소멸하고, 시효완성의 효과와 관련하여 절대적 소멸설과 상대적 소멸설의 대립이 있다.

절대적 소멸설에 따르면 물권이 당연히 소멸하므로 민법 제186조가 적용되지 않는다고 하나, 상대적 소멸설에 따르면 시효의 완성으로 등기말소청구권이 발생할 뿐 곧바로 소멸하는 것은 아니고, 위 말소등기청구권의 행사로 인하여 등기가 말소된 때 비로소 권리가 소멸한다고 한다.

동일한 물건에 대하여 소유권과 그 외 다른 물권이 동일인에게 귀속할 때 그 다른 물권은 혼동으로 소멸하지만, 그 물건이 제3자의 권리의 목적인 때나 제한물권이 제3자의 권리의 목적인 때는 혼동은 생기지 않는다.

B는 A가 소유하는 L토지에 지상권을 가지고 있다고 해보자.

먼저 B가 A로부터 L의 소유권을 취득하게 되면 그 지상권은 포괄적인 권리인 소유권에 포섭되어 소멸하게 되는 것으로 이것이 민법 제191조 제1항 본문의 의미다.

또 C가 B의 L에 대한 지상권에 저당권을 가지고 있었는데 그 후 B가 L의 소유권까지 취득하게 되는 경우, 이때에도 혼동으로 B의 지상권이 소멸하게 되는가?

만일 B의 지상권이 소멸된다고 보면 소멸하여 효력이 없는 지상권을 대상으로 한 C의 저당권도 소멸하게 된다고 보아야 할 것인데, 이런 결과는 지상권자인 B가 우연히 소유권을 취득하게 됨으로써 C의 저당권도 소멸하게 되어 B는 망외의 이득을 보게 되는 셈이 된다. 이는 C의 손해로 B가 이익을 보는 결과가 되어 부당하므로 C의 저당권의 존속을 위하여 B의 지상권이 소멸하지 않는다고 보아야 한다. 이것이 민법 제191조 제1항 단서의 의미다.

이런 혼동의 경우는 소유권과 제한물권 사이만이 아니라 제한물권과 제한물권 사이에서도 벌어질 수 있는데 이때에도 위와 같이 취급한다.

제3. 채권법

* 집필: 김성필. 호원대학교 법학과 교수
* 별명이 없는 법조문명은 '민법'임

Ⅰ. 채권총론

1. 채권의 기초

(1) 채권법과 채권

채권법은 용역을 제공하거나 제공받는 것을 목적으로 하는 법률관계를 규율함을 그 내용으로 한다. 채권은 특정한 자에 대해 일정한 행위를 할 것 또는 하지 않을 것을 청구할 수 있는 권리이다.

(2) 채권관계의 기본원칙

가. 사적자치의 원칙

사적자치란 강행법규나 선량한 풍속 기타 사회질서에 위반하지 않는 한 사적인 법률관계는 자유로운 의사에 기한 자기결정과 자기책임으로 형성할 수 있다는 원칙이다.

나. 신의성실의 원칙

신의칙이란 법률관계의 당사자는 서로 상대방의 신뢰를 헛되이 하지 않도록 성의를 가지고, 권리를 행사하고 의무를 이행할 것을 요구하는 법원칙이다.

다. 채권자평등의 원칙

채권자평등의 원칙이란 채권은 물권과 달리 특별한 담보를 가지고 있지 않기 때문에 그 발생의 전후를 불문하고 모두 평등한 지위에 있다는 것을 말한다.

(3) 채권의 내용

사법상의 권리를 사권이라 한다. 사권은 그 내용에 따라 재산권·신분권·인격권·사원권으로 구별해 볼 수 있는데, 재산권에는 물건에 대한 직접지배를 그 내용으로 하는 물권과 타인의 행위(작위, 부작위)를 요구할 수 있는 채권으로 구분되며, 공업소유권이라든가 저작권과 같은 무체재산권도 재산권에 속한다.

채권은 타인의 행위를 요구 내지 청구할 수 있는 권리로서, 채무자에 대해서만 주장할 수 있다. 타인의 행위의 내용은 선량한 풍속 기타 사회질서에 반하지 않는 한 그 제한이 없다. 즉, 금전으로 환산할 수 없는 것이라도 채권의 목적으로 할 수 있다. 이러한 채권은 보통 당사자간의 계약에 의해서 발생하고, 사무관리·부당이득·불법행위에 의해서도 발생한다. 가령, 매매계약에 의하여 매도인은 매수인에 대하여 대금지급청구권을 가지며 매수인은 매도인에 대하여 목적물에 대한 재산권이전청구권을 가진다(제568조). 그리고 고의 또는 과실로 인한 위법행위로 손해를 입은 피해자는 가해자에 대하여 손해배상청구권을 행사할 수 있다(제750조).

2. 채권의 목적

사례 1 채권의 목적

제과점을 운영하는 A는 농산물수입도매상인 B와 중국산 밀가루 100포대(1포대당 20kg)를 포대당 2만원에 사기로 매매계약을 체결하였다.
(1) B가 밀가루를 가져오기로 약속한 날이 되기 1일 전에 자신의 창고에 화재가 발생하여 약속한 날짜에 밀가루를 가져갈 수 없다고 연락을 해 왔다. A와 B의 법률관계는?
(2) 중국의 극심한 가뭄으로 인하여 중국산 밀가루의 가격폭등이 있게 되자 B는 계약한 가격으로는 도저히 밀가루를 공급할 수 없으니 가격을 올려주기 전에는 밀가루를 갖다 줄 수 없다고 한다면 A와 B의 법률관계는?

(1) 급 부

채권의 목적은 채무자의 행위를 말하는 것으로 이를 급부라고 한다. 급부로서의 채무자의 행위에는 작위·부작위가 포함된다. 급부의 내용은 계약에 의해 발생하는 경우에는 당사자의 합의에 의해 결정되지만, 그 이외의 경우에는 일반적으로 법률의 규정에 의하여 결정된다.

채권의 목적인 급부는 일반적으로 법률행위의 목적이 되므로 법률행위목적의 일반적 요건, 즉 적법성, 사회적 타당성, 실현 가능성, 확정 가능성을 갖추어야 한다.

(2) 특정물채권

특정물의 인도를 목적으로 하는 채권이 특정물채권이다. 특정물의 인도라 함은 구체적으로 특정되어 있는 물건의 점유를 이전하는 것이다. 채무자는 그 특정된 목적물을 선량한 관리자의 주의로 보관해야 한다(제374조). 특정물의 보존비용은 채무자(매도인)가 부담한다.

(3) 종류채권

종류채권은 사과 10상자의 경우처럼 인도해야 할 목적물이 종류와 수량에 의해서 정해진 경우의 급부채권을 의미한다. 종류채권은 종류와 수량에 의해 추상적으로 목적물이 정해지는 데 불과하므로 실제로 채무를 이행하기 위해서는 정해진 종류에 속한 물건 중에서 일정량의 물건을 구체적으로 선정하여야 한다. 이를 종류채권의 특정이라고 한다.

그리고 특정한 범위 안에 있는 일정량의 물건을 채권의 목적으로 하는 경우를 제한종류채권이라 한다.

(4) 금전채권

금전채권은 금전의 인도를 목적으로 하는 채권으로서, 보통 종류채권과 달리 일정량의 가치의 인도를 목적으로 하는 가치채권으로서의 성질을 갖는다.

금전채권에 있어서는 이행불능의 상태가 발생하지 않으며, 금전채무의 불이행에 있어 채무자는 과실이 없는 경우에도 책임을 진다. 그리고 채권자가 채무불이행에 기한 손해배상청구권을 행사하기 위해서는 손해의 증명을 필요로 하지 않는다. 한편 손해배상액을 법정이율에 의하여 정하도록 한 규정은 위약금의 예정이 있는 경우에는 적용되지 않는다.

(5) 이자채권

이자란 금전 기타의 대체물의 사용의 대가로서 지급하는 금전 기타의 대체물이며, 법정과실의 일종이다. 즉 이자란 원본인 유동자본으로부터 발생하는 수익으로서 원본액과 사용기간에 비례하여 일정한 이율에 따라 지급되는 금전 기타의 대체물을 의미한다. 따라서 이자채권은 이자의 지급을 목적으로 하는 채권으로서, 유효한 원본채권을 전제로 한다.

(6) 선택채권

선택채권이란 수개의 서로 다른 급부가 선택적으로 채권의 목적으로 되어 있으나 선택에 의하여 그 중 하나가 급부의 목적으로 확정되는 채권이다.

<사례1 해설> (채권의 목적)

1) 문제의 소재
첫 번째 문제의 경우에는 우선, A와 B의 계약에서 밀가루 100포대를 인도할 급부의 종류가 문제되며, A의 특정 여부 및 대금지급 여부에 대하여 검토하여야 한다.
두 번째 문제의 경우에는 금전채권에 있어서 화폐가치의 변동으로 인해 당사자간에 심한 불공평이 생겼을 때 이를 어떻게 조정할 수 있는가의 문제이다.

2) B의 급부의 종류
B가 A에게 밀가루 100포대를 인도하여야 할 급부는 일정한 종류(밀가루)와 수량(20kg 100포대)으로 정해진 물건의 인도를 목적으로 하는 채권으로 종류채권에 해당한다.

3) 종류채권의 특정
종류채권의 채무를 실제로 이행하기 위해서는 정해진 종류에 속한 물건 중에서 일정량의 물건을 구체적으로 선정해야 하는데, 이를 종류채권의 특정이라고 한다. 종류채권의 목적은 당사자의 합의에 의해 특정되는데, 합의가 없는 때에는 채무자가 물건을 인도하기 위해 필요한 행위를 완료한 때에 특정된다.
사례의 경우 B가 밀가루를 A에게 가져오기로 했으므로 지참채무에 해당하고, 지참채무는 채무자가 채권자의 주소에서 급부목적물을 현실적으로 제공한 때(제460조)에 특정된다. 따라서 아직 특정전이라고 할 것이다.

4) B의 급부의무의 유무
특정 전의 B의 급부의무는 종류채무이므로 거래계에 밀가루가 존재하는 한 B는 급부의무를 면하지 못한다. 다만 A가 매매대금의 지급을 준비하지 않은 경우에는 B의 구두제공으로 채권자지체가 성립될 수 있고, 이때에는 B에게 고의나 중과실이 없는 한 B는 급부의무를 면하게 된다.

5) 금전채권의 특질과 사정변경의 원칙

사정변경의 원칙은 당사자의 책임으로 돌릴 수 없는 사유로 계약 당시 당사자가 예상할 수 없었던 현저한 사정의 변경이 생긴 경우 형평에 맞도록 계약내용을 변경해 주거나 그것이 불가능한 경우 계약의 해제를 인정해야 한다는 원칙이다. 우리나라의 다수설은 사정변경의 원칙의 적용을 주장하지만 대법원은 이를 부정하고 있다. 따라서 사례의 경우 밀가루 가격의 폭등이 사정변경의 원칙을 인정할 정도인가가 문제될 것이다.

6) 결론

가) 사례에서 B가 구두의 제공을 했다고 볼 수는 없고 아직 특정 전이므로 B는 다시 밀가루를 구하여 A에게 제공하여야 하며, 기일을 지키지 못할 경우 채무불이행 책임을 져야 한다.

나) 사정변경의 원칙을 적용하여 가격을 인상하여 줄 것인지의 여부는 폭등의 정도에 따라 정할 것이지만 대법원의 입장에 따른다면 B의 주장은 용인되기 어려울 것이다.

3. 채권의 효력

사례 2 채권의 효력

갑은 을에게 자신의 토지를 5억원에 팔기로 하여 계약금 5천만원을 받고 매매계약을 체결하였고, 한 달 후 중도금으로 2억5천만원을 받으면서 다시 한 달 후에 잔금을 받고 소유권을 이전하기로 하였다. 그런데 이 사실을 전해 들은 병이 갑에게 찾아와 당장 6억원을 줄 테니 자신에게 토지를 넘기라고 하여 그 자리에서 병과 매매계약을 체결하여 이전등기를 해주었다. 갑과 을의 법률관계는?

(1) 채무불이행

급부장애란 채무의 내용실현이 불가능하게 되거나, 지체되거나 또는 불완전하게 되어 마땅히 행해져야 할 상태대로 이행되지 않은 상태를 의미한다. 이러한 급부장애 가운데에서 그 책임을 채무자에게 물을 수 있는 일정한 요건, 즉 급부장애에 대한 채무자의 귀책사유가 있는 경우를 채무불이행이라 한다. 채무불이행에는 이행지체, 이행불능, 불완전이행이 있다.

가. 이행지체

이행지체란 채무의 이행이 가능함에도 불구하고 채무자가 그에게 책임 있는 사유로 인하여 이행을 하지 않거나 못하여, 이행기가 도과하는 채무불이행의 유형이다. 부동산매매계약의 경우 매도인은, 최소한 소유권이전등기에 필요한 서류 등을 준비하여 놓고, 그 뜻을 매수인에게 통지하여 잔금지급과 아울러 이를 수령해 갈 것을 최고하여야만 매수인을 이행지체에 빠뜨릴 수 있다.

나. 이행불능

이행불능이란 채권관계의 성립 이후 채무자의 책임으로 돌릴 수 있는 사유로 인하여 급부가 불능으로 되는 채무불이행 유형이다. 채무의 이행이 단순히 절대적·물리적으로 불능인 경우가 아니고, 사회생활에 있어서의 경험법칙 또는 거래상의 관념에 비추어 볼 때 채권자가 채무자의 이행의 실현을 기대할 수 없는 경우를 말한다.

다. 불완전이행

불완전이행이란 이행행위로서 일정한 행위가 행해졌으나 급부목적물이나 급부행위에 하자가 있거나, 또는 이행과 관련하여 주의를 제대로 하지 않음으로써 급부목적물이나 급부결과 또는 그 이외의 채권자의 법익에 손해를 발생시킨 채무불이행의 한 유형이다.

(2) 채권자지체

채권자지체란 채무자가 채무의 내용에 좇은 이행을 제공하였는데도 채권자가 이행을 받을 수 없거나 받지 아니하여 이행이 완료되지 못한 상태에 놓이는 것을 말한다.

(3) 채무불이행에 대한 구제

가. 강제이행

강제이행이란 채무자가 임의로 채무를 이행하지 않는 경우에 채권자가 국가기관의 강제력을 빌려 채무의 내용을 강제적으로 실현하는 것을 말한다. 강제이행의 종류에는 채무자의 의사에 불구하고 집행기관의 행위에 의해 채권의 내용을 강제적으로 실현하는 직접강제, 급부내용을 채권자 또는 제3자가 채무자를 대신하여 실현하고 그 비용을 채무자에게 부담시키는 대체집행 및 직접강제나 대체집행이 적합하지 않은 채무의 경우 채무자에게 심리적 강제를 가하는 것에 의해 급부행위를 시키는 수단인 간접강제 등이 있다.

나. 손해배상

손해배상이란 채무불이행 또는 불법행위로 인하여 발생한 손해를 전보하여 될 수 있는 한 손해가 발생하지 않았던 상태로 돌리는 것을 말한다. 이때 채무자가 채무의 내용에 좇은 이행을 하지 않음으로써 발생된 상태와 채무이행이 있었더라면 존재하였을 상태 사이에서 생긴 불이익을 손해라고 하는데, 채무자가 그 사정을 알았거나 알았는가의 여부를 불문하고 인정되는 손해를 통상손해라 하며, 채무자가 알았거나 알 수 있었을 때 인정되는 손해를 특별손해라고 한다.

(4) 책임재산의 보전

가. 채권자대위권

채권자대위권이란 채권자가 자기채권의 보전을 위하여 그의 채무자가 제3채무자에 대하여 가지고 있는 채권을 채무자에 갈음하여 행사할 수 있는 권리를 말한다.

나. 채권자취소권

채권자 취소권이란 채권의 공동담보인 채무자의 일반재산이 채무자의 법률행위에 의하여 부당하게 감소됨으로써 채무자의 변제능력이 부족하게 되는 경우에 일정한 요건하에서 채권자가 재판상 그 법률행위를 취소하고 채무자로부터 일탈된 재산을 회복할 수 있는 권리를 말한다. 채권자취소권은, 총채권자의 공동담보인 채무자의 재산의 감소를 방지하기 위하여 부여된 것이고 특정채권의 보전을 목적으로 하는 것이 아니므로(채권자대위권과 구별된다), 특정물의 소유권이전등기청구권을 가진 채권자는 이 채권자취소권을 행사하지 못한다.

<사례2 해설> (채권의 효력)

1) 문제의 소재

이 사례는 전형적인 부동산이중매매에 해당하는 것으로 갑과 병 사이의 매매계약의 유효성, 갑과 을 사이의 매매계약의 효력과 함께 을이 위 토지의 소유권을 취득할 수 있는 방법은 없는지 등을 고찰하여야 한다.

2) 갑과 병의 매매계약의 유효성

원칙적으로 채권은 배타성이 없으므로 이중매매가 있었다는 사실만으로 그 계약이 무효가 되지는 않는다. 그러나 판례는 제2매수인이 매도인의 배임행위에 적극적으로 가담하여 이중매매가 이루어진 경우에는 반사회적 법률행위로 무효라고 하고 있다 (제103조). 따라서 사례의 경우 반사회적 법률행위로 무효라고 할 것이다.

3) 을의 채권자대위권 취득 여부

가) 채권자대위권의 요건

채권자대위권을 행사하기 위해서는 첫째 피보전채권, 즉 보존할 필요가 있는 채권이 존재하여야 하고, 둘째 피보전채권이 변제기에 있어야 하며, 셋째 채무자가 무자력일 것(채권보전의 필요가 있을 것), 넷째 채무자가 스스로 권리를 행사하지 않을 것 등의 요건을 충족하여야 한다. 다만 사례와 같이 등기청구권의 경우에는 채무자의 무자력이 요구되지 않는다고 보는 것이 통설과 판례의 태도이다.

사례의 경우 을은 갑에 대해 채권자로서 소유권이전등기를 청구할 권리가 있으므로 피보전채권이 존재하며, 갑과 병의 계약이 무효이므로 이에 기초한 이전등기는 원인무효의 등기이므로 갑은 병에 대해 말소등기를 구할 권리가 있음에도 불구하고 그 청구를 하지 않고 있어 채권자대위권의 요건을 모두 충족하고 있다.

나) 을의 채권자취소권 취득 여부

채권자취소권을 행사하려면 첫째 채무자가 채권자를 해하는 재산상 법률행위를 할 것, 둘째 채권자를 해하는 것임을 채무자가 알고 한 행위일 것, 셋째 수익자와 잔득자가 악의일 것 등의 요건을 충족하여야 한다.

사례의 경우, 판례에 따르면 특정물에 대한 소유권이전등기청구권을 보전하기 위하여 채권자취소권을 행사하는 것은 허용하지 않는다고 하고 있으므로 을에게 채권자취소권을 인정하기는 어려울 것이다.

4) 결론

가) 갑과 병의 매매계약은 이중매매로서 반사회적 법률행위에 해당하여 무효이다.

나) 을은 잔금을 제공하면서 채권자대위권을 행사하여 병에게 등기의 말소를 청구하고, 갑에게 이전등기를 청구하여 위 토지의 소유권을 취득할 수 있다.

4. 다수당사자의 채권관계

사례 3 다수당사자의 채권관계

갑의 부친은 갑의 사촌이 한 회사의 영업부에 취직할 때 신원보증을 해 주었는데 그 기간은 정하지 않았다. 그 후 갑의 부친은 사망하였는데, 회사에서 갑의 사촌 형이 공금을 횡령하여 행방불명이 되었으니 이를 배상하라는 통지를 보내왔다. 확인해 보니 갑의 사촌형은 경리부로 자리를 옮긴 후 사고를 낸 것이었고 회사에서는 부서이동에 대해 아무런 통지도 없었다. 갑은 배상을 해 주어야 하는가?

다수당사자의 채권관계란 하나의 급부를 중심으로 채권자 또는 채무자의 일방 또는 쌍방이 2인 이상인 채권관계를 말한다. 즉 동일한 내용의 급부를 목적으로 하는 채권관계가 채권자 또는 채무자의 수만큼 복수로 존재하는 채권관계이다. 우리 민법은 다수당사자의 채권관계의 유형을 분할채권·채무, 불가분채권·채무, 연대채무, 보증채무로 나누어 규정한다.

(1) 분할채권·채무

분할채권·채무 관계는 하나의 가분급부에 대하여 채권자 또는 채무자가 다수 존재하는 경우에, 특별한 의사표시가 없는 한 채권 또는 채무가 수인의 채권자 또는 채무자 사이에 분할되는 채권관계를 의미한다. 우리 민법은 다수당사자의 채권관계에 있어서 분할채권관계를 원칙으로 하고 있다(제408조).

(2) 불가분채권·채무

불가분채권·채무관계는 하나의 불가분급부에 대하여 수인의 채권자 또는 채무자가 각각 채권을 가지거나 채무를 부담하는 다수당사자의 채권관계를 말한다(제409조).

(3) 연대채무

연대채무란 채권자가 수인의 채무자 중 어느 한 채무자에 대하여, 또는 동시나 순차로 모든 채무자에 대하여 채무의 전부나 일부의 이행을 청구할 수 있는 채무이다(제414조). 이 경우에 수인의 채무자는 동일한 내용의 급부를 각자 이행할 의무를 부담하고, 그 중 1인의 채무자가 채무의 전부를 이행함으로써 모든 채무자의 채무가 소멸하게 된다(제413조).

(4) 보증채무

금전소비대차 등에서 채무자가 채무의 내용을 이행하지 않을 경우를 대비하여 채권의 확보 방안으로 채무자 이외의 제3자의 재산으로 채권자의 채권을 담보하는 인적 담보제도가 보증이다. 보증계약은 낙성·무상·편무·불요식계약이다.

채권자는 주채무자가 채무의 이행을 하지 않는 때에는 보증인에게 보증채무의 이행을 청구할 수 있다. 채권자가 보증인에게 청구할 때 주채무자에게 우선 청구하거나 그 재산에 집행을 하여야 하는 것은 아니다.

보증인은 채권자가 주채무자에게 청구를 하여 보지도 않고 보증인에게 청구하여 온 때에는 주채무자가 변제능력이 있다는 사실과 그 집행이 용이하다는 사실을 증명하여 먼저 주채무자에게 청구할 것을 요구할 수 있다. 이를 최고의 항변권이라 한다. 그러나 연대보증인은 이러한 항변권이 없다.

(5) 여러가지 보증제도

가. 연대보증

연대보증이라 함은 보증인이 주채무자와 연대하여 채무를 부담하는 경우를 말한다. 이러한 연대보증은 특약에 의해 생기는 외에 주채무나 보증계약이 상행위인 경우에도 성립한다. 연대보증도 보증의 일종이므로 부종성이 있어 주채무의 존재를 전제로 하나 보충성이 없어 보증인에게 최고·검색의 항변권은 없다. 그러나 주채무자나 연대보증인에 대하여 생긴 사유의 효력은 보통의 보증채무에 있어서와 같다.

나. 공동보증

하나의 주채무에 관하여 여러 명의 보증인이 있는 경우를 공동보증이라고 한다. 즉 여러 명이 하나 또는 수개의 계약으로 동시에 또는 순차적으로 공동보증인이 될 수 있는 것이다. 어떠한 경우이건 각 보증인은 채무액에 대하여 균분하여 각자 그 일부를 부담한다. 이를 분별의 이익이라고 한다. 다만 연대보증인 경우와 공동보증인 사이에 연대의 특약이 있는 보증연대의 경우 및 주채무의 목적이 불가분인 경우에는 분별의 이익이 없다. 분별의 이익이 없는 경우에는 채권자에 대하여 전액의 변제의무를 지지만 각 보증인 사이에서는 각각의 부담 부분만의 의무를 진다.

분별의 이익이 있는 경우에 어느 보증인이 자기의 부담 부분을 넘어 변제하였을 때에는 다른 보증인에 대하여 구상권을 행사할 수 있다.

다. 신원보증

신원보증은 고용계약에 부수하여 체결되는 보증계약이다.

신원보증의 계약내용은 일반적으로 광범위하고 장기간의 것이 많아 신원보증인에게 가혹한 경우가 많으므로 이를 규율하기 위하여 신원보증법이 제정되어 있다.

이에 위반하여 신원보증인에게 불리한 계약을 체결하는 것은 무효이다. 동법에 의하면 기간을 정하지 않은 신원보증계약의 보증기간은 그 보증계약일로부터 2년간 효력이 있다. 신원보증계약기간은 2년을 초과하지 못하고 이를 초과한 기간은 2년으로 단축된다. 또한 기간갱신을 할 수 있으나 2년을 초과할 수 없도록 하고 있다. 피용자를 고용한 사용자는 피용자가 업무상 부적임하거나 불성실하여 이로 말미암아 신원보증인의 책임을 야기할 염려가 있음을 안 때, 피용자의 임무 또는 임지를 변경함으로써 신원보증인의 책임을 가중하거나 또는 그 감독이 곤란하게 될 때 신원보증인에게 지체없이 통지하여 신원보증인에게 계약해지의 기회를 주어야 한다. 신원보증인의 보증책임이 발생한 경우 법원은 신원보증인의 손해배상의 책임과 그 금액을 정함에 있어 피용자의 감독에 관한 사용자의 과실의 유무, 신원보증인이 신원보증을 하게 된 사유 및 그에 대한 주의 정도, 피용자의 임무, 신원의 변화 기타 일체의 사정을 참작하도록 하고 있다. 신원보증계약은 신원보증인의 사망으로 그 효력은 상실하고 상속되지 않지만 그 계약의 효력으로 이미 발생한 채무는 상속된다.

<사례3 해설> (다수당사자의 채권관계)

1) 문제의 소재
이 사례는 신원보증에 대한 것으로 신원보증의 기간, 사용자의 통지의무, 보증인의 계약해지권, 신원보증채무의 상속 여부 등에 대하여 검토하여야 한다.

2) 신원보증기간
신원보증법에 의하면 기간을 정하지 않은 신원보증계약의 보증기간은 그 보증계약일로부터 2년간 효력이 있고, 신원보증계약기간은 2년을 초과하지 못하고 이를 초과한 기간은 2년으로 단축된다. 또한 기간갱신을 할 수 있으나 2년을 초과할 수 없도록 하고 있다.
사례의 경우 보증계약 후 2년이 경과했다면 이미 그 효력을 상실했다고 할 수 있다.

3) 보증책임의 한도
신원보증인은 피용자의 고의 또는 중과실로 인한 행위로 발생한 손해에 대하여 배상할 책임이 있다.

4) 사용자의 통지의무

사용자는 피용자가 업무상 부적임하거나 불성실하여 이로 말미암아 신원보증인의 책임을 야기할 염려가 있음을 안 때, 피용자의 임무 또는 임지를 변경함으로써 신원보증인의 책임을 가중하거나 또는 그 감독이 곤란하게 될 때 신원보증인에게 지체없이 통지해 주어야 한다.

5) 보증인의 계약해지권

신원보증인은 사용자로부터 위 통지를 받거나, 피용자의 고의 또는 과실로 발생한 손해를 신원보증인이 배상한 경우, 기타 계약의 기초가 되는 사정에 중대한 변경이 있는 경우에 신원보증계약을 해지할 수 있다.

사례에서 갑의 사촌형이 영업부에서 경리부로 옮길 경우 사용자가 보증인에게 통지해 주어야 하며, 이는 계약의 중대한 기초사항이라고 할 수 있다.

6) 신원보증채무의 상속성 여부

신원보증계약은 신원보증인의 사망으로 그 효력은 상실하고 상속되지 않지만 그 계약의 효력으로 이미 발생한 채무는 상속된다.

사례에서 갑의 사촌형의 횡령행위는 갑의 부친이 사망 후에 있었기 때문에 신원보증계약의 효력이 상실된 이후이므로 그 채무는 발생하지 않고, 따라서 당연히 갑에게 상속되지 않는다.

7) 결론

사용인의 통지의무위반 및 신원보증계약의 효력상실로 갑은 배상할 의무가 없다.

5. 채권관계 당사자의 교체

사례 4   채권관계 당사자의 교체

갑은 을에게 금전 100만원을 빌려 주었다. 그 후 갑자기 돈이 필요해지자 돈을 융통하기 위하여 이 채권을 병에게 넘기고 이 사실을 을에게 확정일자 있는 내용증명우편으로 통지해 주었다. 이에 대해 을이 아무런 답변을 하지 않고 있던 중 갑의 채권자인 정이 갑의 재산에 대해 압류하려고 하자 이를 피하기 위해 갑은 위 채권을 정에게 양도해 주었는데 이를 알게 된 을은 아무런 이의를 제기하지 않았다. 을은 누구에게 변제하여야 하는가?

(1) 채권양도

채권의 양도란 채권의 동일성을 유지하면서 채권을 법률행위에 의하여 이전하는 것을 말한다. 채권은 원칙적으로 재산권으로서 양도성이 있다.

가. 지명채권의 양도

지명채권이란 증권적 채권이 아닌 일반채권으로 채권자가 특정인으로 지명되어 있다. 이러한 지명채권은 원칙적으로 양도성을 가진다. 그러나 지명채권의 양도는 양도인이 채무자에게 통지하거나 채무자가 승낙하지 아니하면 채무자기타 제3자에게 대항하지 못한다.

나. 지시채권의 양도

지시채권은 증서에 기재된 채권자 또는 그가 지시한 자에게 변제하여야 하는 채권을 말한다. 지시채권은 증서에 배서하여 양수인에게 교부하여야 한다. 배서는 증서 또는 보충지에 양도의 뜻을 기재하고 배서인이 서명 또는 기명날인하여야 한다.

다. 무기명채권의 양도

무기명채권이란 특정의 채권자를 지정함이 없이 증권의 소지인에게 변제하여야 하는 증권적 채권을 가리키는 것으로, 그 증권을 교부함으로써 무기명채권을 양도하게 된다.

라. 지명소지인출급채권

지명소지인출급채권은 증서에 표시된 특정인 또는 증서의 정당한 소지인에게 변제하여야 하는 증권적 채권으로, 양도방법은 무기명채권과 같다.

(2) 채무인수

채무인수란 채무의 동일성을 유지하면서 채무를 인수인에게 이전시키는 계약으로, 채무의 동일성이 변경되지 않는다는 점에서 채무자변경에 의한 경개와는 다르다. 또한 채무인수에 의하여 주채무자는 채무를 면하고 인수인이 새로운 채무자가 된다는 점에서 병존적 채무인수와 구별하여 면책적 채무인수라고 한다.

채무인수는 동일성을 유지하면서 채무를 인수인에게 이전하는 것을 목적으로 하는 계약이다.

<사례4 해설> (채권관계 당사자의 교체)

1) 문제의 소재

사례는 채권의 이중양도 된 경우로 두 양도의 효력의 우열이 문제된다. 이를 검토하기 위해 갑의 채권의 종류와 그에 따른 양도방법, 통지와 이의없는 승낙의 효력 등에 대하여 검토하여야 한다.

2) 갑의 채권의 성질

갑이 을에 대해 가지고 있는 채권은 금전채권으로 일반적인 지명채권에 해당한다. 지명채권은 원칙적으로 양도성을 가지며, 특별한 형식없이 양도가 가능하다.

3) 지명채권 양도의 대항력

그러나 지명채권의 양도를 가지고 채무자와 제3자에 대항하기 위해서는 채무자에게 통지하거나 채무자가 승낙하여야 한다. 그리고 채무자가 이의를 보류하지 아니하고 승낙을 한 때에는 양도인에게 대항할 수 있는 사유로써 양수인에게 대항하지 못한다. 이때 양수인이 채무자 이외의 제3자에게 채권양도를 주장하기 위해서는 확정일자 있는 증서로 토지나 승낙이 있었음을 입증하여야 한다.

설례의 경우 갑의 병에 대한 채권의 양도는 지명채권의 양도로 확정일자 있는 내용증명우편으로 통지가 이루어졌기 때문에 병은 을 및 정에 대해 채권양도의 효력을 주장할 수 있다.

4) 이의없는 승낙의 효력

이의없는 승낙이란 채무자가 채권양도를 승낙함에 있어서 채권의 무효나 상계 등과 같은 양도인에 대하여 주장할 수 있는 항변을 보류하지 않고 하는 단순한 승인을 말한다. 사례의 경우 을은 이의를 보류하지 않은 승낙을 한 것으로 볼 수 있다. 문제는 이러한 이의없는 승낙이 제3자에게도 효력이 있느냐 하는 것이다. 이에 대해 통설과 판례는 이의없는 승낙의 효력은 채무자와 양수인간에만 미치고 제3자의 권리에는 영향을 미치니 않는다고 한다. 따라서 정에 대한 채권양도에 대해 을이 이의없는 승낙을 하였다고 하더라도 이는 갑과 을 및 정 사이에서만 효력이 있을 뿐 병에게 주장할 수는 없다.

5) 결론

결국 갑의 이중양도는 제3자에 대한 대항력을 갖춘 병에게 우선적으로 효력이 있다고 보여지므로 을은 병에게 채무를 변제하여야 한다.

6. 채권의 소멸

(1) 변 제

변제란 채무자 또는 제3자의 급부행위에 의하여 채권이 만족을 얻어 채권의 소멸이라는 법률효과를 발생시키는 법률요건이다.

채무자가 동일한 채권자에 대해 동종의 내용을 가진 수개의 채무를 부담하는 경우, 또는 1개의 채무의 변제로서 수개의 급부를 해야 할 경우에 변제로서 제공한 급부가 그 채무의 전부를 소멸시키는 데 충분하지 않을 때에 그 급부를 가지고 어느 채무 또는 어느 급부의 변제에 충당할 것인가 하는 것을 정할 필요가 있는데, 이를 변제충당이라고 한다. 이 경우 당사자의 합의에 의하여 변제충당의 순서를 정할 수 있으나(합의충당), 당사자 사이의 계약이 없는 경우에는 당사자 일방의 지정에 의하여(지정충당), 그리고 당사자 일방의 지정도 없는 경우에는 법정충당에 의하여 결정된다.

제3자 또는 채무자와 함께 채무를 부담하는 자 등이 채무자를 위해 변제한 경우에, 채무자에 대해 구상할 수 있는 범위 안에서 채권자의 채권 및 담보에 관한 권리를 행사할 수 있는 제도를 대위변제 또는 변제자대위라고 한다.

(2) 대물변제

대물변제란 채무자가 본래의 급부 대신 다른 급부를 그에 갈음하는 것으로 채권자의 승낙과 그 다른 급부를 수령하는 경우, 변제와 같은 효과가 발생하는 것을 지칭한다(요물계약). 부동산을 차용한 금전에 대신하여 대물변제를 하기 위하여는(즉 부동산소유권이전인 때) 물권적 의사표시 외에 등기도 완료해야 한다. 그리고 대물변제는 변제이기는 하나 계약이기 때문에 행위능력이 있음을 요한다.

(3) 공탁(변제공탁)

공탁이란 채권자가 변제를 받지 아니하거나 받을 수 없는 경우에 변제자가 채권자를 위하여 변제의 목적물을 공탁소에 임치함으로써 채무를 면하는 제도이다.

(4) 상 계

상계란 채권자와 채무자가 서로 동종의 채권·채무를 가지는 경우에 그 채권과 채무를 대등액에서 소멸시키는 일방적 의사표시이다. 상계자를 기준으로 하여 상계자가 상대방에 대하여 갖고 있는 채권을 자동채권이라 하고, 반대의 채권을 수동채권이라 한다. 상계적상(상계의 요건이 충족된 상태)에서 말하는 채무의 이행기가 도래한 때라 함은, 채권자가 채무자에게 이행을 청구할 수 있는 시기가 도래하였음을 의미하며, 이러한 경우는 두 채권이 모두 그 변제기가 도래한 경우와 수동채권의 변제기가 도래하지 아니하였다 하더라도, 그 기한의 이익을 포기할 수 있는 경우를 포함하는 것이다.

(5) 경 개

경개는 채무의 중요한 부분을 변경함으로써 신채무를 성립시키는 동시에 구채무를 소멸시키는 계약으로, 구채무에 대한 소멸원인이 된다. 구채무의 소멸과 신채무의 성립이 하나의 경개계약의 내용으로 되어 있기 때문에 양자 사이에는 인과관계가 있다.

(6) 면 제

면제는 채무자에 대한 채권자의 일방적 의사표시로 채무를 소멸시키는 채권의 소멸행위이며, 면제에 의해 채권이 소멸된다는 점에서 면제는 채권자의 처분행위로서의 법적 성질을 갖지만, 근대입법(독일, 프랑스, 스위스 등)은 면제를 계약으로 하고 있다. 그리고 면제는 명시적으로도 묵시적으로도 할 수 있다.

(7) 혼 동

혼동은 채권과 채무가 동일인에게 귀속하게 되어 채권을 소멸케 하는 원인을 말하며, 법적 성질은 사건이다.

Ⅱ. 채권각론

1. 계 약

계약이란 양 당사자의 의사표시의 합치를 말한다. 계약이 성립하면 양당사자에게 법적 구속력 있는 권리의무가 발생한다. 이에 대하여 법적으로 구속될 의사로서 행하는 것이 아닌 산책이나 식사초대 같은 약속은 계약이 아니다. 따라서 이에 위반하더라도 이를 이유로 손해배상 등을 청구할 수가 없다.

이러한 계약은 양 당사자의 의사가 합치하기만 하면 성립한다. 여기에서 의사가 합치된다고 하는 것은, 가량 매수인이 1억원에 주택과 그 대지를 사겠다는 의사를 표시하고 매도인이 1억원에 팔겠다는 의사를 표시한 것과 같이, 그 서로의 의사가 합쳐서 하나의 공통된 약속을 이루는 경우를 말한다. 그러나 중요한 거래를 하는 경우에는 통상 계약서를 작성하고 있는데, 이는 거래를 신중하게 하고, 또 당사자들 사이에 합의의 내용을 분명히 하여 장래에 분쟁이 생길 소지를 없앤다는 취지를 가지고 있을 뿐이고 계약의 성립요건은 아니다. 물론 계약서는 재판에서 증거로서 중요시되고 있다. 가량 돈을 꾸어간 사람이 그 사실을 소송에서 부정하는 경우에는, 돈을 꾸어준 사람이 상대방(피고)이 돈을 꾸어 갔음을 입증하여야 한다. 즉 증거를 대서 법관으로 하여금 피고가 돈을 꾸어 갔음을 일정한 정도로까지 믿도록 하여야만 승소할 수 있다. 바로 이 경우 계약서는 계약의 중요한 증거가 될 수 있는 것이다.

그리고 부동산거래의 실태를 보면, 계약을 체결하면서 계약금으로 대금의 약 1할 가량을 지급하고, 나머지 대금은 중도금 또는 잔금이라고 하여 몇 번에 나누어 지급하는 것이 통상이다. 이와 같이 애초에 지급하는 계약금은, 계약이 성립되었다는 증거가 되고, 또 대금의 일부를 지급한다는 의미가 있다. 또한 매수인은 이를 포기하고 그 계약을 해제할 수 있고, 또 매도인은 그 2배의 돈을 반환하고 그 계약을 해제할 수 있다(제565조). 그러나 첫째, 계약을 해제할 수 있는 것은 '당사자의 일방이 이행에 착수할 때까지'에 한정된다. 둘째, '당사자간에 다른 약정'이 있으면 그 약정이 우선하게 된다. 즉 당사자 사이에 계약금을 주고받았어도 그들이 계약을 해제하지 못하는 것으로 특별히 약정하였으면, 이에 따라 계약을 해제하지 못한다.

한편 계약이 성립하면 그 계약은 원칙적으로 그 계약의 내용대로의 효과를 가지게 된다. 가량, 돈을 주고 물건을 사는 매매계약을 체결하게 되면, 매도인은 재산권을 매수인에게 이전하여야 할 의무가 발생하고 매수인은 매도인에게 대금을 지급할 의무가 발생한다. 이들 채권과 채무 사이에는 다음과 같은 관계가 있다. 즉, 매수인이 대금지급채무를 부담하는 것은 소유권이전채권을 취득하기 위한 것이고, 매도인의 소유권이전채무도 대금채권을 얻기 위한 것이다. 이와 같이 '다른 것을 받기 위하여 이것을 준다'는 관계에 있는 채권채무를 발생시키는 계약을 쌍무계약이라고 한다. 이에 반하여 대가를 받지 않고 재산을 넘겨주기로 하는 증여계약에서는 증여자만이 일방적으로 채무를 부담한다. 이러한 계약을 편무계약이라 한다. 특히 쌍무계약에 있어서는 양 당사자는 서로 동시이행의 항변권을 가진다. 즉, '쌍무계약의 당사자 일방은 상대방이 그 채무이행을 제공할 때까지 자기 의무의 이행을 거절할 수 있'는 것이다.

그리고 당사자들이 매매계약을 체결할 때에는 목적물이나 대금액, 대금지급 날짜 등의 중요한 사항을 정할 뿐이고, 대금은 어디서 지급하는지에 대하여는 아무런 합의도 하지 않는 경우가 있다. 여기에서 민법은 '매매의 목적물의 인도와 동시에 대금을 지급할 경우에는 그 인도장소에서 이를 지급하여야 한다'고 규정하고 있다. 따라서 목적물의 인도와 동시이행의 관계에 있는 매매대금에 관하여는 그 인도장소에서 지급하여야 한다. 이 경우 인도장소는 '채권성립 당시에 그 물건이 있던 장소'이다. 그리고 동시이행의 관계에 없는 대금은 '채권자의 현주소에서' 지급하여야 한다. 즉, 민법은 이 경우 지참채무의 원칙을 취하고 있다.

(1) 계약의 성립

사례 5   계약의 성립

친구와 길을 가던 A는 옷가게 쇼윈도마네킹에 걸려 있는 옷이 눈에 들어와 자세히 들여다 보았다. 가격표에 20만원이라고 붙어 있었고 이 정도면 약간의 흥정으로 살 수 있겠다고 생각하여 가게 안으로 들어가 점원의 허락을 받아 그 옷을 입어보았다. 마음에 든다고 하자 점원은 그 옷을 포장하여 주었다. 이때 A가 가격을 묻자 점원은 20만원이라고 대답하였고 A는 이에 대해 18만원에 팔라고 하였다. 이를 점원이 거절하자 A는 그럼 살 수 없다고 하여 그냥 나가려고 하였다. 이에 을은 이미 산다고 하여 포장을 했기 때문에 계산을 해주어야 한다고 주장한다. 이 계약은 성립되었는가?

가. 청약과 승낙

계약은 일반적으로 청약과 승낙에 의해 성립한다. 청약이란 승낙과 결합하여 일정한 내용의 계약을 성립시키는 것을 목적으로 하는 의사표시이고, 승낙은 계약을 성립시킬 목적으로 청약에 대해 하는 의사표시이다. 청약은 효력을 발휘한 때에는 이를 철회하지 못하고, 승낙의 내용은 청약의 내용과 같아야 하며 승낙기간 내에 행해져야 한다.

청약과 승낙에 의해 계약이 성립하는 외에도 다른 과정에 의해 계약이 성립하는 경우도 있다. 예를 들어 갑이 을에게 책 1권을 1만원에 사라고 하고 을이 이에 대해 승낙을 하는 경우도 있지만, 갑의 을에 대한 청약과 동시에 을도 갑에게 책 1권을 1만원에 팔라고 하는 경우도 있을 수 있다. 이때에는 청약에 대한 승낙의 의사표시는 아니지만 그 내용이 일치하고 있으므로 계약의 성립을 부정할 이유가 없는 것이다. 이 경우 우리 민법은 갑과 을의 두 개의 청약이 상대방에게 도달했을 때 계약이 성립한다고 규정하고 있다. 이를 교차청약이라 한다.

나. 계 약 서

일반적으로 계약을 체결할 때에 계약서를 작성하는 경우가 많으나, 특별한 규정이 있는 경우(이른바 요식계약)를 제외하고는 계약자유의 원칙에 의하여 계약서가 계약성립의 요건이 되는 것은 아니다. 다만 계약서는 사후에 당사자 사이에 분쟁이 발생했을 때 증거로서의 기능은 할 수 있을 것이다.

다. 계 약 금

계약금이란 계약을 체결할 때 당사자 일방이 상대방에 대하여 교부하는 금전 기타의 유가물을 말한다. 계약서와 마찬가지로 계약금도 계약의 성립요건은 아니지만 계약을 체결할 당시에 상대방에게 계약의 이행을 구속하고 위반시 위약금의 기능도 가능하므로 계약금을 교부하는 것이 일반적이다.

<사례5 해설> (계약의 성립)

1) 문제의 소재
이 사례는 계약의 성립시기에 관한 것으로 청약과 승낙, 그리고 청약의 유인에 대해 검토하여야 한다.

2) 청약과 승낙
청약이란 승낙과 결합하여 일정한 내용의 계약을 성립시키는 것을 목적으로 하는 의사표시이고, 승낙은 계약을 성립시킬 목적으로 청약에 대해 하는 의사표시이다. 따라서 청약과 승낙의 의사표시는 상대방에게 도달하여야 그 효력이 생기며, 청약의 의사표시와 승낙의 의사표시의 합치가 있을 때 계약이 성립한다.

3) 청약의 유인
청약의 유인은 청약과 달리 합의를 구성하는 확정하는 의사표시가 아니라 단순히 계약의 체결을 수용할 의사가 있음을 표시하여 타인으로 하여금 청약을 해올 것을 촉구하는 행위이다. 따라서 피유인자가 그에 대응하여 의사표시를 하더라도 계약은 성립하지 않고 다시 유인한 자가 승낙의 의사표시를 하여야 계약이 성립하게 된다.

4) 사례의 경우

사례에서 어떠한 의사표시를 청약과 승낙의 의사표시로 볼 것인가가 계약성립 여부의 관건이 된다. 이를 판단하기 위해서는 정찰가격이 붙은 상품의 진열행위를 청약으로 볼 것인가 아니면 청약의 유인으로 볼 것인가가 문제된다. 다수설은 정찰가격이 붙은 상품의 진열행위는 청약으로 보는데, 이에 따른다고 하여도 사례의 경우 A는 그 청약에 대해 승낙을 하였다고 보기 어려울 것이다. 흥정을 통해 가격을 깎으려는 의사를 가지고 있었고 20만원에 사겠다고 승낙한 것으로 보이는 행동을 한 것은 아니기 때문이다.

5) 결론

A의 행위는 점원의 청약에 대한 승낙으로 볼 수 없으므로 위 계약은 성립하지 않았다. 따라서 A는 그 어떤 계약상의 의무도 부담하지 않는다.

(2) 계약의 효력

계약이 성립함으로써 양 당사자는 서로 대가적인 채무를 부담(쌍무계약의 경우)하거나 대가적인 출연(유상계약의 경우)을 하게 된다.

쌍무계약이란 상대방에 대해 서로 급부를 받을 권리와 함께 급부를 이행할 의무를 부담하는 계약을 말한다. 이 경우 양 당사자는 상대방의 이행이 있을 때까지 자신의 채무의 이행을 거절할 수 있다(동시이행의 항변권).

유상계약이란 양 당사자가 서로 대가적으로 재산상 출연을 하는 계약으로 유상계약의 목적물이 하자가 있는 경우에는 이에 대한 책임을 진다(하자담보책임).

한편 쌍무·유상계약에서 계약 당사자들의 책임없는 사유로 채무의 내용이 불능이 되는 경우 그 채무는 소멸하지만, 이와 견련관계에 있는 상대방의 반대급부의무까지 당연히 소멸하는 것은 아니다. 이때 채무자가 반대급부를 청구할 수 없는 불이익 또는 채권자가 반대급부를 이행하여야 할 불이익을 위험이라고 하는데, 쌍무계약에 있어서 이 위험을 누가 부담하여야 하는가 하는 것이 위험부담의 문제이다.

민법상 위험부담은 채무자에게 있다(제537조). 즉 쌍무계약의 당사자 일방의 채무가 쌍방의 책임없는 사유로 이행할 수 없게 된 때에는 채무자는 상대방의 이행을 청구하지 못한다.

(3) 계약의 해제와 해지

가. 계약의 해제

계약의 해제란 계약은 유효하게 성립하였는데 계약 당사자의 일방이 그 계약상의 채무를 이행하지 않는 경우에, 상대방이 일정한 요건하에 그 계약을 처음부터 없었던 것으로 하는 것을 말한다.

해제권자의 일방적 의사표시에 의해 계약이 해제된 경우 그 법률관계가 어떻게 되는지에 관하여, 직접효과설과 청산관계설이 대립한다. 전자는 해제에 의해 계약은 소급적으로 폐기되고 마치 처음부터 계약이 존재하지 않았던 것과 같은 상태로 되는 것으로 보는 이론이고, 후자는 해제에 의한 계약의 소급적 소멸을 부정하고 해제시까지 이행되지 않은 채무는 장래에 대하여 소멸되지만, 그때까지 존속하였던 채권관계는 원상회복을 위한 청산관계로 변형된다고 보는 이론이다.

나. 계약의 해지

당사자의 일방적 의사표시에 의하여 계속적 채권관계를 장래에 대해서 소멸시키는 것을 해지라고 한다.

(4) 계약의 소멸

계약은 당사자가 계약의 내용대로 이행을 함으로써 소멸한다. 당사자가 계약의 내용대로 이행하는 것을 변제라고 한다. 변제 이외에도 민법상 계약의 소멸원인으로는 대물변제·공탁·상계·경개·혼동 등이 있다.

또 계약의 효력을 부인하는 것으로 해제와 해지를 들 수 있는데, 해제란 유효하게 성립하고 있는 계약의 효력을 당사자의 일방적인 의사표시에 의하여 처음부터 없었던 상태로 복귀시키는 것을 말하고, 해지란 계속적 채권관계에 있어서 계약의 효력을 장래에 향하여 소멸시키는 일방적 행위를 말한다.

2. 전형계약

민법상 규정되어 있는 전형계약에는 증여, 매매, 교환, 소비대차, 사용대차. 임대차, 고용, 도급, 현상광고, 위임, 임치, 조합, 종신정기금, 화해계약 등이 있다. 이 중 중요한 것에 대해서만 살펴본다.

(1) 증 여

증여계약은 당사자 일방이 무상으로 재산을 상대방에게 수여하는 의사를 표시하고 상대방이 이를 승낙함으로써 성립하는 계약이다. 증여는 무상·낙성·편무·불요식의 계약이다. 증여자는 증여의 목적인 물건 또는 권리의 하자나 흠결에 대하여 원칙적으로 담보책임을 지지 않는다.

(2) 매 매

매매는 매도인이 재산권을 상대방에게 이전할 것을 약정하고, 매수인은 이에 대하여 그 대금을 지급할 것을 약정함으로써 성립하는 계약이다.

가. 성 립
(가) 매매계약의 당사자

실질적으로 목적물을 매수하지 않더라도 자신이 매매계약상의 권리를 행사하고 의무를 부담할 의사로 계약을 체결한 자는, 매도인에 대한 관계에서는 계약 당사자로서 권리·의무가 있다.

(나) 매매의 합의

매매는 매도인이 재산권을 이전할 것과 매수인이 그 대가로 대금을 지급할 것에 대하여 의사의 합치가 있으면 성립한다. 목적물과 대금은 반드시 계약체결 당시에 특정될 필요는 없고, 나중에라도 이를 특정할 수 있는 방법과 기준이 정해져 있으면 된다.

나. 매도인의 담보책임

매도인의 담보책임은 매도인의 매매목적물인 물건이나 권리 등에 하자가 있는 경우에 매도인의 과실을 묻지 않고 일정한 책임을 매도인이 부담하는 제도이다.

타인의 권리를 매매의 목적으로 한 경우, 매도인이 그 타인의 권리를 취득하여 매수인에게 이전할 수 없을 때 매수인은 매도인의 선의·악의를 불문하고 계약을 해제할 수 있다(권리의 하자에 대한 담보책임). 또한 매수인이 선의인 경우 손해배상도 청구할 수 있다. 매매의 목적이 된 권리의 일부가 타인에게 속함으로 인해 매도인이 이를 취득하여 이전할 수 없는 경우 매수인은 대금감액을 청구할 수 있으며, 잔존 부분만으로는 매수하지 않았을 경우 선의의 매수인은 계약을 해제하고 손해배상을 청구할 수 있다.

(3) 환 매

환매란 매도인이 매매계약과 동시에 환매할 권리를 유보하는 경우, 일정한 기간 내에 그 환매권을 행사함으로써 매수인이 수령한 매매대금 및 매수인이 부담한 매매비용을 모두 반환하고 매매목적물을 다시 사는 약정을 말한다. 매도인이 환매기간 내에 환매대금을 제공하고 환매의 의사표시를 함으로써 환매가 성립한다. 환매권을 행사하지 않은 채로 환매기간이 경과하면 환매권은 소멸한다. 또한 환매권은 양도성이 있으므로 매도인의 채권자가 대위행사할 수 있다.

(4) 교 환

당사자 쌍방이 금전 이외의 재산권을 서로 이전할 것을 약정함으로써 성립하는 계약으로 쌍무·유상·낙성·불요식의 계약을 교환이라 한다. 교환은 당사자 쌍방이 모두 금전 이외의 재산권을 급부로 하는 경우에 성립하며, 당사자 일방이 보충금을 지급하는 경우에도 교환으로 인정하지만, 보충금 부분에 대해서는 매매대금에 관한 규정이 준용된다. 또한 교환의 효력에 관하여도 교환은 유상계약이므로 매매에 관한 규정이 준용된다.

(5) 소비대차

소비대차란 당사자의 일방(대주)이 금전 기타의 대체물의 소유권을 상대방(차주)에게 이전할 것을 약정하고 상대방은 동종·동질·동량의 물건을 반환할 것을 약정함으로써 성립하는 낙성·불요식계약이다. 민법상 소비대차는 무상·편무계약이 원칙이나 유상·쌍무계약이 되는 경우도 있다.

가. 성 립

소비대차는 낙성계약이므로 당사자 사이의 의사의 합치가 있어야 하고 특히 이자부 소비대차계약을 체결할 때에는 이자에 관한 특약의 합의가 있어야 한다. 소비대차의 목적물은 그 성질상 대체물이어야 한다.

나. 효 력

(가) 대주의 의무

대주는 차주에게 목적물의 소유권을 이전하여야 하고, 이에 대해 담보책임을 진다.

이자부 소비대차인 경우에는 유상계약이므로 목적물에 하자가 있는 때에는 매도인의 하자담보책임을 지게 되어, 이로 인해 계약의 목적을 달성할 수 없게 된 때에는 차주는 계약을 해제하고 손해배상을 청구할 수 있으며, 계약의 해제나 손해배상 대신에 하자없는 완전한 물건의 교부를 청구할 수 있다. 그리고 무이자소비대차인 경우에는 대주가 목적물에 하자가 있음을 알면서도 이를 차주에게 고지하지 않은 경우에만 담보책임을 진다.

(나) 차주의 의무

차주는 대주에 대해 첫째, 반환의무를 진다. 즉 차주는 원칙적으로 대주로부터 받은 것과 동종·동질·동량의 물건을 반환하여야 한다.

둘째, 이자부소비대차인 경우 차주는 이자를 지급할 의무를 진다. 이율은 당사자 사이의 특약으로 정해지지만 특약이 없는 때에는 이자제한법에 따른다.

셋째, 원본과 이자의 반환을 위하여 담보제공에 관한 특약을 맺는 경우 차주는 담보를 제공하여야 한다.

(6) 사용대차

당사자 일방이 상대방에게 사용·수익하게 하기 위하여 목적물을 상대방에게 인도할 것을 약정하고, 상대방은 이를 사용·수익한 후 그 물건을 반환할 것을 약정함으로써 성립하는 계약으로 무상·편무·낙성·불요식계약이다(제609조). 사용대차는 임대차와 달리 무상이라는 특징이 있다. 따라서 대주의 담보책임에 관해서는 증여자의 담보책임에 관한 규정이 준용되므로 목적물의 하자에 의해 차주가 손해를 입어도 대주가 그 하자를 알고 고지하지 않은 경우를 제외하고는 대주는 손해배상책임을 지지 않는다. 차주는 목적물에 대한 통상의 필요비를 부담하며, 특별필요비와 유익비에 대하여는 그 가액의 증가가 현존하는 경우에 한하여 대주의 선택에 좇아 그 지출금액이나 증가액의 상환을 청구할 수 있다.

사용대차계약이 종료하면 차주는 목적물을 반환하여야 하며, 이 경우 목적물의 성질에 따라 사용·수익한 결과 목적물이 손상되었더라도 그대로 반환하면 된다.

(7) 임 대 차

임대차는 당사자 일방이 상대방에게 목적물을 사용·수익하게 할 것을 약정하고, 상대방이 이에 대한 대가로서 차임을 지급할 것을 약정함으로써 그 효력이 생기는 쌍무·유상·낙성·불요식의 계약이다(제618조). 임대차는 채권계약이므로, 임대인이 그 목적물에 대한 소유권 기타 이를 임대할 권한이 있을 것을 성립요건으로 하지 않는다.

가. 임대차의 존속기간

당사자가 임대차기간을 약정한 경우 그 존속기간은 원칙적으로 20년을 넘지 못하며, 이를 초과하는 기간을 약정한 경우에는 20년으로 단축된다. 임대차를 당사자의 합의로 갱신하는 경우에는 10년을 넘지 않는 범위에서 임대차기간을 갱신할 수 있으며, 임대차기간이 만료한 후 임차인이 사용·수익을 계속하는 경우 임대인이 상당한 기간 내에 이의를 하지 않은 때에는 전임대차와 동일한 조건으로 다시 임대차한 것으로 본다. 이 경우 당사자는 기간의 정함이 없는 경우와 같이 언제든지 해지의 통고를 할 수 있다.

나. 임대차의 효력

임대인은 차임청구권을 가지며, 목적물인도의무, 방해제거의무, 수선의무 등을 진다. 또한 임대차는 유상계약이므로 매매에 관한 규정이 준용되어 매도인과 같은 담보책임을 진다. 이에 대해 임차인은 목적물에 대한 사용·수익권, 비용상환청구권, 부속물매수청구권, 지상물매수청구권(토지임차인의 경우)을 가지며, 차임지급의무, 임차물보관의무, 임차물반환의무 등을 진다.

다. 임차권의 양도와 전대

임차인은 임대인의 동의없이 그 권리를 양도하거나 임차물을 전대하지 못하고 임차인이 이에 위반한 때에는 임대인은 계약을 해지할 수 있다.

라. 주택임대차보호법

주택임대차란 일반 임대차와 달리 당사자 일방이 상대방에게 특히 주거용 건물을 사용·수익케 할 것을 약정함으로써 성립하는 계약을 말한다. 무주택자가 집주인으로부터 집을 세 얻어 사는 경우 그에 대한 법률관계는 민법상의 전세권이나 임대차 규정에 의하여 규율함이 원칙이다. 그런데 민법상의 전세권이나 임대차는 당사자 사이의 자유의사에 의한 계약을 중시하고 당사자 사이의 법률관계를 형식적으로 평등하게 규율하고 있다. 그러나 현실은 경제적 강자인 집주인의 횡포와 자의에 의하여 경제적 약자인 임차인이 부당한 요구를 강제당하고 피해를 입는 경우가 빈번하게 발생하여 심각한 사회문제를 야기시키게 되었다. 이에 따라 무주택자인 임차인의 권리와 지위를 보호하여 주거생활의 안정을 보호하기 위하여 민법에 대한 특례로서 제정된 것이 주택임대차보호법(1981.3.5.)이다.

(가) 주택임대차보호법의 적용범위

사례 6   주택임대차보호법의 적용범위

갑은 을의 주택에 세들어 살고 있었는데 어느 날 위 주택이 병에게 팔려 버렸다. 병은 갑에 대해 빨리 집을 비워 줄 것을 요구하고 있는데, 이에 대해 대항할 방법은 없는가?

주택임대차보호법은 주거용건물의 전부 또는 일부의 임대차에 한하여 적용된다. 이 경우 주택은 실제로 주거용으로 사용되고 있으면 족하고, 가옥대장이나 건물대장란에 주거용으로 기재되어 있지 않더라도 본법의 적용을 받게 된다. 따라서 공부상 공장용 건물이나 창고용 건물이라도 건물의 내부구조를 주거용으로 사실상 변경한 경우에는 주택이다. 무허가 건물이라든가 미등기건물이라도 본법의 적용을 받는다. 나아가 임차주택의 일부가 비주거용(점포 등)으로 사용되고 있는 경우에도 본법의 적용을 받는다. 다만, 비주거용건물의 일부를 개조하여 주거용으로 사용하는 경우에는 본법의 적용을 받을 수 없다. 또한 본법은 미등기전세에도 적용된다.

<사례6 해설> (주택임대차보호법의 적용범위)

1) 문제의 소재
갑은 정당한 임차인으로서 주택임대차보호법의 적용을 받아 보호받을 수 있는지의 여부가 문제된다.

2) 주택임차권의 대항력
주택임대차는 그 등기가 없는 경우에도 주택의 인도와 주민등록(전입신고)을 마친 때에는 그 익일부터 제3자에 대하여 효력이 생긴다.

3) 주택임대차기간 보장

주택임대차의 기간은 당사자간에 자유로이 정할 수 있으며, 기간의 정함이 없거나 기간을 2년 미만으로 정한 임대차는 그 기간을 2년으로 본다.

4) 임차주택 양수인의 임대인 지위의 승계

임차주택의 양수인은 임대인의 지위를 승계하므로 종전 임대차계약서에서 정하여진 권리와 의무를 모두 이어받는다. 따라서 보증금 또는 전세금반환채무는 임차주택의 반환채무와 동시이행의 관계에 있으므로 당연히 새로운 양수인이 부담한다.

5) 결론

사례에서 분명히 나타나고 있지는 않지만 갑이 주민등록을 마친 상태에서 위 주택에 거주하고 있다면 대항력을 갖추었다고 볼 수 있으므로 병에 대해 남은 임대차기간 동안 계속해서 거주할 것을 주장할 수 있다. 만일 임대차기간이 만료하였다면 병에 대해 보증금의 반환을 청구할 수 있고, 그때까지는 그 주택을 반환하지 않아도 된다.

(나) 주택임대차보호법의 보호내용

ㄱ. 주택임차권의 대항력

주택임대차는 그 등기가 없는 경우에도 주택의 인도와 주민등록(전입신고)을 마친 때에는 그 익일부터 제3자에 대하여 효력이 생긴다. 주택의 인도란 주택에 대한 사실상의 점유의 이전을 말한다. 주민등록이란 전입신고로서, 대항요건으로서의 주민등록은 임차인뿐만 아니라 그 배우자나 자녀 등 가족의 주민등록을 포함한다. 그러나 가족과 함께 점유를 계속하면서 가족의 주민등록은 그대로 둔 채 임차인만 일시적으로 주민등록을 옮긴 경우에는 대항력을 상실하지 않는다. 다만 주민등록에 의한 대항력은 물권에 유사한 것이므로 대항력요건은 취득시뿐만 아니라 계속적으로 유지되어야 한다. 제3자에 대하여 효력이 생긴다고 함은 임대인 이외의 자에 대하여도 임차인은 그 주택의 임대차관계를 주장할 수 있다는 것이며, 임대차기간중 임대주택의 소유자가 변경되더라도 임대인의 지위가 신소유자에게 포괄적으로 승계되어 임차인은 계약기간 동안, 보증금을 준 경우에는 보증금을 반환받을 때까지 그 집에서 계속하여 생활할 수 있다는 것이다. 그러나 이미 그 집에 저당권등기나 가압류, 압류등기, 가등기 등이 행하여졌고 그 결과로 경매나 가등기에 의한 본등기에 의하여 소유권자가 변경된 경우에는 임차권은 소멸되어 임차인은 신소유자에게 대항할 수 없다.

ㄴ. 임차주택양수인의 임대인 지위의 승계

임차주택의 양수인이라 함은 매매, 교환 등 법률행위에 의하여 임차주택의 소유권을 취득한 자는 물론 상속, 공용징수, 판결, 경매 등 법률의 규정에 의하여 임차주택의 소유권을 취득한 자를 말한다. 이 경우 임차주택의 양수인이 임대인의 지위를 승계한다는 것은 종전 임대차계약서에서 정하여진 권리와 의무를 모두 이어받는 것으로 임차주택의 소유권변동 후에 발생할 차임청구권이 양수인에게 이전한다는 것을 의미하며, 보증금 또는 전세금반환채무는 임차주택의 반환채무와 동시이행의 관계에 있으므로 당연히 새로운 양수인이 부담한다는 것을 말한다. 그러나 임차주택의 소유권변동 전에 이미 구체적으로 발생한 차임청구권은 양수인에게 당연히 승계되는 것은 아니다.

ㄷ. 임차인의 우선변제권

주택의 임차인은 주택의 인도와 주민등록을 마치고 임대차계약증서상의 확정일자를 갖추게 되면, 경매 또는 공매시 임차주택의 환가대금에서 후순위 권리자 기타 채권자보다 우선하여 보증금을 변제받을 권리가 있다. 후순위권리자 기타 채권자보다 우선하여 보증금을 변제받을 권리가 있을 뿐이므로 임차인이 인도, 주민등록 및 계약서상의 확정일자를 갖추기 전에 설정된 담보물권보다는 우선하지 못한다. 임대차계약증서상의 확정일자란 공증인 또는 법원서기가 그 날짜 현재에 임대차계약서가 존재하고 있다는 것을 증명하기 위하여 확정일자부의 번호를 써넣거나 일자인을 찍는 것을 말하며, 확정일자인을 받는 데에는 임대인의 동의가 필요없다. 우선변제권이 인정되는 보증금의 범위는 제한이 없으므로 다액의 보증금의 경우에도 그 적용이 있다. 다만, 임차인이 당해 주택의 양수인에게 대항할 수 있는 경우에는 임대차가 종료된 후가 아니면 보증금의 우선변제를 청구하지 못하며 우선변제가 인정되더라도 임차인은 임차주택을 양수인에게 인도하지 아니하면 보증금을 수령할 수 없다.

ㄹ. 주택임대차기간 보장

주택임대차의 기간은 당사자간에 자유로이 정할 수 있으며, 기간의 정함이 없거나 기간을 2년 미만으로 정한 임대차는 그 기간을 2년으로 본다. 다만, 임차인은 2년 미만으로 정한 기간이 유효함을 주장할 수 있으므로 2년 미만의 약정임대차기간을 주장하고 임대계약을 해지할 수 있다. 그리고 임대인이 임대차기간 만료 전 6월부터 1월까지에 임차인에 대하여 갱신거절의 통지 또는 조

건을 변경하지 아니하면 갱신하지 아니한다는 뜻의 통지를 하지 아니한 경우에는
그 기간이 만료된 때에 전 임대차와 동일한 조건으로 다시 임대한 것으로 본다.
다만, 임차인이 2기의 차임을 연체하거나 기타 의무를 현저히 위반한 때에는 보
호받지 못한다.

ㅁ. 임대인의 차임증액청구권의 제한

임대차계약의 당사자는 임대목적물에 대하여 공과부담의 증감 기타
경제사정의 변동으로 인하여 약정한 차임이 상당하지 아니할 때에는 증액이나 감
액을 상대방에게 청구할 수 있다. 다만, 임대인의 차임증액청구권에 대하여는 일
정한 제한이 있다. 즉, 증액청구는 약정한 차임 등의 20분의 1의 금액을 초과하
지 못하며, 임대차계약 또는 약정한 차임 등의 약정이 있은 후 1년 이내에는 이
를 하지 못하게 하고 있다.

ㅂ. 소액보증금 우선특권

일정 범위의 임차인은 소액보증금에 관하여 다른 담보물권자보다 우
선하여 변제받을 수 있다. 이 경우에는 임대차계약서상의 확정일자를 받을 것을
요하지는 않는다.

ㅅ. 임차권등기명령제도

임대차가 종료된 후 보증금을 반환받지 못한 임차인은 임차주택의 소
재지를 관할하는 지방법원·지방법원지원 또는 시·군 법원에 임차권등기명령을 신
청할 수 있다. 임차권등기가 경료되면 임차인은 대항력과 우선변제권을 취득하며,
임차인이 임차권등기 이전에 이미 대항력 또는 우선변제권을 취득한 경우에는 그
대항력 또는 우선변제권은 그대로 유지되며, 임차권등기 이후에는 임차권의 대항
력을 상실하더라도 이미 취득한 대항력 또는 우선변제권을 상실하지 아니한다.

ㅇ. 보증금의 회수

임차인이 임차주택에 대하여 보증금반환청구소송의 확정판결 기타
이에 준하는 채무명의에 기한 경매를 신청하는 경우에는 반대의무의 이행 또는
이행의 제공을 집행개시의 요건으로 하지 아니하도록 하였다. 종전에는 임차인이
채무명의에 기하여 임차주택에 대하여 경매를 신청하기 위해서는 집을 비워주어
야 하기 때문에, 만약 경매를 신청하기 위하여 집을 비워주게 되면 대항력과 우
선변제권이 소멸하여 임차인은 일반채권자의 지위로 전락하게 되어버리는 결과
가 되어 이를 개정한 것이다.

ㅈ. 임차권의 승계

임차인과 사실상의 혼인관계에 있는 자는 민법상 재산상속권이 없으므로 임차인이 상속권자 없이 사망한 경우에 당해 주택임차권 및 보증금 등 반환청구권은 국가에 귀속되고(물론 분여제도에 의하여 사실상 혼인관계에 있는 자가 임차권을 승계할 수는 있다), 상속권자가 있는 경우에는 그 상속권자가 주택임차권 및 보증금 등 반환청구권을 상속하게 된다. 따라서 사실상의 혼인관계에 있는 자는 임차인의 사망으로 그 임차주택에서 쫓겨나는 신세가 되고 만다. 이러한 불합리를 제거하고 임차인과 사실상의 혼인관계에 있는 자의 주거생활의 안정을 보장하기 위하여 임차인이 상속권자 없이 사망한 경우에는 임차권은 그 주택에서 임차인과 함께 살고 있던 사실상의 혼인관계에 있는 자에게 승계되도록 하고, 상속권자가 있는 경우에도 그 상속권자가 임차인과 함께 살고 있지 않을 때에는 임차권은 사실상의 혼인관계에 있는 자와 비동거자인 상속권자 중 2촌 이내의 친족이 공동으로 승계하도록 하였다.

3. 사무관리

사무관리란 법적 의무 없이 타인을 위하여 그의 사무를 처리하는 행위이다. 사무관리가 인정되는 이유에 관하여 통설은 일정한 경우 사회연대나 상호부조의 이상에서 타인의 사무를 관리하는 행위를 적법한 것으로 인정하고 이에 대한 타당한 법적 규율을 위하여 사무관리제도가 생성된 것이라고 한다.

사무관리자가 일단 사무관리에 착수하면 위임과 유사한 법정채권관계가 발생하므로 사무관리자는 수임자와 동일한 의무를 부담한다. 따라서 관리자는 선량한 관리자의 주의의무를 부담하며, 관리계속의무, 관리개시통지의무, 계산의무 등을 진다. 이에 대해 본인은 비용상환의무 및 손해배상의무 등을 부담한다.

4. 부당이득

부당이득이란 법률상 원인 없이 타인의 재화나 노무로부터 이익을 얻은 자에 대해 그 이득을 부당이득으로서 원래의 권리자에게 반환하도록 하는 것을 말한다. 부당이득이 성립하면 손실자는 수익자에 대하여 이득에 대한 반환청구권을 가진다. 이때 반환하여야 하는 것은 이득한 원물이며, 원물반환이 불능인 때에는 가격에 의해 상환한다. 부당이득반환청구권의 소멸시효기간은 10년이다.

반환의무의 범위는 수익자의 선의·악의에 따라 달라진다. 즉 수익자가 선의인 경우에는 현존이익을 반환하면 되지만 악의인 경우에는 받은 이익에 이자를 붙여 반환하고 손해가 있으면 이를 배상하여야 한다.

5. 불법행위

불법행위란 고의 또는 과실로 인한 위법행위로 타인에게 손해를 가하는 행위로서 피해자에 대해 손해배상이라는 채무를 발생시키는 행위를 말한다. 일반적으로 채권·채무 등 법률효과는 당사자의 의사표시에 의해 발생하지만 불법행위에 의한 손해배상의 의무는 당사자의 의사와는 관계없이 위법행위에 의해 발생하는 것이 특징이다.

불법행위는 일반적 불법행위와 특별불법행위로 나누어지는데, 일반적 불법행위란 그 성립요건으로서 고의 또는 과실이 요구되고 그 입증책임은 원고인 피해자에게 있는 불법행위이고, 특별불법행위는 성립요건으로 고의 또는 과실이 요구되지 않거나 혹은 그 입증책임이 피고인 가해자에게 전환되는 불법행위 및 연대책임이 발생하는 공동불법행위를 말한다.

(1) 일반불법행위의 성립요건

가. 고의·과실

고의란 일정한 결과가 발생하리라는 것을 알면서도 감히 이를 행하는 것을 말하고, 과실이란 일정한 결과가 발생한다는 것을 알고 있었어야 함에도 불구하고 부주의로 그것을 알지 못한 채 행위를 하는 것을 말한다. 그리고 일정한 결과가 발생할지도 모른다는 것을 인식하면서 이를 감행하는 경우를 미필적 고의라 하고, 그러한 결과의 발생을 인식하기는 했지만 스스로 그 결과를 피할 수 있다고 믿은 경우를 인식있는 과실이라고 한다. 불법행위에 의한 손해배상의 문제에서는 손해의 전보에 목적이 있으므로 고의와 과실에 차이를 두지 않는다. 따라서 불법행위에서는 과실을 중심으로 논의가 이루어진다. 불법행위에서 요구되는 과실은 원칙적으로 추상적 경과실이다. 추상적 과실이란 주의의 기준을 일반인에게 두는 것이고, 구체적 과실이란 그 기준을 행위자 개인의 능력에 두는 것이다. 경과실과 중과실은 부주의의 정도에 따라 구분된다. 일반적으로 과실이란 경과실을 의미하고 중과실인 경우에는 법문상 특별히 이를 규정한다.

원칙적으로 고의·과실에 대한 입증책임은 그 성립을 주장하는 피해자에게 있다. 다만 특수불법행위인 경우에는 그 입증책임이 가해자에게 있다. 이를 입증책임의 전환이라고 한다. 이러한 경우에는 가해자가 자신에게 고의 또는 과실이 없었음을 입증하여야 면책된다.

나. 책임능력

사례 7 책임능력

고등학생인 갑의 딸이 학교에서 불량서클에 가입하고 있는 상급생 으로부터 집단폭행을 당하여 전치 4주의 상해를 입었다. 갑의 딸이 치료비 등을 배상받을 방법은?

(가) 책임능력의 의의

책임능력이란 자기행위의 책임을 변별할 수 있는 능력을 말한다. 즉 자기행위의 결과가 위법한 것이어서 법률상 비난받을 행위라는 사실을 인식할 수 있는 정신능력을 의미한다. 책임능력은 일반인에게는 갖추어져 있는 것이 보통이므로 피해자가 이를 입증할 필요는 없고 가해자가 책임을 면하려면 스스로 책임무능력자라는 것을 입증해야 한다.

(나) 책임무능력자

민법상 책임무능력자로서는 미성년자로서 행위의 책임을 변식할 지능이 없는 자와 심신상실자가 있다. 따라서 이 외의 자는 책임능력이 있는 것으로 인정된다. 미성년자라고 해서 모두 책임능력이 없는 것이 아니라 그 중 책임변식지능을 갖추지 못한 자만이 책임무능력자가 된다. 판례는 대체로 15세부터 책임변식능력을 갖추는 것으로 본다.

심신상실자는 책임능력이 없다. 심신상실의 상태는 행위 당시에 있으면 되고 지속적일 필요는 없으며 민법상 제한능력자와는 다르다. 따라서 민법상 제한능력자인가에 관계없이 행위 당시에 심신상실의 상태에 있지 않았으면 책임능력이 있고, 행위 당시에 심신을 상실하고 있었으면 책임능력이 인정되지 않는다. 다만 스스로 고의 또는 과실로 심신상실을 초래한 때(예를 들어 폭음을 하여 심신상실의 상태에서 타인에게 손해를 입힌 때)에는 배상의 책임이 있다.

<사례7 해설> (책임능력)

1) 문제의 소재

을의 행위는 불법행위이므로 을에게 손해배상책임을 묻기 위해 을의 책임능력이 문제된다. 또한 을에게 책임능력이 인정되어도 미성년자로서 무자력일 경우 그 친권자에게 손해배상을 청구할 수 있는가의 문제이다.

2) 미성년자의 책임능력

민법상 책임무능력자로서는 미성년자로서 행위의 책임을 변식할 지능이 없는 자와 심신상실자가 있다. 따라서 이외의 자는 책임능력이 있는 것으로 인정된다. 미성년자라고 해서 모두 책임능력이 없는 것이 아니라 그 중 책임변식지능을 갖추지 못한 자만이 책임무능력자가 된다. 판례는 대체로 15세부터 책임변식능력을 갖추는 것으로 본다. 따라서 판례에 따를 때 을은 미성년자이긴 하지만 책임변식능력이 있다고 보여지므로 책임능력이 인정된다. 그러나 갑의 딸이 을에게 불법행위책임을 물어도 현실적으로 고등학생인 을로서는 무자력으로 배상할 능력이 없기 때문에 그의 친권자인 을의 부모에게 책임을 물을 수 있는가가 문제된다.

3) 책임능력있는 미성년자의 불법행위에 대한 감독자의 책임

최근의 판례에 의하면 민법 제750조에 근거하여 책임능력있는 미성년자의 불법행위로 인한 손해가 감독의무자의 의무위반과 상당인과관계가 있으면 미성년자의 불법행위책임과는 별도로 감독의무자는 일반불법행위자로서 손해배상책임을 부담한다. 다만 이 경우 그 상당인과관계의 존재는 피해자가 증명하여야 한다.

4) 결론

갑의 딸은 을에 대해 불법행위책임을 묻는 것과 별도로 그의 부모에 대해 감독자책임을 물어 손해배상을 청구할 수 있다. 다만 그 부모의 감독의무위반과 자신이 입은 손해와의 사이에 상당인과관계가 있음을 입증하여야 할 것이다.

다. 위 법 성

(가) 위법성의 의의

위법성이란 그 행위로 인해 권리의 침해가 발생하고 그것이 법질서를 위반하는 것을 말한다. 위법성의 판단대상에 대하여 결과의 불법이냐 아니면 행위의 불법이냐에 대한 논의가 있지만 이를 구별하여 어느 하나만으로 위법성을 판단하기는 곤란할 것이다.

일반적으로는 위법성이 있더라도 특별한 사유에 의해 위법성이 없는 것으로 되는 경우가 있는데, 이러한 사유를 위법성조각사유라고 한다.

(나) 민법상 위법성조각사유

민법이 규정하고 있는 위법성조각사유로는 정당방위, 긴급피난의 두 가지이나 이 외에도 자력구제, 피해자의 승낙, 정당행위 등도 위법성이 조각된다.

라. 손해의 발생

불법행위가 성립하려면 가해행위에 의하여 현실적으로 손해가 발생하여야 한다. 손해란 가해행위가 없는 경우의 피해자의 재산적·정신적 상태와 가해행위에 의해 야기된 현실상태와의 차이를 말한다. 손해는 재산적 손해와 정신적 손해로 나누어지며, 재산적 손해는 다시 기존의 재산이 감소한 적극적 손해(입원비, 치료비)와 증가해야 될 재산이 증가하지 않은 소극적 손해(입원기간중의 얻지 못한 소득)로 나누어진다. 정신적 손해에 대한 배상을 위자료라고 한다.

마. 인과관계

불법행위가 성립하려면 그 손해가 가해자의 행위로 인하여 발생하였어야 한다. 즉 가해자의 행위와 손해 사이에 인과관계가 있어야 한다. 따라서 가해행위가 없었더라도 손해가 발생할 수 있는 경우라면 인과관계는 없는 것이 된다.

인과관계의 입증책임은 원고인 피해자에게 있다고 보는 것이 일반적이다.

(2) 특수불법행위

가. 특수불법행위의 의의

특수불법행위란 일반불법행위와는 달리 특수한 성립요건이 정해져 있는 불법행위이다. 특수불법행위에는 책임무능력자의 감독자의 책임, 사용자책임, 공작물의 점유자 및 소유자의 책임, 동물점유자의 책임, 공동불법행위책임, 자동차운행자의 책임, 공해책임, 제조물책임, 의료과오책임 등이 있다.

나. 특수불법행위의 유형

(가) 책임무능력자의 감독자의 책임

책임무능력자는 손해배상의 책임을 지지 않지만 그 감독자는 책임을 진다. 다만 이때의 책임은 불법행위 자체의 과실책임이 아니라 책임무능력자에 대한 감독을 게을리한 데 대한 과실책임이다. 따라서 감독자는 무조건 책임을 지는 것이 아니라 감독의무를 게을리한 경우에만 책임을 지는 것이다. 입증책임은 감독자에게 전환되어 있어 감독자는 자신에게 감독의무를 게을리한 과실이 없음을 입증하지 못하는 한 면책되지 않는다(중간책임). 책임무능력자의 감독자란 법정감독의무자로서 친권자나 후견인 등을 말한다. 그리고 탁아소의 보모·유치원과 초등학교의 교원과 같은 대리감독자도 여기에 포함된다. 법정감독의무자와 대리감독자의 책임은 서로 배척되는 것이 아니라 각각의 감독의무위반에 따라 양자가 책임진다. 이때 양자의 책임은 부진정연대채무이며 따라서 피해자는 전부의 배상을 받을 때까지 어느 쪽에 대해서도 책임을 물을 수 있다.

(나) 사용자의 책임

사용자 책임이란 타인을 사용하여 어느 사무에 종사하게 한 경우 피용자가 그 사무집행에 관하여 제3자에게 손해를 가한 때에 그 사용자가 책임을 지게 되는 것을 말한다. 즉 사용자는 피용자에 대한 선임·감독상의 과실이 있는 경우에 사용자가 배상책임을 지게 되고 이때의 입증책임 또한 사용자에게 있으므로 사용자가 상당한 주의를 했다는 사실을 입증하지 못하는 한 면책되지 못한다. 따라서 피용자가 불법행위를 한 경우에는 피용자는 일반불법행위책임을 지게 되고, 사용자는 사용자배상책임을 지게 된다. 이때 이들의 책임 역시 부진정연대채무이다. 또한 사용자를 대신하여 사무를 감독하는 감독자도 사용자와 동일한 책임을 진다.

한편 사용자나 감독자가 배상을 한 때에는 피용자에 대하여 구상권을 행사할 수 있다.

(다) 공작물의 점유자 및 소유자의 책임

공작물의 설치 또는 보존의 하자로 인하여 타인에게 손해를 준 때에는 1차적으로 공작물의 점유자가 책임을 지되, 그가 손해의 방지에 필요한 주의를 다하여 면책되는 때에는 2차적으로 공작물의 소유자가 그 책임을 지며 이때 소유자는 면책되지 않는다. 이를 공작물의 점유자 및 소유자의 책임이라고 한다. 따라서 공작물의 점유자 및 소유자의 책임은 2단계로 나뉘어 있으며, 1차적인 점유자의 책임은 중간책임이고, 2차적인 소유자의 책임은 무과실책임이다.

공작물이란 인공적 작업에 의하여 만들어진 물건으로 건물·탑·교량·저수지·담 등이 이에 해당한다. 이러한 공작물을 국가나 지방자치단체가 설치하여 관리하는 경우에는 국가배상법에 의하여 국가나 지방자치단체가 책임을 진다.

점유자나 소유자가 배상을 한 때에는 그 손해의 원인에 대하여 책임있는 자에 대하여 구상권을 행사할 수 있다.

(라) 동물 점유자의 책임

동물의 점유자는 그 동물이 타인에게 손해를 가한 경우 그 보관에 상당한 주의를 게을리하지 않은 때를 제외하고 배상할 책임이 있다. 이 경우의 입증책임도 점유자에게 있다. 점유자를 대신하여 동물을 보관하고 있는 자도 배상책임을 진다.

(마) 공동불법행위책임

공동불법행위란 수인이 공동으로 불법행위를 하여 타인에게 손해를 입히는 행위를 말한다. 민법상 규정하고 있는 공동불법행위의 유형은 수인이 공동으로 불법행위를 하여 손해를 입히는 경우, 공동이 아닌 수인의 행위 중 누구의 행위로 손해가 발생한 것인지 알 수 없는 경우와 교사자 및 방조자 등이다.

공동불법행위를 한 자는 연대하여 배상책임을 진다. 이를 부진정연대채무라고 할 수 있는데, 일반적인 부진정연대채무에서와는 달리 공동불법행위의 경우에는 각 불법행위자간의 과실의 비율에 따른 구상권을 인정하는 것이 판례의 태도이다.

(바) 자동차 운행자의 책임

자동차 운행자의 책임은 자기를 위하여 자동차를 운행하는 자가 운행으로인하여 사람이 사망하거나 부상하거나 재물이 멸실·훼손된 경우에 이에 대한 배상책임을 지는 것으로 이는 자동차손해배상보장법에 의해 규율된다. 여기에서 말하는 사람에는 자동차의 운전자·운행자·운전보조자는 포함되지 않으나 호의동승자는 포함된다. 다만 호의동승자의 경우에는 그 배상액을 경감할 수 있다. 그 외 승객이 사상한 경우에는 그 승객의 고의나 자살행위로 인한 사고가 아닌 한 책임을 지며, 승객 이외의 자가 사상한 경우에는 자동차의 운행에 주의를 게을리하지 않았다는 점, 피해자나 제3자에게 고의 또는 과실이 있었다는 점, 그리고 자동차의 구조상 결함이나 기능의 장해가 없었다는 점 등을 입증하지 못하는 한 배상책임이 있다.

(사) 공해책임

환경오염으로 인하여 타인에게 손해를 입힌 때에는 그 손해를 배상하여야 한다. 공해사건인 경우에는 그 입증이 매우 곤란하므로 판례는 입증책임을 완화하여 가해행위와 손해 사이에 인과관계가 존재한다는 상당한 정도의 가능성만 피해자가 입증하면 가해자가 반증을 대지 못하는 한 인과관계가 있는 것으로 보는 소위 '개연성이론'에 의해 인과관계를 사실상 추정하는 태도를 취하고 있다.

(아) 제조물책임

제조물책임이란 결함 있는 제품으로 인해 소비자나 이용자 또는 기타의 자가 인적·재산적 손해를 입은 경우에 그 제조자가 발생한 손해에 대하여 책임을 지는 것을 말한다. 제조물책임은 제조물책임법에 의해 규율되는데, 이 법에 의하면 제조물책임은 제조 또는 가공된 물건의 결함으로 타인의 생명·신체·재산에 손해를 입힌 경우에 인정되는 것으로 제조업자는 '개발위험의 항변'을 통해 면책될 수 있다. '개발위험의 항변'이란 제조업자가 제조물을 인도할 당시의 과학기술상 객관적으로 결함을 인식할 수 없었다는 주장을 말한다.

제조물책임에 따른 손해배상청구권은 피해자 등이 손해 및 배상의무자를 안 날로부터 3년 내에, 제조업자가 당해 제조물을 인도한 때로부터 10년 내에 행사하여야 한다.

(자) 의료과오책임

의사는 의료계약에 의해 환자에 대해 의료를 하여야 할 채무를 지게 되는데, 의사가 이 채무를 위반하여 환자에게 손해를 준 때에는 채무불이행에 따른 손해배상책임과 불법행위에 의한 손해배상책임을 진다. 일반적으로 불법행위에 의한 손해배상을 청구하는 경우가 많은데, 그것은 양자간에 입증책임에 별 차이가 없고, 불법행위에 있어서는 위자료의 배상에 관한 명문규정이 있기 때문이다 (제751조, 제752조). 의료과오에 대해 불법행위에 기한 손해배상을 청구하려면 의사에게 과실이 있다는 점과 그로 인해 손해가 발생하였다는 사실을 입증하여야 한다. 이러한 입증은 의료행위의 전문성·밀실성 등으로 매우 어려운 일이므로 그 입증책임을 완화할 필요가 있을 것이다. 의사의 의료행위에 있어서 의사는 환자에 대해 설명의무를 지는데, 이 의무를 위반한 경우 환자가 설명이 없었음을 입증하기만 하면 위자료를 청구할 수 있다.

(3) 불법행위의 효과

가. 손해배상의 방법

불법행위가 성립하면 가해자는 피해자에게 손해의 배상을 하여야 한다. 즉 불법행위가 있으면 피해자는 가해자에 대해 손해배상청구권을 가지게 되는 것이다. 손해배상의 방법으로는 원상회복주의와 금전배상주의가 있는데, 우리 민법은 금전배상주의를 원칙으로 한다. 다만 명예훼손에 대한 손해배상의 방법으로는 손해배상에 대신하거나 또는 손해배상과 함께 명예회복에 관한 적당한 처분을 명할 수 있다고 하여 원상회복적 구제를 인정한다. 적당한 처분으로는 패소한 민사소송배상판결문의 신문·잡지에의 게재, 명예훼손기사의 취소광고, 형사명예훼손죄의 유죄판결문의 신문·잡지에의 게재 등이 있으며, 사죄광고는 양심의 자유에 저촉된다 하여 헌법재판소에 의해 위헌결정을 받았다.

나. 손해배상의 범위와 금액

불법행위로 인한 손해배상은 통상손해의 배상을 원칙으로 하고, 특별한 사정으로 인한 소위 특별손해는 가해자의 예견 가능성을 전제로 배상책임을 지운다. 그리고 손해배상액산정은 불법행위시를 기준으로 한다.

손해배상액은 재산적 손해와 정신적 손해를 포함하며, 재산적 손해는 다시 적극적 손해와 소극적 손해를 포함한다. 다만 불법행위로 피해자가 손해를 입는 동시에 이익을 얻는 경우는 그 이익을 공제하며(이익상계), 불법행위에 피해자의 과실도 있는 경우에는 이를 참작하여야 한다(과실상계). 그리고 손해가 고의 또는 중대한 과실에 의한 것이 아니고 또 그 배상으로 인하여 배상자의 생계에 중대한 영향을 미치게 될 경우에는 배상의무자는 법원에 대해 배상액의 경감을 청구할 수 있다. 물론 당사자간에 배상액에 대하여 합의를 할 수 있다. 이러한 합의는 약정한 금액을 받고 배상청구권을 포기하는 일종의 화해계약이지만 합의 당시에 예상하지 못한 후발손해(후유증)에 대한 배상청구권까지 포기한 것은 아니므로 이에 대해서는 따로 손해배상을 청구할 수 있다.

다. 손해배상청구권자

직접적인 피해자가 손해배상청구권을 가지는 것은 물론이나 생명침해인 경우에는 피해자의 일정한 친족(직계존속, 직계비속, 배우자)이 정신적 고통에 대한 손해배상청구권을 가진다. 또한 법인이나 태아도 손해배상을 청구할 수 있다. 이러한 손해배상청구권은 양도성과 상속성이 있다.

라. 손해배상청구권의 소멸시효

불법행위로 인한 손해배상청구권은 피해자나 그 법정대리인이 그 손해 및 가해자를 안 날로부터 3년간, 불법행위가 있은 날로부터 10년간 행사하지 아니하면 시효로 인하여 소멸한다.

제4. 친족법

＊집필: 이준형. 한양대학교 법학전문대학원 교수
＊별명이 없는 법조문명은 '민법'임

Ⅰ. 친족법 총설

1. 친 족

친족이란 자신과 혈연 또는 혼인으로 맺어진 사람들을 말한다. 친족은 혈연으로 맺어진 혈족(血族)과 혼인으로 맺어진 배우자 및 인척(姻戚)으로 나눌 수 있다 (제767조).

혈족의 기준이 되는 '혈연'이란 자연혈연뿐만 아니라 법정혈연도 포함되므로, 양부모와 양자 사이도 혈연관계에 있다고 한다. 혈족에는 상하의 계통이 있기 마련인데, 그 계통이 직접적인 경우를 직계(直系)혈족, 간접적인 경우(다시 말해서 내가 그 사람과 직접 연결되는 것이 아니라 위 조상으로 올라갔다가 내려와야 하는 경우로서 나와 숙부 또는 나와 조카 사이를 생각하면 된다)를 방계(傍系)혈족이라고 부른다(제 768조). 직계혈족은 부모, (외)조부모, (외)증조부모와 같이 조상에서 자기에 이르기까지 이어 내려온 존속(尊屬)과 자녀, (외)손자, (외)증손자 등 자기로부터 아래로 이어 내려가는 비속(卑屬)으로 다시 나눈다. 직계혈족은 자기로부터 그 사람에 이르는 세수(世數)가 촌수가 되고(나와 부모는 1촌, 손자는 2촌), 방계혈족은 자기와 그 사람 사이의 공동조상으로 올라갔다가 다시 내려온 세수로 촌수를 삼는다(나와 부모의 형제자매는 3촌, 증조부모의 자녀와는 4촌).

배우자 및 인척의 기준이 되는 '혼인'이란 혼인신고를 마친 법률상 혼인만을 가리킨다. 인척에는 혈족의 배우자(가령 새엄마), 배우자의 혈족(가령 시동생), 배우자의 혈족의 배우자(가령 동서)가 있다(제769조. 반면에 가령 사돈지간과 같은 혈족의 배우자의 혈족은 친족이 아니다). 배우자의 촌수는 무촌 내지 0촌이고('남'자에 점 하나만

지우면 '님'), 인척의 촌수는 자신의 배우자와 그 사람 사이의 촌수가 그대로 내 촌수가 된다(배우자의 6촌이면 나에게도 6촌).

모든 친족관계가 영원한 것은 아니고 일정한 경우에 소멸한다. 자연혈족관계는 출생에 의하여 발생하고 사망에 의하여 소멸한다. 반면에 입양으로 인한 법정혈족관계는 입양의 취소 또는 파양(罷養)으로 종료한다(제776조). 혼인으로 발생하는 인척관계는 혼인이 취소되거나 부부가 이혼한 때 또는 부부 일방이 사망한 후 생존배우자가 재혼한 때에 종료한다(제775조).

2. 친족의 법률상 의미

1) 원래 친족이란 조선시대의 유복친(有服親) 제도, 즉 어떤 사람이 사망했을 때에 상복을 입어야 하는 사람의 범위에서 비롯하였다. 그러나 오늘날 법률에서 말하는 '친족'이란 원칙적으로 배우자, 8촌 이내의 혈족, 4촌 이내의 인척을 의미한다(제777조).

<법률상 친족의 범위 >

배우자			
8촌 이내 혈족	직계혈족	직계존속	(예) 부모, 외조부모
		직계비속	(예) 자녀, 손자
	방계혈족		(예) 숙부, 조카
4촌 이내 인척	배우자의 혈족		(예) 시동생
	혈족의 배우자		(예) 새엄마
	배우자의 혈족의 배우자		(예) 동서
	(×) 혈족의 배우자의 혈족		(예) 사돈

2) 법률상 친족이냐 아니냐에 따라서 다음과 같은 차이가 있다(법률상 친족 전부에게 적용되는 경우와 그 중 일부에게만 적용되는 경우가 있음에 유의하여야 한다).

가) 민법은 친족을 기준으로 실체법적인 권리 또는 의무를 직접 부여한다. 예를 들어 갑이 을에게 재산을 증여하였으나 을이 갑의 배우자나 그 직계혈족에 대하여 범죄행위를 하였다면 갑은 증여를 해제할 수 있고(제556조 제1항 제1호), 을이 불법행위로 갑의 생명을 해쳤다면 갑의 배우자와 그 직계혈족은 자신들에게 재산상 손해가 없더라도 을에게 위자료(비재산적 손해배상)를 청구할 수 있다(제752조). 갑이 유언 없이 사망하면 그의 재산은 민법의 규정에 따라서 배우자,

직계혈족, 4촌 이내의 방계혈족에게 상속된다(제1000조 및 제1003조). 그리고 직계혈족 및 그 배우자, 생계를 같이 하는 친족(8촌 이내 혈족, 4촌 이내 인척) 사이에는 자력 또는 근로에 의하여 생활을 유지할 수 없는 경우에 서로 부양할 의무(부양을 청구할 권리)가 있다(제974조).

　　나) 민법은 일정한 경우에 어떤 법률행위나 법적 자격을 친족에게만 허용하거나 허용하지 않기도 한다. 예를 들어 가까운 친족 사이에는 혼인, 즉 근친혼은 무효가 되거나 그 혼인이 취소될 수 있다(8촌 이내의 혈족과의 혼인은 근친혼에 해당하여 무효이고 직계인척(배우자의 직계혈족과 그 배우자, 예를 들면 장모, 시아버지, 계모, 계부)이거나 이었던 사람과의 혼인도 무효이다. 또 6촌 이내의 혈족의 배우자, 배우자의 6촌 이내의 혈족, 배우자의 4촌 이내의 혈족의 배우자 관계에 있거나 있었던 사람 등과의 혼인은 민법 제817조 후단에 의하여 직계존속 또는 4촌 이내의 방계혈족의 청구로 취소될 수 있다). 또한 피후견인을 상대로 소송을 하였거나 하고 있는 사람의 배우자와 그 직계혈족은 후견인이(제937조 8호), 유언에 의하여 이익을 받은 사람의 배우자와 그 직계혈족은 유언에 참여하는 증인(제1072조 제1항 3호)이 각각 될 수 없다.

　　다) 민법은 일정한 경우에 가정법원에 각종 청구를 할 수 있는 절차법적 권리를 친족에게 부여한다. 예를 들면 '배우자와 4촌 이내의 친족'(혈족, 인척)은 질병, 장애, 노령, 그 밖의 사유로 인한 정신적 제약으로 자기 사무를 처리할 능력이 지속적으로 결여된 사람이 있으면 성년후견개시의 심판을 내려달라는 청구를 가정법원에 할 수 있다(제9조). 또한 '친족'(배우자, 8촌 이내 혈족, 4촌 이내 인척)은 부 또는 모가 친권을 남용하거 현저한 비행 기타 친권을 행사시킬 수 없는 중대한 사유가 있으면 친권상실선고를 내려달라는 청구를(제924조), 미성년자의 재산을 친권자가 부적당하게 관리하여 위태롭게 하면 대리권과 재산관리권의 상실선고를 내려달라는 청구를(제925조), 이상의 원인이 소멸하면 다시 실권회복선고를 해달라는 청구를(제926조), 미성년자의 친권자가 후견인을 지정하지 않고 사망하면 후견인을 선임해달라는 청구를(제932조 제1항) 각각 가정법원에 할 수 있다.

　　라) 민법 외에 형법에서는 친족관계가 있으면 형벌이 감면되기도 하고 거꾸로 가중되기도 한다. 감면되는 예로는 범인은닉죄(형법 제151조 제2항), 증거인멸죄(형법 제155조 제4항) 등 다수가 있고, 가중되는 예로는 자기 또는 배우자의 직계존속에 대해서만 인정되는 각종 존속죄(형법 제250조 제2항, 제257조 제2항, 제258조 제3항 등 다수)가 있다.

　　마) 민사소송법이나 형사소송법을 보면 친족관계는 재판담당, 증언, 감정

등의 장애사유가 된다(민사소송법 및 형사소송법의 각 해당규정 참조). 그 밖에도 상속세 및 증여세법, 국민연금법, 국민기초생활 보장법, 소년법, 보호시설에 있는 미성년자의 후견직무에 관한 법률, 형사보상법, 가족관계의 등록 등에 관한 법률 등 많은 법률에서 친족관계의 특별한 효과를 각각 규정하고 있다.

3. 친족과 가족의 차이

그런데 일상생활에서는 친족이라는 말보다는 가족이라는 말이 더 자주 사용된다. 하지만 가족의 개념은 심리적·사회적·문화적으로 다양하게 파악될 수가 있기 때문에 법률에서 획일적으로 정의하기가 곤란하다. 그럼에도 불구하고 민법은 2005년 3월 31일 개정에서 가족의 범위를 '배우자, 직계혈족 및 형제자매' 그리고 '직계혈족의 배우자, 배우자의 직계혈족 및 배우자의 형제자매'라고 규정하였다(제779조). 그 내용을 보면 친족보다는 좁은 개념임을 알 수가 있는데, 법률에 따라서는 친족 대신 가족 개념을 사용하는 경우가 있기도 하다(가령 형법 제151조 제2항이나 제155조 제4항을 보면 '친족 또는 동거의 가족이 본인을 위하여' 죄를 범한 때에는 처벌하지 아니한다고 규정하고 있다).

4. 성과 본

성(姓)은 출생의 계통을, 본(本)은 시조의 발생지명을 각각 표시한다. 민법에는 특별한 규정이 없지만 예부터 혼인을 하더라도 기존의 성과 본은 변하지 않는, 이른바 부부별성(夫婦別姓)이 우리의 원칙이다.

자(子)는 부(父)의 성과 본을 따르되, 부모가 혼인신고시 모(母)의 성과 본을 따르기로 협의하였거나 부가 외국인인 경우, 부를 알 수 없는 경우는 모의 성과 본을 따를 수 있다(제781조 제1항 내지 제3항). 부모를 알 수 없는 자는 법원의 허가를 받아 성과 본을 창설하되, 나중에 부 또는 모를 알게 되면 부 또는 모의 성과 본을 따를 수 있다(제781조 제4항). 자(子)의 복리를 위하여 성과 본을 변경할 필요가 있으면 부, 모 또는 자(子가 미성년이고 법정대리인이 청구할 수 없으면 친족 또는 검사)의 청구에 의하여 가정법원의 허가를 받아 이를 변경할 수 있다(제781조 제6항).

Ⅱ. 혼   인

갑남과 을녀는 혼인한 부부 사이이다(이하의 사례는 각각 독립적임).

(1) 갑과 을의 혼인 당시 갑의 어머니는 을에게 다이아몬드 반지를 예물로 주었다. 그런데 그 후 갑의 어머니는 을을 심하게 구박하였다면 을은 이를 이유로 가정법원에 이혼을 청구할 수 있는가? 만약 을이 갑과 이혼하였다면 갑의 어머니는 을에게 주었던 다이아몬드 반지의 반환을 청구할 수 있는가?

(2) 을은 중국교포로 한국국적을 취득하기 위하여 불법에이전트를 통하여 갑과 혼인신고만 하였을 뿐, 갑과는 일면식도 없다. 갑과 을의 혼인은 유효한가?

(3) 을은 친정오빠의 사업자금을 마련하기 위하여 갑 몰래 갑 소유 토지를 은행에 담보로 제공하고 돈을 빌렸다. 나중에 은행으로부터 대여금의 반환을 청구받은 갑이 그 반환을 거부하면 은행측은 을이 갑을 대리하여 금전소비대차계약을 체결한 것이라고 주장할 수 있는가?

(4) 갑의 사업실패로 경제적으로 어려워지자 갑과 을은 채권자의 재산압류를 피하기 위하여 이혼하고 재산분할을 하기로 하였다. 이혼 후에 갑이 다른 여자를 만나는 듯하면 을은 이 이혼이 무효라고 주장할 수 있는가?

1. 약   혼

만 18세가 된 사람은 부모나 미성년후견인의 동의를 받아, 성년(19세)에 달한 자는 자유롭게 약혼할 수 있다(제800조, 제801조). 약혼은 장래에 혼인할 것을 법률상 약속하는 것이지만, 다른 법률상 약속(계약)과 달리 강제이행을 청구하지 못하고(제803조), 혼인이 아니므로 인척관계가 발생하는 것도 아니다. 정당한 이유 없이 혼인을 거절하거나 그 시기를 지연하면 약혼자는 약혼을 해제하고 재산상, 비재산상 손해배상을 청구할 수 있을 뿐이다(제804조 제7호, 제806조 제1항 및 제2항). 약혼은 그 밖에도 약혼 후 당사자가 자격정지 이상의 형을 선고받거나 성년후견개시 또는 한정후견개시의 심판을 받거나 다른 사람과 약혼·혼인·간음하거나 1년 이상 생사가 불명한 경우, 성병·불치정신병 기타 불치병질이 있는 경우에 상대방에 대한 의사표시로 해제할 수 있다(제804조, 제805조). 상대방에 대한 의사표시를 할 수 없는 때에는 그 해제의 원인 있음을 안 때에 해제된 것으로 본다(제805조 단서).

현실에서는 약혼을 하면서 예물을 교환하는 경우가 많은데, 판례에 따르면 약혼예물의 수수는 혼인의 불성립을 해제조건으로 하는 증여라고 한다(대법원 1976.12.28. 선고 76므41·42 판결). 따라서 일단 혼인이 성립하면 해제조건은 더 이상 성취될 수 없게 되기 때문에 증여는 확정적으로 유효하게 된다.

2. 혼인의 성립

혼인이란 자유의사에 기하여 법률이 정해놓은 절차에 따라 부부관계를 영구히 무조건적으로 성립시키고자 하는 의사의 합치에 대하여 법질서가 일정한 신분상, 재상상 효과를 부여하는 제도이므로, 실질적 요건과 형식적 요건을 모두 갖추어야 성립한다.

(1) 실질적 요건

당사자 사이에 혼인 의사의 합치가 있어야 한다. 여기서 말하는 혼인의 의사란 부부로서 정신적·육체적으로 결합하여 생활공동체를 형성하고자 하는 의사라고 일반적으로 정의된다(대법원 1996.11.22. 선고 96도2049 판결). 따라서 육체적인 결합을 하지 않겠다는, 다시 말해서 (단지 일시적인 것이 아니라) 계속해서 동거하지 않겠다는 의사나 정신적 결합을 하지 않겠다거나 서로 돌보거나 협조하지 않겠다는 의사, 또는 부부로서의 생활공동체의 형성 이외의 다른 목적을 추구하고자 하는 의사는 여기에서 말하는 혼인 의사가 아니다. 또한 혼인이란 법률이 정하는 절차에 따라 부부관계를 성립시키는 것이기 때문에 혼인신고를 하지 않겠다는 의사도 혼인의 의사라고 할 수 없다. 의사무능력자의 경우는 아예 이와 같은 법률상 유효한 의사를 가질 수 없고, 제한능력자 중에서 미성년자와 피성년후견인은 부모나 후견인의 동의가 필요하다(제808조).

혼인적령(만 18세)에 도달하여야 한다(제807조). 따라서 18세 미만의 미성년자는 부모나 후견인의 동의가 있더라도 유효한 혼인을 할 수 없다(그러나 혼인무효는 아니고 혼인취소사유가 될 뿐이다. 제816조 제1호).

가까운 친족, 즉 근친이 아니어야 한다(제809조). 여기서 말하는 '근친'의 의미에 대해서는 Ⅰ. 2. 2) 나)를 참조하라.

배우자 있는 사람의 혼인, 즉 중혼이 아니어야 한다(제810조). 법률상 혼인 (법률혼)이 이중으로 성립하는 것은 선량한 풍속 기타 사회질서(제103조)에 반하기 때문에 인정되지 않는다. 여기서 말하는 '배우자'란 법률상 배우자를 말하므로, 다른 사람과 사실혼관계에 있는 사람과 혼인하는 것은 중혼이 아니다. 사실혼관계란 법률상 배우자가 아닌 사람과 동거하면서 부부와 같은 생활공동체를 형성한 경우를 말한다. 사실혼관계도 혼인신고와 관련한 부분만 제외하고 혼인의 의사 (정신적·육체적 결합에 의한 생활공동체를 형성하겠다는 의사)를 갖추어야 인정된다.

(2) 형식적 요건

다른 나라의 경우는 일정한 의식(가령 종교의식이나 결혼식)을 형식적 요건으로 하기도 하지만, 우리나라는 법률혼주의를 취하고 있으므로 가족관계의 등록 등에 관한 법률에서 정한 바에 따라 신고함으로써 혼인은 효력을 발생한다(제812조 제1 항). 이때 신고는 당사자 쌍방과 성년자인 증인 2인이 연서한 서면으로 하여야 하지만(제812조 제2항), 설령 이를 결여하였더라도 일단 신고가 수리된 경우에는 당사자 사이에 혼인의사가 있는 한 그 혼인은 유효하게 효력을 발생한다(대법원 1957.6.29. 선고 4290민상233 판결. 가족관계등록예규 제144호).

3. 혼인의 무효와 취소

혼인의 성립요건에 흠결이 있는 경우는 무효가 되거나 취소할 수 있다. 무효 또는 취소에 책임 없는 당사자는 책임 있는 당사자에 대하여 재산상·비재산상 손해배상을 청구할 수 있다(제825조).

(1) 혼인의 무효

당사자 사이에 혼인의 합의가 없었던 경우, 8촌 이내의 혈족(친양자의 입양 전 혈족을 포함), 배우자의 직계혈족 및 그 배우자이거나 이었던 사람 또는 양부모계의 직계혈족이었던 사람과의 혼인은 무효이다(제815조). 따라서 배우자의 계부모였던 사람이나 자신의 양부모였던 사람과의 혼인은 무효이다.

무효인 혼인은 처음부터 성립하지 않은 것으로 본다. 그 사이에 태어난 자녀는 혼인 외의 자가 된다.

(2) 혼인의 취소

혼인적령에 미달하거나 필요한 동의를 얻지 못한 혼인, 근친혼 중 무효에 해당하는 경우, 혼인 당시 당사자 일방에게 부부생활을 계속할 수 없는 악질 기타 중대한 사유가 있음을 알지 못한 경우, 사기나 강박에 의하여 혼인의 의사표시를 한 경우에는 일정한 범위의 사람이 취소의 청구를 가정법원에 할 수 있다(제816조, 각 경우의 취소청구에 대해서는 제817조 내지 제823조).

혼인취소의 효력은 기왕에 소급하지 않는다(제824조). 그러므로 취소판결이 있기 전까지는 유효한 혼인이 된다. 그러므로 혼인의 취소는 이혼과 효과가 비슷하다(제824조의2 참조).

4. 혼인의 효과

혼인이 유효하게 성립하면 법질서가 일정한 효력을 부여하는데, 크게 나누면 신분상 효과와 재산상 효과로 나눌 수 있다.

(1) 신분상 효과

1) 친족관계의 발생　당사자 사이에는 배우자관계, 배우자의 4촌 이내 혈족 및 그 배우자 사이에는 인척관계가 각각 발생한다(제769조, 제777조 제2호 및 제3호). 따라서 상속권을 비롯하여 친족관계에 따른 여러가지 법률상 효과가 발생한다.

2) 동거·협조·부양의무　부부는 서로 부양하고 협조하여야 하고, 다만 정당한 이유로 일시적으로 동거하지 아니하는 경우는 서로 인용하여야 한다(제826조 제1항). 부부 일방이 부양의무를 이행하지 않으면 상대방은 그 이행(과거의 부양료의 지급)을 청구할 수 있다(대법원 1994.5.13. 선고 92스21 전원합의체결정). 부부의 동거장소는 부부의 협의로 정하되, 협의가 이루어지지 아니하는 경우는 당사자의 청구로 가정법원이 이를 정한다(제826조 제2항). 고의로 동거의무를 위반하는 경우, 즉 악의의 유기는 재판상 이혼사유가 된다(제840조 2호).

3) 정조의무　민법은 정조의무를 직접 규정하지 않고, 이를 위반하면 가정법원에 이혼을 청구할 수 있도록 하였다(제840조 1호).

4) 중혼금지 및 성년의제 법률혼은 이중으로 성립할 수 없다(제810조). 또 미성년자가 혼인을 하면 성년자로 본다(제826조의2). 그 후 이혼을 하더라도 성년의제의 효과는 계속 유지된다.

5) 일상가사대리권 부부는 일상의 가사에 관하여 서로 대리권이 있다(제827조 제1항). 여기서 말하는 '일상의 가사'란 가족의 생활을 위하여 필요한 통상적인 사무를 말하며, 그 내용과 정도·범위는 그 부부의 사회적 지위·직업·재산·수입능력 등 현실 생활상태와 지역사회적 관습 내지 일반사회관념에 따라서 정해지고, 구체적으로는 가사처리자의 주관적 의사와 함께 법률행위의 객관적 종류나 성질 등을 충분히 고려하여 판단하여야 한다(대법원 2000.4.25. 선고 2000다8267 판결). 그러므로 집세, 가재도구 구입비, 생활에 필요한 공과금, 자녀의 양육 및 교육비 등은 일상가사에 해당하지만, 개인취미를 위한 물품의 구입비, 가족의 생활수준을 훨씬 벗어나는 사치품의 구입비 등은 일상가사의 범위를 벗어난다. 일상가사에 해당하면 현명주의가 완화되기 때문에, 설령 부인이 남편 이름으로(또는 그 반대로) 계약을 하였더라도 그 계약의 효력은 남편(반대의 경우는 부인)에게 귀속된다. 일상가사에 속하는 경우에도 부부 사이에 대리권을 부여하지 않기로 할 수는 있지만, 그러한 제한은 이 사실을 알지 못하는 제3자에게 주장하지 못한다(제827조 제2항).

(2) 재산상 효과

부부가 혼인성립 전에 재산에 관하여 따로 약정(부부재산계약)을 한 경우에는 혼인중 원칙적으로 이를 변경하지 못하고, 다만 정당한 사유가 있는 때에 가정법원의 허가가 있어야 한다(제829조 제2항). 그 약정에 따라서 부부의 일방이 다른 일방의 재산을 관리하는 경우에 부적당한 관리로 재산을 위태롭게 한 때에는 다른 일방은 자기가 관리할 것(재산이 부부 공유인 때에는 그 분할)을 가정법원에 청구할 수 있다(제829조 제3항).

부부가 혼인성립 전에 부부재산계약을 하지 않은 경우에는 혼인 전부터 가지고 있었던 고유재산과 혼인중 자기 명의로 취득한 재산은 각자의 특유재산으로 각자가 관리·사용·수익하고, 부부 누구에게 속한 것인지 분명하지 않은 재산은 부부의 공유로 추정한다(제830조, 제831조). 이를 위 1)의 약정재산제와 구별하기 위하여 법정재산제라고 부른다.

생활비용, 즉 부부의 공동생활에 필요한 비용은 당사자 사이에 특별한 약정

(부부재산계약)이 없는 한 원칙적으로 부부가 공동으로 부담한다(제833조). 또한 부부 일방이 일상의 가사에 관하여 제3자와 법률행위를 하면 다른 일방도 이로 인한 채무를 이행할 연대책임이 있다(제832조 본문). 여기서 말하는 '일상의 가사' 또한 앞서 (1) 5)에서 본 바와 같다.

5. 사 실 혼

사실혼이란 혼인의 의사(혼인의 실체를 갖추고자 하는 의사) 및 혼인의 실체(정신적·육체적 결합에 의한 생활공동체의 형성)는 있지만 그 법률의 방식, 즉 혼인신고가 없어서 법률혼으로 인정받지 못하는 경우를 말한다.

우리나라는 법률혼주의를 취하므로, 원칙적으로 사실혼에는 혼인의 효과가 인정되지 않아야 하겠지만, 가령 주택임대차보호법 제9조가 임차인인 사실혼 배우자 일방이 사망한 경우에 다른 배우자에게 주택임차권의 승계를 인정하는 등 각종 연금 관련 법률 등에서 사실혼에 일정한 법률적 효과를 인정하고 있다. 나아가 판례는 혼인의 실체가 있음을 들어서 동거·협조·부양의무, 정조의무, 법정재산제, 일상가사에 대한 대리권 및 연대책임, 생활비용 공동분담 등 혼인의 효과 중 대부분을 사실혼관계에도 인정하여 보호하고 있다(대법원 1961.10.19. 선고 4293민상531 판결; 대법원 1980.12.23 선고 80다2077 판결; 대법원 1994.12.22 선고 93다52068 판결; 대법원 1997.11.11 선고 97다34273 판결). 반면에 혼인신고에 따른 가족관계등록부의 기재를 전제로 하는 친족관계의 발생(상속권 등)과 중혼, 성년의제의 효과는 인정될 여지가 없다.

6. 이 혼

혼인은 영속적·무조건적 계약이지만, 그렇다고 해소될 수 없는 것은 아니다. 배우자 일방의 사망이나 실종선고, 혼인의 취소 및 이혼이 혼인의 해소사유라 할 수 있다. 이 가운데 이혼은 혼인의 당사자 쌍방 또는 일방의 의사에 기한 혼인해소방식을 말한다.

(1) 이혼의 방식

이혼에는 당사자 쌍방의 협의에 의한 협의이혼과 당사자 일방에 의한 재판상 이혼이 있는데, 후자의 경우는 일방에 의한 혼인의 해소라는 점에서 일정한 사유가 있는 경우에 한하여 인정된다.

가. 협의상 이혼

협의상 이혼이 성립하려면 먼저 실질적 요건으로서 당사자 사이에 자유로운 이혼의사의 합치가 있어야 한다(제838조 참조). 판례는 혼인의사의 경우와 달리 여기에서의 '이혼의사'는 생활공동체를 실제로 해소할 의사가 없더라도 단지 이혼신고(신고서의 작성·접수·수리)를 하고자 하는 의사만 있으면 인정한다(대법원 1993.6.11. 선고 93므171 판결; 대법원 1996.11.22. 선고 96도2049). 이혼의사도 의사표시인 이상 의사무능력자는 할 수 없고, 제한능력자 중 피성년후견인은 후견인의 동의가 필요하다(제835조, 제808조 제2항). 이혼은 두 사람이 그동안 유지하였던 공동생활을 청산하는 것이므로, 여러가지 효과를 가져오기 때문에 민법은 협의상 이혼을 신청한 부부에게 가정법원으로부터 이혼절차, 이혼의 결과, 이혼이 자녀에 미치는 영향 등 전반적인 안내를 받을 의무를 부과하였다(제836조의2 제1항 전단). 이 안내를 받으면 그 날로부터 이혼숙려기간(양육하여야 할 자녀가 있으면 3개월, 그렇지 않으면 1개월)을 거쳐야 비로소 가정법원에 의한 이혼의사의 확인을 받을 수 있다.

양육하여야 할 자녀가 있는 부부는 추가적으로 자녀의 양육사항(양육자, 양육비용, 면접교섭권의 행사 여부 및 그 방법) 및 친권자결정에 관한 협의서를 가정법원에 제출하여야 하고, 부부가 이러한 사항에 대하여 스스로 협의하지 못한 경우는 가정법원의 결정을 청구하여 그 심판정본을 대신 제출하여야 한다(제836조의2 제4항, 제837조 제2항).

이렇게 당사자가 신청한 이혼의사의 확인절차를 마치고 또 가정법원이 미성년인 자(子)의 양육 및 친권자 결정에 관한 협의내용을 확인한 후 양육비부담에 관하여 조서작성을 마치면 비로소 협의상 이혼의 실질적 요건은 모두 갖추게 된다. 이 양육비부담조서는 법원의 이행판결문과 동일한 효력을 가지므로(가사소송법 제41조에 의한 집행력의 부여), 그 조서에 기재된 양육비지급의무를 이행하지 않는 부모에 대해서는 별도의 재판절차를 거칠 필요 없이 곧바로 그 재산에 대한 강제집행을 신청할 수 있다.

이렇게 실질적 요건을 모두 갖추었더라도 이혼의 효과가 발생하려면 다시 형식적 요건, 즉 당사자 쌍방과 성년자인 증인 2인이 연서한 서면에 의한 이혼신고를 하여야 한다(제836조).

나. 재판상 이혼

협의이혼은 이혼의사의 합치만 있으면 그 원인을 묻지 않지만, 당사자 일방에 의한 재판상 이혼은 일정한 사유가 있는 경우에 한하여 가정법원이 이를 명할 수 있다. 그 사유란 배우자의 부정행위, 악의의 유기, 3년 이상 생사불명, 배우자나 그 직계존속에 의한 심히 부당한 대우, 자기의 직계존속이 배우자로부터 받은 심히 부당한 대우, 기타 혼인을 계속하기 어려운 중대한 사유를 말한다(제840조).

그러나 재판상 이혼사유가 있더라도 상대방이 그 사유 있음을 안 날로부터 6개월 또는 그 사유가 있은 날로부터 2년이 경과하면 더 이상 이혼을 청구하지 못한다(제841조, 제842조). 부정행위의 경우에는 이 외에도 상대방의 사전동의나 사후용서가 있는 때에는 이혼청구권이 소멸한다(민법 제841조).

판례에 따르면 '혼인을 계속하기 어려운 중대한 사유'란 '부부공동생활관계가 회복할 수 없을 정도로 파탄되고 그 혼인생활의 계속을 강제하는 것이 일방 배우자에게 참을 수 없는 고통이 되는 경우'를 말하고(대법원 2002.3.29. 선고 2002므74 판결), 구체적으로 '이를 판단함에 있어서는 혼인계속의사의 유무, 파탄의 원인에 관한 당사자의 책임유무, 혼인생활의 기간, 자녀의 유무, 당사자의 연령, 이혼 후의 생활보장, 기타 혼인관계의 제반사정을 두루 고려하여야 한다'고 한다(대법원 1991.7.9. 선고 90므1067 판결). 예를 들어 합리적 이유 없는 성관계의 계속적 거부나 부당한 피임, 성병의 감염 등의 육체적 파탄원인뿐만 아니라 장기간 지속되고 회복 불가능한 조울증, 신앙의 차이, 과도한 신앙생활, 알코올 중독, 도박벽, 남편의 지나치게 가부장적인 태도 등의 윤리적·정신적 파탄원인이 여기에 해당한다. 반면에 일시적·부분적 성기능장애, 불임, 종교적 교리에 따라 일요일 오후 교회에 나가고 제사에 참여하지 않는 경우 등은 여기에 해당하지 않는다.

혼인파탄에 주된 책임이 있는 유책배우자가 '혼인을 계속하기 어려운 중대한 사유'를 근거로 재판상 이혼을 청구할 수 있는가에 대하여 판례는 원칙적으로 이를 부정하면서도, 상대방도 내심으로는 이혼의사가 있음이 객관적으로 명백하지만 오로지 오기나 반감 등으로 표면상 이혼을 거부하는 경우 또는 쌍방 모두에게 혼인파탄의 책임이 있는 경우는 예외적으로 허용한다(대법원 1987.4.14. 선고 86므28 판결; 대법원 1986.3.25. 선고 85므85 판결). 또한 이미 다른 원인으로 혼인이 파탄된 후에 이혼청구자에게 유책행위가 있었던 경우(가령 부부가 이혼에 합의한 후 별거하다가 남편이 다른 여자와 동거하게 된 경우)는 이혼청구자를 유책배우자라고 볼 수 없으므로, 그 재판상 이혼청구를 배척하는 것은 타당하지 않다(대법원 1987.12.22. 선고 86므90 판결).

(2) 이혼의 효과

부부 사이 및 상대방 친족 사이의 친족(배우자, 인척)관계가 소멸한다.

혼인중에 출생하였거나 포태했다가 이혼 후 출생한 자는 모두 혼인중의 자로 인정된다. 친권과 양육을 누가 맡는가는 부모가 협의로 정하거나 가정법원이 당사자의 청구 또는 직권으로 정한다(제837조 제1항 및 제4항, 제909조 제4항). 양육권을 가지지 아니한 부모의 일방과 자녀는 상호 면접교섭할 수 있는 권리(면접교섭권)를 갖지만, 자녀의 복리를 위하여 필요한 때에는 당사자의 청구 또는 직권으로 가정법원은 면접교섭권을 제한하거나 배제할 수 있다(제837조의2).

혼인파탄의 원인에 책임 있는 일방은 상대방에게 재산상·비재산상 손해를 배상할 의무가 있다(제843조, 제806조).

이혼한 날로부터 2년 이내에 이혼한 일방은 다른 일방에 대하여 재산의 분할을 청구할 수 있다(제839조의2 제1항 및 제3항). 여기서 분할을 청구할 수 있는 '재산'이란 '부부 쌍방의 협력으로 이룩한 재산'을 말하며(제839조의2 제2항 참조), 가령 남편의 단독명의로 등기된 부동산이라도 그 형성에 아내가 기여한 바가 입증되면 분할의 대상이 될 수 있다. 재산분할 후 나중에 발견된 재산이 있는 경우에는 추가적으로 그 부분의 분할을 청구할 수 있지만, 아직 수령하지 않은 장래의 퇴직금 같은 경우는 분할의 대상이 될 수 없다. 재산분할에 관하여 협의가 되지 아니하거나 협의할 수 없는 때에는 가정법원은 당사자의 청구에 의하여 여러 사정을 참작하여 분할의 액수와 방법을 정한다(제839조의2 제2항).

<사례1 해설> (혼인)

(1) 을은 지금 재판상 이혼을 청구하고 있는데, 민법 제840조 제3호는 '배우자 또

는 그 직계존속으로부터 심히 부당한 대우를 받았을 때' 재판상 이혼을 청구할 수 있다고 하고 있으므로, 을의 청구는 인용된다. 판례에 따르면 약혼예물은 혼인의 불성립을 해제조건으로 한 증여이므로, 약혼의 목적(혼인)이 일단 이미 성취된 이상, 해제조건의 성취는 더 이상 가능하지 않게 되었으므로, 갑의 어머니의 반환청구는 허용되지 않는다.

(2) 국적의 취득이라는 다른 목적을 위한 혼인의 의사는 인정할 수 없으므로, 갑과 을 사이의 혼인은 이른바 가장혼인으로서 법률상 효력이 없다.

(3) 친정오빠의 사업자금을 마련하기 위한 금전소비대차 및 담보제공은 일상의 가사를 위한 것이라 할 수 없으므로, 을의 대리행위는 무권대리(제130조)로서 본인(갑)의 추인을 얻지 못하는 한 본인에게 대하여 효력이 없다. 따라서 갑에 대한 은행의 청구는 받아들여질 수 없고, 은행은 을에 대하여 무권대리의 책임(제135조)을 물어야 할 것이다.

(4) 판례에 따르면 이혼의 의사는 이혼신고서의 작성, 접수, 수리의 의사만을 이야기하므로, 갑과 을의 이혼합의는 설령 채권자의 재산압류를 피하기 위한 것이었다 하더라도 일단 이혼신고 자체에 대한 합의는 인정되므로, 이혼은 유효하다. 따라서 을의 이혼무효 주장은 받아들여질 수 없다.

Ⅲ. 부모와 자녀

사례 2　　부모와 자녀

갑남과 을녀는 혼인한 부부이다(각 사례는 서로 독립적임).
(1) 을은 갑과 불화중 병남을 만나 정을 낳았다. 그 후 갑과 이혼한 을은 병과 혼인하여 함께 정을 양육하고 있다. 그러나 갑은 정이 자기 자식이 아님을 알면서도 아무런 조치를 취하지 않고 있다. 정이 을과 병의 친생자 신분을 가질 수 있는 방법은?
(2) 갑과 이혼한 을은 병남과 만나 정을 낳았으나, 결국 불화로 병과도 헤어졌다. 그 후 병은 을을 만나 100만원을 주면서 정이 병의 자녀가 아님을 분명히 하고 인지청구도 하지 않기로 약속하였다. 그 후 정이 자라 성년이 된 다음에 병을 상대로 인지청구를 할 수 있는가?
(3) 을은 갑과 불화중 병남을 만나 정을 낳았으나 갑은 을을 용서하고 정을 입양하여 자기 자식처럼 키우겠다고 약속하였다. 병도 정의 입양을 허락하였다.

갑은 정에게 자신의 성과 본을 물려주고 자기 자식처럼 키우고자 한다. 어떤 방법이 있겠는가?

(4) 갑 사이에서 을이 낳은 무가 16세 되는 해에 갑이 사망하였고, 갑 소유의 X토지는 무가 상속받았다. 을은 무의 재산을 관리하던 중, 친정오빠가 사업자금 마련을 위하여 은행에서 돈을 빌릴 때 을이 무를 대리하여 X토지를 은행에 담보로 제공하는 저당권을 설정하였고, 이러한 사정은 은행측도 잘 알고 있었다. 그 후 무가 성년이 된 후 은행을 상대로 저당권등기말소를 청구할 수 있는가?

민법은 부모와 자녀의 관계, 즉 친자관계를 그 성립과 효과로 나누어 규정한다. 친자관계의 성립은 자연혈연에 기초한 친생친자관계와 법정혈연, 즉 당사자의 의사에 기초한 양친자(법정친자)관계가 있다(1990년 민법 개정 이전에는 계모자 또는 적모서자관계도 법정친자관계로 보았으나 오늘날 관련 규정이 삭제되었다. 따라서 오늘날에는 당사자의 의사에 기초하지 않은 법정친자관계는 존재하지 아니한다).

1. 친 생 자

친생자는 다시 부모가 혼인상태에 있는가, 그렇지 않은가에 따라서 혼인중의 자와 혼인 외의 자로 나눈다.

(1) 혼인중의 자

법률혼관계에 있는 부부 사이에 출생한 자녀를 혼인중의 자라 한다. 자녀의 출생 후에 부모가 혼인한 준정(準正)의 경우도 혼인중의 자로 본다(제855조 제2항). 혼인중의 자는 다시 친생추정을 받는 경우와 받지 않는 경우로 나누어진다. 여기서 '친생'의 추정을 받는다는 말은 그 자녀가 모(母)와 부(夫)의 친생자로 추정된다는 의미이다(자녀는 출생에 의하여 모(母)의 친생자임이 입증되기 때문에 부(父)와의 관계만 문제된다).

혼인 성립의 날로부터 200일 후 또는 혼인관계 종료의 날로부터 300일 이내에 출생한 자녀는 처가 혼인중에 포태한 것으로 추정되어 부의 자로 추정된다(제844조). 친생추정이 중요한 이유는 자녀가 친생추정을 받는 경우는 요건이 엄격한 '친생부인의 소'에 의하지 않는 한 그 자녀가 자신의 친생자임을 부부가 부인할 수 없다는 데에 있다. 친생부인은 부 또는 모만이 출소기간 내에만 제기할 수 있다(제846조 내지 제851조). 자녀 출생 후 친생자임을 승인한 사람은 친생부인의 소를 제기하지 못하지만, 사기 또는 강박으로 인한 승인은 취소할 수 있다(제852조, 제853조).

반면에 혼인중의 자라도 친생추정을 받지 않는 경우(예를 들어 혼인이 성립한 날로부터 200일이 되기 전에 출생한 자녀)는 요건이 완화된 '친생자관계(부)존재확인의 소'에 의하여 법률상 부자관계를 소멸시킬 수 있다. 요건이 완화됐다는 것은 이해관계인은 누구라도 소를 제기할 수 있고, 또 소를 제기할 수 있는 기간도 제한되어 있지 않다.

재혼한 여자가 전혼 종료일로부터 300일 이내이면서 후혼 성립일로부터 200일 이후에 낳은 자녀는 전남편의 자녀로 추정됨과 동시에 현재남편의 자녀로도 추정된다. 이런 경우에는 가정법원이 당사자의 청구로 자녀의 아버지를 정하게 되는데, 이를 '부(父)를 정하는 소'라고 한다(제845조).

(2) 혼인 외의 자

법률혼관계에 있지 않은 부모 사이에서 출생한 자녀는 모와의 사이에서는 출산과 동시에 친자관계가 발생하지만, 생부와의 관계에서는 친자관계가 당연히 발생하지 않으므로, 별도의 절차(인지)가 필요하다.

인지는 생부가 언제든지 임의로 할 수 있으며, 자녀나 모의 동의를 필요로 하지 않는다(임의인지).

만약 생부가 자발적으로 인지를 하지 않는 경우에는 자녀가 생부를 상대로 인지청구의 소를 제기할 수 있다(강제인지 내지 재판상 인지). 인지청구권은 자녀의 일신전속권으로서 포기할 수 없으며, 설령 포기하더라도 그 포기의 효력은 법률상 인정되지 아니한다. 또한 혈연의 존부에 관한 문제이므로 소멸시효나 실효(失效)의 법리도 적용되지 않으므로, 혼인 외의 자가 성년이 되는 등 상당한 시간이 흐른 다음에도 인지청구의 소를 제기할 수 있다.

이러한 인지를 통하여 혼인 외의 출생자와 생부 사이의 친자관계는 출생한 때로 소급하여 발생하게 된다.

반면에 생부가 아닌 사람이 혼인 외의 출생자라고 자녀를 인지한 경우에는 인지무효의 소나 인지에 대한 이의의 소 등의 절차를 통하여 혈연과 일치하지 않는 친자관계를 제기할 수 있다.

2. 양 자

양자란 자연혈연관계가 없는 사람 사이에 법률에 의하여 인위적으로 친자관계를 창설하는 것을 말한다. 양자는 친자관계의 창설 방식이라는 점에서는 친생자와 다르지만, 일단 친자관계가 창설된 다음의 효과(친권)는 친생자와 다르지 아니하다. 우리 민법상 양자에는 당사자 사이의 합의(입양)에 기초한 일반양자와 가정법원의 선고(허가)를 받아야 하는 친양자, 이렇게 두 가지가 있다.

(1) 입 양

실질적 요건으로 당사자 사이에 입양의 합의가 있을 것(제883조 제1호 참조), 양친이 성년자일 것(제866조), 양자로 되는 자가 15세 미만인 경우는 법정대리인의 대락(代諾)이 있을 것(제869조 본문), 양자가 될 자는 부모의 동의를 얻을 것(제870조 제1항), 양자가 될 미성년에게 부모 또는 다른 직계존속이 없으면 후견인의 동의를 얻을 것(제871조), 후견인이 피후견인을 양자로 하는 경우는 가정법원의 허가를 얻을 것(제872조), 배우자 있는 자는 공동으로 양자를 하고 양자가 될 때에는 다른 일방의 동의를 얻을 것(제874조), 양자가 양친의 존속 또는 연장자가 아닐 것(제877조 제1항)이 요구된다.

형식적 요건으로는 혼인의 경우와 마찬가지로 당사자 쌍방과 성년자인 증인 2인이 연서한 서면으로 입양신고를 할 것을 요한다(양자가 될 자가 15세 미만이면 법정대리인이 자녀를 대신해서 서명(또는 기명날인)한다). 그런데 우리 사회의 현실을 보면 입양을 하면서 입양신고를 하지 않고 자신의 친생자인 것처럼 출생신고를 하는 경우가 적지 아니하다. 판례는 이러한 경우에 당사자 사이에 입양의사의 합의가 있는 등 입양의 실질적 요건을 모두 갖추고 양친자 사이에 사실상의 친자관계가 형성된 경우에는 입양의 방편으로 허위의 친생자출생신고를 한 때에도 이를 입양신고로 보고 입양의 효력을 인정한다(대법원 1977.7.26. 선고 77다492 전원합의체판결).

입양의 결과로서 양자는 친생부모의 친권에서 벗어나 양부모의 친권에 따른다. 또한 양자와 양부모 및 그 친족 사이에는 친족관계가 발생하지만, 이것은 어디까지나 양자의 종래의 친족관계에는 영향을 미치지 않으므로, 양자와 종래의 친생부모 사이의 친자관계는 그대로 유지된다(따라서 부양청구권, 상속권 등은 양쪽 모두에 대하여 갖는다). 양자의 성은 입양에도 불구하고 변경되지 않는다. 다만 입양촉진 및 절차에 관한 특례법의 적용을 받는 경우에는 양친의 원에 따라 양자가 양친의 성을 따를 수 있다(제8조 제1항).

입양은 파양에 의해서만 해소된다(그러므로 가령 양부모가 이혼하여 양모가 양부의 집을 떠난 경우에도 양모자관계는 소멸되지 않는다. 대법원 2001.5.24. 선고 2000므1493 전원합의체판결). 파양에는 이혼과 유사하게 협의상 파양과 재판상 파양이 있다(제 898조 이하, 제905조 이하).

(2) 친 양 자

친양자 제도는 양자와 친생자 사이에 존재할 수 있는 모든 종류의 차별을 없애고 양자에게 친생자와 같은 양육환경을 만들어 주기 위하여 2005년 새롭게 도입되었다.

친양자 입양의 요건으로는 먼저 3년 이상 혼인중인 부부로서 공동으로 입양할 것(1년 이상 혼인중인 부부의 일방이 그 배우자의 친생자를 친양자로 하는 경우는 예외), 친양자로 될 자가 15세 미만일 것, 친양자로 될 자의 친생부모가 친양자 입양에 동의할 것(친권 상실 기타 동의할 수 없는 사유가 있으면 예외), 법정대리인의 대락이 있을 것, 가정법원의 허가가 있을 것, 친양자 입양신고가 있을 것을 요한다.

친양자는 부부의 혼인중 출생자로 본다(제908조의3 제1항). 친양자의 입양 전의 친족관계는 친양자 입양이 확정된 때에 모두 종료한다(제908조의3 제2항 본문). 그러나 부부의 일방이 그 배우자의 친생자를 단독으로 입양한 경우 배우자 및 그 친족과 친생자 사이의 친족관계는 그대로 유지된다(제908조의2 제2항 단서).

친양자관계는 입양된 자의 친생부모가 자신에게 책임 없는 사유로 친양자 입양을 동의할 수 없었던 경우에 친양자 입양의 취소에 의하여(제908조의4 제1항), 양친이 친양자를 학대 또는 유기하는 등 친양자의 복리를 현저히 해하거나 친양자의 양친에 대한 패륜행위로 인하여 친양자관계를 유지시킬 수 없는 경우에 친양자의 파양에 의하여(제908조의5 제1항) 각각 종료될 수 있다.

3. 친 권

(1) 친권의 귀속 및 행사

　　부모가 1차적으로 친권자가 된다(제909조 제1항 1문). 부모가 혼인중인 때에는 공동으로 친권을 행사하여야 하고, 부모의 의견이 일치하지 않으면 당사자의 청구에 따라 가정법원이 이를 정하며(제909조 제2항), 부모의 일방이 친권을 행사할 수 없을 때에는 다른 일방이 이를 행사한다(제909조 제3항).

　　양자의 경우는 양부모가 친권자가 되고(제909조 제1항 2문), 혼인 외의 자가 인지된 경우나 부모가 이혼한 경우는 1차적으로 부모의 협의로, 협의가 없거나 협의 내용이 자의 복리에 반하거나 혼인의 취소, 재판상 이혼, 강제인지의 경우는 가정법원이 친권자를 정한다(제909조 제4항·제5항). 그 밖에도 가정법원은 자의 복리에 필요하다고 인정되는 경우에는 친권자를 변경할 수 있다(제909조 제6항).

　　가정법원에 의한 친권자의 지정과 친권자에 의한 친권의 행사에 있어 우선적으로 고려하여야 하는 것은 바로 자의 복리이다(제912조).

(2) 친권의 내용

　　미성년의 자녀는 그 양육과 재산이라는 두 가지 측면에서 친권자의 보호를 받는다. 미성년의 자녀에 대한 친권자의 친권은 권리이자 동시에 의무라는 양 측면을 갖는다.

　　친권자는 먼저 양육과 관련하여 자를 보호·교양하며 필요하다면 징계하고 법원에 허가를 얻어 감화 또는 교정기관에 위탁할 수 있고, 자가 거주할 장소를 지정할 수 있다(제913조 내지 제915조). 미성년 자녀의 재산과 관련하여 자기 재산에 관한 행위와 동일한 주의로써 관리·대리(동의)할 권한을 갖는다(제916조, 제918조, 제920조, 제920조의2, 제922조).

(3) 친권의 제한

　　친권자와 그 자 사이에 또는 친권자가 그 친권에 따르는 수인의 자 사이에 이해 상반되는 행위를 함에는 친권자는 법원에 그 자의 특별대리인의 선임을 청구하여야 한다(제921조). 이해 상반됨에도 불구하고 특별대리인을 선임하지 않고 친권자가 스스로 대리인이 되어 한 법률행위는 무권대리행위로서 본인(미성년인

자)에게 효력이 없다(제130조. 대법원 1964.8.31. 선고 63다547 판결).

(4) 친권의 소멸

친권은 미성년인 자가 사망(실종선고 포함)하거나 성년자가 된 때(제826조의2에 의한 성년의제 포함)처럼 절대적으로 소멸하기도 하고, 다른 사람이 친권자가 되거나 후견이 개시되는 경우처럼 상대적으로 소멸하기도 한다. 또한 친권의 남용, 현저한 비행, 기타 친권 행사를 허용할 수 없는 경우에는 가정법원에 의하여 친권상실의 선고를 받을 수도 있고(제924조), 친권자의 부적당한 관리로 자녀의 재산이 위태롭게 된 때에는 대리권과 재산관리권만의 상실선고를 받을 수도 있다(민법 제925조).

＜사례2 해설＞ (부모와 자녀)

(1) 2005년 민법 개정 이전에는 친생부인의 소를 부(夫)만이 제기할 수 있었으나 개정 민법 제846조는 모(母)에게도 친생부인권을 인정하였으므로, 을이 친생부인의 소를 제기하여(제846조) 갑과 정의 친생자관계를 부정하고 을과 병의 혼인으로 인한 준정을 주장하면 된다(제855조 제2항).

(2) 인지청구권은 자녀의 고유한 권리로서 포기의 대상도, 실효(失效)의 대상도 되지 않는다. 따라서 정이 병에 대하여 제기한 인지청구는 적법하다.

(3) 우선 첫번째 방식은 정을 갑과 을 사이의 친생자로 출생신고를 하는 것이다. 이러한 출생신고는 을과의 관계에서는 사실에 부합하지만 갑과의 관계에서는 허위이다. 판례에 따르면 입양의 실질적 요건과 양친자 사이의 사실상의 친자관계를 갖추었다면 허위의 친생자출생신고를 한 때에도 입양의 효력을 인정한다. 다만, 이 경우에는 이러한 사실이 밝혀지면 원칙적으로 일반양자의 효력만이 인정되므로, 나중에라도 생부인 병의 성과 본을 회복하려고 하는 시도를 완전히 막기가 어렵다. 그러므로 두 번째 방식으로서 가정법원의 선고(허가)를 받아서 정을 친양자로 하는 것이 보다 확실하다. 갑과 을이 1년 이상 혼인중인 부부라면 그 일방이 배우자의 친생자를 친양자로 할 수 있다(제908조의2 제1항 제1호 단서). 이 경우 정의 생모인 을과의 관계는 출생시부터 생모자관계가 성립하고, 친양자 입양이 확정되면 병과의 친자관계는 종료하는 대신에 갑과의 친자관계(혼인중 출생자)가 성립한다(제908조의3).

(4) 을은 친권자로서 미성년인 子 무의 재산을 관리하고 법률행위를 대리할 권한이 있다. 을이 무를 대리하여 X토지 위에 저당권을 설정하는 행위를 보면 을(친권자)과 그 자(무) 사이에 이해가 상반되는 부분이 없다(을의 친정오빠와 무 사이의 이해상반만 있을 뿐이다). 따라서 민법 제921조에 따른 특별대리인의 선임은 불필요하

며, 을의 대리행위는 무에게 효력이 미친다. 그렇다면 친권남용이 되는가를 살펴보면, 본인인 무에게는 아무런 이익도 되지 않고 오로지 다른 사람(을의 친정오빠)의 이익을 위한 행위이기 때문에 친권(이 경우는 대리권)의 남용이라 할 수 있고, 대리권의 남용에 대하여 민법 제107조 제1항 단서를 유추적용하는 판례의 입장(대법원 1981.10.13. 선고 81다649 판결)에 따르면 상대방인 은행이 그 사실을 알거나 알 수 있었다면 본인에게 효력이 미치지 않으므로, X토지에 대한 저당권 자체가 무효이므로, 무의 등기말소청구는 이미 무효인 등기의 정리를 요구하는 것이므로 받아들여질 것이다. 그 밖에도 자의 친족 또는 검사는 을의 대리권 내지 친권의 상실선고를 가정법원에 청구할 수 있을 것이다(제924조, 제925조).

제5. 상속법

*집필: 정구태. 조선대학교 법과대학 교수
*별명이 없는 법조문명은 '민법'임

I. 상속제도 총설

현행법상 상속이라 함은, 자연인의 사망에 의하여 그 사람(피상속인)에게 속하였던 모든 재산상의 지위(법률관계) 내지 권리·의무가 일정한 친족관계에 있는 사람(상속인)에게 포괄적으로 승계되는 것을 말한다. 상속법은 재산승계법으로서의 본질을 지니며, 사적 소유제도의 일익을 담당하고 있다. 상속권의 근거로서는 ① 피상속인과 상속인은 혈연관계에 있기 때문이라는 혈연대가설, ② 피상속인의 의사를 추측하여 그에 합치되는 주체를 상속인으로 한 것이라는 의사추정설, ③ 공동생활의 종료에 수반하는 잠재적 공유관계의 청산 및 생존가족원의 생활보장을 위한 것이라는 청산 및 부양설 등이 주장되고 있다.

II. 상속인의 순위 및 상속분

기초사실

갑과 을(妻)은 혼인하여 딸 A, 아들 B를 두었고, A는 C와 혼인하여 자녀 D, E를 두었으며, B는 F와 혼인하여 자녀 G를 두었다. 다음 물음에 답하라.

사례 1 상속인의 순위 및 상속분

C를 제외한 전원(갑, 을, A, B, D, E, F, G)이 함께 여행중 사고로 모두 사망하였고, 사망 당시 갑에게 형 병과 여동생 정이 있었다면, 갑의 재산은 누가 상속하는가?

사례 2 대습상속

D, E, G를 제외한 갑, 을, A, B, C, F가 함께 여행중 사고로 사망하였고, 갑에게 상속재산으로 1억원의 예금이 있었다면, D, E, G가 상속에 의해 취득하는 재산액 (구체적 상속분)은 얼마인가?

1. 상속인의 순위

(1) 제1순위자

제1순위의 상속인은 피상속인의 직계비속과 배우자이다(제1000조 제1항 제1호, 제1003조 제1항).

피상속인의 직계비속은 자연혈족인지 법정혈족(입양)인지, 혼인중의 출생자인지 혼인 외의 출생자인지, 남성인지 여성인지, 기혼인지 미혼인지를 불문한다. 태아도 상속순위에 관하여는 이미 출생한 것으로 본다(제1000조 제3항). 피상속인의 직계비속이 여러 명인 때에는 촌수가 가장 가까운 혈족이 선순위자로 되고, 동일한 촌수의 상속인이 여러 명인 때에는 공동상속인이 된다(제1000조 제2항). 따라서 직계비속으로서 자녀와 손자녀가 있을 때에는 자녀가 손자녀보다 선순위의 상속인으로 된다.

양친자 사이에도 자연혈족과 다름없이 상속권이 인정되므로 일반입양의 경우 양자녀는 양부모와 친생부모에 대하여 각각 양면으로 제1순위의 상속인으로 되나, 친양자입양의 경우에는 친생부모와의 친자관계가 단절되므로 친양자녀는 친생부모의 상속인으로 되지 않는다. 종래 법정친자관계였던 계모자 및 적모서자 관계는 현행법상 단순한 1촌의 인척관계에 불과하므로 상속권이 인정되지 않는다.

(2) 제2순위자

제2순위의 상속인은 피상속인의 직계존속과 배우자(제1000조 제1항 제2호, 제1003조 제1항)이다. 피상속인의 직계존속은 부계인지 모계인지, 자연혈족인지 법정혈족(양친)인지를 불문한다. 직계존속이 여러 명인 때에는 촌수가 가장 가까운 혈족이 선순위자로 되고, 동일한 촌수의 상속인이 수인인 때에는 공동상속인이 된다(제1000조 제2항).

(3) 제3순위자

피상속인의 배우자, 직계비속 및 직계존속도 없는 경우에는 피상속인의 형제자매가 제3순위의 상속인으로 된다(제1000조 제1항 제3호). 피상속인의 형제자매는 동복(同腹)인지 이복(異腹)인지를 불문한다. 형제자매가 여러 명인 때에는 공동상속인이 된다(제1000조 제2항).

(4) 제4순위자

피상속인의 형제자매와 그 대습상속인도 없는 경우에는 피상속인의 4촌 이내의 방계혈족이 제4순위의 상속인으로 된다(제1000조 제1항 제4호). 4촌 이내의 방계혈족 사이에서는 촌수가 가까운 혈족이 먼 혈족보다 선순위 상속인으로 되고, 동일한 촌수의 상속인이 여러 명인 때에는 공동상속인이 된다(제1000조 제2항).

(5) 배우자의 상속순위

배우자는 그 직계비속과 동순위로 공동상속인이 되고, 직계비속이 없는 때에는 피상속인의 직계존속과 동순위로 공동상속인이 되며, 피상속인의 직계존속도 없는 때에는 단독상속인이 된다(제1003조 제1항). 배우자상속인은 법률상의 배우자만을 말한다. 사실상의 배우자에게는 상속권이 인정되지 않는다.

2. 상 속 분

현행법은 혼인중의 출생자인지 혼인 외의 출생자인지, 남성인지 여성인지, 기혼인지 미혼인지를 불문하고, 같은 순위의 상속인이 여러 명인 때에는 그 상속분은 균분으로 한다(제1009조 제1항). 다만, 배우자의 상속분은 다른 상속인의 상속분의 5할을 가산한다(제1009조 제2항). 또 대습상속인의 상속분은 피대습자의 상속분에 의하고, 대습상속인이 여러 명인 경우에는 그 범위 내에서 위 방법에 의하여 결정한다(제1010조).

Ⅲ. 대습상속

대습상속이라 함은, 추정상속인으로 될 직계비속 또는 형제자매(피대습자)가 상속개시 전에 사망하거나 결격자로 되어 상속권을 상실하게 된 경우, 그 직계비속 또는 그 배우자(대습자)가 사망하거나 결격자로 된 사람의 순위에 갈음하여 상속인으로 되는 것을 말한다(제1001조, 제1003조 제2항). 대습상속은 피대습자가 상속하였더라면, 후에 상속에 의하여 재산을 승계할 수 있게 될 대습자의 기대를 보호하는 것이 공평하다는 데 근거를 두고 있다. 혈족상속에서의 근친자 우선주의의 예외에 해당한다.

1. 요 건

피대습자는 피상속인의 직계비속 또는 형제자매이다.

피대습자가 상속개시 전에 사망 또는 결격으로 그 상속권을 상실하여야 한다. 제1001조와 제1003조 제2항은 '상속개시 전에 사망'한 경우여야 한다고 규정하고 있지만, 피상속인과 상속인이 동시사망한 것으로 추정될 때에도 대습상속이 인정된다. 상속인이 되기 위해서는 피상속인 사망 당시 생존해 있어야 한다는 동시존재의 원칙에 따라 동시사망한 사람 사이에는 상속이 개시되지 않기 때문이다.

대습상속인은 실권한 피대습자의 직계비속 또는 배우자이어야 한다. 직계비속인 자녀 중에서 1인이 상속개시 전에 사망하거나 상속결격자로 되고 그에게 자녀가 있을 때에는 그 자녀가 대습상속을 한다. 그런데 자녀 전원이 상속개시 전에 사망하거나 상속결격자로 되고 그들에게 자녀가 있는 경우, 이들이 피상속인의 직계비속인 손자녀라는 제1순위의 상속인으로 되는가(본위상속설) 아니면 대습상속을 하게 되는가(대습상속설)가 문제된다. 피대습자의 배우자에게도 대습상속권을 인정하고 있는 현행법상으로는 대습상속설을 취할 수밖에 없다. 다만, 상속포기의 경우는 본위상속하게 된다. 상속포기는 대습원인이 아니기 때문이다.

2. 효 과

대습상속의 효과는 대습자가 피대습자의 순위에서 피대습자의 상속분을 상속하는 것이다(제1010조 제1항). 대습상속인이 수인인 경우에는, 피대습자의 상속분 한도 내에서 제1009조의 규정에 따라 상속분이 정해진다. 대습상속인이 배우자인 경우에도 마찬가지이다(제1010조 제2항). 따라서 배우자인 대습상속인은 다른 대습상속인의 상속분에 5할을 가산받게 된다.

<사례1 해설> (상속인의 순위 및 상속분)

1) 문제의 제기

사례에서 갑과 A는 동시에 사망한 것으로 추정되는바, 동시사망의 경우에도 대습상속이 인정되는지가 문제된다. 이를 긍정한다면, 대습상속인 C는 A의 배우자로서 제1순위 상속인인 A를 대습하여 상속인이 되므로, 제3순위 상속인인 갑의 형제자매 병과 정보다 선순위 상속인이 된다. 반면에, 이를 부정한다면 갑의 형제자매 병과 정이 본위상속을 하게 된다.

2) 동시사망으로 추정되는 경우 대습상속의 가능 여부(=가능)

대습상속제도는 대습자의 상속에 대한 기대를 보호함으로써 공평을 꾀하고 생존 배우자의 생계를 보장하여 주려는 것이다. 동시사망 추정규정은 사망의 선후를 입증할 수 없는 경우 동시에 사망한 것으로 다루는 것이 결과에 있어 가장 공평하고 합리적이라는 데에 그 입법 취지가 있다. 상속인이 될 직계비속이나 형제자매(피대습자)의 직계비속 또는 배우자(대습자)는 피대습자가 상속개시 전에 사망한 경우에는 대습상속을 하고, 피대습자가 상속개시 후에 사망한 경우에는 피대습자를 거쳐 피상속인의 재산을 본위상속을 하므로 두 경우 모두 상속을 하는데, 만일 피대습자가 피상속인의 사망, 즉 상속개시와 동시에 사망한 것으로 추정되는 경우에만 그 직계비속 또는 배우자가 본위상속과 대습상속의 어느 쪽도 하지 못하게 된다면 동시사망 추정 이외의 경우에 비하여 현저히 불공평하고 불합리하고, 이는 대습상속제도 및 동시사망 추정규정의 입법 취지에도 반한다. 따라서 민법 제1001조의 '상속인이 될 직계비속이 상속개시 전에 사망한 경우'에는 '상속인이 될 직계비속이 상속개시와 동시에 사망한 것으로 추정되는 경우'도 포함하는 것으로 합목적적으로 해석해야 한다(대법원 2001.3.9. 선고 99다13157 판결).

3) 사례의 해결

제1001조, 제1003조 제2항에 의해 C가 A의 배우자로서 A를 대습하여 갑의 재산을 단독으로 상속한다.

<사례2 해설> (대습상속)

1) 문제의 제기

사례에서 피대습자인 갑의 직계비속 A와 B가 모두 갑과 동시에 사망한 것으로 추정되는바, A의 자녀인 D, E와 B의 자녀 G가 A, B를 각각 대습상속하는지, 아니면 D, E, G가 갑의 손자녀로서 본위상속을 하는지가 문제된다. 대습상속설에 의하면 D, E, G의 상속분은 1:1:2가 되는 반면, 본위상속설에 의하면 D, E, G의 상속분은 1:1:1이 된다.

2) 피상속인의 자녀가 전부 상속개시 전에 사망하거나 동시사망한 것으로 추정되는 경우 피상속인의 손자녀의 상속의 성격(=대습상속)

피대습자의 배우자에게도 대습상속권을 인정하는 현행법상으로는, 피상속인의 자녀가 전부 상속개시 전에 사망하거나 동시사망한 것으로 추정되는 경우 피상속인의 손자녀는 본위상속이 아니라 대습상속을 한다고 보아야 한다(대법원 2001.3.9. 선고 99다13157 판결).

3) 사례의 해결

제1001조, 제1010조 제1항에 따라 D, E, G의 상속분은 1:1:2가 되어, D, E, G의 구체적 상속분은 각각 2,500만원, 2,500만원, 5,000만원이 된다.

Ⅳ. 상속결격

기초사실

A는 운전중 중앙선을 침범한 X운전의 자동차와 충돌하는 사고를 당하여 현장에서 사망하였다. A에게는 사고 당시 처(妻) B, 부(父) C, 모(母) D가 있었고, B는 사고 당시 A의 자(子)인 Y를 포태하고 있었다. 다음 물음에 답하라.

사례 3 상속결격

B는 A의 사망에 따른 충격으로 정신이 쇠약한 상태에서 Y를 낙태하였다. A에게 상속재산으로 1억원의 예금이 있었다면, A의 재산은 누구에게 각각 얼마만큼 귀속되는가?

사례 4 　상속의 효과

상속인들은 X에 대해 어떠한 권리를 행사할 수 있는가?

　　상속결격이라 함은, 법정된 결격사유가 있는 상속인의 상속권을 법률상 당연히 박탈하는 것을 말한다. 즉 피상속인과 일정한 친족관계가 있기 때문에 상속할수 있는 지위에 있는 사람이지만, 그 사람에게 상속시키는 것이 일반인의 법감정으로 보아 타당하지 않는 중대한 반도덕적 행위가 있을 때에 그 사람의 상속권을박탈하는 것이다.

1. 결격사유

(1) 피상속인에 대한 부도덕행위

　　1) 고의로 직계존속, 피상속인, 그 배우자, 상속의 선순위자 또는 동순위자를 살해하거나 살해하려고 한 경우(제1004조 제1호).

　　2) 고의로 직계존속, 피상속인 또는 그 배우자에게 상해를 가하여 사망에 이르게 한 경우(제1004조 제2호).

(2) 피상속인의 유언에 대한 부정행위

　　1) 사기 또는 강박으로 피상속인의 상속에 관한 유언 또는 그 철회를 방해한 경우(제1004조 제3호).

　　2) 사기 또는 강박으로 피상속인의 상속에 관한 유언을 하게 한 경우(제1004조 제4호).

　　3) 피상속인의 상속에 관한 유언서를 위조, 변조, 파기 또는 은닉한 경우(제1004조 제5호).

2. 결격의 효과

　　결격사유가 발생하면 당해 상속인은 상속권을 당연히 상실하며, 재판상의 선고가 있어야 하는 것은 아니다. 상속개시 전에 결격사유가 발생하였을 때에는,

그때부터 추정상속인으로서의 지위 곧 상속권을 취득한다는 희망적 지위를 잃게 되며, 그 결과 선순위의 추정상속인이 없게 될 경우에는 그 다음 순위자가 추정상속인으로 된다. 상속개시 후에 결격사유가 발생하였을 때에는, 상속개시시까지 소급하여 결격의 효과가 발생한다.

결격자는 특정의 피상속인과의 관계에서만 상속인으로 될 수 없을 뿐이며, 그 이외의 사람의 상속에는 영향을 주지 아니한다. 또 그 직계비속과 배우자는 대습상속인으로 된다(제1001조, 제1003조 제2항). 다만, 자녀가 부(父)를 살해한 경우에는 부(父)의 상속에서뿐만 아니라 모(母)의 상속에 대하여도 결격자로 된다. 모(母)의 상속에서 부(父)는 배우자로서 자녀와 동순위의 상속인이기 때문이다. 조부모의 상속에서도 부(父)는 자녀의 선순위자이므로 부(父)를 살해한 자녀는 조부모의 대습상속인으로 될 수 없다.

V. 상속의 효과

상속인은 상속개시된 때로부터 피상속인의 재산에 관한 포괄적 권리의무를 승계한다(제1005조 본문). 이를 포괄승계의 원칙이라 한다. 흔히 상속재산이라 할 때에는 적극재산만을 가리키는 것으로 생각하나, 여기에는 채무, 즉 소극재산도 포함된다. 적극재산보다 소극재산이 많을 경우에도 상속인은 이를 승계한다. 상속재산을 구성하는 모든 재산은 그 종류를 불문하고 전부 상속되는 것이다.

포괄승계에 의하여 피상속인의 재산상의 권리의무는 모두 상속재산으로 되어 상속개시시부터 당연히 상속인에게 이전된다. 상속인이 상속개시의 사실을 알든 모르든 또 상속등기나 그 밖의 일정한 행위가 행해져야 하는 것과는 상관없이, 법률상의 상속의 효과는 발생한다. 이를 당연승계의 원칙이라 한다.

피상속인이 불법행위에 기한 손해배상청구권을 취득한 경우에는 그 내용이 재산적 손해에 관한 것이든 정신적 손해에 관한 것이든 상속의 대상으로 된다. 그 청구권은 이미 금전채권으로 구체화되었기 때문이다. 다만, 생명침해의 경우에는 법리상의 문제가 있다. 피해자가 사망하여 손해배상을 청구할 수 있는 권리주체성이 소멸하였으므로, 생명침해에 의한 손해배상청구권은 그것이 재산상의 것이든 정신상의 것이든 성립될 수 없다고 볼 여지가 있기 때문이다.

판례는 생명침해로 인한 재산상의 손해배상청구권(일실이익)은 물론(대법원 1966.2.28. 선고 65다2523 판결), 위자료청구권도 특별한 사정이 없는 한 생전에 청구의 의사를 표시할 필요 없이 상속인이 이를 승계한다고 해석한다(대법원 1966.10.18. 선고 66다1335 판결). 즉 '피해자가 즉사한 경우라 하여도 피해자가 치명상을 받은 때와 사망한 사이에도 이론상 시간적 간격이 인정될 수 있'고(대법원 1969.4.15. 선고 69다268 판결), '순간적이라 할지라도 피해자로서의 정신적 고통을 느끼는 순간이 있었다'(대법원 1973.9.25. 선고 73다1100 판결)는 것이다(시간적 간격설). 따라서 상속인은 유족 고유의 위자료청구권과 상속받은 위자료청구권을 함께 행사할 수 있다(대법원 1969.4.15. 선고 69다268 판결).

<사례3 해설> (상속결격)

1) 문제의 제기

태아도 상속에 관하여는 출생한 것으로 본다(제1000조 제3항). B는 A의 상속에 관하여 자신(B)과 동순위자인 Y를 낙태하였는바, 이를 고의로 상속의 동순위자를 살해한 경우(제1004조 제1호)로 해석하여 B를 상속결격자로 보아야 하는지가 문제된다. 또한 사례에서 B에게는 낙태로 인해 상속에서 유리하게 된다는 인식은 없었는바, 상속결격사유로서 '살해의 고의' 이외에 '상속에 유리하다는 인식'도 필요한지가 문제된다.

2) 재산상속의 동순위에 있는 태아를 낙태한 것이 제1004조 제1호 소정의 상속결격사유에 해당하는지의 여부(=적극)

상속결격에 있어서 낙태는 생명을 박탈했다는 점에서 살해와 동일하게 평가될 수 있으므로, 태아가 재산상속의 동순위에 있는 경우에 그를 낙태하면 제1004조 제1호 소정의 상속결격사유에 해당한다고 보아야 한다(대법원 1992.5.22. 선고 92다 2127 판결).

3) 상속결격사유로서 '살해의 고의' 이외에 '상속에 유리하다는 인식'을 필요로 하는지의 여부(=소극)

상속결격사유로서 '살해의 고의' 이외에 '상속에 유리하다는 인식'은 필요하지 않다. 그 이유는 다음과 같다. 첫째, 제1004조 제1호는 그 규정에 정한 자를 고의로 살해하면 상속결격자에 해당한다고만 규정하고 있을 뿐, 더 나아가 '상속에 유리하다는 인식'이 있어야 한다고까지는 규정하고 있지 않다. 둘째, 민법은 '피상속인 또는 재산상속의 선순위나 동순위에 있는 자'(제1004조 제1호) 이외에 '직계존속'도 피해자에 포함하고 있고, 위 '직계존속'은 가해자보다도 상속순위가 후순위일 경우가 있는바, 민법이 굳이 직계존속을 살해한 경우에도 그 가해자를 상속결격자에 해당한다고 규정한 이유는, 상속결격요건으로서 '살해의 고의' 이외에 '상속에 유리하다는 인식'이 필요하지 않기 때문이다. 셋째, 제1004조 제2호는 '고의로 직계존속, 피상속인과 그 배우자에게 상해를 가하여 사망에 이르게 한 자'도 상속결격자로 규정하고 있는데, 이 경우에는 '상해의 고의'만 있으면 되고, 이 '고의'에 '상속에 유리하다는 인식'이 필요 없음은 당연하므로, 이 규정들의 취지에 비추어 보아도 '살해의 고의' 이외에 '상속에 유리하다는 인식'은 필요하지 않다(대법원 1992.5.22. 선고 92다2127 판결).

4) 사례의 해결

제1004조 제1호에 따라 Y를 낙태한 B는 상속결격으로 인정되고, 상속개시 후 상속결격 사유가 발생한 경우 그 효과는 상속개시시로 소급하므로, A의 상속재산 1억원은 제2순위 상속인인 A의 부모 C와 D가 1:1의 비율로 각각 5,000만원씩 취득한다.

<사례4 해설> (상속의 효과)

1) 문제의 제기

사례에서 A는 X의 불법행위로 인해 즉사하였는바, A의 상속인들이 X에 대한 A의 손해배상청구권을 상속할 수 있는지가 문제된다. 이를 긍정한다면, A의 상속인들은 X를 상대로 유족 고유의 권리(위자료청구권) 외에, A로부터 상속받은 A의 X에 대한 손해배상청구권(재산상 손해로서 일실이익에 배상청구권, 정신적 손해로서 위자료청구권)도 함께 행사할 수 있다.

2) 즉사의 경우에도 손해배상청구권의 상속이 인정될 수 있는지의 여부(=적극)

즉사의 경우 피해자의 권리주체성이 소멸하였다고 보아 손해배상청구권의 상속을 부정하면 피해자가 중상을 입었다가 사망한 경우와 비교하였을 때 불균형이 발생하게 된다. 즉, 피해자가 중상을 입고 사망 전에 손해배상청구권을 취득하였을 때는 상속인이 그것을 상속할 수 있는 반면에, 피해자가 즉사한 경우에는 피해자의 손해배상청구권을 상속할 수 없게 되는 것은 불합리하다. 또한 즉사라고 하더라도 사망의 결과를 야기한 상해와 사망 사이에는 이론상 또는 관념상 시간적 간격이 있고 그 사이에 피해자가 손해배상청구권을 취득한다고 볼 수 있다(시간적 간격설).

3) 사례의 해결

상속인들은 X를 상대로 유족 고유의 위자료청구권(제752조) 외에, A로부터 상속받은 A의 X에 대한 손해배상청구권(재산상 손해로서 일실이익에 대한 배상청구권(제750조), 정신적 손해로서 위자료청구권(제751조)도 함께 행사할 수 있다.

Ⅵ. 상속의 승인·포기

> **사례 5**　상속의 승인·포기
>
> 갑과 을(妻)은 혼인하여 딸 A, 아들 B를 두었고, A는 C와 혼인하여 자녀 D, E를 두었으며, B는 F와 혼인하여 자녀 G를 두었다. 갑은 9천만원의 채무만 남기고 사망하였고, 을과 A, B는 갑이 사망한 후 일주일 만에 가정법원에 상속포기신고를 하여 그 신고가 수리되었다. 갑의 채무는 최종적으로 누구에게 각각 얼마만큼 상속되는가?

1. 승인·포기제도

상속에 의한 권리의무의 승계는 당연히 발생하나, 그 내용 여하에 따라 상속인에게 미치는 이해관계는 매우 중대하므로, 상속인의 의사에 따라 일단 발생한 상속의 효과를 확정적으로 받아들일 것인가 또는 거부할 것인가를 선택할 수 있어야 한다.

상속의 승인이라 함은 상속의 효과를 거부하지 않을 것을 상속인 스스로 선언하는 것을 말한다. 승인에는 단순승인과 한정승인 두 가지가 있다. 단순승인이라 함은 피상속인에 속하였던 재산상의 권리의무의 귀속을 전면적으로 승인하는 것을 말한다. 단순승인한 상속인은 상속재산을 포괄적으로 승계하므로 상속채무가 다액이어서 상속재산을 청산하면 마이너스인 때에는, 상속재산(적극재산)뿐만 아니라 자기의 고유재산으로도 변제할 책임을 지게 된다. 이에 비하여 한정승인이라 함은 피상속인의 채무를 상속재산(적극재산)의 범위 내에서 청산하고 마이너스가 있더라도 상속인은 이를 승계하나 변제할 책임을 지지 않는 것을 말한다. 상속의 포기는 상속 그 자체를 상속인이 거부하는 것을 말한다. 한정승인이나 포기를 하기 위해서는 가정법원에 신고하여야 한다.

2. 승인·포기의 기간

상속의 승인과 포기는 상속인이 상속개시가 있음을 안 날로부터 3개월 내에 하여야 한다(제1019조 제1항 본문). 이를 고려기간이라 한다. 즉 상속재산을 조사해 본 뒤 승인 또는 포기를 결정하기 위해 상속인에게 부여된 기간을 말한다. 이 기간 내에 아무런 의사표시가 없으면 단순승인으로 된다(제1026조 제2호). 다만, 이 기간 내에 상속인이 상속채무가 상속재산을 초과하는 사실을 중대한 과실 없이 알지 못한 때에는 그 사실을 안 날로부터 3개월 내에 한정승인을 할 수 있다(제1019조 제3항).

기간의 기산점은 '상속인이 상속개시 있음을 안 날'이다. '상속개시 있음을 안 날'이라 함은, 상속재산이 있음을 안 날이나 상속포기제도를 안 날이 아니라, 상속개시 사실과 자기가 상속인이 되었다는 사실을 안 날을 말한다.

3. 상속포기

상속포기는 자기를 위하여 개시된 상속의 효력을 확정적으로 소멸시키는 의사표시이다. 상속포기는 채권자취소권의 대상이 되지 않는다. 상속포기는 소극적으로 총재산의 증가를 방해한 것에 불과하고, 상속포기나 승인은 그 성질상 일신전속적 권리로서 타인의 의사에 의하여 강요될 수 없는데, 상속포기가 채권자취소권의 대상이 된다면 상속인에게 상속승인을 강요하는 결과가 되기 때문이다.

상속의 포기는 상속개시시에 소급하여 효력이 발생한다(제1042조). 여러 명의 상속인이 있는 경우 어느 상속인이 포기하면 그 상속분은 다른 상속인의 상속분의 비율로 이들에 귀속한다(제1043조).

선순위 상속인 전원이 상속을 포기하면 차순위 상속인이 상속인으로 된다. 예컨대 선순위 상속인인 피상속인의 처(妻)와 자녀들이 모두 적법하게 상속을 포기한 경우에는 피상속인의 손자녀 등 그 다음의 상속순위에 있는 사람이 상속인으로 된다. 그러나 이는 상속의 순위와 상속포기의 효과에 관한 민법 규정을 종합적으로 해석함으로써 비로소 도출되는 것이지 이에 관한 명시적 규정이 존재하는 것은 아니다. 따라서 이와 같은 과정에 의해 피상속인의 손자녀가 상속인이 된 경우에는 상속인이 상속개시의 원인사실을 아는 것만으로 자신이 상속인이 된 사실을 알기 어려운 특별한 사정이 있다고 보아야 하므로, 이러한 때에는 법원으로서는 '상속개시 있음을 안 날'을 확정함에 있어 상속개시의 원인사실뿐 아니라 나아가 그로써 자신이 상속인이 된 사실을 안 날이 언제인지까지도 심리, 규명하여야 한다(대법원 2005.7.22. 선고 2003다43681 판결).

<사례5 해설> (상속의 승인·포기)

1) 문제의 제기

사례에서 갑의 배우자 을과, 갑의 자녀 A와 B가 고려기간 내에 상속을 포기하였는바, 갑의 채무가 손자녀인 D, E, G에게 상속되는지, 상속된다면 그 구체적 상속분은 얼마가 되는지가 문제된다.

2) 제1순위 상속권자인 처(妻)와 자녀가 모두 상속을 포기한 경우 상속재산의 귀속

상속개시 전 사망과 상속결격만을 대습상속 사유로 인정하는 현행법상 상속포기는 대습상속 사유가 아니다. 그리고 민법은 제1순위 상속인을 피상속인의 '자녀'라고 규정하지 않고 피상속인의 '직계비속'이라고 규정하고 있다. 따라서 제1순위 상속권자인 피상속인의 처(妻)와 자녀들이 모두 상속을 포기한 경우에는 피상속인의 손자녀가 직계비속으로서 본위상속을 하게 된다(대법원 1995.4.7. 선고 94다11835 판결). 이때 손자녀는 동순위자들이므로 상속분은 동일하다.

3) 사례의 해결

을과 A, B가 모두 상속을 포기하였으므로, 갑의 채무는 손자녀 D, E, G가 1:1:1의 비율로 본위상속하게 된다. 그리하여 D, E, G는 각각 3천만원씩의 채무를 상속하게 된다. 다만, D, E, G로서는 갑이 사망한 사실과, 을, A, B가 상속을 포기하여 자신들이 상속인이 되었음을 안 날로부터 다시 3개월 내에 상속을 포기하면 채무를 상속하게 되는 부담에서 벗어날 수 있다.

3. 헌 법

제1. 헌법 개관

＊집필: 노기호. 군산대학교 법학과 교수
＊별명이 없는 법조문명은 '헌법'임

Ⅰ. 헌법의 개념

1. 헌법개념의 양면성

헌법(Constitutional Law, Verfassungsrecht, Droit constitutionnel)은 국민의 기본권을 보장하고 국가의 통치체제를 규정하는 국가의 근본법 내지 기본법으로서 최고법규이다. 헌법은 국가의 통치질서를 정하는 법이기 때문에 국민상호간의 생활관계를 규율하는 사법과는 달리 '공법'의 영역에 속한다. 특히 헌법은 행정질서에 관한 국내공법인 '행정법'과 매우 밀접한 관계에 있다. 그러나 행정법은 현실적이고 구체적인 행정사례를 처리하기 위한 기술적 성격을 가지는 데 반해서 헌법은 유동하는 현재와 미래의 정치현상을 다스리기 위한 추상적이고 이념적인 성격을 띠는 점이 서로 다르다.

그런데 헌법은 정치적 사실이라는 측면과 법규범이라는 측면을 동시에 가지고 있기 때문에 어느 측면을 중시하느냐에 따라 그 개념에 대한 정의가 달라질 수 있다.

(1) 사회학적 헌법개념— 정치적 사실로서의 헌법

페르디난트 라살레(F. Lassalle)는 헌법의 본질을 사실적인 측면에서 구하여 한 나라의 사실적 권력관계가 헌법이라 하였고, 루돌프 스멘트(R. Smend)는 그의 통합이론에 입각하여 여러 집단이나 세력이 정치적 통합을 이룩하는 과정의 원리로서 헌법을 이해하였다. 한편, 칼 슈미트(C. Schmitt)는 결단주의에 입각하여 정치적 통일체의 종류와 형태에 관하여 헌법제정권자가 내린 근본적 결단을 헌법이라 하였다.

(2) 법학적 헌법개념— 법규범으로서의 헌법

법학적 관점에서 본 헌법은 정치적 현실과 대립하는 관계에 있으면서 정치적 현실을 규율할 뿐 아니라 국가생활 또는 정치생활의 있어야 할 형태에 관하여 기준을 제시하는 역할을 한다. 캐기(W. Kägi)는 국가 최고법규범의 체계가 곧 헌법이라고 하였으며, 슈테른(K. Stern)은 국가의 통치질서와 가치질서의 기본원칙에 관한 최고의 규범이 헌법이라고 하였다.

2. 헌법개념의 역사적 전개

(1) 고유한 의미의 헌법(본래적 의미의 헌법)

국가의 법체계·법질서 등과 최고기관 조직 및 작용에 관하여 가장 기본적인 사항만을 규정하고 있는 국가의 기본법을 말하며, 이러한 의미의 헌법은 어느 시대나 국가 및 법형식을 막론하고 적어도 국가가 존재하는 한 반드시 존재한다.

(2) 근대적(입헌주의적) 의미의 헌법

근대적 의미의 헌법은 주로 근대시민혁명의 영향으로 제정된 헌법으로서 고유한 의미의 헌법의 내용 이외에 국민의 기본권보장과 권력분립의 원리를 추가한 헌법을 말하며, 1789년 프랑스인권선언 제16조의 '권리의 보장이 확립되지 아니하고 권력분립이 규정되어 있지 아니한 사회는 헌법을 가진 것이라고 할 수 없다'는 규정은 근대입헌주의적 의미의 헌법을 가장 단적으로 표현하고 있다.

근대적 의미의 헌법은 국민의 자유와 권리의 보장을 위하여 종래의 절대군주의 권력에 제한을 가하고 ① 국민주권주의, ② 기본권보장, ③ 권력분립주의, ④ 의회주의, ⑤ 형식적법치주의, ⑥ 성문헌법주의 등을 그 기본원리로 하고 있다.

(3) 현대적(복지주의적) 의미의 헌법

근대적(입헌주의적) 의미의 헌법이 자유와 형식적 평등을 강조하였다면, 현대적(복지주의적) 의미의 헌법은 실질적 평등, 경제활동에의 국가관여, 재산권의 상대화 등을 강조하고 있는 헌법을 말하며, 1919년 독일의 바이마르(Weimar)헌법이 그 시초가 된다.

현대 복지주의적 의미의 헌법은 ① 국민주권의 실질화, ② 사회적 기본권의 보장, ③ 실질적 법치주의, ④ 실질적 평등보장, ⑤ 권력분립주의의 수정, ⑥ 사회적 시장경제질서, ⑦ 헌법재판제도의 강화, ⑧ 행정국가화 경향, ⑨ 국제평화주의 등을 그 기본원리로 하고 있다.

Ⅱ. 헌법의 분류

1. 헌법의 전통적 분류방법

(1) 존재형식에 의한 분류

헌법의 존재형식이 성문이냐 불문이냐에 의하여 헌법을 성문헌법과 불문헌법으로 구별할 수 있다. 성문헌법은 일정한 헌법제정절차에 따라 문서의 형식으로 성문화된 형식적 헌법전을 말하며, 1776년의 미국 버지니아주(Virginia)헌법이 세계최초의 근대적 성문헌법이다. 불문헌법은 단일 성문헌법전을 가지지 않고 오랜 시일에 걸쳐 확립된 헌법적 관행으로 이루어진 헌법을 말한다.

이러한 분류기준에 따를 때 영국, 뉴질랜드, 캐나다, 이스라엘 등은 불문헌법주의를 취하고 있으며, 그 밖의 국가들은 성문헌법주의를 취하고 있다고 한다. 성문헌법주의는 일반적으로 자연법사상, 국가계약설 등의 영향을 받았을 뿐 아니라 일단 정치적·사회적 변혁이 발생하였을 경우에 구체제를 폐기하고 새로이 형성된 신제도·신질서의 내용을 명확하게 하기 위하여 필요하기 때문이다. 1776년의 버지니아주 헌법에 이어 각국의 성문헌법전이 나타난 것도 그 때문이다.

(2) 개정방법에 의한 분류

헌법은 그 개정절차의 난이 또는 개정방법의 특수성 여하를 기준으로 하여 경성헌법과 연성헌법으로 나누어진다. 연성헌법은 일반법률을 개정하는 경우와 동일한 절차와 방법으로 개정할 수 있는 헌법을 말한다. 이에 대하여 일반법률의 그것과는 다르거나 그보다 까다로운 절차와 방법으로 개정할 수 있는 헌법을 경성헌법이라 한다. 이러한 분류방법에 의할 때 연성헌법의 예로는 영국을 비롯하여 이탈리아의 사르디니아왕국헌법, 1947년 이후의 뉴질랜드헌법 등을 든다. 이와 같이 몇몇 헌법을 제외한 절대다수의 헌법은 경성헌법에 해당하는데, 헌법은 이념적으로 경성이어야 하기 때문이다.

(3) 제정주체에 의한 분류

헌법은 제정주체나 제정절차를 기준으로 하여 분류할 수도 있다. 흠정헌법, 민정헌법, 협약헌법, 국약헌법의 구별이 바로 그것이다.

'흠정(군주)헌법'이라 함은 제정주체가 군주이고 군주주권의 사상을 바탕으로 하는 헌법을 말한다. 반동기에 나타난 루이 18세의 프랑스헌법(1814), 19세기 전반의 독일 諸邦의 헌법, 일본의 명치헌법(1889) 등이 이에 해당한다.

'민정(민약)헌법'이라 함은 국민이 국민투표 등의 방법으로 직접 제정하거나 국민의 대표로 구성된 제헌의회가 제정한 헌법을 말한다. 미국 제 주의 헌법을 비롯하여 오늘날 거의 모든 공화국헌법이 이에 해당한다.

'협약헌법'이라 함은 군주와 국민(국민의 대표)의 합의에 따라 제정되는 헌법을 말한다. 1830년의 프랑스헌법이 그 대표적인 예이다.

'국약헌법'이라 함은 둘 이상의 국가가 연합국가를 구성하는 경우에 합의에 의하여 제정하는 헌법을 말한다. 1867년의 오스트리아·헝가리협약헌법, 1871년의 독일제국헌법(Bismark헌법), 1992년의 독립국가연합(CIS)헌법 등이 이에 해당한다.

2. 뢰벤슈타인의 분류

칼 뢰벤슈타인(K. Löwenstein)은 헌법의 실효성이라는 존재론적 관점에서 헌법을 규범적 헌법, 명목적 헌법, 장식적 헌법으로 분류하였다.

1) 규범적 헌법은 개인의 자유와 권리의 보장을 그 최고의 이념으로 할 뿐 아니라 현실적으로 규범으로서의 실효성을 발휘하고 있는 헌법(헌법규범과 헌법현실이 일치하는 헌법)을 말하며, 미국 독일과 같은 선진국가의 헌법이 이에 해당한다.

2) 명목적 헌법은 헌법은 이상적으로 만들었으나 사회 여건이 헌법의 이상을 따를 수 없는 헌법을 말하며, 대개 후진국가의 헌법이 이에 해당한다.

3) 장식적 헌법은 헌법이 현실을 규율하려는 목적에서가 아니고 헌법을 가졌

다는 것을 외국에 과시하기 위하여 또는 권력자의 자기정당화 수단으로 삼기 위하여 만들어진 헌법으로 공산주의국가나 독재주의국가의 헌법이 이에 해당한다.

Ⅲ. 헌법의 제정과 개정

1. 헌법의 제정

헌법의 제정이라 함은 실질적으로는 '정치적 통일체의 종류와 형태에 관하여 헌법제정권력이 내린 근본적인 결단을 규범화하는 것'을 말하고, 형식적으로는 '성문헌법으로서의 헌법의 법전화'를 말한다. 이러한 헌법제정행위는 오늘날 민주적 원칙에 따라 선출된 국민대표자회의가 행하는 것이 보통이다. 오늘날과 같이 국민주권이 확립된 민주국가에서는 국민만이 헌법을 제정할 수 있다.

2. 헌법의 개정

(1) 헌법개정의 의의 및 절차

헌법개정이라 함은, 헌법에 규정된 개정절차에 따라 헌법이 기본적 동일성을 유지하면서 헌법전 중의 개개의 조항을 의식적으로 수정 또는 삭제하거나 새로운 조항을 추가(증보)함으로써 헌법의 내용에 변경을 가하는 행위를 말한다.

헌법개정은 ① 헌법의 실효성과 적응성을 유지하게 하여 헌법이 살아 있는 규범으로 기능하기 위한 수단으로서 필요하며, ② 헌법개정을 극단적으로 곤란하게 하면 그 헌법에 불만을 가진 정치세력들이 헌법을 파괴하는 사태가 발생할 수도 있기 때문에 헌법파괴의 방지를 위하여 필요하고, ③ 헌법의 제정과정에 직접 참여하지 못한 정치집단에 헌법형성에 참여할 기회를 부여하기 위한 헌법정책상의 이유에서 불가피하게 필요한 것이다.

헌법개정의 형식에는 미국과 같이 기존의 조항은 그대로 둔 채 개정조항만을 추가해 나가는 증보의 형식을 취하는 유형(amendment)과 기존의 조항을 수정 또는 삭제하거나 새로운 조항을 삽입하는 형식을 취하는 유형(revision)이 있다.

헌법개정의 방법과 절차는 헌법에 따라 상이하지만, 대체로 다음과 같은 다섯 가지 유형으로 분류할 수 있다. ① 의회의 의결만으로 개정이 가능하지만 일반법률의 개정절차보다 곤란한 절차에 따르게 하는 유형(독일, 스웨덴, 한국의 건국헌법), ② 국민투표에 의하여 승인을 얻은 후에 헌법의 개정이 확정되는 유형, ③ 연방헌법에 특유한 유형으로서 일정 수에 달하는 연방구성주의 동의를 헌법개정의 요건으로 하는 유형, ④ 헌법개정을 발의하기 위하여 특별한 헌법회의를 소집하는 유형, ⑤ 의회의 의결 외에 특별한 기관의 동의 또는 국민투표에 의한 승인을 요건으로 하는 유형(한국의 현행헌법)이 바로 그것이다.

(2) 헌법개정의 한계

헌법에 따라서는 명문으로 특정조항이나 특정내용의 개정을 금지하고 있는 경우가 있지만, 그와 같은 개정금지규정이 있든 없든 이론상으로 '헌법의 개정조항에 따를지라도 개정할 수 없는 규정이나 내용이 있는가' 하는 문제가 논란의 대상이 되고 있다. 이것이 바로 헌법개정의 한계에 관한 문제이다. 헌법개정의 한계에 대해서는 학설이 나누어져 있다.

개정한계설(유한계설)은 헌법의 개정행위에는 일정한 한계가 있는 것으로, 헌법개정조항에 규정된 절차에 따를지라도 일정한 조항이나 사항(내용)은 자구수정은 별도로 하고는 개정할 수 없다고 한다.

개정무한계설(무한계설)은 '헌법에 규정된 개정절차를 밟기만 하면 어떠한 조항도 어떠한 사항도 개정할 수 있으며, 심지어 개정의 금지를 명문으로 규정하고 있는 경우에도 금지규정 그 자체를 개정한 후에 그 조항도 개정할 수 있다'고 함으로써 헌법개정에는 이론상 아무런 한계가 없다고 한다.

생각건대, 무한계설은 법실증주의적 입장에서 법규정의 중요성의 차이를 법학적으로 인식하지 못하고 다만 법의 존재형식만을 중시하여 형식적 논의에 일관하고 있다고 하지 않을 수 없다. 무한계론자들은 헌법개정에 있어서 형식적 합법성만을 절대시할 뿐 실질적 합리성이나 정당성을 외면하고 있을 뿐 아니라, 자연법의 존재까지도 부인하고 헌법개정작용의 본질을 실질적으로 파악하지 못하고 있다는 비판을 면할 수 없다. 그러므로 헌법에 개정금지규정이 있든 없든 헌법개정에는 법 이론상 일정한 한계가 있다고 보아야 한다. 우리나라의 통설도 개정한계설을 취하고 있다.

Ⅳ. 헌법의 보장

사례 1 헌법보장

변호사 A는 국가보안법 및 대통령긴급조치 위반 등으로 기소된 학생들을 변호하다가 국가보안법과 대통령긴급조치가 헌법에 위반됨에도 불구하고 구속된 학생들에게 동정심을 느끼고 법정에서 다음과 같이 변론을 하였다. "이러한 사건에 관계할 때마다 법률공부를 한 것을 후회하게 되는데 그 이유는 본 변호인이 학교에 다닐 때 법이 권력의 시녀, 정치의 시녀라는 이야기를 들었을 때 그럴 리가 없다고 생각하였으나 이번 학생들 사건의 변호를 맡으면서 법은 정치의 시녀, 권력의 시녀라고 단정하게 되었다. 지금 검찰관들은 나라 일을 걱정하는 애국학생들을 내란죄나 국가보안법 위반, 반공법위반, 대통령긴급조치위반 등을 걸어 빨갱이로 몰아세우고 사형이니 무기이니 하는 형을 구형하고 있으니 이는 법을 악용하여 저지르는 사법 살인행위라 아니할 수 없다. 악법은 지키지 않아도 좋으며 악법과 정당하지 못한 법에 대하여는 저항할 수도 있고 투쟁할 수도 있는 것이므로 학생들은 악법에 저항하여 일어난 것이며 이러한 애국학생들인 피고인들에게 그 악법을 적용하여 다루는 것은 역사적으로 후일에 문제가 될 것입니다."
그 결과 변호사 A도 법정모독죄 및 대통령긴급조치 위반으로 구속되어 처벌되었다. 이 경우, 변호사 A의 주장은 정당하며, 그 처벌은 정당한가?

헌법의 보장(Schutz der Verfassung)이라 함은 한 나라의 실정법질서에 있어서 최고규범 헌법의 규범력과 기능이 헌법의 침해나 파괴로 말미암아 변질 또는 상실되지 않도록 사전에 방지하거나 사후에 교정함으로써 헌법의 최고법규성과 실효성을 확보하려는 제도를 말한다. 헌법이 제정되면 그것은 실천되어야 한다. 헌법에 대한 침해가 있거나 헌법의 존속을 위협하는 사태가 발생하면 그로부터 헌법을 방위하지 않으면 안 된다. 콘드라 헤세에 의하면 '헌법보장제도는 내·외의 공격과 위·아래로부터의 헌법 적대적 시도로부터 헌법의 기능이 상실되지 않도록 헌법을 방위하는 제도'라고 하였다

1. 헌법보장제도의 유형

헌법보장제도는 그 기준에 따라 헌법의 정치적 보장과 사법적 보장, 제도화된 헌법보장과 제도화되지 않은 헌법보장, 국가권력에 의한 보장과 국민에 의한 보장, 헌법의 실체적 보장과 절차적 보장, 평상시의 보통 헌법보장과 비상시의 특별 헌법보장 등으로 나눌 수 있다. 헌법의 수호자가 누구인가의 문제에 대해서는 대통령이 헌법수호자라는 견해(C. Schmitt)와 대통령·의회·헌법재판소라는 견해(H.Kelsen)가 있으나, 헌법의 제1차적인 수호자는 국민으로서 헌법보장기관에 해당한다.

2. 우리나라의 헌법보장제도

(1) 사전적·예방적 보장

사전적·예방적 보장에는 합리적 정당정치의 실현, 국제정치적인 영향, 선거민에 의한 통제, 국민의 헌법의식 등의 정치적 보장과 헌법의 최고규범성 선언, 국가권력의 분립, 헌법개정의 억제, 공무원의 정치적 중립보장, 정당해산조항 등의 법적 보장수단이 있다.

(2) 사후적·교정적 보장

헌법이 현실적으로 침해된 경우에 헌법침해행위를 배제하나 그 효력을 부정함으로써 헌법의 지위를 회복시키기 위한 사후적·교정적 보장수단으로는 위헌법률심사제, 탄핵제도, 위헌정당의 해산, 공무원의 책임제도 등이 있다.

(3) 국가긴급권

국가긴급권이라 함은 전쟁·내란·경제공황 등의 국가의 존립이나 헌법질서를 위태롭게 하는 비상사태가 발생한 경우에, 정부가 국가의 안전과 헌법질서를 유지하기 위하여 비상적 조치를 강구할 수 있는 권한을 말하는바, 이것도 헌법보장을 위한 비상수단의 하나이다.

우리나라 헌법상의 국가긴급권제도를 보면, 제헌헌법은 긴급명령권·긴급재정처분권과 계엄을 규정하였다. 제2공화국헌법은 제헌헌법하의 긴급권남용을 거울삼아 긴급명령제도를 없애고 긴급재정처분과 긴급재정명령 및 계엄만을 규정하고 이에 대한 견제장치를 두고 있었다. 제3공화국헌법은 제1공화국헌법의 긴급명령제도를 부활하였으며, 초헌법적인 긴급권의 행사를 규정한 '국가보위에 관한 특별조치법'이 제정되었다. 제4공화국헌법은 국가긴급권을 보다 강화하여 대통령에게 방대한 긴급조치권과 계엄선포권을 부여하였다. 제5공화국헌법은 제4공화국헌법의 긴급조치권에 대한 반성으로 비상조치권을 약화하고 그에 대한 통제를 강화하였다. 제6공화국헌법은 제3공화국과 마찬가지로 제1공화국시대의 긴급명령권과 긴급재정경제명령권 등을 인정하고 있으며 계엄제도를 인정하고 있다.

(4) 저 항 권

헌법상 저항권이란 입헌주의적 헌법질서를 침해하거나 배제하려는 개인이나 기관에 대하여 실정법상의 구제수단이 없을 경우에, 초실정법적 권리를 근거로 하여 주권자로서의 국민이 헌법적 질서, 특히 법치국가적 질서를 유지하기 위한 최후의 수단으로 그 개인이나 기관에 저항할 수 있는 권리를 말한다.

우리 헌법재판소도 '저항권은 국가권력에 의하여 헌법의 기본원리에 대한 중대한 침해가 행하여지고 그 침해가 헌법의 존재 자체를 부인하는 것으로서 다른 합법적인 구제수단으로는 목적을 달성할 수 없을 때에 국민이 자기의 권리·자유를 지키기 위하여 실력으로 저항하는 권리(헌재결 1997.9.25. 97헌가4)'라고 밝히고 있다. 국민은 일반적으로 국가권력에 복종할 의무가 있다. 가령, 국가권력이 위헌·위법하게 행사된 경우거나 국가권력의 위헌·위법한 행사로 말미암아 자신의 자유와 권리가 침해된 경우에도 국민은 실정법에 규정된 방법, 예컨대 이의신청·소원·소송·위헌법령심사·탄핵 등 합헌적·합법적인 방법에 따라 구제를 구하거나 아니면 선거나 언론을 통하여 정책의 과오를 시정하게 하는 것이 통상적으로 택하는 방법이다.

그러나 국가권력을 담당하는 개인이나 기관이 헌법의 기본원리를 전면적으로 부인하고 명백히 정의에 반하여 권력을 행사하는 경우에도 국민은 그에 복종해야 하는가? 아니면 헌법을 보장하기 위하여 또는 기본권을 수호하기 위하여 실력을 행사하여 저항하는 것이 인정되는가? 여기에서 저항권의 근본적인 문제가 제기된다. 저항권에 관해서는 각국에서의 입법례와 판례의 경향이 동일하지 아니하고, 또 저항권의 본질에 관한 이해와 저항권의 성립요건·행사요건에 관한 규정 방식도 다양하다. 우리 헌법에는 저항권에 관한 명문의 규정은 없으나 학계에 있어서 지배적인 견해는 이를 자연법상의 권리로 보고 있다.

<사례1 해설> (헌법보장)

사례는 개인이나 특정 단체에 의하여 헌법이 침해되는 경우에 헌법을 어떻게 보호할 것인가의 문제이며, 악법에 의해 헌법이 침해되고 국민의 기본권이 침해되는 경우에 그 악법을 준수하여야 하는가의 문제에 대한 것이다.

V. 국민의 헌법상의 지위

사례 2　　국민의 헌법상의 지위

정부는 재외동포들의 출입국과 대한민국 내에서의 법적 지위를 보장하기 위하여 '재외동포의 출입국과 법적 지위에 관한 법률'을 제정하여 시행하였다. 그런데 중국동포 A는 현재 중화인민공화국(중국)에 거주하고 있는 중국국적의 재외동포로서, 위 법률 제2조 제2호가 A와 같이 1948년 대한민국 정부수립 이전에 해외로 이주한 자 및 그 직계비속을 재외동포의 범주에서 제외함에 따라, 자신들이 위 법률에서 규정하는 혜택을 받지 못하게 되어 인간으로서의 존엄과 가치 및 행복추구권(제10조), 평등권(제11조) 등을 침해하였다고 주장하면서, 헌법재판소에 헌법소원심판을 청구하였다. 이러한 A의 주장은 타당한가?

1. 국민의 요건

국민이란 국가에 소속하여 통치권에 복종할 의무를 가진 개개의 자연인을 말한다. 이러한 국민이 되는 자격을 '국적'이라고 하며, 헌법 제2조 제1항은 '대한민국의 국민이 되는 요건은 법률로 정한다'고 규정하여 이에 따라 제정된 국적법이 대한민국 국민의 요건인 국적의 취득과 상실에 관하여 규정하고 있다.

국적의 취득요건에 있어서 출생에 의한 선천적 취득에는 부모의 국적을 취득하는 혈통주의(속인주의. 독일, 호주, 스위스, 일본, 한국)와 출생지 소속국가의 국적을 취득하는 출생지주의(속지주의. 미국, 영국, 중남미국가)의 두 원칙이 있는데, 우리나라는 속인주의(혈통주의)를 원칙으로 하고 있다.

국적의 후천적 취득방법에는 혼인, 귀화, 인지, 국적회복, 수반취득 등이 있으며, 외국인의 양자, 이중국적자로서 법무부장관에게 신고하여 국적을 이탈한 자, 자진해서 외국국적을 취득한 자 등은 국적을 상실한다. 국적을 상실한 자는 대한민국 국민이 아니면 누릴 수 없는 권리를 3년 이내에 양도하여야 하며, 그 기간이 지났을 때에는 권리를 상실한다. 또한 헌법 제2조 제2항의 규정에 의하여 국가는 재외국민의 보호 의무를 진다.

2. 국민의 헌법상의 지위

국민의 국가에 대한 지위에 관하여 국가주권설에 입각하고 있는 옐리네크는 수동적 지위, 능동적 지위, 적극적 지위, 소극적 지위로 나누고 있으나 국민주권의 원리에 입각한 민주국가에 있어서 국민의 헌법상의 지위는 기본적으로 ① 주권자로서의 국민, ② 최고국가기관으로서의 국민, ③ 기본권의 주체로서의 국민, ④ 피치자로서의 국민으로 구분할 수 있다. ①과 ②는 국가권력의 주체가 되는 경우이고, ③과 ④는 국가권력의 대상이 되는 경우이다.

(1) 주권자로서의 국민

헌법 제1조 제2항은 국민주권주의를 선언하고 있는바, 여기에서 말하는 국민이란 주권보유자로서 우리나라에 있어서 정치적 통일체의 형태와 내용을 최종으로 결정하는 전체로서의 국민을 의미하며, 모든 국가권력의 원천이 되는 기능을 보유한다.

(2) 최고국가기관으로서의 국민

주권자로서의 국민은 국민 전체라고 하는 추상적·이념적 통일체이기 때문에 선거인단·투표인단의 형태로 직접·구체적으로 정치에 참여하는 '최고국가기관으로서의 국민'과는 구별된다. 주권자로서의 전체국민 중에서 일정한 연령에 달하고, 특별한 결격사유가 없는 국민집단(유권자)만이 '최고국가기관으로서의 국민'이다. 우리 헌법에 있어서 헌법개정안의 확정(제130조 제2항), 중요정책에 관한 국민표결(제72조), 국회의원의 선출(제41조 제1항) 등에 있어서와 같이 국민의 헌법의 규정에 따라 투표와 선거를 하는 경우와 공무담당 등에 있어서 유권자의 전체를 말한다.

(3) 기본권의 주체로서의 국민

모든 국민은 인간으로서의 존엄과 가치를 가지며 행복을 추구할 권리를 가진다. 또한, 국가는 개인이 가지는 불가침의 기본적 인권을 확인하고 보장할 의무를 진다. 이 경우 개인으로서의 국민은 기본권 향유자로 파악된다. 즉, 헌법 제10조에서 제37조까지의 국민이 이에 해당한다.

(4) 피치자로서의 국민

개개인으로서의 국민은 또한 국가적 지배권의 대상이 되는 지위, 즉 피치자로서의 지위에 있기도 하다. 공의무의 주체로서 나타나는 경우가 여기에 해당한다.

<사례2 해설> (국민의 헌법상의 지위)

사례는 대한민국 헌법상의 기본권을 누릴 수 있는 주체에 해당하는 사람이 누구인가를 묻는 문제로서, 대한민국 국민의 법적 지위와 외국인의 기본권 주체성에 대한 헌법적 사례이다.

Ⅵ. 대한민국의 기본질서

사례 3 대한민국의 기본질서

평소 북한주민 돕기 사회활동을 꾸준히 진행해 온 A는 북한주민의 기아해결을 돕기 위하여 북한에 쌀 또는 현금을 보내고자 통일부에 남북교류협력에관한법률 제9조에 따라 북한주민 접촉신청을 하였으나, 통일부장관은 위 신청이 민간차원의 대북지원에 관한 정부방침에 어긋난다는 이유로 이를 불허하였다. 이에 A는 서울고등법원에 위 불허처분의 취소를 구하는 행정소송을 제기하는 한편, 위 불허처분의 근거법률인 남북교류협력에관한법률 제9조 제3항에 대하여 위헌심판제청신청을 하였다. 그런데 위 법원이 위 취소청구 및 위헌심판제청신청을 모두 기각하자, A는 이에 불복하여 헌법재판소에 헌법소원심판을 청구하였다. 이러한 A의 행위는 헌법상 정당한가?

1. 민주적 기본질서(자유민주적 기본질서)

(1) 헌법규정

헌법은 전문에서 '자유민주적 기본질서를 더욱 확고히 하여…'라고 하고, 제
4조에서 '자유민주적 기본질서에 입각한 평화적 통일정책을 수립하고…'라고 규
정하는 한편, 제8조 제4항에서 '정당의 목적이나 활동이 민주적 기본질서에 위배
될 때에는…'라고 규정하여 민주적 기본질서를 대한민국의 정치적 기본질서로 선
언하고 있다.

(2) 민주적 기본질서의 개념과 법적 성격

헌법상의 민주적 기본질서는 1949년 독일기본법 제18조(기본권상실조항)와
제21조 제2항(위헌정당해산조항)에서 처음으로 규정하였으며, 그 개념은 '모든 폭
력적 지배나 자의적 지배를 배제하고, 그때그때의 다수의 의사와 자유·평등에 의
거한 국민의 자기결정을 토대로 하는 법치국가의 통치질서'(독일연방헌법재판소 판
례)를 의미한다.

우리 헌법재판소도 독일의 판례를 원용하여 민주적 기본질서의 개념을 규정
하고 있으며, 그 개념적 요소로 ① 인간의 존엄과 인격존중을 기본으로 하는 인
권보장, ② 국민주권의 원리, ③ 권력분립의 원리, ④ 책임정치의 원리, ⑤ 행정의
합법성의 원리, ⑥ 사법권의 독립, ⑦ 복수정당제와 정당활동의 자유보장 등을 들
고 있다(헌재결 1990.4.2. 89헌가113)

이러한 헌법의 민주적 기본질서는 ① 우리 헌법의 최고규범으로서 최고의
효력을 가지며, ② 헌법개정금지의 대상이며, ③ 모든 법해석의 기준이 되며, 모
든 국가작용의 타당성의 근거가 되고, ④ 헌법상 기본권의 제한근거가 되며 동시
에 제한의 한계로서의 역할을 한다.

(3) 민주적 기본질서의 내용

헌법 제1조 제1항은 대한민국의 국가형태를 '민주'공화국이라 하여 공화국
의 내용을 민주적인 것으로 규정하고 있다. 이때의 민주주의는 자유민주주의는
물론 사회민주주의 등을 포괄하는 상위개념이므로 대한민국은 자유민주주의뿐만
아니라 사회민주주의도 동시에 그 내용으로 할 수 있다. 자유주의와 민주주의 결

합형태인 자유민주주의와, 사회주의와 민주주의의 결합형태인 사회민주주의는 본질적으로 상이한 개념이기는 하지만, 대한민국의 국가형태를 헌법이 '민주적'인 것으로 규정하고 있는 이상 자유민주주의와 더불어(또는 나란히) 사회국가적 원리, 복지국가적 원리를 추구할 수 있음은 물론이다. 그러나 이때에도 우리 헌법이 자유시장 경제질서를 기본으로 하고 있고, 또 헌법전문이 '자유민주적 기본질서를 더욱 확고히 하여'라고 하고 있는 점에 비추어 자유민주주의에 보다 중점을 두어야 함은 물론이다. 이에 대하여 헌법 제8조 제4항의 민주적 기본질서라 할 때의 민주주의는 오로지 자유민주주의만을 의미한다. 정당조항의 민주적 기본질서만은 자유민주적 기본질서, 곧 '민주적 기본질서=자유민주적 기본질서'로 이해해야 한다. 우리 헌법은 전문에서 대한민국의 국가적 이념은 자유민주적 기본질서를 더욱 공고히 하는 것임을 명문으로 규정하고 있지만, 이것이야말로 대한민국의 헌법질서의 핵인 것이며, 어떠한 경우에도 수호하지 않으면 안 될 최후의 방어선인 것이다. 이러한 의미에서 자유민주적 기본질서는 적극적으로 보장되어야 하고 그 침해행위는 부정되어야 한다.

(4) 민주적 기본질서의 보장방법

헌법상 민주적 기본질서를 보장하기 위한 방법에는 적극적 방법과 소극적 방법이 있다.

1) 적극적 방법　　적극적 방법으로는 자유민주적 질서형성을 위하여 자유로운 의사발표의 보장과 정치과정의 공개가 보장되어야 한다. 즉 양심의 자유, 언론·출판·집회·결사의 자유, 의회주의 등이 보장되어야 한다.

2) 소극적 방법　　소극적 방법으로는 위헌정당해산제, 탄핵제도, 해임건의, 징계, 위헌법률심사제, 저항권, 형법·국가보안법 및 행정법규에 의한 보장 등을 들 수 있다.

2. 사회적 시장경제질서

국가의 성격에 따라 그 경제질서의 성격도 달라진다. 즉 18·19세기의 자본주의의 헌법은 개인주의와 자유방임주의를 그 지도원리로 하므로 국민의 자유, 특히 경제적 자유를 최대한 보장하는 야경국가 내지 질서국가의 사상이 지배하였다. 그러나 자본주의가 발달하면서 19세기 말 20세기 초에 이르러 경제적 부의 일방적 편재, 유산자와 무산자와의 계급적 갈등과 대립, 주기적인 경제공황, 실업자의 양산 등의 자본주의의 모순과 결함이 노출되자 이를 극복하기 위하여 국가는 종래의 자유주의적 시장경제를 포기하고 적극적으로 경제에 통제와 간섭을 하게 되었다. 이러한 경향을 성문헌법에 가장 먼저 적극적으로 규정한 것이 1919년의 바이마르(Weimar)헌법이었고, 이것이 각국 헌법의 모범이 되었다.

(1) 우리 헌법상의 경제질서

우리 헌법에는 사유재산제의 보장과 자유경쟁을 기본원리로 하는 자본주의적 자유시장 경제질서를 원칙으로 하면서 사회복지·사회정의·경제민주화 등을 실현하기 위하여 사회주의적 계획경제를 가미한 사회적 시장경제질서를 채용하고 있다.

이를 위하여 우리 헌법은 경제질서의 기본성격으로서 사유재산제도를 바탕으로 하고 경제활동의 자유와 자유경쟁을 존중하는 자본주의적 자유시장 경제를 골간으로 하면서, 사회정의와 경제민주화를 실현하기 위하여 국가적 규제와 조정을 광범위하게 인정하고 있다.

(2) 사회적 시장경제질서의 내용

자유민주적 기본질서가 정치적 공동체로서의 대한민국의 기본질서를 의미하는 것이라면, 사회적 시장경제질서는 경제적 공동체로서의 대한민국의 기본질서를 의미한다. 경제질서는 대체로 자본주의적 자유시장 경제질서에서 수정자본주의적 경제질서를 의미하는 사회적 시장경제질서로가 아니면 사회주의적 계획경제질서로 발전하여 왔다. 오늘날 고도로 발달한 산업화사회인 자유주의적 국가가 그 불가피한 과제로서 실질적 정의를 구현하기 위하여 사회개혁을 실현하려는 국가라 할 수 있는 사회적 법치국가는 사회적 시장경제질서를 바탕으로 하고 있다. 사회적 시장경제질서(혼합경제)는 사유재산제의 보장과 자유경쟁을 기본원리로 하는 자본주의적 자유시장경제질서를 원칙으로 하되, 여기에 사회복지와 사회정의를 실현하기 위하여 사회주의적 계획경제를 가미한 경제질서를 말한다.

(3) 사회적 시장경제질서의 한계

민주주의국가에 있어서 그 경제질서는 인격의 존엄과 개인의 자유와 양립되지 않는 경제질서, 즉 사유재산제를 전면적으로 부정하는 전체주의적·사회주의적 계획경제 질서와는 양립되지 아니한다. 그러한 의미에서 민주주의국가에 있어서 사회주의적 계획경제원리의 도입에는 일정한 한계가 있다.

3. 평화주의적 국제질서

(1) 헌법원칙

양차대전의 체험을 계기로 제2차 대전 이후에는 각국이 전쟁을 방지하고 평화를 유지하기 위한 각별한 노력을 기울여 왔으며, 여러 국제조약과 각국의 헌법에서도 국제평화주의를 선언하고 침략전쟁을 금지하는 평화조항을 두게 되었다. 우리 헌법도 이를 위하여 평화적 통일의 지향(전문, 제4조, 제66조 제3항, 제69조), 침략적 전쟁의 부인(제5조 제1항), 국제법질서의 존중과 외국인의 법적 지위의 보장(제6조) 등을 규정하고 있다.

(2) 국제평화주의

우리 헌법은 세계적인 평화주의의 실정법화 경향에 따라 제5조 제1항에서 침략적 전쟁을 부인하고 있으며, 전문에서 '밖으로는 항구적인 세계평화와 인류공영에 이바지함으로써'라고 하여 평화주의의 기본원칙을 선언하고 있다.

따라서 헌법은 정복을 위한 전쟁·국제분쟁해결을 위한 수단으로서의 전쟁은 부인하나, 자위전쟁 내지 제재전쟁은 허용하고 있다. 자위전쟁은 외국으로부터의 급박하고 불법적인 공격을 받은 경우 이를 격퇴하여 국민과 국토를 방위하기 위한 전쟁으로서 이는 UN헌장에서도 용인하고 있다(UN헌장 제51조). 한편 제재전쟁은 국제경찰군으로서 UN군이 무력공격을 감행한 침략군을 제재하고 국제평화와 안전의 유지를 위하여 필요한 병력을 동원하는 적법전쟁을 말한다.

(3) 국제법 존중주의

국제질서는 기본적으로 국제법규와 조약으로 형성되기 때문에 국제법규와 조약의 준수 그리고 그 성실한 이행은 바로 국제질서를 존중하는 것이 된다. 헌법은 제6조 제1항에서 '헌법에 의하여 체결·공포된 조약과 일반적으로 승인된 국제법규는 국내법과 같은 효력을 가진다'고 하여 국제질서 존중의 의사를 명백히 하고 있다.

여기에서 '조약'이란 국가간에 문서로 체결된 합의 또는 계약을 말하나, 국가 이외에도 예컨대 국제연합(UN) 등과 같은 국제기구도 조약의 당사자가 될 수 있으므로 결국 조약은 국가간, 국가와 국제기구간, 그리고 국제기구 상호간의 합의라고 볼 수 있다. 조약과 관련하여 헌법 제73조에서는 대통령의 조약체결·비준권을 규정하고 있고, 제60조 제1항에서는 국회의 조약체결·비준에 대한 동의권을 규정하고 있다.

그리고 '일반적으로 승인된 국제법규'란 성문의 국제법규(UN헌장의 일부, 포로에 관한 제네바협정, 집단학살금지협정, 부전조약 등) 및 국제관습법(포로의 학살금지와 인도적 처우, 대사·공사의 국제법상의 법적 지위에 관한 원칙, 민족자결의 원칙, 조약준수의 원칙 등)을 말한다.

(4) 외국인의 법적 지위의 보장

헌법은 제6조 제2항에서 '외국인은 국제법과 조약이 정하는 바에 의하여 그 지위가 보장된다'고 하여 상호주의에 입각한 외국인의 법적 지위를 보장하고 있다.

(5) 평화통일의 지향

우리헌법은 민족의 지상과제인 조국통일을 평화적 방법으로 달성코자 여러 곳에서 규정을 두고 있다. 즉 헌법 전문('…조국의 평화적 통일의 사명'), 제4조('평화통일정책을 수립하고…'), 제66조 제3항('조국의 평화적 통일을 위한 성실한 의무…'), 제69조의 대통령의 취임선서('조국의 평화통일과… 노력하여…')와 제92조의 민주평화통일자문회의 등이 그것이다.

<사례3 해설> (대한민국의 기본질서)

사례는 A의 행위가 비록 인도적인 차원에서 이루어지는 행위라고 할지라도, 그것이 우리 헌법상 인정되는 대한민국의 기본질서에 위배되는지의 여부에 따라 헌법적 정당성이 결정된다는 것을 보여주는 문제이다.

Ⅶ. 한국헌법의 기본제도

1. 정당제도

사례 4   정당제도

A는 서울특별시 ○○구의회 의원이었던 자이며, B는 경기도 ○○시의회 의원이었던 자로서 2006. 5. 31. 실시된 제4회 전국동시지방선거에 ○○당의 공천을 받아 해당 선거구에서 각 '1-나'의 기호를 배정받았으나 낙선하였다. 현행 공직선거법 제150조 제5항 후문은 지역구자치구·시·군의원선거에 있어서 전국적으로 통일된 기호를 부여받은 정당이 같은 선거구에 2인 이상의 후보자를 추천한 경우 그 정당이 추천한 후보자 사이의 기호는 후보자성명의 가나다순에 따라 '1-가, 1-나, 1-다' 등으로 표시하도록 하고 있다. 이에 A와 B는 위 조항이 부모로부터 물려받은 성(姓)씨라는 우연적 요소에 의하여 상대적으로 후보자들을 차별하므로 자신들의 성명권, 평등권, 공무담임권 등을 침해하는 것이라며 헌법소원을 제기하였다. 이러한 A와 B의 주장은 우리 정당제도의 취지에 비추어 볼 때 헌법적으로 정당한가?

정당제도가 발달하여 정당이 헌법상 중요한 기능을 담당하는 정당제민주주의에서는 정당이 국가의사를 적극적으로 형성하고 의회의 운영을 주도하는 등 국정의 실제적 담당자로서 역할을 한다. 현대국가에서 이와 같은 정당의 정치적 기능과 헌법상의 지위를 유지하게 하기 위해서는 정당의 설립과 활동의 자유가 철저히 보장되고 완전한 의미의 복수정당제가 확립되지 않으면 안 된다.

정당법 제2조에 의하면 '이 법에서 정당이라 함은 국민의 이익을 위하여 책임 있는 정치적 주장이나 정책을 추진하고, 공직선거의 후보자를 추천 또는 지지함으로써 국민의 정치적 의사형성에 참여함을 목적으로 하는 국민의 자발적 조직을 말한다'고 정의하고 있다.

헌법상의 정당이기 위해서는 첫째, 국가와 자유민주주의를 긍정하여야 한다. 둘째, 공익의 실현에 노력하여야 한다. 셋째, 선거에 참여하여야 한다. 넷째, 정강이나 정책을 가져야 한다. 다섯째, 국민의 정치적 의사형성에 참여하여야 한다. 여섯째, 계속적이고 공고한 조직을 구비하여야 한다. 일곱째, 그 구성원이 당원이 될 수 있는 자격을 구비하여야 한다.

1) 정당설립의 자유와 복수정당제 보장　　오늘날과 같은 대중적 민주주의에 있어서 정치적 의견발표와 정치적 활동은 정당정치의 방식에 따르는 것이 일반적이기 때문에 복수정당제의 보장과 정당의 존립 및 활동의 자유의 보장이야말로 자유민주적 기본질서의 중요한 내용적 특징이라 하지 않을 수 없다. 우리 헌법도 '정당의 설립은 자유이며 복수정당제는 보장된다'(제8조 제1항)고 하고 있다.

2) 정당의 권능과 의무　　정당은 국민의 이익을 위하여 책임 있는 정치적 주장이나 정책을 추진하고, 공직선거에 후보자를 추천·지지함으로써 국민의 정치적 의사형성에 참여하는 권능을 가지며, 각급 선거에 참관인 지명권이 있다. 또한, 정당은 그 목적·조직과 활동이 민주적이어야 하며 국민의 정치적 의사형성에 참여하는 데 필요한 조직을 가져야 한다(제8조 제2항). 또한, 정당의 목적이나 활동이 민주적 기본질서에 위배하거나 국가의 존립에 위해가 되어서는 안 된다(제8조 제4항).

3) 정당의 보호　　정당은 법률이 정하는 바에 의하여 국가의 보호를 받으며, 국가는 법률이 정하는 바에 의하여 정당운영에 필요한 자금을 보조할 수 있다(제8조 제3항). 이에 따라 정치자금의 적정한 제공을 보장하고, 그 수지상황의 양성화와 공개화를 통해 금권정치 내지 부패정치의 소지를 미연에 방지할 목적으로 제정된 법률이 정치자금에 관한 법률이다.

<사례4 해설> (정당제도)
사례는 우리의 현행 정당제도의 관점에서 볼 때 공직선거법상의 후보자 등록 기호의 부여가 헌법적으로 타당한가를 묻는 문제이다.

2. 선거제도

사례 5　　선거제도

직장인 A는 의정부시 의정부동에 거주하고 있는 사람인데, 2003. 4. 24. 실시될 예정인 의정부시 선거구의 국회의원 재·보궐선거에서 선거권을 행사하려 하였으나, 공직선거법 제155조 제1항이 투표시간을 오전 6시부터 오후 6시까지로 정해져 있어, A는 위 투표시간에 직장에 출근하여 일하여야 되기 때문에 투표권을 행사할 수 없으므로 위 법률조항이 A의 평등권 및 선거권을 침해한다고 주장하면서 헌법소원심판을 청구하였다. A의 주장은 헌법적으로 타당한가?

(1) 선거의 의의

민주정치는 선거의 정치이고, 의회주의의 역사도 어떤 의미에서는 선거제도의 역사라 할 수 있다. 국민주권국가에 있어서 선거의 의미와 가치는 '합의에 의한 정치'를 실현하기 위해 국민의 의사를 대표할 기관을 구성하는 데 있다. 그러나 현대 정당국가에 있어서는 선거의 의의가 크게 변질되었다. 정당제 민주주의에 있어서는 선거가 인물의 선정이라는 성격을 거의 탈피하고, 둘 또는 세 개의 가능한 정부 중 그 하나를 선택한다고 하는 플레비시트의 성격을 띠게 되었기 때문이다.

(2) 선거에 관한 원칙

선거의 기본원칙에는 다음과 같은 것이 있다.

1) 보통선거   보통선거는 제한선거에 대응하는 원칙으로서, 재력이나 납세액 또 그 밖의 사회적 신분·인종·신앙·성별·교육 등을 요건으로 하지 아니하고 일정한 연령에 달한 모든 사람에게 선거권을 인정하는 제도를 말한다. 민주정치는 모든 국민이 참가할 것을 요한다.

2) 평등선거   평등선거는 차별선거에 대응하는 제도로서, 모든 선거인에게 1인 1표의 투표가치를 부여하는 원칙이다. 특히 평등선거의 원칙은 투표의 수적 평등뿐만 아니라 투표가치의 질적 평등이 문제로 되는바, 선거구 인구를 평등하게 함으로써 그것을 해결할 수 있다.

3) 직접선거   직접선거는 간접선거에 대응하는 원칙으로서, 일반선거인이 직접 대표자를 선출하는 제도이다.

4) 비밀선거   공개선거에 대응하는 개념으로서, 선거인이 누구에게 투표하였는가를 제3자가 모르게 하는 제도이다. 비밀선거의 전형은 무기명투표에 의한 '용지비밀투표제'이다.

5) 자유선거   강제선거에 대응하는 개념으로서, 외부의 직접적·간접적 간섭 없이 하는 선거를 말한다.

(3) 선거구 제도

선거란 선거인단을 나누는 지역을 말하는바, 이에는 소선거구제·중선거구제·대선거구제가 있다. 소선거구제란 1선거구에서 1인의 대표자를 선출하는 제도이며, 중선구제도란 1선거구에서 2~5인의 대표자를 선출하는 제도이고, 대선거구제는 그 이상을 선출하는 제도를 말한다.

<사례5 해설> (선거제도)
사례는 선거제도와 관련하여 평등선거의 원칙에 대하여 묻고 있는 문제이다.

3. 공무원제도

사례 6　공무원제도

A는 1971. 2. 8.생으로서 국가공무원 9급 일반행정직 공무원시험을 준비하는 여성인데, 위 시험의 응시연령의 상한을 28세까지로 제한하고 있는 공무원임용시험령 제16조가 헌법상 보장된 평등권, 공무담임권, 직업선택의 자유를 침해한다며 헌법재판소에 헌법소원심판을 청구하였다. 이러한 A의 주장은 헌법적으로 정당한가?

(1) 공무원의 의의와 범위

공무원이라 함은 직접·간접으로 국민에 의하여 선출되어 국가나 공공단체의 공무를 담당하는 자를 총칭한다. 선거에 의한 공무원을 제외하고는 공무원의 실질적 임명권은 대통령이 가진다(제78조). 공무원은 ① 국가공무원과 지방공무원, ② 경력직 공무원과 특수경력직 공무원 등으로 분류할 수 있다. 그러나 공무원의 개념은 제도적 소산이므로 가변적이며 법률의 정하는 바에 따라 그 범위가 다를 수 있다. 뿐만 아니라, 헌법상의 공무원의 개념과 범위도 그것을 규정하고 있는 조항에 따라 반드시 같지 아니하다.

(2) 공무원의 헌법상의 지위

헌법 제7조 제1항에서는 '공무원은 국민 전체에 대한 봉사자이며 국민에 대하여 책임을 진다'고 하여 공무원의 헌법상의 지위를 규정하고 있다. 공무원이 국민 전체에 대한 봉사자라는 것과 국민에 대하여 책임을 져야 한다는 것은 대한민국이 국민주권주의를 바탕으로 하는 민주공화국(제1조)이라는 점에 비추어 당연한 것이지만, 헌법은 제7조 제1항에서 이것을 명문화하고 있다.

1) 국민 전체에 대한 봉사자   국민주권국가에 있어서 국민은 주권의 주체이므로 공무원은 어느 특정인이나 특정한 당파·계급·종교·지역 등 부분이익을 대표해서는 아니 되고 국민 전체의 이익을 위하여 봉사하지 않으면 안 된다. 특히, 오늘날과 같은 정당제국가에 있어서 공무원은 집권당 또는 집권세력의 사병으로서 일당일파의 정치적 이익에만 봉사할 것이 아니라 국민전체의 이익을 위하여 봉사하지 않으면 안 된다는 점이다. 국민은 국가권력의 행사를 공무원에게 신탁한 주권자이기 때문이다.

2) 공무원의 책임   헌법 제7조 제1항 후단에서 말하는 공무원의 책임이란 국민 전체에 대한 봉사자로서의 책임, 국가이념을 대표해야 할 책임, 그 직무를 합법률성에 따라 수행해야 할 책임을 말한다. 국민의 공무원파면권 등이 인정되고 있지 아니한 우리 헌법의 경우에는 그 책임은 원칙적으로 이념적·정치적 책임이지만, 헌법에 명문의 규정이 있는 때(예컨대, 제29조와 같이)에는 법적 책임을 묻는 경우가 있다. 우리 헌법상 공무원에 대하여 책임을 묻는 방법으로는 선거에 의한 방법, 탄핵에 의한 방법, 해임건의에 의한 방법, 청원에 의한 방법 및 손해배상청구권을 통한 방법 등이 있다.

(3) 직업공무원제

우리 헌법은 제7조 제2항에서 '공무원의 신분과 정치적 중립성은 법률이 정하는 바에 의하여 보장된다'고 하여 직업공무원제를 규정하고 있는바, 이는 근대 공무원제도의 발전과정에서 발생한 부패관료제를 극복함으로써 확립되었다.

민주국가에 있어서 직업공무원제는 집권당의 지배로부터 독립하여 국정의 능률적인 운영을 기하도록 하기 위한 민주적이고 과학적인 것이라야 한다. 그러기 위해서는 ① 직무의 종류와 책임의 정도에 상응한 과학적 직계제의 확립, ② 공무원의 임면·승진·전임제 등의 민주적 운영, ③ 공무원의 독립성의 보장과 능력본위의 실적주의의 확립, ④ 공정한 인사행정을 실시하기 위한 독립된 인사행정기구의 설치 등을 그 기본원칙으로 해야 한다.

<사례6 해설> (공무원제도)
사례는 공무원 임용상의 연령제한이 공무원제도의 본질상 헌법적으로 허용될 수 있는가를 묻는 문제이다.

4. 지방자치제도

지방자치는 그 자체로서 지역민주주의를 실현할 뿐 아니라 국민의 의사를 지역적으로 형성·조직화하여 국정에 반영시킴으로써 국정에서의 다원적 민주주의의 실현에 이바지한다. 또한 지방자치단체는 한편으로는 중앙집권적·관료주의적 경향에서 오는 국가행정의 폐단을 방지하고 국가권력의 남용을 견제함으로써 수직적 권력분립의 기능에 따른 국민의 자유보장에 이바지하고 다른 한편으로는 국가와 협력하여 사회국가적·복지국가적 임무를 분업적으로 수행함으로써 국민의 복지증진에 기여한다.

우리 헌법은 제8장에서 지방자치를 두고 2개조의 규정을 두어 지방자치를 헌법상 보장함과 아울러 지방자치의 방향성을 제시하고 있다.

첫째, 제117조 제1항에서 '지방자치단체는 주민의 복리에 관한 사무를 처리하고 재산을 관리하며, 법령의 범위 안에서 자치에 관한 규정을 제정할 수 있다'고 하여 지방자치단체가 그에 속하는 사무에 관하여 광범위한 자치권을 가져야 할 것임을 명시하는 한편 동조 제2항에서는 '지방자치단체의 종류는 법률로 정한다'고 하여 지방자치의 존중과 그 기본원칙을 선언하고 있다.

둘째, 제118조 제1항에서 '지방자치단체에 의회를 둔다'고 하고 또한 동조 제2항에서 '지방의회의 조직·권한·의원선거와 지방자치단체의 장의 선임방법 기타 지방자치단체의 조직과 운영에 관한 사항은 법률로 정한다'고 하여 의사기관 및 집행기관의 선임방법을 규정하여 지방자치단체의 기관의 민주화를 도모하고 있다.

제2. 기본권

* 집필: 장용근. 홍익대학교 법과대학 교수
* 별명이 없는 법조문명은 '헌법'임

Ⅰ. 기본권 총론

사례 1　기본권론

(1) 인권과 기본권은 동일한 의미인가?
(2) 헌법에는 국민만 기본권주체로 규정되어 있는데 국제화된 지금의 상황에서 외국인도 기본권의 주체가 되는가?
(3) 헌법에는 국민만 기본권주체로 규정되어 있는데 각종 대기업이 경제민주화 등 문제가 되는 상황에서 법인도 기본권의 주체가 되는가?

1. 각국의 인권선언

(1) 영 국

대헌장은 특정신분 즉 귀족을 위하여 자유와 특권을 문서로 확인한 것에 지나지 않으나, 근대적 인권선언의 조상이며, 왕과의 타협과 투쟁 속에서 왕권행사에 일정한 제약을 하려는 데 그쳤기 때문에(신분적 자유보장), 미·불 등이 혁명을 통하여 기본권을 천부적 인권으로 선언한 것과 구별된다.

(2) 미 국

1776년 6월이 버지니아 권리장전에서 천부적인 불가침적 자연권으로서 생명과 자유를 누릴 권리, 소유권, 저항권 등이 규정되었다(국민주권의 원리와 기본권의 천부성을 규정하였다는 점에서 다른 헌법의 모델이 되었다). 1787년의 미국의 지방헌법·연방헌법에는 권리장전(=인권규정)이 없었으나, 1791년에 인권규정 10개조가 연방헌법에 추가되었다.

(3) 불 란 서

1789년 인간 및 시민의 권리선언(일명 구시대의 사망증서요 근대 시민사회의 출생 증서라 칭하여진다)이 그 효시이다.

1789년 인권선언의 기원이 어디에서 유래하였는가에 관한 부뜨미(Boutmy)와 옐리네크(Jellinek)의 논쟁이 유명한데, 부뜨미는 18세기 계몽철학(루소의 사상)으로 보는 반면, 옐리네크는 1776년 버지니아 권리장전으로 보고 있으나, 옐리네크의 주장은 설득력이 부족하다고 본다. 불란서 인권권언에는 생존권(사회권) 조항이 없다.

(4) 독 일

1850년의 프로이센헌법은 외견상 인권선언을 두었을 뿐이며, 1871년의 비스마르크헌법은 독일 통일에 필요한 실용적 조항만 두고 방해소지가 있는 기본권 규정은 두지 않았다.

<현대 헌법의 기본권의 특색>
(1) 기본권의 사회화 경향
 · 자유권에서 생존권으로 옮기고 있다.
 · 1919년의 바이마르헌법에서 그 효시를 이룬 생존권이 제2차세계대전 이후 세계적으로 확산되었다.
 · 자유권의 의미와 기능도 단순한 방어적으로 보기보다는 자유권의 생활권화 현상이 강조된다.
(2) 기본권의 자연권성 강조
 · 기본권이 전국적 불가침·불가양의 자연권성이 다시 강조
(3) 기본권보장의 국제화 경향
 · 인권보장의 보편화 현상이다.
 · 1950년이 유럽 인권규약, 1966년의 국제인권규약
 · 국제연합이 제정한 세계인권선언과 국제인권규약의 차이점은 전자는 실시규정이 없는 데 대하여 후자는 실시규정을 두어 비준국의 의무를 규정하고 있다.
(4) 제3세대 인권론
 1. 유네스코는 시민적·정치적 권리를 제1세대 인권으로, 경제적·사회적·문

화적 인권을 제2세대 인권으로, 연대권을 제3세대 인권으로 하면서, 연대
권에는 개발권, 평화권, 환경권, 인류공동의 유산에 대한 소유권, 인간적
도움을 받을 권리가 포함되어 있다.
  2. 제1세대 인권의 이념은 자유, 제2세대 인권의 이념은 평등, 제3세대 인권
    의 이념은 연대성(불란서 대혁명 3대 구호인 형제애의 현대적 표현)이다.

2. 기본권의 본질

인권 또는 인간의 권리란 인간이기 때문에 당연히 갖는 권리, 버지니아 권리
장전과 불란서 인권선언에서 인권 또는 인간의 권리로 표현된 것이 독일에서는
기본권(Grundrechte)이란 말로 사용되고 있다. 기본권 중에는 생래적인 권리도 있
으나 국가내적인 권리인 실정권(참정권, 청구권, 사회권)도 있어 인권과는 내용상 완
전히 일치하지 않는다.

기본권은 개인적 권리구제를 위한 주관적 권리이다. 기본권은 헌법에 규정된
실정권이나 자연권성질을 가지기에 그 해석에 있어서 국민의 권리를 최대한 보장
해 줄 수 있도록 해석하여야 한다. 기본권은 주관적으로는 개인을 위한 주관적
공권을 의미하지만, 객관적으로는 국가의 가치질서(법질서, 법원리)로서의 성격을
띠고 있다고 본다. 헌법재판소도 기본권은 국가권력에 의하여 침해되어서는 아니
된다는 의미에서 적극적 방어적으로서의 의미를 가지고 있을 뿐만 아니라, 국가
는 적극적으로 국민의 기본권을 보호할 의무를 부담하고 있다는 의미에서(제10조)
기본권은 국가권력에 대한 객관적 규범 내지 가치질서로서의 의미를 함께 가지
며, 객관적 가치질서로서의 기본권은 입법·사법·행정의 모든 국가기능의 방향을
제시하는 지침으로서 작용하므로, 국가기관에 기본권의 객관적 내용을 실현할 의
무를 부여한다고 하면서 이중성 성격을 긍정하고 있다.

3. 기본권의 주체

헌법상은 기본권의 주체가 되는 자는 오직 국민으로 규정되는데 여기서 국
민의 범위가 문제된다.

(1) 일반국민

헌법에 규정된 기본권은 모든 국민에게 보장됨이 원칙이다. 그러나 기본권 보유능력은 민법상 권리능력과는 반드시 일치하지는 않는다(태아, 사자, 외국인, 민법상 법인격없는 사단, 법인격있는 사단).

기본권 행사능력과 민법상 행위능력도 일치하지 않는다(미성년자의 권리, 피선거권, 공무담임권). 기본권 보유능력을 가졌다고 모두 행사능력을 가진 것이 아니고 헌법이 직접 행사능력을 정하기도 하고(대통령의 피선거권) 법률에 위임하기도 한다(국회의원선거권, 피선거권).

(2) 외 국 인

외국인은 국민개념 속에 넣을 수 없으므로 법률상의 문제에 불과하게 되므로 헌법적으로 그 보장 여부를 논할 성질이 아니라고 부정하는 견해도 있으나 헌법의 규정보다는 권리의 성질에 따라 인정 여부를 결정하려는 입장이다. 기본권의 성질이 인간의 권리로 볼 수 있는 경우에는 외국인에게도 인정된다는 입장으로 통설이다. 외국인도 자국민보호라는 상호주의 입장에서와 우리 헌법전문의 정신에 비추어서도 외국인의 기본권 주체성을 긍정하는 것이 바람직하다는 견해도 있다.

외국인에게 인정되는 기본권이라 하면 다음과 같다.

1) 인간으로서의 존엄과 가치·행복추구권(제10조)   인간으로서 인정되어야 한다.

2) 평등권   정치적 평등이나 재산권 보장에서는 합리적 차별이 인정된다.

3) 자유권   외국인에게 입국의 자유는 인정되지 않으나, 입국이 허용된 외국인에게 출국의 자유는 허락된다고 본다. 외국인에게 정치적 망명(망명권)을 인정할 것인가에 관하여 이를 긍정하는 견해와 부정하는 견해로 나뉘고 우리 법원은 아직 인정하지 않는다.

4) 생존권   국민의 권리이므로 외국인에게는 원칙적으로 인정되지 않는다. 다만, 환경권이나 보건권 등은 제한된 범위 내에서 인정된다고 본다.

5) 청구권   외국인에게 보장된 기본권(제10조, 제12조, 제27조 등)과 관련된 청구권적 기본권은 외국인에게도 인정된다(재판청구권, 형사보상청구권).

6) 참정권 원칙적으로 부정되나 정주 외국인의 경우는 지방자치단체 선거권이 인정된다.

(3) 법 인

공법인(중앙정부와 지자체 등의 경우는 기본권을 보장해 줄 의무만 있기에)의 경우에는 그 주체성을 설명할 수 없으며, 기타의 사법인의 경우는 인정된다. 그 이유로는 법인 자체적 측면에서 인정하는 견해도 있으나 그 구성원의 기본권을 보장하여 주기 위하여 인정된다고 보는 견해가 타당하다.

권리능력 없는 사단의 경우 헌법적 차원의 법인의 요건을 충족하면 되는 것이지 사법상 권리능력 유무는 주체성 향유에 영향을 줄 수 없고, 재단법인의 경우에도 긍정된다고 한다.

헌법재판소는 성질상 법인이 누릴 수 있는 기본권은 당연히 법인에게도 적용되어야 한다고 하여 법인의 기본권 향유능력을 긍정하였다. 동시에 한국영화인협회(비영리사단법인)에 기본권 주체성을 긍정하였고, 권리능력 없는 사단인 한국신문편집인협회와 정당에도 기본권 주체성을 긍정하였다.

<사례1 해설> (기본권론)

(1) 인권 또는 인간의 권리란 인간이기 때문에 당연히 갖는 권리, Virginia 권리장전과 불란서 인권선언에서 인권 또는 인간의 권리로 표현된 것이 독일에서는 기본권(Grundrechte)이란 말로 사용되고 있다. 기본권 중에는 생래적인 권리도 있으나 국가내적인 권리인 실정권(참정권, 청구권, 사회권)도 있어 인권과는 내용상 완전히 일치하지 않는다. 하지만 기본권의 자연권성이 인정되듯이 기본권의 해석시에 최대한 인권적 측면을 고려하여 보장하도록 노력하여야 할 것이다.

(2) 외국인은 국민개념 속에 넣을 수 없지만 헌법의 규정보다는 권리의 성질에 따라 인정 여부를 결정하려는 입장이 타당하고, 기본권의 성질이 인간의 권리로 볼 수 있는 경우(자유권과 평등권, 인간의 존엄과 행복추구 등)에는 외국인에게도 인정된다는 입장이 타당하고 내국인이 타국에서의 최대한 보호받기 위한 자국민보호라는 상호주의 입장과 우리 헌법전문의 정신에 비추어서도 외국인의 기본권 주체성을 긍정하는 것이 바람직하다는 견해도 있고 헌법재판소는 성징상 가능한 경우는 인정하고 있다.

(3) 법인의 경우 공법인(중앙정부와 지자체 등의 경우는 기본권을 보장해 줄 의무만 있기에)의 경우에는 그 주체성을 설명할 수 없으며, 기타의 사법인의 경우는 인정된다. 그 이유로는 법인자체적 측면에서 인정하는 견해도 있으나 그 구성원의 기본권

을 보장하여 주기 위하여 인정된다고 보는 견해가 타당하다. 특히 경제민주화 측면
에서는 중소기업의 기업의 자유 즉 직업의 자유와 재산권이라는 측면의 보호와 반
대로 대기업 등의 직업의 자유와 재산권간의 충돌 측면이 있기에 상호보호할 가치
가 있다면 조화롭게 해석하여야 할 것이다.

4. 기본권의 효력

(1) 기본권의 대국가적 효력

기본권은 모든 국가권력을 구속한다. Bonn 기본법 제1조 제3항(기본권은 직
접 적용되는 권리로서 입법, 집행 및 사법을 구속한다). 기본권은 당연히 입법, 사법, 행
정과 같은 국가권력을 구속하며 헌법개정권력도 구속한다.

이와 같이 기본권이 직접적으로 국가권력을 구속하는 것으로 볼 수 있는 헌
법적 근거가 무엇인가에 관하여, 생각건대 Bonn 기본법 제1조 제3항과 같은 명
시적 규정이 없더라도 기본권의 직접적 효력의 근거규정은 헌법 제10조에서 찾
는 것이 옳다고 본다.

기본권은 원칙적으로 모든 국가권력을 구속하나 개별적 기본권 중에서 성질
상 대국가적 효력의 인정 여부가 다투어지는 것이 있다. 생존권(사회적 기본권)은
구체적인 입법이 행하여지지 않은 경우에 행정이나 사법을 구속할 수 없다고 본
다는 견해도 있으나 입법 부작위에 대한 헌법소원이 인정되기에 지금은 입법의
제정을 청구할 수 있다.

비권력행위는 사법의 형식으로 이루어지는 것이기 때문에 기본권 효력이 미
치지 않는다는 견해(부정설)가 있으나, 기본권의 대국가적 효력은 모든 국가권력
에 미치는 것이므로, 권력·관리·국고작용과 같은 국가작용의 형태에 따라 달리
취급될 필요가 없으며, 국가권력 내에서의 특수한 신분관계 때문에 그 효력이 약
화될 수 없다고 본다

(2) 기본권의 대사인적 효력

사례 2 기본권의 대사인적 효력

회사가 미혼 여성의 경우 취직을 허용하면서 향후 결혼시에는 퇴직할 것을 약속하
는 경우의 계약을 맺는 것은 계약자유의 원칙상 허용된다고 보아서 회사는 입사

조건에 달았고 해당 여성 사원도 일단 취직이 어렵기에 허락을 하였다. 입사 후 결혼을 하게 된 시점에서 주택구입 문제와 육아비용 등을 고려할 때 도저히 직장을 포기할 수 없다고 생각하고 결혼 사실을 속이다가 우연히 연말정산에서 기혼자임이 밝혀진 경우 이 여성을 해고한다면 이는 정당한 결정인가?

국가권력 이외의 사회 제 세력들에 의하여도 침해되는 현상이 나타나게 되었고, 따라서 기본권의 효력이 국민의 대국가적 관계(즉 공법관계)에 국한할 것인지 아니면 국민의 대사인적 관계(즉, 사법관계)에도 타당할 것인가가 문제되었다.

헌법적 상황의 변화(기본권 침해가 사회 제세력에 의하여도 발생함)에 따른 현실적 필요에 의하여 기본권의 효력을 대국가적인 것에 국한시키지 않고, 대사인적인 것에까지 확대시키고 있다. 기본권의 대사인적 효력의 이념적 기초를 기본권의 양면성에서 구하는 견해가 있다. 이 견해에 따르면 기본권은 주권적 공권성 이외에도 객관적 가치질서의 성격을 지니고 있기 때문에 기본권의 효력이 사인 상호간에도 미칠 수 있다고 한다.

1) 직접 적용되는 경우로는 인간의 존엄과 가치, 행복추구권, 언론출판의 자유(제21조 제4항), 근로삼권, 참정권 등인데, 헌법 제21조 제4항의 경우 기본권의 직접 적용을 인정한 규정이고 언론·출판의 중요성, 과제, 기능을 고려한 언론의 책임을 규정한 것이라고 보아야 한다.

2) 직접 적용되는 기본권 이외에 성질상 사법관계에도 적용될 수 있는 기본권, 예를 들면 평등권, 사생활의 비밀, 양심·신앙 및 표현의 자유 등은 사법상 일반조항(민법 제2조, 제103조)을 통하여 간접적으로 적용된다.

3) 기본권의 성질상 대사인효가 인정될 수 없는 것으로는 청구권(청원권, 국가배상청구권), 사법절차적 기본권(변호인의 도움을 받을 권리, 신속하고 공개적인 재판을 받을 권리), 생명·신체에 관한 헌법상 지도원리(죄형법정주의)를 들 수 있다.

(3) 기본권의 경합과 충돌

기본권의 경합이란 하나의 기본권주체의 특정한 행위가 여러 기본권의 구성요건에 해당되는 경우(국가에 대하여 여러 기본권을 주장할 경우)에 있어 이들 기본권 상호간의 관계를 의미한다. 예컨대 집회에 참석하고자 하는 사람을 체포·구속한 경우에 신체의 자유와 집회의 자유, 또는 집회에 참석하는 사람의 집회의 자유와 의사표시의 자유와의 관계 등이 예이다. 기본권의 경합은 대국가적 효력의 문제로 기본권의 확장문제인 데 반하여 기본권의 충돌은 기본권의 대사인간 효력의 문제로 기본권의 제한의 문제이다.

그러나 기본권의 충돌은 서로 다른 기본권 주체가 상충하는 여러 이해 관계를 관철하기 위하여 서로 다른 기본권을 주장하는 경우 발생한다.

기본권의 경합에서 일반적 기본권과 특별 기본권이 경합하는 경우에는 특별법 우선의 원칙에 따라 해결하면 된다. 제한의 정도가 다른 기본권이 경합하는 경우에는, 헌법적 효력이 보다 강한 기본권을 우선시켜야 할 것이다. 동등한 제한 정도를 가진 기본권이 경합되는 경우에는, 당해사안과 직접적으로 관련되는 기본권을 우선 적용하고, 직접적으로 관련되는 기본권이 무엇인가를 판단함에 있어서는 기본권을 주장하는 기본권 주체의 의도와 기본권을 제한하는 공권력의 동기를 감안하여 개별적으로 판단하되, 기본권효력이 강화되는 방향으로 해결한다. 이러한 입장에서 본다면, 사안에 조금이라도 관련되는 것으로 인정되는 기본권이라면 무조건 헌법재판의 근거로 보는 헌법재판소의 태도에 대하여 기본권적 보호범위의 확정이라는 관점과 헌법판단의 경제성이라는 측면에서 문제가 크다는 지적도 있다.

기본권이 충돌하는 경우 그 법익을 비교하여 우열을 결정하여야 한다거나 헌법의 통일성을 유지하기 위해 충돌하는 기본권 모두가 최대한으로 그 기능과 효력을 나타낼 수 있는 조화의 방법을 취하여야 한다.

＜사례2 해설＞ (기본권의 대사인적 효력)

우선, 결혼 퇴직계약의 유효성을 판단하기 위하여 법적 성질을 살펴보고, 여성이 이용할 수 있는 사법적 구제절차가 무엇인지를 검토하겠다. 그리고 이 사안에서 여성과 회사가 주장할 수 있는 기본권이 무엇인지를 판단하여야 하는데, 헌법적으로 모두 기본권을 주장할 수 있다면, 기본권을 사인간의 법률관계에서도 주장할 수 있는가가 문제된다. 기본권의 대사인적 효력이 인정된다는 견해에 따라, 기본권의 충돌에 해당되는지와 해당된다면 그 해결방법이 무엇인지를 검토해 보겠다.

1) 법적 성질과 구제수단

여성은 개인으로서 사인이고, 회사는 사법인이므로 이 계약은 사법관계이다. 따라서 여성은 회사를 상대로 민사소송인 계약무효확인의 소를 제기할 수 있다.

2) 주장할 수 있는 기본권

여성은 영업의 자유와 계약의 자유를 주장할 수 있으나 직장을 선택할 수 있는 자유가 핵심이고, 계약의 자유는 이를 실행하는 수단 내지 방법에 지나지 않으므로 직업의 자유를 주장하는 것으로 족하다고 할 것이다. 회사도 영업의 자유와 계약의 자유를 주장할 수 있으나 영업을 유지·존속하기 위하여 이 계약이라는 수단을 사용하는 것이므로 이 회사는 영업의 자유를 주장하는 것으로 족하다고 할 것이다.

3) 기본권의 제3자효

기본권의 대사인적 효력의 문제는, 사법질서의 고유성·독자성을 해치지 않으면서도 기본권이 원칙규범으로서의 역할을 다할 수 있도록 원칙적으로 간접적 효력설에 따라 사법의 일반조항을 통해 사인간에도 효력이 미친다고 보는 것이 타당하다. 다만, 사법절차적 기본권과 같이 성질상 사인간에 적용될 수 없는 기본권이 있고, 사인간의 관계를 전제로 규정된 근로3권과 같이 처음부터 사인간에 적용되는 것을 예상한 기본권의 경우 위의 이론과 별개의 문제라고 보아야 할 것이다. 직업(선택)의 자유와 영업의 자유는 헌법의 명문상 또는 성질상 사인간에 직접 적용될 수 있는 기본권이 아니고, 반대로 성질상 사인간에 적용될 수 없는 기본권도 아니므로, 일반원칙대로 사인간에도 민법의 일반조항을 통하여 간접적으로 적용될 수 있는 것으로 볼 수 있다. 이 사안의 직업의 자유와 영업의 자유는 일반원칙대로 민법의 제103조의 공서양속조항을 통하여 계약이 무효인지를 검토할 때 헌법의 기본권침해를 간접적으로 적용할 수 있을 것이다.

4) 기본권의 충돌 및 해결방법

설문에서 여성은 직업(선택)의 자유를 주장하고, 회사는 영업의 자유를 주장하고 있는바, 이는 외견상 기본권의 충돌처럼 보이나, 실제에 있어서는 결혼퇴직제는 회사의 영업의 자유라는 기본권의 보호영역에 속하지 않는 것으로서 충돌현상이 존재하지 아니하는 유사(사이비, 외견적)충돌에 해당한다. 여성의 직업의 자유가 민법 제103조를 매개로 간접적으로 적용되어 회사의 결혼퇴직제 계약은 선량한 풍속 기타 사회질서를 위반한 행위로서 무효라고 판단되어서 여성의 직업의 자유가 우선하게 되어야 할 것이다.

5. 기본권의 제한

사례 3 기본권 제한

병역을 기피할 목적으로 외국국적을 취득한 갑은 대한민국에 입국하고자 하였으나 출입국관리법 제11조 제1항 제3호, 제4호, 제8호 및 동조 제2항을 근거로 법무부장관으로부터 입국금지를 당하였다. 이러한 입국금지처분은 정당한가?

기본권의 제한이란 기본권보호영역에 속하는 행위나 상태를 불가능하게 하거나 현저히 어렵게 하는 공권력행사를 두고 하는 말이지만, 기본권 침해란 기본권 제한의 한계 내에서 이루어지는 정당한 제한이 아니라 위헌적으로 보호영역을 축소하는 것을 의미한다는 점에서 구별된다.

보호영역은 객관적으로 확정되어야 한다. 즉, 보호영역은 가치평가와 무관하게 이루어져야 한다. 가치판단은 보호영역의 확정단계가 아니라 제한단계에서 행해지는 것이 타당하기 때문이다.

기본권 제한은 헌법 제37조 제2항에 근거하는데 이 조문은 일반적 법률유보라는 것이 일반적 의견이다. 기본권 제한의 유형으로는 일반적 법률유보와 개별적 법률유보가 있다. 개별적 법률유보는 '모든 국민은 신체의 자유를 가진다. 누구든지 법률에 의하지 아니하고는 체포·구속·압수·수색 또는 심문을 받지 아니하며, 법률과 적법한 절차에 의하지 아니하고는 처벌·보안처분 또는 강제노역을 받지 아니한다'(제12조 제1항)처럼 구체적으로 법률에 그 제한을 유보하는 경우이다.

(1) 기본권 제한의 대상

헌법 제37조 제2항의 자유와 권리는 자유권에 국한된다는 견해가 있으나, 헌법 제37조 제2항의 기본권 제한은 모든 기본권을 대상으로 한다고 할 것이다. 다만 양심의 자유, 종교의 자유 중 신앙의 자유, 예술의 자유 중 예술창작의 자유 등 내심의의 자유이기에 외부의 법률로써는 제한할 수 없다.

(2) 기본권 제한의 목적

국가안전보장과 질서유지를 위하여 제한된다. 질서유지란 광의의 질서유지에서 국가안전보장을 제외한 질서, 즉 사회의 안녕질서를 의미한다고 본다. 국가질서와 민주적 기본질서는 국가안전보장에 속하고 질서유지는 사회질서를 의미한다고 하는 견해가 옳다고 본다. 이 외에 기본권은 공공복리를 위하여 제한될 수 있다. 공공복리란 소극적인 질서유지를 넘어서 적극적인 의미에서의 국가구성원의 공공의 행복과 이익이라 할 것이다.

(3) 기본권 제한의 정도— 과잉금지의 원리

1) 목적의 정당성   헌법재판소도 '공공용지의 취득 및 손실보상에 관한 특

례법'은 협의취득에 관한 것인데 협의대상자를 파악하기 어렵다는 이유만으로 사실상의 강제취득을 허용하고 있는 것은 기본권제한을 정당화시켜 줄 입법목적상의 정당성을 가지고 있지 않다고 하였다.

2) 방법의 적정성   효과적이고 적절하여야 한다. 선택된 수단이 목적달성에 부분적으로 유효하다면 적합한 수단으로 보아야 한다. 헌법재판소도 입법 목적을 달성하기 위하여 선택된 방법이 목적달성에 유효 적절한 수단 중의 하나임이 분명한 경우 방법의 적정성을 긍정한 바 있고, 입법목적을 달성함에 있어 여러 조치가 병과될 수도 있으므로 그 여러 조치가 목적에 적합하고 필요한 정도 내의 것이라면 방법의 적정성은 필요한 유일한 수단선택을 요건으로 하라는 의미는 아니라고 하였다.

3) 피해의 최소성   적절성의 원칙이 목적과 수단의 관계를 말한다면 최소성은 수단과 수단과의 관계를 평가하는 것이다. 기본권 제한의 조치가 적절하다 할지라도 보다 완화된 형태나 방법을 모색함으로써 기본권의 제한은 필요한 최소한도에 그쳐야 한다(헌결). 따라서 보다 가벼운 기본권 제한으로도 충분히 공익을 달성할 수 있는 경우에는 그 방법에 따라야 할 것이다. 헌법재판소도 '기본권제한에 있어 형벌보다 덜 무거운 방법으로도 가능한 경우' 또는 '입법자가 의도하는 바를 달성함에 있어서 보다 덜 제한적인 다른 선택을 할 수 있는 수단이 법률에 충분히 설정되어 있음에도 불구하고 이를 채택하지 아니한' 것은 최소침해의 원칙에 반한다고 하였다. 그러나 입법목적을 달성하기 위하여 가능한 여러 수단들 가운데 구체적으로 어느 것을 선택할 것인가의 문제는 입법재량에 속하는 것이므로, 입법목적을 달성하기 위한 수단으로서 반드시 가장 합리적이며 효율적인 수단을 선택하여야 하는 것은 아니라고 할지라도 적어도 현저하게 불합리하고 불공정한 수단의 선택은 피하여야 할 것이다. 다수의 헌재 결정은 선택된 방법이 목적달성에 최선의 수단이 아니라 하더라도 그것이 현저하게 불공정하지 않은 한 과잉금지위반이 아니라고 한다. 다만 객관적으로 덜 기본권을 제한하는 수단이 명백히 존재하는 경우에는 위헌으로 보아야 한다.

4) 법익의 균형성   기본권 제한에 의하여 보호하려는 공익과 침해되는 사익을 비교형량할 때 보호되는 공익이 더 커야 한다(헌결). 헌법재판소도 구속영장의 효력상실을 검사의 구형에 의존하도록 한 것은 하급심의 오판의 가능성을 방지하려는 것(공익)이라 할지라도 이로 인한 인신구속에 대한 피해(사익)를 비교형량하여 볼 때, 사익침해가 현저하게 커서 비례의 원칙에 반하는 위헌적인 것이라

아니할 수 없다고 하였다.

(4) 기본권 제한의 한계

1) 본질적 내용의 침해금지 　기본권의 본질적 내용은 기본권의 내용과는 구별되는 것으로, 기본권의 핵이 되는 실질적 요소 내지 근본적 요소를 의미한다고 보며, 기본권의 본질적 내용의 침해란 그 침해로 인하여 기본권이 유명무실해지거나 형해화되어 헌법이 기본권을 보장하는 궁극적인 목적을 달성할 수 없게 되는 지경에 이르는 경우라 할 것이다. 본질적 내용을 판단하는 기준으로는 기본권을 제한함에 있어 절대적으로 침해해서는 안 될 핵심영역이 있어 이 근본요소 또는 핵심영역을 본질적 내용으로 본다는 입장(절대설)과, 개별사례마다 기본권제한에 의해 달성하려는 법익과 침해되는 사익을 형량하여 결정된다고 보는 입장(상대설)이 있다. 상대설에 따르면 기본권 제한이 필요한 범위를 넘어서 이루어졌다면 본질적 내용은 침해된 것이라 한다. 헌법재판소는 사형제도의 위헌성판단에 있어서 상대설을 취하였다.

2) 한계를 벗어난 법률에 관하여는 위헌법률심사나 법률에 대한 헌법소원의 형식 등으로 위헌 여부를 다툴 수 있다.

<사례3 해설> (기본권 제한)

갑에 대한 입국금지처분이 헌법에 합치하는지에 관한 문제이다. 설문을 해결하기 위해서는 우선 갑이 헌법과 국적법에 의할 때 외국인인지의 여부와 갑이 외국인이라면 외국인에게도 기본권주체성을 인정할 수 있는지를 확정하여야 한다. 그리고 갑의 기본권주체성이 인정된다면, 주장할 수 있는 기본권에는 어떠한 것이 있는지를 검토하고, 법무부장관의 갑에 대한 입국금지처분이 적법한 처분인지를 살펴보겠다.

1) 갑이 외국인인지의 여부와 기본권주체성인정 여부

헌법과 법률이 정하는 일정한 요건을 갖추어 국민으로 인정되는 자격을 국적이라 한다. 헌법 제2조 제1항은 '대한민국의 국민이 되는 요건은 법률로 정한다'고 하여 국적법정주의를 규정하여 국적법이 대한민국의 국민이 되는 요건을 구체적으로 명시하고 있다. 국적법 제15조 제1항은 '대한민국의 국민으로서 자진하여 외국 국적을 취득한 자는 그 외국 국적을 취득한 때에 대한민국의 국적을 상실한다'고 규정하고 있으므로 병역을 기피할 목적으로 외국국적을 취득한 갑은 대한민국의 국적을 상실한다. 따라서 갑은 국적회복의 가능성도 없는 외국인이며 우리는 원칙적으로 이중국적자을 허용하지 않기에 외국인이다.

우리 헌법은 외국인이 기본권주체가 될 수 있는지에 대하여 직접적으로 규정하고 있지 않다. 헌법상의 기본권이 자연법적 연원을 가지고 있다면 그것을 헌법에 실정화하였다고 하여 본래의 성격이 변질되는 것이 아니다(이른바 자연법적 권리설). 따라서 성질상 자연법적··인권적 성격을 갖는 기본권들에 관한 한 원칙적으로 외국인에게도 기본권주체성이 인정되어야 한다. 그리고 헌법 제6조 제2항에 '외국인은 국제법과 조약이 정하는 바에 의하여 그 지위가 보장된다'고 하여 법적 지위에 관한 상호주의원칙을 규정하고 있으므로 성질상 국민의 권리에 해당하는 기본권도 상호주의원칙에 따라 인정될 수 있다. 따라서 기본권에 따라서는 갑에게도 그 주체성이 인정될 수 있다.

2) 주장할 수 있는 기본권

설문에서 갑은 대한민국 국민인 동안 거주·이전의 자유의 한 내용인 국적이탈의 자유를 행사하여 외국인이 된 자이고, 갑이 침해받았다고 주장하는 외국인의 대한민국에로의 입국의 자유는 각종 비자허가제도가 있기에 당연히 외국인에게 인정되는 기본권이라고 주장할 수 없다고 본다.

3) 헌법 제37조 제2항의 비례의 원칙 위반 여부

비례의 원칙이란 목적을 실현하기 위한 구체적 수단을 선택할 때 달성하고자 하는 공익과 이로 인하여 제한되는 개인의 권리 사이에 일정한 비례관계가 존재하여야 한다는 원칙이다. 비례의 원칙은 법의 일반원칙으로 파악되나 기본권제한과 관련해서는 헌법 제37조 제2항이 근거가 될 것이다.

비례의 원칙의 개별적 내용으로는 적합성의 원칙, 필요성의 원칙 및 상당성의 원칙이 있다.

설문에서 법무부장관의 갑에 대한 병역을 기피할 목적으로 외국국적을 취득한 자의 국내 입국을 금지하는 처분은 대한민국 국민으로서 병역의무를 부담하고 있는 국민들의 병역의무 이행의지가 약화되는 것을 방지하여 병역의무이행을 관철시킴으로써 대한민국의 국가안전을 도모할 수 있는 적합한 수단이라 할 것이므로 그 외국인이 고국 내지 고향을 방문할 수 없게 되는 불이익보다 그러한 자의 입국 자체를 금지함으로써 부정적인 영향이 방지되는, 병역의무이행과 관련된 국가안전 등 공익이 훨씬 크다고 할 수 있으므로 상당성의 원칙에도 부합한다고 본다. 따라서 법무부장관의 갑에 대한 입국금지처분은 비례의 원칙에 합치한다.

6. 기본권의 침해와 구제

사례 5   기본권 침해

갑과 을은 부부로서 생활보호법 제6조 제1항 및 동법 시행령 제6조 제1호 소정의 가택보호 대상자이다. 갑과 을은 보건복지부장관이 고시한 생활보호사업지침상의 생계보호기준에 의하여 1인당 매월 65,000원 상당의 주식과 부식비, 연료비를 지급받고 있는데 이 보호급여 수준이 최저생계비에도 미치지 못하여 헌법상 보장된 인간다운 생활을 할 권리와 행복추구권을 침해하고 있다는 이유로 동 생계보호기준에 대한 헌법소원심판을 청구하였다. 갑과 을은 생활보호법상의 생계보호 외에도 노인복지법에 의한 노령수당으로 월 15,000원씩을 지급받고 있고 그 외에 매월 일정액의 버스승차권, 상하수도의 사용료 감면, 텔레비전 수신료 면제 등의 혜택을 받고 있으나 이를 다 합쳐도 갑, 을이 거주하는 지역의 최저생계비인 2인 1가구 기준 190,000원에는 미달한다.
이들의 헌법소원은 타당한가?

(1) 법기관에 의한 침해와 구제

가. 침 해

입법기관으로부터의 침해 유형으로는 ① 적극적 입법에 의한 침해, ② 입법자가 헌법상 수권 위임을 무시한 채 입법적 규율을 하지 않거나, 불완전·불충분한 경우, ③ 개선치 않는 경우(입법 부작위에 의한 침해) 등을 들 수 있다.

나. 구 제

법률의 위헌심사를 구하거나, 법률에 대한 헌법소원을 제기할 수 있고(제111조), 위헌적 입법을 폐지 또는 개정해 달라고 청원할 수 있다. 입법 부작위에 의한 침해에 대하여 법원에 입법 부작위 위헌확인소송을 제기할 수 없다고 보나, 입법부작위에 의하여 기본권이 침해된 경우 헌법재판소에 헌법소원을 제기할 수 있다. 헌법재판소도 헌법이 명시적인 입법의무를 법령에 위임하였음에도 불구하고 입법부작위가 발생한 경우에는 부작위 헌법소원을 제기할 수 있다고 하였으나, 법령이 제정되었으나 그것이 불완전·불충분하여 그 보충을 요하는 경우에는 부작위 헌법소원을 제기할 수 없다는 입장을 보이고 있다. 다만 부진정부작위 입법에 대하여는 제정된 법률에 대하여 작위헌법소원(법률소원)을 청구하는 것은 허용된다.

(2) 행정기관에 의한 침해와 구제

행정쟁송을 제기하거나 국가배상이나 손실보상·형사보상(피의자보상)을 청구할 수 있다. 행정절차와 같은 사전적 구제방법도 있다.

(3) 사법기관에 의한 침해와 구제

오판에 의하거나 재판의 연속한 침해 등을 들 수 있고(침해), 항소나 상고와 같은 상소에 의하여 그리고 재심, 비상상고에 의하여 구제를 받을 수 있으며 형사보상청구(피고인보상)에 의한 구제방법이 있다(구제).

<사례4 해설> (기본권 침해)

이는 국가의 불충분한 최저생계비를 지급한 부진정입법부작위인지에 대한 검토가 필요하다.

헌법재판소는 인간다운 생활을 할 권리에 관한 헌법규정이 입법부나 행정부에 대하여는 국민소득, 국가의 재정능력과 정책 등을 고려하여 가능한 범위 안에서 최대한으로 모든 국민이 물질적인 최저생활을 넘어서 인간의 존엄성에 맞는 건강하고 문화적인 생활을 누릴 수 있도록 하여야 한다는 행위규범으로 작용하지만 헌법재판에 있어서는 객관적으로 필요한 최소한의 조치를 취할 의무를 다하였는지를 기준으로 국가기관의 행위의 합헌성을 심사하여야 한다는 통제규범으로 작용하는 것이라 하여 그 재판규범성을 인정하였다. 또한 국가가 행하는 생계보호가 헌법이 요구하는 객관적인 최소한도의 내용을 실현하고 있는지의 여부는 결국 국가가 국민의 인간다운 생활을 보장함에 필요한 최소한의 조치는 취하였는가 여부에 달려 있다고 하여 인간다운 생활을 보장함에 필요한 최소한의 조치에 대해서는 구체적 권리성을 인정하였다. 다만 생계보호의 구체적 수준을 결정하는 것은 입법부 또는 입법에 의하여 다시 위임을 받은 행정부 등에 광범위한 재량이 있다고 보고 국가가 인간다운 생활을 보장하기 위한 헌법적 의무를 다하였는지의 여부가 사법심사의 대상이 된 경우 국가가 생계보호에 관한 입법을 전혀 하지 아니하였다거나 그 내용이 현저히 불합리하여 헌법상 용인될 수 있는 재량의 범위를 명백히 이탈한 경우에 한하여 헌법에 위반된다고 한다. 따라서 생계보호수준이 일반 최저생계비에 못 미친다 하더라도 곧 그것이 헌법에 위반된다거나 국민의 행복추구권이나 인간다운 생활을 할 권리를 침해한 것이라 볼 수는 없다고 하여 국가가 보장해야 할 최소한의 생활수준을 매우 낮게 보고 있다.

Ⅱ. 기본권 각론

1. 포괄적 기본권

> **사례 5** 포괄적 기본권
>
> 헌법상 명문화되지 않은 권리들은 기본권이 아닌가?

(1) 인간의 존엄과 가치

우리 헌법은 인간의 존엄과 가치, 행복추구권을 규정하고 있는바, 우리 헌법은 제5차 헌법개정 때 Bonn 기본법의 영향을 받아 인간의 존엄성규정을 처음으로 규정하였고, 행복추구권은 제8차 헌법개정 때 신설되었는바 미국 헌법의 영향을 받은 것이다. 헌법재판소는 인간의 존엄과 가치, 행복추구권을 모든 기본권 보장의 종국적 목적(기본이념)이라고 하면서, 동시에 개별적 기본권의 성격을 지닌다는 입장을 보이고 있다. 존엄과 가치에서는 일반적 인격권을, 행복추구권으로부터는 일반적 행동자유권과 개성의 자유로운 발현권을 도출하고 있다. 그리고 간통죄에 대한 헌법소원에서는 성적 자기 결정권을 인간의 존엄과 가치와 행복추구권의 종합적 근거를 가진다고 한다. 생명권, 일반적 인격권, 자기결정권 등을 인정하고 있다.

(2) 행복추구권

행복추구권을 헌법에 둔 나라는 일본 헌법을 제외하고는 거의 없다. 헌법재판소는 일반적 행동자유권, 개성의 자유로운 발현권, 평화적 생존권, 휴식권, 수면권, 일조권, 스포츠권 등을 들 수 있다. 행복추구권의 개별적 기본권성을 긍정하면서, 그 내용으로 일반적 행동자유권과 개성의 자유로운 발현권, 자기결정권을 들고 있다.

> **<사례5 해설>** (포괄적 기본권)
>
> 우리 헌법재판소는 헌법상 명문화되지 않은 권리들을 헌법 제10조인 인간의 존엄과 가치, 행복추구권에서 보장하고 있다.

(3) 평 등 권

사례 6 평등권

회사에서 일정 여성의 수를 반드시 회사의 임원으로 채워야 한다는 법률이 국회에 상정되어 있다. 이 법률의 위헌성은?

근대적 평등은 자유의 평등과 형식적 평등에 중점을 둔 것이나, 현대적 평등은 생존의 평등과 실질적 평등에 중점을 두고 있으며, 근대적 평등은 정치적 평등에 중점을 두었으나, 현대적 평등은 경제적·사회적 평등에 더 중점을 두고 있다. 평등 판단의 기준으로는 합리적 이유 있는 차별은 허용되는 상대적 평등이다. 헌법재판소는 헌법에서 특별히 평등을 요구하고 있는 경우나, 차별적 취급으로 기본권에 대한 중대한 제한을 초래하게 되는 경우에는 엄격한 심사척도가 적용되어야 한다고 한다. 엄격한 심사란 자의금지원칙에 따른 심사에 그치지 아니하고 비례성원칙에 따른 심사(차별취급의 목적과 수단간에 엄격한 비례관계가 성립하는가를 기준으로 하는 심사)를 의미한다.

남녀간의 임금차별이나 결혼퇴직제, 동성동본금혼제는 평등권 위반이다. 그러나 남녀의 사실상의 차이에 의한 차별이나 합리적 차별까지 금지하는 것은 아니다. 예를 들어, 강간죄의 객체를 여성에게만 인정하는 것이나, 남자에게만 병역의 의무를 지우는 것, 그리고 여성에게만 생리휴가를 주거나 특별한 근로보호를 하는 것 등은 합리적인 것으로 헌법상 허용된다고 본다. 헌법재판소는 동성동본금혼 규정(민법 제809조 제1항)이 금혼의 범위를 남계혈족에 한하고 있는 것은 성별에 의한 차별이라고 하여 헌법불합치결정을 한 바 있다.

또한 제한적인 영역에서 한시적으로 여성에 대한 우대는 그것이 우리 사회의 전체적인 공익에 도움이 된다면 우선적 처우의 이론에 따라 합헌이 될 것이다.

<사례6 해설> (평등권)

1) 문제의 제기

본 법률은 남성과 여성이 동일한 적성·자격 및 전문적 업무수행능력을 가지고 있는 경우에도 원칙적으로 여성의 우위를 규정하고 있는 여성할당제에 관한 법률로서 헌법상 평등의 원칙에 위반하였는지가 문제된다.

2) 소결

대상조항의 여성할당제가 사회국가적 관점에서 규정된 것이기 때문에, 이로 인하여 발생하는 남녀차별을 명백하게 위법하거나 명백하게 적법하다고 보기는 어렵다. 게다가 심판대상조항은 엄격한 심사척도가 적용되는 사건유형에 해당한다. 우선, 헌법 제11조 제1항 제2문은 '성별'에 의한 차별을 특히 금지하고 있는데, 이 조항은 바로 이 '성별'을 기준으로 여성공무원을 우선승진시킴으로써 남성공무원을 차별하고 있다.

이 사건 이 규범의 목적은 사적인 분야에 현존하는 여성의 수적 열세를 조정하고 사실적 기회평등을 통해서 법적 기회평등을 보완하기 위한 것이다. 이러한 차별목적은 헌법적으로 금지되지 않는다.

이 법률조항에 의한 남성과 여성의 차별은 그 차별기준이 헌법적으로 허용되지 않는 경우에도 객관적으로 정당화될 수 없다. 여기에서 차별기준은 '성별'이다. 성별에 의한 차별이 남성과 여성의 생물학적 차이 또는 기능적 차이에 근거를 두고 있을 때에는 차별이 인정될 수 있다. 그러나 예컨대 모성보호와 같은 생물학적 차이는 이 사건 심판대상조항의 차별을 정당화시킬 수 없다. 이것은 '기능적 차이'의 경우에도 마찬가지다. 게다가 남성과 여성의 기능적 차이라는 것은 결국 사회적 역할을 근거로 한 것인데, 이것은 시간의 흐름에 따라 계속 변하는 것이기 때문에 오늘날에는 더 이상 남녀차별의 정당화 근거로 적용될 수 없다.

이에 따르면 이 사건 심판대상조항은 입법자가 특히 여성의 사실적 기회평등을 실현해야 할 사회국가적 의무를 이행하기 위하여 제정한 것으로 이해될 수 있다. 또한 국가목적 내지 헌법위임으로 이해되는 헌법 제34조 제3항은 여자의 복지와 권익의 향상을 위하여 노력하여야 할 국가의 객관적 의무를 규정하고 있기에 허용될 여지가 있다. 하지만 이러한 시정조치는 임시적으로 남녀차별이 시정되는 시점까지만 허용되어야 하고 그것이 우리사회의 발전에 도움이 되지 아니한다면 허용될 수 없을 것이기에 이에 대한 신중한 검토는 필요하다.

2. 자유권적 기본권

(1) 신체에 관한 자유와 권리

사례 7 　신체에 관한 자유

노무현대통령의 구속 여부에 대해서 논란이 일 때에 불구속수사를 한 이유는 무엇 때문인가?

신체의 자유란 신체의 안전성과 신체활동을 임의적이고 자율적으로 할 수 있는 자유(신체활동의 임의성)를 의미한다.

신체의 자유의 실체적 보장으로는 '법률 없으면 범죄 없고, 형벌 없다'는 근대형법의 기본원리를 의미하는 죄형법정주의와, 판결(유죄, 무죄, 면소, 집행유예를 불문한다)이 확정되면 그 기판력에 의하여 동일한 사건을 거듭 심판할 수 없다는 일사부재리원칙이 있다. 신체의 자유의 절차적 보장은 적법절차의 보장 수사, 공소 및 형사절차에서 준수되어야 할 헌법상 기본원리이다. 무죄추정의 불구속수사·불구속재판을 원칙으로 하며 고문을 받지 아니할 권리 등이 있다.

<사례7 해설> (신체에 관한 자유)
노무현대통령의 구속 여부에 대해서 논란이 일 때에 불구속수사를 한 이유는 무죄추정의 원칙으로 인하여 불구속수사·불구속재판을 원칙으로 하기 때문이다.

(2) 사회·경제의 자유

가. 거주·이전의 자유

사례 8 거주이전의 자유

일명 뺑뺑이라고 하는 초중고의 거주지입학제가 있는데 이는 헌법상 그 지역에만 거주하게 만드는 위헌적인 제도가 아닌가?

주소나 거소를 설정하거나, 이전하거나, 옮기지 않을 자유를 의미한다. 국내 거주·이전의 자유, 국외 거주·이전의 자유(국적 변경(이탈)의 자유, 무국적이 되는 자유까지 보장하는 것은 아님)를 내용으로 한다..

<사례 8의 해설> (거주이전의 자유)
우리는 일명 뺑뺑이라고 하는 초중고의 거주지입학제가 있는데 이는 경우를 나누어서 검토할 필요가 있다. 우선 초등학교의 경우는 거주지입학제가 있으나 의무무상교육이 제공되는 국공립은 이 제도가 적용되지만 당사자가 원하지 않는다면 거주지와 상관없이 사립초등학교를 선택할 수 있기에 위헌이 아니다. 다만

중고등학교는 국공립 이외에 사립학교까지 거주지입학제가 적용되어 헌법재판소에서 문제되었으나 헌법재판소는 합헌이라고 하였고, 일부 특목고나 자립형 사립학교가 허용되기에 위헌의 여지를 줄이고 있으나 아직도 초등학교에 비해서는 문제가 있어 보인다.

나. 직업선택의 자유

직업선택의 자유란 자기가 선택한 직업에 종사하여 이를 영위하고 언제든지 임의로 전환할 수 있는 자유를 의미한다. 직업이란 ①생활의 기본적 수요를 충족시키기 위한 ② 계속적인 소득활동을 의미한다. 따라서 헌법상 보호되는 직업의 개념적 요소로는 ③ 생활수단성 ④ 계속성 ⑤ 공공무해성이다. 직업결정의 자유, 직업수행의 자유. 직업종료의 자유를 포함한다.

다. 주거의 자유

주거의 자유란 자기의 주거를 공권력이나 제3자로부터 침해당하지 않는 것을 의미한다.

복합시설물(학교, 공장) 등의 주체는 원칙적으로 생활공간의 장(교장, 공장장)이 되며, 주택이나 호텔·여관의 객실의 경우에는 현실적인 거주자(입주자, 투숙객)가 주체가 된다.

대법원 판례에 의하면 타인의 처와 간통할 목적으로 그 처의 동의하에 주거에 들어간 경우에 본부인에 대한 주거침입죄를 인정하였으며, 대리시험자의 시험장 입장에 대하여 주거침입죄를 인정하고, 대학강의실은 누구나 자유롭게 출입할 수 있는 곳이 아니므로 일반인이 대학강의실에 출입하는 것도 주거침입에 해당한다고 하였다.

라. 사생활의 비밀과 자유

사생활이란 사회생활과 구별되는 개인생활을 의미한다.

마. 통신의 자유

사례 9   통신의 자유

최근에 전세계적으로 도청이 문제되고 있는데 이에 관련된 권리는 어떠한 것이 있는가?

의사나 정보를 자유롭게 전달 교환하는 경우에 그 내용이 본인의 의사에 반하여 공개되지 않을 자유를 의미한다. 통신은 격지자간의 의사의 전달을 의미하며, 물품의 수수도 포함한다.

<사례9 해설> (통신의 자유)

최근에 전세계적으로 도청이 문제되고 있는데 우선 범죄혐의가 있어서 법원의 영장을 통한 적법한 감청은 합법적이다. 하지만 이러한 요건을 갖추지 못한 도청은 위헌이라고 할 수 있다. 우선 도청을 집이나 사무실에 몰래 들어가서 기기를 설치하여 집안의 대화를 엿듣는 경우에는 주거의 자유와 사생활의 자유가 침해되고, 전화를 도청하는 경우는 주거의 자유와 통신의 비밀이 침해된다. 하지만 집이나 사무실에 몰래 들어가지 않고 기기를 이용하여 한 경우에는 격지자간의 통신의 비밀만이 침해된다.

바. 재산권의 보장

사례 10   재산권의 보장

갑은 시 외곽에 토지를 소유하고 있는데 그 토지는 도시계획법 제21조 제1항에 의해 개발제한구역으로 지정되어 개발이 제한되고 있다. 이에 대해 갑은 국가가 손실보상도 없이 자기의 토지를 개발제한구역으로 지정하여 그 개발을 제한한 것은 자기의 토지소유권과 평등권을 침해하여 위헌이라고 주장하고 있다.

기본권으로 보장한다는 의미와 사유재산제도를 보장한다는 이중적 의미를 지닌다. 재산권이란 공·사법상 경제적 가치가 있는 모든 권리를 의미한다. 상속권에 관하여는 명문규정이 없으나 재산권에 당연히 포함된다고 본다. 그러나 단순한 기대이익, 반사적 이익, 단순한 경제적 이익, 우연히 발생한 법적 지위 등은 재산권에 속하지 않는다.

<사례10 해설> (재산권의 보장)

왜 토지소유권의 특성을 검토하고 보상규정 없는 일명 그린벨트의 위헌성을 검토하여 보겠다.

1) 토지소유권의 제한의 특성

토지소유권의 경우 부동성, 양적 불변성, 연속성을 가지고 인간생존과 생산활동의 기반이라는 점에서 공공재적 성격이 강하여 다른 재화에 비해 공공의 이익이 강하게 요구되고 사회구속성도 넓게 인정된다. 토지소유권제한에 헌법적 근거로는 헌법 제23조 제1항 제2문, 제2항, 제3항, 제37조 제2항, 제122조 등을 들 수 있다.

2) 보상규정 없는 일명 그린벨트의 위헌성

헌법재판소는 '개발제한구역을 지정하여 그 안에서는 건축물의 건축 등을 할 수 없도록 하고 있는 도시계획법 제21조는 헌법 제23조 제1항, 제2항에 따라 토지재산권에 관한 권리와 의무를 일반·추상적으로 확정하는 규정으로서 재산권을 형성하는 규정인 동시에 공익적 요청에 따른 재산권의 사회적 제약을 구체화하는 규정인바, 토지재산권은 강한 사회성, 공공성을 지니고 있어 이에 대하여는 다른 재산권에 비하여 보다 강한 제한과 의무를 부과할 수 있으나, 그렇다고 하더라도 다른 기본권을 제한하는 입법과 마찬가지로 비례성원칙을 준수하여야 하고, 재산권의 본질적 내용인 사용·수익권과 처분권을 부인하여서는 아니된다'고 한 바 있고, '도시계획법 제21조에 규정된 개발제한구역제도 그 자체는 원칙적으로 합헌적인 규정인데 다만 개발제한구역의 지정으로 말미암아 일부 토지소유자에게 사회적 제약의 범위를 넘는 가혹한 부담이 발생하는 예외적인 경우에 대하여 보상규정을 두지 않은 것에 위헌성이 있는 것이고, 보상의 구체적 기준과 방법은 헌법재판소가 결정할 성질의 것이 아니라 광범위한 입법형성권을 가진 입법자가 입법정책적으로 정할 사항이므로, 입법자가 보상입법을 마련함으로써 위헌적인 상태를 제거할 수 있다'고 판시하였다.

(3) 정신적 자유

사례 11　　양심과 종교의 자유

독실한 여호와의 증인인 갑은 자신의 종교적 신념으로 인하여 평소부터 인간을 살상하는 군사훈련에는 도저히 참여할 수 없다고 생각하고 있었다. 그러던 중 군입대통지서를 받고 오랜 시간 고민하다가 대체복무가 집총병역보다 더 힘들고, 복무기간이 더 길다 하더라도 감수하겠다는 의사를 명백히 하면서 집총병역을 거부하고 대체복무를 요청하였다. 그러나 정부는 이러한 갑의 요구가 현행법상 받아들여질 수 없는 것일 뿐만 아니라, 집총병역을 기피하는 사례가 증가하게 되면 국방력에 커다란 문제가 발생될 수 있다고 주장하면서, 종교적 또는 양심상의 이유로 인한 집총병역의 거부를 인정하거나 대체복무제도를 도입할 의사가 없다고 선언하였다. 또한 정부는 갑이 계속 병역의무의 이행을 위한 군입대를 거부할 경우에는 현행법에 의하여 처벌될 수 있다는 입장을 밝히고 있다.

가. 양심의 자유

양심은 선악과 정의에 관한 생각 내지는 믿음을 의미하는바, 양심은 인간의 논리적·도덕적 영역에 속하는 문제인 점에서, 인간의 본질을 고차원적 차원에서 이해하고자 하는 형이상학적인 사고체계인 신앙과 구별된다. 사상(의견, 확신, 사유)은 논리적 측면의 사고인 점에서, 윤리적 측면의 양심과 구별된다.

헌법 제46조 제2항과 제103조는 국회의원의 양심에 따른 직무수행과 법관의 양심에 따른 재판을 규정하고 있는바, 이는 직업적 양심을 나타내는 것으로서 본조의 양심과는 구별된다. 법관이나 국회의원이 직무를 수행할 때에는 헌법 제19조의 양심이 아닌 직업적이고 객관적인 양심에 따라 직무를 수행할 것이 요구된다.

현행 헌법이 사상의 자유를 별도로 규정하고 있지 않음을 감안해 볼 때, 양심이란, 윤리적·도덕적 판단뿐이고 일련의 가치관(세계관, 인생관, 주의, 신조 등)까지 포함하는 것은 아니라는 것이 헌법재판소의 입장이다.

민법 제764조에 대한 헌법소원사건에서 사죄광고강제는 위헌이라는 입장이다. 양심실현의 자유를 빼버린 양심의 자유는 그다지 큰 의미가 없다고 하면서, 양심의 자유에는 양심을 실현할 자유도 포함된다는 입장이 헌법재판소의 입장이다.

나. 종교의 자유

종교란 신과 피안의 세계에 대한 내적 확신을 의미한다. 국·공립학교에서의 특정한 종교의 교육은 금지되나, 사립학교(종교학교)에서는 허용된다고 본다. 국교부인과 정교분리의 원칙이 규정되어 있으나 국교가 있는 국가도 종교의 자유는 있다(영국, 스페인). 크리스마스나 석가탄신일을 휴일로 하는 것은 종교적 의미가 아닌 세속적인 의미이기에 허용된다.

<사례11 해설> (양심과 종교의 자유)

우선, 집총병역의 거부 및 대체복무 요청의 근거가 되는 기본권들을 살펴보고, 국민의 기본의무로서의 국방의 의무와 대체복무의 관계를 고찰한 후, 이러한 고찰의 기초 위에서 현행법상 대체복무를 인정하지 않고 집총병역을 강제하는 것이 헌법적으로 정당한지의 여부에 대해 판단을 내려 보겠다.

1) 갑이 주장할 수 있는 기본권

갑이 가장 먼저 주장할 수 있는 기본권은 종교의 자유이다. 종교의 자유는 단순히 자신이 원하는 바에 따라 자유롭게 종교를 신봉하거나 또는 신봉하지 않을 자유뿐만 아니라 종교의 가르침에 따라 행동할 자유까지 포함하는 것이다. 하지만 이 사안과 달리 전쟁 자체를 반대하는 평화주의자인 경우에는 양심의 자유도 종교의 자유와 유사하게 내면적 영역에서의 양심형성의 자유뿐만 아니라 침묵의 자유, 양심실현의 자유 등이 양심의 자유의 내용으로 주장되고 있다. 개인의 양심에 따라 살생을 피하기 위해 집총병역을 거부할 수도 있기 때문에 종교의 자유보다 '양심의 자유'를 직접적인 근거로 인정하는 경우도 적지 않다

2) 대체복무의 허용 여부

문제의 핵심은 대체복무 제도가 병역기피의 수단으로 오·남용될 수 있다는 우려에 있다고 할 수 있다. 순수한 종교적··양심적 사유에 기초한 집총병역의 거부와 대체복무의 인정만으로 국방력에 큰 문제가 생길 수는 없으나, 이 제도를 공식적으로 인정할 때에는 병역의무자 대부분이 집총병역 대신에 대체복무를 요청할 수도 있다는 문제가 우려되는 것이다. 이러한 문제를 해결하기 위해서는 대체복무의 기간 및 복무의 강도가 집총병역보다 훨씬 더 어렵고 기간도 길게 한다면 반드시 위헌이라고 볼 수는 없고 근본적으로는 의무병제가 아닌 지원병제로의 전환도 고려할 필요가 있다고 본다.

다. 언론·출판의 자유

사례 12 언론·출판의 자유

유명매체가 유명연예인에 대한 연애관계 사생활을 집중 보도하자 그 연예인은 이는 순수한 사생활이기에 언론의 자유의 영역도 아니고 국민의 알권리의 영역도 아니라고 다투면서 그 매체를 법원에 명예훼손으로 고소하였다. 어느 주장이 타당한가?

언론이란 구두(토론, 연설, 방송 등)에 의한 표현을 말하고, 출판이란 문자나 상형에 의한 표현을 말한다. 언론·출판의 자유보장은 개인의 자유로운 인격발전을 이룩하고, 인간의 존엄을 유지시켜 주며, 국민주권을 실현시켜 주는 역할을 한다. 언론·출판의 자유는 근대 초기국가에서는 국가권력을 제한하는 기초이론으로 작용하였으나, 자유민주국가에서는 국민의사를 구성하는 민주주의의 성격을 지닌다고 본다.

허가제와 검열제는 금지되는데 검열은 행정권이 주체가 되어 사상이나 의견 등이 발표되기 이전에 예방적 조치로서 그 내용을 심사, 선별하여 발표를 사전에 억제하는 제도를 의미한다. 검열금지의 원칙은 작품의 발표 이후에 비로소

취해지는 사후적인 사법적 규제를 금지하는 것이 아니므로 사법절차에 의한 가처분 등은 허용된다. '공연윤리위원회'나 '한국공연예술진흥협의회'의 사전심의는 사전검열에 해당된다고 하였다.

<사례12 해설> (언론·출판의 자유)

헌법상 보장된 국민의 기본권으로서 언론·출판의 자유는 매우 중요한 역할을 수행하고 있다. 언론의 자유는 본래의 의미에서 개인의 인간의 존엄과 가치의 실현 및 인격발현의 수단뿐만 아니라 민주주의 실현수단으로서 정치적 의사형성에 이바지하는 기능을 수행하는 것이다. 반면에 개인은 자신의 인권, 특히 명예에 손상을 줄 수 있는 사실이 외부에 알려지는 것을 거부하는 서로 상반되는 이해관계를 가지고 있다. 설문은 이러한 권리의 충돌문제로 평가되기에 기본권의 제3자효와 기본권 충돌에 대한 해결방법이 문제된다.

1) 기본권충돌의 전제가 되는 권리의 주장

우선 연예인은 명예권을 주장할 수 있다. 명예라 함은 특정인에 대한 사회적 평가를 말하는데 누구든지 사회적 평가와 명성을 침해당하지 아니할 권리인 명예권을 가진다. 명예권은 헌법상 보장되는 인격권의 일종으로서 헌법 제10조 또는 제37조 제1항을 근거로 기본권 주체에게 인정된다.

반면 언론매체는 언론출판의 자유를 주장할 수 있다.

2) 기본권의 대사인적 효력

우리 헌법 제21조 제4항은 '언론 출판은 타인의 명예나 권리 또는 공중도덕이나 사회윤리를 침해해서는 안 된다. 언론 출판이 타인의 명예와 권리를 침해한 때에는 피해자는 이에 대한 피해의 배상을 청구할 수 있다'고 규정하여 언론의 자유의 헌법적 한계와 이 기본권에 대한 직접적 사인효력을 인정함으로써 언론의 사회적 책임을 강조하고 있다(직접적 효력설). 즉 민법상 불법행위에 관한 규정만으로도 충분히 해결될 수 있으나 표현의 자유가 가지는 사회통합적 민주적 기능 때문에 헌법이 특별한 직접효를 인정하고 있는 것이다.

3) 언론출판의 자유와 명예권 충돌의 해결방안

이 사안의 연예인의 범죄사실이나 비리의 경우는 국민적 알권리의 대상이기에 언론매체의 보도가 정당하나 단순한 연애관계는 공익적 관점에서 반드시 알아야 사항은 아니라고 보여지기에 이 사안과 같은 경우는 언론매체는 언론의 자유를 주장할 수 없다고 보인다.

라. 집회·결사의 자유

집회는 공동의 목적을 가지고 다수인이 집합하고 결합하는 자유를 의미한다. 집회·결사의 자유는 집단적 표현의 자유를 보장한다는 점에서 개별적 표현인 언론·출판과 구별된다. 결사란 다수인이 공동의 목적을 위하여 자발적으로 단체를 형성하는 것을 의미한다. 따라서 자발적 단체라 볼 수 없는 공법상 결사는 본조의 결사개념에 포함되지 않는다.

마. 학문과 예술의 자유

학문의 자유란 진리와 진실을 진지하게 계획적으로 탐구하는 자유로서, 학문적 활동에 대한 어떠한 간섭이나 방해를 받지 아니할 자유를 의미한다. 학문연구의 자유는 제한을 가할 수 없는 절대적 자유권에 속한다. 1994년도 신입생 선발입시안에 대한 헌법소원사건에서 일본어가 제외된 것은 서울대학교가 자율권이라는 기본권주체로서 적법한 자율권을 행사한 결과 초래된 반사적 불이익이어서 기본권 침해는 이유 없다고 하였다(헌재 1992.10.1. 92헌마68) 예술의 자유는 미를 추구할 자유이고 그 주안점이 표현에 있지 전달에 있지 않다는 점에서 전달에 주안점이 있는 '표현의 자유'와 구별된다.

3. 생존권적 기본권

사례 13   생존권적 기본권

전국적으로 대규모의 지하철공사장 붕괴사고 및 성수대교 붕괴사건이 발생하여 수백 명에 달하는 인명피해가 발생하자 현 정부의 무대책에 분개한 T시의 시민 갑은, ① 잇따른 대형사고에도 불구하고 아무런 대책을 강구하지 아니한 정부의 태만은 '국가는 재해를 예방하고 그 위험으로부터 국민을 보호하기 위하여 노력하여야 한다'는 헌법 제34조 제6항의 규정에 반하는 것이고, ② 이로써 '모든 국민은 인간다운 생존을 할 권리를 가진다'고 규정한 헌법 제34조 제1항의 기본권을 침해한 것이며, ③ 항상 사고를 염려하며 불안하게 생활할 수밖에 없는 현재의 상황에서는 헌법 제10조가 보장하는 국민의 행복추구권이 공권력에 의해 근본적으로 무시당하고 있는 것과 마찬가지라는 이유로 정부를 상대로 헌법소원을 제기하려고 한다. (하지만 재난관리법은 제정되어 있다.)
이 청구는 타당한가?

(1) 자유권적 기본권과의 관계

가. 자유권과 생존권의 대립관계

1) 이념상 차이   자유권은 시민적 법치국가를 전제로 생존권은 사회국가나 복지국가를 전제로 하고 있다.

2) 법적 성격상 차이   자유권은 소극적 권리인 데 반하여, 생존권은 적극적 권리이다. 자유권은 전국가적·천부적인 자연권인 데 반하여 생존권은 국가내적인 실정권이다. 생존권의 법적 성격에 관하여 과거에는 추상적 권리설이 다수설이었으나, 현재에는 구체적 권리로 보는 것이 지배적이 견해이다. 헌법재판소의 입장은 개별 기본권마다 다양하게 설명하고 있어, 일반화시켜 정의하기가 어려우나, 생존권을 '헌법규정만으로는 이를 실현할 수 없고 법률에 의한 형성을 필요로 한다'고 보며, 개별 기본권에서는 '상황에 따라서는 물질적 최저한도 내에서는 구체적 권리가 도출될 수 있다'고 함으로써 구체적 권리로서의 성격과 추상적 권리로서의 성격을 모두 인정하고 있다.

3) 주체상 차이   자유권은 인간의 권리에 속한다. 생존권은 실정권으로서 국민의 권리에 속한다.

4) 효력상 차이   자유권은 입법권·사법권·행정권을 직접 구속하며 재판규범으로서 타당하나, 생존권은 입법권만을 구속하며 재판규범으로서의 성격도 약하다.

5) 제한상 차이   자유권은 '자유권에 대한 법률유보'라는 권리 제한적 성질을 띠고 있으나, 생존권에 대한 법률유보는 권리의 내용을 구체화하는 권리구체화적 성질을 지닌다.

나. 자유권과 생존권의 조화관계

진정한 자유란 생존으로부터의 공포가 제거되어야 이룩할 수 있는 것이므로 서로 조화관계에 있다.

(2) 인간다운 생활을 할 권리

각종 보험 연금 등의 사회보장권리와 복지시설 등을 이용할 권리인 사회복지를 받을 권리가 있다. 신체장애자, 질병 노령 기타의 사유로 생활능력이 없는 국민은 생활보호를 받을 권리가 있다. 재해로부터 피해를 받지 않을 권리가 있다.

<사례13의 해설> (생존권적 기본권)

우선, 국가의 재해방지의무와 인간다운 생활권의 법적 성격을 검토하고 다음으로 이미 불충분하나마 입법이 되어 있는 부진정 입법부작위에 대해서 검토하여 볼 필요도 있다.

1) 사회권적 법적 성격의 검토

인간다운 생활을 할 권리의 법적 성격을 어떻게 이해하느냐에 따라 달라지고 만약 헌법상의 인간다운 생활을 할 권리를 구체적 권리로 이해하는 경우에도 그 보장수준을 어느 정도로 보느냐에 따라 다르다.

① 프로그램규정설

인간다운 생활을 할 권리에 관한 헌법규정을 국민에게 현실적, 구체적 권리를 부여하는 것이 아니라 국가가 추구해야 하는 목표 내지 지침을 규정하는 것으로 본다. 헌법재판을 통해 새로운 입법이나 조치를 청구하거나 또는 입법부작위나 불충분한 입법에 대한 위헌확인을 주장할 수는 없다.

② 추상적 권리설

헌법상 인간다운 생활을 할 권리규정이 구체적 권리를 직접 창설하는 것은 아니지만 국가에 대해 인간다운 삶의 보장을 위한 입법, 기타 국정상 필요한 조치를 취해 줄 것을 요구하는 추상적 권리가 인정된다고 한다.

③ 구체적 권리설

인간다운 생활을 할 권리에 관한 헌법규정은 현실적 효력을 가지는 규정으로 그 사회의 급부능력과 생활수준 등에 비추어 인간다운 생활을 할 권리의 내용은 확정 가능하며 따라서 인간다운 생활을 할 권리에 관한 헌법규정 자체에서 구체적 내용을 가진 권리가 인정된다고 본다. 따라서 인간다운 생활을 할 권리를 실현하는 입법이 존재하지 않거나 존재하더라도 미흡한 경우 헌법 위반이며 입법부작위, 또는 입법의 결함에 의한 인간다운 생활을 할 권리 침해를 이유로 소송을 제기할 수 있다.

④ 판 례

헌법재판소는 인간다운 생활을 할 권리에 관한 헌법규정이 입법부나 행정부에 대하여는 국민소득, 국가의 재정능력과 정책 등을 고려하여 가능한 범위 안에서 최대한으로 모든 국민이 물질적인 최저생활을 넘어서 인간의 존엄성에 맞는 건강하고 문화적인 생활을 누릴 수 있도록 하여야 한다는 행위규범으로 작용하지만 헌법재판에 있어서는 객관적으로 필요한 최소한의 조치를 취할 의무를 다하였는지를 기준으로 국가기관의 행위의 합헌성을 심사하여야 한다는 통제규범으로 작용하는 것이라 하여 그 재판규범성을 인정하였다. 또한 국가가 행하는 생계보호가 헌법이 요구하는 객관적인 최소한도의 내용을 실현하고 있는지의 여부는 결국 국가가 국민의 인간다운 생활을 보장함에 필요한 최소한의 조치는 취하였는가 여부에 달려 있다고 하여 인간다운 생활을 보장함에 필요한 최소한의 조치에 대해서는 구체적 권리성을 인정하였다.

2) 국가의 재해방지의무의 부진정입법부작위

구체적 권리설에 따르면 구체적 의무가 있다고 보여지지만 이미 재난관리법이 제
정되어 있기에 부진정입법부작위로서 헌법소원을 제기하여 다툴 수 있다, 다만 그
구체적 위헌성은 시대적인 상황과 재정적 여유 여부에 따라서 달라질 수 있다.

(3) 교육을 받을 권리

가. 능력에 따라 균등하게 교육을 받을 권리(제31조 제1항)

일신전속적 능력을 의미하고 헌법재판소는 의무교육의 취학연령을 획일적
으로 만 6세 이상으로 정한 것이 능력에 따라 교육을 받을 권리를 침해한 것은
아니라고 하였다.

헌법재판소는 거주지를 기준으로 중·고등학교 입학을 제한하거나(학군제),
특수목적고등학교에 내신성적산출방법을 달리할 수 있도록 한 것이 균등하게 교
육을 받을 권리를 침해한 것은 아니라고 하였다.

나. 교육의 의무(제31조 제2항·제3항)

헌법상의 교육기본권에 부수되는 제도보장이다. 교육의 의무의 주체는 학
력아동의 친권자 또는 후견인이다. 초등교육에 관하여는 헌법상의 권리라고 볼
수 있으나, 중학교육의 경우에는 '법률이 정하는 교육'이라고 규정하였을 뿐이므
로, 무상의 중등교육을 받을 권리는 법률에서 중등교육을 의무교육으로서 시행하
도록 규정하기 전에는 헌법상 권리로서 보장되는 것은 아니다. 국가는 재정이 허
용하는 한 학용품을 비롯한 급식의 무상까지도 실시하여야 된다고 보는 취학필요
비 무상설이 타당하다고 본다.

다. 교육제도의 보장

교육의 자주성, 전문성, 정치적 중립성을 보장(제31조 제4항 전단)하고, 대학
의 자율성을 보장(동조 동항 후단)하며, 평생교육을 진흥(동조 제5항)하고, 교육제도
는 법률주의(동조 제6항)에 입각하여야 한다.

(4) 근로의 권리

바이마르 헌법은 근로의 기회가 부여되지 아니하는 자에게는 필요한 '생계비
를 지급'한다고 규정하였지만, 근로의 권리의 성질은 근로기회의 제공을 청구할
수 있는 것으로 보는 것이 타당하며, 이에 갈음한 생활비의 지급을 청구할 수 있

는 권리로 보기는 어렵다(근거는 제35조의 인간다운 생활을 할 권리).

근로의 권리의 향유 주체는 자연인인 국민에 한한다(특히 실업상태에 있는 '미취업근로자'로 본다).

(5) 근로3권

건국헌법은 노동3권 외에 근로자의 이익분배 균점권까지 보장하였으나, 제5차 개정헌법은 이익분배 균점권을 삭제하였고, 제5공화국헌법은 단체행동권에 대하여 법률유보조항을 두었으나, 현행 헌법은 단체행동권에 대한 법률유보조항을 삭제하였다.

근로3권은 단결권·단체교섭권·단체행동권을 의미한다.

주체는 근로자로서 노동력의 대가로 생활하는 자이다. 자영농민(어민) 등은 근로3권을 가질 수 없다. 개인택시사업자는 근로자가 아니라는 대법원 판례가 있다.

실업중인 자도 근로3권을 가진다고 본다. 대법원도 해고의 효력을 다투고 있는 자는 노동조합원으로서의 지위를 지닌다고 하여 근로자로 보고 있다.

사용자에게 직장폐쇄권을 인정할 경우에 헌법적 근거는 헌법의 재산권보장과 기업의 경제적 자유(제119조 제1항)라고 본다. '노동조합 및 노동관계조정법'은 직장폐쇄를 인정하고 있다.

(6) 환 경 권

환경을 어떻게 이해할 것인가에 관해, 자연환경만을 의미한다는 견해, 자연환경과 생활환경을 포함한다는 견해, 사회환경(교육권, 의료권, 도로·공원이용권)도 포함한다는 견해가 있는바, 사회환경을 포함한다고 보는 견해가 다수설이다. 미래세대의 기본권적 성격을 지니고 있다는 특색을 지니고 있다.

(7) 혼인·가족·모성·보건에 관한 권리

혼인과 보건에 관한 권리는 건국헌법에서부터 규정되었고, 제5공화국헌법은 이에 가족제도를 추가하였고, 제6공화국헌법은 자녀를 둔 여성인 모성보호를 추가하고 있다.

간통죄에 대한 헌법소원사건에서 성적 자기결정권의 본질적 내용을 침해하는 것은 아니라고 하였다(헌재 1990.9.10. 89헌마82).

　　동성동본인 혈족 사이의 혼인은 그 촌수의 원근에 관계없이 일률적으로 이
를 모두 금지하고 있는 민법 제809조 제1항에 대한 위험심판사건에서 혼인에 있
어 상대방을 결정할 수 있는 자유를 제한하고 있고, 제한의 범위를 동성동본인
혈족, 즉 남계혈족에만 한정함으로써 성별에 의한 차별을 하고 있으므로, '개인의
존엄과 양성의 평등'에 기초한 혼인과 가족생활의 성립·유지라는 헌법규정에 정
면으로 배치되므로 위헌이라고 하면서 1998. 12. 31.까지 개정하지 아니하면 효
력을 상실한다는 헌법불합치결정을 하였다(헌재 1997.7.16. 95헌가6).

4. 청구권적 기본권

(1) 청 원 권

　　청원권이란 국가기관에 대하여 의견이나 희망을 문서로서 진술할 권리를 의
미한다.

　　헌법재판소는 지방의회에 청원할 때 의원의 소개를 얻도록 한 지방자치법
제65조 제1항에 대한 헌법소원사건에서, 청원의 남발을 방지하고 불필요한 청원
을 억제하여 청원이 효율적인 심사·처리를 제고하는 데 있고, 소개 인원은 1인으
로 족한 점에 비추어 청원권의 본질적 내용을 침해하는 것이 아니라고 하였다(헌
재 1999.11.25. 97헌마54).

(2) 재판청구권

　　재판청구권이란 독립된 법원에 의하여 정당한 재판을 받을 권리를 의미한다.
재판청구권은 국민이 가지는 주관적 공권으로서 소송적 기본권이라 할 수 있으
며, 다른 기본권을 보장해 주기 위한 보조적·형식적 기본권의 성격을 가진다.

　　헌법은 제110조에서 군사법원에 대한 헌법적 근거를 명시하고 있고, 군사법
원법은 군판사의 독립을 규정하고 있으므로 헌법 제27조의 재판청구권을 침해한
것은 아니라고 볼 것이다. 군사법원이 '심판관'을 일반장교 중에서 임명할 수 있
도록 한 것은 재판청구권 침해가 아니다.

　　대법원을 구성하는 법관에 의한 재판을 받을 권리가 포함되는지가 문제된다.

　　헌법재판소는 국민에게 상고심에서 재판을 받을 권리를 보장하는 명문규정이
없고, 상고문제가 입법정책의 문제이므로, 헌법 제27조에서 규정한 재판을 받을

권리에 '모든 사건에 대해 상고법원의 구성법관에 의한 상고심 절차에 의한 재판을 받을 권리'까지를 포함한다고 단정할 수 없다고 하였고, '상소권을 전면적으로 인정하지 않는다면' 상소권을 본질적으로 침해하는 것으로 위헌이라고 하였다.

구 특허법 제186조 제1항은 특허청의 항고심판절차에 대하여 불복이 있는 경우에도 법관에 의한 실사확정의 기회를 주지 아니하고 있는데, 이를 법관에 의한 재판이라고 볼 수 없다. 현 특허법은 특허쟁송을 고등법원관할로 하고 있어 위헌소지를 없앴다.

(3) 형사보상청구권

형사보상청구권이란 형사피의자 또는 형사피고인으로 구금되었던 자가 불기소처분이나 무죄판결을 받은 경우에는 그가 입은 정신적·물질적 손실에 대한 보상을 청구할 수 있는 권리를 의미한다.

(4) 국가배상청구권

국가배상청구권이란 국민이 공무원의 직무상 불법행위로 손해를 입은 경우에 그 배상을 국가나 공공단체에 청구할 수 있는 권리를 의미한다. 헌법재판소는 국가배상법 제2조 제1항 단서의 위헌 여부에 관하여, 동 조항은 헌법에서 직접 근거하고, 헌법규정과 그 내용을 같이하는 것으로 합헌이라고 한 바 있고, '군인과 민간인이 공동불법행위'를 하여 다른 군인에게 손해를 입혀 민간인이 손해를 모두 배상한 다음 공동불법행위자인 군인의 부담 부분에 관하여 국가에 구상권을 행사하는 것을 허용하지 않는다고 해석하는 한 위헌(한정위헌)이라는 결정을 한 바 있다. 또한 국가배상법이 '향토예비군대원'을 이중배상금지대상으로 한 것을 합헌이라고 하였다.

(5) 범인피해자의 구조청구권

국가에 대한 구조청구권이란 타인의 범죄행위로 생명·신체에 대한 피해를 입은 경우에 국가에 대하여 구조를 청구할 수 있는 권리를 의미한다.

5. 참정권적 기본권

(1) 선 거 권

선거권이란 선거인단의 구성원으로서 국민이 각종 공무원을 선출하는 권리를 의미한다

선거를 위한 공무의 성격과 주관적 공권의 서역을 동시에 가지는 것으로 보는 이원설이 다수설이다. 선거권은 일정한 연령(19세)에 달한 국민에 한한다. 선거권에는 대통령선거권(제67조 제1항), 국회의원선거권(제41조 제1항), 지방의회의원선거권(제118조 제2항)이 있다.

(2) 공무담임권

공무담임권이란 행정부·사법부·입법부는 물론 지방자치단체와 기타 공공단체의 직무(일체의 공무)를 담당할 수 있는 권리를 의미한다(제25조). 공무담임권은 피선거권과 공직취임의 균등한 기회만을 보장할 뿐, 당선 또는 임명된 공직에서 그 '활동이나 수해의 자유'를 보장하는 것은 아니다.

(3) 국민표결권

국민표결권이란 국민이 국가의사의 형성에 직접 참가할 수 있는 권리를 의미한다. 즉 중요한 법안이나 정책을 국민투표로써 결정하는 것으로, 레퍼렌덤과 플레비시트가 있다.

헌법 제72조의 국가안위에 관한 중요 정책에 대한 국민투표권과 헌법개정안에 대한 국민투표권이 있다.

6. 국민의 기본의무

국민의 기본의무란 국민이 통치권의 대상으로서의 지위에서 부담하는 기본적 의무를 의미한다. 고전적 의무로는 납세의 의무와 국방의 의무가 있다. 새로운 의무로는 교육을 받게 할 의무, 근로의 의무, 환경보전의 의무, 재산권 행사의 공공복리적합의 의무, 기본권을 남용하지 않을 의무 등이 속한다.

제3. 통치구조

*집필: 김용훈. 상명대학교 법학과 조교수
*별명이 없는 법조문명은 '헌법'임

Ⅰ. 대 의 제

사례 1   대의제

갑은 5살짜리 딸을 키우고 있는 가장이다. 딸에게 영어교육을 시켜 주고 싶지만 가정형편이 어려워 여의치 않다. 그런데 자신의 선거구에 미국에서 유학을 한 유력인 을이 국회의원에 출마하게 되었고 당선이 된다면 저소득층을 대상으로 영어교습을 해 주겠다는 공약을 내걸게 된다. 이에 갑은 많은 고심끝에 을에게 투표를 하였고 을은 당선되게 된다. 하지만 임기 동안 국회의원이 주관하는 영어교습은 실시되지 않았고 이에 갑은 을에게 불만을 품고 을에 대한 법적 책임을 물으려고 한다. 갑의 입장은 타당한가?

대의제도란 주권자인 국민이 국가의사나 국가정책을 직접 결정하지 않고 대표자를 선출하여 대표자로 하여금 국민을 대신하여 국가 의사나 국가정책을 결정하도록 하는 통치구조의 구성원리를 말한다.

1. 대의제의 등장 배경

사실 우리가 채택하고 있는 대표적인 헌법상의 기본원리는 민주주의 원리이므로 이를 실질적으로 구현하기 위한 가장 이상적인 방법은 직접민주주의라고 할 수 있다. 하지만 장소적·물리적 한계와 인구의 과다, 나아가 국가 영역의 확장에 따라 당해 민주주의를 실시하는 것에는 상당한 부담이 있을 수밖에 없다. 뿐만 아니라 국민 개개인은 국가 전체의 이익보다는 자신들의 이해관계에 보다 민감하게 반응하기 때문에 국가의 의사를 국민이 직접 결정하도록 하는 것 역시 적지 않은 부담으로 작용한다. 따라서 국민 전체의 이익을 위하여 의사결정을 하고 나아가 국가정책을 합리적으로 결정할 수 있는 대표자로 하여금 국가의사를 결정하게 할 필요성의 제기에 따라 대의제를 본격적으로 채택·운영하게 된 것이다.

2. 대의제 원리의 특징

* 이하는 정종섭, 헌법연구 I, 박영사, 2004, 247-270면을 참고하였음.

(1) 통치자와 피치자의 구별

직접민주주의는 국민의 자기 통치, 즉 피치자와 치자의 일치를 그 주요한 특징으로 한다. 하지만 간접민주주의인 대의제도는 직접 민주주의와는 달리 치자, 즉 통치자와 피치자를 구별하는 것을 주요한 특징으로 삼고 있다.

(2) 선거를 통한 대표자의 선출, 정책결정권과 기관결정권의 분리

대의제에서는 통치자를 선출하는 것을 필수적인 절차로 삼게 됨에 따라 국민들은 선거행위를 통하여 대표자를 선출하도록 요구받는다. 이에 따라 기관 구성권은 여전히 국민이 보유하게 된다. 하지만 정책결정권은 이제 국민이 아닌 대표자에게 위임을 하게 됨에 따라 더 이상 국민은 당해 정책결정권에 개입을 할 수 없게 된다. 이에 따라 대의제에서는 위임행위가 필수적으로 요구받게 되는 것이다. 결국 대의제에서는 기관구성권과 정책결정권을 분리하여 전자는 국민에게 후자는 대표자에게 귀속시키게 되는 것이고 명령적 위임이 아닌 자유위임이 필수적이고 주요한 특징으로 된다.

(3) 전체 국민의 대표자

피의자에 의하여 선출된 통치자는 전체 국민의 대표자로서 그들이 선출된 지역의 대표자는 아니다. 이로 인하여 대표자인 국회의원은 부분이익을 대변하거나 경험적 의사를 단순히 전달하는 존재가 아니며 국가의사를 대변하고 이를 위하여 일하여야 하는 국민 전체의 대표자로서의 위상을 가지게 된다.

(4) 명령적 위임의 배제와 법적 책임의 추궁 금지

대표자는 국민으로부터 부여받은 민주적 정당성에 입각하여 공공복리와 공공선을 실현하는 방향으로 독자적인 의사결정을 해야 하는 존재이다. 다시 말해 대표자는 선거구민의 대리인이 아닌 국민 전체의 대표자이기 때문에 선거구민의 의사나 선거구의 이익에 집착할 필요가 없는 것이며 집착해서도 안 된다. 결국 대표자는 그의 판단에 구속력이 미치는 어떠한 힘으로부터도 독립될 필요가 있으며, 이로 인하여 대의제는 명령적 위임의 배제를 핵심적 특징으로 한다. 사실 이는 앞서 본 기관구성권과 정책결정권의 분리라는 대의제의 특징에서도 어렵지 않게 알 수 있는 특징이다. 정책결정권을 대표자에게 모두 주었는데 나중에 이를 다시 달라고 할 수는 없다. 즉 정책결정권이 100% 대표자에게 부여되어 있는 상황에서 특정 정책결정을 그들에게 강요할 수는 없는 것이다.

그렇다면 만일 국회의원이 선거구민의 의사나 선거구의 이익에 합치하지 않는 결정을 한다면 그들에게 법적 책임을 물을 수 있을까? 앞서 본 바와 같이 명령적 위임이 배제된 대의원리의 특징에 따라 대표자에게 그와 같은 법적 책임을 추궁할 수는 없다. 만일 대표자에게 법적 책임을 물을 수 있게 되면 대표자는 정책결정권을 행사할 때마다 국민의 경험적 의사에 종속되어야 하는 것이고 급기야 대표자는 특정의 개인·세력·집단·계층의 단순한 대리인에 지나지 않게 되어 거시적인 수준에서의 국가이익을 반영하는 일반 이익을 창출할 수 없기 때문이다.

3. 판례의 입장

판례 역시 우리나라의 헌법상의 기본원리로서의 대의제를 명시적으로 인정하고 있다(헌재 1998.10.29. 96헌마186 참고).

<사례1 해설> (대의제)

1) 문제의 제기

요사이 국민들의 정치인들에 대한 불만이 상당하다. 선거운동시에는 갖가지 공약을 내걸고 지역발전을 위하여 헌신을 하겠다고 호언장담을 하지만 실상 임기가 개시되면 공약 사항을 지키려고 노력하는 국회의원들이 많지 않기 때문이다. 이에 갑은 그와 같은 행태를 보이고 있는 국회의원 을에 대하여 법적 책임을 추궁하려는 방도를 고민하고 있으나 우리나라 헌법상 기본원리인 대의제의 원리에 따라 과연 그와 같은 법적 책임이 가능할 것인지는 의문이 들 수밖에 없다.

2) 국회의원 을에 대한 법적 책임의 가능 여부

대의제의 주요한 특징으로 기관구성권과 정책결정권의 분리를 든 바 있는데 특히 전자는 국민이 보유하지만 후자는 대표자가 보유하게 됨에 따라 대의제의 경우에는 자유위임을 중요한 원리로 채택하고 있음을 알 수 있었다. 따라서 국회의원은 자신이 소속된 지역구의 이익이나 지역구민의 의사에 얽매이지 않고 자신의 판단에 따라 국가의 이익을 위한 결정을 자유롭게 내릴 수 있는 것이다. 그렇다면 결국 국회의원의 의사 결정에 대하여 법적 책임을 물을 수 있게 된다면 대의제의 근간은 흔들릴 수밖에 없다. 따라서 사례의 국회위원 을에게는 법적 책임을 물을 수 없다고 보는 것이 적절하다.

3) 국회의원에 대한 책임 추궁

하지만 국회의원 을에게 엄밀하게 법적 책임을 물을 수는 없을 것이지만 공약을 이행하지 않고 있는 국회의원에 대한 책임을 추궁할 필요성을 부인할 수는 없다. 뿐만 아니라 만일 국회의원이 국가이익에 반하는 의사결정을 하는 경우에도 그에 대한 책임을 물을 수 없다고 하는 것은 더욱 적절하지 않다. 따라서 자유위임원리를 핵심적 가치로 하는 대의제의 원리에 의하는 경우 비록 대표자에 대한 법적 책임을 물을 수는 없는 것이 사실이지만 선거를 통한 책임까지 금지되는 것은 아니다. 즉 대의기관의 정책결정이 만일 국민의 의사에 반한다고 판단되는 지역구 구민은 다음 선거를 통한 정치적 책임을 대표자에게 물을 수 있는 것이다(국회 내 징계절차를 통한 제재가 가능함은 물론이다).

4) 결론

사례에서 국회의원 을이 비록 공약에 따른 영어교습을 하지 않았다고 하더라도 이에 대한 법적 책임을 물을 수는 없다. 즉 갑의 법적 추궁을 도모하고자 하는 주장은 우리가 헌법상 채택하고 있는 대의제 원리에 반하는 것이기 때문에 타당하지 않다. 하지만 공약을 이행하지 않은 국회의원 을에 대하여 불만을 가진 지역구 구민들은 다음 선거에서 투표로써 을에 대한 정치적 책임을 추궁할 수는 있을 것이다.

Ⅱ. 정부형태

사례 2　　정부형태

A국은 규율화된 양당체제를 통하여 안정적인 정부형태를 확보하고 있다. 이에 따라 비교적 안정되게 국정을 운영하고 있음은 물론이다. 특히 의회와 내각의 비위

에 대해서는 의회해산권와 내각불신임권을 통하여 국정의 안정을 도모하고 있다. 하지만 최근 기존 정당의 비리와 부정으로 인하여 신물을 느낀 국민은 제3의 정당을 갈망하게 되었고 이에 따라 차기 총선에서 기존의 정당이 아닌 다른 정당들에 대하여 압도적인 지지를 하게 되고 급기야 당해 정당들은 당해 지지를 기반으로 대다수의 의석을 차지하게 된다. 하지만 새로운 정당을 통하여 기존과 같은 규율화된 양당체제를 바랐던 국민의 기대와는 달리 군소정당이 난립하게 되었고 이에 따라 A국의 정국은 혼란에 휩싸이게 된다. 이와 같은 정국의 불안정 상황이 지속되게 되자 급기야 헌법 개정에 대한 논의가 높아져 A국 지도자들은 헌법개정위원회를 구성하기에 이른다. 특히 당해 위원회는 수상 혹은 국왕을 포함한 내각 권한의 강화를 통하여 국정 안정을 도모하려는 시도를 하고 있다. 나아가 당해 위원회는 기존의 정부형태의 체제는, 여론을 감안하여 그대로 유지한 채 이를 보완하려고 한다. 이와 같은 시도는 가능한가?

1. 정부형태의 의의

정부형태란 권력분립주의의 조직적·구조적 실현형태를 말하는데 구체적으로 당해 정부형태는 국가권력과 국가기능이 입법부와 사법부 그리고 집행부간에 어떠한 방식으로 배분되고 배분된 기능이 어떻게 행사되는지 나아가 기능을 보유한 기관들간의 상호관계는 어떠한지에 대한 사항을 말한다. 그런데 오늘날 정부형태라는 용어는 관련 국가의 헌정체제를 의미하기도 하고 보다 일반적인 의미에서의 대통령제·의원내각제·반대통령제 등 집행권과 입법권과의 관계에 관한 사항을 다루는 문제로서 다루어지는 것이 보통이다. 이에 따라 정부형태에 대한 논의를 전개함에 있어서는 무엇보다 구체적인 대통령제·의원내각제·반대통령제 등 집행권과 입법권간의 관계에 대한 문제를 다룰 수밖에 없다.

2. 정부형태의 유형

앞서 본 바와 같이 정부형태의 구별은 입법부와 집행부간의 관계에 주안점을 두고 있다. 따라서 이후 구체적인 정부형태에 대한 논의를 전개하는 데에 있어서도 그와 같은 사항에 유의하여 살펴볼 필요가 있다.

(1) 대통령제

가. 대통령제의 의의

대통령제는 국민으로 직선되는 대통령이 정부를 구성하기 때문에 의회로부터 독립하고 의회에 대하여 정치적 책임을 지지 않는 대통령 중심으로 국정이 운영되는 정부형태를 말한다. 이에 따라 대통령제는 엄격한 권력분립원리에 기초하게 되는데 이를 기반으로 당해 대통령제는 의원내각제 혹은 권력의 융합체제와 확연히 구별된다. 결국 견제와 균형의 원리를 충실히 반영하는 정부형태라고 볼 수 있다.

나. 대통령제의 본질적 특징

(가) 민주적 정당성의 이원화, 집행부의 일원적 구조

대통령제에서 정부를 구성하는 데에 있어 가장 중요한 사항은 국민들의 선거에 의한 대표자의 선출이 이중으로 이루어진다는 점이다. 즉 의회의 구성을 위한 선거와 대통령에 대한 선거가 그것이다. 이에 따라 대통령제에서는 민주적 정당성이 이원화되며 나아가 국민에 의하여 선출된 대통령을 중심으로 정부가 구성되므로 집행부의 일원적 구조라는 특징을 제시할 수 있는 것이다. 나아가 대통령은 국가원수로서의 지위와 행정부 수반으로서의 지위를 갖는다.

(나) 대통령 직선제

따라서 대통령제에서 대통령은 직접 국민의 선거에 의하여 선출된다.

(다) 집행부와 입법부의 상호 독립성

이는 대통령제의 가장 본질적인 특징이다. 즉 대통령제에서는 입법부와 집행부의 조직과 활동이 독립적으로 이루어지는데 이는 어찌 보면 민주적 정당성의 이원화에 따른 당연한 현상이라고 볼 수 있다. 따라서 대통령제에서의 권력분립은 통상적으로 '경성형의 권력분립'일 것이라는 것은 어렵지 않게 알 수 있으며 엄격한 견제와 균형의 메커니즘에 따라 운영된다는 점 역시 어렵지 않게 알 수 있다. 특히 이로 인하여 의회와 정부는 독립적으로 존재하므로 상호 연계적인 특징을 보이지 않는다. 따라서 대통령제에서는 의원내각제와는 달리 내각의 의회해산권이나 의회의 내각불신임권 그리고 의회의원과 집행부 구성원의 겸직, 정부의 법률안 제출권이나 집행부 구성원의 의회출석·발언권도 인정되지 않는다.

(2) 의원내각제

가. 의원내각제의 의의

의원내각제는 국민이 아닌 의회에서 선출되고 의회의 내각불신임권 등과 같이 의회에 대하여 책임을 지는 내각 중심으로 국정이 운영되는 정부형태이다. 의원내각제는 역사적으로 절대군주제로부터 제한군주제 그리고 이원적 의원내각 제를 거친 후 오늘날의 일원적 의원내각제의 모습을 갖추게 되었다.

나. 의원내각제의 기본원리

(가) 민주적 정당성의 일원화, 연성형의 권력분립

대통령제에서와는 달리 의원내각제의 국민에 의한 대표자 선출행위는 1회에 그친다(민주적 정당성의 일원화). 즉 의원내각제에서 국민의 선거는 의회를 구성하는 데에 이루어지게 되는 것이지 따로 정부와 관련한 대표자를 선출하는 데에는 이루어지지 않는다. 이에 따라 정부는 국민이 선출한 의회의 다수당이 내각을 구성하게 되고 당해 다수당의 대표자는 내각의 수상이라는 지위를 가지게 된다. 결국 의원내각제에서의 내각, 즉 정부는 의회에 의하여 구성이 될 뿐이다. 결국 어렵지 않게 알 수 있듯이 내각은 의회로부터 유래하는 것이다. 결국 의원내각제에서는 권력기관 상호간 기관적·가능적 공화의 특징을 발견할 수 있게 되며, 권력분립원리는 연성형의 특징을 보이게 된다. 내각은 의회의 다수당으로 구성됨에 따라 의회와 정부는 그 성립과 존속에 있어서 상호 연계되어 있기 때문이다. 이와 같은 구성상 특징으로 말미암아 의원내각제에서는 대통령제에서는 인정될 수 없었던 내각의 의회해산권이나 의회의 내각불신임권 그리고 의회의원과 집행부 구성원의 겸직, 정부의 법률안 제출권이나 집행부 구성원의 의회출석·발언권 등이 인정되는 것이다.

(나) 집행부의 이원적 구조

의원내각제에서의 집행부는 대통령 혹은 군주라는 실체를 통하여 조직이 이루어지기 때문에 2원적 구조를 그 주요한 특징으로 하고 있다. 하지만 국정의 운영은 의회의 다수당으로 이루어지는 내각의 대표자, 즉 수상 중심으로 이루어지기 때문에 집행에 관한 실질적 권한은 수상을 중심으로 하는 내각에 귀속하게 된다. 따라서 대통령이나 군주는 국가의 통일성 혹은 항구성에 대한 상징적·명목적 존재로 인정받고 있을 뿐이다.

(3) 이원정부제

가. 이원정부제의 의의

이원정부제란 대통령도 국민으로부터 직선됨으로써 집행부가 대통령과 내각의 두 기구로 구성되고 국정의 실질적 권한 역시 대통령과 내각에 부여되어 있는 정부형태를 말한다. 즉 당해 정부형태는 대통령제와 의원내각제가 혼합되어 있는 혼합형 혹은 절충형 정부형태라고 할 수 있다. 실제로 당해 정부형태 논의의 출발점은 의원내각제 정부형태 운영의 어려움에 대한 고민에서 출발하였다고 볼 수 있다. 영국과 같이 양당정치가 확고히 자리잡고 있는 이원내각제 정부의 경우에는 별 고민이 없는 것이 사실이지만 이탈리아나 프랑스와 같이 군소정당의 난립으로 인한 정국의 불안정을 안고 있는 국가에서는 당해 문제를 극복하기 위한 묘안으로 당해 정부형태에 대한 논의가 본격화된 것이다. 즉 당해 정부형태는 기존의 의원내각제의 한계를 대통령제적 요소를 도입함으로 극복하려고 한다. 따라서 당해 정부형태를 살펴봄에 있어서는 의원내각제적 요소와 대통령제적 요소를 주의하여 살펴보는 것이 무엇보다 필요하다.

나. 이원정부제의 본질적 요소

(가) 대통령제적 요소로서의 국민에 의한 대통령 직선 선거

당해 정부형태의 가장 중요한 특징으로는 의원내각제에서는 상징적·명목적 존재에 그쳤던 대통령의 권한이 실질적으로 확보되고 있다는 점을 들 수 있다. 군소정당의 난립으로 인한 빈번한 내각 불신임권 행사는 급기야 정국의 불안정을 야기하였던 것인데 당해 난국 타개의 돌파구를 대통령의 권한 강화에서 찾았기 때문이다. 따라서 의원정부제에서는 대통령의 실질적 권한을 확보하기 위하여 미국 대통령제와 같이 직접 국민적 정당성을 확보할 수 있도록 당해 대통령을 국민의 직접 선거에 의하여 선출을 하게 한다. 즉 이원정부제에서는 대통령이 국민의 보통선거에 의하여 사실상 직선되도록 하는 것이 주요한 특징인 것이다. 이에 따라 이원정부제에서는 대통령제와 같이 두 개의 국민적 정당성의 축이 병존하게 된다.

(나) 의원내각제적 요소로서 의회의 대정부 불신임권

이원정부제는 그 출발점을 의원내각제에 두고 있다. 즉 의원내각제에서 국민의 선거에 의한 의회 구성, 그리고 의회의 다수당의 내각 구성과 당해 내각의 대표자를 수상으로 임명하도록 하는 것은 이원정부제에서도 동일하다. 다만 정국의 안정을 달성하기 위하여 의원내각제에서는 상징적·명목적 존재였던 군주 혹은 대통령의 권한을 강화하여 함부로 의회가 내각불신임권을 행사하지 못하도록 한 것이다. 하지만 그 뿌리를 의원내각제에 두고 있으므로 의원내각제의 핵심적인 요소인 의회의 정부불신임권을 부인할 수는 없다.

<사례2 해설> (정부형태)

1) 문제의 제기

그렇다면 A국 헌법위원회의 결정은 타당한 것인가? 특히 당해 위원회는 수상 혹은 국왕을 포함한 내각 권한의 강화를 통하여 국정 안정을 도모하려는 시도를 하고 있다는 점에 주목을 할 필요가 있다. 즉 당해 헌법 개정의 방향은 과연 기존의 정부형태와 조화로운 방향에서 이루어지고 있는 것인지 혹은 기존의 정부형태와 상충하기 때문에 전혀 이루어질 수 없는지에 대한 고민이 있어야 하는 것이다.

2) A국의 정부형태와 이의 헌법 개정의 가능성

먼저 A국의 정부형태가 무엇인지 파악을 할 필요가 있다. A국은 규율화된 양당체제를 통하여 안정적인 정부형태를 확보하고 있었고 특히 의회와 내각의 비위에 대해서는 의회해산권과 내각불신임권을 통하여 국정의 안정을 도모하고 있었다. 따라서 A국의 정부형태는 의원내각제라는 것을 알 수 있다. 그렇다면 이의 보완을 위하여 헌법 개정을 도모하는 데에 있어서도 당해 사항을 십분 고려할 필요가 있는 것이다.

3) 결론

의원내각제에서의 정국 불안정의 문제는 대통령제 등의 정부형태를 도입함으로 해결하는 것이 거의 불가능하다. 대통령제와 의원내각제라는 정부형태가 가지는 실질적인 차이를 극복하는 것은 대폭적인 헌법 개정을 도모하지 않는 한 불가능하기 때문이다. 그렇다면 의원내각제의 근간을 유지하면서 이의 문제점을 보완하는 정부형태를 헌법개정위원회는 도모할 것으로 보이는데 그것은 이원정부제를 통하여 구체화할 수 있다고 할 수 있다. 따라서 헌법개정위원회의 입장은 가능하며 바람직하다는 평가가 된다.

Ⅲ. 처분적 법률

사례 3 처분적 법률의 의의

A국의 군인 갑은 권력에 대한 동경으로 인하여 기존 정부의 주요 인사를 숙청하고 새로운 정부의 출범을 위한 준비에 착수를 하였다. 이후 간접선거를 통하여 자신이 직접 대통령에 취임하려고 하자 이에 불만을 가지게 된 국민들은 극렬하게 저항하였지만 갑은 무력으로 무자비하게 제압하게 된다. 결국 이를 통하여 집권을 한 갑은 군부정권을 출범시켰고 이후 계속 헌정질서를 파괴하며 장기간 통치를 한 후 물러났다. 이후 문민정부가 출범하게 되자 국민들은 갑의 처벌을 요구하게 되었고 이에 국회의원 을은 갑의 처벌 가능성에 대하여 고심하게 된다. 하지만 이미 갑의 행위에 대해서는 공소시효가 만료되었다는 사실을 알게 되었고 일반 법률을 통한 갑의 처벌 가능성에 대하여 회의적인 입장을 가질 수밖에 없었다. 을을 비롯한 대부분의 국회의원 역시 갑의 처벌 필요성에 대하여 공감을 하게 되어 결국 국회의원들은 갑의 헌정질서파괴범죄에 대한 공소시효를 갑의 집권 후에는 정지시키는 법률 X를 제정하게 된다. 하지만 갑은 당해 법률이 일반적인 유형의 법률이 아니라고 하여 이의 부당성에 대하여 주장하고 있다. 갑의 주장은 타당한가?

1. 입법의 의미

근대 시민혁명을 통하여 시민들이 확보하였던 것은 법치주의이다. 군주에 의한 임의적인 통치에 신물을 느낀 시민들이 급기야 혁명을 통하여 인치주의를 불식시키고 확보한 것이 바로 법치주의인 것이다. 이는 영어로 'Rule of Law'라는 데서 알 수 있듯이 법에 의한 통치를 말한다. 이를 통하여 법적 안정성 나아가 예측 가능성이라는 우리의 생활에 있어 핵심적인 가치를 확보할 수 있게 되는 것임은 물론이다. 그런데 당해 법치주의는 곧 우리의 대표자가 만드는 법률을 통하여 구체화된다. 즉 입법이란 국가통치권에 의거하여 주로 의회가 국민 상호간의 관계를 공권적으로 규율하기 위하여 성문의 법규범을 정립하는 작용을 말한다.

2. 입법의 일반성·추상성의 원칙

입법은 원칙적으로 일반성과 추상성의 특징을 띠고 있다. 따라서 전자에 따라 입법은 불특정 다수인을 대상으로 하여야 하고 후자에 따라 불특정한 사항을 규정하여야 한다. 이는 물론 우리 헌법상 '모든 국민은 법 앞에 평등하다. 누구든지 성별·종교 또는 사회적 신분에 의하여 정치적·경제적·사회적·문화적 생활의 모든 영역에 있어서 차별을 받지 아니한다'는 평등원칙이 선언되고 있기 때문이다. 즉 만일 국회가 특정 사안과 특정인을 대상으로 하는 법률을 제정한다면 이는 우리 헌법상의 원리에 배치되는 위헌적인 행위라고 할 수 있는 것이다. 나아가 의회에서 제정한 법률은 확실성·공평성·통일성 등을 확보하여야 한다는 측면에서도 입법은 일반성과 추상성의 특징을 가져야 한다.

3. 처분적 법률의 개념·유형

(1) 처분적 법률의 개념

처분적 법률이란 일반적·추상적 사항을 규율하는 일반적 법률과는 상이하게 구체적인 집행행위를 매개로 하지 아니하고 구체적인 사건을 규율하거나 국민의 권리·의무 관계를 직접적으로 형성하는 법률을 말한다. 즉 일반적이고 추상적인 특징을 지닌 법률은 국민의 권리·의무 관계를 직접 규율할 수는 없다. 그러기 위해서는 그를 집행하는 행정행위, 소위 처분이라는 것이 요구되는 것이다.

(2) 처분적 법률의 유형

처분적 법률에는 일정 범위의 국민만을 대상으로 하는 법률인 개별인 법률과 개별적·구체적인 상황 혹은 사건을 대상으로 하는 법률인 개별사건법률, 그리고 시행기간이 한정적인 한시적 법률 등이 있다.

4. 처분적 법률의 인정 여부

일반성과 추상성이라는 입법의 일반적인 특징을 감안한다면 처분적 법률을 인정할 수는 없다. 더욱이 권력분립의 원리에 따른다면 행정작용은 개별적인 처분성을 띠어야 하고 사법작용은 실질적 재판성을 보유하여야 한다는 점에서 입법작용은 처분적 법률을 제정하여서는 안 된다. 뿐만 아니라 위에서 언급한 바와 같이 국회의 처분적 법률의 제정은 헌법상의 평등원칙에 직접적으로 반한다고 볼 수도 있다.

하지만 사회적 법치국가의 도래로 말미암아 국가의 기능이 증폭되고 국민의 복지를 보다 효과적이고 적정하게 보장하여야 하는 상황에서는 일반성과 추상성을 지닌 법률만을 고집할 수는 없다. 나아가 헌법상 평등원칙 역시 형식적 평등이 아니라 상대적·실질적 평등이라는 점을 감안한다면 일반적 법률을 통하여 최우선적으로 국가의 재정적 지원을 요하는 국민에 대한 지원이 효과적으로 이루어지는 것을 기대할 수는 없다. 따라서 예외적인 처분적 법률을 통한 특정 사건이나 특정인에 대한 규율이 금지된다고 볼 수만은 없다.

<사례3 해설> (처분적 법률의 의의)

1) 문제의 제기

입법의 일반성·추상성의 원칙에 따른다면 갑의 주장은 일견 타당하다고 보인다. 실제로 갑에 대한 법률 X는 일반적이고 추상적인 수준에서 이루어진 법률이 아니라 개별적 사건을 대상으로 하는 처분적 법률이기 때문에 위헌의 소지가 있다는 주장이 전혀 불합리한 것으로만은 보이지 않기 때문이다. 하지만 처분적 법률이라고 하여도 예외적으로 당해 법률이 요구되는 경우가 있다. 사회적 법치국가의 도래, 위기국가의 상존, 평등의 의미의 변화 등에 따라 이를 인정할 수 있을 것이다. 그렇다면 사례의 경우에도 과연 처분적 법률을 인정할 수 있는지를 살펴본다.

2) 헌법재판소의 입장

헌법재판소는 처분적 법률을 적극적으로 수용하고 있는 것으로 보인다. 일단 헌법재판소는 처분적 법률을 '행정집행을 매개로 하지 않고 직접 국민에게 권리·의무를 발생케 하는 법률'로 상정하고 있는데 사례와 같은 사건의 경우 다음과 같이 예외적인 경우이기는 하지만 원칙적으로 처분적 법률에 대한 수용적 입장을 견지하고 있다. '우리 헌법은 개별사건법률에 대한 정의를 하고 있지 않음은 물론 개별사건법률의 입법을 금하는 명문의 규정도 없다. 개별사건법률금지의 원칙은 "법률은 일반적으로 적용되어야지 어떤 개별사건에만 적용되어서는 아니된다"는 법원칙으로서 헌법상의 평등원칙에 근거하고 있는 것으로 풀이되고, 그 기본정신은 입법자에 대하여 기본권을 침해하는 법률은 일반적 성격을 가져야 한다는 형식을 요구함으로써 평등원칙위반의 위험성을 입법과정에서 미리 제거하려는 데 있다 할 것이다. 개별사건법률은 개별사건에만 적용되는 것이므로 원칙적으로 평등원칙에 위배되는 자의적인 규정이라는 강한 의심을 불러일으킨다. 그러나 개별사건법률금지의 원칙이 법률제정에 있어서 입법자가 평등원칙을 준수할 것을 요구하는 것이기 때문에, 특정규범이 개별사건법률에 해당한다 하여 곧바로 위헌을 뜻하는 것은 아니다. 비록 특정법률 또는 법률조항이 단지 하나의 사건만을 규율하려고 한다 하더라도 이러한 차별적 규율이 합리적인 이유로 정당화될 수 있는 경우에는 합헌적일 수 있다. 따라서 개별사건법률의 위헌 여부는, 그 형식만으로 가려지는 것이 아니라, 나아가 평등의 원칙이 추구하는 실질적 내용이 정당한지 아닌지를 따져야 비로소 가려진다.'(헌재 1996.2.16. 96헌가2)

3) 결론

사례에서 갑의 주장은 타당하지 않다. 물론 처분적 법률이라고 한다면 평등원칙에 위배되는 자의적인 규정이라는 강한 의심을 불러일으키는 것이 사실이지만 특정규범이 개별사건법률에 해당한다 하여 곧바로 위헌을 뜻하는 것은 아니기 때문이다. 헌재의 견해와 같이 공익을 위한 예외적인 경우에는 처분적 법률을 인정할 필요가 있는 것이고 이와 같은 점에서 갑의 주장은 받아들일 수 없다.

IV. 통치행위

사례 4   통치행위

갑은 일반 국민의 한 사람인바, 대한민국 정부가 최근 국군을 이라크에 파견하기로 한 것은 침략적 전쟁을 부인한다고 규정하고 있는 헌법 제5조에 위반될 뿐만 아니라 특히 의무복무를 하는 일반 사병은 급여를 받는 직업군인인 장교 및 부사관과 달리 실질적으로 급여를 받지 못하는바 일반 사병을 이라크에 파견하는 것은 국가안전보장 및 국방의 의무에 관한 헌법규정에 위반된다는 이유로 헌법재판소법 제68조 제1항에 의하여 위 파병의 위헌확인을 구하는 헌법소원심판을 청구하였다. 특히 갑은 국군 파병행위는 국민의 평화적 생존권 등 생활 깊숙이 영향을 끼치는 행위로서 고도의 정치적 행위라고 볼 수 없다는 점에서 원칙적으로 사법심사의 대상으로 설정하는 데에 아무런 문제가 없음을 주장하고 있다.

갑의 주장은 타당한가?

통치행위라 하면 고도의 정치적 성격을 갖는 행위로서 사법심사가 곤란한 행위를 말한다. 사실 근대 입헌주의시대를 맞이하면서 국민의 기본권 보장과 권력분립 원리를 확립하여 국가의 모든 행위는 법원의 사법심사의 대상이 된다고 보는 것이 근대 입헌주의의 원리에 따른 법치주의 원리의 확립과 구현을 위한 당연한 요구사항이었다. 그러나 행정부의 조약 체결행위나 선전포고행위 혹은 국군파병행위와 같이 고도의 정치적 판단을 요하는 사항 등에 관해서는 국가적 활동의 원활한 수행을 위하여 법원에 의한 사법심사를 자제하여야 한다고 요구하는 경우가 있는데 그와 같은 행위를 '통치행위'라고 하는 것이다. 권력분립의 원리에 따라 법원의 사법심사대상에서 제외되는 통치행위의 인정 여부에 대해서는 견해가 일치되어 있지 않다.

1. 통치행위의 인정 여부에 대한 학설과 사법심사 가능성

(1) 부 정 설

헌법은 법치주의의 원리를 택하고 있고 특별히 사법심사의 대상과 관련하여 개괄주의를 택하고 있기 때문에 모든 국가의 작용은 사법심사의 대상이 되는 것이고 이에 따라 통치행위는 인정할 수 없다는 견해이다.

(2) 긍 정 설

통치행위를 긍정하는 견해에서도 여러가지 다양한 주장이 발견된다. 사법권은 권력분립의 원리상 내재적인 한계가 존재한다는 권력분립설, 통치행위는 행정행위이기는 하지만 자유재량행위이기 때문에 사법심사의 대상이 되지 않는다는 자유재량행위설, 통치행위에도 사법권이 미치는 것은 당연하지만 사법의 정치화를 방지하여야 하는 필요성에 따라 사법의 판단이 자제되는 것이 바람직하다는 사법자제설 그리고 통치행위는 국가지도적인 최상위의 행위로서 본래적으로 사법권 판단의 대상이 되는 것은 적절치 않은 독자적인 정치적 행위라는 독자성설 등이 그것이다.

(3) 통치행위에 대한 사법심사 가능성

통치행위의 개념을 부정한다면 통치행위에 대한 사법심사 가능성에 대한 논의는 무의미하다. 왜냐하면 통치행위의 개념을 인정하지 않는다는 입장은 국가기관의 모든 행위는 법원의 사법심사의 대상이 된다는 입장과 다르지 않기 때문이다. 결국 당해 논의는 통치행위를 긍정하는 입장에 집중하게 된다. 물론 통치행위를 긍정하는 견해에 따르면 그에 대한 사법심사를 부정하는 입장을 취하는 것이 타당하다. 통치행위의 개념 자체에 사법심사가 곤란하다는 사항이 내제되어 있기 때문이다. 통치행위를 긍정하는 입장 내에서도 사법심사의 가능성을 전혀 부인하지는 않는다. 이는 다음의 판례의 입장에서도 발견될 수 있는 사항이기도 하다.

2. 통치행위의 사법심사 가능성― 판례의 견해

(1) 헌법재판소의 견해

헌법재판소는 원칙적으로 통치행위의 개념에 대해서는 긍정을 하고 있다(헌재 1996.2.29. 93헌마186).

통치행위의 개념을 인정하는 입장에 기반한다면 앞서 본 바와 같이 통치행위에 대한 사법심사 가능성을 인정하지 않는 것이 논리적이다. 이에 따라 헌법재판소는 사법심사의 가능성을 인정하지 않은 판례를 내놓은 바 있다(본 사건에서 헌법재판소는 본안판단을 하지 않았고 그에 따라 '각하'라는 결정주문을 내리고 있다)(헌재 2004.4.29. 2003헌마814 참고).

하지만 헌법재판소는 통치행위의 개념을 원칙적으로 인정함에도 불구하고 이에 대한 사법심사 가능성을 완전히 배제하지 않은 입장을 밝힌 바도 있어 주목을 요한다(본 사건에서 헌법재판소는 본안판단을 하였던 것이고 그에 따라 '기각'이라는 결정주문을 내리고 있다)(헌재 1996.2.29. 93헌마186 참고).

사실 이와 같이 통치행위에 대한 사법심사 가능성에 대하여 일관되지 않은 입장을 보인 바 있는 헌법재판소는 비판의 대상이 되고 있는 것이 사실이다. 통치행위임에도 불구하고 예외적이기는 하지만 사법심사의 대상이 가능하다는 견해를 피력한 적이 있지만 통치행위이기 때문에 사법심사의 대상이 되지 않는다는 다소 일관되지 않은 입장을 보이고 있기 때문이다.

(2) 대법원의 견해

대법원 역시 헌법재판소와 유사한 입장을 가지고 있는 것으로 보인다. 즉 대법원은 통치행위의 인정을 지극히 신중하게 해야 한다는 입장을 기반으로 예외적인 경우 통치행위에 대한 종전의 사법소극적인 입장을 극복하고 있기 때문이다

(대법원 2004.3.26. 선고 2003도7878 판결; 대법원 1997.4.17. 선고 96도3376 판결 참고).

<사례4 해설> (통치행위)

1) 국군파병 결정의 통치행위성 여부

갑의 주장과 같이 일단 정부의 국군파병행위가 통치행위에 해당하는지의 여부에 대한 판단이 선행되어야 한다. 그러나 이는 원칙적으로 통치행위에 해당된다고 보는 것이 적절하다. 헌법재판소 역시 '외국에의 국군의 파견결정은 파견군인의 생명과 신체의 안전뿐만 아니라 국제사회에서의 우리나라의 지위와 역할, 동맹국과의 관계, 국가안보문제 등 궁극적으로 국민 내지 국익에 영향을 미치는 복잡하고도 중요한 문제로서 국내 및 국제정치관계 등 제반상황을 고려하여 미래를 예측하고 목표를 설정하는 등 고도의 정치적 결단이 요구되는 사안'이라고 결정하며 이의 통치행위성을 인정하고 있다.

2) 국군파병 결정에 대한 사법 심사 가능성

통치행위성을 인정하는 견해에 의한다면 원칙적으로 이에 대한 사법심사를 긍정하는 것이 쉽지가 않다. 헌법재판소 역시 이에 대한 사건에서 '이 사건 파견결정은 그 성격상 국방 및 외교에 관련된 고도의 정치적 결단을 요하는 문제로서, 헌법과 법률이 정한 절차를 지켜 이루어진 것임이 명백하므로, 대통령과 국회의 판단은 존중되어야 하고 헌법재판소가 사법적 기준만으로 이를 심판하는 것은 자제되어야 한다'고 선언하며 이의 사법심사 가능성을 부인한 바 있다. 그러나 통치행위성을 인정할 수 있는 정부의 행위라고 하더라도 이의 사법심사 가능성이 전혀 부인되는 것은 아니다. 특히 '비록 고도의 정치적 결단에 의하여 행해지는 국가작용이라고 할지라도 그것이 국민의 기본권 침해와 직접 관련되는 경우에는 당연히 헌법재판소의 심판대상이 될 수 있는 것일 뿐만 아니라, 긴급재정경제명령은 법률의 효력을 갖는 것이므로 마땅히 헌법에 기속되어야 할 것'이라는 헌법재판소의 견해를 참조한다면 국군의 파병결정 역시 통치행위라고 인정할 수 있다고 하더라도 이의 사법심사 가능성을 인정할 수 없는 것은 아니다.

3) 결론

결론적으로 갑의 주장은 타당하지 않다. 국군파병 결정은 그 통치행위성을 인정할 수밖에 없기 때문이다. 문제는 이의 사법심사 가능성이다. 언급한 바와 같이 통치행위성을 인정할 수 있는 국군파병결정에 대한 사법심사는 긍정하는 것이 쉽지는 않지만 그 가능성을 전혀 긍정할 수 없는 것은 아니다. 헌재 자신이 인정한 바와 같이 과연 당해 행위가 '국민의 기본권 침해와 직접 관련되는 경우'인지에 대한 판단이 선행되어야 하기 때문이다. 그에 대한 긍정적인 판단을 할 수 있다면 이에 대한 사법심사 가능성을 인정할 수 있게 된다. 그러나 당해 관련 사건에서 헌법재판소는 그와 같은 작업을 거치지 않고 통치행위이기 때문에 사법심사가 가능하지 않다는 다소 성급한 결론을 내렸다. 아쉬움이 남는 대목이다.

Ⅴ. 행정입법

사례 5 　행정입법

대통령 갑은 자신에게 행정입법권이 부여되어 있다는 사항을 알고 평소에 자신이 생각하고 있던 국가사업을 추진하기 위하여 임의적으로 행정입법을 제정하게 된다. 나아가 당해 사업은 국민의 권리·의무에 직접적인 영향을 끼치는 것이었다. 하지만 이에 대하여 국회의장 을은 헌법에 위반되는 처사라고 하며 비난을 가하게 된다. 대통령은 이에 아랑곳하지 않고 헌법에 근거가 있다는 이유를 들어 지속적으로 행정입법을 만들고 있다. 특히 대통령 갑은 자신도 국민에 의하여 직선됨으로 인하여 민주적 정당성을 보유하고 있다는 사항과 현재 국가의 기능이 소극적인 질서유지 기능에 머무르지 않고 적극적인 질서형성 기능에 이르고 있다는 점을 주장하며 그와 같은 행정입법 행위를 고집하고 있다.
갑의 주장 그리고 행위는 타당한가?

행정입법은 대통령·국무총리·행정각부의 장 등 중앙행정기관이 제정하는 입법으로 이에는 입법권을 부여받아 제정하는 법규명령과 행정명령이 있다.

1. 행정입법의 근거

원칙적으로 입법권은 국회가 보유한다. 하지만 사회적 법치국가와 복지국가의 등장으로 보다 적극적인 국가의 기능이 요구받게 되고 국가에 의한 규율대상의 전문화·다양화에 따라 보다 탄력적인 입법기능이 요구받게 되었다. 그런데 국회는 민주적 정당성을 충만히 누리고 있기는 하지만 그로 말미암아 전문성을 보다 확보하기는 힘들다는 점에서 전문적이고 탄력적인 정부에 의한 행정입법이 요구받게 되는 것이다. 나아가 대통령 역시 국회와 같이 국민의 직접선거에 의하여 선출이 되고 그를 중심으로 행정부가 구성된다는 점에서 민주적 정당성 측면에서도 행정입법을 제정하도록 하는 데에 큰 문제가 있다고 할 수는 없다.

2. 행정입법의 종류

행정입법의 종류 혹은 유형을 파악하는 데에 있어서는 헌법 제75조의 규정에 유의하여야 한다.

헌법 규정에 따르면 일단 ① 법률에서 구체적으로 범위를 정하여 위임받은 사항과 ② 법률을 집행하기 위하여 필요한 사항에 관한 행정입법을 제정할 수 있다. 그러므로 대통령은 ① 위임명령과 ② 집행명령을 발할 수 있게 된다. 그런데 당해 명령에 대해서 굳이 헌법에 규정을 둔 이유는 무엇일까? 당해 법규범은 국민의 권리·의무 관계에 영향을 미치는 중요한 행정입법이기 때문에 그러하다. 그런데 특히 국민의 권리·의무에 관한 사항을 '법규'라고 한다는 점에서 당해 행정입법은 '법규명령'이라고 흔히 불린다. 즉 대통령에 의한 행정입법에는 국민의 권리·의무 관계에 직접적인 영향을 미치는 법규명령이 있는데 이에는 특히 위임명령과 헌법에 근거하여 법률을 집행하는 데에 필요한 세부 시행사항을 발하는 집행명령이 있는 것이다.

그런데 대통령 혹은 행정기관은 자체적으로 행정조직 내부에 대한 관리와 통제권한을 가지고 있다고 할 수 있다. 당해 권한이 인정되지 않는다면 효과적이고 효율적인 행정의 실시는 요원한 일이 되고 말 것이기 때문이다. 예를 들어 행정기관 내부적으로 복장규율이나 에너지절약 시책 등의 사항은 굳이 헌법상 근거가 없더라도 규율이 가능하도록 하는 것이 필요하다. 이에 따라 행정입법에 당해 사항에 대하여 규율을 할 수 있도록 하는 행정명령 혹은 행정규칙을 두도록 하고 있는 것이다. 하지만 행정규칙은 특별권력관계의 근거라 하여 행정기관이 헌법상의 근거를 요하지 않고 고유의 권한으로서 발하는 명령이라는 점에서, 나아가 헌법상의 근거를 요하지 않는다는 점에서 국민의 자유와 권리에 대한 사항을 정할 수는 없다(비법규성, 예외적 법규성).

요컨대 행정입법에는 법규명령과 행정명령이 있으며 특히 법규명령에는 위임명령과 집행명령을 들 수 있다.

3. 행정입법의 한계

대통령 역시 국민으로부터 민주적 정당성을 확보하고 있다는 점에서 행정입법을 발할 수 있음은 앞서 본 바와 같다. 하지만 그렇다고 그와 같은 행정입법권이 무한정 인정되는 것은 아니다. 법치주의의 원칙에 따라 한계가 있기 때문이다. 즉, 법치주의는 행정과 관련된 원칙으로, 특히 '행정의 법률적합성의 원칙'으로 바꿔 쓸 수 있다. 특히 당해 행정의 법률적합성의 원칙은 법률우위의 원칙과 법률유보원칙으로 구체화된다.

(1) 법률우위의 원칙

법률우위의 원칙이란 말 그대로 법률이 행정입법 등 법률 하위 규범보다 우위(優位)에 있다는 원칙이다. 결국 법률우위의 원칙은 법률보다 하위에 있는 규범이 법률을 위배해서는 안 된다는 원칙을 말한다. 그러므로 행정입법 역시 법률과 상충하는 내용을 규정할 수는 없게 된다.

(2) 법률유보의 원칙

'유보'라는 표현부터 파악을 해 보도록 하자. '유보'란 사전적 의미로 보류(保留), 즉 일시적 유보, 임금 인상 유보와 같은, 어떤 일을 당장 처리하지 아니하고 나중으로 미루어 둔다는 것을 의미한다. 그러나 법학에서는 조금 다른 의미로 쓰인다. 즉 법학에서 유보, 특히 법률유보란 국민의 권리·의무에 관한 사항은 반드시 법률로써 규정하여야 한다는 것을 말한다. 그렇다면 사실 행정입법에서는 국민의 권리·의무에 관한 사항은 규정할 수 없게 되는데 앞서 우리는 법규명령은 국민의 권리·의무에 관한 사항을 정할 수 있다고 했으므로 일견 상충되는 말인 듯하다. 그러나 법규명령 중 위임명령에 대하여 상기하면 양자는 충돌하지 않는다는 것을 어렵지 않게 알 수 있다. 즉 법률에서 위임을 하는 것을 전제로 하여 위임입법, 즉 행정입법은 국민의 권리·의무에 대한 사항을 정할 수는 없지만 기본적인 사항에 대한 법률의 위임이 있는 것을 전제로 하기 때문이다.

(3) 의회유보원칙과 포괄적 위임입법 금지의 원칙

법률유보원칙과 관련하여 먼저 고찰하여야 하는 것이 의회유보원칙이다. 의회유보원칙이란 국민의 기본권실현과 관련된 본질적 사항은 입법자가 스스로 정하여야 한다는 원칙을 말한다. 이는 헌법재판소 설시를 통하여서도 파악할 수 있는 사항이다(헌재 1999.5.27. 98헌바70 참고).

그렇다면 의회의 법률에 의한 포괄적 위임입법이 가능할까? 그렇지 않다. 법률유보원칙에 따라 법률이 행정입법에 위임을 하지만 만일 포괄적 위임이 허용된다면 법률유보원칙 나아가 의회유보원칙은 무의미해지고 말 것이기 때문이다. 따라서 우리의 법체제에서는 국민의 권리·의무에 관한 근본적인 사항은 법률이 정하고 그 밖의 사항을 행정입법, 즉 법규명령에 위임할 수 있도록 하고 있는 것이다. 이는 헌법에서 '대통령은 법률에서 구체적으로 범위를 정하여 위임받은 사항에 관하여 대통령령을 발할 수 있다'는 규정을 통하여서도 도출되고 있는 사항이기도 하다.

결론적으로 행정입법을 발하는 데에 있어서는 당해 사항에 대하여 유의를 하여야 한다.

<사례5 해설> (행정입법)

1) 문제의 제기

대통령 갑의 주장의 타당성 판단을 위해서는 우선 대통령에게도 행정입법을 발할 수 있는 권한이 있는지의 여부, 그리고 당해 행정입법을 발하는 데에 있어서 그 규율 범위는 어느 정도인지에 대한 고찰을 수행하여야 한다.

2) 대통령의 행정입법권 보유 여부

대통령 갑의 주장과 같이 대통령에게는 행정입법권이 부여되어 있다. 헌법상 명백하게 대통령의 행정입법권을 인정하고 있기 때문이다(제75조). 이는 적극적인 국가의 질서형성 기능의 요구, 위기국가의 상시화, 나아가 급속한 사회 변화에의 법률적 대응이라는 필요성에 따라 인정되고 있는 사항이다. 특히 국민에 의하여 직선되는 대통령 역시 민주적 정당성을 갖는다는 점에서 당해 행정입법권을 대통령에게 부여하는 데에 많은 문제점이 있다고 할 수도 없다.

3) 행정입법권의 규율 범위

대통령이 행정입법권 발포 권한을 갖는다고 하더라도 무한정 가지는 것은 아니다. 즉 대통령은 행정입법권을 행사하는 데에 있어 법률우위의 원칙이나 법률유보원칙 등의 법치행정의 원칙상 요구되는 원칙들을 준수하여야 한다. 더욱이 국민의 권리·의무에 영향을 끼치는 법규명령의 경우에는 본질적인 사항에 대하여 정한 법률의 위임을 전제로 행정입법권을 행사할 수 있을 뿐이다.

4) 결론

대통령 갑의 주장은 타당하지 않다. 갑의 행정입법권을 행사하기 위해서는 헌법 제75조의 규정에 따라 국회의 위임이 있어야 함에도 불구하고 임의적으로 갑은 자신의 행정입법권을 행사하고 있기 때문이다.

Ⅵ. 국무총리

사례 6　　국무총리

갑은 국가안전기획부 소속 사법경찰관리에 의하여 군사기밀보호법 위반으로 구속영장이 신청되었고, 서울지방검찰청 검사의 청구에 의한 서울형사지방법원의 영장발부로 구속영장이 집행된 바 있다. 동 사건은 현재 서울고등법원에 계속중이다. 그런데 갑은 국가안전기획부가 국무총리의 통할을 받지 않도록 하고 있는 정부조직법 관련 규정이 헌법에 위반된다고 생각하였고 이에 따라 당해 위헌적인 기관에 의하여 수집된 증거는 위법한 증거이므로 자신에 대한 구속기소 역시 잘못된 것이라는 주장을 하고 있다.

갑의 주장은 타당한가?　(국가안전기획부는 현 국가정보원의 전신이며 당해 사례는 헌재 1994.4.28. 89헌마221 사건을 기반으로 한 것이다.)

1. 헌법상 행정각부의 설치

　행정각부는 대통령을 수반으로 하는 행정부의 구성단위로서 대통령과 국무총리의 지휘·통할을 받는 중앙행정기관이다. 당해 행정각부는 단순한 대통령과 국무총리에 대한 보좌기관에 머무르는 기관이 아니라 독자적인 업무수행 능력을 보유하는 중앙행정관청이라는 점에서 행정권의 행사에 있어 주요한 기관으로 인정받고 있는 기관이기도 하다. 그래서 당해 행정각부의 기관의 설치는 특히 중요하다고 할 수 있을 것인데 헌법도 '국무총리는 대통령을 보좌하며, 행정에 관하여 대통령의 명을 받아 행정각부를 통할한다'고 하였다(제86조 제2항 참조).

　당해 헌법 규정을 고려한다면 원칙적으로 행정각부의 기관은 국무총리의 소속하에 두어야 한다. 하지만 문제는 모든 기관이 국무총리 소속하에 있지는 않으며 대통령 소속하에 있는 기관도 존재하는 것이다. 대통령의 소속하에 있는 기관으로 국가안전기획부가 대표적이었는데 그렇다면 당해 조치는 헌법 규정에 위반되는 것은 아닌지에 대한 의문이 든다.

2. 국무총리의 헌법상 지위

부통령제를 두고 있지 않은 우리 헌법에서는 국무총리제도를 두어 대통령 유고시에 1순위 권한대행자로 국무총리를 설정하고 있으며 대통령제의 운영에 있어서의 능률을 극대화하기 위하여 대통령을 보좌하도록 하는 기관으로 국무총리제도를 두고 있다. 이러한 점에서 나아가 대통령이 국무총리를 임명하도록 하는 데에 있어 국회의 동의를 얻도록 하여 대통령과 정부에 대한 견제를 도모하도록 하고 있다는 점에서 당해 국무총리제도의 의의를 무시할 수만은 없다. 하지만 헌법재판소는 국무총리의 헌법상 위상을 그리 높게 평가하고 있지 않는 것으로 보인다(헌재 1994.4.28. 89헌마221 참고).

3. 행정각부 기관의 설치

이와 같은 헌법재판소의 견해에 천착한다면 과연 행정각부의 모든 기관이 국무총리의 소속하에 두어야만 한다는 해석이 도출되지는 않는다. 헌법재판소 역시 '이와 같은 헌법상의 대통령과 국무총리의 지위에 비추어 보면 국무총리의 통할을 받는 행정각부에 모든 행정기관이 포함된다고 볼 수 없다 할 것'이라고 선언하며 자신의 견해를 피력한 바 있다.

> **<사례6 해설>** 국무총리
>
> **(1) 문제의 제기**
> 갑 주장의 타당성에 대한 판단을 위해서는 우선 국무총리의 지위에 대한 사항이 논의되어야 할 것이고 이를 기반으로 행정각부의 의미 그리고 궁극적으로 모든 행정각부의 기관이 국무총리의 통할을 받도록 하여야 하는지에 대한 논의가 병행되어야 한다.
>
> **(2) 국무총리의 헌법상 지위**
> 국무총리의 지위와 관련하여 헌법재판소는 큰 의미를 부여하고 있지는 않다. '내각 책임제 밑에서의 행정권이 수상에게 귀속되는 것과는 달리 우리나라의 행정권은 헌법상 대통령에게 귀속되고, 국무총리는 단지 대통령의 첫째가는 보좌기관으로서 행정에 관하여 독자적인 권한을 가지지 못할 뿐만 아니라 대통령의 명을 받아 행정각부를 통할하는 기관으로서의 지위만'을 보유하고 있다는 견해를 견지하고 있기 때문이다. 당해 견해를 기반으로 한다면 행정각부의 모든 기관을 국무총리의 통할

을 받도록 하여야만 하는 것은 아니라고 할 수 있다. 그래도 여전히 의문은 든다. 헌법상으로는 명백히 '국무총리는 대통령을 보좌하며, 행정에 관하여 대통령의 명을 받아 행정각부를 통할한다'고 규정하고 있어서 원칙적으로 행정각부의 기관은 국무총리의 통할을 받도록 하는 것이 적절하다고 보기 때문이다. 헌법재판소는 행정각부의 의미를 다음과 같이 해석함으로써 당해 의문을 해결하고 있다.

(3) 헌법 제86조 제2항상의 '행정 각부'의 의미

행정각부의 의미에 대하여 헌법재판소는 다음과 같이 해석하고 있다.

'정부의 구성단위로서 그 권한에 속하는 사항을 집행하는 모든 중앙행정기관이 곧 헌법 제86조 제2항 소정의 행정각부는 아니라 할 것이다. 또한 입법권자는 헌법 제96조에 의하여 법률로써 행정을 담당하는 행정기관을 설치함에 있어 그 기관이 관장하는 사무의 성질에 따라 국무총리가 대통령의 명을 받아 통할할 수 있는 기관으로 설치할 수도 있고 또는 대통령이 직접 통할하는 기관으로 설치할 수도 있다 할 것이므로 헌법 제86조 제2항 및 제94조에서 말하는 국무총리의 통할을 받는 행정각부는 입법권자가 헌법 제96조의 위임을 받은 정부조직법 제29조에 의하여 설치하는 행정각부만을 의미한다고 할 것이다. 결국 대통령직속의 헌법기관이 별도로 규정되어 있다는 이유만을 들어 법률에 의하더라도 헌법에 열거된 헌법기관 이외에는 대통령직속의 행정기관을 설치할 수 없다든가 또는 모든 행정기관은 헌법상 예외적으로 열거된 경우 등 이외에는 반드시 국무총리의 통할을 받아야 한다고는 말할 수 없다 할 것이고 이는 현행 헌법상 대통령중심제의 정부조직원리에도 들어맞는 것이라 할 것이다'(헌재 1994.4.28. 89헌마221).

즉 헌법재판소는 위와 같이 행정각부에 대한 해석을 통하여 대통령 직속의 특별보좌기관의 설치를 인정하고 있는 것이다.

(4) 결론

갑의 주장은 타당하다고 볼 수는 없다. 헌법 규정을 형식적으로 고려한다면 일견 타당할 수 있는 견해이지만 국무총리의 헌법상 지위와 행정각부의 의미에 대한 헌법재판소의 견해까지 고려한다면 모든 행정각부의 기관을 국무총리의 소속하에 두어 그의 통할을 받도록 할 필요는 없기 때문이다.

Ⅶ. 위헌법률심사제도

사례 7   위헌법률심사제도

연예인 갑은 을과 혼인을 하고 현재 유효하게 결혼생활을 하고 있다. 하지만 갑은 평소 배우자 을이 자신에 대하여 소홀하다는 생각을 가지고 있었는데 그러는

와중에 외국인 병을 만나게 된다. 병과의 잦은 만남에 따라 병의 자상함에 마음이 끌리게 되었고, 결국 병과 간통을 하게 되었다. 이를 알게 된 배우자 을은 갑과 병의 간통 장면을 포착하고 갑을 유서(용서)하지 않겠다는 생각으로 갑과 병을 검찰에 고소하였다. 이에 갑과 병은 경찰에 체포되었고, 현재 1심재판이 진행중이다. 그런데 갑은 평소 간통죄는 개인의 성적 자기결정권을 침해하는 것이자 개인간의 윤리 및 개인의 사생활 영역에 속하는 내밀한 성적 문제에 법을 개입시키는 것으로서 헌법 제10조, 헌법 제36조 제1항 및 헌법 제37조 제2항에 위반되며 나아가 간통죄가 징역형만 규정되어 있는 것은 심한 처벌로서 헌법 제37조 제2항의 과잉금지원칙에 위반된다는 생각을 가지게 된다. 그러함에도 일단 간통죄의 현행 형법 규정에 따른다면 갑은 처벌을 면할 수 없다.

이에 갑은 현재 마련되어 있는 절차를 통하여 관련 법률의 위헌성을 밝히려고 한다. 갑이 이용할 수 있는 절차에는 무엇이 있을까?

1. 위헌법률심사제도

군주주권에 기반한 군주의 임의적 통치는 통치의 임의성 그리고 처벌의 임의성을 특징으로 한다. 이에 신물을 느낀 시민들은 미국 독립혁명, 영국의 명예혁명 그리고 프랑스 대혁명으로 대표되는 근대 시민혁명을 통하여 당해 군주주권을 불식시키게 된다. 이에 인치주의가 아닌 법치주의가 통치의 기본적인 원칙으로 자리잡게 되는 것이다. '대표 없으면 과세 없다'는 미국 독립혁명 당시의 주장은 그와 같은 상황을 직접적으로 보여주고 있는 것이기도 하다. 이에 따라 의회적 전통이 자리잡게 된 것이고, 결국 국민주권은 의회주권으로, 의회주권은 법률주권으로 상정을 할 수 있게 되어 의회의 위상은 상당 정도 강화되게 된다.

하지만 또 다른 문제가 등장하게 되는데 이는 당시 근대 시민국가의 분위기와 대의제의 원리와 관계가 있다. 근대 시민국가의 가장 중요한 특징은 사적 자치의 원리이다. 즉 민법상 3대원칙인 사적자치의 원칙(계약체결 자유의 원칙), 소유권 절대의 원칙, 과실 책임의 원칙은 확고하게 사회 운영원리로 자리를 잡게 된다. 군주주권의 반발에 따른 당연한 현상이었던 것이고 이에 따라 국가는 치안이나 국방·안보 등 최소한의 역할만을 수행하는 야경국가 혹은 소극국가로서의 지위만을 가지게 되는 것이다. 하지만 이와 같은 사회분위기는 빈익빈·부익부라는 부작용을 증대시키게 되었고(찰스 디킨스의 소설 '올리버 트위스트'를 상기한다면 당시 상황의 문제점을 어렵지 않게 알 수 있을 것이다) 이와 같은 부조리는 당시 의회 내 구성은 시민 즉 부르주아의 대표자들로 이루어졌기 때문에 치유되기가 쉽지도 않았다. 더욱이 대의제의 주요한 원리가 '자유위임'이라는 점에서 더욱 그러하였다. 이에 그와 같은 불합리한 현상을 치유하여야 하는 필요성은 배가되게 되는 것이다. 이에 따라 부르주아가 아닌 인민들을 위한 조치가 필요해지게 된 것이었고 이는 인민이 제정하는 헌법에 의한 사회의 구성(이제는 인민이 국가의 최고법인 헌법의 형성에 참여하게 되었고 사회정의의 내용을 직접적으로 형성할 수 있게 된 것이다), 나아가 당해 헌법에 위반되는 법률의 무효 선언 등으로 구체화되게 된다. 물론 이로 말미암아 등장하게 된 것이 헌법재판 특히 위헌법률심사제도였던 것이고 결국 법률주권은 종언을 맞이하게 된다.

2. 위헌법률심사제도의 유형

헌법재판은 헌법규범의 실효성을 담보하도록 하는 헌법보장제도로서 이를 통하여 궁극적으로 헌법의 규범력은 실질화되고 입헌주의 역시 효과적으로 실현될 수 있게 된다. 특히 헌법재판의 본질적 부분은 위헌법률심판이라는 점에서 위헌법률심판제도의 중요성은 아무리 강조해도 지나치지 않다. 이에 따라 우리 헌법 역시 위헌법률심판제도를 직접적으로 도입하여 헌법의 실효성을 확보하는 데에 진력을 다하고 있다(제111조 제1항 제1호 참조).

그런데 우리 헌법상으로는 위헌법률심판제도가 이원화되어 있어 이를 고찰하는 데에 있어 주의를 요한다.

(1) 헌법재판소법 제41조 제1항상의 위헌법률신판제도

원칙적으로 위헌법률심판제도는 헌법재판소법 제41조에서 정하고 있다.

위헌법률심판제도는 재판의 전제성을 요구하고 있기 때문에 우리는 구체적 규범통제제도를 채택하고 있다. 즉 모든 사람이 위헌법률심판제도를 이용할 수 있는 것은 아니고 재판의 전제성이 인정되고 있는 당사자만이 당해 제도를 이용할 수 있는 것이다. 재판의 전제성을 충족하기 위해서는 '구체적 사건이 법원에 계속중일 것, 위헌 여부가 문제되는 법률이 당해 소송사건의 재판과 관련하여 적용되어야 할 것, 그리고 당해 법률이 헌법에 위반되는지의 여부에 따라 당해 사건을 담당한 법원이 다른 내용의 재판을 하게 되는 경우' 등의 사항이 인정되어야 한다. 즉 관련 법률의 위헌 여부에 따라 관련 사건에서의 재판 주문의 내용이 달라지는 경우이어야 하는 것이다.

(2) 헌법재판소법 제68조 제2항상의 위헌법률심판제도 (위헌심사형 헌법소원 제도)

헌법재판소법 제41조 제1항상의 위헌법률심판제도에 따르면 당사자가 위헌법률심판제청신청권을 갖지만 종국적으로 제청을 하는 주체는 법원이다. 따라서 아무리 당사자가 관련 법률이 위헌이라는 확신이 들어 신청을 한다고 하더라도 법원이 이에 제청을 하지 않는다면 위헌법률심판제도를 당사자는 이용할 수 없다. 이에 우리 헌법제판소법은 이에 대비하여 법원이 당사자의 위헌법률심판제청신청을 거부하는 경우 독자적으로 이를 청구할 수 있는 절차를 마련하고 있다(헌법재판소법 제68조 제2항 참조).

이에 따라 당해 제도는 비록 헌법소원 관련 법률 조항에 규정되어 있다고 하더라도 통상적으로 위헌심사형 헌법소원제도라고 하여 실질적으로 위헌법률심사제도의 일종으로 보고 있다.

<사례7 해설> (위헌법률심사제도)

1) 연예인 갑의 위헌법률심사제도 이용 가능성

연예인 갑이 위헌법률심사제도를 하기 위해서는 심판대상이 법률이어야 하고 재판의 전제성을 갖추어야 하고 나아가 법원의 제청이 있어야 한다. 그런데 연예인 갑이 위헌이라고 주장하는 것은 현행 법률조항이고 나아가 법원의 제청 가능성을 인정할 수 있기 때문에 일응 연예인 갑은 위헌법률심사제도를 이용할 수 있을 것으로 보인다. 그렇다면 재판의 전제성 충족 여부가 중요한 사항으로 부각을 한다.

2) 연예인 갑의 재판의 전제성 충족 여부

재판의 전제성을 충족하려면 ① 구체적 사건이 법원에 계속중이어야 하고, ② 위헌 여부가 문제되는 법률이 당해 소송사건의 재판과 관련하여 적용되어야 하며 나아가 ③ 당해 법률이 헌법에 위반되는지의 여부에 따라 당해 사건을 담당한 법원이 다른 내용의 재판을 하게 되는 경우여야 한다. 달리 말해 관련 법률의 위헌 여부에 따라 관련 사건에서의 재판 주문의 내용이 달라지는 경우이어야 하는 것이다.

조금 더 쉽게 설명을 해 보도록 하자. 관련 법률에 대한 위헌 혹은 합헌 결정에 따라 관련 법원의 주문이 달라지는 경우여야 한다는 것인데, 만일 관련 법률이 위헌 결정이 나면 관련 사건은 무죄, 그리고 관련 법률이 합헌 결정이 나면 관련 사건은 유죄가 되어야 한다. 그런데 바로 당해 사건이 이와 같은 요건을 충족시키고 있다. 즉 만일 관련 형법 규정이 합헌 결정이 내려지면 연예인 갑은 유죄 선고를 받게 될 것이고 위헌 결정이 내려지면 무죄 선고를 받게 될 것이기 때문이다.

이에 따라 연예인 갑의 경우에는 재판의 전제성을 충족하였다고 볼 수 있게 된다.

3) 법원의 위헌법률심판제청을 하지 않는 경우

이에 따라 갑은 법원에 위헌법률심판제청 신청을 할 것이고 이에 따라 법원이 제청을 한다면 문제는 없다. 하지만 문제는 법원이 당해 신청을 기각하는 경우이다. 만일 법원이 갑의 신청을 기각한다면 갑에게 위헌이라고 의심되는 법률에 대하여 다툴 수 있는 방법이 없을까? 갑은 당해 경우 헌법재판소법 제68조 제2항상의 헌법소원제도를 이용할 수 있다. 당해 법률은 헌법재판소법 제41조 제1항에 따른 법률의 위헌 여부 심판의 제청신청이 기각된 때에는 그 신청을 한 당사자는 헌법재판소에 헌법소원심판을 청구할 수 있다고 선언하고 있어 갑은 당해 절차를 이용할 수 있는 것이다. 물론 당해 절차는 헌법재판소법 제41조상의 절차와는 달리 청구를 하는 경우 관련 사건에서의 재판이 정지되지는 않는다.

VIII. 원행정처분

사례 8   원행정처분

기업을 운영하는 갑은 어느 날 자신에게 양도소득세가 부과된 것과 당해 금액이 터무니없이 높다는 것을 알게 되었다. 결국 당해 양도소득세의 부과가 위법한 처분이라는 확신하에 이에 대하여 변호사 을의 자문을 구하게 된다. 자문을 하기 위하여 관련 양도소득세와 관련한 조사를 벌인 을은 당해 양도소득세가 위법한 처분이라는 자문을 하게 되었고 이에 대한 행정소송을 제기하게 된다. 하지만 최종심을 담당한 대법원은 당해 행정처분, 즉 양도소득세의 부과가 위법하지 않다는 판단을 하게 됨에 따라 변호사 을은 더 이상 당해 양도소득세 부과 처분에 대하여 다툴 수 있는 방법이 없다는 자문을 최종적으로 하게 된다. 헌법 제107조에 따라 처분의 최종적 판단은 대법원이 담당한다고 볼 수 있다는 이유에서이다. 변호사 을의 자문은 타당한가?

1. 행정처분의 의의와 이의 위헌·위법성 판단 주체

먼저 '처분'의 개념부터 살펴볼 필요가 있다. 처분이란 행정소송법에 따르면 '행정청이 행하는 구체적 사실에 관한 법집행으로서의 공권력의 행사 또는 그 거부와 그 밖에 이에 준하는 행정작용(이하 '처분'이라 한다) 및 행정심판에 대한 재결'을 말한다. 보다 쉽게 설명하면 처분이란 '개별적 규율 가능성'과 '대외적 구속력'을 특징으로 하는 행정청의 행정행위라고 할 수 있다.

그렇다면 이와 같은 처분의 위법성과 위헌성은 어느 기관이 판단할까? 구체적인 법적 분쟁에 대한 관할권을 가지는 기관이 법원이라는 점에서 당해 처분 역시 법원이 그 위법성 등의 사항을 판단하게 된다. 이는 우리 헌법상으로도 명백히 선언되고 있는 사항이기도 하다(제107조 제2항 참조).

결국 행정청의 처분에 대한 그 위헌성과 위법성에 대한 최종적인 판단 기관은 대법원이라고 볼 수밖에 없다.

2. 원행정처분의 의의와 헌법재판소의 판단 가능성

원행정처분이란 법원의 행정재판을 모두 거친 그 행정재판의 대상이 되었던 행정처분을 원행정처분이라고 한다. 즉 법원의 재판으로 확정된 행정처분을 원행정처분이라고 할 수 있을 것인데 위에서 제시한 헌법 조문에 따른다면 당해 원행정처분에 대해서는 더 이상 다툴 수 있는 방안이 존재하지 않는다고 보아야 한다. 최종적으로 대법원의 판단을 받았기 때문이다. 그렇다면 결국 이에 대한 헌법재판소의 판단 역시 불가능하다고 보아야 할 것이다. 기본권의 최후 보루라고 할 수 있는 헌법재판소라고 하더라도 헌법 규정을 감안한다면, 나아가 헌법재판소법(헌법재판소법 제68조 제1항)을 감안한다면 당해 원행정처분에 대한 판단을 인정하는 것이 쉽지는 않다.

헌법재판소법 조문을 찬찬히 들여다보면 법원의 재판을 헌법소원의 대상에서는 제외하고 있다는 것을 알 수 있다. 그런데도 만일 헌법재판소가 (법원의 판단을 받은 바 있는) 원행정처분에 대한 판단을 인정한다면 이는 간접적으로 헌법재판소는 법원의 재판에 대하여 판단을 내릴 수 있다는 것을 의미하게 된다. 결국 원행정처분은 헌법재판소의 판단을 받을 수는 없다고 보는 것이 적절하다.

3. 헌법재판소의 예외적 판단 긍정

하지만 기본권의 최후 보루로서의 지위를 자각하고 있는 헌법재판소는 행정청의 처분 특히 원행정처분에 대한 심판을 원칙적으로는 부인하지만 예외적으로 인정하고 있는 것이다(헌재 1997.12.24. 96헌마172 등 참고).

<사례8 해설> (원행정처분)

1) 문제의 제기

변호사 을의 자문은 헌법 조문이나 헌법재판소법 조항을 엄격하게 해석한다면 타당한 자문이라고 볼 수는 있다. 하지만 헌법재판소의 견해를 고려한다면 절대적으로 타당한 견해라고 볼 수만은 없다.

2) 양도소득세 처분의 (원)행정처분성 여부와 이의 원칙적인 판단 주체

양도소득세는 갑에 대한 '개별적인 규율 가능성'이 인정되고 있을 뿐만 아니라 갑에 대한 '대외적인 구속력'이 인정된다고 볼 수 있으므로 처분성을 인정할 수 있고 나아가 대법원의 판단을 거쳐 확정된 행정처분이라고 할 수 있으므로 원행정처분이라고 볼 수 있다.

그렇다면 이에 대한 위헌성·위법성의 판단 주체는 법원이라고 보아야 하고 헌법 제68조 제1항의 규정에서 헌법재판소의 헌법소원의 대상에서 법원의 재판을 제외하고 있으므로 결국 이의 최종적인 판단 주체는 법원이라고 볼 수밖에 없다.

3) 당해 양도소득세 처분에 대한 헌법재판소의 판단 가능성

원칙적으로 헌법재판소는 이에 대한 자신의 판단 권한을 인정받기가 상당히 어렵다. 하지만 헌법재판소는 특정 법원의 재판이 헌법재판소가 위헌이라고 결정한 법률을 적용한 재판이고 특히 당해 재판의 대상이 행정처분이었다면 예외적으로 법원의 재판, 나아가 이의 대상이었던 행정처분, 특히 원행정처분에 대한 위헌성 판단을 적극적으로 행하고 있다. 따라서 만일 갑에게 내려진 양도소득세 처분이 그와 같은 상황에 부과된 원행정처분이라면 헌법재판소는 그에 대한 판단에 망설임이 없을 것이다.

IX. 헌법재판소결정의 유형과 효력

사례 9 헌법재판소결정의 유형과 효력

갑은 자신에 대한 과세처분의 근거가 되는 법률 X가 위헌이라는 확신하에 위헌법률심판제청신청을 하여 이에 대한 헌법재판소의 판단을 기다리고 있다. 헌법재판소는 드디어 당해 사건에서 관련 법률 X에 대하여 단순 위헌이 아닌 한정위헌결정을 하게 된다. 이에 갑은 헌법재판소의 결정을 근거로 기존 과세처분에 대한 행정소송을 대법원에 제기하였지만 대법원은 기존의 법률을 그대로 적용하여 갑은 기존 과세처분의 효력을 받게 되었다. 특히 대법원은 헌법재판소의 한정위헌은 단순 위헌선언이 아니기 때문에 일반적으로 인정되는 위헌선언의 효력을 한정위헌선언의 경우에는 인정할 수 없다는 것이다. 이에 의문을 품은 갑은 변호사 을을 찾아 법률자문을 받게 되는데 변호사 을은 우리의 헌법재판소 규정에 따라 대법원의 견해가 타당하다는 의견을 밝히게 된다.
변호사 을의 주장은 타당한가?

1. 헌법재판에 있어서의 종국결정 유형

헌법재판소는 자신에게 맡겨진 사건에서 종국결정을 내리게 되는데 이에는 소송법적 결정으로의 각하결정과 본안에 관한 결정 등이 있다. 예를 들어 실체법적 결정을 받기 위하여 형식적 요건을 충족하지 못한 경우에는 각하결정을 내리게 되고 실체법적 결정을 받기 위한 형식적 요건을 충족한 경우에는 본안판단 후 결정을 내리게 되는 것이다. 보다 쉽게 설명을 한다면 문전박대를 하는 것이 각하결정이고 방으로 들어오게 한 후 본안에 대한 심리를 한 후 결정을 내리는 것이 실체법적 결정인 것이다. 특히 위헌법률심판결정에서 실체법적 결정으로는 합헌결정과 위헌결정 그리고 변형결정 등을 들 수 있다.

2. 위헌법률심판결정의 유형

(1) 각하결정

각하결정은 위헌법률심판청구가 적법요건을 갖추지 못하여 부적법한 경우 내리는 결정을 말한다. 다시 말해 심판의 대상성이나 재판의 전제성(재판의 전제성이란 앞서 공부한 바를 참조할 것) 등 위헌법률심판의 본안심사를 받기 위하여 요구되는 요건을 충족하지 못하는 경우 내려지는 결정을 말한다.

(2) 합헌 결정

헌법재판소가 특정 법률의 위헌 여부를 심리한 후 위헌 의견이 6인을 넘지 못하는 경우에 내리는 결정유형을 말한다.

(3) 위헌 결정

헌법재판소가 특정 법률의 위헌 여부를 심리한 후 6인 이상의 재판관이 위헌이라고 판단하는 경우에 내리는 결정을 말한다.

(4) 변형결정

헌법재판소는 원칙적으로 위의 결정을 내리고 있지만 예외적으로 변형결정을 내리고 있기도 하다. 변형(變形)결정이란 말 그대로 본안에 관한 결정 중에서 헌법재판소법이 명시적으로 인정하고 있는 결정 외에 헌법재판소가 변형하여 내리는 결정을 말한다. 이에는 헌법불합치결정, 한정위헌·합헌 결정, 그리고 입법촉구결정 등이 있다.

3. 헌법재판소 결정의 효력

헌법재판소의 결정에는 다음과 같은 효력이 인정되고 있다.

(1) 확 정 력

이는 말 그대로 헌법재판소는 이미 심판을 거친 동일한 사건에 대해서는 다시 심판할 수 없다는 효력을 말한다. 특히 이는 자신이 내린 결정을 철회·변경할 수 없는 것을 의미하는 불가변력, 당사자는 그 결정에 불복할 수 없다는 불가쟁력, 그리고 형식적으로 확정된 헌법재판소의 결정에 대하여 당사자는 동일한 사항에 대하여 다시 심판을 청구하지 못하며 헌법재판소도 자신의 결정 내용에 구속되며 자신이 내린 결정과 모순된 결정을 할 수 없다는 기판력으로 이루어져 있다.

(2) 기 속 력

헌법재판소의 결정에는 기속력도 인정된다. 이는 특히 '법률의 위헌결정은 법원과 그 밖의 국가기관 및 지방자치단체를 기속한다'는 헌법재판소법 제47조 제1항에 기반하고 있는 효력이다.

즉 기속력이란 국가기관과 지방자치단체 등은 헌법재판소의 결정의 취지를 존중하고 이와 상충하는 행위를 해서는 안 된다는 원칙을 말한다. 이는 결정준수 의무와 반복금지의무를 수반하게 되는 효력이다.

(3) 법규적 효력, 일반적 효력, 대세적 효력

나아가 헌법재판소의 결정에는 법규적 효력 역시 인정된다. 이는 헌법재판소의 위헌결정은 소송당사자와 모든 국가기관과 지방자치단체뿐만 아니라 일반 사인에게도 그 효력이 미치는 일반적 구속력을 의미한다. 즉 만일 갑이라는 사람이 간통죄를 규정한 형법조항에 대하여 위헌법률심판(제청신청)을 제기하고 이에 대하여 위헌결정이 내려지게 된다면, 갑뿐만 아니라 관련하여 구속되어 있는 모든 일반인은 당해 조항의 효력에서 벗어날 수 있게 되는 것이다.

<사례9 해설> (헌법재판소결정의 유형과 효력)

1) 문제의 제기
변호사 을의 자문은 타당하다. 더욱이 헌법재판소법 제45조의 규정을 고려하면 더욱 그러하다. 다시 말해 헌법재판소법으로 명시적으로 헌법재판소는 위헌 혹은 합헌결정만을 내릴 수 있는 것이고 이에 기반하여 헌법재판소 결정의 효력은 위헌결정에만 인정될 수 있다고 볼 수 있다.

2) 변형결정의 효력에 대한 헌법재판소의 견해
그러나 헌법재판소는 그와 같이 생각하지 않는다. 헌법재판소는 변형결정 역시 단순위헌결정과 같이 기속력이 인정되기 때문에 이에는 기속력 역시 인정되는 것이고 대법원 역시 당해 결정의 취지에 따른 판결을 내려야 함을 선언하고 있는 것이다.

3) 결 론
변호사 을의 자문은 법률의 규정을 형식적으로 해석한다면 타당하다고 볼 수 있지만 헌법재판소의 견해에 기반한다면 타당하지 않은 자문이다. 실제로 단순위헌만을 위헌결정으로 인정한다면 국회입법권을 존중하지 않게 되는, 권력분립에 반하는 결과를 초래할 수 있을 뿐만 아니라 헌법합치적으로 존속시킬 수 있는 많은 법률을 모두 무효로 선언하여야 하는 바람직하지 않은 결과를 초래할 수 있을 것이다.

X. 탄핵제도

사례 10 탄핵제도

대통령 갑은 언론인과의 기자회견에서 특정 정당을 지지하는 발언을 하였는데 이에 대하여 중앙선거관리위원회는 당해 행위가 선거법을 위반하였다는 법령에 대한 유권해석을 하게 된다. 그런데 대통령 갑은 나아가 중앙선거관리위원회의 그와 같은 해석을 폄하하는 발언을 하였고 급기야 대통령 재임중 재신임 국민투표를 제안하게 된다. 이에 국회의 다수당 A당은 대통령 갑의 행위가 헌법과 법률에 위반한 행위라고 주장하며 탄핵심판소추를 의결하게 되었고 당해 결정은 급기야 헌법재판소의 결정에 맡겨지게 된다. 특히 국회 다수당의 대표 을은 대통령 갑의 행위는 명백히 '직무상 헌법과 법률에 위배'한 행위라는 것을 강조하여 헌법재판소는 인용결정을 하여야 한다는 입장을 피력하게 된다.
국회 다수당 대표 을의 주장은 타당한가?

만일 위법행위를 범한 사람이 있다면 그에 대해서는 형사소송법상의 절차를 통하여 처벌 혹은 제재를 가할 수 있다. 즉 경찰과 검사의 수사와 체포, 검사의 기소와 재판절차를 통하여 그들은 일정 정도의 처벌에 처해지게 되는 것이다. 하지만 기소 독점주의를 채택하고 있는 현 우리의 법제도에 따른다면 위법행위를 범한 자들에 대한 처벌을 위해서는 무엇보다 검사의 기소행위가 전제되어야 한다. 하지만 대통령이나 국무총리, 국무위원 등 고위공직자들의 직무상 중대한 위법행위에 대하여 형사소송법상의 일반적인 사법절차를 통한 제재를 가하는 것을 기대하는 것은 쉽지가 않다. 검사동일체의 원칙에 따라 움직이는 검사가 고위공직자에 대한 기소를 아무렇지 않게 할 수 있을 것이라고 기대하기도 어렵다. 이에 따라 고위공직자와 같은 특수한 지위에 있는 자들에 대해서는 특별한 절차를 통해서 그들의 중대한 위법행위를 처벌하거나 파면하는 제도를 도입할 필요가 상당해지는데 이에 따라 도입된 제도가 탄핵제도이다. 결국 탄핵제도란 일반사법절차를 통한 소추나 징계절차에 의한 징계가 곤란한 고위 공무원이나 법관 등 신분이 보장된 공무원이 직무상 중대한 위법행위 혹은 비행을 범한 경우에 이들을 의회가 소추하여 처벌하거나 파면하는 제도를 말한다.

1. 우리 헌법상 탄핵 제도의 특징

우리 헌법은 탄핵소추절차와 탄핵심판절차를 구분하여 탄핵소추권한은 국회에, 탄핵심판권한은 헌법재판소에 맡김으로써 탄핵심판제도를 책임추궁제도로서의 기능과 헌법적 책임추궁으로서의 기능을 중심으로 운영하고 있다.

나아가 우리 헌법상 탄핵제도는 고위공무원의 직무상의 위헌·위법 행위에 대한 책임추궁의 기능을 한다는 점에서, 다시 말해 탄핵소추의 대상자가 직무집행에 있어서 헌법이나 법률을 위반한 경우에 한정하여 탄핵제도의 운영을 예정하고 있기 때문에 단순히 직무수행의 무능이나 정치적 과오, 정치적 이유를 들어 책임을 물을 수는 없다.

2. 탄핵심판의 요건 — 실체적 요건

탄핵심판의 요건과 관련하여 헌법은 '대통령·국무총리·국무위원·행정각부의 장·헌법재판소 재판관·법관·중앙선거관리위원회 위원·감사원장·감사위원 기타 법률이 정한 공무원이 그 직무집행에 있어서 헌법이나 법률을 위배한 때에는 국회는 탄핵의 소추를 의결할 수 있다'고 규정한다(제65조 제1항 참조).

이 헌법 규정은 탄핵소추와 직접적으로 관련된 조항이기는 하지만 이에 따라 헌법재판소가 탄핵심판 결정사항도 주요한 영향을 받게 된다. 이를 감안하여 헌법재판소가 탄핵심판을 결정하기 위해서는 피청구인 행위의 직무 관련성을 인정할 수 있어야 하고 당해 직무수행행위가 헌법 또는 법률을 위반한 것이어야 하며 피청구인으로 하여금 그 직을 계속 수행하게 하는 것이 부적절하다고 인정할 수 있는 사유가 존재하여야 한다.

그런데 '직무관련성'이라는 요건은 그 충족 여부를 어렵지 않게 파악할 수 있다는 점에서 탄핵심판을 결정하는 데에 있어 가장 중요한 사항은 '위법행위의 존재'와 '직무수행의 불가성'이라고 할 수 있다. 특히 '직무집행에 있어서 헌법이나 법률을 위배한 때'를 엄격하게 문리해석한다면 대통령에 대한 탄핵소추와 결정의 가능성은 높아질 수밖에 없을 것이다.

3. 탄핵심판의 절차

우선 국회의 의결에 의하여 탄핵소추가 발의되어야 한다. 대통령에 대한 탄핵소추와 그 이외의 공직자에 대한 의결정족수는 상이하다. 즉 대통령의 경우에는 국회재적의원 과반수의 발의와 국회재적의원 3분의 2 이상의 찬성이 있어야 하지만 그 이외의 공직자에 대해서는 국회재적의원 3분의 1 이상의 발의와 의결은 국회재적의원 과반수의 찬성이 있어야 한다. 탄핵소추의 의결을 받은 당사자는 자신의 권한행사가 정지되게 되고 본회의가 법제사법위원회에 조사를 의뢰하는 회부의 의결을 하지 않기로 하는 경우에는 본회의가 보고된 때로부터 24시간 이후 72시간 이내에 탄핵소추의 여부를 무기명투표로 표결하게 된다. 당해 기간 내에 표결하지 아니 한 때에는 그 탄핵소추안은 부결된 것으로 본다. 탄핵소추가 이루어지면 헌법재판소는 심판의 대상에 대하여 구두변론에 의한 심리를 하고 심리를 종결한 후에는 결정을 한다.

4. 판례의 입장

헌법재판소는 대통령이 헌법과 법률을 위반하는 직무집행행위를 하였는지의 여부를 심사함에 있어 적극적인 입장을 견지하고 있다. 대통령이 언론인과의 기자회견에서 특정 정당을 지지하는 발언을 하였고 중앙선거관리위원회의 선거법 위반 결정에 대하여 이를 폄하하는 발언을 한 행위, 나아가 대통령 재임중 헌법상 허용되지 않는 재신임 국민투표를 제안한 행위에 대하여 헌법과 법률에 위반한 행위라는 점을 지적한 적이 있기 때문이다. 형식적으로 헌법규정을 해석한다면 대통령의 위법행위를 인정할 수는 있을 것인데 이를 헌법재판소는 채택한 것이다.

즉 헌법재판소는 일단 대통령의 위법행위 여부에 대하여 헌법과 법률 규정을 문리해석하여 위법행위 여부에 대한 긍정적인 판단을 내리고 있다(헌재 2004.05.14., 2004헌나1).

<사례10 해설10> (탄핵제도)

1) 문제의 제기
대통령 갑에 대한 탄핵심판결정을 내리는 데에 있어 중요한 것은 '직무집행에 있어서 헌법이나 법률을 위배한 때"의 의미이다. 만일 당해 규정을 엄격하게 해석·적용한다면 대통령 갑은 일응 직무집행에 있어서 헌법이나 법률을 위배하였다는 점에서 탄핵심판결정을 받는 것이 당연하다.

2) 대통령 갑의 탄핵심판 인용 여부

대통령 등의 위법행위에 대하여 통제하는 것이 쉽지는 않다. 하지만 대통령이 내란과 외환의 죄를 범하지는 않았지만 고의나 중과실로 헌법을 위반하거나 국가의 복지나 안전을 위험하게 한 때에 대통령이 특권을 보유하고 있다고 해서 이에 대한 통제의 필요성을 부인할 수만은 없다. 요컨대 일반적인 사법절차에 의해서 처벌을 하거나 징계절차에 의하여 징계하기도 곤란한 대통령을 포함한 고위공직자나 헌법상 신분이 보장된 공직자가 헌법과 법률에 위반하는 행위를 하는 경우에는 그 법적 책임을 추궁할 수 있는 발판을 마련하고 있는 제도가 바로 당해 탄핵제도라는 점에서 이의 중요성을 결코 무시할 수는 없는 것이다.

3) 헌법재판소의 견해

헌법재판소는 헌법재판소법 제53조 제1항을 헌법(제65조 제1항)의 탄핵사유가 인정되는 모든 경우에 자동적으로 파면결정을 하도록 규정하고 있는 것으로 문리적으로 해석할 수 있으나, 이러한 해석에 의하면 피청구인의 법위반행위가 확인되는 경우 법위반의 경중을 가리지 아니하고 헌법재판소가 파면결정을 해야 하는바, 직무행위로 인한 모든 사소한 법위반을 이유로 파면을 해야 한다면, 이는 피청구인의 책임에 상응하는 헌법적 징벌의 요청, 즉 법익형량의 원칙에 위반된다고 하고, 따라서 헌법재판소법 제53조 제1항의 '탄핵심판청구가 이유 있는 때'란, 모든 법위반의 경우가 아니라, 단지 공직자의 파면을 정당화할 정도로 '중대한' 법위반의 경우를 말한다고 하였다(헌재 2004.05.14, 2004헌나1, 판례집 제16권 1집, 609, 654-654).

4) 결론

헌법재판소는 탄핵심판이 재판작용과 달리 헌법보호 기능을 최후의 보충적 권리보호수단임을 강조하며 탄핵사유를 헌법과 법률에 대한 '중대한' 위반으로 제한적으로 해석하고 있다. 달리 말해 탄핵이 이유 있기 위해서는 고위공직자의 직무집행 행위가 파면을 정당화할 수 있을 정도의 중대한 법 위반의 경우가 전제되어야 한다는 의견을 헌법재판소는 채택한 것이다. 결국 헌법재판소는 탄핵을 하기 위해서는 공직자의 법위반행위의 중대성과 파면결정으로 인한 효과 사이의 법익형량을 도모한 것인데 이에 따른다면 대통령 갑은 탄핵결정을 받기가 어려울 수밖에 없는 것이고 국회 다수당 대표 을의 주장은 타당하지 않다고 평가할 수 있다.

4. 형 법

제1. 형법총론

* 집필: 박찬걸. 대구가톨릭대학교 경찰행정학과 교수
* 별명이 없는 법조문명은 '형법'임

Ⅰ. 형법의 기초이론

1. 형법의 기본개념

사례 1 형법의 개념

갑은 현역병 입영대상자로서 2013. 9. 5. 14:00까지 입영하라는 서울지방병무청장 명의의 입영통지서를 받았음에도 입영기일로부터 3일이 지난 2013. 9. 8.까지 입영하지 않았다는 혐의로 체포되었다. 이에 갑은 자신이 여호와의 증인을 믿는 신도로서, 종교적·양심적인 신념에 따라 집총을 거부하였다고 주장하고 있다. 갑의 주장은 받아들여질 수 있는가?

형법이란 일정한 행위를 범죄로 규정하고, 이에 대한 법률효과로서 형벌 또는 그 밖의 형사제재를 부과하는 것을 내용으로 하는 성문법규의 총체를 말한다. 여기서 범죄라고 함은 일반적으로 구성요건에 해당하고 위법성이 있는 유책한 인간의 행위라고 정의되어진다. 그리고 형벌이라 함은 사형·징역·금고·자격상실·자격정지·벌금·구류·과료·몰수 등 총 9가지를 말하며, 그 밖의 형사제재로는 보호관찰·사회봉사명령·수강명령·치료감호·보호처분·위치추적전자감시제도·성충동약물치료제도·신상정보공개제도 등을 말한다.

협의의 형법 또는 형식적 의미의 형법이란 '형법'이라는 명칭을 가진 단행법률을 의미하는데, 현행 형법은 1953. 9. 18. 법률 제293호로 공포되어, 1953. 10. 3.부터 시행되고 있다. 이러한 형법전은 제1조부터 제372조까지의 본문과 부칙으로 되어 있는데, 제1조부터 제40조까지의 범죄에 관한 규정과 제41조부터 제86조까지의 형벌에 관한 규정을 제1편 총칙이라 하고, 제87조부터 제372조까지를 제2편 각칙이라고 한다. 총칙은 범죄와 형벌에 적용되는 일반원리를 규정한 것이고, 각칙은 개별적인 범죄와 그에 대한 형벌에만 적용되는 원리들을 규정한 것이다.

광의의 형법 또는 실질적 의미의 형법이란 그 명칭이나 형식을 불문하고 범죄와 이에 대한 법률효과인 형사제재를 규정한 모든 법규범을 의미한다. 이러한 광의의 형법은 협의의 형법 이외에도 특별형법과 행정형법 등을 포함한다.

2. 형법의 목적

(1) 법익보호의 목적

법익이란 특별히 법이 보호하고자 하는 이익을 말하는데, 형법은 크게 개인적 법익, 사회적 법익, 국가적 법익 등으로 나누어 이를 보호하고 있다. 하지만 형법의 보호법익은 다른 법률과는 달리 그 범위가 좁다고 할 수 있는데, 이는 형법이 가지고 있는 보충성의 원칙 내지 최후수단성의 원칙과 밀접한 관련이 있다. 국가가 일정한 법익을 보호하기 위해서는 형법 이외의 다른 법률들을 먼저 동원하여 해결하고, 만약 이를 통한 해결이 불가능한 경우에 한하여 형법이 개입할 수 있다. 또한 형법을 동원할 경우에도 필요 최소한의 범위 내에서 적용해야 한다. 이는 과잉범죄화 또는 비범죄화의 문제로 연결된다.

(2) 인권보장의 목적

형벌은 범죄인의 생명·신체·자유·명예 등의 침해를 수반하기 때문에 형벌권이 남용될 경우에는 국민들의 인권이 침해될 수 있다. 따라서 형법은 국민들의 인권을 침해하지 않는 방법으로 형벌권이 행사될 수 있도록 하는 목적을 가지고 있는데, 이를 인권보장적 목적이라고 한다. 이를 일반국민의 입장에서 보면, 형법에 의해 범죄로 규정되어 있지 않은 행위를 이유로 처벌받지 않을 자유가 보장되고, 범죄인의 입장에서 보면, 형법에 규정되어 있는 형벌의 범위 내에서만 처벌될 수 있다는 한계로 작용한다.

<사례1 해설> (형법의 개념)

병역의무의 이행을 확보하기 위하여 현역입영을 거부하는 자에 대하여 형벌을 부과할 것인지, 대체복무를 인정할 것인지의 여부에 관하여는 입법자에게 광범위한 입법재량이 유보되어 있다고 보아야 하므로, 병역법이 양심 및 종교의 자유를 이유로 현역입영을 거부하는 자에 대하여는 현역입영을 대체할 수 있는 특례를 두지 아니하고 형벌을 부과하는 규정만을 두고 있다고 하더라도 비례성의 원칙에 위반된다거나 과잉형벌이라고는 할 수 없다. 따라서 갑은 병역법 제88조 제1항을 위반한 것이 되기 때문에 형사처벌을 받을 수밖에 없다(대법원 2004.7.15. 선고 2004도2965 전원합의체판결 참조).

3. 죄형법정주의

사례 2 죄형법정주의

갑은 2013. 5. 9. 음주운전으로 인하여 면허정지 100일의 행정처분을 부과받았다. 그러던 중 2013. 6. 8. 면허가 정지된 상태에서 오토바이를 운전하여 다시 검거되었고, 이에 검사는 갑을 도로교통법상 무면허운전죄로 공소를 제기하였다. 참고로 자동차의 무면허운전과 관련하여서는 운전면허의 효력이 정지된 경우에도 운전면허를 애초 받지 아니한 경우와 마찬가지로 형사처벌된다는 것을 명문으로 정하고 있는 반면, 원동기장치자전거의 무면허운전죄에 대하여 규정하는 도로교통법 제154조 제2호는 그 처벌의 대상으로 '원동기장치자전거면허를 받지 아니하고 원동기장치자전거를 운전한 사람'을 정하고 있을 뿐이고, 운전면허의 효력이 정지된 상태에서 원동기장치자전거를 운전한 경우에 대하여는 아무런 언급이 없다. 이러한 상황에서 검사의 기소는 타당한가?

(1) 의 의

죄형법정주의란 범죄의 구성요건과 그에 대한 형벌의 내용을 국민의 대표로 구성된 입법부가 성문의 법률로 정하도록 하여 이미 제정된 정의로운 법률에 의하지 아니하고는 처벌되지 아니한다는 원칙을 말한다. 이는 무엇이 처벌될 행위인가를 국민이 예측가능한 형식으로 정하도록 하여 개인의 법적 안정성을 보호하고, 성문의 형벌법규에 의한 실정법질서를 확립하여 국가형벌권의 자의적인 행사로부터 개인의 자유와 권리를 보장하려는 법치국가형법의 기본원칙이라고 할 수 있다.

(2) 내 용

가. 법률주의

법률주의란 범죄와 형벌을 입법부가 제정한 형식적 의미의 법률로 규정하는 것을 그 핵심적 내용으로 한다. 그러므로 불문법에 해당하는 관습법을 통하여 직접 어떤 행위가 범죄임을 규정하거나 형벌을 신설하거나 가중할 수는 없다.

나. 소급효금지의 원칙

소급효금지의 원칙이란 범죄와 처벌은 행위 당시의 법률에 의해야 하고, 행위 후에 법률을 제정하여 그 법률(사후입법)에 의해 피고인의 이전 행위에 대하여 불리하게 처벌해서는 안 된다는 원칙을 말한다. 이는 입법자에게는 소급효를 적용하는 입법을 금지할 뿐만 아니라 형사재판의 법관에게는 행위 당시에 그 행위의 가벌성을 규정하는 구성요건이 존재할 경우에 한하여 그 적용 가능성을 검토하도록 제한하고 있다. 하지만 유리한 법률의 소급효까지 금지하는 것은 아니다.

다. 명확성의 원칙

명확성의 원칙이란 통상의 판단능력을 가진 사람이라면 누구나 법률이 처벌하고자 하는 행위가 무엇이며 그에 대한 형벌이 어떠한 것인지를 예견할 수 있고, 그에 따라 자신의 행위를 결정할 수 있도록 구성요건이 명확할 것을 의미한다. 따라서 형사처벌의 대상이 되는 범죄의 구성요건은 형식적 의미의 법률로 명확하게 규정되어야 하며, 만약 범죄의 구성요건에 관한 규정이 지나치게 추상적이거나 모호하여 그 내용과 적용범위가 과도하게 광범위하거나 불명확한 경우에는 국가형벌권의 자의적인 행사가 가능하게 되어 개인의 자유와 권리를 보장할 수 없으므로 명확성의 원칙에 위배된다.

라. 유추해석금지의 원칙

유추해석이란 일정한 사항을 직접 규정하고 있는 법규가 없는 경우에 그와 가장 유사한 사항을 규정하고 있는 법규를 적용하는 것을 말한다. 이러한 유추해석은 해석이 아니라 법창조이기 때문에 삼권분립의 원칙에 반하므로, 형법에 있어서 유추해석은 금지되는 것이다.

마. 적정성의 원칙

헌법은 국가권력의 남용으로부터 국민의 기본권을 보호하려는 법치국가의 실현을 기본이념으로 하고 있고, 법치국가의 개념은 범죄와 법정형을 정함에 있어 죄질과 그에 따른 행위자의 책임 사이에 적절한 비례관계가 지켜질 것을 요구하는 실질적 법치국가의 이념을 포함하고 있다. 이는 '법률이기만 하면 가능하다'는 형식논리를 탈피하여 '적정한' 법률로써만 형사처벌을 해야 한다는 것으로서, 범죄규정의 적정성과 형벌규정의 적정성의 문제로 구별할 수 있다.

<사례2 해설> (죄형법정주의)

도로교통법은 운전자의 금지사항으로 운전면허를 받지 아니한 경우와 운전면허의 효력이 정지된 경우를 구별하여 대등하게 나열하고 있다. 그렇다면 '운전면허를 받지 아니하고'라는 법률문언의 통상적인 의미에 '운전면허를 받았으나 그 후 운전면허의 효력이 정지된 경우'가 당연히 포함된다고는 해석할 수 없다. 그러므로 면허가 정지된 상태에서 오토바이를 운전하는 행위에 대한 처벌법규는 없다고 보아야 한다. 왜냐하면 형벌법규의 해석은 엄격하여야 하고, 명문의 형벌법규의 의미를 피고인에게 불리한 방향으로 지나치게 확장해석하거나 유추해석하는 것은 죄형법정주의의 원칙에 어긋나는 것으로서 허용되지 아니하기 때문이다. 결론적으로 갑에 대한 검사의 공소제기는 부적법하다(대법원 2011.8.25. 선고 2011도7725 판결 참조).

4. 형법의 적용범위

사례 3   형법의 적용범위

미국으로 어학연수를 가게 된 대학생 갑은 현지의 친구들과 함께 상습적으로 2012. 9. 19.부터 2013. 8. 25.경까지 사이에 네바다주에 있는 미라지호텔 카지노에서 도박을 하였다. 갑은 한국에서의 도박행위가 범죄라는 점을 인식하고 있었지만, 도박죄를 처벌하지 않는 미국의 호텔 카지노에서는 도박을 해도 상관없다고 생각하고 동 행위를 하였던 것이다. 갑의 죄책은?

(1) 시간적 적용범위

가. 행위시법주의

행위시법주의란 행위시와 재판시의 처벌법규가 상이할 경우에 행위시의 법률을 적용해야 한다는 원칙을 말한다. 형법 제1조 제1항에서는 '범죄의 성립과 처벌은 행위시의 법률에 의한다'고 하여, 형법의 시간적 적용범위에 관해서는 원칙적으로 행위시법주의를 적용하고 있다.

나. 재판시법주의

재판시법주의란 행위시와 재판시의 처벌법규가 상이할 경우에 재판시의 법률을 적용해야 한다는 원칙을 말한다. 형법 제1조 제2항에서는 '범죄 후 법률의 변경에 의하여 그 행위가 범죄를 구성하지 아니하거나 형이 구법보다 경한 때에는 신법에 의한다'고 하고 있고, 형법 제1조 제3항에서는 '재판확정 후 법률의 변경에 의하여 그 행위가 범죄를 구성하지 아니하는 때에는 형의 집행을 면제한다'고 하여, 행위자에게 유리한 경우에는 신법의 소급효를 인정하고 있다.

(2) 장소적·인적 적용범위

가. 속지주의

속지주의란 자국의 영역 내에서 발생한 모든 범죄에 대하여 범죄인의 국적에 관계없이 자국의 형법을 적용하는 원칙을 말한다. 여기서 대한민국의 영역이란 영토·영해·영공을 말하는데, 북한도 헌법상 대한민국의 영토에 해당하므로 대한민국의 형법이 적용된다. 속지주의의 연장으로서 기국주의가 있는데, 기국주의란 국외를 운항중인 자국의 선박 또는 항공기 내에서 죄를 범한 외국인에게 자국의 형법을 적용한다는 원칙을 말한다.

나. 속인주의

속인주의란 자국민이 범한 범죄에 대하여 범죄지를 불문하고 자국의 형법을 적용하는 원칙을 말한다. 이는 자국민의 동일한 범죄행위에 대하여 범죄지가 다르다는 이유로 처벌에 차별을 둔다면 헌법상 평등의 원칙에 반하기 때문에 인정되는 것이다.

다. 보호주의

보호주의란 자국 또는 자국민의 법익을 해하는 범죄에 대하여 범죄지와 범죄인의 국적과 관계없이 자국의 형법을 적용하는 원칙을 말한다. 이를 통하여 외국인의 국외범이라고 할지라도 보호주의에 의하여 대한민국의 형법을 적용할 수 있다.

라. 세계주의

세계주의란 자국의 영역 밖에서 외국에 대한 범죄를 범한 외국인에 대하여 자국의 형법을 적용하는 원칙을 말한다. 형법상 미성년자를 약취·유인하거나 노동력 착취, 성매매와 성적 착취, 장기적출을 목적으로 사람을 약취·유인한 경우 등에 있어서는 세계주의가 적용된다.

<사례3 해설> (형법의 적용범위)

형법 제3조는 '본법은 대한민국 영역 외에서 죄를 범한 내국인에게 적용한다'고 하여 형법의 적용범위에 관한 속인주의를 규정하고 있다. 또한 국가정책적 견지에서 도박죄의 보호법익보다 좀더 높은 국가이익을 위하여 예외적으로 내국인의 출입을 허용하는 폐광지역개발지원에관한특별법 등에 따라 카지노에 출입하는 것은 법령에 의한 행위로 위법성이 조각된다고 할 것이지만, 도박죄를 처벌하지 않는 외국 카지노에서의 도박이라는 사정만으로 그 위법성이 조각된다고 할 수 없다. 그러므로 갑은 도박죄의 죄책을 진다(대법원 2004.4.23. 선고 2002도2518 판결 참조).

Ⅱ. 범 죄 론

1. 구성요건해당성론

사례 4　　구성요건해당성

갑은 조카인 을(10세)을 살해할 것을 마음먹고, 을을 불러내어 미리 물색하여 둔 저수지로 데리고 가서 인적이 드물고 경사가 급하여 미끄러지기 쉬운 제방쪽으로 유인하여 함께 걷다가, 을이 스스로 위와 같이 가파른 물가에서 미끄러져 수심이 2m 정도인 저수지 물 속으로 빠지자, 그를 구호하지 아니한 채 그 자리를 떠나 을이 익사하는 결과를 초래하였다. 갑의 죄책은?

---

(1) 인과관계

인과관계는 거동범에서는 문제되지 않고, 결과범에서만 문제가 된다. 거동범에서는 구성요건적 행위만 있으면 기수가 될 수 있기 때문이다. 이에 반하여 결과범에서는 구성요건적 행위 이외에 일정한 결과의 발생이 요구되는데, 여기서 행위와 결과발생 사이에 인과관계가 존재하여야 기수가 되거나 범죄가 성립할 수 있다. 이와 같이 인과관계를 요구하는 이유는 어떠한 행위로 인하여 발생한 모든 결과에 대하여 무조건 책임을 져야 한다는 결과책임주의에 대한 제한을 가하기 위함이다. 일반적으로 행위와 결과 사이에 경험법칙상 상당성, 즉 고도의 가능성 내지 개연성이 있을 때에 인과관계를 인정할 수 있다.

(2) 주관적 구성요건요소

가. 고 의

고의가 성립하기 위해서는 지적 요소로서 행위의 주체, 객체, 방법, 상황, 결과 등 객관적 구성요건요소에 대한 인식 및 의지적 요소로서 이들에 대한 인용이 필요하다. 예를 들면 살인의 고의는 반드시 살해의 목적이나 계획적인 살해의 의도가 있어야 인정되는 것은 아니고, 자기의 행위로 인하여 타인의 사망이라는 결과를 발생시킬 만한 가능성 또는 위험이 있음을 인식하거나 예견하면 족한 것이며, 그 인식이나 예견은 확정적인 것은 물론 불확정적인 것이라도 이른바 미필적 고의를 통해서도 인정된다. 여기서 미필적 고의란 행위자가 행위 당시에 구성요건적 사실을 확실하게 인식하지 못하고 결과발생을 의욕하지도 않았지만, 구성요건적 결과발생을 인용하는 내심의 상태를 말한다.

나. 과 실

형법은 원칙적으로 고의범만을 처벌하고, 예외적으로 법률에 특별한 규정이 있는 경우에 한하여 과실범을 처벌한다. 즉 정상의 주의를 태만함으로 인하여 죄의 성립요소인 사실을 인식하지 못한 행위는 법률에 특별한 규정이 있는 경우에 한하여 처벌한다. 이와 같이 과실범은 예외적으로 처벌될 뿐만 아니라 처벌되는 경우에도 그 형벌이 고의범에 비하여 현저히 낮게 규정되어 있다. 과실범이 성립하기 위해서는 구성요건적 결과가 발생해야 하고, 주의의무위반이 있어야 하며, 주의의무위반과 결과발생 사이에 인과관계가 있어야 한다. 이와 같이 과실범은 과실행위와 결과발생에 연관성이 있는 기수만을 벌하고, 주의의무위반행위만이 있는 미수의 경우에는 벌하지 않는 일종의 결과범이라고 할 수 있다.

(3) 결과적 가중범

결과로 인하여 형이 중할 죄에 있어서 그 결과의 발생을 예견할 수 없었을 때에는 중한 죄로 벌하지 아니하는데, 이를 결과적 가중범이라고 한다. 즉 결과적 가중범이란 행위자가 의도한 결과보다 중대한 결과가 발생함으로 인해 행위자가 의도하였던 범죄에 대한 형벌보다 더 중한 형벌로 처벌되는 형태의 범죄라고 할 수 있는데, 상해치사죄·폭행치사상죄 등이 이에 해당한다. 결과적 가중범이 성립하기 위해서는 고의의 기본범죄가 있어야 하고, 중한 결과가 발생해야 하고, 중한 결과에 대한 예견가능성이 존재해야 하며, 기본범죄와 중한 결과 사이에 인과관계가 있어야 한다.

(4) 사실의 착오

사실의 착오란 행위자가 인식·의욕하였던 구성요건적 사실과 객관적으로 존재하는 구성요건적 사실이 서로 일치하지 않는 경우로서, 세부적으로는 객체의 착오와 방법의 착오가 있다. 객체의 착오란 행위객체의 동일성에 대한 착오를 일으켜 인식·의욕한 결과와 다른 결과를 발생시킨 경우인데, 갑이라고 생각하고 총을 쏘았으나 그 사람이 을인 경우가 이에 해당한다. 이에 대하여 방법의 착오란 행위객체의 동일성에 대해서는 제대로 파악하였지만 타격을 잘못함으로써 행위자가 인식·의욕한 결과와 다른 결과를 발생시킨 경우인데, 갑을 향해 총을 쏘았으나 총알이 빗나가 을을 명중시킨 경우가 이에 해당한다. 법정적 부합설에 따르면 구체적 사실의 착오에 해당하면 발생사실에 대한 고의기수범을 인정하는 반면에, 추상적 사실의 착오에 해당하면 인식사실의 미수범과 발생사실의 과실범의 상상적 경합을 인정한다.

(5) 부작위범

위험의 발생을 방지할 의무가 있거나 자기의 행위로 인하여 위험발생의 원인을 야기한 자가 그 위험발생을 방지하지 아니한 때에는 그 발생된 결과에 의하여 처벌하는데, 이를 부작위범이라고 한다. 작위범은 '하지 말아야 할 행위를 함으로써 성립하는 범죄'로서 금지규범에 위반하는 범죄인 반면에, 부작위범은 '해야 할 행위를 하지 않음으로써 성립하는 범죄'로서 명령규범에 위반하는 범죄라고 할 수 있다. 예를 들면 퇴거불응죄, 집합명령위반죄, 경범죄처벌법상 지문채취불응죄, 국가보안법상 불고지죄 등이 부작위범에 해당한다. 이러한 부작위범이 성립하기 위해서는 작위의무자가 작위를 통한 결과방지의 가능성이 있음에도 불구하고 부작위를 하였고, 부작위에 의한 법익침해가 작위에 의한 법익침해와 동가치성이 있을 것을 요구한다.

<사례4 해설> (구성요건해당성)

을이 스스로 미끄러져서 물에 빠진 것이고, 그 당시는 갑이 살인죄의 예비단계에 있었을 뿐 아직 실행의 착수에는 이르지 아니하였다고 하더라도, 갑은 을의 숙부로서 위와 같은 익사의 위험에 대처할 보호능력이 없는 나이어린 을을 급한 경사로 인하여 미끄러지기 쉬워 익사의 위험이 있는 저수지로 데리고 갔던 것이므로, 갑으로서는 을이 물에 빠져 익사할 위험을 방지하고 을이 물에 빠지는 경우 그를 구호하여 주어야 할 법적인 작위의무가 있다고 보아야 할 것이다. 이와 같은 상황에서 을이 물에 빠진 후에 갑이 살해의 범의를 가지고 그를 구호하지 아니한 채 그가 익사하는 것을 용인하고 방관한 행위(부작위)는 갑이 을을 직접 물에 빠뜨려 익사시키는 행위와 다름없다고 형법상 평가될 만한 살인의 실행행위라고 보는 것이 상당하다(대법원 1992.2.11. 선고 91도2951 판결 참조).

2. 위법성론

사례 5 위법성론

갑은 2013. 9. 6. 01:45경 서울 마포구 서교동 빌라 주차장에서 술에 취한 상태에서 전화를 걸다가 인근 지역을 순찰하던 경찰관인 을로부터 불심검문을 받게 되자 을에게 자신의 운전면허증을 교부하였다. 이후 을이 갑의 신분조회를 위하여 순찰차로 걸어간 사이에, 갑은 불심검문에 항의하면서 을에게 큰 소리로 욕설을 하였고, 이에 을은 갑에게 모욕죄의 현행범으로 체포하겠다고 고지한 후 갑의 오른쪽 어깨를 붙잡았고, 갑은 이에 강하게 반항하면서 을에게 상해를 가하였다. 갑의 죄책은?

(1) 위법성의 기초이론

위법성이란 구성요건에 해당하는 행위가 전체적인 법질서의 관점에서 어긋난다는 가치판단을 말한다. 구성요건에 해당하는 행위는 원칙적으로 위법하지만, 예외적으로 위법성조각사유가 있는 경우에는 위법하지 않다. 개별적인 위법성조각사유의 공통적인 근거는 일반적으로 사회상규라고 평가되기 때문에, 법질서 전체의 정신이나 그 배후에 놓여 있는 사회윤리 내지 사회통념에 따라 위법성 여부를 판단하고 있다.

(2) 위법성조각사유

가. 정당행위

법령에 의한 행위 또는 업무로 인한 행위 기타 사회상규에 위배되지 아니하는 행위는 벌하지 아니하는데, 이를 정당행위라고 한다. 법령에 의한 행위의 예로는 교도관의 사형집행행위, 수사기관의 적법한 체포·구속 행위, 사인의 현행범인 체포행위, 모자보건법상의 인공임신중절행위 등이 있고, 업무로 인한 행위의 예로는 의사의 치료행위, 성직자·변호사의 직무행위, 선수의 운동경기행위 등이 있다. 그리고 사회상규에 위배되지 아니하는 행위의 예로는 소극적 안락사, 경미한 법익침해행위 등이 있다.

나. 정당방위

자기 또는 타인의 법익에 대한 현재의 부당한 침해를 방위하기 위한 행위는 상당한 이유가 있는 때에는 벌하지 아니하는데, 이를 정당방위라고 한다. 정당방위는 개인적인 측면에서, 개인이 자신의 법익을 타인의 부당한 침해로부터 스스로 방위하는 것을 허용해야 한다는 자기보호의 원리와 사회적인 측면에서, 피해자의 자기방위가 동시에 사회 전체의 법질서를 지키는 것이 된다는 법질서수호의 원리에 근거하고 있다. 정당방위는 현재의 부당한 침해에 대해서만 가능하므로 과거나 장래의 침해에 대해서는 불가능하다. 또한 행위자에게는 방위의사가 있어야 하는데, 방위의사란 정당방위의 주관적 정당화요소로서 정당방위상황에 대한 인식과 방어행위를 실현한다는 의사를 말한다.

다. 긴급피난

자기 또는 타인의 법익에 대한 현재의 위난을 피하기 위한 행위는 상당한 이유가 있는 때에는 벌하지 아니하는데, 이를 긴급피난이라고 한다. 하지만 위난을 피하지 못할 책임이 있는 자에 대하여는 이를 적용하지 아니한다.

라. 자구행위

법정절차에 의하여 청구권을 보전하기 불능한 경우에 그 청구권의 실행불능 또는 현저한 실행곤란을 피하기 위한 행위는 상당한 이유가 있는 때에는 벌하지 아니하는데, 이를 자구행위라고 한다.

마. 피해자의 승낙

처분할 수 있는 자의 승낙에 의하여 그 법익을 훼손한 행위는 법률에 특별한 규정이 없는 한 벌하지 아니하는데, 이를 피해자의 승낙이라고 한다. 피해자의 승낙이 위법성을 조각하기 위해서는 처분할 수 있는 자의 승낙이 있을 것, 처분할 수 있는 법익에 대한 승낙이 있을 것, 행위자가 승낙의 사실을 알고 있을 것, 법익침해행위를 처벌하는 특별한 규정이 없을 것, 승낙에 의한 행위가 사회상규에 위배되지 않을 것 등의 요건을 필요로 한다.

<사례5 해설> (위법성론)

갑은 을의 불심검문에 응하여 이미 운전면허증을 교부한 상태이고, 을뿐만 아니라 인근 주민도 갑의 욕설을 직접 들었으므로, 갑이 도망하거나 증거를 인멸할 염려가 있다고 보기는 어렵다. 따라서 을이 갑을 체포한 행위는 현행범인 체포의 요건을 갖추지 못하여 적법한 공무집행이라고 볼 수 없으므로 공무집행방해죄의 구성요건을 충족하지 아니하고, 갑이 그 체포를 면하려고 반항하는 과정에서 을에게 상해를 가한 것은 불법체포로 인한 신체에 대한 현재의 부당한 침해에서 벗어나기 위한 행위로서 정당방위에 해당하여 위법성이 조각된다(대법원 2011.5.26. 선고 2011도3682 판결 참조).

---

3. 책 임 론

사례 6 책임론

1985. 3. 대공수사단 직원인 갑은 상사의 명령에 따라 을을 고문하였는데, 이 과정에서 을을 구타하고, 양손을 수건으로 결박하여 을의 머리를 욕조 물 속으로 계속하여 누르는 행위를 수차례 반복하였고, 결국 을은 경부압박으로 인하여 질식사하게 되었다. 이에 갑은 상사의 명령에 따른 정당한 행위에 해당하거나 절대적 복종관계에 기한 강요된 행위이기 때문에 책임이 조각되어야 한다고 주장하고 있다. 갑의 죄책은?

(1) 책임의 개념

책임이란 구성요건에 해당하고 위법한 행위를 한 행위자에 대한 비난가능성을 말한다. 위법성은 특정 행위가 전체 법질서의 관점에서 배치되었을 때 내려지는 행위에 대한 객관적인 판단이기 때문에 행위자의 개인적인 특수성이 고려되지 않는 반면에, 책임은 행위자에게 자기 행위에 대한 책임을 부과할 수 있는가 하는 행위자에 대한 주관적인 판단이기 때문에 행위자의 개인적인 특수성이 고려된 다는 점에서 구별된다. 이와 같이 위법성은 행위에 대한 비난가능성이고, 책임은 행위자에 대한 비난가능성이라고 할 수 있다.

(2) 형사미성년자

14세 되지 아니한 자의 행위는 벌하지 아니한다. 그러므로 14세 미만의 자에 대해서는 형벌을 부과할 수 없다. 하지만 10세 이상 14세 미만의 자에 대해서는 소년법상 보호처분을 부과할 수는 있다.

(3) 심신장애자

심신장애로 인하여 사물을 변별할 능력이 없거나 의사를 결정할 능력이 없는 자의 행위는 벌하지 아니하고, 심신장애로 인하여 이러한 능력이 미약한 자의 행위는 형을 감경한다. 이와 같이 심신장애자가 되기 위해서는 생물학적 요소로 심신장애가 있고, 심리적 요소로 사물변별능력이나 의사결정능력이 결여되거나 미약해야한다. 하지만 위험의 발생을 예견하고 자의로 심신장애를 야기한 자의 행위에 대하여는 책임능력을 인정하여 심신상실자 또는 심신미약자로 파악하지 아니한다.

(4) 강요된 행위

저항할 수 없는 폭력이나 자기 또는 친족의 생명·신체에 대한 위해를 방어할 방법이 없는 협박에 의하여 강요된 행위는 벌하지 아니한다. 이는 적법행위에 대한 기대가능성이 없음을 이유로 한 책임조각사유라고 할 수 있다. 여기서 저항할 수 없는 폭력이란 심리적 의미에 있어서 육체적으로 어떤 행위를 절대적으로 하지 아니할 수 없게 하는 경우와 윤리적 의미에 있어서 강압된 경우를 말하고, 협박이란 자기 또는 친족의 생명, 신체에 대한 위해를 달리 막을 방법이 없는 협박을 말하며, 강요란 피강요자의 자유스러운 의사결정을 하지 못하게 하면서 특정한 행위를 하게 하는 것을 말한다.

(5) 법률의 착오

법률의 착오란 위법한 행위를 하는 사람이 자신의 행위의 위법성을 인식하지 못하는 경우를 말한다. 행위자의 주관적 생각으로는 적법한 행위를 하는 것이지만, 객관적으로는 위법한 행위를 함으로써 행위에 대한 주관적 평가와 객관적 평가가 불일치하는 경우이다. 형법은 '자기의 행위가 법령에 의하여 죄가 되지 아니하는 것으로 오인한 행위는 그 오인에 정당한 이유가 있는 때에 한하여 벌하지 아니한다'고 하여, 정당한 이유가 있는 경우에만 법률의 착오가 처벌되지 않는다고 규정하고 있다.

<사례6 해설> (책임론)

하관은 소속 상관의 적법한 명령에 복종할 의무는 있으나 그 명령이 소환된 사람에게 가혹행위를 가하라는 등과 같이 명백한 위법 내지 불법한 명령인 때에는 이는 벌써 직무상의 지시명령이라 할 수 없으므로 이에 따라야 할 의무는 없다. 설령 대공수사단 직원은 상관의 명령에 절대 복종하여야 한다는 것이 불문율로 되어 있다고 할지라도 국민의 기본권인 신체의 자유를 침해하는 고문행위가 금지되어 있는 우리의 국법질서에 비추어 볼 때 그와 같은 불문율이 있다는 것만으로는 고문치사와 같이 중대하고도 명백한 위법명령에 따른 행위가 강요된 행위로서 적법행위에 대한 기대가능성이 없는 경우에 해당하게 되는 것이라고는 볼 수 없다(대법원 1988.2.23. 선고 87도2358 판결 참조).

4. 미 수 론

사례 7 미수론

갑은 자신이 운전하는 화물자동차에 을녀를 태우고 모텔 차고지에 이르러 을녀에게 모텔에 들어갈 것을 요구하였으나 을녀가 이를 거절하자 강간할 마음을 먹고 주먹으로 을녀의 안면부를 2회 때리고 소리를 지르지 못하도록 목을 누르는 등 을녀의 항거를 불가능하게 한 다음 을녀를 강간하려고 하였으나 을녀가 다음 번에 친해지면 응해주겠다면서 강간하지 말 것을 간곡히 부탁하자 이에 갑은 간음을 중지하고 을녀를 차에 태워 집에까지 데려다 주었다. 갑의 죄책은?

(1) 범죄의 실현단계

일반적인 범죄의 실현단계를 살펴보면, 범죄의 결심 → 범죄의사의 표시 →범죄의 음모·예비 → 실행의 착수 → 미수 → 기수 → 범죄의 종료 → 범죄의 완료 등으로 파악할 수 있다. 먼저 범죄를 결심하더라도 이를 외부적 행위로 표시하지 않는 한 형법의 적용대상이 될 수 없다. 또한 범죄의사를 외부에 표시하더라도 표시 그 자체가 독립적으로 범죄를 구성할 수 있는 경우를 제외하고는 형법의 적용대상이 될 수 없다. 음모란 2인 이상이 일정한 범죄를 실현하기 위하여 서로 의사를 교환하고 합의하는 것을 말하고, 예비란 범죄의사의 실현을 위한 준비행위를 말한다. 범죄의 음모 또는 예비행위가 실행의 착수에 이르지 아니한 때에는 법률에 특별한 규정이 없는 한 벌하지 아니한다.

실행의 착수란 구성요건실현행위의 개시를 말하는데, 이를 기준으로 음모·예비와 미수를 구별한다. 실행의 착수가 있게 되면 범죄는 범죄행위의 종료 여부 또는 결과발생 여부와 상관없이 적어도 미수단계에 이르게 된다. 미수란 범죄의 실행에 착수하여 범죄행위를 종료하지 못하였거나 범죄행위는 종료하였더라도 결과가 발생하지 않은 경우를 말한다. 기수란 실행에 착수한 행위가 구성요건의 모든 표지를 충족시킨 경우를 말한다. 즉 범죄행위를 종료하였거나 결과를 발생시킨 경우이다.

범죄의 종료란 기수 이후에 보호법익에 대한 침해가 실질적으로 끝난 경우를 말한다. 예를 들어 감금죄의 기수시기는 피해자를 감금시킨 때이지만, 종료시기는 피해자가 감금상태에서 풀려난 때이다. 마지막으로 결합범에서는 범죄의 완료가 문제되는데, 강도살인죄와 같은 결합범에서는 앞의 범죄(강도)가 완료되기 전에 뒤의 범죄(살인)가 행해져야 한다.

(2) 미수범의 종류

가. 장애미수

장애미수란 결과발생이 가능하였음에도 불구하고 비자의적인 장애로 인하여 자신의 의사에 반하여 범죄를 완성하지 못한 경우를 말한다. 장애미수는 실행의 착수가 있다는 점에서 예비·음모와 구별되고, 행위를 종료하지 못했거나 결과가 발생하지 않았다는 점에서 기수와 구별된다. 또한 행위의 미종료나 결과의 불발생이 행위자의 자의에 의한 것이 아니라는 점에서 중지미수와 구별되고, 결과의 발생이 가능하였음에도 결과가 발생하지 않았다는 점에서 불능미수와 구별된다. 장애미수의 형은 기수범보다 감경할 수 있다.

나. 중지미수

중지미수란 범인이 자의로 실행에 착수한 행위를 중지하거나 그 행위로 인한 결과의 발생을 방지한 경우를 말한다. 자의성은 범죄실행에 특별한 장애사유가 있다고 하더라도 성립될 여지가 있다고 보아야 하는데, 이러한 장애사유와 스스로 중지하게 된 내적 동기를 서로 비교형량하여 자율적으로 중지한 것에 비중이 크다면 자의성을 인정해도 무방하기 때문이다. 중지미수의 형은 감경 또는 면제한다. 중지미수에 대한 형 면제는 범인에게 이익을 주어서라도 그의 범행으로부터 생겨날 일반인 또는 피해자의 법익침해를 예방하는 데 그 목적이 있다.

다. 불능미수

불능미수란 실행의 수단 또는 대상의 착오로 인하여 결과의 발생이 불가능하더라도 위험성이 있는 경우를 말한다. 이와 같이 불능미수는 존재하는 구성요건적 사실을 인식하지 못한 구성요건 착오와 반대로 존재하지 않는 사실을 존재한다고 오인한 반전된 구성요건적 착오에 해당한다. 불능미수의 형은 감경 또는 는 면제할 수 있다.

<사례7 해설> (미수론)

갑은 을녀를 강간하려고 하다가 피해자가 다음 번에 만나 친해지면 응해 주겠다는 취지의 간곡한 부탁으로 인하여 그 목적을 이루지 못했는데, 그 후 갑은 을녀를 자신의 차에 태워 집까지 데려다 준 사실이 있는바, 위 사실에 의하면 갑은 자의로 을녀에 대한 강간행위를 중지한 것이고 을녀가 다음에 만나 친해지면 응해 주겠다는 취지의 간곡한 부탁은 사회통념상 범죄실행에 대한 장애라고 여겨지지는 아니하므로 갑의 행위는 중지미수에 해당한다(대법원 1993.10.12. 선고 93도1851 판결 참조).

---

5. 공 범 론

사례 8 공범론

갑은 자신의 영업에 관하여 사사건건 방해를 하면서 협박을 해 오던 을을 보복하

기 위하여 을의 경호원으로 있다가 사이가 나빠진 조직폭력배 출신인 병을 소개받
아 착수금 명목으로 금5,000,000원을 제공하면서 병에게 '을을 손봐서 활동을 못하
게 하라'고 사주하였는데, 병은 을의 온몸을 칼로 찔러 살해하였다. 갑의 죄책은?

(1) 총칙상의 공범

가. 공동정범

공동정범은 2인 이상이 공동하여 죄를 범하는 것으로서, 공동정범이 성립
하기 위해서는 주관적 요건인 공동가공의 의사와 객관적 요건인 공동의사에 의한
기능적 행위지배를 통한 범죄의 실행사실이 필요하고, 공동가공의 의사는 공동의
의사로 특정한 범죄행위를 하기 위하여 일체가 되어 서로 다른 사람의 행위를 이
용하여 자기의 의사를 실행에 옮기는 것을 내용으로 하는 것이어야 한다.

나. 교 사 범

교사범은 타인으로 하여금 범죄실행을 결의하고 이 결의에 의하여 범죄를
실행하도록 하는 것으로서, 교사범이 성립하기 위해서는 교사자의 교사행위와 정
범의 실행행위가 있어야 하는 것이므로, 정범의 성립은 교사범의 구성요건의 일
부를 형성하고 교사범이 성립함에는 정범의 범죄행위가 인정되는 것이 그 전제요
건이 된다. 교사자가 피교사자에 대하여 상해 또는 중상해를 교사하였는데 피교
사자가 이를 넘어 살인을 실행한 경우에, 일반적으로 교사자는 상해죄 또는 중상
해죄의 죄책을 지게 되는 것이지만 이 경우에 교사자에게 피해자의 사망이라는
결과에 대하여 과실 내지 예견가능성이 있는 때에는 상해치사죄의 죄책을 지울
수 있다.

다. 방 조 범

방조범은 타인의 범죄행위를 용이하게 하도록 하는 것으로서, 방조범은
정범의 실행을 방조한다는 이른바 방조의 고의와 정범의 행위가 구성요건에 해당
하는 행위인 점에 대한 정범의 고의가 있어야 한다. 여기서 방조행위는 정범이
범행을 한다는 정을 알면서 그 실행행위를 용이하게 하는 직접·간접의 모든 행위
를 가리키는 것으로서, 그 방조는 정범의 실행행위중에 이를 방조하는 경우뿐만
아니라, 실행의 착수 전에 장래의 실행행위를 예상하고 이를 용이하게 하는 행위
를 하여 방조한 경우에도 성립한다.

라. 간접정범

간접정범이란 어느 행위로 인하여 처벌되지 아니하는 자 또는 과실범으로 처벌되는 자를 교사 또는 방조하여 범죄행위의 결과를 발생하게 한 자를 말한다. 이와 같이 처벌되지 아니하는 타인의 행위를 적극적으로 유발하고 이를 이용하여 자신의 범죄를 실현한 자는 간접정범의 죄책을 지게 되는데, 그 과정에서 타인의 의사를 부당하게 억압하여야만 간접정범에 해당하는 것은 아니다. 간접정범은 교사 또는 방조의 예에 의하여 처벌한다.

(2) 필요적 공범

가. 집 합 범

집합범이란 공범들의 의사방향이 일치하는 경우를 말하는데, 공범들이 동일한 목표를 달성하기 위하여 공동으로 행위하는 경우이다. 예를 들면 특수절도죄, 다중불해산죄, 내란죄 등이 이에 해당한다.

나. 대 향 범

대향범이란 공범들 사이에 일정한 목표를 달성하기 위한 서로 반대되는 방향의 의사가 합치됨으로써 성립하는 범죄를 말한다. 예를 들면 간통죄, 도박죄, 뇌물죄, 음화판매죄 등이 이에 해당한다.

(3) 공범과 신분

신분관계로 인하여 성립될 범죄에 가공한 행위는 신분관계가 없는 자에게도 공동정범, 교사범, 방조범의 규정을 적용한다. 다만 신분관계로 인하여 형의 경중이 있는 경우에는 중한 형으로 벌하지 아니한다. 이와 같이 비신분자가 단독으로 신분범을 범할 수는 없지만, 예외적으로 신분자에 가공하여서는 신분범을 범할 수 있고, 이를 이유로 하여 처벌될 수 있다.

<사례8 해설> (공범론)

갑이 병에 대하여 상해를 교사하였는데 병이 이를 넘어 살인을 실행한 경우에, 일반적으로 갑은 상해죄의 교사범이 되는 것이지만, 이 경우에 갑에게 을의 사망이라는 결과에 대하여 예견가능성이 있는 때에는 상해치사죄의 교사범으로서의 죄책을 물을 수 있다. 이러한 측면에서 갑은 상해를 교사하면서 을이 죽을 수도 있다는 점을 예견할 가능성이 있었으므로, 갑은 상해치사죄의 교사범으로서의 책임을 진다(대법원 1993.10.8. 선고 93도1873 판결 참조).

6. 죄 수 론

사례 9　죄수론

갑은 쏘나타 승용차를 한 대 훔쳤다. 이후 도난차량임을 숨기기 위하여 쏘나타 승용차의 번호판을 떼어낸 후 미리 소지하고 있던 자신의 그랜져 승용차의 번호판을 임의로 부착하여 운행하고 다니다가 불심검문을 통하여 절도죄의 혐의로 검거되었다. 갑의 죄책은?

(1) 죄수론의 의의

죄수론이란 범죄의 수가 몇 개이고, 이를 어떻게 취급할 것인가에 대한 이론을 말한다. 공범론이 '범죄인'의 수·형태·효과 등에 대한 것이라고 한다면, 죄수론은 '범죄'의 수·형태·효과 등에 대한 것이라고 할 수 있다. 범죄인이 하나의 행위로 하나의 범죄만을 범하는 경우도 있지만, 실제에 있어서는 여러 개의 행위로 여러 개의 범죄를 범하는 경우가 훨씬 많으므로 죄수의 문제는 중요한 연구의 대상이 될 수밖에 없다.

(2) 일죄의 종류

가. 단순일죄

단순일죄에는 하나의 구성요건만을 충족하는 단순일죄와 여러 개의 구성요건을 충족하지만 하나의 구성요건이 충족되면 다른 구성요건은 배제되는 관계로 말미암아 단순일죄가 되는 경우가 있다. 특히 후자의 경우를 법조경합이라고 한다.

법조경합은 특별관계, 흡수관계, 보충관계 등으로 다시 구분되는데, '특별관계'란 경합하는 구성요건이 일반법 대 특별법의 관계에 있기 때문에 특별법적 성격의 구성요건이 적용되면 일반법적 성격의 구성요건이 배제되는 경우를 말한다. 예를 들면 살인죄와 존속살인죄의 관계가 이에 해당한다. '흡수관계'란 행위자가 특정한 범죄를 함에 있어서 일반적으로 다른 구성요건을 충족하고 이때 그 구성요건의 불법의 내용이 주된 범죄에 비하여 경미하기 때문에 별도로 고려하지 않는 불가벌적 수반행위와 주된 범죄행위가 성립한 이후의 행위로서 외형상으로는 범죄행위이지만 주된 범죄행위의 내용 속에 당연히 포함되기 때문에 별도로 고려하지 않는 불가벌적 사후행위를 말한다. '보충관계'란 어떤 행위에 적용될 규정이 없는 경우에 보충적으로 적용되는 규정이 있는 경우 두 규정 사이의 관계를 말한다. 예를 들면 예비·음모와 미수의 관계가 이에 해당한다.

나. 포괄일죄

포괄일죄란 구성요건을 충족하는 수개의 행위가 있음에도 불구하고 수개의 범죄가 성립하는 것이 아니라 포괄하여 하나의 범죄만이 성립하는 경우를 말한다. 포괄일죄의 종류에는 결합범, 계속범, 접속범, 집합범 등이 있다. '결합범'이란 수개의 범죄행위가 결합되어 있는 형태의 범죄를 말하는데, 강도죄·야간주거침입절도죄가 이에 해당한다. '계속범'이란 범죄가 기수에 도달한 이후에도 일정 기간 동안 범죄행위가 계속될 수 있는 형태의 범죄를 말하는데, 감금죄·주거침입죄가 이에 해당한다. '접속범'이란 수개의 법익침해행위가 있지만 이러한 행위들이 단일한 범죄의사에 의한 것이고, 시간적·장소적으로 접속되어 포괄하여 하나의 범죄로 취급되는 것을 말하는데, 위증죄·강간죄 등이 경우에 따라 이에 해당할 수 있다. '집합범'이란 동종의 여러 행위가 반복해서 행해지지만 단일한 의사경향에 의한 행위이므로 여러 개의 행위를 포괄하여 하나의 범죄만이 성립하는 경우를 말한다.

(3) 수죄의 종류

가. 상상적 경합

1개의 행위가 수개의 죄에 해당하는 경우에는 가장 중한 죄에 정한 형으로 처벌하는데, 이를 상상적 경합이라고 한다. 상상적 경합은 1개의 행위가 실질적으로 수개의 구성요건을 충족하는 경우를 말하고, 법조경합은 1개의 행위가 외관상 수개의 구성요건에 해당하는 것처럼 보이지만, 실질적으로 1죄만을 구성하는 경우를 말한다. 여기서 실질적으로 1죄인가 또는 수죄인가는 구성요건적 평가와 보호법익의 측면에서 고찰하여 판단하여야 한다.

나. 실체적 경합

판결이 확정되지 아니한 수개의 죄 또는 금고 이상의 형에 처한 판결이 확정된 죄와 그 판결확정 전에 범한 죄를 경합범으로 한다. 형법은 기본적으로 가중주의를 채택하고 있기 때문에 수개의 죄를 어떻게 판결하느냐에 따라 형량이 크게 달라질 수 있다.

<사례9 해설> (죄수론)

갑의 절취행위는 형법 제331조 제2항에, 쏘나타 승용차의 자동차등록번호판을 떼어낸 행위는 자동차관리법 제81조 제1호에, 그랜져 승용차의 번호판을 쏘나타 승용차에 부착함으로써 부정사용한 행위는 형법 제238조 제1항에, 위와 같이 번호판을 부정사용한 자동차를 운행한 행위는 형법 제238조 제2항에 각각 해당한다. 자동차를 절취한 후 자동차등록번호판을 떼어내는 행위는 새로운 법익의 침해로 보아야 하므로, 번호판을 떼어내는 행위가 절도범행의 불가벌적 사후행위가 되는 것은 아니어서, 실체적 경합범으로 처리된다(대법원 2007.9.6. 선고 2007도4739 판결 참조).

Ⅲ. 형 벌 론

1. 형 벌

사례 10 형벌

갑은 여러 사람들이 도박을 하기 위해 모여 있던 사무실에서 '은행에서 800만원짜리 수표를 끊어야 되는데 잘못하여 8,000만원짜리 수표를 끊어왔다'고 자랑삼아 이야기하면서 의도적으로 을이 보고 있는 상태에서 별다른 납득할 만한 이유도 없이 수표를 병에게 건네주었고, 병은 수표를 자신의 지갑에 넣어 둔 채로 을과 도박을 하던 중 경찰관에 의해 적발되었다. 이 경우에 있어서 8,000만원짜리 수표를 몰수할 수 있는가?

(1) 형벌의 종류

가. 사 형

사형은 범죄인의 생명을 박탈하는 것을 내용으로 하는 형벌로서 생명형 또는 극형이라고도 불린다. 이러한 사형제도를 우리나라는 1953년 형법제정 당시부터 규정하여 현재까지 유지해 오고 있다. 사형은 형무소 내에서 교수하여 집행한다.

나. 자 유 형

자유형은 범죄인의 신체의 자유를 박탈하거나 제한하는 것을 내용으로 하는 형벌로서, 징역·금고·구류가 이에 해당한다. 징역 또는 금고는 무기 또는 유기로 하고, 유기는 1월 이상 30년 이하로 한다. 다만 유기징역 또는 유기금고에 대하여 형을 가중하는 때에는 50년까지로 한다. 무기징역의 기간은 종신형을 의미하지만, 20년이 경과하면 가석방이 가능하다. 구류는 1일 이상 30일 미만으로 한다. 징역은 형무소 내에서 구치하여 정역(定役)에 복무하게 하지만, 금고와 구류는 형무소에 구치할 뿐이다.

다. 명 예 형

명예형은 범죄인의 명예 내지 자격을 박탈하거나 정지하는 것을 내용으로 하는 형벌로서, 자격상실·자격정지가 이에 해당한다. 사형, 무기징역 또는 무기금고의 판결을 받은 자는 공무원이 되는 자격, 공법상의 선거권과 피선거권, 법률로 요건을 정한 공법상의 업무에 관한 자격, 법인의 이사, 감사 또는 지배인 기타 법인의 업무에 관한 검사역이나 재산관리인이 되는 자격을 상실한다. 자격의 전부 또는 일부에 대한 정지는 1년 이상 15년 이하로 한다. 유기징역 또는 유기금고에 자격정지를 병과한 때에는 징역 또는 금고의 집행을 종료하거나 면제된 날로부터 정지기간을 기산한다.

라. 재 산 형

재산형은 범죄인의 재산을 박탈하는 것을 내용으로 하는 형벌로서, 벌금·과료·몰수가 이에 해당한다. 벌금은 5만원 이상으로 한다. 다만 감경하는 경우에는 5만원 미만으로 할 수 있다. 과료는 2천원 이상 5만원 미만으로 한다. 벌금과 과료는 판결확정일로부터 30일 내에 납입하여야 한다. 다만 벌금을 선고할 때에는 동시에 그 금액을 완납할 때까지 노역장에 유치할 것을 명할 수 있다. 벌금을 납입하지 아니한 자는 1일 이상 3년 이하, 과료를 납입하지 아니한 자는 1일 이상 30일 미만의 기간 노역장에 유치하여 작업에 복무하게 한다.

범인 이외의 자의 소유에 속하지 아니하거나 범죄 후 범인 이외의 자가 정을 알면서 취득한 범죄행위에 제공하였거나 제공하려고 한 물건, 범죄행위로 인하여 생하였거나 이로 인하여 취득한 물건 등은 전부 또는 일부를 몰수할 수 있다. 이러한 물건을 몰수하기 불가능한 때에는 그 가액을 추징한다. 문서·도화·전자기록 등 특수매체기록 또는 유가증권의 일부가 몰수에 해당하는 때에는 그 부분을 폐기한다.

(2) 선고유예·집행유예·가석방

가. 선고유예

1년 이하의 징역이나 금고, 자격정지 또는 벌금의 형을 선고할 경우에 형법 제51조의 사항을 참작하여 개전의 정상이 현저한 때에는 그 선고를 유예할 수 있다. 다만 자격정지 이상의 형을 받은 전과가 있는 자에 대하여는 예외로 한다. 형을 병과할 경우에도 형의 전부 또는 일부에 대하여 그 선고를 유예할 수 있다. 형의 선고유예를 받은 날로부터 2년을 경과한 때에는 면소된 것으로 간주한다.

나. 집행유예

3년 이하의 징역 또는 금고의 형을 선고할 경우에 형법 제51조의 사항을 참작하여 그 정상에 참작할 만한 사유가 있는 때에는 1년 이상 5년 이하의 기간 형의 집행을 유예할 수 있다. 다만 금고 이상의 형을 선고한 판결이 확정된 때부터 그 집행을 종료하거나 면제된 후 3년까지의 기간에 범한 죄에 대하여 형을 선고하는 경우에는 그러하지 아니하다. 형을 병과할 경우에는 그 형의 일부에 대하여 집행을 유예할 수 있다. 집행유예의 선고를 받은 후 그 선고의 실효 또는 취소됨이 없이 유예기간을 경과한 때에는 형의 선고는 효력을 잃는다.

다. 가 석 방

징역 또는 금고의 집행중에 있는 자가 그 행상이 양호하여 개전의 정이 현저한 때에는 무기에 있어서는 20년, 유기에 있어서는 형기의 3분의 1을 경과한 후 행정처분으로 가석방을 할 수 있다. 이러한 경우에 벌금 또는 과료의 병과가 있는 때에는 그 금액을 완납하여야 한다. 가석방의 처분을 받은 후 그 처분이 실효 또는 취소되지 아니하고 가석방기간을 경과한 때에는 형의 집행을 종료한 것으로 본다.

<사례10 해설> (형벌)

당해 수표는 을에게 그 동안 사기도박을 통해 잃은 돈을 상기시키고, 도박을 통해 잃은 돈을 다시 따보려는 마음에 계속하여 도박에 관여하도록 만들기 위한 수단으로 사용하기 위해 발행받은 것이고, 을이 함께 있는 자리에서 그와 같은 의도로 수표를 보여준 후 병으로 하여금 이를 소지한 채 도박을 하도록 하는 등의 방법으로 사기도박의 범행에 제공된 물건이라고 보아야 한다. 형법 제48조 소정의 몰수가 임의적 몰수에 불과하여 법관의 자유재량에 맡겨져 있고, 위 수표가 직접적으로 도박자금으로 사용되지 아니하였다고 할지라도, 위 수표가 을로 하여금 도박에 참여하도록 만들기 위한 수단으로 사용된 이상, 이를 몰수할 수 있다(대법원 2002.9.24. 선고 2002도3589 판결 참조).

2. 기타의 형사제재

사례 11　기타의 형사제재

현역 군인인 갑은 미성년자를 유인하여 강간한 혐의로 재판에 회부되었다. 이에 법원은 갑에 대하여 징역 3년에 집행유예 5년을 선고하면서, 보호관찰, 40시간의 성폭력치료강의 수강, 5년간 신상정보공개, 4년간 위치추적 전자장치의 부착을 명하였다. 법원의 이러한 판결은 타당한가?

(1) 보호관찰

보호관찰은 법원의 판결이나 결정이 확정된 때 또는 가석방, 임시퇴원된 때부터 시작된다. 보호관찰 대상자는 보호관찰관의 지도·감독을 받으며 준수사항을 지키고 스스로 건전한 사회인이 되도록 노력하여야 한다. 보호관찰 대상자가 지켜야 할 준수사항으로는, ① 주거지에 상주하고 생업에 종사할 것, ② 범죄로 이어지기 쉬운 나쁜 습관을 버리고 선행을 하며 범죄를 저지를 염려가 있는 사람들과 교제하거나 어울리지 말 것, ③ 보호관찰관의 지도·감독에 따르고 방문하면 응대할 것, ④ 주거를 이전하거나 1개월 이상 국내외 여행을 할 때에는 미리 보호관찰관에게 신고할 것 등이 있다.

(2) 사회봉사명령·수강명령

법원은 형법 제62조의2에 따른 사회봉사를 명할 때에는 500시간, 수강을 명할 때에는 200시간의 범위에서 그 기간을 정하여야 한다. 이러한 경우 사회봉사·수강명령 대상자가 사회봉사를 하거나 수강할 분야와 장소 등을 지정할 수 있다. 사회봉사·수강은 사회봉사·수강명령 대상자가 ① 사회봉사명령 또는 수강명령의 집행을 완료한 때, ② 형의 집행유예 기간이 지난 때, ③ 집행유예의 선고가 취소된 때, ④ 사회봉사·수강명령 집행기간중 금고 이상의 형의 집행을 받게 된 때, ⑤ 보호처분이 변경된 때 중의 어느 하나에 해당하는 때에 종료한다.

(3) 치료감호

치료감호란 금고 이상의 죄를 범한 심신장애자, 마약 등의 습벽자·중독자, 소아성기호증·성적가학증 등 성적 성벽이 있는 정신성적 장애자로서 금고 이상의 형에 해당하는 성폭력범죄를 범한 자 중의 어느 하나에 해당하는 자로서 치료감호시설에서 치료를 받을 필요가 있고 재범의 위험성이 있는 자를 수용하여 치료를 위한 조치를 하는 것을 말한다. 치료감호와 형이 병과된 경우에는 치료감호를 먼저 집행하고, 치료감호의 집행기간은 형기에 산입한다. 치료감호시설에의 수용은 15년을 초과할 수 없다. 다만 알코올 등 중독에 의한 피치료감호자의 수용기간은 2년을 초과할 수 없다.

(4) 소년법상의 보호처분

소년부에 송치된 소년에 대하여는 소년법 제32조에서 규정하고 있는 1호 처분부터 10호 처분까지의 보호처분(① 보호자 또는 보호자를 대신하여 소년을 보호할 수 있는 자에게 감호 위탁, ② 수강명령, ③ 사회봉사명령, ④ 보호관찰관의 단기 보호관찰, ⑤ 보호관찰관의 장기 보호관찰, ⑥ 아동복지법에 따른 아동복지시설이나 그 밖의 소년보호시설에 감호 위탁, ⑦ 병원, 요양소 또는 보호소년 등의 처우에 관한 법률에 따른 소년의료보호시설에 위탁, ⑧ 1개월 이내의 소년원 송치, ⑨ 단기 소년원 송치, ⑩ 장기 소년원 송치)과 소년법 제32조의2에서 규정하고 있는 대안교육 또는 소년의 상담·선도·교화와 관련된 단체나 시설에서의 상담·교육, 야간 등 특정 시간대의 외출제한명령, 보호자특별교육 등의 보호처분에 따른 부가처분을 부과할 수 있다.

(5) 위치추적 전자감시제도

검사는 특정한 성폭력범죄, 미성년자 대상 유괴범죄, 살인범죄 및 강도범죄를 범하고, 이러한 범죄를 다시 범할 위험성이 있다고 인정되는 사람에 대하여 전자장치를 부착하도록 하는 명령을 법원에 청구할 수 있다. 이에 따라 법원은 부착명령 청구가 이유 있다고 인정하는 때에는 법정형에 따라 최대 30년의 범위 내에서 부착기간을 정하여 판결로 부착명령을 선고하여야 한다. 다만 19세 미만의 사람에 대하여 특정범죄를 저지른 경우에는 부착기간 하한을 2배로 한다.

(6) 성충동 약물치료제도

성충동 약물치료제도는 성폭력범죄를 저지른 성도착증 환자로서 성폭력범죄를 다시 범할 위험성이 있다고 인정되는 19세 이상의 사람에 대하여 성충동 약물치료를 실시하여 성폭력범죄의 재범을 방지하고 사회복귀를 촉진하는 것을 목적으로 하는 제도를 말한다. 검사는 치료명령 청구대상자에 대하여 정신건강의학과 전문의의 진단이나 감정을 받은 후 치료명령을 청구하여야 하는데, 법원은 검사의 치료명령 청구가 이유 있다고 인정하는 때에는 15년의 범위에서 치료기간을 정하여 판결로 치료명령을 선고하여야 한다.

(7) 신상정보공개제도

법원은 특정한 성폭력범죄를 저지른 자에 대하여 판결로 공개정보를 등록기간 동안 정보통신망을 이용하여 공개하도록 하는 명령을 성범죄 사건의 판결과 동시에 선고하여야 한다. 다만 성범죄 사건에 대하여 벌금형을 선고하거나 피고인이 아동·청소년인 경우, 그 밖에 신상정보를 공개하여서는 안 될 특별한 사정이 있다고 판단되는 경우에는 그러하지 아니하다. 등록정보의 공개기간은 판결이 확정된 때부터 기산한다. 공개하도록 제공되는 등록정보는 ① 성명, ② 나이, ③ 주소 및 실제거주지, ④ 신체정보(키와 몸무게), ⑤ 사진, ⑥ 성범죄 요지 등이다.

<사례11 해설> (기타의 형사제재)

보호관찰 등에 관한 법률은 군법 적용 대상자에 대한 특례 조항을 두고 있는데, 군법 적용 대상자에 대하여는 보호관찰 등의 집행이 현실적으로 곤란하다는 점에서 이들에 대하여는 보호관찰, 사회봉사, 수강명령의 실시 내지 집행에 관한 규정을 적용할 수가 없다. 한편 특정 범죄자에 대한 위치추적 전자장치 부착 등에 관한 법률에 의하면 법원이 특정범죄를 범한 자에 대하여 형의 집행을 유예하는 경우에는 보호관찰을 받을 것을 명하는 때에만 전자장치를 부착할 것을 명할 수 있다. 그러므로 현역 군인인 갑에게 집행유예를 선고하는 경우 보호관찰의 부과를 전제로 한 위치추적 전자장치의 부착명령 역시 명할 수 없기 때문에 법원이 갑에 대하여 전자장치의 부착을 명한 것은 위법하다(대법원 2012.2.23. 선고 2011도8124 판결 참조).

제2. 형법각론

* 집필: 남선모. 세명대학교 법학과 교수
* 별명이 없는 법조문명은 '형법'임

Ⅰ. 개인적 법익에 대한 죄

개인적 법익을 보호하는 범죄로는 생명과 신체에 대한 죄, 자유에 대한 죄, 명예와 신용에 대한 죄, 사생활의 평온에 대한 죄, 재산에 대한 죄로 나누어 볼 수 있다.

1. 생명과 신체에 대한 죄

(1) 살 인 죄

사례 1 살인죄

(1) 조○○(24세, 무직)은 새벽 5시경 자신의 원룸에서 여대생을 유인하여 살해하고 이튿날 새벽 렌터카를 이용해 시신을 인근 저수지에 유기하였다. 이 경우 범인의 형사책임은?

(2) 혼인 외의 출생자가 인지하지 않은 생모를 살해한 경우, 형사책임은?

생명과 신체에 대한 죄로는 살인의 죄, 상해와 폭행의 죄, 과실치사상의 죄, 낙태죄, 유기와 학대의 죄 등이 있다. 살인죄는 사람을 살해함으로써 성립하는 범죄로 사람이란 피해자 이외의 살아 있는 자연인을 가리키며 판례의 경우 사람의 시기(始期)는 진통설(분만개시설)에 따르며 종기(終期)는 심장사설(맥박종지설)에 따른다. 특별구성요건으로 존속살해죄를 규정하고 있는데 자기 또는 배우자의 직계존속을 살해함으로써 성립한다. 배우자 관계는 혼인의 성립에 의해 발생하는 것으로 민법상의 법적개념을 말한다. 그러므로 사실혼 관계나 첩의 관계에 있는 자는 이에 포함되지 않는다.

<**사례1 해설**> (살인죄)

(1) 사람을 살해 후 그 사체를 다른 장소로 옮긴 경우에는 살인죄와 사체유기죄의 경합범으로 처벌된다.

(2) 존속살해죄의 죄책을 진다. 양자(養子)는 양부모(養父母)와 실부모(實父母) 모두 친자관계를 유지한다. 양자가 양부모나 실부모를 살해한 경우에는 모두 존속살해죄를 구성한다. 여기서 양부모란 법정혈족이며 실부모란 자연혈족을 가리킨다.

(2) 상해와 폭행의 죄

사례 2   상해와 폭행의 죄

신입사원 갑은 퇴근 무렵 직장상사 을과의 회식자리에서 상해의 고의를 품고 가슴을 몇 차례 구타하였으나 단순한 폭행의 정도에 그친 경우, 갑의 죄책은?

상해란 육체적 건강을 침해하는 것뿐만 아니라 정신적 건강을 침해하는 경우도 포함한다. 폭행은 사람의 신체에 대한 유형력의 행사를 말하며(협의의 폭행) 단체 또는 다중이 위력을 보이거나 위험한 물건을 휴대하여 폭행죄를 범한 경우는 특수폭행죄에 해당한다.

양자의 구별은 상해의 경우 생리적 기능훼손과 신체의 외관에 대한 중대한 변경을 가하는 것이며 폭행은 신체외관에 경미한 변경을 가하는 것이다.

폭행의 경우 형식범으로 미수나 과실에 대한 처벌규정이 없다. 폭행사건의 처리과정에서는 범죄행위 당시의 정황, 피해자의 피해 정도와 가해자의 전과 유무 등에 따라 감경된다. 또한 폭행죄는 피해자의 명시한 의사에 반하여서는 처벌할 수 없는 범죄로 반의사불벌죄(反意思不罰罪)에 해당한다. 가해행위가 폭행죄에 해당한다면, 고소취하로 이미 저지른 고소 대상 행위에 대해서는 더 이상 형사책임을 물을 수 없는 고소취하의 효력이 발생한다. 폭행죄는 반의사불벌죄로 기소불가 상태에 놓이기 때문이다.

<사례2 해설> (상해와 폭행의 죄)

폭행의 고의로 상해의 결과를 초래하였다면 폭행치상죄가 성립하고 상해의 고의를 품고 가슴을 몇 차례 구타한 바 단순한 폭행의 정도에 그친 때에는 상해미수죄(제 257조 제3항)가 성립한다. 폭행죄(제260조 제1항)는 과실이나 미수범 처벌규정이 없다.

(3) 낙태의 죄

사례 3　　낙태의 죄

(1) 독자 집안의 며느리인 갑(여)은 임신한 태아가 딸임을 알게 되자 산부인과 의사인 을(여)에게 부탁하여 낙태수술을 받았다. 갑, 을의 형사책임은?

(2) 산부인과 의사인 갑이 자신의 인터넷 홈페이지 상담 게시판을 이용하여 낙태 관련 상담을 하면서 불법적인 낙태시술을 약속하고 병원 방문을 권유, 안내한 후 약물에 의한 유도분만의 방법으로 낙태시술을 하였으나 태아가 살아서 미숙아 상태로 출생하자 그 미숙아에게 염화칼륨을 주입하여 사망하게 하였다면 처벌받을 수 있는가?

낙태죄는 태아를 자연분만기에 앞서서 인위적으로 모체 밖으로 배출하거나 모체 안에서 살해함으로써 성립하고, 그 결과 태아가 사망하였는지의 여부는 낙태죄의 성립에 영향이 없다(대법원 2005.4.15. 선고 2003도2780 판결). 특히 모자보건법 제14조에서 인공임신중절수술의 허용한계의 규정(모자보건법 제14조 제1항 제5호에서 정한 임신의 지속이 보건의학적 이유로 모체의 건강을 심히 해하고 있거나 해할 우려가 있는 경우 등이다) 때문에 형법상 규정은 사문화(死文化)되어 있다. 특별구성요건으로 동의낙태죄, 업무상 동의낙태죄, 부동의낙태죄, 낙태치사상죄 등이 있다.

<사례3 해설> (낙태의 죄)

(1) 살인죄와 달리 형법은 낙태죄를 별도로 규정하고 있는데 낙태란 태아를 자연분만기에 앞서서 인위적으로 모체 밖으로 배출하거나 모체 안에서 살해하는 것으로 살인죄와 구별된다. 이 경우 갑은 자기낙태죄(제269조 제1항), 을은 업무상 동의낙태죄(제270조 제1항)의 죄책을 진다.

(2) 갑의 행위는 업무상 동의낙태죄(촉탁)와 살인죄의 경합범이 성립한다. 낙태시술 결과 태아의 사망 여부가 낙태죄의 성립에는 영향이 없다.

2. 자유에 대한 죄

자유에 대한 죄로는 협박의 죄, 체포와 감금의 죄, 약취·유인 및 인신매매의 죄, 강요의 죄, 강간과 강제추행의 죄 등이 있다.

(1) 협박죄

사례 4　　협박죄

(1) 판례에서 협박이 아니라고 한 예

1) 언쟁중 '두고보자, 고소하여 구속시키겠다, 입을 찢어버리겠다, 사람을 사서 쥐 도새도모르게 파묻어 버리겠다'는 언사는 폭언에 불과하며, 이로 인해 공포심 을 느껴도 협박죄는 안 된다.

2) 간통사건 피해자에게 '너희가 잘못해 놓고 왜 사과를 않느냐, 가정파탄죄로 고소하겠다'고 한 것은 통념적인 것으로 협박이 아니다.

3) 노동쟁의에 의한 파업·태업·직장폐쇄 등은 근로자의 정당한 권리행사로 적법 성의 범위 내의 행위는 상대방에게 외포심(畏怖心)을 일으켰더라도 위법성이 조 각된다.

4) 피해자의 수박밭에서 두리번거리는 자에게 '앞으로 수박이 없어지면 네 책임으 로 하겠다'는 말로 인해 피해자가 공포심을 일으켜 음독자살을 했더라도 협박 은 아니다.

(2) 판례에서 협박이 된다고 한 예

1) 채권자가 채무변제의 독촉수단으로 생명·신체에 위해를 가할 것을 통지한 경우.

2) 친고죄에 있어서 사실상 고소의 진의가 없음에도 불구하고 상대방에게 공포심 을 일으키게 할 목적으로 고소한다는 것을 통지한 경우.

3) 개별적인 절교의 경우는 협박이 성립되지 않으나 집단적인 절교의 경우에는 협 박이 성립한다고 판시(특수협박).

4) 비진의 고소처럼 고소의 진의 없이 범죄사실을 고소하겠다고 고지하여 상대방 을 공포케 한 경우에는 고소권의 남용으로 보아 협박죄가 성립한다.

협박죄(脅迫罪)는 개인의 의사결정의 자유를 보호법익으로 하며 행동의 자유 까지도 침해하는 범죄로 강요죄와 구별된다. 재산상의 이득을 목적으로 하는 공 갈죄와도 구별된다.

침해범으로 협박이 상대방에게 도달하지 아니하거나 도달해도 사실상 공포심이 생기지 아니하면 미수로 처벌된다.

강도죄, 공무집행방해죄의 경우에도 협박이 수단으로 사용되지만, 이 경우에는 당해범죄 외에 별도로 협박죄가 성립되지 않는다. 책임가중 구성요건으로는 존속협박죄, 상습협박죄가 있고 불법가중구성요건으로는 특수협박죄가 있으며 독립적 구성요건으로 하는 외국원수·외교사절에 관한 협박죄가 별도 성립한다.

객체는 자연인으로 해악의 고지에 대해 공포심을 일으킬 만한 정도의 능력을 구비한 사람이면 된다. 영아, 명정자(酩酊者), 정신병자, 심신장애자, 수면자 등은 객체로 보기 어렵다(다수설).

천재지변이나 길흉화복과 같이 행위자의 지배능력과 관계없는 사태를 고지하는 것은 단순한 경고일 뿐 협박은 아니다.

<사례4 해설> (협박죄)

(1)의 4) '앞으로 수박이 없어지면 네 책임으로 한다'고 말하였다고 하더라도 그것만으로는 구체적으로 어떠한 법익에 어떠한 해악을 가하겠다는 것인지를 알 수 없어 이를 해악의 고지라고 보기 어렵다. 위와 같이 말한 것으로 인하여 피해자가 어떤 공포심을 느꼈다고 하더라도 위와 같은 말을 하게 된 경위, 피고인과 피해자의 나이 및 신분관계 등에 비추어 볼 때 이는 정당한 훈계의 범위를 벗어나는 것이 아니어서 사회상규에 위배되지 아니하므로 위법성이 없다고 봄이 상당하다. 그 후 피해자가 스스로 음독 자살하기에 이르렀다 하더라도 이는 피해자가 자신의 결백을 밝히려는 데 그 동기가 있었던 것으로 보일 뿐 그것이 피고인의 협박으로 인한 결과라고 보기도 어려우므로 그와 같은 결과의 발생만을 들어 이를 달리 볼 것은 아니다(대법원 1995.9.29 선고 94도2187 판결 참조).

(2)의 4) 이때 권리남용의 기준은 고소의사 여하보다는 형사고소라는 수단과 협박을 통해 얻으려는 목적과의 연관성을 기준으로 판단해야 한다. 예컨대, 회사 자금을 횡령한 여경리직원에게 성교를 요구하면서 고소하겠다고 한 때에는 협박죄가 성립하지만 단순히 피해를 변상치 않으면 고소하겠다고 협박한 때에는 본죄가 성립하지 않는다.

---

(2) 체포와 감금의 죄

사람을 체포·감금함으로써 사람의 신체활동의 자유, 즉 그곳에서 떠나 돌아다니는 자유를 침해하는 범죄이다. 장소선택의 자유라고도 한다.

강의실이나 회의실 및 작업장 등으로 들어가지 못하게 막는 것은 강요죄는
될 수 있어도 체포·감금죄는 성립하지 않는다.

여기서 장소 이전의 자유가 현실적인 것을 의미하는지 잠재적인 것을 의미
하는지에 대해서는 견해의 대립이 있다. 또한 체포·감금죄는 일정한 시간 계속을
요하는 계속범으로 미수범도 처벌된다. 따라서 체포·감금 후에 일정 시간이 경과
하여야 기수로 된다. 어느 정도의 시간이 요구되는가는 구체적인 상황에서 판단
해야 할 것이다.

체포 후 감금하면 감금죄 하나만 성립한다. 강도나 강간의 수단으로 체포·감
금하면 체포·감금죄와 강도죄, 강간죄의 상상적 경합이 된다.

(3) 약취·유인 및 인신매매의 죄

사례 5 약취·유인 및 인신매매의 죄

연예인 지망생 갑(여, 17세)은 인터넷 채팅사이트에서 우연히 만난 을(남, 32세)에
게 연예인 지망생이라고 소개하자, 을은 방송연예기획사에 간부로 일하고 있다며
숙식을 제공하고 아르바이트로 일하게 하며 금품을 갈취하였으나 갑은 오로지 연
예인이 되겠다는 일념으로 피해자의 승낙의사 표시를 하였다. 이 경우에도 을은
처벌받을 수 있을까?

약취는 폭행·협박을, 유인은 기망·유혹을 각각의 수단으로 현재의 보호 상
태로부터 이탈시켜 자기 또는 제3자의 실력적 지배에 두는 것을 말한다. 통설은
장소적 이전을 요건으로 하지 않는다. 장소제한 없이 실력적 지배를 기준으로 하
는 점에서 체포·감금죄와 구별된다.

보호법익은 개인의 자유이다. 제287조(미성년자의 약취, 유인)의 경우는 미성년
자의 자유권과 함께 보호자의 감독권·교육권도 부차적 보호법익으로 인정하고
있다. 최근 형법개정으로 예비 또는 음모한 경우에도 처벌할 수 있도록 하였다(형
법 개정으로 제296조(예비, 음모) 규정이 신설되었다(신설 2013.4.5, 시행일 2013.6.19.)).

이와 아울러 특히 인신매매죄가 반인도적 범죄에 해당하는 점을 감안해 세
계주의(제296조의2)를 표방하였다는 데 그 의의가 있다.

<사례5 해설> (약취·유인 및 인신매매의 죄)

미성년자가 자기의사에 따라 자발적으로 가출한 경우에도 인취자가 피인취자에 대한 보호자의 감호권(監護權)을 침해하는 행위를 하였다면 약취·유인죄가 성립한다. 이러한 경우, 위법성이 조각되기 위해서는 본인 갑 외에도 보호자의 승낙이 필요하다.

(4) 강간과 강제추행의 죄

강간죄의 행위는 폭행·협박으로 사람을 강간하는 것이다(강간죄의 객체와 관련하여 2012.12.18. '부녀'에서 '사람'으로 개정하였으며 2013.6.19.부터 시행하고 있다. 또한 친고죄 규정(제306조)도 삭제하였다). 강간할 목적으로 담을 넘어 방에 침입하여 자고 있는 피해자의 가슴과 엉덩이를 만지면서 간음을 기도하였다면 폭행·협박의 개시가 없는 상태로 실행의 착수를 인정할 수 없어 강간미수죄는 성립되지 않고 주거침입죄가 성립할 뿐이다(대법원 1990.5.25. 선고 90도607 판결). 불법감금중 강간의 고의가 생겨 간음하였다면 감금죄와 강간죄의 경합범이 되며 강도 후 강간은 강도강간죄로 처벌받는다. 반대로 강간범이 강간 후 강도하였다면 강간죄와 강도죄의 경합범이 성립한다.

행위자가 폭행·협박으로 실행에 착수한 후 간음시에 피해자가 양해한 경우에는 강간미수죄가 성립한다고 보아야 한다. 최근 신체접촉 행위와 관련하여 강제추행죄에 대한 법리 적용과 관련된 규정을 살펴보면 다음과 같다(형법 제298조 (강제추행) 폭행 또는 협박으로 사람에 대하여 추행을 한 자는 10년 이하의 징역 또는 1천 500만원 이하의 벌금에 처한다). 강제추행에서의 '폭행 또는 협박'이란 먼저 상대방에 대하여 폭행 또는 협박을 가하여 그 항거를 곤란하게 한 뒤에 추행행위를 하는 경우뿐만 아니라 폭행행위 자체가 추행행위라고 인정되는 경우도 포함된다. 이 경우 폭행은 반드시 상대방의 의사를 억압할 정도의 것임을 요하지 않고 다만 상대방의 의사에 반하는 유형력의 행사가 있는 이상 그 힘의 대소강약을 불문한다(대법원 1994.8.23. 선고 94도630 판결). '추행'이란 객관적으로 일반인에게 성적 수치심이나 혐오감을 일으키게 하고 선량한 도덕관념에 반하는 행위로서 피해자의 성적 자유를 침해하는 것을 말한다(대법원 2002.4.26. 선고 2001도2417 판결). 판례에서 보는 바와 같이 '신체접촉'이 없으면 추행행위의 적용을 배제시키고 있다. 최근 엘리베이터 안에서 11세 여학생을 앞에 세워둔 채 자위행위를 한 20대 남성에 대해 강제추행 혐의를 적용하지 않고 '위력에 의한 추행' 혐의를 적용한 바 있으며, 신체 접촉이나 협박 없이 출입문을 막아선 채 피해자를 바라보면서 음란 행위를 한 연예인 매니저(25세)에게도 강제추행 혐의는 적용하지 않았다.

3. 명예와 신용에 대한 죄

　　명예훼손죄는 사람의 사회적 인격성을 침해하는 범죄로 보호법익은 명예이다. 이러한 명예훼손 행위는 공연성(公然性)과 사실의 적시를 주요내용으로 하는데 이는 불특정 또는 다수인이 인식할 수 있는 상태를 말한다. 사실의 적시가 필요하다는 의미에서 모욕죄와 구별된다. 비방의 목적이 있는 경우에는 출판물 등에 의한 명예훼손죄가 성립한다. 사자(死者)의 명예훼손죄는 공연히 허위의 사실을 적시하여 명예를 훼손하는 경우로 모욕죄와 함께 친고죄(親告罪)이다.

　　판례는 전파가능성(傳播可能性)을 따져 공연성의 여부를 판단하고 있다. 기자의 경우 기사취재 후 아직 기사화하여 보도하지 아니한 경우에는 전파 가능성이 없어 범죄가 성립하지 않는다. 또한 피해자와 일정한 신분관계에 있는 자, 피해자의 직장상사, 피해자와의 동업자에 대해 말한 경우에도 전파 가능성이 없다고 보고 있다.

4. 사생활의 평온에 대한 죄

　　현대의 복잡한 생활환경에서 사생활의 평온은 행복추구의 전제가 되는 중요한 법익이 된다. 헌법에서도 주거의 자유(헌법 제16조)와 사생활의 비밀과 자유(헌법 제17조), 통신의 자유(헌법 제18조) 등에 대해 국민의 기본권으로 보장하고 있다. 최근 사생활의 영역은 매우 다양하며 주관적이기 때문에 형법에 의해 일반적으로 보호하기에는 어려운 부분이 있다. 그러므로 개인의 사생활을 침해하는 여러 유형 가운데 특정한 방법에 의한 침해행위를 처벌하는 것으로 제한하고 있다.

(1) 비밀침해의 죄

사례 6　　비밀침해의 죄

건설업체 신입사원 갑(남, 25세)은 어느 날 직원들이 모두 퇴근하고 건물 준공검사를 위한 잔무처리를 하기 위해 혼자 남게 되었다. 마침 설계도면을 참고하기 위해 선배 여직원 을(여, 30세)의 책상서랍을 열어 보았다. 아래 칸은 잠겨 있어 위 칸

> 서랍을 완전히 빼낸 후 아래 칸에 보관되어 있던 설계도면을 찾던 중 을이 남자친구와 주고받은 편지를 몰래 훔쳐보았다. 그런데 이 편지는 겉봉투가 이미 뜯어져 있어 특별한 기술적 수단을 사용하지 않고서도 쉽게 내용을 인식할 수 있었다. 이러한 경우, 갑에게 형사책임을 물을 수 있는가?

비밀침해죄는 사생활의 비밀(privacy)을 침해하는 범죄이다. 타인의 대화내용을 비밀리에 녹음한다거나 불법 검열·감청 등의 행위는 형법상 비밀침해죄가 아니라 통신비밀보호법상의 처벌을 받게 된다. 본죄의 실행행위는 봉함 기타 비밀장치를 개봉하거나 편지, 문서, 도화, 전자기록 등 특수매체기록에 대해 기술적 수단을 이용하여 그 내용을 알아내는 것을 말한다. 우편엽서와 같이 비밀장치를 하지 않은 편지 등은 본죄의 객체에서 제외된다. 여기서 기술적 수단이란 어느 정도의 수준에 이른 경우를 말한다. 종이를 약물에 적시거나 투시기 등 일정한 도구를 사용하여 내용을 알아내는 것 등이 있다. 그러나 단순히 육안으로 햇빛이나 불빛 등에 비추어보아 내용을 인식하는 정도로는 기술적 수단을 이용한 것으로 볼 수 없다. 비밀장치한 전자기록 등 특수매체기록은 감각기관을 통해서는 직접 인식할 수 없는 형태로, 만약 그 내용을 인식하였다면 그 자체가 기술적 수단을 이용한 것이 된다.

<사례6 해설> (비밀침해의 죄)

문서 자체는 이미 겉봉투가 뜯어져 있다고 하더라도 그 문서가 잠금장치 등이 되어 있는 서랍 등에 보관되어 있는 상태에서, 그 잠금장치를 열고 편지의 내용을 인식한 경우에도 비밀침해죄에 해당한다. 서랍이 2단으로 되어 있어 그 중 아래 칸의 윗부분이 막혀 있지 않아 위 칸을 밖으로 빼내면 아래 칸의 내용물을 쉽게 볼 수 있는 구조로 되어 있는 서랍이라고 하더라도, 을이 아래 칸에 잠금장치를 한 이상 아래 칸은 위 칸에 잠금장치가 되어 있는지의 여부에 관계없이 그 자체로서 형법 제316조 제1항에 규정하고 있는 비밀장치에 해당한다. 이처럼 '비밀'이 반드시 문서 자체라고 할 수 없고 잠금장치가 있는 용기나 서랍도 해당된다(대법원 2008.11.27 선고 2008도9071 판결 참조).

(2) 주거침입의 죄

사례 7   주거침입의 죄

일정한 직업이 없는 갑은 점심시간을 이용해 절도목적으로 친구의 옆집에 침입하였는데 마침 외출하려는 주인에게 발각되어 이에 체포를 면할 목적으로 주인을 폭행하여 상처를 입혔다. 갑의 죄책은?

주거침입죄의 보호법익과 관련하여서는 신주거권설, 사실상 평온설, 실질설 등으로 견해의 대립이 있다. 절도목적으로 강의실에 침입하였다면 주거침입죄가 성립될 것이다.

판례(83도685)는 간통목적으로 처의 승낙을 받고 주거에 들어간 경우도 주거침입죄에 해당한다고 판시하고 있다. 이는 주거권을 침해한 것이 아니라 남편의 주거에 대한 사실상의 평온을 침해한 것으로 보아야 한다.

<사례7 해설> (주거침입의 죄)

주거침입죄와 상해죄의 경합범으로 처벌된다. 준강도가 성립하려면 절도범인이 절도의 기회에 재물탈환·항거 등의 목적으로 폭행 또는 협박을 가함으로써 성립되는 것으로 이때의 폭행 또는 협박은 일단 절도의 실행에는 착수하여야 한다. 주간절도의 실행의 착수는 주거침입만으로 부족하고 절취할 물건이 어디에 있는지 찾는 행위, 즉 물색행위가 있어야 한다. 주간과 달리 야간주거침입절도의 경우는 주거침입을 한 때에 본죄의 실행에 착수한 것으로 본다. 물색행위를 요구하지 않는다. 그러므로 위 사례의 경우, 야간이었다면 준강도가 성립한다.

5. 재산에 대한 죄

재산에 대한 죄로는 크게 9개 종류가 있으며 이를 객체에 따라 분류하면 재물죄(財物罪)와 이득죄(利得罪)로 구별할 수 있는데 재물죄로는 절도죄, 횡령죄, 장물죄, 손괴죄 등이 있고 이득죄로는 배임죄가 있다. 강도죄, 사기죄, 공갈죄는 재물죄인 동시에 이득죄에 해당한다. 그리고 강도죄와 손괴죄는 친족상도례 규정의 적용을 받지 않는다. 나머지 재산범죄 중 친족간의 범죄는 행위의 특수성으로 인해 형을 면제하거나 고소가 있어야 공소를 제기할 수 있는 친고죄(親告罪)로서의 특례가 인정되고 있다.

(1) 절도의 죄

> ### 사례 8   절도의 죄
>
> (1) 결혼을 앞둔 갑은 동네 금은방에서 마치 귀금속을 구입할 것처럼 가장하여 피해자로부터 순금목걸이를 건네받은 다음 화장실에 갔다오겠다는 핑계로 그대로 도주하였다. 갑의 죄책은?
> (2) 갑은 친구 집의 집들이에 초대되어 놀던 중 보석반지가 욕실에 떨어져 있음을 발견하고, 이를 타인이 쉽게 찾지 못할 틈새에 감추어 두고 며칠 후 다시 와서 가져갈 것으로 생각하고 일단 귀가하였다. 다음 날 친구 집에서 보석박지를 잃어버렸다고 소동이 나자 갑은 우연히 발견한 것처럼 가장해 그 보석반지를 돌려주었다. 갑의 행위는 형사처벌 대상이 되는가?
> (3) 남편 갑이 재혼한 아내 을의 현금카드를 몰래 가져가, 이를 사용해 300만원의 현금을 인출·취득하여 유흥비로 사용하였다면 처벌받을 수 있는가?

절도죄는 타인이 점유하는 재물을 절취하는 것을 내용으로 하며 재물만을 객체로 하는 재물죄이다. 민법상 공동소유물도 형법상으로는 타인소유물로 본다. 유사 형태로 타인의 재물을 일시적으로 사용한 후 반납하는 유형은 사용절도로, 이 경우 판례는 불법영득의사를 인정할 수 없기 때문에 절도죄의 구성요건해당성이 없다고 판시하고 있다(대법원 2000.3.28. 선고 2000도493 판결 참조). 실행의 착수와 관련하여 절도죄의 경우는 절취할 재물을 물색하거나 절취에 밀접한 행위를 한 시점이라고 하는 데 비해 야간주거침입절도죄의 경우는 주거침입을 개시한 시점이다(대법원 2003.10.24. 선고 2003도4417 판결 참조). 기타 특수절도죄, 자동차 등 불법사용죄의 유형이 있으며 친족상도례의 적용을 받는다.

> **<사례8 해설>** (절도의 죄)
>
> (1) 갑의 행위는 절도죄에 해당한다. 위 순금목걸이의 점유는 범인인 갑이 도주하기 전까지는 금은방 주인에게 있었을 뿐만 아니라 순금목걸이를 건네준 행위(교부)가 재산처분행위에도 해당되지 않기 때문이다. 재산처분행위와 관련하여 사기죄와 구별할 필요가 있다.

(2) 절도죄가 성립한다. 욕실에서 타인이 떨어뜨린 반지를 다른 사람이 쉽게 찾을 수 없는 틈새에 감춘 경우 이미 절도죄는 기수에 달하고, 후일 돌려준다는 등의 사정은 범죄성립에 영향을 미치지 않는다.

(3) 갑의 행위는 절도죄를 구성한다. 이는 현금인출기 관리자의 의사에 반해 현금을 자기 지배하에 옮겨놓는 것이 돼 절도죄가 성립한다. 이 경우 피해자는 현금인출기 관리자가 된다. 만약 절도 피해자를 현금인출기 관리자가 아닌 카드명의자인 아내로 보면 '친족상도례'가 적용되어 형이 면제된다. 현행 형법 제344조는 직계혈족, 배우자, 동거친족, 동거가족 또는 그 배우자간의 절도죄는 형을 면제한다는 내용의 친족상도례(親族相盜例)를 규정하고 있다. 이 경우는 피해자가 은행(금융기관)으로서 친족이라고 볼 수 없어 친족상도례규정이 배제된다. 절취한 현금카드를 이용하여 현금인출기에서 현금을 인출한 경우, 피해자는 현금인출기의 관리자(은행)이다(2013도4390).

(2) 강도의 죄

사례 9 강도의 죄

채권자 갑은 채무자 을이 빌려간 돈을 갚지 않자, 자신의 권리행사의 수단으로 을의 재산에 대해 폭행·협박을 가하여 강취해온 경우의 형사책임은?

강도죄는 폭행 또는 협박으로 타인의 재물 또는 재산상의 이익을 강취하는 범죄이다. 재산죄 중 재물죄인 동시에 이득죄에 속하며 보호의 정도는 침해범으로 친족간의 범행규정이 적용되지 않는다. 보호법익은 재산권과 신체의 안전 및 의사결정의 자유이다. 이러한 신체나 자유를 침해하지 않고 재물 또는 재산상의 이익을 취득한 경우에는 미수가 성립한다. 또한 폭행·협박과 재물의 취득 사이에는 인과관계가 있어야 한다. 따라서 폭행·협박을 하였으나 공포심을 느끼지 아니하고 동정으로 재물을 교부하였을 때에도 강도미수죄가 성립한다. 기타 구성요건의 체계를 살펴보면, 특수강도죄(제334조), 준강도죄(제335조), 인질강도죄(제336조), 강도강간죄(339조), 해상강도죄(제340조) 등의 유형이 있다. 특수강도죄는 불법이 가중되는 범죄유형이며 준강도죄는 절도죄와 폭행·협박죄가 연결된 결합범의 성격을 나타내는 사후강도죄이다. 인질강도죄에서 재물 또는 재산상의 이익 외의 다른 이익을 취득한 경우에는 인질강요죄(제324조의2)가 성립한다. 강도강간죄는 강도가 강간하는 경우이고 사람을 강간한 이후 재물강취의 고의가 생겨 재물을 취득한 경우에는 강간죄와 강도죄의 경합범이 성립한다(대법원 2002.2.8. 선고 2001도6425 판결 참조). 해상강도죄의 실행행위는 '다중의 위력'으로 다중이 현장에 있을 것을 요한다(이른바 '해적'을 말한다). 이는 특수폭행죄(제261조)에서의 '단체 또는 다중의 위력을 보이거나'를 실행행위로 하는 것과 비교된다.

<사례9 해설> (강도의 죄)

강도죄가 성립한다. 채권자가 채무자 모르게 그의 물건을 가져오면 절도죄가 성립되고, 채무자가 가져가지 못하게 하는 데도 강제로 가져오면 강도죄가 성립한다(대법원 1995.12.12. 선고 95도2385 판결 참조). 형법 제23조에서는 법정절차에 의하여 청구권을 보전하기 불능한 경우에 그 청구권의 실행불능 또는 현저한 실행곤란을 피하기 위한 행위는 상당한 이유가 있는 때에는 벌하지 아니하고, 이러한 행위가 그 정도를 초과한 때에는 정황에 의하여 형을 감경 또는 면제할 수 있다고 규정하고 있다. 한편 민법 제209조에서는 자기의 권리를 자력으로 실현시키는 것은 극히 예외적으로 민법상의 점유자에게만 자력구제를 인정하는 경우를 제외하고는 허용되지 않는다. 위 사안의 경우, 채무자의 소행이 괘씸하더라도 대여금청구소송 등 적법한 절차에 의하여 차용금을 반환받도록 하여야 할 것이다.

(3) 사기의 죄

사례 10 사기의 죄

갑녀는 마트에서 27,000원의 물건을 사고 지갑에서 50,000원 지폐를 내주었으나 상점주인 을녀는 거스름돈으로 23,000원을 돌려주어야 하는데, 이를 잘못 생각하고 27,000원의 거스름돈을 내주었다. 갑은 을이 착오에 빠진 것을 알면서도 일단 '주는 돈은 받고 보자'라는 심정으로 그 돈을 영수하였다. 이 경우 갑을 처벌할 수 있는가?

사기죄는 기망행위를 통해 피해자의 하자(瑕疵)있는 의사에 의하여 재물이나 재산상의 이익을 취득하는 것을 내용으로 하는 범죄이다. 기망행위의 방법에는 작위나 부작위로 대별되며 작위에 의한 기망행위로는 명시적 기망행위와 묵시적 기망행위가 있다. 특별구성요건으로 컴퓨터 등 사용사기죄(제347조의2), 준사기죄(제348조), 편의시설부정이용죄(제348조의2), 부당이득죄(제349조) 등의 유형이 있다.

<사례10 해설> (사기의 죄)

갑의 행위는 사기죄를 구성한다. 상대방이 착오로 여분의 거스름돈을 주는 줄 알면서도 이를 영득하였다면 부작위에 의한 사기죄가 성립한다. 만약 집에 와서 거스름돈을 살펴보니 4,000원을 더 받은 것을 알고도 그대로 영득하였다면 그 거스름돈은 상점주인의 의사에 기하지 않고 점유를 이탈한 것이므로 점유이탈물횡령죄가 성립한다.

(4) 횡령과 배임의 죄

| 사례 11 | 횡령과 배임의 죄 |

(1) 외국에 회사를 차린 갑은 국내 판매망 확보를 위해 적극적으로 시작한 사업은 금융위기를 맞아 부도상황에 놓였다. 거래처의 빚 독촉은 늘어 가고 직원들의 월급조차 밀리고 있었다. 그러던 중 갑은 우연히 은행 잔고를 확인해보고 깜짝 놀랐다. 3억 원의 정체불명의 돈이 입금되어 있었던 것이다. 돈을 송금한 사람은 모르는 사람이었다. 이를 돌려줘야 하나 생각도 해봤지만 일단 쓰고 보기로 결정하고 직원들의 월급 등으로 모두 지급하였다. 갑은 형사처벌될 수 있는가?

(2) 갑(최○○, 38세)은 2006년 5월 11일 새벽 2시쯤 서울 천호동 88올림픽고속도로에서 코란도 승용차가 가드레일을 들이받고 전복되어 숨진 운전자 을(이○○, 49세)이 흘린 지갑 안에서 9,840만원짜리 자기앞수표 1장을 발견하고 '죽은 자는 말이 없다'라는 문구를 상기하는 한편, 이미 죽었기 때문에 가져가도 되겠다는 생각으로 자신의 주머니에 넣었다. 갑은 형사처벌될 수 있는가?

(3) 갑이 을의 자전거를 훔쳐서 이런 사실을 모르는 병의 집에 세워 두었다. 며칠 후 병이 갑의 절도사실을 알게 되었으나 병은 '내집앞의 물건은 내가 주인'이라며 자전거를 가져가 사용하였다. 이 경우 병의 행위를 처벌할 수 있는가?

횡령죄는 재물죄로 자기가 점유하는 타인의 재물을 영득하는 점에서 절도죄와 구별된다. 행위의 주체는 '타인의 재물을 보관하는 자'이며 객체는 '자기가 보관하는 타인의 재물'이다. 여기의 재물에는 부동산도 포함된다고 보아야 한다(대법원 2004.5.27. 선고 2003도6988 판결 참조). 부동산 명의신탁과 관련하여 판례는 횡령죄의 성립을 긍정하는 입장에 있다(대법원 2000.2.22. 선고 99도5227 판결 참조). 나아가 차명계좌의 명의신탁의 경우에도 횡령죄가 성립한다고 판시하고 있다(대법원 2000.2.22. 선고 99도5227 판결 참조). 그러나 불법원인급여(不法原因給與)의 경우에는 민법 제746조에 근거하여 횡령죄가 성립하지 않는다고 판시하고 있다(대법원 2000.2.22. 선고 99도5227 판결 참조). 한편 불법원인급여의 경우에도 수익자 행위의 불법성이 급여자 행위의 불법성보다 현저히 커서 급여자의 반환청구가 허용되는 때에는 수익자의 착복행위는 당연히 횡령죄가 성립한다고 보고 있다(대법원 1999.9.17. 선고 98도2036 판결 참조). 특별구성요건으로 업무상횡령과 배임(제356조), 점유이탈물횡령죄(제360조) 등의 유형이 있다. 배임죄의 주체는 '타인의 사무를 처리하는 자'이며 재산상의 이익만을 객체로 하는 이득죄이다. 부동산 이중매매와 관련하여 판례는 중도금 또는 잔금을 수령한 경우 배임죄가 성립한다고 판시하고 있다(대법원 2003.3.25. 선고 2002도7134 판결 참조). 그러나 계약금만을 수령한 경우에는 배임죄가 성립하지 않는다. 특별구성요건으로 업무상배임죄, 배임수증재죄(제357조) 등의 유형이 있다.

<사례11 해설> (횡령과 배임의 죄)

(1) 이 돈을 임의로 소비한 행위는 횡령죄를 구성한다. 어떤 예금 계좌에 돈이 착오로 잘못 송금되어 입금된 경우에는 그 예금주와 송금인 사이에 신의성실의 원칙에 따라 보관관계가 성립한다. 송금 절차의 착오로 입금된 돈을 임의로 인출해 소비한 행위는 횡령죄에 해당한다. 송금인과 예금주와의 사이에 별다른 거래관계가 없다고 하더라도 마찬가지다. 이는 거래관계가 있건 없건 통장에 들어온 돈은 잘 보관할 의무가 있다는 결론이다.

(2) 위 지갑의 점유는 시간적·장소적 근접성으로 인해 아직 사자(死者)인 갑에게 있다. 그러므로 절도죄의 죄책을 진다. 이는 점유이탈물횡령죄(제360조)와 구별할 필요가 있다.

(3) 장물죄가 성립하려면 본범(갑의 절도)과의 합의에 의한 공동작용이 필요하다. 이 경우 병의 행위는 장물죄에 해당되지 않는다. 자신의 집 앞에 자전거가 보관된 것은 본범인 절도범(갑)과의 합의에 의한 공동작용이 없기 때문이다. 다만, 횡령죄의 성립은 가능하다.

Ⅱ. 사회적 법익에 대한 죄

1. 공공의 안전과 평온에 대한 죄

(1) 범죄단체조직죄

공안을 해하는 죄의 유형으로 범죄단체조직죄, 소요죄, 다중불해산죄, 전시공수계약불이행죄, 공무원자격사칭죄 등의 유형이 있다.

범죄단체조직죄의 경우 판례가 인정하고 있는 단체란 공동목적을 가진 특정 다수인의 계속적인 결합체를 말하는 것으로 이는 지휘통솔체제를 갖춘 조직성과 어느 정도의 시간적 계속성을 지니고 있어야 한다. 이러한 단체 외에도 집단을 조직하거나 이에 가입 또는 그 구성원으로 활동한 사람도 처벌하도록 규정하고 있다. 이는 공소시효의 기산점을 완화할 수 있는 규정으로 볼 수 있다. UN의 '국제조직범죄방지협약'에서는 법정형 장기 4년 이상의 범죄를 목적으로 하는 단체를 조직하는 행위 등을 범죄화하도록 규정하고 있다. 우리도 이에 조화시켜 사형, 무기 또는 장기 4년 이상의 징역에 해당하는 범죄를 목적으로 하는 단체의 조직 행위를 처벌하도록 개정하였다.

(2) 공무원자격사칭죄

사례 12　　공무원자격사칭죄

갑의 아래 행위 중 공무원자격사칭죄에 해당할 수 있는 경우는?
- 동사무소 직원이 청와대 민원비서관이라고 사칭하여 피의자를 소환 후 조사하는 경우
- 사인이 교통경찰관이라고 사칭하여 음주측정을 하는 경우
- 지방공무원이 감사원 소속 공무원이라고 사칭하여 체납세금을 추심하는 경우
- 보병장교가 헌병사령부 정보과장임을 사칭하여 심문한 경우
- 전기검침원이 합동수사요원이라고 사칭하여 협박 후 채권을 추심하는 경우

공무원자격사칭죄는 사칭한 공무원의 직무에 관한 권한행사가 있어야 성립한다. 경찰이 아니면서 경찰관이라고 사칭하여 세금을 받은 경우는 직권행사가 없어 공무원자격사칭죄가 성립하지 않는다. 사인(私人)이 보건소 직원을 사칭하여

음식점의 위생검사를 한 경우는 직권행사로 공무원자격사칭죄가 성립한다. 순경을 사칭하여 운전자로부터 범칙금을 받은 경우엔 공무원자격사칭죄와 사기죄의 상상적경합으로 처리된다.

<사례12 해설> (공무원자격사칭죄)
공무원자격사칭죄가 성립하려면 사칭한 공무원의 직권행사(職權行使)가 있어야 성립한다. 따라서 직권행사가 사칭한 공무원의 직권에 속하지 않을 때에는 본죄에 해당되지 않는다. 사인이 교통경찰관이라고 사칭하여 음주측정을 하는 경우에는 직권행사가 있는 경우이다.

(3) 폭발물에 대한 죄

폭발물은 점화 등 일정한 자극을 가하면 급격한 팽창에 의하여 폭발작용을 하는 고체·액체·가스 등의 물체를 말한다. 다이너마이트, 니트로글리세린, 아세틸렌가스 등 주로 폭발물로 사용되는 화약을 가리킨다. 오락용 폭약이나 화염병은 폭발물이 아니다. 폭발성 있는 물건은 주로 보일러나 고압가스 등 화력에 의한 파괴력을 지닌 물건을 말한다.

(4) 방화와 실화의 죄

사례 13　　방화와 실화의 죄

(1) 사채업자 갑은 사업에 실패 후 신도시로 이주키 위해 주택을 구입하고 가족들을 그곳으로 이주시켰으나 구 가옥이 팔리지 않아 본인은 수시로 왕래하며 주로 구 가옥에서 취침하며 관리하고 있었다. 그런데 어느 날 밤 정전으로 촛불을 켜 놓았는데 마침 기분도 울적하고 배도 고파 근처에 있는 식당으로 가게 되었다. 그때 초가 다 타버리면 방화가 일어날 가능성이 있음을 인식하면서도 빨리 돌아오겠다고 생각하는 한편, 구 가옥이 거액의 화재보험에 가입되어 있음을 상기하고 방치하였다. 갑이 음식점에서 술을 마시던 중 결국 촛불이 번져 동 가옥은 물론 이웃집에까지 연소되어 소훼되었다. 이에 갑은 원인불명의 방화로 가장하고 보험금 청구를 하여 보험금을 수령하였다. 갑의 형사책임은?
(2) 119에 대한 장난전화가 잦아 불쾌감을 감추지 못하고 있는 때, 사실 119의 신고를 받고도 소방관이 고의로 화재보고를 하지 않은 경우 처벌될 수 있는가?

방화란 불을 놓는 것을 말하며 그 방법에는 제한이 없다. 목적물에 직접 불을 놓을 수도 있고 매개물을 이용할 수도 있다. 현주건조물 등 방화죄의 행위객체로 사람이 현존하는 건조물이란 범인 이외의 사람이 들어 있는 것을 가리키며 범인이 자기 혼자 살고 있는 집에 방화한 경우에는 일반건조물 등 방화죄가 성립한다. 자기소유의 건조물 등이라도 압류 기타 강제처분을 받거나 타인의 권리 또는 보험의 목적물이 된 때(화재보험 가입 등)에는 타인의 건조물 등으로 간주한다.

<**사례13 해설**> (방화와 실화의 죄)

(1) 범인만이 살고 있는 건조물은 현주건조물방화죄의 객체(범인 이외의 모든 자연인)가 아니라 일반건조물방화죄의 객체가 된다. 또한 방화죄에 있어 자기의 소유에 속하는 물건이라도 압류 기타 강제처분을 받거나 타인의 권리 또는 보험의 목적물이 된 때에는 타인의 물건으로 간주(제176조)한다. 그리고 보험사기의 실행의 착수는 보험금의 청구가 있을 때 성립하므로 이미 보험금을 청구하여 수령한 이상 사기죄의 죄책을 면할 수 없다. 갑은 타인 소유 일반건조물방화죄와 사기죄의 경합범으로 처벌된다.

(2) 진화방해죄(제169조 참조)로 처벌된다. 소방관이 고의로 화재보고를 하지 않은 경우는 부작위에 의한 진화방해죄를 구성한다.

(5) 일수와 수리에 대한 죄

일수죄(溢水罪)는 수력(水力)으로 수해를 일으켜 공공의 안전을 침해하는 범죄이다. 수리방해죄는 수리권의 침해를 내용으로 수리(水利)를 방해함으로써 성립하는 범죄이다.

(6) 교통방해의 죄

교통방해죄는 각종 교통로나 교통수단 등 교통설비를 손괴 또는 불통하게 하거나 그 밖의 방법으로 교통을 방해함으로써 성립하는 범죄이다. 일반교통방해죄의 행위객체는 육로와 수로 또는 교량이다. 육로는 공중의 왕래에 사용되는 육상도로를 말하며 반드시 도로법상의 도로가 아니더라도 관계없다. 그러나 인근주민이 공터를 일시 지름길로 사용하였다고 하여 육로라 할 수는 없다. 육로에는 터널도 포함되지만 철도는 제외된다.

<교통방해죄의 판례 예>

1. 갑이 아파트 입구나 후문 입구 도로 중앙에 차량을 주차해 차량 한 대가 겨우 빠져나갈 수 있을 정도로 교통 흐름이 원활하지 않았다면 도로의 교통이 방해돼 본래의 용도에 따른 차량 통행이 현저히 곤란한 상태가 발생하여 일반교통방해죄에 해당한다. 일반교통방해죄는 추상적 위험범으로 교통이 불가능하거나 또는 현저히 곤란한 상태를 야기하면 곧바로 기수가 되고 교통방해의 결과가 현실적으로 발생해야 하는 것은 아니다(2010도1654).

2. 갑이 왕복 4차로의 도로 중 편도 3개 차로 쪽에 차량 2, 3대와 간이테이블 수십 개를 이용하여 길가쪽 2개 차로를 차지하는 포장마차를 설치하고 영업행위를 한 경우, 비록 행위가 교통량이 상대적으로 적은 야간에 이루어졌다 하더라도 일반교통방해죄를 구성한다(2006도4662).

3. 도로의 토지 일부의 소유자 갑이 불특정 다수인의 통행로로 이용되어 오던 도로의 중간에 바위를 놓아두거나 이를 파헤침으로써 차량의 통행을 못하게 한 행위는 일반교통방해죄 및 업무방해죄에 해당한다(2001도6903).

2. 공공의 신용에 대한 죄

공공(公共)의 신용에 대한 죄는 크게 통화에 관한 죄와 유가증권·인지와 복표 등에 관한 죄, 문서에 관한 죄, 인장에 관한 죄 등으로 분류한다.

(1) 통화위조·변조죄

통화위조죄의 행위객체는 통용하는 대한민국통화이다. 통용은 법률에 의해 강제통용력이 인정되는 것을 말하며 대한민국의 통화는 한국은행권과 주화이다. 위조란 통화발행권이 없는 자가 진정한 통화로 오신할 수 있는 외관을 갖춘 형태로 만들어 내는 것이다. 진정한 통화로 오신할 정도에 이르지 못한 경우에는 통화유사물제조죄(제211조)의 죄책을 진다. 변조란 이미 만들어진 진화를 대상으로 그 금액이나 가치 혹은 내용을 변경하는 것이다.

(2) 문서 등 위조·변조죄

사례 14   문서 등 위조·변조죄

(1) 인감증명발급업무를 담당하고 있는 공무원 갑은 을로부터 인감증명 발급을

위임받은 병이 위임장도 없이 을의 인감증명서를 발급해 줄 것을 의뢰하자, 마치 을이 직접 동사무소에 나와 발급받은 것처럼 하여 을의 인감증명서를 병에게 발급하여 주었다. 갑의 형사책임은?

(2) 기초단체장 선거에 낙선한 구청장 갑이 임기가 만료되었음에도 아직도 현직에 종사하고 있는 것처럼 가장하여 행사할 목적으로 공문서를 작성하였다면 갑의 형사책임은?

문서에 관한 죄는 행사할 목적으로 문서를 위조·변조·허위작성하거나 이들 문서를 행사하는 외 진정한 문서를 부정행사하는 경우이다.

허위성이 있는 문서는 위조행위를 처벌함으로써 문서의 진정에 대한 공공의 신용을 보호하려는 것이다. 유형위조(형식주의)는 문서작성의 권한 없는 자가 타인 명의의 문서를 작성하는 것으로 명의인(名義人) 위조를 말한다. 무형위조(실질주의)는 문서작성의 권한 있는 자가 진실에 반하는 내용의 문서를 작성하는 것으로 내용 위조를 말하며 허위작성이라고 한다. 허위진단서작성죄는 사문서의 무형위조를 예외적으로 처벌하는 범죄이며 허위공문서작성죄는 공문서의 무형위조를 벌하는 규정이다. 공무원인 의사가 공무소의 명의로 허위진단서를 작성하면 허위공문서작성죄만 성립한다.

<사례14 해설> (문서 등 위조·변조죄)

(1) 허위공문서작성죄가 성립한다. 인감증명서 발급을 신청한 본인이 직접 출두한 바 없음에도 불구하고 본인이 직접 신청하여 발급받은 것처럼 하여 인감증명서에 기재하였다면 이는 공문서위조죄가 아닌 허위공문서작성죄를 구성한다(대법원 1997.7.11. 선고 97도1082 판결 참조). 허위공문서작성죄(제227조)는 작성권한 있는 공무원이 본인명의 외에 허위문서(내용위조, 무형위조)를 작성하는 범죄이다. 보호법익은 문서내용의 진실에 대한 공공의 신용이다. 이는 공문서의 특별한 신용·증명성을 고려하여 문서의 무형위조를 처벌하기 위해 마련한 규정으로 사문서는 적용이 없다.

(2) 자격모용에 의한 공문서작성죄(제226조)에 해당한다. 이는 공무원 자격모용 외에 본인명의의 문서를 작성하는 내용의 범죄이다. 작성권한 없는 자가 그 권한을 사칭하여 작성하는 점에서 공문서위조죄와 그 구조가 동일하다. 이를 비교하면 공문서위조죄는 타인의 명의를 모용하는 것인 반면, 자격모용에 의한 공문서작성죄는 타인의 자격만을 모용하는 점이 상이하다.

3. 공중의 건강에 대한 죄

> **사례 15** 공중의 건강에 대한 죄
>
> 갑은 최근 직장을 잃게 되자, 시장의 노점상에게 은밀히 접근하여 대마 2상자를 사 가지고 판매할 목적으로 집으로 오는 도중에 이 장사를 계속하게 되면 인생을 망치며 어린 자녀를 생각해서라도 그만둘 것을 명심하고 인근 공터에서 대마를 모두 불태워 버렸다. 이 경우 갑은 자신의 돈으로 구입하여 소각시켜버렸는데도 문제가 되는가?

공중의 건강에 대한 죄는 음용수에 관한 죄와 아편(阿片)에 관한 죄로 분류한다. 음용수에 관한 죄는 공중의 건강 또는 보건을 보호법익으로 하는 공공위험범이다. 음용수는 현대의 인간생활의 필수요소이며, 각 국가에서는 양질의 물을 보존하여 사람의 생존·건강을 유지하고자 온갖 노력을 다하고 있다.

음용수사용방해죄의 행위객체는 일상음용에 공하는 정수(淨水)로 불특정 또는 다수인이 반복·계속하여 사용하는 정수를 말한다. 계곡에 흐르는 물과 같이 일시적으로 이용되는 정수는 계속성이 없어 행위객체에서 제외된다.

아편에 관한 죄의 보호법익은 공중의 건강이다. 아편은 마약의 일종으로 생아편, 의약용 아편, 흡연용 아편으로 나눈다. 의학상 치료약으로 쓰이기도 하지만 상습성·중독성으로 인해 그 폐해가 매우 심각하다. 아편 등 소지죄를 제외하고 모든 미수범 처벌 규정을 두고 있으며 특별형법으로 마약류관리에 관한 법률(2000.1.12, 법률 제6146호)이 있다.

> **<사례15 해설>** (공중의 건강에 대한 죄)
> 갑은 대마를 매입함으로써 마약류 관리에 관한 법률(제3조 9호)위반죄의 기수가 성립되고 이후의 불태운 행위는 본죄의 성립에는 영향이 없다.

4. 사회의 도덕에 대한 죄

사회의 도덕에 대한 죄로는 성 풍속에 관한 죄와 도박과 복표에 관한 죄, 신앙에 관한 죄로 분류한다.

(1) 간 통 죄

간통죄는 배우자 있는 자가 배우자 아닌 자와 성교관계를 갖는 것(혼외정사)을 처벌하는 범죄이다. 여기의 배우자 개념은 법률상의 배우자를 말하며 사실혼 관계나 동거 관계 등은 제외된다. 간통죄의 죄수(罪數)는 성교행위마다 1개의 범죄가 성립한다. 상대방을 달리하는 수개의 성교가 있는 때는 수개의 간통죄의 경합범이 되며 동일한 상대방과 반복적 성교가 있는 때는 각 성교시마다 간통죄가 성립하여 수개의 간통죄의 경합범이 된다는 것이 판례의 태도이다. 성교행위는 반드시 합의로 행해졌음을 요하지 않기 때문에 배우자 있는 자가 배우자 이외의 자를 강간한 때에는 강간죄와 간통죄의 상상적 경합이 된다. 상간(相姦)한 자도 처벌하기 때문에 대향범인 동시에 필요적 공범관계에 있다.

(2) 도박과 복표에 관한 죄

사례 16   도박과 복표에 관한 죄

갑은 '회사에서 세미나를 개최하겠다'며 한적한 야산에 위치한 펜션을 임대한 후 평소 알고 지내던 주부도박단을 끌어들여 속칭 '아도사끼' 도박을 행할 것을 마음먹고 진입로 입구에는 문방(망을 보는 사람)을 배치하고 도박장 안에는 창고장(도박총책으로 돈을 환전하여 주거나 선이자를 공제하고 도박자금을 빌려주는 사람)과 꽁지(고리를 떼는 사람)를 배치하였지만 아직 도박행위는 시작하지 않았다. 이때에도 갑을 도박죄로 처벌할 수 있는가?

도박죄의 경우 그 주체를 '도박을 한 사람'으로 개정하는 외 재물 및 재산상 이익도 포함되도록 명확히 규정하고 있다. 행위는 주로 우연한 승부에 의하여 재물 및 재산상 이익의 득실을 결정하는 것을 말한다. 도박의 주체에는 제한이 없으며 방법 또한 묻지 않는다. 사기도박은 우연성이 당사자 일방에게만 있고 상대방은 기망행위에 의해 우연성을 자유로이 지배할 수 없는 상태로 편면적(片面的) 도박이라고 한다. 이처럼 사기도박의 경우는 도박에 있어서 필요한 우연성의 결여로 도박죄 성립을 부정하여 사기도박자에게는 사기죄가 성립하며 그 상대방에게는 도박죄가 성립되지 않는다는 것이 판례의 태도이다. 또한 인터넷 등 사이버

공간에서의 도박장 개설에 대해 판례가 인정해 오던 것을 명확히 하여 도박장 개설죄로 처벌하도록 개정하였다(제247조에서 영리의 목적으로 도박을 하는 '장소나 공간'을 개설한 사람을 처벌할 수 있도록 전문개정하였다(2013.4.5.)).

<사례16 해설> (도박과 복표에 관한 죄)

도박행위는 실행에 착수한 때 도박죄의 기수가 된다. 도박을 하려고 화투패를 돌린 때 실행의 착수가 있다. 사례 경우는 실행의 착수가 없어 도박죄로는 처벌되지 않지만 도박장 개설죄로는 처벌된다. 도박장 개설죄의 기수시기는 영리의 목적으로 도박을 개설한 때이다. 따라서 현실로 도박행위를 하지 않았더라도 개설을 한 이상 미수가 아니라 기수가 된다. 나아가 도박을 개설한 자가 도박에 가담하면 도박장 개설죄와 도박죄의 경합범이 된다.

Ⅲ. 국가적 법익에 대한 죄

1. 국가의 존립에 대한 죄

사례 17 국가의 존립에 대한 죄

갑은 최근 신도시로 이주하기 위해 집안을 정리하던 중 외국 유학 때 선물받은 성조기와 일장기를 발견하고 그 중 불쾌한 감정으로 일장기를 찢어버렸다. 이 경우 갑은 외국의 국기·국장모독죄로 처벌받을 것인가?

국가의 존립에 대한 죄는 내란의 죄와 외환의 죄로 분류하며 대부분 예비·음모·선동·선전까지 처벌하는 규정을 두고 있다. 내란죄는 자수의 특례를 규정하여 필요적 감면사유로 하고 있으며 조직범인 동시에 목적범의 성격을 나타내고 있다.

외국국기·국장모독죄는 외국을 모욕할 목적으로 공용으로 쓰는 외국의 국기·국장을 손상·제거·오욕함으로써 성립한다. 행위객체로 공용에 쓴다는 것은 그 나라의 공적 기관이나 공무소에서 사용하는 것을 말한다. 따라서 장식용 만국기나 사인(私人)이 휴대하거나 소지하는 외국기는 이 죄의 객체에서 제외된다.

<사례17 해설> (국가의 존립에 대한 죄)

외국의 국기·국장모독죄(제109조)는 외국을 모욕할 목적으로 그 나라의 공용에 공하는 국기 또는 국장을 손상·제거 또는 오욕함으로써 성립하는 범죄이다. '공용에 공하는'이란 국가의 권위를 나타내기 위해 그 나라의 공적 기관이나 공무소에서 사용하는 것을 말한다. 따라서 장식용 만국기나 사인(私人)이 휴대·소지하는 외국기 등은 이 죄의 객체가 되지 않는다. 따라서 사례의 경우 외국의 국기·국장모독죄가 성립하지 않는다.

2. 국가의 기능에 대한 죄

국가의 기능에 대한 죄는 공무원의 직무에 관한 죄와 공무방해에 관한 죄, 도주와 범인은닉의 죄, 위증과 증거인멸의 죄, 무고의 죄로 분류한다.

(1) 공무원의 직무에 관한 죄

공무원의 직무에 관한 죄는 공무원이 직무를 위배하거나 직권을 남용하여 국가기능의 공정성을 해하는 행위 및 뇌물을 수수함으로써 국가의 기능이 부패되는 것을 방지하기 위한 범죄이다.

(2) 공무방해에 관한 죄

사례 18 공무방해에 관한 죄

○○국립대학교의 전임교원 공채심사위원인 학과장 갑이 지원자 을의 부탁을 받고 이미 논문접수가 마감된 ○○학회지에 을의 논문이 게재되도록 ○○학회지 편집위원장 병에게 을이 논문을 투고할 수 있도록 부탁하여 게재되도록 함으로써 을로 하여금 전공논문실적 150%를 확보하게 하였고 이어 을은 전형을 거쳐 최종 선발되었다. 이 경우 을은 처벌되는가?

일반공무집행방해죄의 경우 판례는 직무집행의 적법성을 요구한다. 최근 경찰관의 뺨을 때린 경우나 걷어차도 구속영장이 기각되는 사례나 공무집행중인 여자 경찰관을 차로 들이받아 전치 3주의 상해를 입히고 도주한 피의자에 대한 영장기각 사례는 너무 관대한 처벌로 법원 내에서 일어나는 공무방해 행위에 대해서 엄격하게 대처하는 경향과 같이 이러한 사례도 직무집행에 포함시켜 공권력을 무시하는 범죄에 대해서는 좀 더 엄격히 대처하는 것이 타당하다. 그리고 위계에 의한 공무집행방해죄에 있어서 위계라 함은, 행위자의 행위목적을 이루기 위하여 상대방에게 오인, 착각, 부지를 일으키게 하여 그 오인, 착각, 부지를 이용하는 것을 말하는 것으로 상대방이 이에 따라 그릇된 행위나 처분을 하여야만 이 죄가 성립한다(대법원 2008.3.13. 선고 2007도7724 판결). 만약 그러한 행위가 구체적인 직무집행을 저지하거나 현실적으로 곤란하게 하는 데까지는 이르지 않은 경우에는 위계에 의한 공무집행방해죄로 처벌할 수 없다고 할 것이다.

<사례18 해설> (공무방해에 관한 죄)
○○국립대학교의 전임교원 공채 지원자인 을이 학과장 갑의 도움으로 이미 논문 접수가 마감된 ○○학회지에 논문을 추가게재하여 심사요건 이상의 전공논문실적을 확보하였더라도, 이는 을이 자신의 노력에 의한 연구결과물로서 심사기준을 충족한 것이고 이후 다른 전형절차들을 모두 거쳐 최종 선발된 것이라면, 을의 행위가 공채관리위원회 위원들로 하여금 을의 자격에 관하여 오인이나 착각, 부지를 일으키게 하였다거나 그로 인하여 그릇된 행위나 처분을 하게 한 경우에 해당한다고 할 수 없어, 형법 제137조에 정한 '위계'에 해당하지 않는다(2007도1554).

(3) 도주와 범인은닉죄

사례 19   도주와 범인은닉죄

무면허운전으로 인명피해교통사고를 낸 운전자인 갑(형)이 을(동생)을 경찰서에 대신 출두시켜 을이 사고를 낸 운전자라고 허위신고하여 조사받도록 하였다. 이 경우 갑의 형사책임은?

도주와 범인은닉죄는 법률에 의하여 체포 또는 구금된 자가 자기 스스로 도주하거나 타인의 도주에 관여함으로써 성립하는 범죄이다.

범인은닉죄의 경우 친족 또는 동거가족이 본인을 위하여 범인은닉죄를 범한 때에는 처벌하지 않는다. 여기의 '본인을 위하여'는 벌금 이상의 형을 받은 자의 형사책임상의 이익을 말한다.

<사례19 해설> (도주와 범인은닉죄)

범인도피교사죄를 구성한다. 범인이 자신을 위하여 타인으로 하여금 허위의 자백을 하게 하여 범인도피죄를 범하게 하는 행위는 방어권의 남용으로 범인도피교사죄에 해당하는바, 이 경우 그 타인이 형법 제151조 제2항에 의하여 처벌을 받지 아니하는 친족, 호주 또는 동거 가족에 해당한다 하여 달리 볼 것은 아니다. 무면허 운전으로 사고를 낸 사람이 동생을 경찰서에 대신 출두시켜 피의자로 조사받도록 한 행위는 범인도피교사죄를 구성한다(2005도3707).

(4) 위증과 증거인멸의 죄

사례 20   위증과 증거인멸의 죄

신입사원 갑은 회식자리에서 우연히 옆자리에 동석한 피해자 을과 시비가 붙어 전치 3주의 상처를 입혔다. 이어 피해자 을의 고소사건으로 진행되자 갑은 억울하다며, 폭행현장에 있지도 않으면서 마치 폭행현장을 목격한 것처럼 회사 동료 병에게 오히려 자신이 맞았다며 허위진술케 하였다. 이 경우 갑의 죄책은?

위증죄의 행위주체는 선서한 증인으로서 진정신분범에 속한다(제152조, 제153조 참조). 증거인멸죄의 주체는 제한이 없으며 객체는 타인의 형사사건 또는 징계사건에 관한 증거이다(제155조 참조).

<사례20 해설> (위증과 증거인멸의 죄)

위증교사죄의 죄책을 진다. 피고인이 자기의 형사사건에 관하여 허위의 진술을 하는 행위는 피고인의 형사소송에 있어서의 방어권을 인정하는 취지에서 처벌의 대상이 되지 않으나, 법률에 의하여 선서한 증인이 타인의 형사사건에 관하여 위증을 하면 형법 제152조 제1항의 위증죄가 성립되므로 자기의 형사사건에 관하여 타인을 교사하여 위증죄를 범하게 하는 것은 이러한 방어권을 남용하는 것이라고 할 것이어서 교사범의 죄책을 부담케 함이 상당하다(2003도5114).

(5) 무고의 죄

사례 21   무고의 죄

(1) 내연관계에 있는 갑(남, 53세)에게 1,000만원을 빌린 뒤 연락을 두절해 사기죄로 고소당한 박○○(여, 59세)는 자신을 고소할 것이라고 생각하지 못했던 갑에게 앙심을 품고, 성폭행을 당해 상해까지 입었다며 혼외정사 관계를 유지했던 갑을 상대로 거짓 고소하였다. 이 경우, 박○○의 형사책임은?
(2) 만약 갑의 간통행위가 유죄로 인정된다면, 그 간통행위를 고소한 고소인 을을 무고죄로 고소한 갑에게 무고죄의 범의가 인정되는지의 여부?

무고죄는 타인으로 하여금 형사처분 또는 징계차분을 받게 할 목적으로 공무소 또는 공무원에 대하여 허위의 사실을 신고하는 경우에 성립하는 범죄이다. 행위주체에는 제한이 없으며 공무원도 이 죄의 주체가 될 수 있으며 객체는 공무소 또는 공무원이다(제156조 참조). 위증죄의 경우 주체가 법률에 의하여 선서한 증인으로 제한된다는 데 무고죄와 차이가 있다. 공통점으로는 죄를 범한 자가 그 공술한 사건의 재판 또는 징계처분이 확정되기 전에 자백 또는 자수한 때에는 그 형을 감경 또는 면제한다.

<사례21 해설> (무고의 죄)
(1) 무고죄가 성립한다. 혼외정사로 간통관계를 유지해 오던 상대를 강간 등으로 고소할 경우 무고죄의 죄책을 지게 된다.
(2) 갑에 대한 간통행위가 유죄로 인정된다면, 그 간통행위를 고소한 을의 행위를 허위사실의 신고라고 하여 무고죄로 고소하기에 이른 갑에게는 그 신고사실이 허위라는 인식이 있었다고 보아야 할 것이므로 설사 갑의 고소가 간통사실이 없다는 점을 강조하고 피의사실을 적극 방어하기 위한 것이었다 하더라도 갑에게 무고죄의 범의를 인정할 수밖에 없다(대법원 1995.3.17. 선고 95도162 판결 참조).

제3. 군형법

*집필: 최병호. 수도방위사령부 헌병단장

　군형법은 군의 조직과 질서 및 기율을 유지하고 전투력을 보존·발휘하는 데 필수적인 범죄와 그에 대한 형사제재를 규정하는 법률이다. 따라서 군형법에서 규정하는 대부분의 범죄행위는 군을 구성하는 조직원들(군인, 군무원, 장교 및 부사관 후보생 등)에게 적용된다. 군을 구성하는 조직원이 아닌 일반시민들은 군의 전투력을 보존·발휘하는 데 지장을 초래하는 행위(군사상의 기밀·초병·초소·유독음식물 공급·포로·군용물에 관한 죄 등)를 한 경우가 아니면 군형법을 적용받지 않는다. 군형법도 특별형법이므로 형법 총칙은 물론 형법 이론, 원칙 등이 적용된다.

Ⅰ. 군형법의 특질

사례 1　　군형법

대학생 권투선수인 A는 친구 육군 일병 B로부터 갑상병이 이유 없이 자신을 괴롭히고 있으니 도와달라는 요청을 받았다. A는 주말에 B일병을 면회하기 위해 부대에 도착하여 위병 근무에 임하고 있는 갑상병을 만났다. A는 갑상병에게 자신의 주먹을 과시하면서 한 번만 더 친구인 B를 괴롭히면 가만히 두지 않겠다고 위협을 하였다. A의 죄책은?

　군형법은 군사범죄라고 하는 특수한 사항을 규정하고, 적용받는 사람이 원칙적으로 군인 또는 그에 준하는 신분을 가지는 자(준군인)라고 하는 점에서 특별형법이다. 군형법은 군무이탈죄, 항명죄, 초령위반죄 등 목적상 일반형법이 범죄로 규정하지 않는 행위를 범죄로 규정하고 있는 경우가 대부분이고, 상관폭행, 초병

폭행 등 다른 형법에서도 범죄로 규정하는 행위를 범죄로 규정하는 경우에는 그 형벌이 가중되어 있다. 또한 군형법에 있어서 보호객체는 군의 조직과 질서 및 기율의 유지, 전투력의 보존·발휘이므로 행위의 객체와 일치하지 않는 것이 원칙이고, 개인적·사회적 이익이 직접적인 보호의 대상으로 되는 것이 아니다. 나아가 군형법은 군용물 분실죄 등과 같이 과실범의 유형을 확대하고 있다.

<사례1 해설> (군형법)

1) 문제의 제기
A가 갑에게 한 행위가 형법상 협박죄에 해당하는지의 여부와 갑이 초병에 해당하는지의 여부 그리고 민간인이 A가 초병협박죄의 주체가 되는지의 여부가 문제가 된다.

2) 협박의 의의
형법상 광의의 협박은 해악을 고지하여 상대방에게 공포심을 일으키게 하는 행위를 말하며, 협의의 협박은 상대방의 반항을 억압할 정도의 해악을 통고하는 행위를 말한다. 협박죄에서 협박은 광의의 협박이면 족하다.

3) 초병
초병이란 경계를 그 고유임무로 하여 지상, 해상 또는 공중에 책임 범위를 정하여 배치된 사람을 말한다. 초병은 현실적으로 일정한 장소의 경계임무에 배치된 자이다. 갑은 위병소의 출입통제 등 경계임무에 배치된 자로서 초병이다.

4) 민간인의 군형법 적용 여부
군형법은 원칙적으로 군인 및 준군인에게만 적용된다. 그러나 군사상의 기밀, 초병, 초소, 유독음식물 공급, 포로, 군용물에 관한 죄 중 법률이 정한 경우(군형법 제1조 제4항)에는 국내외 민간인에게도 적용된다. 초병 협박죄는 민간인도 행위의 주체가 된다.

5) 결론
사례에서 A의 행위는 군형법 제54조 초병 협박죄에 해당된다.

Ⅱ. 군형법 각칙

1. 반란의 죄

반란의 죄라 함은 군인 또는 준군인이 작당하여 병기를 들고 국가의 권위에 반항하여 다중적 항거행위를 하는 범죄를 말한다. 형법상의 내란죄와 달리 국토

참절(僭竊)이나 국헌문란의 정치적 목적을 필요로 하지 않으며 국가의 권위에 반항한다는 의도를 가지면 범죄가 성립된다. 또한 2인 이상 다수가 가담해야 하며, 반드시 병기를 휴대하여야 한다.

2. 이적의 죄

이적의 죄라 함은 군대 및 군용시설 등을 적에게 제공하거나 적을 위하여 간첩을 하는 등 적국을 이롭게 하는 범죄행위를 말한다. 여기서 적이라 함은 전쟁의 교전국·적군대·적군인은 물론 교전단체나 반도단체 등 사실상 전쟁의 상대방을 모두 포함한다. 이적행위는 곧 국군의 상대적 전력의 약화를 초래하는 것이며, 매국적·이기적 동기에서 행해지는 것이므로 엄벌하고 있다. 나아가 군대 및 군용시설제공죄, 군사상 기밀누설죄, 항복강요죄, 적 은닉죄 등은 이적의 목적(적을 위하여)을 구성요건으로 규정하고 있지 않다.

3. 지휘권 남용의 죄

지휘권 남용의 죄라 함은 지휘관이 군통수권의 일부로서 위임받은 통솔에 관한 권한을 남용하는 범죄행위를 말한다. 강력한 권한과 책임을 함께 지는 지휘관이 그 권한을 남용하면 군의 정상적인 기능발휘에 막대한 지장을 초래한다는 점에서 엄한 책임을 묻기 위한 것이다. 지휘권 남용의 죄에는 불법 전투 개시죄, 불법 전투 계속죄, 불법 진퇴죄가 있다.

4. 지휘관의 항복과 도피의 죄

지휘관의 항복과 도피의 죄는 지휘관이 자신에게 부여된 직책과 임무를 방기 또는 거부함으로써 군의 기능을 저해하는 행위를 처벌하기 위한 것이다. 군인의 비겁과 태만은 군의 사기에 절대적으로 영향을 미치며, 특히 지휘관의 이와 같은 행동은 결코 용납할 수 없으므로 엄격하게 책임을 지게 하는 것이다. 지휘관의 항복과 도피의 죄에는 항복죄, 부대 인솔 도피죄, 직무유기죄가 있다.

5. 수소이탈의 죄

수소이탈의 죄는 지휘관이나 초병이 정당한 이유 없이 그 임무에 위반하여 수소를 이탈하는 행위를 범죄로 규정하고 있다. 수소(守所)란 부대가 점거하여 작전행위를 하여야 할 장소로서, 군의 임무수행에 있어서 필수적인 것이다. 수소이탈의 죄는 지휘관과 초병을 구별하여 규정하고 있다. 초병의 수소이탈죄에서 수소는 경계의 임무를 수행하기 위한 장소로 볼 수 있으나, 지휘관의 수소이탈죄에서 수소는 가상의 선이나 경계임무만을 수행하기 위한 장소가 아니라 작전명령이나 주위환경에 의하여 형성된 일체의 지역으로서 전술적인 개념으로 보아야 할 것이다.

6. 군무이탈의 죄

사례 2 군무이탈의 죄

육군 일병 A는 홀어머니가 교통사고를 당했다는 소식을 들었다. 그날은 휴일이라 부대에 중대장이 출근하지 않아 보고 없이 부대 울타리를 넘어 어머니가 입원한 부산병원으로 갔다. 그런데 뺑소니 사고여서 입원비를 마련할 길이 없자 아르바이트를 하여 어머니 입원비를 마련해 드리고 부대에 귀대하기로 하였다. A의 행정보급관 B는 이러한 사실을 알고 친구 C에게 A를 소개하여 어머니의 병원비를 마련할 수 있도록 해 주었다. 실제로 A는 2개월 후 부대에 자진 귀대하였다. 이 경우 A, B, C의 죄책은?

군무이탈의 죄는 군사범죄의 가장 대표적인 것으로서, 군무를 기피할 목적으로 부대 또는 직무를 이탈한 행위를 범죄로 규정하고 있다. 군무기피의 목적은 군무기피를 적극적으로 인식할 필요가 없이 단순히 군무기피에 대한 인식만 있으면 된다. 일시적인 기피의사든 영구적인 기피의사든 상관없다. 또한 어떤 기간 내에 귀대할 것을 결심하였다 하더라도 군무기피의 목적에 영향을 주지 않는다. 나아가 군무기피의 목적이 이탈행위시에 존재함이 원칙이나 이탈기간중에 군무기피의 목적이 생긴 경우에도 행위시로 소급되어 군무이탈의 죄가 성립된다. 군형법은 이탈자비호죄, 적진도주죄도 군무이탈의 범죄유형에 포함시키고 있다.

<사례2 해설> (군무이탈의 죄)

1) 문제의 제기

A의 행위가 군무이탈인지 무단이탈인지(군무기피 목적의 유무) 여부, B와 C는 군무이탈자 비호죄의 주체가 될 수 있는지의 여부가 문제가 된다.

2) 군무기피의 목적

부대나 직무에서 이탈한 자가 군무기피의 목적이 있으면 군무이탈죄, 군무기피의 목적이 없으면 무단이탈죄가 된다. 군무는 직무·용무·근무 등을 포함한 군에 대한 일반적인 군무 일반을 지칭하며, 특정한 군무이거나 불특정한 군무이거나를 불문한다. 이탈의 동기도 가정 사정, 신병, 직무염증, 기타 이유를 불문한다. 사례에서 A는 비록 어머니의 병원비 마련이라는 선의가 있을지라도 군무기피의 목적이 있다고 보아야 할 것이다. 2개월 뒤 자진 귀대하였다고 해도 군무기피 목적 유무에는 영향을 미치지 않는다.

3) 범인 은닉과 이탈자 비호

군형법의 군무이탈자 비호죄는 군인 및 준군인만이 행위의 주체가 된다. 민간인인 경우에는 범인 은닉(형법 제151조 제1항)에 해당된다. 따라서 민간인인 C는 이탈자 비호죄의 주체가 될 수 없다.

4) 결론

사례에서 A의 행위는 군무이탈죄(군형법 제30조 제1항), B의 행위는 이탈자 비호죄(군형법 제32조), C의 행위는 범인 은닉죄(형법 제151조 제1항)에 해당된다.

7. 군무태만의 죄

사례 3   군무태만죄

육군 병장 A는 1시간 뒤에 탄약고 경계근무에 임해야 됨을 알고도 오랜 만에 면회 온 친구 B의 강력한 권유로 소주 2병을 나누어 마셨다. 술에 취해서 다른 병사로 하여금 경계근무에 임하도록 부탁하려고 하였으나, 휴일이라 교체할 사람이 없었다. A는 어쩔 수 없이 술에 취한 상태에서 탄약고 경계근무에 임하였다. 이 경우 A의 죄책은?

군무태만의 죄는 군인이 직무상 의무를 위반하거나 직무를 태만히 함으로써 직무수행을 이행하지 못하게 되는 행위를 범죄로 규정하고 있다. 군무태만의 죄에는 군무를 수행함에 있어서 맡은 바 직무를 고의·과실로 충실히 수행하지 않음으로써 직무에 지장을 초래하는 소극적 행위유형(근무태만)과 적극적인 행위를 통하여 직무나 그에 따른 명령을 위반하는 행위유형(비행군기 문란, 위계에 의한 항행위험, 거짓 명령·통보·보고, 명령 등의 거짓 전달, 초령(哨令) 위반, 근무기피 목적의 사술, 유해 음식물 공급, 출병 거부)이 있다. 특히 초병이 잠을 자거나 술을 마신 경우에도 초령위반죄가 성립하며, 독성이 있는 음식물을 군에 공급한 사람을 처벌하는 유해 음식물 공급죄는 국·내외 민간인도 처벌대상이 된다.

<사례3 해설> (군무태만죄)

1) 문제의 제기
A가 초병으로서 임무수행하기 전에 술을 마신 경우에도 초령위반죄가 성립하는가 가 문제가 된다.

2) 초병의 수면, 음주
초령위반죄는 초병직무의 특수성을 고려하여 경계근무에 대한 추상적 위험을 방지하기 위한 것이다. 수면이나 음주의 장단, 수면의 심천, 음주의 경중은 경계근무의 추상적 위험이 있는 한 구별하지 아니한다. 나아가 근무개시 전에 술을 마셔서 초병으로 근무하는 동안에 이르러서도 계속 취한 상태로 있는 경우도 경계근무에 대한 위험성 예방이라는 입법취지상 초령위반죄가 성립한다고 보는 것이 타당하다.

(3) 결론
사례에서 A의 행위는 군형법 제40조 제2항 초령위반죄에 해당된다.

---

8. 항명의 죄

사례 4 항명의 죄

육군 이병 A는 취사병이다. 야외훈련장에서 장병들의 식사를 준비하는 임무를 부여받았다. 그때 중대장이 입맛이 없다며 훈련장 인근에 있는 고추밭에서 고추를 몇 개 따와서 반찬으로 준비하라고 명령하였다. A는 고민을 하다가 고향에서 농사를 짓는 부모님 생각이 나서 고추를 따오지 않았다. 중대장의 명령을 위반한 A의 죄책은?

항명의 죄는 상관의 명령에 반항하거나 복종하지 않는 행위, 상관의 폭행제지에 따르지 않는 행위, 명령·규칙 준수의무를 위반하는 행위 등 군의 권위를 무시하고 그 질서를 파괴하는 행위를 범죄로 규정하고 있다. 군은 명령복종관계의 위계질서가 명확하며, 이를 통하여 생명의 위험을 무릅쓰고 전투를 수행할 수 있고, 부대를 운영할 수 있다. 따라서 상관의 명령에 불복하는 행위는 군의 지휘통솔체계를 문란하게 하며, 나아가 군의 존립 자체를 위협하는 행위이므로 강력하게 형벌로 제재를 하고 있는 것이다.

> **<사례4 해설>** (항명의 죄)
>
> **1) 문제의 제기**
> A에게 명령한 중대장의 명령은 정당한 명령인가, A의 명령 거부는 정당한 이유가 있는가가 문제가 된다.
>
> **2) 항명죄에서 정당한 명령의 조건**
> 항명죄에서 상관의 명령은 명령권이 있는 상관의 명령이어야 한다. 그리고 명령은 내용상 적법하여야 하며, 내용이 특정되어 복종이 요구되는 것이어야 하고, 그 내용이 부하의 직무범위 내의 것으로 수행 가능한 것이어야 한다. 또한 명령이 수명자의 종교적 양심에 반한다든가, 개인의 위난을 초래한다는 이유로 거부할 수 없다.
>
> **3) 결론**
> 사례에서 중대장의 명령은 절도죄를 교사하는 행위이므로 내용이 적법하지 못하다. 따라서 중대장의 명령을 수행하지 않은 A의 행위는 군형법 제44조의 항명죄가 성립되지 않는다.

9. 폭행·협박·상해 및 살인의 죄

군형법이 규정하는 폭행·협박·상해 및 살인의 죄는 행위객체가 상관, 초병, 직무수행중인 군인이다. 그러나 보호객체는 군조직의 위계질서(상관에 대한 범죄), 성실한 직무수행을 통한 전투력의 보존·발휘(초병, 직무수행중인 군인에 대한 폭행)로 국가적 법익이다. 상관, 초병, 직무수행중인 군인의 생명과 신체는 직접적인 보호대상이 아니다. 따라서 상관, 초병, 직무수행중인 군인에 대한 단순 폭행죄도 반의사불벌죄의 규정이 적용되지 않는다.

10. 모욕의 죄

모욕의 죄에는 상관 또는 초병을 모욕하거나 공연히 상관의 명예를 훼손하는 행위를 범죄로 규정하고 있다. 상관을 모욕하거나 명예를 훼손하는 행위는 군기를 문란하게 하고 군의 위신을 추락시킨다. 그리고 초병을 모욕하는 행위는 초병으로 하여금 이성적인 판단을 흐리게 하여 임무를 정상적으로 수행하기 어렵게 한다. 따라서 군형법은 상관모욕죄, 상관명예훼손죄, 초병모욕죄를 규정하여 군조직의 위계질서와 성실한 직무수행을 보호한다. 나아가 형법의 모욕죄와는 달리 군형법의 모욕죄는 공연성을 요구하지 않으며, 상관이나 초병의 면전에서 모욕하는 것만으로도 범죄가 성립하도록 하고 있다. 공연한 방법으로 모욕하는 경우에는 가중적 구성요건에 의하여 무겁게 처벌될 뿐이다.

11. 군용물에 관한 죄

전투력을 보존·발휘하기 위해서는 우수한 전투원뿐만 아니라 물적 요소로서 군용시설이나 군용물이 충분하게 확보되어야 한다. 따라서 군형법은 군용물인 군의 물적 요소의 완전성을 침해하는 행위를 범죄로 규정하고 있다. 나아가 군용물에 대한 특별한 보호의 필요성 때문에 대부분의 군용물에 관한 죄의 주체를 군인이나 준군인뿐만 아니라 국내외 민간인도 포함시키고 있다. 군용물에 관한 죄는 노획물에 관한 죄, 군용물 분실죄 등 순정군사범뿐만 아니라 군용물에 관한 재산죄(절도, 강도, 사기, 공갈, 횡령, 장물)를 가중 처벌하는 규정을 두고 있다.

12. 위령의 죄

사례 5 위령의 죄

1개월 전에 병장으로 만기전역을 한 A는 B와 술을 마시면서 자신은 '군생활중 중대장 목소리 흉내로 장병들을 많이 놀라게 했다'고 자랑했다. B는 A에게 믿을 수 없다며 만약 위병소 근무자를 속여서 중대 행정반까지 무사히 통과하면 술을 사겠다고 내기를 걸었다. 이에 A는 부대 위병조장에게 전화를 걸어 중대장 목소리를 흉내 내어 '중대장인데 개인승용차를 타고 부대로 들어가야 하는데 출입증이 없으니 그냥 통과시켜 달라'고 하였다. 위병조장은 A가 중대장인 줄 알고 위병 근무자에게 A의 차량을 검문 없이 통과하도록 지시하였다. A는 아무런 제지를 받지 않고 중대행정반까지 갈 수 있었다. A의 죄책은?

위령이라 함은 법령·규칙·명령에 직접·간접으로 위배되는 행위를 말한다. 군형법에서는 초병을 속여 초소를 통과하거나 초병의 제지에 불응하는 초소침범죄, 허가 없이 근무 또는 지정장소를 일시적으로 이탈하거나 지정한 시간까지 지정 장소에 도달하지 못한 무단이탈죄, 군사기밀누설죄, 암호부정사용죄를 규정하고 있다.

<**사례5 해설**> (위령의 죄)

1) 문제의 제기

초병이 아닌 위병조장을 속여 초소를 통과한 A의 행위가 초소 침범죄에 해당하는지의 여부가 문제가 된다.

2) 초병을 속이는 행위

초병을 속이는 행위는 초병이 착오를 일으키는 일체의 행위를 말한다. 가령 위조통행증을 제시하는 행위, 통행자격을 사칭하는 행위, 제복을 착용하는 행위 등이 있으며, 작위·부작위를 불문한다. 나아가 초병의 직무와 관련이 있는 제3자, 가령 위병조장이나 위병장교를 기망하여 그들이 초병에게 통과를 허용하게 하는 행위와 초병이 모르는 사이에 그러한 상태를 이용하여 통과하는 것도 속이는 행위에 포함된다. 사례의 경우 위병조장은 초병이 아니다. 그러나 위병조장만을 속인 것이 아니라 궁극적으로는 위병조장을 이용하여 초병을 속였다고 보아야 할 것이다.

3) 결론

A의 행위는 군형법 제78조 초소침범죄에 해당된다.

13. 약탈의 죄

전쟁지역이나 점령지역에서 주민이나 전상자의 생명·신체를 보호하고, 이들의 재산을 존중해야 함은 국제법상 교전당사국에 부과된 의무이다. 교전 당사국은 이러한 국제법상 의무를 이행하기 위함뿐만 아니라 정의와 인도에 반하는 행위인 동시에 군의 권위를 손상시키는 행위는 엄격하게 금지해야 한다. 군형법은 전투지역 또는 점령지역에서 군의 위력 또는 전투의 공포를 이용하여 주민의 재물을 약취한 행위, 전투지역에서 전사자 또는 전상병자의 의류 기타 재물을 약취한 행위를 범죄로 규정하고 있다.

14. 포로에 관한 죄

포로란 전쟁을 이유로 교전당사국의 세력 내에 들어와 자유를 박탈당했으나 국제법이나 특별협정에 의하여 대우가 보장된 적성국민을 말한다. 군형법은 적에게 억류된 아군포로가 귀환의 의무를 불이행함으로써 아군의 전투력 증강을 저해시키는 행위와 아군에 억류된 적의 포로를 도주하게 하거나, 이를 비호함으로써 아군의 억류질서를 교란하게 하고 나아가 적의 전투력을 증강시키는 행위(포로 도주 원조, 포로 탈취, 도주포로 비호)를 범죄로 규정하고 있다.

15. 강간과 추행의 죄

군형법은 군인 및 준군인이 군인 및 준군인을 강간, 유사강간, 강제추행, 준강간, 준강제추행, 추행하는 행위 등을 범죄로 규정하여 일반형법상의 범죄보다 엄중하게 처벌하고 있다. 특히 공연성을 띠지 않거나 강제성이 없는 추행도 처벌하고 있다. 집단적 공동생활을 하는 군조직의 특성상 이러한 행위는 군의 일생생활과 위신에 미치는 영향이 크고 군 전투력에 상당한 악영향을 미치게 된다. 따라서 군형법은 군인(준군인) 상호간에 발생하는 강간과 추행의 죄를 엄벌하고 있는 것이다.

16. 기 타

군형법은 부하가 다수 공동하여 죄를 범함을 알고도 그 진정을 위하여 필요한 방법을 다하지 아니하는 상관의 행위를 범죄로 규정하고 있다. 이것은 부하를 가진 상관으로서 지휘통솔을 태만히 하는 것을 본질로 하는 것이다.

또한 군형법은 군인, 준군인이 정치단체에 가입하거나 연설, 문서 또는 그 밖의 방법으로 정치적 의견을 공표하거나 그 밖의 정치운동을 하는 경우를 범죄로 규정하고 있다. 국방과 정치는 상호 밀접한 관련을 가지고 있으므로 군인이 정치에 관심을 가지는 것은 필요한 일이다. 그런데 국가의 안전보장과 국토방위의 신성한 의무를 수행하는 군은 평시부터 무력을 보유하고 관리하고 있다. 군인이 정치에 관여하면 군 본연의 사명에 매진할 수 없으며, 민주국가의 정치질서에 미치는 영향이 지대하다. 따라서 군형법은 군인이 정치에 직접적으로 참여하는 것을 금지하는 것이다.

5. 상 법

제1. 상행위

* 집필: 김동민. 상명대학교 법학과 교수
　　　　이성우. 동아대학교 법학전문대학원 교수
* 별명이 없는 법조문명은 '상법'임

Ⅰ. 상인(기업의 주체)

1. 기업의 주체

기업은 거래로 인하여 발생하는 법률관계의 처리를 위하여 권리·의무의 주체를 필요로 하는데, 이러한 법적인 주체가 상인이다. 상인이란 형식적으로 기업과 관련된 권리·의무의 귀속자를 말한다. 개인 기업에 있어서는 개인인 영업주가 상인이며, 회사의 경우에는 회사 자체가 상인이다.

2. 상인의 유형

(1) 당연상인

당연상인이란 자기명의로 상행위를 하는 자를 말한다(제4조). 상행위란 상법 제46조에서 열거하고 있는 행위와 특별법에서 상행위로 인정한 것인데, 이를 기본적 상행위라 한다. 당연상인은 이러한 기본적 상행위를 자기명의로 영업으로 하여야 한다. '자기명의'로 한다는 것은 명의자가 상행위로 인하여 생기는 권리·의무의 주체가 된다는 것을 의미한다. '영업으로' 한다는 것은 영리의 목적으로, 동종의 행위를 계속적으로 하려는 의도로, 대외적으로 인식될 수 있게 하는 것을 의미한다.

(2) 의제상인

점포 기타 유사한 설비에 의하여 상인적 방법으로 영업을 하는 자는 상행위를 하지 아니하더라도 상인으로 인정된다(제5조 제1항). 상행위에 속하지 않는 행위를 당연상인과 같은 방법에 따라 영업으로 하는 자를 상인으로 의제하는 것이다. 예컨대 상행위가 아닌 농업이나 어업 등의 원시산업에 의하여 원시취득한 농산물이나 수산물 등을 점포 기타 설비에 의하여 판매할 때 이들은 상인이 된다. 이 경우 상인적 방법이란 당연상인이 기업을 경영함에 있어 보통 필요로 하는 설비를 갖추고 영업을 하는 것으로서, 상인적 방법인가의 여부는 상업장부의 이용, 보조자의 고용, 상호의 사용, 신용거래, 판매실적 등 기업 전체의 형태를 기준으로 하여 판단한다. 다만 회사는 상행위를 하지 아니하더라도 상인으로 본다(제5조 제2항). 한편 의제상인의 행위는 기본적 상행위는 아니지만 상행위에 관한 통칙을 준용한다. 그리하여 의제상인이 영업으로 하는 행위를 본래의 기본적 상행위에 대하여 '준상행위'라고 한다.

(3) 소 상 인

상인은 또한 영업규모를 기준으로 완전상인과 소상인으로 구분된다. 소상인이란 당연상인이나 의제상인의 요건을 구비하였더라도 영업의 규모가 근소하여 기업성이 희박한 상인을 말한다. 자본금액 1천만원 미만의 상인으로서 회사가 아닌 자를 소상인으로 본다(상법시행규정 제2조). 이러한 소상인에 대하여는 지배인·상호·상업장부·상업등기에 관한 규정을 적용하지 않는데(제9조), 그 이유는 소기업에 대하여 복잡한 부담을 덜게 하여 소상인을 보호·육성하고 대기업과의 불필요한 분쟁을 회피하려는 데 있다.

3. 상인자격의 취득과 상실

(1) 자연인의 상인자격

사례 1　　상인자격

A와 B는 각각 사업을 영위하려는 계획을 갖고 있다. A는 부동산임대업을 개시할 목적으로 그 준비행위의 일환으로 당시 부동산임대업을 하고 있던 상인으로부터 건물을 매수하였고, B는 앞으로 사업을 벌이기 위해 단순히 영업자금의 차입행위를 하였다. A와 B는 각각 상인 자격을 취득하는가?

자연인의 상인자격은 상법 제4조와 제5조의 요건을 구비하고 영업을 개시함으로써 취득하게 된다. 영업의 개시란 반드시 영업의 목적인 행위의 개시만을 뜻하는 것이 아니라, 영업을 위한 준비행위를 개시한 때도 이에 포함된다. 왜냐하면 준비행위는 영업의사의 실현행위로 볼 수 있기 때문이다. 이들의 상인자격은 사실상 영업을 폐지함으로써 상실하게 된다. 그러므로 폐업광고나 관청에 대한 폐업의 계출을 하였더라도 실제로 영업을 계속하고 있거나, 기본적인 영업은 종결되었더라도 잔무처리행위가 종료되기 전에는 상인자격을 상실하지 않는다.

> **<사례1 해설>** (상인자격)
> 판례는 '부동산임대업을 개시할 목적으로 그 준비행위의 일환으로 당시 부동산임대업을 하고 있던 상인으로부터 건물을 매수한 행위는 보조적 상행위로서의 개업준비행위에 해당하므로 위 개업준비행위에 착수하였을 때 상인자격을 취득한다'고 하였다(대법원 1999.1.29. 선고, 98다1584 판결). 그러나 단순히 영업자금의 차입행위(借入行爲)만으로는 그 행위로부터 상대방이 영업의사의 존재를 알 수 없으므로 상인자격을 취득하지 못한다고 할 것이다. 사안의 경우 A는 부동산임대업을 위한 개업준비행위로서 건물을 매수하였기 때문에, 당해 건물을 매수하는 시점부터 상인자격을 취득하고 이후의 거래행위에 대하여는 상법이 적용된다. 하지만 B는 앞으로 영위할 사업을 구체적으로 특정하지 아니한 채 단순히 영업자금을 차입하였기 때문에, 이러한 행위만으로는 개업준비행위에 착수하였다고 볼 수 없고, 따라서 B는 아직까지는 상인자격을 취득한 것이 아니어서 민법의 적용을 받게 된다.

(2) 법인의 상인자격

회사는 설립등기를 함으로써 법인격과 상인자격을 동시에 취득하게 된다. 회사는 해산 후에도 법인격이 소멸됨이 없이 청산의 목적범위 내에서 존속하므로(제245조), 회사는 청산이 사실상 종료함으로써 상인자격을 상실한다. 그러나 청산절차가 필요하지 않은 합병의 경우에는 소멸회사의 해산과 동시에 상인자격을 상실하게 된다. 한편 학술·종교·자선·기예·사교 등을 목적으로 하는 비영리법인(민법 제32조)이 상인자격을 취득할 수 있는지가 문제된다. 공익법인이 그 본래의 목적인 공익을 촉진하기 위한 수단으로 영업을 하는 것은 반드시 그 목적에 어긋난다고 할 수 없기 때문에, 이러한 비영리법인도 상인자격을 취득할 수 있는 상인능력이 있다는 것이 통설이다.

Ⅱ. 상행위 통칙

기업은 다른 기업 및 일반 공중과 거래를 해서 영업이익을 창출해야 하는데, 기업이 영업으로서 또는 영업을 위하여 하는 경영활동 내지 영업활동을 상행위라 한다. 즉 상행위란 실질적으로는 영리를 위한 기업활동을 말하고, 형식적으로는 상법과 특별법에서 상행위로 정한 것을 말한다. 상법은 법규의 적용을 명확하게 하기 위하여 구체적으로 상행위의 범위와 기준을 설정하고 있다. 한편 상행위는 상인의 개념을 정하는 데 기초가 되며, 상행위를 영업으로 함으로써 상인이 된 자가 하는 영업을 위한 모든 행위는 상행위가 된다.

상행위에는 당사자 모두에 대하여 상행위가 되는 쌍방적 상행위와 당사자 중 어느 한쪽에 대하여만 상행위가 되는 일방적 상행위가 있다. 상행위법은 쌍방적 상행위인 경우뿐만 아니라 일방적 상행위인 경우에도 당사자 전원에 대하여 적용되며, 공법인의 상행위에 대하여도 법령에 다른 규정이 없는 한 상행위법이 적용된다. 즉 상행위법은 당사자 중 일방에게만 상행위가 되는 경우에도 당사자 전원에게 적용된다. 예컨대, 상인 갑이 비상인 을로부터 영업자금을 차용한 경우에 그 소비대차는 갑에게만 상행위가 되지만 을에게도 연 6푼의 상사법정이율 및 5년의 상사시효기간에 관한 상법의 규정이 적용된다. 또한 당사자의 일방이 수인인 경우에 그 중 1인에게만 상행위가 되는 경우에도 양 당사자 모두에 대하여 상법이 적용된다. 그러나 상사매매, 상사유치권 등에 관한 규정은 상거래의 특수성에 의해 예외적으로 쌍방적 상행위인 경우에만 적용되며, 상관습도 쌍방적 상행위인 경우에만 적용된다.

1. 기본적 상행위와 준상행위

기본적 상행위란 상법에서 제한적으로 열거하고 있는 상행위를 말하고(제46조 본문), 이러한 기본적 상행위를 영업으로 하는 자를 당연상인이라 한다(제4조). 한편 상법에서 열거하고 있는 기본적 상행위 이외의 행위를 상인적 방법으로 수행할 때 그러한 행위를 준상행위라 하고, 이러한 준상행위를 영업으로 하는 자를 의제상인이라 한다(제5조). 한편 자기명의로 상행위를 영업으로 하더라도 오로지 임금을 받을 목적으로 물건을 제조하거나 노무에 종사하는 자의 행위는 상행위가 아니다(제46조 단서). 그리고 변호사, 의사, 회계사 등 전문직업인은 그 사업활동이 대체로 의제상인의 요건을 충족하지만, 영리성을 그 사업의 기본적인 특성으로 인정하기 어렵다는 연혁적인 이유로 상인이 아니다. 한편 회사의 경우는 회사의 명의로 한 행위는 모두 영업을 위한 행위가 되지만, 개인상인의 경우에는 어떠한 행위가 영업을 위한 것인지 그 구별이 명확하지 않으므로 상법은 상인의 행위는 영업을 위한 행위로 추정한다고 규정하고 있다. 따라서 상행위가 아니라고 주장하는 쪽에서 그 입증책임을 진다.

2. 영업적 상행위와 보조적 상행위

영업적 상행위란 상인이 영리목적을 달성하기 위해 영업으로 하는 행위를 말하는데, 기본적 상행위와 준상행위가 이에 해당한다. 한편 보조적 상행위란 영업적 상행위의 수행을 위해 직접적 또는 간접적 필요에 의해 도움을 주는 행위를 말하는데, 이는 부속적 상행위라고도 한다. 예컨대 컴퓨터의 매매를 영업으로 하는 상인이 컴퓨터 자체를 매매하는 행위는 영업적 상행위이고, 사업자금을 마련하기 위해 은행에서 돈을 빌리는 행위는 보조적 상행위이다. 또한 영업적 상행위의 개시 전에 하는 영업의 준비행위나, 영업을 종료한 후에 행하는 청산행위도 보조적 상행위라고 할 수 있다.

	영업적 상행위		보조적 상행위	
	기본적 상행위 (제46조)	준상행위	개업준비행위	청산사무행위
당연상인 (제4조)	○	×	○	○
의제상인 (제5조)	×	○	○	○

3. 상법 제46조의 기본적 상행위

(1) 동산·부동산·유가증권 기타 재산의 매매

가. 매 매

사례 2   매매

어업에 종사하는 A는 그가 잡은 어패류를 판매하기 위하여 자기 주택의 일부를 점포로 개조하기로 하였다. 그리하여 A는 B로부터 주택의 개조를 위한 자금을 차용하였다. B는 이후 5년 2개월이 경과한 다음에 A에게 주택개조자금의 반환을 청구하였다. A는 B의 청구에 대하여 자신은 상인이므로 주택개조자금의 채무는 보조적 상행위에 의한 채무로서 5년의 시효에 의하여 소멸하였다고 주장하고 있다. 이러한 A의 주장은 정당한가?

매매는 물건 등을 유상으로 취득하여 이윤을 붙여 양도하는 것을 목적으로 하는 채권행위이다. 그러므로 증여 또는 유증에 의한 취득 또는 양도는 여기에 포함되지 않는다. 그러나 교환·소비대차·소비임치·대물변제는 유상행위이므로 매매에 포함된다고 할 것이다. 또한 매매는 동산 등의 소유권의 취득 또는 양도를 목적으로 하는 행위이므로 담보권설정, 임대차 또는 임치를 위한 취득이나 양도하는 행위는 제외된다. 매수한 물건을 제조 또는 가공하여 매도하는 행위는 여기에 속하지 않는다. '기타의 재산'이란 특허권·저작권·상표권 등을 말한다.

나. 매매의 범위

(가) 학 설

매매의 의의에 대하여는 ① '매수 또는 매도'를 가리킨다는 견해, ② '매수와 매도'를 가리킨다는 견해, ③ '매수와 매도' 또는 '매도'를 가리킨다는 견해가 있다. ①의 견해에 의하면 매수와 매도는 이익을 얻고자 하는 의사에 의하여 내면적 연관성만 있으면 되는 것이지 매수행위와 매도행위를 합쳐서 하나의 상행위로 보고자 하는 것이 아니라고 한다. ②의 견해는 매수와 매도는 서로 내면적인 관련을 가지고 물건 등을 사서 파는 영업을 구성해야 상행위성을 갖는다고 한다. ③의 견해는 매수 또는 매도가 영업으로 행해짐으로써 상행위가 되지만 오로지 매수만을 하는 영업은 상상하기 어렵기 때문에, 본조의 매매는 '매수와 매도' 또는 '매도'를 가리킨다고 한다.

(나) 학설의 검토

물건 등에 대한 무상의 취득·이전은 어느 견해를 취하더라도 매매에 해당하지 않는다. 매도 없이 매수만을 영업으로 하는 경우에는 ①의 견해에 의하면 매매에 해당하지만, ②와 ③에 의하면 매매에 해당하지 않는다. 그리고 매수 없이 매도만을 영업으로 하는 경우에는 ①과 ③의 견해에 의하면 매매에 해당하지만, ②의 견해에 의하면 매매에 해당하지 않는다. 예컨대 원시산업으로 채취한 물건을 매도하는 것은 ①과 ③의 견해에 의하면 기본적 상행위가 된다.

판례는 '자기가 재배한 농산물을 매도하는 행위도 이를 영업으로 할 경우에는 상행위에 해당한다고 볼 수 있겠으나, 약 5,000평의 사과나무 과수원을 경영하면서 그 중 약 2,000평 부분의 사과나무에서 사과를 수확하여 이를 대부분 대도시의 사과판매상에 위탁판매한다는 것은 영업으로 사과를 판매하는 것으로는 볼 수 없어 상인이 아니라고 할 것'이라고 한 것이 있다. 이는 기본적 상행위 이외의 행위를 영업으로 하지 않았기 때문에 의제상인에 해당하지 않는다고 본 것이다.

<사례2 해설> (매매)

1) A의 상인성 여부: A가 상인이 되기 위하여는 상법 제46조 각호의 기본적 상행위를 영업으로 하는 당연상인(제4조)이 되거나, 상법 제46조 각호 이외의 준상행위를 영업으로 하는 의제상인(제5조)이어야 한다. 이는 상법 제46조 제1호의 '매매'에 관한 해석에 따라 결론을 달리한다.

첫째, 매매를 '매수와 매도'라고 해석하는 견해에 의하면, A는 바다에서 채취한 어패류를 팔기만 하였으므로 당연상인은 아니지만, A가 어패류를 상인적 방법으로 판매하였기 때문에 그 행위는 준상행위에 해당하여 상법 제5조의 의제상인이 된다.

둘째, 매매를 '매수와 매도' 또는 '매도'를 가리킨다는 견해에 의하면, A는 사는 행위 없이 바다에서 채취한 어패류를 팔기만하여도 상법 제4조의 당연상인이 된다. 결국 어느 견해에 의하더라도 A는 상인이고 상법의 적용을 받는다.

2) 상인 자격의 취득시기: 자연인의 경우에는 영업 자체를 개시하는 시점은 물론이고 그 이전에 개업을 위한 준비행위인 보조적 상행위를 하는 시점부터 상인 자격을 취득한다. 따라서 A가 어패류의 판매를 위하여 점포를 개조하는 과정에서 B로부터 자금을 차용한 행위는 개업준비행위로서 보조적 상행위에 해당하고, A는 그 시점부터 상인 자격을 취득한다.

3) 결론: 사례에서 A는 당연상인이건 의제상인이건 상인에 해당하고, 보조적 상행

위인 개업준비행위를 통하여 상인자격을 취득한 것이다. 따라서 A의 점포 개조를 위하여 자금을 차용함으로써 발생한 채무는 상사채무에 해당하므로, 상사채의 소멸시효에 관한 상법 제64조가 적용된다. 따라서 A의 채무에 대한 시효소멸의 항변은 정당하다.

(2) 그 밖의 상행위

상법에서는 동산·부동산·유가증권 기타 재산의 매매 이외에도, 동산·부동산·유가증권 기타의 재산의 임대차, 제조·가공 또는 수선에 관한 행위, 전기·전파·가스 또는 물의 공급에 관한 행위, 작업 또는 노무의 도급의 인수, 출판·인쇄 또는 촬영에 관한 행위, 광고·통신 또는 정보에 관한 행위, 수신·여신·환 기타의 금융거래, 공중이 이용하는 시설에 의한 거래, 상행위의 대리의 인수, 중개에 관한 행위, 위탁매매 기타의 주선에 관한 행위, 운송의 인수, 임치의 인수, 신탁의 인수, 상호부금 기타 이와 유사한 행위, 보험, 광물 또는 토석의 채취에 관한 행위, 기계·시설 기타 재산의 금융리스에 관한 행위, 상호·상표 등의 사용허락에 의한 영업에 관한 행위, 영업상 채권의 매입·회수 등에 관한 행위, 신용카드·전자화폐 등을 이용한 지급결제 업무의 인수 등 22가지를 기본적 상행위로 규정하고 있다.

(3) 신종 상행위

1) 기계·시설 기타 재산의 금융리스에 관한 행위란 리스(Lease)를 말한다. 리스는 새로운 설비조달수단으로 '시설대여이용자가 선정한 특정물건을 시설대여회사가 새로이 취득하거나 대여받아 그 물건에 대한 직접적인 유지·관리책임을 지지 아니하면서 시설대여이용자에게 일정기간 동안 사용하게 하고 그 기간에 걸쳐 일정한 대가를 정기적으로 분할하여 지급받으며 그 기간 종료 후의 물건의 처분에 관하여는 당사자간의 약정으로 정하는 물적금융'이라고 할 수 있다. 리스는 법률적 형식에 있어서는 임대차형식을 취하면서도, 경제적 실질에 있어서는 기계설비조달을 위한 금융이기 때문에 물적 금융, 즉 물융(物融)이라고 할 수 있다.

2) 상호·상표 등의 사용허락에 의한 영업에 관한 행위란 프랜차이즈(Franchise)를 말한다. 프랜차이즈란 수수료 등의 대가를 지급하고, 타인의 상호·상표·서비스표 등의 상업적 징표 및 경영노하우를 자기사업 운영에 이용할 수 있는 허가와 더불어, 그 제공자의 통제하에서 영업을 할 것을 내용으로 하는 독립

된 상인간의 유상·쌍무계약으로서 전기업체제의 사용허가행위라고 할 수 있다.

　　3) 영업상 채권의 매입·회수 등에 관한 행위란 팩터링(Factoring)을 말한다. 팩터링이란 기업이 영업활동에 의하여 취득한 채권을 그 변제기 전에 양도함으로써 조기에 채권추심의 실효를 거두어 자금을 조달하는 제도이다. 일반적 공통점을 중심으로 팩터링을 정의하면, 거래기업이 그 매출채권을 팩터링회사에 양도하고, 팩터링회사는 기업거래에 갈음하여 채무자로부터 매출채권을 추심하는 동시에 부기 기타 채권추심과 결부되는 업무를 인수하는 행위라고 할 수 있다.

Ⅲ. 상행위에 관한 특칙

1. 민법 총칙편에 대한 특칙

(1) 상행위의 대리

가. 대리의 방식과 효과

(가) 비현명주의

　　상법은 기업활동의 특수성을 고려하여 개별적이며 구체적인 민법의 대리제도를 수정한 특칙을 두고 있다. 법률행위의 대리에 관한 민법의 규정에 의하면 대리인의 의사표시가 직접 본인에 대하여 효과를 발생하려면 대리인이 그의 대리권범위 내에서 본인을 위하여 한다는 것을 표시하고 의사표시를 하여야 한다. 즉 민법은 본인의 이익을 보호하기 위하여 현명주의를 채용하고 있다. 그러나 이러한 원칙을 상행위의 대리에도 적용한다면 거래의 원활과 안전을 기대할 수 없게 된다는 점을 고려하여 상법은 특칙을 두어, 상행위의 대리인이 본인을 위한 것임을 표시하지 아니하여도 그 행위는 본인에 대하여 효력이 있도록 하여 비현명주의를 채택하고 있다.

　　판례에는 '인쇄소의 외무사원이 동 인쇄소를 대표하여 한 인쇄청부계약은 본인을 위하여 계약한다는 표시가 없어도 본인에 대하여 효력이 발생한다'고 한 것과, '지입차주(持入車主)가 차량에 대하여 수리를 하였다 하더라도 이는 자동차 관리의 통상업무에 속하는 행위로서 회사를 대리한 행위라고 보아야 할 것이므로 피고회사는 그 수리비의 부담책임을 면할 수 없다'고 한 것이 있다.

(나) 선의의 제3자보호

상대방이 상행위의 대리인을 본인으로 믿고 거래한 경우에는 상대방은 선택에 따라 본인 또는 대리인에 대하여도 이행을 청구할 수 있다. 이것은 대리인을 본인으로 믿은 거래상대방인 제3자를 보호하는 데 목적이 있으므로 상대방의 부지에 대한 과실의 유무를 불문한다. 다만 엄격한 요식행위인 어음·수표행위의 대리에 있어서는 상법의 특칙이 적용되지 않고 반드시 본인을 위한 것임을 표시하여야 한다.

나. 본인의 사망과 대리권

민법에 의하면 본인이 사망하면 대리권도 소멸한다. 그러나 상사대리에 있어서도 본인의 사망에 의하여 당연히 대리권이 소멸한다면 거래의 안전을 도모할 수 없으며, 또한 기업유지의 이념에도 어긋난다. 그리하여 상법은 상행위의 위임에 의한 대리권은 본인의 사망으로 인하여 소멸하지 않는다는 특칙을 두고 있다. 여기서 '상행위의 위임에 의한 대리권'이란 본인을 위하여 상행위가 되는 수권행위에 의하여 주어진 대리권으로서, 대리권을 수여하는 행위가 본인에게 상행위가 되는 경우라고 할 수 있다. 상인이 영업을 위하여 부속적 상행위로서 지배인을 선임하는 행위가 그 한 예이다.

(2) 소멸시효

사례 3   소멸시효

A와 B는 7년 전에 비상인 C로부터 각각 2천만원의 금전을 차입하였는데, C가 그 반환을 청구하였지만, 이들은 모두 자신들은 상인이므로 C의 채권은 5년의 상사 채권 소멸시효에 의해 소멸되었다는 이유로 면책을 주장하고 있다. 다음과 같은 사업을 하고 있는 A와 B의 주장은 타당한가?
(1) A는 결혼중개인으로서 중개사업을 위하여 5명의 종업원을 고용하고 있으며, 3개의 상담소를 두고 컴퓨터 시스템을 설치하여 매년 5천만원의 수입을 올리고 있다.
(2) 제과기술자인 B는 9백만원의 자금으로 제과점을 개업하여 빵과 과자류를 판매하는 영업을 하고 있으며, 그의 부인이 그 판매를 도와주고 있다

민법은 채권의 소멸시효기간을 10년으로 하고 있다. 그러나 상법에 의하면

상행위로 인한 채권의 소멸시효기간은 상법에 다른 규정이 있는 경우나, 다른 법령에서 이보다 짧은 시효기간을 정하고 있는 경우를 제외하고 모든 상사채권의 소멸시효기간은 5년이다.

　　이러한 시효기간의 단축은 기업거래의 신속한 완료를 위한 것이다. 이 경우에 채권은 당사자의 일방에 대하여 상행위가 되는 행위로 인하여 발생한 것이거나 이와 동일성이 있는 것으로서 상행위로 인하여 발생한 채무의 불이행으로 인한 손해배상채무 및 상행위인 계약의 해제권도 5년의 시효로 소멸한다.

　　판례는 '민법 제164조 제3호 소정의 단기소멸시효의 적용을 받는 노임채권이라 하더라도 당사자들 사이에 이 노임채권에 대하여 준소비대차의 약정을 한 것으로 보는 이상 그 준소비대차계약은 상인인 피고회사가 영업을 위하여 한 상행위로 추정함이 상당하고 이에 의하여 새로이 발생한 채권은 상사채권으로서 5년의 시효의 적용을 받게 되는 것'이라고 한 바 있다.

<사례3 해설> (소멸시효)

(1) A의 행위는 상법 제46조 제11호의 '중개에 관한 행위'에 해당하고, 중개행위를 위한 규모와 설비를 갖추고 영업을 수행하고 있기 때문에, A는 중개행위를 영업으로 하는 당연상인이다. 따라서 C의 A에 대한 채권은 상법 제64조에 의하여 상사채권의 소멸시효기간인 5년을 경과하였기 때문에 당연히 소멸된 것이고, 또한 상법 제64조는 쌍방적 상행위 뿐만 아니라 일방적 상행위에도 적용되므로, C의 채권이 소멸되었다는 A의 주장은 정당하다.

(2) B의 행위는 상법 제46조 제3호의 '제조에 관한 행위'에 해당하고, B가 이를 영업으로 하고 있기 때문에 B는 당연상인이다. 다만 부인이 빵과 제과류의 판매를 돕고 있으며, 그 자본총액이 1천만원에 미달하기 때문에, B는 소상인이다. 따라서 C의 B에 대한 채권은 상법 제64조에 의하여 상사채권의 소멸시효기간인 5년을 경과하였기 때문에 당연히 소멸된 것이고, 또한 상법 제64조는 일방적 상행위는 물론이고 소상인의 상행위에도 적용되므로(제9조), C의 채권이 소멸되었다는 B의 주장은 정당하다.

---

2. 민법 물권편에 대한 특칙

(1) 유질계약의 허용

민법은 질권설정시 또는 채무변제기 전의 계약으로 질권자에게 변제에 갈음하여 질물의 소유권을 취득하게 하거나, 법률이 정한 방법에 의하지 아니하고 질물을 처분할 수 있게 하는 유질계약을 금지하고 있다.

　　그러나 상법에서는 상행위로 인하여 발생한 채권을 담보하기 위하여 설정한 질권에 대해서는 유질계약을 허용하고 있다. 그 이유는 영리를 목적으로 항상 이해타산에 밝은 상인간의 상거래에 있어서 채무자의 보호는 무의미하고, 또 기업금융의 원활화와 신속한 상거래를 도모하기 위한 것이다.

(2) 상인간의 유치권

　사례 4　　상인간의 유치권

　중고자동차의 매매수리업자 A는 운송업자 B에게 중고트럭을 매도하고 소유권을 이전한 다음 일주일 후 잔금을 지급받기로 하였다. 10일이 지난 후 잔금을 지급하지 않은 상황에서 B는 자기 소유의 승용차가 고장이 나자 A에게 그 수리를 맡겼다. 수리가 끝난 후 B가 수리비를 지급하고 승용차를 가져가려고 하자, A는 트럭에 대한 잔금의 미지급을 이유로 그 승용차에 대해 유치권을 행사하려 한다. A의 주장은 정당한가?

　　상인간의 상행위로 인한 채권이 변제기에 있는 때에는 다른 약정이 없으면 채권자는 변제를 받을 때까지 그 채권자에 대한 상행위로 인하여 자기가 점유하고 있는 채무자소유의 물건 또는 유가증권을 유치할 수 있다.

가. 피담보채권

　　① 채권은 상인간의 쌍방적 상행위로 인하여 발생한 것이어야 한다. 이 점이 민사유치권과 위탁매매인·운송주선인 등의 유치권 등과 다르고 대리상의 유치권과 같다. 그러므로 채권자는 제3자로부터 양수한 채권에 대하여 유치권을 행사할 수 없다. ② 채권은 변제기가 도래한 것이어야 한다.

나. 목 적 물

　　① 채무자소유의 물건 또는 유가증권이어야 한다. 이 점이 민사유치권 및 특별상사유치권과 다르다. ② 목적물은 상행위로 인하여 채권자가 점유를 취득한 것이어야 한다.

다. 피담보채권과 목적물과의 관련성

피담보채권과 유치물 사이에는 일반적 관련성만 있으면 된다. 그러므로 상인은 채권이 직접 점유물에 관하여 생긴 것이 아니라도 채무자와의 사이에 상행위로 인하여 점유하게 된 물건이면 무엇이든지 유치할 수 있다.

라. 배척의 특약

유치권은 당사자간의 특약에 의하여 배척될 수 있다. 이 배척의 특약은 묵시적으로도 성립할 수 있다고 본다.

마. 유치권의 효력

상인간의 유치권의 효력에 관하여는 상법에서 특칙을 규정하고 있지 않으므로 민법의 유치권에 관한 규정을 준용한다. 그 결과 유치권자는 채권 전부의 변제를 받을 때까지 유치물 전부에 대하여 권리를 행사할 수 있다. 또한 우리 상법은 민사유치권의 경우와 마찬가지로 상사유치권자의 우선변제권을 인정하지 않고 있으나, 다른 채권자가 목적물을 경매한 경우에 유치권자는 채권의 변제가 없는 한 목적물의 인도를 거부할 수 있으므로 실제로는 우선변제권과 같은 효과를 기대할 수 있다.

<사례4 해설> (상인간의 유치권)

A는 상법 제58조의 요건을 구비하면 유치권을 행사할 수 있다. 즉 쌍방적 상행위에 의해서 발생한 채권이 변제기에 도래해야 하고, 채권자가 점유하는 물건이 채무자의 소유이어야 하며, 채권과 물건 사이에는 견련관계가 필요하지 않고 일반적 관련성만 있으면 된다. 사례에서 A와 B는 모두 상인이어서 B의 트럭 매매대금채권은 쌍방적 상행위에 의해 발생한 것이며, 그 채권은 변제기에 도달하였고 유치하려는 승용차는 B의 소유에 속하는 동산이다. 또한 승용차는 B의 의사에 의하여 A가 점유를 취득하였으며, A와 B 사이에는 유치권의 배제에 관한 특약이 존재하지 않는다. 상사유치권의 경우 채권자의 채권과 그가 점유하는 물건과의 사이에는 견연관계가 필요하지 않기 때문에, A의 트럭 매매대금채권이 현재 점유하고 있는 승용차와 아무런 관계가 없어도 유치권의 성립이 가능하다. 따라서 A의 유치권 행사는 신의성실의 원칙에 반하지 않고 정당하다.

3. 민법 채권편에 대한 특칙

(1) 상사계약의 성립

가. 계약청약의 효력

대화자간에 있어서 계약의 청약을 받은 자가 즉시 승낙하지 아니한 때에는 그 청약은 당연히 실효한다. 또한 격지자간에 있어서 승낙기간을 정하지 않은 계약의 청약을 받은 자가 상당한 기간 내에 승낙의 통지를 발송하지 않은 때에도 그 청약은 실효한다. 그러므로 상당한 기간이 경과한 후에 승낙의 통지를 하여도 계약이 성립하지는 않는다. 그러나 지연된 승낙은 청약자측에서 상대방의 새로운 청약으로 볼 수 있다.

나. 계약의 청약을 받은 상인의 의무

(가) 낙부통지의무

상인이 상시 거래관계에 있는 자로부터 그 영업부류에 속하는 계약의 청약을 받은 때에는 지체없이 낙부(諾否)의 통지를 발송하여야 하며, 이를 해태한 때에는 청약을 승낙한 것으로 본다. 이 특칙은 격지자간에 승낙기간을 정하지 않은 경우에 적용되며, 청약을 받은 자는 상인이어야 하나 청약자는 상인임을 요하지 않는다. '상시 거래관계에 있는 자'란 청약이 있기 전부터 거래관계가 지속되고 있어서 반복적인 거래가 기대될 수 있는 자를 말한다. 청약은 상인이 영업으로 하는 기본적 상행위에 속하는 거래에 관한 것이어야 하며 계약해제 및 대물변제의 청약의 경우에는 적용되지 않는다.

(나) 물건보관의무

상인이 그의 영업부류에 속하는 계약의 청약을 받은 경우에 청약과 함께 견품 기타의 물건을 받은 때에는 그 청약을 거절한 때에도 청약자의 비용으로 그 물건을 보관하여야 한다. 그러나 물건의 가액이 보관비용을 상환하기에 부족하거나 보관으로 인하여 손해를 받을 염려가 있는 때에는 보관의무가 없다. 이 의무는 특히 격지거래의 경우에 발생하며 청약을 받은 자는 반드시 상인이어야 하나 청약자는 상인임을 요하지 않는다. 이 의무를 불이행한 경우에는 손해배상책임을 진다.

(2) 상항위의 유상성(영리성)

가. 보수청구권

민법의 무상원칙에 대한 예외로서 상법은 상인이 그 영업범위 내에서 타인을 위하여 행위를 한 때에는 이에 대하여 상당한 보수를 청구할 수 있다.

나. 체당금의 이자청구권

상인이 그의 영업범위 내에서 타인을 위하여 금전을 체당한 때에는 체당한 날 이후의 법정이자를 청구할 수 있다. '금전의 체당'이란 타인을 위하여 채무의 변제로서 금전을 지급하는 것을 말하며 위임·도급·고용·사무관리 등의 경우에 하게 된다. 체당금의 경우는 소비대차와 달리 상대방이 상인이 아니라도 이자를 청구할 수 있다.

다. 소비대차의 이자

민법의 규정에 의하면 소비대차에 관하여 특약이 없는 한 이자를 붙일 수 없다. 그러나 상법에 의하면 상인간에 금전의 소비대차를 한 경우에는 특약이 없어도 대주(貸主)는 법정이자를 청구할 수 있다.

라. 법정이율

민법의 법정이율은 연 5푼이지만, 상행위로 인한 채무의 법정이율은 연 6푼이다. 여기서 상행위란 쌍방적 상행위에 한하지 않고 일방적 상행위도 포함한다. 상사법정이율은 상행위가 아닌 불법행위로 인한 손해배상청구권에는 적용되지 않으며, 어음·수표에 의한 채무는 상행위와 관계없이 법정이율이 연 6푼이다.

마. 수치인의 의무

민법에 의하면 보수없이 임치를 받은 자는 임치물을 자기재산과 동일한 주의로 보관하면 된다. 즉 무상임치의 경우에는 주의의무가 경감되고 있다. 그러나 상법에 의하면 상인이 그 영업범위 내에서 물건의 임치를 받은 경우에는 무보수인 때에도 선량한 관리자의 주의를 하여야 한다.

(3) 상사채권의 인적담보

가. 다수채무자간의 연대책임

상법은 상사채권의 인적담보를 강화하여 거래의 안전과 보호를 기하기 위하여 다음과 같은 특칙을 두고 있다. 채무자가 수인인 경우에 민법에서는 분할책임주의를 채택하고 있으나, 상법에 따르면 수인이 그 1인 또는 전원에 대하여 상행위가 되는 행위로 인하여 채무를 부담한 때에는 연대하여 변제할 책임이 있다. 이 특칙은 채무의 이행을 확보하고 거래의 안전을 도모하기 위한 것이다.

나. 보증인의 연대책임

보증인이 있는 경우에 상법에 의하면 보증이 상행위이거나 주채무가 상행위로 인하여 생긴 때에는 주채무자와 보증인은 연대하여 변제할 책임이 있다. 이 규정은 민법상의 보증인은 특약에 의하여 배제되지 않는 한 최고 및 검색의 항변권을 갖고, 보증인이 수인인 경우에 분별의 이익이 있는 데 대한 특칙이다.

4. 상사매매

(1) 매도인의 공탁 및 경매권

사례 5 매도인의 공탁 및 경매권

청과물 수입상인 갑은 매매계약에 따라 100만원 상당의 바나나를 소매상인 을에게 보냈으나 을은 바나나가 너무 익었다는 이유로 그 수령을 거절하였다. 그리하여 갑은 바나나의 경매를 신청하였고, 이에 대하여 자신이 40만원의 가격으로 경락인이 되었다. 갑은 을에 대하여 매매대금의 잔액(40만원을 공제한 금액)을 청구할 수 있는가?

상인간의 매매에 있어서 매수인이 목적물의 수령을 거부하거나 이를 수령할 수 없는 때에는 매도인은 그 물건을 공탁하거나 상당한 기간을 정하여 최고한 후 경매할 수 있다. 민법에서는 공탁을 원칙으로 하고 경매는 특수한 경우에 법원의 허가를 얻어야만 할 수 있다. 이러한 원칙을 상사매매에도 적용하게 되면 매도인의 이익을 충분히 보호할 수 없기 때문에 상법에서는 민법에 대한 특칙을 두고 있다. 즉 상법에 의하면 매도인은 공탁권과 경매권 중 어느 것이든지 자유로이 선택하여 행사할 수 있다. 이러한 경우에 인정되는 경매권을 매도인의 자조매각권이라 한다.

공탁이나 경매를 한 때에는 지체없이 매수인에게 그 통지를 발송해야 한다.

이 의무는 경매의 요건은 아니지만 이를 해태한 때에는 손해배상책임을 진다. 경매대금에서 경매비용을 공제한 잔액은 공탁해야 되지만, 매도인에게는 그 전부 또는 일부를 매매대금에 충당할 수 있는 변제충당권이 있다.

<사례5 해설> (매도인의 공탁 및 경매권)

양 당사자는 모두 상인이고 상사매매계약이 성립되었으며, 을은 적법한 매도인의 이행에 대하여 수령을 거절함으로써 갑에게는 경매권이 생기게 된다(제67조 제1항). 그리고 바나나는 멸실의 위험이 있으므로 최고를 하지 않고 경매할 수 있다(제67조 제2항). 이 경우에 갑은 경매 후 지체없이 을에게 경매의 통지를 하여야 하며(제67조 제1항 제2문), 민법과는 달리 갑에게 변제충당권이 안정되므로 경배대금 40만원을 매매대금으로 충당할 수 있다(제67조 제3항). 따라서 을은 매매대금에서 경락대금을 공제한 잔액인 60만원을 지급하여야 한다.

---

(2) 매수인의 검사 및 통지의무

사례 6 매수인의 검사 및 통지의무

건재상 갑은 수도관제조업자 을로부터 매매계약에 따라 1998년 4월 15일에 1,000만원 상당의 수도관을 공급받아 창고에 쌓아 놓았다. 며칠 후 창고관리인이 많은 수도관에 녹(단청)이 슬어 있음을 발견하고 이를 갑에게 알렸다. 이후 갑은 을에게 수도관에 하자가 있다는 것을 통지하였는데 갑의 행위는 정당한가?

민법에 의하면 매매의 목적물에 하자 또는 수량부족이 있는 때에 매수인은 대금감액청구권·계약해제 및 손해배상청구권을 매수인이 악의인 때에는 계약을 체결한 때로부터 1년 내에, 선의인 때에는 사실을 안 때로부터 1년 또는 6월 이내에 행사할 수 있다.

그러나 상인간의 매매에 있어서는 매수인이 목적물을 수령한 때에는 지체없이 이를 검사하여 즉시 매도인에게 하자 또는 수량부족을 통지하지 아니하면 대금감액·계약해제 또는 손해배상청구권을 잃는다. 그러나 하자를 즉시 발견할 수 없는 때에는 6월 내에 발견하여 통지하면 된다. 통지의무는 그 의무위반의 경우에 일정한 권리를 상실하는 데 불과한 불완전의무 또는 간접의무라고 할 수 있다.

이 매수인의 검사 및 통지의무는 ① 상인간의 매매이어야 하고, ② 매수인이 검사할 수 있도록 목적물을 실제로 수령하였어야 하고(이 경우에 화물상환증이나 선하증권의 인도와 같은 간접점유의 경우는 제외된다), ③ 목적물에 하자가 있거나 수량부족이 있어야 하고(이때의 하자는 물건의 성질·형상·효용에 관한 것에 한하며, 권리의 하자를 포함하지 않는다), ④ 매도인에게 악의가 없어야 한다(즉 매도인이 목적물의 인도시기에 목적물에 하자 또는 수량부족이 있다는 것을 몰랐어야 한다).

<사례6 해설> (매수인의 검사 및 통지의무)

민법의 규정(민법 제574조, 제580조, 제582조)에 의하면 갑은 을에 대하여 하자담보책임을 추궁할 수 있으나 갑과 을은 상인이므로 상법 제69조가 적용된다. 양자 사이에는 통지에 관하여 이를 배제하는 특약이 존재하지 않으며 매도인에게는 악의가 없으므로 갑은 수도관을 지체없이 검사하고 하자를 발견하였을 때는 지체없이 통지하여야 할 의무가 있다. 이 경우는 쉽게 찾아낼 수 있는 뚜렷한 하자가 존재하므로 며칠이 지난 후에 한 통지는 하자의 발견 이후 즉시 하더라도 지체없이 검사하여 즉시 통지한 것이라고 할 수 없다. 따라서 갑은 을에 대하여 하자담보책임을 추궁할 수 없으며, 이 경우에 대금의 선급이 없는 경우에 갑은 매매대금의 지급의무를 지게 될 뿐이다.

(3) 매수인의 보관·공탁 및 경매의무

민법에 의하면 매매의 목적물의 하자 또는 수량의 부족에 의하여 매수인이 계약을 해제한 때에는 매수인은 목적물을 반환할 의무를 부담할 뿐이다. 그러나 상법은 위의 경우에 매수인에게 특수한 의무를 지워 매도인의 보호와 거래의 안전을 도모하고 있다.

상법에 의하면 매수인이 계약을 해제한 때에도 매도인의 비용으로 매매의 목적물을 보관 또는 공탁하여야 하고, 만일 목적물이 멸실 또는 훼손될 염려가 있는 때에는 법원의 허가를 얻어 경매하여 그 대가를 보관 또는 공탁하고, 지체없이 매도인에게 경매의 통지를 발송하여야 한다(제70조 제1항). 이러한 경매를 긴급매각이라 한다. 이러한 의무는 매수인이 매도인으로부터 주문한 물건과 다른 물건 또는 주문수량을 초과한 물건의 인도를 받은 경우에도 진다.

(4) 확정기매매

확정기매매에 관한 민법의 규정에 의하면, 당사자의 일방이 그 시기가 도래하여도 이행하지 않는 때에 계약을 해제하려면 이행의 최고는 필요가 없으나 해제의 의사표시가 있어야 한다. 그러나 상법에서는 상인간의 확정기매매의 경우에 당사자의 일방이 이행시기를 경과한 때에는 상대방이 즉시 이행의 청구를 하지 아니하면 계약은 해제된 것으로 본다. 즉 시기가 경과하면 상대방의 의사표시가 없어도 해제의 효과가 발생한다.

IV. 상법에 특유한 제도

1. 상호계산

사례 7   상호계산

을은 A 소유의 건물에서 백화점을 경영하고 있는 A는 양복 부문의 판매를 담당하기로 하면서, 을은 A에게 양복을 원가로 공급하고 그 매상고를 분배하기로 함과 동시에 15일마다 양자간의 채권·채무를 상계하고 잔액을 지급하기로 하였다. 그런데 A의 채권자 갑은 A와 을간의 거래로 인한 A의 을에 대한 채권을 압류하고 전부명령을 받아 을에 대하여 그 지급을 청구하고 있는데, 이러한 갑의 청구는 타당한가?

(1) 상호계산의 개념 및 요건

기업이 거래가 있을 때마다 결제를 하게 되면 번잡하고, 더욱이 격지자 사이에는 송금의 비용과 위험 등의 불이익이 따른다. 그러므로 일정한 기간 내에 발생한 거래를 일괄하여 상계하면 대차관계가 일목요연하고, 그 결제가 간단하게 될 뿐만 아니라 자금의 고정화를 피할 수 있는 실익이 있다.

상호계산이란 상인간 또는 상인과 비상인간에 있어서 상시 거래관계가 있는 경우에 일정기간 내의 거래로 인한 채권·채무의 총액에 대하여 상계하고 그 잔액을 지급할 것을 약정하는 계약을 말한다.

1) 상호계산계약의 당사자 중 적어도 일방은 상인이어야 한다. 그러므로 비상인간에 상호계산과 동일한 내용의 계약을 체결하더라도 상법상의 상호계산은 아니다.

2) 당사자간에는 채권·채무를 생기게 하는 계속적인 거래관계가 있어야 한다. 그러므로 당사자의 일방은 채권자만 되고, 타방은 채무자만 되는 소매상과 일반소비자 사이에는 상호계산이 성립할 수 없다.

3) 상호계산의 목적이 되는 것은 일정기간 내에 거래로부터 생긴 채권·채무이다. 기간은 당사자간에 임의로 정할 수 있으나 특약이 없으면 6월로 한다. 상호계산의 대상이 되는 채권·채무는 금전채권에 한한다. 그러나 금전채권이라도 특약이나 그 성질상 즉시 또는 현실로 이행되어야 할 채권이나, 증권에 의하여 권리행사를 하여야 하는 어음채권 등 유가증권상의 채권은 제외된다.

(2) 상호계산의 효력

가. 상호계산기간 만료 전의 효력

(가) 상호계산불가분의 원칙

상호계산기간중에 당사자간의 거래에서 생긴 채권·채무는 모두 계산에 계입되어 그 독립성을 잃는다. 따라서 각 당사자는 각개의 채권을 행사하거나 양도·입질·압류할 수 없으며 상호계산 외의 타 채무와 상계하지 못한다. 또한 이 시기중에는 시효의 진행이나 이행의 지체가 문제되지도 않는다. 이러한 효력을 '상호계산불가분의 원칙'이라 한다.

(나) 상업증권이 수수된 경우

이러한 원칙에 의하여 일단 계입된 채권·채무는 당사자가 상대방의 동의 없이 임의로 제거할 수 없다. 그러나 예외로 어음 기타의 상업증권을 수수한 대가로서의 채권·채무를 상호계산에 계입한 때에 증권상의 채무자가 변제를 하지 않는 때에는 당사자는 일방적으로 그 항목을 제거할 수 있다.

나. 상호계산기간 만료 후의 효력

(가) 잔액의 확정

상호계산기간이 만료하면 당사자는 채권·채무의 총액에 대하여 일괄상계하여 지급할 잔액을 확정한다. 잔액은 당사자의 일방이 채권·채무의 각 항목과 상계잔액을 기재한 계산서를 제출하여 상대방이 승인함으로써 확정된다. 계산서의 제출은 승인을 구하는 청약이고 승인은 그에 대한 승낙으로서 잔액의 확정계약이 성립한다. 잔액은 구채무로부터 독립된 새로운 채권으로 취급되며, 잔액 채권에는 다음과 같은 효력이 생긴다.

(나) 잔액채권의 효력

승인한 후에 각 당사자는 채권·채무의 각 항목에 대하여 이의를 제기하지 못한다. 그 결과 각 항목채권의 원인이 되는 거래의 무효, 취소 또는 해제를 이유로 잔액채권 자체를 다툴 수 없다. 물론 계산서의 각 항목에 관하여 착오 또는 탈루가 있는 때에는 예외이지만, 이 경우에도 상호계산의 안전성을 보호하는 관점에서 보면 잔액채권을 다툴 수 있다는 의미가 아니라 상호계산관계 밖에서 부당이득의 반환을 청구할 수 있는 것이다.

잔액채권은 독립된 채권이기 때문에, 계산에 계입된 종전의 개별 채권에 부수되었던 보증채무와 기타 담보는 특약이 없는 한 소멸하므로 잔액채권을 담보하지 않는다.

당사자는 특약에 의하여 계산에 계입된 날로부터 각 항목채권에 이자를 붙이기로 한 경우에도 잔액채권에 대하여 계산폐쇄일 이후의 법정이자를 청구할 수 있다. 이때에는 예외적으로 중리(重利)가 인정된다.

<사례7 해설> (상호계산)

1) 상호계산이란 상인간 또는 상인과 비상인간에 상시 거래관계가 있는 경우에 일정한 기간의 거래로 인한 채권채무의 총액에 관하여 상계하고 그 잔액을 지급할 것을 약정하는 계약을 말한다(제72조). 상호계산에 계입된 채무는 불가분의 성질을 가지며 제3자가 개별적인 채권을 압류할 수 있는지가 문제되므로, 압류의 대상인 채권에 대한 약정이 상호계산인지를 먼저 검토하여야 한다. 백화점을 경영하는 을과 양복을 판매하는 A는 상인이므로 상인간의 거래이고, 양복의 공급과 매상고의 분배에 관한 계약은 상시의 거래관계라고 할 수 있으며, 일정한 기간인 15일마다 상계하고 남은 잔액을 지급하기로 하는 것은 상호계산계약에 해당된다. 따라서 이에 계입된 채권채무에는 소위 상호계산불가분의 원칙이 적용되어 개별적으로 이행청구를 할 수 없으며 개별적으로 시효가 진행되지도 않는다.

2) 다만 상호계산불가분의 효력이 제3자에 대해서도 미치는지에 대해서는 논의가 있다. 즉 제3자는 상호계산에 계입된 채권채무를 개별적으로 양도·입질·압류할 수 있는지에 관한 것이다. 상호계산에 관한 규정은 강행규정이라는 이유로 제3자의 선·악의를 불문하고 모두 무효가 된다는 절대적 효력설과, 채무면탈을 위해 상호계산에 채권을 계입할 수도 있어 부당하다는 이유로 당사자간의 효력만을 인정하는 상대적 효력설이 있다. 또한 양도와 입질의 경우에는 상대적 효력설을 취하고 압류의 경우에는 절대적 효력설을 취하는 절충설도 있다. 사례와 같은 압류의 경우에는 절대적 효력설과 절충설은 압류를 무효로 보고 상대적 효력설에 의하면 유효한 것으로 본다.

2. 익명조합

사례 8 익명조합

갑은 평소 알고 지내던 을이 사업수완이 있음을 알고, 술집동업을 하자고 제의하여, 다음과 같은 계약을 맺고 영업을 시작하였다.

① 갑은 현금 3억원을 출자하여 2억원은 점포구입에, 1억원은 운영자금에 충당하고, 을은 경영을 담당하되 다른 사업에는 종사하지 않는다.

② 을은 갑에게 매월 수익 유무와 상관없이 출자금의 3%에 해당하는 배당금을 지급하고, 이익발생시에는 이익금의 1할을 추가로 분배한다.

③ 영업손실은 전적으로 을이 부담한다.

④ 을은 매월 10일까지 전월의 영업수지계산서를 갑에게 제출한다.

그러나 개업 6개월 후부터 을의 무리한 경영으로 사업이 부실해지자 갑은 을이 자신을 속인다고 생각하고 점포로 찾아가 강제로 가게문을 닫는 등 방해를 하면서 그 시정을 요구하고, 을은 이를 이유로 그 기간 동안의 배당금 및 이익금을 지급하지 아니하였다. 그러는 동안 위 업무의 채권자 병은 채권확보를 위하여 을명의의 점포를 압류하고 경매를 신청하였다. 갑-을, 갑-병의 법률관계를 논하라.

(1) 익명조합의 의의 및 요건

익명조합은 자본가와 유능한 경영자가 함께 형성한 기업형태로서 출자자인 자본가는 배후에 숨어 있어서, 외부에서 보면 영업자인 경영자의 개인기업으로 보이는 내적조합이다. 익명조합이란 당사자의 일방이 상대방의 영업을 위하여 출자하고 상대방은 영업으로 인한 이익을 분배할 것을 약정하는 계약을 말한다.

1) 익명조합의 당사자는 출자자인 익명조합원과 상인인 영업자이다. 익명조합원은 누구나 될 수 있으며, 수인이 공동으로 익명조합원이 될 수 있지만, 영업자는 반드시 상인이어야 한다. 상인자격은 계약 이전에 존재하지 않아도 되므로 계약과 동시에 영업을 개시하여도 무방하다. 영업자는 다수의 출자자와 익명조합계약을 맺을 수 있으며, 이 경우에는 영업자와 각 출자자 사이에 개별적으로 수개의 독립된 익명조합계약이 병존하게 된다. 그러나 출자자 상호간에는 아무런 법률관계도 존재하지 않는다.

2) 익명조합원은 영업자의 영업을 위하여 출자하여야 한다. 영업은 반드시

영업자의 영업 전부일 필요는 없고 독립된 단위로 볼 수 있으면 영업의 일부라도 상관없다. 출자의 목적은 금전 기타 재산에 한하며, 출자는 법률상 영업자의 재산에 귀속된다.

3) 영업으로부터 생긴 불확실한 이익을 분배하는 것이 익명조합에 있어서 중요한 요소가 된다. 그러므로 당사자간에 분배이익의 최고한도를 정하는 것은 무방하지만 최저한도를 보장하는 것은 확정이자의 지급과 같으므로 익명조합의 본질에 어긋난다.

4) 판례는 '대외관계에 있어서는 어느 주식회사의 지방출장소장으로 되어 있으나 대내적으로 그 회사의 영업을 위하여 출자를 하고 그 영업에서 생기는 이익의 분배를 받을 것을 약정한 사실이 인정되는 경우에는 특별한 사정이 없는 한 출자를 한 자와 회사와의 관계는 상법상의 익명조합관계에 있다'고 한 것이 있다. 이와는 반대로 '동업계약관계에 있어서 당사자의 일방만이 영업을 담당하고 대외적으로도 권리의 주체가 되며 상대방에게는 매상액 중 일정금액의 지급을 약정한 것은 상법상의 익명조합도 아니고 민법상의 조합도 아니'라는 판례도 있다. 그러나 후자의 경우도 이익 중에 일정한 비율을 분배하는 약정과 유사한 것으로서 익명조합이라고 봄이 타당하다.

(2) 익명조합의 효력

가. 익명조합원의 의무

(가) 출자의무

익명조합원은 계약에서 정한 출자의무를 진다. 출자의 목적은 금전 기타의 재산에 한하며 신용 또는 노무는 인정되지 않는다. 출자는 영업자의 재산에 귀속되므로 재산권이전에 필요한 모든 행위를 하여야 한다.

(나) 손실분담의무

이익분배와 달라서 손실분담은 익명조합에 있어서 그 요소가 된다고 할 수 없지만 익명조합도 경제적으로는 공동기업이므로 손실도 분담하는 것으로 본다. 그리하여 계약에서 이를 배제하고 있지 않는 한 손실분담의 약정이 있는 것으로 추정되어야 할 것이다. 그러므로 손실분담의 비율은 약정이 없더라도 이익분배의 비율과 같은 것으로 추정된다.

(다) 지위 불양도의무

익명조합도 내적조합으로서 인적인 신용이 중시되므로 익명조합원의 지위는 출자의무의 이행이 완료된 후라도 영업자의 동의가 없이는 이를 타인에게 양도할 수 없다.

나. 영업자의 의무

(가) 업무집행의무

영업자는 익명조합원의 출자를 계약의 목적에 따라 사용할 의무가 있으며 동시에 선량한 관리자의 주의로써 기업을 경영할 의무를 진다. 그러므로 익명조합원은 영업자가 계약에서 정한 바에 따라 영업을 개시하지 않거나 영업활동을 실행하지 않는 때에는 그 개시와 실행을 청구할 수 있으며, 이에 응하지 않을 경우에는 익명조합계약을 해지할 수 있다.

(나) 영업상태개시의무

익명조합원은 영업에 관하여 밀접한 이해관계를 가지므로 영업자는 익명조합원에 대하여 영업상태의 개시의무를 진다. 그리하여 익명조합원은 영업연도말에 영업시간 내에 한하여 회계장부, 대차대조표, 기타의 서류를 열람할 수 있으며, 더욱이 중요한 사유가 있는 때에는 언제나 법원의 허가를 얻어 위의 서류등의 열람과 검사를 할 수 있다.

(다) 이익분배의무

이익분배는 익명조합의 요소이므로 영업자는 영업으로 인한 이익을 분배할 의무를 지며 익명조합원은 이익에 대하여 분배청구권을 갖는다. 이익분배는 특약이 없는 한 출자한 비율에 따른다. 즉 익명조합원의 출자액을 영업자가 영업을 위하여 사용한 재산액과 노무의 평가액 등과 비교하여 분배의 비율을 정한다. 영업연도는 특약이 없는 한 1년으로 볼 것이다.

(라) 경업금지의무

익명조합에 있어서 영업자는 합자회사의 무한책임사원과 같으므로 경업금지의무를 진다고 할 수 있으나 익명조합에 대하여는 개입권에 관한 규정이 없으므로 익명조합원은 업무집행의무의 위반행위에 대한 정지나 손해배상청구를 할수 있을 뿐이다.

다. 익명조합의 대외적 관계

익명조합은 대외적으로는 영업자의 개인기업과 같기 때문에 익명조합원은 제3자에 대하여 권리나 의무가 없다. 그러나 익명조합원이 영업자의 상호 중에 자기의 성명을 사용하게 하거나 자기의 상호를 영업자의 상호로 사용할 것을 허락한 때에는 그 사용 이후의 채무에 대하여 영업자와 연대하여 변제할 책임이 있다.

<사례8 해설> (익명조합)

1) 갑-을의 법률관계: 갑과 을의 계약은 익명조합계약으로 본다. 따라서 갑은 을에 대하여 감시권을 행사할 수 있으나, 영업에 대한 직접적인 개입은 불가능하다. 이 사례에서는 분명하지 않으나. 만약 갑이 감시권의 범위를 초월하여 부당하게 영업을 방해한 사실이 인정되고 그 결과 을에게 손해가 발생되었음이 인정되었다면 손해를 배상하여야 하며, 이익분배의무가 있는만큼 계약에 따른 의무를 이행하여야 한다.

2) 갑-병의 법률관계: 갑과 을의 계약은 익명조합계약이므로 갑이 출자한 모든 재산은 을에게 귀속된다(제79항). 따라서 갑과 병은 상호간 아무런 관계가 없고, 병은 갑의 방해를 받지 아니하고 채권을 행사할 수 있다.

Ⅴ. 상행위 각론

1. 대 리 상

사례 9   대리상

A가 갑보험회사와 대리점계약을 체결함에 있어서 A의 보증인 을은 '보증인은 대리점이 대리점계약에 기하여 부담하는 채무에 대하여 대리점과 연대하여 책임을 진다'고 약정하였다. 그러나 A는 보험계약의 청약을 받은 때에는 이를 갑회사에 통지하여야 하는 대리상의 의무를 위반하여 B와 화재보험계약을 체결하였고, B가 화재를 당하여 갑은 B에게 보험금을 지급하였다. 그리하여 갑은 A의 통지의무 위반으로 위 화재보험계약을 재보험에 부보할 기회를 상실하여 손해를 보았다는 이유로 을에 대하여 손해배상을 청구하였다. 을은 손해배상책임이 있는가?

대리상이란 일정한 상인을 위하여 상업사용인이 아니면서 상시 그 영업부류에 속하는 거래의 대리 또는 중개를 영업으로 하는 자이다.

(1) 대리상의 요건

대리상은 '일정한 상인'(대리상 포함)의 영업활동을 보조하는 자이다. 일정한 상인은 1인이거나 수인이라도 상관없지만 반드시 특정되어야 한다. 즉 일정한 상인을 보조한다는 점이 불특정다수의 상인 또는 비상인을 상대로 하는 중개인이나 위탁매매인과 다르다.

대리상은 일정한 상인을 '계속적(상시)으로 보조'하는 자이다. 그러므로 1회 또는 일시적으로 대리행위를 하는 상행위의 대리인과 다르다.

대리상은 일정한 상인의 '영업부류에 속하는 거래의 체결'을 그 상인의 명의와 계산으로 대리하거나 중개하는 자이다. 그러므로 매매업을 하는 상인을 위하여 금융의 대리 또는 중개를 하는 자는 대리상이 아니며, 일정한 상표의 제품을 자기의 명의와 계산으로 판매할 의무를 지는 특약점이나 대리점도 대리상이 아니다.

대리상은 '독립된 상인'이다. 즉 거래의 대리의 인수 또는 중개라고 하는 상행위를 영업으로 하는 상인이다. 독립된 상인이란 상업사용인과는 달리 자기활동에 대하여 제약을 받지 않으며 활동시간도 자유로이 정할 수 있는 자를 말한다.

판례는 '대리점은 독립된 상인이므로 특별한 사정이 존재하지 않는 한 본인은 대리점의 불법행위에 대하여 사용자책임을 부담하지 않는다'고 판시하고 있다.

(2) 대리상과 상업사용인의 차이

① 대리상은 자기의 독립된 영업소를 갖고 보조하는 데 비하여, 상업사용인은 영업주의 영업소에서 보조한다. ② 대리상은 수수료를 받는 데 비하여, 상업사용인은 급료를 받는다. ③ 대리상은 자기기업의 위험을 부담하는 데 비하여, 상업사용인은 기업의 위험을 부담하지 않는다. ④ 대리상은 특정되는 한 복수의 상인을 보조할 수 있는 데 비하여, 상업사용인은 1인의 상인만을 보조한다. ⑤ 대리상은 독립된 상인으로서 자연인뿐만 아니라 법인도 될 수 있지만, 상업사용인은 자연인만이 될 수 있다. ⑥ 대리상은 본인의 영업부류에 속한 거래나 동종영업을 목적으로 하는 회사의 무한책임사원 또는 이사가 되지 못하지만, 상업사용인은

영업의 목적을 달리하는 회사의 무한책임사원이나 이사 또는 다른 상인의 사용인도 되지 못한다.

<사례9 해설> (대리상)

1) 보험대리점은 전형적인 대리상이라고 할 수 있다. 체약대리상과 본인과의 내부적인 법률관계는 대리상계약에 의하여 정해지지만 상법에서는 특히 대리상의 통지의무(제88조), 경업피지의무(제89조), 유치권(제91조)에 관하여 규정하고 있다. 이러한 규정에 의하여 대리상계약으로부터 생기는 효과가 일정한 범위로 정형화되고 있는 것이다.

2) 이 사례의 경우에 대리상 A와 갑이 대리점계약의 통지의무에 관한 규정이 있을 뿐만 아니라 상법 제88조에서도 대리상의 통지의무를 법정하고 있으므로 A가 갑에게 손해배상책임을 지는 것은 당연하다. 그러나 보증인 을도 A와 동일한 의무를 진다는 것은 통상적으로 당사자의 의사에 반한다고 할 수 있다. 그러므로 특별한 사정이 있었음을 갑이 입증하지 못하는 한, 을은 그 특별한 사정에 기한 A의 채무에 대하여는 책임을 지지 않는다고 할 것이다.

2. 중 개 업

사례 10　중개업

건축업자 갑은 중개인 을에게 전화로 일정한 규격의 철근 100톤의 구매를 중개하여 줄 것을 위탁하였다. 그러나 을은 중개를 위하여 아무런 노력도 기울이지 않다가 상당한 기간이 경과한 후에 철근판매업자 병을 갑에게 알려 주었을 때는 철근가격이 매톤당 100% 이상이 상승한 후였다. 갑은 상승된 가격으로 계약을 체결하여야 되는가? 갑은 상승한 가격에 대하여 을에게 손해의 배상을 청구할 수 있는가?

중개인은 위탁자를 위하여 거래상대방을 구하며 계약체결을 용이하고 신속하게 하는 상인의 보조기관이다. 중개인이란 타인간의 상행위의 중개를 영업으로 하는 자를 말하는데, 그 개념요소는 다음과 같다.

1) '상행위의 중개'를 하는 자이다. 상행위는 쌍방적 상행위뿐만 아니라 일방적 상행위라도 무방하지만 부속적 상행위는 포함되지 않는다. 중개란 타인간의 법률행위의 체결에 진력하는 사실행위를 말한다.

2) '타인간의 상행위'의 중개를 영업으로 한다. 널리 타인간의 상행위의 중개를 하는 점에서 일정한 상인을 위하여 계속적으로 상행위의 중개를 하는 중개대리상과 다르다. 타인 중의 일방은 상인이어야 한다.

3) 중개인은 '중개라는 사실행위'를 할 수 있을 뿐이며 계약의 체결을 위한 대리권이 없다. 이 점에서 중개인은 일정한 상인의 대리인으로서 활동하는 체약대리상과 다르고, 자기명의로 법률행위를 하는 위탁매매인이나 운송주선인과 다르다.

4) 중개인은 중개의 인수를 영업으로 하는 '독립된 상인'이다.

<사례10 해설> (중개업)

중개계약을 위하여는 특별한 방법을 요하지 않으므로 갑이 전화로 한 중개위탁으로 갑과 을 사이에는 중개계약이 성립되었다고 할 수 있다. 그러나 이 계약에 의하여 중개인 을은 갑에 대하여 그가 위탁받은 중개를 위하여 진력하여야 할 의무는 없고, 다만 중개를 하는 경우에 선량한 관리자의 주의의무를 질 뿐이며 건축업자 갑도 을이 알려 준 병과 계약을 체결하여야 할 의무가 있는 것은 아니다. 그 결과 갑은 인상된 가격으로 계약을 체결할 의무도 없고 또 계약을 체결한 경우에 을이 중개를 위하여 진력하지 않았기 때문에 가격이 인상되었다는 이유로 손해배상을 청구할 수도 없다.

3. 위탁매매업

사례 11 위탁매매업

상인 갑은 채무의 변제를 위하여 자기가 소유한 명화의 매도를 위탁매매인인 골동품상 을에게 위탁하였다. 이후 을은 이를 100만원에 병에게 매도하였다.

(1) 갑은 병에 대하여 그 대금의 지급을 청구할 수 있는가?

(2) 갑은 을에게 명화를 최소한 150만원 이상으로 매도할 것을 지시하였는데도 100만원에 매도한 경우에 법률관계는 어떻게 되는가?

(3) 명화는 도품이었기 때문에 병은 그 소유자인 정에게 반환하였다(민법 제250조). 이후 병은 위탁매매인 을에 대하여 그 명화의 가치에 상당하는 200만원의 손해배상을 청구하여 을은 법원의 판결에 따라 병에게 배상하였다. 이후 을은 위탁자인 갑에게 200만원의 지급을 청구하였는데 갑은 자기가 명화대금

으로 받은 100만원 중에서 을에게 지급한 보수를 공제하고 80만원을 을에게 송금하였다. 을은 120만원의 손해를 감수하여야 하는가?

(1) 위탁매매인의 의의 및 요건

위탁매매인이란 자기의 명의로써 타인의 계산으로 물건 또는 유가증권의 매매를 영업으로 하는 자이다. 상인이 기업활동의 범위를 확대하는 수단으로서 위탁매매인을 이용하면 지점설치의 경우보다 경비가 절약되고, 대리상을 이용하는 경우보다 권한이 남용될 위험이 적게 된다. 또 상인은 위탁매매인의 신용과 영업수완을 이용할 수 있고 금융의 편의도 기대할 수 있다. 한편 위탁매매인의 상대방은 위탁자의 자력 및 신용 등을 조사할 필요가 없다는 이점도 있다.

1) '자기의 명의로' 한다는 것은 위탁매매인이 법률적으로 매매의 당사자로서 제3자에 대한 관계에 있어서 권리·의무의 주체가 된다는 뜻이다.

2) '타인의 계산으로' 한다는 것은 경제적인 효과가 모두 타인에게 귀속된다는 것이다. 타인이라 함은 위탁자를 말하며, 위탁자는 상인이나 비상인도 될 수 있고 특정인이든 불특정다수인이든 불문한다.

3) '물건 또는 유가증권의 매매'를 주선하는 것을 영업으로 하는 자이다. 물건 또는 유가증권의 매매가 아닌 행위의 주선을 영업으로 하는 자는 위탁매매인이 아니다.

4) '주선행위'를 기본적 상행위로 하는 자이다. 위탁매매인의 기본적 상행위는 매매 자체가 아니라 매매의 주선을 인수하는 행위이고, 또 이것을 영업으로 하는 자이기 때문에 매매는 이러한 기본적 상행위(주선행위)를 실행하기 위한 부속적 상행위에 지나지 않는다.

(2) 위탁매매의 법률관계

가. 위탁매매인과 제3자와의 관계

위탁매매인은 자기의 명의로써 위탁자의 계산으로 매매를 하기 때문에 상대방인 제3자에 대하여 직접 권리를 취득하고 의무를 부담한다. 즉 제3자에 대하여 매매에 있어서 매도인이나 매수인의 지위에 서는 것이다. 그리하여 매매계약의 성립과 효력에 영향을 미치는 사항은 위탁매매인과 제3자간의 매매행위 자체를 기준으로 하여 결정된다.

나. 위탁자와 제3자와의 관계

위탁자와 제3자 사이에는 직접 아무런 법률관계가 존재하지 않는다. 그러므로 위탁자는 위탁매매인으로부터 채권을 양도받지 않는 한 제3자가 계약을 이행하지 않는 때에도 직접 제3자에 대하여 채무불이행으로 인한 손해배상을 청구할 수 없다.

다. 위탁매매인과 위탁자와의 관계

위탁매매인과 위탁자 사이에는 위임에 관한 규정이 적용된다. 그러므로 위탁매매인은 자기의 명의로 취득한 권리나 물건을 위탁자에게 이전시켜야 할 의무가 있다. 그러나 위탁자에게 이전되기 전에 위탁매매인이 파산한 때는 위탁자에게 귀속되어야 할 권리나 물건이 파산재단에 귀속되어 환취권을 행사할 수 없고, 또 위탁매매인의 채권자가 강제집행을 할 경우에도 이의를 제기할 수 없게 된다. 이렇게 되면 실질적인 권리자인 위탁자를 보호할 수 없게 될 것이므로 상법은 위탁매매인이 위탁자로부터 받은 물건 또는 유가증권이나 위탁매매로 인하여 취득한 물건·유가증권 또는 채권은 위탁자와 위탁매매인 또는 위탁매매인의 채권자간의 관계에서는 위탁자의 소유 또는 채권으로 본다.

<사례11 해설> (위탁매매업)

(1) 갑과 병의 사이에는 아무런 법률관계가 없으므로 갑은 병에게 명화대금 100만원에 대하여 계약이나 법률에 의한 청구권이 없다. 왜냐하면 병의 계약상대방은 위탁매매인 을로서 을은 자기의 명의로 갑의 계산으로 그 명화를 매도하였기 때문이다. 그러므로 위탁자인 갑은 을에 대하여 병으로부터 받은 매매대금의 인도를 청구하거나(제112조; 민법 제684조) 갑이 병에게 매매대금의 지급을 직접 청구하려면 위탁매매인인 을로부터 을의 병에 대한 청구권을 양도받았어야 한다.

(2) 위탁매매인 을은 위탁자인 갑이 지시한 지정가액을 준수할 의무가 있다(제112조; 민법 제681조). 그럼에도 불구하고 100만원에 매도하였으므로 을은 갑에 대하여 그 차액에 대한 손해의 배상책임을 져야 한다(민법 제750조). 이 경우에 병이 갑의 지시내용에 대하여 악의이기 때문에 선의취득을 하지 못하면 병은 을에게 명화를 반환해야 한다(민법 제249조). 한편 을은 위임계약불이행(민법 제390조) 또는 불법행위(민법 제750조)로 인하여 그 차액에 대하여 손해배상책임을 져야 한다.

(3) 명화의 매매는 갑의 계산으로 한 것이다(제101조). 그러므로 위탁매매의 실행의 결과로 생긴 경제적 효과는 특약이 없는 한 이득과 손실이 모두 갑에게 귀속한다. 그러므로 갑은 을이 병에게 손해배상청구권이 을의 과실로 인하여 발생한 때에는 예외가 될 것이다.

4. 운송업(물건운송)

(1) 운송인의 의의 및 요건

운송인이란 육상 또는 호천·항만에서 물건 또는 여객의 운송을 영업으로 하는 자인데, 그 개념요소를 살펴보면 다음과 같다.

1) 운송인은 '육상 또는 호천이나 항만에서' 운송하는 자이다. 육상이란 지상뿐만 아니라 지하도 포함한다. 호천이나 항만에 의한 운송을 육상운송에 포함시키는 이유는 그 규모가 작고 빈번한 점이 육상운송과 유사하기 때문이다. 운송인이라고 할 때에는 육상운송업자를 말하며, 해상운송인과 항공운송인은 제외된다.

2) 운송인은 '물건 또는 여객을' 운송한다. 물건은 운송이 가능한 모든 동산으로 상품 등의 거래의 목적물이 아니어도 무방하며, 여객이란 자연인을 말하며 여객운송계약의 상대방은 반드시 여객 자신이 아니어도 상관없다.

3) 운송인은 '운송을 하는' 자이다. 운송이란 물건이나 여객을 장소적으로 이동시키는 것이고 특별한 운송수단을 요하지 않는데, 이는 해상운송에서 운송용구가 반드시 선박이어야 하는 점과 구별된다.

4) 운송인은 타인과 운송계약을 체결하고 운송의 실행을 인수하는 것을 영업으로 하는 '독립된 상인'이다. 운송의 실행행위는 타인에게 맡겨도 되며 반드시 자기의 운송용구를 사용하지 않아도 된다.

(2) 운송인의 손해배상책임

운송인은 운송물의 멸실·훼손 또는 연착에 대하여 일반원칙에 따라 채무불이행의 책임을 지는 것은 물론이고, 더욱이 상법은 운송물의 멸실·훼손·연착에 대한 책임에 관하여 운송업의 특수성을 고려하여 특별한 규정을 두고 있다.

가. 책임원인

운송인은 자기 또는 운송주선인이나 그의 사용인 기타 운송을 위하여 사용한 자가 운송물의 수령·인도·보관과 운송에 관하여 주의를 해태하지 아니하였음을 증명하지 아니하면 운송물의 멸실·훼손 또는 연착으로 인한 손해를 배상할 책임을 면하지 못한다. 즉 운송인은 손해가 자기 또는 자기의 이행보조자의 과실에 의하여 발생하지 않았다는 것을 증명하여야 하며, 단순히 이행보조자의 선임 및 감독에 있어서 주의를 해태하지 않았음을 증명하는 것으로는 책임을 면하지 못한다.

나. 손해배상액

상법은 운송기업의 성질을 고려하여 일반적인 손해를 기준으로 하여 그 배상액을 정형화하고 있다. 그러므로 상실된 기대이익이나 특별한 가치는 배상액에 가산되지 않는다. 그 결과 운송물이 전부 멸실한 경우나 연착한 때에는 그 운송물을 인도할 날의 도착지의 가격에 의하여, 또한 일부 멸실 또는 훼손된 경우에는 그 운송물을 인도한 날의 도착지의 가격에 의하여 그 배상액이 결정된다. 그러나 운송물의 멸실 또는 훼손으로 인하여 지급할 필요가 없게 된 운임 기타의 비용은 이상의 운임액에서 공제하여야 한다. 도착지의 가격 중에는 이미 운임 기타의 비용이 가산되어 있기 때문에 이중이득을 방지하기 위한 것이다.

다. 고가물에 대한 특칙

사례 12 고가물

갑은 A운송회사에 대해 고가의 고서화의 운송을 의뢰하였다. 그런데 갑은 운임의 절감을 위해 모조품이라고 운송장에 기재하였다. 그러나 운송 도중 A운송회사의 사용인의 과실로 고서화가 훼손되었다. 갑은 A운송주식회사에 대해 고가물에 상응하는 손해배상을 청구하고 있는데 갑의 청구는 정당한가?

운송물이 화폐·유가증권 기타의 고가물인 경우에 송하인이 운송을 위탁한 때에 그 종류와 가격을 명시하지 않으면 운송인은 손해를 배상할 책임이 없다. 고가물이란 중량이나 부피에 비하여 고가인 물건을 말한다. 즉 송하인이 고가물임을 명시하지 않으면 운송인은 보통물로서의 배상책임도 부담하지 않는다.

상법이 위와 같은 규정을 두고 있는 이유는 고가물임을 명시한 때에는 운송인이 고율의 운임을 받고 특별한 주의를 할 수 있기 때문이다. 고가물의 명시는 계약성립 전이나 늦어도 성립과 동시에 하여야 한다. 그러나 명시가격은 손해발생의 경우에 배상액으로서 운송인을 구속하지 않는다. 그러므로 실제가격이 명시가격보다 낮을 때에는 운송인은 이를 증명하고 실제가격의 범위 내에서 배상하면 되지만, 반대로 실제가격이 명시가격보다 높을 때에는 송하인은 그것을 증명하고 초과액의 배상을 청구할 수 없다. 왜냐하면 명시가격은 원칙적으로 배상액의 최고한도를 의미하기 때문이다.

<사례12 해설> (고가물)

1) 고가물의 종류와 가액을 명시하지 않으면 고가물이 멸실·훼손되더라도 운송인은 손해배상책임을 지지 않는다(제136조). 이 경우 운송인의 책임은 고가물로서의 책임뿐만 아니라 보통물로서의 책임도 지지 않는다. 다만 ① 운송인의 고가물임을 우연히 안 경우, ② 운송인이 고가물임을 알지 못했지만 보통물로서의 주의를 해태한 경우, ③ 운송인의 고의 또는 과실로 운송물을 멸실·훼손한 경우에는 운송인의 책임이 문제된다. 우선 진술한 것처럼 운송인이 고가물임을 우연히 안 경우에는 무책임설, 절충설, 고가물책임부담설이 대립한다.

2) 다수설인 절충설에 의하면 A는 보통물로서의 주의를 기울이지 않는 경우에 한해 고가물로서의 책임을 부담한다고 할 것이다. 그리고 운송인이 고가물임을 알지 못했지만 보통물로서의 주의를 해태한 경우는 고가물책임부담설, 보통물책임부담설도 있지만, 고가물에 대한 명시를 촉진하고 보통물로서의 가액을 정하기 어렵다는 점을 감안하면 보통물로서의 책임도 부담하지 않는다고 본다. 또한 운송인이 고의 또는 과실로 운송물을 멸실·훼손한 경우에 판례에 의하면 불법행위에 기한 손해배상책임을 인정하고 있다(대법원 91.8.23. 선고 91다15409). 그러나 운송인의 경과실의 경우에는 불고지에 대한 송하인의 비난가능성과의 균형을 고려할 때 불법행위책임도 면한다고 보는 것이 타당할 것이다.

라. 불법행위책임과의 관계

사례 13   운송인의 불법행위책임

해상운송인 A는 송하인 B와의 사이에 운송물의 수하인을 C로 하는 운송계약을 체결하였다. 그리하여 A는 대리점 D를 통하여 운송인 을회사에 운송물을 P선박으로부터 하역하여 Q선박의 선측까지 운송을 위탁하였다. 그러나 을회사는 자기회사의 하청업자 병에게 이 일을 맡겼는데 병의 과실로 인하여 운송물의 일부가 바다로 굴러 떨어졌다. 이후 운송물을 건져내어 습기를 제거하고 닦은 후, A로부터 운송물의 운송을 의뢰받은 정회사가 Q선박으로 운송하여 적재하였다. A는 운송물의 손상에 대하여 C에게 손해배상을 하였는데, A와 합병한 갑이 을회사에 대하여는 채무불이행에 기하여, 병과 정에 대하여는 불법행위에 기한 손해배상을 청구하였다. 그러나 Q선박에의 운송이 종료된 후 A의 대리점 D는 아무런 유보 없이 운임 등을 지급하였고, A는 Q선박에의 운송 종료 후 1년간 을과 병 그리고 정에 대하여 손해배상을 청구하지 않았다. 갑의 청구는 타당한가?

운송인은 자기 또는 이행보조자의 과실로 인하여 운송물이 멸실·훼손된 경우에 운송계약상의 채무불이행으로 인한 손해배상책임을 지는 것은 당연하지만, 운송물의 멸실·훼손이 운송물에 대한 소유권의 침해로 인정되는 때에는 이와는 별도로 민법상의 불법행위책임도 지는가 하는 점이 문제이다.

첫째 '법조경합설'에 의하면 채무불이행책임과 불법행위책임에 관한 규정은 일반법과 특별법의 관계에 있기 때문에, 특별법에 해당하는 채무불이행책임이 성립하는 범위에서 일반법에 의한 불법행위로 인한 손해배상청구권은 배제된다고 한다. 둘째 '청구권경합설'에 의하면 양 청구권은 그 요건과 효과가 다르기 때문에 반드시 청구권의 경합을 부정할 필요는 없으며 송하인은 그 중에서 하나의 청구권을 임의로 선택하여 행사할 수 있다고 하는데, 이 견해가 다수설이며 판례의 입장이다.

판례도 청구권경합설의 입장을 지지하면서 '운송인의 이행보조자의 고의 또는 과실로 인하여 송하인에게 손해가 발생한 경우에 운송인은 민법 제756조에 의한 사용자책임을 진다'고 판시하고 있다.

고가물에 대한 상법상의 특칙이 채무불이행책임 이외에 불법행위로 인하여 발생한 운송물의 손해에도 적용되는가 하는 문제가 있다. 이에 관하여 '법조경합설'에 의하면 송하인은 운송인의 계약책임만을 추궁할 수 있고 운송인의 불법행위책임은 인정되지 않으므로, 운송인이 계약책임을 지지 않는 경우에는 운송인은 아무런 책임도 지지 않게 된다. 그러나 '청구권경합설'에 의하면 고가물에 관한 특칙은 운송인의 채무불이행책임만을 면하게 할 뿐이고 운송인의 불법행위책임에는 적용되지 않으므로, 송하인은 운송인에게 불법행위로 인한 손해배상책임을 청구할 수 있다.

<사례13 해설> (운송인의 불법행위책임)

1) 이 사례의 경우 을회사에 대한 채무불이행의 책임을 묻기 위해서는 운송인의 운송계약상의 손해배상책임에 대하여 상법이 정하고 있는 특별소멸사유(제146조)와 단기소멸시효(제147조)에 해당되지 않아야 한다. 운송이 종료된 후 아무런

유보 없이 운임 등을 지급한 것은 단기소멸시효기간이 경과한 것으로 보인다. 다만 을에게 악의가 있었음이 인정되면 특별소멸도 인정되지 않고 시효도 5년의 일반상사시효가 적용된다.

2) 악의의 의의에 대하여 전술한 다수설에 의하면 단순히 운송인이 손해를 안 것만으로는 악의라고 할 수 없고 운송인이 고의로 멸실·훼손되게 했거나 멸실·훼손을 은폐하는 경우이어야 한다. 그러나 판례(대법원 87.6.23. 선고 86다카2107)의 입장은 운송인이 운송물의 일부 멸실을 알고 운송물을 인도한 경우에 악의를 인정하고 있으며, 또한 상법 제146조 제2항의 악의는 단순히 운송물의 하자를 알고 인도한 때에 악의가 된다는 견해에 의하면 을의 악의가 인정되어 그 책임을 면하지 못한다고 할 것이다.

3) 병과 정에게는 각각 과실에 의한 불법행위의 책임이 인정되는 한 불법행위에 의한 손해배상책임에는 운송인의 단기시효에 관한 규정이나 특별소멸사유에 관한 규정은 적용되지 않는다는 것이 다수설과 판례(대법원 91.8.27. 선고 91다8102)의 입장이다. 이에 의하면 병과 정도 그 책임을 면하지 못한다고 할 것이다.

마. 면책약관의 효력

운송인의 책임에 관한 규정은 강행법규가 아니라 임의법규이므로, 신의성실의 원칙에 관한 일반원칙에 반하지 않는 범위 내에서 당사자간의 특약으로 운송인의 계약상의 책임을 경감 또는 면제할 수 있는 면책약관을 둘 수 있다.

'법조경합설'에 의하면 면책약관에 의하여 운송인의 계약책임이 면제되면 송하인은 별도로 불법행위책임을 묻지 못하게 된다. 그러나 청구권경합설에 의하면 면책약관에 의하여 운송인의 계약책임은 면책되는데, 이러한 면책약관의 효력이 불법행위책임에도 영향을 미치는가 하는 점이 문제된다. '청구권경합설'을 형식논리적으로 해석한다면 계약책임에 관한 면책약관과는 별도로 불법행위책임은 성립한다고 할 것이지만, 판례는 이 경우에 예외적으로 불법행위책임에도 면책약관의 효력이 영향을 미친다고 판시하고 있다.

종래 대법원은 해상운송에서 발생한 불법행위에 있어서 면책약관의 효력에 관하여 부정적인 입장이었다. 그러나 1983년의 전원합의체판결에서 '선하증권에 기재된 면책약관에 한하여 별도의 합의가 없더라도 고의 또는 중대한 과실이 없는 한 면책약관의 효력은 당연히 불법행위책임에도 영향을 미친다'고 판시하였다.

5. 공중접객업

사례 14　공중접객업

갑은 목욕을 하기 위해 B목욕탕에 들어갔다. 탈의실에 '고가물은 임치하지 않으면 손해배상책임을 지지 않는다'는 게시판이 있었음에도 불구하고, 갑은 현금·고급손목시계 등을 옷장에 보관한 채 욕실로 들어갔다. 그런데 옷장의 잠금장치가 불완전하고 목욕탕 정업원이 부재하여 병은 갑의 소유물을 쉽게 절취할 수 있었다. 이 경우 공중접객업자인 B목욕탕의 주인 정의 책임은 어떠한가?

공중접객업이란 공중이 이용하는 시설에 의한 거래를 말하며, 이러한 행위를 영업으로 하는 자를 공중접객업자라고 한다. '공중이 이용하는 시설'이란 공중이 집래하여 이용하기에 적합한 물적·인적 시설을 말하며, 여기에는 극장·여관·다방·음식점 등이 있다.

공중접객업자의 책임을 살펴보자.

(1) 임치를 받은 물건에 대한 책임

공중접객업자는 객으로부터 임치를 받은 물건의 멸실 및 훼손에 대하여 불가항력으로 인한 것임을 증명하지 아니하면 그 손해를 배상할 책임을 면하지 못한다. 이는 엄격한 결과책임을 규정한 것이다.

'불가항력'이란 특정사업의 외부에서 발생한 사건으로 보통 필요하다고 생각되는 모든 예방수단을 다하더라도 이를 방지할 수 없었을 위해라고 할 것이다. 공중접객업자는 불가항력의 입증책임이 있다. '객'이란 공중접객업자의 시설을 이용하는 자로서 반드시 공중접객업자와 이용계약을 맺고 있는 자만을 말하는 것이 아니고 실질적으로 객으로 대우를 받는 자도 포함된다. 임치를 받은 물건에 대한 책임은 당사자간의 특약에 의하여 감면될 수 있다.

판례는 '여관 부설 주차장에 시정장치가 된 출입문이 설치되어 있거나, 출입을 통제하는 관리인이 배치되어 있거나, 기타 여관측에서 그 주차장의 출입과 주차사실을 통제하거나 확인할 수 있는 조치가 되어 있다면, 그러한 주차장에 여관 투숙객이 주차한 차량에 관하여는 명시적인 위탁의 의사표시가 없어도 여관업자와 투숙객 사이에 임치의 합의가 있는 것으로 볼 수 있으나 그러한 시설이나 조치가 되어 있지 않은 채, 단지 주차의 장소만을 제공하는 데에 불과하여 그 주차장 출입과 주차 사실을 여관측에서 통제하거나 확인하지 않고 있는 상황이라면 부설 주차관리자로서의 주의의무 위반 여부는 별론으로 하고 그러한 주차장에 주차한 것만으로 여관업자와 투숙객 사이에 임치의 합의가 있는 것으로 볼 수 없고 투숙객이 여관측에 주차사실을 고지하거나 차량열쇠를 맡겨 차량의 보관을 위탁한 경우에만 임치의 성립을 인정할 수 있을 것'이라고 하였다.

(2) 임치를 받지 않은 물건에 대한 책임

공중접객업자는 객이 시설 내에 휴대한 물건이 공중접객업자 또는 그 사용인의 과실에 의하여 멸실 또는 훼손된 때에는 그 손해를 배상할 책임이 있다. 이 규정은 여객운송에 있어서 여객이 인도하지 않은 수하물에 대한 운송인의 책임과 마찬가지로 임치를 받지 아니한 물건에 대한 공중접객업자의 책임을 경감하고 있는 것이다.

여기서 '과실'이란 부주의를 뜻하며, 부주의는 선량한 관리자의 주의를 다하지 못한 것을 말한다. 이때에 주의의무에 대한 입증책임은 객에게 있는데, 이 점이 임치를 받은 경우와 다르다. 여기서 '사용인'이란 반드시 고용관계의 유무와는 관계가 없고 사실상 사용된 자를 말한다. 이러한 책임도 특약으로 감면될 수 있다. 그러나 단순히 휴대물에 대하여는 책임을 지지 않는다는 게시를 한 것만으로는 그 책임을 면하지 못한다.

(3) 고가물에 대한 책임

화폐·유가증권 기타의 고가물에 대하여는 객이 그 종류와 가격을 명시하여 임치하지 아니하면 공중접객업자는 그 물건의 멸실 또는 훼손으로 인한 손해를 배상할 책임이 없다. 이것은 고가물에 대한 운송인의 책임과 같은 것이다.

<사례14 해설> (공중접객업)

1) 공중접객업자가 임치를 받지 않은 물건의 멸실·훼손에 대하여는 공중접객업자 또는 그 사용인의 과실이 없는 한 손해배상책임을 부담하지 않는다(제152조 제2항). 이 사례의 경우 갑은 옷장의 잠금장치가 불완전하고 탈의실에 대한 종업원의 관리가 없다는 것을 들어 정의 과실을 입증할 수 있으므로 정은 손해배상책임을 져야

한다. 다만 당사자간의 특약으로 공중접객업자의 책임을 감면할 수 있으나 단순히 휴대물에 대해 책임을 지지 않는다는 게시만으로는 면책되지 않으므로(제152조 제3항), B는 면책되지 않는다.

2) 이 사례의 경우 갑은 고가물을 명시하지 않고 옷장에 두었기 때문에 정은 손해배상책임을 지지 않는다(제153조). 더욱이 제3인인 병이 절취하였으므로 정이 우연히 알았다고 보기도 힘들다. 다만 고가물에 관한 특칙이 불법행위에 기한 손해배상청구에도 적용되는지가 문제되는데, 공중접객업자나 그 사용인에게 고의 또는 과실이 있으면 상법상 공중접객업자로서의 손해배상책임을 면하지만 민법상의 불법행위책임은 부담한다는 것이 통설·판례의 입장이다.

제2. 회사법

*집필: 안택식. 강릉원주대학교 법학과 교수
*별명이 없는 법조문명은 '상법'임

I. 법인격부인론

사례 1 법인격부인론

갑주식회사는 자본금 5천만원으로 건설업을 목적으로 하는 회사로서 2010.1.1.에 설립되었는데, A개인이 대부분의 주식을 소유하고 있으며, 그의 처 B와 C, D, E 등은 명목상의 주주에 불과하였다. A는 갑회사의 대주주로서 사실상 갑회사는 A에 의하여 단독기업처럼 운영되었다. 을은 갑회사와 대금 5억원의 상가분양계약을 체결하고 분양대금 중 2억원을 계약금 및 중도금으로 납입하였다. 갑회사가 자금 부족으로 상가건설을 중단하자 을은 갑회사에 대하여 납입대금의 반환을 요구하였으나, 갑회사의 자산이 전혀 없어서 반환받지 못하였다. 이때 갑회사는 무자력하고 A개인은 자력이 있다면 을은 위의 갑회사에 대한 납입대금을 A에 대하여 반환청구할 수 있는가?

법인격부인의 법리란 일반적으로 독립의 법인격을 가지고 있는 회사기업에 대하여 그 형식적인 독립성을 인정하는 것이 정의와 공평에 반하게 될 때에 특정한 사안에 관하여 회사의 독립성을 부정함으로써 그 회사의 배후에 있는 사원과의 분리원칙의 적용을 배제하고, 회사와 그 구성원인 사원을 동일시함으로써 권리관계의 타당한 해결을 도모하려는 이론이다. 물론 이 이론은 회사기업의 법인격을 전면적·영구적으로 부인하는 것이 아니고 회사의 존재를 인정하면서 당해 법률관계의 해결에 필요한 범위 내에서 부분적 일시적으로 법인격이 없는 것과 같이 취급하고자 하는 데 그 목적이 있다.

1. 법이론적 근거

우리나라와 일본에서는 권리남용금지규정에서 찾는 견해가 다수설이다. 우리나라의 학설은 동 법리의 근거에 관하여 ① 권리남용금지규정(민법 제2조 제2항)에서 구하는 견해, ② 신의칙(민법 제2조 제1항)에서 구하는 견해, ③ 회사의 법인규정(제169조)에서 구하는 견해로 나뉘고 있으며 판례는 신의칙에 근거하고 있다. 미국법상 그 법리적 근거로 ① 지배주주의 대리인에 불과하기 때문이라거나, ② 주주의 도구에 불과하기 때문이라거나, ③ 주주의 분신이라거나, ④ 회사와 주주가 실질적으로 동일체이기 때문에 부인되어야 한다는 것이다.

2. 적용요건

법인격부인의 법리의 요건으로 객관적 요건인 지배기준과 불공정기준은 별다른 이론 없이 인정되고 있다. 그러나 주관적 요건으로 법인격 남용의도와 목적이 필요한지는 논의가 있다.

(1) 지배기준

특정의 주주가 회사를 실질적으로 지배하여야 한다. 즉 특정의 주주가 정상적인 의결권의 행사에 의한 지배를 넘어 회사가 그 자체의 독자적인 의사 또는 존재를 상실하여 회사의 영업이 주주의 영업의 일부라 할 수 있을 정도로 회사의 법인격이 형해화되고 사실상 주주의 개인기업처럼 운영되는 정도의 실질적 지배가 있는 경우이다.

미국과 독일에서는 법인격 부인에 관하여 다음과 같은 요건을 제시하고 있다. 즉 회사의 법인격을 부인하기 위해서는 자회사가 모회사의 완전한 지배를 받을 것을 요건으로 한다. 이러한 기준을 모자관계 이외의 경우에 있어서는 회사가 지배주주에 의하여 완전한 지배를 받는 경우에도 같다. 이를 지배기준이라고 하며 분신기준 또는 도구기준이라고도 한다. 예컨대 ① 모회사가 자회사의 주식의 전부 또는 대부분을 소유하고 있다거나, ② 모회사와 자회사가 동일한 이사 또는 임원으로 구성되어 있는 경우, ③ 모회사가 자회사에 자금을 융통해 주고 있는 경우, ④ 모회사가 자회사의 주식을 전부 인수한 경우, ⑤ 자회사의 자본이 불충분한 경우 등이 있는 경우 모회사의 자회사에 대한 완전한 지배가 있다고 본다. 다만 위의 모든 징표가 동시에 해당하여야 하는 것은 아니고 이와 같은 것의 여러 징표들이 상당수 결합하면 족하다고 본다.

(2) 불공정기준

특정 주주의 회사법인격의 이용이 객관적으로 위법 또는 부당하여야 한다. 즉 배후자인 주주의 책임을 부정할 경우 정의와 형평에 반하는 경우일 것을 요한다. 대체로 회사의 자본이 불충분한 상태가 이런 경우일 것이다. 이와 관련하여 미국과 독일에서 주장된 요건은 다음과 같다. 불공정기준은 모회사(피고)의 행위가 자회사를 이용함으로써 원고에 대하여 불공정하거나, 사해적이거나 또는 부정행위일 것을 요한다. 이를 사기기준 또는 불의기준이라고도 한다. 예컨대 현실의 사기, 제정법위반, 자회사재산의 부당유출행위, 부실표시, 금반언, 불법행위 등이 있는 경우를 말한다. 또한 원고가 모회사(피고)의 행위에 의하여 부당한 실질손해를 입었을 것을 요건으로 한다.

(3) 주관적 기준의 필요성

주관적 남용설은 법인의 법적 형태가 법인의 배후에 존재하는 자연인에 의하여 주관적 및 객관적으로 남용된 때에 한하여 법인의 법적 형태가 무시될 수 있다고 주장하고 있다. 예컨대 계약 또는 법률의 회피를 위하여, 제3자 사해행위를 위하여, 기타의 부정한 목적을 위하여 법인의 법적 형태가 남용된 경우이다. 이와 같이 '극히 드물고 비상한 예외적인 사례'에 한하여 회사의 재산과 사원의 재산간의 분리, 법인의 의무와 그 구성원의 의무간의 분리가 배제된다고 한다. 이와 같은 경우에 한정하지 않으면 법인이라는 법제도가 그 가치를 상실하고 폐지되는 결과를 가져올 것이라고 한다. 객관적 남용설은 사원의 주관적 남용행위가 존재할 것을 법인격부인의 법리의 적용요건으로 하지 않고 '법 및 목적에 반하는 법인형태의 이용'을 그 요건으로 한다고 본다. 독일의 연방대법원은 이러한 객관적 남용설의 입장을 취하고 있다.

우리의 학설도 타인에게 손해를 가할 목적이라는 주관적 요건은 요하지 않는다고 보는 것이 법인격부인을 주장하는 측의 증명책임을 완화하여 결과적으로 거래상대방을 보호한다는 측면에서 일반적으로 지지되고 있다. 그러나 최근 모자관계에 있는 회사들 사이에서 법인격부인론을 적용함에 있어 주관적 요건을 요한 다는 판례가 있어 논란이 있다.

3. 법인격부인의 효과

법인격부인의 법리는 특정의 당사자 및 당해 법률관계 내지 사안에 관해서 만 일정한 범위 내에서 법인의 독립성을 부인하여 법인격이 존재하지 않는 것으 로 취급하고자 하는 것이다. 그 결과 배후에 있는 개인 내지는 법인의 행위에 대 하여 평가된 책임을 추궁할 수 있는 것이다. 즉 법인격부인으로 회사와 배후의 지배주주의 인격이 동일시된다 하더라도 당해 법률관계에서 주주의 변제책임이 인정된다는 것일 뿐 이로 인해 회사의 법인격자체가 박탈되거나 회사의 책임이 소멸하는 것은 아니다. 배후에 있는 지배주주에 대한 실체법상 청구권의 근거가 발생할 뿐이다.

다만 여기에서 회사를 상대로 한 소송에서 승소한 회사채권자가 법인격부인 의 요건을 충족하는 당해 회사의 지배주주에 대해 기판력·집행력 등 판결의 효력 을 미치게 할 수 있는가가 문제된다. 그러나 법인격부인을 위해서는 별도의 사실 인정과 법해석이 필요하므로 회사에 대한 승소판결의 기판력이 당연히 지배주주 에게 미친다고 볼 수 없음은 당연하다.

<사례1 해설> (법인격부인론)

1) 본 사례에서 갑회사의 대주주가 A라는 사실과 주식의 대부분을 A가 소유하고 있다는 사실에서 A는 갑회사를 상당한 정도로 지배하고 있는 것으로 보인다.

2) 그러나 개인이 회사를 상당한 정도로 지배하고 있다는 사실만으로 회사의 법인 격을 부인할 수는 없다. 갑회사는 A와는 별도의 조직 및 영업활동을 하고 있는 것 으로 보아 이들 회사의 재산이 개인인 A와 상호 혼용되어 대외적인 기업거래활동 등이 명확히 구분되어 있지 않는 등의 객관적 징표가 보이지 않는다.

3) 본 사례에서 법인격부인론의 적용을 위한 객관적인 요건을 충족하지 못하였기 때문에 주관적인 요건의 요부와는 관계없이 갑회사의 법인격을 부인할 수 없다. 따 라서 을은 위의 갑회사의 납입대금을 A에 대하여 반환청구할 수 없다.

Ⅱ. 발기인의 법적 지위

사례 2   발기인의 법적 지위

A 외 6인은 버스여객운송회사를 설립할 목적으로 2010년 5월 발기인조합을 결성하고 A를 발기인대표로 선임하여 회사설립에 관한 모든 행위를 위임하였다. 한편 A는 정관작성과 각 발기인에 의한 주식인수가 끝난 후 2011년 5월 을과 자동차 조립계약을 체결하였으며 2011년 12월 A를 대표이사로 하는 갑여객운송주식회사의 설립등기를 종료하고 조립된 자동차는 A에 의하여 설립된 회사에 2012년 5월 납품되고 회사는 이를 받아 운행한 바가 있다. 갑회사가 을에게 자동차조립대금을 지급하여야 하는가?

발기인이란 설립의 기획자이다. 그러나 실질적 개념인가 형식적 개념인가에 관하여는 상법에 명문의 규정을 두고 있지 않다. 통설은 형식적 개념으로 이해하여 사실상 회사의 설립에 참여하는가의 여부를 묻지 않고 정관에 발기인으로서 기재되고 기명날인 또는 서명한 자를 발기인으로 보고 있다. 즉, 실질적으로 회사의 설립을 기획하고 이것에 전력을 다하더라도 정관에 발기인으로서 서명하지 않은 자는 발기인이 아니라고 하는 반면, 실질적으로 회사의 설립에 관여하지 않았더라도 정관에 발기인으로서 서명한 자는 발기인이라고 본다.

1. 설립중의 회사

주식회사라는 법인은 설립등기에 의하여 성립한다. 그러나 주식회사의 실체는 설립등기시에 갑자기 출현하는 것이 아니라 그때까지 점차적으로 성장·발전해 가는 것이다. 예컨대 모집설립의 경우를 본다면 정관작성 후 발기인에 의한 주식의 인수가 행하여지고 주식모집·청약·배정에 의한 발기인 이외의 자의 주식인수가 행하여진다. 주식인수인이 출자를 이행하면 그들에 의하여 창립총회가 개최되고 그곳에서 이사·감사가 선임된다. 이와 같이 하여 회사의 실체가 점차적으로 정비되어 가는 것이다. 따라서 회사의 실체는 설립등기까지 회사로서는 미완성이라 하더라도 실재하여 사회와 직접적으로 여러가지 관계를 형성하게 된다.

통설은 이와 같은 실체를 법률적으로도 어느 정도 의미가 있는 것으로 승인하여 이를 '설립중의 회사'라고 칭한다.

2. 설립중의 회사의 법적 성질과 성립시기

설립중의 회사의 법적 성질에 대하여는 한정적 권리능력을 인정하는 설, 조합성을 인정하는 설 등이 있지만, 통설은 이를 권리능력 없는 사단으로 보고 있다. 또한 설립중의 회사의 성립시기에 대하여는 정관의 작성시라는 설, 그리고 정관이 작성되고 동시에 설립시에 발행하는 주식의 총수가 인수된 때라는 설이 주장되고 있지만, 발기인이 정관을 작성하고 동시에 각 발기인이 1주 이상의 주식을 인수한 때에 설립중의 회사의 성립을 인정하는 것이 타당하다고 생각한다.

3. 설립중의 회사에서의 발기인의 지위

설립중의 회사에 있어서 발기인은 그 구성원이 되는 동시에 이 미완성인 회사를 완성시키기 위하여 필요한 사무를 집행해야 할 설립중의 회사의 집행기관이 된다. 예컨대 발기설립의 경우에 발기인이 출자를 이행하고 이사·감사를 선임하는 것은 구성원으로서 하는 행위이지만, 발기인이 출자를 수령하는 것은 기관으로서 하는 행위이다. 모집설립의 경우에 있어서의 발기인의 출자의 이행과 그 수령도 마찬가지이다.

4. 발기인의 권한

어떠한 행위가 발기인의 권한에 속하는가에 관하여는 학설상 대략 4가지 견해가 대립되고 있다.

제1설은 법인인 회사의 형성·설립 그 자체를 직접 목적하는 행위, 즉 정관의 작성, 주식의 인수·납입에 관한 행위만이 발기인의 권한에 속한다고 하고, 거래행위로는 개업준비행위 내의 법정의 요건을 갖춘 재산인수만이 발기인의 권한에 속한다고 본다. 이 견해에 의하면 회사의 설립에 필요한 거래행위에 기한 채무는 성립 후의 회사가 아니라 어디까지나 발기인에게 귀속하는 것이고, 발기인이 그 채무를 변제한 때에는 법정의 요건을 갖추어 회사의 부담으로 해야 할 설립비용의 총액을 한도로 발기인은 성립 후의 회사에 대하여 구상할 수 있을 뿐이다.

제2설은 발기인의 권한에 속하는 행위는 회사의 설립에 있어서 법률상·경제상 필요한 행위를 포함한다고 본다. 따라서 제1설이 인정하는 것 외에 발기인이 설립중의 회사의 기관으로서 행한 설립사무소의 임차, 설립사무원의 고용, 주주모집광고 등과 같은 회사설립에 필요한 거래행위에 기한 채무도 실질적으로 설립중의 회사에 귀속하는 것은 물론이고 성립 후의 회사에도 당연히 귀속하는 것이지만, 회사가 이 채무를 변제한 때에는 전술한 회사가 부담해야 할 설립비용의 총액을 초과하는 금액에 대하여는 발기인에게 구상할 수 있다고 한다.

제3설은 제2설이 인정하는 것 외에 개업준비행위도 발기인의 권한에 속하는 것이지만, 그 중 재산인수에 대하여는 남용을 방지하기 위하여 특히 법정의 요건을 갖출 것을 요한다고 설명한다.

제4설은 모든 종류의 행위가 발기인의 권한에 속한다고 본다.

5. 발기인의 권한 외의 개업준비행위의 효과

(1) 성립 후 회사에 의한 추인

다수설에 의하면 전술한 바와 같이 개업준비행위는 법정의 요건을 갖춘 재산인수를 제외하고는 설립중의 회사의 기관으로서의 발기인의 권한에 속하지 않는 것으로서, 설사 발기인이 설립중의 회사의 명의로 이것을 행한다 하더라도 그 효과가 설립중의 회사에 귀속되지 않는 것은 물론이고 성립 후의 회사에도 당연히 귀속되는 것은 아니다. 그러나 성립 후의 회사가 이를 추인하여 그 효과를 자신에게 귀속시킬 수 있는가? 이에 대하여는 원칙적으로 무효이지만, 무권대리에 준하여 성립한 회사가 이를 추인하면 유효하다는 견해와 절대무효이므로 추인할 수 없다는 견해가 대립하고 있다. 우리나라의 판례는 추인긍정설을 취하고 있다.

(2) 발기인의 상대방에 대한 책임

발기인이 설립중의 회사의 명의로 법정의 요건을 갖춘 재산인수 이외의 개업준비행위를 행한 경우에 발기인은 그 행위의 상대방에 대하여 책임을 부담하는가? 성립 후의 회사에 의한 추인을 인정하지 않는 견해는 물론이거니와 추인을 인정하는 견해에 있어서도 성립 후의 회사가 추인하지 않을 경우에는 이 점이 문제가 된다. 생각건대 법정의 요건을 갖춘 재산인수 이외의 개업준비행위에 대하여 발기인은 원칙적으로 무권대리인의 상대방에 대한 책임은 부담하지 아니한다고 본다.

<사례2 해설> (발기인의 법적 지위)

1) 위 사례의 자동차조립계약이 갑회사의 정관에 기재되어 있지 않고 법원이나 창립총회의 승인 등의 재산인수의 요건을 갖춘 것으로 보이지 않으므로 위 자동차조립계약은 법정요건을 흠결한 재산인수이다. 자동차조립계약은 법정요건을 흠결한 재산인수계약이므로 설립중의 회사와 설립 후의 갑회사에 대하여 효력이 없다.

2) 법정요건을 흠결한 재산인수계약에 대하여 성립 후의 회사가 추인할 수 있는가에 대하여는 긍정설과 부정설이 나뉘어 있다. 판례에 따라 추인긍정설을 취할 경우에 위의 자동차조립계약은 발기인대표 A의 무권대리행위로 되어 성립 후의 갑회사가 추인할 수 있다. 성립 후의 갑회사가 이를 추인한다면 그 효과가 계약시에 소급하여 성립 후의 갑회사에 귀속된다.

3) 그러나 성립 후의 갑회사가 위 자동차조립계약을 추인하지 않으면 을은 성립 후의 갑회사에 대하여 이를 추인할 것인가의 여부를 확답해 줄 것을 최고할 수 있고 (민법 제131조), 추인이 있기 전까지 위 계약을 철회할 수 있다(민법 제134조). 추인이 없으면 발기인대표 A는 을의 선택에 따라 자동차조립계약의 이행 또는 손해배상의 책임을 진다(민법 제135조).

Ⅲ. 가장납입

사례 3　　가장납입

갑주식회사는 A 등 발기인과 응모주주 B 등에 의하여 설립되어 A가 대표이사로 선임되었다. 이 회사의 자본금은 5,000만원으로 형식적으로는 A, B 등의 주주에 의하여 납입한 것으로 되어 있으나, 실질적으로는 A가 을로부터 차용하여 명의만을 현재의 주주로 한 것에 불과하다. 대표이사에 취임한 A는 회사설립 직후에 이사회의 승인을 얻어 납입은행으로부터 합법적으로 5,000만원을 인출하여 을에 대한 채무를 상환하였다. 이 경우 갑회사의 설립의 효력은 어떠한가?

주식회사의 사원으로서의 주주의 책임은 그가 가진 주식의 인수가액을 한도로 한다(제331조). 이 주주유한책임의 원칙은 정확히 표현하자면 이는 회사에 대한 책임이지 회사채권자에 대한 책임은 아니다. 회사채권자에 대하여는 전혀 아무런 책임을 부담하지 않는다고 하는 것이 정확한 표현일 것이다. 따라서 회사채권자의 담보로 되는 것은 회사재산뿐이고 자본액에 상당하는 재산이 확실히 회사에 갹출됨과 동시에 현실적으로도 보유되어야 한다는 자본충실의 원칙이 최대한 요청된다.

1. 가장납입의 유형

예합이란 발기인이 납입취급은행으로부터 금원을 차입하여 이것을 자기 또는 다른 주식인수인의 주식납입금으로서 납입하고 발기인이 위 차입금을 변제할 때까지는 당해 납입금을 인출하지 않겠다는 뜻의 약정을 하는 것을 말한다. 이는 납입의 가장행위의 전형으로서 납입은 단지 은행 내의 장부상의 조작에 불과하고 회사성립 후의 운용자금으로는 될 수 없는 유효한 납입이 있었다고 할 수 없는 상황이다. 따라서 예합이라는 부정행위를 방지하기 위하여 상법은 먼저 형벌로써 이를 금지하고(제628조 제1항), 다음으로 상법 제318조 제2항은 주식납입금보관증명서를 발행한 납입취급기관은 그 증명한 금액에 관하여는 납입이 없었다든지 발기인이 차입금을 변제할 때까지는 납입금을 인출하지 않겠다는 약정을 들어 회사에 대하여 납입금의 반환을 거부할 수 없도록 하고 있다.

견금이란 이러한 추세에 편승하여 발기인이 납입취급기관 이외의 자로부터 주식인수가액에 상당하는 금원을 차입하여 주식인수의 납입에 충당하고 회사성립 직후에 이를 인출하여 차입금의 변제에 충당하는 방법이다. 이 경우 주식의 납입에 충당된 금원은 납입취급기관 이외의 제3자로부터 차입하고 이를 납입취급기관에 납입한 것이기 때문에 금원의 이동에 의한 현실적인 납입이 있었다고 할 것이고, 납입취급기관으로부터 차입한 것을 그대로 당해 기관에 주금납입금으로서 납입하는 예합과 같이 단순한 장부상의 조작과는 다르다. 또한 견금에는 발기인·납입취급기관의 통모가 있을 필요가 없고 오히려 기관은 이러한 사정을 모르는 것이 보통이다.

2. 견금에 의한 납입의 효력

예합에 의한 납입은 강행법규위반의 행위이고 무효라고 보는 것이 학설의 일반적인 태도이다. 그러나 견금에 의한 납입의 효력에 관해서는 다툼이 있다. 판례는 유효설을 취하고 있으나 다수의 학설은 견금에 의한 납입의 경우의 일련의 행위는 처음부터 계획된 납입가장을 위한 계략의 일환으로서 행하여진 것이고, 이것이 계획대로 된다면 회사자본의 충실을 기하려는 법의 취지는 완전히 유린당하는 것이며, 따라서 견금에 의한 주식의 납입은 예합의 금지의 잠탈행위로서 법률상 유효한 주식의 납입이라고는 볼 수 없다고 한다.

이에 대하여 소수의 유력설이 있다. 즉, 견금의 경우는 예합의 경우와 달리 납입을 위한 자금은 일단 납입취급은행 이외의 제3자로부터 조달되어 현실적으로 납입된 것이고 이러한 납입이 진실한 의도 없이 납입의 가장을 의도한 것이라고 하더라도 그것은 회사와는 무관계한 발기인측의 주관적 의도의 문제에 지나지 않는 것이기 때문에 주식의 납입의 형태가 취해지고 있는 한 납입의 효력을 부정할 수는 없다고 한다.

<사례3 해설> (가장납입)

1) A가 을로부터 5,000만원을 차용하여 납입한 후에 회사설립 후 회사자금을 인출하여 을에 대한 변제를 충당한 행위는 전형적인 견금에 해당된다.

2) 견금의 효력에 대해서는 회사성립 후 납입금반환까지의 기간, 반환한 금액의 전체 자본에서의 비율, 납입금이 회사운영을 위해서 사용된 적이 있는지 등 객관적 사정을 고려하여 판단해야 한다는 유효설도 있다. 그러나 주금납입의 효력은 납입금납부계약의 형식에 좌우되는 것이 아니라 납입이 자본충실의 실질적 요건을 충족시키느냐에 따라 결정되어야 하므로 무효설이 타당하다.

3) 본 사안에서 자본금 5,000만원 전부에 해당하는 자본의 납입흠결이 있는 것으로서 회사설립무효의 소의 원인이 된다 할 것이다. 다만 설립무효의 소가 제기되어 그 사실심 변론 종결 전에 흠결된 5,000만원이 실질적으로 납입된다면 그 하자는 치유된다.

4) 설립무효의 소 제기에 관계없이 발기인 A에 대해서는 5,000만원에 대한 납입담보책임이 인정된다. 다만 설립무효의 소에 해당되는 중대한 납입하자의 경우에는 발기인의 납입담보책임이 문제되지 않는다는 견해도 있다.

Ⅳ. 주권의 효력발생시기

사례 4   주권의 효력발생시기

A는 갑주식회사의 발기인으로서 주식 2,000주를 인수하여 주주로 되었다. 그런데 갑주식회사가 주권발행의 준비를 완료하고 있는 상황하에서 주권을 갑에게 교부하기도 전에 을은행은 갑에 대한 공정증서의 집행력 있는 정본에 기하여 A명의의 주권을 압류하고, 그 주권을 경매에 붙여 B가 이를 경락받음으로써 명의개서를 완료하였다. 그런데 A가 갑주식회사에 대하여 2,000주의 주주임을 확인해 줄 것을 요구하고 있다.

주식회사는 성립 후 또는 신주의 납입기일 후 지체 없이 주권을 발행하여야 하지만(제335조 제1항), 유가증권으로서의 주권이 언제 성립하는가에 관하여는 상법은 이를 명확히 하고 있지 않다. 이와 관련하여 학설은 어음이론에 따라 교부시설, 발행시설, 작성시설의 3가지 견해로 분기하고 있다.

1. 판례 및 학설의 입장

판례는 과거 발행시설에 입각한 듯하였으나, 현재에는 교부시설을 취하고 있다. 학설의 다수는 판례와 마찬가지로 교부시설을 취하고, 회사가 주권을 작성하여 이를 주주에게 교부한 때에 주권의 효력이 발생한다고 설명한다. 작성시설을 취하는 견해는 회사가 주권을 작성하고, 어느 주권이 어느 주주의 것인가가 확정된 때, 즉 주주의 성명이 기입되어 주권으로서 완성된 때에 주권으로서의 효력이 발생한다고 설명한다. 작성시설은 어음이론에 있어서의 창조설의 논지를 주권발행의 문제에 대입한 것이다. 이상의 양설의 중간적 견해로서 발행시설이 있다. 이 견해는 회사가 주권을 작성하고 이를 자기의 의사에 기하여 누구인가에게 교부하게 되면 주권으로서의 효력이 발생한다고 본다.

주권의 효력발생에 관한 이 세 가지의 학설의 대립은 구체적으로 어떠한 차이를 가져오는가? 쟁점의 하나는 작성되어 주주에게 교부되기 전의 주권에 대한 강제집행의 문제이다. 즉, 주주의 채권자가 주주에의 미교부 주권에 대하여 압류할 수 있는가 하는 문제이다. 교부시설, 발행시설에 의하면 부정해야 할 것이고 작성시설에 의하면 긍정해야 할 것이다. 따라서 미교부주권에 대한 강제집행은 교부시설이나 발행시설에 따르면 채권자에게 불리하고 채무자인 주주에게는 유리하지만 작성시설에 따르면 그 반대가 된다.

결국 위의 쟁점에 있어서의 학설간의 대립은 회사가 집행관에게 주권을 인도하는 것에 의하여 효력이 발생하였다거나, 회사는 이미 효력이 발생하고 있는 주권을 집행관에게 인도한다거나 하는 점에서 차이가 있는 것이지만, 집행관의 수중에 있는 주권은 이미 효력이 발생한 것이기 때문에 실제의 결과에 있어서는 아무런 차이가 없다.

2. 선의취득과의 관련

주권의 효력발생에 관한 어느 설을 취하는가에 따라서 결과가 다른 가장 중요한 쟁점은 주권이 작성되어 주주에게 교부되기 전에 도난 또는 분실된 경우, 예컨대 우송 도중에 분실된 경우에 그 주권을 선의의 제3자가 입수한 경우 주권의 선의취득은 성립하는가 또 주권의 재발행에 있어서 제권판결을 요하는가 하는 문제이다.

교부시설에 의하면 주권은 회사가 작성하여도 주주에게 교부되기 이전에는 아직 유효한 주권으로서 성립하지 않기 때문에, 상실한 것은 단지 종이조각에 불과하게 되어 주권의 선의취득이란 있을 수 없고 재발행에 있어서도 제권판결을 요하지 않게 된다. 발행시설에 의하면 회사가 주권을 작성한 것만으로는 아직 효력이 발생하지 않지만, 이를 우송·탁송 등 자기의 의사에 기하여 발행한 경우에 주권의 효력이 발생한다고 보기 때문에, 회사가 미교부 주권을 보관하고 있는 한 선의취득이란 있을 수 없지만, 회사가 주권을 우송 또는 탁송하게 되면 주권의 효력이 발생하는 것으로서, 우송·탁송중의 주권의 상실의 경우에는 선의취득은 성립하는 것이고 재발행에 있어서는 제권판결을 요하게 된다. 작성시설에 의하면 주권상의 권리는 주권의 작성에 의하여 이미 표창되는 것이기 때문에, 회사가 주주에게 교부하기 이전에 이것이 유통되어 제3자의 손에 들어가게 되면 제3자는 유효한 주권으로서 선의취득이 가능하게 된다. 그러므로 주권의 우송·탁송뿐만 아니라 회사의 보관중에 상실한 경우에도 주권의 선의취득이 성립하게 되고 제권판결을 요하게 된다. 작성시설의 입장에서는 작성된 주권이 주주에게 교부되기 이전에 잃어버린 경우에도 선의취득의 성립이 인정되어 주주는 그 주식에 관하여 권리를 잃게 된다.

이와 같이 학설의 대립은 결국 작성된 주권의 교부를 받아야 하는 주주를 당연히 보호해야 하는가, 아니면 상실한 주권의 선의취득자를 보호해야 하는가 하는 이익형량의 문제로 귀착하게 된다. 작성시설은 거래의 안전을 중시하여 미교부 주권을 잃어버린 경우에도 주주의 희생으로 선의취득자를 보호해야 한다는 것이고, 이때 주주가 받는 피해는 회사의 관리중 내지는 운송중의 주권에 대한 손해보험에 의하여 그 피해를 보상받는 것이 가장 합리적이라고 설명한다. 이러한 설명에 대하여는 교부시설로부터 다음과 같은 비판이 제기되고 있다. 즉, 작성시설은 거래의 안전과 그 보호에는 철저할 수 있을지 모르지만 실제 피해를 입은 자는 주주이고, 그 주주의 지배권 내에 있지 않은 사정에 의하여 주주의 권리를 잃게 하는 것에 대한 어떠한 정당성도 없이 이를 시인할 수는 없다고 한다.

<사례4 해설> (주권의 효력발생시기)

1) 우리나라 대법원 판례에 있어서의 주권의 효력발생시기는 흔히 주권발행 전에 주식을 양수함으로써 주식의 양수가 무효인 자에게 회사가 주권을 발행해 준 경우에 문제되고 있고 이에 대하여 교부시설을 명확히 하고 있다. 이는 주주의 채권자의 압류의 경우에도 결론을 달리할 이유는 없다고 본다. 따라서 본 사례에 있어서의 을은행의 A명의의 주권에 대한 압류는 무효이고 이것을 경매하더라도 그 효력이 발생하지 않는 것으로 될 것이다.

2) 이 경우 주권의 효력발생시기를 언제로 볼 것인가가 문제된다. 이것은 주주를 보호할 것인가 아니면 선의의 제3취득자를 보호할 것인가 하는 이익형량의 문제로 귀착된다고 할 것이다. 교부시설에 의하면 주주의 권리는 보호되나 거래의 안전에는 소홀하고, 작성시설에 의하면 거래의 안전은 보호되나 주주의 입장에서는 주권을 점유해 보지도 못하고 게다가 자기에게 과실이 없는데도 주주권을 상실할 우려가 있다. 또 발행시설에 의하면 이 단점들이 조금씩은 보완되나 역시 주주가 전혀 자기 과실에 기인하지 않고 주주권을 잃을 수 있다는 흠은 남게 된다.

3) 그러나 작성시설은 무기명주식의 경우를 설명할 수 없는 것이고, 발행시설에 있어서는 주주가 주권을 점유했던 일조차 없이 '주권의 점유를 잃은 자'에 해당하여 제3자의 선의취득을 허용하게 되는바 이는 선의취득제도의 본래의 취지에 어긋나는 것이다. 다만 교부시설을 취하여 주주에게 교부하기 전에는 제3자의 선의취득을 인정하지 않더라도 선의의 제3자는 양도인에 대하여 손해배상을 청구하는 동시에 부당이득반환의 법리에 의하여 양도인으로부터 양도대금을 회수할 수 있다는 일반적인 구제방법 외에 대부분의 경우 회사에 대하여 손해배상을 청구할 수 있을 것이다.

V. 주주총회결의의 하자

사례 5 주주총회결의의 하자

갑은 을회사의 주식의 80% 이상을 소유한 대주주이다. 갑은 이사회의 결의 없이 주주총회를 개최하여 자신의 아들인 병을 대표이사로 선임하고 의사록을 작성하여 등기를 하였다. 이어 병은 정과 을회사의 주요 부동산의 매매계약을 체결하였다. 병과 정간의 부동산의 매매계약은 효력이 있는가?

1. 문제의 제기

1) 주주총회는 법원의 명령에 의하여 소집되는 경우(제467조 제3항)를 제외하고는 이사회의 결정에 따라 소집되는데 설문에서는 이사회의 결의없이 주주총회가 소집되었으므로 이 점에서 주주총회의 효력이 문제된다.

2) 다음으로 소집절차에 하자가 있는 주주총회에서 대표이사로 선임된 병이 정과 부동산매매계약을 체결하였는데, 여기에 표현대표이사의 법리를 적용할 수 있는가가 문제된다.

3) 병이 대표이사로 선임된 사실이 등기되었으므로 이 등기를 믿고 거래한 정을 보호할 수 있는가가 문제된다.

2. 결의취소의 원인

상법은 ① 총회의 소집절차 또는 결의방법이 법령 또는 정관에 위반하거나 현저하게 불공정한 때, 그리고 ② 그 결의의 내용이 정관에 위반한 때에는 그 결의는 취소의 대상이 되는 것으로 하고 있다(제376조 제1항). ①의 소집절차 또는 결의의 방법이 법령·정관에 위반한 때라고 함은 대표이사가 이사회의 유효한 결의에 기하지 않고 총회를 소집한 경우, 이사회의 소집결의는 있었으나 대표이사가 유고가 아님에도 불구하고 평이사가 총회를 소집한 경우, 회일의 2주 전이라는 소집통지기간(제363조 제1항)을 준수하지 못한 경우, 서면이 아닌 구두의 소집통지를 한 경우, 소집통지에 회의의 목적사항 또는 의안의 요령에 대한 기재를 하지 않은 경우 등이다. ②의 결의내용이 정관에 위반한 때라고 함은 정관소정의 인수를 초과한 이사·감사의 선임, 정관에 위반한 이익처분안의 승인 등을 결의한 경우이다.

3. 결의무효의 원인

상법은 총회 결의의 내용이 법령에 위반하는 때에는 그 결의는 무효이다. 결의의 내용이 법령에 위반하는 때라 함은 예컨대 주주유한책임의 원칙에 위반하는 결의, 주주평등의 원칙에 위반하는 결의, 주주의 고유권을 침해하는 결의, 총회의 결의사항(제361조)에 속하지 않은 사항에 관한 결의, 총회의 전속적 결의사항의 결정을 이사회에 일임하는 결의, 위법한 이익처분안을 승인하는 결의, 공서양속에 반하는 뜻을 회사의 목적으로서 정하는 정관변경의 결의가 행하여진 경우이다.

4. 결의부존재의 원인

소집절차 또는 결의방법의 법령·정관위반, 즉 결의의 절차상의 하자는 전술한 바와 같이 결의취소의 원인의 하나이지만(제376조 제1항), 결의취소의 대상이 되는 것은 절차상의 하자는 있더라도 외형적으로 성립한 결의이다. 이에 대하여 외형적으로도 총회의 결의라고 인정할 만한 것이 존재하지 않는 경우에는 이미 결의취소의 문제가 아니라 결의부존재의 문제가 된다. 즉, 총회의 소집절차 또는 결의방법에 총회결의가 존재한다고 볼 수 없을 정도의 중대한 하자가 있는 때에는 그 결의는 무효이다.

5. 표현대표이사의 성립

상법은 사장, 부사장, 전무, 상무 기타 회사를 대표할 권한이 있는 것으로 인정될 만한 명칭을 사용한 이사의 행위에 대하여는 그 이사가 회사를 대표할 권한이 없는 경우에도 회사는 선의의 제3자에 대하여 그 책임을 진다고 규정하고 있다(제395조). 상법 제395조의 적용요건으로서는 다음의 세 가지를 들 수 있다.

첫째, 이사가 회사를 대표할 권한이 있는 것으로 오인할 만한 명칭을 사용하였을 것이다. 무엇이 표현대표이사의 명칭에 해당할 것인가는 거래의 통념에 의하여 결정할 수밖에는 없지만, 동조가 예시한 사장, 부사장, 전무, 상무 외에 회장, 부회장, 총재, 부총재, 이사장, 부이사장은 물론이고 이사회의장·부의장과 같은 명칭도 포함될 수 있다. 더욱이 표현대표이사가 자기의 명칭을 사용하지 않고 대표이사의 명칭을 사용하여 대표행위를 하는 때에도 상법 제395조의 적용이 있다고 해석한다.

둘째, 회사가 이사에게 표현대표이사의 명칭을 부여했을 것이다. 이사가 위의 명칭을 잠칭하였을 뿐인 경우에는 동조는 적용되지 않는다. 그러나 회사가 표현대표이사의 명칭을 이사회의 결의에 의하여 부여하지 않았다고 하더라도 이사의 과반수나 최소한 대표이사 1인이 동 명칭의 사용을 알았으면서도 그것을 방임하는 형식으로 묵인한 경우에는 동조의 적용이 있다. 회사가 묵인하였다고 할 수 있기 위해서는 이사 전원은 아니더라도 이사의 과반수 또는 대표이사 1인이 알고 있었다면 그것으로 족하다고 본다. 그리고 회사가 대표이사의 퇴임을 등기한 후에도 이와 같은 묵인에 의하여 회사가 책임을 부담하는 예가 있을 수 있다. 대주주로서 사실상 회사의 운영을 지배하여 왔다면 표현대표이사에 대한 회사의 귀책사유를 인정할 수 있다는 긍정설과 부정설이 대립되고 있으나 긍정설이 타당하다고 본다. 판례도 긍정설을 취하고 있다(대법원 1992.8.18. 선고 91다14369 판결).

셋째, 제3자가 선의이어야 한다는 것이다. 선의란 행위를 한 이사에게 대표권이 없다는 것을 알지 못한 것이지만, 제3자의 선의·무과실을 요구하는 견해도 있다. 그러나 판례는 '상법 제395조가 규정하는 표현대표이사의 행위로 인한 주식회사의 책임이 성립하기 위하여 법률행위의 상대방이 된 제3자의 선의 이외에 무과실까지도 필요로 하는 것은 아니지만… 중대한 과실이 있는 경우에는 회사는 그 제3자에 대하여 책임을 지지 아니한다'고 판시한 바 있다(대법원 1999.11.12. 선고 99다9797 판결). 선의·무중과실의 경우에 보호되어야 할 제3자에는 표현대표이사의 직접적인 상대방뿐만 아니라 어음의 제3취득자와 같은 간접적인 제3자도 포함된다. 더욱이 제3자가 자기의 선의·무중과실을 입증하는 것이 아니라 회사가 제3자의 악의 또는 중과실을 입증해야 한다.

6. 부실등기의 효력

상법은 고의 또는 과실로 인하여 사실과 상위한 사항을 등기한 자는 그 상위를 선의의 제3자에게 대항하지 못한다고 하여(제39조) 등기의 공신력을 인정하고 있다. 상법이 당사자의 고의 과실 등의 당사자의 귀책사유가 있는 경우에만 제한적 공신력을 인정한 이유는 다음과 같다. 즉 등기공무원의 착오나 제3자의 허위신청에 의한 부실등기에 대하여도 등기에 의한 책임을 인정하면 가혹하기 때문이다. 또한 기업거래의 집단성과 대량성에서 볼 대 공신력의 철저는 기업의 기초를 위태롭게 할 수 있기 때문이다.

<사례5 해결> (주주총회결의의 하자)

1) 설문에서는 주주총회의 소집권한도 없는 갑이 이사회의 결의 없이 또한 주주총회의 소집통지도 하지 않고 주주총회를 개최하였다. 이는 주주총회의 소집절차에 총회결의가 존재한다고 볼 수 없는 정도의 중대한 하자가 있다고 보여지며 결의부존재확인의 소의 대상이 된다고 본다.

2) 회사의 운영을 사실상 지배하여온 대주주가 표현적 명칭의 사용을 허락한 경우에도 회사의 명칭 사용 허락으로 보아 표현대표이사의 성립을 긍정한다. 회사는 정의 악의 또는 중과실을 입증하지 못하는 한 정에게 책임을 져야 한다.

3) 회사의 운영을 사실상 지배하여 온 대주주가 부실등기를 한 경우에도 회사의 귀책사유로 보며 회사는 등기를 신뢰한 정에게 대항할 수 없고 병과 정의 거래에 대하여 책임을 져야 한다.

Ⅵ. 이사의 자기거래

사례 6　이사의 자기거래

갑은 목재업을 경영하는 을주식회사의 대표이사이다. 갑은 을회사의 대표이사의 자격으로 병으로부터 산림을 5천만원에 매입하였는데 그것을 6천만원에 자신에게 전매하였다. 갑·을간의 거래는 유효한가?

이사를 포함하여 다음 각호에 해당하는 자는 이사회의 승인이 있는 때에 한하여 자기 또는 제3자의 계산으로 회사와의 거래를 할 수 있다. 즉 ① 이사 또는 주요 주주, ② 제1호의 자의 배우자 및 직계존비속, ③ 제1호의 자의 배우자의 직계존비속 이사의 배우자의 직계존비속, ④ 제1호부터 제3호까지의 자가 단독 또는 공동으로 의결권 있는 발행주식 총수의 100분의 50 이상을 가진 회사 및 그 자회사, ⑤ 제1호부터 제3호까지의 자가 제4호의 회사와 합하여 의결권 있는 발행주식 총수의 100분의 50 이상을 가진 회사이다.

1. 이사회의 승인을 요하는 거래

이사회의 승인이 있어야 하는 것은 이사 등이 자기 또는 제3자를 위하여 회사와 하는(이사와 회사간의) 거래이다. 이사와 회사간의 거래는 이사 자신이 회사의 상대방으로서 또는 제3자를 대리 내지는 대표하여 회사와 거래를 행하는 경우이고, 그 이사가 대표이사인지 또는 스스로 회사를 대표할 수 있는지의 여부를 불문한다. 만일 이사가 회사를 대표하여 자기 또는 제3자를 위하여 회사와 거래를 하는 때에는 민법 제124조의 자기계약 또는 쌍방대리에 해당하지만, 이 경우에도 이사회의 승인이 있으면 본인의 승인과 같은 것이기 때문에 민법 제124조의 적용은 없다(제398조 제2항).

한편 회사와 거래한 이사가 회사를 대표하지 않고 다른 이사가 회사를 대표하는 경우에는 민법의 자기계약 또는 쌍방대리에 해당되지 않지만, 이 경우에도 이사회의 승인은 필요하다. 이것은 회사의 이사는 상호 용이하게 결탁하여 회사의 이익을 해할 염려가 있기 때문이고, 이 점에서 상법 제398조는 민법 제124조보다 규제의 범위가 넓다.

2. 이사회의 승인

이사와 회사간의 거래에 대하여는 전술한 바와 같이 거래의 성질상 제외되는 경우를 제외하고 이사회의 승인이 있어야 한다. 이사회의 승인을 받기 위해서는 미리 이사회에서 해당 거래에 관한 중요사실을 밝혀야 한다. 이 경우 이사회의 승인은 이사 3분의 2 이상의 수로써 하여야 하고, 그 거래의 내용과 절차는 공정하여야 한다(제398조).

이사회의 승인은 원칙적으로 각각의 거래에 대하여 행하여져야 하나, 동종동형의 거래가 반복하여 행하여지는 때에는 포괄적 승인도 문제될 것은 없다고 본다. 추인도 가능한가에 대하여는 다수의 견해가 부정적이나 회사의 이익에 비추어 문제가 없다면 부정해야 할 이유가 없다고 본다. 이사회의 승인결의에 있어서 당해 이사는 특별이해관계인이 된다.

3. 이사회의 승인 없이 한 거래

이사와 회사간의 거래가 이사회의 승인 없이 행하여진 경우에 대하여는 주로 그 거래의 효력과 이사의 책임이 문제된다. 승인을 얻지 못한 거래의 효력에 대하여는 다툼이 있는데, 학설상 무효설이 유력한 때도 있었지만, 그 후 유효설과 대립을 통하여 현재에는 원칙적으로는 무효이지만, 무효로써 선의의 제3자에 대항할 수 없다는 상대적 무효설이 통설·판례의 입장이다. 승인 없이 한 거래의 효력에 관한 전술한 상대적 무효설은 말하자면 무효주장의 상대방에 대하여 상대적인 취급을 하자는 것이지만, 더 나아가 무효를 주장할 수 있는 자에 대하여도 상법 제398조의 취지에서 상대적인 취급을 할 필요가 있다. 예컨대 회사가 이사 개인에 대하여 대부한 금원의 반환을 구한 경우에 이사가 상법 제398조 위반을 이유로 하여 스스로 그 대부의 무효를 주장하는 것은 허용될 수 없다고 본다.

4. 이사회의 승인하에 이루어진 거래

이사와 회사간의 거래가 이사회의 승인하에 이루어진 경우에는 당해 이사가 회사를 대표하는지의 여부를 불문하고 그 거래는 유효하다. 자기계약 또는 쌍방대리에 해당하는 경우라도 이사회의 승인은 본인의 승인과 같은 것이기 때문에 민법 제124조의 적용은 없다(제398조).

이사의 회사에 대한 책임의 관점에서는 설사 이사회의 승인하에 거래가 이루어졌다 하더라도 당연히 회사에 대한 아무런 책임이 없다는 것은 아니다. 대가의 부당 등에 의하여 회사가 손해를 입은 경우에는 당해 이사, 회사를 대표하여 거래를 한 이사 및 이사회에서 승인의 결의에 찬성한 이사가 손해배상책임을 부담하고, 또 예컨대 다른 이사에 대한 금전의 대부에 관하여는 회사를 대표하여 대부를 행한 이사 및 이사회에서 승인의 결의에 찬성한 이사가 미변제액을 변제할 책임을 부담한다고 해야 할 것이다(제399조).

<사례6 해설> (이사의 자기거래)

갑은 을회사의 대표이사로서 산림을 매입하였으나, 그 산림을 자신에게 전매하였다. 이러한 전매행위는 자기거래에 해당하며 이사회의 승인이 없으므로 무효이다.

Ⅶ. 이사의 제3자에 대한 책임

사례 7 이사의 제3자에 대한 책임

갑회사의 이사 을은 사전에 조사가 불충분한 사업에 투자하여 회사를 파탄상태에 이르게 하였다.
(1) 회사채권자 병은 회사로부터 변제받지 못한 채권상당액을 이사 을에게 청구할 수 있는가?
(2) 회사의 주주인 정은 이사 을의 투자로 인하여 회사의 주가가 하락하였기 때문에 그로 입은 손해의 배상을 이사 을에게 청구할 수 있는가?

이사는 회사에 대하여 의무를 부담하는 것에 불과하기 때문에 손해배상책임도 원칙적으로 회사에 대하여 부담하는 것에 그치고, 제3자에 대하여는 물론 일반의 불법행위책임 이외에 손해배상책임을 부담할 필요는 당연히 없는 것이다. 그러나 상법은 특히 제401조를 두고 이사의 제3자에 대한 책임에 관하여 규정하고 있다. 즉 이사가 고의 또는 중대한 과실로 그 임무를 게을리한 때에는 그 이사는 제3자에 대하여 연대하여 손해를 배상할 책임이 있다고 규정하고 있다(제401조 제1항).

1. 법적 성질

이사의 제3자에 대한 책임에 관한 규정(제401조)이 어떠한 법적 성질을 갖는가에 대하여는 그것을 제3자보호를 위한 법정의 특별책임으로 보는 입장(법정책임설)과 불법행위책임으로 보는 입장으로 분기한다. 후자의 불법행위책임으로 보는 입장에서도 다시 당해 규정을 이사의 업무가 복잡하고 대량이며 또 신속히 처리해야 할 필요성을 감안하여 이사의 책임을 경감하기 위한 것으로 해석하여 동조를 민법의 불법행위규정의 특칙이라고 보는 견해가 있다(불법행위특칙설). 또한 동조를 불법행위책임으로 보면서도 어디까지나 제3자를 보호하기 위한 규정이라고 해석하여, 동조를 특수한 불법행위책임이라고 보는 견해도 있다(특수불법행위설).

2. 직접손해와 간접손해

이사의 제3자에 대한 책임에 포함되는 손해의 범위에 관하여 직접손해한정설, 간접손해한정설 및 양손해포함설로 학설이 나뉜다. 여기서 간접손해란 일반적으로 제1차적으로는 회사에 손해가 발생하고 그 결과 제2차적으로 제3자가 입는 손해를 말한다. 직접손해란 회사가 손해를 입었는가의 여부에 관계없이 이사의 행위에 의하여 제3자가 직접적으로 입은 손해를 말한다. 우리나라의 경우에는 양손해포함설이 다수설이며, 이 책임의 법적 성질에 관하여 법정책임설을 취하는 분과 특수불법행위설을 취하는 분 모두 그러하다. 1985년 판례에서도 양손해포함설을 취하고 있다.

(1) 직접손해한정설

직접손해한정설은 상법 제401조에 의하여 이사가 부담하여야 할 책임은 직접손해에 한정된다고 한다. 간접손해에 대하여 주주의 경우에는 대표소송에 의하여, 채권자의 경우에는 채권자대위권으로 구제될 수 있으므로 본조의 적용이 필요 없다고 한다. 이 설은 주로 불법행위특칙설을 주장하는 학자들이 취하는 견해로 불법행위특칙설에 대한 비판이 그대로 이 학설에 적용될 수 있다.

(2) 간접손해한정설

이사가 제3자에게 부담해야 할 손해배상책임은 회사가 먼저 손해를 입고 그 결과로서 제3자가 손해를 입는 간접손해에 한정된다는 학설이다. 회사의 손해와 관계없이 직접 제3자에 발생한 손해는 민법 제750조에 따라 일반불법행위에 의하여 배상받을 수 있으므로 본조를 적용할 필요가 없다고 본다.

(3) 양손해포함설

이사가 배상하여야 할 책임은 직접손해나 간접손해의 어느 한 쪽으로 국한시킬 수 없으며, 양 손해를 모두 포함하여야 한다는 견해로서 우리나라와 일본의 다수설이다. 이 학설에서는 먼저 상법 제401조가 제3자를 보호하기 위한 규정이므로 직접손해와 간접손해를 구별하지 않고 이사의 임무해태와 상당인과관계에 있는 모든 손해를 배상하여야 한다고 주장한다.

3. 주주제외설과 주주포함설

주주의 간접손해에 관하여 대법원은 '회사가 손해를 입고 결과적으로 주주의 경제적 이익이 침해되는 손해와 같은 간접적인 손해는 상법 제401조 제1항에서 말하는 손해의 개념에는 포함되지 않는다'고 판시하고 있다.

(1) 주주제외설

이 설의 입장은 대법원의 견해와 같은 것으로서 주주의 간접손해에 대하여는 이사의 책임이 인정되지 않는다는 것이다. 그 논거로서는 우선 주주의 간접손해는 회사가 이사로부터 배상을 받으면 주주의 손해도 회복이 되는 것이므로 따로 주주에게 손해배상책임을 인정할 필요가 없다는 것이다. 다음 주주가 이사로부터 간접손해에 대한 손해배상을 받는다면 주주가 채권자보다 우선하여 변제를 받는다는 불합리가 발생한다고 한다. 마지막으로 이사가 주주에게 배상하여도 회사에 대한 책임이 남는다면 이중으로 배상책임을 부담하므로 불합리하고, 회사에 대한 책임이 면제된다면 이사의 책임면제에 총주주의 동의를 받도록 하고 있는 상법 제400조에 모순된다고 한다.

(2) 주주포함설

이 설은 주주의 간접손해도 이사의 책임에 포함되어야 한다는 학설이다. 이 설은 그 근거로서 먼저 주주가 대표소송에 의하여 이사의 책임을 추궁하는 데에는 한계가 있다고 주장한다. 우리나라에서 발행주식의 3% 이상을 소유한 주주만이 대표소송을 제기할 수 있으므로 그 장애가 심각하다고 한다. 다음 이사가 주주에게 배상한만큼 회사에 대한 배상의무가 면제된다고 보면 문제가 없다고 한다. 그리고 상법 제400조는 주주가 결의에 의해서 이사의 책임을 면제하는 경우에 적용되는 것으로 주주가 배상을 받은 결과 이사책임이 소멸하는 경우에는 적용이 없다고 한다.

<사례7 해설> (이사의 제3자에 대한 책임)

(1) 회사채권자 병은 상법 제401조 제1항을 근거로 이사의 책임을 물을 수 있다. 이사가 비록 회사채권자의 채권에 손해를 가할 의도가 없었다 할지라도 임무해태행위에 대한 중대한 과실이 있으며 이로 인하여 채권자는 기존의 채권을 회수하지 못하는 간접손해를 입게 되기 때문이다.

(2) 주주 정은 이사의 임무해태행위로 간접손해를 입게 되었으므로 동조를 근거로 이사에게 손해배상을 청구할 수 있다. 다만 판례의 입장은 주주의 간접손해에 대한 배상책임을 인정하지 않고 있다.

VIII. 신주인수권

사례 8   신주인수권

갑주식회사는 2010년에 설립된 회사로서 2012년 현재 자본금 1억원으로 액면 5,000원의 기명식 보통주식 20,000주를 발행하였다. 갑주식회사는 2013년 3월 14일 자본금을 100% 증자하기로 하여 이사회의 결의를 거쳐 발행가액 5,000원의 기명식 보통주식 20,000주를 새로 발행하기로 하였다. 갑주식회사는 기존 주주들의 주식 보유비율에 따라 신주를 배정하기로 결의하고 납입기일을 동년 4월 2일로 정하였다.

을은 위 회사의 주식을 2,000주 보유한 주주로서 동년 3월 25일 병에게 종전주식 2,000주 및 새로 배정받은 신주 2,000주를 80,000,000원에 양도하기로 하는 내용의 계약을 체결하고 그 날 계약금으로 10,000,000원을 수령하였다. 이때 그 계약에 입회하였던 갑주식회사 대표이사 정은 을·병간의 계약 내용을 확인하고 위 주식 및 신주인수권양도를 승낙하는 내용의 확인서를 작성하여 공증하였다. 병은 을에게 3월 27일 잔금 70,000,000원을 지급하였고, 을은 3월 30일 신주인수대금 10,000,000원을 갑회사에 납입하였다.

한편 을은 병이 매수한 자신의 주식 2,000주를 3월 27일에 다시 무에게 매각대금 90,000,000원에 매각하였으며, 갑회사는 3월 29일 주주명의를 을에서 무로 변경하였고, 동년 4월 2일 신주에 대한 납입기일이 지나자 4월 3일 을에게 배정된 신주 2,000주의 명의를 무로 변경하였다. 갑회사는 현재까지 그 발행주식에 대하여 주권을 발행하지 아니하였고 갑회사의 정관에는 신주의 발행시 주주가 가지는 신주인수권의 양도에 관하여 아무런 규정이 없으며, 갑회사의 이사회는 2012. 3. 12. 위의 신주발행을 결의하면서 이에 관한 결정을 하지 않았다.

(1) 병은 갑회사에 대하여 을로부터 양수한 기존의 주식 2,000주에 대한 권리를 주장할 수 있는가?

(2) 병은 갑회사에 대하여 신주 2,000주에 대한 권리를 주장할 수 있는가?

(3) 병보다 먼저 을의 주식 2,000주와 신주 2,000주에 대한 명의개서를 경료한 무는 갑회사에 대하여 자신의 권리를 주장할 수 있는가?

1. 주권발행 전 주식양도의 효력

주식회사의 경우 주식양도자유의 원칙이 있으나, 법률 또는 정관에 의한 제한은 가능하다. 상법 제335조 제3항 본문은 주권발행 전 주식양도는 회사에 대하여 효력이 없다고 정함으로써 법률의 규정에 의하여 제한하고 있다. 1984년 개정상법은 제335조 제3항 단서에서 회사의 성립 후 또는 신주의 납입기일 후 6월이 경과한 경우에는 그러하지 아니하다고 정함으로써 당사자간은 물론 회사에 대하여도 유효한 양도를 할 수 있음을 정하고 있다.

통설과 판례에 따르면 주권발행 전 양도의 방법은 민법상 지명채권양도의 방법에 따른다. 즉 당사자간의 의사표시와 회사에 대한 통지 또는 회사의 승낙을 요한다. 다만 회사에 대한 종국적인 대항요건으로서는 주주명부의 명의개서를 요하고, 제3자에 대한 종국적인 대항요건으로서는 확정일자 있는 증서에 의한 양도통지 또는 회사의 승낙을 요한다. 회사설립 또는 신주의 납입기일 후 6월이 경과한 뒤의 주식양도는 당사자가 민법 제450조의 대항요건을 갖추면 회사는 명의개서를 하여야 한다. 다만 그러한 대항요건을 갖추지 못하였더라도 양수인이 양도사실에 관한 서류를 회사에 제출하고 상법 제335조 제3항 단서규정에 의한 양도사실을 입증하여 명의개서를 청구하면 회사는 이를 거절할 수 없다.

2. 신주인수권의 양도

주주가 종래 가지고 있던 주식의 수에 비례하여 우선적으로 신주를 배정받을 수 있는 권리를 신주인수권이라고 한다. 신주인수권은 정관이나 이사회의결의에 의하여 생기는 것이 아니라 법률의 규정에 의하여 주주에게 당연히 생기는 권리이다(상법 제418조). 신주인수권은 주주권의 내용을 이루는 추상적 신주인수권과 이사회의 신주발행결의에 의하여 구체화된 구체적 신주인수권으로 구별된다. 구체적 신주인수권은 독립하여 양도 처분할 수 있다. 정관 또는 이사회의 결의로 신주인수권의 양도를 정한 경우에는 상법 제420조의2 제1항에 의해 발행된 신주인수권증서에 의해서 신주인수권의 양도가 가능하다. 그러나 정관이나 이사회의 결의로 신주인수권의 양도를 정하지 않은 경우에는 그 양도성에 관하여 학설이 나뉘어 있다.

소극설은 신주인수권의 양도를 부인하는데, 그 근거로서는 첫째, 상법 제416조 제5호를 정하였으므로 그 정함이 없는 경우에는 신주인수사무의 편의를 위하여 양도를 제한하는 의미로 해석해야 한다고 한다. 둘째, 신주인수권의 양도를 인정하는 경우 그 요건과 방식에 관한 정함이 있어야 하는데 그 정함이 없으므로 그 양도를 인정할 수 없다고 한다. 셋째, 회사의 승낙을 전제로 신주인수권의 양도를 인정한다면 회사가 그 양도 여부를 결정할 수 있게 되어 주주평등의 원칙에 반하게 된다고 한다. 소극설이 다수설이다. 적극설은 소수설로서 상법 제416조에서 정관이나 이사회의 결의로 신주인수권을 양도할 수 있다고 정한 의미는 회사의 편의에 의하여 신주인수권을 신주인수권증서에 의하여 양도할 수 있다는 뜻이지, 그렇지 않은 경우 그 양도 자체를 부인하는 것은 아니라고 본다. 판례에서는 정관이나 이사회의 결의로 신주인수권의 양도를 정하지 않은 경우에도 그 양도성 자체를 부인할 수는 없다고 본다.

3. 주식의 이중양도의 효력

회사의 설립 또는 신주의 납입기일 후 6월을 경과한 주권발행 전 주식양도와 정관 또는 이사회의 결의 없이 한 신주인수권의 양도가 채권양도의 방식을 통해 이루어진 경우, 주식의 양도가 이중적으로 이루어졌다면, 확정일자에 의한 승낙을 득한 자와 주주명부에 명의개서를 한 자 중 누구의 권리가 우선할 것인가가 문제된다. 확정일자에 의한 신주인수권의 양도의 통지 또는 승낙은 양도 자체에 대한 대항요건이나, 명의개서는 적법한 양수인이 회사에 대하여 권리를 행사하기 위한 요건에 지나지 않는다고 할 것이다. 따라서 확정일자에 의한 승낙을 먼저 득한 자가 명의개서를 한 자보다 먼저 주주의 권리를 주장할 수 있다고 할 것이다.

<사례8 해설> (신주인수권)

병이 을로부터 양수한 주식 2,000에 대하여 권리를 주장할 수 있는가 하는 것은 회사설립 후 6월이 경과한 주권발행 전 주식양도의 효력에 관한 것이다. 또한 신주에 대한 부분은 정관 또는 이사회의 결의가 없는 상태에서 신주인수권양도의 효력에 관한 문제이다. 한편 채권양도의 방법으로 주식양도가 이루어진 경우, 그 대항요건과 관련하여 주식의 이중양도시 주주권이 병과 무 중 누구에게 귀속하는가의 문제이다.

(1) 갑주식회사는 2010년에 설립되었으나, 회사설립 후 6월을 경과한 2013년 현재까지 주권을 발행하지 아니하였으므로, 주권발행전 주식양도는 회사에 대하여 효력이 있다고 할 것이다. 또 을의 병에 대한 주식양도에 대하여 회사의 대표이사 정으로부터 주식양도에 대한 승낙을 득하였으므로, 병은 갑회사에 대하여 주식 2,000주에 대한 권리를 주장할 수 있다.

(2) 을로부터 병이 양수한 신주인수권은 비록 정관 또는 이사회의 결의 없이 이루어진 것이기는 하지만 이는 채권양도의 방법으로 행하여졌으며, 이에 회사의 대표이사가 승낙을 하였으므로 회사에 대하여 효력이 있다고 볼 것이다. 따라서 병은 갑회사에 대하여 신주 2,000주에 대한 권리를 주장할 수 있다고 할 것이다.

(3) 채권양도의 방법으로 주식양도 또는 신주인수권의 양도가 이루어질 경우 제3자에 대한 대항요건은 확정일자 있는 회사의 승낙으로 족하므로, 무가 주주명부의 명의개서를 하였다 하더라도 확정일자 있는 승낙이 앞서는 병이 을에 대하여 대항력을 갖춘 주주라 할 것이다. 따라서 무는 갑회사에 대하여 자신의 권리를 주장할 수 없다.

IX. 전환사채

사례 9 전환사채

갑회사의 발행주식 총수는 100,000주이며 주식의 액면가는 5,000원이고, 1주당 시중가격은 100,000원이다. 갑회사는 전환사채(CB) 100,000CB를 CB당 10,000

원에 발행함에 있어서 갑회사의 대표이사 을은 이사회의 의결을 거쳐서 80,000CB를 제3자인 병에게 배정하였다. 다만 이사회의 의결시에 총이사 17명 가운데 8명이 참석하였고 1명은 서면동의를 받아 병에 대한 CB 배정에 관하여 이사회의 동의안건을 처리하였다. 갑회사가 발행한 전환사채의 전환비율은 1:1이다. 병은 갑회사의 주식을 소유한 바가 없으며, 갑회사의 대주주인 정의 장남이다.

(1) 갑회사의 소액주주인 무는 이사회의 결의가 무효이므로 병에 대한 CB 배정은 무효라고 주장하여 전환사채발행무효의 소를 제기할 수 있는가?

(2) 무는 갑회사의 대표이사인 을이 1주당 시중가격 100,000원인데 비하여 CB를 10,000원에 배정함으로써 회사에 손해를 끼쳤다고 주장하여 을이 그 손해액 전액에 대하여 회사에 배상할 것을 청구하는 대표소송을 제기할 수 있는가?

1. 제3자에 대한 전환사채발행의 요건

제3자에 대하여 전환사채를 발행하기 위하여는 전환사채의 액, 전환의 조건, 전환으로 인하여 발행할 주식의 내용과 전환을 청구할 수 있는 기간에 관하여 정관의 규정이 있거나 주주총회의 특별결의에 의하여 이를 정하여야 한다. 또한 이 경우에도 신기술의 도입, 재무구조의 개선 등 회사의 경영상의 목적을 달성하기 위한 필요가 있어야 한다(제513조 제3항, 제418조 제2항 단서). 다만 정관이나 주주총회의 결의에 있어서 전환의 조건 등을 경제사정에 즉응하여 신축적으로 결정할 수 있도록 일응의 기준을 정해 놓은 다음 구체적인 전환의 조건은 발행시마다 이사회에서 결정하도록 위임하는 것도 허용된다고 본다. 판례의 경우 '전환가액은 주식의 액면금액 또는 그 이상의 가액으로 사채발행시 이사회가 정한다'는 정관 규정은 상기의 최소한의 기준을 정한 것으로서 유효하다고 보았다(대법원 2004.6.25. 선고 2000다37326 판결). 정관이나 주주총회의 결의에서 일정한 기준을 정하여 이사회에 위임한 경우 이사회는 그 사항에 관하여 이를 결의하여야 한다.

이사회의 결의의 하자가 있는 사안에 대하여 대표이사가 이를 집행하였을 경우 대표이사의 행위의 효력을 다투는 소가 인정되는 경우에는 이사회의 결의의 하자는 대표이사의 행위의 하자로 흡수되어 그 행위 자체의 효력이 다투어지게 된다. 사례의 경우 전환사채발행무효의 소가 인정된다면 이사회의 결의의 하자는 그 소송에서 이를 흡수하여 그 효력 여부를 결정하게 될 것이다.

2. 전환사채발행무효의 소

전환사채의 발행에 하자가 있는 경우 신주발행무효의 소에 관한 상법 제429 조를 유추 적용할 수 있는가가 문제된다. 긍정설은 전환사채의 경우 전환권의 행 사에 의하여 장차 주식으로 전환될 수 있어 이의 발행은 사실상 신주발행으로서 의 의미를 가지므로 상법 제429조 이하의 규정을 유추 적용하여 전환사채발행무 효의 소를 인정할 필요가 있다고 본다. 그렇지 않을 경우 상법상 그에 관한 명문 규 정이 없으므로 사법상의 일반원칙에 따라 누구라도 언제든지 전환사채발행의 무 효를 주장함으로써 거래안전을 해칠 우려가 있다. 판례는 유추적용긍정설을 취하 고 있다(대법원 2004.6.25. 선고 2000다37326 판결). 한편 부정설에 따르면 전환사채 발행무효의 소는 인정되지 않는다고 보면서, 다른 조치로서 발행유지청구권(제 518조 제1항, 제424조), 통모인수인에 대한 차액지급의무(제516조 제1항, 제424조의2 제1항)가 인정되고, 주주의 경우 대표소송(제516조 제1항, 제424조의2 제2항)을 제기 할 수 있다고 본다.

3. 대표소송제기요건

발행주식총수의 100분의 1 이상의 주식을 가진 주주가 대표소송을 제기할 수 있다(제403조). 사례의 경우 무가 대표소송을 제기하기 위하여는 갑회사의 주 식의 100분의 1 이상을 보유해야 한다. 이러한 주식의 보유는 소송의 종료시까 지 지속될 필요는 없으나 최소한 1주 이상의 주식은 계속 보유하여야 한다(제403조 제5항). 다만 갑회사가 상장회사인 경우에는 6월 전부터 발행주식 총수의 10,000 분의 1 이상에 해당하는 주식을 소유하거나 주주권행사에 관한 위임장을 취득하 여야 한다(제542조의6 제6항). 을이 병에 대하여 전환사채를 발행한 것이 고의나 과실에 의하여 회사에 대한 손해를 발생시킨 것인가를 살펴볼 필요가 있다. 먼저 정관이나 주주총회의 결의에서 구체적으로 병에 대한 전환사채의 발행조건을 사 례에서와 같이 정한 경우와 이사회에 일정한 범위의 사항을 위임한 경우로 나누 어 고찰해야 한다.

먼저 정관이나 주주총회에서 병에게 발행하는 전환사채의 수와 가액에 대하 여 이를 정하였다 할지라도 이는 상법 제513조 제3항에 규정되어 있는 경영상의 목적달성이라는 요건을 충족하지 못하여 정관의 정함이나 주주총회의 결의는 무효인 것으로서 대표이사는 그러한 정관규정이나 주주총회의 결의의 무효사유를 들어 이를 발행할 수 없다. 그럼에도 불구하고 대표이사 을은 이러한 사항을 지적하지 못하고 이사회의 결의의 하자를 발생시킨 상태로 전환사채를 병에게 발행한 과실이 있으므로 회사에 대한 손해배상책임을 면하지 못한다 하겠다.

　　다음 정관이나 주주총회의 결의에서 범위를 정하여 이사회에 위임한 경우에도 대표이사 을은 이사회의 결의에 하자가 있을 뿐만 아니라 경영상의 목적달성이라는 요건을 충족하지 못하였으므로 유효한 전환사채발행을 하지 못한 과실이 있으므로, 이에 대한 손해배상책임을 면하지 못한다 할 것이다. 한편 상기의 양 경우에 대표이사 을은 갑회사의 주식이 주당 시중가격 100,000원에 상당하는 것임에도 불구하고 이를 회사의 유효한 법령이나 정관에 정한 의사결정절차를 위반하여 병에 대하여 전환사채를 10,000원에 발행한 것은 회사에 대하여 지대한 손해를 발생시킨 행위라고 할 것이다. 무는 대표소송을 제기하기 전에 먼저 이유를 기재한 서면으로 회사(감사)에 대하여 을의 책임을 추궁하는 소를 제기할 것을 청구하여야 한다(제403조 3항). 감사가 이 청구를 받은 날로부터 30일 이내에 소를 제기하지 아니한 경우에는 무는 회사를 위하여 즉시 소를 제기할 수 있다.

<사례9 해설> (전환사채)

(1) 사례의 경우 병에 대한 전환사채의 발행이 정관이나 주주총회의 결의에서 정한 기준의 범위 내일 경우 이사회가 이를 정할 수 있다고 본다. 다만 이사회의 결의가 의사정족수의 요건을 충족하지 못하여 무효가 된다고 본다. 또한 병에 대한 전환사채의 발행이 경영상의 목적달성을 위하여 필요한 것인가를 판단하여야 하는데 대주주의 장남인 병에 대한 전환사채의 발행은 경영권의 승계를 목적으로 한 것으로서 경영상의 목적달성을 위하여 필요한 것으로 판단할 수는 없다고 본다. 한편 시중가액 100,000원에 해당하는 주식의 전환사채를 발행하면서 10,000원에 발행하는 것은 전환사채의 발행조건에 관하여 정관이나 주주총회의 위임의 범위 내라고 할지라도 현저히 불공정한 발행으로서 전환사채발행무효의 사유에 해당한다고 본다. 상법 제429조의 유추적용긍정설에 따르면 갑회사의 주주인 무는 전환사채의 발행일로부터 6월 이내에 한하여 전환사채발행무효의 소를 제기할 수 있다. 유추적용부정설에 따르면 전환사채발행무효의 소를 제기할 수 없고, 전환사채발행유지청구권을 행사하거나, 병과 을이 전환사채의 인수에 통모한 사실이 있을 경우 통모인수인의 책임을 추궁하는 대표소송을 제기할 수 있다.

(2) 무가 상기의 소수주주의 요건을 구비하고 회사에 대하여 을에 대한 소제기의

청구 후 30일이 지나도록 회사가 소송을 제기하지 아니한 경우에는 대표소송을 제기할 수 있다. 을은 정관이나 주주총회에서 병에 대한 전환사채의 발행에 관하여 구체적으로 정한 경우이든 일정한 범위를 정하여 이사회에 위임한 경우이든 병에 대한 전환사채의 발행은 과실이 있는 경우로서 회사에 현저한 손해를 발생시켰다고 보아야 하기 때문이다.

X. 위법배당

사례 10 위법배당

갑주식회사는 을주주가 이익배당을 요구하였으므로 영업연도의 배당가능이익이 없음에도 불구하고 이사회의 결의에 의하여 이익배당금 명목으로 금전을 지급하기로 하였다. 이 경우
(1) 이익배당지급결의의 효력이 있는가?
(2) 갑회사는 정관에 규정된 정기총회의 시기보다 약간 늦게 주주총회를 개최하여 배당금지급결의를 할 수 있는가?
(3) 회사채권자 병은 을주주에게 지급된 금전의 반환청구를 할 수 있는가?

주식회사에는 퇴사의 제도가 없고 기업의 영속적 성질상 잔여재산의 분배도 기대하기 어렵기 때문에 이익의 배당은 주식회사의 본질적인 요청이다. 회사재무상황에 의하여 어느 결산기에 이익배당을 중지하는 것은 상관없지만, 영구 또는 일정기간 배당을 중지한다는 사전결의는 주주의 고유권을 침해하는 것으로서 무효이다. 그러나 실제로는 무리한 배당을 하는 회사가 적지 않은데 이는 주식회사의 병리현상의 중대한 일면이다.

1. 이익배당의 요건

주식회사의 배당가능이익의 최고한도는 다음과 같이 산출한다. 대차대조표상의 순자산액에서 자본금의 액, 자본준비금 및 이익준비금의 합계액, 그 결산기에 적립하여야 할 이익준비금의 액 및 대통령령으로 정하는 미실현이익을 공제한

액을 한도로 하여 이익배당을 할 수 있다. 그리고 정관 또는 주주총회의 결의로 임의준비금을 적립하기로 한 때에는 이것을 공제한 후의 잔액이 배당 가능한 이익이 된다. 그러므로 회사는 배당가능이익 이외의 회사의 재산으로써 이익을 배당하지 못한다. 회사는 매결산기에 회계장부 및 대차대조표를 작성해야 한다. 이익배당은 주주총회의 결의로 정한다. 다만 제449조의2 제1항에 따라 재무제표를 이사회가 승인하는 경우에는 이사회의 결의로 정한다(제462조). 또한 정관에 규정이 있는 경우 이사회의 결의로 중간배당을 할 수 있다.

배당한도 규정에 위반하여 배당하였을 때에 회사채권자는 배당한 이익을 회사에 반환할 것을 청구할 수 있다. 배당금반환청구소송은 회사의 본점소재지의 지방법원의 관할에 전속한다. 이 경우에는 채권자의 채권액의 다과 및 주주의 선의·악의를 불문한다. 회사도 주주에 대하여 부당이득반환청구권에 기한 위법배당액의 반환을 청구할 수 있다. 또한 그 배당의안을 총회에 제출한 대표이사 및 이사회에서 이것에 찬성한 이사는 그에 대하여 연대하여 손해배상책임을 부담한다(제399조 제2항).

2. 이이배당의 방법

이익배당은 우선주, 후배주 등과 같은 예외를 제외하고 주주평등의 원칙에 의하여 각 주주의 지주수에 따라 지급하여야 한다(제464조). 주식발행 또는 인수가액의 대소는 배당의 표준에는 관계가 없다. 회사는 제464조의 이익배당을 제462조 제2항의 주주총회나 이사회의 결의 또는 제462조의3 제1항 중간배당의 결의를 한 날부터 1개월 내에 하여야 한다. 다만 주주총회 또는 이사회에서 배당금 지급시기를 따로 정한 경우에는 그러하지 아니하다(제464조). 배당금지급청구권은 5년간 행사하지 아니하면 소멸시효가 완성한다.

영업연도의 중도에 주식의 발행이 있는 경우 그 신주에 대한 배당은 신주발행의 효력이 발생한 날로부터 결산기까지의 일수를 계산하여 배당하는 것(일할배당)이 종래의 관행이고 실질적 평등의 견지에서 시인해야 한다. 다만 상법은 일할배당이 초래하는 실무상의 불편을 덜어 주기 위하여 이를 피할 수 있는 근거규정을 두고 있다. 즉 상법 제350조 제3항에서 '제1항의 전환권을 행사한 주식의 이익이나 이자의 배당에 관하여는 그 청구를 한 때가 속하는 영업연도의 말에 전환된 것으로 본다. 이 경우 신주에 대한 이익이나 이자의 배당에 관하여는 정관이 정하는 바에 따라 그 청구를 한 때가 속하는 영업연도의 직전 영업연도 말에 전환된 것으로 할 수 있다'고 규정하고 있다. 상법 제350조 제3항 후단은 통상의 신주발행, 준비금의 자본전입으로 인한 신주발행 및 주식배당의 경우에 준용하고 있다. 전환사채와 신주인수권부사채에 대하여는 상법 제350조 제3항 전부를 준용하고 있다. 그러므로 이러한 규정에 의하여 회사는 일할배당을 하지 않고 신주효력 발생일의 영업연도 말 또는 직전영업연도 말에 신주가 발행된 것으로 보아 이익배당을 할 수 있다. 이익배당은 금전으로 하는 것이 원칙이지만, 예외적으로 새로 발행하는 주식이나 금전 이외의 재산으로 하는 것이 가능하다. 또한 이 양자를 병용하는 것도 가능하다. 다만 소득세의 원천징수의 관계상 세액만은 금전배당에 의한 것이 통례이다.

<사례10 해설> (위법배당)

(1) 갑회사의 경우 영업연도의 성과가 부진하여 배당가능이익이 없음에도 불구하고 이사회의 결의로 이익배당금지급결의를 하였으므로 이익배당의 실질적인 요건을 충족시키지 못하였다. 또한 배당금지급결의는 주주총회에서 하여야 하는데 이사회에서 결의하였으므로 형식적인 요건을 충족시키지도 못하였다. 따라서 갑회사의 배당금지급결의는 무효이다.

(2) 갑회사의 경우 정관에 정하여진 정기총회의 시기보다 늦게 개최된 임시총회에서 배당금지급결의를 할 수 있는가에 대하여는 긍정설과 부정설이 대립되고 있다. 상법 제449조 제1항은 이사는 재무제표를 정기총회에 제출하여 그 승인을 요구하도록 하고 있다. 다만 정기총회 소정의 시기보다 약간 늦게 총회를 개최하였다 할지라도 이러한 임시총회는 정기총회에 갈음할 수 있는 것이므로 재무제표의 승인을 할 수 있다고 본다.

(3) 배당가능이익이 없음에도 불구하고 배당금을 지급하는 것은 결국 납입이 없는 신주발행을 하는 것과 동일하게 자본의 동공화를 초래하여 자본충실의 원칙에 반하므로 회사채권자는 배당을 받은 금전을 회사에 반환할 것을 주주 을에게 청구할 수 있다.

6. 소송법

제1. 민사소송법

* 집필: 이동률. 건국대학교 법학전문대학원 교수

민사소송이란 사법적 법률관계에서 발생한 분쟁을 국가에 의해 강제적으로 해결하게 하는 것을 말한다. 즉 법원의 판결절차 및 집행절차를 통해 권리가 확정 및 실현되게 하는 것을 말한다. 자세히 설명하면 다음과 같다.

첫째로, 민사소송은 법률관계만을 그 분쟁해결의 대상으로 하며, 법률관계 가운데서도 사법적 법률관계만을 대상으로 한다. 주로 재산관계와 가족관계에 관한 소송을 대상으로 한다.

둘째로, 민사소송은 원고에 의해서 시작되며, 원칙적으로 그 분쟁의 상대방(피고)이라는 것이 있다.

셋째로, 법원은 공평한 심리절차를 거쳐 원고와 피고의 주장 가운데 누구의 주장이 타당한지를 판결하며 그 결과로 분쟁은 종결된다.

마지막으로, 민사소송에서 패소한 당사자가 판결의 주문대로 제대로 이행하지 않으면 원고는 강제이행을 법원에 신청하여 권리를 실현받는다.

Ⅰ. 사법적 법률관계의 분쟁

1. 사법적 법률관계의 성립

사례

갑은 산악용 자전거를 친구인 을에게 시가보다 훨씬 싼 가격인 300만원에 팔기로 계약을 맺었다. 갑·을간의 법률관계는?

위 사례에서 갑과 을은 자전거라는 동산 매매계약을 체결하였다. 이 매매계약에 의해 갑은 을에게 300만원 매매대금청구권과 자전거 소유권이전의무가 있으며, 이에 반해 을은 갑에게 300만원 대금지급의무와 자전거 소유권이전청구권이 있다. 위 계약의 내용에 따라 갑과 을은 서로 각자의 채무를 이행하면 된다. 이에 따라 갑은 매매대금을 지급받고, 을은 자전거를 인도받으면 채무가 원만히 이행되어 법률관계는 소멸한다.

2. 분쟁의 발생

사례

위 사례에서 을은 산악용 자전거를 먼저 가져간 후 약속한 날짜에 돈을 주지 않고 있다. 이 경우 갑이 할 수 있는 법적 방안은?

가끔 채무자가 채무를 이행하지 않는 경우 어떻게 할 것인가? 채권자는 채무자에게 계약의 내용대로 이행할 것을 요구한다. 이를 법적으로 표현한다면 실체법상 청구권을 행사한다는 것이다.

위 사례에서 을이 먼저 자전거를 가져간 후 약속한 날짜에 돈을 주지 않은 경우, 채권자인 갑은 을에게 매매대금지급청구권을 행사하거나 또는 채무불이행으로 인한 자전거 매매계약을 해제하고 그에 따른 손해배상을 청구할 수 있다.

이에 대응하여 을은 300만원을 갑에게 지급하거나 또는 자전거를 돌려주고 어느 정도의 손해배상금을 지급한다면, 이로써 분쟁은 원만히 해결되어 법률관계가 종료된다. 하지만 을이 전혀 채무를 이행하지 않을 때에는 갑은 별도의 법적인 조치가 필요하다. 앞서 언급한 바와 같이 국가에 의한 분쟁해결, 즉 민사소송을 통해 채무를 확보할 수밖에 없다.

3. 사법관계의 분쟁해결방안

사법적 법률관계의 분쟁을 해결하는 방안은 '자력구제'와 '국가에 의한 권리구제'로 구분된다. 자력구제는 원칙적으로 금지되며, '국가에 의한 권리구제'가 원칙이다. 후자의 대표적인 것이 바로 민사소송제도이며, 자력구제와 비교해 보면 강제적인 분쟁해결방식이다.

(1) 자력구제

사례

갑은 을에게 자신의 소유인 바이올린을 500만원에 팔기로 하고, 을이 먼저 바이올린을 가져간 후 매매대금 500만원을 주지 않고 있다. 이에 화가 난 갑은 을의 집에서 위의 바이올린을 몰래 가지고 오려고 한다. 이는 법률상 허용되는가?

자력구제(selbsthilfe)라 함은 자신 또는 친구·가족 등 주위의 물리적 힘에 의해 사법상 권리를 행사하는 경우를 말하며, 사력구제 또는 사적 구제라고 한다. 자력구제의 장점은 신속하고 간단한 권리의 실현방법이지만, 단점은 채무자가 저항한다면 새로운 분쟁이 발생하기 때문에 사회질서가 불안해진다. 또한 자력구제는 현실적으로 경제적·정치적 강자에게만 유리하고, 뿐만 아니라 정당한 권리자가 반드시 승리한다는 보장이 없다.

이러한 단점으로 인하여 근대국가 이후 원칙적으로 자력구제가 금지되고 있으며, 위 사례와 같은 경우는 허용될 수 없다. 오히려 갑은 형법상 절도죄에 해당한다. 다만 극히 예외적으로 권리구제가 급박한 경우에는 자력구제가 인정된다(민법 제209조 참조). 예컨대 소매치기로부터 **빼앗긴** 물건을 강제로 다시 찾아오는 경우이다.

(2) 국가에 의한 구제

사례

갑은 을에게 바이올린을 500만원에 팔기로 계약을 맺고, 을은 바이올린을 가져갔으나 매매대금 500만원을 주지 않고 있다. 갑에게는 어떠한 법적 방법이 있는가?

사법적 법률관계에 관한 분쟁해결방법은 원칙적으로 국가에 의해 이루어져야 하며, 그 대표적인 것이 민사소송제도이다. 그러나 민사소송은 시간과 비용이 많은 드는 단점이 있어 이를 보완하기 위한 제도가 바로 '재판외 분쟁해결절차'이며, '소송에 갈음하는 분쟁해결방식' 또는 '대체적 분쟁해결방식'(Altertive Dispute Resolution, ADR)이라고도 한다. 민사소송제도와는 달리 분쟁 당사자간의 자주적 분쟁해결방식이며, 화해·조정 및 중재 등이 여기에 속한다.

가. 민사소송제도

민사소송이라 함은 사법상의 법률관계에 대한 분쟁을 판결절차를 통해 '강제적'으로 해결하는 방식을 말한다. 여기서 '강제적'이라는 뜻은 법원이 내린 판결의 내용에 대하여 당사자들은 반드시 '구속'받는 것을 의미한다. 이러한 민사소송제도는 상당한 비용과 시간이 소요되며, 설령 판결을 통해 분쟁이 해결되더라도 당사자 사이의 감정대립이 여전히 남는다는 단점이 있다.

나. 재판외 분쟁해결절차

(가) 재판상 화해

화해라 함은 당사자간의 직접적인 교섭을 통해 서로 양보하여 분쟁을 해결하는 방식이다. 여기에는 '제소전 화해'와 '소송상 화해'가 있다.

'화해'를 크게 나누면 '재판상 화해'와 '재판외 화해'로 나누어진다. 후자는 '민법상의 화해계약'을 말하며(민법 제731조), 예컨대 교통사고의 경우 손해배상금액에 대한 '합의'가 그 대표적인 예이다.

'재판외 화해'(화해계약)는 국가가 전혀 간섭하지 않은 분쟁해결방식이며, '아무리 나쁜 화해라도 가장 좋은 판결보다 낫다'는 법격언처럼 가장 바람직한 분쟁해결방법이다. 물론 화해계약에 따른 채무를 이행하지 않는 경우에는 민사소송으로 해결할 수밖에 없다. 민사소송까지 가는 것을 방지하기 위한 방법으로서는 채무자에게 즉시 채무를 변제받거나, 화해의 채무액만큼 채무자에게 공탁을 해 두도록 하면 채권의 확보가 확실히 보장된다. 주의할 점은 합의, 즉 화해계약을 맺으면서 '민·형사상 일체의 청구를 포기한다'는 조항을 포함시키는데, 이 조항의 의미 속에는 부제소 특약이 포함되어 있다. 따라서 합의금 이외에 더 많은 손해배상금액을 청구하기 위해 민사소송을 제기하면, 이러한 부제소 특약 조항을 이유로 법원은 소의 이익이 없다고 부적법 각하판결을 내린다. '합의'를 할 때 주의할 점이다.

ㄱ. 제소전 화해

제소전 화해라 함은 민사분쟁이 소송으로 발전하는 것을 방지하기 위하여 소 제기 전에 미리 지방법원(또는 시군법원) 판사에게 화해신청을 하여 화해가 이루어지면 확정판결과 동일한 효력이 있는 것을 말한다. 신청서 제출은 피신청인(상대방)의 주소지를 관할하는 법원에 한다. 다만 당사자 사이에 관할의 합의가 있으면 합의된 관할법원에 제출할 수 있다.

ㄴ. 소송상 화해

소송상 화해라 함은 소송계속중 다툼의 대상이 된 법률관계에 관하여 서로 양보한 결과를 법원에 진술하여 그 내용 자체가 조서로 작성되면, 판결에 의하지 않고 소송이 종료되는 것을 말한다. 이러한 화해조서는 확정판결과 동일한 효력이 있으며, 조서의 내용대로 이행하면 된다.

(나) 조 정

사례

갑은 친구 을을 상대로 교통사고로 인한 손해배상 5,000만원을 청구하는 소를 제기하였다. 그러나 법원에서는 이 사건을 직권으로 조정에 회부하여 갑과 을이 합의하도록 유도하고 그로써 3,000만원에 합의하였다. 이 경우 예상될 수 있는 법적인 문제점은?

ㄱ. 의 의

조정이란 친족이나 친구 등 인간관계가 중요시되는 사이에서 발생한 민사분쟁에 대해 법관 또는 조정위원회가 분쟁 당사자들의 주장을 들어 서로 양보하거나 타협하도록 주선 또는 권고하여 종국적으로는 화해에 이르게 하는 법적 절차이다. 화해와의 차이점은 다음과 같다. 첫째로 '조정'은 제 3 자의 개입이 필수적이지만, '화해'는 반드시 제3자, 즉 법관의 개입이 필요하지 않다. 둘째로 '화해'는 법관만이 개입하지만, '조정'은 경우에 따라 민간인도 참여할 수 있는 조정위원회가 있다는 점에서 양자는 차이가 있다.

ㄴ. 유 형

조정의 유형에는 가사사건에 관련된 '가사조정'(가사소송법 참조)과 가사사건을 제외한 모든 민사사건에 적용되는 '민사조정'이 있다. 민사조정은 소송 목적의 값(소송물가액)과 관계없이, 또한 집단적 분쟁까지 모든 사건에 적용된다. 이에 관한 특별법으로서 민사조정법이 있다. 조정사건의 담당은 조정담당판사가 스스로 처리하거나 조정위원회가 처리하며, 조정위원회는 판사인 조정장과 민간인인 조정위원 2인 이상으로 구성된다. 조정의 신청은 당사자가 서면 또는 구술로 직접 신청하거나, 수소법원이 필요하다고 인정되는 경우 '항소심판결선고시'까지 직권으로 조정에 회부할 수 있다. 조정사건에 관하여 당사자 사이에 합의가 이루어지면 조정이 성립되며, 조정조서가 작성된다. 이러한 조정조서는 재판상 화해와 동일한 효력이 있다.

한편 합의가 성립되지 아니한 경우에는, 조정담당판사(또는 조정위원회)는 직권으로 '조정에 갈음하는 결정'을 할 수 있으며, 이를 '강제조정'이라 한다. 당사자는 이 결정에 대해 2주일 내에 이의신청을 할 수 있으며, 당사자 쌍방이 이 기간 동안 이의신청을 하지 아니하면 조정이 성립된 것과 동일한 효력이 생긴다. 조정신청을 하였으나 조정이 성립되지 아니한 경우 또는 '조정에 갈음하는 결정'에 대하여 당사자가 이의신청을 한 경우에는, 자동적으로 소송으로 이행되어 소송절차에 의하여 심판한다.

(다) 중 재

중재란 당사자의 합의에 의하여 선출된 중재인의 중재판정에 의하여 당사자간의 분쟁을 해결하는 방식을 말하며, 이른바 '사적 재판'이라고 한다. 중재인의 판정에 의해 강제적으로 분쟁이 해결되는 점에서, 당사자 사이의 양보에 의한 자주적 해결방식인 '재판상 화해'나 '조정'과는 다르다. 그러나 중재는 당사자 사이의 중재계약이 필요하다는 점에서 자주적 해결방식이다. 중재는 전문지식과 경험을 필요로 하는 분야에서 많이 활용되며, 주로 국제상사거래의 분쟁에 많이 이용된다. 이에 관한 법으로 '중재법'이다.

중재제도는 단심제이며, 중재판정은 확정판결과 동일한 효력이 있다. 그리

고 중재계약이 체결된 후, 중재판정을 받지 않고 소를 제기하면 부제소 특약과
마찬가지로 소의 이익이 없는 것으로 되어 부적법 각하판결을 받는다.

<사법적 법률관계의 분쟁해결방안>

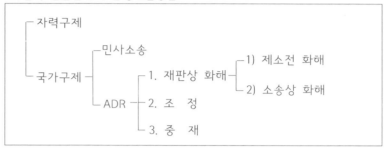

Ⅱ. 민사소송의 의의

앞서 언급한 바와 같이 민사소송은 사법상의 법률관계에서 발생한 분쟁을
국가에 의해 강제적으로 해결하는 제도를 말한다(현행 소송제도는 크게, 헌법소송·형
사소송·행정소송 및 민사소송으로 나눌 수 있다).

사법상 법률관계라 하더라도 구체적인 법률관계만을 대상으로 한다(법률상의
쟁송. 법원조직법 제2조 제1항 참조). 예컨대 '통일교가 기독교종교단체인가'라는 것
과 같이 단순히 사실관계의 진위 여부는 민사소송의 대상이 아니며, 설혹 소를
제기하더라도 법원에서는 소의 이익이 없다고 부적법 각하판결을 내린다.

그리고 민사소송의 절차는 사법상 법률관계의 확정(Feststellung, 판결절차), 보
전(Versicherung, 가압류·가처분) 및 실현(Durchsetzung, 집행절차)으로 구분된다. 이
러한 민사상의 재판절차는 법규에 의하여 획일적으로 정해져 있으며, 당사자가
사건마다 이를 임의로 변경하는 것은 법으로 인정한 것 이외에는 허용하지 않는
다. 이를 '임의소송(任意訴訟)의 금지'(konventionaler prozess)라고 한다.

Ⅲ. 민사소송절차의 종류

1. 소송과 비송

(1) 소송절차

소송절차는 대립되는 당사자가 존재하며, 공개주의와 쌍방심리주의 등 엄격한 심리방식을 통해 판결이 내려지는 절차이다. 민사소송의 기본적인 모습은 소송절차이다.

(2) 비송절차

사례

'강아지'라는 이름 때문에 친구들로부터 놀림을 받아 이름을 고치고 싶은데, 어떠한 절차를 밟아야 하는가?

비송사건이라 함은 글자의 의미 그대로, 민사사건 가운데 복잡한 소송절차로 처리하지 않는 사건을 말한다. 위 사례처럼 성명정정 등 가족관계부나 등기관련 사건이 여기에 속한다.

사회가 복잡해지면서 소송절차의 엄격한 심리방식보다 간편한 심리방식에 의해서도 분쟁을 처리해야 할 사건이 증가하는 추세에 있는데, 이를 '소송의 비송화'라고 한다.

2. 민사소송절차의 종류

민사소송은 크게 통상소송절차와 특별소송절차로 구분할 수 있다. 전자는 판결절차와 집행절차로 나누어진다. 후자는 심리방식, 판결 및 집행에서 일반 민사사건보다 간편하게 해결할 수 있도록 법률에 의해 인정된 절차를 말하며, 소액사건절차와 독촉절차와 같은 간이소송절차, 가사소송절차 및 도산절차가 이에 속한다.

(1) 통상소송절차

가. 판결절차

판결절차는 재판에 의하여 사법적 법률관계를 확정하는 절차이며, 소에 의해 개시되며 법원의 종국판결에 의해 종료된다. 좁은 의미에서의 민사소송이라고 함은 판결절차만을 의미한다. 판결절차는 다음과 같이 분류할 수 있다.

첫째로, 심급(審級)에 따른 분류이다. 즉 제1심절차, 제2심인 항소심절차, 제3심인 상고심절차로 구분할 수 있다.

둘째로, 심리의 난이도에 따른 분류이다. 제1심절차 가운데 심리의 난이도에 따라 지방법원 합의부의 절차와 지방법원 단독판사의 절차로 구분할 수 있다. 또한 1억원 이하의 사건은 단독판사의 관할이다. 또한 2,000만원 이하의 소액사건은 소액사건심판법에 의한다.

나. 강제집행절차

강제집행이라 함은 채권자의 신청에 의하여 국가의 집행기관이 채권자를 위하여 집행권원(執行權原)에 표시된 사법상 이행청구권을 국가권력에 기하여 강제적으로 실현하는 법적 절차를 말한다. 그리고 '집행권원'이라 함은 확정된 판결, 화해조서, 조정조서 등 강제집행을 할 수 있는 법적인 근거를 말한다. 2002년 7월 1일부터 민사소송법에서 집행편을 분리하여 단행법인 민사집행법을 제정하여 시행하고 있다.

판결절차는 권리 또는 법률관계의 존부확정, 즉 청구권의 존부에 관한 관념적 형성을 목적으로 하는 절차이다. 이에 반해 강제집행절차는 권리의 강제적 실현, 즉 청구권의 사실적 형성을 목적으로 하는 절차이다. 양자는 밀접한 관계는 있지만, 전자는 심리의 공평 및 신중이 요청됨에 반하여, 후자는 신속하게 확실한 권리실현과 채무자의 이익보호가 요청된다. 따라서 양자는 별개의 독립된 기관이 관장하는 독립된 절차이며, 후자는 전자의 속행도 아닐뿐더러 그 일부도 아니다. 그렇다고 모든 민사집행에 판결절차가 반드시 선행하는 것은 아니다. 예컨대 공정증서, 조정조서, 과태료의 재판에 관한 검사의 집행명령 등에 의하여도 강제집행을 할 수 있다.

다. 부수절차

(가) 판결절차의 부수절차

ㄱ. 증거보전절차

사례

갑은 을에게 금5,000만원을 빌려주었으나, 을은 약속한 날짜에 돈을 갚지 않고 있다. 소를 제기하려고 준비하다가 보니 차용증서를 받지 않았다. 다행히 돈을 빌려 준 현장에 유일한 목격자로 병이 있었지만, 교통사고를 당하여 생명이 위독한 지경에 있다. 병이 죽으면 갑은 소를 제기해 보아야 패소할지도 모르는 상황이다. 갑은 어떻게 하면 좋은가?

증거보전절차라고 함은 본소송에서 정상적인 증거조사를 할 때까지 기다리고 있다가는 조사가 불가능하게 되거나 곤란하게 될 염려가 있는 경우, 소송계속(소장 부본이 피고에게 송달된 시점을 의미한다) 전 또는 소송계속중에 특정의 증거를 미리 조사하여 본소송에서 사실인정에 이용하기 위한 증거조사방법이다. 예컨대 타인의 저서나 음반을 불법으로 복사 또는 복제하는 가게에 대해 판매하는 상황을 소 제기 전에 미리 현장검증신청을 하는 경우이다.

증거보전절차는 입증하기 곤란한 사건인 경우 승소하기 위해 미리 조치해야 할 절차이며, 특히 의료과오소송·특허소송에 관련된 분야에 많이 이용될 수 있다. 증인신문 등 모든 증거조사에 이용된다.

위 사례의 경우 갑은 병을 증인으로 하여 법원에 증거보전신청을 하면 되고, 병으로부터 갑이 을에게 돈을 빌려준 현장을 목격하였다는 사실을 증인신문조서를 작성하면 본소송에서 증인신문조서와 동일한 효력이 인정된다.

ㄴ. 소송비용액 확정절차

실무상 소송비용 부담의 재판은 이를 부담할 당사자 및 그 부담비율만을 정할 뿐, 구체적인 액수까지 확정하는 예는 거의 없다. 소송비용액 확정절차는 이와 같이 소송비용 부담을 재판에 의해 소송비용액 상환청구권의 존재와 그 액수를 정하는 것을 말한다. 소송비용에는 인지대와 송달료 등 재판비용과 변호사비용 등 소송수행을 위해 자신이 지출한 비용인 당사자비용이 있다. 이러한 소송비용액은 제1심 수소법원에서 재판이 확정된 후, 당사자의 신청에 의하여 결정으로 정한다.

(나) 민사집행의 부수절차

확정판결이 있기까지 많은 시간이 걸리므로 그 전에 채무자가 자신의 재산을 처분해 버리면 소송은 헛수고가 되고 만다. 채무자의 재산을 미리 확보하는 것(이를 책임재산의 보전이라고 함)이 승소하는 것보다도 더 중요하다고 할 수 있다. 따라서 소송을 하기 전이나 소송계속중이더라도 미리 채무자의 책임재산을 확보하는 것이 중요하다. 채무자의 재산보전에 관한 절차를 '보전소송'이라고 하며, 여기에는 '가압류' 및 '가처분절차'가 있다.

ㄱ. 가압류절차

사례

갑은 을에게 금5,000만원을 빌려주었으나, 을은 약속한 날짜에 돈을 갚지도 않았다. 갑은 어쩔 수 없이 소를 제기하려고 한다. 현재 을에게는 재산이라고는 주택 한 채뿐인데, 을이 이 집을 소송 전에 팔지도 모른다는 생각이 들었다. 갑은 어떻게 하면 좋은가?

가압류라 함은 채무자가 재산을 은닉 또는 처분할 염려가 있는 경우, 금전채권 또는 금전으로 환산할 수 있는 채권에 관하여 장래에 그 강제집행을 보전할 목적으로 미리 채무자의 재산을 압류하여 그 처분을 하지 못하도록 막는 제도이다. 가압류할 수 있는 채무자의 재산은 동산·부동산 및 채권(예: 임금청구채권 등) 등 어느 것이든 상관이 없다.

위 사례의 경우 갑은 소 제기 전이나 소송중에 동산·부동산이나 채권에 대해서 가압류신청을 하면 된다. 그리고 신청법원은 부동산의 경우는 부동산 소재지 법원이나 본안소송의 법원(을의 주소지법원이나 갑의 주소지법원)에 신청하면 된다.

ㄴ. 가처분절차

가처분이라 함은 금전채권 이외의 다툼이 있는 물건, 즉 '계쟁물'의 인도나 권리(또는 법률관계)에 관하여 확정판결에 따른 강제집행을 보전하기 위한 집행보전제도이다. 여기에는 다툼의 대상(계쟁물)에 관한 가처분과 임시의 지위를 정하는 가처분이 있다. 전자는 비금전채권의 보전을 목적으로 함에 반해, 후자는 본안판결이 날 때까지의 법률관계의 불안정을 배제하고 급박한 위험을 방지하기 위하여 잠정적으로 법적 지위를 정하는 절차이다.

여기서 주의할 점은 신청법원이다. 앞서 언급한 가압류의 경우에는 가압류할 물건의 소재지 법원이나 본안의 관할법원이지만, 가처분의 경우에는 원칙적으로 본안사건을 관할하는 법원이다. 이러한 차이를 둔 이유는 가압류가 가처분에 비해 심리가 비교적 간단하기 때문이다.

a) 다툼의 대상에 관한 가처분

사례

갑은 을의 주택을 1억원을 주고 구입하기로 하고 계약금, 중도금 및 잔금까지 모두 주었다. 그러나 을은 등기를 이전해 주지 않고 등기이전에 필요한 절차를 차일피일 미루기만 하고 있다. 갑은 을이 다른 사람에게 팔지도 모른다는 불안한 생각이 들었다. 이 경우 갑이 할 수 있는 법적 조치는?

채권자가 금전 이외의 물건이나 권리를 대상으로 한 청구권을 가지고 있는 경우, 민사집행을 할 때까지 계쟁물을 채무자가 처분하거나 멸실되는 등 법률적·사실적 변경이 생기는 것을 방지하고자 그 계쟁물의 현상을 동결시키는 집행보전제도를 말한다. 장래의 집행을 보전하기 위해서 특정물의 현상을 현재대로 유지시키고, 채무자에게 처분을 금지시키고 보관시킬 필요가 있는 경우에 계쟁물에 대한 가처분이 인정된다.

일반적으로 처분금지가처분과 점유이전가처분을 많이 이용하고 있다. 다만, 금전채권에 대해서는 가처분이 허용되지 않는다.

가압류와 다툼이 대상에 관한 가처분은 장래 물건에 대한 집행에 대한 집행을 보전하기 위한 점에서는 공통점이 있다. 그러나 다툼의 대상에 관한 가처분은 특정물이지만, 가압류는 금전채권만을 보전하기 위해 채무자의 재산 가운데 동산·부동산 및 채권 등 어느 것이라도 상관이 없다는 점에서 차이가 있다.

위 사례의 경우 갑은 소를 제기하기 전에 법원에 '부동산처분금지가처분'을 신청하여 부동산처분금지가처분결정을 받아 해당부동산의 등기부에 처분금지기입등기를 하면 된다. 만일 이후에 을이 제3자에게 위 부동산을 팔아 등기까지 해 주었다 하더라도 갑은 소유권이전등기 청구소송을 통하여 등기말소할 권리가 생긴다. 또한 을이 다른 사람에게 집을 임대해 줄 염려가 있을지도 모르니 점유이전가처분까지 함께 받아 두면 더욱 좋다. 이때의 신청법원은 부동산소재지 법원이나 을의 주소지 법원 및 갑의 주소지법원이 된다.

b) 임시지위를 정하는 가처분

사례

갑은 어느 날 아무런 이유없이 회사로부터 해고를 당하였다. 후에 그 이유를 알아보니 자신의 부인 을이 갑이 다녔던 회사는 매판자본의 회사 내지 친일파 후손이 세운 회사라고 비방한 글이 문제가 되었음을 알게 되었다. 갑은 부인이 한 자유기고와 그동안 성실히 회사에 근무한 것과 아무 상관이 없다고 주장하였지만, 회사의 답변은 냉담할 뿐이었다. 갑은 어떻게 하면 좋은가?

당사자간에 현재 다툼이 있는 권리 또는 법률관계가 존재하고 그에 대한 확정판결이 있기까지 현상의 진행을 그대로 방치한다면 권리자가 현저한 손해를 입거나 또는 소송의 목적을 달성하기 어려운 경우에 그로 인한 위험을 방지하기 위해 잠정적으로 법률관계에 관하여 임시의 조치를 취하는 보전제도를 말한다. 예를 들면 해고무효를 주장하는 근로자에게 임시로 그 회사사원의 지위를 인정하여 임금을 계속적으로 지급하라는 가처분결정이나 건물인도청구권을 본안의 권리를 가지고 있는 사람에게 임시로 그 건물점유자의 지위를 인정하는 경우 등이다. 청구권 보전을 위한 가압류나 다툼의 대상에 관한 가처분과는 달리 이 경우에는 보전하고자 하는 권리 또는 법률관계를 묻지 아니한다. 최근에 부인에게 폭행을 자주하는 남편에 대해 안방출입금지 가처분, 개 사육금지 가처분 등 희귀한 가처분사건도 있었다.

위 사례의 경우 갑은 임시지위를 정하는 가처분을 신청하여 가처분결정을 받아두면 월급을 계속 받을 수 있다.

(2) 특별소송절차

가. 간편한 소송절차

(가) 소액사건심판절차

사례

갑은 을에게 금2,000만원을 빌려주었으나, 을은 약속한 날짜에 돈을 갚지도 않고 있다. 소송을 통해 돈을 받으려고 하는데 민사소송 가운데 간편한 절차는?

소송목적의 값(2002년 개정 전의 용어로는 소가(訴價)라고 하였다)이 2,000만원 이하의 금전 또는 그 밖의 대체물 또는 유가증권의 일정한 수량의 지급을 구하는 사건은 '소액심판법'이라는 법에 의해 적용을 받는다. 민사소송절차보다 매우 간편한 절차에 의해 해결되며, 그 차이점은 다음과 같다.

첫째로, 민사소송은 원칙적으로 소장을 작성하여 제출하도록 되어 있으나, 소액사건은 구술 제소나 양 당사자가 법원에 임의 출석하여 간편하게 제소할 수 있는 '임의출석제'를 채택하고 있다(구술제소나 임의출석은 실제로 거의 행해지지 않고 있다). 물론 직접 소장을 작성해도 무방하다.

둘째로, 절차의 신속화를 위해 소액사건은 제소 후 지체없이 변론기일을 정하고, 원칙적으로 1회의 변론기일로 심리를 종결하도록 하였다.

셋째로, 판결의 선고도 일반 민사소송에서는 변론종결일 2주일 이내에 하도록 되어 있지만, 소액사건은 변론종결 후 즉시 할 수 있다.

넷째로, 당사자가 직접 소송을 할 수 있지만, 당사자가 바쁘면 당사자 이외 당사자의 배우자·직계혈족·형제자매가 법원의 허가 없이도 소액사건의 경우에 한하여 대신 소송을 할 수 있다. 그리고 당사자가 소를 제기한 후 외국출장을 간 경우, 위의 사람이 당사자 대신 법정에 출석하여 소송대리를 할 수 있다.

다만, 이러한 소액사건은 제1심에 한한다는 것을 주의하여야 하며, 위 사례의 경우 소액사건으로 신청하면 빨리 판결을 받을 수 있다.

(나) 독촉절차

사례

갑은 을에게 금2,000만원을 빌려주었으나, 약속한 날짜에 돈을 갚지도 않고 언제 주겠다는 말도 하지 않고 있다. 소송을 통해 돈을 받으려고 하는데, 다행히 차용증서를 받아 두었다. 민사소송보다 간편한 절차는?

독촉절차라 함은 금전 기타 대체물이나 유가증권의 일정한 수량의 지급을 채권자가 법원에 신청하는 절차를 말하며, 법원은 채무자를 심문하지 않고 채권자가 제출한 서류만으로 심사하여 채무자에게 지급하라는 명령을 내리는데, 이를 '지급명령'이라고 한다. 지급명령이 있으면 바로 민사집행을 할 수 있으므로 매우 간편한 약식의 분쟁해결절차이므로, 주로 대여금·매매대금 및 임대료청구에 많이 활용할 수 있다.

지급명령의 신청은 채무자의 주소지나 채무자의 근무지, 채무자의 영업소 소재지의 법원(시군법원 포함)에 신청서를 제출하면 된다. 2,000만원 이하의 소액사건을 지급명령으로 신청하는 것도 가능하며, 금액에는 상관이 없다.

지급명령에 관해 채무자가 이의가 있으면 지급명령을 송달받은 날로부터 2주일 이내에 이의신청을 할 수 있고, 적법한 이의신청인 경우 지급명령은 그 효력이 상실되고 일반 민사소송절차로 옮겨진다.

위 사례의 경우, 채권자 갑은 차용증서가 있으므로 법원에 지급명령을 신청하여 바로 민사집행을 할 수 있다.

나. 가사소송절차

가사소송은 '가사소송'과 '가사비송'으로 구분된다. 전자는 가사소송법의 적용을 받으며, 후자는 비송사건절차법의 규율을 받는다. 전자의 대표적인 경우는 이혼사건이고, 후자는 실종선고 등의 사건이다.

가사소송사건과 일반 민사사건과의 한계는 사법적 법률관계 가운데 가사소송법 제2조에 속하는 사건은 가사소송사건이고, 그 밖의 사건은 일반 민사소송으로 보아야 한다.

다. 도산절차

간호사인 갑은 사업을 하는 친정오빠 을의 빚보증을 섰다. 을이 사업에 실패하자, 갑은 다니던 직장을 그만두고 받은 퇴직금까지 빚으로 갚았지만, 다 갚지 못하고 앞으로도 갚을 수 있는 방법이 전혀 없게 되었다. 이 경우 법적으로 할 수 있는 조치는?

채무자가 도산하여 책임재산이 불충분한 경우, 채권자들이 서로 경쟁하여 서둘러 만족을 얻으려 하면 혼란이 발생한다. 이러한 혼란을 막고자 법원이 '파산관재인'을 선임하여 모든 채권자에게 그 채권액에 비례하여 공평하게 배분하는 절차가 있는데 이를 '도산절차'라고 하며, 이에 관한 법으로서 '채무자회생 및 파산에 관한 법률'이 있다. 민사집행은 개별집행을 의미하지만, 도산절차는 일반집행 또는 포괄집행이라고 한다.

소비자 파산신청제도란 개인이 신용대출이나 빚보증으로 너무 많은 채무를 지게 되어, 갚을 능력을 전혀 상실한 경우에 법원에 채무를 면제시켜 달라는 제도이다. 파산자는 금융기관을 전혀 이용할 수 없으며, 거주지의 제한을 받는다. 우리나라에서는 소비자파산이 1997년 11월에 처음으로 선고되었다(법률신문 1997년 12월 1일, 2면). 파산의 주요 사례는 기업파산이다.

<민사소송절차의 종류>

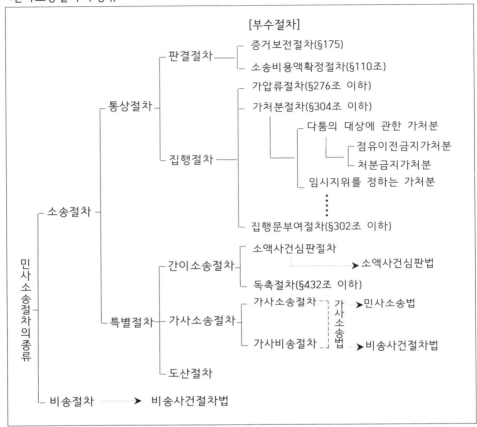

IV. 민사소송의 기본요소

권리를 침해당한 사람이 소송을 결심하였다면 다음을 고려하여야 한다.

첫째로 소송보다 간편한 절차가 있는지 살펴본다. 예컨대, 소액사건과 독촉절차에 해당하는 사건 여부이다.

둘째로 소송 전에 반드시 준비해야 할 절차 및 승소를 전제로 한 권리의 확보에 대한 법적인 조치를 취해야 한다. 전자는 증거보전절차이며, 후자는 가압류와 가처분절차이다.

그리고 복잡하고 어려운 민사소송의 절차에 대해 준비해야 한다.

앞서 언급한 바와 절차법인 민사소송법은 실체법과 달리 계약자유의 원칙이 지배되지 않고, 절차의 안정성을 중요시하여 어느 누구에게나 똑같이 적용되는 엄격한 소송의 방식이 적용되고 있다. 따라서 당사자들이 마음대로 소송절차를 변경하거나 배제할 수 없다(임의소송 금지의 원칙). 엄격한 법률에 정한 방식에 따라 소송을 준비하여야 하며, 특히 서면은 기일을 반드시 준수하여 제출하여야 한다. 그렇지 않으면 생각하지 못한 불이익을 받게 되며, 자칫하면 충분히 이길 수 있는 소송인데도 지게 되는 경우가 종종 있다.

이하에서는 소 제기 전에 반드시 알아야 할 사항인 소의 3가지 구성요소, 즉 법원, 당사자 및 소송물에 대해서 간단히 언급하겠다.

사례

(1) 소의 3요소란?
(2) 전국의 법원조직(대법원,고등법원,지방법원)은?
(3) 원고와 피고는 반드시 변호사(소송대리인)를 선임하여야 하는가?
(4) 원고는 소장에 자신이 청구하는 내용을 어떻게 기재하여야 하는가?

1) 당 사 자

가) 2당사자 대립주의

민사소송은 권리자가 의무자를 상대로 소를 제기함으로써 시작된다. 원칙적으로 적어도 2명이 있어야 하며, 서로 입장이 반대에 있다. 이를 2당사자 대립주의라고 한다. 이러한 원칙을 채택한 이유는 자신의 권리는 자신이 가장 잘 주장할 것이라는 인간의 이기심을 이용한 것이다. 사법적 법률관계의 분쟁에 대해 국가가 일일이 나서서 해결한다는 것은 불가능한 일이며, 설사 국가가 나서서 해결한다고 하더라도 당사자들보다는 사실관계에 대해 잘 파악하기가 힘들다. 이에 반해 실체적 진실발견을 위한 형사소송은 국가가 적극적으로 나서야 한다.

민사소송은 원칙적으로 2당사자 대립주의이지만, 피고가 없는 소송도 있다. 이를 편면소송(片面訴訟)이라고 하며, 가족관계부 소송(성명정정, 연령정정 등)과 같은 비송사건이 대부분 여기에 속한다. 또한 삼면소송(三面訴訟)의 존재 여부에 대해서는 논란이 있으며, 독립당사자참가소송이 그 대표적인 예이다.

민사소송에서 소를 제기하는 사람을 '원고'(原告)라 하고, 그 상대방을 '피고'(被告)라고 한다. 이러한 원고와 피고를 민사소송에서는 당사자라고 한다. 소를 제기하는 사람(즉 원고)은 누구를 상대로 소송할 것인가를 반드시 정해야 한다. 원고인 경우는 드물지만, 이따금 피고를 잘못 지정하거나 아무런 관련이 없는 사람을 상대로 소송을 하는 경우가 있다. 권리능력 없는 단체 또는 조합의 경우에서 많이 발생할 수 있다.

< '피고'와 '피고인'의 구별 >
피고는 민사소송의 용어이고, 피고인은 형사소송에서만 사용되는 것임을 주의. 또한 '공소' 또는 '공판'이라는 용어도 형사소송에서만 사용되는 용어이며, 여기에 대응하는 민사소송의 용어는 '제소'(소 제기) 또는 '재판'이라고 한다. 아울러 용어에 대해 한 가지 덧붙인다면 '소송제기'라는 말은 틀린 말이고, '소 제기'라고 해야 정확한 표현이다.

나) 다수인의 소송참여(공동소송)

소를 제기할 때부터 또는 소송중에 타인이 소송에 참가하여 원고·피고 어느 쪽이든 여러 명이 소송을 하는 경우가 있다. 물론 원고와 피고 양쪽 모두 여러 명인 경우도 있다. 이를 공동소송이라고 한다. 실제 민사소송의 경우를 살펴보면 1 대 1 소송은 드물고, 공동소송의 형태가 많다고 할 수 있다. 공동소송의 유형으로는 권리 또는 의무관계가 함께 묶여 있어 반드시 같이 소송을 해야 하는 경우가 있는가 하면, 따로따로 소송을 해도 괜찮은 경우가 있다. 후자를 '통상 공동소송'이라고 하며, 전자를 '필수적 공동소송'이라고 한다. 전자는 소송도 반드시 같이 해야 하며 판결의 결과도 반드시 같아야 한다(이를 '합일확정'이라고 한다).

후자는 소송을 같이하지 않아도 되고, 또한 판결의 결과가 달라도 된다. 그리고 2002년에 선택적·예비적 공동소송이 생겼다.

다) 소송대리인제도

현행 민사소송제도는 반드시 변호사를 통해서 소송할 필요는 없고, 본인이 직접 소송을 할 수 있다. 이를 '본인소송'이라고 한다. 다만, 타인에게 소송을 위임할 때는 원칙적으로 변호사에게만 할 수 있다. 그러나 예외적으로 소액사건 등에서는 변호사 이외의 자에게도 소송을 위임할 수 있다. 현재 본인소송의 비율이 압도적으로 많은 편이다.

2) 소송물 (소송의 객체)

가) 소송물의 의의

원고가 피고를 상대로 소송을 할 경우, 무엇에 대해 청구할 것인가를 정해야 한다. 다시 말하자면 어떠한 내용을 청구할 것인가를 정해야 하며, 이를 '소송물'이라고 한다. 다른 말로 '소송의 객체', '소송상 청구'라고도 하며, 법원의 입장에서는 '심판의 대상'이라고 한다. 실체법상 청구는 상대방(의무자)에게 하지만, 소송상 청구는 법원에 하는 것이다.

원고가 소장을 작성할 때에는 어떠한 권리를 요구할 것인가, 또한 이러한 권리의 주장을 뒷받침할 수 있는 사실은 어떠한 것인가를 정해야 한다. 즉 원고는 소송상 청구를 특정해야 할 뿐만 아니라 소송의 자료(사실자료: 사실주장, 증거자료: 사실을 뒷받침하기 위한 증거)도 준비해야 한다. 소송의 목표와 이를 뒷받침할 수 있는 주장과 증거는 어떠한 내용이 있는지를 알아두고, 이를 정리하여 마련해 두어야 한다.

소장에 적은 청구취지가 바로 소송의 목표이며, 청구원인은 청구취지를 뒷받침할 수 있는 사실관계를 간략하게 적으면 된다. 예컨대 갑이 을한테 빌려준 돈 5,000만원을 청구하는 소를 제기할 경우, 청구취지에는 '을은 갑에게 금 5,000만원을 지급하라'를 적으면 된다. 그리고 청구원인에는 언제 빌려주기로 한 약속, 빌려준 사실, 언제 갚기로 한 사실 및 변제기간이 지났는데도 갚지 않았다는 사실을 적으면 된다.

원고에 의해 청구의 내용과 범위가 특정되며, 이를 '처분권주의'라고 한다. 따라서 원고는 소장을 작성할 때 자신이 무엇 때문에 소송을 하는지를 분명히 기재하여야 한다. 즉 공격의 목표를 분명히 정해야 한다. 그 이유는 법원은 자신이 청구하지 아니한 사항에 대해서는 아무런 판단을 해 주지 않는다. 예컨대 실제로 받을 금액은 1억원이지만, 5,000만원만 청구한 경우 설혹 법원에서 심리과정상 이를 알았다 하더라도 1억원의 판결이 아닌 5,000만원의 승소판결을 내려 줄 뿐이다.

원고가 정하는 소송물에 따라 '이행의 소', '확인의 소', '형성의 소' 등 소의 종류가 정해진다.

나) 소송물을 정하는 기준

그러면 소송물을 정하는 기준은 무엇인가? 오늘날까지 민사소송이론 가운데 가장 난해한 부분 중의 하나이다.

먼저 소송물이 왜 소송법상 중요한 의미를 가지는 것인가를 먼저 살펴보아야 한다. 예컨대 갑은 택시를 타고 가다가 상해를 입었다. 갑은 택시회사를 상대로 손해배상청구의 소를 제기할 경우, 실체법상 청구권이 2개가 발생한다. '채무불이행으로 인한 손해배상청구권'과 '불법행위로 인한 손해배상청구권'이다. 먼저 갑은 '채무불이행으로 인한 손해배상청구의 소'(승객을 안전하게 목적지에 데려다 줄 보호의무 위반)를 제기하였으나 패소하였다.

그러면 갑이 다시 불법행위로 인한 손해배상청구권을 청구할 수 있느냐가 문제이다.

첫 번째 소송과 두 번째 소송이 '다른 것'이냐 '같은 것'이냐가 쟁점이다. 다르다고 하는 이론에 의하면 다시 법원에서 심리하여 판결을 받을 수 있지만, 같다고 하는 이론에 의한다면 다시 심리할 필요가 없으며 소송법적으로는 '기판력의 존재로 인한 부적법 각하'라는 소송판결이 내려진다. 전자의 입장을 '구실체법이론'이라고 하며, 후자의 입장을 '소송물이론'이라고 한다.

구실체법이론에 의하면 소송물의 기준을 청구원인에 따라 정하자는 것이고, 신소송물이론에 따르면 청구취지에 따라 정하자는 것이다. 다만, 금전청구나 대체물의 소송인 경우에는 청구원인을 참작해야 한다고 하고 있다. 그리고 이러한 소송물은 소의 개시, 소송진행 및 소송종료 등 각 단계마다 중요한 쟁점이 되고 있다.

다) 청구의 병합

원고가 피고에게 소송상 청구를 1개만 할 때에도 있지만, 청구가 여러 개인 경우도 있다. 이를 '청구의 병합'이라고 하며, 다른 말로 '소의 객관적 병합'이라고도 한다. 이에 대비하여 앞서 언급한 공동소송을 '소의 주관적 병합'이라고 한다. 소 제기시에 원고는 피고에게 한 개의 청구를 할 것인지 여러 개의 청구를 할 것인지를 결정해야 하지만, 그러나 반드시 소의 제기단계에서 여러 개를 청구할 필요는 없으며, 소송진행중에 추가할 수도 있다.

청구의 병합의 유형으로는 다음 세 가지 형태가 있다.

첫째로, 단순병합이며, A+B의 형태이다. 예컨대 금전지급청구와 건물인도청구 등 한꺼번에 여러 개의 청구를 신청하는 것이다.

둘째로, 선택적 병합이며, A or A'의 형태이다. 예컨대 불법행위로 인한 손해배상청구 또는 채무불이행으로 인한 손해배상청구를 하면서 둘 중에 어느 하나가 인정되면 소송의 목적이 달성되는 경우이다.

셋째로, 예비적 병합이며, A otherwise B의 형태이다. 주위적 청구(제1차적 청구)가 인정되지 않으면 예비적 청구(제2차적 청구)가 인정되는 경우이다. 예컨대 계약이 유효라면 매매대금의 지급을 구하는 청구를 하고, 만일 계약이 무효인 경우에는 이미 인도한 매매목적물을 반환청구하는 경우이다.

3) 법   원

원고가 피고와 소송물을 정하면 어느 법원에서 소송을 할 것인가도 고민이다. 전국에 많은 법원 가운데 어느 법원에 소장을 제출하는 것이 자기에게 유리한지를 고려하여야 한다. 이를 '관할의 문제'라고 한다.

소장을 법원에 잘못 접수시키면 핑퐁처럼 여기저기 여러 법원에 오가는 불편이 있다. 먼저 고려해야 할 관할의 문제는 '전속관할'이냐 '임의관할'이냐를 따져 보아야 할 것이다. 만일 사건이 전속관할에 해당한다면 반드시 해당법원에만 소장을 접수시켜야 할 것이다. 예컨대 서울에 거주하는 부부가 이혼소송을 제기하려면 반드시 서울가정법원에 소장을 제출해야만 한다.

그리고 토지관할을 생각하면 된다. 사건과 인적으로나 물적으로 중요한 지점이 있는 법원에 소장을 제출하면 된다. 예컨대 피고의 주소지나 목적물 소재지, 불법행위지의 법원이 관할법원이 되겠지만, 재산상의 소는 원고의 주소지 법원에서도 할 수 있다. 따라서 원고는 거리가 가까운 자기의 주소지 법원에 소장을 제출하는 것이 거의 대부분이다.

> **사례**
>
> (1) 소장의 필수적 기재사항이란?
> (2) 소장의 기재가 잘못된 경우 재판장의 조치는?
> (3) 피고의 주소가 잘못 기재된 경우 어떻게 할 것인가?
> (4) 원고가 제소시 법원에 내야 할 인지대는?
> (5) 피고가 답변서를 제때에 제출하지 않는 경우에는 어떻게 될 것인가?

1. 소의 제기단계

1) 원고가 소장과 일정한 인지대(제1심의 경우, 소송목적의 값의 5/1000이다)를 법원에 납부함으로써 소송절차는 시작된다. 이때부터 소송은 개시된다(소송의 성립). 소장에는 당사자·법정대리인·청구취지 및 청구원인을 기재하여야 하며, 이를 '필수적 기재사항'이라고 한다. 이로써 당사자(원·피고)와 소송물이 정해진다.

2) 재판장은 소장의 필요적 기재사항과 인지대를 심사한다. 만일 소장의 필수적 기재사항이 흠결했거나 인지대가 부족한 경우 원고에게 보정명령을 내린다. 재판장의 보정명령에 응하지 않으면 재판장은 소장각하명령을 내린다.

3) 원고가 제출한 소장에 흠결이 없거나 보정명령에 따른 경우, 재판장은 소장 부본을 피고에게 지체없이 송달한다. 만일 피고의 주소가 잘못 기재되어 송달이 되지 않는 경우에는 재판장은 원고에게 주소보정명령을 내린다. 피고에게 소장 부본이 송달되었을 때, 비로소 원고, 법원 및 피고간의 삼면적 소송법률관계가 시작된다. 이를 '소송계속'이라고 한다.

4) 피고가 원고의 청구를 다투는 경우에는 소장 부본의 송달을 받은 날로부터 30일 내에 답변서를 제출하여야 한다. 이 기간 내에 답변서를 제출하지 않으면 원칙적으로 법원은 무변론판결을 할 수 있다.

2. 소송요건의 조사단계

소가 적법하기 위한 요건을 '소송요건'이라고 한다. 구체적으로 소의 3가지 구성요소, 법원·당사자·소송물은 일정한 요건을 갖추어야 한다.

(1) 재판권과 관할권

사례

대구에 거주하는 갑은 청주에 거주하는 을에게 금 1억원을 빌려주었으나, 변제일이 지나도 갚지 않고 있다. 갑이 제소할 수 있는 법원은?

법원은 재판권이 있어야 하며, 그리고 소장을 접수한 법원은 관할권이 있어야 한다. 재판권은 다음과 같은 2가지 의미가 있다. 재판은 반드시 행정부나 입법부가 아닌 사법부인 법원에서 하여야만 하며, 또한 법관만이 하여야 한다. 만약 이를 위배하면 3권분립에 위배된다. 주로 문제되는 것은 외국대사 등은 치외법권자이므로 우리나라의 재판권이 미치지 않으므로 이를 상대로 민사소송을 제기할 수 없다.

관할권은 재판권의 분담관계를 정해 놓은 것을 말한다. 전국의 많은 법원 가운데 어느 법원이 재판권을 행사할 수 있느냐 하는 문제이다. 이에 관한 법이 '각급법원의 설치에 관한 법률'이다.

첫째로, 심급관할이다. 지방법원(또는 지원, 시 및 군법원), 고등법원, 대법원의 구분이며, 1심, 2심 및 3심을 말한다.

1심의 지방법원 사건이 2심으로 고등법원이 아닌 경우도 있다. 예컨대, 8,000만원을 초과하는 지방법원 사건이 항소한 경우, 2심은 고등법원이 아닌 지방법원 본원 합의부이다. 즉, 1심이 서울동부지방법원인 경우, 2심은 서울고등법원이 아닌 서울동부지방법원 항소부이다. 항소심 사건이 많아지는 것을 피하기 위함인데, 법규에 의하여 그 범위가 자주 바뀌고 있다.

둘째로, 사물관할이다. 지방법원 합의부(판사가 3명이다)와 단독판사의 관할을 정하는 것이다. 현재 소송목적의 값이 1억원 이하의 사건은 단독판사의 관할이고, 그 이상은 합의부 관할이다.

셋째로, 토지관할이다. 장소를 기준으로 정해 놓은 관할을 말하며, '보통재판적'과 '특별재판적'이 있다. 보통재판적은 사람이나 법인의 그 소재지를 기준으로 정해 놓은 것을 말하며, 모든 민사사건에서의 기준점이라 할 수 있으며, 피고를 기준으로 하고 있다. 특별재판적은 사건과 관련된 사람의 소재지나 물건의 소재지, 불법행위지 등 특수한 경우에 인정한 것을 말한다. 재판의 편의를 위해 인정한 것이다. 예컨대, 재산관계의 소송인 경우에는 원고의 주소지도 인정되므로 대부분 원고의 주소지에 제소하고 있다. 원고는 보통재판적 소재지 법원이나 특별재판적 소재지 법원 아무데서나 제소할 수 있다.

위 사례의 경우 갑은 보통재판적인 피고의 주소지인 청주지방법원이나 재산관계소송이므로 특별재판적인 원고의 주소지인 대구지방법원이고, 갑은 어느 법원이든 제소할 수 있다.

(2) 당 사 자

> **사례**
>
> 갑회사는 대학생인 을(만 18세)을 금 5백만원 신용카드 대금청구의 소를 제기하였다. 이 경우 을은 혼자서 소송을 수행할 수 있는가?

민사소송에서는 먼저 당사자가 누구인가를 정하여야 한다. 이를 '당사자확정'이라고 한다. 그 다음 원고와 피고, 즉 당사자는 '당사자능력', '당사자적격' 및 '소송능력'이 있어야 한다.

당사자확정이라 함은 대부분 소장에 적힌 원고와 피고가 당사자이지만, 소장에 적힌 사람과 실제로 소송을 수행한 사람이 다른 경우 누가 당사자인가를 정하는 문제이다. 위 사례에서 을 대신에 을의 쌍둥이 형인 병이 소송을 수행하였다면 피고가 을인가 병인가를 정하는 문제이고, 우리 판례에 의하면 을이다.

당사자능력은 민법상 권리능력에 대응하는 개념으로, 원고나 피고가 될 수 있는 자격을 말한다. 다만, 민사소송법에서 권리능력보다 그 외연이 넓다. 자연인과 법인, 권리능력 없는 사단과 재단이 당사자로 될 수 있다. 소장에는 자연인인 경우에는 그 사람의 성명을 기재하며, 법인인 경우에 법인 이름을 기재하면 된다. 또한 권리능력 없는 사단과 재단의 경우에는 사찰이나 교회 이름 또는 유치원의 이름을 기재하면 된다.

당사자적격은 당사자로 되기에 적합한 경우를 말하며, 소송물과 밀접한 관련이 있다. 다른 말로 '소송수행권', '소의 주관적 이익'이라고 한다. 즉, 분쟁의 대상과 전혀 관계없는 사람이 당사자로 된 경우, 이를 배제시키기 위해 만든 개념이다. 소송법상의 독자적 개념이다.

소송능력은 민법상 행위능력에 대응하는 개념으로, 만 19세 이상의 정상적인 지능을 가진 사람은 모두 소송능력자이다. 이러한 사람은 독자적으로 소송을 수행할 수 있다. 이에 해당하지 않는 사람은 소송무능력자라 하며, 법정대리인의 도움을 받아 소송을 수행해야 한다. 미성년자와 피성년후견인(2013년 7월 1일부터 시행된 개정민법에 따라 '금치산자'가 '피성년후견인'으로 변경되었다)이 이에 해당한다. 위 사례의 경우, 법정대리인의 도움을 받거나 법정대리인이 소송대리인인 변호사를 선임하여야 한다.

원칙적으로 당사자능력, 당사자적격 및 소송능력이 없는 자가 제소한 경우에는 부적법 각하된다.

(3) 소의 이익

> **사례**
>
> 종갓집 종손인 갑은 조상에 대한 봉제사는 우상숭배라며 거부하고 하자 종중회의에서 갑의 행위는 가문의 수치이며, 조상에 대한 모독이라고 하면서 갑은 반드시 봉제사해야 한다고 법원에 소를 제기하였다. 법원은 어떠한 판결을 해야 하는가?

일상생활의 분쟁을 모두 법원에서 판단한다면, 재판업무가 너무나 많아지게 된다. 그리하여 꼭 필요한 분쟁, 즉 소송할 만한 가치가 있는 민사사건만 법원에서 심판을 하는데, 그 기준을 '소의 이익'이라고 한다. 예컨대, '족보에의 등재금지 및 변경청구' 등은 소의 이익이 없어 부적법 각하판결을 내린다.

(4) 위의 3가지 요소 요건을 모두 갖추어야만 본안재판에 들어갈 수 있다.

3. 본안심리단계

> **사례**
>
> 2013년 3월 1일 갑은 을에게 금 1억원을 빌려주었으나, 변제일이 지나도 갚지 않자 갑이 소를 제기하였다. 이 소송에서 을은 갑으로부터 금 1억원을 빌린 것은 사실이나, 2013년 7월에 모두 갚았다고 주장하였다. 이 경우 요증사실과 불요증사실은?

(1) 변론준비절차와 변론절차

원고는 자신의 청구가 타당하다고 공격을 하고(공격방법), 이에 대해 피고는 방어를 한다(방어방법).

법원은 변론준비절차를 열어 소장·답변서·준비서면 등을 통해 당사자의 주장과 증거를 정리한다. 이러한 서면에 의한 변론준비절차 외에 필요에 따라 증거조사를 할 수도 있고(단, 증인신문과 당사자신문은 제외), 변론준비기일을 지정하여 당사자를 출석시킬 수도 있다. 다만, 2008년 12월부터 변론준비절차가 필수적인 것에서 임의적인 것으로 변경되어 생략할 수도 있다.

법원은 변론준비절차에 나타난 원고와 피고의 주장을 비교하여 '다툼 있는 사실'(要證事實)과 '다툼 없는 사실'(不要證事實)을 구별한다.

위와 같은 변론준비절차가 끝나면 재판장은 변론기일을 지정하여 당사자들을 소환한다.

(2) 증거조사

다툼 없는 사실에 대해서는 법원은 그대로 사실의 인정을 하여야 하며, 다툼 있는 사실에 대해서는 증거조사를 실시한다(원칙적으로 변론기일에만). 다툼 없는 사실은 재판상 자백, 누구나 다 아는 현저한 사실이며, 이에 대해서는 증거조사를 할 필요가 없다.

증거조사절차는 증인신문·당사자본인신문·감정·검증 및 서증조사 등이 있으며, 당사자의 신청에 의해서 이루어진다. 그리고 증거조사결과에 대한 평가, 법관을 믿거나 불신하거나는 법관의 자유심증에 일임되어 있다(자유심증주의).

위 사례에서 다툼 없는 사실은 돈을 빌린 것이고, 다툼 있는 사실은 변제를 했느냐의 여부이다.

(3) 심리의 대원칙

당사자의 사실과, 증거자료의 수집과 제출은 공개된 법정에서(공개주의), 당사자 쌍방에게 공평한 기회를 부여하여야 한다(쌍방심리주의). 이러한 소송자료의 제출은 구술에 의해서(구술심리주의), 민사소송은 자신의 권리를 뒷받침할 수 있는 사실의 주장과 증거를 자기 책임하에 제출할 책임이 있다. 이를 '변론주의'라 하며, 이러한 사실의 주장과 증거를 게을리하면 분명히 이길 소송도 패소할 수 있다. 예컨대 위 사례의 경우에서 피고가 빌리지 않았다는 진술을 법정에서 반드시 해야 한다.

그리고 소송에 필요한 자료는 소송의 정도에 따라 적절한 시기에 제출하여야 한다(적시제출주의). 그리고 소송절차는 법원이 적정하고 공평하고 신속하고 경제적으로 진행하여야 하며, 직접 심리에 관여한 법관이 판결하여야 한다(직접심리주의). 이러한 소의 개시, 심판의 대상과 범위 및 종결은 원고에게 맡겨져 있다(처분권주의).

4. 소송종료 단계

1) 변론절차를 거쳐 법관의 심증형성이 어느 정도 이루어졌을 때 법관은 변론을 종결하고 판결을 선고한다. 이를 '종국판결에 의한 소송의 종료'라고 한다. 판결의 종류에는 '종국판결'과 '확정판결'이 있다. 종국판결은 심급이 끝내는 판결이며, 1심판결, 2심판결 및 대법원판결이 이에 속한다. 확정판결은 더 이상 불복절차가 없는 경우이다.

판결의 효력을 시간적 순서로 배열하면, 구속력(기속력)—형식적 확정력—기판력(실질적 확정력)—집행력·형성력 등이다. '구속력'은 판결을 선고한 법원은 스스로 번복을 할 수 없다는 것을 말하고, 형식적 확정력은 종국판결이 형식적으로는 더 이상 불복의 방법이 없는 것을 말한다. 그리고 기판력은 확정된 종국판결에 있어서 소송물에 대한 판결내용은 더 이상 다투어서는 아니 되며(불가쟁. 不可爭), 다른 법원이 이를 다시 재심사하여 이와 다른 모순된 판단을 하여서는 안 된다는(불가반. 不可反) 것을 말한다. 그리고 집행력은 이행의 소에 있어서 강제집행을 실현할 수 있는 효력을 말하며, 형성력은 형성판결이 확정됨으로써 새로운 법률관계가 발생하는 효력이다. 후자의 대표적인 예는 이혼판결이다.

2) 그리고 판결에 의하지 않고 당사자에 의해 소송이 종료되는 경우도 있다. 소의 취하, 청구의 인낙과 포기, 소송상 화해 등이며, 이를 '당사자 행위에 의한 소송종료'라고 한다. '소의 취하'라 함은 소를 제기한 원고가 스스로 소를 그만두는 것을 말한다. 피고의 동의를 얻어 소의 취하가 이루어지면 소 제기가 처음부터 없는 것이 된다.

청구의 '인낙'은 피고가 원고의 청구, 소송물 전체에 대해 인정하는 것을 말하며, 인낙조서가 작성된다. 이에 반대로 '청구의 포기'는 소를 제기한 원고가 스스로 소송물을 포기하는 것을 말하며, 포기조서가 작성된다. '인낙조서'와 '포기조서' 모두 확정판결과 동일한 효력이 있다. '소송상 화해'는 소송진행중 당사자 쌍방이 서로 양보하여 소송을 종료시키는 것을 말하며, '화해조서'가 작성된다. 이러한 조서도 확정판결과 동일한 효력이 있다.

3) 이혼소송 진행중 당사자 일방이 사망한 경우, 소송을 더 이상 진행할 필요가 없는 경우가 있다. 이를 '소송종료선언'이라고 한다.

5. 불복방법

> **사례**
>
> 2013년 1월 5일 대구에 거주하는 갑은 청주에 거주하는 을을 상대로 금1억원 반환청구의 소를 대구지방법원에 제소하여 2013년 7월 1일 청구인용판결이 선고되었다. 이에 불복한 을이 항소제기할 수 있는 기간과 관할법원은?

1) 판결이 선고된 후 판결정본이 송달된 날로부터 2주일 내에 상소를 제기할 수 있다. 이로써 항소심 또는 상고심절차가 진행된다. 위 사례의 경우, 7월 2일부터 2주일 후인 7월 15일 24시까지 항소할 수 있고, 그 관할은 대구고등법원이다.

2) 불복하지 않은 판결은 기판력이 인정되며, 이로써 강제집행이 가능하다. 그러나 기판력 있는 판결이라도 부당하다는 것이 밝혀지면, '재심절차'와 '상소의 추후보완'이라는 비상구제수단이 있다.

재심은 확정된 종국판결이 재심사유에 해당하는 중대한 흠이 있는 경우, 그 판결의 취소를 구하기 위한 비상구제수단이다. 상소의 추후보완은 천재지변 등 당사자가 책임을 질 수 없는 사유에 의해 판결이 확정된 경우의 구제방법이다.

제2. 민사집행법

＊집필 : 김일룡. 원광대학교 법학전문대학원 교수
＊별명이 없는 법조문명은 '민사집행법'임

Ⅰ. 민사집행의 개념과 종류

집행은 널리 법령, 재판 및 처분 등의 내용을 강제적으로 실현하는 국가작용을 의미한다. 집행 중에서 민사집행이란 민사상 권리의 강제적 실현을 목적으로 하는 절차로서의 집행을 말한다.

민사집행의 종류 및 그 절차와 내용이 어떠한가를 규정한 법이 민사집행법이다. 이를 형식적 의미의 민사집행법이라고 한다. 그러나 민사집행과 관련된 규정이 민사집행법에 모두 존재하는 것은 아니고, 민사집행법 시행령, 민사집행규칙, 각종 대법원예규, 민사소송법, 민법, 상법, 법원조직법, 집행관법, 가사소송법, 소송촉진 등에 관한 특례법 등에도 있다. 이를 실질적 의미의 민사집행법이라고 한다. 민사집행의 연구분야는 형식적 의미의 민사집행법뿐만 아니라 실질적의미의 민사집행법을 포함한다.

민사집행법 제1조에서는 민사집행의 규율 범위를 ① 강제집행, ② 담보권 실행을 위한 경매, ③ 유치권에 의한 경매와 민법·상법, 그 밖의 법률의 규정에 의한 경매, ④ 보전처분절차로 정하고 있다. 이 중 ①+②+③을 좁은 의미의 민사집행이라고 하고, 여기에 ④를 합하여 넓은 의미의 민사집행이라고 한다.

1. 강제집행

사례 1　　강제집행

강제집행을 하려면 반드시 법원의 판결을 받아야 하는가?

　　강제집행은 특정의 의무자에 대한 사법상의 청구권을 강제적으로 실현하기 위하여 집행을 구하는 자(집행채권자)가 집행력 있는 집행권원에 기한 신청에 의하여 집행기관이 실시하는 민사집행이다.

　　사인간의 생활관계에서 각자가 타인에 대하여 부담하는 각종의 이행의무는 많은 경우에 임의로 이행되고, 이로써 이행청구권은 만족을 얻고 소멸한다. 그러나 권리자의 기대에 반하여 채무자가 임의로 이행하지 않은 때에는 국가는 원칙적으로 권리자에 의한 자력구제를 허용할 수 없고, 또한 의무자의 임의이행을 단순히 촉구하기만 해서는 권리가 실현되지 않는다. 이 경우에 국가는 개인을 대신하여 강제력으로 채무자에 의한 의무의 이행과 동일한 상태를 사실상 실현하는 임무를 이행하게 된다. 이 임무를 부과하는 절차가 강제집행이고, 이는 헌법에 의해 보장된 실효적인 권리보호의 일부를 이룬다.

　　국가권력에 의한 청구권의 강제적 실현을 구하는 신청이 있는 경우에 이 신청을 인용하여 강제집행절차를 개시하기 위해서는 일정한 절차상의 요건을 구비하여야 한다. 왜냐하면 강제집행은 채무자의 재산권이나 인격권의 영역에 직접 또는 간접적으로 강제력을 행사하는 것이므로 부당한 권리침해를 방지하여야 하기 때문이다. 여기에서 민사집행법은 원칙적으로 강제집행을 신청하기 위해서는 집행채권자의 청구권에 대한 '집행력 있는 정본'을 제출하도록 규정하고 있다. 물론 그 외에도 지급명령, 집행증서, 제소전 화해조서, 조정조서도 집행력이 있으므로 이를 제출하여도 된다.

　　민사집행법은 강제집행을 '금전채권에 기초한 강제집행'(금전집행)과 '금전채권 외의 채권에 기초한 강제집행'(비금전집행)으로 나누고, 전자의 경우에 부동산에 대한 집행, 선박 등에 대한 집행, 동산에 대한 집행으로, 후자의 경우에 유체물인도청구의 집행과 작위·부작위·의사표시의 집행으로 분류하여 강제집행의 방법을 달리 규정하고 있다.

<사례1 해설> (강제집행)

강제집행을 하기 위하여 반드시 법원의 판결을 받아야 하는 것은 아니다. 판결 이외에 집행증서, 조정조서, 지급명령 등 집행력이 있어 집행권원이 되는 대표적인 것으로는 민사집행법 제56조에 규정되어 있다.

2. 담보권 실행을 위한 경매

저당권·질권·전세권·가등기담보권 등의 실행으로서 이들 담보권의 목적재산을 경매 기타의 방법에 의해 강제적으로 환가하여 피담보채권의 만족을 도모하는 민사집행을 '담보권 실행을 위한 경매' 또는 '임의경매'라고 한다.

강제집행과 담보권 실행을 위한 경매의 공통점은 공권력 행사에 의한 청구권의 강제적 실현을 목적으로 하는 법률상의 절차라는 점이다. 따라서 민사집행법은 강제집행에 관한 규정을 대부분 준용하고 있다. 그러나 담보권 실행을 위한 경매는 강제집행과 달리 채무자나 제3자(물상보증인) 소유의 특정 담보재산만을 그 대상으로 하고, 담보권 자체에 내재한 환가권에 의하여 경매신청권이 인정되는 것이므로 판결 등과 같은 집행권원을 필요로 하지 않는다.

3. 유치권 등에 의한 경매

민법·상법, 그 밖의 법률이 규정하는 바에 따른 경매를 '형식적 경매'라고 하며(이에 비하여 강제경매와 담보권실행을 위한 경매를 '실질적 경매'라고 한다), 민사집행법은 유치권에 의한 경매도 형식적 경매와 동일하게 취급하면서 이를 포괄하여 '유치권 등에 의한 경매'라고 하였다. 이러한 종류의 경매절차는 실체권 또는 실체법상의 법률요건의 존재를 전제로 하여 실시되는 민사행정적인 비송절차의 성질이 강하여 별도의 환가절차를 마련할 수도 있겠지만 현행법은 편의상 담보권 실행을 위한 경매의 예에 따라 실시하도록 규정하고 있다.

민법·상법에 의한 경매에는 ① 공유물의 가격 분할을 위한 경매, ② 변제자의 변제공탁을 위한 경매, ③ 상인간의 매매목적물, 운송물, 임치물 등의 자조매각을 위한 경매, ④ 자본감소·회사합병을 위한 주식병합 또는 주식분할의 경우의 주식의 경매, ⑤ 청산을 위한 경매, ⑥ 회사정리법에 의한 신주발행의 경우의 경매 등이 있다.

그 밖의 법률이 규정하는 바에 따른 경매에는 ① 공장 및 광업재단저당법, ② 입목에 관한 법률, ③ 농어업·농어촌 및 식품산업 기본법 등에 의한 경매가 있다.

4. 보전처분

장래에 행할 강제집행에 대비하여 현상을 보전하기 위한 처분을 보전처분이라고 한다. 여기에는 금전채권에 대하여 장래의 집행보전을 목적으로 하는 가압류와 금전채권 이외의 권리나 권리관계에 대하여 장래의 집행보전을 목적으로 하는 가처분이 있다.

가처분에는 다툼의 대상에 관한 가처분과 임시지위를 정하기 위한 가처분으로 나누어진다.

Ⅱ. 민사집행의 기관

1. 집 행 관

집행관이란 지방법원 및 그 지원에 배치되어 재판의 집행, 서류의 송달, 그 밖에 법령에 따른 사무에 종사하는 독립된 단독제 국가기관이다.

집행관은 강제집행의 원칙적인 집행기관이지만 널리 예외가 인정되며, 실제로 그 직무는 주로 사실행위를 수반하는 집행처분에 한한다. 즉 유체동산인 물건을 채무자 등으로부터 빼앗아 점유하거나 부동산이나 선박에 대하여 현황을 조사하거나 건물을 철거하는 등은 집행관이 하게 된다.

집행관은 집행실시에 있어서 강제권을 가진다. 따라서 집행시 저항을 받으면 경찰 또는 국군의 원조요청이 가능하고, 집행을 위하여 필요한 경우에 채무자의 주거, 창고 등을 수색하고, 잠근 문과 기구를 열 수 있다. 미등기건물을 강제경매할 때에는 그 건물의 조사를 위하여 출입을 할 수 있고, 채무자 또는 건물점유자에게 질문하거나 문서를 제시할 것을 요구할 수 있다.

2. 집행법원

사례 2   집행법원

민사집행을 하기 위해서는 법원에 신청서류만 제출하고, 법정에 출석하지 않아도 되는가?

집행법원이란 법률에 의하여 정해진 강제집행을 실시하거나, 집행관의 집행처분에 대하여 협력·감독하는 법원을 말한다. 주로 강제집행에 실력행위를 요하지 않고 법률판단을 필요로 하는 경우의 집행기관이다. 집행법원의 업무는 지방법원 단독판사가 담당하는 것이 원칙이다.

집행법원이 직접 집행행위를 실시하는 것으로서, ① 부동산, 선박, 등록된 자동차·건설기계·소형선박 및 항공기에 대한 금전집행, ② 채권과 그 밖의 재산권에 대한 금전집행, ③ 동산집행에서의 배당절차, ④ 물건인도를 목적으로 하는 집행에 있어서 제3자가 목적물을 점유하고 있는 경우의 집행, ⑤ 채권과 그 밖의 재산권, 부동산, 선박, 자동차·건설기계·소형선박 및 항공기에 대한 가압류·가처분의 집행 등이 있다.

집행법원의 집행에 관한 행위는 모두 결정의 형식으로 한다. 따라서 필수적 변론의 대상이 아니고, 재판서에 이유기재를 생략할 수 있다.

다만, 2005. 7. 1. 개정 시행된 법원조직법은 대법원과 각급 법원에 사법보좌관을 두어 그들로 하여금 민사소송법, 민사집행법 등에 규정된 법원의 업무 중 일부를 처리할 수 있게 하는 제도를 신설하였다. 사법보좌관의 업무범위는 사법보좌관규칙에 정해져 있다. 이 규칙에 따르면 현재는 집행법원의 업무 중 상당한 부분이 사법보좌관의 업무로 이관되어 처리되고 있다.

<사례2 해설> (집행법원)

일반적인 경우에는 신청서류만 제출하고 법정에 출석하지 않아도 된다. 이것이 민사소송과 민사집행의 큰 차이점이다. 그러나 모든 경우에 반드시 그렇지는 않고, 인도명령시 점유자의 심문(예외 있음), 강제관리에서 관리인의 해임, 추심명령의 압류액수제한, 특별한 현금화 방법의 허가결정, 대체집행과 간접강제의 결정, 임시의 지위를 정하기 위한 가처분 등의 경우에는 관련 이해관계인이 출석하여야 한다.

3. 제1심법원

원래 제1심법원(수소법원)은 판결절차를 통하여 청구권이 있는지의 여부를 확정하고 집행권원(판결 등)을 형성하는 소송절차를 관할하는 법원으로서, 현행법은 판결절차와 집행절차를 분리하고 있으므로 원칙적으로 제1심법원은 집행기관이 될 수 없다.

그러나 일부 예외가 인정되어 집행절차에 제1심법원이 관여하고 있다. 즉 ① 비금전채권집행에 있어서 대체집행·간접강제, ② 가정법원의 이행명령(가정법원의 관할), ③ 증권관련집단소송에 있어서 손해배상판결의 권리실행으로 얻은 금전의 분배절차, ④ 제3자이의의 소, 배당이의의 소 등은 제1심법원의 관할이다.

4. 그 밖의 집행기관

(1) 등 기 관

부동산가압류, 부동산 처분금지가처분의 집행은 법원의 촉탁에 의하여 보전처분의 재판을 등기기록에 기입하는 것이 집행방법이므로 등기관도 넓은 의미의 집행기관에 속한다.

그러나 소유권이전등기말소 등 등기를 명하는 판결에 의하여 그 사유를 등기기록에 기입하는 등기관은 집행기관이 아니다. 이 경우에는 확정판결에 의하여 의사를 표시한 것으로 보므로 그 후 등기기록에의 기입은 사후처분에 불과하기 때문이다.

(2) 집행공조기관

집행기관은 아니지만 집행에 협력하는 기관을 집행공조기관이라고 한다.

여기에는 집행관련 각종 통지업무를 수행하는 법원사무관, 위와 같이 사후처분으로서 등기기록에 기입하는 등기관, 원조요청의 대상인 경찰관·국군, 집행증서를 작성하는 공증인 등이 있다.

Ⅲ. 집행의 당사자와 객체

1. 집행의 당사자

민사집행에 있어서 집행을 요구하는 자를 (집행)채권자, 집행을 요구받는 자를 (집행)채무자라고 한다. 집행당사자는 반드시 실체법상 권리를 가지고 있을 필요는 없으므로 제3자의 집행담당(주주대표소송에서의 주주 등)도 집행당사자이다.

그 외의 사람은 실체적 권리·의무의 유무에 관계없이 집행에 관하여는 모두 제3자이다. 채무자의 채권에 대한 강제집행에 있어서는 반드시 제3자가 존재하는데, 이를 제3채무자라고 한다.

(1) 집행당사자의 확정

당해 집행에 있어서 누가 집행당사자인가는 집행문에 기재된 자를 기준으로 확정한다. 다만 지급명령이나 이행권고결정 등과 같이 집행문의 부여 없이도 집행력이 있는 집행권원의 경우에는 그 집행권원에 표시된 당사자가 집행당사자이며, 집행권원이 없는 보전처분절차에 있어서는 가압류·가처분결정에 채권자·채무자로 기재된 자가 집행당사자이다. 담보권실행을 위한 경매절차에서는 경매신청서에 기재된 자가 집행당사자가 된다.

이와 같이, 집행문 또는 집행권원에 표시된 자가 집행당사자가 되므로(형식적 당사자 개념), 형식적 당사자인 명목상 회사를 상대로 집행권원을 받은 후 실질적 당사자인 배후자를 상대로 승계집행문을 부여받아 집행할 수는 없다는 것이 판례의 태도이다. 즉 판례는 실질적 당사자 개념을 부인한다.

(2) 당사자능력과 소송능력

이미 사망한 자 또는 당사자능력이 없는 단체가 집행채권자이거나 집행채무자인 경우에 그 집행행위는 무효이다. 다만 담보권실행을 위한 부동산경매는 설정등기에 표시된 채무자 또는 부동산의 소유자와의 관계에서 절차가 진행되는 것이므로 이미 사망한 채무자나 소유자에 대하여 경매를 진행하였더라도 위법이 아니다.

강제집행을 개시한 뒤에 채무자가 죽은 때에는 상속재산에 대하여 강제집행을 계속하여 진행한다.

집행채권자가 스스로 유효하게 민사집행법상의 행위를 하려면 소송능력이 있어야 한다. 따라서 미성년자·피성년후견인은 법정대리인을 통해서만 집행행위를 할 수 있다. 다만 집행채권자가 아니라 집행채무자인 경우에는 소송절차에서 와는 달리, 유체동산 압류와 같이 집행이 사실적 처분인 경우에는 소송능력이 없어도 집행은 유효하다. 물론 사실적 처분이 아니고, 채무자에 대하여 심문하거나 채무자가 송달을 받는 경우, 이의신청을 하는 경우에는 소송능력이 있어야 한다.

(3) 집행당사자적격

집행당사자적격이란 특정한 집행사건에서 정당한 집행당사자로서 집행하거나, 집행을 받기에 적합한 자격을 말한다. 이는 집행문부여 전의 문제로서 누구를 위하여 누구에 대하여 집행문을 부여하여야 하는가의 문제이므로 법원사무관 등이 집행문부여를 할 때 조사할 사항이다.

집행적격자의 범위는 원칙적으로 기판력의 주관적 범위와 일치하며, 집행적격자가 당사자가 아니라 당사자로부터 권리의무를 승계한 승계인 또는 청구의 목적물을 소지한 자 및 선정당사자 등 제3자 소송담당이 권리귀속주체를 위하여 강제집행을 할 때에는 승계집행문을 받아야 집행할 수 있다.

판결 등 집행권원을 받은 후 그 당사자가 사망하여 상속인이 집행을 할 경우에도 집행당사자적격이 변동되었으므로 승계집행문을 받아야 한다.

2. 집행의 객체

(1) 책임재산

일반적으로 민사집행의 대상이 되는 것은 집행개시 당시에 채무자에게 속하는 재산인데, 이를 책임재산이라고 한다.

금전집행에서는 채무자의 총재산이 책임재산이다. 책임재산으로서는 물권·채권·무체재산권·사원권·동산·부동산을 모두 포함한다. 그러나 ① 독립한 재산적 권익이 없는 취소권이나 해제권, 자격증, ② 법률상 현금화가 불가능한 아편, 위조통화, ③ 부양료청구권 등과 같은 일신전속적 권리, ④ 성명권, 초상권과 같은 채무자의 인격권, 신분권 등은 책임재산에 속하지 않는다.

　　책임재산은 집행개시 당시에 채무자에게 속하는 재산이어야 하므로 집행 당시 이미 제3자에게 귀속된 재산은 집행의 대상이 될 수 없다. 다만 채무자로부터 이탈한 재산에 대하여는 채권자취소권을 행사하여 채무자에게 회복시킨 후 집행하는 길이 있다. 또한 장래의 재산은 그 기초되는 법률관계가 구체적으로 성립되어 있고, 가까운 장래에 발생할 것임이 상당 정도 기대되는 경우에는 집행의 대상이 된다. 예컨대, 급료나 임대료와 같은 계속적 급부관계의 채권도 집행의 대상이 된다.

(2) 책임재산의 제외

사례 3 　책임재산의 제외

월급이 1,000만원인 사람에 대하여 그 월급에 강제집행을 하려고 한다. 현행법상 매월 얼마까지 압류할 수 있는가?

　　강제집행의 대상은 채무자의 총재산이다. 다만 예외적으로 집행의 대상이 특정한 재산 또는 일정한 범위의 재산에 한정되거나 아예 책임재산에서 제외되는 경우가 있는데 전자를 유한책임, 후자를 압류금지재산이라고 한다.

　　유한책임은 물적 유한책임과 인적 유한책임으로 나눌 수 있다. 전자는 책임이 채무자의 일정한 재산에 한정되어 있어서 그 재산에 대해서만 집행을 당하는 경우로서, ① 한정상속을 승인한 상속인은 상속재산의 한도에서 상속채권자에 대해 변제책임을 지므로 상속인의 고유재산은 그 책임재산에서 제외되고, ② 유언집행자, 상속재산관리인, 정리회사의 관리인, 신탁재산의 수탁자 등 재산관리인이 그 자격에서 채무자가 될 때에는 그가 관리하는 재산만이 책임재산이 된다. 후자는 채무자의 책임이 일정한 금액의 한도로 제한되는 경우로서, ① 합자회사의 유한책임사원의 출자의무 한도 내에서의 책임, ② 항해에 관한 손해배상채권이나 유류오염손해배상채권에 대한 선박소유자의 책임, ③ 공동해손분담의무자의 일정한 가액한도 내의 책임, ④ 해양사고 구조의 경우에 구조료보수채권에 대한 책임한도, ⑤ 한국공인중개사협회의 공제가입금액한도의 책임 등이 이에 속한다.

　　압류금지재산으로는 민사집행법에 유체동산에 관한 것과 채권에 관한 것이 있다. 전자의 예로는 생활에 필요한 의복·침구·부엌기구 등이 있고, 후자의 예로는 급료 중 일정액, 1개월간 생계유지에 필요한 예금, 보험금 등이 있다. 이처럼 일정한 재산이나 채권에 대하여 압류를 금지하는 것은 채무자가 경제적 약자인 경우에 기본적인 생활을 할 수 있도록 배려한 것이다.

<사례3 해설> (책임재산의 제외)

월급여 150만원(압류금지생계비)까지는 무조건 압류가 금지되고, 월급여 300만원(압류금지최고금액) 내지 600만원까지는 1/2까지 압류가 금지된다. 월급여가 600만원을 초과하는 경우에는 300만원(압류금지최고금액)+(월급여의 1/2-300만)×1/2의 계산식으로 나온 금액이 압류금지의 대상이다. 따라서 월급여가 1000만원이라면 300만원+(500만원-300만원)×1/2=400만원이므로 이 부분은 압류가 금지되고, 나머지 600만원에 대해서는 압류할 수 있다.

Ⅳ. 위법·부당한 집행에 대한 구제방법

1. 위법한 집행에 대한 구제방법

집행기관이 집행법에 규정된 방식에 어긋나게 집행한 경우에는 위법한 집행이 된다. 위법한 집행에 대해서는 즉시항고와 집행에 관한 이의신청 이외에도 국가배상청구 등의 구제방법이 있다.

(1) 즉시항고

사례 4 즉시항고

민사집행법상의 즉시항고와 민사소송법상의 즉시항고는 어떻게 다른가?

강제집행절차에 관한 집행법원의 재판에 대하여는 즉시항고를 할 수 있다는 규정이 있는 경우에 한하여 즉시항고를 할 수 있다. 즉 이러한 규정이 없으면 집행에 관한 이의신청으로 다투어야 한다.

즉시항고는 원칙적으로 집행법원의 재판에 대해서만 허용된다. 집행관의 위법한 집행처분에 대하여는 집행에 관한 이의를 신청하여야 한다. 다만 대체집행과 간접강제의 경우에는 예외적으로 제1심 수소법원의 재판도 즉시항고의 대상이다. 집행법원이 재판으로 처리할 경우 즉시항고의 대상이 되는 것을 사법보좌관이 처리한 경우에는 즉시항고에 앞서 이의신청절차를 거쳐야 한다. 이 경우 소속 법원의 판사는 사법보좌관으로부터 이의신청사건을 송부받아 그 이의신청이 이유 없으면 사법보좌관의 처분을 인가하고 사건을 항고법원에 송부하는데, 이 경우에는 이의신청을 즉시항고로 본다.

즉시항고는 강제집행 개시 후의 절차에 관하여 한 재판에 대해서만 적용되므로 집행문부여에 관한 재판과 같이 집행 준비를 위한 재판에 대해서는 즉시항고를 할 수 없다. 또한 보전처분의 인용결정에 대하여는 이의신청을 할 수 있을 뿐이고, 보전처분의 기각결정이나 이의신청 내지 취소신청에 대한 재판은 집행절차에 관한 집행법원의 재판에 해당되지 않으므로 민사소송법의 즉시항고에 관한 규정이 적용된다.

민사소송법상 즉시항고는 집행정지의 효력이 있지만, 강제집행에서의 즉시항고는 이러한 효력이 없다. 다만 항고법원은 잠정처분으로 즉시항고에 대한 결정이 있을 때까지 담보를 제공하게 하거나 담보를 제공하게 하지 아니하고 원심재판의 집행을 정지하거나 집행절차의 전부 또는 일부를 정지하도록 명할 수 있고, 담보를 제공하게 하고 그 집행을 계속하도록 명할 수 있다.

<사례4 해설> (즉시항고)

민사집행법상의 즉시항고는 항고이유서의 제출이 강제되고, 집행정지의 효력이 없으며, (재)항고장 제출 후 10일 이내에 (재)항고이유서를 제출하여야 한다. 이에 비하여 민사소송법상의 즉시항고는 항고이유서를 별도로 제출하지 않아도 되고, 집행정지의 효력이 있으며, 재항고장 제출 후 20일 이내에 재항고이유서를 제출하여야 한다.

(2) 집행에 관한 이의신청

사례 5   집행이의신청

즉시항고와 집행에 관한 이의신청은 어떻게 다른가?

집행에 관한 이의신청은 집행법원의 집행절차에 관한 재판으로서 즉시항고를 할 수 없는 것과 집행관의 집행처분 그 밖에 집행관이 지킬 집행절차에 대하여 법원에 신청하는 이의를 말한다. 따라서 집행관이 집행위임을 거부하거나 집행행위를 지체하는 경우 또는 집행관이 계산한 수수료에 대하여 다툼이 있는 때에도 집행에 관한 이의신청으로 다툴 수 있다. 즉시항고는 상급심에서 심리하지만 집행에 관한 이의신청은 원심이 심리하며, 원칙적으로 1심에 한한다.

집행이의신청은 집행기관(집행법원, 집행관)이 집행을 실시할 때 그의 책임하에 조사·판단하여야 할 집행절차의 형식적 흠이 이의사유이다. 따라서 집행권원의 내용인 청구권의 부존재·소멸, 집행권원의 집행력의 하자 등 집행기관에 조사권한이 없는 실체상의 사유는 청구이의의 소나 제3자이의의 소, 집행문부여에 대한 이의신청(또는 소)에 의하여야 한다. 다만 담보권실행을 위한 경매에 있어서 경매개시처분에 대하여는 담보권의 부존재·소멸 등의 실체상의 사유도 여기에서의 이의사유가 되는 것으로 명문으로 규정하고 있다.

<사례5 해설> (집행이의신청)

즉시항고는 항고법원이 관할하고, 집행법원의 결정 중에 즉시항고를 할 수 있다는 명문규정이 있는 경우에 한하며, 재판고지일로부터 1주일 이내에 항고하고 그로부터 10일 이내에 항고이유서를 제출하여야 하고, 항고에 불복이 있는 경우에는 재항고가 허용된다. 또한 사법보좌관이 처분한 경우에는 먼저 이의절차를 거쳐야 한다. 이에 비하여 집행에 관한 이의신청은 관할법원이 지방법원 단독판사이고, 불복기간이 정해져 있지 않으며, 이의신청에 따른 재판에는 원칙적으로 불복할 수 없다. 또한 사법보좌관이 처분한 경우에도 별도의 이의절차를 거치지 않는다.

(3) 국가배상책임

집행관·사법보좌관·법원사무관 등이 위법한 집행을 하면 국가배상의무가 있다. 예를 들어, 집행관으로서 당연히 알아야 할 관계 법규를 알지 못하거나 필요한 지식을 갖추지 못하였고 또한 조사를 게을리하여 법규의 해석을 그르쳤고 이로 인하여 타인에게 손해를 가하였다면 불법행위가 성립하여 국가배상책임이 있다.

또한 위법한 집행을 한 공무원이 고의 또는 중과실이 있는 경우에는 그 자신도 배상책임이 있고, 이 경우 국가가 먼저 배상했으면 국가는 집행관에게 구상할 수 있다.

법관의 위법집행의 경우에는 국가배상책임을 쉽게 인정하지 않는 것이 판례의 입장이다. 즉 법관의 경우에는 당해 법관이 위법 또는 부당한 목적을 가지고 재판을 하는 등 법관이 그에게 부여된 권한의 취지에 명백히 어긋나게 이를 행사하였다고 인정할 만한 특별한 사정이 있어야 국가배상책임이 인정된다.

2. 부당한 집행에 관한 구제방법

집행법상으로는 법정의 방식에 따른 집행으로서 적법하지만, 예컨대 집행권원에 표시된 실체법적 청구권이 당초부터 부존재하였다거나 나중에 소멸된 경우와 같이 그 집행으로 인한 청구권의 실현이 결과적으로 부당한 경우가 있을 수 있다. 부당한 집행에 대해서는 청구이의의 소, 제3자이의의 소가 대표적인 구제방법이다.

(1) 청구에 관한 이의의 소

사례 6　청구이의의소

A는 B에게서 돈을 빌리고 A 소유의 건물에 저당권을 설정해 주었다. 그 후 A는 갚기로 약속한 날짜에 돈을 모두 갚았다. 그런데 B는 아직 저당권등기가 말소되지 않았음을 기화로 위 건물에 대하여 경매신청을 하였다. A의 구제수단은 무엇인가?

채무자가 집행권원의 내용인 사법상의 청구권이 현재의 실체상태와 일치하지 않음을 주장하여 그 집행권원이 가지는 집행력의 배제를 구하는 소를 청구에 관한 이의의 소 또는 청구이의의 소라고 한다. 청구이의의 소는 집행권원이 가지는 집행력을 배제하기 위한 것이므로 집행권원 자체를 배제시키기 위한 재심과는 다르고, 청구이의의 소는 채무자가 제기하는 소이므로 민사집행의 대상이 된 재산에 대하여 제3자가 일정한 권리를 가지고 있음을 이유로 제기하는 제3자이의의 소와 구별된다.

청구에 관한 이의의 소는 집행권원에 표시된 청구권의 부존재 및 전부 또는 일부 소멸, 영구적 또는 일시적으로 효력을 잃게 하는 사유, 즉 이행소송에서 권리장애·권리소멸·권리저지사실의 항변사유들이 있을 때 제기하는 소이다. 예를 들면 이미 변제하였음에도 강제집행을 진행한다든가, 강제집행을 하지 않거나 언제까지 연기하기로 합의하였다는 등의 사유가 여기에 해당한다.

판결 등 기판력 있는 집행권원에 대하여 청구이의의 소를 제기하려면 이의사유가 변론이 종결된 뒤에 생긴 것이어야 한다. 왜냐하면 그 전의 사유들은 재판중에 주장하였어야 하기 때문이다. 기판력이 없는 집행권원인 경우에는 이의사유의 시적 제한이 없다.

이의사유가 여러 개인 경우에는 청구이의의 소에서 한꺼번에 주장하여야 한다. 즉 하나의 사유를 주장하였으나 배척된 경우에 다른 사유가 있음을 이유로 다시 청구이의의 소를 제기할 수 없다.

> **<사례6 해설>** (청구이의의소)
> 임의경매절차에는 집행권원이 없으므로 집행권원의 집행력을 배제하는 청구이의의 소가 그대로 적용될 수는 없다. 이에 대신하는 것으로서 채무이의의 소가 있다. 이는 사실상 저당권설정등기 말소청구소송이다. A는 위 채무이의의 소를 제기하면서 동시에 집행정지신청을 함으로써 구제받을 수 있다. 그 외에 임의경매인 경우에는 강제경매와 달리 실체적 하자에 대하여도 경매개시결정에 대한 이의를 할 수 있으므로 이 방법으로도 다툴 수 있다.

(2) 제3자이의의 소

제3자이의의 소란 제3자가 집행의 목적물에 대하여 소유권 또는 목적물의 양도나 인도를 막을 수 있는 권리를 가진 때 이를 침해하는 강제집행에 대하여 이의를 주장하여 집행의 배제를 구하는 소를 말한다. 예를 들면, 제3자가 채무자에게 잠시 빌려준 고가의 물품에 대하여 채무자의 채권자가 강제집행을 진행하는 경우에 제3자는 그 물품이 자신의 소유라는 이유로 제3자이의의 소를 제기할 수 있는 것이다.

강제집행은 채무자의 책임재산만을 대상으로 하여야 하나, 집행기관은 외관, 즉 동산의 경우에는 점유, 채권 기타 재산권인 경우에는 채권자의 신청만으로, 부동산의 경우에는 등기 등의 일정한 증서에 의해서만 책임재산 여부를 판단하여 집행절차를 진행할 뿐이고 실체적 심사를 할 권한이나 의무가 없어 타인의 재산에 대하여 집행을 하더라도 위법집행은 아니므로 집행에 관한 이의신청이나 즉시항고로 불복할 수 없다. 이러한 부당집행의 경우에 제3자의 권리구제를 위하여 마련한 제도가 제3자이의의 소이다.

제3자이의의 소는 모든 종류의 강제집행절차에 적용된다. 강제집행에 의하여 실현되는 청구권의 종류나 집행대상이 무엇인지 불문하고, 집행기관의 종류도 묻지 않는다. 따라서 제3자의 재산에 대한 침해 가능성이 있는 한 금전채권의 집행이든 비금전채권의 집행이든, 본집행이든 가집행이든, 만족집행이든 보전집행이든 묻지 않고 인정되며, 담보권실행을 위한 경매절차에서도 제기할 수 있다.

제3자이의의 소의 원인은 집행의 목적물에 대하여 소유권 또는 목적물의 양도나 인도를 막을 수 있는 권리가 있다고 주장하여 그에 대한 집행의 배제를 구하는 것이므로, 이 권리는 집행채권자에게 대항할 수 있는 것이어야 한다. 압류 당시부터 이 소송의 사실심 변론종결시까지 그 권리가 존재하여야 하므로 소송 도중 이러한 권리가 존재하지 않게 되면 소의 이익을 상실한다. 이의의 원인에 대한 증명책임은 제3자(원고)에게 있다.

(3) 실체법상 구제수단

가. 부당한 강제집행에 대한 구제수단

당사자가 상대방이나 법원을 속여서 채권이 없거나 소멸되었음에도 채권이 존재한다는 내용의 부당한 판결을 받아 집행을 마친 경우에 부당이득반환청구를 하려면 먼저 재심을 통하여 판결을 취소하여야 한다.

다만 당사자의 절차적 기본권이 근본적으로 침해된 상태에서 판결이 선고되었거나 확정판결에 재심사유가 존재하는 등 확정판결의 효력을 존중하는 것이 정의에 반함이 명백하여 이를 묵과할 수 없는 경우에는 재심을 거치지 않고도 손해배상청구가 가능하다.

나. 부당한 잠정처분에 대한 구제수단

담보권 실행을 위한 경매절차가 진행되던 중 채무자가 근저당권설정등기의 말소를 구하는 본안소송을 제기하면서 경매절차를 정지하는 가처분을 받았으나 그 후 본안소송에서 패소한 경우, 경매절차의 정지로 인한 채권자의 손해에 대하여 채무자의 고의·과실이 추정되고, 따라서 부당한 경매절차 정지로 인한 손해에 대하여 이를 배상할 책임이 있다.

이러한 법리는 부당한 잠정처분에 전반적으로 적용될 수 있다.

다. 부당한 보전처분집행에 대한 구제수단

가압류나 가처분 등 보전처분의 경우에 실체상 청구권이 있는지의 여부는 본안소송에 맡기고 단지 소명에 의하여 채권자의 책임 아래 하는 것이므로, 그 집행 후에 집행채권자가 본안소송에서 패소 확정되었다면 그 보전처분의 집행으로 인하여 채무자가 입은 손해에 대하여는 특별한 반증이 없는 한 집행채권자에게 고의 또는 과실이 있다고 추정되고, 따라서 그 부당한 집행으로 인한 손해에 대하여 이를 배상할 책임이 있다. 이 경우 통상손해의 범위는 만약 보전처분이 없었더라면 자유롭게 처분할 수 있는 때로부터 처분대금에 대한 법정이율에 따른 이자상당의 금액이다.

따라서 이 경우에 집행채권자는 자신에게 고의 또는 과실이 없음을 증명해야 손해배상책임을 벗어날 수 있다(증명책임의 전환).

V. 강제집행

1. 강제집행의 요건

채권자의 신청에 의하여 집행기관이 강제집행을 실시하기 위해서는 집행권원이 있어야 하고, 그 집행권원이 집행력을 가지고 있다는 증명서인 집행문이 있어야 한다. 집행문 없이 집행권원만으로 강제집행을 실시할 수 있는 예외는 있지만, 거꾸로 집행권원이 없이 강제집행을 실시할 수 있는 경우는 없다. 만약 법정된 집행권원에 의하지 않고 강제집행이 개시되면 그 집행행위는 처음부터 무효이므로 아무런 효력이 발생하지 않는다.

원칙적으로 집행권원만으로 곧바로 집행에 착수할 수는 없고, 추가로 집행문을 부여받아야 집행에 착수할 수 있다. 따라서 집행권원이 집행청구권 성립의 요건이라면 집행문은 집행청구권 행사의 요건이라고 할 수 있다.

(1) 집행권원

집행권원이란 실체법상 일정한 청구권의 존재와 범위를 표시함과 동시에 그 청구권을 강제집행에 의해 실현할 수 있다는 것을 인정한 공문서를 말한다. 집행권원은 집행절차의 당사자, 즉 채권자 및 채무자를 특정함과 동시에 집행에 의하여 실현되어야 할 청구권의 내용 및 범위를 특정한다.

집행권원 중에 대표적인 것이 확정된 종국판결이다. 다만 종국판결 중에서도 집행권원이 되는 것은 집행력 있는 이행판결에 한한다. 따라서 확인판결이나 형성판결은 집행력이 없다. 소각하, 청구기각판결 등도 확인판결의 일종이므로 집행권원이 될 수 없다.

외국법원에서 받은 확정판결이나 중재판정으로는 바로 강제집행을 신청할 수 없고, 집행판결을 구하는 소를 제기하여야 한다. 왜냐하면 외국판결 또는 외국의 중재판정으로 우리나라에서 집행해도 문제되지 않는지 법원이 확인하고 이를 승인하는 절차를 두어야 우리 법질서에 반하는 강제집행을 막을 수 있기 때문이다. 우리나라에서 중재판정을 받은 경우에도 이와 유사한 제한이 있다.

그 외의 집행권원으로는 공증인이 일정한 금액의 지급이나 대체물 또는 유가증권의 일정한 수량의 급여를 목적으로 하는 청구에 관하여 작성한 집행증서, 확정된 지급명령, 청구인낙 등 각종 조서, 조정에 갈음하는 결정, 이행권고결정 등이 있다.

(2) 집 행 문

사례 7 집행문

A는 자신의 땅에 별장을 지어놓고 여름에만 며칠씩 가서 피서를 보내곤 하였다. 그런데 어느날 별장에 가 보니 처음 보는 B가 자신의 별장에서 살고 있었다. A는 B에게 자신의 별장에서 퇴거해 줄 것을 요구하였으나 B는 들은 척도 하지 않았다. 이에 A는 B를 상대로 건물인도소송을 제기하여 승소판결을 받았고 그 판결은 확정되었다. 그 후 A가 별장에 가 보니 B가 아니라 C가 살고 있었는데, C는 B로부터 위 별장을 구입하였다고 주장하였다. A는 B를 상대로 한 승소확정판결에 의하여 C를 상대로 건물인도의 강제집행을 할 수 있는가?

집행권원의 끝에 덧붙여 당해 집행권원에 집행력이 있으며, 누가 집행당사자인지를 적어놓은 공증문언을 집행문이라고 한다. 집행문이 있는 판결정본을 '집행력 있는 정본'이라고 한다. 집행문제도는 집행권원을 받은 후 시간의 흐름에 따라 집행당사자가 변경되거나 조건의 성취, 재심 등에 의한 판결의 취소·변경 등의 사유를 집행문부여기관이 확인해 줌으로써 집행기관으로 하여금 신속한 집행을 도모하려는 데 그 목적이 있다.

집행문이 없이 집행에 착수한 경우 및 잘못 부여된 집행문에 의한 강제집행은 무효이다. 다만 소유권이전등기청구에 대한 확정판결과 같이 의사의 진술을 명하는 판결이나 이미 법적으로 집행문을 부여받은 것과 동일한 효과를 규정하고 있는 과태료의 재판, 검사의 집행명령, 배상명령 등에 대해서는 집행문이 필요 없으며, 확정된 지급명령이나 확정된 이행권고결정, 가압류·가처분명령이 집행권원인 경우에는 조건이 붙어 있거나 승계집행을 제외하고는 원칙적으로 집행문이 필요없다.

집행문은 단순집행문, 조건성취집행문, 승계집행문이 있다. 단순집행문은 집행문부여에 대하여 특별한 법적 문제가 발생하지 않은 경우에 부여되는 집행문으로서, 집행문부여기관이 ① 유효한 집행권원이 존재하는지의 여부, ② 집행권원에 강제집행이 가능한 청구권이 표시되어 있는지의 여부, ③ 집행권원에 집행력이 발생하였고, 현재 집행력이 존속하고 있는지의 여부, ④ 집행권원과 집행문부여신청의 당사자가 동일한지의 여부 등을 심사한다.

조건성취집행문은 집행권원에 의한 집행을 하는 데 조건이 붙어 있어 그 조건의 성취를 채권자가 증명한 경우에 내어주는 집행문으로서 보충집행문이라고 한다. 여기에서의 조건에는 정지조건의 성취, 불확정기한의 도래, 선이행관계에 있는 반대급부채무의 이행을 포함한다.

승계집행문은 집행권원에 표시된 채권자 이외의 자를 위하여 또는 채무자 이외의 자에 대하여 집행력이 미치는 경우에 그 승계가 법원에 명백한 사실이거나 승계사실을 증명서로 증명한 때에 한하여 법원사무관 등이나 공증인이 내어주는 집행문으로서 명의이전집행문이라고 한다. 예컨대 채권자가 채무자를 상대로 금전을 지급하라는 소송을 제기하여 승소판결을 받아 확정되었지만 강제집행의 개시 전에 채무자가 사망해 버리면 채무자의 상속인에 대한 강제집행을 하려고 해도 채권자는 상속인에 대한 집행권원을 가지고 있지 않으므로 채권자는 상속인의 상속채권에 대한 집행을 위해서는 다시 상속인을 상대로 소를 제기하여 이행판결을 취득한 후 집행신청을 할 수밖에 없다. 그러나 이렇게 되면 어렵게 취득한 채무자에 대한 집행권원은 아무런 역할도 하지 못하게 된다. 이러한 사법의 기능부전을 방지하기 위하여 법은 채무자에 대한 내용의 판결임에도 불구하고 채무자의 승계인인 상속인에 대하여 집행력 있는 정본을 간단하게 취득할 수 있도록 할 필요가 있는데, 이것이 승계집행문제도의 취지이다. 이러한 취지는 채권자측이 사망한 경우에도 동일하다.

집행문은 채권자의 신청에 의하여 소송기록이 있는 제1심의 법원사무관 등이 부여하며, 소송기록이 상급심에 있을 때에는 그 법원의 법원사무관 등이 부여한다. 다만 공정증서의 경우에는 공정증서원본을 보존하고 있는 공증인이 부여한다. 조건성취집행문 및 승계집행문을 부여할 때에는 재판장의 명령이 있어야 내어 주도록 하고 있으나. 현재에는 사법보좌관규칙에 의하여 사법보좌관이 집행문부여명령을 하고, 그 명령을 받은 법원사무관 등이 집행문을 부여한다.

집행문부여와 관련하여, 채권자가 법원에 신청한 집행문부여신청에 대하여, 법원사무관 등이 이를 거절한 경우에 채권자로서는 ① 집행문부여 거절에 대한 이의신청 및 ② 집행문부여의 소를 통하여 구제받을 수 있다. 반면, 법원사무관 등의 집행문부여행위에 대하여 채무자로서는 ① 집행문부여에 대한 이의신청과 ② 집행문부여에 대한 이의의 소를 통하여 구제받을 수 있다.

> **<사례7 해설> (집행문)**
> 원칙적으로 판결은 당사자에게만 효력이 있으므로 B에 대한 판결로 C를 상대로 강제집행할 수 없다. 따라서 A는 다시 C를 상대로 소송을 제기하여 승소확정판결을 받은 후 강제집행을 하여야 한다. 그러나 이렇게 되면 기껏 판결을 받아보았자 피고만 계속 바꾸어 버리면 강제집행할 길이 요원해진다. 이러한 문제를 해결하기 위하여 변론종결 후 소송물을 승계한 자에게는 기존의 판결로도 강제집행이 가능하도록 민사소송법에서 규정하고 있다. 문제는 위 사례에서는 소송물, 즉 퇴거의무를 승계한 것이 아니라 소송의 목적물인 별장을 승계한 경우인데, 이러한 경우에도 기존의 판결로 강제집행을 할 수 있는가이다. 이 경우에 판례는 A가 가진 청구권이 소유권과 같은 물권적 청구권인 경우에는 강제집행이 가능하고, 매매와 같은 채권적 청구권인 경우에는 강제집행을 할 수 없다고 본다. 결국 위 사례에서 A는 소유권에 기한 물권적 청구권으로 퇴거소송을 제기하여 승소한 것이므로 승계집행문을 받아 C를 상대로 강제집행을 할 수 있다.

2. 금전채권의 집행

강제집행을 개시하려면 집행권원과 집행문(조건성취집행문과 승계집행문의 경우)을 집행채무자에게 송달하고, 집행권원에 확정기한이 붙어 있는 경우에는 그 기간이 지나야 하며, 동시이행이 붙어 있는 경우에는 채권자가 그 이행 또는 이행의 제공을 하였다는 것을 증명하여야 한다.

금전채권의 집행이란 채무자의 재산을 강제적으로 환가하여, 그 대금을 채권자에게 교부 또는 배당하여 채권자의 금전채권의 만족을 도모하는 강제집행이다. 금전채권의 집행은 압류→현금화→만족(배당)의 단계를 거친다.

(1) 재산명시절차 등

가. 총 설

채권자가 채무자의 재산에 대하여 충분한 정보를 가지고 있지 않다면 이행판결 등 집행권원을 가지고 있음에도 불구하고 채권의 강제적인 실현을 할 수 없는 경우가 생길 수 있다. 이와 같은 불합리한 상황을 개선하려는 목적으로 재산명시절차 등의 제도를 두고 있다.

재산명시절차 등에는 ① 재산명시절차, ② 재산조회, ③ 채무불이행자명부등재의 세 가지 제도를 포함한다. 현행법은 금전집행 이외의 집행에 대해서는 재산명시절차 등을 인정하지 않고 있다.

나. 재산명시제도

재산명시제도란 금전채무를 부담하는 채무자가 채무를 이행하지 아니하는 경우에 법원이 그 채무자로 하여금 강제집행의 대상이 되는 재산과 일정기간 내의 재산의 처분상황을 명시한 재산목록을 제출하게 하는 방법으로 채무자의 재산상태를 공개하는 절차를 말한다.

재산명시절차는 채권자의 명시신청에 따라 법원이 명시명령을 하고 명시명령에 대하여 채무자의 이의신청이 없거나 이의신청이 기각되면 재산의 명시를 위한 기일(명시기일)을 정하여 채무자에게 출석토록 하고, 채무자로 하여금 명시기일에 재산목록을 제출하고 그 재산목록이 진실임을 선서하게 하는 방법으로 진행한다. 국가나 지방자치단체, 대기업 등 채무자의 재산을 쉽게 찾을 수 있다고 객관적으로 인정되는 경우에는 재산명시신청이 허용되지 않는다.

재산목록에 적을 내용으로는 강제집행의 대상이 되는 재산, 재산명시명령이 송달되기 전 1년 이내에 유상양도한 부동산, 재산명시명령이 송달되기 전 1년 이내에 채무자가 배우자, 직계혈족 및 사촌 이내의 방계혈족과 그 배우자, 배우자의 직계혈족과 형제자매에게 유상양도한 부동산 이외의 재산, 재산명시명령이 송달되기 전 2년 이내에 무상처분한 재산 등이다.

채무자가 정당한 사유 없이 명시기일에 불출석하거나 재산목록의 제출을 거부하거나, 선서를 거부한 경우에는 법원은 20일 이내의 감치에 처한다. 또한 채무자가 거짓의 재산목록을 낸 경우에는 3년 이하의 징역 또는 500만원 이하의 벌금에 처한다.

다. 재산조회제도

재산조회제도란, ① 재산명시명령이 채무자에게 송달불능되어 법원이 채무자 주소의 보정을 명하였으나 채권자가 채무자의 주소를 알 수 없어 이를 이행할 수 없었던 것으로 인정되는 경우와 ② 재산명시절차에서 채무자가 제출한 재산목록의 재산만으로는 집행채권의 만족을 얻기에 부족한 경우 및 ③ 재산명시절차에서 채무자가 정당한 사유 없이 재산명시기일에서의 의무(출석의무, 재산목록 제출의무, 선서의무)를 위반하거나 거짓의 재산목록을 제출한 경우에, 명시신청을 한 채권자의 신청에 따라 법원이 개인의 재산과 신용에 관한 전산망을 관리하는 공공기관·금융기관·단체 등에 채무자 명의의 재산에 관한 조회를 하고, 그 결과를 재산목록에 준하여 관리하도록 하는 제도를 말한다.

따라서 재산조회제도는 채무자의 자발적 협조에 의하는 재산명시절차의 한계를 넘어 법원이 악성채무자의 은닉재산을 찾아주는 제도이다.

공공기관·금융기관·단체 등은 정당한 사유 없이 조회를 거부하지 못하고, 조회를 받은 기관·단체의 장이 정당한 사유 없이 거짓자료를 제출하거나 자료를 제출할 것을 거부한 때에는 결정으로 500만원 이하의 과태료에 처한다. 또한 재산조회의 결과를 강제집행 외의 목적으로 사용하는 자는 2년 이하의 징역 또는 500만원 이하의 벌금에 처한다.

라. 채무불이행자명부제도

채무불이행자명부제도란, 일정한 금전채무를 집행권원이 확정되거나 작성된 후 6월 이내에 이행하지 아니하거나, 재산명시절차에서 감치 또는 벌칙의 대상이 되는 행위를 한 채무자의 일정사항을 법원의 재판에 따라 명부에 등재한 후 이를 일반인의 열람에 제공하는 제도를 말한다. 다만 이 제도를 이용하기 위해서는 강제집행이 쉽다고 인정할 만한 명백한 사유가 없는 경우여야 한다.

이 제도의 목적은 채무자가 채무를 임의이행하지 아니한 경우 또는 재산명시의무를 위반한 경우에 채무불이행자명부라는 일종의 블랙리스트에 그 사실을 등재한 후 이를 법원과 채무자의 주소지 행정관서에 비치하고 일반인에게 그 열람과 복사를 허용함으로써 불성실한 채무자로 하여금 이 명부에 등재됨으로 인하여 받게 될 명예나 신용의 훼손 등의 불이익을 피하기 위하여 채무의 자진이행 또는 명시명령의 충실한 이행에 노력하도록 하는 등 간접강제의 효과를 거둠과 동시에 일반인으로 하여금 거래 상대방에 대한 신용조사를 쉽게 하여 거래의 안전을 도모하기 위한 것이다.

명부등재는 채권자가 채권자·채무자와 그 대리인의 표시, 집행권원의 표시, 채무자가 이행하지 아니하는 금전채무액, 신청취지와 신청사유를 적은 서면으로 신청하고, 신청의 요건과 채무자의 주소를 소명하는 자료를 제출하여야 한다.

채무불이행자명부등재결정이 내려지면 그 결정을 한 법원의 법원사무관 등은 바로 채무자별로 채무자의 이름, 주소, 주민등록번호 및 집행권원과 불이행한 채무액 등을 표시채무불이행자명부를 작성하여 법원에 비치하고, 법원은 명부의 부본을 채무자의 주소지(채무자가 법인인 때에는 주된 사무소가 있는 곳)의 시(구가 설치되지 아니한 시를 말한다)·구·읍·면의 장에게 보내야 하고, 금융기관의 장이나 금융기관 관련단체의 장에게 보내어 채무자에 대한 신용정보로 활용하게 한다. 위 명부 및 그 부본은 누구든지 보거나 복사할 것을 신청할 수 있지만, 인쇄물 등으로 공표되어서는 안 된다.

변제나 기타 사유로 채무가 소멸되었다는 것이 증명된 때에는 법원은 채무자의 신청에 따라 명부에서 그 이름을 말소하는 결정을 하여야 한다. 채무자의 신청이 없더라도 채무불이행자명부에 오른 다음 해부터 10년이 지난 때에는 법원은 명부에 오른 이름을 말소하는 결정을 하여야 한다. 말소결정을 한 때에는 명부의 부본이 설치된 기관에 통지하여 이름을 말소시켜야 한다.

(2) 부동산에 대한 집행

집행채권자가 금전을 받기 위하여 집행채무자의 부동산에 대하여 하는 강제집행을 부동산에 대한 집행이라고 한다. 부동산집행의 방법에는 강제경매와 강제관리가 있다. 전자는 부동산을 현금화하여 그 대금을 가지고 채권자의 만족을 도모하는 집행방법이고, 후자는 부동산으로부터 생긴 수익(천연과실 및 법정과실)을 가지고 금전채권의 만족을 도모하는 부동산집행의 방법이다.

강제경매는 매각으로 채무자가 집행 목적물의 소유권을 잃게 되나 매각 때까지는 사용수익권을 가지고 있는 데 반하여, 강제관리는 채무자가 그 소유권을 가지고 있는 대신에 그 사용수익권을 잃는다.

가. 강제경매

사례 8 강제경매

부동산강제경매에서 최고가매수신고인은 언제 부동산의 소유권을 취득하는가?

　　강제경매의 신청이 접수되면 집행법원은 강제집행의 요건, 집행개시의 요건 등을 심사한 후 적법성이 인정되는 경우에 등기관에게 강제경매개시결정이 있음을 등기기록에 기입하도록 촉탁한다. 압류의 효력은 경매개시결정이 채무자에게 송달된 때 또는 경매개시결정의 기입등기가 된 때 중 먼저 행해진 때에 발생한다.

　　압류를 하면 부동산에 대한 압류 후에는 채무자가 부동산을 양도하거나 용익권·담보권의 설정을 할 수 없고, 제3자는 권리를 취득할 때에 경매신청된 사실을 알았거나 (가)압류 등기가 되어 있는 경우에는 압류에 대항하지 못한다. 다만 압류가 되었음에도 채무자가 제3자에게 부동산을 이전하거나 담보권을 설정하는 등의 처분행위를 한 경우에, 채무자의 다른 채권자는 압류의 처분금지의 혜택을 받지 못하는 결과, 제3자는 이들에게 대항할 수 있다(개별상대효설). 한편, 이 경우에 제3자는 대항할 수 없다고 보는 견해를 절차상대효설이라고 한다(일본). 개별상대효설과 절차상대효설을 비교하면 다음 표와 같다.

	개별상대효설	절차상대효설
저당권	(가)압류된 부동산에 대하여 채무자로부터 저당권을 설정받은 제3자는 그 후의 채무자에 대한 배당요구채권자 및 이중압류채권자에게 대항할 수 있다. 바꾸어 말하면, 저당권자는 설정 후의 채권자들에게는 우선권을 주장할 수 있다. 따라서 저당권자는 설정 후의 채권자들로부터 흡수배당을 받을 수 있다.	(가)압류된 부동산에 대하여 채무자로부터 저당권을 설정받은 제3자는 그 후의 채무자에 대한 배당요구채권자 및 이중압류채권자에게 대항할 수 없다. 바꾸어 말하면, 저당권자는 설정 후의 채권자들에게도 우선권을 주장할 수 없다. 따라서 저당권자는 설정 후의 채권자들로부터 흡수배당을 받을 수 없고 평등하게 배당받는다(다만, 일본의 경우에는 배당에서 전면 배제).
	갑 : 2013.1.1. 압류 및 경매개시결정 (5,000만원) 을 : 2013.2.1. 저당권 설정 (5,000만원)	갑 : 2013.1.1. 압류 및 경매개시결정 (5,000만원) 을 : 2013.2.1. 저당권 설정 (5,000만원)

	병 : 2013.3.1. 배당요구(5,000만원) ① 경매가액이 9,000만원일 때, 우선 비율대로 갑에게 3,000만원, 을에게 3,000만원, 병에게 3,000만원을 안분배당한 후 을은 병에게 우선권을 주장할 수 있으므로 병으로부터 2,000만원을 흡수하여 전액 변제받는다. ② 따라서 갑은 3,000만원, 을은 5,000만원, 병은 1,000만원을 배당받는다. ③ (가)압류 후 주택임대차보호법상 우선변제권을 취득한 자는 을의 위치에 있으므로 우선권을 보호받는다.	병 : 2013.3.1. 배당요구(5,000만원) ① 경매가액이 9,000만원일 때, 비율대로 갑에게 3,000만원, 을에게 3,000만원, 병에게 3,000만원을 안분배당하며, 을은 병에게 우선권을 주장할 수 없으므로 병의 배당금은 을에게 흡수되지 않는다(다만, 일본의 경우에 을은 배당에서 배제). ② 따라서 갑이 3,000만원, 을이 3,000만원, 병이 3,000만원을 배당받는다(다만, 일본은 갑·병에게만 각 4,500만원씩 배당). ③ (가)압류 후 주택임대차보호법상 우선변제권을 획득한 자는 을의 위치에 있으므로 우선권을 보호받지 못한다.
매 매	(가)압류된 부동산을 채무자로부터 매수한 제3자는 그 후의 채무자에 대한 배당요구채권자 및 이중압류채권자에게 대항할 수 있다. 바꾸어 말하면, 매수 후에는 채무자(매도인)의 채권자는 배당요구 및 이중압류를 할 수 없다.	(가)압류된 부동산을 채무자로부터 매수한 제3자는 그 후의 채무자에 대한 배당요구채권자 및 이중압류채권자에게 대항할 수 없다. 바꾸어 말하면, 매수 후에도 채무자(매도인)의 채권자는 배당요구 및 이중압류를 할 수 있다.
	갑 : 2013.1.1. 가압류 을 : 2013.2.1. 매수 병 : 2013.3.1. 압류 ① 이때 병은 채무자(매도인)의 채권자가 아니라 을의 채권자이다. ② 갑이 경매신청 하였다면 을과 병은 갑에게 대항할 수 없으므로 모두 말소된다. ③ 병이 경매신청 하였다면 갑, 을의 등기는 말소되지 않고 병을 위해서만 경매가 된다. 즉 낙찰자는 갑의 가압류를 인수한 채 을로부터 소유권을 이전받는다(그러나 실무에서는 2003년도부터 갑의 가압류를 말소하고 본안판결이 날 때까지 갑이 수령할 배당금을 법원에 공탁해 둔다). ④ 병이 경매신청 하였다면 배당하고 남은 돈이 있으면 을에게 지급한다.	갑 : 2013.1.1. 가압류 을 : 2013.2.1. 매수 병 : 2013.3.1. 압류 ① 이때 병은 을의 채권자가 아니라 채무자(매도인)의 채권자이다. ② 갑이 경매신청 하였다면 을과 병은 갑에게 대항할 수 없으므로 모두 말소된다. ③ 병이 경매신청한 경우에도 갑, 을의 등기는 모두 말소되고 낙찰자는 채무자로부터 소유권을 넘겨받는다. ④ 배당하고 남은 돈이 있으면 채무자(매도인)에게 지급한다.

　　강제경매절차는 경매개시결정→현금화준비절차(현황조사, 감정평가)→매각기일과 매각결정기일의 공고→매각허부결정→배당절차로 진행해 나간다.

　　그 진행기간 등에 관해서는 대법원예규에서 다음과 같이 정하고 있다.

<부동산경매사건의 진행기간 등에 관한 예규[별지]>

종 류	기 산 일	기 간	비 고
경매신청서 접수		접수 당일	법§80, 264①
미등기건물 조사명령	신청일부터	3일 안(조사기간은 2주 안)	법§81③④, 82
개시결정 및 등기촉탁	접수일부터	2일 안	법§83, 94, 268
채무자에 대한 개시결정 송달	임의경매 : 개시결정일부터 강제경매 : 등기필증 접수일부터	3일 안	법§83, 268
현황조사명령	임의경매 : 개시결정일부터 강제경매 : 등기필증 접수일부터	3일 안(조사기간은 2주 안)	법§85, 268
평가명령	임의경매 : 개시결정일부터 강제경매 : 등기필증 접수일부터	3일 안(평가기간은 2주 안)	법§97①, 268
배당요구종기결정 배당요구종기 등의 공고·고지	등기필증 접수일부터	3일 안	법§84①②③, 268
배당요구종기	배당요구조기결정일부터	2월 후 3월 안	법§84①⑥ 법§87③, 268
채권신고의 최고	배당요구종기결정일부터	3일 안(최고기간은 배당요구종기까지)	법§84④
최초 매각기일·매각결정기일의 지정·공고(신문공고의뢰) 이해관계인에 대한 통지	배당요구종기부터	1월 안	법§104, 268
매각물건명세서의 작성, 그 사본 및 현황조사보고서·평가서 사본의 비치		매각기일(입찰기간개시일) 1주 전까지	법§105②, 268, 규§55
최초매각기일 또는 입찰기간 개시일	공고일부터	2주 후 20일 안	규§56

입찰기간		1주 이상 1월 이하	규§68
새매각기일·새매각결정기일 또는 재매각기일·재매각결정기일의 지정·공고 이해관계인에 대한 통지	사유발생일부터	1주 안	법§119, 138, 268
새매각 또는 재매각기일	공고일부터	2주 후 20일 안	법§119, 138, 268, 규§56
배당요구의 통지	배당요구일부터	3일 안	법§89, 268
매각 실시	기일입찰, 호가경매		매각기일	법§112, 268
	기간입찰	입찰기간종료일부터	2일 이상 1주일 안	규§68
매각기일조서 및 보증금 등의 인도	매각기일부터	1일 안	법§117, 268
매각결정기일	매각기일부터	1주 안	법§109①, 268
매각허부결정의 선고		매각결정기일	법§109②, 126①, 268
차순위매수신고인에 대한 매각결정기일의 지정 이해관계인에의 통지	최초의 대금지급기한 후	3일 안	법§104①②, 137①, 268
차순위매수신고인에 대한 매각결정기일	최초의 대금지급기한 후	2주 안	법§109①, 137①, 268
매각부동산 관리명령	신청일부터	2일 안	법§136②, 268
대금지급기한의 지정 및 통지	매각허가결정확정일 또는 상소법원으로부터 기록송부를 받은 날부터	3일 안	법§142①, 268 규§78, 194
대금지급기한	매각허가결정확정일 또는 상소법원으로부터 기록송부를 받은 날부터	1월 안	규§78, 194
매각부동산 인도명령	신청일부터	3일 안	법§136①, 268
배당기일의 지정·통지 계산서 제출의 최고	대금납부 후	3일 안	법§146, 268 규§81
배당기일	대금납부 후	4주 안	법§146, 268
배당표의 작성 및 비치		배당기일 3일 전까지	법§149①, 268

배당표의 확정 및 배당 실시		배당기일	법 §149②, 159, 268
배당조서의 작성	배당기일부터	3일 안	법 §159④, 268
배당액의 공탁 또는 계좌입금	배당기일부터	10일 안	법§160, 268 규§82
매수인 앞으로 소유권이 전등기 등 촉탁	서류제출일부터	3일 안	법§144, 268
기록 인계	배당액의 출급, 공탁 또는 계좌입금 완료 후	5일 안	

　　채권자가 다른 채권자의 신청에 의하여 개시된 집행절차에 참가하여 동일한 재산의 매각대금에서 변제를 받기 위해서는 법원에서 정한 배당요구종기 이전에 배당요구를 하여야 한다. 배당요구를 할 수 있는 자로는, ① 집행력 있는 정본을 가진 채권자, ② 첫 경매개시결정이 등기된 뒤에 가압류를 한 채권자, ③ 민법·상법, 그 밖의 법률에 의하여 우선변제권이 있는 채권자 등이 있다. 집행권원이 없는 채권자는 배당요구를 할 수 없으나 목적대상 부동산에 가압류를 하면 배당을 받을 수 있다.

　　배당요구의 종기까지 배당요구를 하지 않아도 당연히 배당금이 지급되는 자로는, ① 경매신청자 및 배당요구의 종기까지 이중경매신청을 한 압류채권자, ② 첫 경매개시결정등기 전에 등기된 가압류채권자, ③ 첫 경매개시결정등기 전에 등기된 우선변제권자, ④ 첫 경매개시결정등기 전에 체납처분에 의한 압류권자 등이 있다. 이들은 경매개시결정 당시 등기되어 있는 자이거나, 이중경매개시결정을 받은 자로서 법원이 이들의 존재를 당연히 알 수 있기 때문에 별도의 배당요구가 필요 없는 것이다.

　　법원이 제시한 최저매각가격으로 매수할 사람이 없으면 최저매각가격을 상당히 낮추어 새매각절차를 시행한다(실무에서는 1회당 저감비율을 최저매각가격의 20%로 하고 있다). 이에 반하여 매수인이 기한까지 매각대금지급의무를 완전히 이행하지 않고 차순위매수신고인이 없는 경우에, 법원(사법보좌관)이 직권으로 다시 실시하는 매각을 재매각이라고 한다. 재매각의 경우에는 최저매각가격을 낮추지 않고 처음의 매각조건대로 다시 매각절차를 실시한다.

　　법원은 매수인이 대금을 낸 뒤 6월 이내에 신청하면 채무자·소유자 또는 부동산 점유자에 대하여 부동산을 매수인에게 인도하도록 명할 수 있는데(제136조 제1항 전문), 이를 인도명령이라 한다. 매수한 부동산을 제3자가 점유하고 있는 경우에 그를 상대로 인도소송을 제기하여 강제집행을 하도록 하면 매수인에게 많은 비용과 시간을 요구하게 되므로 간이·신속한 권리구제를 위하여 마련한 제도이다.

부동산이 매각되고 매수인이 매각대금을 법원에 모두 낸 때에는 부동산등기기록을 정리하여야 하는데, 여기에는 소멸주의(소제주의)와 인수주의의 원칙이 있다. (근)저당권 등 담보권은 매각에 의하여 모두 소멸하고(실무에서는 가압류의 경우에도 마찬가지로 처리한다), 지상권·지역권·전세권 및 등기된 임차권 등 용익권은 먼저 저당권·(가)압류채권이 있으면 매각에 의하여 소멸한다. 그러나 저당권·(가)압류채권보다 선순위의 용익권은 매수인이 인수한다. 다만 이 경우에도 전세권은 배당요구를 하면 소멸하며, 배당요구를 하지 않으면 매수인이 인수하게 된다.

배당절차에서 매각대금으로써 각 채권자의 채권 및 비용을 변제하기에 충분한 경우에는 문제가 없으나, 이에 부족한 경우에는 배당의 문제가 발생한다. 이 경우 각 채권자는 민법·상법, 그 밖의 법률에 의한 우선순위에 따라 배당순위가 정하여진다. ① 집행에 소요된 비용이 최우선순위로 공제되며, ② 임대차보호법상 소액임차인의 보증금과 최종 3개월간의 임금과 최종 3년간의 퇴직금 등이 그 다음으로 배당된다. ③ 그 다음으로는 당해세에 배당되고, ④ 그 다음 순위로서 임대차보호법상 확정일자부 임차보증금과 당해세 아닌 조세, 담보물권에 의하여 담보된 채권, 국민연금보험료 등 각종 공과금은 효력 발생 순위에 따라 우선권이 정해진다. ⑤ 그래도 남는 대금이 있으면 최종적으로 일반채권에게 배당된다.

<사례8 해설> (강제경매)
최고가 매수신고인이 매각대금을 모두 내면 그 부동산의 소유권이전등기를 받지 않더라도 소유자가 된다. 소유권이전등기는 법원이 알아서 등기소에 촉탁하는 방식으로 해 주기 때문에 매수인이 종전 소유자를 상대로 소유권이전등기 소송을 내면 부적법하여 각하된다.

나. 강제관리

부동산 강제관리란 채권자로부터 부동산의 소유권을 박탈하지 아니하고 그 부동산의 수익(천연과실이나 법정과실)으로 채권자의 금전채권을 만족시키는 부동산집행의 한 방법이다.

강제관리는 수익집행이라고도 하는데(강제경매를 원본집행이라고 한다), 집행 대상인 부동산을 압류하고 국가가 채무자의 관리·수익권능을 박탈하여, 관리인으로 하여금 그 부동산을 관리하게 하고 그 수익을 추심·현금화하여 변제에 충당하는 강제집행절차이다.

강제관리는 채무자로서는 부동산에 대한 소유권을 상실하지 않고도 채권변제의 효과를 얻을 수 있고, 채권자로서는 부동산의 수익에 대하여 개별적으로 집행의 대상으로 삼지 않고 일체로서 파악하여 집행함으로써 번거로움을 덜 수 있으며, 불황일 때 우선 부동산의 수익을 집행의 대상으로 삼다가 호황에 이르면 부동산을 강제경매함으로써 경매신청의 시기를 조절할 수 있다는 장점이 있다.

강제관리에는 매각절차가 없기 때문에, 부동산 강제경매 중 매각에 관한 규정을 제외한 나머지, 즉 압류와 배당에 관한 절차가 준용된다.

법원은 강제관리개시결정과 동시에 1명 또는 여러 명을 관리인을 임명하여야 한다. 다만 채권자는 적당한 사람을 관리인으로 추천할 수 있다. 관리인은 선량한 관리자의 주의로써 부동산의 용법에 따라 수익이 가장 많이 나올 방법으로 관리·수익할 의무가 있으며, 법원은 관리에 필요한 사항을 정할 수 있다.

(3) 선박 등에 대한 집행

선박, 항공기, 자동차, 건설기계는 모두 민법상으로는 동산이지만, 권리변동의 공시방법은 점유가 아니라 부동산과 마찬가지로 등기 또는 등록으로 되어 있고, 저당권을 설정할 수도 있다. 따라서 이들 재산에 대해서는 점유를 압류의 요건으로 하는 유체동산집행의 예에 의하기보다는 오히려 압류의 등기(또는 등록)에 의하여 처분을 금지하는 부동산집행의 예에 의하는 것이 적당하다.

그러나 이들 재산은 실질적으로는 동산으로서 이동성이 있다는 점에서 강제집행에 있어서 집행기관이 그 점유를 장악할 필요성이 부동산에 비하여 훨씬 높다는 점에서 유체동산의 집행방법을 완전히 도외시할 수는 없다. 나아가 이동성의 측면에서도 두 범주로 대별할 수 있는데, 선박이나 항공기는 항구에서 항구로 또는 공항에서 공항으로만 이동하는 데 비하여, 자동차·건설기계·소형선박(자동차 등 특정동산 저당법 제3조 제2호에 따른 소형선박을 말한다)은 어디든 쉽게 이동할 수 있다는 점에서 차이가 있다.

민사집행법은 이들 재산이 한편으로 등기 또는 등록을 공시방법으로 하고 있다는 점과 다른 한편으로 이동성의 차이를 감안하여, 먼저 선박에 대한 강제집행절차는 선박의 특성에 따른 몇 가지 특칙을 제외하고는 원칙적으로 부동산의 강제경매에 관한 규정에 의한다고 규정하고, 항공기, 자동차, 건설기계, 소형선박에 대한 강제집행절차는 부동산집행, 선박집행 및 유체동산집행에 준하여 대법원규칙으로 정한다고 규정하고 있다.

　　민사집행규칙은 항공기에 대하여는 선박에 대한 강제집행의 예에 따라 실시하도록 하는 반면, 자동차에 대한 강제집행에 관하여 상세한 규정을 둔 후(위 규칙에 특별규정이 없으면 부동산강제경매의 규정에 따른다), 건설기계와 소형선박에 관한 강제집행은 자동차에 관한 강제집행의 규정을 준용하는 것으로 규정하고 있다. 요컨대 위 각 규정들을 종합하면, 이들에 대한 집행은 특칙이 없으면 원칙적으로 부동산집행에 의하므로 준부동산집행(準不動産執行)이라고도 한다.

(4) 동산에 대한 집행

　　민사집행법상 동산은 민법상 동산과 달리, 부동산 및 이에 준하여 취급되는 것(입목, 공장재단, 광업재단, 광업권, 어업권, 선박, 자동차, 건설기계, 항공기) 외의 것을 말하며, 유체동산뿐만 아니라 채권 그 밖의 재산권도 포함하게 된다. 따라서 민법상 동산에 해당하는 개념은 민사집행법상으로 유체동산에 해당되므로, 민사집행법상 동산은 민법상 동산보다 더 넓은 개념으로 사용되고 있다.

　　동산에 대한 강제집행은 압류에 의하여 개시되는데, 유체동산의 경우에는 집행관이 대상물의 점유를 취득하는 사실적·실력적 방법으로, 채권이나 그 밖의 재산권의 경우에는 집행법원이 압류명령을 하여 이를 송달하는 관념적 방법에 의한다.

　　현금화 방법으로는 유체동산의 경우에는 매각의 방법으로, 채권, 그 밖의 재산권의 경우에는 추심명령이나 전부명령 등의 방법으로 한다.

가. 유체동산에 대한 집행

　　유체동산의 집행방법으로 집행할 수 있는 유체동산으로는 민법상의 동산 이외에도 등기할 수 없는 토지의 정착물로서 독립하여 거래의 객체가 될 수 있는 것, 토지에서 분리하기 전의 과실로서 1월 이내에 수확할 수 있는 것, 유가증권으로서 배서가 금지되지 아니한 것을 포함한다.

　　채권자가 집행관에 대하여 집행신청(집행위임)을 하면 집행관은 채무자 소유의 유체동산 중 압류금지물을 제외하고 압류를 한 뒤, 압류물을 입찰 또는 호가경매, 그 밖에 적당한 매각의 방법으로 현금화한다. 일괄매각을 할 수도 있다. 다만 집행법원은 직권 또는 압류채권자, 배당을 요구한 채권자 또는 채무자의 신청으로 일반 현금화의 규정에 의하지 아니한 다른 방법이나 다른 장소에서의 매각 또는 집행관 아닌 다른 사람에 의한 매각과 같은 특별한 방법으로 현금화하도록 명할 수 있다.

집행관은 채권자가 단일한 경우에는 압류한 금전 또는 압류물을 현금화한 대금을 압류채권자에게 인도하여야 하지만, 이중압류, 공동집행 또는 배당요구의 결과 채권자가 다수인 경우에 집행관은 압류금전 또는 매각대금이 모든 채권자를 만족시킬 수 있을 때에는 각 채권자에게 채권액에 해당하는 금액을 교부하고 나머지가 있으면 이를 채무자에게 인도하고, 그것으로 모든 채권자를 만족하게 할 수 없는 경우 매각허가된 날로부터 2주 이내에 채권자 사이에 배당협의가 이루어지면 협의의 결과에 따라 배분, 교부하면 되나, 협의가 이루어지지 아니하면 집행관은 현금화한 대금(또는 압류금액)을 공탁하고 그 사유를 집행법원에 신고하여야 한다. 위 공탁 및 사유신고가 있으면 집행법원이 배당절차를 실시한다.

채무자가 점유하고 있는 유체동산은 집행관이 그 물건을 점유하는 방법으로 압류한다. 그런데 집행관은 실체상의 권리귀속관계에 관하여 조사할 권한이 없으므로 채무자가 점유하고 있는 유체동산이라면 그것이 진실로 채무자의 소유에 속하는지의 여부를 불문하고 일단 그 물건을 압류할 수 있다. 만약 그 유체동산이 제3자의 소유라면 그 제3자는 제3자이의의 소를 제기하여야 하며, 집행이 종료된 후에는 부당이득반환의 문제로 해결하여야 한다.

채권자가 유치권이나 질권 등의 권원에 의하여 채무자 소유의 물건을 점유하고 있는 경우에는 채권자가 그 물건을 집행관에게 제출하여 압류를 신청할 수 있으며, 제3자가 채무자의 소유물을 점유하고 있는 경우에는 그 제3자가 압류를 승낙하여 제출을 거부하지 아니한 경우에 한하여 압류할 수 있다.

압류물은 원칙적으로 집행관 자신이 보관하여야 한다. 그러나 채권자의 승낙이 있거나 운반이 곤란한 때에는 봉인, 그 밖의 방법으로 압류물임을 명확히 하여 채무자에게 보관시킬 수 있다.

유체동산의 집행에 있어서 배당요구를 할 수 있는 채권자로는 민법, 상법 그 밖의 법률에 따라 우선변제청구권이 있는 채권자에 한한다. 따라서 일반채권자가 가압류의 방법으로 배당요구를 할 수 없다는 점에서 부동산 집행에 있어서의 배당요구와 다르다. 다만 일반채권자에게 집행력 있는 정본이 있다면 이중압류를 하는 방법으로 집행에 참가할 수 있다. 한편, 부부의 공유물이 매각된 경우에, 집행채무자가 아닌 배우자는 자기 공유지분에 대한 매각대금의 교부를 요구할 수 있다. 결국 압류채권자·이중압류채권자·배당요구를 한 우선변제청구권자 및 부부공유동산의 경우에 지급요구를 한 배우자는 압류물의 매각대금·압류금전·압류유가증권의 지급금에서 배당을 받을 수 있다.

압류물이 금전 이외의 물건이라면 집행관은 이를 매각하여 현금화하여야 한다. 최저매각가격제도는 없으며 매각은 압류한 유체동산이 있는 시, 구, 읍, 면(도농복합형태의 시의 경우 동지역은 시·구, 읍·면지역은 읍·면)에서 진행한다. 다만 압류채권자와 채무자가 합의하면 합의된 장소에서 진행한다. 매각은 원칙적으로 호가경매의 방법에 의한다.

나. 채권 등에 대한 집행

민사집행법은 채권, 그 밖의 재산권에 대한 강제집행을 동산에 대한 강제집행의 일부로 규정하고 있다. 여기에서 채권에 대한 강제집행이란 채무자의 제3채무자에 대한 금전채권 또는 유가증권, 그 밖의 유체물의 권리이전이나 인도를 목적으로 한 채권에 대한 집행을 말하며, 구체적으로 이에 해당하는 채권으로는 금전채권 이외에도 부동산, 유체동산, 선박, 자동차, 건설기계, 항공기 등 유체물의 인도나 권리이전의 청구권 등이 있다. 금전채권 이외에 유체물의 권리이전이나 인도를 목적으로 하는 채권의 경우에는 여기에서의 채권집행방법에 의하여 그 유체물이나 권리를 확보한 후, 확보된 유체물에 대한 강제집행은 물건의 종류에 따라 부동산집행·유체동산집행·선박집행 등의 방법에 의하여 다시 집행하는 이중구조로 되어 있다.

또한 그 밖의 재산권에 대한 강제집행은 원칙적으로 채권에 대한 강제집행의 규정을 준용한다. 그 밖의 재산권에는 위에서 말한 금전채권·부동산·유체동산 이외의 재산권을 의미하는 것으로서, 가입전화사용권, 유체동산의 공유지분, 부동산의 환매권, 특허권, 실용신안권, 디자인권, 상표권, 저작권 등의 지식재산권, 합명회사·합자회사·유한회사의 사원지분, 조합의 조합원지분, 주권발생전의 주주권 등이 있다.

채권집행의 대상이 되는 권리는 무체물이므로 압류와 현금화의 단계에서 유체물의 경우와 다르다. 즉 무체물의 경우에는 부동산의 경우에는 등기, 유체동산의 경우에는 점유의 이전 등과 같은 공시방법을 사용할 수 없다. 그래서 고안

된 것이 재판의 형식으로 압류명령을 하여 이를 제3채무자에게 송달하는 방법으로 공시의 효과를 얻는 것이다. 또한 현금화의 경우에도 유체물은 매수신고를 받아 제3자에게 매각하는 방법을 사용하지만, 채권집행의 대상인 권리는 압류된 채권의 처분권능을 채권자에게 주어서 채권자로 하여금 채권을 추심하게 하고, 추심한 금전을 채권의 변제에 충당시키는 방법(추심명령) 또는 압류된 채권으로 채권자의 채권에 대물변제하는 식으로 처리(전부명령)하는 것이 원칙이고, 채권 자체를 매각하여 그 매각대금으로 채권자의 만족을 얻게 하는 방법은 오히려 예외적인 것이다. 채권과 그 밖의 재산권에 대한 강제집행은 위와 같이 관념적인 방법에 의하여 하는 것이므로 그 집행기관은 법원이 담당하게 된다.

채권자가 금전채권을 가지고 있고, 채무자가 제3채무자에 대하여 금전의 급부를 구할 수 있는 각종 청구권에 대하여 하는 강제집행을 '금전채권에 대한 집행'이라고 한다. 금전집행에 대한 집행신청이 있으면 집행법원은 제3채무자와 채무자를 심문하지 않은 채 신청서와 첨부서류만을 토대로 신청의 적식 여부, 관할권의 존부, 집행력 있는 정본의 존부, 집행개시요건을 갖추었는지의 여부, 집행장애의 존부, 목적채권의 피압류적격 여부, 남을 것이 없는 압류인지의 여부 등에 관하여 심사한 후, 흠이 있는 때에는 보정할 수 없는 것이면 즉시 신청을 기각하고, 보정이 가능한 것이면 보정을 명하여 이에 불응하면 신청을 기각한다.

신청이 정당하다고 인정하는 때에는 압류명령을 하게 되는데, 압류명령에는 압류선언 외에 제3채무자에 대해서 채무자에 대한 지급을 금지하고, 채무자에 대해서 채권의 처분과 영수를 금지하여야 하며, 이 명령은 직권으로 제3채무자와 채무자에게 송달하여야 하며, 제3채무자에게 송달된 때에 압류의 효력이 생긴다. 다만 어음·수표 등 배서로써만 이전할 수 있는 증권으로서 배서가 금지된 증권채권(지시채권)은 압류명령의 송달만으로는 효력이 발생하지 아니하고 그 외에 집행관이 증권을 점유하여야 압류의 효력이 발생한다.

채권자는 압류된 채권에 대한 추심명령, 전부명령, 특별현금화명령 등의 이부명령(移付命令)을 신청하여 현금화한다(물론 실무에서는 압류와 추심명령 또는 압류와 전부명령을 동시에 신청하는 경우가 압도적으로 많다). 추심명령은 채권의 추심권능을 압류채권자에게 주는 명령이고, 전부명령은 집행채권의 변제에 갈음하여 피압류채권을 압류채권자에게 이전하는 명령이다. 그리고 특별현금화명령은 피압류채권이 조건부 또는 기한부라든가 반대이행과 관련되어 있는 등의 사정으로 추심명령이나 전부명령으로 현금화하는 것이 적당하지 않은 경우에 예외적으로 집행법원이 정한 방법에 의하여 현금화하도록 하는 명령이다.

추심명령을 받은 채권자는 재판 외에서 추심권을 행사하여 제3채무자에게 이행을 최고하거나 변제를 수령하는 등의 행위를 할 수 있고, 제3채무자를 피고로 삼아 추심금 청구소송을 제기하여 승소판결을 받아 집행함으로써 자신의 채무자에 대한 금전채권의 만족을 받을 수 있다. 만약 다른 채권자가 피압류채권에 대하여 압류, 가압류 또는 배당요구가 있으면 배당절차에 들어가게 되는데, 배당을 받지 못한 금액에 대해서는 집행채권이 소멸되지 않으므로 채무자의 재산 등에 다시 집행을 할 수 있다.

이에 반하여 전부명령은 집행채권의 변제에 갈음하는 것이므로 전부명령에 의하여 집행채권을 피압류채권으로 대신받는 형태가 된다. 따라서 채무자에 대한 집행채권은 이미 소멸하였으므로 채권자가 전부금청구소송을 제기하였으나 제3채무자가 무자력이어서 실제로 변제를 받지 못하였더라도 집행채권은 소멸되어 채무자의 재산 등에 다시 집행을 할 수 없다. 다만 전부명령의 장점은 전부명령이 확정되면 피압류채권이 채권자에게 이전되어 버리기 때문에 다른 채권자가 이중압류나 배당요구를 할 여지가 없어 우선변제를 받을 수 있다는 점이다.

특별현금화명령으로는, ① 압류된 채권을 집행법원이 정한 값으로 압류채권을 집행채권의 지급에 갈음하여 채권자에게 양도하는 양도명령, ② 추심에 갈음하여 집행법원이 정한 방법으로 압류채권을 매각할 것을 집행관에게 명하는 매각명령, ③ 관리인을 선임하여 피압류채권의 관리를 명하는 명령이다. 관리인에게 채권을 관리하게 하여 그 수익으로 집행채권을 만족시키는 관리명령, ④ 그 밖의 현금화명령이 있다.

금전채권의 집행으로써 유체동산이나 부동산에 대한 인도청구권이나 권리이전청구권을 대상으로 하는 경우에는 그 집행은 두 단계로 나누어진다. 첫 번째 단계는 채권자가 이들 권리에 대하여 압류명령을 받아 추심(인도, 권리이전)하여 채무자의 책임재산으로 만드는 단계이고, 두 번째 단계는 추심으로 채무자의 책임재산이 된 유체물의 각 성질에 따라 부동산·선박 등 유체동산의 집행방법대로 현금화와 배당을 실시하는 단계이다. 즉 1단계는 채권집행의 방법을, 2단계는 유체물집행의 방법을 사용하는 것이다.

3. 비금전채권의 집행

채권자가 채무자에게 금전채권이 아닌 채권을 가지고 있을 때 그 만족을 위하여 집행을 하는 것이 비금전채권의 집행이다. 이 경우에는 채권자가 금전을 지급받는 것이 아니므로 압류·현금화·만족이라는 3단계를 거치지 않으며, 다수당사자의 경합으로 인한 이해관계의 조정도 필요하지 않으므로 배당절차도 없다.

금전채권 외의 채권은 그 내용이 다양하고 집행방법도 채권의 내용에 따라 달라지는데, 크게 유체물의 인도를 목적으로 하는 채권과 채무자에게 일정한 작위·부작위·의사표시를 구하는 것을 목적으로 하는 채권으로 나눌 수 있다. 이러한 채권들은 직접강제에 의하는 금전채권과는 달리, 채권의 성질에 따라 직접강제·대체집행·간접강제 등의 다양한 강제집행방법에 의한다.

(1) 유체물인도청구의 집행

유체물인도청구의 집행(이를 '인도집행'이라고도 한다)이란 금전 이외의 유체물의 인도를 목적으로 하는 청구권을 실현시키는 강제집행을 말한다. 이는 금전채권의 실현을 위한 유체동산·부동산과 같은 유체물인도청구권에 대한 집행과는 구별하여야 한다. 후자는 채권자가 채무자에게 금전채권을 가지고 있어서, 채무자가 제3채무자에 대하여 가지는 유체물인도청구권인 재산을 압류·환가하여 자신의 금전채권을 만족시키는 집행방법임에 반하여, 여기에서의 인도집행은 채권자가 채무자를 상대로 받은 인도판결 등의 집행권원으로 자신 또는 제3자에게 유체물을 이전시키는 집행을 말한다.

유체물의 인도란 채무자로부터 채권자 또는 제3자에게 목적물의 직접점유를 이전시키는 것을 말하는 것이므로, 간접점유를 이전시키는 점유개정이나 목적물반환청구권의 양도는 의사표시의무를 구하는 청구의 집행방법에 의하여야 한다.

가. 동산인도청구의 집행

동산인도청구란 동산의 직접점유, 즉 현실의 지배의 이전을 목적으로 하는 청구를 말한다. 따라서 여기에서의 동산은 유체동산(유가증권 포함)만을 의미하는데, 항공기, 자동차, 건설기계 등도 포함되고 그 등록의 가부 및 실제 등록의 여하는 불문한다. 그러나 선박은 부동산과 같이 취급되므로 포함되지 않는다.

그 집행방법은 채권자로부터 집행위임을 받은 집행관이 집행기관으로서 목적물을 채무자 또는 그 법정대리인으로부터 빼앗아 채권자 또는 제3자에게 인도하는 방법으로 시행한다.

집행관은 빼앗은 물건을 바로 채권자에게 인도하여야 하는 것이 원칙이지만, 강제집행의 장소에 채권자 또는 그 대리인이 출석하지 아니한 경우에는 이를 보관하여야 한다.

나. 부동산·선박인도청구의 집행

여기에서의 부동산은 고유의 의미의 부동산, 즉 토지와 그 정착물(건물이나 독립된 소유권의 객체가 되는 입목)만을 의미한다. 부동산이라면 미등기인 경우에도 포함된다. 선박의 경우에는 그 안에 거주하는 사람을 퇴거시킬 필요가 있기 때문에 부동산인도청구의 집행과 같은 방법에 의한다.

부동산 또는 선박의 인도집행은 채권자로부터 집행위임을 받은 집행관이 집행기관으로서 채무자로부터 점유를 빼앗아 채권자에게 인도하는 방법에 의한다. 인도는 부동산 또는 선박에 대한 직접적인 지배를 이전시키는 것을 말하는데, 여기에는 건물이나 선박의 경우 그 안에 있는 채무자 소유의 물건을 들어내고 점유자를 퇴거시켜 채권자에게 완전한 지배를 이전하는 명도를 포함한다.

만약 채권자가 건물철거 및 토지인도의 집행권원을 가지고 있다면 건물철거의무자와 건물점유자가 동일한 때에는 건물철거의무에 퇴거의무도 포함되므로 퇴거를 명하는 집행권원을 별도로 요하지 않지만(채무자의 가족이나 동거인의 경우에도 같다), 건물점유자가 제3자인 경우에는 그 자에 대한 퇴거의 집행권원을 별도로 얻어 퇴거를 집행한 후가 아니면 건물철거의 집행을 할 수 없다.

(2) 작위·부작위·의사표시의 집행

강제집행으로 실현하여야 할 채무는 '주는 채무'와 '하는 채무'로 대별할 수 있다. 금전을 지급하거나 물건을 인도하는 채무는 '주는 채무'이고, 건물을 철거하거나 연극에 출연하는 등의 채무는 '하는 채무'이다. '주는 채무'에 관해서는 직접강제가 가능하지만 '하는 채무'에 대해서는 직접강제를 할 수 없으므로 다른 방법이 필요하다.

하는 채무 중 대체적 작위채무에 대해서는 대체집행, 부대체적 작위채무에 대해서는 간접강제, 부작위채무의 경우 의무위반의 억제는 간접강제, 의무위반에 의한 물적 상태의 제거는 대체집행의 방법으로 한다. 그리고 의사표시채무에 대해서는 특별한 집행방법을 규정하고 있다.

가. 대체집행

대체집행이란 채무자가 임의로 채무를 이행하지 않는 경우에 채권자가 해야 할 의무를 채무자의 비용으로 채무자 이외의 사람이 집행행위를 하도록 채권자에게 수권결정을 하는 강제집행의 방법이다.

대체집행은 채무자 이외의 제3자가 대신하여 이행해도 채권의 목적을 달성할 수 있는 작위·부작위채무인 경우에 적합하다. 예를 들면, 건물이나 수목의 철거, 단순한 노무의 제공 등 비개성적 노무청구권의 경우 또는 일조권 때문에 담장을 쌓지 않을 의무를 부담하는 자가 담장을 쌓은 경우 등이 이에 해당한다.

채권자의 대체집행 신청이 정당하면 법원은 채권자에 대하여 제3자로 하여금 채무자에 갈음하여 채무자의 비용으로 집행권원의 내용인 작위를 실시하게 하는 권능을 수여하는 수권결정을 하고, 채권자는 법원의 수권결정의 내용에 따라 집행위임을 받은 집행관이나 제3자 또는 채권자 스스로 대체집행을 실시하게 된다.

대체집행의 비용은 수권결정절차의 비용과 작위 실시의 비용으로 이루어진다. 대체집행의 비용은 종국적으로 채무자의 부담이 되므로 채권자는 집행을 끝낸 뒤에 법원으로부터 집행비용확정결정을 받아 금전집행의 방법으로 채무자를 상대로 비용을 추심할 수 있다. 채권자는 작위 실시의 비용에 대하여 채무자에게 미리 지급할 것을 신청할 수도 있다.

나. 간접강제

간접강제란 채무자가 임의로 이행하지 아니하는 경우 채무자에게 배상금의 지급을 명하는 등의 수단을 사용하여 채무자에게 심리적 압박을 가함으로써 채무자로 하여금 그 채권의 내용을 실현하도록 하는 방법이다. 간접강제는 채무자에게 심리적 압박을 가하는 것을 전제로 인정되는 집행방법이므로 채무자의 인격에 손상을 줄 우려가 있다. 따라서 채무의 성질상 직접강제나 대체집행을 할 수 없는 경우에 보충적으로 인정되는 집행방법이다.

간접강제의 대상으로는 부대체적 작위채무와 부작위채무가 있다. 전자의 예로는 감정의무, 재산목록의 제출의무, 공연의무, 서명의무 등이 있고, 후자의 예로는 일정한 토지에의 출입금지의무 등과 같이 물적 상태를 남기지 않고 부작위채무를 계속 위반하는 경우 등이 있다. 다만 부부의 동거의무, 수혈의무, 창작,

저술의무 등과 같이, 채무자의 자유의사를 강제하여서는 채무의 본래 목적에 적합한 이행을 기대하기 어렵거나 인격 존중의 견지에서 강제하기 어려운 채무에 대해서는 간접강제가 허용되지 않는다.

채권자가 간접강제를 신청하면 법원은 결정으로 채무의 이행의무 및 상당한 이행기간을 정하여 채무자가 그 기간 내에 이행하지 아니하는 때에는 늦어진 기간에 따라 일정한 금액의 배상을 지급할 것 또는 즉시 일정한 금액을 일시에 배상할 것을 명한다. 채무자가 간접강제결정을 고지받고도 채무를 이행하지 아니하면 간접강제결정을 집행권원으로 하여 금전집행의 방법에 따라 배상금을 추심한다. 최근에는 가처분 또는 본안소송을 제기하면서 피고(채무자)가 이를 위반하는 경우를 대비하여 바로 간접강제결정을 받아두는 경우가 많다.

다. 의사표시채무의 집행

채무자가 권리관계의 성립을 인낙하거나 의사의 진술을 하여야 하는 채무는 성질상 부대체적 작위의무이므로 간접강제의 방법도 고려할 수 있으나, 민사집행법은 인낙·화해조서의 성립이나 그 이행판결의 확정으로써 의사의 진술이 행하여진 것으로 간주한다. 주로 등기청구의 확정판결인 경우가 여기에 해당한다.

이러한 채무는 재판이 확정되면 채무자가 의사의 진술을 한 것으로 간주되기 때문에 현실적인 집행절차는 필요하지 않다. 물론 등기신청의 의사표시를 명하는 집행권원과 같은 경우에는 그 집행권원에 기초하여 등기절차 등이 뒤따르게 되나, 이는 이른바 광의의 집행으로서 본래의 강제집행절차에 속하는 것은 아니다.

다만 의사표시의무가 조건 등에 걸린 경우, 즉 채무자의 의사표시가 채권자의 반대의무가 이행된 뒤에 권리관계의 성립을 인낙하거나 의사를 진술할 것인 경우에는 조건성취증명서를 제출하여 재판장의 명령에 따라 조건성취집행문을 내어 준 때에 그 효력이 생긴다. 불확정기한의 도래, 정지조건의 성취의 경우에도 마찬가지이다

VI. 담보권실행 등을 위한 경매

담보권실행 등을 위한 경매는 임의경매라고도 하는데, 여기에는 ① 저당권,

질권, 전세권 등 담보물권의 실행을 위한 경매와 ② 유치권에 의한 경매 및 민법·상법, 그 밖의 법률의 규정에 의한 현금화를 위한 경매가 있다.

민법·상법, 그 밖의 법률의 규정에 의한 경매를 형식적 경매라고 하는데, 민사집행법에서는 유치권에 의한 경매도 이와 동일하게 취급하면서 양자를 포괄하여 '유치권 등에 의한 경매'라고 표현한다. 유치권 등에 의한 경매에 대해서는 담보권실행을 위한 경매의 예에 따라 실시한다.

담보권실행 등을 위한 경매에서는 집행권원과 집행문이 필요 없고, 담보권에 내재하는 실체적 권능인 환가권 및 매득금취득권능에 근거하여 이루어진다는 점에서 원칙적으로 집행권원과 집행문이 있어야 집행을 할 수 있는 강제경매의 경우와 본질적인 차이가 있다.

이러한 본질적인 차이로부터 여러 차이점이 파생된다. 담보권실행 등을 위한 경매에서는 집행권원과 집행문이 필요 없으므로 이와 관련된 이의, 즉 집행문부여에 대한 이의신청이나 이의의 소 및 청구이의의 소를 제기할 수 없다.

또한 강제경매에서는 집행절차의 정지사유도 대체로 집행권원과 관련하여 규정하고 있지만, 담보권실행 등을 위한 경매에서는 집행권원이 없으므로 집행정지사유를 별도로 규정할 수밖에 없다.

그리고 강제경매의 경우에는 집행권원의 형성절차와 그 집행절차를 엄격하게 구별하여 집행절차에서는 더 이상 실체상의 사유로 집행권원에 대한 이의를 제기할 수 없도록 하고 있음에 비하여, 담보권실행 등을 위한 경매에서는 집행권원의 형성절차가 별도로 존재하지 않으므로 집행절차에서 담보권의 부존재 또는 소멸, 피담보채권의 불발생·소멸 또는 변제기의 연기 등 실체상의 사유를 주장하여 경매개시결정에 대한 이의, 매각허가에 대한 이의, 매각허가결정에 대한 즉시항고를 할 수 있다.

강제경매의 경우에는 일단 집행력 있는 집행권원의 형식적 존재에 기하여 경매절차가 완결되면 사후에 그 집행권원에 표상된 실체상의 청구권이 당초부터 부존재 또는 무효라든가 경매절차 종료시까지 변제 등의 사유로 인하여 소멸되었다 하더라도 경매절차가 적법한 이상 매수인은 유효하게 목적물의 소유권을 취득할 수 있는 데 반하여(공신적 효과), 담보권실행 등을 위한 경매의 경우에는 집행권원의 형성절차가 별도로 없고, 담보권에 내재하는 환가권의 실행을 국가기관이 대행하는 것에 불과하여 담보권에 이상이 있으면 당연히 매각의 효력에 영향을 미치므로 담보권이 부존재하거나 소멸한 때에는 매수인은 목적물의 소유권을 취득하지 못하는 것이 원칙이다.

다만 현행법은 담보권실행 등을 위한 경매의 경우에도 '매수인의 부동산 취득은 담보권 소멸로 영향을 받지 아니한다'고 규정을 두어, 경매절차의 기초가 된 담보권이 당초부터 부존재한 경우에는 부득이하지만, 일단 유효하게 성립한 담보권이 경매개시결정 이후에 사후적으로 소멸한 경우(예컨대 저당권설정계약의 해지) 또는 피담보채권이 소멸한 경우(예컨대 변제 등)에는 매수인의 목적물에 대한 소유권 취득에 영향이 없는 것으로 하여 담보권실행 등을 위한 경매의 경우에도 제한적으로 공신력을 인정하고 있다.

VII. 보전처분

1. 보전처분 총설

민사소송절차는 상당한 시일이 소요될 뿐만 아니라 집행권원을 얻었다고 하더라도 그것이 기한부 또는 조건부일 경우에는 집행이 개시될 수 없다. 따라서 그 사이에 채무자가 집행목적물을 처분·은닉하거나 다툼의 대상이 멸실·처분되는 등의 사실상 또는 법률상 변경이 생기게 되면 채권자는 민사소송에서 승소하기 위하여 많은 시간과 노력 및 경제적 비용을 소비하고도 권리의 실질적 만족을 얻지 못할 수도 있다.

이러한 결과를 방지하기 위해서는 확정판결을 받기 전에 미리 채무자의 일반재산이나 다툼의 대상의 현상을 동결시켜 두거나 임시로 잠정적인 법률관계를 형성시켜 두는 조치를 취하여 나중에 확정판결을 얻었을 때 그 판결의 집행을 용이하게 하고 그때까지 채권자가 입게 될지도 모르는 손해를 예방할 수 있는 수단이 필요하게 되는데, 이러한 수단으로서 강구된 것이 바로 보전처분이다.

(1) 보전처분의 종류

민사집행법상 보전처분에는 가압류와 가처분이 있고, 가처분에는 다시 다툼의 대상에 대한 가처분과 임시의 지위를 정하기 위한 가처분이 있다.

가압류는 금전채권을 위한 보전처분으로서 앞으로 집행의 대상이 될 수 있는 재산을 임시로 압류해 두는 조치이고, 다툼의 대상에 관한 가처분은 비금전채권의 집행을 보전하기 위하여 현재의 상태를 유지시키도록 하는 보전처분이며, 임시의 지위를 정하기 위한 가처분은 권리관계에 관하여 다툼이 있는 경우 그 다툼이 해결될 때까지 현재의 권리관계를 유지하여서 지금 당장의 위험을 방지하고자 하는 보전처분이다.

(2) 보전처분의 구조

보전처분절차는 두 단계의 구조로 되어 있다. 즉 신청의 당부를 심리하여 보전명령을 내릴지의 여부를 판단하는 보전소송절차(보전명령절차)와 법원이 내린 보전명령을 집행권원으로 하여 그 내용을 강제적으로 실현하는 보전집행절차가 그것이다. 이는 통상의 판결절차와 강제집행절차의 구별에 대응하는 것이다.

다만 보전명령은 즉시 집행하지 않으면 목적을 달성할 수 없는 것이므로 양자의 관계는 통상의 소송과 집행의 관계에 비교하면 훨씬 더 밀접하다.

(3) 보전처분의 특성

가. 잠 정 성

보전처분은 소송물인 권리 또는 법률관계의 확정을 목적으로 하는 것이 아니고, 판결의 확정시까지 현재의 권리 또는 법률관계를 잠정적으로 확보해두거나 이에 대하여 임시적인 규율을 하는 조치이므로 잠정적 처분이다.

나. 긴급성(신속성)

보전처분은 민사소송절차를 진행하면서 초래되는 시간적 경과로 인한 피해를 방지하려는 것이 가장 중요한 목적이므로 그 보전소송절차와 보전집행절차에서 신속성이 요구된다.

다. 밀 행 성

보전처분은 채무자측의 고의적인 집행방해에 대비하여 채무자에게 알려지기 전에 비밀리에 진행하는 것이 합목적적이므로 서면심리로 끝내거나 보전처분의 송달 전에도 이를 집행할 수 있도록 하였다.

라. 부 수 성

보전처분은 권리관계를 확정하는 본안소송의 존재를 예정한 부수적 절차이므로 본안소송에서 얻을 수 있는 권리범위를 초과하는 보전처분은 있을 수 없다.

마. 자유재량성

보전절차에 있어서는 긴급성·밀행성과 재판의 적정이라는 서로 상충되는 두 개의 요구를 개개의 사건에서 구체적으로 조화시킬 목적으로 심리방법에 대하여 법원에 많은 재량을 주고 있다. 즉 변론을 거칠 것인가, 서면심리에 의할 것인가, 소명만으로 발령할 것인가, 담보를 제공하게 할 것인가, 담보를 제공하는 경우에 담보의 종류와 범위는 어떻게 할 것인가 등은 모두 법원의 자유재량에 의한다(단, 임시의 지위를 정하는 가처분의 경우는 예외).

2. 가압류절차

가압류란 금전채권이나 금전으로 환산할 수 있는 채권으로 장래의 집행을 보전하기 위하여 채무자의 동산(유체동산, 채권 그 밖의 재산권)이나 부동산에 대하여 잠정적으로 압류함으로써 그 처분권을 박탈하는 보전처분이다.

가압류는 금전채권에 대한 집행보전방법이므로 금전 이외의 청구권의 집행보전을 목적으로 하는 다툼의 대상에 관한 가처분과 구별된다.

(1) 가압류의 요건

가. 피보전권리

가압류의 피보전권리는 금전채권 또는 적어도 금전으로 환산할 수 있는 채권이어야 한다. 금전으로 환산할 수 있는 채권이란 가압류명령을 발할 당시에 금전채권으로 되어 있을 필요는 없고, 금전채권으로 변환될 수 있는 채권이면 된다는 의미이므로, 특정물인도청구권을 피보전권리로 하여 가압류를 구할 수는 없지만 그 이행불능·집행불능에 의한 대상청구인 손해배상청구권의 보전을 위한 가압류를 구할 수 있다. 피보전권리가 부존재함에도 가압류결정이 내려졌다면 그 결정은 무효이다.

금전채권이면 채권에 조건이 붙어 있거나 기한이 도래하지 아니한 경우에도 가압류를 할 수 있다. 따라서 동시이행이나 유치권 등의 항변권이 붙어 있는 경우나 대항요건이 구비되어 있지 못한 경우에도 상관없다. 보증인의 주채무자에 대한 장래의 구상권과 같은 장래의 청구권도 그 기초가 된 법률관계가 현존하면 가압류가 가능하다.

보전처분은 민사집행법상의 강제집행을 보전하기 위한 제도이므로 그 피보전권리는 통상의 강제집행방법에 따라 집행이 가능한 권리여야 한다. 따라서 자연채무나 부집행특약이 있는 채권 또는 특수한 절차에 따라 집행되는 청구권(예컨대 국세징수절차에 따라 집행할 수 있는 조세채권 그 밖의 공법상의 청구권) 등은 가압류의 피보전권리가 될 수 없다.

피보전권리는 판결절차에서 이행의 소로써 심리할 금전채권 등이다. 따라서 본안소송은 이행의 소가 된다. 피보전권리와 본안소송의 소송물이 서로 완전히 일치하여야 할 필요는 없지만 청구기초의 동일성은 유지되어야 한다.

나. 보전의 필요성

피보전권리와 별개 독립적으로 심리되어야 할 요건에 보전의 필요성이 있다. 보전의 필요성이란 가압류를 하지 않으면 판결의 집행불능·집행곤란에 이를 경우를 말한다. 따라서 가압류의 피보전권리가 인정되는 경우라도 국내에 충분한 재산을 보유하고 있는 경우, 채권자가 피보전권리에 대하여 충분한 물적담보를 확보하고 있는 경우, 즉시 강제집행을 할 수 있는 경우에는 보전의 필요성이 없다.

그러나 인적 담보가 있다는 사정은 가압류의 이유를 부인할 사유가 되지 못하고, 이미 본집행의 집행권원이 있더라도 그것이 기한부 또는 조건부이거나, 청구이의의 소가 제기되어 집행정지된 경우 등으로 인하여 즉시 집행하기 어려운 사정이 있다면 역시 가압류의 필요성을 인정하여야 한다.

가압류는 금전채권의 집행이 위태로울 경우에 하는데 반하여, 비금전채권의 집행이 위태로울 경우에는 가처분을 하여야 한다.

(2) 불복절차

가. 즉시항고

가압류신청을 각하·기각하는 결정에 대하여 채권자는 즉시항고를 할 수 있다. 무담보의 가압류결정을 구하는 신청을 하였는데 담보부가압류결정을 하거나 담보액이 과다한 경우에도 가압류신청에 대한 일부기각으로 볼 것이므로 채권자는 즉시항고로 다툴 수 있다.

항고법원에서도 가압류신청이 받아들여지지 않은 경우에는 그 결정에 대하여 재항고할 수 있다. 다만 재항고이유에 관한 주장이 ① 헌법위반, 헌법의 부당해석, ② 명령·규칙·처분의 법률위반 여부에 관한 부당판단, ③ 법률·명령·규칙 또는 처분에 대한 대법원판례 위반 등을 포함하지 않으면 심리불속행 사유로서 기각의 대상이다.

나. 가압류명령에 대한 이의신청

가압류신청을 인용한 결정에 대하여 채무자는 가압류를 발령한 법원에 이의신청을 할 수 있다. 이의신청이라는 특별한 불복절차를 마련하고 있기 때문에 인용결정에 대하여 채무자가 즉시항고 또는 항고·재항고의 방법으로 불복할 수는 없다.

이의신청은 가압류소송절차에서는 채무자에게 주장·입증을 행할 기회가 제대로 보장되어 있지 않으므로 동일 심급에서 재심리의 기회를 부여하려는 것으로서, 채무자를 보호하기 위한 중핵적인 구제수단이다.

다. 가압류명령에 대한 취소

가압류법원은 채무자가 서면으로 제소명령신청을 하면 변론 없이 채권자에게 2주 이상의 기간을 정하여 그 기간 내에 본안의 소를 제기하여 이를 증명하는 서류를 제출하거나 이미 소를 제기하였으면 소송계속사실을 증명하는 서류를 제출하도록 명하여야 한다. 이를 제소명령이라 한다. 본안에 대한 제소명령에도 불구하고 채권자가 소정기간 내에 서류를 제출하지 아니한 경우에는 법원(판사)은 채무자의 서면신청에 의하여 가압류를 취소한다. 이를 '제소명령 불이행에 따른 취소'라고 한다.

가압류를 발령할 당시에는 그 이유가 있었지만 그 뒤에 사정변경이 있어 더 이상 가압류를 유지할 수 없는 경우에도 가압류명령은 취소되어야 한다. 즉 가압류의 이유(보전의 필요성)가 소멸되거나 그 밖에 피보전권리가 변제·상계·소멸시효의 완성 등의 사유로 소멸하는 등 사정이 바뀐 때, 채무자가 법원이 정한 담보를 제공한 때, 가압류가 집행된 뒤에 채권자가 3년간 본안의 소를 제기하지 아니한 때에 채무자는 이미 인가된 가압류명령의 취소를 신청할 수 있다. 이를 '사정변경 등에 따른 가압류의 취소'라고 한다.

3. 가처분절차

민사집행법이 인정하고 있는 보전처분에는 가압류 이외에 가처분이 있다. 가압류는 금전채권을 보전하기 위하여 채무자의 재산을 확보해 두는 것임에 반해, 가처분은 금전채권 이외의 권리의 보전을 위하여 일정한 잠정적 조치를 취하는 것을 말한다. 민사집행법은 먼저 가압류에 대하여 규정한 후 특별한 규정이 없으면 가압류에 관한 규정을 가처분에 준용하고 있다.

가처분에는 '다툼의 대상에 관한 가처분'과 '임시의 지위를 정하기 위한 가처분'의 두 가지가 있는데, 전자는 가압류와 마찬가지로 집행보전을 목적으로 하는 데 비하여, 후자는 권리관계에 관한 분쟁 때문에 현재 채권자가 겪고 있는 생활관계상의 위험을 제거하거나 그 해결시까지 기다리게 되면 회복할 수 없는 손해가 생기는 것을 방지하기 위하여 임시적으로 잠정적인 법률상태를 형성하거나 그 사실적 실현을 꾀하는 것을 목적으로 한다.

(1) 가처분의 유형

가. 다툼의 대상에 관한 가처분

다툼의 대상에 관한 가처분은 현상이 바뀌면 당사자가 권리를 실행하지 못하거나 이를 실행하는 것이 매우 곤란할 염려가 있을 경우에 발령하는 가처분이다.

피보전권리는 금전채권 이외의 것으로서, 특정급여청구권(예컨대 물건의 인도, 소유권이전등기, 특정물에 관한 작위·부작위, 의사의 진술 청구 등)의 장래 강제집행을 보전하기 위하여 현상유지를 명하는 가처분이다. 여기에는 점유이전금지가처분과 처분금지가처분이 있다.

나. 임시의 지위를 정하기 위한 가처분

임시의 지위를 정하기 위한 가처분은 다툼이 있는 권리관계, 특히 계속하는 권리관계에 대하여 채권자에게 끼칠 현저한 손해를 피하거나 급박한 위험을 막기 위하여, 또는 그 밖에 필요한 이유가 있을 경우에 발령하는 가처분이다.

이 가처분은 가압류나 다툼의 대상에 관한 가처분과 달리, 장래의 집행불능 또는 곤란을 피하기 위한 보전수단이 아니라 권리관계에 다툼이 있음으로써 채권자에게 생길 현재의 위험 및 지위의 불안정을 잠정적으로 배제할 목적의 가처분으로서 현재의 위험에 대한 보전수단이다. 따라서 보전의 필요성도 장래의 집행불능·곤란이 아니라 본안판결까지의 지연으로 인한 위험이다.

이러한 유형의 가처분은 매우 다양하나, 크게 직무집행정지·직무대행자선임가처분, 종업원의 지위보전가처분과 같은 임의의 이행을 구하는 가처분, 본안 판결에서 승소하기 전에 집행권원에 기한 강제집행과 동일한 결과를 일시적으로 실현시킬 것을 목적으로 하는 가처분인 만족적 가처분 등으로 대별할 수 있다.

(2) 가처분의 요건

가. 피보전권리

다툼의 대상에 관한 가처분의 피보전권리는 특정물의 인도 또는 특정의 급여를 목적으로 하는 청구권이다. 비금전청구권인 이상 물건의 인도청구권, 철거청구권, 목적물에 관한 등기·등록 등 의사의 진술을 요구할 수 있는 청구권, 물건의 소유 또는 이용에 관한 부작위청구권 등이 모두 포함된다. 조건부나 기한부·장래의 청구권, 동시이행의 항변권이나 유치권이 붙어 있는 청구권이라도 무방하다. 그러나 금전적 청구권은 원칙적으로 가압류만에 의하여 그 장래의 집행을 보전할 수 있고 가처분의 피보전권리로는 될 수 없으며, 판결 및 강제집행에 의해 보호받을 수 없는 자연채무(소구할 수 없는 채권), 책임 없는 채무(소구는 가능하나 강제집행이 불가능한 채권) 등은 피보전권리가 될 수 없다.

임시의 지위를 정하기 위한 가처분의 피보전권리는 그 주장 자체에 의하여 '다툼이 있는 권리관계'이다. 여기에서의 권리관계에는 그 내용이 재산적 권리관계이든 신분적 권리관계(예컨대 친자, 부부, 상속관계 등)이든 묻지 않으며, 재산적 권리관계가 물권관계(예컨대 공유, 상린관계 등)이든 채권관계(예컨대 임대차관계, 고용관계 등)이든 무체재산권관계(예컨대 상표권, 특허권 등)이든 불문한다. 가압류의 피보전권리인 금전채권이나 다툼의 대상에 관한 가처분의 피보전권리인 특정물이행청구권도 이 가처분의 피보전권리인 권리관계가 될 수 있다. 다만 현행법이 허용하지 않는 본안소송의 권리관계를 피보전권리로 하는 가처분은 인정되지 않는다.

나. 보전의 필요성

다툼의 대상에 관한 가처분은 현상이 변경되면 장래 채권자의 권리를 실행할 수 없거나 그 실행이 현저히 곤란할 염려가 있는 때에 허용된다. 이때 현상의 변경에는 물리적 상태의 변경(계쟁물의 훼손·개조·재건축·은닉·점유이전 등)과 법률적 상태의 변경(계쟁물의 양도·명의신탁·등기이전·담보설정 등)을 포함한다. 권리실현의 불능, 현저한 곤란이란 단순히 채권자의 주관적인 염려만으로는 충분하지 않고 법원에 의하여 객관적인 위험으로 인정되어야 한다. 채무자의 재산상태의 변동이 문제되는 가압류와는 달리, 다툼의 대상에 관한 가처분은 계쟁물의 현상 변경이 문제되므로 채무자가 충분한 책임재산을 갖고 있는가는 문제되지 않는다.

임시의 지위를 정하기 위한 가처분에서 보전의 필요성이 있다고 하기 위해서는 다툼이 있는 권리관계가 '현존'하여야 한다. 이 가처분은 장래의 집행보전이 아닌 현존하는 위험방지를 위한 것이기 때문이다. 따라서 이미 효력이 상실된 과거의 권리관계의 효력을 정지하는 가처분은 물론, 조만간 소멸될 것이 충분히 예상되는 권리도 보전의 필요성이 없다. 채권자에게 생길 '현저한 손해를 피하거나 급박한 위험을 막기 위하여' 또는 '그 밖의 필요한 이유가 있을 경우'에 보전의 필요성이 있다. '현저한 손해'란 본안판결 때까지 수인하는 것이 가혹하다고 생각될 정도의 불이익 또는 고통을 말하고, 이는 직접 또는 간접적인 재산적 손해뿐만 아니라 명예, 신용 기타 정신적인 것을 포함한다.

(3) 불복절차

가처분신청이 배척된 경우 채권자의 불복방법으로서 즉시항고가 있고, 가처분명령에 대하여 채무자의 불복방법으로서 이의신청, 제소명령에 있어서 기간을 넘긴 경우의 가압류 취소신청, 사정변경 등에 따른 가압류 취소신청이 있음은 가처분명령의 경우와 같다. 따라서 이 부분에 대해서는 앞에서 설명한 것으로 대체한다.

다만 가처분의 경우에는 특별사정에 의한 가처분의 취소와 가처분 취소의 경우 원상회복재판에 대하여 별도로 규정하고 있다. 이하에서 이 부분을 중심으로 살펴보고자 한다.

가. 특별사정에 의한 가처분의 취소

채무자에게 특별한 사정, 즉 ① 가처분으로 보전되는 피보전권리가 금전보상에 의하여 종국적으로 만족을 얻을 수 있는 사정(금전보상의 가능성)과 ② 채무자가 가처분에 의하여 통상 입는 손해보다 훨씬 큰 손해를 입게 될 사정(채무자의 이상손해) 중 어느 하나가 인정되는 경우에는 채무자에게 담보를 제공하게 하고 가처분을 취소할 수 있다.

'금전보상의 가능성' 여부에 대하여는 장래 본안소송에 있어서의 청구의 내용, 당해 가처분의 목적 등 모든 사정을 참작하여 사회통념에 따라 객관적으로 판단하여야 하고, '채무자의 이상손해' 여부에 대해서는 채무자가 특히 현저한 손해를 입게 될 사정이 있는지의 여부는 가처분의 종류, 내용 등 제반 사정을 종합적으로 고려하여 채무자가 입을 손해가 가처분 당시 예상된 것보다 훨씬 클 염려가 있어 가처분을 유지하는 것이 채무자에게 가혹하고 공평의 이념에 반하는지의 여부에 의하여 결정된다.

나. 가처분명령의 취소로 인한 원상회복

가처분을 명한 재판에 기초하여 채권자가 물건을 인도받거나 금전을 지급받거나 또는 물건을 사용·보관하고 있는 경우에는, 법원은 가처분을 취소하는 재판에서 채무자의 신청에 따라 채권자에 대하여 그 물건이나 금전을 반환하도록 명할 수 있다.

주로 만족적 가처분 중 이행적 가처분의 경우에 원상회복의 문제가 발생하며, 가처분을 취소하는 재판과 함께 하므로 부수적 성격을 띤다. 여기의 가처분취소사유에는 이의신청, 제소명령의 불이행, 제소기간의 도과, 사정변경, 특별사정이 모두 포함된다.

제3. 형사소송법

* 집필: 박수희. 관동대학교 경찰행정학과 교수
강동욱. 동국대학교 법과대학 교수
* 별명이 없는 법조문명은 '형사소송법'임

I. 총 설

사례 1 형사소송법

(1) 형사소송에서 모든 수단과 방법을 가리지 않고 범죄를 행한 자를 철저히 밝혀내어 유죄를 선고하였다면 그 판결은 정당한가?
(2) 형사소송에서 당사자주의를 취하느냐 직권주의를 취하느냐에 따라 피고인의 지위가 달라지는가?

1. 형사소송의 이념

형사소송법은 실체법인 형법을 실현하기 위한 구체적인 절차를 규정하고 있다. 따라서 절차법인 형사소송법은 죄를 범한 자를 명백히 가려 죄 있는 자를 처벌하되 죄 없는 자를 처벌하지 않는다는 의미의 실체진실발견을 그 주요 이념으로 하고 있다. 그러나 형사소송법은 이러한 실체적 진실발견이 헌법정신이 구현된 공정한 법정절차(적정성의 원리)에서 신속한 재판(신속한 재판의 원리)을 통하여 이루어질 것을 요구하고 있다. 이런 점에서 적정성의 원리가 구현되지 못한 실체진실발견이나 신속한 재판의 원리에 위반된 실체진실발견은 그 정당성을 확보하기 어렵다고 하겠다.

(1) 실체진실발견의 이념

형사소송법은 실체진실발견의 이념을 실현하기 위해서 증거에 의해서만 사실을 인정하도록 하는 증거재판주의(제307조)를 증거법의 기본원칙으로 하고 있고, 임의성 없는 자백(제309조)이나 전문증거(예컨대 살인사건을 직접 목격한 사람으로부터 그와 같은 사실을 전해 들은 자가 공판정에서 한 진술이나 그 내용을 기재한 서면. 제310조의2)의 증거능력을 인정하지 않으며, 오판의 방지와 시정을 위하여 상소제도와 재심제도를 두고 있다. 법원이 직권에 의하여 증인 및 피고인신문(제161조의2, 제296조의2)과 증거조사(제295조)를 할 수 있도록 함으로써 당사자(검사와 피고인)에 의한 증인·피고인신문과 증거조사제도를 보완하고 있다.

(2) 적정절차의 이념

공정한 재판이 이루어지기 위하여 형사소송법은 편파적인 재판을 할 위험이 있는 법관을 재판에서 배제시키는 제척·기피·회피제도(제17조 내지 제24조)를 두고 있으며, 검사에 대응하여 자신을 충분히 방어하도록 피고인에게 변호인의 조력을 받을 권리를 인정하고 변호인 선임이 어려운 경우 국선변호인선임권을 인정하고 있다. 또한 피고인에 대하여 진술거부권이 있음을 고지하고, 피고인 구금시 범죄사실의 요지와 변호인선임권을 고지하도록 하여 피고인이 정당한 방어권을 행사할 수 있도록 하고 있다. 그 외 체포, 구속, 압수·수색 등의 강제처분이 허용되기 위해서는 다른 수단에 의해서는 그 목적을 달성할 수 없을 것과 같은 요건이 필요한데 이러한 비례성의 원칙도 적정성의 원리의 내용이 된다.

(3) 신속한 재판의 이념

형사절차에는 수사, 공소제기, 공판절차, 판결의 선고 등이 포함된다. 따라서 신속한 재판을 위해서는 수사의 종결과 공소제기의 결정, 공판절차의 진행 등에서 신속함이 요구된다. 수사의 신속을 위해서 수사권과 수사지휘권을 검사에게 집중시키고 있고(제195조), 검사의 불기소처분을 허용하는 기소편의주의를 취하고 있으며(제247조), 검사와 사법경찰관의 구속기간을 10일로 제한하되, 검사에 대해서만 10일을 1차례 더 연장할 수 있도록 하고 있다(제202조, 제203조). 그 외에 일정기간 공소를 제기하지 않으면 공소권을 행사할 수 없도록 하는 공소시효제도

(제249조)도 두고 있다. 재판의 신속한 진행을 실현하기 위하여 법원의 심판범위를 공소장에 기재된 공소사실에 제한하며 심리에 2일 이상을 요하는 경우 사건을 연일 계속하여 심리(계속심리주의)하도록 하고 있으며(제267조의2), 판결선고일을 변론을 종결한 날로 정하도록 하되 특별한 사정이 있는 경우에는 변론종결후 14일 이내에 하도록 하고 있다(제318조의4). 판결선고기간도 제한하여 제1심의 판결은 공소가 제기된 날로부터 6개월 이내에는 선고되어야 하고, 항소심과 상고심의 판결은 기록을 송부받은 날로부터 4개월 이내에 선고하도록 하고 있다(소송촉진등에 관한 특례법 제22조, 제23조). 또한 피고인이 정당한 이유없이 출석을 거부하고 교도관리에 의한 인치가 불가능하거나 곤란한 경우에는 피고인 출석없이 재판할수 있는 궐석재판도 허용된다(제277조의2). 상소심의 신속한 진행을 위하여 형사소송법은 상소기간을 7일로 제한하고 있다(제358조, 제374조).

2. 형사소송의 구조

(1) 탄핵주의 소송구조

소추기관과 재판기관이 분리되어 소추기관의 공소제기가 있을 때에 한하여 법원이 절차를 개시할 수 있는 탄핵주의 소송구조는 법원이 소추와 재판을 모두 담당하는 규문주의 소송구조와 대립되는 개념이다. 소추기관이 될 수 있는 자로는 검사(국가소추주의), 피해자 및 그 친족(피해자소추주의), 일반공중(공중소추주의) 등이 있는데 형사소송법은 그 중 검사만을 소추기관으로 인정하여 사인소추를 허용하지 않고 있다. 따라서 우리 형사소송법하에서는 검사만이 공소를 제기할 수 있다(기소독점주의). 탄핵주의 소송구조는 소송에서의 주도적 지위를 법원이 갖는 경우(직권주의 소송구조)와 당사자인 검사와 피고인이 갖는 경우(당사자주의 소송구조)로 나누어진다.

(2) 직권주의 소송구조

법원이 소송에서 주도적인 역할을 하게 되므로 실체적 진실발견에 유리하고 신속한 재판을 실현할 수 있는 장점이 있으나 사건심리과정에서 법원의 독단이 우려될 수 있다. 직권주의 소송구조하에서도 피고인은 소송주체로서의 지위는 갖는다. 다만 조사와 심리를 법원이 주도한다는 점에서 피고인의 소송주체성이 형식적인 의미에 불과하여 피고인의 방어권이 실질적으로 보장되기 어렵다고 해야 한다.

(3) 당사자주의 소송구조

소송의 주도적 지위가 당사자인 검사와 피고인에게 있다. 따라서 심리가 주로 검사와 피고인의 공격과 방어에 의하여 진행되고 법원은 제3자의 입장에서 당사자의 주장과 입증을 판단할 뿐이다. 소송진행의 주도가 당사자에게 있다는 점에서 사건의 심리가 신속히 진행되기 어려울 수 있다. 그러나 피고인에게 검사와 대등한 지위를 부여하기 위해서는 실질적인 무기평등원칙이 실현되어야 한다는 점에서 피고인의 방어권보장을 위한 보다 많은 권리를 인정할 수밖에 없어 피고인의 인권을 보호하는 데 직권주의보다 더 적합하다고 할 수 있다. 우리 형사소송법은 직권주의 소송구조를 원칙으로 하면서도 특히 공판절차에서는 당사자주의 소송구조를 대폭 강화하였다.

<사례1 해설> (형사소송법)

(1) 실체진실발견이 형사소송의 주요이념이기는 하나 이는 유일한 이념이 아니며, 실체진실발견의 이념은 또 다른 이념인 적정성의 원리와 신속한 재판의 원리에 의하여 제한될 수 있다. 따라서 유죄를 밝히기 위하여 고문 등에 의하여 자백을 받아내거나, 법원의 영장없이 압수·수색하여 수집된 증거 등에 의하여 사실을 인정하여 유죄판결을 선고한 경우에는 그 판결의 정당성은 확보되기 어렵다고 해야 한다.

(2) 직권주의와 당사자주의 소송구조 모두 피고인을 소송의 주체로 인정하고 있다. 그러나 당사자주의 소송구조에 의할 때에는 피고인은 소송당사자로서의 지위도 갖게 된다. 검사와 대등한 지위에서 공격과 방어를 행하게 되므로 당사자주의 소송구조에 의할 때 피고인은 실질적인 방어권보장을 위하여 보다 많은 권리를 인정받을 수 있게 된다(증거조사신청권, 증거조사참여권, 증거조사에 대한 이의신청권, 증인에 대한 상호신문권 등).

II. 소송의 주체

1. 법 원

사례 2 법원

(1) 갑은 강남전철역 근처에서 친구와 시비 끝에 싸우다 상해를 가한 혐의로 폭력행위등처벌에 관한 법률위반죄(상해죄)로 공소제기되었다. 갑의 사건은 서울중앙지방법원 형사단독 판사 A가 담당하게 되었고 A는 1심에서 유죄를 인정하여 3년의 형을 선고하였다. 갑은 이에 불복하여 항소하였는데 갑의 항소사건은 서울중앙지방법원 합의부가 관할하였다. 제1심 법원과 항소심 법원은 갑의 사건에 관하여 관할권이 있는가?

(2) 을은 폭력행위등처벌에 관한 법률위반혐의로 서울남부지방법원 판사 B로부터 벌금 500만원의 약식명령을 고지받았으나 이에 불복하여 정식재판을 청구하였다. 을이 재판기일에 출석해 보니 재판정에는 자신의 약식명령사건을 담당하였던 판사 B가 나와 있었고 을은 B가 자기의 정식재판의 심리도 담당하게 될 거라는 사실을 알게 되었다. 판사 B가 을의 1심 사건을 재판하는 것은 적법한가?

(1) 법원종류와 관할

법원의 종류에는 대법원, 고등법원, 지방법원과 특허법원, 가정법원, 행정법원이 있다. 또한 지방법원과 가정법원 사무의 일부를 처리하기 위하여 그 관할구역 안에 지원과 가정지원, 시법원 또는 군법원을 둘 수 있다. 최고법원인 대법원과 고등법원은 합의부로 구성되어 있으나 지방법원은 단독제와 합의부를 병용하고 있다.

제1심 법원인 지방법원 및 지원 내 단독판사와 합의부간의 사건관할을 사물관할이라 한다. 제1심의 사물관할은 원칙적으로 단독판사에 속하나 ① 사형, 무기 또는 단기 1년 이상의 징역·금고에 해당하는 사건(형법 제331조의 특수절도, 제332조의 상습절도; 폭력행위등처벌에 관한 법률 제2조 제1항·제3항, 제3조 제1항·제2항 및 제9조 위반죄, 병역법위반사건은 제외함)과 이와 동시에 심판할 공범사건, ② 지방법원 판사의 제척·기피사건, ③ 법률에 의하여 지방법원 합의부 권한에 속하는 사건, ④ 합의부에서 심판할 것으로 합의부가 스스로 결정한 사건은 합의부에서 심판한다(법원조직법 제32조 제1항).

　　같은 심급간의 법원 예컨대 서울중앙지방법원과 대전지방법원, 서울고등법원과 대구고등법원간에 사건관할은 범죄가 발생한 장소, 범인의 주소·거소지, 현재지 등을 기준으로 하여 정한다. 심리의 오판을 방지하기 위하여 상소제도를 두고 있다. 제1심 법원의 판결에 대한 불복은 항소라 하고 제2심 법원의 판결에 대한 불복은 상고라 한다. 지방법원 또는 지방법원지원의 단독판사의 판결에 대한 항소사건은 지방법원본원합의부에서 관할하고 제1심인 지방법원 합의부의 판결에 대한 항소사건은 고등법원에서 관할한다. 제2심 법원의 판결에 대한 상고사건은 대법원이 관할한다.

(2) 제척·기피·회피제도

　　제척이란 법관이 구체적인 사건의 심판에서 불공평한 재판을 할 우려가 큰 사유를 법률에 유형적으로 규정하여 두고 이에 해당하는 법관을 직무집행에서 배제시키는 제도를 말한다.

　　제척의 원인은 형사소송법 제17조에서 규정하고 있다. 이는 크게 ① 법관이 피해자인 때, ② 법관이 피고인 또는 피해자의 친족·법정대리인과 같이 개인적으로 밀접한 관련이 있는 때, ③ 법관이 이미 당해사건에 관여하였을 때로 분류해볼 수 있다.

　　법관이 이미 당해사건에 관여한 경우로 제17조는 ① 법관이 당해 형사사건에 관하여 증인·감정인이 된 때, ② 법관이 임관 전에 당해사건에 관하여 검사 또는 사법경찰관으로서 수사를 담당하거나 공소를 제기·유지하였을 때, ③ 법관이 당해사건의 전심재판에 관여하거나 전심재판의 기초가 되는 조사·심리에 관여한 때를 규정하고 있다. 여기서 전심이란 상소에 의하여 불복이 신청된 재판을 말하며 구체적으로는 제2심에 대한 1심, 제3심에 대한 2심 또는 1심을 의미하며 재판은 종국재판을 의미한다. 약식명령을 한 판사가 정식재판을 담당한 경우를 전심재판에 관여한 경우로 보아 제척사유에 해당한다고 보아야 하는가가 문제된다. 그러나 약식명령과 정식재판은 심급이 같은 재판이므로 약식명령을 정식재판의 전심재판으로 보기는 어렵다(다수설. 대법원 1955.10.18. 선고 4288형상242 판결; 대법원 1985.4.23. 선고 85도281 판결). 제척사유가 있는 법관은 직무집행에서 당연히 배제된다.

이러한 제척의 사유가 있음에도 불구하고 법관이 재판에 관여하거나 형사소송법 제17조에서 규정하고 있는 사유 이외에 불공평한 재판을 할 염려가 있는 때에는 당사자의 신청에 의하여 법관을 직무집행에서 탈퇴케 할 수 있다. 이를 기피제도라고 한다. 신청권자는 검사와 피고인이며 변호인도 피고인의 의사에 반하지 않는 한 신청할 수 있다. 기피신청사건에 대한 재판은 기피당한 법관의 소속법원 합의부에서 한다. 기피당한 법관은 여기에 관여하지 못한다. 기피신청이 이유 있다는 결정이 있을 때에는 그 법관은 당해사건의 직무집행에서 탈퇴한다. 기피의 원인이 있을 때에 법관은 자발적으로 직무집행에서 탈퇴할 수 있는데 이를 회피제도라고 한다.

<사례2 해설> (법원)

(1) 우선 갑의 상해행위가 발생한 지역은 강남전철역 부근이었으므로 이 지역을 관할하는 서울중앙지방법원이 토지관할을 갖는다. 갑은 '폭력행위등처벌에 관한 법률' 제2조 제1항 제3호 위반혐의로 기소되었는데 이는 법정형이 3년 이상의 징역형으로서 원래는 합의부의 관할에 속하여야 한다. 그런데 법원조직법에서는 '폭력행위등처벌에 관한 법률' 위반 중 일부규정(제2조 제1항·제3항, 제3조 제1항·제2항)에 대해서는 법정형이 단기 1년 이상에 해당함에도 불구하고 단독판사의 관할로 규정하고 있다. 갑이 위반한 동법 제2조 제1항은 그 예외규정에 해당된다. 따라서 제1심법원은 서울중앙지방법원 단독판사가 된다. 지방법원 단독판사의 1심판결에 대한 불복사건은 지방법원본원합의부가 관할하므로, 갑의 사건에 대한 항소법원은 서울중앙지방법원 합의부가 된다. 따라서 서울중앙지방법원 단독판사 A와 서울중앙지방법원 합의부는 갑의 제1심과 항소심에 대하여 각각 관할권이 있다.

(2) 법관이 전심재판에 관여한 경우에는 제척사유에 해당된다. 이때 전심이란 상소에 의하여 불복이 신청된 재판, 즉 제2심에 대한 제1심, 제3심에 대한 제2심 또는 제1심을 의미한다. 문제는 약식명령을 정식재판의 전심으로 볼 수 있는가에 있는데 다수설과 판례에 의할 경우 약식명령은 정식재판과 심급을 같이하는 재판으로서 전심재판에 해당되지 않는다. 따라서 판사 B는 을의 정식재판 제1심을 담당하여 재판할 수 있다.

2. 검 사

사례 3 검사

검사 C는 기업인 무(戊)에 대한 배임사건을 수사한 결과 범죄혐의를 입증할 수 있고 처벌의 필요성도 있다고 판단하여 공소제기하기로 결정하고 공소장을 작성하여 결제를 받기 위해 검사장에게 갔다. 그러나 검사장은 기업인 무가 지역경제발전에 많은 공헌을 하였고 지역주민의 신망이 두터운 점을 들어 불기소처분을 하는 것이 타당하다고 하면서 공소장을 검사 C에게 돌려보냈다. 검사 C는 불기소처분을 하는 것이 형평에 맞지 않다고 주장하였으나 검사장은 불기소처분이 타당하다는 말만 반복할 뿐이었다. 이에 검사 C는 검사장 결제를 받지 않고 그대로 공소를 제기하였다. 검사 C의 공소제기는 적법한가?

(1) 조 직

검찰권을 행사하는 국가기관이 검사이다. 검사는 수사의 주재자로서 수사권·수사지휘권·수사종결권을 가지며 공소제기 여부를 독점적으로 결정하고, 공판절차에서는 피고인에 대립되는 당사자로서 법원에 대하여 법령의 정당한 적용을 청구하고, 재판이 확정된 때에는 형의 집행을 지휘·감독하는 광범위한 권한을 가진 국가기관이다.

검사는 법무부에 속해 있는 행정기관이기는 하나 순수한 행정기관으로 보기 어렵다. 검사의 검찰권이 사법권과 밀접한 관계가 있기 때문이다. 이런 점에서 검사를 준사법기관이라고 부른다. 이러한 이유로 법관과 마찬가지로 검사에 대하여도 일정한 자격을 요구하며 검사의 신분을 법률에서 보장해 주고 있다. 즉 검찰청법 제37조에 의하면 검사는 탄핵·금고 이상의 형을 받거나 징계처분·적격심사에 의하지 아니하면 파면·퇴직·감봉 등의 처분을 받지 않는다. 또한 검사의 사무를 총괄하는 검찰청의 조직도 법원에 대응하여 설치하고 있다. 즉 검찰청도 대검찰청과 고등검찰청, 지방검찰청으로 조직되었으며 지방검찰청 밑에 지방검찰청지청을 두고 있다. 검사는 사법기관의 성격도 함께 가지고 있다는 점에서 검찰권행사에 독립성이 요청되며 단독제의 관청이라는 점에서 자의와 독선이 허용되어서도 안 된다. 이러한 검찰조직의 특수성을 고려하여 마련된 법적 장치가 검사동일체의 원칙과 검사에 대한 법무부장관의 지휘·감독권이다.

(2) 검사동일체의 원칙

모든 검사는 검찰총장을 정점으로 하는 피라미드형의 계층적 조직체를 형성하고 일체불가분의 유기적 통일체로서 활동한다(검찰청법 제7조). 단독제의 관청인 검사는 이러한 검사동일체의 원칙에 의하여 분리된 관청으로 남지 않고 전체의 하나로서 검찰권을 행사할 수 있게 되는 것이다. 행정관청인 검사는 검찰사무와 검찰행정사무에 관하여 소속 상급자의 지휘·감독에 따라야 한다. 그러나 이러한 검사의 지휘·감독관계가 순수한 의미의 상명하복을 의미할 경우 검찰권의 독립성을 보장하는 것이 불가능하다. 따라서 이때의 상명하복은 검사가 적법한 검찰사무의 처리를 위하여 상사의 지휘·감독을 받아야 한다는 의미로 이해하여야 한다. 검찰청법에서는 구체적 사건과 관련된 상급자의 지휘·감독의 적법성 또는 정당성에 대하여 이견이 있을 때에는 이의를 제기할 수 있다고 규정하여 상급자의 지휘·감독에 대한 검사의 이의제기권을 명문화하고 있다(검찰청법 제7조 제2항).

검찰총장과 검사장 또는 지청장은 소속 검사의 직무를 자신이 처리하거나 다른 검사로 하여금 처리하게 할 수 있고, 그 권한에 속하는 직무의 일부를 소속 검사로 하여금 처리하게 할 수 있다(검찰청법 제7조의2 제2항·제1항). 각급 검찰청의 차장검사는 소속장이 부득이한 사유로 직무를 수행할 수 없을 때에는 특별한 수권없이 그 직무를 대리하는 권한을 가진다(검찰청법 제18조 제1항, 제23조 제2항).

검사동일체의 원칙에 의하여 검사가 범죄수사나 공판에 관여하다가 전보 등의 사유로 교체되었다 하여도 소송절차를 갱신할 필요가 없다. 이러한 이유에서 법관과는 달리 검사에게는 제척·기피·회피제도가 의미가 없다고 할 수 있다.

(3) 법무부장관의 지휘·감독권

법무부에 소속된 공무원으로서 검사는 법무부장관의 지휘감독을 받아야 하나 기소편의주의를 취하고 있는 형사소송법하에서 이를 무제한 것으로 허용할 경우 준사법기관으로서의 독립성을 보장하기 어렵다. 이러한 이유로 법무부장관은 검찰사무의 최고감독자로서 일반적으로 검사를 지휘·감독하기는 하나, 구체적 사건에 대하여는 검찰총장만을 지휘·감독한다(검찰청법 제8조). 검찰권의 행사에 행정부의 영향을 배제하기 위한 제도라고 할 수 있다.

> **<사례3 해설>** (검사)
> 검사의 지휘·감독관계는 상명하복을 전제로 하고 이는 검사동일체의 원칙의 핵심적 요소가 된다. 그러나 이 경우 상명하복은 적법한 상사의 명령에만 복종해야 한다는 뜻으로 이해되어야 한다. 따라서 의심스러운 경우에는 상사의 뜻에 따라야 하지만 확신이 있는 때에는 자신의 신념에 따라야 하고 지휘·감독의 정당성 등에 이

견이 있을 때에는 이의를 제기할 수 있다. 검사 C는 수사결과 공소제기하는 것이 타당하다는 확신을 가지고 검사장의 불기소취지 주장에 이의를 제기하였고 그 지시에 반하여 공소를 제기한 것이므로 지휘·감독에 위배된 것이라 보기 어렵다. 또한 검사장의 결제를 받도록 한 것은 내부적 효력을 갖는 데 불과하며 따라서 검사장 결제 없이 공소를 제기하였다고 하여 그 처분의 효력에는 영향이 없다. 따라서 검사 C의 공소제기는 적법하다고 할 수 있다.

3. 피 고 인

사례 4 피고인

정은 사기혐의로 수사를 받던 중 이름을 묻는 검사의 질문에 병이라고 대답하였다. 검사는 공소장에 피고인의 성명을 병으로 기재하여 기소하였다. 피고인은 누구인가?

(1) 피고인의 특정

검사는 공소장에 피고인의 성명을 기재하여 공소를 제기한다. 따라서 검사가 공소제기할 때 형사책임을 져야 할 자로 공소장에 기재한 자가 피고인이 된다. 그런데 피고인(갑)이 성명을 모용하여 공소장에 다른 사람의 이름(을)이 기재된 경우(성명모용)나 검사가 공소장에 기재한 자(갑)가 아닌 다른 사람(을)이 공판정에 출석하여 재판을 받은 경우(위장출석)에는 누구를 피고인으로 볼 것인가가 문제된다. 성명모용의 경우 피고인은 성명을 모용한 갑이 된다. 검사는 다시 공소제기하지 않고 공소장정정절차에 의하여 피고인의 표시를 바로잡으면 된다. 위장출석의 경우에 피고인은 공소장에 기재된 자(갑)가 되므로 새로운 공소제기 없이 갑에 대한 절차를 새로이 진행시키면 된다. 다만 위장출석한 자(을)를 어떻게 처리할 것인가는 이미 진행된 절차의 각 단계에 따라 달라진다. 인정신문만 이루어진 경우에는 을을 퇴장시키면 되고, 사실심리가 이루어진 때에는 을에 대하여 공소기각판결을 선고하고, 판결이 선고된 때에는 이는 항소·상고이유가 된다. 판결이 확정된 경우에는 비상상고절차에 의하여 그 판결을 시정하여야 한다는 견해와 재심절차에 의하여야 한다는 견해(다수설)의 대립이 있다.

(2) 소송법상 지위

피고인은 검사와 대등한 입장에서 검사의 공격에 대하여 자신을 방어하는 수동적 당사자가 된다. 이는 형사소송법이 공판단계에서 당사자주의 소송구조를 대폭 도입한 결과에 따른 것이다. 피고인에 대해서는 자신을 방어하도록 하기 위하여 진술거부권과 진술권, 변호인의 조력을 받을 권리, 접견교통권, 공판정출석권, 법관기피신청권, 공판조서열람등사권, 증거조사참여권·이의신청권 등을 포함한 많은 권리들이 인정되고 있다. 그러나 반대로 피고인은 소환이나 강제처분 등 소송절차의 대상이 되기도 하고 그 진술이나 신체 등이 증거가 되기도 한다. 형사절차에서 피고인(피의자)은 유죄판결이 확정될 때까지 무죄로 추정된다(제275조의2).

> **<사례4 해설>** (피고인)
>
> 성명모용의 경우 피고인특정과 관련하여 피고인은 성명을 모용한 정이 되고 새로운 공소제기 없이 검사는 공소장정정절차를 거쳐 이를 바로잡으면 된다.

4. 변 호 인

> **사례 5**   변호인
>
> 변호사 D는 살인혐의로 구속수사중인 피의자 기(己)의 변호인이다. 변호인 D는 피의자 신문에 참여하고자 하였으나 검사는 변호인 D가 피의자에게 진술거부권을 행사하도록 하였다는 이유로 이를 거절하였다. 검사의 변호인 D에 대한 피의자신문참여권 제한은 적법한가? 그 후 변호인 D는 구치소에 수감중인 기에 대하여 접견을 신청하였고 교도관의 입회하에 접견이 이루어졌다. 변호인 D와 피의자의 접견내용을 감시하는 것은 적법한가?

(1) 사선변호인

변호인은 소송주체가 아니라 피고인(피의자)의 방어력을 보충해 주기 위해 그 선임에 의해 소송절차에 관여하는 보조자다. 변호인선임권은 원칙적으로 피고인·피의자가 가지나 그 법정대리인·배우자·직계친족·형제자매도 변호인선임권을 갖는다. 변호인은 변호사 중에서 선임하며 1인의 피고인·피의자가 선임할 수 있는 변호인의 수에는 제한이 없으나, 소송지연을 방지하기 위하여 수인의 변호인이 있는 경우에 대표변호인을 지정할 수 있다. 변호인의 선임은 변호인과 선임자가 연명·날인한 서면을 공소제기 전에는 그 사건을 취급하는 검사 또는 사법경찰관에게, 공소가 제기된 후에는 그 법원에 제출하여야 한다.

(2) 국선변호인

사선변호인 제도를 원칙으로 하나 경제적 이유 등으로 사선변호인을 선임할 수 없는 경우에는 법원이 변호인을 선정하여 주어야 하는데 이를 국선변호인제도라 한다.

법원은 피고인이 형사소송법 제33조 제1항에서 규정하고 있는 요건, 즉 피고인이 ① 구속된 때, ② 미성년자인 때, ③ 70세 이상인 때, ④ 농아자인 때, ⑤ 심신장애의 의심이 있는 때, ⑥ 사형·무기 또는 단기3년 이상의 징역이나 금고에 해당하는 사건으로 기소된 때 중 어느 하나에 해당하고 변호인이 없을 때에는 변호인을 선정하여야 한다. 또 피고인이 빈곤 그 밖의 사유로 변호인을 선임할 수 없는 때에는 피고인의 신청에 의하여 국선변호인을 선정하여야 한다(제33조 제2항). 이와 같은 국선변호인 선임사유(제33조 제1항·제2항·제3항)에 해당하여 법원이 변호인 선정을 하였으나 변호인이 출석하지 아니한 때에도 법원은 직권으로 변호인을 선정하여야 한다. 변호인 없이 개정할 수 없는 치료감호청구사건에서 피치료감호청구인에게 변호인이 없거나 변호인이 출석하지 않을 때에는 국선변호인을 선정하여야 한다. 피의자에 대한 국선변호인 선정도 인정되고 있다. 즉 체포·구속 적부심사를 청구한 피의자가 제33조의 국선변호인 선임사유에 해당하고 변호인이 없을 때에는 국선변호인을 선정하여야 한다(제214조의2 제10항). 구속영장을 청구받은 지방법원판사가 피의자를 심문하는 경우에 심문할 피의자에게 변호인이 없는 때에도 직권으로 변호인을 선정하여야 한다(제214조의2 제8항). 재심개시결정이 확정된 사건에 있어서 ① 사망자 또는 회복할 수 없는 심신장애자를 위하여 재심의 청구가 있는 때, ② 유죄의 선고를 받은 자가 재심의 판결 전에 사망하거나 회복할 수 없는 심신장애자로 된 때에 재심청구자가 변호인을 선임하지 아니한 경우에는 국선변호인을 선정하여야 한다(제438조).

국선변호인은 법원의 관할구역 안에 사무소를 둔 변호사, 그 관할구역 안에서 근무하는 공익법무관 또는 수습중인 사법연수생 중에서 선정한다. 법원은 피고인 또는 피의자에게 변호인이 선임된 때, 국선변호인이 자격을 상실한 때, 국선변호인의 사임을 허가한 때에는 국선변호인의 선정을 취소할 수 있다. 국선변호인도 정당한 이유가 있는 때에는 법원의 허가를 받아 사임할 수 있다. 국선변호인은 일당, 여비, 숙박료 및 보수를 청구할 수 있다.

(3) 소송법상 지위

변호인은 피고인·피의자의 이익을 위하여 활동하는 피고인(피의자)의 보호자이다. 이는 변호인의 가장 기본적인 지위이다. 변호인은 자기의 판단에 따라 피고인의 정당한 이익을 보호해야 한다. 이를 위해 변호인은 피고인(피의자)의 대리인으로서 그 의사에 종속해서 관할위반신청, 증거동의, 상소취하, 정식재판청구 등을 대리할 수 있으며(종속대리권), 피고인의 의사에 반한 경우에도 구속취소청구, 보석의 청구, 증거조사이의신청, 기피신청(독립대리권) 등을 할 수 있다. 또한 변호인은 변호인의 고유권한에 속하는 증인신문·강제처분참여권, 기록열람·등사권, 피고인(피의자) 접견교통권, 피의자신문참여권을 가진다. 그 외 변호인은 피고인에 대하여 비밀유지의무를 진다. 이러한 보호자로서의 지위 외에 변호인은 독립된 법조기관이라는 공익적 지위에 근거하여 진실의무를 지게 된다. 따라서 변호인이 피고인에 대하여 법적 조언과 증거수집·제출에서 나아가 위증을 교사하거나 허위진술을 강요하는 것은 진실의무에 반하여 허용되지 않는다고 해야 한다.

(4) 접견교통권

변호인은 신체구속을 당한 피고인(피의자)을 접견하고 서류·물건을 수수하며, 의사의 진료를 받게 할 수 있다. 이를 접견교통권이라 한다. 가족·친지 등의 비변호인의 접견교통권이 법률이나 법원·수사기관의 결정에 의하여 제한받는 것과는 달리 변호인의 접견교통권은 자유로이 보장된다(제34조). 따라서 변호인과의 접견교통권은 일반적으로 금지하는 것은 물론 일정한 일시와 장소에 한정하여 제한하는 것도 허용되지 아니한다. 변호인과 구속된 피고인(피의자)과의 접견내용에 대해서도 비밀이 보장된다. 그러므로 변호인과의 접견에 교도관이 입회하거나 감시하는 것은 허용되지 않으며 이를 제한할 수도 없다. 수수한 서류의 검열과 물건의 압수도 허용되지 않는다. 수사기관이 변호인과의 접견교통권을 제한하거나 의류·양식·의료품의 수수를 금지한 때 또는 적법한 절차에 의하지 않고 접견교통권을 제한한 경우에는 접견교통권의 침해에 해당된다. 수사기관이나 법원의 접견 불허처분이 없는 경우에도 변호인의 접견신청일로부터 상당한 기간이 경과하였 거나 접견신청이 경과하도록 접견이 이루어지지 않은 때에는 실질적으로 접견불 허처분이 있는 것과 동일시된다. 법원의 접견교통제한결정에 대하여 불복이 있는 때에는 보통항고를 할 수 있고(제402조), 검사 등 수사기관의 제한에 대하여는 준 항고에 의하여 취소 또는 변경을 청구할 수 있다(제417조). 교도소 또는 구치소에 의한 접견교통권의 침해에 대하여는 행정소송이나 국가배상의 방법에 의하여 구 제받을 수 있다. 접견교통권을 침해하여 얻은 증거는 증거능력이 부정된다.

(5) 피의자신문참여권

변호인은 수사기관의 피의자신문과정에 참여할 수 있다. 이는 수사단계에서 피의자에 대하여 변호인의 도움을 받을 권리를 실질적으로 보장하기 위한 것이 다. 검사 또는 사법경찰관은 피의자 또는 그 변호인·법정대리인·배우자·직계친 족·형제자매의 신청에 따라 변호인을 피의자와 접견하게 하거나 정당한 사유가 없는 한 피의자에 대한 신문에 참여하게 하여야 한다(제243조의2 제1항). 피의자신 문에 참여하는 변호인은 수사기관의 위법을 감시하는 데서 나아가 신문중 부당한 신문방법에 이의를 제기하거나, 검사나 사법경찰관의 승인을 얻어 의견을 진술할 수 있다(제243조의2 제3항). 검사 사법경찰관은 수사방해, 수사기밀누설 및 증거인 멸의 위험이 있는 경우에는 변호인참여권을 제한할 수 있다. 따라서 진술거부권 은 헌법상의 피의자권리이기 때문에 변호인이 피의자에게 진술거부권을 행사하 도록 한 경우 이는 참여권을 제한할 정당한 사유에 해당되지 않는다. 검사 또는 사법경찰관이 변호인의 참여를 제한하거나 퇴거시킨 경우에는 그 처분에 대하여 준항고할 수 있고(제417조), 변호인의 피의자신문참여권을 침해하여 변호인 참여 없는 상태에서 작성된 피의자신문조서는 그 증거능력이 부정된다.

<사례5 해설> (변호인)
검사는 수사방해, 수사기밀누설 및 증거인멸의 위험이 있는 경우에는 변호인의 피 의자신문참여권을 제한할 수 있다. 진술거부권의 행사는 피의자의 정당한 권리행 사이므로 비록 변호인이 피의자에게 그 행사를 권유하였다 하더라도 신문참여권을 제한할 정당한 사유에 해당되지 않는다. 따라서 검사의 변호인 D에 대한 피의자신 문참여는 적법하지 않다. 변호인 D는 준항고할 수 있으며 변호인 D가 참여하지 않

은 상태에서 작성된 피의자신문조서는 증거능력이 없다. 변호인과의 접견교통권은 법원이나 수사기관의 결정에 의해서 이를 제한할 수 없고 그 접견의 내용도 비밀이 보장된다. 따라서 교도관 입회하의 접견은 접견교통권의 침해에 해당한다. 접견교통의 침해에 대해서는 항고와 준항고를 할 수 있다. 그러나 교도소·구치소에 의한 접견교통권의 침해에 대하여는 행정소송이나 국가배상의 방법에 의하여서만 구제받을 수 있다. 접견교통권을 침해하여 얻은 증거는 증거능력이 부정된다.

Ⅲ. 수 사

1. 수사기관

법률상 수사의 권한이 인정되는 국가기관으로는 검사와 사법경찰관이 있다. 수사의 주재자는 검사다. 사법경찰관에게도 독자적인 수사개시권이 인정된다. 그러나 사법경찰관은 수사를 개시한 후에 모든 수사에 관하여 검사의 지휘를 받아야 한다. 각종 영장청구권은 검사에게만 인정된다. 이러한 검사의 사법경찰관리에 대한 지휘·감독권은 검사작성조서와 사법경찰관작성조서의 증거능력간에 차이를 두는 규정(제312조), 검사장의 수사중지명령권·교체임용요구권(검찰청법 제54조), 검사의 체포·구속장소감찰(제198조의2), 긴급체포사후승인권(제200조의3 제2항), 사법경찰관의 수사사무보고·정보보고의무 등의 규정에 의하여 제도적으로 보장되고 있다.

2. 수사의 단서

사례 6 수사 단서

(1) 사법경찰관 갑은 필로폰 밀매가 이루어지고 있다는 정보가 입수된 건물 주위를 순찰하다가 필로폰 밀매자로 의심되는 A가 그 건물에서 나오는 것을 보고 A를 정지시킨 다음 자신의 신분증을 제시한 후 A에 대하여 이름과 주소 등을 물은 뒤 소지품 제시를 요구하였다. A가 이를 거절하자 갑은 A가 입고 있는 옷 위를 손으로 수색하다가 의복 안주머니 속으로 손을 넣어 필로폰이 들어

있는 작은 봉지 하나를 발견하였다. 갑은 A를 마약소지 현행범으로 체포하려 한다. 갑의 조치는 적법한가?

(2) 을은 남편 B와 내연관계에 있는 C를 간통혐의로 고소하고 이혼소송을 제기하였다. 그러나 남편 B가 도주하여 행방을 알 수 없게 되었으므로, C에 대해서만 수사가 진행된 후 공소가 제기되어 C는 1심에서 10월형을 선고받았고 C가 항소를 포기함에 따라 형이 확정되었다. 그후 B가 긴급체포되어 제1심재판이 진행되는 중에 갑자기 남편없이 살아야 된다는 걱정이 든 을은 남편 B에 대한 고소를 취소하였다. B에 대한 고소취소는 유효한가? 사안을 바꾸어서 만약 사법경찰관 병이 B와 C가 간통하는 현장을 발견하였다고 가정할 경우 을의 고소가 없는 상태에서 병은 간통사건을 수사할 수 있는가?

수사는 현행범의 체포, 불심검문, 고소·고발·자수·진정·범죄신고, 세평·기사·풍설, 다른 사건 수사중 범죄발견 등과 같은 많은 수사단서를 원인으로 해서 개시된다.

(1) 불심검문(직무질문)

가. 대　상

경찰관직무집행법(제3조 제1항)에 따라 경찰관은 거동이 수상한 자(거동불심자)를 발견한 때에 이를 정지시켜 질문할 수 있다. 불심검문의 대상자는 ① 수상한 거동 또는 기타 주위의 사정을 합리적으로 판단하여 어떠한 죄를 범하였거나 범하려고 하고 있다고 의심할 만한 상당한 이유가 있는 자, 또는 ② 이미 행하여진 범죄나 행하여지려고 하는 범죄행위에 관하여 그 사실을 안다고 인정되는 자이다. 불심검문은 새로운 범죄사실이 밝혀지고 특정범죄의 범인이 발견되는 계기가 된다는 점에서 주요한 수사단서라 할 수 있다.

나. 내　용

불심검문은 수상한 자를 정지시켜 질문하는 것을 그 내용으로 한다. 따라서 경찰관은 수상한 점을 밝히기 위하여 거동불심자에게 행선지·용건·성명·주소·연령 등을 질문하고 필요한 때에는 소지품의 내용을 질문할 수 있다. 질문은 임의적이며 질문에 대한 답변도 강제되지 않는다. 질문을 위한 정지요구에 응하지 아니한 거동불심자를 강제수단을 사용하여 정지시킬 수 있느냐와 관련하여 다수의 견해는 정지를 위하여 길을 막거나 몸에 손을 대는 경우와 같이, 강제에 이르지 않는 정도의 유형력 행사는 허용된다고 보고 있다. 그러나 정지를 위하여 원칙적으로 실력행사를 사용하는 것은 허용되지 않으나 살인·강도 등의 중범죄에 한하여 긴급체포도 가능하지만 신중을 기하기 위한 경우에만 예외를 인정하는 것이 타당하다.

경찰관은 그 장소에서 질문하는 것이 거동불심자에게 불리하거나 교통의 방해가 된다고 인정되는 때에 한하여 부근의 경찰서·지서 등의 장소에 동행할 것을 요구할 수 있다. 이 경우 경찰관은 자신의 신분을 표시하는 증표를 제시하면서 소속과 성명을 밝히고 그 목적과 이유를 설명하여야 하며, 동행장소를 밝혀야 한다. 가족 또는 친지에게 동행한 경찰관의 신분·동행장소·동행목적과 이유를 고지하거나 본인으로 하여금 즉시 연락할 수 있는 기회를 부여하여야 하며 변호인의 조력을 받을 권리가 있음을 고지하여야 한다. 질문을 위한 동행시 거동불심자를 6시간을 초과하여 경찰관서에 머무르게 해서는 안 된다.

다. 소지품검사

물건 등의 소지 여부를 밝히기 위하여 불심검문에 수반해서 거동불심자의 착의·휴대품을 조사하는 것이 가능한가가 문제된다. 즉 불심검문에 수반하여 의복 또는 휴대품을 외부에서 가볍게 손으로 만지면서 질문하고, 소지품의 내용개시를 요구하고, 개시된 소지품을 검사하는 것이 가능한가 하는 것이다. 경찰관직무집행법에서는 불심검문에 관하여 흉기소지조사에 대해서만 규정하고 있다. 그러나 질문의 실효성을 확보하기 위해서 의복이나 휴대품의 외부를 손으로 만져서 확인하는 것은 불심검문에 수반하는 행위로서 허용된다고 보아야 한다. 다만 소지품의 내용을 개시할 것을 요구하였으나 상대방이 응하지 아니한 경우에 실력행사가 가능한가와 관련해서는 흉기의 경우와 일반소지품의 경우로 나누어 볼 필요가 있다. 즉 흉기나 폭탄을 소지하고 있다고 의심되는 때에는 폭력을 사용하지 않는 범위에서 소지품의 내용을 조사하는 것도 허용된다. 물론 이 경우 흉기를 휴대하였다고 인정할 수 있는 고도의 개연성이 필요하다. 흉기를 제외한 일반소지품의 조사에 있어서는 실력을 행사하여 그 내용을 조사하는 것은 허용되지 않는다.

라. 자동차검문

범죄예방과 검거를 목적으로 통행중인 자동차를 정지시킨 후 운전자나 동승자에게 질문하는 것을 자동차검문이라고 한다. 도로교통법위반을 단속하기 위한 교통검문은 도로교통법 제47조의 일시정지권에 의하여 허용된다. 문제는 이에 관한 직접적인 명시규정이 없는데 불특정 일반범죄의 예방과 검거를 목적(경계검문)으로 하거나, 특정범죄 발생시 범인검거와 수사정보수집을 목적(긴급수배검문)으로 자동차검문을 하는 것이 허용되는가에 있다. 자동차를 이용한 범죄가 증가되고 있는 점을 고려할 때 이에 대한 검문의 필요성을 부인할 수는 없을 것이다. 따라서 범죄의 예방과 검거를 위하여 필요하고 적절한 경우에 한하여, 자동차를 이용한 중대범죄를 대상으로 자동차이용자의 자유를 최소한도로 제한하는 범위에서 임의의 수단에 의한 자동차검문은 허용되어야 한다. 이에 대한 정당성은 경찰관직무집행법상의 불심검문에 관한 규정과 형사소송법상의 임의수사에 관한 규정에서 찾을 수 있겠다.

(2) 고소와 고소불가분의 원칙

고소란 범죄의 피해자 또는 그와 일정한 관계가 있는 고소권자가 수사기관에 대하여 범죄사실을 신고하여 범인의 처벌을 구하는 의사표시를 말한다. 고소가 소송법상 효력을 갖기 위해서는 고소권이 있는 자에 의해서 행하여져야 한다. 범죄의 피해자는 고소권이 있다. 그 외 피해자의 법정대리인·배우자·직계친족도 독립하여 고소할 수 있다. 친고죄에 대하여 고소할 자가 없는 경우에 이해관계인의 신청이 있으면 검사는 10일 이내에 고소할 수 있는 자를 지정하여야 한다. 성폭력범죄에 대한 경우를 제외(성폭력범죄의 처벌 등에 관한 특례법 제17조)하고는 자기 또는 배우자의 직계존속을 고소할 수 없다.

고소는 검사 또는 사법경찰관에 대하여 서면으로 하거나 구술에 의하여 할 수 있으나 구술에 의한 고소의 경우에는 검사 등은 조서를 작성하여야 한다. 간통죄의 경우에는 혼인이 해소되거나 이혼소송을 제기한 후가 아니면 고소할 수 없다. 다시 혼인하거나 이혼소송을 취하한 때에는 고소는 취소된 것으로 간주된다. 친고죄의 경우에는 범인을 알게 된 날로부터 6월을 경과하면 고소하지 못한다. 다만 '성폭력범죄의 처벌등에 관한 법률'에서는 성폭력범죄 중 친고죄에 대한 고소기간을 1년으로 규정하고 있다. 고소기간의 시기는 범인을 알게 된 날인데 이때의 범인이란 정범 외에 교사범과 종범도 포함된다. 고소는 제1심 판결선고 전까지 취소할 수 있다. 따라서 제1심 판결 선고 후에 고소가 취소된 때에는 고소취소는 효력이 없다. 고소를 취소할 수 있는 자는 고소권자의 경우와 같다. 고소취소도 서면이나 구술로 하며 공소제기된 후 고소를 취소할 때에는 법원에 대하여 할 수 있다. 고소를 취소한 자는 다시 고소를 제기할 수 없다. 친고죄의 경우 고소가 없는 경우 수사기관은 수사를 개시할 수 있는가가 문제된다. 이 경우 다수설과 판례에 의하면 고소가 없어도 수사는 가능하지만 고소의 가능성이 없는 경우에는 수사가 허용되지 않거나 제한된다. 고소의 가능성이 있는 경우에는 임의수사만 가능하다고 보는 견해도 있으나 임의수사와 강제수사 모두 가능하다고 보는 것이 타당하다(다수설).

고소불가분의 원칙에 의하여 한 개의 범죄의 일부분에 대한 고소 또는 그 취소는 그 전부에 대하여 효력이 발생하며, 수인의 공범 중 1인 또는 수인에 대한 고소 또는 그 취소는 다른 공범자에게도 효력이 미친다. 고소 후에 공범자 1인에 대하여 제1심 판결이 선고되어 고소를 취소할 수 없게 되었을 때에 다른 1심 판결선고 전의 공범에 대한 고소취소가 가능한가가 문제되나 이 경우 고소를 취소할 수 없고 고소의 취소가 있어도 효력이 없다고 해석하는 것이 통설과 판례(대법원 1975.6.10, 선고 75도204 판결; 대법원 1985.11.12, 선고 85도1940 판결)의 태도이다.

(3) 고 발

고소권자와 범인 이외의 사람이 수사기관에 대하여 범죄사실을 신고하여 그 소추를 구하는 의사표시를 말한다. 자기 또는 배우자의 직계존속은 고발하지 못한다. 고발과 그 취소의 절차 및 방식은 고소의 경우와 같다. 다만 대리인에 의한 고발이 인정되지 않고 고발기간에는 제한이 없으며 고발을 취소한 후에도 다시 고발할 수 있다는 점에서 고소와 구별된다.

＜사례6 해설＞ (수사 단서)

(1) 사법경찰관 갑이 거동이 수상한 A를 정지시켜 성명과 주소를 묻고 소지품의 제시를 요구하는 행위는 경찰관직무집행법 제3조 제1항에 근거한 불심검문에 해당하며 정당하다. 문제는 갑이 A의 의복 위를 손으로 만져서 소지품을 확인하는 외표검사와 옷속의 호주머니에 손을 넣어 필로폰을 꺼낸 행위가 불심검문에 수반하는 소지품검사에 해당되어 허용되는가에 있다. 먼저 갑이 행한 외표검사는 불심검문에 수반되는 행위로 허용된다고 해야 한다. 그러나 일반소지품에 대해서는 원칙적으로 실력행사가 허용되지 않는다고 해야 하므로 갑이 A의 안주머니에 손을 넣어 소지품을 꺼낸 행위는 소지품검사의 범위를 일탈한 것으로 위법하다고 할 수 있다. 따라서 필로폰을 꺼낸 행위가 위법하다고 할 때에는 이를 이유로 한 현행범 체포도 위법하다고 해야 한다.

(2) 고소는 제1심 판결선고 전까지 취소할 수 있다. 문제는 공범(C)에 대한 제1심 판결선고 후에 다른 공범(B)에 대한 고소를 취소할 수 있는가에 있다. 공범자에 대하여 고소를 취소할 수 없는 경우에 다른 공범에 대한 고소취소를 인정하는 것이 고소의 주관적 불가분의 원칙에 반하고 이를 인정할 경우 고소권자의 자의에 의하여 불공평한 결과를 초래한다는 점에서 통설과 판례는 이 경우 고소취소는 허용되지 아니하고 고소를 취소한 경우에도 고소취소의 효력이 미치지 않는다고 본다. 통설과 판례에 의할 경우 을은 B에 대한 고소를 취소할 수 없고, 고소를 취소한 경우에도 취소의 효력이 발생하지 아니한다.

친고죄의 경우 을이 고소하지 않겠다는 의사표시를 하지 않는 한 사법경찰관 병은 B와 C에 대한 간통죄의 수사를 개시할 수 있다. 이 경우 다수설에 의할 때 병은 임의수사뿐만 아니라 현행범체포와 같은 강제수사도 가능하다고 해야 한다. 그러나 을이 고소하지 않겠다는 의사표시를 한 경우에는 강제수사는 물론 임의수사도 할 수 없다고 보아야 한다.

3. 임의수사

사례 7   임의수사

(1) 사법경찰관 갑은 A와 B에 대한 사기도박혐의를 수사중, 동료 경찰관 4명과 함께 A의 집 근처에서 10시간 동안 잠복근무를 하다가 새벽 6시경 집에서 나오는 A를 임의동행의 형식으로 경찰서로 데려왔다. 이때 A는 피의사실을 부인하였고 갑으로부터 동행거부에 대한 사실을 고지받지 못하였다. 경찰서에 도착하여 조사중 갑은 화장실을 갔다오겠다는 A를 경찰관 1명으로 하여금 따라가서 감시하게 하였다. ① 갑의 임의동행은 적법한가? 다음 날 공범인 B가 경찰서에 자발적으로 출두하여 갑은 B에 대한 피의자신문을 하였다. 사법경찰관 갑은 B가 자진해서 진술하고 있으므로 별도의 진술거부권고지가 필요 없다고 생각하고 진술거부권을 고지하지 아니하였다. ② 이 경우 진술거부권을 고지하지 않아도 되는가? 한편 A의 처는 경찰이 A의 집 앞 공 도로에서 2개월간 A의 집에 출입하는 사람을 영장없이 사진촬영하였다는 사실을 알고 이는 위법한 수사라고 주장하였다. 경찰은 A의 집에서 사기도박이 이루어진다는 혐의를 잡고 A의 집 밖에서 A의 집에 출입하는 사람들의 모습을 촬영하였다. ③ A의 처의 주장은 타당한가?

(2) 사법경찰관 을은 절도전과가 있는 C가 다시 절도를 범할 가능성이 높다고 생각하고 그를 미행하여 오던 중 C가 좀처럼 절도를 범할 의사를 보이지 않자

C에게 절도기회를 제공하여 그를 현행범으로 체포하기로 마음먹었다. 을은 신분을 숨기고 C에게 현금부자로 유명한 D의 집을 털자고 제안하였다. 처음에는 이를 거절하던 C도 을이 계속해서 설득하자 이에 응하여 D의 집 문을 부수고 들어가 금고에 들어 있는 현금을 절취하여 나오다가 현장에서 기다리고 있던 을에게 체포되었다. 을의 수사는 적법한가?

강제력을 행사하지 않고 상대방의 동의나 승낙을 받아서 행하는 수사를 임의수사라 하고 형사소송법은 임의수사를 원칙으로 하고 있다.

(1) 피의자 신문

수사기관이 피의자를 신문하여 피의자로부터 진술을 듣는 것을 말한다. 피의자신문을 위해 출석요구서 발부·전화·구두 등의 방법을 통해서 피의자의 출석을 요구하여야 한다. 피의자는 출석을 거부할 수 있고 출석한 때에도 언제나 퇴거할 수 있다.

검사 또는 사법경찰관은 피의자를 신문하기 전에 피의자에게 진술거부권과 변호인의 피의자신문참여권을 비롯하여 변호인의 조력을 받을 수 있다는 사실을 고지하여야 하여(제2442조의3 제1항), 이러한 권리를 행사할 것인지에 관한 피의자의 답변도 조서에 기재하여야 한다. 진술거부권을 고지하지 않고 작성된 피의자신문조서는 증거능력이 없다. 피의자신문시 변호인을 참여시키는 외에 피의자가 신체적·정신적 장애로 사물을 변별하거나 의사를 결정·전달할 능력이 미약하거나, 피의자의 연령 등을 고려하여 심리적 안정의 도모와 원활한 의사소통을 위하여 필요한 경우, 직권·피의자 등의 신청에 따라 피의자와 신뢰관계에 있는 자(예컨대 부모)를 동석하게 할 수 있다(제244조의5).

피의자신문조서는 피의자에게 열람하게 하거나 읽어서 들려주어야 하고, 피의자가 이의를 제기하거나 의견을 진술한 때에는 이를 조서에 추가로 기재하여야 한다. 피의자신문을 영상녹화하는 것도 허용된다. 피의자진술을 영상녹화할 때에는 피의자에게 미리 영상녹화사실을 알려주어야 한다. 조사과정의 일부분만을 선별하여 녹화하는 것은 허용되지 않으며 따라서 조사개시 시점부터 조사가 종료되어 피의자가 조서에 기명날인·서명을 마치는 시점까지의 전 과정을 녹화하여야 한다. 영상녹화가 완료된 때에는 피의자 또는 변호인 앞에서 원본을 봉인하고 피의자로 하여금 기명날인 또는 서명하게 하여야 한다(제244조의2 제2항). 영상녹화물은 검사작성의 피의자신문조서와 검사 및 사법경찰관 작성의 참고인진술조서의 성립의 진정을 인정하기 위한 방법으로 사용되며(제312조) 진술자의 기억이 불명확한 경우에 기억 환기용으로 사용할 수 있게 하고 있다(제318조의2 제2항).

(2) 참고인 조사

검사 또는 사법경찰관은 수사에 필요한 때에는 피의자 아닌 자의 출석을 요구하여 진술을 들을 수 있다. 피의자 아닌 제3자를 참고인이라 한다. 참고인은 수사에 대한 협조자에 불과하기 때문에 출석과 진술을 강요당하지 않는다. 참고인의 진술도 영상녹화할 수 있으나 이 경우 참고인의 동의를 필요로 한다.

(3) 감정·통역·번역의 위촉

검사 또는 사법경찰관은 수사에 필요한 때에는 감정·통역·번역을 위촉할 수 있고 위촉을 받은 자가 수락하는가의 여부는 자유이다. 감정인 통역인 번역인은 비대체적인 것이 아니므로 다른 사람에게 위촉할 수 있기 때문이다.

(4) 사실조회

수사에 관하여는 공무소 기타 공사단체에 조회하여 필요한 사항의 보고를 요구할 수 있다. 공무소 등에의 조회라고도 한다. 전과조회, 신원조회, 신분조회 등 조회할 수 있는 사항에는 제한이 없다.

(5) 임의동행의 적법성

임의동행은 사법경찰관 등이 피의자의 동의를 얻어 피의자와 수사기관까지 동행하는 것을 말한다. 이러한 임의동행은 피의자신문을 위한 일종의 수사수단으로서의 성격을 띠고 있다. 임의동행은 피의자의 승낙을 전제로 하여 허용되고 있다. 따라서 임의동행의 형식을 취하였더라도 실질에 있어 신체·자유의 구속이 있었다고 볼 수 있는 경우에는 영장없이 행한 불법체포·구속에 해당되게 된다. 임의동행과 강제연행의 구별은 동행의 시간과 장소, 동행의 방법, 동행 후의 신문방법, 체포 또는 구속영장의 유무, 식사·휴식·용변의 감시, 퇴거희망이나 동행거부의 유무 등을 종합하여 판단하여야 한다.

위와 같은 임의수사의 하나로 행하여지는 임의동행 이외에 임의동행이 불심검문에 수반되어 행하여지는 경우도 있다. 불심검문을 위하여 질문을 하여야 되는데 여건이 여의치 않아 가까운 수사관서에 동행을 요구하는 경우가 이에 해당된다. 물론 이 경우도 불심검문 대상자의 승낙이 있어야 한다. 그러나 이러한 경찰관직무집행법 제3조에 의한 임의동행은 수사라기보다는 범죄예방과 진압을 위한 행정경찰처분에 속한다고 보아야 한다. 다만 거동불심자의 불심검문을 위해 임의동행을 하였으나 그 과정에서 범죄사실이 밝혀져 긴급체포·구속을 하게 된 경우에는 이를 형사소송법상의 임의동행과 같이 취급하여 동행시부터 강제처분이 있었다고 보는 것이 타당할 것이다. 이를 단순히 수사의 단서로만 보게 될 경우 영장없는 강제수사가 형사소송법의 규제를 받지 못하게 될 가능성이 크기 때문이다.

(6) 감청과 사진촬영의 허용 여부

감청이란 수사기관이 타인의 대화를 본인의 부지중에 청취하는 것을 말한다. 이러한 감청은 개인의 프라이버시에 대한 중대한 침해를 가져온다는 점에서 강제수사로 보아야 하고 따라서 법원의 허가를 얻은 경우에만 허용될 수 있다.

사진촬영이 수사의 방법으로 허용되는가와 관련하여, 초상권의 침해가 우려될 수 있으므로 상대방의 의사에 반하거나 승낙없이 행한 사진촬영은 강제수사로 보아야 하며 따라서 영장주의의 적용을 받아야 한다고 보는 것이 통설의 입장이다. 다만 사진촬영을 강제수사로 본다고 해도 영장없는 사진촬영을 전혀 허용하지 않는 것은 아니다. 무인장비에 의하여 영장없이 제한속도위반 차량의 차량번호를 촬영하는 것도 허용된다. 또 범죄혐의가 명백하고 증거로서의 필요성이 높고 증거보전의 긴급성이 있거나 촬영방법이 상당할 경우에는 영장없는 사진촬영을 허용하고 있다(대법원 1999.9.3. 선고 99도2317 판결).

(7) 함정수사

가. 허용범위

수사기관이 사술을 사용하여 범의를 유발케 하거나 범의를 가지고 있는 자에게 범행기회를 제공하여 범죄인을 검거하는 것을 적법한 수사로 볼 수 있을 것인가가 문제된다.

판례(대법원 2007.5.31. 선고 2007도1903 판결; 대법원 2008.3.13. 선고 2007도10804 판결)에 의하면 범의를 가지지 아니한 자에 대하여 수사기관이 사술이나 계략을 써서 범의를 유발케 하여 범죄인을 검거하는 함정수사(범의유발형)는 위법하고, 이미 범의를 가지고 있는 자에 대하여 범행의 기회를 주거나 범행을 용이하게 한 경우(기회제공형)는 허용된다. 다만 판례는 구체적인 사건에서 위법한 함정수사에 해당하는지의 여부는 범죄의 종류와 성질, 유인자의 지위와 역할, 유인의 경위와 방법, 유인에 따른 피유인자의 반응, 유인행위의 위법성 등을 고려하여 판단하여야 한다는 입장을 취하고 있다. 이에 따르면 범행이 조직적이고 은밀하게 행하여지기 때문에 통상의 수사방법으로는 범인검거가 어렵다고 할 수 있는 마약범죄와 조직범죄, 뇌물범죄의 경우에는 함정수사가 효과적인 방법이 될 수 있을 것이나, 그 외 폭력범죄나 재산범죄의 경우에는 특별한 수사방법이 필요한 것이 아니므로 함정수사는 허용되지 않는다. 따라서 함정수사는 마약·뇌물·조직범죄에 한하여 기회제공형의 경우에만 허용된다고 할 수 있다.

나. 처벌 여부

함정수사가 위법하다고 할 경우 함정에 걸린 자를 처벌할 수 있는가가 문제된다. 이에 대해서는 처벌할 수 없다는 불가벌설과 가벌설이 대립되어 있다. 다수설과 판례(대법원 2005.10.28, 선고 2005도1247 판결)는 위법한 함정수사에 의한 공소는 적정절차에 위반된 수사에 의한 공소이므로 공소제기가 법률규정에 위배하여 무효인 때에 해당하므로 공소기각판결을 선고해야 한다는 입장(불가벌성 중 공소기각설)을 취하고 있다.

<사례7 해설> (임의수사)

(1) 1) 판례에 의하면 임의동행의 적법성은 수사기관이 동행에 앞서 피의자에게 동행을 거부할 수 있음을 알려주었거나 동행한 피의자가 언제든지 자유로이 동행과정에서 이탈 또는 동행장소로부터 퇴거할 수 있었음이 객관적 사정에 의하여 명백하게 입증된 경우에 한하여 인정된다, 그런데 A는 갑으로부터 동행거부에 대하여 고지받지 못하였으며 동행요구시간이 새벽 6시였고, 사법경찰관의 감시하에 화장실에 갔다온 점에 의할 때 동행장소로부터의 퇴거도 자유롭지 못하였다고 할 수 있다. 이런 점에 의할 때 이는 임의동행으로 보기는 어려우며, 영장없이 이루어진 강제연행으로 보아야 한다.

2) 피의자신문 이전에 수사기관은 피의자에 대하여 진술거부권이 있음을 고지하여야 하며 이에 대한 행사 여부를 피의자에게 묻고 이를 조서에 기재하도록 되어 있다. 이와 같은 진술거부권을 고지하지 않고 작성된 피의자신문조서는 피의자의 자백의 임의성이 인정되더라도 증거능력이 인정되지 않는다. 이는 임의수사에서도

마찬가지이다. 따라서 사법경찰관 갑이 B에 대하여 진술거부권을 고지하지 않은 것은 적정절차에 대한 위반에 해당된다.

3) 영장없이 사진촬영하는 것이 타당한가와 관련하여 다수설과 판례 모두 수사기관이 수사함에 있어 현재 범행이 행하여지고 있거나 행하여진 직후이고 증거보전의 필요성 및 긴급성이 있으며 일반적으로 허용되는 상당한 방법에 의하여 촬영한 경우라면 촬영이 영장없이 이루어졌다 하여 이를 위법하다고 단정하기 어렵다는 입장을 취하고 있다. 피의자에 대한 범죄혐의가 상당히 포착된 상태에서 증거보전을 위해서 필요하고 A의 집 밖에서 출입하는 사람들의 모습을 촬영한 것으로 그 촬영방법 또한 상당성이 결여되었다고 보기 어려우므로 본 사례에서의 사진촬영은 적법하다고 할 수 있다.

(2) 함정수사의 적법 여부

사법경찰관 을은 함정수사의 필요성이 없는 절도죄에 관하여 범의유발형의 함정수사를 한 것이므로 이는 위법하다고 할 수 있다. 이 경우 C의 처리와 관련해서 다수설과 판례에 따르면 C는 불가벌이며 공소기각판결을 선고하여야 한다.

4. 강제수사

체포·구속·압수수색 등의 강제처분을 하기 위해서는 법원이 발부한 적법한 영장에 의하여야 한다. 형사소송법은 구속에 대해서는 영장주의의 예외를 인정하지 않는 반면 긴급체포 현행범체포시 영장없는 체포를 허용하고 있다. 압수수색과 관련해서는 광범위한 영장주의의 예외를 인정하고 있다.

(1) 체포 및 구속

사례 8　　강제수사

공무원인 A는 뇌물수수혐의로 검사의 출석요구가 있자 이에 응하여 검찰청에 출석하였다. 혐의를 극구 부인하던 A는 자정이 다가오자 귀가를 요구하였으나 검사는 A를 귀가시킬 경우 증거인멸의 우려가 있다고 생각하고 A를 긴급체포하여 수사를 계속하였다. 검사는 영장없이 A의 집을 압수·수색하여 뇌물로 받은 현금을 찾아내어 가지고 왔다. 그 후 A는 심경의 변화를 일으켜 범죄를 자백하였다. 검사는 긴급체포 후 40시간이 지나서 구속영장을 청구하였다.

(1) 검사의 긴급체포는 적법한가? 만약 긴급체포가 적법하지 못하다면 A가 취할 수 있는 구제수단은 있는가?

(2) 검사가 영장없이 행한 압수·수색은 적법한가?
(3) A를 구속하기 위한 절차는 어떠한가?
(4) 구속된 피의자도 보석을 청구할 수 있는가?

가. 체 포

죄를 범하였다고 의심할 만한 상당한 이유가 있는 피의자를 단시간 동안 수사관서 등 일정한 장소에 인치하는 제도이다. 수사초기에 피의자의 신병을 확보하기 위한 것이다.

(가) 영장에 의한 체포

검사는 피의자가 죄를 범하였다고 의심할 만한 상당한 이유가 있고 정당한 이유 없이 수사기관의 출석요구에 응하지 아니하거나 응하지 아니할 우려가 있는 경우에 법원에 체포영장을 청구할 수 있다. 법원은 상당하다고 생각되는 경우 체포영장을 발부하며 영장발부를 위해 피의자를 심문할 필요는 없다. 체포영장은 검사의 지휘에 의하여 사법경찰관이 집행한다. 체포영장을 집행함에는 체포영장을 피의자에게 제시하여야 한다. 피의자를 체포한 때에는 변호인이 있는 경우에는 변호인에게, 변호인이 없는 때에는 변호인 선임권자자 가운데 피의자가 지정한 자에게 피의사건명, 체포일시·장소 피의사실의 요지, 체포의 이유와 변호인을 선임할 수 있음을 알려야 한다. 체포된 피의자를 구속하고자 할 때에는 검사는 체포된 때로부터 48시간 이내에 구속영장을 청구하여야 하고 그 기간 내에 구속영장을 청구하지 아니하는 때에는 피의자를 즉시 석방하여야 한다. 체포영장에 의하여 체포된 피의자를 구속영장에 의하여 구속한 때에는 구속기간은 체포된 때부터 기산한다.

(나) 긴급체포

피의자가 사형·무기·장기 3년 이상의 징역이나 금고에 해당하는 죄를 범하였다고 의심할 만한 상당한 이유가 있고 증거를 인멸하거나 도망, 도망할 염려가 있고 지방법원 판사의 영장을 발부받을 수 여유가 없는 경우에 긴급체포가 허용된다. 사법경찰관이 긴급체포를 한 경우에는 즉시 검사의 승인을 받아야 한다. 검사 또는 사법경찰관이 긴급체포한 피의자를 구속하고자 할 때에는 구속영장을 청구하여야 하고, 48시간 이내에 구속영장을 청구하지 아니하거나 발부받지 못한 때에는 피의자를 즉시 석방하여야 한다. 긴급체포되었으나 구속영장을 청구하지 아니하거나 구속영장을 발부받지 못하여 석방된 자는 영장없이는 동일한 범죄 사실에 관하여 다시 체포하지 못한다.

(다) 현행범체포

현행범인은 누구든지 영장없이 체포할 수 있다. 수사기관뿐만 아니라 사인도 체포할 수 있다. 현행범인이란 범죄의 실행중이거나 실행 직후인 자를 말한다. 그 외 ① 범인으로 호창되어 추적되고 있는 자, ② 장물이나 범죄에 사용되었다고 인정함에 충분한 흉기·기타의 물건을 소지하고 있는 자, ③ 신체 또는 의복류에 현저한 증적이 있는 자, ④ 누구임을 묻자 도망하려 하는 자도 현행범으로 간주된다. 현행범인 체포과정에서 현행범인의 저항을 받는 때에는 사회통념상 체포를 위하여 필요하고 상당한 범위 내에서 실력을 행사할 수 있다. 검사 또는 사법경찰관이 현행범인을 체포하는 경우에 필요한 때에는 영장 없이 타인의 주거에 들어가 피의자를 수색할 수 있고 체포현장에서 압수·수색·검증을 할 수 있다. 그러나 일반사인은 현행범인의 체포를 위하여 타인의 주거에 들어갈 수 없다. 일반사인이 현행범인을 체포한 때에는 검사 또는 사법경찰관리에게 인도하여야 한다. 현행범인으로 체포된 자를 구속하고자 하는 때에는 48시간 내에 구속영장을 청구하여야 하고 구속영장을 청구하지 아니한 때에는 즉시 석방하여야 한다.

나. 구 속

피의자·피고인의 신체의 자유를 체포에 비하여 장기간 제한하는 강제처분이다. 구속은 대상에 따라 피의자구속과 피고인구속으로 나누며, 그 장소·기간에 따라 구금과 구인으로 구별할 수 있다. 피의자의 경우 판사가 발부한 구속영장에 의하여 수사기관이 이를 구금하며, 피고인의 경우 공소제기 후 구속영장에 의하여 법원이 이를 구인·구금한다. 구금이란 피고인·피의자를 교도소·구치소에 감금하는 강제처분을 말하고, 구인은 피고인·피의자를 법원·기타 장소에 24시간 이내로 인치하는 강제처분이다. 형사소송법 제70조와 제210조는 피고인·피의자가 죄를 범하였다고 의심할 만한 상당한 이유가 있고, 구속사유, 즉 일정한 주거가 없을 때, 증거를 인멸할 염려가 있을 때, 도망 또는 도망할 염려가 있을 때의 하나에 해당하는 사유가 있는 경우에는 구속할 수 있다고 하여 구속요건을 규정하고 있다.

(가) 피의자의 구속

피의자를 구속하기 위해서는 법원의 구속영장 발부가 전제되어야 한다.

그런데 형사소송법은 법원으로 하여금 피의자를 심문하여 구속사유를 판단한 뒤 구속영장발부 여부를 결정하도록 하고 있다. 따라서 구속영장을 청구받은 법원은 피의자심문을 위한 기일을 정하여야 한다. 피의자가 체포되어 있는 경우에는 통상 구속영장이 청구된 다음 날이 심문기일이 되나, 체포되어 있지 않은 경우에는 구인장을 발부하여 피의자를 구인한 후 심문기일을 정하여야 한다. 심문기일은, 검사·피의자·변호인에게 전화, 휴대전화, 문자전송 기타 적당한 방법에 의하여 신속히 통지하여야 한다. 심문을 위해서는 피의자를 법원에 인치해야 하는데 체포된 피의자는 체포의 효력을 이용하여 법원에 인치하면 되나, 체포되지 않은 피의자를 심문하기 위해서는 구인하여야 한다. 법원이 인치받은 피의자를 유치할 필요가 있는 경우에는 교도소, 구치소 또는 경찰서 유치장에 24시간을 초과하지 않는 범위에서 피의자를 유치할 수 있다. 심문기일에 판사는 구속사유를 판단하기 위하여 피의자를 심문하고, 검사와 변호인은 심문기일에 출석하여 의견을 진술할 수 있다. 심문은 법원청사 내에서 하며 피의자에 대한 심문절차는 공개하지 아니한다.

　　판사는 피의자에게 진권과 진술거부권이 있음을 고지하여야 하고 구속 여부를 판단하기 위한 사항에 관하여 신속하고 간결하게 심문하여야 한다. 심문할 피의자에게 변호인이 없는 경우에는 변호인을 선정하여야 한다. 지방법원판사는 상당하다고 인정할 때에는 구속영장을 발부한다. 법원이 피의자신문을 위하여 구속영장청구서·수사관계서류·증거물을 접수한 날로부터 구속영장을 발부하여 검찰청에 반환한 날까지의 기간은 구속기간에 산입하지 아니한다.

　　사법경찰관이 피의자를 구속한 때에는 10일 이내에 피의자를 검사에게 인치하지 아니하면 석방하여야 한다. 검사의 구속기간도 10일이지만 지방법원의 허가를 얻어 10일을 초과하지 않는 한도에서 구속기간을 연장할 수 있다. 검사 또는 사법경찰관에 의하여 구속되었다가 석방된 자는 다른 중요한 증거를 발견한 경우를 제외하고는 동일한 범죄사실에 관하여 재차 구속하지 못한다.

(나) 피고인의 구속

　　피고인의 구속에도 구속영장이 필요하다. 피고인에 대한 구속기간은 2월이다. 그러나 특히 구속을 계속할 필요가 있는 경우에는 심급마다 2개월 단위로 2차에 한하여 결정으로 갱신할 수 있다. 따라서 피고인의 구속기간은 1심은 최장 6개월이며 2심과 3심의 구속기간은 원심의 잔여 구속기간을 제외한 4개월로 제한된다.

다. 체포·구속 적부심사제도

수사기관에 의하여 체포·구속된 피의자에 대하여 법원이 체포·구속의 적법 여부와 그 필요성을 심사하여 체포·구속이 부적법·부당한 경우에 피의자를 석방시키는 제도를 말한다. 수사단계에 있는 체포·구속된 피의자를 석방시키는 제도라는 점에서 구속된 피고인을 공소제기 이후에 석방하기 위한 제도인 보석과 구별된다.

체포·구속된 피의자·'그 변호인'·법정대리인·배우자·직계친족·형제자매·가족·동거인·고용주는 체포·구속 적부심사를 청구할 수 있다. 적부심사는 체포·구속이 불법하게 이루어졌다는 점이나 구속을 계속하는 것이 부당하다는 점을 들어 청구할 수 있다. 체포·구속이 불법한 사례로는 영장발부가 위법한 경우를 들 수 있다. 즉 재구속 제한규정에 위반하여 구속영장이 발부된 경우, 영장에 의한 체포·긴급체포·현행범인으로 체포된 자에 대하여 구속영장 청구기간이 경과한 후에 구속영장이 청구되어 발부된 경우, 구속사유가 없음에도 불구하고 구속영장이 발부된 경우가 이에 해당된다. 체포영장·구속영장의 발부가 위법하지 않은 경우라 할지라도 구속계속의 필요성이 인정되지 않는 경우에도 적부심사를 청구할 수 있다.

체포·구속 적부심사 청구는 서면에 의하여야 한다. 적부심사청구사건은 지방법원 합의부 또는 단독판사가 심사한다. 체포·구속 적부심사의 청구를 받은 법원은 청구서가 접수된 때부터 48시간 이내에 체포·구속된 피의자를 심문하고 증거물을 조사하여야 한다. 체포·구속 적부심사를 청구한 피의자가 형사소송법 제33조에 해당될 때에는 법원은 국선변호인을 선정하여야 한다. 법원은 체포·구속된 피의자에 대한 심문이 종료된 때부터 24시간 이내에 청구가 이유가 없으면 이를 기각하고 청구가 이유 있으면 석방을 결정하여야 한다.

라. 보증금납입조건부 피의자석방제도

보증금납입을 조건으로 구속된 피의자에 대하여 구속의 집행을 정지하는 제도이다. 피의자에 대해서 일반적인 보석청구를 허용하지 않고 구속적부심사를 청구한 피의자에 대해서만 보증금 납입을 조건으로 석방을 명하도록 하고 있다. 즉 구속적부심사를 청구한 경우에 한하여 법원이 직권으로 허용할 뿐 피의자에게 보석권이 인정되는 것은 아니다.

① 피의자에게 죄증을 인멸할 염려가 있다고 믿을 만한 충분한 이유가 있

는 때, ② 피해자, 당해사건의 재판에 필요한 사실을 알고 있다고 인정되는 자, 그 친족의 생명·신체·재산에 해를 가하거나 가할 염려가 있다고 믿을 만한 충분한 이유가 있는 때에는 피의자석방을 명할 수 없다. 법원은 피의자의 석방을 결정하는 경우에 범죄의 성질·죄상, 범죄의 증명력, 피의자의 전과·성격·환경·자산, 피해자에 대한 배상 등을 고려하여 피의자의 출석을 보증할 만한 보증금을 정하여야 하고, 주거제한, 법원·검사가 지정하는 일시·장소에 출석할 의무, 기타 적당한 조건을 부가할 수 있다. 피의자는 보증금은 납입한 후가 아니면 석방될 수 없다, 보증금납입을 조건으로 석방된 피의자는 ① 도망한 때, ② 도망·죄증을 인멸할 염려가 있다고 믿을 만한 충분한 이유가 있는 때, ③ 주거제한 등 기타 법원이 정한 조건에 위반한 때에 해당하는 하지 않는 한 동일한 범죄사실로 인하여 재차 체포·구속되지 않는다. 보증금납입을 조건으로 석방된 피의자를 재구속하거나 보증금납입을 조건으로 석방된 피의자에 대하여 공소가 제기된 후 법원이 동일한 범죄사실에 대하여 피고인을 재차 구속한 때에는 납입된 보증금의 전부 또는 일부를 몰수할 수 있다. 체포·구속 적부심사에 관한 법원의 결정에 대하여는 기각결정과 석방결정을 불문하고 항고가 허용되지 않는다.

<사례8 해설> (강제수사)

(1) 긴급체포는 영장주의에 대한 예외로서 범죄의 중대성, 체포의 필요성, 긴급성의 요건을 갖추어야 가능하다. A는 수뢰죄 내지 특가법위반의 혐의를 받고 있으므로 범죄의 중대성이라는 요건이 인정된다. 체포의 필요성은 구속사유와 같이 도망이나 증거인멸의 위험을 말하는데 공무원인 A가 도주할 가능성은 적어 보이나 전혀 없다고 단정하기도 어렵다. 체포의 긴급성은 체포영장의 발부 가능성을 전제로 한다. 긴급체포는 체포영장을 발부받을 수 있으나 영장을 발부받을 시간적 여유가 없는 경우에 한하여 긴급체포가 허용되는 것이다. 도망이나 증거인멸의 위험이 있다고 하더라도 체포영장 발부를 위한 요건이 구비가 되어 있지 않은 경우에는 긴급체포도 할 수 없다. 그런데 형사소송법은 체포영장발부의 요건으로 범죄혐의, 출석불응 또는 그 우려를 들고 있다. A가 검사의 출석요구에 자진해서 응한 점과 범행을 극구 부인한 점으로 보아 긴급체포 당시 체포영장을 발부하기 위한 요건을 갖추지 못한 것으로 보아야 하며, 따라서 A에 대한 검사의 긴급체포는 적법하지 못하다고 하겠다. A가 불법체포된 경우 A는 체포·구속 적부심사를 법원에 청구할 수 있다. A와 그 변호인 등은 A의 긴급체포가 불법하게 이루어졌다는 점을 들어 서면으로 적부심을 청구할 수 있다. 법원은 청구서가 접수된 때부터 48시간 이내에 체포·구속된 피의자를 심문하고 증거물을 조사하여 심문이 종료된 때부터 24시

간 이내에 청구가 이유 있으면 석방을 결정하여야 한다.

(2) 검사와 사법경찰관은 긴급체포된 자가 소유·소지·보관하는 물건에 대하여 긴급체포로부터 24시간 이내에 영장없이 압수·수색할 수 있다. 따라서 검사가 A를 긴급체포한 직후 A의 집을 영장없이 압수·수색한 것은 적법하다고 할 수 있다. 그러나 A에 대한 긴급체포가 불법체포에 해당될 경우 이에 따른 영장없는 압수·수색도 적법할 수 없다.

(3) A를 구속하기 위하여 검사는 긴급체포 후 40시간 안에 구속영장을 청구하였다. 따라서 48시간 안에 구속영장을 청구해야 하는 형사소송법의 요건은 충족되었다. 피의자에 대해 구속영장을 발부하기 위해서 법원은 구속전피의자심문을 하여야 한다. 이는 필요적 절차이다. 따라서 영장청구를 받은 법원은 심문기일을 정하여야 하는데 통상 체포된 피의자의 심문기일은 영장을 청구받은 다음 날이 된다. 법원은 심문기일을 검사와 변호인 피의자에게 통지해 주어야 한다. 피의자 A가 긴급체포되어 있으므로 법원은 체포의 효력으로 A를 법원에 인치할 수 있다. 심문기일에 법원은 영장발부에 필요한 사항을 심문하고 검사와 변호인은 법원의 허가를 받아 진술할 수 있다. 구속이 필요하다고 판단하면 법원은 영장을 발부한다. 문제는 A의 긴급체포가 불법일 경우 법관이 구속영장을 발부하여야 하는가에 있다. 형사소송법은 긴급체포의 경우 사후에 체포영장 아닌 구속영장을 청구하게 하고 있어 구속영장발부에 구속과 관계없는 체포의 적법성을 심사할 여지가 없다고 하겠다. 따라서 갑에 대한 긴급체포의 요건이 갖추어지지 않은 경우에도 구속의 요건이 구비된 때에는 법관은 구속영장을 발부해야 한다고 할 수 있다.

(4) 형사소송법은 구속된 피의자에 대하여 보석을 허용하지 않는 대신 구속적부심사를 청구한 경우에 한하여 직권으로 보증금납입을 조건으로 석방하는 제도를 두고 있다. 따라서 먼저 구속된 A는 구속적부심사를 청구하여야 하고 법원이 적부심사를 하는 과정에서 보증금납입조건부 석방을 명할 수 있을 뿐이다. 보증금납입조건부 석방제도는 체포된 피의자에게는 허용되지 않는다.

(2) 압수·수색

사례 9 압수·수색

사법경찰관 갑은 살인과 마약소지혐의로 체포영장을 발부받아 B를 그의 아파트에서 체포하였다. 갑은 B를 체포하는 과정에서 그의 아파트를 수색하여 다량의 필로폰을 찾아서 가지고 나오려다가 밀수품으로 추정되는 다량의 다이아몬드를 발견하고 이도 함께 가지고 왔다. B는 사건을 송치받은 검사에 의하여 살인·마약소지 및 관세법위반혐의로 공소제기되었다. 갑이 체포현장에서 한 압수·수색은 적법한가?

압수란 물건의 점유를 취득하는 강제처분을 말하며, 수색이란 압수할 물건 또는 체포할 사람을 발견할 목적으로 주거·물건·사람의 신체·기타 장소에 대하여 행하는 강제처분을 말한다. 통상 압수와 수색은 함께 행하여지며 실무상으로도 압수·수색영장이라는 단일영장이 발부되고 있다. 압수에는 압류와 영치 및 제출명령 세 가지가 있으나, 그 중 제출명령은 강제수사에는 포함되지 않는다. 압류란 점유취득과정 자체에 강제력이 가하여지는 경우를 말하고 영치는 유류물과 임의제출물을 점유하는 것이며 제출명령은 일정한 물건의 제출을 명하는 처분이다. 압수수색도 법원이 발부한 압수수색영장에 의하여야 한다.

그러나 형사소송법은 압수·수색에 있어서는 영장주의의 예외를 허용하고 있다. 즉 ① 검사 또는 사법경찰관은 피의자를 체포하거나 구속하기 위하여 필요한 경우에는 영장 없이 타인의 주거나 타인이 간수하는 가옥·건조물·항공기·선박 내에서 피의자 수색을 할 수 있다(제216조 제1항 제1호). ② 또한 검사나 사법경찰관은 피의자를 체포·구속하는 경우 필요한 때에는 영장없이 체포현장에서 압수·수색을 할 수 있다(제216조 제1항 제2호). 체포현장에서의 압수·수색은 체포와의 사이에 시간적 접착을 요한다. 그러나 어느 정도의 시간적 접착을 요하느냐에 대해서는 i) 시간적·장소적 접착만 있으면 되고 체포의 전후는 묻지 않는다는 입장(체포접착설), ii) 피의자가 현실적으로 체포되어야 한다는 입장(체포설), iii) 압수수색 당시 피의자가 현장에 있음을 요한다는 입장(현장설), iv) 피의자가 수색장소에 현재하고 체포의 착수를 요건으로 한다는 입장(체포착수설) 등 여러 견해가 주장되고 있다. i)의 견해에 의할 때 압수·수색할 수 있는 범위가 가장 넓고 iv)의 견해에 의할 때 가장 좁다. 체포할 피의자가 현장에 있다면 체포 전후를 불문하고 압수수색이 가능하며 체포현장에 피의자가 없는 경우에는 체포에 착수할 것을 요한다고 해야 한다. 이 경우 압수할 수 있는 것은 당해사건의 증거물이며 별건의 증거를 발견한 때에는 임의제출을 구하거나 영장에 의하여 압수해야 한다. 체포현장에서 압수한 물건을 계속 압수할 필요가 있는 경우에는 지체없이 압수·수색영장을 청구하여야 한다. ③ 피고인에 대한 구속영장을 집행하는 경우에 필요한 때에는 검사·사법경찰관은 그 집행현장에서 영장없이 압수·수색할 수 있다(제216조 제2항). ④ 그 외 범행중 또는 범행 직후의 범죄장소에서 긴급을 요하여 법원의 영장을 받을 수 없는 때에는 영장 없이 압수·수색검증을 할 수 있다(제216조 제3항). 이 경우에는 지체없이 사후에 영장을 받아야 한다. ⑤ 검사 또는 사법경찰관은 긴급체포의 규정에 따라 체포된 자가 소유 소지 또는 보관하는 물건에 대하여 긴급히 압수할 필요가 있는 경우에는 피의자를 체포한 때부터 24시간 이내에 영장 없이 압수·수색할 수 있다(제217조 제1항). 이 경우 압수한 물건을 계속 압수할 필요가 있는 경우에는 48시간 이내에 압수·수색영장을 청구하여야 한다. ⑥ 끝으로 검사 또는 사법경찰관은 소유자·소지자·보관자가 임의로 제출한 물건이나 유류한 물건을 영장없이 압수할 수 있다(제108조).

<사례9 해설> (압수·수색)

검사 및 사법경찰관이 범인을 체포하는 과정에서 필요한 경우 영장 없이 체포현장을 압수·수색할 수 있다. 체포현장에 피의자 B가 현재하고 있었고 체포에 착수한 뒤에 행해졌다는 점에서 압수·수색 자체는 적법하다고 할 수 있다. 이 경우 압수할 수 있는 것은 당해 사건의 증거물에 한정된다. 체포영장에 기재된 범죄에 마약류 관련 법 위반이 포함되어 있으므로 다량의 필로폰은 본건의 증거물에 해당되어 이를 압수·수색하는 데에는 별문제가 없다. 그러나 사법경찰관이 압수·수색하여 가지고 나온 다량의 다이아몬드는 별건의 증거에 해당되므로 이를 압수·수색하기 위해서는 별도의 영장이 있어야만 한다. 따라서 사법경찰관이 행한 다량의 다이아몬드에 대한 압수·수색은 영장 없이 이루어진 불법 압수·수색에 해당된다.

(3) 검 증

사례 10 검증

교통사고를 내고 의식을 잃은 채 병원에 입원중인 C에 대하여 사법경찰관 을은 음주운전을 의심하면서 의사로 하여금 C의 팔에서 혈액을 채취하게 하여 혈중알콜농도를 검사하였다. 사법경찰관 을의 강제채혈조치는 적법한가?

사람·장소·물건의 성질·형상을 오관의 작용에 의하여 인식하는 강제처분을 말한다. 검증의 주체가 법원인 경우에는 이는 증거조사의 일종으로 영장을 필요로 하지 않으나 수사기관의 검증의 경우에는 강제처분에 속하는 것이므로 원칙적으로 법원이 발부한 영장에 의하지 않으면 안 된다. 그러나 압수·수색의 경우에서와 같이 검증의 경우에도 영장주의의 예외가 인정된다.

검증을 함에 있어서는 신체의 검사, 사체의 해부, 분묘의 발굴, 물건의 파괴 기타 필요한 처분을 할 수 있다. 따라서 신체검사는 검증에 필요한 처분의 하나이다.

신체검사와 관련하여 문제가 되는 경우가 체내신체검사 허용 여부이다. 증거물을 찾기 위해 외과수술을 하는 것과 같이 피검사자의 건강을 장기간 현저히 침해하는 강제처분은 허용되지 않는다. 구강내·질내·항문내의 수색은 압수대상물이 체내에 존재할 개연성이 있고 검사방법이 사회통념상 상당하고 인정되고 건강을 침해하지 않는 최소한의 범위 내에서 압수·수색과 검증영장에 의하여 행할 수 있다. 구토제에 의한 연하물의 강제배출은 의사에 의하여 정당한 방법으로 실행되고 강제수사의 필요성이 현저하고 피검사자의 건강을 침해하지 않는 범위에서 압수·수색과 감정의 절차에 따라 행하는 것이 타당하다. 강제채혈·강제채뇨와 같은 강제처분의 경우에도 피의자가 동의하지 않는 한 영장이 필요함은 당연하다. 발부받아야 할 영장의 종류가 무엇인가와 관련해서는 압수·수색영장에 의하여야 한다는 견해, 신체검증영장설과 감정처분허가장이 필요하다는 견해, 압수·수색영장과 검증영장이 필요하다는 견해, 압수·수색영장과 감정처분허가장이 함께 필요하다는 견해가 있다. 판례는 전문적인 지식과 경험을 가진 의학적 방법에 의해야 한다는 점에서 압수·수색영장과 감정처분허가장이 필요하다고 보고 있다(대법원 2004.11.12. 선고 2004도5257 판결).

<사례10 해설> (검증)

강제채혈을 하기 위하여는 피의자의 동의가 없는 한 영장이 필요하다. 따라서 의식 없는 피의자에 대해 영장 없이 한 강제채혈은 불법한 강제처분에 해당된다. 문제는 발부받아야 되는 영장의 종류인데 이에 대해 판례는 압수·수색영장과 감정처분허가장이 필요하다고 보고 있다.

(4) 수사상 감정유치

감정유치란 피고인·피의자의 정신·신체를 감정하기 위하여 일정기간 동안 병원, 기타 적당한 장소에 피고인·피의자를 유치하는 강제처분을 말한다. 수사상의 감정유치는 피의자를 대상으로 한다. 수사상 감정유치의 청구권자는 검사이다. 판사는 상당하다고 인정할 때에는 감정유치장을 발부하여 유치처분을 하여야 한다. 감정유치에 필요한 유치기간에는 제한이 없다. 감정유치의 유치장소는 병원, 기타 적당한 장소이다. 감정유치는 감정을 목적으로 하는 것이라 할지라도 실질적으로는 구속에 해당하므로 미결구금일수의 산입에 있어서는 구속으로 간주된다. 구속중인 피의자에 대하여 감정유치장이 집행되었을 때에는 유치되어 있는 기간 동안 구속은 그 집행이 정지된 것으로 간주한다.

5. 수사상 증거보전과 증인신문의 청구

사례 11　증거보전과 증인신문 청구

D는 같은 아파트에 살고 있는 살인전과가 있는 E를 평소에 몹시 두려워하였는데 어느날 우연히 E가 F를 살해하는 장면을 목격하게 되었다. 검사 병은 E를 살인죄로 체포하여 수사하였으나 E는 계속해서 범행을 부인하였다. 검사 병은 D가 살인사건의 유일한 증인임을 알고 D에 대해 진술하여 줄 것을 요청하였으나 D는 이를 부인하였다. 검사 병이 D의 진술을 확보할 수 있는 방법이 있는가? 한편 E는 범행이 있던 시간에 자신이 다른 장소에 있었던 사실을 증명해 줄 친구 G가 곧 미국이민을 간다는 사실을 알게 되었다. 피의자 E가 자기에게 유리한 친구 G의 진술을 확보할 수 있는 방법이 있는가?

(1) 수사상 증거보전

공판정에서의 정상적인 증거조사가 있을 때까지 기다려서는 증거방법의 사용이 불가능하거나 현저히 곤란하게 될 염려가 있는 경우에 검사·피의자·피고인 또는 변호인의 청구에 의하여 판사가 미리 증거조사를 하여 그 결과를 보전하여 두는 제도이다. 따라서 증거보전절차는 제1차 공판기일 이전에 한하여 미리 증거를 보전하지 않으면 그 증거를 사용하는 것이 곤란한 사정이 있는 경우에 허용된다. 증거보전청구는 서면으로 그 사유를 소명하여야 하며 증거보전을 청구할 수 있는 것은 압수·수색·검증·증인신문·검증이다. 증거보전청구를 받은 판사는 재판장과 동일한 권한이 있다. 증거보전에 의하여 압수한 물건이나 작성한 조서는 증거보전을 한 판사가 소속한 법원에서 보관하고, 검사·피고인·피의자 또는 변호인은 판사의 허가를 받아 이를 열람·등사할 수 있다. 증거보전절차에서 작성된 조서는 법원 또는 법관의 조서로서 당연히 증거능력이 인정된다.

(2) 증인신문의 청구

증인신문의 청구란 참고인이 출석·진술을 거부하는 경우에 제1차 공판기일 전까지 검사의 청구에 의하여 판사가 그를 증인으로 신문하여 이를 조서로 보전해 놓는 것을 말한다. 증인신문은 범죄수사에 없어서는 아니 될 사실을 안다고 명백히 인정되는 자가 출석과 진술을 거부하는 경우에 인정된다. 증인신문의 청구는 검사만이 할 수 있다. 증인신문을 할 때에는 피고인·피의자·변호인의 참여권이 인정된다. 증인신문을 한 때에는 판사는 지체없이 이에 관한 서류를 검사에게 송부하여야 한다. 증인신문조서는 법관의 면전조서로서 당연히 증거능력이 인정된다.

<사례11 해설> (증거보전과 증인신문 청구)

검사가 참고인 D의 진술을 확보하기 위해서는 증인신문과 증거보전을 청구하는 방법이 있다. 증인신문은 참고인이 출석과 진술을 거부할 것을 요건으로 하고 있고 증인신문을 통해 작성된 조서는 바로 검사에게 송부된다. 증인신문의 경우 당사자의 참여권이 보장되나 수사에 지장이 있다고 인정되는 경우 이를 제한할 수 있다. 증인신문은 검사만이 청구할 수 있다.

반면 증거보전은 공판정에서 정상적인 증거조사가 있을 때까지 기다려서는 증거방법이 사용이 불가능하거나 현저히 곤란한 경우에 검사·피고인·변호인의 청구에 의하여 법관이 미리 증거조사를 하여 그 결과를 보전해 두는 제도이다. 통상의 증거조사에서처럼 압수수색 검증감정 증인신문을 할 수 있고 당사자의 참여권이 보장되어 있고 검사 외에 피고인·변호인도 청구할 수 있다. 그 결과는 증거보전조서로 작성되어 법원이 보관하고 있다. 증인신문청구나 증거보전 모두 제1차 공판기일 이전에 한하여 인정된다.

피의자 E는 자신의 알리바이를 증명하기 위하여 G의 진술을 확보하기 위해서는 증거보전을 청구할 수 있다.

Ⅳ. 수사의 종결

사례 12 수사종결

갑은 A가 자신과 A 소유 아파트에 대한 매매계약을 체결하고 계약금과 중도금을 교부받은 뒤 이를 다시 B에게 매도하였다는 이유로 A를 서울중앙지방검찰청에 배임죄로 고소하였다. 그러나 사건을 담당한 검사 을은 범죄혐의없음을 이유로 불기소처분 결정을 하였다.

(1) 갑은 검사 을의 불기소처분에 대하여 재정신청을 할 수 있는가?

(2) 갑은 재정신청서를 누구에게 제출하여야 하는가?

(3) 갑의 재정신청사건에 대한 관할은 어느 법원에 있는가?

(4) 법원이 재정신청이 이유있다고 한 경우, 그 다음에 이루어질 절차는 어떻게 되는가?

수사결과 검사는 공소를 제기하거나 불기소처분을 내릴 수 있다. 그 외 검사는 사건이 소속검찰청에 대응한 법원의 관할에 속하지 아니한 경우 사건을 서류와 증거물과 함께 관할법원에 대응한 검찰청 검사에게 송치하여야 한다.

1. 공소제기

검사는 범죄의 객관적 혐의가 충분하고 소송조건을 구비하여 유죄판결을 받을 수 있다고 인정할 때에 공소를 제기한다.

2. 불기소 처분

(1) 협의의 불기소처분

검사는 ① 피의사건에 대하여 객관적 혐의가 없는 경우 혐의없음을 이유로 불기소처분을 한다. ② 피의사실이 범죄구성요건에는 해당하나 법률상 범죄성립을 조각하는 사유가 있어 범죄를 구성하지 아니하는 경우에는 죄가 안 됨을 이유로 불기소처분을 한다. ③ 피의사건에 대하여 소송조건이 결여되었거나 형이 면제되는 경우에는 공소권없음을 이유로 불기소처분을 한다. 그 외 ④ i) 고소·고발사건에 관하여 고소인·고발인의 진술이나 고소장·고발장에 의하여 혐의없음, 죄가 안 됨, 공소권 없음의 사유에 해당함이 명백한 경우, ii) 고소·고발이 형사소송법 제224조, 제232조 제2항 또는 제235조에 위반한 경우, iii) 동일사건에 관하여 검사의 불기소처분이 있는 경우, iv) 고소·고발장 제출 후 고소인·고발인이 출석요구에 불응하거나 소재불명되어 고소·고발사실에 대한 진술을 청취할 수 없는 경우에는 각하의 결정을 내린다.

(2) 기소유예

검사는 피의사건에 관하여 범죄혐의와 소송조건의 요건을 갖추었으나 범인의 연령·성행·지능·환경, 범행의 동기·수단·결과, 범행 후의 정황 등을 참작하여 공소를 제기하지 아니할 수 있다.

(3) 기소중지와 참고인 중지

피의자의 소재불명 등의 사유로 수사를 종결할 수 없는 경우(기소중지), 참고인의 소재가 불명인 경우(참고인중지) 그 사유가 해소될 때까지 내리는 수사중지처분이다.

3. 불기소처분에 대한 불복

(1) 항고·재항고

고소인·고발인은 검사의 불기소처분에 불복하여 불기소처분을 통지받은 날로부터 30일 이내에 그 검사가 속해 있는 검찰청을 거쳐 서면으로 관할 고등검찰청의 검사장에게 항고할 수 있다. 이 경우 당해 검찰청 검사는 항고가 이유 있다고 인정하는 때에는 그 처분을 경정하여야 한다. 고등검찰청검사장은 항고가 이유 있다고 인정하는 때에는 소속 검사로 하여금 검사의 불기소처분을 직접 경정하게 할 수 있다.

항고를 한 자는 항고기각 처분에 불복하거나 항고를 한 날로부터 3개월이 지나도록 항고에 대한 처분이 내려지지 않을 경우, 그 검사가 소속된 고등검찰청을 거쳐 서면으로 검찰총장에게 재항고할 수 있다. 다만 형사소송법 제260조에 따라 재정신청을 할 수 있는 자는 재항고를 할 수 없으므로 재항고는 고발인에 대하여만 인정된다. 재항고는 항고기각결정을 통지받은 날 또는 항고 후 항고에 대한 처분이 이루어지지 아니하고 3개월이 경과한 날로부터 30일 이내에 하여야 한다. 이 경우 당해 고등검찰청 검사는 재항고가 이유 있다고 인정하는 때에는 그 처분을 경정하여야 한다.

(2) 재정신청(기소강제절차)

검사로부터 불기소처분을 받은 고소인은 그 검사가 속해 있는 검찰청 소재지 관할 고등법원에 불기소처분에 대한 당부를 심판하여 줄 것을 신청할 수 있는데 이를 재정신청이라 한다. 재정신청이 이유있는 경우 고등법원은 공소제기결정을 하게 되며 이 경우 검사의 공소제기가 강제되므로 이를 기소강제절차라고도 한다.

가. 신 청 인

검사로부터 불기소처분을 통지받은 고소인이며 형법 제123조부터 제126조까지의 범죄에 대하여는 고발자도 재정신청을 할 수 있다. 재정신청 대상 범죄에는 제한이 없다. 기소유예뿐만 아니라 협의의 불기소처분에 대해서도 재정신청이 가능하다.

나. 신청방법

재정신청을 하려면 검찰청법 제10조에 따른 항고를 거쳐야 한다. 다만 ① 재정신청인의 항고에 대하여 재기수사가 이루어진 다음에 검사로부터 공소를 제기하지 아니한다는 통지를 받은 경우, ② 항고신청 후 항고에 대한 처분이 행하여지지 아니하고 3개월이 경과한 경우, ③ 검사가 공소시효 만료일 30일 전까지 공소를 제기하지 아니한 경우에는 항고 없이 재정신청을 할 수 있다.

재정신청은 항고기각 결정을 통지받은 날로부터 10일 이내에 불기소처분을 한 검사가 소속된 지방검찰청 검사장 또는 지청장에게 하여야 한다. 항고를 거칠 필요가 없는 경우에는 불기소처분 통지를 받거나 항고신청 후 3개월이 경과한 날로부터 10일 이내에, 공소시효 임박을 이유로 할 때에는 공소시효만료일 전날까지 제출할 수 있다. 재정신청을 제출받은 지방검찰청 검사장 등은 재정신청서를 제출받은 날부터 7일 이내에 신청서, 의견서, 수사관계서류 등을 관할 고등검찰청을 경유하여 관할 고등법원에 송부하여야 한다. 재정신청은 고등법원의 재정결정이 있을 때까지 취소할 수 있다.

다. 재정신청사건의 심리

재정신청사건은 불기소처분을 한 검사소속의 지방검찰청 소재지를 관할하는 고등법원이 담당한다. 재정신청사건의 처리기간은 3개월이다. 재정신청사건의 심리는 특별한 사정이 없는 한 공개하지 아니한다. 법원은 필요한 경우 증거조사, 즉 피의자신문, 참고인에 대한 증인신문, 검증·감정을 할 수 있다. 또한 피의자를 구속하거나 압수·수색·검증 등의 강제처분도 할 수 있다(다수설). 재정신청사건의 피의자는 법관에 대하여 기피신청을 할 수 있다고 해야 한다(다수설). 법원은 재정신청이 법률상 방식에 위배되거나 이유 없는 때에는 신청을 기각한다. 재정신청이 이유 있다고 할 경우 법원은 공소제기를 결정한다. 법원이 공소제기를 결정하면 그 정본을 사건기록과 함께 관할 지방검찰청 검사자 등에게 송부하고 이를 송부받은 지방검찰청 검사장 등은 지체없이 담당 검사를 지정하여야 하며, 지정을 받은 검사는 공소를 제기하여야 한다. 법원의 재정결정에 대해서는 불복할 수 없다. 기소강제사건의 공소제기를 위하여 검사는 공소장을 제출하여야 하며 통상 사건의 경우와 같이 검사로서의 모든 직권을 행사한다. 공소장변경, 상소도 할 수 있으나 공소취소만은 할 수 없다.

<사례12 해설> (수사종결)

(1) 먼저 갑은 고소인으로서 검사로부터 불기소처분을 통지받은 자에 해당되며 재정신청대상 사건에는 제한이 없으므로 갑은 일응 재정신청인이 될 수 있다. 그러나 형사소송법은 재정신청시 항고를 거치토록 하고 있고 공소시효만료, 항고 후 항고사건이 3개월 이상 처리되지 않은 경우, 항고에 의하여 재기수사가 이루어진 후 공소제기되지 않는다는 통지를 받은 경우에는 예외로 하고 있다. 그러나 갑의 경우 이러한 예외에 해당한다고 볼 수 없으므로 갑이 재정신청을 하기 위해서는 불기소처분을 한 검사 을이 소속된 서울중앙지방검찰청 검사장을 거쳐 서울고등검찰청에 항고를 하여야 한다. 항고기각 결정이 내려질 때 비로소 갑은 10일 이내에 재정신청을 할 수 있다.

(2) 갑은 재정신청서를 작성하여 불기소처분을 한 검사 을이 속해 있는 서울중앙지방검찰청 검사장에게 제출하여야 한다. 서울중앙지방검찰청 검사장은 재정신청서를 접수받은 날로부터 7일 이내에 서울고등검찰청을 경유하여 관계서류 등을 관할 고등법원에 송부하여야 한다.

(3) 갑의 재정신청사건의 관할은 불기소처분을 내린 검사 을이 소속된 서울중앙지방검찰청 소재지를 관할하는 서울고등법원이 갖는다.

(4) 고등법원이 재정신청이 이유있다고 한 경우에는 법원은 공소제기결정을 내린다. 재정결정서의 정본을 재정신청인, 피의자에게 송부하고 관할 서울중앙지방검찰청 검사장에게 사건기록도 함께 송부한다. 이를 송부받은 서울중앙지방검철정 검사장은 지체없이 담당검사를 지정하고 지정을 받은 검사는 공소장을 작성하여 공소를 제기하여야 한다. 검사는 공소취소를 제외한 모든 권한을 통상사건의 검사와 똑같이 갖는다.

V. 공소의 제기

1. 기본원칙

(1) 국가소추주의와 기소독점주의

우리 형사소송법은 국가기관인 검사가 공소제기를 담당하는 국가소추주의를 취하고 있다. 따라서 피해자나 일반공중의 소추권을 인정하는 사인소추주의를 인정하지 아니한다. 또한 국가기관 중에서 검사만이 공소를 제기하고 수행할 권한을 갖는 기소독점주의를 취하고 있다.

(2) 기소편의주의

형사소송법 제247조는 검사는 형법 제51조의 사항을 참작하여 공소를 제기하지 아니할 수 있다고 규정하여 기소편의주의를 취하고 있다. 기소편의주의는 공소를 제기함에 충분한 혐의가 인정되고 소송조건을 갖춘 때에는 반드시 공소를 제기해야 한다는 기소법정주의와 대립되는 개념이다.

(3) 기소변경주의

제기된 공소를 취소하는 것이 인정된다. 공소취소의 사유에는 법률상 제한이 없다. 공소의 취소는 검사만이 할 수 있다. 공소의 취소는 공소취소의 이유를 기재한 서면으로 하며 제1심 판결선고 전까지 취소할 수 있다. 공소가 취소되었을 때에는 결정으로 공소를 기각하여야 한다.

2. 공소제기의 방식

검사는 공소제기를 위해 공소장을 작성하여 관할 법원에 제출하여야 한다.

공소장에는 피고인 성명, 죄명, 적용법조, 공소사실이 기재되어야 한다. 특히 공소사실은 범죄의 일시·장소와 방법을 명기하여 사실을 특정할 수 있도록 기재되어야 하고 공소사실이 특정되지 아니하였을 경우 공소제기는 무효가 된다. 다만 공소장에 수개의 범죄사실과 적용법조를 예비적·택일적으로 기재하는 것은 허용된다. 형사소송법은 공판중심주의를 실현하고 법관의 예단을 배제시키기 위하여 법원에 예단을 가져올 수 있는 서류, 기타 물건을 공소장에 첨부하거나 인용하지 못하게 하는 공소장일본주의를 규정하고 있다.

3. 공소시효

일정기간 동안 공소를 제기하지 않는 경우 국가의 소추권을 소멸시키는 제도를 말한다. 공소시효기간의 기준이 되는 형은 법정형이다. 공소시효의 기간은 법정형의 경중에 따라 차이가 있다. 즉 ① 사형에 해당하는 범죄는 25년, ② 무기징역·무기금고에 해당하는 범죄는 15년, ③ 장기 10년 이상의 징역·금고에 해당하는 범죄는 10년, ④ 장기 10년 미만의 징역·금고에 해당하는 범죄는 7년, ⑤ 장기 5년 미만의 징역·금고, 장기 10년 이상의 자격정지·벌금형에 해당하는 범죄는 5년, ⑥ 장기 5년 이상의 자격정지에 해당하는 범죄는 3년, ⑦ 장기 5년 미만의 자격정지, 구류·과료·몰수에 해당하는 범죄는 1년이다. 공소제기 후 판결의 확정 없이 25년을 경과하면 공소시효가 완성된 것으로 간주한다.

공소시효는 범죄행위를 종료한 때로부터 진행하며 초일은 시간을 계산함이 없이 1일로 산정하고 기간의 말일이 공휴일에 해당하는 날이라도 기간에 산입한다. 보통 공소시효 개시는 범죄종료일이 되나, 미성년자 또는 아동·청소년에 대한 성폭력범죄의 공소시효는 해당 범죄의 피해를 당한 미성년자 등이 성년에 달한 날부터 진행한다(성폭력범죄의 처벌등에 관한 특례법 제20조 제1항; 아동·청소년의 성보호에 관한 법률 제7조의3 제1항).

공소시효는 일정한 사유에 의하여 그 진행이 정지되기도 하는데 그 효력이 없어지면 나머지 기간이 진행된다. 형사소송법은 공소시효가 정지되는 사유로 공소의 제기, 범인의 해외도피, 재정신청, 소년보호사건의 심리개시결정을 들고 있다. 공소시효의 완성은 소송조건에 해당하므로 공소가 제기되지 않은 때에는 검사는 공소권없음의 불기소처분을 하여야 하고 공소가 제기된 후에 공소시효가 완성된 것이 판명된 경우에는 법원은 면소판결을 하여야 한다.

<사례13 해설> (공소제기)

갑의 피의사건 절도는 법정형이 6년 이하의 징역이다. 따라서 공소시효는 장기 10년 미만의 징역에 해당하는 7년이다. 2005. 1. 15.부터 계산할 때 갑의 범죄의 공소시효는 2012. 1. 14.에 만료되었다고 볼 수 있다. 따라서 검사는 공소를 제기할 수 없고 공소제기된 경우 법원은 면소판결을 하여야 한다.

Ⅵ. 공 판

1. 심판대상과 공소장변경

사례 14 공소장변경

횡령죄로 기소된 갑은 재판을 받던 중 검사가 범죄사실을 배임죄로 바꾸었다. 이때 법원은 갑을 배임죄로 처벌할 수 있는가?

공판절차란 공소가 제기되어 사건이 법원에 계속된 이후 그 소송절차가 종결될 때까지의 전 절차를 말한다. 공판절차에서는 법률관계의 공정을 유지하기 위하여 공개주의, 구두변론주의, 직접주의, 집중심리주의를 원칙으로 한다.

법원의 심판대상은 공소장에 기재된 피고인과 공소사실에 제한된다(불고불리의 원칙). 공소장에 기재된 공소사실과 동일성이 인정되는 사실은 공소장변경에 의하여 비로소 심판의 대상이 된다. 검사는 법원의 허가를 얻어 공소장에 기재한 공소사실 또는 적용법조의 추가, 철회 또는 변경을 할 수 있다. 법원은 심리의 경과에 비추어 상당하다고 인정할 때에는 공소사실 또는 적용법조의 추가 또는 변경을 요구하여야 한다. 다만, 공소사실 또는 적용법조의 추가, 철회 또는 변경이 피고인의 불이익을 증가할 염려가 있다고 인정한 때에는 법원은 직권 또는 피고인이나 변호인의 청구에 의하여 피고인으로 하여금 필요한 방어준비를 하게 하기 위하여 결정으로 필요한 기간 공판절차를 정지할 수 있다.

<사례14 해설> (공소장변경)

검사가 기소한 범죄사실과 공판심리 도중 밝혀진 범죄사실이 서로 다른 경우에는 검사는 공판심리 도중에도 사실관계만 기본적으로 동일하다면 공소장변경을 할 수 있다. 따라서 검사의 이러한 공소장변경이 적법하다면 법원은 이를 허가하여야 하고, 이때에는 이 사실을 기초로 하여 판결을 선고하여야 한다. 따라서 위 사례에서 법원은 갑을 배임죄로 처벌할 수 있다.

2. 공판준비절차와 증거개시

사례 15 공판준비절차

피고인 A의 변호인인 갑은 공소제기 후 아직 공판절차가 개시되지 않았지만 피고 사건의 변호를 준비하기 위하여 검사에게 관련증거자료의 열람을 요청하였다. 하지만 검사는 수사방해와 증거인멸의 우려가 있다는 이유로 이를 거부하였다. 갑이 검사가 가진 A에 대한 증거자료를 미리 열람할 수 있는 방법은 없는가?

공판준비절차란 공판기일에서의 심리를 준비하기 위하여 수소법원에 의하여 행하여지는 절차를 말한다.

(1) 공판기일 전의 절차

가. 공소장부본의 송달

법원은 공소제기가 있는 때에는 제1회 공판기일 전 5일 전까지는 공소장의 부본을 피고인 또는 변호인에게 송달하여야 한다. 피고인 또는 변호인은 공소장 부본을 송달받은 날부터 7일 이내에 공소사실에 대한 인정 여부, 공판준비절차에 관한 의견 등을 기재한 의견서를 법원에 제출하여야 한다. 다만, 피고인이 진술을 거부하는 경우에는 그 취지를 기재한 의견서를 제출할 수 있다.

나. 공판기일의 지정과 변경

재판장은 공판기일을 정하여야 한다. 제1회 공판기일은 소환장의 송달 후 5일 이상의 유예기간을 두어야 한다. 공판기일에 소환 또는 통지서를 받은 자가 질병 기타의 사유로 출석하지 못할 때에는 의사의 진단서 기타의 자료를 제출하여야 한다. 재판장은 직권 또는 검사, 피고인이나 변호인의 신청이 있는 경우에도 공판기일을 변경할 수 있다.

다. 공판기일 전의 증거조사

법원은 직권 또는 검사, 피고인이나 변호인의 신청에 의하여 공무소 또는 공사단체에 조회하여 필요한 사항의 보고 또는 그 보관서류의 송부를 요구할 수 있다. 또 법원은 검사, 피고인 또는 변호인의 신청에 의하여 공판준비에 필요하다고 인정한 때에는 공판기일 전에 피고인 또는 증인을 신문할 수 있고, 검증, 감정 또는 번역을 명할 수 있다. 검사, 피고인 또는 변호인도 공판기일 전에 서류나 물건을 증거로 법원에 제출할 수 있다.

라. 서류 등의 열람·등사

(가) 피고인 또는 변호인의 신청

피고인 또는 변호인은 검사에게 공소제기된 사건에 관한 서류 또는 물건(이하 '서류 등'이라 한다)의 목록과 공소사실의 인정 또는 양형에 영향을 미칠 수 있는 서류의 열람·등사 또는 서면의 교부를 신청할 수 있다. 다만, 피고인에게 변호인이 있는 경우에는 피고인은 열람만을 신청할 수 있다.

피고인 또는 변호인은 검사가 서류 등의 열람·등사 또는 서면의 교부를 거부하거나 그 범위를 제한한 때에는 법원에 이를 허용하도록 할 것을 신청할 수 있다. 검사가 신청을 받은 때부터 48시간 이내에 위의 통지를 하지 아니하는 때에도 마찬가지이다. 검사가 열람·등사 또는 서면의 교부에 관한 법원의 결정을 지체 없이 이행하지 아니하면 해당 증인 및 서류 등에 대한 증거신청을 할 수 없다.

(나) 검사의 신청

검사는 피고인 또는 변호인이 공판기일 또는 공판준비절차에서 현장부재·심신상실 또는 심신미약 등 법률상·사실상의 주장을 한 때에는 피고인 또는 변호인에게 ① 피고인 또는 변호인이 증거로 신청할 서류 등, ② 피고인 또는 변호인이 증인으로 신청할 사람의 성명, 사건과의 관계 등을 기재한 서면, ③ ①의 서류 등 또는 ②의 서면의 증명력과 관련된 서류 등, ④ 피고인 또는 변호인이 행한 법률상·사실상의 주장과 관련된 서류 등의 열람·등사 또는 서면의 교부를 요구할 수 있다. 피고인 또는 변호인이 이 요구를 거부한 때에는 검사는 법원에 이를 허용하도록 할 것을 신청할 수 있다.

피고인 또는 변호인은 검사가 보관하고 있는 서류 등의 열람·등사 또는 서면의 교부를 거부한 때에는 위의 서류 등의 열람·등사 또는 서면의 교부를 거부할 수 있다. 다만, 법원이 피고인 또는 변호인의 신청을 기각하는 결정을 한 때에는 그러하지 아니하다.

> **<사례15 해설>** (공판준비절차)
>
> 검사는 변호인 갑의 요청에 대해 국가안보, 증인보호의 필요성, 증거인멸의 염려, 관련 사건의 수사에 장애를 가져올 것으로 예상되는 경우에는 구체적인 사유를 제시하여 이를 거부할 수 있다. 갑이 피고인의 변호를 위하여 필요하다고 판단되면 수소법원에 검사가 이들 서류의 열람을 허용하도록 할 것을 신청할 수 있다. 만일 검사가 이에 불응하면 이들 증거는 공판정에서 증거자료로 사용할 수 없게 된다.

(2) 공판 전 준비절차

공판 전 준비절차란 법원의 효율적이고 집중적인 심리를 위하여 수소법원이 주도하여 검사, 피고인 또는 변호인의 의견을 들어 제1회 공판기일 이전에 사건의 쟁점과 증거를 정리하는 절차를 말한다. 형소법은 효율적이고 집중적인 심리를 위하여 재판장이 사건을 공판준비절차에 부칠 수 있도록 하고 있다. 법원은 필요한 경우에는 제1회 공판기일 후에도 사건을 공판준비절차에 부칠 수 있다. 공판 전 준비절차는 국민참여재판에 있어서는 필수적이다.

3. 공판정의 심리

> **사례 16**　공판정
>
> 시국사건으로 불구속되어 재판을 받던 피고인 갑은 재판진행 도중에 검사의 기소가 부당하다고 주장하면서 고함을 지르고 난동을 부렸다. 이에 재판장이 갑에게 조용히 할 것을 지시하였지만 이에 불응하자 법원은 갑을 퇴장시키고 재판을 진행하였다. 이때 법원의 조치는 적법한가?

(1) 공판정의 구성

공판기일에는 공판정에서 심리하며, 공판정은 판사와 검사, 법원사무관 등이 출석하여 개정한다. 필요적 변호사건과 국선변호사건의 경우에는 변호인이 없이 개정할 수 없다. 다만, 판결만을 선고하거나 변호인이 임의로 퇴정하거나 재판장의 퇴정명령을 받은 경우에는 그러하지 아니한다.

(2) 피고인의 출석

원칙적으로 피고인이 공판기일에 출석하지 아니한 때에는 개정하지 못하며, 피고인은 재판장의 허가없이 퇴정하지 못한다. 그러나 ① 형법 제9조 내지 제11조의 규정의 적용을 받지 아니하는 범죄사건에 관하여 피고인 또는 피의자가 의사능력이 없는 때, ② 피고인이 법인인 경우, ③ 다액 500만원 이하의 벌금 또는 과료에 해당하는 사건, 공소기각 또는 면소의 재판을 할 것이 명백한 사건, 장기 3년 이하의 징역 또는 금고, 다액 500만원을 초과하는 벌금 또는 구류에 해당하는 사건에서 피고인의 불출석허가신청이 있고 법원이 이를 허가한 사건, ④ 약식명령에 대하여 피고인만이 정식재판의 청구를 하여 판결을 선고하는 사건 및 즉결심판에 의하여 피고인에게 벌금 또는 과료를 선고하는 경우, ⑤ 피고인이 재판장의 허가없이 퇴정하거나 재판장의 질서유지를 위한 퇴정명령을 받은 경우, ⑥ 증인 또는 감정인이 피고인의 면전에서 충분한 진술을 할 수 없다고 인정하거나 피고인이 다른 피고인의 면전에서 충분한 진술을 할 수 없다고 인정한 경우, ⑦ 구속된 피고인이 정당한 사유없이 출석을 거부하고, 교도관에 의한 인치가 불가능하거나 현저히 곤란하다고 인정되는 경우, ⑧ 항소심 또는 약식명령에 대한 정식재판을 청구한 경우에 피고인이 정당한 사유없이 피고인 불출석으로 인하여 다시 정한 기일에 출정하지 아니한 경우, ⑨ 상고심의 공판기일 등의 경우에는 피고인의 출석 없이 개정할 수 있다. 또 ⑩ 치료감호법에 의한 피치료감호청구인이 심신장애로 인하여 공판기일에 출석이 불가능한 경우에도 피치료감호인의 출석 없이 개정할 수 있다.

<사례16 해설> (공판정)

피고인의 출석은 공판정 개정의 요건이므로 공판정에서는 피고인의 출석이 보장되어야 한다. 하지만 위 사례의 경우와 같이 피고인이 난동을 피워 정상적인 재판의 진행이 불가능할 경우에는 재판장은 법정경찰권(법원조직법 제58조)에 근거하여 질서유지를 위해 피고인을 퇴정시킬 수 있으며, 피고인의 책임있는 사유로 당사자로서의 출석권이 상실된 것이므로 법원은 피고인의 출석없이 심리판결할 수 있다. 따라서 법원의 조치는 적법하다.

4. 피고인의 소환과 구속 등

사례 17 피고인의 소환과 구속

폭행치상죄로 기소되어 구금되어 있던 갑은 지병인 당뇨병이 악화되어 구금생활을 할 수 없는 지경에 이르렀다. 경제적으로 능력이 없는 갑이 불구속상태에서 일반 병원의 치료를 받으면서 재판을 받을 수 없는가?

(1) 피고인의 소환

피고인에 대하여 일정한 일시에 법원 기타의 지정한 장소에 출석할 것을 명할 수 있다. 피고인을 소환함에는 소환장을 발부하여야 한다. 소환장을 송달받은 피고인이 정당한 이유없이 출석하지 아니하는 때에는 구속할 수 있다. 한편, 법원은 필요한 때에는 지정한 장소에 피고인의 출석 또는 동행을 명할 수 있으며, 이때에는 소환장(또는 영장)을 요하지 않는다.

(2) 피고인의 구속

법원은 피고인이 죄를 범하였다고 의심할 만한 상당한 이유가 있고, ① 일정한 주거가 없는 때, ② 증거를 인멸할 염려가 있는 때, ③ 도망하거나 도망할 염려가 있는 때 중 하나에 해당하는 사유가 있는 경우에는 구속할 수 있다. 다만, 다액 50만원 이하의 벌금, 구류 또는 과료에 해당하는 사건에 관하여는 주거부정의 경우에만 구속할 수 없다. 법원은 피고인에 대하여 범죄사실의 요지, 구속의 이유와 변호인을 선임할 수 있음을 말하고 변명할 기회를 준 후가 아니면 구속할 수 없다 다만, 피고인이 도망한 경우에는 그러하지 아니하다. 피고인을 구속할 때에는 검사의 청구없이 법원이 직권으로 구속영장을 발부한다.

피고인에 대한 구속기간은 2월로 하며, 심급마다 2차에 한하여 결정으로 갱신할 수 있다. 다만, 상소심은 추가 심리가 필요한 부득이한 경우에는 3차에 한하여 갱신할 수 있다.

(3) 보 석

피고인, 피고인의 변호인·법정대리인·배우자·직계친족·형제자매·가족·동거인 또는 고용주는 법원에 구속된 피고인의 보석을 청구할 수 있다.

가. 보석사유 및 보석절차

보석청구가 있는 때에는 다음의 제외사유가 없으면 법원은 보석을 허가하여야 한다. 제외사유는 다음과 같다. ① 피고인이 사형, 무기 또는 장기 10년이 넘는 징역이나 금고에 해당하는 죄를 범한 때, ② 피고인이 누범에 해당하거나 상습범인 죄를 범한 때, ③ 피고인이 죄증을 인멸할 염려가 있다고 믿을 만한 충분한 이유가 있는 때, ④ 피고인이 도망하거나 도망할 염려가 있다고 믿을 만한 충분한 이유가 있는 때, ⑤ 피고인의 주거가 분명하지 않을 때, ⑥ 피고인이 피해자, 당해 사건의 재판에 필요한 사실을 알고 있다고 인정되는 자 또는 그 친족의 생명·신체나 재산에 해를 가하거나 가할 염려가 있다고 믿을 만한 충분한 이유가 있는 때 등이다. 이 외에도 법원은 상당한 이유가 있는 때에는 직권 또는 보석청구권자의 청구에 의하여 결정으로 보석을 허가할 수 있다(예: 병보석 등).

보석청구는 서면에 의하여야 한다. 재판확정 전까지는 심급을 불문하고 청구할 수 있으며, 상소기간중에도 가능하다. 피고인을 구속하는 경우에는 구속영장이 집행된 후이면 지정된 장소에 인취되기 전이라도 보석청구를 할 수 있다.

나. 보석조건

법원이 보석을 허가하는 경우에는 필요하고 상당한 범위 안에서 다음 각 호의 조건 중 하나 이상의 조건을 정하여야 한다. 즉 ① 법원이 지정하는 일시·장소에 출석하고 증거를 인멸하지 아니하겠다는 서약서를 제출할 것, ② 법원이 정하는 보증금 상당의 금액을 납입할 것을 약속하는 약정서를 제출할 것, ③ 법원이 지정하는 장소로 주거를 제한하고 이를 변경할 필요가 있는 경우에는 법원의 허가를 받는 등 도주를 방지하기 위하여 행하는 조치를 수인할 것, ④ 피해자, 당해 사건의 재판에 필요한 사실을 알고 있다고 인정되는 자 또는 그 친족의 생명·신체·재산에 해를 가하는 행위를 하지 아니하고 주거·직장 등 그 주변에 접근하지 아니할 것, ⑤ 피고인 외의 자가 작성한 출석보증서를 제출할 것, ⑥ 법원의 허가 없이 외국으로 출국하지 아니할 것을 서약할 것, ⑦ 법원이 지정하는 방법으로 피해자의 권리회복에 필요한 금원을 공탁하거나 그에 상당한 담보를 제공할 것, ⑧ 피고인 또는 법원이 지정하는 자가 보증금을 납입하거나 담보를 제공할 것, ⑨ 그 밖에 피고인의 출석을 보증하기 위하여 법원이 정하는 적당한 조건을 이행할 것 등이다.

법원은 피고인의 자력 또는 자산 정도로는 이행할 수 없는 조건을 정할 수 없다.

다. 보석집행절차

법원은 위의 보석조건 중 ①, ②, ⑤, ⑦ 및 ⑧의 조건은 이를 이행한 후가 아니면 보석허가결정을 집행하지 못하며, 법원은 필요하다고 인정하는 때에는 다른 조건에 관하여도 그 이행 이후 보석허가결정을 집행하도록 정할 수 있다. 다만, 법원은 보석청구자 이외의 자에게 보증금납입을 허가할 수 있으며, 유가증권 또는 피고인 외의 자가 제출한 보증서로써 보증금에 갈음함을 허가할 수 있다. 이때 보증서에는 보증금액을 언제든지 납입할 것을 기재하여야 한다.

라. 보석조건의 변경과 취소 등

법원은 직권 또는 보석신청권자의 신청에 따라 결정으로 피고인의 보석조건을 변경하거나 일정기간 동안 당해 조건의 이행을 유예할 수 있다. 또 법원은 피고인이 ① 도망한 때, ② 도망하거나 죄증을 인멸할 염려가 있다고 믿을 만한 충분한 이유가 있는 때, ③ 소환을 받고 정당한 사유 없이 출석하지 아니한 때, ④ 피해자, 당해 사건의 재판에 필요한 사실을 알고 있다고 인정되는 자 또는 그 친족의 생명·신체·재산에 해를 가하거나 가할 염려가 있다고 믿을 만한 충분한 이유가 있는 때, ⑤ 법원이 정한 조건을 위반한 때 중의 하나에 해당하는 경우에는 직권 또는 검사의 청구에 따라 결정으로 보석을 취소할 수 있다.

마. 보석의 실효 등

보석의 취소와 구속영장의 실효에 의하여 그 효력을 상실한다. 다만, ⑧의 조건은 예외로 한다. 따라서 무죄, 면소, 형의 선고유예와 집행유예, 벌금 또는 과료의 재판이 확정된 때에는 물론, 자유형이나 사형이 확정된 경우에도 구속영장이 실효되므로 효력을 잃는다. 다만, 보석이 취소되지 않는 한 제1심이나 제2심에서 피고인에게 실형이 선고되더라도 보석의 효력은 상실되지 않는다.

바. 보증금 등의 몰취와 환부 등

법원은 보석을 취소하는 때에는 직권 또는 검사의 청구에 따라 결정으로 보증금 또는 담보의 전부 또는 일부를 몰취할 수 있다. 또 법원은 보증금의 납입 또는 담보제공을 조건으로 석방된 피고인이 동일한 범죄사실에 관하여 형의 선고를 받고 그 판결이 확정된 후 집행하기 위한 소환을 받고 정당한 사유 없이 출석하지 아니하거나 도망한 때에는 직권 또는 검사의 청구에 따라 결정으로 보증금 또는 담보의 전부 또는 일부를 몰취하여야 한다.

　　보석을 취소하는 때에는 몰취하지 아니한 보증금 또는 담보를 청구한 날로부터 7일 이내에 환부하여야 한다.

(4) 구속의 집행정지와 실효

가. 구속의 집행정지

　　법원은 상당한 이유가 있는 때에는 결정으로 구속된 피고인을 친족·보호단체·기타 적당한 자에게 부탁하거나 피고인의 거주를 제한하여 구속의 집행을 정지할 수 있다. 한편, 법원은 직권 또는 검사의 청구에 의하여 결정으로 구속의 집행정지를 취소할 수 있다. 구속집행정지의 취소사유는 보석의 취소사유와 같다.

나. 구속의 실효

　　구속의 사유가 없거나 소멸된 때에 피고인에 대하여는 법원이 직권 또는 검사, 피고인, 변호인과 변호인선임권자의 청구에 의하여 결정으로 구속을 취소하여야 한다. 구속취소 후 새로이 구속사유가 생기면 법원은 피고인을 다시 구속할 수 있다. 이때 구속기간 및 그 갱신의 회수는 종전의 구속과 합산하여 판단한다.

　　구속영장의 효력이 상실되는 경우로는 ① 구속기간의 만료, ② 무죄, 면소, 형의 선고유예, 집행유예, 공소기각 또는 벌금이나 과료를 과하는 판결의 선고, ③ 구속중인 소년에 대한 피고사건에 관해 법원의 소년부송치결정을 한 경우, ④ 사형 또는 자유형의 판결이 확정된 경우 등이 있다. 자유형이 확정되면 그 확정된 날로부터 형의 집행이 시작된다.

<사례17 해설> (피고인의 소환과 구속)

갑은 지병을 이유로 보석을 청구할 수 있고, 이 경우에 보석제외사유에 해당되지 않으면 법원은 보석을 허가하여야 한다. 위의 보석제외사유에 해당하는 경우에도 법원이 상당하다고 판단되는 경우에는 보석을 허가할 수 있으므로 갑은 그 사유를 구체적으로 소명하여 보석을 청구할 수 있다.

5. 공판기일의 절차

사례 18 공판기일

갑과 을은 절도죄의 공범으로 구속된 후 검찰조사과정에서 갑은 자백하였으나 을은 자백하지 않고 진술을 거부하였다. 그런데 이들의 범행에 대한 다른 증거는 불충분한 상태이었다. 이 경우에 갑과 을은 형사처벌되는가?

사례 19 공판기일

정신과 의사인 갑은 자신이 환자였던 A의 피고인이 된 공판정에 증인으로 소환되어 증언을 하였다. 그러나 갑은 자신이 증언을 거부할 수 있음을 알지 못하였으며, 재판장도 이러한 사실을 알려주지 않았다. 갑의 증언은 유효한가?

사례 20 공판기일

범죄피해자인 갑은 자신을 폭행하여 전치 4주의 부상을 입힌 죄로 기소되어 재판을 받고 있는 A가 범행을 시인하면서도 피해배상은 거부하고 있다. 갑이 A로부터 신속하게 치료비 등의 피해배상을 받을 수 있는 방법은 무엇인가?

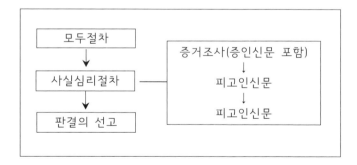

(1) 모두절차

모두절차는 '피고인에 대한 진술거부권의 고지 — 인정신문 — 검사의 모두진술 — 피고인의 모두진술 — 쟁점정리를 위한 재판장의 질문'순으로 진행된다.

(2) 사실심리절차

가. 증거조사

(가) 증거재판주의

사실의 인정은 증거에 의하여야 한다. 여기의 '사실'은 '범죄로 될 사실'을 의미하며, 증거는 증거능력이 있고, 적법한 증거조사를 거친 증거만을 의미한다. 형사책임에 있어서 입증책임은 원칙적으로 검사에게 있으며, 범죄사실의 인정은 합리적인 의심이 없는 정도의 증명에 이를 것이 요구된다.

증거의 증명력은 법관의 자유판단에 의한다(자유심증주의). 하지만 적법한 절차에 따르지 아니하고 수집한 증거는 증거로 할 수 없다(위법수집증거배제법칙). 또 피고인의 자백이 고문, 폭행, 협박, 신체구속의 부당한 장기화 또는 기망 기타의 방법으로 임의로 진술한 것이 아니라고 의심할 만한 이유가 있거나(자백배제법칙), 그 피고인에게 불이익한 유일의 증거인 때에는 이를 유죄의 증거로 하지 못한다(자백의 보강법칙). 그리고 제311조 내지 제316조에 규정한 것 이외에는 공판준비 또는 공판기일에서의 진술에 대신하여 진술을 기재한 서류나 공판준비 또는 공판기일 외에서의 타인의 진술을 내용으로 하는 진술은 이를 증거로 할 수 없다(전문법칙). 그러나 검사와 피고인이 증거로 할 수 있음을 동의한 서류 또는 물건은 진정한 것으로 인정한 때에는 증거로 할 수 있다. 또 전문법칙에 의하여 증거능력이 인정되지 않는 전문증거라도 공판준비 또는 공판기일에서의 피고인 또는 피고인이 아닌 자(공소제기 전에 피고인을 피의자로 조사하였거나 그 조사에 참여하였던 자를 포함한다)의 진술의 증명력을 다투기 위한 탄핵증거로는 사용할 수 있다. 다만, 공판기일의 소송절차로서 공판조서에 기재된 것은 그 조서만으로써 증명한다.

(나) 증거조사방법

증거조사는 모두절차에서 재판장의 쟁점정리를 위한 질문이 끝난 후에 실시한다. 법원은 검사가 신청한 증거를 조사한 후 피고인 또는 변호인이 신청한 증거를 조사하여야 한다. 당사자의 신청에 의한 증거조사가 끝난 후 법원은 직권으로 결정한 증거를 조사한다. 증거조사 후 재판장은 피고인에게 각 증거조사의 결과에 대한 의견을 묻고 권리를 보호함에 필요한 증거조사를 신청할 수 있음을 고지하여야 한다.

증거조사에 있어서 증거서류는 낭독 또는 내용고지, 증거물은 제시, 증거물인 증거서류는 낭독과 제시의 방법으로 행하여지며, 영상녹화물의 경우에는 법원은 공판준비 또는 공판기일에서 봉인을 해체하고 그 전부 또는 일부를 재생하는 방법으로 조사하여야 한다.

(다) 증인신문

증인신문은 증거조사의 절차에 따라 행하여진다.

ㄱ. 증인의 의무

증인은 증언거부권자가 아닌 한 공판기일의 증거조사에 출석하여 증언할 의무가 있으며, 출석한 증인은 신문 전에 선서를 하여야 한다. 다만, 증인이 ① 16세미만의 자, 또는 ② 선서의 취지를 이해하지 못하는 자에 해당한 때에는 선서하게 하지 아니하고 신문하여야 한다. 누구든지 자기나 친족 또는 친족관계가 있었던 자 또는 법정대리인, 후견감독인의 관계에 있는 자가 형사소추 또는 공소제기를 당하거나 유죄판결을 받을 사실이 발로될 염려있는 증언을 거부할 수 있다. 또 변호사, 변리사, 공증인, 공인회계사, 세무사, 대서업자, 의사, 한의사, 치과의사, 약사, 약종상, 조산사, 간호사, 종교의 직에 있는 자 또는 이러한 직에 있던 자가 그 업무상 위탁을 받은 관계로 알게 된 사실로서 타인의 비밀에 관한 것은 증언을 거부할 수 있다. 다만, 증언거부권자도 증언거부권을 포기하고 증언을 할 수 있다.

ㄴ. 증인신문의 방법

증인은 신청한 검사, 변호인 또는 피고인이 먼저 이를 신문한 후에 다른 검사, 변호인 또는 피고인이 신문하고(교호신문제), 재판장은 당사자의 신문이 끝난 뒤에 신문할 수 있다. 다만, 재판장은 필요하다고 인정하면 어느 때나 신문할 수 있으며, 신문순서를 변경할 수 있다. 그리고 법원이 직권으로 신문할 증인이나 범죄로 인한 피해자의 신청에 의하여 신문할 증인의 신문방식은 재판장이 정하는 바에 의한다. 이때 합의부원은 재판장에게 고하고 신문할 수 있다.

ㄷ. 증인신문참여권자

검사, 피고인 또는 변호인은 증인신문에 참여할 수 있다. 다만, 법원은 범죄로 인한 피해자를 증인으로 신문하는 경우 증인의 연령, 심신의 상태, 그 밖의 사정을 고려하여 증인이 현저하게 불안 또는 긴장을 느낄 우려가 있다고 인정되는 때에는 직권 또는 피해자·법정대리인·검사의 신청에 따라 피해자와 신뢰관계에 있는 자를 동석하게 할 수 있다. 또 법원은 범죄로 인한 피해자가 13세 미만이거나 신체적 또는 정신적 장애로 사물을 변별하거나 의사를 결정할 능력이 미약한 경우에 재판에 지장을 초래할 우려가 있는 등 부득이한 경우가 아닌 한 피해자와 신뢰관계에 있는 자를 동석하게 하여야 한다.

ㄹ. 특별한 증인신문

법원은 증인의 연령, 직업, 건강상태 기타의 사정을 고려하여 검사, 피고인 또는 변호인의 의견을 묻고 법정 외에 소환하거나 현재지에서 신문할 수 있다. 또 법원은 ① 아동복지법 제40조 제1호부터 제3호까지의 규정에 해당하는 죄의 피해자, ② 아동·청소년의 성보호에 관한 법률 제7조부터 제12조까지의 규정에 해당하는 죄의 대상이 되는 아동·청소년 또는 피해자, ③ 범죄의 성질, 증인의 연령, 심신의 상태, 피고인과의 관계, 그 밖의 사정으로 인하여 피고인 등과 대면하여 진술하는 경우 심리적인 부담으로 정신의 평온을 현저하게 잃을 우려가 있다고 인정되는 자 중의 하나에 해당하는 자를 증인으로 신문하는 경우 상당하다고 인정하는 때에는 검사와 피고인 또는 변호인의 의견을 들어 비디오 등 중계장치에 의한 중계시설을 통하여 신문하거나 차폐(遮蔽)시설 등을 설치하고 신문할 수 있다.

(라) 피해자의 진술권

법원은 범죄로 인한 피해자 또는 그 법정대리인(피해자가 사망한 경우에는 배우자·직계친족·형제자매를 포함한다)의 신청이 있는 때에는 ① 피해자 등 이미 당해 사건에 관하여 공판절차에서 충분히 진술하여 다시 진술할 필요가 없다고 인정되는 경우, 또는 ② 피해자 등의 진술로 인하여 공판절차가 현저하게 지연될 우려가 있는 경우가 아니면 그 피해자 등을 증인으로 신문하여야 한다.

법원은 범죄로 인한 피해자를 증인으로 신문방식은 재판장이 정하는 바에 의하며, 당해 피해자·법정대리인 또는 검사의 신청에 따라 피해자의 사생활의 비밀이나 신변보호를 위하여 필요하다고 인정하는 때에는 결정으로 심리를 공개하지 아니할 수 있다.

(마) 검증, 감정, 통역, 번역

법원은 사실을 발견함에 필요한 때에는 검증을 할 수 있다. 검증의 대상이나 장소에는 제한이 없으며, 법원의 검증에는 영장을 요하지 않는다.

또 법원은 특수한 지식이나 경험을 가진 제3자에게 감정을 의뢰할 수 있다. 법원 또는 법관으로부터 감정의 명을 받은 자를 감정인이라고 한다. 피고인의 정신 또는 신체에 관한 감정에 필요한 때에는 법원은 기간을 정하여 병원 기타 적당한 장소에 피고인을 유치하게 할 수 있다. 감정유치시에는 감정유치장을 발부하여야 한다.

한편, 법정에서는 국어를 사용하여야 하므로 국어에 통하지 아니하는 자의 진술에는 통역인으로 하여금 통역하게 하여야 한다. 또 농자 또는 아자의 진술에는 통역인으로 하여금 통역하게 할 수 있다. 국어 아닌 문자 또는 부호는 번역하게 하여야 한다.

나. 피고인신문

검사 또는 변호인은 증거조사 종료 후에 순차로 피고인에게 공소사실 및 정상에 관하여 필요한 사항을 신문할 수 있다(피고인이 공판정에서 공소사실에 대하여 자백한 때에는 법원은 그 공소사실에 한하여 간이공판절차에 의하여 심판할 것을 결정할 수 있다). 다만, 재판장은 필요하다고 인정하는 때에는 증거조사가 완료되기 전이라도 이를 허가할 수 있다. 재판장도 필요하다고 인정하는 때에는 피고인을 신문할 수 있다(동조 제2항). 피고인신문방식은 증인신문방식을 준용하며, 피고인을 증인석에 좌석하게 하여야 한다.

재판장 또는 법관은 피고인을 신문하는 경우 ① 피고인이 신체적 또는 정신적 장애로 사물을 변별하거나 의사를 결정·전달할 능력이 미약한 경우, 또는 ② 피고인의 연령·성별·국적 등의 사정을 고려하여 그 심리적 안정의 도모와 원활한 의사소통을 위하여 필요한 경우 중의 하나에 해당하는 때에는 직권 또는 피고인·법정대리인·검사의 신청에 따라 피고인과 신뢰관계에 있는 자를 동석하게 할 수 있다.

다. 의견진술

피고인신문과 증거조사가 종료한 때에는 검사는 사실과 법률적용에 관하여 의견을 진술하여야 한다(검사의 논고). 재판장은 검사의 의견을 들은 후 피고인과 변호인에게 최종의 의견을 진술할 기회를 주어야 한다. 다만, 피고인의 의견진술로서 변론은 종결되지만 법원은 필요하다고 인정한 때에는 직권 또는 검사, 피고인이나 변호인의 신청에 의하여 결정으로 종결한 변론을 재개할 수 있다.

(3) 판결의 선고

판결의 선고는 변론을 종결한 기일에 하여야 한다. 다만, 특별한 사정이 있는 때에는 변론종결 후 14일 이내에 따로 선고기일을 지정할 수 있다.

재판의 선고 또는 고지는 재판장이 한다. 판결을 선고함에는 주문을 낭독하고 이유의 요지를 설명하여야 한다. 형을 선고하는 경우에는 재판장은 피고인에게 상소할 기간과 상소할 법원을 고지하여야 한다. 판결의 선고에 의하여 당해 심급의 공판절차는 종결되며, 상소기간이 진행된다.

<사례18 해설> (공판기일)

피고인의 자백이 유일한 증거인 경우에는 자백 이외에 보강증거가 없으면 처벌할 수 없다. 따라서 갑의 경우에는 자백 이외에는 증거가 없으므로 처벌할 수 없지만, 을은 갑의 자백을 유죄의 증거로 하여 처벌할 수 있다.

<사례19 해설> (공판기일)

원칙적으로 증인이 증언거부권자에 해당하는 경우에는 재판장은 신문 전에 증언을 거부할 수 있음을 설명하여야 한다. 따라서 증인이 증언거부권을 고지받지 못하여 증언거부권을 행사하지 못하였다면 그 증언은 효력이 없고, 위 사례에서 갑이 허위 진술을 하였더라도 위증죄는 성립하지 않는다.

<사례20 해설> (공판기일)

피해자는 검사 또는 법원에 대하여 피해에 대하여 배상명령을 신청할 수 있다(소송촉진등에 관한 특례법 제25조 참조). 그렇게 되면 치료비 등 직접적인 손해에 대하여 유죄판결선고와 동시에 배상명령을 받을 수 있고, 그럼에도 불구하고 A가 배상을 거부하면 이를 근거로 하여 강제집행을 할 수 있다. 갑은 간접적 손해에 대해서는 별도로 민사상 손해배상을 제기할 수 있다

---

6. 공판절차의 특칙

사례 21　　공판절차 특칙

피고인인 A는 불구속상태로 재판을 받던 도중 지병이 악화되어 상당한 기간 재판을 받을 수 없는 상태에 이르렀다. 법원은 어떻게 하여야 하는가?

(1) 공판절차의 정지

공판절차의 정지결정이 있으면 취소될 때까지 공판절차를 진행할 수 없다. 먼저 ① 피고인이 사물의 변별 또는 의사의 결정을 할 능력이 없는 상태에 있는 때에는 법원은 검사와 변호인의 의견을 들어서 결정으로 그 상태가 계속하는 기간 공판절차를 정지하여야 한다. 또 피고인이 질병으로 인하여 출정할 수 없는 때에는 법원은 검사와 변호인의 의견을 들어서 결정으로 출정할 수 있을 때까지 공판절차를 정지하여야 한다. ② 법원은 공소장변경에 의한 공소사실 또는 적용법조의 추가, 철회 또는 변경이 피고인의 불이익을 증가할 염려가 있다고 인정한 때에는 직권 또는 피고인이나 변호인의 청구에 의하여 결정으로 필요한 기간 공판절차를 정지할 수 있다. ③ 소송절차를 정지해야 할 경우에도 공판절차가 정지된다. 즉, 기피신청이 있는 때에는 기피신청이 부적법하여 기각하는 경우를 제외하고는 급속을 요하는 경우가 아니면 소송진행을 정지하여야 하며, 계속중인 사건에 관하여 토지관할의 병합심리신청, 관할지정신청 또는 관할이전신청이 제기된 경우에는 그 신청에 대한 결정이 있기까지 급속을 요하는 경우가 아니면 소송절차를 정지하여야 한다. 또 1심법원과 항소법원 또는 상고법원의 판결과 제1심, 제2심 판결에 대한 재심청구가 경합된 경우에는 하급심의 소송절차가 종료할 때까지 소송절차를 정지하여야 한다.

(2) 공판절차의 갱신

공판개정 후 판사의 경질이 있는 때에는 공판절차를 갱신하여야 한다. 다만, 판결의 선고만을 하는 경우에는 예외로 한다. 간이공판절차결정이 취소된 때에도 공판절차를 갱신하여야 하지만, 검사, 피고인 또는 변호인이 이의가 없는 때에는 그러하지 아니한다. 또 피고인의 심신상실로 인해 공판절차가 정지된 경우에는 그 정지사유가 소멸한 후의 공판기일에 공판절차를 갱신하여야 한다.

(3) 변론의 분리·병합·재개

법원은 필요하다고 인정한 때에는 직권 또는 검사, 피고인이나 변호인의 신청에 의하여 결정으로 변론을 분리하거나 병합할 수 있다. 또 법원은 필요하다고 인정한 때에는 직권 또는 검사, 피고인이나 변호인의 신청에 의하여 결정으로 종결한 변론을 재개할 수 있다.

<사례21 해설> (공판절차 특칙)

피고인의 출석은 공판개정의 요건이므로 A가 질병으로 인하여 출정할 수 없는 때에는 대리인이 출정할 수 있는 경우가 아니면 법원은 검사와 변호인의 의견을 들어서 결정으로 피고인이 회복되어 공판정에 출석할 수 있을 때까지 공판절차를 정지하여야 한다. 다만, 피고사건에 대하여 무죄, 면소, 형의 면제 또는 공소기각의 재판과 같은 유리한 재판을 할 것이 명백한 때에는 피고인의 출정없이 재판할 수 있다.

Ⅶ. 재   판

재판이란 광의로는 법원 또는 법관의 법률행위적 소송행위를 총칭하는 개념이지만, 협의로는 피고사건의 실체에 대한 유·무죄 여부에 대한 법원의 공권적 판단인 실체적 종국재판을 의미한다. 재판은 법관이 작성한 재판서에 의하여야 하며, 주문과 이유로 구성된다. 다만, 결정 또는 명령을 고지하는 경우에는 재판서를 작성하지 아니하고 조서에만 기재하여 할 수 있다.

1. 종국재판

사례 22 종국재판

피고인인 의사 A가 친고죄인 업무상 비밀누설죄로 기소되어 심리를 받던 중 피해자가 고소를 취소하였다. 법원은 어떻게 해야 하는가?

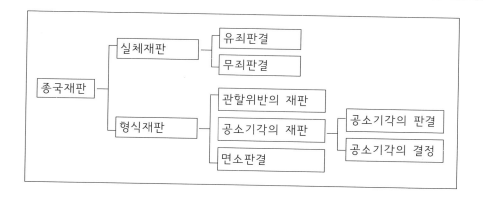

(1) 실체재판

가. 유죄판결

유죄판결은 피고사건에 관하여 범죄의 증명이 있는 때에 선고하는 판결을 말한다. 형을 선고하는 경우는 물론, 형의 면제 또는 선고유예를 하는 때에도 판결로써 선고하여야 한다. 형의 집행유예, 판결전구금의 산입일수, 노역장의 유치기간은 형의 선고와 동시에 판결로써 선고하여야 한다.

형의 선고를 하는 때에는 판결이유에 범죄될 사실, 증거의 요지와 법령의 적용을 명시하여야 하며, 법률상 범죄의 성립을 조각하는 이유 또는 형의 가중, 감면의 이유되는 사실의 진술이 있은 때에는 이에 대한 판단을 명시하여야 한다. 또 형을 선고하는 경우에는 재판장은 피고인에게 상소할 기간과 상소할 법원을 고지하여야 한다.

나. 무죄판결

피고사건이 범죄로 되지 아니하거나 범죄사실의 증명이 없는 때에는 판결로써 무죄를 선고하여야 한다. 무죄판결의 주문은 '피고인은 무죄'라고 기재한다. 수죄의 일부에 대하여 범죄가 성립되지 않으면 그 부분에 대하여만 무죄를 선고하여야 한다.

(2) 형식재판

가. 관할위반의 재판

피고사건이 법원의 관할에 속하지 아니한 때에는 판결로써 관할위반의 선고를 하여야 한다. 다만, 토지관할의 경우에는 피고사건에 대한 진술 전에 피고인의 신청이 없으면 관할위반의 선고를 하지 못한다.

나. 공소기각의 재판

공소기각의 재판은 관할위반 이외의 형식적 소송조건이 결여된 경우에 행하여지는 종국재판으로 판결과 결정이 있다.

판결로써 공소기각의 선고를 하여야 하는 경우로는 ① 피고인에 대하여 재판권이 없는 때, ② 공소제기의 절차가 법률의 규정에 위반하여 무효인 때, ③ 공소가 제기된 사건에 대하여 다시 공소가 제기되었을 때, ④ 공소취소 후 재기소에 관한 규정에 위반하여 공소가 제기되었을 때, ⑤ 고소가 있어야 죄를 논할 사건에 대하여 고소의 취소가 있은 때, ⑥ 피해자가 명시한 의사에 반하여 죄를 논할 수 없는 사건에 대하여 처벌을 희망하지 아니하는 의사표시가 있거나 처벌을 희망하는 의사표시가 철회되었을 때 등이 있다. 이에 대하여 피고인이 무죄를 주장하여 상소하는 것은 허용되지 않는다.

절차상의 하자가 중대하고 명백하여 결정으로 공소기각을 선고하여야 하는 경우로서 ① 공소가 취소되었을 때(공소취소 후 그 범죄사실에 대한 다른 중요한 증거를 발견한 경우에 한하여 다시 공소를 제기할 수 있다), ② 피고인이 사망하거나 피고인인 법인이 존속하지 아니하게 되었을 때, ③ 관할의 경합으로 인하여 재판할 수 없는 때, ④ 공소장에 기재된 사실이 진실하다 하더라도 범죄가 될 만한 사실이 포함되지 아니하는 때 등이 있다.

다. 면소판결

① 확정판결이 있은 때, ② 사면이 있은 때, ③ 공소의 시효가 완성되었을 때, ④ 범죄 후의 법령개폐로 형이 폐지되었을 때에는 면소판결을 하여야 한다. 면소판결은 형식재판이지만 일사부재리의 효력을 가지며, 따라서 무죄를 주장하여 상소할 수 없다.

<사례22 해설> (종국재판)

친고죄의 경우에는 형사처벌을 위해서는 피해자의 고소를 형식적인 요건으로 하므로 위의 사례의 경우에는 '고소가 있어야 죄를 논할 사건에 대하여 고소의 취소가 있은 때'라는 요건에 해당하여 법원은 공소기각의 판결을 하여야 한다.

---

2. 재판의 효력

사례 23 재판의 효력

운전자 갑은 교통사고에 의하여 A를 다치게 하여 약식명령을 받아 벌금을 납부하였다. 그러나 그 후 피해자가 치료를 받던 중 사망하자 검사가 다시 갑을 교통사고에 대하여 기소하였다. 검사의 기소는 적법한가?

재판의 확정에 의하여 재판의 효력, 즉 확정력이 생기므로 통상의 불복방법에 의하여 재판을 다툴 수 없고(형식적 확정) 그 내용을 변경할 수 없다(내용적 확정). 항고법원 또는 고등법원의 결정이나 대법원의 결정처럼 불복신청이 허용되지 않는 재판은 선고 또는 고지와 동시에 확정된다. 그러나 불복신청이 허용되는 재판은 상소기간이나 기타 불복신청기간의 도과, 상소 기타 불복신청의 포기 또는 취하, 불복신청을 기각하는 재판의 확정 등에 의하여 확정된다. 즉시항고를 할 수 있는 결정 또는 명령도 같다. 그러나 보통항고의 경우에는 항고기간의 제한이 없으므로 원심판결을 취소하더라도 실익이 없게 된 때에 확정된다.

재판이 확정되면 다른 법원에서도 동일한 사정으로 동일 사항에 대하여 다른 판단을 할 수 없다(내용적 구속력). 또 유·무죄의 실체판결이나 면소판결이 확정된 때에는 동일 사건에 대하여 다시 심리하거나 판단하는 것이 허용되지 않는다(일사부재리의 효력). 일사부재리의 효력은 공소가 제기된 당해 피고인에게만 미치며, 법원의 현실적 심판의 대상인 당해 공소사실과 단일성과 동일성이 미치는 범위 내에 있는 모든 사실에 미친다. 다만, 확정판결에 명백한 오류가 있는 경우에는 상소권의 회복, 재심 및 비상상고를 통해 확정력을 배제할 수 있다.

<사례23 해설> (재판의 효력)

운전자 갑은 이미 교통사고에 대하여 형사처벌을 받았으므로, 일사부재리의 원칙에 따라 비록 A가 사망하였더라도 다시 처벌할 수 없으므로 검사의 갑에 대한 나중의 기소는 부적법하고, 따라서 법원은 면소판결로 사실심리 없이 소송을 종결하여야 한다.

VIII. 상 소

1. 상소에 관한 일반이론

사례 24 상소

피고인 갑은 사기죄로 기소되었으나 법원은 공소제기절차가의 위법하다는 이유로 공소기각의 판결을 하였다. 그러나 갑은 자신이 사기범으로 계속해서 오인받는 것이 억울하여 무죄를 이유로 항소하고자 하였다. 과연 갑은 항소할 수 있는가?

사례 25 상소

항소심은 검사와 피고인이 모두 상소한 사건에서 검사의 상소만을 받아들여 원심 판결을 파기하고 다시 판결하면서 전체 형량을 다시 정하여 1심보다 중한 형을 선고하였다. 항소심의 조치는 적법한가?

상소란 확정되지 않은 재판에 대하여 상급법원에 구제를 요청하는 불복신청 제도를 말한다. 상소에는 제1심 판결에 대한 상소로서의 항소, 제2심 판결에 대한 상소로서의 상고 및 법원의 결정에 대한 상소인 항고가 있다.

(1) 상소권과 그 행사

고유의 상소권자는 재판을 받은 자, 즉 검사와 피고인이다. 검사는 피고인에게 불이익한 상소뿐만 아니라 피고인의 이익을 위한 상소도 할 수 있다. 검사 또는 피고인이 아닌 자가 결정을 받은 때에도 항고할 수 있다. 또 피고인의 법정대리인은 피고인을 위하여 상소할 수 있으며, 피고인의 배우자, 직계친족, 형제자매 또는 원심의 대리인이나 변호인은 피고인의 명시한 의사에 반하지 않는 한 피고인을 위하여 상소할 수 있다(상소대리권자).

상소권자는 상소의 포기 또는 취하를 할 수 있다. 다만, 피고인 또는 상소대리권자는 사형 또는 무기징역이나 무기금고가 선고된 판결에 대하여는 상소를 포기할 수 없다. 상소포기는 상소기간 내에 하면 되고, 상소취하는 상소심의 종국판결까지 할 수 있다. 상소를 취하한 자 또는 상소의 포기나 취하에 동의한 자는 그 사건에 대하여 다시 상소를 하지 못한다.

(2) 상소의 제한과 일부상소

무죄판결의 경우에는 그 이유를 다투는 상소가 허용되지 않는다. 또 관할위반이나 공소기각의 재판 또는 면소판결에 대하여 무죄를 주장하는 상소는 허용되지 않는다. 항소기각판결에 대하여 항소인은 상고할 수 있으나 검사만 항소한 경우에는 상고할 수 없다.

상소는 재판의 일부에 대하여 할 수 있으며, 다만, 일부에 대한 상소의 효력은 그 일부와 불가분의 관계에 있는 부분에 대하여도 미친다. 이때 상소가 없는 부분의 재판은 확정된다. 일부상소를 함에는 일부상소한다는 취지를 명시하고 불복부분을 특정하여야 한다.

(3) 상소의 제기와 상소기간

상소제기기간 내에 상소장을 원심법원에 제출하면 상소제기의 효력이 발생한다. 교도소 또는 구치소에 있는 피고인은 상소의 제기기간 내에 상소장을 교도소장 또는 구치소장 또는 그 직무를 대리하는 자에게 제출한 때에 상소의 제기기간 내에 상소한 것으로 간주한다. 상소기간은 재판이 선고 또는 고지된 날로부터 진행된다.

(4) 상소권의 회복

상소할 수 있는 자는 자기 또는 대리인이 책임질 수 없는 사유로 인하여 상소의 제기기간 내에 상소를 하지 못한 때에는 상소권회복의 청구를 할 수 있다. 상소권회복의 청구는 원인된 사유를 소명하여 사유가 종지한 날로부터 상소의 제기기간에 상당한 기간 내에 서면으로 원심법원에 제출하여야 하며, 그 청구와 동시에 상소를 제기하여야 한다.

(5) 불이익변경금지의 원칙

피고인이 상소한 사건과 피고인을 위하여 상소한 사건에 대하여는 원심판결의 형보다 중한 형을 선고하지 못한다. 여기서 '피고인이 상소한 사건'이란 피고인만 상소한 사건을 말하지만, 검사와 피고인이 모두 상소한 경우에도 검사의 상소가 기각된 경우에는 이에 포함된다. 이 원칙은 상소심이 자판하는 경우뿐만 아니라 환송 또는 이송하는 경우에도 적용되며, 약식명령이나 즉결심판에 대한 정식재판청구의 경우에도 적용된다. 불이익변경의 판단기준은 형법 제50조가 기준이 된다.

(6) 파기판결의 구속력

상급법원의 재판에 있어서의 판단은 당해 사건에 관하여 하급심을 기속한다. 따라서 상소심에서 원판결을 파기하여 환송 또는 이송한 경우에도 상급심의 판단이 환송 또는 이송받은 하급심을 구속한다. 파기판결의 구속력은 파기판결을 한 상급심 자신도 구속한다.

<사례24 해설> (상소)

상소권자가 상소를 하기 위해서는 상소이익이 있어야 하지만, 공소기각의 재판에 대해서는 상소이익이 인정되지 않으므로 갑은 무죄를 이유로 항소할 수 없다.

<사례25 해설> (상소)

불이익변경금지의 원칙은 피고인만이 상소하거나, 검사와 피고인 쌍방이 상소한 후 검사의 상소가 기각된 경우에만 적용되는 원칙이므로 위의 사례의 경우에는 항소심의 조치는 적법하다.

2. 항 소

> **사례 26** 항소
>
> 피고인 갑은 1심판결에 불복하여 항소를 제기하면서 항소이유서에 아무런 기재를 하지 않았다. 하지만 항소심 공판절차에서 심신장애 상태에 있음을 병원기록 등을 증거로 제출하면서 무죄를 주장하였으나 항소이유서에 기재되어 있지 않았다는 것을 이유로 법원은 이 사실을 심리하지 않았다. 항소법원의 조치는 적법한가?

항소란 제1심 판결에 대한 제2심 법원에의 상소를 말한다. 현행법상 제1심 법원의 판결에 대하여 불복이 있으면 지방법원 단독판사가 선고한 것은 지방법원 본원합의부에 항소할 수 있으며, 지방법원 합의부가 선고한 것은 고등법원에 항소할 수 있다.

(1) 항소이유

항소이유는 다음과 같다. 즉, ① 판결에 영향을 미친 헌법·법률·명령 또는 규칙의 위반이 있는 때, ② 판결 후 형의 폐지나 변경 또는 사면이 있는 때, ③ 관할 또는 관할위반의 인정이 법률에 위반한 때, ④ 판결법원의 구성이 법률에 위반한 때, ⑤ 법률상 그 재판에 관여하지 못할 판사가 그 사건의 심판에 관여한 때, ⑥ 사건의 심리에 관여하지 아니한 판사가 그 사건의 판결에 관여한 때, ⑦ 공판의 공개에 관한 규정에 위반한 때, ⑧ 판결에 이유를 붙이지 아니하거나 이유에 모순이 있는 때, ⑨ 재심청구의 사유가 있는 때, ⑩ 사실의 오인이 있어 판결에 영향을 미칠 때, ⑪ 형의 양정이 부당하다고 인정할 사유가 있는 때 등이다. ①과 ⑩은 이들 사유가 판결내용에 영향을 미친 경우에 한하여 항소이유가 되는 상대적 항소이유이며, 나머지는 이들 사유가 있으면 항소이유가 되는 절대적 항소이유이다.

(2) 항소의 제기

항소의 제기기간은 7일이며, 항소를 함에는 항소장을 원심법원에 제출하여야 한다. 또 항소인 또는 변호인은 항소의 통지를 받은 날로부터 20일 이내에 항소이유서를 항소법원에 제출하여야 한다. 항소이유서의 제출을 받은 항소법원은 지체없이 부본 또는 등본을 상대방에게 송달하여야 하며, 상대방은 전항의 송달을 받은 날로부터 10일 이내에 답변서를 항소법원에 제출하여야 한다. 만일 항소인이나 변호인이 소정의 제출기간 내에 항소이유서를 제출하지 아니한 때에는 항소법원은 결정으로 항소를 기각하여야 한다. 다만, 직권조사사유가 있거나 항소장에 항소이유의 기재가 있는 때에는 예외로 한다.

(3) 심리와 재판

항소법원은 항소이유에 포함된 사유에 관하여 심판하여야 한다. 항소법원은 판결에 영향을 미친 사유에 관하여는 항소이유서에 포함되지 아니한 경우에도 직권으로 심판할 수 있다.

심리 후에 항소이유 없다고 인정한 때에는 판결로써 항소를 기각하여야 한다. 그러나 항소이유가 있다고 인정한 때에는 원심판결을 파기하고 다시 판결을 하여야 한다. 만일 피고인을 위하여 원심판결을 파기하는 경우에 파기의 이유가 항소한 공동피고인에게 공통되는 때에는 그 공동피고인에게 대하여도 원심판결을 파기하여야 한다.

<사례26 해설> (항소)
피고인인 갑이 항소이유서에서 명시적으로 심신장애 주장을 하지 않은 경우라도 공판절차에서 심신장애사실을 주장하고 있는 경우에는 법원이 직권으로 피고인의 심신장애 여부를 심리하였어야 한다. 따라서 항소심의 조치는 위법하다.

3. 상 고

사례 27 ^{상고}

피고인 갑은 항소심의 판결에 불복하여 상고하면서, 비용을 아끼고자 변호인 없이 자신이 직접 변론을 하고자 하였다. 갑은 상소심에서 변론을 할 수 있는가?

상고란 2심판결에 대한 상소를 말한다. 예외적으로 1심판결에 대한 상고가 인정되는 경우가 있는데 이를 비약상고라고 한다. 상고심은 원칙적으로 법률심이다.

(1) 상고이유

상고이유는 다음과 같다. ① 판결에 영향을 미친 헌법·법률·명령 또는 규칙의 위반이 있을 때, ② 판결 후 형의 폐지나 변경 또는 사면이 있는 때, ③ 재심청구의 사유가 있는 때, ④ 사형, 무기 또는 10년 이상의 징역이나 금고가 선고된 사건에 있어서 중대한 사실의 오인이 있어 판결에 영향을 미친 때 또는 형의 양정이 심히 부당하다고 인정할 현저한 사유가 있는 때 등이다. 다만, ④의 경우는 중한 형을 받은 피고인의 이익을 위하여 피고인이 상고한 경우에만 인정되는 상고이유이다.

(2) 상고심의 절차

상고를 함에는 상고장을 원심법원에 제출하여야 한다. 상고의 제기기간은 7일로 한다. 상고제기 절차와 상고재판은 원칙적으로 항소의 경우와 같다.

상고법원은 상고이유서에 포함된 사유에 관하여 심판하여야 한다. 그러나 상고이유 중 ① 내지 ③의 경우에는 상고이유서에 포함되지 아니한 때에도 직권으로 심판할 수 있다. 다만, 상고심에는 변호사 아닌 자를 변호인으로 선임하지 못하며, 상고심에는 변호인 아니면 피고인을 위하여 변론하지 못한다. 검사와 변호인은 상고이유서에 의하여 변론하여야 하며, 상고심의 공판기일에 피고인의 소환을 요하지 아니한다. 상고법원은 상고장, 상고이유서 기타의 소송기록에 의하여 변론없이 판결할 수 있으며, 필요한 경우에는 특정한 사항에 관하여 변론을 열어 참고인의 진술을 들을 수 있다.

(3) 판결의 정정

상고법원은 그 판결의 내용에 오류가 있음을 발견한 때에는 직권 또는 검사, 상고인이나 변호인의 신청에 의하여 판결로써 정정할 수 있다. 이 신청은 판결의 선고가 있은 날로부터 10일 이내에 하여야 하며, 신청의 이유를 기재한 서면으로 하여야 한다. 정정의 판결은 변론없이 할 수 있다.

(4) 비약적 상고

① 원심판결이 인정한 사실에 대하여 법령을 적용하지 아니하였거나 법령의 적용에 착오가 있는 때, ② 원심판결이 있은 후 형의 폐지나 변경 또는 사면이 있는 때에는 제1심 판결에 대하여 항소를 제기하지 아니하고 상고를 할 수 있다.

제1심 판결에 대한 비약적 상고는 그 사건에 대한 항소가 제기된 때에는 그 효력을 잃는다. 다만, 항소의 취하 또는 항소기각의 결정이 있는 때에는 예외로 한다.

> **<사례27 해설>** (상고)
> 상고심은 법률심이므로 변호인만이 변론을 할 수 있다. 따라서 상소심에서는 갑의 출석을 요하지 않으며, 스스로 변론할 수도 없다. 다만, 갑이 상소심에 출석하여 재판장 등의 질문에 답변하는 것은 허용된다.

4. 항 고

> **사례 28** 항고
> 검사 갑은 피의자 A에 대한 조사를 진행하면서 변호인의 접견요청을 수사에 방해가 된다는 이유로 거절하였다. 피의자는 어떠한 조치를 취할 수 있는가?

항고란 결정에 대한 상소를 말한다. 항고에는 일반항고과 특별항고(재항고)가 있으며, 일반항고는 다시 보통항고와 즉시항고로 나뉜다.

(1) 항고의 종류

가. 보통항고

법원의 결정에 대하여는 형소법에 특별한 규정이 없는 한 불복이 있으면 항고를 할 수 있다. 그러나 법원의 관할 또는 판결 전의 소송절차에 관한 결정에 대하여는 즉시항고를 할 수 있는 경우 외에는 항고하지 못한다. 다만, 구금, 보석, 압수나 압수물의 환부에 관한 결정 또는 감정하기 위한 피고인의 유치에 관한 결정의 경우에는 항고할 수 있다. 한편, 체포·구속적부심사청구에 대한 청구기각결정 또는 구속된 피의자의 석방을 명하는 결정에 대하여는 항고할 수 없다. 대법원의 결정과 항고법원 또는 고등법원의 결정에 대하여도 보통항고를 할 수 없다.

나. 즉시항고

즉시항고를 할 수 있다는 명문의 규정이 있는 경우에 한하여 즉시항고가 허용된다. 즉, 현행법상 공소기각의 결정, 상소기각결정, 기피신청기각결정, 구속의 취소와 집행정지결정, 또는 소송비용부담결정 등의 경우에 인정된다.

다. 재 항 고

항고법원 또는 고등법원의 결정에 대하여는 재판에 영향을 미친 헌법·법률·명령 또는 규칙의 위반이 있음을 이유로 하는 때에 한하여 대법원에 즉시항고를 할 수 있다.

(2) 항고심의 절차

항고를 함에는 항고장을 원심법원에 제출하여야 한다. 보통항고는 언제든지 할 수 있다. 다만, 원심결정을 취소하여도 실익이 없게 된 때에는 예외로 한다. 즉시항고의 제기기간은 3일이다.

항고는 재판의 집행을 정지하는 효력이 없다. 다만, 원심법원 또는 항고법원은 결정으로 항고에 대한 결정이 있을 때까지 집행을 정지할 수 있다. 또 즉시항고의 경우에는 그 제기기간 내와 그 제기가 있는 때에 재판의 집행이 정지된다.

(3) 준 항 고

재판장 또는 수명법관이 ① 기피신청을 기각한 재판, ② 구금, 보석, 압수 또는 압수물환부에 관한 재판, ③ 감정하기 위하여 피고인의 유치를 명한 재판, ④ 증인, 감정인, 통역인 또는 번역인에 대하여 과태료 또는 비용배상을 명한 재판 중의 하나에 해당한 재판을 고지한 경우에 불복이 있으면 그 법관소속의 법원에 재판의 취소 또는 변경을 청구할 수 있다. 다만, ④의 재판은 그 청구기간 내와 청구가 있는 때에는 그 재판의 집행은 정지된다. 또 검사 또는 사법경찰관의 구금, 압수 또는 압수물의 환부에 관한 처분과 피의자신문시 변호인의 참여 등에 관한 처분에 대하여 불복이 있으면 그 직무집행지의 관할법원 또는 검사의 소속 검찰청에 대응한 법원에 그 처분의 취소 또는 변경을 청구할 수 있다.

이 청구는 재판의 고지있는 날로부터 3일 이내에 하여야 하며, 서면으로 관할법원에 제출하여야 한다. 준항고는 재판의 집행을 정지하는 효력이 없지만, 법원은 결정으로 준항고에 대한 결정이 있을 때까지 집행을 정지할 수 있다.

<사례28 해설> (항고)

피의자 A는 검사의 변호인접견거부 결정에 대하여 검사의 소속관청에 대하여 이의신청을 할 수 있고, 이의신청이 받아들여지지 않으면 검사의 소속검찰청에 대응하는 법원에 항고하여 그 처분의 취소를 청구할 수 있다.

IX. 특별절차

1. 재 심

사례 29 재심

상해죄로 기소된 갑은 재판 당시에 자신의 무죄를 입증할 증거가 있었음에도 불구하고 실수로 이것을 증거로 제출하지 않아서 상해죄의 유죄판결이 확정되었다. 그런데 형집행 후 이 사실을 알게 된 갑은 이 증거를 근거로 하여 무죄를 구하는 재심을 청구하였다. 갑의 행위는 적법한가?

사례 30 재심

갑은 혼인빙자간음죄로 기소되어 처벌을 받았다. 그런데 갑이 석방된 후 형법상의 혼인빙자간음죄는 헌법재판소에 의해 위헌으로 결정되었다. 이 경우 갑은 혼인빙자간음죄로 처벌받은 사실을 없애기 위해서는 어떻게 하여야 하는가?

재심이란 유죄의 확정판결에 대하여 중대한 사실오인이나 그 오인의 의심이 있는 경우에 그 선고를 받은 자의 이익을 위하여 유죄판결의 부당함을 시정하기 위한 비상구제절차이다. 재심은 재심개시절차와 재심심판절차의 2단계 구조를 취하고 있다.

(1) 재심사유

재심사유는 다음과 같다. ① 원판결의 증거된 서류 또는 증거물이 확정판결에 의하여 위조 또는 변조인 것이 증명된 때, ② 원판결의 증거된 증언, 감정, 통역 또는 번역이 확정판결에 의하여 허위인 것이 증명된 때, ③ 무고로 인하여 유죄의 선고를 받은 경우에 그 무고의 죄가 확정판결에 의하여 증명된 때, ④ 원판결의 증거된 재판이 확정재판에 의하여 변경된 때, ⑤ 유죄의 선고를 받은 자에 대하여 무죄 또는 면소를, 형의 선고를 받은 자에 대하여 형의 면제 또는 원판결이 인정한 죄보다 경한 죄를 인정할 명백한 증거가 새로 발견된 때, ⑥ 저작권, 특허권, 실용신안권, 의장권 또는 상표권을 침해한 죄로 유죄의 선고를 받은 사건에 관하여 그 권리에 대한 무효의 심결 또는 무효의 판결이 확정된 때, ⑦ 원판결, 전심판결 또는 그 판결의 기초 된 조사에 관여한 법관, 공소의 제기 또는 그 공소의 기초된 수사에 관여한 검사나 사법경찰관이 그 직무에 관한 죄를 범한 것이 확정판결에 의하여 증명된 때(다만, 원판결의 선고 전에 법관, 검사 또는 사법경찰관에 대하여 공소의 제기가 있는 경우에는 원판결의 법원이 그 사유를 알지 못한 때에 한한다) 등이다.

또 항소 또는 상고의 기각판결에 대하여는 ①, ②, ⑦의 사유있는 경우에 한하여 그 선고를 받은 자의 이익을 위하여 재심을 청구할 수 있다.

(2) 재심개시절차

가. 재심의 청구

재심청구권자는 ① 검사, ② 유죄의 선고를 받은 자, ③ 유죄의 선고를 받은 자의 법정대리인, ④ 유죄의 선고를 받은 자가 사망하거나 심신장애가 있는 경우에는 그 배우자, 직계친족 또는 형제자매 등이다. 다만, 원판결의 증거된 재판이 확정재판에 의하여 변경으로 인한 재심청구는 유죄의 선고를 받은 자가 그 죄를 범하게 한 경우에는 검사가 아니면 하지 못한다. 검사 이외의 자가 재심의 청구를 하는 경우에는 변호인을 선임할 수 있으며, 이때의 변호인의 선임은 재심의 판결이 있을 때까지 그 효력이 있다. 재심청구는 원판결의 법원이 관할한다.

나. 재심청구절차

　　재심청구의 시기는 제한이 없다. 형의 집행을 종료하거나 형의 집행을 받지 아니하게 된 때에도 재심을 청구할 수 있다. 재심의 청구는 형의 집행을 정지하는 효력이 없지만, 관할법원에 대응한 검찰청검사는 재심청구에 대한 재판이 있을 때까지 형의 집행을 정지할 수 있다.

　　재심청구는 취하할 수 있지만, 재심의 청구를 취하한 자는 동일한 이유로써 다시 재심을 청구하지 못한다.

(3) 재심의 심판

　　재심개시의 결정이 확정한 사건에 대하여는 법원은 그 심급에 따라 다시 심판을 하여야 한다. 재심의 심판에는 그 심급의 공판절차에 관한 규정이 적용된다. 그러나 ① 사망자 또는 회복할 수 없는 심신장애자를 위하여 재심의 청구가 있는 때, 또는 ② 유죄의 선고를 받은 자가 재심의 판결 전에 사망하거나 회복할 수 없는 심신장애자로 된 때에는 공판절차정지와 공소기각의 결정에 관한 규정은 적용하지 아니한다. 이 경우에는 피고인이 출정하지 아니하여도 심판을 할 수 있지만, 변호인이 출정하지 아니하면 개정하지 못한다. 이때 재심청구자가 변호인을 선임하지 아니한 때에는 재판장이 직권으로 변호인을 선임하여야 한다.

　　재심판결이 확정된 때에는 원판결은 그 효력을 잃는다. 다만, 원판결에 의한 형의 집행이 무효로 되는 것은 아니므로 원판결에 의한 자유형의 집행은 재심판결의 자유형에 통산된다. 재심에는 원판결의 형보다 중한 형을 선고하지 못한다. 재심에서 무죄의 선고를 한 때에는 그 판결을 관보와 그 법원소재지의 신문지에 기재하여 공고하여야 한다.

<사례29 해설> (재심)

피고인이 재심을 청구한 경우 재심대상이 되는 확정판결의 소송절차중에 그러한 증거를 제출하지 못한 데 과실이 있는 경우에는 그 증거는 형사소송법 제420조에서의 '증거가 새로 발견된 때'에서 제외된다고 해석되므로 갑의 재심청구는 부적법하다.

<사례30 해설> (재심)

형벌에 관한 법률 또는 법률의 조항이 위헌으로 결정된 경우에는 소급하여 그 효력을 상실하고, 이 법률 또는 조항에 근거한 유죄의 확정판결에 대하여는 재심을 청구할 수 있다. 따라서 갑은 애초 혼인빙자간음죄에 대하여 유죄판결을 한 법원에 재심을 청구하여 무죄판결을 받을 수 있다.

2. 비상상고절차

사례 31 비상상고절차

법원은 2003. 11. 25. 사기죄로 기소된 갑에게 송달이 되지 아니하고 그 소재도 확인할 수 없게 되자 소송촉진 등에 관한 특례법에 의하여 공시송달로 공판을 진행하여 2005. 12. 14. 피고인이 불출석한 상태에서 징역 6월의 형을 선고하였으며, 그 판결이 항소기간 도과로 확정되었다. 그런데 검사가 형집행을 위한 확인과정에서 갑은 2005. 11. 29. 306보충대에 입영하여 위 판결 선고 당시 군복무중이 없음이 밝혀졌다. 검사는 어떠한 조치를 취해야 하는가?

검찰총장은 판결이 확정된 후 그 사건의 심판이 법령에 위반한 것을 발견한 때에는 대법원에 비상상고를 할 수 있다. 비상상고는 모든 확정판결을 대상으로 한다. 비상상고를 함에는 그 이유를 기재한 신청서를 대법원에 제출하여야 한다. 신청기간에 제한은 없다. 공판기일에 검사는 신청서에 의하여 진술하여야 한다. 비상상고는 이에 대한 판결이 있을 때까지 취하할 수 있다.

비상상고의 판결은 파기자판의 경우 이외에는 그 효력이 피고인에게 미치지 아니한다. 따라서 판결의 위법 부분을 파기하고 자판하지 않은 경우나 소송절차만이 파기된 경우에 판결의 주문은 그대로 효력을 가진다.

<사례31 해설> (비상상고절차)

갑은 재판 당시 군인의 신분이었으므로 군사법원이 재판권을 가지므로 위 법원으로서는 사건을 관할군사법원에 이송하였어야 함에도 피고인에 대하여 재판권을 행사한 것은 위법이다. 따라서 검찰총장은 비상상고에 의하여 이를 시정하여야 한다.

<국민의 형사참여재판>

우리나라에서는 2007년 국민의 형사재판 참여에 관한 법률(제정 2007.6.1 법률 제8495호)을 제정하여 2008년 1월 1일부터 국민의 형사재판참여제도를 시행해 오고 있다.

1) 대상사건 및 관할

국민참여재판의 대상사건은 중죄사건이며, 피고인이 원하는 경우에 한해 허용하고 있다. 따라서 피고인이 국민참여재판을 원하지 아니하거나 국민참여재판의 배제결정이 있는 경우는 국민참여재판을 하지 아니한다. 법원은 대상사건의 피고인에 대하여 국민참여재판을 원하는지의 여부에 관한 의사를 서면 등의 방법으로 확인하여야 하며, 피고인은 공소장부본을 송달받은 날로부터 7일 이내에 국민참여재판을 원하는지의 여부에 관한 의사가 기재된 서면을 제출하여야 한다.

국민참여재판에 관하여 변호인이 없는 때에는 법원은 직권으로 변호인을 선정하여야 한다. 다만, 피고인은 국민참여재판에 대한 법원의 배제 또는 회부결정이 있거나 공판준비기일이 종결되거나 제1회 공판기일이 열린 이후에는 종전의 의사를 바꿀 수 없다.

국민참여재판의 관할은 지방법원 본원 합의부이다.

2) 배심원

가) 배심원의 자격   배심원은 법률(제17조, 제20조)에서 규정한 자에 속하지 않는 한 만 20세 이상의 대한민국 국민 중에서 이 법으로 정하는 바에 따라 선정된다.

나) 배심원의 수   법정형이 사형·무기징역 또는 무기금고에 해당하는 대상사건에 대한 국민참여재판에는 9인의 배심원이 참여하고, 그 외의 대상사건에 대한 국민참여재판에는 7인의 배심원이 참여한다. 다만, 법원은 피고인 또는 변호인이 공판준비절차에서 공소사실의 주요내용을 인정한 때에는 5인의 배심원을 참여하게 할 수 있다. 법원은 사건의 내용에 비추어 특별한 사정이 있다고 인정되고 검사·피고인 또는 변호인의 동의가 있는 경우에 한하여 결정으로 배심원의 수를 7인과 9인 중에서 달리 정할 수 있다. 법원은 배심원의 결원 등에 대비하여 5인 이내의 예비배심원을 둘 수 있다.

다) 배심원의 선정   지방법원장은 매년 관할구역 내 행정안전부의 주민등록

자료를 활용하여 배심원후보예정자명부를 작성하고, 이들 중에서 일정한 수의 배심원후보자를 무작위 추출 방식으로 정하여 배심원과 예비배심원의 선정기일을 통지하여야 한다. 이 통지를 받은 배심원후보자는 선정기일에 출석하여야 한다. 법원은 출석한 배심원후보자 중에서 당해 재판에서 필요한 배심원과 예비배심원의 수에 해당하는 배심원후보자를 무작위로 뽑고 이들을 대상으로 직권, 기피신청 또는 무이유부기피신청에 따른 불선정결정을 한다. 불선정결정이 있는 경우에는 그 수만큼 동일한 절차를 반복한다. 이 절차를 거쳐 필요한 수의 배심원과 예비배심원 후보자가 확정되면 법원은 무작위의 방법으로 배심원과 예비배심원을 선정한다. 예비배심원이 2인 이상인 경우에는 그 순번을 정하여야 한다.

법원은 배심원과 예비배심원이 불공정한 평결을 할 우려가 있는 경우에는 해임할 수 있으며, 배심원과 예비배심원이 직무를 계속 수행하기 어려운 사정이 있는 때에는 법원에 사임을 신청할 수 있다.

배심원과 예비배심원의 임무는 ① 종국재판을 고지한 때 또는 ② 통상절차 회부 결정을 고지한 때에 해당하면 종료한다.

　　라) 배심원의 권리·의무와 보호　　배심원은 국민참여재판을 하는 사건에 관하여 사실의 인정, 법령의 적용 및 형의 양정에 관한 의견을 제시할 권한이 있다. 배심원은 법령을 준수하고 독립하여 성실히 직무를 수행하여야 한다. 또 배심원은 직무상 알게 된 비밀을 누설하거나 재판의 공정을 해하는 행위를 하여서는 아니 된다.

한편, 누구든지 배심원·예비배심원 또는 배심원후보자인 사실을 이유로 해고하거나 그 밖의 불이익한 처우를 하여서는 아니 되며, 누구든지 당해 재판에 영향을 미치거나 배심원 또는 예비배심원이 직무상 취득한 비밀을 알아낼 목적으로 배심원 또는 예비배심원이거나 배심원 또는 예비배심원의 직무에 종사하였던 사람과 접촉하여서는 아니 된다. 후자의 경우에 연구에 필요한 경우는 그러하지 아니하다. 또 법령으로 정하는 경우를 제외하고는 본인의 동의가 없는 한 누구든지 배심원·예비배심원 또는 배심원후보자의 성명·주소와 그 밖의 개인정보를 공개하여서는 아니 된다. 그리고 재판장은 배심원 또는 예비배심원이 피고인이나 그 밖의 사람으로부터 위해를 받거나 받을 염려가 있다고 인정하는 때 또는 공정한 심리나 평의에 지장을 초래하거나 초래할 염려가 있다고 인정하는 때에는 배심원 또는 예비배심원의 신변안전을 위하여 보호, 격리, 숙박, 그 밖에 필요한 조치를 취할 수 있다. 검사, 피고인, 변호인, 배심원 또는 예비배심원은 재판장에게 위의 조치를 취하도록 요청할 수 있다.

3) 국민참여재판의 절차

　　가) 공판의 준비　　재판장은 피고인이 국민참여재판을 원하는 의사를 표시한 경우에 사건을 공판준비절차에 부쳐야 한다. 공판준비기일에는 배심원이 참여하지 아니한다.

나) 공판절차   공판정은 판사·배심원·예비배심원·검사·변호인이 출석하여 개정한다. 배심원과 예비배심원은 법률에 따라 공정하게 그 직무를 수행할 것을 다짐하는 취지의 선서를 하여야 한다.

배심원과 예비배심원은 ① 피고인·증인에 대하여 필요한 사항을 신문하여 줄 것을 재판장에게 요청하는 행위 또는 ② 필요하다고 인정되는 경우 재판장의 허가를 받아 각자 필기를 하여 이를 평의에 사용하는 행위를 할 수 있다. 그러나 배심원과 예비배심원은 ① 심리 도중에 법정을 떠나거나 평의·평결 또는 토의가 완결되기 전에 재판장의 허락 없이 평의·평결 또는 토의 장소를 떠나는 행위, ② 평의가 시작되기 전에 당해 사건에 관한 자신의 견해를 밝히거나 의논하는 행위, ③ 재판절차 외에서 당해 사건에 관한 정보를 수집하거나 조사하는 행위, ④ 이 법에서 정한 평의·평결 또는 토의에 관한 비밀을 누설하는 행위 등을 하여서는 아니 된다.

다) 평의·평결·토의   재판장은 변론이 종결된 후 법정에서 배심원에게 공소사실의 요지와 적용법조, 피고인과 변호인 주장의 요지, 증거능력, 그 밖에 유의할 사항에 관하여 설명하여야 한다. 이 경우 필요한 때에는 증거의 요지에 관하여 설명할 수 있다. 심리에 관여한 배심원은 설명을 들은 후 유·무죄에 관하여 평의하고, 전원의 의견이 일치하면 그에 따라 평결한다. 다만, 배심원 과반수의 요청이 있으면 심리에 관여한 판사의 의견을 들을 수 있다.

배심원은 유·무죄에 관하여 전원의 의견이 일치하지 아니하는 때에는 평결을 하기 전에 심리에 관여한 판사의 의견을 들어야 한다. 이 경우 유·무죄의 평결은 다수결의 방법으로 한다. 평결이 유죄인 경우 배심원은 심리에 관여한 판사와 함께 양형에 관하여 토의하고 그에 관한 의견을 개진한다. 재판장은 양형에 관한 토의 전에 처벌의 범위와 양형의 조건 등을 설명하여야 한다. 배심원의 평결과 의견은 법원을 기속하지 아니한다.

배심원은 평의·평결 및 토의 과정에서 알게 된 판사 및 배심원 각자의 의견과 그 분포 등을 누설하여서는 아니 된다.

라) 판결의 선고   판결의 선고는 변론을 종결한 기일에 하여야 한다. 다만, 특별한 사정이 있는 때에는 변론종결 후 14일 이내에서 따로 선고기일을 지정할 수 있다. 재판장은 판결선고 시 피고인에게 배심원의 평결결과를 고지하여야 하며, 배심원의 평결결과와 다른 판결을 선고하는 때에는 피고인에게 그 이유를 설명하여야 한다.

7. 사회법

제1. 근로계약법

* 제1-제2 집필: 송강직. 동아대학교 법학전문대학원 교수
* 별명이 없는 법조문명은 '근로기준법'임

Ⅰ. 근로자와 근로기준법 적용

노동법에서 근로자 개념은 크게 두 가지로 나누어 볼 수 있다. 하나는 '근로기준법'(이하 '근기법'이라 한다)상의 근로자이고, 다른 하나는 후술하는 '노동조합 및 노동관계조정법'(이하 '노조법'이라 한다)상의 근로자이다.

1. 근기법상의 근로자

사례 1 근로자

대학입시학원에서 종합반 강사가 근로계약이 아닌 강의용역 제공계약이라는 이름의 계약서를 작성하였고 취업규칙 등의 적용을 받지 않았으며 보수에 고정급이 없고 부가가치세법상 사업자등록을 하고 근로소득세가 아닌 사업소득세를 원천징수를 당하면서 지역의료보험에 가입하고 있으나, 학생들의 출석사항을 감독하고 결석시 당해 학생의 부모에게 전화 등을 하면서, 출근시간과 강의시간 및 강의 장소의 지정, 사실상 다른 사업장에 대한 노무제공 가능성의 제한, 강의 외 부수업무 수행 등에 관한 사정과 그들이 시간당 일정액에 정해진 강의시간수를 곱한 금액을 보수로 지급받았을 뿐 수강생 수와 이에 따른 학원의 수입 증감이 보수에 영향을 미치지 아니하였다는 사정 등이 있는 경우 위 강사는 근로자에 해당하는가?

근기법 제2조 제1항 제1호에서, '근로자'란 직업의 종류와 관계없이 임금을 목적으로 사업이나 사업장에 근로를 제공하는 자를 말한다고 정의 내리고 있다.

근기법상의 근로자는 직업의 종류와 관계없이 임금을 목적으로 근로를 제공하는 자이므로 어렵지 않은 것으로 볼 수 있다.

문제는 그렇게 간단하지 않다. 예컨대 현실사회에서 직업의 종류는 다양한데 근로를 제공하는 자가 임금을 목적으로 자신의 노동을 제공하고 있다고 하는 것만으로 근로자라고 할 수 있는가? 근로를 제공하는 자는 자신의 근로를 제공하는 목적이 돈을 벌기 위한 경우가 대부분일 것이다. 반면 봉사자의 경우 자신의 근로를 제공하는 것은 돈을 벌기 위한 것이 아니라는 것은 명확하다. 따라서 봉사자가 특정 시설 등에서 자신의 근로를 제공한다고 하더라도 근로자가 되는 것은 아니다.

(1) 특수형태 근로 종사자

학습지 교사가 특정 학습지 회사의 고객인 학생을 상대로 당해 고객의 집을 방문하여 당해 회사의 학습지 교재를 갖고 가르치는 업무에 종사하고 그 대가로 학습지 회사로부터 일정한 금품을 수령하는 경우의 예를 들어 보기로 하자. 학습지 교사는 회사와의 사이에 사용종속관계에서 임금을 목적으로 근로를 제공하는 근로자로 볼 수 없어 이들을 조합원으로 하는 전국학습지산업노동조합은 노조법상의 노동조합에 해당한다고 볼 수 없으므로 회사가 위 조합의 단체교섭요구에 응하지 않은 것을 부당노동행위로 볼 수 없다(대법원 2005.11.24. 선고 2005다39136 판결). 이는 근기법상의 근로자 개념에도 그대로 타당한 해석으로 볼 수 있으며, 따라서 학습지 교사는 근기법상의 근로자라고 할 수도 없다. 즉 학습지 교사는 일정한 금품을 받을 목적으로 근로를 제공하지만 그 대가로 받는 금품은 임금이 아니라 일종의 수당에 지나지 않는다는 것이다.

특수형태 근로에 종사하는 근로자에는 학습지 교사 외에 보험모집원, 골프장의 경기보조원, 레미콘 지입 차주, 택배기사, 퀵서비스 종사자를 들 수 있으며, 이들을 특수형태 노무에 종사하는 자로 분류되고 있다. 이들 노무종사자들에 대하여는 사업재해와 관련하여서는 원칙적으로 산업재해보상보험법상 보험에 가입하도록 되어 있으나 본인이 원하는 경우 가입하지 않을 수 있으며, 가입하는 경우에는 통상의 근로자의 보험료를 사용자가 전액 부담하는 것과는 달리 이들의 경우 본인과 당해 노무에 종사하는 사업 또는 사업장의 사용자가 각각 반액씩 부담하도록 되어 있다(산업재해보상보험법 시행령 제125조).

(2) 근기법상의 근로자 판단 기준

그렇다면 근기법상 근로자는 어떠한 자인가? 대기업을 비롯하여 일반 기업에 종사하는 자, 교사, 공무원 등이 전형적인 근로자라고 할 수 있으며 이들이 근로자라는 것에는 의문이 없다. 근로자와 관련하여 학원강사의 사례가 있는 이 사건에서 대법원은 근로자 판단 기준에 대하여 중요한 판단을 하여 오늘에 이르고 있다.

근로기준법상의 근로자에 해당하는지의 여부는 계약의 형식이 중요한 것이 아니라 그 실질에 있어 근로자가 사업 또는 사업장에 임금을 목적으로 종속적인 관계에서 사용자에게 근로를 제공하였는지의 여부에 따라 판단하여야 한다고 한다. 이 경우 근로소득세를 원천징수하였는지, 사회보장제도에 관하여 근로자로 인정받는지 등의 사정은 사용자가 경제적으로 우월한 지위를 이용하여 임의로 정할 여지가 크기 때문에, 그러한 점들이 인정되지 않는다는 것만으로 근로자성을 쉽게 부정하여서는 안 된다(대법원 2006.12.7. 선고 2004다29736 판결).

일반적으로 학원강사의 경우 특정 학원에서 정해진 시간만 노무를 제공하고 그에 따른 대가를 받는 것으로서 근로자로 보지 않고 일종의 도급계약에 의한 노무의 제공으로 취급되고 있으나, 그 노무제공의 실질에 따라 근기법상의 근로자에 해당하는 경우도 있음을 알 수 있다.

(3) 근로자의 근로계약 당사자인 사용자의 변동

근로자라고 하여도 경우에 따라서 자신의 사용자가 변경되는 경우가 발생할 수 있다. 사용자는 기본적으로 임금을 지급하여야 할 의무를 부담하는 것으로서 누가 자신의 사용자인가 하는 것은 매우 중요하다.

이와 관련하여 도급계약, 영업양도, 전적의 예를 보기로 하자.

가. 도급계약의 경우

도급계약에 의하여 수급인에게 고용된 근로자가 예외적으로 도급인의 근로자로 인정되는 경우가 발생할 수 있다. 도급계약이란 도급인이 일정한 일의 완성을 수급인에게 맡기고 대가를 지급하는 것을 목적으로 체결된 계약을 말한다. 쉬운 예로 아파트 공사를 맡은 회사가 창문에 대하여 외부의 다른 회사에 맡기는 것을 들 수 있다. 이 경우 창문을 제작하여 장착하는 수급인은 당해 창문 일을 완성하고 그 대가를 아파트공사를 맡은 회사인 도급인으로부터 대가를 받는 것이므로, 창문을 제작하여 장착하는 수급인 회사에 소속된 근로자에게 있어 자신의 사용자는 수급인이지 도급인이 될 수 없다.

그런데 계약의 형식은 도급계약이지만 도급인과 수급인의 주식소유관계, 수급인의 임원이 도급인 출신이라는 것, 도급인이 수급인의 근로자에 대하여 직접적으로 업무를 지시하는 등의 경우 수급인에게 고용된 근로자는 도급인의 근로자로 인정되게 된다(대법원 2003.9.23. 선고 2003두3420 판결).

나. 영업양도의 경우

영업의 양도라 함은 일정한 영업목적에 의하여 조직화된 업체, 즉 인적·물적 조직을 그 동일성은 유지하면서 일체로서 이전하는 것으로서 영업의 일부만의 양도도 가능하고, 이러한 영업양도가 이루어진 경우에는 원칙적으로 해당 근로자들의 근로관계가 양수하는 기업에 포괄적으로 승계된다(대법원 1991.8.9. 선고 91다15225 판결; 대법원 1994.11.18. 선고 93다18938 판결). 여기서 영업의 동일성 판단은 일반 사회관념에 의하여 결정되어야 할 사실인정의 문제이기는 하지만, 문제의 행위(양도계약관계)가 영업의 양도로 인정되느냐 안 되느냐는 단지 어떠한 영업재산이 어느 정도로 이전되어 있는가에 의하여 결정되어야 하는 것이 아니고 거기에 종래의 영업조직이 유지되어 그 조직이 전부 또는 중요한 일부로서 기능할 수 있는가에 의하여 결정되어야 한다(대법원 1989.12.26. 선고 88다카10128 판결).

물론 위와 같은 영업양도의 경우에 근로자 자신이 근로관계의 승계를 거부하는 경우에 그 근로관계가 양수하는 기업에 승계되지 아니하고 여전히 양도하는 기업과 사이에 존속되는 것이며, 이러한 경우 원래의 사용자는 영업 일부의 양도로 인한 경영상의 필요에 따라 감원이 불가피하게 되는 사정이 있어 정리해고로서의 정당한 요건이 갖추어져 있다면 그 절차에 따라 승계를 거부한 근로자를 해고할 수 있다(대법원 2000.10.13. 선고 98다11437 판결).

다. 전적의 경우

근로자를 그가 고용된 기업으로부터 다른 기업으로 적을 옮겨 다른 기업의 업무에 종사하게 하는 이른바 전적은, 종래에 종사하던 기업과의 사이의 근로계약을 합의해지하고 이적하게 될 기업과의 사이에 새로운 근로계약을 체결하는 것이거나 근로계약상의 사용자의 지위를 양도하는 것이므로, 동일 기업 내의 인사이동인 전근이나 전보와 달라 특별한 사정이 없는 한 근로자의 동의를 얻어야 효력이 생긴다.

그런데 기업그룹 등과 같이 그 구성이나 활동 등에 있어서 어느 정도 밀접한 관련성을 갖고 사회적 또는 경제적 활동을 하는 일단의 법인체 사이의 전적에 있어서 그 법인체들 내에서 근로자의 동의를 얻지 아니하고 다른 법인체로 근로자를 전적시키는 관행이 있어서 그 관행이 근로계약의 내용을 이루고 있다고 인정되는 경우에는 근로자의 동의를 구함이 없이 사용자는 전적명령을 할 수 있다. 이러한 사용자의 전적명령은 정당한 인사조치로서 이에 응하지 않는 근로자는 해고될 수도 있다.

그렇다고 한다면 이 경우 어느 정도의 관행이 성립되어야 하는가? 그와 같은 관행이 성립되었다고 하기 위해서는 그 법인체들 내에서 일반적으로 근로관계를 규율하는 규범적인 사실로서 명확히 승인되거나, 그 구성원이 일반적으로 아무런 이의도 제기하지 아니한 채 당연한 것으로 받아들여 기업 내에서 사실상의 제도로서 확립되어 있지 않으면 아니 된다(대법원 2006.1.12. 선고 2005두9873 판결).

<사례1 해설> (근로자)

위 사례에서 대학입시학원의 종합반 강사는, 출근시간과 강의시간 및 강의 장소의 지정, 사실상 다른 사업장에 대한 노무제공 가능성의 제한, 강의 외 부수업무 수행 등에 관한 사정과 그들이 시간당 일정액에 정해진 강의시간 수를 곱한 금액을 보수로 지급받았을 뿐 수강생 수와 이에 따른 학원의 수입 증감이 보수에 영향을 미치지 아니하였다는 사정 등에 비추어 볼 때, 위 대학종합반 강사의 경우 강의용역 제공계약이라는 이름의 계약서를 작성하였고 일반 직원들에게 적용되는 취업규칙 등의 적용을 받지 않았으며 보수에 고정급이 없고 부가가치세법상 사업자등록을 하고 근로소득세가 아닌 사업소득세를 원천징수를 당하였으며 지역의료보험에 가입하였다고 하더라도, 대학입시학원의 근로자에 해당된다.

---

2. 근기법상의 근로자보호

(1) 근기법 전면적 적용

근기법은 임금을 목적으로 사업이나 사업장에 근로를 제공하는 자를 보호하는 것이므로 원칙적으로 국가, 특별시·광역시·도, 시·군·구, 읍·면·동, 그 밖에 이에 준하는 것에 대하여도 적용되므로 공무원의 경우에도 근기법의 특별법인 관련 공무원법에서 특별히 규정하고 있지 않은 사항에 대하여는 근기법이 적용된다

(제12조). 근로기준법상 근로자로 인정되면 근로기준법이 적용되어 임금지급에서의 보호, 일일근로시간의 한도인 8시간, 휴일보장, 연차유급휴가, 시간외근로에 대한 가산임금보장 등 이하에서 보는 근기법상의 보호를 받게 된다.

근로시간의 예를 갖고 보면 다음과 같다.

근로시간은 1주간의 근로시간은 휴게시간을 제외하고 40시간을 초과할 수 없고, 1일의 근로시간은 휴게시간을 제외하고 8시간을 초과할 수 없으나(제50조 제1항 및 제2항), 당사자간에 합의하면 1주간에 12시간을 한도로 근로시간을 연장할 수 있다(제53조 제1항). 휴게시간은 사용자는 근로시간이 4시간인 경우에는 30분 이상, 8시간인 경우에는 1시간 이상의 휴게시간을 근로시간 도중에 주어야 하고, 휴게시간은 근로가자 자유롭게 이용할 수 있다(제54조 제1항 및 제2항). 사용자가 근로자대표와 서면 합의에 의하여 이러한 원칙에 대한 예외를 도입할 수 있는데, 여기서 말하는 근로자대표란 사업 또는 사업장에 근로자의 과반수로 조직된 노동조합이 있는 경우에는 그 노동조합 또는 근로자의 과반수로 조직된 노동조합이 없는 경우에는 근로자의 과반수를 대표하는 자를 말한다(제24조 제3항).

(2) 근기법의 부분적 적용 배제

그러나 이러한 보호규정을 적용하게 되면 사정이 여의치 않은 사용자의 부담이 늘어나게 되는 경우이거나, 근로자의 업무의 특성 등을 고려하여 근기법은 이러한 경우 그 적용범위를 달리하여 규정하고 있다.

그 내용으로 중요한 것은, 동거하는 친족만을 사용하는 사업 또는 사업장과 가사(家事) 사용인에 대하여는 근기법을 적용하지 아니하며(제11조 제1항), 상시 근로자 수가 4명 이하인 경우에는, 해고, 휴직, 정직, 전직, 감봉, 그 밖의 징벌을 함에 있어서 정당한 이유(제23조 제1항), 경영상의 이유에 의한 해고에 있어서 제한규정의 적용(제24조), 위 해고 등에 대한 구제신청 절차규정(제17조-제33조), 퇴직금지급규정(제34조), 휴업수당(제46조) 등의 규정의 적용을 받을 수 없다(제11조 제2항).

또한 부분적으로 근기법의 적용을 받지 못하는 경우로, 일용근로자로서 3개월을 계속 근무하지 아니한 자, 2개월 이내의 기간을 정하여 사용된 자, 월급근로자로서 6개월이 되지 못한 자, 계절적 업무에 6개월 이내의 기간을 정하여 사용된 자, 수습 사용중인 근로자에게는 해고예고제도의 보호를 받지 못한다(제35조).

다른 한편 그 업무의 특성을 고려하여, 토지의 경작·개간, 식물의 재식(栽植)·

재배·채취 사업, 그 밖의 농림 사업, 동물의 사육, 수산 동식물의 채포(採捕)·양식 사업, 그 밖의 축산, 양잠, 수산 사업, 감시(監視) 또는 단속적(斷續的)으로 근로에 종사하는 자로서 사용자가 노동부장관의 승인을 받은 자, 관리·감독 업무 또는 기밀을 취급하는 업무, 대통령령으로 정하는 업무에 종사하는 근로자(시행령 제34조)에게는 근로시간, 휴게와 휴일에 관한 규정적용을 배제하고 있다(제63조).

그리고 사용자가 근로자대표와 서면합의를 한 경우에는 주 12시간을 초과하는 연장근로시간과 휴게시간을 변경할 수 있는 사업으로서, 운수업, 물품 판매 및 보관업, 금융보험업, 영화 제작 및 흥행업, 통신업, 교육연구 및 조사 사업, 광고업, 의료 및 위생 사업, 접객업, 소각 및 청소업, 이용업, 사회복지사업이 있다(제59조 및 시행령 제32조).

끝으로 '단시간근로자'란 1주 동안의 소정근로시간이 그 사업장에서 같은 종류의 업무에 종사하는 통상 근로자의 1주 동안의 소정근로시간에 비하여 짧은 근로자를 말하는데(제2조 제1항 제8호), 이들 단시간근로자의 경우 근로조건은 그 사업장의 같은 종류의 업무에 종사하는 통상 근로자의 근로시간을 기준으로 산정한 비율에 따라 결정된다(제18조 제1항). 다만 4주 동안(4주 미만으로 근로하는 경우에는 그 기간)을 평균하여 1주 동안의 소정근로시간이 15시간 미만인 근로자에 대하여는, 1주일에 평균 1회 이상의 유급휴일(제55조) 및 연차휴가(제60조)의 규정, 퇴직금 규정(근로자퇴직급여보장법 제4조 제1항)이 적용되지 않는다.

Ⅱ. 근로계약

근로자가 회사에 취업을 하게 되면 연수를 받거나 출근하여 근로를 제공하게 되고 그에 대한 대가로 임금을 지급받는다. 이러한 현상은 근로계약에 따라 발생하는 계약 당사자의 기본적인 권리와 의무인 것이다. 그런데 경우에 따라서는 학생이 졸업을 하게 되면 취업하기로 하고 채용을 내정하는 경우가 있는가 하면, 본채용을 하기 이전에 일정기간(통상 3월) 시용(내지 수습)을 하는 것을 조건으로 하는 경우도 있다. 이러한 종류의 계약을 어떻게 평가할 것인가?

또한 집을 매매하는 매매계약에 있어서 매도인과 매수인 사이에 당사자의 의사에 따라 조건을 부가하거나 그 매매금액을 정하거나 하는 것이 자유이다. 그러나 근로계약을 체결함에 있어서는 근로자와 사용자 사이에 근기법상의 많은 제한을 받게 되는데 이는 근로자를 보호하기 위하여 법이 계약의 자유에 개입하는 것이다. 위약금 예정의 금지와 전차금 상계의 금지를 중심으로 근기법이 근로계약의 체결과정에 개입하고 있는 것을 보기로 하자.

1. 채용내정과 시용계약

사례 2　채용내정

(1) 회사가 근로자를 채용하면서 학교에 재학중인 학생을 상대로 졸업을 하면 채용하겠다고 약정하면서 본채용 예정일을 정하였음에도 불구하고 다른 특별한 사정도 없는 상황에서 본채용을 하지 않고 있는 경우에 채용내정자는 회사를 상대로 어떠한 청구가 가능한가?

(2) 회사가 3개월간의 시용기간을 두고 근로자를 채용하였으나 시용기간중의 업무수행능력이 떨어진다고 하여 시용기간 이후에 본채용을 거절한 경우 이는 정당한가?

　　채용내정과 시용계약은 일반적인 근로계약과 조금 다르다. 채용내정은 예컨대 학생의 경우 졸업이 조건이 되는 경우와 같이 일정한 조건이 충족될 경우 채용을 한다는 것으로서 채용내정의 상태에서는 내정자는 근로를 제공하여야 할 직접적인 의무를 부담하지 않으며 내정을 한 사용자 역시 임금을 지급할 의무도 없는 상태이기 때문이다. 또한 시용계약은 일정한 기간 근무를 하면서 그 능력 등의 판단에 따라 본채용 여부가 결정되는 것을 목적으로 체결된 계약으로서 근로자로서의 지위가 상대적으로 불안정한 것이기 때문에 통상의 근로계약과 다르다고 할 수 있다.

(1) 채용내정

　　졸업 후 입사예정일로부터 회사근무를 조건으로 하여 산학장학생을 모집한 회사가 그 최종합격 통지를 하고 입사관계 서류를 교부받은 상태에서 일방적으로 채용내정을 취소한 경우, 회사가 그 채용내정자에 대하여 최종합격통지를 하고 입사관계 서류를 요구하여 교부받음으로써 채용내정자와 그 회사 사이에는 채용내정자가 졸업예정일까지 졸업하지 못할 것 등을 해약사유로 유보하고 취업할 시기를 입사예정일로 하는 내용의 근로계약이 성립되었다고 해석한다. 채용내정은 근로계약이 성립한 것이라는 것이다.

이와 같이 채용내정은 그 법적 성질이 이른바 해약권유보부근로계약이며, 따라서 채용내정을 취소하는 것은 해고에 해당하는 것으로서 채용내정을 취소하기 위해서는 근기법 제23조 제1항의 정당한 이유가 존재하여야 하며 정당한 이유도 없이 채용내정을 취소하는 것은 무효가 된다(서울지법 남부지원 1999.4.30. 선고 98 가합20043 판결).

나아가 채용내정 계약상의 본채용 예정일이 경과하고 난 이후에 정당한 이유에 의하여 채용내정을 취소한 경우에는 채용내정자는 사용자가 채용내정자가 근로제공을 할 수 있는 것을 수령하지 않았기 때문에 자신의 노무수령을 지체한 책임이 있는 사용자를 상대로 본채용 예정일로부터 채용내정이 취소된 기간 동안의 임금을 청구할 수 있다.

(2) 시용계약

시용계약의 법적 성질에 대하여, 시용기간중의 근로관계는 수습사원으로 발령한 후 일정기간 동안 당해 근로자가 앞으로 담당하게 될 업무를 수행할 수 있는가에 관하여 그 인품 및 능력 등을 평가하여 정식사원으로서의 본채용 여부를 결정하는 것이므로 일종의 해약권유보부 근로계약이라고 한다. 시용기간 경과 후의 채용 거부는 유보해약권의 행사라 할 것인데 위와 같은 해약권의 행사는, 시용이라는 것 자체가 당해 근로자의 자질, 성격, 능력 등 그 일에 대한 적격성 여부를 결정하는 단계이므로 통상의 해고보다는 광범위하게 인정될 수 있다. 여기서 그 적격성 여부의 결정은 시용기간중에 있어서의 근무태도, 능력 등의 관찰에 의한 앞으로 맡게 될 임무에의 적격성 판단에 기초하여 행해져야 하고 그 평가가 객관적으로 공정성을 유지하여야 하며 위 해약권의 행사는 객관적으로 합리적인 이유가 존재하여 사회통념상 상당하다고 인정되어야 한다(대법원 1992.8.18. 선고 92다15710 판결).

시용계약의 경우 해약권 행사는 일반적인 해고의 경우보다는 광범위하게 인정될 수 있다고 하지만 객관적이고 합리적인 이유가 존재하여야 하며, 법리적으로 볼 때에 시용계약의 경우 객관적이고 합리적인 이유가 존재한다면 이는 근기법 제23조 제1항의 정당한 이유가 있는 것으로 해석한다는 취지로 이해할 수 있다.

<사례2 해설> (채용내정)

(1) 채용내정자는 본채용을 하고 있지 않은 회사를 상대로 본채용일 이후에 지급하지 않은 임금을 청구할 수 있다. 그러나 현실적으로 회사에 채용내정자를 회사에 출근시켜 업무를 부여하도록 강제하는 것과 같은 구제는 기대하기 곤란하다.

(2) 회사가 시용기간을 두고 채용한 근로자가 업무수행능력이 떨어진다고 하여 본채용을 거절한 경우에는, 적어도 회사의 업무수행능력에 대한 판단에 합리성이 인정되는 경우라면, 이는 정당한 해고로 판단된다.

2. 위약예정의 금지

사례 3 위약예정

근로자가 해외연수를 가면서 회사로부터 임금과 그 외 체류비용 및 자녀학비 등의 보조를 받는 대신에 연수 종료 이후에 일정기간 회사에 의무적으로 근무할 것을 약속하면서, 만약에 일정기간 근무하지 않을 경우 해외연수중 회사로부터 수령한 임금 기타 지원경비 일체를 반환하기로 약정하였다. 이러한 약정은 위약금 예정의 금지의 원칙에 위반하는가?

나아가 근로자가 해외연수 종료 이후에 위 의무복무기간을 지키지 않고 다른 회사로 옮긴 경우에 회사는 근로자에게 해외연수 비용 일체의 반환을 청구할 수 있는가?

사용자는 근로자와 근로계약을 체결함에 있어서, 근로계약 불이행에 대한 위약금 또는 손해배상액을 예정하는 계약을 체결하지 못한다(제20조). 이를 위약예정의 금지라고 한다.

근로자가 고가의 기계를 다루는 업무에 종사하는 경우 근로자가 고의나 과실로 기계를 훼손하게 된 경우 미리 그 손해배상액을 예정하는 계약을 금지하는 것인데, 사용자가 실제로 근로자가 고의나 과실로 기계를 훼손한 경우 사후에 그에 대한 배상책임을 묻는 것은 가능하다. 일반 계약에서는 계약의 불이행에 대한 위약금 등을 약정할 수 있는데 근로계약체결에 있어서 이를 금지하는 것은 손해배상의 위험으로 인하여 근로자에게 강제근로 등의 위험이 발생하는 것을 예방하기 위하여 설정된 것이다.

그런데 실제 사례에서는 근로자의 해외연수 등과 관련하여 많이 발생하고 있다. 예컨대 근로자가 사용자로부터 일정한 금품의 지원을 받고 해외연수를 하고 귀국하여 일정기간 의무적으로 근무하도록 한 규정에 위반하여 귀국 후 곧바로 내지는 일정기간의 의무복무기간 이내에 다른 회사로 이직하는 경우에 연수기간 동안의 임금을 포함한 지원비용에 대하여 반환을 미리 약정하는 규정이 존재하는 경우이다.

그 약정이 미리 정한 근무기간 이전에 퇴직하였다는 이유로 마땅히 근로자에게 지급되어야 할 임금을 반환하기로 하는 취지일 때는 그 효력은 인정되지 않는다. 다만 그 약정이 사용자가 근로자의 교육훈련 또는 연수를 위한 비용을 우선 지출하고 근로자는 실제 지출된 비용의 전부 또는 일부를 상환하는 의무를 부담하기로 하되 장차 일정 기간 동안 근무하는 경우에는 그 상환의무를 면제해 주기로 하는 취지인 경우에는, 근로자가 전적으로 또는 공동으로 부담하여야 할 비용을 사용자가 대신 지출한 것으로 평가되며, 약정 근무기간 및 상환해야 할 비용이 합리적이고 타당한 범위 내에서 정해져 있는 등 위와 같은 약정으로 인하여 근로자의 의사에 반하는 계속 근로를 부당하게 강제하는 것으로 평가되지 않는다(대법원 2008.10.23. 선고 2006다37274 판결).

그런데 여기서 주의할 것은 임금이 아닌 비용에 대한 것이라고 하여도, 해외파견근무의 주된 실질이 연수나 교육훈련이 아니라 기업체의 업무상 명령에 따른 근로장소의 변경에 불과한 경우, 이러한 해외근무기간 동안 임금 이외에 지급 또는 지출한 금품은 장기간 해외근무라는 특수한 근로에 대한 대가이거나 또는 업무수행에 있어서의 필요불가결하게 지출할 것이 예정되어 있는 경비에 해당하여 해외파견근무자는 위 비용에 대하여 반환할 의무가 없게 된다(대법원 2004.4.28. 선고 2001다53875 판결).

<사례3 해설> (위약예정)

해외연수와 관련하여 임금에 대하여 반환의무를 인정하는 약정은 강행규정인 위약예정의 금지에 위반하는 것으로서 그 자체 무효이다. 다만 임금 이외의 금품에 대한 반환 약정은 그 자체 무효가 되지는 않는다.

그런데 근로자가 해외연수 이후에 의무복무기간을 지키지 않고 다른 회사로 옮긴 경우 회사가 그 비용의 반환을 청구할 수 있는가 하는 문제는 그 비용이 필요경비에 해당하는가에 따라 결정되게 된다. 예컨대 회사가 특정 기술의 연마와 같이 회사에 꼭 필요하여 해외파견을 한 경우에는 그 비용의 반환을 청구할 수 없으며 그렇지 않은 경우에는 당해 비용의 청구는 가능하다.

3. 전차금상계의 금지

<table>
<tr><td>**사례 4**</td><td>전차금상계</td></tr>
</table>

A회사가 자신의 근로자가 아닌 X에게 1,000만원의 채권을 갖고 있는 상황에서, 1,000만원의 채권과 임금을 상계하기 위하여 X를 채용하여 X에게 지급할 임금을 지급하지 않고 1,000만원의 채권과 상계한 경우, X는 A회사를 상대로 임금을 청구할 수 있는가?

사용자는 전차금(前借金)이나 그 밖에 근로할 것을 조건으로 하는 전대(前貸)채권과 임금을 상계하지 못한다(제21조). 일반적으로는 어떤 사람이 타인에게 채무를 부담하고 있는 경우 그 채무의 변제에 갈음하여 일정한 노무를 제공하기로 하는 계약은 그것이 상회통념에 비추어 현저하게 형평을 잃은 경우이거나 타인의 궁박함을 이용한 경우와 같이 권리의 남용에 해당하는 경우가 아닌 한 무효라고할 수 없다. 그러나 근로계약체결에 있어서는 근로자의 채무의 변제에 갈음하기위하여 근로계약을 체결하여 일정한 근로의 제공을 요구하고 임금으로 당해 채무의 변제에 갈음하는 것은 금지된다.

이는 근로자에 대한 자신의 의사에 반하는 근로를 강제하는 강제근로의 금지에 위반한다는 것, 나아가 임금이 생계를 유지하기 위하여 매우 중요한 재화의 획득의 하나의 모습이라는 점 등에서 임금을 전차금의 상계로 하는 계약의 체결을 금지하고자 하는 것이다.

<**사례4 해설**> (전차금상계)

사용자는 전차금이나 그 밖에 근로할 것을 조건으로 하는 전대채권과 임금을 상계하지 못하므로, X는 자신이 제공한 근로에 대한 대가인 임금을 A회사에 청구할 수 있다.

Ⅲ. 임 금

사례 5 임금

(1) A회사의 근로자인 X는 자신의 채무자인 Y에게 임금채권을 양도할 것을 내용
  으로 하는 임금채권양도계약을 Y와 체결하였다. 이에 따라 A회사는 X에게 지
  급할 임금을 Y에게 지급하였다. 여기서 X는 A회사를 상대로 임금을 청구할
  수 있는가?
(2) A회사는 장래 근로자 X에게 지급할 퇴직금을 분할하여 미리 매월 지급하는
  임금에 포함하여 지급하여 왔다. 이와 같이 장래 지급할 퇴직금을 월 임금에
  분할하여 지급하는 것은 퇴직금 지급으로서 유효한 것인가?

1. 임금채권의 양도

일반적으로 채무자가 제3자와의 관계에서 채무자의 지위에 있는 경우, 계약
당사자에 대하여 갖고 있는 자신의 채권을 제3자에게 양도할 수 있다. 그러나 근
기법은 원칙적으로 사용자에게 근로자의 임금을 통화로, 월 1회 이상 정기적으로
직접, 전액을 지급하도록 하고 있다(제43조 제1항 및 제2항). 따라서 사용자가 근로
자와 임금채권 양도계약에 따라 근로자에게 지급할 임금을 근로자의 청구에 의하
여 근로자의 채권자에게 지급한 경우 그 효력은 직접지급 및 전액지급의 원칙에
위반하는 것이 되어, 사용자의 근로자에 대한 임금지급의 의무는 여전히 남는다.

위 임금지급원칙은 임금이 확실하게 근로자 본인의 수중에 들어가게 하여
그의 자유로운 처분에 맡기고 나아가 근로자의 생활을 보호하고자 하는 데 있는
것으로 해석되고 있다. 이와 같은 근로기준법의 규정의 취지에 비추어 보면 근로
자가 그 임금채권을 양도한 경우라 할지라도 그 임금의 지급에 관하여는 같은 원
칙이 적용되어 사용자는 직접 근로자에게 임금을 지급하지 아니하면 안 되는 것
이고 그 결과 비록 양수인이라고 할지라도 스스로 사용자에 대하여 임금의 지급
을 청구할 수는 없다(대법원 1988.12.13. 선고 87다카2803 전원합의체판결).

2. 임금채권의 보호

임금채권은 근로자 본인 및 가족의 생활을 위하여 그 보호의 필요성이 크다. 이에 근기법 등에서는 임금채권보호에 관한 제도를 설정하고 있다. 임금 및 퇴직금의 소멸시효는 3년이다(제49조 및 퇴직급여보장법 제10조).

(1) 임금채권 최우선변제 또는 우선변제

근기법 제38조 제1항은, '임금, 재해보상금, 그 밖에 근로관계로 인한 채권은 사용자의 총재산에 대하여 질권(質權)·저당권 또는 "동산·채권 등의 담보에 관한 법률"에 따른 담보권에 따라 담보된 채권 외에는 조세·공과금 및 다른 채권에 우선하여 변제되어야 한다. 다만, 질권·저당권 또는 "동산·채권 등의 담보에 관한 법률"에 따른 담보권에 우선하는 조세·공과금에 대하여는 그러하지 아니하다'고 규정하여 임금채권의 우선적 변제권을 보장하고 있고, 사후에 지불되는 임금으로 해석되고 있는 퇴직금에 대하여도 같다(근로자퇴직급여보장법 제12조 제1항). 나아가 근기법 제38조 제2항은, 최종 3개월분의 임금, 근기법상의 재해보상금에 대하여는 다른 어떠한 채권에 대하여도 우선하여 변제된다고 하는 최우선변제제도를 도입하고 있고, 근로자퇴직급여보장법 제12조 제2항은 최종 3년간의 퇴직급여에 대하여 최우선변제제도를 도입하고 있다.

(2) 임금채권 압류 제한

민사집행법 제246조 제1항은 민사집행법 또는 국세징수법 등에 따라 임금이 압류된 경우에는 임금의 직접지급 또는 전액지급의 원칙이 적용되지 않으나, 그 압류는 임금의 2분의 1의 범위 내에서만 할 수 있도록 하여 근로자의 임금채권을 보호하고 있다.

그러나 회사의 도산 등으로 사용자의 재산이 부족한 경우 임금채권최우선보장 제도가 있다고 하더라도 충분한 보호를 받지 못할 수가 있다. 이에 임금채권보장법은 산업재해보장보험법이 적용되는 사업 또는 사업장에 적용되나(동법 제3조), 사업주로부터 부담금을 징수하도록 하고 있다(동법 제9조 제1항). 고용노동부장관은 사업주가 파산선고, 회생절차개시 결정 또는 도산 등 어느 하나에 해당하는 경우에 퇴직한 근로자의 청구로 지급받지 못한 최종 3개월분의 임금, 최종 3

년간의 퇴직급여 등, 휴업수당 중 최종 3개월분으로 하며, 이를 당해 근로자에게 지급하되 근로자의 퇴직 당시의 연령 등을 고려하여 그 상한액을 제한할 수 있으며, 그 금액이 적은 경우에는 지급하지 않을 수 있다(동법 제7조 제1항 및 제2항). 이러한 체당금을 지급받을 권리는 양도하거나 담보로 제공할 수 없도록 하고 있고(동법 제11조 제1항), 압류의 경우에는 임금채권과 같이 체당금의 2분의 1까지 할 수 있는 것으로 해석된다.

(3) 도급인의 임금지급 연대책임

일반적으로 도급계약에서는 도급인은 수급인 또는 수급인의 근로자와의 관계에서 도급계약 내용 외에 책임문제가 발생하지 않는 것이 원칙이다. 그러나 근기법 제44조 제1항은, 사업이 여러 차례의 도급에 따라 행하여지는 경우에 하수급인(下受給人)이 직상(直上) 수급인의 귀책사유로 근로자에게 임금을 지급하지 못한 경우에는 그 직상 수급인은 그 하수급인과 연대하여 책임을 지도록 하고 있다. 다만, '직상 수급인의 귀책사유가 그 상위 수급인의 귀책사유에 의하여 발생한 경우에는 그 상위 수급인도 연대하여 책임을 진다'고 하여, 수급인 근로자의 임금채권을 보호하고 있다. 여기서 말하는 귀책사유란, 정당한 사유 없이 도급계약에서 정한 도급 금액 지급일에 도급 금액을 지급하지 아니한 경우, 정당한 사유 없이 도급계약에서 정한 원자재 공급을 늦게 하거나 공급을 하지 아니한 경우, 정당한 사유 없이 도급계약의 조건을 이행하지 아니하여 하수급인이 도급사업을 정상적으로 수행하지 못한 경우를 말한다(제44조 제2항 및 시행령 제24조).

(4) 건설업에서의 임금 보호

근기법 제44조의2 제1항은, '건설업에서 사업이 2차례 이상 건설산업기본법 제2조 제11호에 따른 도급(이하 '공사도급'이라 한다)이 이루어진 경우에 같은 법 제2조 제7호에 따른 건설업자가 아닌 하수급인이 그가 사용한 근로자에게 임금(해당 건설공사에서 발생한 임금으로 한정한다)을 지급하지 못한 경우에는 그 직상 수급인은 하수급인과 연대하여 하수급인이 사용한 근로자의 임금을 지급할 책임을 진다'고 규정하고, 동조 제2항은, '제1항의 직상 수급인이 건설산업기본법 제2조 제7호에 따른 건설업자가 아닌 때에는 그 상위 수급인 중에서 최하위의 같은 호에 따른 건설업자를 직상 수급인으로 본다'고 하여, 임금지급에서의 연대책임을 규정하고 있다.

또한 근기법 제44조의3 제1항은, 직상 수급인이 하수급인을 대신하여 하수급인이 사용한 근로자에게 지급하여야 하는 임금을 직접 지급할 수 있다는 뜻과 그 지급방법 및 절차에 관하여 직상 수급인과 하수급인이 합의한 경우, 민사집행법 제56조 제3호에 따른 확정된 지급명령, 하수급인의 근로자에게 하수급인에 대하여 임금채권이 있음을 증명하는 민사집행법 제56조 제4호에 따른 집행증서, 소액사건심판법 제5조의7에 따라 확정된 이행권고결정, 그 밖에 이에 준하는 집행권원이 있는 경우, 하수급인이 그가 사용한 근로자에 대하여 지급하여야 할 임금채무가 있음을 직상 수급인에게 알려주고, 직상 수급인이 파산 등의 사유로 하수급인이 임금을 지급할 수 없는 명백한 사유가 있다고 인정하는 경우에 직상 수급인은 하수급인에게 지급하여야 하는 하도급 대금 채무의 부담 범위에서 그 하수급인이 사용한 근로자가 청구하면 하수급인이 지급하여야 하는 임금(해당 건설공사에서 발생한 임금으로 한정함)에 해당하는 금액을 근로자에게 직접 지급하여야 한다고 하여, 건설업에서 임금지급의 특례를 규정하고 있다.

(5) 퇴직금분할약정지급의 효력

사용자는 퇴직하는 근로자에게 급여를 지급하기 위하여 퇴직급여제도 중 하나 이상의 제도를 설정하여야 한다(근로자퇴직급여보장법 제4조 제1항). 퇴직금제도를 설정하려는 사용자는 계속근로기간 1년에 대하여 30일분 이상의 평균임금을 퇴직금으로 퇴직 근로자에게 지급할 수 있는 제도를 설정하여야 하나(근로자퇴직급여보장법 제8조 제1항), 다른 한편 사용자는 근로자퇴직급여보장법 시행령 제3조에 따른 주택구입 등의 중간정산 사유가 있는 경우에 한하여 근로자의 요구가 있는 경우 예외적으로 근로자가 퇴직하기 전에 해당 근로자의 계속근로기간에 대한 퇴직금을 미리 정산하여 지급할 수 있도록 하는 퇴직금중간정산제도를 두고 있다(이 경우 미리 정산하여 지급한 후의 퇴직금 산정을 위한 계속근로기간은 정산시점부터 새로 계산함. 동법 제8조 제2항).

그런데 퇴직금을 미리 임금에 포함하여 지급하는 것이 가능할까.

사용자와 근로자가 매월 지급하는 월급이나 매일 지급하는 일당과 함께 퇴직금으로 일정한 금원을 미리 지급하기로 하는 퇴직금 분할 약정은 퇴직금 중간정산으로 인정되는 경우가 아닌 한 최종 퇴직시 발생하는 퇴직금청구권을 근로자가 사전에 포기하게 하는 것이기 때문에 무효가 된다. 다만 사용자는 법률상 원인 없이 근로자에게 퇴직금 명목의 금원을 지급함으로써 위 금원 상당의 손해를 입은 반면 근로자는 같은 금액 상당의 이익을 얻은 셈이 되므로, 근로자는 수령한 퇴직금 명목의 금원을 부당이득으로 사용자에게 반환하여야 하지만, 그 상계의 범위는, 사용자가 근로자에게 퇴직금 명목으로 지급한 금원 상당의 부당이득 반환채권을 자동채권으로 하여 근로자의 퇴직금채권을 상계하는 것은 퇴직금채권의 2분의 1을 초과하는 부분에 해당하는 금액에 관하여만 허용된다(대법원 2010.5.20. 선고 2007다90760 판결).

(6) 기타 임금보호

사용자는 영업직 사원의 경우와 같이 임금이 도급이나 그 밖에 이에 준하는 제도로 사용하는 근로자에 대한 근로시간에 따른 일정액의 임금의 보장을 할 것(제47조), 사용자는 근로자가 출산, 질병, 재해, 출산하거나 질병에 걸리거나 재해를 당한 경우, 혼인 또는 사망한 경우, 부득이한 사유로 1주일 이상 귀향하게 되는 경우의 비용에 충당하기 위하여 임금지급을 청구하면 지급기일 전이라도 이미 제공한 근로에 대한 임금의 지급을 할 것(제45조 및 시행령 제25조), 사용자의 귀책사유로 휴업한 기간중에 평균임금의 100분의 70 이상에 해당하는 수당을 지급하도록 하는 휴업보상(시행령 제26조) 제도 등도 임금채권의 보장과 관련하여 부언하여 둔다.

또한 최저임금법상 최저임금제는 임금의 최저수준을 보장하여 근로자의 생활 안정과 노동력의 질적 향상을 꾀함으로써 국민경제의 건전한 발전에 이바지하는 것을 목적으로 하고 있다(최저임금법 제1조). 동법에 의하여 최저임금위원회(최저임금법 제14조 제1항)가 구성되고, 고용노동부장관은 매년 8월 5일까지 다음 연도 1월 1일부터 적용될 최저임금액을 결정하여 고시하여야 한다(최저임금법 제8조 제1항).

<사례5 해설> (임금)

(1) 임금채권양도는 계약체결 자체는 금지된다고 할 수는 없지만 그 효력이 발생하지 않는다. 임금은 근로자의 생활을 영위함에 있어서 중요한 재화이기 때문에 통화로, 매월 1회 이상의 일정기간에 직접, 전액을 근로에게 지급하여야 한다. 위 사례에서 임금채권양도계약에 따라 A회사가 X에게 지급할 임금을 Y에게 지급한 것은 X에 대한 임금지급으로서 효력이 발생하지 않으므로, A회사가 X를 상대로 임금채권양도계약에 따라 Y에게 지급한 금액에 대하여 부당이득반환청구권을 행사하는 것은 별론으로 하더라도, X는 A회사에게 임금을 청구할 수 있다.

(2) 퇴직금 분할 약정은 퇴직금 중간정산으로 인정되는 경우가 아닌 한 최종 퇴직 시 발생하는 퇴직금청구권을 근로자가 사전에 포기하는 것이기 때문에 무효이다. 따라서 A회사가 X에게 지급할 퇴직금을 분할하여 미리 매월 지급하는 임금에 포함 하여 지급하여 왔다고 하더라도 이는 퇴직금 지급으로서 효력이 발생하지 않는다. 다만 사용자가 근로자에게 퇴직금 명목으로 지급한 금원 상당의 부당이득반환채권 을 자동채권으로 하여 근로자의 퇴직금채권을 상계할 수는 있는데 이 경우 상계범 위는 이미 퇴직금채권의 2분의 1을 초과하는 부분에 해당하는 금액에 한정된다.

Ⅳ. 취업규칙

사례 6 취업규칙

회사가 사회통념에 비추어 합리성도 인정되지 않는 상황에서 근로자에 대한 상여 금지급 규정을 일방적으로 개정하여 기본급 기준으로 연 800%의 상여금을 지급 하여 오던 것을 400%로 삭감하였다. X는 위 규정의 상여금지급 규정의 개정 전에 취업하고 있었고, Y는 개정 이후에 새로이 취업한 경우이다. 개정된 상여금지급 규정은 X, Y에게 적용되는가?

근기법은 회사의 규정의 민주성 등을 담보하기 위하여 상시 10명 이상의 근 로자를 사용하는 사용자는 일정한 사항을 의무적으로 규정하는 취업규칙을 작성 하여 고용노동부장관에게 신고하여야 한다(제93조). 회사에는 이러한 취업규칙 외 에도 인사규정, 복지규정 등 수많은 규정들이 존재하는데, 이들 규정은 취업규칙 의 일종으로 취급되어 그 불이익변경 등에 있어서 취업규칙의 불이익변경 절차 등이 적용되는 것으로 해석되고 있다.

나아가 취업규칙을 불이익하게 변경하는 경우 근로자 집단의 동의를 구하도 록 하고 있다. 즉 근기법 제94조 제1항은, '사용자는 취업규칙의 작성 또는 변경 에 관하여 해당 사업 또는 사업장에 근로자의 과반수로 조직된 노동조합이 있는 경우에는 그 노동조합, 근로자의 과반수로 조직된 노동조합이 없는 경우에는 근 로자의 과반수의 의견을 들어야 한다. 다만, 취업규칙을 근로자에게 불리하게 변 경하는 경우에는 그 동의를 받아야 한다'고 규정하고 있다. 예컨대 정년 단축 또

는 퇴직금 감소와 같은 명백한 불이익변경의 경우 근로자 집단의 동의를 얻지 못
하면 원칙적으로 그 효력이 없다는 것이 된다.

1. 불이익변경

취업규칙 내지 규정들의 불이익변경 여부의 판단에 관하여, 취업규칙의 일부
를 이루는 급여규정의 변경이 일부의 근로자에게는 유리하고 일부의 근로자에게
는 불리한 경우 그러한 변경에 근로자 집단의 동의를 요하는지를 판단하는 것은
근로자 전체에 대하여 획일적으로 결정되어야 할 것이고, 또 이러한 경우 취업규
칙의 변경이 근로자에게 전체적으로 유리한지 불리한지를 객관적으로 평가하기
가 어려우며, 같은 개정에 의하여 근로자 상호간의 이·불리에 따른 이익이 충돌
되는 경우에는 그러한 개정은 근로자에게 불이익한 것으로 본다(대법원 1995.3.10.
선고 94다18072 판결).

2. 동의방식

취업규칙에 규정된 근로조건의 내용을 근로자에게 불이익하게 변경하는 경
우에, 근로자 과반수로 구성된 노동조합이 없는 때에는 근로자들의 회의방식에
의한 과반수 동의가 필요하다고 하더라도, 그 회의방식은 반드시 한 사업 또는
사업장의 전근로자가 일시에 한자리에 집합하여 회의를 개최하는 방식만이 아니
라(큰 사업 또는 사업장에 있어서는 이러한 회의방식은 사실상 불가능한 경우가 많을 것이
다), 한 사업 또는 사업장의 기구별 또는 단위부서별로 사용자측의 개입이나 간섭
이 배제된 상태에서 근로자 상호간에 의견을 교환하여 찬반의견을 집약한 후 이
를 전체적으로 취합하는 방식도 허용된다(대법원 1992.2.25. 선고 91다25055 판결).

3. 사회통념에 비추어 합리성이 인정되는 경우

사용자가 일방적으로 새로운 취업규칙의 작성·변경을 통하여 근로자가 가지
고 있는 기득의 권리나 이익을 박탈하여 불이익한 근로조건을 부과하는 것은 원
칙적으로 허용되지 아니한다.

그러나 당해 취업규칙의 작성 또는 변경이 그 필요성 및 내용의 양면에서 보아 당해 조항의 법적 규범성을 시인할 수 있을 정도로 사회통념상 합리성이 있다고 인정되는 경우에는 종전 근로조건 또는 취업규칙의 적용을 받고 있던 근로자의 집단적 의사결정방법에 의한 동의가 없다는 이유만으로 그의 적용을 부정할 수는 없다.

여기에서 말하는 사회통념상 합리성의 유무는 취업규칙의 변경에 의하여 근로자가 입게 되는 불이익의 정도, 사용자측의 변경 필요성의 내용과 정도, 변경 후의 취업규칙 내용의 상당성, 대상조치 등을 포함한 다른 근로조건의 개선상황, 노동조합 등과의 교섭 경위 및 노동조합이나 다른 근로자의 대응, 동종 사항에 관한 국내의 일반적인 상황 등을 종합적으로 고려하여 판단하되(대법원 2001.1.5. 선고 99다70846 판결 참조), 사회통념상의 합리성이 있는지를 판단함에 있어서는 개정 당시의 상황을 근거로 한다(대법원 1993.9.14. 선고 92다45490 판결 참조)고 한다(대법원 2004.7.22. 선고 2002다57362 판결).

4. 불이익변경이고 집단동의·합리성도 없는 취업규칙변경의 경우

대법원에 의하면, 사용자가 취업규칙에서 정한 근로조건을 근로자에게 불리하게 변경함에 있어서 근로자의 동의를 얻지 않은 경우에 그 변경으로 기득이익이 침해되는 기존의 근로자에 대한 관계에서는 그 변경의 효력이 미치지 않게 되어 종전 취업규칙의 효력이 그대로 유지된다.

그러나 그 변경 후에 변경된 취업규칙에 따른 근로조건을 수용하고 근로관계를 갖게 된 근로자에 대한 관계에서는 당연히 변경된 취업규칙이 적용된다(대법원 1992.12.22. 선고 91다45165 판결).

<사례6 해설> (취업규칙)

회사 내에 존재하는 각종 규정은 취업규칙의 일종이므로 이들 규정들의 불이익 변경의 경우 취업규칙 불이익변경의 법리가 적용된다. 따라서 회사가 근로자집단의 동의도 없고 사회통념에 비추어 합리성도 인정되지 않는데도 불구하고 일방적으로 상여금지급 규정을 불이익하게 변경하였기 때문에 이 규정은 종래의 800% 지급규정의 적용을 받고 있던 X에게는 효력이 미치지 않으며, 이 개정된 규정 이후에 채용된 Y에게는 400% 지급규정이 적용된다.

V. 인사조치

사례 7 　인사조치

A회사는 근로자 X에게 전직명령을 내렸다. 그런데 X에 대한 전직명령은 가족의 거부형태 등 생활상의 불이익이 막대하다고 하여 부당한 경우이다. 여기서 X는 종전의 근무처로 출근투쟁을 계속하면서 새로운 발령지로는 출근을 하지 않았다. 이에 A회사는 X의 행위가 무단결근이라고 보아 인사규정의 소정의 사유와 절차에 따라 X를 징계해고하였다 이러한 징계해고는 정당한가?

1. 인사조치의 정당성 판단 기준

사용자는 근무장소를 특정하여 채용한 경우와 같은 예외적인 경우를 제외하고 본질적으로 자신이 채용한 근로자의 노동력을 적절하게 배치할 수 있다고 할 것이다. 그러나 근로자의 입장에서는 근무장소가 변경되는 경우 생활상의 불이익을 초래하는 경우가 대부분일 것이므로 사용자에게 무한정으로 노동력 배치의 자유를 인정할 수도 없는 면이 존재한다.

이에 근기법 제23조 제1항은 '사용자는 근로자에게 정당한 이유 없이 해고, 휴직, 정직, 전직, 감봉, 그 밖의 징벌(懲罰)(이하 '부당해고등'이라 한다)을 하지 못한다'고 하여 인사조치에 있어서 사용자에게 정당한 이유를 요구하고 있다.

근로자에 대한 전직이나 전보처분은 원칙적으로 인사권자인 사용자의 권한에 속하므로 업무상 필요한 범위 안에서는 상당한 재량을 인정하여야 하고, 그것이 근로자에 대하여 정당한 이유 없이 해고·휴직·정직·감봉 기타 징벌을 하지 못하도록 하는 근로기준법 제23조 제1항에 위반되거나 권리남용에 해당하는 등 특별한 사정이 없는 한 무효라고는 할 수 없다. 그리고 전직처분 등이 정당한 인사권의 범위 내에 속하는지의 여부는 당해 전직처분 등의 업무상의 필요성과 전직에 따른 근로자의 생활상의 불이익을 비교·교량하고, 근로자가 속하는 노동조합(노동조합이 없으면 근로자 본인)과의 협의 등 그 전직처분을 하는 과정에서 신의칙상 요구되는 절차를 거쳤는지의 여부를 종합적으로 고려하여 결정한다(대법원 2009.4.23. 선고 2007두20157 판결).

2. 인사조치 불응과 해고

사용자가 근로자에게 전근(전보)명령을 내린 경우에 당해 인사조치에 대하여 불만을 품은 근로자가 종래의 근무지로 출근투쟁을 벌이는 경우가 발생할 수 있고, 이 경우 회사의 규정상의 무단결근으로 처리되어 해고되는 사례가 발생하곤 한다.

전직처분에 항의하기 위하여 전직명령을 받은 곳으로 출근하지 아니하고 종전 근무처에 출근을 계속하였고, 이에 회사가 이러한 행위를 무단결근이라고 보아 징계해고를 한 경우에, 근로자의 종전 근무처로의 출근투쟁이 부당한 전직에 대한 항의 내지 시정요구의 수단으로 행하여진 것이고 새로운 근무지로 출근하지 않음으로써 발생한 결근은 통상의 무단결근과는 달리 근로계약관계를 지속케 하는 것이 현저히 부당하다고 인정할 정도의 비위행위라고는 볼 수 없어 징계해고는 무효이다(대법원 1994.4.26. 선고 93다10279 판결).

<사례7 해설> (인사조치)

A회사의 X에 대한 징계해고는 전직명령이 부당한 경우에는 X의 종전 근무처로의 출근투쟁은 통상의 무단결근과는 다른 것으로 보기 때문에, 근로계약관계를 지속하게 하는 것이 현저히 부당하다고 볼 수는 없는 경우로서 징계해고는 정당하지 않다.

VI. 산업재해

사례 8 산업재해

근로자인 X가 회사가 제공한 통근버스를 이용하기 위하여 이동하는 과정에 교통사고를 당한 경우 산업재해보상보험법에 의한 보상을 받을 수 있는가?

산업재해보상보험법(이하 '산재법'이라 한다)은 근로자(산재법 시행령 제125조 참조)가 근무중에 업무상의 재해(산재법 제5조 제1호 참조)를 입은 경우 산업재해보상과 관련한 규정을 규율하고 있다. 근로자 자신이 치료비 등의 부담을 갖지 않는다. 그러나 근로자가 근무와 관계없이 교통사고 등의 사고를 당하였다면 관련 법상의 보상 및 가해자 등과의 사이에서 근로를 하지 못하므로 입은 임금 손실 상당액 등에 대한 배상의 문제가 발생할 것이고 형사상의 책임문제도 발생할 것이다. 나아가 사용자와의 관계에서도 그 부상의 정도 여하에 따라 직장으로 복귀할 수도 있을 것이고 복귀가 곤란한 경우도 발생할 것이며 이 경우 발생한 손해는 가해자와의 사이에서 해결을 볼 수밖에 없을 것이다.

문제는 업무상의 재해에 해당하는가 하는 것이 매우 중요하다. 이하 이에 대한 판단, 산업재해로 인정되는 경우 보상제도 등에 대하여 보기로 하자.

1. 산업재해 판단

업무수행중 또는 업무에 기인한 질병이 산업재해인지의 판단은 일차적으로 고용노동부장관으로부터 업무위탁을 받고 있는 근로복지공단에서 심사를 하게 된다. 근로복지공단의 판단에 대하여 다투고자 한다면 당해 판단 내지 처분의 취소 등을 구하는 행정소송으로 나아가게 된다. 사용자는 산재법에 의하여 상시근로자 수와 관계없이 산재보험에 가입하여야 하고, 보험료 또한 사용자가 전액 부담한다.

업무수행과 관련하여서는, 회사의 지휘 내지 감독하에서 발생한 사고는 산업재해로 인정되지만, 출퇴근시 사용자가 제공한 출퇴근차량으로 이동중에 입은 재해는 산업재해로 인정되지만, 자가용으로 출퇴근하는 경우의 사고, 노동조합이 주관하는 행사에서의 사고 등은 산업재해로 인정되지 않는다.

업무기인성은 업무에 기인한 질병으로 업무수행과정에서 물리적 인자 등을 취급하거나 그에 노출되어 발생한 질병과 업무상 부상이 원인이 되어 발생한 질병 등을 말한다.

2. 산업재해보상

산업재해보상의 종류로는, 구급차 호송을 포함한 치료를 위한 요양급여, 휴업급여, 장해급여, 간병급여, 유족급여, 상병(傷病)보상연금, 장의비(葬儀費), 직업재활급여 등이 있다(산재법 제36조 제1항).

또한 산재법 제88조 제1항은, 근로자의 보험급여를 받을 권리는 퇴직하여도 소멸되지 아니한다고 규정하고, 동조 제2항은 보험급여를 받을 권리는 양도 또는 압류하거나 담보로 제공할 수 없도록 하고 있다.

일반적으로 산업재해보상은 산재법에 의하여 처리되고 있으나, 근기법상의 재해보상제도(제78조 이하)는 산재법상 요양급여가 3일 이하의 요양을 요하는 재해의 경우에는 그 적용이 없으므로 이 경우에 근기법상의 재해보상제도는 그 의미를 가지고 있다고 볼 수 있으며, 또한 산재법상 보험급여가 미지급으로 확정되는 경우에도 근기법상의 재해보상제도는 그 한도 내에서 의미를 갖는다고 할 수 있다.

다른 한편 산재법상 보험급여나 근기법상 재해보상을 받은 경우 민법상의 손해배상 책임은 그 한도 내에서 상호 면제된다(제87조; 산재법 제80조).

<사례8 해설> (산업재해)

X는 회사의 지휘 내지 감독을 받을 수 있는 통근버스에 탑승한 상태가 아니기 때문에, X가 통근버스를 이용하기 위하여 이동중에 교통사고에 의하여 입은 재해는 산업재해에 해당하지 않아 산업재해보상보험법상의 보상을 받을 수 없다.

Ⅶ. 징계 및 근로계약의 종료

사례 9　　징계 및 근로계약의 종료

(1) X는 선반가공을 하는 A회사의 경력사원모집에 지원하여 채용되었다. 그런데 A회사는 X를 채용한 이후에 상당한 기간이 경과한 뒤 X가 입사시 제출한 이력서에 다른 선반가공 회사에서 근무한 경력이 없었음에도 불구하고 수년간 경력이 있었던 것으로 허위의 기제를 한 사실을 알고 X를 징계해고하였다. A회사의 X에 대한 징계해고 사유는 정당한가?

(2) A회사의 취업규칙에는 근로자를 해고 내지 징계하는 경우에는 징계위원회에서 피해고자 내지 피징계자에게 변명의 기회를 부여하여야 한다는 규정을 두고 있다. 그런데 A회사가 근로자 X를 해고하면서 변명의 기회를 처음부터 부여하지 않고 해고를 한 경우 A회사의 X에 대한 해고는 절차면에서 정당한가?

징계의 경우 당해 징계처분이 정당한가 하는 것은, 징계의 사유와 절차, 징계사유와 징계양정과의 형평성 등의 관점에서 판단된다. 징계는 근로계약관계는 존속하는 것이라는 점에서 보면 해고와 구별되는 것으로 이해할 수 있다. 일반적으로 징계처분으로는 정직, 전직, 감봉, 견책 및 경고 등이 존재한다. 다른 한편 해고를 징계의 가장 높은 수준의 것으로도 볼 수 있다. 해고 가운데 징계성을 포함하는 의미로 징계해고를 하는 경우도 있다. 그러나 퇴직금이 임의의 제도로 되어 있어 징계해고시 퇴직금을 삭감하는 일본과 달리 우리나라의 경우 법에서 정한 퇴직금을 사용자가 임의로 징계해고라고 하여 삭감할 수는 없으나, 회사 내에 존재하는 부가적인 퇴직관련 수당 등이 있는 경우 이에 대한 삭감 내지 부지급은 가능할 것이다. 징계의 사유에는 노동조합 내부의 문제라 하더라도 그로 인하여 회사의 손실 등이 초래되는 경우에는 회사 취업규칙 등에서 규정하는 징계사유에 해당할 수 있으며(대법원 2002.5.28. 선고 2001두10455 판결), 개인의 사생활과 관련되어 있는 것이라고 하여도 회사의 명예나 신용 등을 훼손하는 경우 징계사유에 해당할 수 있다(대법원 1994.12.13. 선고 93누23275 판결).

1. 해고의 일반적 기준

해고는 사회통념상 고용관계를 계속할 수 없을 정도로 근로자에게 책임 있는 사유가 있는 경우에 행하여져야 그 정당성이 인정되는 것이고, 사회통념상 당해 근로자와의 고용관계를 계속할 수 없을 정도인지의 여부는 당해 사용자의 사업의 목적과 성격, 사업장의 여건, 당해 근로자의 지위 및 담당직무의 내용, 비위행위의 동기와 경위, 이로 인하여 기업의 위계질서가 문란하게 될 위험성 등 기업질서에 미칠 영향, 과거의 근무태도 등 여러 사정을 종합적으로 검토하여 판단한다(대법원 2009.4.9. 선고 2008두22211 판결).

그런데 기업이 근로자를 고용하면서 학력 또는 경력을 기재한 이력서나 그 증명서를 요구하는 이유는 단순히 근로자의 근로능력, 즉 노동력을 평가하기 위해서만이 아니라 노사간의 신뢰형성과 기업질서유지를 위해서는 근로자의 지능과 경험, 교육 정도, 정직성 및 직장에 대한 정착성과 적응성 등 전인격적 판단을 거쳐 고용 여부를 결정할 필요가 있으므로 그 판단자료로 삼기 위한 것이므로 입사 시 이력서를 제출하면서 이력서를 허위로 기재한 경우에는 일반적으로 징계해고의 대상이 된다(대법원 1989.3.14. 선고 87다카3196 판결). 다만 허위의 이력서 기재가 학력을 허위로 기재한 경우에는 학력 허위기재만으로 징계해고가 정당하다고 단정할 수는 없다(대법원 2012.7.5. 선고 2009두16763 판결).

2. 해고 제한

근기법은 해고 제한과 관련하여, 사용자는 근로자가 업무상 부상 또는 질병의 요양을 위하여 휴업한 기간과 그 후 30일 동안 또는 산전(産前)·산후(産後)의 여성이 이 법에 따라 휴업한 기간과 그 후 30일 동안은 해고하지 못하며(제23조 제2항), 경영상의 이유에 의한 해고에 있어서 근로자를 해고한 사용자는 근로자를 해고한 날부터 3년 이내에 해고된 근로자가 해고 당시 담당하였던 업무와 같은 업무를 할 근로자를 채용하려고 할 경우 해고된 근로자가 원하면 그 근로자를 우선적으로 고용하여야 한다(제25조 제1항).

그 외 절차상의 제한으로, 사용자는 근로자를 해고(경영상 이유에 의한 해고를 포함한다)하려면 적어도 30일 전에 예고를 하여야 하고(해고예고를 하지 않은 경우 예고의무위반만으로는 해고의 정당성이 부정되지 않는다고 해석함. 대법원 1993.11.9. 선고 93다7464 판결), 30일 전에 예고를 하지 아니하였을 때에는 30일분 이상의 통상임금을 지급할 것(제26조), 사용자는 근로자를 해고하려면 해고사유와 해고시기를 서면으로 통지할 것(제27조 제1항) 등을 규정하고 있다.

또한 취업규칙이나 단체협약에 해고나 징계를 할 경우에 피해고자 내지 피징계자에게 변명의 기회를 주어야 한다든가, 징계위원회 회의록을 당사자에게 사면으로 주어야 한다는 등의 제한을 두고 있다면 이러한 절차 위반의 해고 내지 징계는 다른 특별한 사정이 없는 한 무효이다(대법원 1992.5.12. 선고 91다27518 판결; 대법원 1994. 3. 22. 선고 93다28553 판결).

3. 경영상 이유에 의한 해고

경영상 이유에 의한 해고(정리해고로도 불림)의 경우 근로자에게 귀책사유가 없는 경우이지만 종래 대법원의 판례법리 및 현행 근기법 제24조는 일정한 요건과 절차에 따라 해고를 가능하게 하고 있다. 근기법 제24조 제1항은 '사용자가 경영상 이유에 의하여 근로자를 해고하려면 긴박한 경영상의 필요가 있어야 한다. 이 경우 경영 악화를 방지하기 위한 사업의 양도·인수·합병은 긴박한 경영상의 필요가 있는 것으로 본다'고 하고, 사용자의 해고회피의무 및 합리적이고 공정한 해고의 기준(대법원 1987.5.12. 선고 85누690 판결)에 따른 해고 대상자 선정(동조 제2항), 나아가 해고를 피하기 위한 방법과 해고의 기준 등에 관하여 그 사업 또는 사업장에 근로자의 과반수로 조직된 노동조합이 있는 경우에는 그 노동조합(근로자의 과반수로 조직된 노동조합이 없는 경우에는 근로자의 과반수를 대표하는 자를 말한다. 이를 일반적으로 '근로자대표'라고 함)에 해고를 하려는 날의 50일 전까지 통보하고 성실하게 협의할 것(동조 제3항. 근로자대표에 대한 통지와 협의 기간이 법정기준에 미달하는 경우에도 정당한 것으로 해석하고 있음. 대법원 2003.11.13. 선고 2003두4119 판결), 동조 제5항은, 이상의 요건을 갖추어 근로자를 해고한 경우에는 근기법 제23조 제1항에 따른 정당한 이유가 있는 해고를 한 것으로 본다고 규정하고 있다.

여기서 해고의 규모가, 상시 근로자수가 99명 이하인 사업 또는 사업장(10명 이상), 상시 근로자수가 100명 이상 999명 이하인 사업 또는 사업장(상시근로자수의 10퍼센트 이상), 상시근로자수가 1,000명 이상 사업 또는 사업장(100명 이상)인 경우에는 최초로 해고하려는 날의 30일 전까지 고용노동부장관에게 신고하여야 한다(동조 제4항 및 시행령 제10조 제1항).

4. 해고와 불법행위

해고가 무효로 된 경우 해고로 인하여 정신적 고통을 받은 근로자는 불법행위로 인한 손해배상을 청구할 수 있는가?

사용자가 근로자를 해고할 만한 사유가 전혀 없는데도 오로지 근로자를 사업장에서 몰아내려는 의도하에 고의로 어떤 명목상의 해고사유를 만들거나 내세워 해고한 경우나 해고의 이유로 된 어느 사실이 취업규칙 등 소정의 해고사유에 해당되지 아니하거나 해고사유로 삼을 수 없는 것임이 객관적으로 명백하고 또 조금만 주의를 기울이면 이와 같은 사정을 쉽게 알아볼 수 있는데도 그것을 이유로 해고에 나아간 경우 등 해고권의 남용이 우리의 건전한 사회통념이나 사회상규상 용인될 수 없음이 분명한 경우에 있어서는 그 해고는 상대방에게 정신적 고통을 가하는 것이 되어 근로자에 대한 관계에서 불법행위를 구성한다(대법원 2007.12.28. 선고 2006다33999 판결).

5. 기간제근로자 해고와 대기발령 후 면직처리

(1) 기간제 근로자

기간의 정함이 있는 근로계약을 체결한 근로자를 기간제 근로자라고 한다(기간제 및 단시간근로자 보호 등에 관한 법률 제2조 제1호). 2년을 초과하여 기간제 근로자로 사용하는 경우에는 그 기간제 근로자는 기간의 정함이 없는 근로계약을 체결한 근로자로 본다(동법 제4조 제2항).

기간제 근로자가 2년을 초과하여 기간의 정함이 없는 근로계약을 체결한 근로자로 된다는 것만을 이유로 당해 사업장의 통상의 근로자와 같은 근로조건으로 대우를 받게 된다는 것은 아니며, 그러기 위해서는 별도의 근로계약 체결을 필요로 한다. 공기업에서 기간제 근로자들이 기간의 정함이 없는 근로계약을 체결한 것으로 되었지만 종전과 같은 근로조건으로 되어 있으며, 이들은 직종이 다르다는 등의 이유로 통상의 근로자와 근로조건에 있어서 차이가 발생하여 노사갈등의 하나로 원인이 되고 있다.

기간제 근로자의 경우 기간 도중의 해고는 해고의 법리에 따라 그 정당성 여부가 판단되지만, 기간의 만료의 경우에는 해고 등의 제한도 없이 당연히 근로계약은 종료하는 것으로 해석된다.

(2) 대기발령 후 면직처리

가. 대기발령의 법적 성질

회사의 인사규정에 직무수행능력이 부족하거나 근무성적이 불량한 자 또는 근무태도가 극히 불량한 자에 해당한다는 이유로 대기발령을 받은 후, 대기발령 상태로 3개월이 경과하면 직권으로 면직처리하도록 규정한 예를 볼 수 있다.

대기발령은 근로자가 현재의 직위 또는 직무를 장래에 있어서 계속 담당하게 되면 업무상의 장애 등이 예상되는 경우에 이를 예방하기 위하여 일시적으로 당해 근로자에게 직위를 부여하지 아니함으로써 직무에 종사하지 못하도록 하는 잠정적인 조치를 의미한다. 이는 근로자의 과거의 비위행위에 대하여 기업질서 유지를 목적으로 행하여지는 징벌적 제재로서의 징계와는 그 성질이 다르다(대법원 2011.10.13. 선고 2009다86246 판결).

대기발령을 포함한 인사명령은 원칙적으로 인사권자인 사용자의 고유권한에 속한다 할 것이고, 따라서 이러한 인사명령에 대하여는 업무상 필요한 범위 안에서 사용자에게 상당한 재량을 인정하여야 하며, 이것이 근로기준법 등에 위반되거나 권리남용에 해당하는 등의 특별한 사정이 없는 한 위법하다고 할 수 없어(대법원 2007.5.31. 선고 2007두1460 판결), 대기발령은 어디까지나 인사권의 행사로서 해석되고 있다.

나아가 근로자와의 협의 등 대기발령을 하는 과정에서 신의칙상 요구되는 절차를 거쳤는지의 여부 등도 고려할 사항이나, 근로자 본인과 성실한 협의절차를 거쳤는지의 여부는 정당한 인사권의 행사인지의 여부를 판단하는 하나의 요소라고는 할 수 있으나 그러한 절차를 거치지 아니하였다는 사정만으로 대기발령이 권리남용에 해당되어 당연히 무효가 된다고는 볼 수 없다(대법원 2005.2.18. 선고 2003다63029 판결).

나. 대기발령에 따른 면직처리

대기발령과 이에 이은 직권면직은 이를 일체로서 관찰할 때 근로자의 의사에 반하여 사용자의 일방적 의사에 따라 근로계약 관계를 종료시키는 것으로서 실질상 해고에 해당한다(대법원 2007.9.21. 선고 2006다25240 판결). 따라서 대기발령 후의 면직처분은 실질적으로 해고로서 앞에서 본 해고의 정당성 요건을 갖추어야 한다.

<사례9 해설> (해결9 징계 및 근로계약의 종료)

(1) A회사는 X가 선반가공분야의 경력사원모집에 지원하여 채용을 하였으나 X가 선반가공 경력이 전혀 없다는 것을 알고 징계해고하였다. 회사가 입사시 이력서를 제출하게 하는 것은 단순히 근로자의 근로능력, 즉 노동력을 평가하기 위해서만이 아니라 노사간의 신뢰형성과 기업질서유지를 위해서는 근로자의 지능과 경험, 교육 정도, 정직성 및 직장에 대한 정착성과 적응성 등 전인격적 판단을 거쳐 고용 여부를 결정할 필요가 있으므로 그 판단자료로 삼기 위한 것이므로 이와 같이 경력을 허위로 기재한 이력서를 제출한 것을 징계해고 사유로 삼는 것은 정당하다.

(2) 취업규칙에 근로자를 해고 내지 징계를 하는 경우 변명의 기회를 부여하여야 한다는 규정을 두고 있는 경우에는 피해고자 내지 피징계자가 스스로 변명의 기회를 포기하지 않은 이상 변명의 기회를 부여하여야 한다. 따라서 A회사의 X에 대한 징계해고는 절차면에서 정당하지 않아 징계해고는 무효이다.

Ⅷ. 정당한 이유없는 해고 등의 구제절차

해고 등에 대하여 사법기관인 법원에 해고 무효 등의 민사소송을 제기할 수 있는 것은 당연하다. 그 외 근기법 제28조 제1항은, 사용자가 근로자에게 부당해고 등을 하면 근로자는 노동위원회에 구제를 신청할 수 있도록 하고 있으며, 그 구제신청은 부당해고 등이 있었던 날부터 3개월 이내에 하여야 한다(동조 제2항).

이 경우 노동위원회가 구제명령(해고에 대한 구제명령만을 말한다)을 할 때에 근로자가 원직복직(原職復職)을 원하지 아니하면 원직복직을 명하는 대신 근로자가 해고기간 동안 근로를 제공하였더라면 받을 수 있었을 임금 상당액 이상의 금품을 근로자에게 지급하도록 명할 수 있도록 하는 이른바 금전보상제도를 도입하고 있다.

나아가 노동위원회는 구제명령(구제명령을 내용으로 하는 재심판정을 포함)을 받은 후 이행기한까지 구제명령을 이행하지 아니한 사용자에게 1년에 2회의 범위에서 1회 2천만원 이하의 이행강제금을 부과한다(제33조 제1항 및 제5항).

다른 한편 기간제 근로자와 단시간 근로자, 파견근로자의 경우 비교대상이 되는 근로자와 근로조건 등에 있어서 차별이 있는 경우 그 시정을 노동위원회에 신청할 수 있는 특별한 제도를 두고 있다. '기간제 및 단시간근로자 보호 등에 관한 법률' 제9조 제1항은 기간제근로자 또는 단시간근로자는 차별적 처우를 받은 경우 차별적 처우가 있은 날(계속되는 차별적 처우는 그 종료일)부터 6개월 이내에 노동위원회법 제1조의 규정에 따른 노동위원회에 그 시정을 신청할 수 있다(파견근로자보호 등에 관한 법률 제21조 제1항 및 제2항도 같은 규정을 두고 있음).

제2. 노동단체법

*별명이 없는 법조문명은 '노동조합 및 노동관계조정법'임

Ⅰ. 노동조합

사례 1   노동조합

노조법은 근로자가 아닌 자가 노동조합에 가입하고 있는 경우 당해 노동조합은 노동조합으로서 소극적 요건을 결여한 것으로 보아 노동조합으로 보지 않는다. 그런데 산업별·직종별·지역별 노동조합의 경우에 구직활동중인 자가 노동조합에 가입하고 있거나 노동조합을 설립할 수 있는가?

1. 노동조합 설립절차

노조법상 근로자는 노동조합을 결성할 수 있다.

노동조합 설립 절차는 노동조합설립신고서에 노동조합규약을 첨부하여 연합단체인 노동조합과 2 이상의 특별시·광역시·도·특별자치도에 걸치는 단위노동조합은 노동부장관에게, 2 이상의 시·군·구에 걸치는 단위노동조합은 특별시장·광역시장·도지사에게, 그 외의 노동조합은 특별자치도지사·시장·군수·구청장에게 제출하여야 한다(제10조 제1항).

이 경우 위 행정관청은 3일 이내에 신고증을 교부하여야 하나(제12조 제1항), 설립신고서 또는 규약이 기재사항의 누락 등으로 보완이 필요한 경우에는 대통령령이 정하는 바에 따라 20일 이내의 기간을 정하여 보완을 요구하여야 하고, 이 경우 보완된 설립신고서 또는 규약을 접수한 때에는 3일 이내에 신고증을 교부하여야 한다(제12조 제2항). 노동조합은 신고증을 교부받은 경우에는 설립신고서가 접수된 때에 설립된 것으로 본다(제12조 제4항).

노동조합이 설립된 경우에도 노동조합의 규약이 노동관계법령에 위반한 경우, 결의 또는 처분이 노동관계법령 또는 규약에 위반하는 경우 행정관청은 노동위원회의 의결을 얻어 시정명령을 내릴 수 있고, 노동조합은 30일 이내에 이를 행하여야 한다(정당한 사유가 있는 경우에는 그 기간을 연장할 수 있음. 제21조 제1항-제3항).

2. 노동조합의 조직형태 및 구직활동중인 자의 노동조합 설립

노조법상 근로자라 함은 직업의 종류를 불문하고 임금·급료 기타 이에 준하는 수입에 의하여 생활하는 자를 말한다(제2조 제1호). 그리고 근로자가 아닌 자의 가입을 허용하는 경우에는 노동조합으로 보지 아니한다(제2조 제4호 라목).

노동조합의 조직형태로는 기업·산업별·지역단위 레벨에서 조직되는 기업별노동조합, 산업별단위(현재 전국금속노동조합이 존재함), 지역별단위의 노동조합(직종 등을 초월하여 모든 근로자가 가입할 수 있는 경우가 대부분임) 등의 형태로 조직되어 있고, 이들 노동조합이 상급단체에 가입하여 연합체(실제로는 연맹으로 불림) 형태로 조직되어 그 최상위에 한국노동조합총연맹과 전국민주노동조합총연맹이 존재하고 있다.

종래에는 기업레벨에서 복수노동조합설립이 금지되고 있었지만 현재는 가능하게 되었고, 그에 따라 복수노동조합하에서 단체교섭을 하기 위해서는 단체교섭창구단일화를 하여 사용자에게 교섭을 요구하여야 하고(예외적으로 사용자의 선택에 의하여 개별교섭도 가능함), 교섭대표노동조합은 교섭창구단일화 절차에 참가한 노동조합과 조합원 사이에 차별을 금지하는 공정대표의무를 부담하게 된다(제29조의2-제29조의4)

그런데 구직활동중인 자의 경우 노동조합을 결성할 수 있는가? 지역별 노동조합의 경우 그 구성원으로 구직중인 여성 노동자를 포함시키고 있다 하더라도, 구직중인 여성 노동자 역시 노조법상의 근로자에 해당하므로(대법원 2004.2.27. 선고 2001두8568 판결), 산업별·직종별·지역별 노동조합의 경우 구직활동중인 자도 노동조합을 결성할 수 있다.

3. 설립된 노동조합의 보호

먼저 노조법에 의하여 설립된 노동조합의 경우 노동쟁의의 조정 및 부당노동행위의 구제신청을 할 수 있고 노동조합이라는 명칭을 사용할 수 있으나, 노조법상 설립된 노동조합이 아니면 노조법상 특별히 설정된 노동위원회에 노동쟁의의 조정 및 부당노동행위의 구제를 신청할 수 없다(제7조 제1항). 그리고 노조법상 설립된 노동조합이 아니면 노동조합이라는 명칭을 사용할 수 없으며(동조 제3항), 이에 위반한 자는 500만원 이하의 벌금에 처한다(제93조 제1호). 여기서 헌법재판소는 노동조합명칭 사용금지와 이에 대한 벌금제도는 법외노동조합이라고 하여도 결성에 제약이 없고 또한 어느 정도 단체교섭을 할 수 있다고 하여 명칭을 사용하는 것을 금지하는 것이 단결권이나 단체교섭권을 침해하는 것으로 볼 수 없다고 하였다(헌법재판소 2008.7.31. 2004헌바9).

다음으로 노조법은 사용자는 노조법에 의한 단체교섭 또는 쟁의행위로 인하여 손해를 입은 경우에 노동조합 또는 근로자에 대하여 그 배상을 청구할 수 없으며(제3조), 형법 제20조의 정당행위 규정은 노동조합이 단체교섭·쟁의행위 기타의 행위로서 제1조의 목적을 달성하기 위하여 한 정당한 행위에 대하여 적용된다고 하여(제4조), 이른바 민사책임과 형사책임의 면책보호를 하고 있다.

끝으로 노동조합은 그 규약이 정하는 바에 의하여 법인으로 할 수 있고(제6조 제1항), 사업체를 제외하고는 세법이 정하는 바에 따라 조세를 부과하지 아니한다(제8조).

<**사례1 해설**> (노동조합)

일정한 사용자에의 종속관계를 조합원의 자격요건으로 하는 기업별 노동조합의 경우와는 달리 산업별·직종별·지역별 노동조합 등의 경우에는 원래부터 일정한 사용자에의 종속관계를 조합원의 자격요건으로 하는 것이 아니기 때문에 구직활동중인 자의 경우 기업별 노동조합을 결성하거나 이에 가입할 수는 없지만 산업별·직종별·지역별 노동조합을 결성하거나 이에 가입하는 것은 가능하다.

Ⅱ. 노동조합 통제권

사례 2　　노동조합 통제권

노동조합이 조합원 총회에서 특정 정당을 지지하기로 결의한 경우, 이에 위반하여 다른 정당을 지지하는 활동을 한 조합원을 제명 등 징계할 수 있는가?

1. 통제처분의 필요성

노동조합은 근로자가 주체가 되어 자주적으로 단결하여 근로조건의 유지·개선 기타 근로자의 경제적·사회적 지위의 향상을 도모함을 목적으로 하는(제2조 제4호 본문) 조직체로서, 조합원에 대하여 일정한 통제를 할 필요가 있을 것이다. 더욱이 자본주의 사회에서 노동조합은 사용자단체와 함께 중요하고도 대표적인 이익단체로서 그 통제의 필요성 또한 크다고 하겠다.

통제처분의 유형으로는 조합원에 대하여 일정기간 동안 권리정지, 의결권 정지 등과 같이 조합원자격 자체는 유지시키는 형태가 있는가 하면, 제명과 같이 조합원 자격을 상실하게 하는 처분 등도 있다.

2. 통제처분의 한계

노동조합이 조합원에 대하여 노동조합 목적의 범위 내에서 일정한 통제권을 행사하는 것은 자연스럽다. 그러나 노동조합이라고 하더라도 조합원의 신념, 종교적 자유, 정치적 자유 등에 대하여 통제처분을 허용할 수 있을까. 노조법 제9조는 동조합의 조합원은 어떠한 경우에도 인종, 종교, 성별, 연령, 신체적 조건, 고용형태, 정당 또는 신분에 의하여 차별대우를 받지 아니한다고 규정하고 있는데, 이는 사용자 및 노동조합으로부터의 보호뿐만 아니라, 기타 국가나 지방자치단체, 나아가 일반 사회단체 등과의 관계에서도 유효하다고 할 수 있다.

노동조합이 공직선거에서 특정 정당이나 후보자를 지지하거나 반대하기로 결정하고 노동조합명의로 선거운동을 할 수 있음은 물론이고, 그 조합원에 대하여 노동조합의 결정에 따르도록 권고하거나 설득하는 행위도 그 한도에서는 노동조합의 정치활동의 일환으로서 허용된다. 그러나 다른 한편, 노동조합이 그 내부 통제권을 행사함에 있어서는 구성원인 조합원이 일반 국민으로서 가지는 헌법상의 기본적 권리의 본질적인 내용이나 다른 헌법적 가치를 침해하지 않아야 할 내재적 한계가 존재하는 것이고, 특히 대의민주주의를 기본으로 하는 현대의 자유민주주의 정치체제 아래에서 선거는 주권자인 국민의 민주적 정치참여를 위한 가장 기본적이고도 본질적인 수단이므로 국민의 주권행사를 의미하는 선거과정에의 참여행위, 그 중에서도 어느 정당이나 후보자를 지지할 것인지에 관한 정치적 의사의 결정은 다른 어떠한 이유에 의해서도 방해받거나 제한될 수 없는 선거권의 본질적 내용이다.

따라서 정치활동을 고유의 목적으로 삼는 정치적 결사체도 아닌 노동조합이 비록 총회의 결의 등을 거쳐 지지하거나 반대하는 정당이나 후보자를 결정하고 그 명의로 선거운동을 할 수 있다고 하더라도 그 구성원인 조합원 개개인에 대하여 노동조합의 결의 내용에 따르도록 권고하거나 설득하는 정도를 넘어서 이를 강제하는 것은 허용되지 않는다.

노동조합 간부가 조합원에 대한 다른 정당지지에 관여하는 경우 현행 공직선거법 제237조 제1항 제3호의 업무·고용 기타의 관계로 인하여 자기의 보호·지휘·감독하에 있는 자에게 특정정당이나 후보자를 지지·추천하거나 반대하도록 강요한 자에 해당된다(대법원 2005.1.28. 선고 2004도227 판결).

> **<사례2 해설>** (해결 2 노동조합 통제권)
> 노동조합은 공직선거에서 특정 정당이나 후보자를 지지하거나 반대하기로 결정하고 노동조합명의로 선거운동을 할 수 있으나, 그 구성원인 조합원 개개인에 대하여 노동조합의 결의 내용에 따르도록 권고하거나 설득하는 정도를 넘어서 이를 강제하는 것은 허용되지 않는다. 따라서 노동조합은 노동조합 결의에 반하여 다른 정당의 후보를 지지하는 활동을 한 조합원에 대해 제명 등의 징계를 할 수 없다.

III. 노동조합 활동

> **사례 3**   노동조합 활동
>
> 병원에 근무하는 근로자들로 조직된 노동조합이 병원의 승인 없이 조합원들로 하여금 모든 직원이 착용하도록 되어 있는 위생복 위에 구호가 적힌 주황색 셔츠를 근무중에도 착용하게 하는 노동조합활동은 정당한가?

1. 노동조합활동의 정당성 판단기준

노조법은 노동조합 활동을 위하여 타임오프제도를 도입하고 있다. 노동조합

활동을 위하여 종래 노동조합전임자는 회사로부터 임금의 지원을 받으면서 동시에 회사의 취업규칙의 적용을 받아 출퇴근 의무 등의 규율에 따르면서(대법원 1995.4.11. 선고 94다58087 판결) 노동조합의 일에만 종사할 수 있었다. 현행 노조법은 전임자 제도를 단체협약으로 정하거나 사용자의 동의가 있는 경우 둘 수는 있으나(제24조 제1항), 사용자로부터 어떠한 급여도 지급받아서는 아니 되고(제24조 제2항), 사용자가 급여를 지원하게 되면 후술하는 부당노동행위가 성립된다(제81조 4호).

여기서 단체협약으로 정하거나 사용자가 동의하는 경우에는 사업 또는 사업장별로 조합원 수 등을 고려하여 근로시간 면제 한도를 초과하지 아니하는 범위에서 근로자는 임금의 손실 없이 사용자와의 협의·교섭, 고충처리, 산업안전 활동 등 이 법 또는 다른 법률에서 정하는 업무와 건전한 노사관계 발전을 위한 노동조합의 유지·관리업무를 할 수 있도록 하는 이른바 타임오프(time-off)제도를 도입하였다(제24조 제4항).

노동조합활동이 정당하려면 취업규칙이나 단체협약에 별도의 허용규정이 있거나, 관행, 사용자의 승낙이 있는 경우 외에는 취업시간 외에 행해져야 한다. 사업장 내의 조합활동에 있어서는 사용자의 시설관리권에 바탕을 둔 합리적인 규율이나 제약에 따라야 하고, 비록 조합활동이 근무시간 외에 사업장 밖에서 이루어졌을 경우에도 근로자의 근로계약상의 성실의무(사용자의 이익을 배려해야 할)는 지켜져야 한다(대법원 1990.5.15. 선고 90도357 판결). 사례를 들면 근무시간중에 조합간부들과 공동하여 지하철공사의 사무실 내의 집기 등을 부수고 적색 페인트, 스프레이로 복도계단과 사무실 벽에 주장 내용을 담은 낙서를 하여 수리비 4,290만원이 소요되는 재물손괴를 하였다면, 이는 조합활동권의 정당성의 범위 밖에 속한다고 판단하였다.

2. 유인물배포행위의 정당성

노동조합의 유인물 배포행위는 그 내용면에서는 사용자의 명예훼손이라는 형사책임문제가 실제 사례에서 많이 발생하고 있다.

유민물배포행위의 사례를 보면, ① 근로자가 점심시간중에 회사의 근로조건이 열악하다는 점을 부각시키면서 노동조합의 필요성과 함께 노동조합의 결성사실을 알리는 내용의 유인물을 다른 근로자에게 배포한 행위는 설사 그 유인물의 내용 중에 회사의 근로조건상태를 다소 왜곡한 부분이 있다 하여도 노동조합의 업무를 위한 정당한 행위를 한 것(서울고법 1992.1.17. 선고 90구14449 제9특별부판결), ② 근로자가 작성하여 회람시킨 인쇄물이 회사간부의 명예를 훼손하는 내용으로서 그 중 일부는 근거가 없는 것이고, 또 그가 배포한 인쇄물이 사용자인 회사와 노동조합 또는 근로자 사이의 근로관계와는 직접관계가 없는 사항과 관련하여 집단적으로 월차휴가를 실시할 것을 선동하는 내용인 데다가 취업규칙에 정한 사전통보절차도 밟지 않았고 그 결과 다수의 근로자가 이에 동조하여 사업장을 무단 이탈함으로써 회사 업무의 정상적인 운영에 지장을 주었다면 위와 같은 유인물배포행위가 정당한 조합활동이라고 할 수 없다고 한 사례(대법원 1992.3.13. 선고 91누5020 판결), ③ 노동조합활동으로서 배포된 문서에 기재되어 있는 문언에 의하여 타인의 인격 신용 명예 등이 훼손 또는 실추되거나 그렇게 될 염려가 있고, 또 그 문서에 기재되어 있는 사실관계의 일부가 허위이거나 그 표현에 다소 과장되거나 왜곡된 점이 있다고 하더라도, 그 문서를 배포한 목적이 타인의 권리나 이익을 침해하려는 것이 아니라 노동조합원들의 단결이나 근로조건의 유지 개선과 근로자의 복지증진 기타 경제적 사회적 지위의 향상을 도모하기 위한 것이고, 또 그 문서의 내용이 전체적으로 보아 진실한 것이라면, 그와 같은 문서의 배포행위는 노동조합의 정당한 활동범위에 속하는 것으로 보아야 한다고 한 사례(대법원 1993.12.28. 선고 93다13544 판결), ④ 근로자들이 노동조합을 결성한 후 자신들의 직장의 원청회사에 노동조합 설립에 관한 벽보나 현수막을 부착하고 원청회사 직원들에게 유인물을 배포하여 원청회사가 하청계약의 해지통지를 할 정도에 이른 경우, 근로자들의 이와 같은 유인물배포행위 등이 사회적 상당성을 갖추었다고 볼 수 없어 정당한 노동조합활동이라고 할 수 없다고 한 사례(대법원 2000.6.23. 선고 98다54960 판결) 등이 있다.

3. 리본·조끼·셔츠 착용

사례로서, ① 전국교직원노동조합 소속 교원들이 '족벌재단 퇴진' 등과 같은 내용의 리본, 배지, 조끼를 패용·착용한 행위는 단순히 노동조합의 내부적 단결을 위한 행위가 아니라 학교운영자들에게 유형적 위력을 보이는 외부적인 집단행동에 해당한다고 볼 수 있고, 설령 위와 같은 리본 등의 패용·착용행위가 '단결권'에 관한 것이라 하더라도 근로조건의 향상과 별다른 관계가 없는 내용이므로 이를 금지하는 것은 근로자나 노동조합의 적법한 단결권행사에 어떠한 제한을 부과하는 것이 아니라고 한 것(대법원 2006.5.26. 선고 2004다62597 판결), ② 병원에 근무하는 직원인 노동조합원들이 병원의 승인 없이 조합원들로 하여금 모든 직원이 착용하도록 되어 있는 위생복 위에 구호가 적힌 주황색 셔츠를 근무중에도 착용하게 함으로써 병원의 환자들에게 불안감을 주는 등으로 병원 내의 정숙과 안정을 해치는 행위를 계속하였고, 아울러 병원이 노동조합의 정당한 홍보활동을 보장하기 위하여 노동조합의 전용 게시판을 설치하여 이를 이용하도록 통보하였음에도 조합원들이 주동이 되어 임의로 벽보 등을 지정 장소 외의 곳에 부착하였고, 또한 노동조합이나 병원과는 직접적인 관련이 없는 전국병원노련위원장의 구속을 즉각 철회하라는 내용의 현수막을 병원 현관 앞 외벽에 임의로 각 설치한 후 병원의 거듭된 자진철거요구에 불응한 사실이 인정된다면 징계사유에 해당한다(대법원 1996.4.23. 선고 95누6151 판결)고 한 것 등이 있다.

> **<사례3 해설>** (노동조합 활동)
>
> 병원에 근무하는 근로자가 위생복 위에 구호가 적힌 주황색 셔츠를 근무중에도 착용하는 것은 병원의 환자들에게 불안감을 주는 등으로 병원 내의 정숙과 안정을 해치는 행위로서 노동조합활동으로서 정당성이 없다.

IV. 단체교섭

사례 4　　단체교섭

(1) 산업별노동조합의 지부가 독립된 규약 및 집행기구를 갖고 있으나 노동조합설립신고는 하지 않은 상황에서, 지부의 고유한 사항에 대하여 단체교섭을 요구할 수 있는 단체교섭의 당사자가 될 수 있는가?

(2) 사업소 통폐합, 공기업의 민영화 등의 반대를 위하여 단체교섭을 요구할 수 있는가?

1. 산업별노동조합 하부조직의 단체교섭 당사자 지위

단체교섭의 당사자는 노동조합의 조직형태가 기업별노동조합의 경우에는 당해 기업별노동조합과 사용자가 단체교섭을 하게 되며 이것이 가장 일반적인 단체교섭 당사자 형태라고 할 수 있다. 그런데 노동조합이 산업별노동조합인 경우 개별 사업 또는 사업장에는 그 조직의 하부형태로서 지부 내지 지원이 조직되어 있는 경우가 있다. 이러한 지부 내지 지원의 조직이 단체교섭의 당사자, 나아가 쟁의행위의 주체가 될 수 있는가 하는 문제가 발생한다.

이에 대하여 대법원은 '노동조합의 하부단체인 분회나 지부가 독자적인 규약 및 집행기관을 가지고 독립된 조직체로서 활동을 하는 경우 당해 조직이나 그 조합원에 고유한 사항에 대하여는 독자적으로 단체교섭하고 단체협약을 체결할 수 있고, 이는 그 분회나 지부가 노노법(노조법— 필자 주) 시행령 제7조의 규정에 따라 그 설립신고를 하였는지의 여부에 영향받지 아니한다'고 하여(대법원 2008.1.18. 선고 2007도1557 판결) 지부 내지 지원 형태의 산업별노동조합의 하부조직의 경우 노동조합설립신고 여부와 관계없이 위 요건을 충족하는 경우에 단체교섭의 당사자가 될 수 있다고 해석한다.

2. 단체교섭 대상

노동조합과 사용자(사용자단체도 포함)가 단체교섭을 함에 있어서 주로 문제되는 것은 사업소의 축소 내지 폐지, 공기업의 민영화, 정리해고, 운수업에서의 사용자의 배차지시권, 인사권 등이다. 이러한 사용자의 경영사항이라고도 할 수 있는 것들이 단체교섭의 대상이 되고, 나아가 쟁의행위의 목적이 정당성화될 수 있는가?

사례를 통하여 보면, ① 긴박한 경영상의 필요에 의하여 하는 이른바 정리해고의 실시는 사용자의 경영상의 조치라고 할 것이므로, 정리해고에 관한 노동조합의 요구내용이 사용자는 정리해고를 하여서는 아니 된다는 취지라면 이는 사용자의 경영권을 근본적으로 제약하는 것이 되어 원칙적으로 단체교섭의 대상이 될 수 없고(대법원 2001.4.24. 선고 99도4893 판결), ② 정리해고나 사업조직의 통폐합 등 기업의 구조조정의 실시 여부는 경영주체에 의한 고도의 경영상 결단에 속하는 사항으로서 이는 원칙적으로 단체교섭의 대상이 될 수 없고(대법원 2002.2.26. 선고 99도5380 판결), ③ 운수사업을 영위하는 사업체에 있어서 배차행위는 원래 사용자가 행하는 통상적인 업무명령에 속하는 것이므로 이에 관하여 단체협약, 취업규칙 등에 특별한 규정이 있거나 노사합의 또는 확립된 노사관행이 있는 경우 등을 제외하고는 근로자인 운전사는 원칙적으로 사용자가 배정한 차량을 운행할 의무가 있는바, 회사가 좌석버스를 운행할 수 있는 승무대상 운전자 선발을 위하여 노동조합과 좌석버스 배차기준을 합의하여 정하였고 그 기준이 특별히 불합리하다고 인정되지 아니하는 한, 회사가 그 배차기준에 따라 좌석버스 승무대상 운전자를 선발하여 좌석버스를 배차한 것이 잘못이라 할 수 없고(대법원 1994.8.23. 선고 93누21514 판결), ④ 근로자들이 쟁의행위를 함에 있어 연구소장의 퇴진을 요구하였다 하더라도 이는 부차적인 것이고 주된 목적은 일부 근로자들에 대한 파면처분이 노동조합의 핵심적 관심사항인 연구자율수호운동을 주동한 것에 대한 보복조치라고 하여 이의 철회를 구하는 것이고 그 뜻은 조합원의 근로조건의 개선요구에 있다고도 볼 수 있다면 이는 단체교섭사항이 될 수 있는(대법원 1992.5.12. 선고 91다34523 판결) 것 등이 있다.

<사례4 해설> (단체교섭)

(1) 산업별노동조합의 지부가 독립된 규약 및 집행기구를 갖고 있으면, 지부가 별도의 노동조합설립신고를 하지 않았다고 하더라도 지부의 고유한 교섭사항에 대하여 단체교섭을 요구할 수 있는 단체교섭의 당사자의 지위를 갖는다. 따라서 사용자가 이를 거부하면 정당한 이유없는 단체교섭거부로 부당노동행위가 성립된다.

(2) 사업소 통폐합, 공기업의 민영화 등의 사용자의 결정은 경영사항으로서 그러한 결정이 노동조합을 파괴하기 위한 목적 등의 특별한 사정이 없는 한 단체교섭의 대상이 되지 않는다. 따라서 사용자는 노동조합이 사업소 통폐합, 공기업의 민영화의 철회를 요구하는 단체교섭 요구에 대하여 거부할 수 있다. 다만 사업소의 통폐합 내지 공기업의 민영화 등에 따른 부수적인 근로조건에 대한 교섭을 요구하는 것은 단체교섭의 대상이 될 수 있다.

V. 단체협약

> **사례 5** 단체협약
>
> (1) 단체협약에 조합원의 해고에 있어서 노동조합과 협의하여야 한다는 조항을 두고 있는 경우에, 이를 위반한 사용자의 해고는 절차 위반으로서 무효인가?
> (2) 회사의 경영사정이 악화되어 노동조합과 사용자가 이미 지급시기가 경과한 상여금과 장래 발생할 상여금에 대하여 지급하지 않기로 합의한 경우 조합원은 상여금을 청구할 수 있는가?

단체협약과 관련하여 주로 문제되는 것은 단체협약상의 조합원 내지 노동조합 간부의 인사시 노동조합의 동의나 협의조항의 효력, 단체협약을 불이익하게 변경하는 경우의 효력범위라고 할 수 있으며, 나아가 우리나라의 특이한 제도로서 단체협약 불이행과 관련한 형사책임의 문제를 지적할 수 있다. 이하 이들에 대하여 보기로 하자.

1. 해고동의 조항

단체협약에 조합원 또는 노동조합 간부의 인사시 노동조합의 동의를 구하도록 하는 규정을 두고 있는 경우에 이러한 동의조항에 위반한 사용자의 인사조치의 효력은 어떠한가? 노조법 제33조 제1항은, 단체협약에 정한 근로조건 기타 근로자의 대우에 관한 기준에 위반하는 취업규칙 또는 근로계약의 부분은 무효로 한다고 규정하고 있고 단체협약상의 인사동의 조항은 노조법 제33조 제1항의 근로조건에 해당하는 것으로 해석되고 있다.

노사간의 협상을 통해 사용자가 그 해고 권한을 제한하기로 합의하고 노동조합이 동의할 경우에 한하여 해고권을 행사하겠다는 의미로 해고의 사전 합의조항을 단체협약에 두었다면, 그러한 절차를 거치지 아니한 해고처분은 원칙적으로 무효이다(대법원 1993.7.13. 선고 92다50263 판결).

그러나 이처럼 해고의 사전 합의 조항을 두고 있다고 하더라도 사용자의 해고권한이 어떠한 경우를 불문하고 노동조합의 동의가 있어야만 행사할 수 있다는 것은 아니고 노동조합이 사전동의권을 남용하거나 스스로 사전동의권을 포기한 것으로 인정되는 경우에는 노동조합의 동의가 없더라도 사용자의 해고권 행사가 가능하다고 할 것이다. 여기서 노동조합이 사전동의권을 남용한 경우라 함은 노동조합측에 중대한 배신행위가 있고 이로 인하여 사용자측의 절차의 흠결이 초래되었다거나, 피징계자가 사용자인 회사에 대하여 중대한 위법행위를 하여 직접적으로 막대한 손해를 입히고 비위사실이 징계사유에 해당함이 객관적으로 명백하며 회사가 노동조합측과 사전합의를 위하여 성실하고 진지한 노력을 다하였음에도 불구하고 노동조합측이 합리적 근거나 이유 제시도 없이 무작정 반대함으로써 사전 합의에 이르지 못하였다는 등의 사정이 있는 경우에 인정된다(대법원 2007.9.6. 선고 2005두8788 판결).

2. 해고협의 조항

해고협의조항의 경우 협의의무를 위반한 인사조치의 효력에 대하여는 규범적 효력은 인정되지 않는다. 단체협약상 '노동조합 간부의 인사 및 징계는 사전에 노동조합과 협의하여 행한다'고 규정한 경우, 이 규정의 단체협약 전체와의 관련과 노사의 관행 등을 감안하여 볼 때, 위와 같은 사전협의는, 노동조합의 간부에 대한 사용자의 자의적인 인사권이나 징계권의 행사로 노동조합의 정상적인 활동이 저해되는 것을 방지하려는 취지에서 사용자로 하여금 노동조합의 간부에 대한 인사나 징계의 내용을 노동조합에 미리 통지하도록 하여 노동조합에 인사나 징계의 공정을 기하기 위하여 필요한 의견을 제시할 기회를 주고 제시된 노동조합의 의견을 참고자료로 고려하게 하는 정도에 지나지 않는 것으로 해석된다(대법원 1992.6.9. 선고 91다41477 판결).

3. 단체협약 불이익변경

단체협약을 불이익하게 변경하는 경우에 당해 노동조합의 조합원에게 그 적용이 있다고 할 것이다. 노동조합은 조합원의 근로조건의 유지·향상을 위한 조직이지만 상황에 따라서는 단체협약을 불리하게 변경하는 것도 가능하다고 할 것이기 때문이다.

그런데 상여금지급과 같이 이미 지급시기가 지났지만 회사의 사정으로 당해 상여금이 지급되지 않은 상황에서 노동조합이 이와 같이 이미 발생한 상여금을 포함하여 당해 연도의 상여금 전체를 포기하는 협정을 체결하는 불이익변경도 가능하다고 할 것인가?

구체적으로 그 지급청구권이 발생한 임금(상여금 포함)이나 퇴직금은 근로자의 사적 재산영역으로 옮겨져 근로자의 처분에 맡겨진 것이기 때문에 노동조합이 근로자들로부터 개별적인 동의나 수권을 받지 않는 이상, 사용자와의 사이의 단체협약만으로 이에 대한 포기나 지급유예와 같은 처분행위를 할 수는 없다. 한편 협약자치의 원칙상 노동조합은 사용자와의 사이에 근로조건을 유리하게 변경하는 내용의 단체협약뿐만 아니라 근로조건을 불리하게 변경하는 내용의 단체협약을 체결할 수 있으므로, 근로조건을 불리하게 변경하는 내용의 단체협약이 현저히 합리성을 결하여 노동조합의 목적을 벗어난 것으로 볼 수 있는 경우와 같은 특별한 사정이 없는 한 그러한 노사간의 합의를 무효라고 볼 수는 없다.

노동조합으로서는 그러한 합의를 위하여 사전에 근로자들로부터 개별적인 동의나 수권을 받을 필요가 없으며, 단체협약이 현저히 합리성을 결하였는지의 여부는 단체협약의 내용과 그 체결경위, 당시 사용자측의 경영상태 등 여러 사정에 비추어 판단한다(대법원 2000.9.29. 선고 99다67536 판결).

이미 지급사유가 발생한 상여금의 경우에는 조합원들로부터 개별적인 동의나 수권을 받지 않는 이상, 노동조합이 사용자와의 사이의 단체협약만으로 이에 대한 포기나 지급유예와 같은 처분행위를 할 수는 없다고 해석하였다.

4. 불이행과 형사책임

단체협약 가운데 앞에서 본 바와 같이 해고동의조항과 같은 규범적 부분에 위반하게 되면 무효가 되며, 노동조합사무실제공 내지 조합비 공제 등과 같은 채무적 부분에 대한 불이행은 채무불이행의 문제로서 그에 대한 손해배상책임의 문제가 발생하게 된다.

그런데 노조법 제92조 제2호는, 단체협약의 내용 중, 임금·복리후생비, 퇴직금에 관한 사항, 근로 및 휴게시간, 휴일, 휴가에 관한 사항, 징계 및 해고의 사유와 중요한 절차에 관한 사항, 안전보건 및 재해부조에 관한 사항, 시설·편의제공 및 근무시간중 회의참석에 관한 사항, 쟁의행위에 관한 사항 등에 위반하는 경우, 1천만원 이하의 벌금에 처하도록 하여, 일부 단체협약 조항 위반에 대하여는 형사처벌로써 그 이행의 실효성을 제고하고 있다.

<사례5 해설> (단체협약)

(1) 단체협약에 조합원의 해고에 있어서 노동조합과 협의하여야 한다는 조항을 두고 있는 경우에 절차상의 협의의무 위반만으로 해고가 무효로 되지는 않는다. 다만 단체협약상의 해고 절차위반으로 노조법 제92조 제2호 위반으로 인한 형사처벌의 대상이 될 수 있다.

(2) 노동조합과 사용자가 이미 지급시기가 경과한 상여금과 장래 발생할 상여금에 대하여 지급하지 않기로 합의한 경우 이러한 합의는 단체협약의 불이익변경에 해당한다. 이 경우 이미 지급시기가 경과한 상여금은 개별 조합원의 사적 재산 영역으로 옮겨져 근로자의 처분에 맡겨진 것이기 때문에 노동조합이 근로자들로부터 개별적인 동의나 수권을 받지 않는 이상 당해 조합원은 사용자에게 이미 발생한 상여금을 청구할 수 있다. 다만 장래 발생할 상여금에 대하여는 청구권이 인정되지 않는다.

VI. 쟁의행위

사례 6   쟁의행위

(1) 노동조합이 쟁의행위에 돌입하면서 사용자의 시설을 점거하였다. 이러한 점거행위로 인하여 사용자 내지 쟁의행위에 참가하지 않은 근로자들의 회사 출입이 사실상 불가능하게 된 경우 쟁의행위는 수단면에서 정당한가?

(2) 위법한 쟁의행위 이후에 노동조합과 사용자가 노사화합을 위하여 위법한 쟁의행위 기간중에 발생한 손해배상 제지 징계 등의 민사책임에 대하여 묻지 않겠다고 합의하였다. 그 후 사용자가 위법한 쟁의행위를 기획하고 주도한 노동조합 간부에 대하여 징계를 할 수 있는가?

'쟁의행위'라 함은 파업·태업·직장폐쇄 기타 노동관계 당사자가 그 주장을 관철할 목적으로 행하는 행위와 이에 대항하는 행위로서 업무의 정상적인 운영을 저해하는 행위를 말한다(제2조 제6호). 헌법 제33조 제1항에 의하면 쟁의행위를

포함한 단체행동권은 근로에게만 보장되는 것인데, 위 쟁의행위의 정의에 사용자가 행하는 직장폐쇄가 병렬적으로 기술되어 있는 것은 일견 이해하기 어렵다. 그러나 사용자의 직장폐쇄는 근로자의 쟁의행위에 대항하는 것이므로 그러한 의미에서 쟁의행위의 개념에 포함된 것으로 이해할 수는 있을 것이다.

노조법은 쟁의행위를 제한하는 많은 규정을 두고 있는데 이를 보면, 작업시설의 손상이나 원료·제품의 변질 또는 부패를 방지하기 위한 작업은 쟁의행위 기간중에도 정상적으로 수행되어야 한다는 것(제38조 제2항), 노동조합의 쟁의행위는 그 조합원의 직접·비밀·무기명투표에 의한 조합원 과반수의 찬성으로 결정하지 아니하면 이를 행할 수 없고, 교섭대표노동조합이 결정된 경우에는 그 절차에 참여한 노동조합의 전체 조합원(해당 사업 또는 사업장 소속 조합원으로 한정함)의 직접·비밀·무기명투표에 의한 과반수의 찬성으로 결정하지 아니하면 쟁의행위를 할 수 없다는 것(제41조 제1항), 방위사업법에 의하여 지정된 주요방위산업체에 종사하는 근로자 중 전력, 용수 및 주로 방산물자를 생산하는 업무에 종사하는 자는 쟁의행위를 할 수 없다는 것(제41조 제2항), 필수유지업무의 정당한 유지·운영을 정지·폐지 또는 방해하는 행위는 쟁의행위로서 이를 행할 수 없다는 것(제42조의2 제2항), 쟁의행위 기간에 대한 임금의 지급을 요구하여 이를 관철할 목적으로 쟁의행위를 하여서는 아니 된다는 것(제4조 제2항), 노동쟁의 조정신청시의 조정기간중의 쟁의행위 금지(제45조 제2항, 제54조 제1항 및 제2항), 노동쟁의가 중재에 회부된 때에는 그 날부터 15일간은 쟁의행위를 할 수 없다는 것(제63조), 긴급조정의 결정이 공표된 때에는 즉시 쟁의행위를 중지하여야 하며, 공표일부터 30일이 경과하지 아니하면 쟁의행위를 재개할 수 없다는 것(제77조) 등이 있다.

또한 종래 필수공익사업에서 직권중재제도의 폐지에 따라 도입된 필수유지업무협정란, 종래 필수공익사업의 경우 직권중재에 의하여 쟁의행위를 사실상 금지하는 제도에 대신하여 도입된 것으로서, 필수공익사업(철도사업, 도시철도사업 및 항공운수사업, 수도사업, 전기사업, 가스사업, 석유정제사업 및 석유공급사업, 병원사업 및 혈액공급사업, 한국은행사업, 통신사업. 제71조 제2항)에서, 노동관계 당사자가 쟁의행위 기간 동안 필수유지업무의 정당한 유지·운영을 위하여 필수유지업무의 필요 최소한의 유지·운영 수준, 대상직무 및 필요인원 등을 정한 협정을 서면으로 체결한 것을 말한다(제42조의3).

1. 정당성 요건

쟁의행위가 정당하기 위해서는, 첫째 그 주체가 단체교섭의 주체로 될 수 있는 자이어야 한다. 둘째 그 목적이 구조조정계획 철회 등과 같은 사용자의 경영사항이 아닌 근로조건의 향상을 위한 노사간의 자치적 교섭을 조성하는 데에 있어야 한다. 셋째 사용자가 근로자의 근로조건 개선에 관한 구체적인 요구에 대하여 단체교섭을 거부하였을 때 개시하되 특별한 사정이 없는 한 조합원의 찬반투표 내지 노동쟁의발생신고를 한 경우 조정기간중의 쟁의행위 금지 등과 같은 법령이 규정한 절차를 거쳐야 한다. 넷째 그 수단과 방법이 폭력적이거나 파괴적인 것이어서는 아니 된다(대법원 2007.12.28. 선고 2007도5204 판결).

특히 조합원의 직접·비밀·무기명투표에 의한 찬성결정이라는 절차를 거쳐야 한다는 규정은 노동조합의 자주적이고 민주적인 운영을 도모함과 아울러 쟁의행위에 참가한 근로자들이 사후에 그 쟁의행위의 정당성 유무와 관련하여 어떠한 불이익을 당하지 않도록 그 개시에 관한 조합의사의 결정에 보다 신중을 기하기 위하여 마련된 규정으로 해석된다. 따라서 이러한 절차를 위반한 쟁의행위는 그 절차를 따를 수 없는 객관적인 사정이 인정되지 아니하는 한 정당성이 상실된다(대법원 2001.10.25. 선고 99도4837 전원합의체판결).

또한 직장점거는 사용자측의 점유를 완전히 배제하지 아니하고 그 조업도 방해하지 않는 부분적·병존적 점거일 경우에 한하여 정당성이 인정되는 것이고, 이를 넘어 사용자의 기업시설을 장기간에 걸쳐 전면적·배타적으로 점유하는 것은 사용자의 시설관리권능에 대한 침해로서 정당화될 수 없다(대법원 1991.6.11. 선고 91도383 판결)

2. 준법투쟁

노동조합이 쟁의행위를 함에 있어서 집단적으로 휴일근로 내지 시간외 근로의 제공을 거부한다든지 여객수송업무의 경우 안전운행을 하는 등 법을 준수하는 형태로 통상의 업무에 지장을 초래하는 경우 이를 쟁의행위로 볼 수 있는가 하는 것이다. 일본의 경우 쟁의행위가 금지된 사업 또는 사업장에서 주로 행하여진 노동조합의 전술이기도 하였다.

근로자들의 연차휴가 사용 및 근로제공 거부행위는 이른바 쟁의적 준법투쟁으로서 쟁의행위에 해당한다. 이러한 쟁의행위를 하기 위하여는 노조법상의 적법한 절차를 거쳐야 한다(대법원 1996.7.30. 선고 96누587 판결).

3. 직장폐쇄

노조법 제46조 제1항은, 사용자는 노동조합이 쟁의행위를 개시한 이후에만 직장폐쇄를 할 수 있다고 하고, 동조 제2항은 직장폐쇄를 할 경우에는 사용자에게 미리 행정관청 및 노동위원회에 각각 신고하도록 하고 있다. 그러나 위 신고의무는 직장폐쇄를 하기 위한 유효요건으로 해석되는 것은 아니다.

그렇다고 한다면 사용자는 쟁의행위가 발생하면 즉시 직장폐쇄를 할 수 있는가? 노사간의 분쟁해결을 위한 노력, 성실한 교섭의무, 노사안정 등의 관점에서 볼 때에 노동조합이 쟁의행위를 개시하였다는 것만을 이유로 곧 직장폐쇄를 할 수 있다고 단정하기 어려운 면이 있다.

노동조합이 준법투쟁을 한 기간이 3일에 불과하여 이와 같은 단기간의 준법투쟁으로 인한 피고의 수입금 감소가 경영에 심각한 타격을 끼칠 정도에 이르렀다고는 단정할 수 없는 점 등에 비추어 보면, 노동조합과 임금협상을 시도하지 아니한 채 준법투쟁 3일 만에 전격적으로 단행한 직장폐쇄는, 근로자측의 쟁의행위에 의해 노사간에 힘의 균형이 깨지고 오히려 사용자측에 현저히 불리한 압력이 가해지는 상황에서 회사를 보호하기 위하여 수동적·방어적인 수단으로서 부득이하게 개시된 것이라고 보기 어려우므로, 직장폐쇄는 정당성이 인정되지 않는다(대법원 2000.5.26. 선고 98다34331 판결).

4. 위법한 쟁의행위와 손해배상

정당하지 않은 위법한 쟁의행위로 인한 손해배상액을 누구에게 청구할 것이며, 어떻게 손해액을 산정할 것인가 하는 문제는 간단하지 않다. 예컨대 손해는 상당인과관계에 따른 것이 될 것이나, 쟁의행위의 발생 원인에서 노동조합 또는 사용자의 과실 정도의 산정문제를 비롯하여, 생산차질로 인한 손해라고 하여도 재고가 많이 있었던 경우의 생산차질의 손해산정 등 곤란한 문제가 많다.

현실적으로는 위법한 쟁의행위에 대하여 사용자는 인과관계론상에서 과대한 손해배상을 청구하고 있고, 노동조합 간부의 개인 재산에 대한 압류, 노동조합비의 압류 등 많은 문제가 지적되고 있다.

불법쟁의행위에 대한 귀책사유가 있는 노동조합이나 불법쟁의행위를 기획·지시·지도하는 등 이를 주도한 노동조합 간부 개인이 그 배상책임을 지는 배상액의 범위는 불법쟁의행위와 상당인과관계에 있는 모든 손해이고, 그러한 노동조합 간부 개인의 손해배상책임과 노동조합 자체의 손해배상책임은 부진정 연대채무 관계에 있는 것이므로 노동조합의 간부도 불법쟁의행위로 인하여 발생한 손해 전부를 배상할 책임이 있다. 다만, 사용자가 노동조합과의 성실교섭의무를 다하지 않거나 노동조합과의 기존합의를 파기하는 등 불법쟁의행위에 원인을 제공하였다고 볼 사정이 있는 경우 등에는 사용자의 과실을 손해배상액을 산정함에 있어 참작할 수 있을 것이며, 일반 조합원이 불법쟁의행위시 노동조합 등의 지시에 따라 단순히 노무를 정지한 것만으로는 노동조합 또는 조합 간부들과 함께 공동불법행위책임을 진다고 할 수는 없다(대법원 2006.9.22. 선고 2005다30610 판결).

5. 위법한 쟁의행위 후의 면책합의 효력

쟁의행위가 위법한 경우에는 쟁의행위로 인한 사용자의 생산차질 등에 의한 손해와 형사상 정당행위가 인정되지 않음으로써 업무방해죄 성립 등 민사 및 형사상의 책임이 발생한다. 또한 민사상 책임에는 위법한 쟁의행위를 기획하거나 주도한 노동조합 간부와 이에 참가한 조합원 등의 근로자들에 대한 징계 또는 해고 등의 문제도 포함된다.

그런데 노동조합과 사용자가 위법한 쟁의행위 이후에 합의에 의하여 민사상 또는 형사상책임을 묻지 않겠다고 한 경우에 그 효력을 어떻게 볼 것인가?

앞에서 본 해고동의조항과 같이 이 또한 규범적 효력을 갖는다고 할 수 있을까.

사례로는, ① '농성기간중 사건에 대하여 조합원들에 대한 일체의 책임을 묻지 않기로 한 단체협약의 취지는 위 농성기간중의 행위뿐만 아니라 농성과 일체성을 가지는 그 준비행위, 유발행위까지도 포함하여 이를 면책시키기로 한 것이라고 봄이 타당할 것이므로 피고로서는 농성과 일체성을 가지는 위 행위를 이유로 원고를 징계해고 할 수 없으며'라고 한 것(대법원 1991.1.11. 선고 90다카21176 판결), ② '조합간부 및 조합원의 징계를 최소화하며 해고자가 없도록 한다는 내용의 합의를 하였고 이는 적어도 해고의 면에서는 그 행위자를 면책하기로 한다는 합의로 풀이되므로'(대법원 2007.10.25. 선고 2007두2067 판결) 등이 있다.

그러나 회사와 노동조합 사이에 쟁의행위중에 발생한 구속 및 고소, 고발자에 대하여 '징계를 하지 않는다'는 문구 대신 '최대한 선처하겠다'고 합의한 경우, 이는 회사가 구속자에 대한 형사처벌이 감경되도록 노력하겠다는 취지로 해석되고 구속자들을 징계하지 않겠다는 내용의 합의로는 볼 수 없다(대법원 1993.5.11. 선고 93다1503 판결). 그런데 면책합의되었거나 징계시효가 지난 비위행위라 하더라도 그러한 비위행위가 있었던 점을 징계양정의 판단자료로 삼는 것까지 금하는 것은 아니라 할 것이므로, 위와 같은 근무내력도 해고처분의 정당성을 판단하는 자료로는 삼을 수 있다(대법원 1995.9.5. 선고 94다52294 판결).

> **<사례6 해설>** (쟁의행위)
> (1) 노동조합이 쟁의행위에 돌입하면서 사용자의 시설을 점거하는 경우, 사용자의 기업시설을 사실상 이용할 수 없도록 전면적·배타적으로 점유하는 것은 사용자의 시설관리권능에 대한 침해로서 쟁의행위 수단면에서 정당하지 않다.
> (2) 위법한 쟁의행위 이후에 노동조합과 사용자가 노사화합을 위하여 위법한 쟁의행위 기간중에 발생한 손해배상 제지 징계 등의 민사책임에 대하여 묻지 않기로 합의한 민사면책협정은 규범적 효력이 인정되며 이에 위반하는 경우 효력이 없다. 따라서 사용자가 민사면책협정에 위반하여 위법한 쟁의행위를 기획하고 주도한 노동조합 간부에 대하여 징계를 할 수는 없다.

Ⅶ. 부당노동행위

1. 부당노동행위의 유형

노조법 제81조는, 사용자의 부당노동행위 5가지 유형을 들고 있다. ① 근로자가 노동조합에 가입 또는 가입하려고 하였거나 노동조합을 조직하려고 하였거나 기타 노동조합의 업무를 위한 정당한 행위를 한 것을 이유로 그 근로자를 해고하거나 그 근로자에게 불이익을 주는 행위, ② 근로자가 어느 노동조합에 가입하지 아니할 것 또는 탈퇴할 것을 고용조건으로 하거나 특정한 노동조합의 조합원이 될 것을 고용조건으로 하는 행위. 다만, 노동조합이 당해 사업장에 종사하는 근로자의 3분의 2 이상을 대표하고 있을 때에는 근로자가 그 노동조합의 조합원이 될 것을 고용조건으로 하는 단체협약의 체결은 예외로 하며, 이 경우 사용자는 근로자가 그 노동조합에서 제명된 것 또는 그 노동조합을 탈퇴하여 새로 노동조합을 조직하거나 다른 노동조합에 가입한 것을 이유로 근로자에게 신분상 불이익한 행위를 할 수 없다. ③ 노동조합의 대표자 또는 노동조합으로부터 위임을 받은 자와의 단체협약체결 기타의 단체교섭을 정당한 이유없이 거부하거나 해태하는 행위, ④ 근로자가 노동조합을 조직 또는 운영하는 것을 지배하거나 이에 개입하는 행위와 노동조합의 전임자에게 급여를 지원하거나 노동조합의 운영비를 원조하는 행위. 다만, 근로자가 근로시간중에 제24조 제4항에 따른 활동을 하는 것을 사용자가 허용함은 무방하며, 또한 근로자의 후생자금 또는 경제상의 불행 기타 재액의 방지와 구제 등을 위한 기금의 기부와 최소한의 규모의 노동조합 사무소의 제공은 예외로 한다. ⑤ 근로자가 정당한 단체행위에 참가한 것을 이유로 하거나 또는 노동위원회에 대하여 사용자가 이 조의 규정에 위반한 것을 신고하거나 그에 관한 증언을 하거나 기타 행정관청에 증거를 제출한 것을 이유로 그 근로자를 해고하거나 그 근로자에게 불이익을 주는 행위 등이다.

2. 부당노동행위의 구제

(1) 구제신청 절차

노조법 제82조 제1항은 사용자의 부당노동행위로 인하여 그 권리를 침해당한 근로자 또는 노동조합은 노동위원회에 그 구제를 신청할 수 있다고 하고, 구제의 신청은 부당노동행위가 있은 날(계속하는 행위는 그 종료일)부터 3월 이내에 이를 행하여야 한다고 규정하고 있다(동조 제2항). 노동위원회는 조사 등의 절차를 거쳐(제83조) 부당노동행위가 성립한다고 판정한 때에는 사용자에게 구제명령을 발하여야 하며, 부당노동행위가 성립되지 아니한다고 판정한 때에는 그 구제신청을 기각하는 결정을 하여야 한다(제84조 제1항).

그리고 지방노동위원회의 구제명령 또는 기각결정에 불복이 있는 관계 당사자는 그 명령서 또는 결정서의 송달을 받은 날부터 10일 이내에 중앙노동위원회에 그 재심을 신청할 수 있고(제85조 제1항), 중앙노동위원회의 재심판정에 대하여

관계 당사자는 그 재심판정서의 송달을 받은 날부터 15일 이내에 행정소송법이 정하는 바에 의하여 소를 제기할 수 있다(제85조 제2항). 위 기간 내에 재심을 신청하지 아니하거나 행정소송을 제기하지 아니한 때에는 그 구제명령·기각결정 또는 재심판정은 확정된다(제85조 제3항).

(2) 부당노동행위 구제 내용

부당노동행위에 대한 구제내용으로는 먼저 원상회복의무를 들 수 있다. 즉 부당노동행위가 노동조합활동을 한 자의 전근명령인 경우 원래의 직장으로 복귀가, 해고의 경우에는 해고기간 동안의 일시된 소급임금지급(back pay)과 원직으로의 복귀를 말한다. 그러나 노동위원회의 구제명령에는 이러한 직접적인 원상회복뿐만 아니라 동시에 사과문 게재(post notice)를 병행하여 명할 수도 있다. 사과문 게재는 당해 부당노동행위의 사안의 특성에 따라 노동위원회가 사과문 내용, 게시문의 크기, 게시문 내용의 글씨의 색 및 크기 등을 재량으로 정할 수 있다.

다른 한편 부당노동행위에 대하여는 위반한 자에 2년 이하의 징역 또는 2천만원 이하의 벌금에 처한다고 하여(제90조), 형사처벌 또한 가능하도록 하고 있다.

(3) 강제이행명령

중앙노동위원회의 재심판정에 대하여 관계 당사자가 그 재심판정서의 송달을 받은 날부터 15일 이내에 행정소송법이 정하는 바에 의하여 행정소송을 제기한 경우에, 관할법원은 중앙노동위원회의 신청에 의하여 결정으로써, 판결이 확정될 때까지 중앙노동위원회의 구제명령의 전부 또는 일부를 이행하도록 명할 수 있으며, 당사자의 신청에 의하여 또는 직권으로 그 결정을 취소할 수 있다(제85조 제5항). 부당노동행위에 대한 노동위원회의 구제명령의 실효성을 높이기 위한 간접강제의 방식이라고 할 수 있겠다.

제3. 사회보장법

* 집필: 노호창. 서울대학교 법학전문대학원 강사
* 별명이 없는 법조문명은 '사회보장기본법'임

I. 총 론

1. 사회보장법의 등장배경

현대 사회에서 인간의 삶은 일을 하여 임금 기타 소득을 획득하여 영위된다. 스스로 사업을 하여 소득을 얻어 생활하기도 하고 자신의 노동력을 타인에게 제공하여 그 대가로 임금을 지급받아 생활하기도 한다. 이러한 임금 기타 소득 등은 자신 및 자신이 부양하는 가족에게 발생하는 수요를 충족시킨다. 그런데 문제는 자신의 삶을 영위하고 가족의 수요를 충족시켜 나가는 과정에서 다양한 위험이 발생하여 예외상황이 발생할 수 있다는 점이다. 예컨대, 선천적인 장애로 인하여 성인이 되어도 노동력을 갖지 못하는 상황, 노령·질병·장애 등으로 인하여 노동력을 상실하게 되는 상황, 부양자가 사망하여 유족에게 부양의 공백이 발생하는 상황, 정리해고나 구조조정 등으로 인하여 노동의 기회를 박탈당하거나 혹은 임금 등 소득이 노동력의 질과 양에 비해 지나치게 낮은 경우 등이 좋은 예이다.

이와 같은 생활상의 다양한 위험은 다분히 개인의 문제로 보일 수 있지만, 복잡하고 개별화된 현대 사회에서는 당사자의 문제로만 치부해서는 결코 해결이 되지 않는 한계가 있다. 또한 이러한 문제들을 개인의 문제로 맡겨 두기만 한다면 종국에는 사회 전체가 위험한 상황에 빠질 수도 있다. 따라서 이를 개인적 위험이 아니라 사회적 위험으로 보고 접근할 필요성이 생긴다. 현대 사회에서는 법적 관점에서 이를 해결하는 것을 제1차적 목적으로 하는 법 영역이 고안되었는바 이를 사회보장법이라고 부르게 되었다. 여기에는 근대국가 이전부터 존재하여 왔던 공공부조와 현대국가에 들어와 생성·발전된 사회보험 및 사회적 서비스 등 대부분의 국민이 부딪히는 생활위험을 사회적으로 방어하기 위한 각종 조치와 제도 등이 모두 포함된다.

2. 실정법적 의미의 사회보장법

한편 실정법적 관점에서 사회보장법은 모든 국민의 '인간으로서의 존엄과 가치 및 행복추구권'(헌법 제10조)과 '인간다운 생활을 할 권리'(헌법 제34조 제1항)를 보장하기 위한 '사회보장'에 관한 법규의 총체를 의미한다고 하겠다. 여기서 '사회보장'이란 출산·양육·실업·노령·장애·질병·빈곤 및 사망 등의 사회적 위험으로부터 모든 국민을 보호하고 국민 삶의 질을 향상시키는 데 필요한 소득·서비스를 보장하는 사회보험, 공공부조, 사회서비스를 말한다(제3조 제1호). 즉 사회보장의 구체적 방법으로는 사회보험, 공공부조, 사회서비스의 세 가지를 들 수 있고, 사회보장기본법은 사회보장에 있어서의 방향과 지침을 제시하고 있는 것이다.

'사회보험'이란 국민에게 발생하는 사회적 위험을 보험의 방식으로 대처함으로써 국민의 건강과 소득을 보장하는 제도를 말한다(제3조 제2호). 관련 법률로는 산업재해보상보험법, 국민건강보험법, 국민연금법, 고용보험법 등이 있다.

'공공부조'(公共扶助)란 국가와 지방자치단체의 책임하에 생활 유지 능력이 없거나 생활이 어려운 국민의 최저생활을 보장하고 자립을 지원하는 제도를 말한다(제3조 제3호). 관련 법률로는 국민기초생활보장법, 의료급여법 등이 있다.

'사회서비스'란 국가·지방자치단체 및 민간부문의 도움이 필요한 모든 국민에게 복지, 보건의료, 교육, 고용, 주거, 문화, 환경 등의 분야에서 인간다운 생활을 보장하고 상담, 재활, 돌봄, 정보의 제공, 관련 시설의 이용, 역량 개발, 사회참여 지원 등을 통하여 국민의 삶의 질이 향상되도록 지원하는 제도를 말한다(제3조 제4호). 관련 법률로는 아동복지법, 노인복지법, 장애인복지법, 한부모가족지원법, 사회복지사업법 등이 있다.

Ⅱ. 산업재해보상보험법

1. 산업재해보상보험법의 개념과 취지

　　근로자가 근로현장에서 업무상 사유에 따라 재해를 당하는 경우 근로자는 물질적 피해를 입을 뿐만 아니라 일정 기간 동안 근로제공을 할 수도 없다. 때로는 치료 후에도 장애가 남게 되어 노동능력을 상실하게 되거나 사망하기도 하여 본인뿐만 아니라 가족의 생계가 위협받기도 한다. 이와 같은 업무상 재해가 발생한 경우 근로자의 치료비 그 밖에 일실이익에 대해 누가 책임져야 하는가? 근로자 본인이 스스로 감당해야 할 몫인가?

　　만약 업무상 재해에 사용자의 고의나 과실이 개입된 경우 해당 근로자는 민법상의 채무불이행책임이나 불법행위에 기한 손해배상청구를 할 수 있다. 그러나 민법상 손해배상책임을 묻기 위해서는 피해자인 근로자가 사용자의 채무의 존재나 채무불이행사실을 입증해야 하거나 고의·과실을 입증해야 하는 어려움이 있다. 그래서 근로기준법에서는 업무상 재해가 있는 경우 사용자의 고의·과실 등을 묻지 않고 개별 사용자의 재해보상책임을 인정하게 되었다. 그러나 그럼에도 불구하고 업무상 재해를 당한 근로자의 피해보상은 효과적으로 이루어지기 어렵다. 왜냐하면 업무상 재해에 대해 무과실책임을 지는 개별 사용자가 재산을 은닉하거나 무자력인 경우 그 사용자에 대해서 책임을 묻는 것이 현실적으로는 불가능해지기 때문이다.

　　이러한 이유로 개별 사용자가 가지는 위험을 총자본의 관점에서 분산시키기 위해서 '산업재해보상보험법'(이하 '산재보험법'이라 한다)이 등장하였다. 산재보험법은 근로자를 사용하는 모든 사용자를 하나의 보험체계 안에 강제로 편입시켜 보험료를 납부하도록 강제하지만, 어떤 사용자의 근로자라도 업무상 재해를 입게 되면, 그 근로자가 누구의 근로자인가를 묻지 않고 산업재해보상보험(이하 '산재보험'이라 한다)으로부터 보호를 받을 수 있게 하는 동시에 개별 사용자에 대해서는 근로기준법상 재해보상책임에서 벗어날 수 있도록 하고 있다.

2. 산재보험의 적용 대상

사례 1   산재보험 적용대상

대학생인 갑은 취업을 위한 스펙도 쌓고 직업 경험도 하기 위해 휴학을 한 상태에서 A기업에서 모집하는 최소 6개월 이상의 '무급' 인턴에 지원하였다. 갑은 오전 8시에 회사에 출근하여 밤 10시에 퇴근하는 고된 생활을 하였다. A기업은 갑에게 직업훈련 및 교육이라는 명분하에 커피 타오기, 사무실 청소 등 잡일에서부터 행정업무 보조, 프로젝트 참여 등 다양한 일을 수행하게 하였다. 갑은 6개월째 고된 생활을 계속하던 중 회사에서 업무보고용 ppt를 만들다가 뇌출혈로 쓰러지게 되었다. 갑은 산재보험법에 따라 보호를 받을 수 있는가?

사례에서는 갑이 뇌출혈로 쓰러지게 되었으므로 병원에서 치료를 받아야 할 것인데, 치료비를 누가 부담해야 하는가의 문제가 발생한다. 갑의 뇌출혈이 업무와 관련하여 발생한 것이므로 갑의 재해가 업무상 재해라는 점에는 의문의 여지가 없다. 그렇다면 갑에게 산재보험이 적용될 수 있는가가 문제된다.

만약 갑에게 산재보험이 적용될 수 있다면 갑은 사용자를 상대로 법적 다툼을 벌이지 않고도 산재보험으로부터 바로 치료비 등의 보상을 받을 수 있다. 그렇지만 만약 갑에게 산재보험이 적용되지 못한다면 갑은 사용자를 상대로 법적 다툼을 벌여서 이겨야 사용자로부터 치료비 등의 손해배상을 받을 수 있게 된다.

사례의 경우 갑에게 산재보험법이 적용되기 위해서는 갑의 법적 지위가 근로자인지의 여부가 중요한 쟁점이 된다. 그런데 산재보험법이 그 적용 대상으로서 사용하는 근로자 개념은 근로기준법상 근로자의 개념과 같다(산재보험법 제5조 제2호). 근로기준법에서 말하는 근로자에 해당하는 경우 근로기준법상의 각종 보호와 최저임금법상의 최저임금, 산재보험법의 적용 등 다른 노동관계법의 보호도 받을 수 있다. 이처럼 타인에게 노무를 제공하는 자가 근로기준법상의 근로자에 해당하기만 하면 노동관계법상의 각종 보호를 받을 수 있지만 그렇지 않은 경우 노동관계법상의 아무런 보호도 받지 못한다. 물론 이 경우 산재보험법 제123조 (현장실습생에 대한 특례) 제1항에서 '이 법이 적용되는 사업에서 현장 실습을 하고 있는 학생 및 직업훈련생(이하 '현장실습생'이라 한다) 중 고용노동부장관이 정하는 현장실습생은 제5조 제2호에도 불구하고 이 법을 적용할 때에는 그 사업에 사용되는 근로자로 본다'고 하고 있으나, 사례에서 인턴 갑이 이러한 현장실습생에 해당한다고 단정하기도 어렵다. 그러므로 결국 사례에서 갑에게 산재보험이 적용되기 위해서는 갑이 근로기준법상 근로자가 될 수 있는지의 여부가 밝혀져야 한다.

3. 근로자의 개념에 대한 분석과 검토

근로기준법에서는 '근로자'의 정의를 '직업의 종류를 불문하고 사업 또는 사업장에 임금을 목적으로 근로를 제공하는 자'라고 하고 있다(근로기준법 제2조 제1항 제1호). 그런데 '직업의 종류를 불문하고'는 근로기준법의 개방성 또는 일반법적 성격을 밝힌 점에서 의의가 있지만 그것 자체로는 근로자 여부를 결정하는 데 적극적인 의미를 가지지 못하고, '사업 또는 사업장에서'의 '사업' 역시 '사회생활상의 업으로서 계속적으로 행해지는 것'이면 족하기 때문에 근로자 여부의 결정에서 중요한 의미를 가지지 못한다. 결국 남는 것은 '임금목적의 근로를 제공하는' 것이다. 그러나 여기서의 '임금'이나 '근로'에 대해서도 근로기준법은 근로자의 정의와 순환론적으로 규정하고 있거나('임금'에 관한 동조 제5호), 정의규정으로서는 별다른 의미를 가지기 어렵게 규정하고 있어서('근로'에 관한 동조 제3호), 해석론상의 보충을 필요로 했다. 그래서 강학상으로는 근로자임을 인정하기 위해서 '사용종속관계'의 존재가 필요하다고 한다. 왜냐하면, 노동관계는 경제적으로 대등한 당사자간의 권리의무관계가 아니어서 경제적으로 열등한 자는 경제적으로 우월한 자에게 종속적인 관계에서 자신의 노동력을 제공할 수밖에 없기 때문이다.

그렇다면 '사용종속관계'의 존재는 무엇을 근거로 판단하는가? 판례는 근로기준법상 근로자인지의 여부가 문제된 다수의 사례들에서, 사용종속관계가 있는지의 여부와 관련하여 상세하고 구체적인 징표를 제시하고 있다(대법원 2006.12.7. 선고 2004다29736 판결). 판례는 ① 업무내용을 사용자가 정하는지, ② 취업규칙 또는 복무규정의 적용을 받는지, ③ 업무수행과정에서 사용자가 상당한 지휘·감독을 하는지, ④ 사용자가 근무시간·근무장소를 지정하고 근로자가 이에 구속되는지, ⑤ 노무제공자가 스스로 비품·원자재·작업도구 등을 소유하거나 제3자를 고용하여 업무대행이 가능한지, ⑥ 노무제공을 통한 이윤 창출과 손실 초래 등 위험을 스스로 안고 있는지, ⑦ 보수의 성격이 근로 자체의 대상적 성격인지, ⑧ 기본급이나 고정급이 정하여져 있는지, ⑨ 근로소득세의 원천징수 여부, ⑩ 근로제공관계의 계속성, ⑪ 사용자에 대한 전속성의 유무와 정도, ⑫ 사회보장제도 관련 법령에서 근로자로 인정받는지 등을 제시하면서, 동시에 ⑧, ⑨, ⑫의 경우 사용자가 경제적 우월적 지위로 마음대로 정할 수 있으므로 이런 점이 인정되지 않는다 해도 근로자임을 부정할 수 없다고 하였다.

그런데 판례의 판단기준을 따를 때에도 여전히 '임금을 목적으로'라는 부분과 관련하여서는 의문점이 남는다. 왜냐하면 어떤 노무제공이 임금을 목적으로 하고 있는지의 여부의 판단에 대해서, 종래 자발적인 봉사활동을 위한 근로냐 소득활동을 위한 근로냐의 여부를 가지고 판단해 왔는데, 오늘날 산업 현장 전반에 만연하고 있는 소위 '무급'인턴과 같은 경우에는 학설이나 판례의 구분법이 근로자 여부를 판단하는 기준으로서는 전혀 기능할 수 없기 때문이다. 과도적 근로형태의 하나인 인턴은 교육·훈련의 명분으로 유급·무급으로 사실상 근로를 제공하고 있는 경우가 허다하다. 이러한 경우 인턴이 근로자가 될 수 있는지 문제된다. 특히 무급 인턴의 경우 '무급'이라는 점 때문에 더욱 그러하다. 인턴이 자원봉사자가 아닌 점은 분명하다. 그렇다면 근로자인가? 만약 근로자로 보지 않을 경우 인턴은 근로자도 아니고 자원봉사자도 아닌 사각지대에 방치된 자가 된다. 즉 사용자의 지휘·명령을 받아 근로를 제공하는데 근로자로 인정받지 못하게 되어 아무런 법적 보호를 받지 못하게 되는 것이다. 그러므로 '임금을 목적으로'라는 부분의 해석은 '자발적인 봉사활동 내지 소득 이외의 목적을 위한 활동인가' 아니면 '소득을 얻기 위한 활동인가'를 기준으로 판단하되, 당사자의 주관적 의사를 고려할 것이 아니라 객관적으로 보았을 때 유상성(有償性)을 띠는 활동으로 볼 수 있을 것인가를 살펴야 할 것이고 그렇다면 이는 '현재 임금을 받고 있는가'라는 '존재론적 관점'에서가 아니라 '임금을 주어야 하지 않는가'라는 '당위론적 관점'에서 파악해야 할 것이다.

요컨대, 근로자의 개념은 '직업의 종류를 불문하고 사업 또는 사업장에서 근로를 제공하고 있어서 임금이 지급되어야 하는 자'로 이해해야 노동보호의 이념에 부합하게 된다. 교육이나 훈련 명목으로 실제로 근로를 하고 있는 인턴의 경우에도 근로자 범주로 포섭하여 그에 상응하는 보호를 해 주어야 노동보호의 취지에 부합한다. 물론 교육·훈련·실습 등만 하는 경우에는 근로자가 아니다. 그렇지만 '무급'이든 '유급'이든 관계없이 인턴이라는 명칭에도 불구하고 단순히 교육이나 훈련 등만 받고 있는 것이 아니라 지휘·명령을 받아 실제 근로를 제공하고 있다면 근로자이므로 최저임금 이상을 지급하고, 적절한 휴식을 보장하며, 업무상재해에 대한 보호를 해주어야 할 것이다.

<사례1 해설> (산재보험 적용대상)

사례에서 갑은 비록 '무급' 인턴이지만 교육·훈련 등 명목으로 실제 근로를 제공하는 자이므로 근로자로 취급되어야 하고 최저임금 이상의 임금이 지급되어야 하는 동시에 산재보험이 적용되는 것이 타당하다.

그 밖에 산재보험법은, 근로기준법상 근로자와 유사함에도 불구하고 근로자로 인정되지 않고 있는 이른바 특수형태근로종사자에 대한 특례를 두어, 이들도 산재보험의 적용을 받도록 하고 있다(산재보험법 제125조). 외국인 근로자도 산재보험법이 적용되는 사업장에 근무하는 경우에는 당연히 그에 의한 보호를 받는다.

4. 업무상 재해

(1) 업무상 재해의 개념과 요건

산재보험법이 적용되어 피재근로자에게 산재보험급여가 지급되기 위한 요건은 바로 업무상 재해이다. 업무상 재해란 '업무상'의 사유에 따른 근로자의 부상·질병·장해 또는 사망을 말한다(산재보험법 제5조 제1호). 재해가 '업무상'의 것인가 아닌가 하는 판정은 노사 쌍방에 있어서 보상책임의 유무와 급여내용을 결정짓는 중요한 문제이다.

이에 대해서 판례는 업무상 재해를 '근로자가 사업주와의 근로계약에 기하여 사업주의 지배·관리하에서 근로업무의 수행 또는 그에 수반되는 통상적인 활동을 하는 과정에서 이러한 업무에 기인하여 발생한 재해'로 해석하여 원칙적으로 업무수행성과 업무기인성의 두 가지 요건을 요구하였다(대법원 1997.11.14. 선고 97누13009 판결). 다만 업무상 재해 중 특히 업무상 질병의 경우에는 업무수행성을 논할 실익은 없기 때문에 업무기인성의 판단이 특히 문제가 된다. 업무상 재해의 인정기준과 관련해서 현행법은 판례의 입장과 다양한 사례를 종합하여 업무상 재해 인정기준에 대해 법과 시행령에서 상세하게 규정하고 있다.

(2) 통근재해의 업무상 재해 인정 여부

사례 2   통근재해

A회사의 근로자 갑은 자신의 승용차를 이용하여 출퇴근을 하고 있다. A회사는 최근 급격히 혼잡스러워지고 있는 회사 주차장 문제에 대해 고민하던 중, 카풀 제도

를 적극 장려하기로 하고 이를 전체 근로자에게 권장하였다. '회사의 발전이 곧 나의 발전'이라는 생각에 근로자 갑은 자신의 아파트 부근에서 살고 있는 직장 동료 을과 함께 자신의 승용차로 출퇴근하기로 하였다. 갑이 을을 자신의 승용차에 태우고 함께 출근하던 중, 마주오던 트럭이 중앙선을 침범하여 충돌하는 사고를 일으켜 갑과 을 모두 중상을 입게 되었다. 갑과 을은 업무상재해로 인정되어 산재보험법의 적용을 받을 수 있는가?

한편 '통근 없으면 업무 없다'는 말에서 알 수 있듯이, 근로자에게 있어서 출퇴근은 업무수행을 위한 불가결한 행위이다. 그런데 오늘날 높은 교통사고율 아래 출퇴근 거리가 점점 더 멀어짐에 따라 통근 도상의 위험도 점차 증대하고 있다. 또한 그 위험은 근로자들이 아무리 주의하여도 피할 수 없는 경우가 많다. 그렇다면 근로자의 출퇴근에 기인한 재해, 즉 이른바 '통근재해'에 대하여도 업무상 재해로서 보호를 해야 하지 않는가라는 의문이 생길 수 있다.

우선 통근재해와 관련하여 판례의 입장은 '구 산재보험법(2007.4.11. 법률 제8373호로 전부 개정되기 전의 것) 제4조 제1호에 정한 "업무상의 재해"란 사업주의 지배·관리하에서 당해 근로업무의 수행 또는 그에 수반되는 통상적인 활동을 하는 과정에서 이러한 업무에 기인하여 발생한 재해를 말한다. 근로자의 출퇴근은 비록 노무의 제공이라는 업무와 밀접불가분의 관계에 있다 하더라도, 사업주가 제공한 교통수단을 근로자가 이용하거나 또는 사업주가 이에 준하는 교통수단을 이용하도록 하는 등 근로자의 출퇴근 과정이 사업주의 지배·관리하에 있다고 볼 수 있는 경우 이외에는, 일반적으로 출퇴근 방법과 경로의 선택이 근로자에게 유보되어 있어 통상 사업주의 지배·관리하에 있다고 할 수 없다. 산재보험법에서 근로자가 통상적인 방법과 경로에 의하여 출·퇴근하는 중에 발생한 사고를 업무상 재해로 인정한다는 특별한 규정을 따로 두고 있지 않은 이상, 근로자가 선택한 출퇴근 방법과 경로의 선택이 통상적이라는 이유만으로 출퇴근중에 발생한 재해가 업무상의 재해로 될 수는 없다'(대법원 2007.9.28. 선고 2005두12572 전원합의체판결)고 하여 원칙적으로 부정하는 입장이다.

또한 카풀제도에 동참하다가 재해를 입은 경우에도 '판례는 망인이 자신의 승용차를 운전하고 자신이 근무하던 영업소에 출근하면서 승용차 함께 타기(car pool)를 하는 동료 직원을 태우고자 동료의 집 방향으로 가다가 교통사고를 당하였으나, 동료의 집에서 위 영업소까지는 수시로 버스가 운행되고 있었고, 망인의 경우에도 개인적 교통수단이 아닌 다른 출근 방법을 선택하는 것이 무리라고 볼 사정이 없으며, 비록 위 영업소의 소장이 망인에게 동료와 승용차 함께 타기를 하여 출퇴근하라고 하였다거나 영업소장 운영경비에서 유류비 일부를 보조하는 차원에서 망인 등 조장들에게 월 1~2회 1인당 5만원씩 지급하여 왔다고 하더라도 그러한 사정만으로는 그 승용차에 대한 관리 또는 이용권이 망인에게 전속되어 있어 사업주가 출퇴근용으로 제공한 교통수단이나 사업주가 제공한 것으로 볼 수 있는 교통수단을 이용하던 중 위 사고가 발생한 것으로 볼 수 없어, 위 사고를 업무상의 재해로 볼 수 없다'(대법원 2011.11.10.선고 2011재두148 판결)고 하여 통근재해의 연장선상에서 업무상 재해를 부정하고 있다.

　판례의 태도를 입법화하여 현행법도 '사업주가 제공한 교통수단이나 그에 준하는 교통수단을 이용하는 등 사업주의 지배·관리하에서 출퇴근 중 발생한 사고'를 업무상 재해로 인정하고 있다(산재보험법 제37조 제1항 제1호 다목). 다만 판례는 대중교통수단의 사용이 어려운 일부 특수한 상황에서 발생한 일반 근로자의 통근재해에 대해서는 예외적으로 업무상 재해로 인정한 바 있다(대법원 2005.9.29. 선고 2005두4458 판결; 대법원 2008.3.27. 선고 2006두2022 판결; 대법원 2008.9.25. 선고 2006두4127 판결 등 참조).

<사례2 해설> (통근재해)

사례의 경우에도 사업주의 지배·관리 가능성을 중요한 요건으로 삼는 현재 판례에 따르면 갑과 을은 업무상 재해로 인정받기 어려울 것이다. 그렇지만 ① 산재보험의 사회보장적 성격, ③ 오늘날 교통환경의 열악화에 따른 통근재해의 증가를 고려하면 이에 대한 보호가 시급하다는 점, ③ 근로자의 통근행위는 노동력 제공을 위한 필연적 행위로서 업무와 밀접불가분의 관계를 갖고 있다는 점, ④ 특수한 형태의 출근 및 출장과 마찬가지로 통근 역시 사용자의 사실상 구속성이 인정된다는 점, ⑤ 사업주의 통근수단 제공 여부를 업무상 재해 인정 기준으로 삼는 것은 적절치 않다는 점 등을 고려한다면 판례는 비판의 여지가 있다.
한편 공무원의 통근재해와 관련해서는 공무원연금법 시행규칙 제14조에서 '공무원이 통상적인 경로와 방법에 의하여 출퇴근하거나 임지부임 또는 귀임중 발생한 교통사고·추락사고 기타 사고로 인하여 부상 또는 사망한 경우에는 이를 공무상 부상 또는 사망으로 본다'고 규정하여 공무원의 통근재해는 원칙적으로 공무상 재해(업무상 재해)로 인정하는 입장에 있고, 이러한 기준은 군인이나 사립학교교직원에게도 동일하게 적용되고 있다. 이에 대해서는 공무원 등과 일반 근로자 사이의 형평성 문제가 제기되고 있다.

Ⅲ. 고용보험법

1. 고용보험법의 개념과 취지

고용보험법(이하 '법'이라 한다)은 실업의 예방, 고용의 촉진 및 근로자의 직업능력의 개발과 향상을 꾀하고, 국가의 직업지도와 직업소개 기능을 강화하며, 근로자가 실업한 경우에 생활에 필요한 급여를 실시하여 근로자의 생활안정과 구직활동을 촉진함으로써 경제·사회 발전에 이바지하는 것을 목적으로 '고용보험'을 마련한 법이다(법 제1조 참조). 고용보험은 전통적 의미의 실업보험 외에 고용안정사업과 근로자의 직업능력개발사업을 연계하여 실시하는 예방적이고 적극적인 성격의 사회보험제도로서 적극적 노동시장정책의 성격도 가진다.

2. 고용보험법의 주요 사업

법상 사업은 크게 고용안정·직업능력개발사업, 실업급여 및 육아휴직급여 등으로 구분된다. 먼저 고용안정·직업능력개발사업은 실업의 예방, 취업의 촉진, 고용기회의 확대, 직업능력 개발·향상의 기회 제공 및 지원, 그 밖에 고용안정과 사업주에 대한 인력확보를 지원하기 위하여 실시된다(법 제19조 제1항 이하). 실업급여는 실직자의 생계유지는 물론 실직자의 조기재취업, 직업능력개발 등을 유도하기 위한 것이다(법 제37조 이하). 육아휴직급여 등은 남녀 근로자가 육아에 공동으로 참여하고 책임을 나누도록 하며 육아로 인하여 직업을 상실하지 않고 육아와 직업을 조화롭게 하기 위하여 실시된다(법 제70조, 제73조의2 등). 산전후휴가급여는 모성보호를 위한 급여로서 여성근로자의 고용안정을 위하여 실시된다(법 제75조 등).

3. 실업급여

사례 3   실업급여

근로자 갑은 A회사와 6개월을 기간으로 하여 기간제 근로계약을 체결하였다. 임금, 근로시간, 근로일, 휴일 등 주요 근로조건을 근로계약서에 다음과 같이 기재하였다.

> 근로계약서
>
> ...
>
> 제○○조(근로시간) 1주일의 소정 근로시간은 40시간으로 하며, 월요일부터 금요일까지 하루 8시간 근로를 기준으로 한다.
> 제○○조(휴일) 토요일은 무급휴일로 하고, 일요일은 유급휴일로 한다.
> 제○○조(임금) 임금은 매월 200만원으로 하되, 연장근로·야간근로·휴일근로시에는 법에 따라 정해지는 가산임금을 지급한다.

갑은 6개월 근로 후 계약갱신을 하지 못하여 근로관계가 그대로 종료하였다. 갑은 다른 일자리를 급하게 찾아보았으나 여의치 않아서 우선 생계유지를 위해 필요한 최소한의 소득을 얻고자 고용센터를 찾아가서 실업급여를 신청하였다. 갑은 실업급여를 받을 수 있을 것인가? 갑이 1년을 근로한 자인 경우에는 어떠한가? 갑이 1년을 근로한 자이지만, 사업주가 노동행정관서에 갑의 퇴직사유를 본래 사유인 '근로계약기간 만료'가 아니라 '근로자 개인 사정으로 인한 퇴직'으로 신고하는 경우에는 어떠한가?

(1) 실업급여의 개념

법상 여러 제도 가운데 개별 근로자에게 가장 중요한 것은 단연코 실업급여라고 할 수 있다. 실업급여는 실직자들의 생계유지를 도모하고 구직활동을 용이하게 하기 위해서 실직자에게 지급하는 급여를 말한다. 실업급여는 ① 실업이 발생하고, ② 실업자가 직업수행의 의사와 능력을 가지고 구직활동을 하고, ③ 실업이전에 일정한 보험가입기간이 충족되는 경우 지급된다. 여기서 '실업'이란 실업급여의 요건이 암시하듯이 근로의 의사와 능력이 있음에도 불구하고 취업하지 못한 상태를 의미한다.

실업급여의 종류에는 구직급여와 취업촉진수당이 있다. 일반적으로 실업급여라고 언급할 때 이는 구직급여를 의미하는 것이며, 취업촉진수당은 구직급여를 받는 것을 전제로 추가로 지급받을 수 있는 급여이다.

(2) 구직급여의 내용과 요건

구직급여는 실업급여 중 가장 기본적이고 중요한 급여로서 피보험자(고용보험에 가입된 근로자)의 실업기간중 생활안정을 도모하기 위하여 지급되는 급여이다.

일반적으로 실업급여라고 지칭할 때 이는 구직급여를 의미한다. 구직급여는 이직 (離職)한 피보험자가 이직 전 18개월 동안 피보험단위기간이 통산(通算)하여 180일 이상이고, 근로의 의사와 능력이 있음에도 불구하고 취업하지 못한 상태에 있으며, 이직사유가 법정 수급자격의 제한 사유에 해당하지 않고, 재취업을 위한 노력을 적극적으로 하는 경우 등 법정 수급요건을 만족하는 경우에 한하여 지급된다(법 제40조). 또한 구직급여를 지급받으려는 자는 이직 후 직업안정기관에 출석하여 실업을 신고하여야 하고(법 제42조), 직업안정기관의 장으로부터 수급자격을 갖추었다는 사실의 인정을 받아야 한다(법 제43조). 실업의 인정을 받으려는 수급자격자는 실업의 신고를 한 날부터 계산하기 시작하여 1주부터 4주의 범위에서 직업안정기관의 장이 지정한 날에 출석하여 재취업을 위한 노력을 하였음을 신고하여야 한다(법 제44조).

구직급여는 해당 실업자의 이직 전 1일 평균임금의 50%에 해당하는 금액을 기초로 산정된다(법 제45조, 제46조). 다만 1일 구직급여 상한액은 4만원이고, 하한액은 최저임금법상 시간급 최저임금액의 90%이다(법 시행령 제68조). 구직급여는 법에 따로 규정이 있는 경우 외에는 당해 구직급여의 수급자격과 관련된 이직일 다음 날부터 12개월 이내 법 소정의 급여일수를 한도로 지급된다(법 제48조 참조).

그런데 여기서 주의할 점은 구직급여를 받기 위한 요건으로서 먼저 '피보험단위기간' 180일을 충족해야 한다는 점이다(법 제40조 제1항 제1호). 법은 근로자가 이직으로 피보험 자격을 상실할 때 사업주로 하여금 이직확인서를 작성하여 고용노동부장관에게 제출하도록 하고 있고 이직확인서에는 피보험단위기간을 기재하도록 하고 있다(법 제16조 제1항). 그리고 피보험단위기간은 180일 이상으로서 피보험기간중 임금지급의 기초가 된 날을 합하여 계산한다고 하여 '피보험기간'과 구별하여 규정하고 있고(법 제41조 제1항 참조), 피보험기간은 고용기간을 의미하는 것으로 규정하고 있다(법 제50조 제3항 참조). 피보험기간, 피보험단위기간 등은 법률상의 요건으로서 행정청과 법원은 이에 구속되고 또한 명확하게 그 의미가 규정되어 있어서 특별히 다른 해석의 여지가 없다. 이와 관련하여 판례는 '고용보험법상 구직급여의 수급요건을 갖추려면 이직일 이전 18개월간의 기준기간 중 임금지급의 기초가 된 날(피보험단위기간)이 통산하여 180일 이상이어야 하고, 위 임금지급의 기초가 된 피보험단위기간이라 함은 실제로 근로를 제공하고 그 대가로 금품을 수수한 날과 실제로 근로를 제공하지 않더라도 임금이 지급되는 유급휴일인 날을 의미하는 것이므로, 피보험단위기간을 산정함에 있어 임금지급의 기초가 되지 아니한 무급휴일을 제외함이 상당하다'(서울행법 2011.3.17. 선고 2010구합40427 판결)고 판시하여 피보험단위기간은 유급일임을 밝힌 바 있다.

<사례3 해설> (실업급여)

사례의 경우 갑은 6개월을 근로하였으므로 피보험단위기간 180일을 충족할 것이라고 생각하기 쉽다. 그렇지만 근로계약기간중 무급휴일은 피보험단위기간 계산에서는 제외되므로 실제로 유급일은 180일이 되지 못한다. 따라서 갑의 경우 구직급여를 받을 수 있는 요건을 갖추지 못한 것이 된다. 이 경우 갑이 그 동안 축적해 둔 피보험단위기간이 사라지는 것은 아니지만 갑은 새로운 일자리를 구할 때까지 구직급여를 받지 못해서 생계유지가 어려운 상황에 처해지게 된다. 갑이 이후 고용보험에 가입되어 있는 사업장에서 새롭게 근로하게 되면 이전에 축적되어 있던 피보험단위기간과 새로운 사업장에서의 유급일이 합산되어 구직급여 요건 구비 여부를 판단하게 된다.

한편 구직급여의 요건을 갖추더라도 피보험자인 근로자에게 부과되어 있는 책임을 위반한 경우 급여지급이 거부된다. 급여의 제한 사유는 세 가지 형태로 구분된다. 첫째, 중대한 귀책사유로 해고된 경우로서 형법 또는 직무와 관련된 법률을 위반하여 금고 이상의 형을 선고받은 경우이거나, 사업에 막대한 지장을 초래하거나 재산상 손해를 끼친 경우로서 고용노동부령으로 정하는 기준에 해당하는 경우이거나, 정당한 사유 없이 근로계약 또는 취업규칙 등을 위반하여 장기간 무단결근한 경우이다(법 제58조 제1호). 둘째, 본인의 사정으로 이직한 경우로서 전직 또는 자영업을 하기 위하여 이직한 경우이거나, 중대한 귀책사유가 있는 자가 해고되지 아니하고 사업주의 권고로 이직한 경우이거나, 그 밖에 정당한 사유에 해당하지 아니하는 사유로 이직한 경우이다(법 제58조 제2호). 셋째, 수급자격자가 직업안정기관의 장이 소개하는 직업에 취직하는 것을 거부하거나 직업안정기관의 장이 지시한 직업능력개발 훈련 등을 거부하는 경우이다(법 제60조 제1항). 이러한 경우 등은 구직급여의 취지에 맞지 않기 때문이다. 이 중 둘째 사유와 관련하여서는 근로자의 피보험자격 상실사유에 대한 사업주의 신고가 근로현장에서 문제되는 경우가 많다. 예컨대, 사례에서 갑의 이직사유에 대해 사업주가 제대로 신고하지 않고 '근로자 개인사정으로 인한 퇴직'이라고 신고하게 되면 갑은 1년 이상 근로한 자로서 구직급여의 요건을 갖추고도 구직급여를 받지 못하게 된다. 이는 사업주가 법을 잘 알지 못하거나 또는 법적 불이익을 받을까봐 심리적 부담을 가지기 때문에 발생하는 현상으로서 근로자에게 뜻하지 않은 불이익을 가져올 수 있다. 따라서 이런 경우 사실 그대로 신고하도록 사업주에 대한 적극적 홍보 내지 신고 과정에서의 근로자의 참여 통로가 필요할 수 있다.

Ⅳ. 국민연금법

1. 국민연금법의 도입과 현황

　　도시화와 핵가족화로 인해 인구구성에 나타난 가장 큰 변화는 고령화라고 할 수 있고 고령화는 곧 노인 인구의 소득보장을 어떻게 할 것인가라는 과제를 낳게 되었다. 이러한 배경하에서, 국민의 생활과 복지증진을 목표로 1973년 국민복지연금법이 제정된 바 있었다. 그러나 1970년대의 중동전쟁을 원인으로 한 오일쇼크의 영향으로 이 법의 시행은 계속 연기되어 왔다. 이후 국민경제가 호황에 접어든 1986년 국민연금법으로 전면 수정되어 1988년 1월 1일부터 시행되기 시작하였다. 국민연금은 초기에 10인 이상 사업장의 근로자를 가입대상으로 하였지만 그 후 지속적으로 가입 범위를 확대하여 현재는 특수직 연금가입자를 제외한 전 국민을 가입대상으로 한다. 국민연금은 가입요건에 해당하는 국민이 강제가입되며 소득에 비례하여 매월 일정한 액수의 보험료를 납부하게 되고 추후 수급자격을 취득하게 되면 매월 일정한 액수의 연금을 받게 된다.

　　노후소득보장 수단으로서 중요한 의미를 가지는 국민연금은 수급자의 증가, 노동인구의 감소, 재원의 고갈 등이 지속적으로 문제로 지적되어 왔다. 그래서 제도 개선의 일환으로 2007년 7월에는 점진적으로 연금급여의 소득대체율을 낮추는 한편, 자격취득월의 보험료를 부과·징수대상에서 원칙적으로 제외하고, 출산 및 군복무에 따라 가입기간을 인정해 주는 크레딧제도를 도입하였으며, 유족연금 수급요건의 남녀차별을 폐지하고, 중복급여의 조정제도를 개선하는 것 등을 내용으로 하는 법 개정이 이루어지기도 하였다.

2. 국민연금법상 급여의 내용과 요건

> **사례 4**　　국민연금
>
> 갑은 2013년 5월 1일 국민연금법에 의한 국민연금에 가입하여 이후 같은 법에 의한 국민연금보험료를 회사를 통해 납부해 오고 있었다.
> 한편, 갑은 2012년 12월 26일 우측대퇴부의 고관절 밑 안쪽으로 작은 혹 같은 것

이 만져지는 등 이상을 느껴 A내과의원을 찾아가 문진 및 육안검사를 통해 근육통(하지단발성신경염)이라는 진단을 받고 3일분의 복용약을 수령하여 이를 복용하였으나 차도가 없어서 같은 해 12월 31일 B병원 정형외과에서 진찰을 받았다. B병원에서, 갑은 우대퇴부에서 종괴가 관찰되니 이에 대한 정밀검사 및 수술적 조직검사가 필요하다는 취지의 진단을 받았고, 이후 2013년 1월 13일 C병원에 입원 후 정밀검사를 받은 결과 '우대퇴부 악성종양'의 진단을 받고 같은 해 1월 17일 C병원에서 육종제거수술을 받은 다음, 같은 해 1월 31일 치료종결로 퇴원하였다. 그 후 정상생활을 하였으나 다만 위 악성종양의 재발 가능성 때문에 계속해서 정기검진을 받아 오던 중 2013년 6월경 위 수술받은 부위에 다시 이상을 느껴 같은 달 22일 D병원에서 '악성섬유성조직구종'의 진단을 받고 같은 해 7월 5일. D병원에서 우측고관절 절단수술을 받아 같은 해 7월 25일 치료종결 되었으나, 이 수술로 인해 우측고관절 절단이라는 신체상의 장애가 남게 되었다.

갑은 국민연금공단을 상대로 국민연금 중 장애연금 지급신청을 하였다. 그러나 국민연금공단은, 장애연금은 '가입중에 생긴 질병(당해 질병의 초진일이 가입중에 있는 경우로서 가입자가 가입 당시 발병 사실을 알지 못한 경우를 포함한다)이나 부상으로 완치된 후에도 신체상 또는 정신상의 장애가 있는 자'에게 지급되는 것인데 갑의 경우 그 장애의 원인이 된 질병이 국민연금 가입 전에 생긴 질병이고 설사 갑이 국민연금 가입 당시 그 질병의 발병 사실을 알지 못한 경우라 할지라도 그 초진일이 국민연금 가입 이전이므로 장애연금 지급 요건을 갖추지 못하였다고 판단하여 지급을 거부하였다. 국민연금공단의 처분은 정당한가?

국민연금법(이하 '법'이라 한다)에 따른 급여의 종류는 크게 노령연금, 유족연금, 장애연금, 반환일시금 등으로 구분할 수 있고 이 중 노령연금은 그 요건에 따라 완전노령연금, 조기노령연금, 재직자노령연금, 감액노령연금, 분할연금으로 구분된다.

국민연금 중에서도 중요한 지위를 차지하는 노령이라는 보험사고는 일정한 연령에 달하였음을 의미하며, 객관적으로 예측 가능하다는 점과 같은 세대에 속하는 다수의 사람들이 같은 시점에 조우한다는 점에서 장애나 사망과 같은 보험사고와는 다르다. 노령이 예측 가능한 보험사고라면 장애 및 사망은 발생 시기를 특정할 수 없는 보험사고이며, 어떤 의미에서는 노령보다도 소득보장의 필요성이 높다고 할 수 있다. 따라서 가입중에 생긴 질병(당해 질병의 초진일이 가입중에 있는 경우로서 가입자가 가입 당시 발병 사실을 알지 못한 경우를 포함한다)이나 부상으로 완치된 후에도 신체상 또는 정신상의 장애가 있는 자에 대하여는 그 장애가 계속되는 동안 장애 정도에 따라 장애연금을 지급한다(법 제67조 제1항). 또한 노령연금 수급권자, 가입기간이 10년 이상인 가입자였던 자, 가입자, 장애등급이 2급 이상인 장애연금 수급권자 중 어느 하나에 해당하는 자가 사망하면 그 유족에게 유족연금을 지급한다. 다만, 가입기간이 1년 미만인 가입자가 질병이나 부상으로 사망하면 가입중에 생긴 질병이나 부상으로 사망한 경우에만 유족연금을 지급한다(법 제72조 제1항). 따라서 이 경우에는 질병이나 부상의 발생시점이 중요한 판단기준이 된다.

<사례4 해설> (국민연금)

사례의 경우에는 국민연금의 급여 중 장애연금의 수급요건이 문제가 된다. 장애연금은 '국민연금 가입중에 생긴 질병(당해 질병의 초진일이 가입중에 있는 경우로서 가입자가 가입 당시 발병 사실을 알지 못한 경우를 포함한다)이나 부상으로 완치된 후에도 신체상 또는 정신상의 장애가 있는 자에 대하여는 그 장애가 계속되는 동안 장애정도에 따라 지급하는 연금'으로서 당해 질병의 초진일을 언제로 볼 것인지가 수급요건을 결정짓는다. 판례는 '"초진일"'이라 함은 신체 또는 정신상의 장애를 초래한 직접적인 질병에 대한 진료개시일을 의미하는 것이지, 위 장애의 원인이 된 질병의 진료개시일이나 또는 종전에 일응 그 질병에 합당한 치료를 받고 정상생활을 하다가, 그 후 신체의 장애를 초래할 질병이 재발된 경우에 종전의 진료개시일을 의미하는 것은 아니라고 해석함이 상당할 것'이라고 일관되게 판시하고 있다(대법원 1991.11.26. 선고 91누2205 판결; 대법원 2012.4.13. 선고 2011두31178 판결 등). 즉 대법원은 어느 정도 객관적으로 질병의 증상이 밝혀진 것으로 볼 수 있는 사정이 있는 때를 초진일로 보아야 한다고 하여 장애연금의 수급자격을 넓히는 해석을 하고 있다. 이러한 입장은 국민연금에 가입된 자를 보호하고 배려하는 것으로서 타당하다고 볼 수 있다. 사례의 경우에도 판례의 입장에 따른다면, 갑이 기존 질병에 대한 수술을 마치고 난 후 재발하여 다리를 절단해야 하는 질병의 진단을 받은 날을 초진일로 인정할 수 있으므로 장애연금의 요건을 갖춘 것으로 볼 수 있다. 그렇다면 국민연금공단의 장애연금지급거부처분은 부당하다고 하겠다.

---

3. 국민연금기금의 운용과 노후대비전략

국민연금은 노후소득보장을 목적으로 하여 다양한 급여를 설정하여 운용하고 있다. 국민연금이 시행되기 이전의 노후소득보장이 근로기준법상 퇴직금이 유일한 수단이었던 것을 고려한다면 분명히 안전망의 종류는 넓어졌다고 할 수 있다. 그렇지만 국민연금의 액수가 실제로는 많다고 할 수 없기 때문에 제대로 노후를 대비하기 위해서는 퇴직금(퇴직연금), 국민연금, 개인연금 등 3가지를 적절히 활용할 필요가 있다.

국민연금 수급자 개개인의 수급액 자체가 크지 않음에도 불구하고 수급자의 수는 점점 더 증가하고 있기 때문에 국민연금의 유지를 위해서는 재원마련이 가장 중요한 과제가 될 수밖에 없다. 사회보험방식을 채택하고 있는 현재 상황에서 가입자로부터 보험료를 징수하는 것만으로는 충분하지 않기 때문에 국민연금기금을 적절히 활용하여 재원 확대를 도모하고 있는 상황이다. 급여지출을 제외한 나머지 국민연금기금의 많은 부분은 금융부문에 투자되어 수익창출을 추구하고 있다.

한편, 국민연금법과 별개로 2007년 4월부터 노인이 후손의 양육과 국가 및 사회의 발전에 이바지하여 온 점을 고려하여, 생활이 어려운 노인에게 요건에 따라 일률적으로 소액의 기초노령연금을 지급하는 기초노령연금법이 제정되어 2008년 1월 1일부터 시행되고 있다.

4. 특수직역 연금법상 배우자 유족연금

사례 5 특수직역 연금

갑남은 1937. 2. 15.생으로 1959. 6. 30. 군대에 사병으로 입대하였고, 1964. 11. 20. 을녀와 혼인하여 혼인생활중 슬하에 3명의 자녀를 두었으며, 1979. 3. 31. 소령으로 퇴역하였다. 을녀와 갑남은 1984. 6. 15. 협의이혼하였는데, 갑남은 그 직후인 1984. 7. 19. 병녀와 혼인하였다. 갑남은 을녀와 이혼할 무렵부터 주로 부산에서 생활하였고, 을녀는 자녀들과 함께 서울에서 생활하였다. 갑남은 2006. 3. 29.에 이르러 병녀와 이혼하였고, 2006. 8. 2. 다시 을녀와 혼인하였는데, 당시 갑남은 69세였다. 갑남은 다시 을녀와 혼인한 직후인 2006. 8. 3. 을녀 주소지에 전입하였다가 2007. 11. 8. 종전의 부산 주소지에 다시 전입하였다. 갑남은 2009. 1. 22. 사망하였다. 을녀는 갑남의 잔존 배우자로서 국방부장관에게 갑남의 사망에 따른 군인연금법이 정한 배우자 유족연금의 지급을 청구하였다. 을녀는 군인연금의 배우자 유족연금을 지급받을 수 있는가?

(1) 특수직역 연금제도의 개념과 취지

공무원, 사립학교교직원, 군인 등이 가입하는 연금은 특수직역 연금제도라고 한다. 특수직역 연금제도는 국민연금법이 시행되기 이전부터 제정·시행되어 왔다. 특수직역 연금은 국민연금과 비교하여 보호 범위에 있어서 특수성을 가지고 있다. 예컨대 공무원연금법의 경우 퇴직과 사망에 대해서는 보호하지만 장애는 그것이 공무상 발생한 경우에만 보호되는 위험에 포함하고 국민연금과 달리 그 밖의 일반장애는 보호하지 아니한다. 특수직역 연금제도는 연금제도 본래의 기능인 퇴직연금 외에도 근로자퇴직급여보장법상의 퇴직금 성격을 가진 급여인 퇴직수당과 민간 근로자의 산업재해보상보험에 해당하는 공무상 재해보상급여, 그 밖에 상호부조 성격의 급여인 부조급여를 실시하는 등 종합적인 사회보장제도의 성격을 지니고 있다. 또한 특수직역 연금은 급여의 종류와 요건, 급여액의 산정에 있어서도 국민연금과는 차이가 있다.

특수직역 연금 중 공무원연금과 사립학교교직원연금은 급여의 조건이나 급여내용이 유사하다. 예컨대, 사립학교교직원연금법은 공무원연금법상의 급여에 관한 규정을 대부분 준용하고 있다. 반면에 군인연금법은 급여의 종류와 내용이 공무원연금, 사립학교교직원연금 등과는 다소 차이가 있다.

국민연금과 특수직역연금간에는 일정한 차이점이 존재했기 때문에 종전에는 각 연금별로 독립해서 가입기간을 충족해야만 해당 연금급여를 수급할 수 있었다. 따라서 이는 국민연금과 특수직역연금간 직업 이동으로 인하여 가입기간을 충족하지 못할 경우 공적 연금의 사각지대가 발생하는 문제를 초래하였다. 그렇지만 2009년 국민연금의 가입기간과 공무원연금, 사립학교교직원연금, 군인연금 및 별정우체국직원연금의 재직기간·복무기간을 연계하여 급여가 지급될 수 있도록 하는 국민연금과 직역연금의 연계에 관한 법률이 제정되어 현재 시행중이다.

(2) 배우자 유족연금과 관련된 쟁점

한편, 실무상 연금과 관련하여 가장 많은 법적 분쟁이 발생하고 있는 급여는 배우자 유족연금이다. 배우자 유족연금이 법적 분쟁이 많이 발생하는 이유는, 배우자 유족연금이 그 액수가 비교적 다액인데다가 때로는 수급권자의 복잡한 가정사가 그 배경에 깔려 있기 때문이다.

배우자 유족연금은 국민연금, 공무원연금, 사립학교교직원연금, 군인연금 모두에서 인정되고 있으며 인정되는 이유는 수급권자의 사망 이후 잔존 배우자의 생계를 위해서이다. 배우자 유족연금의 요건에 있어서 네 가지 연금에서 공통된 것은, 수급권자 사망 당시 배우자가 그에 의해 생계를 유지하거나 부양되고 있을 것과 각각의 연금 모두 배우자에는 사실혼 배우자도 포함하고 있다는 점이다. 각 연금의 차이점으로는, 공무원연금과 사립학교교직원연금은 유족연금을 받을 수 있는 배우자의 요건으로서 수급권자의 재직 당시 혼인관계가 있었을 것을 요구하고 있다는 점이고, 군인연금의 경우 배우자가 61세 이후에 새로이 혼인한 경우가 아니어야 한다는 점이다.

사례에서는, 남편이 군인이었던 배우자가 남편의 군복무 기간 내내 법률혼관계를 유지한 후 남편 전역 후 61세 이전에 남편과 협의이혼을 하였다가 남편이 61세가 지난 이후 다시 혼인신고를 하여 법률혼이 되었는데, 그 배우자가 남편 사망 후 군인연금법상 배우자 유족연금을 지급받을 수 있는지가 쟁점이 되었다. 사례에서는 배우자가 국방부장관을 상대로 배우자 유족연금을 청구하였는데 이에 대해 국방부장관이 그 배우자가 61세 이후에 혼인관계가 있었다는 이유를 들어 거부처분을 하였다.

군인연금에 있어서 배우자 유족연금의 지급이 거부되는 61세 이후에 혼인한 배우자의 범위에 대하여 대법원은 일관되게 '군인 또는 군인이었던 자가 군인으로 재직하는 동안 혼인관계가 있었는지를 불문하고 그의 퇴직 후 61세 이후에 혼인한 배우자는 유족연금의 수급요건이 없다'고 판시하여 61세 이후에 혼인관계가 있는 경우 사유불문하고 배제함으로써 대단히 형식적이고 획일적인 관점에서 바라보고 있다. 61세 이후에 혼인한 배우자에 대해서는 그 이전의 사정에 대해서는 전혀 고려함이 없이 획일적으로 수급자격을 배제하는 대법원의 태도는 설득력이 약하다는 비판이 가능하다. 왜냐하면 군인연금법에서 배우자수급자격을 배제하는 61세 이후의 혼인이라는 사유는, 기금고갈을 우려하여 도입된 규정에 불과하기 때문이다. 공무원연금이나 사립학교교직원연금이 배우자의 유족연금 수급요건으로 수급권자의 재직기간중 혼인관계를 요구하는 것과 현저히 형평에 맞지 않는 것이다.

군인연금의 배우자 유족연금에 대한 대법원 판단의 획일성에 대한 부작용을 완화하는 방법은 결국 사실혼에 대한 적극적 인정이 유일한 방법이다. 그래서 대법원도 어떠한 사유로 법률혼이 61세 이후에 이루어졌다 하더라도 그 시점 이전부터 유효한 사실혼이 인정되는 경우 그 배우자는 유족연금을 받을 수 있다고 판시한 바 있다.

<**사례5 해설**> (특수직역 연금)

사례의 경우, 갑남과 을녀의 두 번째 혼인은 갑남이 61세가 지난 이후에 이루어졌고 또한 갑남과 을녀 사이에 갑남이 61세 이전에 유효한 사실혼이 있었다는 사정이 보이지 않는다. 따라서 판례의 입장에 따를 때에는 을녀는 배우자 유족연금을 지급받지 못한다. 그러나 을녀의 경우 단순히 배우자 유족연금을 목적으로 혼인한 자가 아니고 갑남이 군인으로 재직하였던 기간 전체 동안 배우자로서 내조를 하였던 배우자라는 점, 공무원연금이나 사립학교교직원연금이 배우자의 유족연금 수급 요건으로 수급권자의 재직기간중 혼인관계를 요구하는 것과의 형평성 문제 등을 고려한다면 판례의 입장은 문제가 있다고 본다.

V. 국민건강보험법

1. 공적 의료보장의 방식

질병 등에 대한 치료는 고가의 전문적인 서비스를 필요로 하기 때문에 일반 국민이 오로지 민법상의 계약에만 의지하여 의료기관과 양자간의 법률관계에서 그 비용을 모두 부담해야 한다면 이는 경제적으로 대단히 부담스러운 일이 될 수밖에 없다. 그래서 국민의 건강권을 보호하기 위하여 국가는 의료보장서비스를 국민에게 제공하기 위한 방법을 고안하게 되었다. 이러한 방법에는 국민건강보험 방식과 국민보건서비스 방식이 있다. 국민건강보험 방식은 국민으로 하여금 소득수준에 따라 건강보험료를 납부하게 하여 이 재원으로 의료서비스를 제공받는 해당 국민의 의료비를 책임지는 방식이고, 국민보건서비스 방식은 국민이 납부한 세금을 재원으로 하여 국민의 의료서비스 비용을 전적으로 국가가 책임지는 방식이다.

2. 국민건강보험법의 도입과 현황

우리나라는 국민건강보험법(이하 '건강보험법'이라 한다)을 통하여 국민건강보험

방식을 채택하고 있다. 우리나라는 모든 국민을 강제적으로 의료보장체계에 편입시켜 대부분의 국민을 사회보험인 국민건강보험(이하 '건강보험'이라 한다)에 강제로 가입시키고 있고 일부 빈곤층에 대해서는 의료급여법에 따라 국가 재원으로 의료서비스를 제공하고 있다. 건강보험은 보험에 강제가입된 국민으로 하여금 평상시에 소득에 비례하는 건강보험료를 납부하도록 하여 질병 등 보험사고가 발생할 때 그 의료비의 상당 부분을 건강보험으로부터 지급받을 수 있도록 하여 의료에 대한 접근성을 높여주고 있다.

3. 국민건강보험의 구조

건강보험의 구조는 '정부-국민-요양기관(의료기관)'의 3면관계로 이루어져 있다. 건강보험제도의 전체적인 책임은 보건복지부에서 관장하고 있지만, 구체적으로 보험관리업무는 건강보험공단에서, 보험급여에 대한 심사평가업무는 건강보험심사평가원에서 맡고 있다. 건강보험에 가입된 국민은 매월 소득에 비례하여 부과되는 건강보험료를 건강보험공단에 납부하는데, 만약 질병 등으로 의료서비스가 필요하면 요양기관에 가서 의료서비스를 제공받는다. 이때 요양기관은 정당한 이유없이 국민의 의료서비스 제공 요청을 거부할 수 없다(건강보험법 제42조 제5항 참조). 의료제공이 종료된 후 해당 국민은 요양기관에 전체 의료비 중 일정한 액수의 본인부담금만 납부하고 나머지 의료비는 요양기관이 건강보험공단에 청구하여 지급받게 된다. 이 과정에서 요양기관이 해당 국민에게 제공한 의료서비스가 법령에 맞게 제대로 제공된 것인지 그 밖에 청구하는 의료비가 적정한지 등을 건강보험심사평가원이 심사한다.

4. 국민건강보험의 급여대상과 비급여대상

사례 6　국민건강보험

갑녀는 좋은 학점과 높은 영어성적에도 불구하고 번번히 취업 면접에서 고배를 마셨다. 갑녀는 연이은 취업 면접 실패의 원인을 자신의 외모에 있다고 보고 성형수술을 하기로 결심하였다. 그리하여 유명한 ○○성형외과에 가서 눈, 코, 턱, 유방 등 신체 전반에 걸쳐 성형수술을 하였다. 성형수술은 성공적으로 되었고 갑녀는 외모에 자신감을 가지게 되었다. 갑녀가 퇴원을 하게 되었을 때 병원비가 3,000만 원 가량 부과되었지만, 갑녀는 자신이 평소 국민건강보험 지역가입자로서 꾸준히 건강보험료를 납부하여 왔으므로 국민건강보험의 혜택을 볼 수 있을 것이라 생각하였다. 과연 갑녀는 자신의 성형수술비에 대해서 국민건강보험의 혜택을 볼 수 있는가?

그런데 어떤 국민이 요양기관에서 의료서비스를 제공받았다고 하더라도 그 의료서비스가 어떠한 것이든 관계없이 건강보험의 혜택이 적용되는 것은 아니다. 건강보험법은 건강보험의 혜택이 적용되어 의료비의 일부는 본인이 부담하지만 나머지는 건강보험이 부담해 주는 '요양급여'와 건강보험의 혜택이 전혀 적용되지 않아서 의료비 전액을 환자 본인이 부담해야 하는 '비급여'의 두 가지를 인정하고 있다(건강보험법 제41조 참조). '비급여'의 경우 법령으로 의료기관이 그 의료비 전액을 환자에게 부담시키는 것을 인정한다는 의미에서 '법정비급여'라고 부르기도 하며 흔히 '비급여'라고 하면 이는 '법정비급여'를 의미한다. 요양급여 항목과 비급여 항목에 대하여는 하위 법령으로 질병의 종류와 치료방법, 약제, 의료수가 등을 다양하고 구체적으로 세분화하여 목록화하고 있다.

법정비급여의 예로서는, 업무 또는 일상생활에 지장이 없는 경우로서 단순한 피로 또는 권태, 주근깨, 다모(多毛), 무모(無毛), 백모증(白毛症), 딸기코, 점(모반), 사마귀, 여드름, 노화현상으로 인한 탈모 등 피부질환, 발기부전(impotence), 불감증, 단순 코골음 등을 비롯하여, 신체의 필수 기능개선 목적이 아닌 경우로서 미용목적 성형수술과 그 후유증 치료, 그 밖에 건강보험 적용이 부적절한 경우로서 보조생식술, 친자확인 진단 등이 있다.

'국민건강보험 요양급여의 기준에 관한 규칙'에서는 비급여 대상에 대해 상세히 규정하고 있다(동 규칙 별표 2 참조). 비급여 대상에 해당하는 진료나 치료, 수술 등을 제공받았을 경우에는 그 비용 전부를 본인이 부담하여야 한다.

<사례6 해설> (국민건강보험)

사례의 경우 갑녀는 신체의 필수기능개선 목적이나 질병·부상 등의 치료 등을 직접 목적으로 하지 않는 미용목적 내지 외모개선 목적의 수술을 받은 것이므로 해당 치료와 수술 등은 법령상 비급여 대상에 해당한다. 따라서 그 비용에 대해서는 건강보험의 혜택을 볼 수 없고 갑녀 자신이 모든 비용을 부담해야 한다.

5. 임의비급여

　건강보험법은 건강보험의 혜택이 적용되는 '요양급여'와 건강보험의 혜택이 전혀 적용되지 않는 '비급여'의 두 가지를 인정하고 있다(건강보험법 제41조 참조). 그리고 요양급여 항목과 비급여 항목에 대해서는 하위 법령으로 그 종류와 치료방법, 약제, 의료수가 등을 다양하고 구체적으로 세분화하여 목록화하고 있다. 또한 이러한 목록들은 오랜 기간에 걸쳐 다수의 의료전문가들이 참여하여 인정한 공인된 내용이고 매년 고시를 통해 수정·보완되고 있다. 따라서 의료기관은 원칙적으로 법령 등에서 정하고 있는 기준과 절차를 준수해야 하고, 이를 따르지 않는 경우 의료기관은 해당 비용을 건강보험공단으로부터 제대로 지급받지 못하거나 때로는 부정수급으로 간주되어 제재를 당하게 된다.

　그런데 의료 현장에서는 요양급여도 (법정)비급여도 아닌 이른바 '임의비급여'가 존재한다. 원칙적으로 비급여 항목은 법령 등으로 그 내용이 상세하게 목록으로 정해져 있어서 의료기관은 그러한 한에서만 환자에게 의료비 전액을 청구할 수 있게 되어 있지만, 소위 목록 등에 들어 있는 질병 항목이라도 의료기관에서 목록 등에서 인정되고 있는 것이 아닌 방법이나 약제로 치료행위를 한 뒤 이를 비급여로 처리해 환자에게 비용을 부담하게 하는 행위가 자주 발생한다. 이러한 행위를 법령에서 인정하는 '비급여'와 구분하기 위해서 '임의비급여'라고 한다.

　임의비급여는, 어떤 질병 항목이 요양급여 대상으로 포함되어 있지만 그 치료방법이나 약제 등과 관련하여, 아직 요양급여 항목이나 합법적인 비급여 목록에는 포함되어 있지 않지만 환자의 생명을 구하기 위한다는 명분으로 아직 등록되지 않은 신약이나 첨단기술을 사용하는 경우에 문제된다. 임의비급여는 종래부터 의료계·정부·국민간에 특히 논란이 되어 왔다. 왜냐하면 '환자를 치료하기 위해 의료기관과 의료인은 최선을 다해 노력해야 한다'는 의료계의 주장과 '환자의 비용 부담과 건강보험체계에 대한 위협을 우려해 임의비급여가 허용되어서는 안 된다'는 정부측의 주장이 지속적으로 대립되어 왔기 때문이다. 종래 판례는, 요양기관은 어디까지나 건강보험의 틀 안에서 가입자 등에게 요양급여를 하고, 그 비용을 징수하는 경우에도 관계 법령에서 정한 기준과 절차에 따라야만 한다는 전제에서, 다른 방식에 의한 비용징수, 이른바 임의비급여는 (구)건강보험법 제52조 제4항 또는 제85조 제1항 제1호가 규정하고 있는 '요양기관이 사위 기타 부당한 방법으로 가입자 등으로부터 요양급여비용을 받거나 부담하게 한 때'에 해당하는 것으로 판단하여(대법원 2005.10.28. 선고 2003두13434 판결; 대법원 2007.6.15. 선고 2006두10368 판결 등 참조) 위법한 것으로 보아 왔다. 물론 정부가 임의비급여 대상에 속하는 약제·치료방법·수술방법 등에 대해 정부의 관리시스템 안으로 편입시켜 합법적인 영역으로 들어올 수 있는 신청절차를 두고 있긴 하지만, 그러한 관리시스템이 신기술이나 신약의 눈부신 발전 속도를 따라올 수가 없고 또한 의료현장의 긴급성이나 생명유지의 절박성 등을 고려했을 때 현실적 한계가 많기 때문에 더욱 문제가 되어 왔다.

임의비급여에 관해 대법원은 2012년에 전원합의체판결로 자신의 입장을 제시하였다(대법원 2012.06.18. 선고 2010두27639, 2010두27646(병합) 전원합의체 판결). 대법원은 원칙적으로 임의비급여를 부정하면서도 예외적으로 임의비급여를 인정할 수 있는 기준을 세 가지로 제시하였다. 판례는, 의료인과 요양기관의 장은 환자에게 최선의 의료서비스를 제공하기 위하여 노력할 의무를 부담하고 있고, 가입자 등 환자 스스로도 유효·적절한 진료를 받을 권리가 있으므로 요양기관이 건강보험의 틀 밖에서 임의로 비급여 진료행위를 하고 그 비용을 가입자 등으로부터 지급받은 경우라도 '① 불가피성 내지 시급성, ② 의학적 필요성, ③ 설명의무의 수행 및 환자의 동의'라는 요건을 만족하는 경우 예외적으로 임의비급여가 인정될 수 있다는 결론을 내렸다.

임의비급여가 지속적으로 논란이 되어 온 상황에서 판례는, 그 예외적 인정기준을 '불가피성 내지 시급성', '의학적 필요성', '요양기관측의 설명의무 수행 및 환자측의 동의' 등으로 정리해주었다. 이는 그동안 논란이 되어 왔던 임의비급여에 관하여 엄격한 요건하에서 예외적으로 허용하는 기준을 제시한 것이어서 건강보험체계와 관련하여 대단히 큰 의미를 가진다.

Ⅵ. 국민기초생활보장법

1. 공공부조의 개념

건강보험, 연금보험, 고용보험, 산재보험 등 사회보험은 질병·부상, 장애, 사망, 노령, 업무상 재해, 실업 등과 같이 일반적 생활위험에 대하여 정형적·표준적인 급여를 행함으로써 수급자와 그 가족의 생활을 유지하고 그들이 빈곤화되는 것을 방지하는 데 중요한 목적을 두고 있다. 그렇지만 사회보험에 따른 급여의 대상으로 미처 예상하지 못했던 사태가 발생하기도 하고, 급여의 대상이라 하더라도 지급요건을 충족하지 못하여 급여가 행해지지 못하는 경우도 적지 않게 발생한다. 공공부조는 이러한 사태로 인하여 최저한도의 생활유지도 곤란하게 된 경우에 대응하는 제도이며 사회보험에 이은 제2의 안전망(safety net)으로서의 역할을 담당한다.

2. 국민기초생활보장법의 도입과 현황

공공부조에 관한 법령으로는 국민기초생활보장법, 의료급여법이 있다. 물론 국민기초생활보장법의 제정 이전에도 1961년 제정된 생활보호법이 있었다. 그러나 생활보호법은 보호대상자가 엄격히 제한되었고(65세 이상 노쇠자, 18세 미만의 아동, 임산부, 폐질 또는 심신장애로 인하여 노동능력이 없는 자), 생활보호대상자의 선정기준도 입법되지 않았으며, 급여내용도 최저생활보장과는 거리가 멀었다. 즉 생활보호법은 국민생활의 궁핍에 대응하는 공공부조제도로서는 매우 불충분한 것이었다. 그렇지만 1997년 이후 외환위기를 계기로 빈곤이 개인적 문제가 아니라 사회적 문제라는 공감대가 확산되고 사회안전망 정비에 대한 요구가 높아지면서 기존의 생활보호법의 문제점을 대폭 개선한 국민기초생활보장법이 제정되어 2000년 10월 1일부터 시행되기에 이르렀다. 특히 생활보호법이 시혜적·잔여적 관점의 입법이었다면 국민기초생활보장법은 권리적·보편적 관점의 입법이라는 점에서 근본적인 전환이 이루어졌다. 그 밖에 국민기초생활보장법의 중요한 특징을 지적하자면 그 공공부조적 성격으로 인해 급여 지급에 앞서 자산조사가 실시된다는 점이다. 국민기초생활보장법상 급여수급자 수는 지난 5년간 크게 변동되지 않고 있으며, 대체로 전체 인구대비 3% 내외의 국민이 수급하고 있다.

3. 국민기초생활보장법상 수급 요건

사례 7　국민기초생활보장 급여

2013년 현재 70세인 갑의 소득인정액 기준은 최저생계비 이하이다. 그래서 관할 관청으로부터 국민기초생활보장급여를 수년째 지급받아 왔다. 그런데 관할 관청의 조사 결과 갑에게는 부양의무자인 40세의 아들이 있다는 점이 발견되었다. 이에 관할 관청은 곧바로 갑에 대해 국민기초생활보장급여의 지급을 중단하였다. 관할 관청의 조치는 정당한가?

국민기초생활보장법(이하 '법'이라 한다) 제5조에 따르면, 수급권자는, 부양의무자가 없거나, 부양의무자가 있어도 부양능력이 없거나 부양을 받을 수 없는 자로서 소득인정액이 최저생계비 이하인 자로 한다. 또한 위의 수급권자에 해당하지 아니하여도 생활이 어려운 자로서 일정기간 동안 이 법이 정하는 급여의 전부 또는 일부가 필요하다고 보건복지부장관이 정하는 자는 수급권자로 본다. 수급권자에 해당하게 되면 자신의 소득인정액이 최저생계비에 미치지 못하는 액수만큼 현금 또는 현물로 급여를 지급받게 된다.

수급권자의 요건으로서 우선 '소득인정액' 기준에 대해 살펴보자(법 제2조, 제5조, 법 시행령 제3조 등 참조). 소득인정액 기준은 가구별로 산정된 소득인정액을 가구규모별 최저생계비와 비교하여 그 이하인 경우에 수급자로 선정하기 위한 기준이다. 소득인정액이 최저생계비에 미달하면 그 차액을 급여액으로 지급하게 된다.

다음으로 '부양의무자' 기준을 살펴보자. 부양의무자가 없거나, 부양의무자가 있어도 부양능력이 없거나 또는 부양을 받을 수 없는 경우이어야 한다(법 제5조 제1항 전단). 여기서 '부양의무자'란 수급권자를 부양할 책임이 있는 자로서 수급권자의 1촌의 직계혈족 및 그 배우자를 말한다(법 제2조 제5호). 여기서 '부양의무자가 있어도 부양능력이 없는 경우'란 부양의무자가 다음의 어느 하나에 해당하는 경우를 말한다(법 시행령 제4조).

① 수급자인 경우
② 직계존속 또는 장애인복지법에 따른 중증장애인인 직계비속을 자신의 주거에서 부양하는 경우(보건복지부장관이 정하여 고시하는 경우로 한정). 이 경우 부양의무자는 개별가구에 속하지 아니하는 다른 직계혈족에 대해서만 부양능

력이 없는 것으로 본다.
③ 다음의 어느 하나에 해당하는 사람으로서 재산의 소득환산액이 보건복지부장
관이 정하여 고시하는 금액 미만인 경우
　가. 국민기초생활보장법 제3조에 따른 실제소득에서 질병, 교육 및 가구특성
을 고려하여 보건복지부장관이 정하여 고시하는 금액을 뺀 금액(이하 '차
감된 소득'이라 함)이 최저생계비의 100분의 130 미만인 사람
　나. 일용근로 등에 종사하는 사람. 이 경우 일용근로는 근로를 한 날이나 시간
에 따라 근로대가를 계산하는 근로로서 고용계약기간이 1개월 미만인 근
로로 한다.
④ ①부터 ③까지 외의 사람으로서 다음의 요건을 모두 충족하는 경우
　가. 차감된 소득이 수급권자 및 해당 부양의무자 각각의 최저생계비를 합한
금액의 100분의 130 미만일 것
　나. 재산의 소득환산액이 보건복지부장관이 정하여 고시하는 금액 미만일 것
　다. 부양의무자의 차감된 소득에서 부양의무자 최저생계비의 100분의 130에
해당하는 금액을 뺀 금액의 범위에서 보건복지부장관이 정하는 금액을 수
급권자에게 정기적으로 지원할 것
⑤ 그 밖에 질병, 교육, 가구 특성 등으로 인하여 부양능력이 없다고 보건복지부
장관이 정하는 경우

　다만 보건복지부장관은 부양의무자인 혼인한 딸 등의 부양능력에 대해서는
인정기준을 완화하여 정할 수 있다(법 시행령 제4조 제2항).
　그리고 '부양의무자가 있어도 부양을 받을 수 없는 경우'란 부양의무자가 다
음의 어느 하나에 해당하는 경우를 말한다(법 시행령 제5조).

① 병역법에 따라 징집되거나 소집된 경우
② 해외이주법 제2조에 따른 해외이주자에 해당하는 경우
③ 형의 집행 및 수용자의 처우에 관한 법률 및 치료감호법 등에 따른 교도소,
구치소, 치료감호시설 등에 수용 중인 사람
④ 장애인생활시설 등 영 제38조에 따른 보장시설에서 급여를 받고 있는 사람
⑤ 실종선고 절차가 진행중인 사람
⑥ 가출 또는 행방불명으로 경찰서 등 행정관청에 신고된 후 1개월이 지났거나
가출 또는 행방불명 사실을 특별자치도지사·시장·군수·구청장이 확인한 사람
⑦ 부양을 기피하거나 거부하는 경우(예: 실질적인 가족관계의 단절상태에 있어
수급권자가 부양을 받을 수 없다고 인정되는 경우)
⑧ 그 밖에 수급권자가 부양을 받을 수 없다고 특별자치도지사·시장·군수·구청

장이 확인한 경우(예: 친부모가 이혼하고 재혼한 뒤 사망한 상태에서 자녀가 수급신청을 한 경우 그 계부모)

이러한 경우들 중에서 부양을 기피하거나 거부하는 경우, 그 인정범위가 문제되는데, 법의 전체 취지에 비추어 보면 부양능력 있는 부양의무자가 어떠한 이유이든 실제로 명백히 부양을 기피하거나 거부하고 있는 사실이 인정되면 위의 요건을 충족한다고 해석되어야 한다.

예컨대, 급여신청자에게 부양능력이 있는 자녀가 있더라도 경제적인 문제로 그 급여신청자와 관계가 악화되어 연락 및 왕래가 끊겼고 경제적인 지원도 하지 않고 있는 경우에는 그 자녀는 급여신청자에 대한 부양을 실제로 명백히 거부 또는 기피하고 있다고 보아야 한다는 하급심 판례가 있다(대구고법 2011.4.29.선고 2010누2549 판결). 만약 이 경우 수급권자에게 급여를 지급한 보장기관은 법 제46조에 따라 부양능력을 가진 부양의무자에게서 비용의 전부 또는 일부를 부양의무 범위 안에서 징수할 수 있다.

그 밖에도 법상의 수급권자에는 해당되지 않지만 소득인정액이 낮아 수급권자가 될 가능성이 있는 자를 예방적으로 보호하기 위하여 재량으로 이들을 보호할 수 있도록 하고 있다. 이를 차상위자라고 부른다(법 제2조 제11호, 법 시행령 제3조의2). 차상위자에게는 가구별 생활여건을 고려하여 예산의 범위 내에서 급여의 전부 또는 일부를 행할 수 있다(법 시행령 제5조의3).

<사례7 해설> (국민기초생활보장 급여)
사례의 경우 관할 관청이 수년간 국민기초생활보장급여를 지급받아 오던 갑에게 부양의무자인 40세의 아들이 있다는 이유만으로 급여 지급을 중단한 것인바, 이 경우 관할 관청은 단순히 그러한 이유만으로 급여 지급을 중단할 것이 아니라 갑이 '부양의무자가 있어도 부양을 받을 수 없는 경우'에 해당하는 것은 아닌지 우선 살펴보았어야 한다. 따라서 관할 관청의 조치는 정당하지 않다고 볼 것이다.

8. 행정법

제1. 행정법 총론

* 집필: 채우석. 숭실대학교 법과대학 교수

I. 권력분립과 행정

행정법이란 행정을 규율하는 법이라고 한다. 따라서 행정이란 무엇인가에 관하여 논의를 할 필요가 있다. 행정이라고 하는 개념은 입법과 사법에 상응하는 관념이다. 따라서 권력분립의 제도와 밀접한 관련이 있다. 18세기에 시민계급이 형성되어 이러한 시민들에 의하여 시민혁명이 발생하였고, 과거의 절대군주제를 타도하고 근대국가를 형성하였다. 이와 더불어 헌법을 제정하고 국가권력이 한 개의 기관에 집중하게 되면 권력남용으로 인하여 인권이 침해될 수 있다는 역사적 경험에 따라 권력분립제가 채택되었다. 근대입헌국가에 영향을 받아서 대한민국헌법도 삼권분립제도를 채택하였다. 즉 입법권은 국회에 속하고(헌법 제40조), 사법권은 법원에 속하며(헌법 제101조 제1항), 행정권은 정부에 속한다(헌법 제66조 제4항)고 규정하고 있다.

정부에 속한다고 하는 행정은 어떠한 국가작용인가? 현대행정은 매우 다양하게 전개되고 있어서 행정의 개념을 정의하는 것은 쉬운 일이 아니다. 일반적으로 행정의 개념 정의에 대하여는 다음과 같이 분류하고 있다.

1) 소극설(공제설)　　입법이란 국민의 권리의무에 대하여 일반적·추상적 법규범을 정립하는 국가작용이고, 사법이란 국민의 권리의무를 둘러싸고 발생한 구체적인 분쟁을 재판을 통해 해결하는 국가작용이라고 하며, 행정은 이러한 입법과 사법의 두 작용을 제외한 모든 국가작용을 말한다. 이를 소극설 또는 공제설이라고 한다. 행정의 본질적 개념을 적극적으로 정의하지 않았다고 하는 비판을 받았다.

2) 적극설(목적설)　　독일 행정법학의 창시자인 오토마이어에 의해 대표되는 학설로서, 행정이란 법질서 안에서 국가의 목적을 실현하기 위한 사법 이외의

작용이라고 한다. 이에 대해 행정뿐만 아니라 입법이나 사법도 국가목적이니 공익의 실현을 목표로 하는 것이라는 비판을 받는다.

　3) 기관양태설(부정설)　　행정작용의 내용상의 특성을 고려한 개념 정의는 불가능한 것이며, 행정을 담당하는 조직양태를 기준에 따라 정의를 하자는 견해이다. 즉 사법은 독립된 국가기관인 법관에 의한 법의 집행행위이고, 행정은 법령에 구속된 행정청에 의한 집행행위라고 한다.

Ⅱ. 행정법의 성립

1. 대륙행정법

(1) 프랑스행정법

　행정법의 모국이라고 일컫는 프랑에서는 프랑스대혁명부터 엄격한 권력분립제를 채택하였다. 새로운 혁명정부는 과거의 사법기관을 불신하여 행정기관인 동시에 행정법원인 Conseil d'Etat를 설치하였다. 이러한 행정법원이 관할하는 사건을 중심으로 프랑스의 행정법학이 형성되었다.

(2) 독일행정법

　1872년 프랑스의 영향을 받아 독일제국인 프로이젠에서 행정법원을 설치한 이후, 여러 주(Land)들은 행정재판제도를 채택하였고, 행정재판을 중심으로 하는 항고소송의 대상이 공권력의 행사이었다. 이러한 개념에서 행정행위, 행정강제 등이 정립되었다. 1895년 오토마이어는 독일행정법을 체계적으로 저술하여 행정행위의 특수한 효력으로서 공정력, 특별권력관계 등의 이론을 제시한 공권력 우위의 행정법학을 확립하였다. 그러나 제2차세계대전 이후 과거의 규제행정에서 벗어나 급부행정의 실현을 강조하기에 이르렀다.

2. 영미행정법

(1) 영국행정법

법의 지배를 원칙으로 하는 영국에서는 대륙형의 행정법원은 존재하지 않았다. 그러나 자본주의의 발달로 인한 사회문제가 발생하자 준입법권·준사법권을 갖는 행정위원회 또는 행정심판소가 설치되었고, 이에 따라 행정법이 형성되었다. 현대행정에서는 행정위원회의 권한 및 절차를 중심으로 행정법학이 활발하게 전개되고 있다.

(2) 미국행정법

미국의 자본주의 생성은 철도의 발달과 깊이 관련이 있다. 철도요금의 인가 문제와 관련된 행정을 비롯하여 각 주의 통상관계를 규율하기 위한 주간통상위원회(Interstate Commerce Commission)의 설치가 행정법의 성립에 많은 영향을 주었다. 오늘날에는 적법절차를 근간으로 하는 행정절차법, 준입법권 및 준사법권을 행사하는 독립행정위원회에 대한 위헌심사 등을 중심으로 행정법학의 논의가 전개되고 있다.

3. 일본행정법

제2차세계대전 이전 일본은 독일의 영향을 받아서 행정법원이 설치되었다. 그러나 전쟁 이후 영미법적 사법원리가 도입된 이후 행정법원은 폐지되었다. 그럼에도 불구하고 행정소송제도의 특수성이 인정되어 민사소송과는 다른 행정사건소송이론이 전개되었다. 한편으로는 우월적인 행정권을 인정하였던 전통적인 행정법학에 대한 수정을 가하여, 행정절차법 및 행정정보공개법 등의 제정과 더불어 새로운 행정법체계의 구축을 전개하고 있다.

4. 우리나라의 행정법

우리나라의 행정법은 오랜 동안 일본의 지배를 받아 대륙행정법학의 영향을 강하게 받았다. 특히 과거에는 일본의 행정법학과 일본행정법학을 통한 독일의 행정법학을 계수하였다고 할 수 있다. 그러나 최근 몇십 년 동안 빠르게 전개된 민주화 및 산업화와 더불어 행정법학의 변모는 매우 급속도로 변화하고 있다. 특히 여러 나라의 비교법제에 대한 연구를 토대로 미래의 새로운 선진국으로의 도약을 위한 법제와 법리에 대한 연구가 활발하게 전개되고 있다고 할 수 있다.

Ⅲ. 법치주의 행정의 원리

사례 1 법치주의 행정

지방자치단체의 장인 A는 사업자인 B가 신청한 주택사업계획에 대하여 승인을 하면서, 해당 주택사업과는 아무런 관련이 없는 토지를 기부채납하도록 하는 부관을 붙였다. 이때 B는 A의 부관에 대하여 위법성을 주장할 수 있는가?

법치주의 행정의 원리라 함은 절대적 권력을 갖는 사람이 아닌 법에 따라 행정권이 행사되어야 한다는 것을 의미한다.

과거 시민법치주의 시대에서는 의회가 제정한 법률에 따라 국민의 권리와 의무를 제한할 수 있다고 보았으며, 이에 따라 법률만 있으면 얼마든지 국민의 권익을 침해할 수 있다고 보았다. 이러한 내용이 형식적 법치주의이다. 그러나 행정은 형식적 의미의 법률뿐만 아니라 인간의 존엄성, 기본권 보장 등의 헌법이념을 실현하는 실질적 의미로서 구현되어야 한다는 것이다.

법치주의 행정은 독일의 법치주의의 영향을 받아 법률에 의한 행정이라는 원칙으로 구체화된다.

1) 법률의 법규창조력   국민의 권리와 의무에 관하여 규율하는 경우에는 의회가 제정한 법률로 하여야 한다.

2) 법률의 우위   법률은 행정에 우위에 있는 것이며, 행정은 법률에 반하여 행사될 수 없다는 원칙이다.

3) 법률의 유보   행정권은 법률의 근거에 따라 행사되어야 한다는 원칙이다. 다만 행정권이 어느 정도의 법적 근거를 가지고 행사되어야 할 것인가에 따라 학설이 나누어진다.

가) 침해유보설   국민의 자유와 권리를 제한하거나 의무를 부과하는 행정작용은 법률의 근거가 있어야 한다는 견해이다. 이러한 견해는 오늘날 급부행정의 확대로 인하여 많은 비판을 받았다.

나) 전부유보설   행정주체가 수행하는 모든 행정영역에서 법률의 근거가 있어야 한다는 견해이다. 그러나 이 견해에 따르면 법률의 근거를 가지고 있지 않은 경우에 적극적 급부행정을 행사할 수 없다고 하는 비판이 제기되었다.

다) 중요사항유보설(본질성설)   독일의 연방헌법재판소의 판례에 의해 채택된 이론으로 국민의 권익 등을 고려하여 중요한 혹은 본질적인 행정권의 행사는 법률의 근거가 있어야 한다는 견해이다. 우리의 헌법재판소도 이와 유사한 법리를 근거로 판단한 바가 있다(헌재 1999.5.27. 98헌바70 전원재판부).

Ⅳ. 행정법의 일반원칙

1. 평등의 원칙

불합리한 차별을 하여서는 안 된다는 원칙이다. 평등의 원칙은 헌법 제11조를 근거로 하는 원칙이다.

2. 행정의 자기구속의 원칙

행정이 이미 관행으로 성립된 경우에는 행정청은 후행의 같은 사안에 대해 이전과 같은 결정을 하여야 한다는 원칙이다. 이 원칙은 신뢰보호의 원칙과 평등의 원칙에 근거하고 있다.

3. 비례의 원칙

행정청이 행정작용을 함에 있어서 행정목적과 수단 사이에 합리적인 비례관계가 유지되어야 한다는 원칙으로, 과잉금지의 원칙이라고도 한다. 비례의 원칙은 적합성의 원칙, 필요성의 원칙(최소침해의 원칙), 상당성의 원칙(협의의 비례원칙)

으로 구분된다.

4. 신뢰보호의 원칙

국민에 대한 행정청의 언동이 국민으로 하여금 신뢰를 갖게 한 경우에는 개인의 보호가치 있는 신뢰를 보호하여 주어야 한다는 원칙이다. 신뢰보호의 원칙은 영미법상의 금반언(禁反言, estoppel)의 원리에서 근거를 찾아볼 수 있다고 한다. 한편 신뢰보호의 원칙에서 파생한 것으로 실권의 법리가 있다. 실권의 법리란 위법한 행위에 대한 행정청의 취소권 등의 권리행사를 장기간 행사하지 않음으로써 상대방인 국민이 행정청이 더 이상 그의 권리를 행사하지 않을 것으로 신뢰한 경우에, 행정청의 자신의 권리를 행사할 수 없다는 법리이다.

5. 부당결부금지의 원칙

행정기관이 행정권을 행사함에 있어서 그것과 실질적인 관련이 없는 반대급부와 결부시켜서는 안 된다는 원칙이다.

<사례1 해설> (법치주의 행정)
수익적 행정행위에 있어서는 법령에 특별한 근거규정이 없다고 하더라도 그 부관으로써 부담을 붙일 수 있으나, 그러한 부담은 비례의 원칙, 부당결부금지의 원칙에 위반되지 않아야만 적법하다고 할 것이다. 사례의 경우 A가 행한 주택사업계획과 무관한 토지의 기부채납 부관은 원칙적으로 부당결부금지의 원칙에 위반되어 위법하다고 할 것이다. 관련판례: 대법원 1997.3.11. 선고 96다49650 판결.

Ⅴ. 공법관계와 사법관계

사례 2　공법관계와 사법관계

지방자치단체의 장인 A는 국유재산인 토지를 무단으로 점유하여 사용한 B에 대하여 국유재산법의 규정을 근거로 하여 국유재산사용 변상금처분을 하였다. 이에 대해 B는 국유재산의 대부 또는 사용, 수익허가 등을 받지 아니하고 국유재산을 점유하거나 이를 사용·수익한 자에게 변상금을 부과하는 경우, 변상금부과처분은 행정처분이라고 볼 수 없으므로 A의 처분은 위법하다고 보아 소를 제기하려고 한다. B의 주장은 옳은 것인가?

1. 행정상 법률관계

행정활동을 기초로 하여 발생하는 법률관계를 행정상 법률관계라고 한다. 과거 대륙법 국가에서 행정상 법률관계는 군주 또는 국가와 사인간의 특수한 관계를 형성하여 공법관계와 사법관계를 명확하게 구분하였다. 그러나 오늘날에서 행정작용이 다양하게 전개됨에 따라 양자의 구별은 상대화하고 있다. 그럼에도 불구하고 양자를 구별하기도 한다.

2. 공법관계와 사법관계의 구별의 필요성

1) 실체법상의 필요성   적용해야 할 실체법상의 규정과 법리를 결정하기 위하여 구별할 필요가 있다. 우리 실정법은 공법과 사법에 따라 법규의 적용을 달리하는 경우가 있다.

2) 절차법상의 필요성   공법관계에 관한 소송은 행정소송으로 제기하여야 하고, 사법관계에 관한 소송은 민사소송으로 제기하여야 한다. 행정소송법은 행정소송의 특수성을 인정하여 재판관할 및 절차 등에 대하여 민사소송법과 구별된다.

3. 공법관계와 사법관계의 구별기준

1) 주체설   국가 또는 기타의 행정주체가 한 쪽의 당사자가 되는 법률관계를 공법관계로 보고, 양 당사자 모두가 사인인 경우에는 사법관계로 보는 견해이다.

2) 권력설   법률관계의 성질을 기준으로 하여 행정주체가 우월적 지위를 인정하여 권력복종관계를 규율하는 법률관계를 공법관계로 보고, 양 당사자가 대등한 지위를 갖는 법률관계를 사법관계로 보자는 견해이다.

3) 이익설   법률관계의 목적이 되는 이익을 기준으로 구분하여 공익을 목

적으로 하는 법률관계를 공법관계로 보고, 사익을 목적으로 하는 법률관계를 사법관계로 보는 견해이다.

4) 구별부인설   행정상 법률관계는 사법원리를 근간으로 하고 있으며 공법상의 특수성에 지나지 않는다는 입장에서 공법관계는 사법관계에 대한 특별법으로서 이해할 필요가 있으므로, 행정상 특별규정이 없다면 당연히 일반사법의 규정이 적용되어야 한다는 견해이다.

5) 구별의 상대화   공법관계와 사법관계의 명확한 구분은 본질적인 것이 아니기 때문에, 양자의 구분은 상대적이고 기술적인 것에 지나지 않는다고 본다. 따라서 법률관계의 성질 및 관련법규의 내용 등에 따라 종합적으로 판단하여야 할 필요가 있다.

<사례2 해설> (공법관계와 사법관계)

행정청의 의한 변상금의 징수는 징벌적 의미에서 국가측이 일방적으로 상당액을 추가하여 징수토록 하고 있으며, 변상금을 체납하는 때에는 국세징수법에 의하여 강제징수토록 하고 있는 점 등에 비추어 보면, 국유재산의 관리청이 그 무단점유자에 대하여 하는 변상금부과처분은 순전히 사경제 주체로서 행하는 사법상의 법률행위라고 할 수 없고 이는 관리청이 공권력을 가진 우월적 지위에서 행한 것으로서 행정소송의 대상이 되는 행정처분이라고 보아야 할 것이다. 따라서 B의 주장은 옳지 않다. 관련판례: 대법원 1988.2.23. 선고 87누1046 판결.

VI. 행정행위

사례 3   행정행위

서울특별시장 A는 개인택시운송사업면허를 신청한 B에 대하여 면허거부처분을 하였다. 이에 대해 B는 개인택시운송사업면허의 발급요건에 해당하는 운전경력을 산정하기 위한 기준은 기속행위이므로 이를 거부한 A의 거부처분은 위법하다는 이유를 들어 취소소송을 제기하려고 한다. B의 승소 가능성 여부를 판단하라.

1. 행정행위의 개념

행정행위라 함은 강학상의 용어로서 여러가지로 사용될 수 있다. 그러나 일반적으로는 행정청이 행하는 구체적 사실에 관한 법집행으로서 외부에 대하여 직접적이고 구체적인 법적 효과를 발생시키는 권력적 단독행위인 공법행위로 개념지을 수 있다. 이러한 개념은 학자들에 의해 필요에 따라 만들어진 학문상의 용어로서 실정법에서 규정하는 용어와는 달리 사용하고 있다. 실무적인 용어로는 처분 또는 행정처분이라고 한다. 물론 행정행위라고 정의할 때는 다양하게 해석될 여지가 있으므로 주의해야 할 필요가 있다. 넓게는 행정주체가 행하는 일체의 행위, 즉 공법행위, 사법행위, 사실행위, 통치행위 등이 모두 포함될 수 있다.

2. 행정행위의 효력

(1) 공정력과 구성요건적 효력

1) 공정력   공정력이라 함은 행정행위에 흠이 있어서 위법하다고 할지라도, 그 흠이 중대하고 명백한 당연 무효로 되는 경우를 제외하고 적법성의 추정을 받아 유효한 것으로 통용되어, 권한 있는 기관에 의하여 취소될 때까지는 상대방은 물론 제3자도, 행정기관도 그 효력을 부정할 수 없는 힘을 말한다.

2) 구성요건적 효력   구성요건적 효력이라 함은 행정행위에 흠이 있어서 위법하다고 할지라도, 그 흠이 중대하교 명백하여 무효가 아닌 한 제3의 국가기관은 그 행정행위의 존재 및 내용을 존중하며, 스스로의 판단의 기초 또는 구성요건으로 삼아야 하는 힘을 말한다. 공정력과 구성요건적 효력은 유사한 개념으로 양자를 구분하여야 할 것인가에 관하여는 학설이 통일되어 있지 않다.

(2) 존속력(확정력)

1) 불가쟁력   불가쟁력이라 함은 행정행위에 흠이 있다고 할지라도 그에 대한 불복기간이 도과하거나 쟁송절차가 다 종료된 경우에는, 더 이상 해당 행정행위의 효력을 다툴 수 없다. 형식적 존속력이라고도 한다.

2) 불가변력   불가변력이라 함은 행정행위의 성질에 따라 일정한 경우에 행정청 자신이라도 함부로 변경할 수 없어 취소하거나 철회할 수 없는 효력을 말

한다. 실질적 존손력이라고도 한다.

(3) 강 제 력

1) 자력집행력　자력집행력이라 함은 행정청이 부과한 행정법상의 의무를 상대방인 의무자가 이행하지 아니한 경우에 행정청이 직접 실력을 행사하여 그 의무를 이해하게 할 수 있는 힘을 말한다.

2) 제재력　행정행위의 상대방이 행정청에 의해 부과된 의무를 위반하였을 때에는 그에 대한 제재로서 행정법을 부과할 수 있다.

3. 기속행위와 재량행위

(1) 개 설

행정행위는 법에 기속되는 정도에 따라 기속행위와 재량행위로 나누어진다. 기속행위는 행정권 행사의 요건과 효과가 법규정에 일률적으로 규정되어 있기 때문에 행정청의 재량의 여지가 없으며, 행정청은 법규정을 구체적으로 집행하여야 하는 행위를 말한다. 이에 반하여 재량행위는 법규정의 요건과 효과가 다의적으로 규정되어 있기 때문에 행정청에 일정 범위에 한하여 재량의 여지가 인정되는 행위이다.

전통적인 견해에 따르면 재량행위는 다시 기속재량과 자유재량으로 나누어진다. 기속재량은 무엇이 법인지를 판단하는 재량으로 법령의 명문규정 이외에 법의 준칙의 구속을 받아 법이 예정한 객관적 기준이 존재하는 경우로서 이를 위반한 경우에는 위법이 되어 사법심사의 대상이 된다. 이에 대해 자유재량은 무엇이 공익목적 내지 행정목적에 보다 적합한 것인지를 판단하는 재량으로, 그 재량을 위반한 행위는 부당행위에 그치며, 사법심사의 대상이 되지 않는다.

(2) 기속행위와 재량행위의 구별 필요성

1) 행정소송　재량행위는 재량권의 행사에 그 한계를 넘거나 남용이 없는 한 재량을 그르친 경우에도 위법한 것이 되지 않고 부당한 행위가 되는 데 그치므로 법원에 의해 통제되지 않는다. 이에 반하여 기속행위는 행정권의 행사에 잘못이 있는 경우 위법한 행위가 되며 법원에 의해 통제의 대상이 된다(행정소송법

제27조 참조).

2) 공권의 성립   기속행위의 경우에는 행정청은 그 행위를 하여야 할 의무를 진다. 따라서 행정행위의 상대방은 그 기속행위에 따라 행사하여 줄 것을 요구할 수 있는 공권이 발생한다. 이에 반하여 재량행위의 경우에는 행정권의 행사에 재량의 여지가 있으므로 상대방에게는 재량행위에 대한 청구권이 발생하지 않는다.

(3) 기속행위와 재량행위의 구별기준

1) 요건재량설   법률의 문언에 중점을 두어 행정재량이 요건사실의 존부의 인정에 있어서 인정된다는 견해로서 법률의 규정이 처분의 요건에 관하여 아무런 규정을 두지 않은 경우나 행정의 종국목적인 '공익상의 필요'만을 요건으로 정하고 있는 경우에는 재량행위이고, 개개의 행정활동에 특유한 중간목적을 요건으로 규정하고 있는 경우에는 기속행위라고 한다.

2) 효과재량설   법률의 문언과 관계없이 행정행위의 성질 및 법률효과에 주목하여 국민의 권리와 의무에 대하여 가지는 관련성 여하에 따라 기속행위인가 재량행위인가를 결정하는 견해이다. 국민의 권익을 침해하거나 의무를 부과하는 행위는 기속행위이고, 국민을 위해 새로운 권리를 설정하는 행위는 재량행위이라고 한다.

3) 판단여지설   법률이 정한 요건이 다의적이고 불확정한 개념으로 규정된 경우에 요건규정이 경험적 개념인 경우에는 재량이 성립하지 않고, 요건규정이 규범적 개념인 경우에 행정청에 이러한 요건의 해석과 적용에서 재량이 인정된다는 견해이다.

(4) 재량행위에 대한 통제

1) 입법적 통제   재량권행사는 국정감사·조사, 질문 등에 의해 통제할 수 있다.

2) 행정적 통제   첫째 상급관청의 직무감독권을 행사하여 통제할 수 있다. 둘째 재량권의 위법·부당한 행사로 법률상의 이익을 침해당한 자는 행정심판을 제기할 수 있다. 셋째 행정재량권의 행사과정에 이해관계인의 참여를 보장하여 재량권이 적정하게 이루어질 수 있도록 절차적 통제를 가할 수 있다. 행정절차법

제는 후술한다.

3) 사법적 통제   재량행위의 일탈·남용이 이루어지는 경우에는 사법심사를 통해 당해 재량권의 행사에 대해 취소판결 등을 통해 통제를 할 수 있다. 한편 재량권의 남용으로 인한 손해를 받은 자는 국가배상의 책임을 청구할 수 있다.

4. 법률행위적 행정행위와 준법률행위적 행정행위

행정행위는 법률효과의 내용에 따라 법률행위적 행정행위와 준법률행위적 행정행위로 구분한다. 전자는 행정청이 일정한 법률효과 발생을 의욕하는 의사표시를 통해 일정한 법률효과가 발생하는 행정행위이다. 후자는 행정청의 판단이나 인식의 표시에 대하여 법률에 따라 일정한 법적 효과가 결합하여 행정행위가 되는 것이다.

(1) 법률행위적 행정행위

1) 명령적 행위   국민이 가지고 있는 자연적 자유에 대하여 제한을 과하여 일정한 행위를 할 의무를 명하거나 그 의무를 해제함을 내용으로 하는 행정행위를 말한다.

가) 하 명   국민으로 하여금 작위·부작위·급부·수인의 의무를 부과하는 행정행위이다. 위법한 건축물에 대한 철거명령 등이 있다.

나) 허 가   법령에 의한 일반적 금지, 즉 부작위 의무를 특정한 경우에 해제하는 행위를 말한다. 영업허가, 건축허가 등이 있다.

다) 면 제   법령에 의해 규정된 작위·급부·수인의 의무를 특정한 경우에 해제하는 행위를 말한다. 납세의 면제 등이 있다.

2) 형성적 행위   국민이 본래 가지고 있지 않은 특수한 권리 및 능력을 설정하거나 변경 또는 박탈하는 것을 내용으로 하는 행정행위를 말한다.

가) 특 허   특정인에 대하여 특정의 권리·권리능력·행위능력 등의 법률상의 힘이나, 혹은 법률관계를 발생, 변경, 소멸시키는 행위이다. 광업권설정의 허가, 하천의 점용허가 등이 있다.

나) 인 가   인가는 제3자의 계약, 합동행위 등과 같은 법률행위를 보충하여 그 법률적 효력을 완성시켜 주는 행정행위를 말한다. 국가의 기채행위 인

가, 조합설립 인가 등이 있다.

　　다) 공법상 대리　　제3자가 하여야 할 행위를 행정청이 대신하여 행하고 당해 제3자가 스스로 행한 것과 같은 법적 효과를 발생시키는 행정행위를 말한다. 체납처분절차에서의 공매처분, 토지수용위원회의 수용재결 등이 있다.

(2) 준법률행위적 행정행위

　1) 확인행위　　특정한 사실 또는 법률관계의 존재 여부 등을 공적 권위를 가지고 확인하는 행위를 말한다. 당선자 결정, 도로구역의 결정 등이 있다.

　2) 공증행위　　특정한 사실 또는 법률관계의 존재를 공적으로 증명하는 행위를 말한다. 부동산 등기, 선거인명부의 등록 등이 있다.

　3) 통지행위　　특정인 또는 불특정다수인에게 특정한 사실을 알리는 행위이다. 특허출원의 공고, 귀화의 고시 등이 있다.

　4) 수리행위　　타인의 행위를 유효한 것으로 수령하는 행위를 말한다. 혼인신고의 수리, 행정심판청구서의 수리 등이 있다.

<사례3 해설> (행정행위)

자동차운수사업법에 의한 개인택시운송사업면허는 특정인에게 권리나 이익을 부여하는 행정행위로서 법령에 특별한 규정이 없으면 행정청의 재량에 속하는 것이고, 그 면허를 위하여 정하여진 순위 내에서의 운전경력인정방법에 관한 기준설정 역시 행정청의 재량이므로, 그 설정된 기준이 객관적으로 합리적이 아니라거나 타당하지 않다고 보이지 않는 이상 이에 기하여 운전경력을 산정한 것을 위법하다고 할 수 없다고 보아야 한다. 따라서 B의 승소 가능성은 많지 않다. 관련판례: 대법원 1995.4.14. 선고 93누16253 판결.

Ⅶ. 행정행위의 무효와 취소

사례 4　　행정행위의 무효와 취소

세관출장소장인 A는 무역업을 하는 B가 신고납부한 관세액이 정당한 세액에 미달한다고 보아 그 세액을 증액경정하여 과세처분을 하였다. 이에 대해 B는 관련

법규에 따라 A의 과세처분은 권한의 위임이 없는 무효인 처분이라고 보아 위법성을 주장하려고 한다. 법원의 판단에 대하여 논술하라.

행정행위는 적법성과 공익적합성을 동시에 충족하여야만 완전하게 효력이 발생한다. 적법성에 반하는 행정행위는 위법이고, 공익적합성에 반하는 행정행위는 부당한 행위이다. 이와 같이 행정행위는 법률과 공익에 적합하여 유효하게 성립한 경우 행정행위로서 효력을 발생하지만, 그 성립 또는 효력요건에 하자(흠)가 있는 경우에는 그 효력은 완전히 발생하지 못한다. 하자있는 행정행위는 무효인 행정행위와 취소할 수 있는 행정행위로 구분하는 것이 일반적이다.

무효인 행정행위는 행정행위가 외견상으로는 존재하나 그 하자가 중대하고 명백하여 권한 있는 행정청이나 법원의 취소를 기다릴 것도 없이 처음부터 당연히 그 법률적 효과를 발생하지 아니하는 행위를 말한다.

취소할 수 있는 행정행위는 행정행위의 성립에 하자가 있음에도 불구하고 권한 있는 행정청 또는 법원의 취소가 있기까지는 유효한 행정행위로서 효력을 가지며 그 취소로 인하여 비로소 효력을 상실하는 행위를 말한다.

1. 무효와 취소의 구별실익

(1) 행정소송의 방식

취소할 수 있는 행정행위는 행정소송법에서 규정하는 취소소송에 의해 취소를 구할 수 있고, 무효인 행정행위는 무효확인을 구하는 소송을 제기할 수 있다. 다만 무효인 행정행위는 무효선언을 구하는 취소소송을 제기할 수도 있다. 이때 취소소송의 요건을 갖추어야 한다.

(2) 행정소송의 제기요건

무효인 행정행위는 애초에 처음부터 효력이 발생하지 않은 것이기 때문에 무효등확인소송에서는 제소기간 및 행정심판전치주의는 적용되지 않는다. 이에 반하여 취소소송은 제소기간 및 행정심판전치주의가 적용된다.

(3) 사정판결 및 사정재결

취소할 수 있는 행정행위는 사정재결 및 사정판결이 인정되지만, 무효인 행정행위는 사정재결 및 사정판결로 유지할 유효한 행정행위가 처음부터 존재하지 않기 때문에 인정되지 않는다.

(4) 선결문제

취소할 수 있는 행정행위는 민사소송의 선결문제로서 그 효력을 부인할 수 없지만, 무효인 행정행위는 민사소송에서 그 선결문제로 무효를 확인받을 수 있다.

2. 무효와 취소의 구별기준

1) 중대명백설   위법한 행정행위에 내재하는 하자가 중대한 법규위반이 있고, 그 하자가 중대하며 외관상 명백한 경우에는 무효인 행정행위가 된다. 이에 반하여 행정행위의 하자가 중대하지만 명백하지 않다든가 또는 명백하지만 중대하지 않은 경우에는 당해 행정행위는 취소할 수 있는 행정행위이다. 현재의 통설·판례의 태도이다.

2) 중대설   하자의 명백성의 요건은 불필요하며 하자의 중대성만으로 행정행위의 무효가 될 수 있다는 견해이다.

3) 명백성보충요건설   중대성은 필수요건이지만 명백성은 항상 요구되는 것은 아니고 행정의 법적 안정성이나 제3자의 신뢰보호의 요청 등 이익상황에 따라 중대성의 요건에 가중된 보충요건이라고 하는 견해이다.

4) 이익형량설(가치형량설)   구체적인 사안에 따라 권리구제의 요청과 법적 안정성의 요청 및 제3자의 신뢰보호 등을 고려하여 개별적이고 구체적으로 비교형량하여 합목적적으로 판단해야 한다는 견해이다.

<사례4 해설> (행정행위의 무효와 취소)
대법원은 행정처분이 당연무효라고 하기 위하여는 처분에 위법사유가 있다는 것만으로는 부족하고 하자가 법규의 중요한 부분을 위반한 중대한 것으로서 객관적으로 명백한 것이어야 하며, 하자의 중대·명백 여부를 판별함에 있어서는 법규의 목적, 의미, 기능 등을 목적론적으로 고찰함과 동시에 구체적 사안 자체의 특수성에

관하여도 합리적으로 고찰할 필요가 있다고 본다. 또한 근거 법률의 규정에 따라 적법한 권한 위임 없이 세관출장소장에 의하여 행하여진 관세부과처분이 그 하자가 중대하기는 하지만 객관적으로 명백하다고 할 수 없어 당연무효는 아니라고 판단하고 있다. 따라서 B의 과세처분은 무효의 행정행위라고 보기는 어려우나 취소할 수 있는 행정행위라고 볼 수는 있다. 관련판례: 대법원 2004.11.26. 선고 2003두2403 판결.

Ⅷ. 행정상의 입법

사례 5 행정상 입법

지방자치단체의 장인 A는 아파트 건설사업자인 B에 대하여 아파트건설의 부실공사 및 하자보수지시명령에 대한 불이행을 이유로 들어 영업정지처분을 하였다. 이에 대해 B는 영업정지처분은 재량행위에 해당함에도 불구하고 영업정지처분의 근거가 되는 주택건설촉진법시행령에 의한 처분기준에 따라 일률적으로 처분을 부과하였으며, 또한 처분의 기준으로서의 시행령의 내용은 행정부 내부를 구속하는 행정규칙에 지나지 않으므로 법규성이 없다고 주장하였다. A의 주장은 옳은 것인가?

행정상 입법이란 행정주체가 법조문의 형식으로 일반적·추상적인 규범을 정립하는 작용, 즉 행정권에 의한 입법을 말한다. 일반적·추상적이라는 의미는 수범자가 불특정다수인임을 말하며, 규범적인 것은 법규범으로서 성질을 갖는 법규명령, 법규범으로서 성질을 가지지 않는 것으로서 행정규칙이라고 한다.

권력분립, 법률에 의한 행정의 원칙, 의회입법주의 등과 같은 기본원리에 의한 근대법치국가에서는 법규를 정립하는 작용은 입법권을 갖는 국회의 권한에 속한다. 그러나 현대 복리국가의 실현으로 인하여 행정기능은 점차적으로 확대되었다. 이에 따라 입법부에서 제정하는 법률만으로는 실효성 있는 행정을 수행할 수 없게 되었다. 행정부의 전문적이고 기술적인 사항을 구체적으로 입법해야 할 필요가 있게 되었다. 이에 따라 행정입법의 필요성이 더욱 강조되는 시대에 이르렀다.

1. 법규명령

　　법규명령이란 행정권이 정립하는 일반적·추상적 명령으로서 법규의 성질을 가진 것을 말한다. 법규란 일반적·추상적 규정으로서 국민과 행정권을 구속하고 재판규범이 되는 법규범을 말한다.

(1) 법규명령의 성질 및 헌법상 근거

　　법규명령의 입법행위는 형식적 의미로는 행정이라 하겠으나 실질적 의미에서는 입법에 속한다. 법규명령은 행정권에 의한 행위형식 중의 하나이나 법규로서 성질을 가지는 것이기 때문에 국가와 국민을 구속하는 일반적 구속력을 갖는다.

　　헌법 제76조에 의한 대통령의 긴급명령 및 긴급재정·경제명령, 제75조에 의한 대통령령, 제95조에 의한 총리령과 부령, 제114조에 의한 중앙선거관리위원회규칙 등은 법규명령의 제정 근거라고 할 수 있다.

(2) 법규명령의 종류

가. 법형식에 의한 분류

　　대통령이 제정하는 대통령령, 국무총리가 발하는 총리령, 행정각부의 장이 발하는 명령을 부령이라고 한다. 중앙선거관리위원회는 중앙선거관리위원회규칙을 발하고, 대법원은 대법원규칙을, 국회는 국회규칙을, 감사원은 감사원규칙을 발한다.

나. 수권의 범위에 의한 분류

　　1) 계엄선포　　헌법 제77조에 따라 대통령은 군사상의 필요 또는 공공의 안녕질서를 위해 계엄을 선포할 수 있다.

　　2) 긴급명령, 긴급재정·경제명령　　헌법 제76조에 따라 대통령은 국가를 보위하기 위하여 긴급명령을 발하거나, 또는 긴급재정·경제명령르 발할 수 있다.

　　3) 법률종속명령　　종속명령이라 함은 법률보다 하위의 효력을 가지는 명령을 말한다. 종속명령은 새로운 법규사항을 정하는지 하는 여부에 따라 위임명령과 집행명령으로 구분한다. 위임명령은 법률 또는 상위명령의 위임에 의해 새로운 법규사항을 정하는 명령이다. 집행명령은 법률 또는 상위명령의 규정의 범위 내에서 그 법규의 시행에 필요한 세부적인 사항을 규정하는 명령이다.

(3) 법규명령의 한계

가. 위임명령의 한계

1) 법률유보의 원칙   위임명령은 법률유보의 원칙에 따라 법률에 의한 수권이 있어야 한다. 즉 위임명령은 법률에 의한 위임의 방법과 법률의 위임취지에 적합하여야 한다.

2) 포괄적 위임금지의 원칙   법률의 명령에 대한 수권에 있어서 일반적·포괄적 위임은 금지되며 구체적인 위임만이 가능하다. 포괄적 위임은 의회입법과 법치주의의 원칙에 반하여 행정권의 부당한 자의로 인해 기본권이 침해되는 결과를 발생할 수 있다.

나. 집행명령의 한계

집행명령은 집행에 필요한 절차, 형식, 세부적인 사항을 넘어서 국민의 권리와 의무에 관한 새로운 사항을 규정하는 것은 허용되지 않는다.

(4) 법규명령의 통제

가. 의회에 의한 통제

의회에 의한 국정감사·조사, 질문, 국무총리·국무위원의 해임건의 및 대통령·국무총리·국무위원의 탄핵소추 등에 의한 헌법상 권한을 행사할 수 있다. 또한 국회법에 따라 법규명령이나 행정규칙에 대하여 법률에의 위반 여부를 심사할 수 있다.

나. 행정적 통제

상급행정청은 하급행정청에 대하여 지휘·감독권에 의한 통제를 할 수 있다. 또한 행정입법의 절차로서 법규명령안의 사전통지, 이해관계인의 청문, 기타 의견제출 등에 의한 절차적 통제를 할 수 있다. 아울러 법제처는 각 부처에서 국무회의에 상정될 법령안을 심사할 수 있다.

다. 사법적 통제

법원은 법규명령 및 규칙에 대한 위헌·위법심사로서 재판의 전제가 되는 경우에 구체적 심사권을 행사할 수 있다. 아울러 헌법재판소는 법규명령으로 인하여 헌법상 보장된 기본권이 침해된 경우에는 헌법소원심사제도를 통해 위헌·

위법심사를 할 수 있다.

2. 행정규칙

행정규칙이란 행정기관이 행정조직내부 또는 특별권력관계 내부에서 조직이나 활동을 규율하기 위하여 법률의 수권 없이 발하는 일반적·추상적 규정을 말하며, 행정명령이라고 한다. 실무적으로는 훈령·통첩·예규·지침·고시 등의 형식으로 나타나며 통상적으로 법적 근거 없이 제정되기 때문에 법규명령과 구별된다. 또한 일반적·추상적 규정으로 보아 법규성이 없다고 보아 법규성을 가지고 있는 법규명령과 구분하는 견해가 일반적이다. 그러나 현대국가에서는 법규개념의 확대와 특별권력관계의 부인론 및 행정규칙의 현실적 기능을 바탕으로 행정규칙의 법규성을 인정하려는 견해가 강하게 제기되고 있다.

(1) 행정규칙의 종류

1) 조직규칙   조직규칙이란 행정기관이 그 보조기관이나 소속관서의 설치, 조직, 내부권한분배, 사무처리절차 등을 정하기 위해 발하는 명령이다.

2) 영조물규칙   영조물규칙은 영조물의 이용관계를 규율하는 행정규칙을 말한다. 국·공립학교의 학칙이 대표적인 예이다.

3) 법령해석규칙   법령해석규칙이란 법령집행의 통일성을 기하고자 불확정개념의 해석 또는 적용방향을 정하기 위하여 발하는 명령을 말한다.

4) 법률대체적 규칙 및 규범구체화규칙   법률대체적 규칙이란 법률 등 규범이 없는 경우에 행정활동을 위한 기준을 정하기 위하여 발하는 행정규칙을 말한다. 규범구체화규칙은 법령에서 행정기관에 행정사무처리기준을 구체적으로 규정할 것을 위임한 경우와 국민에게 구속력을 미치게 되는 사항의 구체화를 위임한 경우로 나눌 수 있다. 법률대체적 규칙, 규범구체화규칙, 법령행석규칙, 재량준칙은 효력에서 구분하기 어려울 때도 있다.

5) 재량준칙   재량준칙은 행정청이 재량권을 향유하고 있거나 행정청의 권한행사를 위하여 경미한 제약조건이 존재하는 경우에 행정집행자의 재량권 행사에 대해서 방향을 제시하는 기준을 말한다. 재량준칙과 관련하여서 논의되는 것은 법규성이 있는가의 여부이다. 재량준칙은 강행규범이 아니며, 국민에 대하여

직접적인 법률효과를 발생시키지 않는 점에서 법규명령과 구별된다. 한편으로 재량준칙은 그 자체가 재량준칙을 갖는 것은 아니지만 특별한 사유 없이 특정한 자에게 그 재량준칙을 적용하지 않고 재량준칙의 내용과 다른 처분을 하는 것은 평등원칙에 반하여 위법한 처분이 된다. 따라서 재량준칙을 적용한 구체적 처분은 대외적 효력을 가진다고 보는 것이 일반적이다. 이런 의미에서 준법규성을 인정하고 있다.

(2) 법규명령 형식의 행정규칙과 법규적 성질의 행정규칙

가. 법규명령 형식의 행정규칙

법규명령의 형식을 취하고 있지만 그 내용이 행정규칙의 실질을 갖는 경우가 있다. 법규명령 형식의 행정규칙은 재량권 행사의 기준(재량준칙 등)을 법규명령의 형식으로 제정한 경우가 일반적이다. 이에 대한 법적 성질에 대하여 형식적 기준에 따라 법규명령의 형식을 갖추고 있으므로 법적 안정성에 비추어 법규로서의 성질을 갖는다고 보는 견해와 실질적 기준에 따라 행정사무처리기준과 같은 행정규칙이 명백한 경우에는 행정규칙의 성질로 보아야 한다는 견해가 나누어져 있다. 판례의 태도는 대통령령 형식의 경우는 법규성을 인정하나, 부령 형식의 경우에는 법규성을 부인한다.

나. 법규적 성질의 행정규칙

외관은 행정규칙이나 그 내용은 국민의 자유와 권리에 관계있는 것을 말한다. 대표적인 예로 법령보충적 행정규칙이 있는데, 이는 법령의 위임에 의해 법령을 보충하는 법규사항을 정하는 행정규칙을 말한다. 판례는 법령보충적 행정규칙은 수권법령과 결합하여 대외적인 구속력이 있는 법규명령으로서의 효력을 갖는다고 보았다. 아울러 판례의 경우 규범구체화 규칙의 경우에 있어서도 법령의 내용이 될 사항을 구체적으로 정한 행정규칙은 법령의 구체적 내용을 보충하는 기능을 갖게 될 경우에는 대외적 구속력이 있다고 보았다. 다만 이런 경우에도 규정내용이 법령의 위임범위를 벗어난 경우에는 대외적 구속력을 인정하지 않았다.

<사례5 해설> (행정상 입법)

처분의 기준이 된 주택건설촉진법시행령은 주택건설촉진법의 위임규정에 터잡은 규정형식상 대통령령이므로 그 성질이 부령인 시행규칙이나 또는 지방자치단체의 규칙과 같이 통상적으로 행정조직 내부에 있어서의 행정명령에 지나지 않는 것이 아니라 대외적으로 국민이나 법원을 구속하는 힘이 있는 법규명령에 해당한다고 할 수 있다 따라서 B의 주장은 옳지 않다. 관련판례: 대법원 1997.12.26. 선고 97 누15418 판결.

IX. 행정절차

사례 6   행정절차

개발업자인 B는 지하수개발·이용을 위해 관계법령에 따라 신고하였고, A구청장은 일단 적정한 신고로 보아 해당 신고를 접수하였다. 이에 B는 해당 지역에 개발을 위한 공사를 시작하였다. 그러나 이후 해당 개발지역이 온천지구에 해당한다는 사실을 간과하였고, 이에 따라 엄격한 허가사항에 해당한다는 이유를 들어 B의 신고수리를 취소하는 처분과 더불어 토지의 원상복구명령을 부과하였다. 이때 A는 B에 대하여 행정지도방식에 의한 사전고지와 그에 따른 당사자의 자진신고 철회를 약속받았기 때문에 B에게 행정절차법상의 적정절차를 생략하였다. A의 처분은 적법한가?

행정절차는 행정과정에서 행정청이 밟아야 할 절차로서 입법절차 또는 사법절차에 대응하는 개념으로 이해할 수 있으며, 이러한 의미에서 행정절차의 내용은 다양하게 해석될 수 있다. 우선 행정절차는 행정청이 행정처분 및 기타 공권력을 행사하는 경우, 국민의 권리와 이익을 보호하기 위한 사전의 절차이다. 이런 의미에서 사전절차의 내용으로서 행정입법절차, 행정처분절차, 행정계약절차 등이 중심을 이룬다.

1. 행정절차법의 특색 및 한계

(1) 행정절차법의 특색

우리나라의 행정절차법은 1996년 제정되어 1998년부터 시행되고 있다. 동 법률은 절차법의 내용이 중심이기는 하지만, 신의성실의 원칙(행정절차법 제4조),

행정의 투명성(행정절차법 제5조)에 관한 실체적 규정도 포함하고 있다. 아울러 행정청의 관할 및 협조(행정절차법 제1장 제2절), 송달(행정절차법 제1장 제4절) 등에 관한 행정실무에 관하여도 규정을 두고 있다.

(2) 행정절차법의 한계

행정처분절차를 중심으로 하면서도 행정계획절차, 행정조사절차, 구체적인 행정입법절차 등에 대해서는 구체적 규정을 두고 있지 않다. 아울러 처분절차에 있어서도 불이익처분절차를 중심으로 규정하고 있으며, 청문절차에서도 청문주재자의 독립성에 한계를 갖고 있는 점 등의 한계를 갖고 있기도 하다.

2. 행정절차법의 내용

(1) 처분절차

처분이라 함은 행정청이 행하는 구체적 사실에 관한 법 집행으로서의 공권력의 행사 또는 그 거부와 그 밖에 이에 준하는 행정작용(行政作用)을 말한다.

1) 처분기준의 설정·공표   행정청은 신청인의 편의를 위하여 처분의 처리기간을 종류별로 미리 정하여 공표하여야 한다. 처분기준은 해당 처분의 성질에 비추어 되도록 구체적으로 정하여 공표하여야 한다.

2) 처분의 이유제시   행정청은 처분을 할 때에 그 근거와 이유를 제시하여야 한다. 처분의 이유제시는 행정이 보다 신중하고 공정하게 행하여지도록 하기 위한 것이고, 상대방이 처분에 불복하여 쟁송을 하는 경우 쟁송제기의 편의를 제공하기 위한 것이다.

(2) 신청에 의한 처분절차

행정청에 대하여 처분을 구하는 신청은 원칙적으로 문서로 하여야 한다. 행정청은 다수의 행정청이 관여하는 처분을 구하는 신청을 접수한 경우에는 관계 행정청과의 신속한 협조를 통하여 그 처분이 지연되지 아니하도록 하여야 한다.

(3) 불이익 처분

행정절차법은 당사자에게 의무를 부과하거나 권익을 제한하는 처분에 대하여는 사전통지, 의견제출기회의 부여 등 의견진술절차를 적용하고 있다.

가. 사전통지

행정청은 당사자에게 의무를 부과하거나 권익을 제한하는 처분을 하는 경우에는 미리 처분의 제목, 당사자의 성명 또는 명칭과 주소, 처분하려는 원인이 되는 사실과 처분의 내용 및 법적 근거, 의견제출기관의 명칭과 주소 등을 당사자등에게 통지하여야 한다.

나. 의견진술절차

행정처분을 하는 경우에 이해관계인에게 의견진술의 기회를 주는 것은 행정절차의 핵심적 요건이다. 의견진술절차에는 의견제출, 청문 및 공청회가 있다

다. 청 문

청문이란 행정청이 어떠한 처분을 하기 전에 당사자 등의 의견을 직접 듣고 증거를 조사하는 절차를 말한다. 다른 법령 등에서 청문을 하도록 규정하고 있는 경우 또는 행정청이 필요하다고 인정하는 경우, 행정청이 처분을 할 때 청문을 한다.

청문은 행정청이 소속 직원 또는 대통령령으로 정하는 자격을 가진 사람 중에서 선정하는 사람이 주재하되, 행정청은 청문 주재자의 선정이 공정하게 이루어지도록 노력하여야 한다. 청문의 공정성을 위해 청문주재자의 제척·기피·회피제도를 채택하고 있다. 청문은 당사자가 공개를 신청하거나 청문 주재자가 필요하다고 인정하는 경우 공개할 수 있다. 최종적으로 청문 주재자는 청문에 대한 내용을 담은 청문조서를 작성하여, 의견서를 작성하여 청문을 종결한다.

라. 공 청 회

공청회란 행정청이 공개적인 토론을 통하여 어떠한 행정작용에 대하여 당사자 등, 전문지식과 경험을 가진 사람, 그 밖의 일반인으로부터 의견을 널리 수렴하는 절차를 말한다. 청문회는 다른 법령 등에서 공청회를 개최하도록 규정하고 있는 경우, 또는 해당 처분의 영향이 광범위하여 널리 의견을 수렴할 필요가 있다고 행정청이 인정하는 경우에 인정된다.

공청회의 주재자는 해당 공청회의 사안과 관련된 분야에 전문적 지식이 있거나 그 분야에 종사한 경험이 있는 사람 중에서 행정청이 지명하거나 위촉하는 사람으로 한다. 행정청은 처분을 할 때에 공청회, 전자공청회 및 정보통신망

등을 통하여 제시된 사실 및 의견이 상당한 이유가 있다고 인정하는 경우에는 이를 반영하여야 한다.

(4) 행정입법예고절차

입법예고절차는 행정청으로 하여금 입법의 제정 및 개정에 대하여 국민에게 미리 예고하여 국민의 의견을 수렴하고, 그 의견을 입법안에 반영하고자 하는 제도이다. 이로써 행정에 대한 예측 가능성을 보장하고 이해관계인의 의견을 조율하여 행정의 적정성 및 효율성을 제고하기 위한 것이다.

가. 행정입법예고의 대상

행정청은 법령 등을 제정·개정 또는 폐지하려는 경우에는 이를 예고하여야 한다. 다만 신속한 국민의 권리 보호 또는 예측 곤란한 특별한 사정의 발생 등으로 입법이 긴급을 요하는 경우, 상위 법령 등의 단순한 집행을 위한 경우 등의 예외적인 경우에는 예고를 하지 아니할 수 있다.

나. 예고방법 및 의견제출

행정청은 입법안의 취지, 주요 내용 또는 전문(全文)을 관보·공보나 인터넷·신문·방송 등을 통하여 널리 공고하여야 한다.

아울러 누구든지 예고된 입법안에 대하여 의견을 제출할 수 있으며, 행정청은 해당 입법안에 대한 의견이 제출된 경우 특별한 사유가 없으면 이를 존중하여 처리하여야 한다.

<사례6 해결> (행정절차)
행정절차법에 따라 행정청이 침해적 행정처분을 함에 있어서 당사자에게 사전통지를 하거나 의견제출의 기회를 주지 아니하였다면 사전통지를 하지 않거나 의견제출의 기회를 주지 아니하여도 되는 예외적인 경우에 해당하지 아니하는 한 그 처분은 위법하여 취소를 면할 수 없다고 할 것이다. 따라서 A구청장의 처분은 위법하다. 관련판례: 대법원 2000.11.14. 선고 99두5870 판결.

X. 행정의 실효성 확보수단

A군수는 공장으로 사용하는 건물을 위법하게 구조변경을 하였다는 이유를 들어 건물주인 B의 건축물에 대하여 원상회복명령을 하였으나, B는 A군수의 명령에 응하지 않았다. 이에 대해 A군수는 원상복구를 실현하기 위한 대집행을 하기 위해 계고처분을 하였다. B는 계고문서의 내용에 대집행할 행위의 내용 및 범위가 구체적으로 명기되어 있지 않았다는 이유를 들어 당해 계고처분의 취소를 구하는 소송을 제기하려고 한다. B의 인용 가능성에 대해 검토하라.

행정법규에 의거한 행정행위에 있어서 행정상 실효성 확보수단이라 함은 행정목적의 실효성을 확보하기 위하여 인정되는 법적 수단이다. 이러한 수단으로서 크게 나누어 행정강제와 행정벌이 있다. 행정강제는 개인의 신체 또는 재산에 실력을 가하여 행정상 필요한 상태를 실현하는 직접적 강제수단이며, 행정벌은 행정의무 위반자에 대하여 그 의무위반에 대한 제재를 부과하는 수단이다.

1. 행정강제

(1) 대 집 행

대체적 작위의무를 불이행한 경우에 당해 행정청이 의무자가 행할 행위를 스스로 행하거나, 또는 제3자로 하여금 이를 행하게 하고 그 비용을 의무자로부터 징수한다. 대집행의 일반법으로는 행정대집행법이 있다.

가. 대집행의 요건

대집행을 하기 위해서는 법률에 의하여 직접 명령되었거나 또는 법률에 의거한 행정청의 명령에 의한 행위로서 타인이 대신하여 행할 수 있는 행위를 의무자가 이행하지 아니하는 경우라야 한다. 또한 다른 수단으로써 그 이행을 확보하기 곤란한 경우라야 하며, 그 불이행을 방치하는 것이 심히 공익을 해할 것이라고 인정되는 때이어야 한다.

나. 대집행의 절차

1) 계 고   대집행을 하려면 상당한 이행기간을 정하여, 그때까지 이행하지 아니할 경우에는 대집행을 한다는 뜻을 미리 문서로써 계고하여야 한다.

2) 통 지   의무자가 계고를 받고 지정 기한까지 그 의무를 이행하지 아니할 때에는 당해 행정청은 대집행영장으로써 대집행을 할 시기, 대집행을 시키기 위하여 파견하는 집행책임자의 성명과 대집행에 요하는 비용의 개산에 의한 견적액을 의무자에게 통지하여야 한다.

3) 실행 및 비용징수   대집행의 실행은 물리력의 행사이다. 아울러 대집행에 요한 비용은 국세징수법의 예에 의하여 징수할 수 있다.

(2) 이행강제금

이행강제금이란 일정한 기한까지 행정상의 작위의무 또는 부작위의무를 불이행하는 경우에 일정한 금전지급을 과할 뜻을 미리 계고하여 상대의무자에게 심리적 압박을 주어 장래에 의무이행을 확보하려는 것이다. 과거의 의무위반에 대한 제재인 행정벌과 구분된다.

이행강제금은 침익적 강제작용이므로 법률유보의 원칙이 엄격하게 적용된다. 일반법은 없으며 건축법, 근로기준법 등에서 찾아볼 수 있다.

(3) 직접강제

직접강제란 의무자가 의무를 이행하지 아니하는 경우에 행정청이 의무자의 신체 또는 재산에 직접 실력을 행사하여 의무자가 의무를 이행한 것과 같은 상태를 실현하는 작용이다.

직접강제는 국민의 기본권을 직접 침해할 수 있는 정도가 강하기 때문에 법률유보의 원칙이 엄격하게 적용된다. 일반법은 없으며 식품위생법, 공중위생관리법, 출입국관리법 등에서 찾아볼 수 있다.

(4) 행정상 강제징수

행정상 강제징수는 행정법상 금전급부의무가 이행되지 아니한 경우에 행정청이 의무자의 재산에 실력을 가하여 그 의무가 이행된 것과 같은 상태를 실현하는 행정작용이다.

일반법으로는 국세징수법이 있는데, 강제징수의 절차는 독촉 및 체납처분으로 이루어져 있으며, 체납처분은 재산압류, 압류재산의 매각, 청산으로 이루어져 있다

(5) 행정상 즉시강제

행정상 즉시강제란 행정법상의 의무를 전제함이 없이 목전의 급박한 위험 또는 장해를 제거하기 위해 또는 그 성질상 의무를 명하여서는 목적을 달성할 수 없는 경우에 직접 국민의 신체 또는 재산에 실력을 행사하여 행정목적을 실현하는 작용이다.

즉시강제의 경우에도 법치주의 원리에 의한 엄격한 법률근거가 요구된다. 경찰관직무집행법, 전염병예방법, 소방기본법 등에서 법적 근거를 찾아볼 수 있다.

2. 행 정 벌

(1) 행정형벌

행정형벌이란 행정법규 위반에 대하여 과하여지는 형벌을 말한다.

형사벌과의 관계에 관하여는 행정형벌에 대하여는 원칙적으로 형사벌에 대한 법이론이 그대로 적용된다. 다만 형사벌과 비교하여 행정형벌에는 몇 가지 특수성이 인정될 수 있다. 행정형벌에 대하여는 예외적으로 형법총칙의 적용이 배제될 수 있다는 점, 형사법에서 요구되는 고의의 성립요건인 사실인식과 위법성 인식 등을 엄격하게 적용할 경우 행정형벌을 부과하기 어렵다고 하는 점 등이 논의되고 있다.

(2) 행정질서벌(과태료)

행정질서벌은 비교적 경미한 행정법상 의무 위반에 대하여 형벌이 아니라 과태료를 부과하는 것으로 행정목적을 달성하려는 작용이다.

행정질서벌의 통칙적 근거규정으로는 질서위반행위규제법이 2007년 12월에 제정되어 2008년 6월부터 시행되고 있다.

<사례7 해설> (행정의 실효성 확보수단)

대집행계고를 함에 있어서는 의무자가 스스로 이행하지 아니하는 경우에 대집행할 행위의 내용 및 범위가 구체적으로 특정되어야 하나, 그 행위의 내용 및 범위는 반드시 대집행계고서에 의하여서만 특정되어야 하는 것이 아니고, 계고처분 전후에 송달된 문서나 기타 사정을 종합하여 행위의 내용이 특정되거나 실제건물의 위치, 구조, 평수 등을 계고서의 표시와 대조·검토하여 대집행의무자가 그 이행의무의 범위를 알 수 있을 정도로 하면 족하다. 따라서 B의 청구이유가 인용될 가능성은 적다. 관련판례: 대법원 1996.10.11. 선고 96누8086 판결.

XI. 행정상 손해배상

사례 8　　행정상 손해배상

A구청은 '교통할아버지 봉사활동 계획'을 수립한 후 관할 동장으로 하여금 '교통할아버지'를 선정하게 하여 어린이보호, 교통안내, 거리질서 확립 등의 공무를 위탁하여 집행하게 하던 중 '교통할아버지'로 선정된 노인이 위탁받은 업무 범위를 넘어 교차로 중앙에서 교통정리를 하다가 교통사고를 발생시켰다. 이에 따라 피해자는 손해배상의 책임을 청구하였으나, A구청은 '교통할아버지'는 공무원이 아니기 때문에 배상책임이 없다고 주장하였다. A구청의 주장에 대한 타당성을 검토하라.

　　행정상 손해배상은 위법한 국가작용으로 인하여 발생한 손해에 대하여 국가 등의 배상책임을 말한다. 행정상 손해배상은 국가배상이라고도 한다. 국가배상은 공무원의 위법한 직무행위로 인한 손해배상책임, 영조물책임, 무과실책임인 공법상 위험책임으로 구분할 수 있다. 이곳에서는 일반법으로서 국가배상법을 토대로 하여 공무원의 위법행위에 의한 배상과 영조물의 하자로 인한 배상에 대하여 살펴보기로 한다.

1. 공무원의 위법한 직무행위로 인한 배상책임

　　국가배상법 제2조는 국가나 지방자치단체는 공무원 또는 공무를 위탁받은 사인(이하 "공무원"이라 한다)이 직무를 집행하면서 고의 또는 과실로 법령을 위반하여 타인에게 손해를 입히거나, 자동차손해배상 보장법에 따라 손해배상의 책임이 있을 때에는 이 법에 따라 그 손해를 배상하여야 한다고 규정하고 있다.

(1) 국가배상책임의 성질

국가배상책임의 성질에 대하여 학설이 대립하고 있다.

1) 대위책임설   국가배상책임을 공무원의 개인적인 불법행위책임에 대신하여 지는 책임이라고 보는 견해이다.

2) 자기책임설   국가배상책임을 국가가 공무원을 대신하여 지는 배상책임이 아니라, 국가 자신의 책임으로서 지는 배상책임이라고 하는 견해이다.

3) 중간설   공무원의 불법행위가 경과실에 기인할 경우에는 공무원의 행위는 기관행위가 되므로 국가의 배상책임이 자기책임이지만, 공무원의 불법행위가 고의나 중과실인 경우에 지는 국가의 배상책임은 대위책임이라고 한다.

(2) 배상책임의 요건

가. 공 무 원

국가 등이 배상책임을 지는 손해는 '공무원 또는 공무를 위탁받은 사인'이 그 직무집행을 하면서 입힌 것이어야 한다. 이때 공무의 위탁은 일시적이고 한정적인 것도 포함하며, 보수지급 여부와도 무관하다.

나. 직무행위

직무행위의 범위에 관하여는 권력작용만 의미한다고 하는 협의설, 권력작용과 비권력적 행정작용(관리행위)을 포함하여야 한다는 광의설, 사경제적 작용까지 포함하여야 한다는 최광의설이 대립되고 있다. 판례는 원칙적으로 광의설을 취하고 있다.

다. 법령위반

법령위반이란 공무원의 직무집행이 법령이 정한 요건과 절차에 따르지 아니한 것을 말한다. 법령의 범위에 대해서는 성문법과 불문법의 법규위반뿐만 아니라 합목적성에 반하는 부당한 행위까지 포함하여야 한다는 최광의설, 명문의 법규위반 및 재량권의 일탈·남용을 포함하는 객관적 정당성을 결한 행위라는 광의설, 명문의 법규위반만을 포함하여야 한다는 협의설로 나누어진다. 통설과 판례의 입장은 광의설을 취하고 있다.

라. 손해의 발생

타인에게 손해가 발생하여야 한다. 타인이란 가해자인 공무원 및 그의 불법행위에 가담한 자 이외의 모든 자를 의미한다. 아울러 가행행위와 손해와의 사이에는 상당인과관계가 성립하여야 한다.

2. 영조물의 설치·관리의 하자로 인한 손해배상

국가배상법 제5조에 의하면 도로·하천, 그 밖의 공공의 영조물(營造物)의 설치나 관리에 하자(瑕疵)가 있기 때문에 타인에게 손해를 발생하게 하였을 때에는 국가나 지방자치단체는 그 손해를 배상하여야 한다.

1) 공공의 영조물   공공의 영조물이란 행정주체에 의하여 공공목적에 제공되는 유체물 내지 물적 설비, 즉 학문상의 공물을 의미한다. 인공공물, 자연공물, 동산 및 동물 등도 모두 포함된다.

2) 설치·관리의 하자   영조물의 설치·관리의 하자라 함은 영조물이 통상 갖추어야 할 안정성을 결여한 상태를 말한다. 하자의 구체적인 기준이 무엇인가에 관하여 견해가 나누어져 있다.

가) 객관설   설치 및 관리의 하자란 객관적으로 영조물의 설치와 그 이후의 유지·수선에 불완전한 점이 있어서 사회통념상 일반적으로 갖추어야 할 물적 안정성을 결여한 것이라고 보는 견해이다. 따라서 하자의 발생에 관리자의 과실이 없는 경우에도 국가는 배상책임을 갖는다.

나) 주관설   설치 및 관리의 하자란 관리자가 영조물을 안전한 상태로 유지하여야 할 작위 또는 부작위의무를 위반한 것이라고 보는 견해이다. 공물의 하자는 관리자의 안전확보 의무위반이라는 주관적 귀책사유로 발생하기 때문에 관리자의 과실책임주의에 입각하게 된다.

다) 절충설   영조물의 자체의 객관적 하자뿐만 아니라 관리자의 안전관리의무의 위반이라는 주관적 요소도 고려하여 배상책임을 판단하여야 한다는 견해이다.

라) 검토 및 판례의 태도   객관설에 의할 경우 국가가 무과실책임을 지게 되어 국가의 배상범위가 과도하게 확대된다는 점이 있고, 주관설에 의할 경우

에는 과실책임주의의 원칙에 근거하기 때문에 피해자의 입증책임에 어려운 점이 있다. 판례의 태도는 과거에 객관설을 취하였으나, 최근에는 주관적 요소도 고려하여 하자 유무를 판단하는 태도를 보이고 있다. 이러한 판례의 태도에 대해서는 논자에 따라 다양한 해석을 하고 있다.

　　3) 손해발생과 인과관계　　손해배상의 책임을 지게 하기 위해서는 설치·관리의 하자로 타인에게 손해가 발생하여야 하며, 하자와 손해발생 사이에는 상당인과관계가 인정되어야 한다.

> **<사례8 해결>** (행정상 손해배상)
> 국가배상법 제2조 소정의 '공무원'이라 함은 국가공무원법이나 지방공무원법에 의하여 공무원으로서의 신분을 가진 자에 국한하지 않고, 널리 공무를 위탁받아 실질적으로 공무에 종사하고 있는 일체의 자를 가리키는 것으로서, 공무의 위탁이 일시적이고 한정적인 사항에 관한 활동을 위한 것이어도 달리 볼 것은 아니라고 본다. 따라서 A구청의 주장은 옳지 않다. 관련판례: 대법원 2001.1.5. 선고 98다39060 판결.

XII. 행정심판

　　행정심판은 행정상 법률관계에서 발생한 법적 분쟁이 발생한 경우 당사자의 청구에 의하여 행정심판위원회 등 권한 있는 행정기관이 심리·판정하는 절차를 말한다. 행정심판을 규율하는 법으로 일반법적 성격을 갖는 행정심판법이 있고 각 개별법에서 행정심판에 대한 특별한 규정을 두고 있다. 따라서 행정심판 이외에 이의신청·심사청구·불복신청 등 다양한 심판제도가 규정되어 있다. 여기에서는 행정심판법에 의한 행정심판을 중심으로 살펴보기로 한다.

　　행정심판은 약식쟁송으로 절차가 불완전하고, 심판대상이 되는 행정기관 자신이 심판자의 지위에 서게 되는 등 객관성·공정성 등에 한계를 갖고 있음에도 이를 인정할 필요가 있다.

　　1) 자율적 행정통제　　행정심판은 행정권이 사법권의 간섭을 받지 아니하고 행정권 행사에 있어서의 과오를 자기반성에 의하여 자율적으로 시정할 수 있다

　　2) 행정청의 전문지식의 활용　　현대행정은 고도로 복잡하고 전문적·기술적인 경험과 지식을 요구하고 있다. 이에 일반법원은 이러한 전문적이고 기술적 사

안에 대해 적절한 판단을 하기 어려운 경우가 적지 않다. 그리하여 전문기관인 행정청이 심판을 하게 함으로써 분쟁을 보다 원활하게 할 수 있는 합리성이 있다.

3) 소송경제의 확보   사법절차는 엄격한 절차가 진행됨에 따라 많은 시간과 노력 및 경비가 소요된다. 이에 비하여 행정심판은 비용과 시간을 절감할 수 있다.

1. 행정심판의 종류

(1) 취소심판

취소심판이란 행정청의 위법 또는 부당한 공권력의 행사 또는 그 거부나 그 밖에 이에 준하는 행정작용으로 인하여 권익을 침해당한 자가 그 취소 또는 변경을 구하는 행정심판이다.

취소심판은 처분의 위법성을 확인하는 것으로 보는 견해와 처분의 취소 변경을 통하여 당해 법률관계를 소멸시키거나 변경하는 성질을 가진 것으로 보는 견해가 있으나 후자가 다수의 견해이다

취소심판의 청구가 부적법하거나 청구이유가 없다고 인정되면 각하 또는 기각재결을 하고, 청구이유가 있다고 인정할 때에는 인용재결을 한다.

(2) 무효등확인심판

행정청의 처분의 효력 유무 또는 존재 여부에 대하여 확인을 구하는 심판이다. 무효확인심판, 유효확인심판, 부존재확인심판, 존재확인심판이 포함된다.

무효등확인심판의 성질에 관하여는 확인쟁송설, 형성쟁송설, 준형성쟁송설 등이 대립되고 있으나, 실질적으로는 확인쟁송인 것이나 형식적으로는 처분의 효력 유무 또는 존재 여부를 직접 쟁송의 대상으로 한다는 점에서 형성쟁송의 성질도 아울러 가지고 있다고 보는 준형성쟁송설이 다수의 견해이다.

행정심판위원회는 무효등확인심판의 청구 이유가 있다고 인정하면 처분의 효력 유무 또는 존재 여부를 확인한다. 무효확인재결에는 처분무효확인재결, 처분실효확인재결, 처분유효확인재결, 처분존재확인재결, 처분부존재확인재결이 있다.

(3) 의무이행심판

의무이행심판이란 행정청의 위법 또는 부당한 거부처분이나 부작위에 대하여 처분을 하도록 하는 행정심판을 말한다. 의무이행심판은 행정청의 거부처분 또는 부작위에 대하여 적극적인 처분을 하도록 하는 행정심판이다. 행정소송에서는 의무이행소송이 인정되고 있지 않지만 행정심판에서는 의무이행심판이 인정되고 있다.

의무이행심판은 행정청에게 일정한 처분을 하도록 명하는 심판이므로 이행쟁송의 성질을 가진다.

심판청구가 이유 있다고 인정될 때에는 행정심판위원회는 지체없이 원래의 신청에 따른 처분을 하거나, 처분할 것을 명하는 재결을 한다.

2. 행정심판의 대상

행정심판의 대상이란 행정심판, 즉 심판청구의 제기대상으로 삼을 수 있는 사항을 말한다. 심판청구사항을 정하는 방법에는 개괄주의와 열기주의가 있다. 개괄주의는 행정심판을 제기할 수 있는 심판청구사항을 한정하지 아니하는 경우를 말한다. 열기주의는 법령의 열거하는 특정사항에 관해서만 심판청구의 제기를 허용하는 경우를 말한다. 우리나라의 행정심판법은 개괄주의를 채택하고 있다.

(1) 행 정 청

행정심판의 대상은 행정청의 처분 또는 부작위이다. 이때 행정청이란 행정에 관한 의사를 결정하고 표시하는 국가 또는 지방자치단체의 기관, 그 밖에 법령 또는 자치법규에 따라 행정권한을 가지고 있거나 위탁을 받은 공공단체나 그 기관 또는 사인을 말한다.

(2) 처 분

행정청이 행하는 구체적 사실에 관한 법집행으로서의 공권력의 행사 또는 그 거부, 그 밖에 이에 준하는 행정작용을 말한다.

가. 공권력의 행사

공권력의 행사란 행정청이 공권력의 소지자인 행정주체의 기관의 지위에 서서 법의 집행으로서 하는 권력적 활동을 말하는 것으로, 학문상의 행정행위가 그 중심이 되지만 권력적 사실행위도 포함된다.

나. 공권력행사의 거부

공권력행사의 거부란 일정한 행정행위의 신청이 있는 경우에 그 신청에 따르는 행정행위를 할 것을 거부하는 내용의 행정행위를 말한다. 거부는 행정청의 부작위와 마찬가지로 소극적 행위이기는 하나 행위를 한다는 점에서 부작위와 구별된다.

다. 공권력의 행사 또는 그 거부에 준하는 행정작용

공권력의 행사 또는 그 거부에 준하는 행정작용이란 개념은 명확하지는 않아, 학설에 따라 논의의 대상이 되기도 한다. 대개는 공권력의 행사 또는 그 거부는 아니더라도 행정청의 대외적 작용으로서 개인의 권익에 구체적으로 영향을 미치는 작용이라고 한다. 이는 행정심판사항으로서의 처분에 관한 일종의 포괄적 개념으로서 현대산업사회에 있어서 행정작용의 적극화·다양화에 대응하기 위한 개념이라고 할 수 있다.

라. 부 작 위

부작위란 행정청이 당사자의 신청에 대하여 상당한 기간 내에 일정한 처분을 하여야 할 법률상의 의무가 있음에도 불구하고 이러한 신청에 대하여 아무런 처분을 하지 아니하는 것을 말한다. 이는 개인의 법령에 의거한 신청을 방치하거나, 혹은 사무처리의 지연으로 인하여 발생하는 권익침해를 구제하기 위한 것이다.

3. 행정심판의 당사자

(1) 청 구 인

청구인이란 행정심판의 대상인 처분 또는 부작위에 불복하여 그의 취소 또는 변경 등을 구하기 위하여 심판청구를 제기하는 자로서 원칙적으로 자연인 또는 법인이어야 하며, 다만 비법인단체로서 대표자나 관리인이 있을 때에는 그 이름으로 청구인이 될 수 있다.

행정심판청구의 청구인이 되어 재결을 받을 수 있는 법적 자격을 청구인적격이라고 하는데 행정심판법상 행정심판의 종류에 따라 법률상의 이익이 있는 자이어야 한다.

(2) 피청구인

1) 피청구인적격　피청구인이란 심판청구를 제기받은 상대방인 당사자를 말하며, 당해 심판청구의 대상인 처분을 한 처분청 또는 부작위청이 된다.

2) 피청구인의 경정　청구인이 심판청구를 제기하면서 피청구인을 잘못 지정한 경우에는 위원회는 직권으로 또는 당사자의 신청에 의하여 결정으로써 피청구인을 경정(更正)할 수 있다.

(3) 행정심판의 참가인

1) 참가인　심판결과에 대한 이해관계가 있는 제3자 또는 행정청은 행정심판위원회의 허가를 받아 그 사건에 참가할 수 있다.

2) 대리인　심판청구의 당사자인 청구인이나 피청구인은 대리인을 선임하여 심판청구에 관한 행위를 할 수 있다.

4. 행정심판기관

행정심판기관이란 행정심판의 청구를 수리·심리·재결하여 행정상 법률관계에 관한 분쟁을 해결하는 권한을 가진 행정기관을 말한다. 현행 행정심판법은 행정심판의 객관적인 공정성을 담보하고 절차의 신속한 진행을 위하여 행정심판기관을 행정심판위원회로 일원화하고 있다.

(1) 행정심판위원회

가. 처분청에 두는 행정심판위원회

심판청구의 대상인 처분이나 부작위를 한 행정청이 감사원, 국가정보원장, 그 밖에 대통령령으로 정하는 대통령 소속기관의 장, 국회사무총장·법원행정처장·헌법재판소사무처장 및 중앙선거관리위원회사무처장 등의 경우에는 행정청

소속으로 행정심판위원회를 둔다.

나. 중앙행정심판위원회

중앙행정심한위원회는 행정청의 처분 또는 부작위에 대한 심판청구에 대하여는 '부패방지 및 국민권익위원회의 설치와 운영에 관한 법률'에 따른 국민권익위원회에 둔다. 감사원, 국가정보원, 그 밖에 대통령령으로 정하는 대통령소속 행정청 외의 국가행정기관의 장 또는 그 소속 행정청, 시·도지사 또는 시·도의회 등의 처분 또는 부작위에 대한 심판청구를 심리·재결한다.

다. 행정심판위원회의 구성

행정심판위원회는 위원장 1명을 포함한 30명 이내의 위원으로 구성한다. 중앙행정심판위원회는 위원장 1명을 포함한 50명 이내의 위원으로 구성하되, 위원 중 상임위원은 4명 이내로 한다.

(2) 행정심판위원회의 권한

가. 심 리 권

행정심판위원회는 행정심판을 청구한 심판청구사건에 대한 심리권을 가진다. 여기서 심리권은 재결의 기초가 되는 사실관계 및 법률관계를 명백히 하기 위하여 문서 또는 구술에 의한 당사자 및 관계인의 주장과 반박을 듣고, 이것을 뒷받침하는 증거 기타의 자료 등을 수집·조사할 수 있는 권한을 말한다.

나. 재 결 권

행정심판위원회는 심판청구사건에 대한 심리를 마치면 그 심판청구에 대하여 재결할 권한을 가진다. 재결사항은 심판청구에 대한 재결이 주된 것이나, 그 외에 집행정지결정과 임시처분에 관한 것이 있다.

5. 행정심판청구의 심리

행정심판청구의 심리란 재결의 기초가 될 사실관계 및 법률관계를 명백히 하기 위하여 당사자 및 관계인의 주장과 반박을 듣고, 증거 기타 자료를 수집·조사하는 일련의 절차를 말한다.

(1) 심리의 내용

행정심판청구의 심리는 그 내용에 따라 요건심리와 본안심리로 구분된다. 당해심판청구의 수리 여부를 결정하기 위하여 제기요건을 갖춘 적법한 심판청구인가를 형식적으로 심리하는 것을 요건심리라 하고, 요건심리의 결과 부적법한 심판청구인 때에는 각하하여야 한다.

요건심리의 결과 심판청구가 적법한 것이라 하여 수리한 경우에 그 심판청구의 본질, 즉 당해 심판청구 취지의 인용 또는 기각 여부를 심리하는 것을 본안심리라 한다.

(2) 행정심판청구의 심리원칙

가. 대심주의(당사자주의)

행정심판법이 사법절차화의 일환으로 인정하고 있는 대심주의란 일방심리주의에 대응하는 개념으로 심리에 있어서 당사자 쌍방에게 공격·방어 방법을 제출할 수 있는 대등한 기회를 보장하는 제도를 말하며 당사자주의라고도 한다.

나. 처분권주의

처분권주의란 절차의 개시, 심판의 대상 및 절차의 종결을 당사자의 의사에 일임하는 것을 말한다.

다. 구술심리주의 및 서면심리주의

행정심판의 심리는 구술심리 또는 서면심리로 하며, 다만 당사자가 구술심리를 신청한 때에는 서면심리만으로 결정할 수 있다고 인정되는 경우 외에는 구술심리를 하여야 한다.

라. 비공개주의

비공개주의란 행정심판의 심리와 재결과정을 일반에게 공개하지 아니하는 원칙으로서, 공개주의에 대응하는 개념이다. 행정심판법에는 이에 관한 명문의 규정은 없으나 전체적 구조로 보아 비공개주의에 입각해 있다는 견해가 통설이다.

제2. 지방자치행정

*제2-제6 집필: 오승규. 중원대학교 법학과 교수

사례　지방행정

A도지사는 매장 및 묘지 등에 관한 법률에서 도의 사무로 정해진 사설묘지 등의 설치허가에 관한 권한을 A도사무위임조례에 의하여 시장·군수에게 위임하였다. 도내 B시의회는 '시장은 묘지 등의 설치허가 민원을 처리함에 있어 의견청취 대상의 3분의 2 이상의 찬성 없이는 허가할 수 없다'는 내용과 '시장은 경영을 목적으로 하는 사설묘지 등의 관내 유치를 억제하고 불법묘지 발생방지와 화장을 제고하기 위하여 B시 주민이 사용할 수 있는 공설 화장장과 납골당을 설치하여야 한다'는 내용을 담은 B시묘지등설치허가주민의견청취등에관한조례안을 의결하여 B시장에게 이송하였고, B시장은 이 조례안이 기관위임사무에 대한 것이며, 법령의 위임없이 시장의 허가권을 제한하는 것으로 법령에 위반된다는 이유로 지방자치법 제26조에 따라 재의를 요구하였는데, B시의회는 당초 원안과 동일하게 재의결을 하였다. 이에 B시장은 이 사건 조례안이 법령에 위반됨을 이유로 지방자치법 제107조 제3항에 따라 대법원에 이 사건 조례안에 대한 재의결무효확인소송을 제기하였다. 이 사건 조례안의 효력은 어떻게 될 것인가?

Ⅰ. 지방자치단체의 사무

지방자치단체가 자기의 책임하에 주체가 되어 처리하는 사무를 말한다. 사무처리의 효과는 지방자치단체에게 귀속된다. 지방자치단체의 사무에는 자치사무와 위임사무가 있다. 지방자치법 제9조 제1항은 '지방자치단체는 관할구역의 자치사무와 법령에 따라 지방자치단체에 속하는 사무를 처리한다'고 규정하고 있다.

1. 자치사무

　　지방자치단체는 지역적 이해관계가 있는, 지역에 고유한 사무를 처리한다. 이러한 사무가 자치사무이며 고유사무라고도 한다. 헌법 제117조 제1항에서 규정하고 있는 '주민의 복리에 관한 사무와 재산의 관리'가 이에 해당한다. 자치사무는 지방자치법 제9조 제2항에서 예시하는 바와 같이 법령에 의해 명시적으로 정해지기도 하고 성질상 지역에 고유한 사무로서 인정되기도 한다. 가장 어려운 문제는 자치사무와 국가사무를 구별하는 것이다.

(1) 자치사무와 국가사무의 구별

　　지방자치법에서는 자치사무를 예시함에 그치고 있기 때문에 실제 자치사무를 판단하기란 어렵다. 더구나 예시된 사무마저도 다른 법률에 규정이 있으면 국가사무가 된다고 하므로 양자를 명확하게 구별하기가 곤란하다. 그럼에도 불구하고 나름의 구별기준을 제시한다면, 우선 어떤 사무가 자치사무인지 국가사무인지를 법령에서 명확히 정한 경우에는 그에 따르고, 명문의 규정이 없는 경우에는 관계규정과 사무의 성질 등을 종합적으로 고려하여 결정한다. 그 사무의 성질이 전국적으로 통일적인 처리가 요구되는 사무인지의 여부나 그에 관한 경비부담과 최종적인 책임귀속의 주체 등도 아울러 고려하면 될 것이다. 이렇게 해서라도 자치사무와 국가사무를 구별하는 실익은 관리와 비용부담의 주체, 조례제정권의 범위, 국가의 감독권의 범위, 국가배상법상 종국적 배상책임자 등을 결정하는 데 있다. 특히 조례제정권의 범위와 관련하여 중요한 의미가 있는데, 자치사무는 법령의 수권 없이도 조례제정의 대상이 된다. 반면 국가사무를 위임받아 처리하는 경우에는 법령의 수권이 있어야만 그에 관한 조례를 제정할 수 있다.

(2) 광역자치단체의 사무와 기초자치단체의 사무

　　지방자치법에서는 각 지방자치단체에 공통된 사무 외에 시·도에서 처리하도록 하는 사무를 예시하고(지방자치법 제10조 제1항 제1호의 6가지 사무), 그를 제외한 사무는 시·군 및 자치구의 사무로 하고 있다. 사무가 경합하는 경우에는 기초자치단체에서 우선적으로 처리한다는 보충성의 원칙을 채택하고 있다.

2. 위임사무

지방자치단체는 고유의 자치사무 외에도 국가 또는 다른 지방자치단체 등으로부터 위임된 사무를 처리한다. 위임사무에는 단체위임사무와 기관위임사무가 있다.

(1) 단체위임사무

국가 또는 지방자치단체 등으로부터 지방자치단체에 위임되는 사무이다. 지방자치법 제9조 제1항의 '법령에 의하여 지방자치단체에 속하는 사무'가 이에 해당한다. 단체위임을 일반적으로 규정하는 법률은 없고, 각 사무의 근거가 되는 개별 법률에서 별도로 규정해야 한다. 현재는 하천법 제38조에 의한 시·도의 국가하천의 점용료 징수와 지방세기본법 제53조에 의한 시·군의 도세징수 정도를 단체위임사무의 예로 들 수 있는 정도이다.

(2) 기관위임사무

국가 또는 지방자치단체 등으로부터 지방자치단체의 장에게 위임된 사무이다. 법인인 지방자치단체 자체가 아니라 그 기관인 단체장에게 위임되었다는 점에서 단체위임사무와 구별된다. 국가로부터 위임된 기관위임사무는 국가사무이고, 다른 지방자치단체로부터 위임받은 기관위임사무는 위임한 그 지방자치단체의 사무이다. 이 사무를 실제 집행하는 집행기관은 위임자인 국가 또는 지방자치단체의 기관의 지위를 가진다. 정부조직법 제6조 제1항과 행정기관의 위임 및 위탁에 관한 규정은 기관위임에 관한 일반적 근거를 규정하고 있다.

(3) 단체위임사무와 기관위임사무를 구별하는 실익

자치사무와 국가사무의 구별과 마찬가지로, 단체위임사무와 기관위임사무도 사무의 관리 및 귀속의 주체, 지방의회의 관여 정도, 조례제정권의 범위, 비용부담, 국가의 감독 범위, 국가배상법상 종국적 배상책임자 등을 결정하는 데 있어 중요한 차이를 보이고 있기 때문에 구별할 필요가 있다. 특히 조례제정권의 범위와 관련하여 본질적 차이를 보이고 있으며 실무상 중요한 문제가 된다.

Ⅱ. 조례제정권의 범위

지방자치의 본질은 지방자치단체가 가지는 자치권으로, 이 자치권은 자치조직권, 자치행정권, 자치입법권, 자치재정권을 내용으로 한다. 조례제정권은 그 중 자치입법권에 해당하며 핵심을 이루고 있다. 조례는 지방자치단체가 지방의회의 의결로 제정하는 자치법규이다. 지방자치법 제22조는 '지방자치단체는 법령의 범위 안에서 그 사무에 관하여 조례를 제정할 수 있다. 다만, 주민의 권리제한 또는 의무부과에 관한 사항이나 벌칙을 정할 때에는 법률의 위임이 있어야 한다'고 규정하고 있다. 이 조례를 제정하는 권한의 범위와 관련하여 여러 문제가 제기된다.

1. 조례의 대상

지방자치단체가 조례를 제정할 수 있는 사항은 지방자치단체의 고유사무인 자치사무와 개별 법령에 의하여 지방자치단체에 위임된 단체위임사무에 한하고, 국가사무로서 지방자치단체의 장에게 위임되거나 상위 지방자치단체의 사무로서 하위 지방자치단체의 장에게 위임된 기관위임사무에 관한 사항은 조례제정의 범위 밖에 있다는 것이 판례의 입장이다. 이것은 상위법의 수권 없이도 지방자치단체가 조례를 제정할 수 있는 경우를 의미한다. 기관위임사무의 경우에도 상위법의 수권이 있는 경우에는 조례를 제정할 수 있는 것으로 보아야 한다.

2. 조례의 범위

(1) 법령에 위반되지 않을 것(법률우위의 문제)

조례는 국가의 법령에 어긋나는 내용을 담고 있어서는 안 된다. 지방자치법 제22조의 '법령의 범위 안에서'는 '법령에 위반되지 않는 범위 내에서'로 해석된다. 이 '법령'에는 헌법, 법률, 명령 및 법의 일반원칙이 포함된다. 법령에 위반한 조례는 위법한 조례가 되어 무효이다. 조례가 법령에 위반하는지의 여부는 법령과 조례 사이에 모순·저촉이 있는지의 여부에 따라서 개별적·구체적으로 결정하여야 한다.

조례가 규율하는 특정사항에 관하여 법령에서 이미 정하고 있는 경우에는 그 법령의 취지가 각 지방자치단체가 그 지방의 실정에 맞게 별도로 규율하는 것을 용인하는 취지라고 해석되는 때에는 법령위반이 아니다. 그런데, 법령과 조례가 동일한 사항을 동일목적으로 규정하고 있는 경우에 법령이 정한 기준을 초과하여 더 강화된 기준을 조례로 정하였다면(이른바 초과조례), 더구나 그것이 권리를 제한하는 규제를 내용으로 하는 것이라면, 그 조례는 법령에 위반되어 허용될 수 없다.

조례가 지방자치단체장의 고유권한에 속하는 사항의 행사에 관해 사전적이고 적극적으로 개입하는 내용을 정하는 것은 허용되지 않는다. 고유권한 사항을 정한 법령에 위반하는 것이기 때문이다.

(2) 법률의 위임을 요하는 경우(법률유보의 문제)

주민의 권리제한 또는 의무부과에 관한 사항이나 벌칙을 정하는 조례는 법률이 위임이 있는 경우에 한하여 제정될 수 있다. 자치사무나 단체위임사무에 관한 조례(자치조례)는 포괄적 위임으로 충분하지만, 기관위임사무에 관한 조례(위임조례)는 구체적 위임을 필요로 한다.

3. 조례의 통제

(1) 지방자치단체의 장에 의한 통제

지방자치단체의 장은 지방의회의 조례안 의결이 월권이거나 법령에 위반되거나 공익을 현저히 해친다고 인정되면 그 의결사항을 이송받은 날부터 20일 이내에 이유를 붙여 재의(再議)를 요구할 수 있다. 이 요구에 대하여 재의의 결과 재적의원 과반수의 출석과 출석의원 3분의 2 이상의 찬성으로 같은 의결을 하면 그 조례안은 확정된다. 지방자치단체의 장은 이렇게 재의결된 사항이 법령에 위반된다고 인정되면 대법원에 소를 제기할 수 있다.

(2) 국가 등 감독기관에 의한 통제

지방의회의 조례안 의결이 법령에 위반되거나 공익을 현저히 해친다고 판단되면 시·도에 대하여는 주무부장관이, 시·군 및 자치구에 대하여는 시도지사가 재의를 요구하게 할 수 있다(재의요구지시). 그럼에도 불구하고 재의요구지시를 받은 지방자치단체의 장이 재의를 요구하지 않는 경우에는 주무부장관 또는 시·도 지사는 그 의결(재의결 포함)이 법령에 위반된다고 판단되면 당해 지방자치단체의 장 에게 제소를 지시하거나 대법원에 직접 제소 및 집행정지결정을 신청할 수 있다.

(3) 법원에 의한 통제

위에서 살펴본 바와 같이 조례안의결에 대한 제소는 지방자치단체의 장, 주 무부장관 또는 시·도지사가 대법원에 무효확인소송의 형태로 제기한다. 조례안의 일부가 위법한 경우에 일부만의 취소는 불가능하며 조례안 전부가 무효가 된다.

또한 조례에 근거하여 내려진 처분에 의해 권리를 침해받은 주민이 그 처분 에 대한 항고소송을 제기하면서 재판의 전제로서 조례에 대한 위법을 확인해 줄 것을 법원에 요구할 수 있다. 예외적으로 조례가 직접 주민의 권리를 침해하는 경우에는(처분적 조례) 그 자체가 항고소송의 대상이 된다.

<사례 해설> (지방행정)

1) 문제의 제기

A도지사가 B시장에게 위임한 사설묘지 등의 설치허가에 관한 사무의 성격에 따라 조 례제정권에 포함되는지의 여부와 B시의회의 재의결이 위법한지의 여부가 결정된다.

2) 위임한 사무의 성격

매장 및 묘지 등에 관한 법률에 의해 A도지사가 처리하는 사무는 자치사무이다. 그런데 이 사무를 B시라는 지방자치단체의 기관인 시장에게 위임하였다면, 그에 따라 B시의 시장이 처리하는 허가사무는 기관위임사무가 된다.

3) B시의회가 의결한 조례안의 적법 여부

시의회가 의결한 조례안은 기관위임사무에 관한 것으로 특별한 수권이 없는 한 조 례제정권 밖에 있다. 즉, 애초에 조례제정의 대상이 아니었던 사항을 조례로 정하 려고 하였기 때문에 무효이다.

또한 내용에 있어서도 주민의견청취절차에서 3분의 2 이상의 찬성을 얻도록 한 점 은 이른바 초과조례로서 법령에 위반된다.

그리고 사설납골당의 관내 유치를 억제하고 B시 주민들만을 위한 공설 화장장과 납골당의 설치할 의무를 시장에게 부과한 것은 해당 사무를 처리하는 단체장의 고 유권한에 대한 사전적이고 적극적인 개입이므로 역시 법령위반이다.

4) 결론

따라서 B시의회가 재의결한 조례안은 위법이므로 무효이다.

제3. 경찰행정

Ⅰ. 경찰권발동의 근거

경찰권행사는 국민의 자유에 대한 중대한 침해를 가져올 수 있는 강력한 권력행사이므로 법률에 명확한 근거가 있어야 한다(법률유보의 원칙). 법률에서 경찰권행사의 근거가 되는 조항을 수권조항(授權條項)이라고 하는데, 개별적인 경찰작용의 종류마다 별도로 경찰권을 부여한 것을 개별적 수권이라 하고, 경찰작용의 형태를 추상화하여 개괄적으로 경찰권을 부여한 것을 일반적 수권이라 한다. 경찰관직무집행법과 여러 개별법에서 개별적 수권조항을 두고 있다. 경찰관직무집행법의 제3조(불심검문), 제4조(보호조치 등), 제5조(위험발생의 방지조치), 제6조(범죄의 예방과 제지조치), 제7조(위험방지를 위한 출입)가 이에 해당한다. 이러한 개별적 수권이 없는 경우에 일반적 수권조항을 근거로 경찰권을 행사할 수 있는지의 여부가 문제된다. 우리나라에서도 독일과 같이 일반적 수권조항이 존재하는지도 문제된다. 이는 현행 경찰관직무집행법 제2조 제6호와 제5조 제1항 제3호의 해석문제로 귀결된다.

경찰관직무집행법 제2조는 ① 국민의 생명·신체 및 재산의 보호, ② 범죄의 예방·진압 및 수사, ③ 경비·요인경호 및 대간첩작접수행, ④ 치안정보의 수집·

작성 및 배포, ⑤ 교통의 단속과 위해의 방지, ⑥ 기타 공공의 안녕과 질서유지를 '경찰관의 직무'로 규정하고 있다. 이 중 '기타 공공의 안녕과 질서유지'를 경찰권발동의 일반수권조항으로 보아 경찰권행사의 근거로 삼을 수 있는지의 여부가 문제된다.

1) 긍정설   경찰관행사의 일반수권조항이 필요한데, 현재는 명문으로 마련되어 있지 않으므로, 입법조치가 있기 전까지는 현행 경찰관직무집행법 제2조 제6호를 일반수권조항으로 보자는 견해이다. 또, 경찰관직무집행법 제5조가 경찰관은 '인명 또는 신체에 위해를 미치거나 재산에 중대한 손해를 끼칠 우려가 있는 천제, 사변, 공작물의 손괴, 교통사고, 위험물의 폭발, 광견·분마류 등의 출현, 극단한 혼잡 기타 위험한 사태가 있을 때에는' 여러 조치를 할 수 있음을 규정하고 있는 것과 연결하여 일반적 수권조항으로 보는 견해도 있다. 판례는 '일반수권'을 명시하지는 않았지만, 경찰관직무집행법 제2조 전체를 경찰관발동의 근거조항으로 보았다.

2) 부정설   경찰관직무집행법 제2조는 경찰관의 직무범위를 정한 조항이면서 경찰조직법상의 일반적 권한을 규정한 것이지 경찰권발동의 작용법적 근거가 아니라고 보는 견해이다. 특히 국민의 권익에 강한 침해를 가져올 수 있는 경찰권을 행사하기 위해서는 개별적이고 구체적인 법률상 근거가 필요하기 때문에 일반적 수권규정의 인정은 신중해야 한다고 본다.

II. 경찰권행사의 한계

1. 경찰비례의 원칙

(1) 적합성의 원칙

경찰권은 공공의 안녕과 질서에 대한 위해를 예방하고 제거하기 위하여 그에 적합한 수단을 행사하여야 한다. 현재 상태에서 가능한 수단을 찾아 조치하여야 한다. 다만 이 수단이 가장 이상적이고 최선의 수단을 의미하지는 않는다. 경찰목적의 달성에 부합하는 합리적인 수단이라는 점만 인정되면 된다.

(2) 필요성의 원칙

공공의 안녕과 질서에 대한 위해를 예방하고 제거하기에 적합한 수단 중 가장 적게 당사자의 권익을 침해하는 수단을 선택해야 한다는 원칙이다. 따라서 이것을 최소침해의 원칙이라고도 한다. 침해의 최소성은 객관적 침해의 정도를 기준으로 판단해야 한다. 이 원칙에 어긋나는 경찰권발동은 우리 속담의 '빈대 잡으러 초가삼간 태운다'는 말에 해당할 것이다.

(3) 상당성의 원칙 (협의의 비례원칙)

경찰권행사를 통하여 달성하려는 공익(公益)과 그로 인해 침해되는 사익(私益) 간의 비례와 균형이 맞아야 한다는 원칙이다. 침해되는 당사자의 이익이 너무 크면 아무리 목적이 정당하다고 하여도 위법한 경찰권발동이 된다.

2. 소극목적의 원칙

경찰권은 공공의 안녕과 질서를 유지하기 위하여 공공의 안녕과 질서에 대한 위해를 방지하고 제거하기 위해서만 발동될 수 있다. 경찰은 현상유지를 위한 소극적인 작용인 것이다. 따라서 적극적인 복리증진이나 새로운 사회경제질서를 유도하기 위해 경찰권을 발동할 수는 없다. 이러한 소극목적을 넘어선 경찰활동은 권한남용이다.

3. 공공의 원칙

경찰권은 공공(公共)의 안녕과 질서를 유지하기 위해서만 행사될 수 있고, 원칙적으로 사생활(私生活)과 사주소(私住所) 및 민사관계(民事關係)에 대해서는 공공의 안녕과 질서에 위해를 야기하지 않는 한 간섭하지 않는다.

Ⅲ. 경찰책임의 원칙

경찰권은 공공의 안녕과 질서에 대한 위해의 발생에 대한 책임(경찰책임)이 있는 자를 대상으로 행사되어야 한다. 자신의 행동의 결과 야기된 경찰책임이 있는 자가 아닌, 자기의 보호 내지 감독의 범위 안에 있는 타인의 행위로 인한 책임(행위책임)과 자기 소유 또는 사실상 지배하의 물건으로 인한 책임(상태책임)도 발생할 수 있다.

<사례 해설> (경찰행정)

1) 문제의 제기
경찰관직무집행법 제2조 제5호를 경찰권발동의 일반수권조항으로 보아 청원경찰관을 등의 단속행위의 근거로 삼을 수 있는지의 여부가 문제된다. 현재 판례에서는 이것을 경찰권발동의 근거로 인정하고 있다.

2) 청원경찰 을 등의 단속행위의 적법성
경찰관은 '공공의 안녕과 질서유지'를 직무로 하고 있으므로, 무허가 개축행위의 단속도 정당한 공무집행의 범위에 속한다고 보는 것이 판례의 입장이다.

3) 갑의 행위에 대한 평가
갑은 정당한 공무집해에 대해 폭력으로 저항하였으므로 공무집행방해죄의 책임을 면할 수가 없다.

제4. 공물법

사례　공물

갑은 골재채취허가를 받아 골재채취를 하던 중 일정기간 국유하천부지에 골재를 무단으로 적치하였다. 관할관청은 이것이 정당한 사유 없이 국유재산을 무단 사용·수익한 것이라면서 그에 따른 법적 책임을 묻겠다고 한다. 갑의 행위를 평가하라.

Ⅰ. 공물의 개념과 종류

공물은 행정주체에 의해 직접 공적 목적에 제공된 물건을 의미하는 학문적 개념이다. 행정주체 소유의 재산이라고 하여도 직접 공적 목적에 제공되지 않는 잡종재산(일반재산)은 공물이 아니며, 공적 목적으로 사용하고 있는 사유지인 개인 도로는 공물이 아니다. 이러한 공물에 대한 법적 규율체계를 공물법이라고 하는데, 일반법은 없고 개별법으로 구성되어 있다. 대표적인 것으로는 국유공물로서의 행정재산에 관한 국유재산법이 있고, 그 밖에 공유재산 및 물품관리법('공유재산법'이라고도 한다), 도로법, 하천법, 도시공원법 등이 있다.

공물의 종류에는 여러 분류법이 있으나, '목적'에 따른 분류가 대표적이다.

　1) 공용물　　관공서의 청사나 국영철도시설과 같이 행정주체 자신의 직접 사용을 위해 제공된 공물이다. 법적으로는 국유재산법이나 공유재산법에서의 행정재산 중 공용재산이 이에 해당한다. 관공서가 개인 소유 건물에 입주해 있으면 그 건물도 공용물(公用物)이 된다.

　2) 공공용물　　도로, 하천, 공원, 해안 등 일반 공중의 사용을 위해 제공된 공물이다. 국유재산법이나 공유재산법에서의 행정재산 중 공공용재산을 말한다.

사유지를 도로로 제공하는 경우도 있다.

　3) 보존공물　　공익상 보존가치 있는 물건의 보존을 위하여 재산권 행사를 제한하고 그 보존을 강제하는 공물이다. 문화재보호법상의 문화재와 산림법상의 보안림이다. 개인 소유의 물건이라도 지정되는 경우가 많다.

Ⅱ. 공물의 성립과 소멸

1. 공용물의 성립

　일정한 물건이 행정주체 자신의 직접 사용을 위해 제공될 수 있는 실체를 갖추고 사실상 사용됨으로써 성립된다. 행정주체는 이 물건에 대한 정당한 권원을 가져야 한다. 직접 소유권을 가지거나 정당한 임대차 또는 사용대차 관계를 가져야 한다.

2. 공공용물의 성립

(1) 객관적 요건

　1) 일정한 물건이 일반 공중의 사용에 제공될 수 있는 구조 내지 실체인 형체적 요소가 갖추어져야 한다.
　2) 공물의 관리주체가 이 물건에 대한 일정한 권원을 취득하여야 한다.

(2) 주관적 요건 (공용개시행위)

　공공용물이 성립하기 위해서는 공용개시행위, 즉 행정주체가 공공용물의 형체적 요소를 갖춘 물건을 일반 공중의 사용에 제공한다는 의사표시가 필요한지의 여부가 문제된다. 하천 등 자연공물에 대하여는 필요하지 않지만, 도로 등 인공공물에 대하여는 공용개시행위가 필요하다고 보는 것이 다수의 학설에서 채택하고 있는 견해이다.

3. 보존공물의 성립

공적 보존물로 지정하는 법령에 의한 지정이나 의사표시에 의한 지정이 있으면 성립한다. 행정주체의 권원의 보유나 소유자 본인의 동의는 필요하지 않다.

4. 공물의 소멸

1) 공용물의 소멸   행정주체가 사실상 그 사용을 하지 않기로 하는 의사표시(공용폐지)를 하고, 더 이상 사용하지 않음으로써 소멸한다.
2) 공공용물의 소멸   공공용물을 더 이상 일반공중의 사용에 제공하지 않겠다는 의사표시인 공용폐지행위가 필요하다. 묵시적인 의사표시로도 가능하다.
3) 보존공물의 소멸   지정해제의 의사표시로 소멸한다.

Ⅲ. 공물의 사용관계

1. 일반사용

공물을 자유로이 본래의 용법에 따라 사용하는 것(통행, 산책, 수영 등)을 말하며, 이를 위해 특별한 요건을 갖출 필요가 없다. 공물의 인접주민에게는 생활이나 경제활동을 위해 필요한 한도 내에서 다른 일반인의 일반사용보다 양적이나 질적으로 고양된 사용이 인정된다. 도로변에서 상점을 운영하는 자는 일시적으로 물건을 쌓아두거나 차량을 주차할 수 있고, 건축을 위해 일시적으로 건축자재를 쌓아두거나 이사를 위해 이사짐을 내려놓을 수 있다.

2. 허가사용

공공용물의 일반사용이 공물의 관리에 장해를 초래할 우려가 있는 경우에 그 장해를 제거하기 위하여 또는 타인의 일반사용에 지장을 초래할 우려가 있는 경우에 그 사용관계를 조정하기 위하여 일정한 내용의 공물사용을 일반적으로 금지한 후 특정한 요건을 갖춘 경우에 그 금지를 해제하여 그 공물의 사용을 허가하는 것이다. 도로상에서의 집회를 위해 보행을 허가하는 것이 그 예이다.

3. 특허사용

일반인과는 달리 특정인에게 공물의 사용권을 창설해 주는 것을 말한다. 특정한 목적을 위해 도로점용허가를 내주는 것이 그 예이다. 특허사용권자는 사용료납부의무와 기득권자에게 대한 손실보상의무를 진다. 특허사용권 없이 무단사용한 자에게는 변상금을 부과한다. 변상금부과에 관한 규정이 없는 경우 부당이득반환의 법리에 따라 사용료 상당액을 부당이득금으로 징수할 수 있다.

4. 행정재산의 목적 외 사용

행정재산을 그 목적에 장해가 되지 않는 한 본래 목적 외로 사용할 수 있는데, 관공서 청사의 일부를 식당이나 매점으로 사용허가하는 것을 그 예로 들 수 있다. 사용수익자는 사용료를 납부해야 하며, 무단으로 사용한 자에게는 변상금을 부과한다.

<사례 해설> (공물)

1) 문제의 제기
갑이 무단사용한 하천부지가 국유재산법상 행정재산으로서 공물에 해당하는지의 여부에 따라 행정청의 조치가 정해진다.

2) 국유하천부지의 공물성
국유하천부지는 특별한 의사표시 없이도 공물로서 행정재산이 되고, 별개의 공용폐지행위가 없는 한 공물성이 소멸되지 않는다.

3) 갑의 행위에 대한 평가
갑은 공물인 행정재산에 대한 무단사용을 하였으므로 관계 법령에 의거 변상금 납부나 고발 등의 책임을 져야 한다.

제5. 공용부담법

사례   공용부담

갑의 토지를 포함한 인근 일대가 국토교통부장관의 도시계획결정에 의해 근린공원구역으로 지정되어 수용되었고, 계획대로 공원이 조성되었다. 그 후 이 토지를 포함한 주변일대가 택지개발예정지구로 지정됨에 따라 택지개발사업의 시행자인 서울특별시는 위 공원시설을 철거하고 아파트건축공사를 착수하였다. 이에 갑은 이 토지가 공익사업을 위한 토지 등의 취득 및 보상에 관한 법에 따른 환매대상이 되었다고 보고 과거에 지급받은 보상금에 상당하는 변제공탁금을 제공하고, 서울특별시를 상대로 환매의 의사표시를 하였다. 서울시가 이에 불응하는 경우 갑이 소송을 제기한다면 승소할 수 있을까?

I. 개 설

공용부담이라 함은 국가나 지방자치단체와 같은 공익사업자가 적극적 공공복리 증진을 위하여 개인에게 공법상의 경제적 부담을 가하는 것을 말한다. 이러한 부담을 가하는 권한을 공용부담특권이라 하며 법률의 근거를 요한다. 공익사업을 위한 토지 등의 취득 및 보상에 관한 법률(이하 '공익사업법'이라 한다), 지방자치법, 국토의 계획 및 이용에 관한 법률, 도시 및 주거환경정비법, 도시개발법, 도로법, 하천법, 철도법, 광업법 등이 그 예이다.

공용부담은 크게 인적 공용부담과 물적 공용부담으로 분류할 수 있다.

1. 인적 공용부담

사람에 대하여 일정한 의무를 부과하는 것을 말한다. 대인적(對人的)인 성질을 가지고 있으므로, 원칙적으로 타인에게 이전되지 않는다. 인적 공용부담으로는 부담금, 부역현품부담, 노역물품부담, 시설부담, 부작위부담 등이 있다.

1) 부담금 일정한 행정목적을 달성하기 위하여 이와 관계된 개인이나 법인에게 부과하는 금전급부의무를 말한다. 재정충당을 목적으로 하는 경우도 있고, 의무이행을 확보하거나 일정한 방향으로 행위를 유도하기 위한 경우도 있다. 부담금관리기본법이 일반법적인 역할을 한다. 현행법상 부담금으로는 도시계획부담금, 환경부담금, 도로부담금, 하천부담금 등이 있다.

2) 부역·현품 부담 특정한 행정목적의 달성을 위하여 노역 또는 물품을 제공하거나 금전으로 대체하는 선택적 급부의무를 말한다.

3) 노역·물품 부담 특정한 공익사업의 수요를 충족시키기 위하여 노역 또는 물품 자체를 제공할 것을 내용으로 하는 급부의무이며, 금전으로 대체할 수 없다. 재해 등 급박한 상황하에서 적용된다.

4) 시설 부담 특정한 공익사업의 수요를 충족시키기 위하여 도로법 등에 의거하여 일정한 공사 또는 시설을 완공할 의무를 말한다.

5) 부작위 부담 특정한 공익사업의 수요를 충족시키기 위하여 부과하는 부작위의무이다.

2. 물적 공용부담

일정한 공공복리의 증진을 위하여 사인의 재산권에 대하여 가하여지는 제한을 말한다. 특정의 권리에 대하여 가하여지는 대물적(對物的) 성질을 가지므로 권리와 함께 이전된다. 물적 공용부담으로는 공용제한, 공용사용, 공용수용, 공용환지, 공용환권이 있다.

1) 공용제한 공공필요를 위해 재산권에 가해지는 일정한 공법상의 제한을 말한다. 공공필요의 내용에 따라 계획제한(예: 개발제한구역 내에서의 건축제한), 사업제한(예: 토지의 형질변경금지), 보전제한(예: 문화재 등 공적 보존물에 대한 제한), 공물제한(예: 사유재산에 대한 공물설정으로 인해 그 물건에 대해 가해지는 제한)으로 나누어진

다. 개인의 권리를 제약하는 것이므로 당연히 법률적 근거를 요하고 특별한 희생을 야기하는 경우에는 보상규정을 두어야 한다.

2) 공용사용   공공필요를 위하여 특정인의 재산을 강제로 사용하는 것으로 해당 재산의 소유자는 공용사용을 수인할 의무를 진다. 당연히 법률상 근거를 요하고 공익사업법에서 일반규정을 두고 있다. 도로나 철도를 건설하거나 전선을 연결하기 위해 사용되는 경우가 많다.

3) 공용수용   공익사업의 주체가 타인의 토지 등 재산권을 강제로 취득하고 보상하는 것을 말한다. 공익사업법에서 상세히 규정하고 있으며, 사업주체와 소유자 사이의 합의에 의한 협의취득 방식과 일정한 행정절차를 거쳐 강제취득하는 공용수용 방식이 있다. 공용수용의 절차에 관해서는 별도로 논한다.

4) 공용환지   도시개발사업이나 농업기반정비사업 등을 위하여 토지의 소유권 등의 권리를 강제적으로 교환하거나 분합하는 것을 말한다. 종전의 토지 소유자는 환지된 토지에 대한 소유자가 된다.

5) 공용환권   주택재개발사업이나 주택재건축사업에서 일정한 구역 내의 토지나 건축물 등의 공간의 효용을 증대하기 위하여 토지 및 건축물의 소유권 및 기타의 권리를 강제적으로 교환·분합하는 것을 말한다.

Ⅱ. 공용수용의 절차

1. 사업인정

특정사업에 대하여 그것이 공공필요에 의한 공익사업임을 인정함으로써 그 사업에 필요한 토지 등을 수용 또는 사용할 수 있는 권리를 사업주체에게 설정하여 주는 행위를 말한다(공익사업법은 '사업인정'을 정의하여 '공익사업을 토지 등을 수용하거나 사용할 사업으로 결정하는 것'이라고 한다(제2조 제7호)).

(1) 법적 성질

가. 처 분 성

사업인정의 결과로 사업시행자에게는 토지수용을 위한 절차를 개시할 권리가 창설되고, 토지소유자에게는 형질의 변경이나 물건의 손괴를 하지 못하는 일정한 의무가 부과되면서 손실보상청구권이 발생한다. 그러므로 사업인정은 행정행위이며 항고소송의 대상이 되는 처분이다.

나. 형성행위

사업인정은 사업시행자에게 일정한 절차를 거칠 것을 조건으로 하여 일정한 내용의 수용권을 설정해 주는 형성행위이다(판례).

다. 재량행위

사업인정 여부는 그 사업이 공용수용을 할 만한 공익성이 있는지의 여부를 행정청이 모든 사정을 참작하여 구체적으로 판단하여야 하는 재량행위에 속한다(판례).

(2) 사업인정의 요건

공적 보존물로 지정하는 법령에 의한 지정이나 의사표시에 의한 지정이 있으면 성립한다. 행정주체의 권원의 보유나 소유자 본인의 동의는 필요하지 않다.

1) 공익사업일 것　　공익사업으로 인정되기 위해서는 공익사업법 제4조 각 호의 규정 어느 하나에 해당하여야 한다.

가) 국방·군사에 관한 사업.

나) 관계 법률에 따라 허가·인가·승인·지정 등을 받아 공익을 목적으로 시행하는 철도·도로·공항·항만·주차장·공영차고지·화물터미널·궤도(軌道)·하천·제방·댐·운하·수도·하수도·하수종말처리·폐수처리·사방(砂防)·방풍(防風)·방화(防火)·방조(防潮)·방수(防水)·저수지·용수로·배수로·석유비축·송유·폐기물처리·전기·전기통신·방송·가스 및 기상 관측에 관한 사업.

다) 국가나 지방자치단체가 설치하는 청사·공장·연구소·시험소·보건시설·문화시설·공원·수목원·광장·운동장·시장·묘지·화장장·도축장 또는 그 밖의 공공용 시설에 관한 사업.

라) 관계 법률에 따라 허가·인가·승인·지정 등을 받아 공익을 목적으로 시행하는 학교·도서관·박물관 및 미술관 건립에 관한 사업.

마) 국가, 지방자치단체, 공공기관의 운영에 관한 법률 제4조에 따른 공공기관, 지방공기업법에 따른 지방공기업 또는 국가나 지방자치단체가 지정한 자가 임대나 양도의 목적으로 시행하는 주택 건설 또는 택지 조성에 관한 사업.

바) 제1호부터 제5호까지의 사업을 시행하기 위하여 필요한 통로, 교량, 전선로, 재료 적치장 또는 그 밖의 부속시설에 관한 사업.

사) 제1호부터 제5호까지의 사업을 시행하기 위하여 필요한 주택, 공장 등의 이주단지 조성에 관한 사업.

아) 그 밖에 다른 법률에 따라 토지 등을 수용하거나 사용할 수 있는 사업.

2) 공공필요성이 있을 것 공공필요성이 인정되기 위해서는 사업의 공공성과 필요성이 인정되어야 한다.

가) 사업의 공공성 사업의 공익성에 관한 판단으로 개별적으로 판단되어야 한다. 국가안전보장, 질서유지, 공공복리는 물론 국가나 지역 경제에 가져올 이익도 판단요소가 된다.

나) 최소침해성 공익사업을 위한 여러 방안 중에서 국민의 권익을 가장 적게 침해하는 방안을 선택하여야 한다.

다) 비례성 공익사업으로 달성되는 공익과 그 사업으로 인해 침해되는 사익간에 비례성이 유지되어야 한다. 즉 공익이 사익보다 우월하여야 한다.

3) 사업시행자에게 공익사업을 수행할 의사와 능력이 있을 것.

(3) 사업인정절차

가. 사업인정의 신청

공용수용을 위해서는 사업시행자가 국토교통부장관에게 사업인정 신청하여야 한다.

나. 협의 및 의견청취

사업인정을 위해서는 국토교통부장관이 관계 중앙행정기관의 장 및 특별시장·광역시장·도지사·특별자치도지사와 협의하여야 하며, 미리 중앙토지수용위원회 및 사업인정에 이해관계가 있는 자의 의견을 들어야 한다.

다. 사업인정의 고시

국토교통부장관은 사업인정을 하였을 때에는 지체없이 그 뜻을 사업시행자, 토지소유자 및 관계인, 관계 시·도지사에게 통지하고, 사업시행자의 성명이나 명칭, 사업의 종류, 사업지역 및 수용할 토지의 세목을 관보에 고시(告示)하여야 한다.

(4) 사업인정의 효과

사업인정은 사업인정이 고시된 날부터 다음과 같은 효력을 발생한다.
1) 수용권의 발생
2) 수용목적물의 확정
3) 관계인의 범위확정
4) 토지 등의 보전의무

(5) 사업인정의 실효

사업인정은 사업시행자가 일정한 기간 내에 재결을 신청하지 아니하거나 당해 사업의 폐지 및 변경으로 그 효력을 상실한다.

2. 토지조서와 물건조서의 작성

토지조서(土地調書)와 물건조서(物件調書)는 공익사업을 위해 수용 또는 사용할 필요가 있는 토지 및 그 토지 위에 있는 물건의 내용을 기재하는 문서로서 사업시행자가 작성한다. 사업인정고시가 있은 후 사업시행자가 작성한 조서에 관해 열람기간 내에 토지소유자 또는 관계인이 이의를 제기하지 않으면, 조서의 내용이 진실에 반하지 않는 한 유효하다. 이의가 부기된 사항에 대하여는 토지수용위원회가 수용재결시 결정한다.

3. 협 의

사업시행자와 토지소유자 및 관계인 사이에 수용대상 토지에 관하여 권리를 취득하거나 소멸시키기 위하여 교섭하는 절차이다. 그 결과 합의에 도달하면 협의 성립으로 보며, 수용재결과 같은 효과가 발생한다.

4. 수용재결

토지수용위원회가 사업시행자로 하여금 토지의 소유권 또는 사용권을 취득하도록 하고 그가 지급할 손실보상액을 결정하는 절차를 말한다. 수용재결은 일정한 법적 효과를 가져오는 행정행위이며 처분에 해당한다.

(1) 신 청

수용재결의 신청은 사업시행자가 직권으로 하거나, 토지소유자와 관계인의 청구를 받아 관할 토지수용위원회에 한다.

(2) 관 할

국가 또는 시·도가 사업시행자인 사업 및 수용 또는 사용할 토지가 둘 이상의 시·도에 걸쳐 있는 사업에 관한 재결은 중앙토지수용위원회의 관할에 속하고, 그 외의 사업에 관한 재결은 지방토지수용위원회의 관할에 속한다.

(3) 재결의 절차

1) 공고·열람 및 의견진술
2) 심리
3) 화해의 권고
4) 재결

(4) 재결의 효과

1) 사업시행자의 권리취득   사업시행자는 수용의 개시일에 토지나 물건의 소유권 또는 사용권을 취득하며, 그 토지나 물건에 관한 다른 권리는 이와 동시에 소멸하거나 사용기간중 행사하지 못한다.

2) 토지소유자 및 관계인의 손실보상청구권 발생   원칙적으로 사업시행자는 수용의 개시일까지 보상금을 지급하여야 한다.

3) 수용목적물의 인도·이전의무   토지소유자 및 관계인은 수용하거나 사용할 토지나 그 토지에 있는 물건을 사업시행자에게 인도하거나 이전하여야 한다. 점유이전은 보상금지급과 동시이행의 관계에 있다.

4) 위험부담의 이전   토지수용위원회의 재결이 있은 후 수용 또는 사용할 토지나 물건이 토지소유자 또는 관계인의 고의나 과실 없이 멸실되거나 훼손된 경우 그로 인한 손실은 사업시행자가 부담한다.

5) 환매권의 발생.

Ⅲ. 환 매 권

공익사업을 위해 협의취득 또는 수용된 토지가 해당 사업에 필요 없게 되거나 일정기간 동안 해당 사업에 이용되지 않는 경우에 원소유자 등이 일정한 요건 하에 자기의 토지를 회복할 수 있는 권리를 말한다.

1. 환매권자

협의취득일 또는 수용의 개시일 당시의 토지소유자 또는 그 포괄승계인이다.

2. 환매의 목적물

1) 취득한 토지의 전부 또는 일부에 대해서만 환매권이 인정된다.
2) 건물 등 토지 이외의 권리 및 물건에 대해서는 환매권이 인정되지 않는다.

3. 환매권의 행사

(1) 행사요건

다음의 두 경우 중 어느 하나에 해당할 때에 행사가 가능하다.
1) 토지의 협의취득일 또는 수용의 개시일부터 10년 이내에 해당 사업의 폐지변경 또는 그 밖의 사유로 취득한 토지의 전부 또는 일부가 필요 없게 된 경우.
2) 토지의 협의취득일 또는 수용의 개시일부터 5년 이내에 취득한 토지의 전부를 해당 사업에 이용하지 아니하였을 때. 따라서 일부라도 이용했으면 환매권을 행사할 수 없다.

(2) 행사기간

위 1)의 경우 해당 토지의 전부 또는 일부가 필요 없게 된 때부터 1년 또는 그 취득일부터 10년 이내, 그리고 위 2)의 경우 취득일부터 6년 이내이다.

(3) 행사방법

환매권자는 수령한 보상금에 상당하는 금액을 사업시행자에게 미리 지급하고 환매의 의사표시를 함으로써 사업시행자의 의사와 관계 없이 환매가 성립한다.

(4) 행사의 효과

환매권의 행사에 의해 바로 소유권변동이 일어나는 것은 아니며, 소유권이전 등기청구권이 발생한다.

(5) 환매대금

환매대금은 지급받은 보상금에 상당하는 금액으로 하되, 토지의 가격이 취득 일 당시에 비하여 현저히 변동된 경우 사업시행자 및 환매권자는 환매금액에 대하여 서로 협의하되, 협의가 성립하지 아니한 때에는 그 금액의 증감을 법원에 청구할 수 있다.

4. 공익사업의 변환

공익사업을 위하여 토지를 협의취득 또는 수용한 후 그 공익사업이 다른 공익사업으로 변경된 경우 별도의 협의취득이나 수용의 절차를 거칠 필요 없이 이미 협의취득 또는 수용된 토지를 변경된 다른 공익사업에 이용하도록 하는 제도이다. 번거로운 절차를 되풀이하지 않으려는 경제적 효율성을 기하기 위해 공익사업법에 규정된 예외적인 제도로서 환매권의 행사를 제한하게 된다.

(1) 요 건

1) 수용주체   수용주체가 국가나 지방자치단체이거나 '공공기관의 운영에 관한 법률' 제4조에 따른 공공기관 중 대통령령으로 정하는 공공기관이어야 한다.

2) 사업인정을 받은 공익사업이 공익성의 정도가 높은 공익사업법 제4조 제1호 내지 제5호에 규정된 다른 공익사업으로 변경된 경우라야 한다.

3) 새로운 공익사업에 관해서도 사업인정을 받거나 사업인정을 받은 것으로 의제되어야 한다.

4) 변경된 사업의 사업시행자가 당해 토지를 소유하고 있어야 한다.

(2) 효 과

공익사업의 변환이 인정되면, 사업인정을 받은 원래의 공익사업의 폐지·변경으로 인하여 협의취득하거나 수용한 토지가 필요 없게 된 때라도 당해 토지의 원소유자나 포괄승계인은 환매권을 행사할 수 없다. 당해 토지에 대한 환매권 행사를 위한 기간은 당해 공익사업의 변경을 관보에 고시한 날부터 다시 기산한다. 국가와 지방자치단체 또는 공공기관은 공익사업이 변경된 사실을 환매권자에게 통지하여야 한다.

<사례 해설> (공용부담)

1) 문제의 제기
갑의 토지가 당초 목적인 공원조성사업과 달리 택지사업지구로 지정되어 택지개발사업이 진행되고 있는 것이 공익사업의 변경에 해당되는지의 여부에 따라 갑의 환매권의 인정 여부가 결정된다:

2) 공익사업변경 해당 여부
일정한 토지를 포함한 그 일대의 토지들 위에 공원조성사업이 시행되어 공중의 일반사용에 제공되었다가, 그 후 이 토지들이 택지개발예정지구로 지정되어 공원시설이 철거되고 아파트건축공사가 시행되고 있다면, 이 토지는 당초 취득목적인 공원조성사업에는 더 이상 필요 없게 된 경우임이 명백하다. 그런데 변경된 공익사업인 택지개발사업이 공익사업법 제4조 제5호의 주택건설이나 택지조성에 해당하면, 공익사업의 변환으로 볼 수 있다.

3) 결론
갑은 변환된 공익사업의 대상이 된 토지에 대하여 환매권을 행사할 수 없다.

제6. 행정소송

A시에 거주하는 갑은 이웃주민 을 소유의 도로인 사도(私道)를 공로(公路)에 이르는 유일한 통로로 이용하여 왔고, 이 도로에 대해서는 소유자의 양해 아래 그동안 무상통행권이 인정되어 왔다. 그런데 갑 소유의 대지에 연접(連接)하여 새로운 공로가 개설되어 그 쪽으로 출입문을 내어 바로 새로운 공로에 이를 수 있게 되자, 을의 신청에 따라 관할 행정청인 A시장은 종전에 갑이 무상으로 통행해 오던 을 소유의 도로에 대하여 한 도로폐지허가처분을 하였고, 이로 인하여 을 소유의 땅은 더 이상 도로에 해당하지 않게 되었다. 갑은 무상통행권을 가지고 있는 자신의 동의 없이 행한 도로폐지처분은 위법하다고 주장하고 있다. 과연 갑에게는 을 소유의 도로에 대한 도로폐지허가처분의 취소를 구할 법률상 이익이 있는가?

I. 행정소송의 의의와 종류

행정소송이란 행정청의 공권력 행사에 불복하여 그 법적 효과를 다투거나 행정법상의 법률관계에 관한 분쟁을 해결하기 위하여 법원에 정식으로 소송을 제기하여 심리하는 절차를 말한다. 정식 소송절차라는 점에서 행정심판과 구별된다. 행정소송에 관한 일반법으로는 행정소송법(行政訴訟法)이 있다. 행정소송법에서는 행정소송에 관한 특수한 규율을 하고 있는데, 이 법에 특별한 규정이 없는 사항에 대해서는 법원조직법과 민사소송법 및 민사집행법을 준용(準用)하고 있다.

행정소송법 제3조에서는 행정소송을 항고소송, 당사자소송, 민중소송, 기관소송으로 구분하고 있다. 항고소송과 당사사소송을 주관적 소송, 민중소송과 기관소송을 객관적 소송으로 나누어 보는 것이 일반적이다.

1. 항고소송

항고소송은 행정청의 공권력 행사 또는 불행사에 대하여 그 효력을 다투는 소송이다. 행정소송법에서는 항고소송의 대상을 '처분'과 '부작위' 및 '행정심판의 재결'로 정하고 있고, 특히 처분에 대해서는 '행정청이 행하는 구체적 사실에 관한 법집행으로서의 공권력의 행사 또는 그 거부와 그 밖에 이에 준하는 행정작용'으로 규정하고 있다. 항고소송에는 법률에 명시되어 있는 법정항고소송(法定抗告訴訟)과 해석에 의해 인정되는 무명항고소송(無名抗告訴訟)이 있다. 행정소송법 제4조에 명시된 취소소송, 무효등확인소송, 부작위위법확인소송이 전자에 해당하고, 의무이행소송, 예방적 부작위소송 등이 후자에 해당한다. 항고소송에서는 취소소송이 가장 중요한 위치를 차지하고 있다.

2. 당사자소송

당사자소송은 행정청과의 공법상 법률관계에 관해 다투는 소송으로 행정청의 처분등을 원인으로 하는 법률관계에 관한 소송, 그 밖에 공법상의 법률관계에 관한 소송으로서 그 법률관계의 한쪽 당사자를 피고로 하는 소송이다. 공법상 계약에 관한 소송, 공법상 보상금청구소송, 공무원의 지위확인소송, 토지보상금증감청구소송, 조세채무부존재확인소송 등이 그 예이다. 당사자소송은 민사소송과 유사하면서도 구별된다.

3. 민중소송

민중소송은 '국가 또는 공공단체의 기관이 법률에 위반되는 행위를 한 때에 직접 자기의 법률상 이익과 관계없이 그 시정을 구하기 위하여 제기하는 소송'이다. 개인의 권리구제를 목적으로 하는 것이 아니라 국가 또는 공공단체의 구제를 목적으로 하는 객관적 소송이다. 민중소송은 법률에 특별한 규정이 있는 경우에 한하여 인정되는데, 그 예로는 선거에 관한 민중소송, 국민투표에 관한 민중소송, 주민소송 등이 있다.

4. 기관소송

　　기관소송은 국가 또는 공공단체의 기관 상호간에 있어서의 '권한의 존부 또는 그 행사'에 관한 다툼이 있을 때에 이에 대하여 제기하는 소송이다. 공공기관들 사이의 소송이라고 쉽게 이해할 수 있다. 다만, 이 중에서 헌법재판소법 제2조에 규정된 권한쟁의심판은 헌법재판소의 관장사항이다. 행정소송법은 기관소송법정주의를 취하여 법률이 정한 경우에 한하여 기관소송을 제기할 수 있도록 하고 있다. 현행법상 인정되고 있는 기관소송의 예로는 지방의회의 재의결에 대한 소송, 주무부장관이나 시·도지사의 이행명령에 대한 지방자치단체장의 소송, 시·도의회 또는 교육위원회의 재의결에 대한 교육감의 소송 등이 있다.

Ⅱ. 행정소송의 요건

1. 행정소송의 대상

　　행정소송의 대상이 문제되는 것은 행정소송법에서 그것을 추상적으로 규정하고 있는 항고소송과 당사자소송에서이다. 항고소송의 대상 중 '처분'과 '행정심판의 재결'은 취소소송과 무효등확인소송의 대상이 되고, '부작위'는 부작위위법확인소송의 대상이 된다. 당사자소송의 대상은 공법상 법률관계이다.

(1) 취소소송과 무효등확인소송의 대상

　　행정소송법 제19조에서는 취소소송은 처분등을 대상으로 한다고 규정하고 있고, 같은 법 제38조에서는 이를 무효등확인소송에도 준용하고 있으므로, 결국 양자의 대상은 동일하다.

가. 행정소송법상 처분

　　행정소송법 제2조 제1항 제1호에서 '행정청이 행하는 구체적 사실에 관한 법집행으로서의 공권력의 행사 또는 그 거부와 그 밖에 이에 준하는 행정작용'으로 규정하고 있는 이 처분의 개념에 대해서 강학상의 행정행위 개념과 동일하다고 보는 일원설과 다르다고 보는 이원설의 대립이 있는데, 행정소송법상 처분 개념을 행정행위 개념보다 넓은 이른바 '쟁송법적 개념'으로 보아 구별하는 후자의 견해가 다수의 입장이다. 판례는 '행정청이 공권력주체로서 행하는 구체적 사실에 관한 법집행으로서 국민의 권리·의무에 직접적으로 영향을 미치는 행위'를 행정처분으로 보아 항고소송의 대상으로 삼고 있다. 이에 해당하는지의 여부는 여러 요소를 참작하여 개별적으로 결정한다.

나. 행정심판의 재결

행정청의 어떤 처분에 대하여 소송을 제기하지 않고 법률이 정한 심판기관에 그 불복심사를 청구하는 것을 행정심판이라고 하는데, 이 절차에서 최종적으로 내려진 결정을 재결(裁決)이라고 한다. 행정심판의 재결에 수긍할 수 없어 행정소송을 제기한 경우, 이 제소는 원래의 처분을 대상으로 하는지 아니면 재결을 대상으로 하는지에 관하여 원처분주의와 재결주의의 대립이 있는데, 행정소송법 제19조에서는 원처분주의를 채택하고 있다. 다만, 재결 자체에 고유한 위법이 있는 경우와 개별 법률에서 특별히 정하고 있는 경우에는 그 재결이 소송대상이 된다.

(2) 부작위위법확인소송의 대상

부작위위법확인소송의 대상인 부작위는 행정청이 당사자의 신청에 대하여 상당한 기간 내에 일정한 처분을 하여야 할 법률상 의무가 있음에도 불구하고 이를 하지 아니하는 것이다. 이러한 부작위가 인정되기 위해서는 우선 ① 행정청의 처분의무가 존재하여 당사자에게 법규상 또는 조리상 신청권이 인정되어야 하고, ② 그 처분을 할 것을 요구하는 당사자의 신청이 있어야 하며, ③ 사회통념상 처분을 하는 데 필요한 상당한 기간이 경과하였는데도 ④ 아무런 처분이 행해지지 않아야 한다. 신청에 대해 거부처분을 한 경우에는 부작위가 아니다.

(3) 당사자소송의 대상

당사자소송의 대상인 공법상 법률관계는 '행정청의 처분등을 원인으로 하는 법률관계'와 '그 밖의 공법상의 법률관계'로 나누어진다.

1) 행정청의 처분등을 원인으로 하는 법률관계　　행정청의 처분등으로 말미암아 일정한 변동(발생, 변경 또는 소멸)이 생긴 공법상의 법률관계이다. 공무원의 지위확인을 구하는 소송이 여기에 해당한다.

2) 그 밖의 공법상의 법률관계　　처분등을 원인으로 하지 않는 공법상 법률

관계이다. 공법상 계약이나 보상금지급청구에 관한 소송 등이 그 예이다.

2. 원고적격

(1) 항고소송의 원고적격

구체적인 행정처분에 대하여 원고로서 항고소송을 제기하여 본안판결을 받을 자격을 말한다. 행정소송법에서는 취소소송(제12조), 무효등확인소송(제35조), 부작위위법확인소송(제36조)의 원고적격을 공히 그것을 구할 '법률상 이익이 있는 자'로 규정하고 있다. 이 '법률상 이익'에 관해 여러 학설이 있는데, 법적으로 보호되는 개인적 이익을 구제한다는 의미의 법적 이익구제설이 다수의 견해이며, 판례도 입장을 같이하면서 좀더 구체적으로 '법률상 보호되는 개별적·직접적·구체적 이익'을 침해받은 자에게 원고적격을 부여하고 있다. 어떤 처분에 대하여 항고소송을 제기하기 위해서는 그 처분의 근거법규 내지 관계법규에 의해 보호되는 법적 이익의 침해가 있어야 하기 때문에, 사실상 이익이나 반사적 이익의 침해를 가지고는 원고적격을 인정받을 수 없다. 그리고 이익은 개별적 이익이어야 한다. 공익의 침해만으로는 원고적격이 인정되지 않는다. 또한 직접적이고 구체적인 이익이 아닌 간접적이거나 추상적 이익이 침해된 자에게도 원고적격이 주어지지 않는다. 판례는 이러한 침해를 받을 '우려가 있는 경우', 즉 확실하거나 개연성이 있는 경우에도 원고적격을 인정한다.

행정처분의 직접 상대방이 아닌 제3자라도 당해 행정처분의 취소를 구할 법률상의 이익이 있는 경우에는 원고적격이 인정될 수 있다. 그러나 여기서 말하는 법률상의 이익은 당해 처분의 근거 법률에 의하여 보호되는 직접적이고 구체적인 이익이 있는 경우를 말하는 것이기 때문에 공익보호의 결과로 국민 일반이 공통적으로 가지는 추상적·평균적·일반적 이익과 같이 간접적이거나 사실적·경제적 이해관계를 가지는 데 불과한 경우는 여기에 포함되지 않는다.

(2) 그 밖의 다른 행정소송에서의 원고적격

당사자소송에서의 원고적격은 소송대상인 공법상 법률관계의 주체에게 인정된다. 민중소송과 기관소송에서는 법률에서 따로 정한 자에게 원고적격이 인정된다.

3. 소의 이익(권리보호의 필요성)

행정소송법 제12조는 '취소소송은 처분등의 취소를 구할 법률상의 이익이 있는 자가 제기할 수 있다. 처분등의 효과가 기간의 경과, 처분등의 집행 그 밖의 사유로 인하여 소멸된 뒤에도 그 처분등의 취소로 인하여 회복되는 법률상 이익이 있는 자의 경우에는 또한 같다'고 규정하고 있다. 다수의 견해는 동조 전문(前文)을 원고적격을 규정한 것으로 보고, 후문(後文)을 협의의, 즉 좁은 의미의 소의 이익으로 해석하고 있다. 원칙적으로 처분의 효과가 소멸하면 그에 관해 다툴 법적 이익이 없어 원고적격을 인정할 수 없지만, 예외적으로 그 처분을 취소함으로써 회복될 수 있는 법적 이익이 있다면 그것을 보호대상인 권리로 보아 소의 이익을 인정할 필요가 있다는 것이다. 이러한 이익에는 기본적 이익뿐만 아니라 부수적 이익도 포함된다. 그리고 그 이익은 현실적 이익이어야 하고 행정소송보다 더 실효적인 다른 구제수단이 존재하지 않아야 한다. 또한 원상회복이 불가능한 경우에도 동일한 내용의 위법한 처분이 동일한 소송당사자 사이에서 반복될 위험성이 있는 경우에는 행정처분의 위법성 확인 내지 불분명한 법률문제에 대한 해명의 필요성을 소의 이익으로 보기도 한다.

4. 피고적격

주관적 소송의 피고적격은 행정소송법에서 정하고, 객관적 소송의 피고적격은 개별 법률에 정한 바에 따른다.

1) 항고소송에서의 피고적격   항고소송의 피고는 다른 법률에 특별한 규정이 없는 한 '처분등을 행한 행정청'이다. 처분등이 있은 후에 그 처분등에 관계되는 권한이 다른 행정청에 승계된 때에는 이를 승계한 행정청이 피고가 되며, 그럼에도 불구하고 행정청이 없는 경우에는 그 처분등에 관한 사무가 귀속되는 국가 또는 공공단체를 피고로 된다. 처분등을 행한 행정청은 그 이름으로 처분을 한 행정기관을 말하며, 정당한 처분권한을 가지고 있는지의 여부와는 별개의 문제이다. 행정청은 자기가 속한 행정주체를 대표하여 소송을 수행하고, 판결의 효력은 그 행정주체에게도 미치게 된다. 문제된 처분에 관해 본래 권한을 가진 행정청 외에도 법령에 의하여 행정권한의 위임 또는 위탁을 받은 행정기관, 공공단

체 및 그 기관 또는 사인(공무수탁사인)도 피고로서의 행정청에 포함된다.

2) 당사자소송의 피고는 공법상 법률관계의 한쪽 당사자인 '국가공공단체 그 밖의 권리주체'이다. 여기서 말하는 '그 밖의 권리주체'는 공무수탁사인을 의미한다.

5. 제소기간

민중소송과 기관소송은 개별 법률이 정하는 바에 따르고, 당사자소송에 대해서는 따로 제소기간을 정하지 않았다. 행정소송법에서는 항고소송의 제소기간만을 정하고 있다.

1) 취소소송의 제소기간　취소소송은 처분등이 있음을 안 날부터 90일, 있은 날부터 1년 이내에 제기하여야 한다. 행정심판을 거쳐 취소소송을 제기하는 경우에는 재결서의 정본을 송달받은 날부터 90일, 송달받지 못한 경우에는 재결이 있은 날부터 1년이 경과하기 전에 소송을 제기하여야 한다. 이 제소기간은 불변기간(不變期間)이기 때문에 법원이 마음대로 변경할 수 없다.

2) 무효등확인소송은 성질상 제소기간의 제한이 없고 법에서도 이를 확인하고 있다(행정소송법 제38조 제1항).

3) 부작위위법확인의 소는 부작위상태가 계속되는 한 그 위법의 확인을 구할 이익이 있다고 보아야 하므로 원칙적으로 제소기간의 제한을 받지 않지만, 행정소송법 제38조 제2항에서 취소소송의 제소기간에 관한 제20조를 부작위위법확인소송에도 준용하도록 하고 있기 때문에, 행정심판 등 전심절차를 거친 경우에는 취소소송의 제소기간 내에 부작위위법확인의 소를 제기하여야 한다는 것이 판례의 입장이다.

Ⅲ. 행정소송의 집행정지

현행 행정소송법은 항고소송이 제기된 경우에도 처분등의 효력이나 집행을 정지시키지 않는 집행부정지(執行不停止)의 원칙을 채택하고 있다(행정소송법 제23조 제1항). 그러나 그 처분등이나 그 집행 또는 절차의 속행으로 인하여 생길 회복하기 어려운 손해를 예방하기 위하여 긴급한 필요가 있다고 인정할 때에는 소송사

건 본안을 담당하고 있는 법원이 당사자의 신청 또는 직권으로 처분등의 효력이
나 그 집행 또는 절차의 속행의 전부 또는 일부에 대한 집행정지를 예외적으로
인정할 수 있다(행정소송법 제23조 제2항).

Ⅳ. 행정소송의 판결

행정소송법은 취소판결의 효력에 관하여 특별히 규정하고, 다른 항고소송에
도 이를 준용하고 있다. 취소판결의 특별한 효력에는 형성력·기속력이 있다.

1. 형 성 력

취소판결이 확정되면, 소송 대상이었던 처분 또는 재결은 처분청의 취소를
기다릴 것 없이 당연히 효력을 상실한다. 이를 취소판결의 형성력이라 한다. 구
체적으로 대상 처분 등의 효력을 상실시키고(형성효), 취소의 효과는 처분시로 소
급하며(소급효), 소송에 관여하지 않은 제3자에게도 판결의 효력이 미치는(대세효)
3가지 효과를 내용으로 한다.

2. 기 속 력

행정소송법 제30조 제1항은 '처분등을 취소하는 확정판결은 그 사건에 관하
여 당사자인 행정청과 그 밖의 관계행정청을 기속한다'고 규정하고 있다. 이 기
속력은 취소판결의 실효성을 확보하기 위하여 행정소송법이 특별히 부여한 효력
이다. 따라서 처분청 및 관계행정청은 판결의 취지에 저촉되는 처분을 할 수 없
고 취소된 처분에 의해 초래된 위법상태를 제거하여 원상회복을 해야 할 의무를
진다. 판결에 의해 취소 또는 변경되는 처분이 당사자의 신청을 거부하는 것을
내용으로 하는 경우에는 그 처분을 행한 행정청은 판결의 취지에 따라 다시 이전
의 신청에 대한 새로운 처분을 하여야 한다(행정소송법 제30조 제2항).

<사례 해설> (행정소송)

1) 문제의 제기

A시장(행정청)이 행한 도로폐지허가처분의 상대방이 아닌 갑에게 동 처분의 취소를 청구할 원고적격이 인정될 것인지의 여부가 문제된다.

2) 갑의 원고적격이 인정되기 위한 요건

행정처분의 직접 상대방이 아닌 제3자라도 당해 행정처분의 취소를 구할 법률상의 이익이 있는 경우에는 원고적격이 인정된다. 여기서 말하는 법률상의 이익은 당해 처분의 근거 법률에 의하여 보호되는 직접적이고 구체적인 이익이 있는 경우를 말하고 다만 공익보호의 결과로 국민 일반이 공통적으로 가지는 추상적·평균적·일반적 이익과 같이 간접적이거나 사실적·경제적 이해관계를 가지는 데 불과한 경우는 여기에 포함되지 않는다. 도로폐지허가처분의 제3자인 갑이 원고가 되기 위해서는 그가 이 도로에 대해 가지는 통행의 이익이 법에 의하여 보호되는 직접적이고 구체적인 이익이어야 한다.

3) 이 사건 도로에 대한 갑의 통행이익

이 사건 처분이 있기 전에 갑이 누려왔던 통행이익은 법에 의한 공익보호의 결과로 국민 일반이 공통적으로 가지는 추상적·평균적·일반적 이익과 같이 간접적이거나 사실적·경제적 이익에 불과하고 이를 같은 법에 의하여 보호되는 직접적이고 구체적인 이익에 해당한다고 보기도 어렵다. 또한 갑이 종전에 갖고 있던 폐지된 도로에 대한 주위토지통행권은 새로운 도로가 개설됨으로써 도로폐지허가처분 당시에는 이미 소멸하였을 뿐만 아니라, 도로폐지허가처분 당시에는 폐지된 도로의 소유자인 을에게 폐지된 도로에 대한 독점적·배타적 사용수익권이 있다고 할 것이어서 그 제한을 전제로 한 갑의 폐지된 도로에 대한 무상통행권도 인정되지 않는다고 할 것이므로, 도로폐지허가처분으로 인하여 갑이 폐지된 도로에 대한 사법상의 통행권을 침해받았다고 볼 수도 없다.

4) 결론

따라서 갑에게는 도로폐지허가처분의 취소를 구할 법률상 이익이 없기 때문에 원고적격이 인정되지 않는다. 원고적격을 인정할 수 없으므로 갑의 청구는 각하된다.

9. 국제법

국제법

*집필: 성재호. 성균관대학교 법학전문대학원 교수

　　국제법이란 용어는 원래 'Law of Nations'(제민족간의 법)으로 사용되다가, 벤담(J. Bentham)이 'International Law'란 용어를 쓰기 시작하면서 국가간의 법, 즉 '국제법'(國際法)으로 통용된 것이다. 실제로 국제법은 국가의 행동을 규율하고, 국제사회의 바람직한 목적을 달성하기 위한 공통의 법질서라고 보는 것이 타당할 것이다. 헌법, 민법, 형법 등의 국내법이 일국 내의 사인간이나 국가 기관과의 상호작용에서 나타나는 법적 사안에 적용되는 일국의 법인 데 반해, 국제법은 국가, 국제기구 등 국제사회의 모든 구성원에게 적용되는 법을 말한다. 그런 측면에서 국제법은 국가가 지켜야 하는 법이고, 이는 우리나라도 예외는 아니다. 우리나라가 준수하여야 하는 법이라는 의미에서 국제법은 우리나라의 법이라고도 할 수 있다. 이와 관련하여 우리나라 헌법 제6조 제1항을 보면, '헌법에 의하여 체결 공포된 국제조약과 일반적으로 승인된 국제법규는 국내법과 같은 효력을 갖는다'고 규정하고 있다.

Ⅰ. 국제법과 국내법의 관계

사례 1　　국제법과 국내법의 관계

2003년 10월 전라북도 도의회는 전북도내 초·중·고교에 대하여 학교급식에서 전북도에서 생산되는 농산물을 우선 사용하도록 하고, 전북산 제품을 쓰는 학교 등에는 식재료 구입비의 일부를 지원해 주는 조례를 제정하였다. 그러나 우리나라는 1995년 발효된 WTO협정의 회원국으로, 동 급식조례가 수입된 외국 상품과 국내 상품을 차별하지 말 것을 규정하고 있는 WTO협정에 반한다는 이유로 전북도 교육감은 재의를 요구하였다. 도의회는 같은 해 12월 원안대로 재의결해 조례가 확정되자, 교육감은 동 조례를 무효화해 달라며 법원에 제소하였다.

1. 국제법의 존재형식

국제법의 존재형식은 일반적으로 국제조약과 국제관습의 형태로 존재한다. 우리 헌법도 '국제조약'과 '일반적으로 승인된 국제법규'라고 명시함으로써, 국제조약과 국제관습을 인정하고 있다. 그렇다면 헌법에서 말하는 국제조약이란 무엇을 말하는 것인가?

조약은 국가 또는 국제기구간의 합의를 내용으로 한 문서를 말하는 것으로, 그 조약의 내용이 국제법인 것이다(1969년의 조약법에 관한 비엔나협약은 국가간의 합의를, 그리고 1986년에 체결된 국가와 국제기구간 또는 국제기구간의 조약법에 관한 비엔나협약은 국가와 국제기구간, 또는 국제기구간의 문서로 된 합의를 조약으로 정의하고 있다). 조약은 항상 문서로 작성되므로, 국제관습과 구별된다. 국제관습의 개념과 관련하여 국제적 사법기관의 하나인 국제사법법원(International Court of Justice; ICJ) 규정은 '법으로서 수락된 일반적 관행의 증거'가 국제관습이라고 밝히고 있다. 이는 동종 행동의 단순 반복을 말하는 것이 아니다. 각국간에 일정한 행동을 취하는 명백하고도 계속적인 관행이 존재하며, 그러한 행동을 취하는 것이 국제법상의 의무라고 확신된 경우에 국제관습이라 할 수 있는 것이다. 국제법상의 의무라는 확신을 일컬어 '법적 확신'(opinio juris)이라는 용어를 사용하고 있다.

국제사법법원은 국가간의 국제적 분쟁을 해결하기 위해 국제조약과 국제관습 외에 법의 '일반원칙'과 '판결'과 '학설'을 재판상의 준칙으로 할 수 있음을 명시하고 있다.

법의 일반원칙이란 인류의 일반적 감각에 의해 국가를 구속하는 것이라고 인정되는 보편적 성질의 법칙을 말하는 것이다. 바꾸어 말하면 모든 국가에서 찾아볼 수 있는 공통된 법칙을 의미한다. 재판시 법의 일반원칙을 판단기준으로 사용할 수 있도록 한 배경은 재판불능에 대비하려는 취지이다. 즉 국제적 분쟁에 대하여 적용할 수 있는 조약이나 국제관습이 없어 재판을 할 수 없게 되는 경우를 대비하여, 모든 국가에서 찾아볼 수 있는 법칙을 적용하게 되면 모두가 수긍할 수 있기 때문이다.

판결과 학설도 재판규범으로 기능할 수 있다. 판결은 구체적 사건에서 무엇이 옳은가를 밝혀놓은 것이고, 학설은 올바른 바에 대한 실질적 판단근거를 제시하고 있는 것이므로, 재판규범으로 활용할 수 있는 것이다. 다만, 판결과 학설은 국제분쟁해결을 위해 법칙결정의 보조수단으로만 활용 가능하다는 점에서 조약이나 관습, 법의 일반원칙과 구별된다.

2. 국제법과 국내법의 관계

이상에서 본 것과 같이 국제법은 우리나라가 다른 나라와 특정 행위를 수행할 때에만 적용되는 법이 아니라, 일상생활 속에서 우리나라 국민에게 적용되고 지켜질 것이 요구되는 우리나라의 법이 되어 있다. 조금 더 언급하자면 국제법을 따르는 것은 국제사회의 일부인 우리나라가 국제사회와 약속한 질서를 지키겠다는 것을 의미하며, 이를 통해 국제사회의 일부로서 함께 하겠다는 의사의 표시인 것이다.

다만 국제법인 조약과 국내법인 법률이 동일한 대상을 내용으로 하고 있는 경우, 상이한 내용으로 되어 있는 경우는 어떤 것을 우선적으로 적용하여야 할 것인가 문제가 된다. 이와 관련하여 등장한 국제법이론이 대립설(dualism: 이원론)과 통일설(monism: 일원론)이다.

대립설은 국제법과 국내법은 별개의 법질서라는 주장이고, 통일설은 법이라는 큰 테두리 내에 국제법과 국내법이 있되 국제법을 상위로 볼 것인가 국내법을 상위로 볼 것인가에 따라 두 가지 견해가 있다. 그러나 통일설의 관점에서 국내법을 상위로 하는 이론은 절대주의 시대에 국가만능사상을 기반으로 하는 것으로, 현재의 법상황에는 합치되지 않는다. 국제법과 국내법을 별개로 보게 되면, 국제법인 조약을 체결한 국가는 자국이 합의한 조약의 국내적 적용이 필요한 경우 해당 조약을 국내법으로 변형(transformation)하여야만 한다. 반면에 국내법과 국내법을 통일된 법의 테두리 내에서 파악하는 경우는 국제법인 조약의 국내적 적용은 별도의 변형절차 없이 그 자체로 국내에 적용된다. 국내적 적용의 형식 면에서 보면 통일설의 설명이 간편한 반면, 국내적으로 수용되어 적용되는 단계에서 기존의 국내법과 충돌이 생기는 경우 이의 해결이 필요하다. 그러나 대립설의 입장은 조약이 국내적으로 적용되기 위해 국내법으로 변형되어야 하므로, 변형 단계에서 법률로 전환되므로 기존 법률과의 충돌이 생길 여지가 없게 된다는 장점이 있다. 우리나라나 미국은 조약에 대한 변형절차 없이 국내적으로 적용하는 통일설 국가이며, 영국의 경우는 조약을 체결하더라도 의회의 입법을 통해 영국법으로 변형하여야 하는 대립설 국가에 해당된다.

3. 헌법 규정과 국제조약

헌법 제6조 제1항은 국제조약과 일반적으로 승인된 국제법규는 국내법과 같은 효력을 가진다고 명시하고 있다. 즉 국제법은 우리나라에 대하여 효력을 가지며, 그 효력은 우리나라의 국내법과 같다는 것이다. 다만 '국내법과 같은 효력'이라고 되어 있기 때문에 국내법의 의미와 관련하여 일정한 해석이 필요하게 된다. 국내법에는 헌법도 있고, 국회가 제정한 정식의 법률도 있으며, 명령, 규칙, 조례 등 법률보다 하위의 국내법도 있기 때문이다.

이와 관련하여 국내법 학자들의 견해는 국제법인 조약의 효력은 국회가 제정한 법률과 동일한 효력을 가지되, 헌법의 하위에 있는 것으로 보려는 경향이다. 헌법은 부칙 제5조에서 '이 헌법 시행 당시의 법령과 조약은 이 헌법에 위배되지 아니하는 한 그 효력을 지속한다'고 규정하여, 헌법에 반하는 조약의 효력을 부정하고 있기도 하다.

그러나 국제조약은 우리나라가 타국 또는 국제기구와 체결한 '문서로 된 합의'임을 전제할 때, 헌법에 반한다는 이유로 국제조약을 지키지 않는 것이 타국이 받아들일 것인가? 이와 관련하여 1969년에 체결된 조약법에 관한 비엔나협약은 제27조에서 국제의무를 다하지 못한 데 대한 정당화사유로서 국내법규정을 원용할 수 없음을 명백히 하고 있다. 다만, 제46조에서 중요한 국내법규정의 명백한 위반이 객관적으로 분명할 경우 예외로 하고 있다.

이와 같이 국내법적 해석과 국제법적 해석은 일정한 차이를 나타내고 있는데, 실제로 헌법과 조약이 충돌하는 경우 양자의 조화로운 해석을 시도하거나, 조약체결을 국가원수의 통치행위적 성격으로 보아 양자간 충돌문제를 해결하고 있다.

〈사례1 해설〉 (국제법과 국내법의 관계)

대법원은 WTO협정은 국회의 비준을 받은 국제조약으로서 국내법과 동일한 효력이 있음을 전제하고, WTO협정상 수입상품은 국내의 동종상품(like product)과 경쟁할 때 차별적인 대우를 받지 않아야 한다고 규정하고 있으므로, 국내산을 우대하는 전라북도의 조례는 WTO협정을 위반한 것이라고 판단하였다. 앞에서 살핀 바와 같이 일반적인 법이론에 따라 조례는 법령에 위배될 수 없기 때문에, 전북도의 조례는 법률에 해당되는 국제조약에 반하므로 전북도의 조례를 무효화하여야 한다고 결정한 것이다. 이러한 판례의 태도는 우리나라가 체결한 국제조약은 국내법과 같은 효력을 가진다는 헌법 규정에 따라 조약과 법률을 동일하게 보고, 법률의 하위 규범인 조례의 내용이 조약에 반하는 경우 효력이 없음을 밝힌 것이다.

Ⅱ. 주권면제

사례 2 주권면제

1980년 대림기업은 주한미군과 내자호텔에서 음향 및 비디오기기 판매점을 운영하는 임대계약을 체결하였고, 계약서에는 동 상점에서 판매하는 물품은 한미행정협정 제16조에 의하여 면세받는다고 기재하였다. 그러나 같은 해 10월 관할세무당국은 대림기업이 판매하는 물품이 미군의 군속, 군인 및 그 가족이 구입한다 하더라도 이는 개인적 구입으로서 한미행정협정에 의한 면세대상이 아니라고 통보하였고, 대림기업은 해당 세금을 납부할 수밖에 없었다. 이에 따라 대림기업은 미국정부를 상대로 손해배상청구소송을 서울민사지방법원에 제기하였다.

주권은 모든 국가에 평등하게 존중되어야 하는 것이므로, 모든 국가는 국제법상 권리·의무를 평등하게 향유할 수 있다는 평등권을 파생시킨다. 국제관계에서 주권국가간 상호 평등하다고 인정되는 한 어떠한 국가도 타국주권에 종속되지 않으며, 타국의 관할권에 종속되지 않는다. 이러한 평등권과 밀접한 관계에 있는 제도가 주권면제(sovereign immunity)이다.

주권면제란 '대등한 자는 대등한 자에 대해서 지배권을 갖지 않는다'(par in paren non habit imperium)는 원칙에 따라, 주권국가가 외국의 영역 내에 있을 때 영역국 국내법의 적용으로부터 일정한 면제를 받는 것을 말한다. 이러한 면제의 본질은 특정 상황에서 원고(개인 또는 정부)가 타국 또는 타국 대표나 기관을 상대로 소송을 제기할 때 문제된다.

전통적으로 주권평등을 절대화하여 모든 국가활동에 면제를 인정하려는 절대적 주권면제이론에 따라 국영기업에도 특권적 지위를 인정하였고, 그 결과로 상대방 기업이 비국가적 실체인 경우에는 상대적 불이익을 받을 수밖에 없었다. 따라서 다수의 국가들은 이러한 불합리를 극복하기 위하여 국가의 행위를 공적(公的)인 행위와 사적(私的)인 행위로 나누어 국가의 공적인 행위에 한해서만 주권면제를 인정하려는 제한적 주권면제이론을 제시하게 되었다.

문제는 공적인 것과 사적인 것의 구별이 용이하지 않다는 것인데, 다시 행위의 목적을 기준으로 구별하려는 입장과 행위의 본질을 기준으로 구별하려는 입장으로 나뉘었다. 그러나 전자의 경우 국가가 행하는 상업행위도 그 목적은 국가적 목적에 있는 것이므로 대부분의 국가 상업행위에 면제를 주는 불합리가 있고, 후자의 경우 개인이 사적 목적으로 선박을 구입하는 경우와 정부가 국가적 목적으로 군함을 구입하는 것은 공히 행위의 본질이 거래행위이므로, 정부의 군함 구입조차 면제에서 제외되어 버리는 불합리가 남는다. 이를 극복하기 위한 것이 1952년의 소위 테이트서한(Tate letter)으로 전통적으로 매우 민감했던 주권사항들, 즉 정치적이거나 공적인 행위에 대해서만 면제를 인정하자고 주장하면서, 내부적 행정행위, 입법행위, 무력에 관련된 행위, 외교활동과 관련된 행위, 공채 등을 예시하였다. 오늘날 대부분의 국가는 주권면제를 인정하면서, 국가의 공적 행위에 대하여만 면제를 인정하려는 상대적 주권면제론을 견지하고 있다.

<사례2 해설> (주권면제)

소송에서 미국 정부를 대리한 변호인은 주권면제원칙을 원용하여 미국의 정부기관 및 그 산하기관들은 대한민국 법원의 재판권으로부터 면제된다고 주장하였다. 서울민사지방법원은 외국 국가 또는 외국기관의 행위는 언제나 국내 법원의 재판권으로부터 면제되는 것이 아니라, 그 행위의 성질에 비추어 주권적 공법적 행위가 아닌 사경제적 또는 상업활동적 행위는 국내 법원의 재판권으로부터 면제되지 않는다고 판시하였다. 이러한 이유에서 임대차계약을 둘러싼 미군측의 불법행위 또는 계약상 과실을 원인으로 하는 배상금지급청구에 해당되는 본 소송은 그 행위가 사경제적 또는 상업활동적 성질을 가지고 있는 것이어서 피고인 미국은 국내법원의 재판권으로부터 면제되지 않는다고 판결하였다. 즉 우리나라의 법원도 국제법상 인정되는 주권면제와 관련하여 상대적 입장을 취한 것이다.

Ⅲ. 국가관할권

1. 관할권의 유형

관할권이란 주권의 한 측면으로서 법적 이해관계에 적용되는 국가의 권능, 즉 국가의 입법, 사법, 행정권력이 타국의 간섭 없이 행사될 수 있는 권한을 말한다. 이러한 관할권은 모든 국가가 향유하기 때문에 상호 충돌의 가능성이 있는데, 국제법은 관할권 행사를 요구하는 규칙을 직접 정하고 있지 않으므로 관할권의 행사 여부는 각국의 국내법에 의해 규율된다.

관할권의 행사기준과 관련하여 영토를 기준으로 하는 속지주의가 전통적인 모습이었다. 그러나 국가간의 교류가 증가함에 따라 다양한 활동과 국제적 성격의 범죄행위가 늘어나게 됨으로써 영토 이외의 근거에서 관할권을 행사하려는 경향이 두드러지게 되었다. 자국 국적을 가진 사람이나 사물에 대하여 관할권을 주장하는 속인주의와, 국가로서의 존립과 기능을 위협하는 행위로부터 국가 자체를 보호하기 위한 보호주의, 보편적으로 비난되는 행동은 어떠한 국가도 관할권을 가진다는 보편주의가 그것이다.

첫째는 속지주의(屬地主義)이다. 국가는 자신의 영역 내 모든 사람·사물·사안에 대한 절대적 배타적 권능을 가진다는 견해에서 파생된 이론이다. 이는 행위의 결과와 관계없이 행위지국의 관할권을 행사하려는 '주관적 속지주의'와 행위지와 관계없이 결과지국의 관할권을 인정하려는 '객관적 속지주의'로 구분된다. 객관주의는 행위가 어디에서 발생하였더라도, 그 효과가 발생한 국가가 관할권을 행사하려는 것이다. 속지주의가 이렇게 둘로 나뉘는 것은 행위가 시작된 국가와 효과가 발생한 국가가 다를 수 있기 때문이다.

둘째는 속인주의(屬人主義)이다. 국가는 자신의 국민, 즉 자국 국적을 가진 자에 대하여 절대적인 권한을 가진다는 원칙이다. 이는 다시 행위자(가해자)의 국적을 기준으로 하는 적극적 속인주의와 피해자의 국적을 기준으로 하는 소극적 속인주의로 나눌 수 있다. 다만, 소극적 속인주의는 영역국의 주권과 충돌할 소지가 있다.

셋째는 보호주의(保護主義)이다. 외국인이 자국영역 외에서 행하는 행위라 할지라도 국가안전, 중추적 이익을 위태롭게 하는 경우에 관할권을 행사한다는 원칙이다. 대부분의 국가는 국내 형법에서 내란죄, 외환죄, 국가통화위조죄, 유가증권위조죄 등을 규정하고 있는데, 보호주의의 예로 들 수 있다.

넷째는 보편주의(普遍主義)이다. 국제사회 전체에 대한 위협을 근거로 하는 일정 유형의 범죄에 대하여 엄격한 관련성이 없더라도 신병을 확보하고 있는 국가에 관할권을 인정하는 입장이며, 수평적·분권적 국제사회에서 보편관할권은 예외적으로 인정되는 관할권준칙이다. 해적행위, 전쟁범죄, 인도에 반한 죄 등이 해당된다.

효과주의(效果主義)가 별도의 원칙으로 제기되기도 하는데, 이는 외국인에 의해서 외국에서 행하여지는 행위가 자국질서에 직접 실질적 예견 가능한 영향을 주는 경우에 자국법을 적용하겠다는 입장이다. 그러나 이 입장은 속지주의의 일면으로 파악됨이 일반적이다.

2. 관할권의 경합

이와 같이 관할권 행사에는 다양한 근거가 존재하기 때문에 복수의 국가가 동시에 적법하게 관할권을 주장하는 경우가 있을 수 있다. 관할권의 경합이 발생하는 경우, 관할권을 행사하려는 국가와 해당 사안 사이에 어떠한 관련이 있는가 하는 것을 추출해 내는 것이 바로 국제법의 과제인 것이다.

국경을 마주하고 있는 A국에 있는 사람이 B국 내의 사람에게 총을 발사한 경우, 그 사건의 관할권은 어느 국가에 인정되는가? 주관적 속지주의에 따르면 발사자가 있는 A국이 관할권을 행사하게 되며, 객관적 속지주의에 따르면 상해를 입은 자가 있는 B국이 관할권을 행사하게 된다. 이와 같이 A, B 양국은 모두 관할권을 주장할 수 있고, 또한 적법하게 관할권을 행사할 수 있다. 이러한 경우 실제로는 피의자의 신병을 확보하고 있는 국가가 관할권을 행사하게 될 것이다.

프랑스 군용선박과 터키의 석탄운반선이 터키 영해 외역의 공해에서 충돌한 로츄스호 사건은 객관적 속지주의를 인정한 사례이다. 공해상의 충돌로 피해를 입은 선박의 본국인 터키는 공해상의 선박은 영토의 일부를 구성한다는 논리로서 피해의 효과가 발생한 터키가 관할권을 가진다고 주장하였고, 상설국제사법법원(PCIJ)은 터키의 관할권 행사가 국제법에 반하는 것이 아니라고 인정하였다.

보호주의에 따라 국가가 관할권을 주장할 수 있는 경우로는 정부 전복계획이나 자국 화폐의 위조 등을 생각해 볼 수 있다. 보호주의 원칙이 적용된 대표적 사례로는 1961년의 아이히만 사건을 들 수 있는데, 이 사건에서 이스라엘 법원은 이스라엘이 보호주의 원칙에 근거하여 나치의 전쟁범죄에 대하여 관할권을 행사할 수 있다고 결정하였다.

<사례3 해설> (국가관할권)

관할권이 성립하는 국가는 일차적으로 범인의 신병을 확보하였던 일본이었고(해적행위와 관련한 보편주의), 가해자의 본국인 중국도 관할권을 주장할 수 있고(적극적 속인주의), 피해자의 본국인 한국도 관할권이 성립한다(소극적 속인주의). 이 사건은 한국의 관할권 주장에 대하여 일본이 범인의 신병을 인도하였고, 그에 따라 우리나라 법원이 재판 판결한 사건이다.

Ⅳ. 자 위 권

사례 4　　자위권

1837년 영국 식민지였던 캐나다가 분리독립하려는 반란이 발생하였을 때, 캐롤라인호는 미국과 캐나다를 오가며 캐나다 반군들과 군수 물자를 실어나르는 선박이었다. 동 선박이 나이아가라의 미국측 강변에 정박중일 때, 영국의 특공대가 급습 방화하여 나이아가라 폭포로 떨어뜨렸다. 이에 대하여 미국은 영국의 영토 침범과 캐롤라인호 파괴를 문제삼았고, 영국은 자위권에 따른 조치라고 맞서게 되었다.

　　자위권이란 외국으로부터의 급박한 위해에 대하여 자국 또는 자국민을 방위하기 위하여 부득이한 한도 내에서 실력행위를 취하는 합리적인 국가권리를 말한다.

　　전통적인 관습적 자위권은 권리침해에 대한 반격적 자위뿐만 아니라, 국가안전의 방위라는 면까지 반영하여 강대국에 의한 확대해석경향과 각국의 자의적인 요건판단, 당사자들에 의한 국내법으로부터의 다양한 유추 등으로 인해 명확한 정의를 얻지 못하여 왔다. 그러다 제2차세계대전 이후 특히 1928년 부전조약이 체결된 뒤로 전쟁이 불법화되어 일정한 전쟁만이 허용되자, 외국의 불법침해에 대한 방위를 자위권에 의한 것으로 하고, 그 합법성을 인정하기에 이른 것이다. 근대 국제법은 자위권을 '정당방위' 및 '긴급피난'의 법리로 이해하여 왔다. 정당 방위란 국가 또는 국민에 대한 급박 부당한 침해에 대해서 부득이 필요한 한도 내의 방위행위를 뜻하며, 긴급피난이란 국가 또는 국민에 대한 급박한 위해를 피하기 위하여 부득이한 정도 내에서 취하는 방위행위를 의미한다.

1. UN헌장 제51조의 자위권

　　자위권 발동국이 주관적·독단적으로 자위권행사의 요건을 판단함으로써 자위권을 명분으로 한 침략행위나 불법무력사용이 빈발하자, 통제의 필요에서 UN헌장 제51조에 자위권을 명규하게 되었다. UN헌장의 자위권 규정은 기존 국제관습법의 자위권 개념에 대하여 크게 두 가지 변화를 가져왔는데, 하나는 자위권 발동의 제한이요 다른 하나는 자위권 행사주체의 확대이다.

　　UN헌장 제51조는 자위권의 행사 사유를 '무력공격이 발생한'(armed attack occurs) 경우로 제한하고 있다. 이는 위해나 위해의 급박성에 대한 자의적 판단을 배제하기 위한 것으로, 자위를 명분으로 한 불법적 조치를 방지하기 위한 것으로 해석된다. 이는 전통국제법상 주장되어 온 '급박한 위해'보다 그 침범도가 심한 것을 의미하는 것이다. 무력공격은 회원국의 영역이나 기타의 통치지역, 타국 내의 자국기지에서 행하여진 것을 말한다. 그 외에 공해의 군대나 공선, 항공기 등에 대해 취해진 것도 무력공격의 범위 내에 속한다. 이러한 자위권행사는 안전보장이사회가 국제평화의 안전과 유지를 위한 필요조치를 취할 때까지만 인정하여 그 행사의 시기를 제한하였다. UN 회원국이 취한 자위조치는 즉각 안보리에 보고할 것을 규정하여 사후적 정당성 평가의 여지를 남겨두었다.

　　UN헌장 제51조는 '개별적 집단적 자위의 고유한 권리'를 인정하여, 집단적 자위권을 국가의 고유한 권리로서 인정하고 있다. 집단적 자위권이란 피침략국과 밀접한 관계가 있는 국가가 공동방위로서 피침략국에 대한 무력행사를 방어하는 실력행위를 말한다. 이는 UN헌장 초안인 덤바튼 오크스안에는 없었던 것으로, 남미국가들의 제안에 의하여 챠풀테팩협정의 집단적 자위권 개념을 도입한 데서 비롯된다. 제53조 제1항의 '지역적 협정에 의한 강제조치'와 집단적 자위권의 중복을 우려하는 입장도 있다. 그러나 전자는 국제평화와 안전을 유지·회복하기 위한 집단적 조치를 규정한 것이고, 후자는 법적으로 승인된 자기 이익에 대한 침해를 배제하기 위한 실력행사를 규정한 것이라는 점에서 입법 취지상의 차이가 있다. 발동단계에 있어서는 전자가 UN의 사전허가를 필요로 하지만, 후자의 경우 안보리의 사전 동의 없이 발동 가능하다는 점에서도 차이가 있다.

2. 예방적 자위권

UN헌장상 자위권 발동요건을 무력공격이 발생한 경우로 규정함으로써, 문맥상 자위권을 발동하기 위해서는 무력공격이 실재(實在)한 경우여야 한다. 그러나 핵무기와 같은 근대무기의 발전으로 공격을 받은 국가가 이를 방어할 시간적 여유가 없는 경우 등이 문제됨으로써 예방적 자위권이 논의되고 있다.

예방적 자위를 긍정하는 입장은 타국의 무력공격으로 대응능력을 상실할 경우 국가의 자위권이 유명무실해짐을 우려하여 필요성과 비례성 원칙이 충족된다면, 선제공격이 없는 경우라도 자위권을 행사할 수 있다고 주장한다. 반대로 예방적 자위를 부정하려는 입장에서는 자의적 판단에 의한 선제공격의 부활과 남용을 경고하며 자위권행사의 요건을 엄격히 제한할 것을 주장한다. 핵무기와 같은 근대무기의 발전으로 일국의 공격이 실제로 발생한 경우 이외에는 자위조치를 불가능한 것으로 해석하는 것은 상당한 위험성이 있다.

1962년 쿠바미사일위기사건에서 미국은 쿠바를 봉쇄하면서 예방적 자위권을 원용하지 않았는데, 그 이유는 미국이 예방적 자위권을 원용할 경우 공산권 국가들이 남용할 것을 우려하였기 때문이다. 그러나 미국은 1986년 리비아가 테러행위를 지원한 것을 이유로 리비아를 폭격한 것에 대한 정당화사유로서 예방적 자위를 원용한 바 있다. 생각건대 타국의 무력공격이 극도로 임박한 경우, 가능한 모든 외교적 수단을 다한 후라면 엄격히 제한된 경우에 예외적으로 예방적 자위를 허용할 수 있다고 보아야 할 것이다.

<사례4 해설> (자위권)

이 사례는 자위권의 고전적 사례로서, 당시 미국의 국무장관이었던 D. Webster는 '급박하고도(instant), 압도적이며(overwhelming), 다른 수단을 택할 여유나(leaving no choice of means), 숙고해 볼 시간이 없을 때(no moment for consideration)'에만 자위권이 허용된다고 하였다. 이에 대해 영국은 캐롤라인호에 대한 급습과 파괴는 자위를 위한 부득이한 자위였다고 맞섰다. 5년 후인 1842년 동북국경문제가 제기되었을 때 영국의 특사가 미국 영토침범을 정중히 사과하여 해결을 보게 되었는데, 당시에도 영국은 캐롤라인호 사건이 Webster 장관이 말하는 모든 조건에 부합하는 자위조치였다고 주장한 바 있다. 이와 같이 자위권의 문제는 해석상의 난제가 상존하고 있는 것으로, UN 체제하에서는 무력행사를 금지한 UN헌장 제2조 제4항에 대한 예외로서 자위권이 허용됨에 따라, 정당방위적 성격이 강조되고 있다. 즉 무력공격이 발생한 경우 자위권이 허용되는 것이다.

V. 국가책임

사례 5 국가책임

캐나다와 미국의 국경하천인 콜럼비아강의 캐나다측 연안 도시(Trail시)에 연과 아연 등 비철금속을 생산하는 민간제련소가 설립되었는데, 생산량이 늘어감에 따라 제련소에서 배출되는 아황산가스의 발생이 급증하여 인접하고 있는 미국 워싱턴주의 농작물과 산림에 큰 피해를 초래하였다. 그 이유는 동 제련소에서 배출되는 아황산가스가 바람을 타고 남하하면서 하강하여 훈증작용을 일으켜 미국 워싱턴주에 피해를 입힌 사건이었다. 민간제련소인 트레일제련소에서 배출되는 오염물질로 인한 미국측 피해에 대한 책임은 어떻게 되는가?

1. 국가책임의 성립

국제법상의 의무에 위반되는 행위를 국제불법행위라 하며, 불법행위로 인해 행위국에 귀속되는 배상책임을 국가의 불법행위책임 또는 국가책임(State Responsibility)이라 한다. 국제법상 개별 사건에 있어 실질적인 가해자·피해자가 국가가 아닌 개인일 수도 있으나, 국가책임의 본질상 이는 '피해국 또는 피해자의 본국에 대한 가해국의 책임'으로 보게 된다.

국가책임이 성립하기 위해서는, 첫째 국제의무의 위반이 있어야 한다. 국가책임은 모든 국제의무의 위반에서 발생한다. 다만 피해자의 동의에 의한 경우, UN헌장에 따르는 자위조치, 위법행위에 대한 대응조치, 불가항력(force majeure)이나, 예견할 수 없는 외부적 사태에 대한 행위, 조난 등 극단적 상황에서 다른 수단이 없을 때, 긴급피난의 경우에는 위법성이 조각되며, 국제연합의 제재조치 또한 예외에 해당한다. 둘째 위법행위는 국가에 귀속될 수 있어야 한다. 입법·사법·행정 분야, 대내적·대외적 성격, 행위자의 지위 고하를 막론하고 모든 국가기관의 직무상 행위는 국가에 귀속된다. 원칙적으로 사인의 행위에 대해서는 국가가 책임을 지지 않는다. 그러나 외국인의 권리침해와 관련하여 또는 외국인의 피해구제와 관련하여 국가가 상당한 주의(due diligence)를 기울이지 못한 경우 그 책임을 면할 수 없다. 모든 국가는 상당한 주의를 기울여 외국인을 자국민과 대등하게 보호하여야 할 국제적 의무를 부담하고 있는 것이다. 이에 따라 국가는 자국인의 행위가 외국인에게 부당한 피해를 주지 않도록 적절한 예방과 구제를 취할 의무가 주어지게 된다.

최근에는 행위의 위험성에 착안하여, 국가의 과실이 없는 적법한 행위임에도 그 행위의 유해한 결과를 이유로 책임을 추궁하려는 경향이 나타나고 있다. 소위 '엄격책임'(strict liability)의 문제가 그것이다. 이는 국가관할권하의 자연인 또는 법인의 행위로 인해 타국에 손해가 가해진 경우, 그 행위와 관련하여 국제의무위반이 없더라도 그 손해에 대해 국가가 배상책임을 부담하는 것을 말한다. '불법행위책임'이 결과발생과는 무관하게 위법한 행위에 대한 배상책임의 성격을 갖는 반면에, '엄격책임'은 행위의 위법성과는 무관하게 발생한 손해에 대한 보상책임의 성격을 갖는다는 차이가 있다.

2. 국가책임의 해제

국제법상의 의무를 위반한 행위에 의해 국가책임이 발생하면 가해측에는 물질적 정신적 구제의무가 부과되고, 피해측에는 의무이행의 요구권이 주어진다. 가해측의 구제의무불이행은 또 하나의 불법행위를 더하는 결과가 된다. 피해측은 사례에 따라 적절한 요구권을 택하되, 그 권리를 포기할 수 있다. 피해측의 구제의무의 이행요구는 피해 외국인이 그곳 재류국에서 인정되고 있는 행정상 사법상의 모든 구제절차를 밟은 뒤가 아니면 제기될 수 없다. 왜냐하면 그러한 현지의 절차들이 이용과 실현이 가능한 것이고 유효한 것이라면, 피해가 발생한 곳에서 사실을 확인하고 구제방식과 구제범위를 정하는 것이 합리적이고 현실적이기 때문이다. 뿐만 아니라 현지국의 노력에 대한 배려와 국제적 청구를 줄이기 위한 실제적 필요에서도 바람직한 것이다. 이를 '국내적 구제 고갈의 원칙'이라 한다.

타국의 불법행위로 인해 국가가 직접 피해를 입은 경우 곧바로 가해국에게 책임을 물을 수 있으나, 자국민이 피해를 입은 사안의 경우 국가의 '외교적 보호' 형태로 국가책임을 묻게 된다. 외교적 보호는 재외국민이 재류국으로부터 부당한 대우를 받거나 불법적으로 권리침해를 받는 경우 그 국적국이 적절한 구제를 요구할 수 있는 제도를 말한다. 이는 국가의 권리이므로 개인이 포기할 수 없으며, 피해자의 보호 요청이 있더라도 국가가 반드시 응하여야 하는 것도 아니다. 외교적 보호권을 행사하기 위해서는 다음의 두 가지 조건이 충족되어야 한다. 첫째는 '국내적 구제 고갈의 원칙'이다. 둘째는 '국적계속의 원칙'이다. 즉 피해가 발생했을 때부터 국가책임을 추궁할 때까지 피해자의 국적이 동일하게 계속되어야 하며, 피해자와 국적국간에는 진정한 관련성이 있을 것이 요구된다.

국가책임을 해제하는 최선의 방법은 원상회복이다. 이는 국제의무의 위반행위가 발생하지 않았더라면 당연히 존속되었을 원상을 재현, 회복하는 것을 말한다. 원상회복이 불가능한 경우 실질적 손해에 대하여 금전으로 배상 또는 보충하는 것을 말한다. 본질은 사인이 아닌 국가의 손해에 대한 배상이며, 범위는 직접손해와 간접손해 그리고 기대이익까지를 포함하는 것으로 이해되고 있다. 국가책임해제시 여타 방법과 함께 사용되는 방법으로 정신적 피해나 비물질적 불법행위에 대한 엄숙한 사죄의사의 표시, 국기에 대한 경례, 진사사절의 파견 등의 진사(陳謝: satisfaction)가 있다. 기타 해제 방법에는 위법행위의 부인, 책임자의 처벌, 장래에 대한 보장 등이 있다.

<사례5 해설> (국가책임)

이 사례에서 미국측 요구로 열리게 된 국제합동위원회가 35만 달러의 피해액을 지급하도록 권고하였으나, 이에 만족하지 못한 미국은 중재재판을 통해 해결하도록 하였다. 중재결정은 트레일제련소의 아황산가스가 상공기류를 타고 미국측으로 내려와 미국측에 입힌 손해이므로, 트레일측의 책임이 인정된다는 것이었다. 이 사건은 민간기업의 행위로 타국이 피해를 입은 경우 국가가 책임을 진 케이스이다. 즉

캐나다정부는 민간기업인 트레일제련소의 위법행위를 사전에 방지하지 못한 탓으로 책임을 지게 된 것이다. 이 사건은 국가가 그 영토를 사용함에 있어 접경국 영역에 대한 권리침해가 있어서는 아니 된다는 원칙, 즉 국제법상의 권리남용금지의 원칙 같은 국제적 환경문제의 국제법적 처리에 대한 지침을 준 케이스라고 볼 수 있다.

VI. WTO와 비차별원칙

사례 6 WTO와 비차별원칙

WTO 회원국인 A국의 주세법은 외국산 수입 위스키에 대하여는 고율의 세금을 부과하고, 자국산 소주에 대하여는 저율의 세금을 부과하고 있다. 이에 대하여 위스키 수출국은 A국의 주세법을 이유로 WTO에 제소할 수 있는가?

1. WTO의 설립

1947년 채택된 관세및무역에관한일반협정(GATT)에 의해 유지, 운영되던 국제통상질서는 그 발전에 따라 우루과이라운드를 통해 세계무역기구(WTO)를 설립하게 되었다. WTO는 회원국간 무역관련 행위를 위한 공통의 제도를 제공하는 것이다. 특히 WTO설립협정은 세계무역기구의 구조·기능·조직·의결방법 등에 관한 본 협정과 분야별 협정문을 부속서로 두고 있다. 제1부속서는 상품교역, 서비스교역, 지적재산권교역에 관한 것이고, 제2부속서는 분쟁해결에 관한 규칙을 담고 있고, 제3부속서는 각국의 무역정책을 검토하는 내용을 포함하고 있다. 마지막으로 제4부속서는 소위 복수국간무역협정(PTA)이라 불리는 것으로, 현재 민간항공과 쇠고기에 관한 내용을 담고 있다.

WTO는 모든 회원국의 대표로 구성되는 각료회의가 최고의결기관이며, 매 2년마다 개최된다. 각료회의가 열리지 않는 기간 동안 모든 회원국의 대표로 구성되는 일반이사회가 그 기능을 수행하게 된다. WTO의 회원국이 되기 위해서는 제4부속서를 제외한 WTO협정을 모두 수락하여야 하는데, 이를 일괄채택방식(single undertakings)이라 한다. 따라서 유보나 조건부의 가입은 인정되지 않는다.

협정상 탈퇴의 자유가 인정되고 있으나, 탈퇴의 고지가 WTO사무총장에게 접수된 후 6개월이 지나야 그 효력이 발생하도록 하고 있다. 이는 탈퇴의 자유를 인정하되 WTO체제의 안정성을 유지하려는 목적을 가진 것이다.

WTO는 최혜국대우와 내국민대우를 기본원칙으로 제시하여, 국가간 통상문제의 객관성을 담보하고 있다. 그 외에 회원국의 법과 제도가 합리적이고 예측가능하도록 하고, 그 기초가 되는 법률이나 자료를 공개하도록 하는 투명성을 더욱 강하게 요구하고 있다. 뿐만 아니라, GATT이 주로 관세인하를 목적으로 하여 비관세장벽에 대해서는 철저하지 못하였던 부분을 개선하여 모든 비관세장벽의 철폐를 목적으로 하고 있다.

2. 최혜국대우와 내국민대우

최혜국대우는 국제통상질서의 가장 보편적인 원리로, 물품의 수출입과 관련하여 한 회원국에 부여한 가장 유리한 대우를 다른 회원국에게도 요구하는 것이다.

일정한 종류의 특혜나 특별히 적용되지 않도록 규정하는 경우에는 최혜국대우가 적용되지 않으며, 개발도상국에 대해서는 다른 회원국보다 낮은 관세율을 적용하는 것이 허용된다. 그 외에 자유무역지대협정 같은 지역협정의 경우에도 일정한 예외가 인정된다. 최혜국대우에 따라 일국이 다른 회원국과 양자협정을 체결하여 관세를 인하하였다면, 다른 모든 WTO 회원국에 대하여도 동일한 혜택을 부과하여야 한다.

내국민대우도 최혜국대우와 같이 비차별을 확보하기 위한 제도로서, 수입상품에 대하여 국내상품과 동등한 권리나 특권을 부여할 것을 요구하는 것이다. 즉 외국상품이 자국 내로 수입되면 동등한 국내상품 보다 불리한 대우를 받지 아니하도록 요구하는 것이다.

최혜국대우가 다른 국가들간에 동등한 대우를 요구하는 것인 반면, 내국민대우는 일단 관세를 납부하고 국내 반입절차를 마친 수입상품에 대하여 국내상품과 동등하게 대우할 것을 요구하는 것이다. 최혜국대우와 내국민대우원칙에 의해 어떤 회원국의 상품에 대하여 세율이 인하되면, 다른 회원국의 동일상품에 대하여도 인하효과가 생김으로써 모든 회원국이 혜택을 받게 된다. 이와 같이 내국민대우는 최혜국대우와 결합하여 모든 회원국에게 혜택을 공정하게 확산시키는 것이다.

최혜국대우이든 내국민대우이든 비교대상이 동종일 경우가 전제되어야 하는

데, 이를 표현하는 용어가 동종상품(like product)이다. 1980년 브라질은 스페인을 GATT에 제소한 바 있는데, 스페인이 브라질산 '볶지 않은 커피'(unroasted coffee)에 대하여 'mild coffee'보다 고율의 관세를 적용한 것은 최혜국대우를 규정한 GATT 제1조에 위반한다는 이유에서였다. GATT는 커피의 경우 유형에 관계없이 거의 같은 동종상품이므로, 브라질에서 수입된 볶지 않은 커피도 차별 없이 대우받아야 한다고 결정하였다. 결국 동종성에 대한 판단은 최혜국대우와 내국민대우의 핵심적 잣대로서, 이를 판단하는 기준이 정립되어 있어야 한다. 무엇이 동종인가에 대하여 WTO는 개별적이고 재량적 판단의 불가피함을 포함하는 것으로, 한 가지 판단방법이 모든 사례에 적절할 수 없다고 하였다. 이처럼 동종성 문제는 명확하고 절대적인 유일의 정의가 있을 수 없기 때문에 어려움이 있다.

<사례6 해설> (WTO와 비차별원칙)

이 사례에서 제시된 소주와 위스키에 대한 차별적 과세의 문제는 일단 관세를 물고 국내로 반입된 위스키와 소주의 비교 문제로서, 내국민대우의 위반에 관한 사안이다. 이는 실제로 일본주세법 사건과 한국주세법 사건에서 문제가 된 것으로, 이와 관련하여 WTO는 동종성 개념에 대하여 자세하게 분석하고 있다. 한국 주세법 사건에서 WTO는 물리적 특성과 최종 소비형태 등에서 소주와 위스키간의 유사성을 인정하고, 소주와 위스키간 상당한 가격 차이가 있긴 하나, 그 차이가 경쟁관계를 부인할 만큼 결정적인 요인은 아니라고 하여, 소주와 위스키는 직접경쟁 또는 대체가능 상품이라고 판단하였다. 이러한 법리에 따라 일본 주세법과 한국 주세법은 내국민대우를 규정한 WTO협정 위반이라고 결정하였다.

10. 국제거래법

국제거래법

*집필: 김기영. 조선대학교 법과대학 교수

Ⅰ. 국제거래와 국제거래법

사례 1   국제거래

갑은 경영대학을 졸업하고 자신의 전공분야를 살려 무역을 중개하는 사업을 시작하려 하고 있다. 무역에 관한 실무에는 밝으나, 세계화된 현실에서 무역에 관한 체계적 이해를 위한 공부를 하고 있다. 갑은 국제경제와 기업의 경영에 있어 어떠한 행위자들이 어떻게 관련되어 있으며, 이를 규율하는 법체계나 법원(法源) 등은 어떠한가를 알고 싶어한다.

1. 기업과 국제거래

인간의 경제행위는 역사를 이끌어 온 원동력이었다. 인간 발전사를 다양한 형이상학적 관점에서 조명해 볼 수도 있겠지만, 경제는 자유와 복지라는 현대사회의 지향이념의 중요한 축을 이루어 왔다. 고대 노예사회, 중세봉건사회 및 절대왕정을 타파하고 시민이 주체가 되는 소위 근대시민사회가 탄생된 계기도 바로 시민의 경제적 역량의 축적에 힘입은 바 크다. 시민의 자유 및 재산권의 보장이 사회의 절대적 가치로 자리잡은 근대시민사회는 정치적으로는 민주주의를 제도적으로는 법치주의를 정착화시키게 된다. 보통선거권의 확립으로 민주주의는 보다 대중화되고, 법치주의는 절대왕권 및 행정권과 시민의 대표로 구성되는 의회 간의 형식적 법치주의로부터 실질적 법치주의로 변모하게 된다. 자유방임적 근대시민사회는 실질적 불평등의 문제를 노정하면서 20세기 초에 들어 극단적인 자유주의 및 자본주의에 대한 수정의 필요를 느끼게 된다. 즉 사회정의와 복지국가의 패러다임하에 국가의 중립을 포기하고 국가의 사적 영역에 대한 통제가 정당화되게 되는 것이다. 이러한 서구민주주의의 역사적 발전의 중심에는 항상 기업과 시민세력, 그리고 관리자로서의 정부가 놓여 있다. 특히 기업은 한 사회를 이끌어가는 중추로서 경제를 통하여 사회의 발전을 이끌어가는 주체가 되어 왔다. 법을 공부하는 사람으로서 소득을 얻고 소비를 행하는 경제적 현상을 중심으로 경제적 관점에서 행위자(player)를 규정해 보면 다음과 같다.

기업은 사회에서 생산을 행하는 주체이다. 자연자원을 개발하고 개발된 자연자원과 노동력을 결합해 상품과 서비스를 생산하여 이윤을 추구한다. 기업은 경제학적 또는 경영학적 개념으로서 경제적 측면에서 사회를 이끌어가는 원동력이다. 기업은 생산과 판매를 통한 이윤의 추구를 절대적 목적으로 하며, 종국적으로 사회구성원의 수요를 충족시켜 사회적 재생산을 가능케 하는 데 기여한다. 이러한 기업의 특징은 다양한 관점에서 살펴볼 수 있다. 기업(enterprise)이란 다양한 관점에서 정의할 수 있으나 일반적으로 이윤의 획득을 목적으로 운용하는 자본의 조직단위라고 정의할 수 있다. 기업은 국민경제를 구성하는 기본적 단위이며, 생산수단의 소유와 노동의 분리를 기초로 하여 영리목적을 추구하는 독립적인 생산경제단위를 이루고 있다.

국가는 국민, 영역, 통치권을 그 본질로 하는 영역사단이라 할 수 있다. 국가는 일정한 지역을 기초로 대인고권과 영토고권을 본질로 하는 통치권을 행사하며 국가는 정치적 통일체로서 일정한 가치를 공유하고, 경제를 진흥시켜 국민의 복리를 추구한다. 국제통상과 관련하여 국가는 자국의 산업과 기업을 보호하고, 국제규범과 국내법에 따라 통상을 규율 관리한다.

지금까지 세계를 지배하는 서구의 자유 자본주의는 18세기, 19세기, 20세기를 거쳐 자기 수정을 반복하고 있다. 자본축적을 바탕으로 사회의 핵심적 정치세력으로 등장한 시민계급은 중세와 절대왕정시대의 신분적 사회질서를 타파하고 자신의 이해관계를 대변할 수 있는 정치제도, 이데올로기 및 법제도를 창출해 내는 소위 시민혁명을 이룩하게 된다. 사회는 '신분에서 계약으로' 본질적 전환을 하게 되는 것이다. 자본주의는 그의 주된 법적 도구로서 기업간의 자유로운 계약을 통하여 발전하게 된다. 회사설립을 위한 발기인계약, 주식의 인수와 매매계약, 기업설비도입을 위한 매매계약, 근로자의 확보를 위한 노동계약, 생산된 상품의 판매를 위한 상품매매계약, 사채의 발행과 인수를 위한 계약, 은행으로부터 자금차입을 위한 장기대출계약 등 전형적인 계약유형 외에 기술을 판매하기 위한 기술이전계약, 프랜차이즈계약, 합작투자계약, 프로젝트 파이낸스, 금융리스계약, 팩토링계약 등 기업활동을 촉진하기 위한 새로운 유형의 계약유형이 등장하고 있다. 국내거래에 있어서도 계약자유의 원칙에 따라 민법이 규정하고 있는 14개의 전형계약을 넘어 당사자의 합의에 따라 다양한 유형의 비전형계약이 이용되고 있는 것은 주지의 사실이다. 국제거래에서는 보다 더 다양한 유형의 계약이 기업간에 이용되고 있는 현실이며, 이러한 계약은 기업활동에 관련한 가장 중요한 법적 도구가 되고 있다. 따라서 현대사회의 변호사에게는 계약의 교섭·체결, 계약의 이행과정에 참여하여 법적 자문을 주고, 계약을 둘러싼 법적 분규를 미연에 예방하며, 소송이나 중재를 통하여 당사자간의 분쟁을 합리적으로 해결하는 것이 중요한 과제로 등장하게 된다.

2. 국제거래법과 국제통상법

국제통상과 관련하여 발생하는 법적 문제를 연구하는 학문을 국제통상법이라 하는데, 국제거래법과 관련하여 연구범위와 방법을 둘러싸고 학자간에 이견이 있다.

국제거래법을 협의로 이해하여 국제거래법은 국제통상이라는 경제현상을 둘러싸고 당해 현상에 대하여 국가가 우월한 지위에서 규제하는 공법적 성격의 규제를 제외한 무역에 관한 사법적 규율체계라고 이해하는 견해가 있다. 동 견해에 의하면 독과점규제법, 관세법, 무역관련법령 등 국내의 경제규제관련법령 및 그러한 규제에 관련된 국제간의 합의를 담은 국제규범, 즉 통상규제와 관련한 국제공법은 국제거래법의 연구대상에서 제외된다.

국제거래법을 광의로 이해하는 견해는 기업이 국제거래를 함에 있어 부딪히는 사법적 문제들은 물론이고 통상을 규제하는 공법적 성격의 법령까지도 연구대상으로 한다고 본다. 동 견해에 의하면 국제거래를 사법적으로 규율하는 Incoterms, 유엔매매법협약 등은 물론이고, WTO의 상품무역협정, 보조금협정 등도 연구대상의 범위에 포함된다.

실제 기업이 무역을 함에 있어 부딪히는 법적 문제는 종합적으로 발생한다. 따라서 기업을 위한 실용적인 관점에서는 국제거래법을 광의로 이해하는 견해가 장점이 있으나, 법 원리적으로는 국제거래법을 협의로 이해하는 견해가 타당하다. 법률전문가의 입장에서도 무역에 관한 공법적 규제와 사법적 원리를 구별하여 공부하고 자문을 줄 수 있어야 하며, 실제 많은 수의 한국학자들이 국제거래법과 국제통상법을 나누어 논하고 있다.

3. 국제거래법의 법원

국제거래법은 기업간의 거래를 규율하는 사법적 성격의 법이지만, 그것이 국제적 성격을 갖고 있으므로 국내법과는 어느 정도 차이가 있다.

첫째, 국제거래법은 국가간의 조약이 가장 중요한 법원(法源)이 된다. 대부분의 국가는 자신이 체결 또는 가입한 조약에 대하여 국내법으로서의 효력을 부여하고 있으므로 국제거래에 관한 국제조약은 가장 대표적이고 규범력이 확실한 법원이 된다. 그러나 국가간 이해관계의 대립으로 국제거래에 관한 국제조약은 규율범위와 사항이 제한적 일 수밖에 없다. 또한 양자조약의 경우에는 조약의 당사자인 국가간에만 적용될 뿐, 국내법과 같이 보편적으로 적용되는 것이 아니다.

둘째, 국가간의 조약이 희귀한 관계로 UN의 기구나 국제상인협회 또는 국제법률전문가협회를 중심으로 국제거래에 보편적으로 적용될 수 있는 법원칙을 선언하거나, 관련거래에 관한 모범법을 제정하게 된다. 이러한 규범은 법적 구속성과 강행성을 중시하는 국내법적 시각에서는 법원으로 볼 수 없으나, 국제거래법 영역에서는 이를 법원으로 보는 것이 다수설이다. 그것은 계약자유의 원칙에 따라 당사자가 그러한 규범을 준거법으로 원용하는 경우에는 구속력 있는 법규범으로 기능하며, 일정한 경우에는 계약의 흠결을 보충하는 보충적 역할을 하거나 계약을 해석하는 지도원리로 기능할 수 있기 때문이다.

셋째, 국내법도 국제거래에 관한 법적 문제를 해결하는 데 있어 법규범으로 기능하므로 일정한 국내법은 국제거래법의 법원이 된다. 당사자가 계약에서 국내법을 준거법으로 지정하거나, 관련 국제조약이 부재하여 국제사법의 규정에 따라 일정한 국가의 사법이 준거법으로 지정되는 경우 당해 국내법은 국제거래를 규율하는 법원으로서 제한적으로 기능하게 된다. 미국의 통일상법전은 미국의 국내법이지만 경제규모나 무역량에 비추어 국제거래에 있어 그 법규범적 영향력은 지대하다. 특히 법문화적 시각에서 미국의 통일상법전이나 영국의 해상법규범은 국제거래에 관한 국제법 규범체계의 확립에 많은 영향을 미친 바 있다. UN을 중심으로 한 국제거래의 통일적 규율체계 확립을 위한 이상은 수십 년간에 걸쳐 꾸준히 진행되어 왔고, 이러한 영향력 있는 나라의 국내법은 법문화적으로 많은 영향력을 행사한다.

넷째, 판례법 등 불문법은 국제거래에 관한 법원으로 들지 않는 것이 다수설의 입장인 듯하다. 그것은 판례법의 경우 국제공법에 관한 국제사법재판소와 같은 통일적인 사법기관이 존재하지 않기 때문이다. 관습법의 경우에도 국제거래의 부정형적이고 다양한 그 본래적 성격으로 인하여 보편적으로 인식할 수 있는 법적 확신이라는 것이 성립하기 어렵고, 그 내용도 불확실하다는 문제가 있다. 관습법이 국제협약, 통일규칙이나 표준계약조항 등으로 정형화되는 경우 국제거래에 관한 법원으로 기능할 수 있을 것이다. 특히 중세사회의 상인법과 같이 상인사회에 형성되는 관행이 관습법의 역할을 할 수 있으며, 국제계약의 일반원칙을 담은 UNIDROIT Principles은 상인법의 부활로 볼 수 있고, 국제계약에 보편적으로 적용될 수 있는 관습법이라고 볼 수도 있다. 그러나 엄격한 의미에서 관습법이 법원이라고 하기 위해서는 그것이 당사자의 의사에 관계없이 법원을 구속하여야 한다. UNIDROIT Principles와 같은 선언적 원칙의 경우 당사자의 합의에 따라 그 적용을 배제할 수 있을 뿐만 아니라, 법원은 보다 적절한 법이 있는 경우 그 적용을 배제할 수 있으므로 관습법의 차원에 이르렀다고는 할 수 없다고 본다. 그러한 경우 관습법은 계약의 흠결을 보충하거나 계약해석상의 지도원리 정도로 기능할 수 있다. 국제계약실무에 있어 당해 거래 영역의 관행은 당사자가 계약에서 원용하는 경우 법원을 구속하는 것으로 보는 견해가 유력하다. 이때에도 그러한 관행은 당해 거래 영역에서 일반적으로 인식되고 준수되어야 한다. 판례법의 경우에는 국제중재기관의 중재판정의 선례가 판례법으로서 기능하는가가 문제되는바, 중재 및 중재법원의 성격에 비추어 엄격한 의미의 법원이라고 볼 수는 없다. 국내법원의 국제거래에 관한 한 판결례는 영미법계의 경우에는 선례구속성의 원칙에 따라 그 법원성을 인정할 수 있을 것이나, 대륙법계의 경우에는 부정될 것이다.

<사례1 해설> (국제거래)

경제의 세계화 현상이 가속화되는 현실에서 모든 나라는 무역 내지 국제거래에 관여하지 않고서는 국가경제를 운용할 수 없는 상황에 이르게 되었다. 노동문제도 세계경제의 하나라고 할 수 있으나, 국제경제적으로 국제거래법상 중요한 의미를 갖는 행위자는 기업이다. 또한 현대의 법률전문가들은 국제거래에 관한 자문을 행하는 역할을 영업의 하나로 책임지고 있다. 국제거래법은 실무상 섭외사건으로 분류되어 처리되고 있지만 법이론적으로 세계 시장구조에 관한 국제통상법과 기업에 직접적으로 영향을 미치는 사법적 성격의 국제거래법으로 분류해 볼 수 있다. 국제거래법을 학습하는 학생에게 있어 중요한 하나의 관점은 그 법원의 다양성을 인정하고 적절한 법을 선택하는 것이라 할 수 있다.

Ⅱ. 국제계약에 관한 일반원칙

사례 2　국제계약

갑은 국제계약과 국내계약의 차이점이 무엇이며, 국제계약의 당사자가 될 수 있는 자의 범위를 알고 싶어한다. 그리고 국제계약을 지배하는 기본법원칙을 담고 있는 UNIDROIT 계약법 원칙은 어떠한 성격의 규범이며, 어떠한 내용을 담고 있는지 궁금해 하고 있다.

1. 국제계약과 국내계약

국제계약은 국내계약과는 다른 몇 가지 특징을 갖는다. 국제계약은 당사자간의 신뢰가 보다 문제되고, 계약 당사자가 다른 국가의 법적 주체이므로 적용될 법이 불확실하며, 따라서 당사자 자치의 원칙이 보다 넓게 적용될 수 있다. 국내계약과는 달리 계약체결에 있어 비용과 시간이 많이 소요되며, 비교적 계약가액이 다액이고 계약기간이 장기간인 경우가 많아 체결 이전의 협상과 교섭과정이 중요시된다. 또한 국제거래는 국가경제에 영향을 미칠 수 있으므로 국가의 개입과 감독이 국내계약보다 강화되며, 계약과 관련한 분쟁의 해결에 있어 소송보다는 중재가 선호된다. 이는 소송의 경우 소송참가에 따른 비용과 시간의 부담 및 법정언어, 자국민보호경향 등이 소송경제와 형평의 관점에서 문제되기 때문이다. 특히 중재의 경우에는 중재판정의 승인 및 집행에 관한 뉴욕협약에 따라 그 집행이 용이한 면이 있다. 국제계약은 전통적으로 영미법지배의 원칙에 따라 대부분의 계약서가 영문으로 작성되며, 영미계약법이 법 원리이자, 준거법으로서 관련 국제규범의 형성에 있어 중요한 영향력을 갖는다. 또한 국제계약은 국제무역의 발달로 새로운 유형의 계약이 많아지고 있으며 따라서 다양성과 복합성의 특징을 갖는 한편, 관행의 반복으로 국제계약의 유형이나 내용이 정형화되는 경향이 있으며, 보통거래약관 등이 널리 이용된다.

국제계약의 당사자는 사법상의 권리의무의 주체가 되는 자연인이므로 즉 개인기업과 법인, 즉 상법상의 여러 유형의 회사가 된다. 국제계약의 당사자가 될 수 있는 법적 주체에 관하여는 통일적인 국제규범이 존재하지 아니하므로, 원칙적으로 국제사법에 따라 지정된 준거법, 즉 국내법에 따라 권리능력과 행위능력을 판단하여야 할 것이다. 그러나 계약자유의 원칙에 충실한 입장에서 법적 권능을 엄격하게 제한적으로 볼 것은 아니다.

2. 국제계약의 당사자

1) 국제계약의 당사자는 자연인(개인), 법인(회사), 국가 또는 국가기관 및 국제법인 등이나, 국제거래의 복잡성과 그 규모의 크기로 인하여 법인의 역할이 압도적으로 크다.

2) 자연인 자연인 내지 개인이 국제거래계약의 당사자가 되는 경우는 거의 없지만, 만약 자연인이 계약의 당사자가 되는 경우에도 권리능력, 외국인의 권리의 제한 및 행위능력에 대한 검토가 필요하다. 본국에서는 완전한 권리능력을 가진 사람도 외국에서는 그 권리의 행사가 제한된다. 어느 나라를 막론하고 외국인은 선박 및 항공기를 소유할 수 없게 하고, 외국인으로부터 선박의 양도 또는 임차하는 경우 정부의 허가를 받도록 하는 경우가 대부분이다. 특허권, 실용신안권, 의장권, 상표권 및 저작권보호에서도 외국인에 대하여 차별을 하는 국가가 많고, 일정분야에서는 인가, 허가, 또는 신고를 받도록 하거나 투자제한 등을 하고 있다. 우리나라에서는 외국인 투자촉진법에 의거하여 외국인 투자를 종합적으로 관리하고 있다.

3) 법 인 법인에 관하여는 법인의 종속법, 종속법의 적용범위, 외국인 관련 각종 법률상의 문제와 법인격 없는 사단 및 재단이 문제된다. 법인의 종속법이라 함은 법인격을 부여하고 법인에 관한 법적 제 문제에 관하여 원칙적으로 적용될 법률을 말한다. 이는 법인에 법인격을 부여한 법률이기 때문에 법인의 권리능력의 준거법이다. 법인의 종속법에 관하여 종래 설립준거법설과 주소지법설이 대립하였다. 외국법인, 즉 종속법에 따라 외국법인으로 판단되는 법인은 민법·상법, 기타의 법률에 따라 한국법인과 구별되므로 권리가 제한되기도 하고 특별한

감독을 받기도 한다.

4) 국가 및 국가기관　　국가와 국가기관은 국제거래를 규제하는 동시에 스스로도 국제거래에 참여하고 있다. 현대의 개발도상국과 사회주의국가 및 국가기관이 국제거래에 직접 관여하여 수행하는 역할은 매우 크다. 또한 선진공업국의 정부기관 및 지방자치단체도 직·간접적으로 국제거래의 주체로 등장하는 기회가 많아지고 있다. 국가나 국가기관에 관하여 외국의 재판권과 관련하여 전통적으로 주권면제의 이론이 적용되며, 이들이 상업활동을 하는 경우에는 법인과 같이 국제사법 및 실정법이 적용된다. 국가 및 국가기관이 사기업과 체결하는 국가계약의 경우에는 투자유입국의 자신국유화나 약속파기 등이 자주 문제된다(국가와 다른 국가의 국민과의 투자분쟁의 해결에 관한 조약, 1966).

5) 국제기업조직　　법인이 국제거래를 하는 경우 본국에서는 그 법인 스스로 거래의 주체가 될 수 있고 단순한 거래는 외국법인과 직접 거래를 할 수 있다고 하더라도, 대규모 거래를 위하여서는 별도의 해외조직을 가지면 편리하다. 기업의 국제조직에는 다양한 형태가 있는데, 주요한 것으로 대리점, 판매점, 공사사무소, 주재원사무소, 지점, 현지법인 등을 들 수 있다.

청약과 승낙의 의사표시 및 계약의 성립에 관하여는 국제계약 일반에 적용되는 UNIDROIT Principles, 유럽계약법협약 등이 국제규범으로서 적용될 수 있고, 미국의 통일상법전이나 Restatement 등이 영향력 있는 규범으로서 계약성립에 관한 법원칙을 제공하고 있다. 그 외 각국의 계약성립에 관한 국내사법도 법 원리를 제공할 수 있으며, 준거법 합의 또는 국제사법에 따라 지정된 준거법으로서 계약성립에 관한 법규범으로서 기능한다.

3. 국제계약법원칙(UNIDROIT Principles)

1) UNIDROIT는 15년간의 준비 끝에 1994년 국제상사계약에 관한 제원칙(Principles of International Commercial Contracts: PICC)에 관한 공식문서를 확정 발표하였다. 동 원칙의 제정목적은 기존 국가법체계에 공통되거나 국제상사거래의 특유한 요구에 가장 적합한 계약법원칙의 체계를 나타내는 것이다.

2) 1994 Principles는 7개 장 119개 조항으로 구성되어 있다(동 원칙은 2004년에 개정되어 총 10장 185개 조항이 되었다). Principles는 국제거래법 형성의 전통적인 방식인 국제협약의 체결과 비준이라든가 모범법의 제정과 국내입법과 같은

국가의 입법을 통하여 국가법체계 내로 편입시키는 대신, 단순한 Principles라는 형식을 취하고 있다. 이는 국가법도 아니고 국제법도 아니지만 이른바 제3의 법질서를 형성하는 구체적이고 실효성 있는 법체계라고 하겠다.

    3) Principles는 국제상사계약에 적용되는바(Principles 전문 1), 다음과 같은 3가지 요건 중 한 경우에 해당하여야 한다. 첫째 Principles는 당사자들이 계약관계에 동 원칙의 적용에 합의하거나(Principles 전문 2), 둘째, 당사자들이 계약에 법의 일반원칙, lex mercatoria 등을 적용하기로 합의하였거나(Principles 전문 3), 준거법에서 계약관계에 적용될 관련규정을 찾을 수 없거나, 규정은 확인되어도 계약상의 분쟁에 대한 해결책이 없는 경우에 Principles가 그 대안으로 적용될 수 있다(Principles 전문 4). 또한 Principles는 기존의 국제통일법협약이나 모델법 등의 해석과 보충의 수단으로 이용될 수 있으며(Principles 전문 5), 국내 또는 국제입법자들에게 하나의 모델로서 사용될 수 있다(Principles 전문 6).

    4) Principles는 국제계약법에 관하여 다음과 같은 6가지 원칙을 규정하고 있다. 첫째 당사자들은 계약체결과 그 내용을 결정하는 자유를 가진다(Principles 1.1). Principles에 있어 계약자유의 원칙은 강행규정에 의한 제한을 받는바, 이때의 강행규정에는 Principles 자체가 정하는 강행규정과 국제사법의 원칙에 따라 적용되는 준거법상의 강행규정의 제한을 받는다. 둘째, 낙성계약의 원칙을 채택하고 있는바, 계약은 서면으로 체결 또는 입증됨을 요하지 아니하며, 증인을 포함한 어떠한 방식으로도 입증될 수 있다(Principles 1.1). 다만 방식자유의 원칙은 계약에 적용될 준거법에서 이를 배척할 경우 적용되지 아니한다. 셋째, 계약의 구속성원칙이다. 계약은 당사자간에 효력이 있으며, 계약조건, 합의 또는 Principles의 규정에 의해서만 변경 또는 종료될 수 있다(Principles 1.3). 넷째, 각 당사자는 국제거래에 있어서 선의와 공정거래에 적합하게 행동하여야 하며, 이 의무를 배제하거나 제한할 수 없다(Principles 1.7). 다섯째, 당사자들의 합의나 그들간에 확립된 관습에 의하여 구속된다. 이때의 관습은 당해 특정거래의 당사자에게 널리 알려져 있고, 국제거래에서 당사자에 의해 정기적으로 준수되는 관습이어야 하지만, 그러한 관습의 적용이 비합리적인 경우는 예외로 한다. 여섯째, 당사자의 합의에 의하여 달리 정하지 않는 한 도달주의의 원칙에 따라 통지가 요건인 경우에 통지는 상황에 적합한 어떠한 방법으로도 가능하고, 구두 또는 영업소 및 우편주소에 도착한 때에 도달한 것으로 본다. 일곱째, Principles를 해석함에 있어 Principles의 국제적 성격과 그 통일적 적용을 촉진할 필요성을 포함한

Principles의 목적을 고려하여야 한다(Principles 1.6(1)).

<사례2 해설> (국제계약)

국제거래법은 국제계약법이라고 할 수 있을 정도로 국제계약의 문제를 비중있게 다루고 있다. 그러므로 국제계약의 특성을 이해하는 것이 중요한데, 국제계약은 본질적으로 계약으로서의 성격을 보지하고 있으나, 그 국제성 내지 섭외성으로 인하여 독특한 점이 있다. 예컨대 장거리 해상운송을 수반하는 것이 다반사이므로 국제운송법제나 보험법제 등을 학습할 필요가 있게 되는 것이다. 한편 섭외사건을 처리하는 법관은 계약당사자의 지위로 인하여 문제될 수 있는 법적 문제를 생각하여야 한다. 국제계약에 관한 일반법적 성격의 법원(法源)으로 유엔사법통일기구(UNIDROIT) Principles를 들 수 있는바, 이는 학자들이 만든 법이지만, 그 논리적 정치성·법체계성으로 인하여 참고할 가치가 있으며, 일정한 법적 근거를 충족하는 경우 법적 효력을 갖게 된다.

Ⅲ. 국제매매계약

사례 3   국제매매계약

갑은 국제거래는 국제계약의 체결을 통하여 이루어지고, 국제계약은 일정한 국제공법적 질서하에서 행해진다는 것을 알았다. 또한 국제계약의 유형은 국내계약의 유형보다 광범위하고, 당사자의 의사가 보다 중요하다는 것을 공부하였다. 갑은 국제거래가 이루어지는 분야는 어떠한 분야가 있으며 국제매매계약의 법리는 국내매매계약과 어떻게 다른가에 관하여 궁금해 한다. 또한 국제매매계약에 이용되는 정형거래조건에 관하여 알고 싶어한다.

1. 국제통상체제 및 국제매매계약의 법리

국제거래는 국제계약일반론에서 살펴본 바와 같이 거래의 대상에 따라 자본거래, 기술 및 용역거래, 물품거래 등으로 분류할 수 있는바, 가장 기본적인 경제적 가치로서의 재화와 용역이라는 경제학적 이분법과 비견될 수 있다. 세계무역은 과학과 기술의 발전 그리고 이를 뒷받침하기 위한 새로운 법제도의 고안 등으로 새로운 거래유형이 등장하고 있지만 여전히 물품거래는 1947 GATT 창설 이래 세계무역의 대종을 이루고 있다. 새로운 WTO탄생이 서비스무역, 무역관련 지적재산권, 무역관련 독점금지법 등 새로운 무역문제의 등장과 관련이 있지만, 여전히 1994 GATT가 WTO무역규범의 근간을 이루고 있는 것도 물품거래, 상품무역의 중요성을 증명하고 있는 것이다. 국제통상법적 관점에서 상품무역은 1994 GATT를 중심으로 관세양허, 수량제한금지, 수입허가절차의 탈규제화 등이 문제되지만, 상품무역의 사법적 측면, 즉 물품거래와 국제매매계약은 국내사법상 강학 편별에 대비하여 매매계약의 성립, 매매 당사자의 권리의무관계, 매매계약의 이행, 당사자의 의무위반과 구제 등이 논의되며, 국제매매계약에 내재하는 특수성으로 인하여 일정한 정형거래조건 및 장애 등으로 인한 면책 등이 중요한 이슈가 된다.

국제매매계약도 매매계약이므로 이를 지배하는 법원리는 국내법의 매매계약에 관한 법리를 크게 벗어나지 않는다. 매매계약을 체결함에 있어 국내법을 준거법으로 지정하는 경우가 대부분이므로 국내법이 준거법으로 지정된 경우는 당사자의 의사, 사실인 관습, 국내법의 매매계약에 관한 법조항 등이 의사해석의 기준을 제공할 것이다. 물론 국내법의 강행규정에 위반하는 계약은 효력이 부인되게 된다. 무역거래의 규모 등을 고려할 때에 미국의 통일상법전은 국제매매계약에 자주 준거법으로 기능할 뿐만 아니라, 국제매매계약의 국제적 통일화의 관점에서도 많은 영향을 끼친 바 있다. 국제매매계약은 계약법의 일반적 특성대로 계약에서 합의한 당사자의 의사가 최우선으로 당사자의 권리의무관계를 규정하게 된다. 따라서 국내법의 매매계약과 유사하게 준거법으로 지정된 국내법의 강행규정위반, 또는 국제법상의 강행규범 등에 위반하지 않는 한 당사자의 합의된 의사가 중요하며, 표준국제매매계약서 및 계약서조항들이 상당한 의미를 갖는다. 따라서 준거법으로 지정된 국내법의 대부분의 임의규정들은 당사자의 의사를 해석하는 데 보충적으로 기능하게 된다. 국제매매계약과 관련하여 규범의 국제적 통일화 노력의 결실로 대표적인 것은 UN의 통일매매법협약 및 Incoterms를 들 수 있다. 전자는 국제법상의 조약으로서 협약가입국에 국내법적 효력을 가지며, 후자는 국제상인협회가 제정한 것으로 국제매매계약에서 자주 이용되는 정형거래조건에 관한 해설서이다. 계약 당사자가 계약에서 이를 원용하는 경우 당해계약의 거래조건이 Incoterms에 따라 그 의미가 확정되게 된다. 계약 당사자가 계약에서 이를 원용하지 않고 단순히 정형거래조건에 따르기로 한 경우에도 특단의 사정이 없는 한 당해 거래조건은 Incoterms에서 규정하는 바에 의한 것으로 볼 것이나, 그것이 국제매매계약상 관습법의 지위를 갖는가에 관하여는 학설상 다툼이 있다. 관습법의 지위를 갖지 않는다고 하더라도 최소한 정형거래조건에 관하여 Incoterms와 다른 의미를 갖는 것으로 본다는 당사자의 의사가 없는 한, 우리 법상 사실인 관습과 유사하게 정형거래조건의 해석에 관하여 구속력을 갖는 것으로 보는 것이 옳을 것이다.

2. Incoterms와 정형거래조건

1) 국제거래계약에서는 국내거래와는 달리 FOB조건(free on board)이나 CIF 조건(cost, insurance and freight)과 같은 정형거래조건이 사용된다. 이는 국제거래 당사자간의 의무사항을 매매계약할 때마다 일일이 작성한다는 것이 상당히 번거롭고 부정확할 수 있으므로 이러한 불편을 해소하고 안전한 거래를 하기 위함이다. 정형거래조건(Trade terms)이라 함은 물품이 매도인으로부터 매수인에 이르기까지 운송과 수출입통관을 비롯하여 모든 비용과 위험부담의 당사자를 구분해 주는 국제매매계약의 주된 요소를 말한다.

2) FOB조건(free on board)　　FOB조건이라 함은 매도인이 물품을 선적항에서 본선의 난간을 통과하여 인도하는 거래조건을 말한다. 원래 Free on Board에서 Board란 선내라는 뜻으로 정확히 말하면 갑판을 가리킨다. 이러한 FOB조건은 Incoterms상의 여러가지 거래조건 중에 CIF조건과 함께 가장 많이 사용되고 있다. FOB조건의 매매계약은 ① 선적지에서 인도가 이루어지는 계약으로서 선적지매매계약이며, ② FOB조건하에서 매도인은 선적항에서 지정된 본선의 갑판상에 물품을 적재하여 인도하기 때문에 본선인도계약이고, ③ FOB계약은 현실적 인도조건으로서 매도인은 매수인 내지는 매수인이 지정한 운송인에게 현실적으로 물품의 점유를 이전시킴으로써 계약을 이행하는 현실인도계약으로서의 본질을 갖는다. 이러한 의미의 FOB조건과는 달리 미국 통일상법전상의 FOB는 다른 의미를 가지고 있음을 주의해야 한다.

3) CIF조건(cost, insurance and freight)　　CIF조건이라 함은 매도인이 목적지까지 물품을 운송하는 데 필요한 비용과 운임을 지급하고 운송중의 물품의 멸실 또는 훼손의 위험에 대하여 해상보험을 부보하여 보험료를 지급하는 매매조건으로서, '운임보험료 포함 인도조건'으로 불린다. CIF조건하에서 대금청구를 위

한 매도인의 인도방식은 물품의 현실적 인도가 아닌 서류에 의한 상징적인 인도의 방식을 취한다. 즉 매수인은 서류를 거절하고 현물을 요구할 수가 없고 매도인도 서류를 보류하고 물품을 인도할 수 없다. 또한 CIF조건하에서 매도인은 목적지항까지 운임과 보험료를 지급하지만 물품에 대한 위험과 추가적인 비용부담은 선적항에서 인도가 완성된 때에 매수인에게 이전되고, 그 후 목적항에서의 도착을 목적으로 하는 것이기 때문에 이 조건은 선적지 매매계약에 속한다.

4) 그 밖에 Incoterms상의 정형거래조건으로는 EXW(공장 인도조건), FCA(운송인 인도조건), FAS(선측 인도조건), CFR(운임포함 인도조건), CPT(운송비 지급 인도조건), CIP(운송비, 보험료 인도조건), DAF(국경 인도조건), DES(착선 인도조건), DEQ(부두 인도조건), DDU(관세 미지급 인도조건), DDP(관세 지급 인도조건) 등이 있다.

<사례3 해설> (국제매매계약)

국제매매계약은 국내의 경우와 같이 국제계약 중에서 가장 중요한 유형의 계약이다. 따라서 국제거래법을 학습함에 있어 가장 많은 시간이 할애되고 있다. 국제매매계약은 국내매매계약과 같이, 그 성립, 당사자간 권리 및 의무, 계약위반시 구제수단 등의 차례로 공부하게 된다. 국제매매계약에 관한 가장 중요한 규범으로는 국제조약으로서의 법적 성격을 갖는 통일매매법협약(CISG)을 들 수 있다. 또한 실제적으로 국제상업회의소가 제정·시행하고 있는 Incoterms는 정형거래조건별로 위험부담 및 비용분기점과 함께 당사자간의 권리 의무를 정하고 있다. 이는 객관적 구속력을 가지는 법규범은 아니고, 국제상업회의소가 제정한 연성법적 성격의 규범이지만 실제로 대부분의 당사자가 정형거래조건에 기초하여 거래하고 있는 현실에서 당사자의 원용에 의하여 당연히 준거규범이 되고 있다.

Ⅳ. 신용장에 관한 법률관계

사례 4　　신용장

갑은 커피 자동판매기 컵을 제작하여 을국에 수출하기 위한 사업을 구상하고 있다. 그런데 을국은 경제개발도상국으로서 국가신용도나 1인당 국민소득이 매우 낮은, 경제적으로 낙후된 국가이다. 판매경로를 자세히 알아본 결과 제품을 수입하려는 수입상이 상당수 있는 걸 알게 되었으나, 제품을 수출한 후 대금의 지급이 제대로 이행될 것인지 불안하다. 갑은 이를 위하여 신용장이라는 제도가 이용된다는 상식은 있지만, 신용장 또는 신용장제도가 구체적으로 무엇인지 궁금해 하고 있다.

국제매매계약은 국경을 달리하는 격지의 당사자간에 이루어지는 매매이기 때문에 당사자는 계약의 이행에 있어 국내계약보다 상대적으로 불안한 지위에 놓인다. 매수인의 입장에서는 매도인이 적기에 계약목적에 적합한 품질과 수량의 물품을 인도할지 불안하고, 매도인은 매매대금이 계약대로 결제될지에 관한 불안을 갖는다. 국제계약에 내재하는 본질적 불확실성과 당사자의 불안으로 인하여 국제매매계약은 국내매매계약과는 다른 법제도가 필요하게 된다. 매수인의 계약의 불이행과 계약목적의 달성이 불가능한 경우에 매도인을 보호하기 위한 법적 수단으로 은행의 보증과 보증신용장제도가, 매도인의 대금지급의무이행의 불확실에 대비하기 위하여 화환신용장제도가 사용된다. 국내매매계약에 있어서도 매매대금 회수의 위험을 담보하기 위하여 매매대금채무의 보증 또는 연대보증 등이 이용될 수 있을 것이나, 국제매매계약과는 달리 이례적일 것이다. 또한 매매대금채무의 보증 또는 연대보증 등은 보증계약의 부종성의 원리 및 보충성의 원리에 따라 원인관계인 매매계약으로부터 완전히 절단되지 않는 반면에, 신용장제도는 신용장의 독립추상성의 원칙에 따라 원인관계인 매매계약으로부터의 항변이 절단되고, 일정한 서류의 교부를 조건으로 은행이 무조건의 지급을 약정하는 것이므로 은행의 신용과 결합하여 국제매매계약에 내재하는 대금회수의 불확실성을 제거할 수 있다.

1. 신용장거래의 경로 및 당사자

신용장거래의 경로는 다음과 같다. 먼저 수출상과 수입상 사이에 매매계약이 체결되고 그 계약조건의 하나인 지급조건을 신용장에 의하도록 약정하고, 위의 계약조건에 따라 수입상은 자기의 거래은행에 신용장개설을 의뢰한다. 이때 수입상이 개설의뢰인이 된다. 거래은행이 신용장을 개설하면 개설은행이 되며, 개설은행은 수출상의 소재지에 있는 환거래은행을 통하여 신용장개설 사실을 수출상에게 통지한다. 이때 환거래은행은 통지은행이 되고 통지를 받은 수출상은 수익자가 된다. 신용장을 받은 수익자인 수출상은 상품을 생산 또는 집화하여 선적한다. 선적 후 수익자는 환어음을 발행하고 신용장에 명기한 선적서류를 첨부하여 자신의 거래은행에서 어음할인 등을 통하여 수출대금을 회수한다. 이때의 거래은행을 매입은행이라 한다. 화환어음을 매입한 매입은행은 이를 개설은행 앞으로 송부하고 개설은행으로부터 매입대금을 보상받는다. 개설은행은 신용장의 개설 의뢰인인 수입상으로부터 수입대금을 받고 송부되어온 선적서류를 인도한다. 수입상은 이 서류를 운송인에게 제시 교부하고 수입상품을 수령한다. 이상과 같은 일반적인 경우 외에 신용장의 종류와 결제방법에 따라 확인은행, 지급은행, 인수은행 및 결제은행이 개입하는 경우도 있다.

2. 수출대행

1) 수출대행이라 함은 수출입업의 허가를 받은 자가 특정한 물품을 수출하려는 자와의 수출대행계약에 의하여 자기명의로 수출하는 경우를 말한다. 즉, 국내의 매도인이 외국의 매수인과의 사이에 수출계약을 체결하여 신용장을 개설 받은 경우 국내법의 규정상 적법하게 수출할 수 없거나 자금조달의 편의 등 기타 사유로 인하여 수출입업의 허가를 받은 무역업자에게 그 신용장을 양도하고 그 사람의 명의로 당해 계약물품을 수출하는 것을 말한다. 이때 수출상의 수출대행 요청에 따라 수출대행계약을 체결하고 수출대행을 업으로 하는 자를 수출대행업자라 한다. 수출대행계약의 법률상의 성질은 사법상의 도급 또는 위임에 유사한 점이 많으나 대행자는 단순히 명의만을 빌려주고 그에 관련되는 일체의 절차는 대행위탁자가 이행하는 경우도 있으므로 사법상의 특수한 계약으로서의 성질에 반하지 않는 범위 내에서 민법상의 도급과 위임에 관한 규정을 유추적용하여야 한다.

2) 수출대행의 유형　　수출대행은 신용장의 최초의 수익자, 수출물품의 공급자 및 수출절차의 사무상의 이행자가 누구냐에 따라 다음과 같은 유형으로 나눌 수 있다. 첫째, 단순수출대행이다. 단순수출대행에서는 수출대행위탁자가 수출신용장을 자기명의로 받고 동 신용장을 대행계약에 따라 대행자에게 양도한 후 대행위탁자가 일체의 책임하에 수출물품을 제조·가공·수집하여 대행자의 명의로 수출하는 방식이다. 이 경우에는 수출 및 선적에 따른 모든 절차도 사실상 대행위탁자가 맡아서 자기의 비용으로 하게 되며, 대행자는 단순히 제반서류상의 수출자로만 된다. 둘째, 금융지원방식의 수출대행이 있다. 대행자가 제반서류상의 수출자가 되는 것 이외에 수출대행위탁자를 위하여 수출금융의 융자, 즉 대행자

가 외환거래 지정은행으로부터 대출되는 무역금융 및 대행자의 자체자금을 대여해 주는 등 여러가지 수출지원을 수혜하는 데 명의를 빌려주고 선적절차도 맡아서 이행하며 대행위탁자는 수출품만 제조·가공하여 공급하는 방식이 있다. 셋째, 대행위탁자가 자기명의의 신용장을 수출대행시 수출대행자에 양도하고 다시 대행자로부터 완제품내국신용장을 발급받고 동 내국신용장에 의하여 수출물품을 제조가공하여 수출대행자에게 납품하는 방식인 내국신용장개설방식의 수출대행이 있다. 넷째, 대행위탁자가 자기명의로 양도가능신용장을 받아 대행자에게 양도하는 것이 아니라 외국의 수입업자와 수출계약만 체결하고, 당해 계약에 따른 수출신용장은 직접 수출대행자 앞으로 개설하도록 하는 방식이 있다. 이 방식은 신용장의 양도라는 번거로운 절차를 없애주며 양도에 따른 비용의 절감이라는 이점이 있다.

신용장에 관하여는 국제적으로 신용장통일규칙이 제정되어 있는데 ICC가 신용장에 관한 법률관계를 통일적으로 규율하기 위하여 제정한 것으로 조약이 아니므로 국내법과 같은 법적 구속력을 갖는 것은 아니다. 그러나 대부분의 은행이 신용장발행에 있어 신용장통일규칙을 준거규범으로 정하고 있으므로 당사자자치의 원칙에 따라 당연히 법규범으로서 효력을 갖는다. 신용장의 정의에 관하여 제5차 개정 신용장통일규칙은 '신용장은 그 명칭에 상관없이 개설의뢰인의 요청과 지시에 따르거나 은행을 대리한 개설은행이 신용장조건에 일치하는 서류와 상환으로 수익자에게 직접지급 또는 환어음을 인수하거나 또는 다른 은행에 지급, 환어음의 인수 또는 매입을 수권하는 모든 약정을 뜻 한다'고 하고 있으며, 미국통일상법전에서는 '본법에 있어서 문맥상 다른 의미로 해석되지 않는 한 신용장이란 고객의 의뢰 또는 적용 범위 내에서 개설인이 신용장에 정한 조건에 따라 환어음 또는 기타 지급청구에 대하여 지급한다는 은행 또는 기타의 자에 의한 약정을 의미한다'고 하고 있다.

3. 신용장통일규칙

1) 국제상업회의소는 신용장의 통일화를 위하여 신용장거래의 분쟁을 예방하고 국제무역의 발전을 목적으로 1926년 상설위원회인 은행기술실무위원회를 설치하고, ICC 은행위원회의 계속된 노력으로 1933년 5월에 신규칙 초안이 작성되었다. 이 초안은 1933년 6월 3일 비엔나의 ICC 제7차 총회에서 정식으로 채택됨으로써 국제상업회의소의 신용장통일규칙이 제정된 것이다. 이후 컨테이

너의 출현과 복합운송의 발달, 정보기술의 발달에 따른 전자문서교환방식(EDI)을 비롯한 전자무역의 출현 등 국제무역환경 국제무역환경의 급격한 변화로 인하여 이를 국제거래에 반영하기 위하여 수차의 개정을 보게 되었다. 신용장통일규칙의 제정 이후 1951년, 1962년, 1974년, 1983년 그리고 1993년의 5차의 개정을 통하여 현재는 1993년 개정 신용장통일규칙인 소위 'UCP 500'에 이르고 있다.

2) 1993년 5차 개정 신용장통일규칙(UCP 500)은 다음에서와 같이 A장에서 G장까지 7장 49개 조항으로 구성되어 있다.

A. 총칙 및 정의(1조-5조), B. 신용장의 형식 및 통지(6조-12조), C. 의무 및 책임(13조-19조), D. 서류(20조-38조), E. 잡칙(39조-47조), F. 양도가능신용장(48조), G. 대금의 양도.

위의 A~C의 장은 신용장의 기본적 성질 및 관계당사자의 권리·의무를 규정하고 있어, UCP에 준거하는 신용장의 경우 동 신용장의 관계당사자는 당연히 본 장이 규정하고 있는 권리와 의무를 지게 된다. 그리고 D장의 서류에서는 신용장의 요구서류에 관한 조항을 두고 있으며, 신용장에 의해 제시되는 서류는 제20조에서 제38조까지의 조항 중의 서류에 적용되는 규정에 합치되지 않으면 안 된다. E장의 잡칙의 경우는 신용장에서 규정하고 있는 사항의 해석에 관한 규정이며, 상기 D의 서류의 장과 함께 신용장의 작성 및 서류점검의 일상 업무에 있어 항상 주의를 필요로 하는 실무적 규정이라 하겠다. 그리고 F 및 G의 장은 각기 신용장의 양도 및 대금의 양도에 관하여 규정하고 있다.

따라서 신용장에 관한 법률관계는 매도인인 수익자, 신용장개설계약의 당사자로서 개설의뢰인인 매수인과 개설은행 등이 주된 당사자가 되고, 매입은행, 통지은행 등이 개입하게 된다. 매도인은 매매계약에 따라 물품을 선적인도하고, 매수인이 개설의뢰하고 개설은행이 발행한 신용장조건에 따라 선하증권, 보험증서, 상품송장, 품질검사서와 대금추심을 위한 환어음을 발행하여 매입은행 또는 개설은행에 교부하고 매매대금에 상당하는 신용장대금을 회수하게 된다. 이때 매입은행 또는 개설은행은 신용장개설계약 및 신용장통일규칙에 따라 서류심사를 하게 되며, 이는 신용장 법률관계를 지배하는 서류거래의 원칙, 독립추상성의 원칙에 따라 신용장 조건을 이루는 서류만을 중심으로 한 형식적 심사를 하여야 한다. 신용장서류의 심사에 있어 독립추상성의 원칙에 따라 원인관계나 자금관계상의 일체의 항변을 제기할 수 없는 것은 물론, 신용장의 비서류적 조건과 관련하여 그 유효성이 법리상 문제된다. 이러한 신용장 법률관계의 특성으로 인하여 매도인인 수익자는 물품을 인도선적 후 신용장조건인 서류를 확보하게 되면 대금회수의 불안으로부터 해방되게 되며, 매도인은 개설은행으로부터 선하증권 등 신용장서류를 회수하여 물품을 수령하게 된다. 신용장법률관계에 있어 개설은행 및 매입은행은 개설의뢰인이나 개설은행의 위임계약상 수임인의 지위에 있게 되며, 서류심사 등에 있어 선량한 관리자의 주의의무를 다하여야 하고, 신용장 법률관계의 당사자는 각 신용장통일규칙상의 일정한 권리와 의무를 부담하게 된다. 한편 신용장의 서류거래의 원칙을 악용하여 공권인 선하증권을 제시하고 신용장대금을 편취하는 등 사기적 거래가 문제되기도 한다.

4. 신용장의 독립추상성

1) 신용장은 매매계약 또는 기타 계약에 근거를 두고 발행되며 대금결제를 종결시키는 데 그 목적이 있다. 그러나 대금지급을 보증하는 주체도 은행이며 그 의무이행 여부의 판정도 은행이 하게 되므로 그러한 계약들과는 별개의 독립적인 거래이다.

2) 매매계약 또는 신용장개설계약(상업신용장약정)으로부터의 독립성 신용장은 명백히 매매계약 등에 의거하여 발행되는 것이지만, 신용장거래 그 자체는 이들 계약과는 별개의 독립된 거래 즉 독립성을 가진다. 다시 말해 신용장의 당사자인 은행과 매도인, 매수인은 신용장거래에서 야기된 문제를 매매계약의 내용을 들어 주장할 수 없다는 것이다. 또한 개설은행과 발행신청인간에 존재하는 신용장개설계약(상업신용장약정)과 관계은행간에 존재하는 환거래계약을 들 수 있는데, 신용장거래에 등장하는 다른 당사자들은 이러한 계약관계를 원용할 수 없다. 미국 통일상법전도 '신용장의 개설, 그 조건의 증보 또는 변경에는 약인(consideration)이 필요 없다'고 규정하여 그 독립성을 뒷받침하고 있으며, 마찬가지로 신용장통일규칙(UCP 500)에서는 '신용장은 매매계약이나 기타 계약에 근거를 두고 있을지라도 그 성질상 그러한 계약과는 별개의 거래이며 그러한 계약에 대한 어떠한 언급이 신용장에 포함되어 있을지라도 그러한 계약과는 하등의 관계도 없고 하등의 구속도 받지 않는다'고 하여 신용장거래의 독립성을 명백히 하고 있다

3) 신용장의 추상성 신용장의 관계 당사자가 선적서류만 갖고 매매한다는 점에서 이를 신용장거래의 추상성이라 한다. UCP 500에서는 '신용장거래에 있어서의 모든 당사자는 서류에 의한 거래를 하는 것이지 그 서류와 관계되는 물품서비스 또는 기타의 계약에 의해 거래하는 것은 아니다'라고 신용장의 추상성을

명백히 밝히고 있다. 이를 신용장의 서류거래의 원칙이라고도 한다.

4) 신용장 독립추상성의 예외   신용장의 수익자는 기초가 되는 매매계약에 합치하고 있는가 아닌가는 무관하게 신용장조건에 일치하는 어음을 제시하면 지급을 받는 것이 가능하지만, 이 독립성의 원칙에는 중요한 예외가 있다. 그것은 사기의 경우인데, 신용장거래에 있어 사기를 주장하기 위해서는 다음과 같은 요건을 갖추어야 한다. 첫째, 사기의 사실은 신용장의 개설을 의뢰한 매수인만이 주장할 수 있을 뿐만 아니라 입증도 해야 한다. 둘째, 사기는 서류에 대한 것이어야 한다. 셋째, 상품의 품질이 나빠서 품질보증위반이 되는 경우에도, 선적서류가 신용장의 조건을 유보하고 있는 경우에는 지급의 중지는 인정되지 않는다. 넷째, 개설은행은 사기의 사실을 알지 못하고 선의의 어음을 매입한 은행에 대하여는 지급을 거부하는 것이 불가능하다.

신용장의 법적 성격에 관하여 다양한 학설이 제기되어 있다. 신용장의 법적 성격은 주로 신용장개설은행과 수익자간의 법률관계를 중심으로 논의되는데, 청약과 승낙설, 보증설, 금반언설, 양도설, 매수인에 의한 매도인의 대리설 등이 있다. 영국에서는 계약설적 입장에서 파악하고 있으며, 대륙법계에서는 개설은행의 일방적 채무부담의 의사표시로 보는 나라가 많다. 우리나라 대법원판례에 의하면 개설은행의 신용장대금지급의무는 신용장상의 지급확약에 의한 것으로 보고 있는바, 이는 대륙법계국가의 입장과 같은 것으로 보인다.

신용장거래는 서류거래의 원칙이 지배한다. 따라서 신용장통일규칙상 신용장서류가 갖추어야 할 요건이 은행의 서류심사와 관련하여 자주 문제된다. 신용장서류는 다양한 관점에서 분류할 수 있다. 신용장통일규칙상 필히 요구되는 기본서류와 개설의뢰인의 요구에 따라 가변적일 수 있는 기타서류, 당사자가 직접 작성하는가 여부에 따라 당사자작성서류와 제3자 작성서류로, 당사자작성서류 중 원본이라는 표시가 있고 발행인의 서명이 있는가 여부에 따라 원본과 사본 등으로 구분할 수 있다. 신용장통일규칙에서 취급하고 있는 신용장서류로 환어음을 포함하여 해상선하증권, 비유통해상운송장, 용선계약선하증권 등 해상운송서류, 복합운송서류, 항공화물운송장, 육상내수로 운송서류, 우편운송서류, 보험서류, 상업송장 등 기본서류를 들 수 있다. 개설의뢰인의 요구에 따라 신용장에서 요구하는 기타서류로는 포장증명서, 세관송장, 원산지증명, 검사증명, 중량용적품질분석증명 등이 있다.

5. 서류매입시 조사의무

신용장을 매입하거나 지급하는 은행은 제시된 선적서류가 신용장에서 제시하는 조건과 일치하는지의 여부를 조사할 의무가 있다. 만일 이러한 의무를 태만히 하여 신용장조건에 일치하지 않은 서류를 매입한 경우에는 개설은행이나 개설의뢰인 또는 확인은행에 매입대금의 상환청구를 할 수 없다. 신용장통일규칙은 '은행은 모든 서류를 상당한 주의를 기울여 심사하여 신용장의 조건과 문면상 일치하는가를 확인하여야 한다(UCP 13.a)'고 하여 은행의 서류심사의무를 규정하면서, '은행은 모든 서류의 형식, 충분성, 진정성, 위조 또는 법률적 효력에 대하여… 책임지지 아니한다'고 규정하여 은행의 서류심사의무가 문면상의 형식적인 조사에만 국한됨을 명시하고 있다(UCP 15). 우리 판례는 서류 조사시 서류의 정규성과 상태성을 심사하도록 하고 있는바, 서류의 정규성과 상태성이란 서류가 일반적으로 사회통념상 문서로 정상적으로 작성된 외관을 갖추는 것을 의미한다. 또한 은행의 서류심사에 있어서는 엄격일치의 원칙이 적용되는바, 엄격일치의 원칙이라 함은 제시된 서류가 신용장조건에 완전히 일치하거나 거의 동일하다고 보는 데 아무런 의문의 여지가 없어야 한다는 원칙이다(UCP 37.c). 엄격일치의 원칙은 영미법계에서는 신용장의 합리적 해석론, 사소한 불일치, 금반언, 불일치의 포기론 등을 근거로, 우리 법원은 민사법의 대원칙인 신의칙에 따라 완화되고 있다.

신용장은 원칙적으로 일람출급, 양도불능, 취소불능의 화환신용장으로 발행된다. 그러나 신용장개설계약에 따라 다양한 종류의 신용장이 발행될 수 있다. 신용장통일규칙과 거래계의 관행에 따라 신용장의 종류를 살펴보면, 첫째, 신용장대금의 지급조건에 따라 일람출급신용장, 기한부신용장, 인수신용장, 매입신용장으로 구분되며, 취소가능 여부에 따라 취소가능신용장과 취소불능신용장으로, 양도 여부에 따라 양도가능신용장과 양도불능신용장으로 구분된다. 한편 신용장은 대금채무의 이행을 담보하는 것이 보통의 경우이며, 이를 화환신용장이라 한다. 대금채무 이외에 당사자의 일정한 계약상의 의무이행을 담보하고, 불이행이 있을 시 은행이 신용장대금을 지급하기로 약정하는 경우가 있는데, 이때에 발행되는 것이 보증신용장이다. 따라서 보증신용장은 매수인을 위하여 발행되며, 매매계약 이외에도 국제건설공사계약 등 다양한 국제계약에 있어 그 이행의 담보를 위하여 발행된다. 또한 신용장에 확인이 부가되는가에 따라 확인신용장과 미확인신용장으로, 신용장이 1회적인가에 따라 단순신용장과 연쇄신용장으로 구분되며, 연쇄신용장 소위 백투백신용장은 신용장통일규칙상의 신용장종류는 아니나, 국제거래에서 자주 이용되는 유형의 신용장이다.

<사례4 해설> (신용장)

화환신용장은 국제매매계약에 있어 대금결제를 보조하는 법제도의 하나라 할 수 있다. 매매계약의 가장 중요한 내용을 이루는 것이 물품의 인도와 대금지급이라 한다면, 화환신용장 제도는 국제매매계약을 이해함에 있어 매우 중요한 부분을 차지한다 할 수 있다. 화환신용장 제도는 국제상거래의 혈액이라고 할 수 있을 정도로 필수 불가결한 제도의 하나이지만, 국제거래가 무신용장 방식으로 이루어지기도 하며, 법제도나 관행에 의하여 수출대행의 행태로 이루어짐으로써 독특한 신용장 거래가 행해지기도 한다. 화환신용장에 관한 국제규범으로 신용장통일규칙(UCP)이 중요하며, 국제적 은행관행으로 거의 모든 경우에 준거규범이 된다. 물론 우리 私法上 신의칙 등 공공정책적 규정은 신용장 통일규칙과 함께 신용장 거래를 규율하게 된다. 화환신용장은 서면거래의 원칙, 독립추상성의 원칙, 엄격일치의 원칙 등 원인관계나 자금관계와 절연되어 독립된 법리에 따라 규율된다. 또한 경제적 필요에 따라 다양한 유형의 신용장이 이용되고 있는 현실이다.

V. 국제중재

사례 5 국제중재

갑은 민사와 상사법에 흥미를 가지고 있는 법과대학생이다. 민사법과 상사법에는 실체법과 절차법이 있으며, 절차법의 근간을 이루는 것은 민사소송법이라고 공부하였다. 즉 민사나 상사적 권리의무관계에 법적 분쟁이 발생한 경우 소송을 통하여 해결한다고 알고 있다. 그런데 국제거래나 국제계약의 경우에는 당사자들이 엄격한 소송절차를 싫어하고, 중재를 통한 해결을 선호한다는 것을 알게 되었다. 국제중재는 국제소송과 어떠한 차이가 있으며, 국제중재에서 사용하는 주요개념, 국제중재의 특징, 절차 등에 관하여 궁금해 하고 있다.

국제거래의 분쟁해결에 있어 당사자는 소송보다는 중재를 선호한다. 국제중재에는 국가간 분쟁을 중재하는 국제공법상의 중재와, 국제거래에서 발생하는 사적 당사자간의 분쟁에 관하여 공신력 있는 중재기관이 당사자의 중재합의에 바탕하여 자율적으로 분쟁을 해결하는 국제상사중재제도가 있다. 국제상사중재제도는 당사자의 합의에 바탕하여 비교적 소송보다는 탄력적인 절차에 따라 분쟁을 해결한다는 점에서 국제소송과 구별되나, 중재판정은 몇 가지 예외적인 기본적·형식적 하자가 없는 한 법원의 중재판정취소에 따라 취소되지 않으므로 확정판결과 동일하게 확정력을 갖게 되며, 국제규범과 지정된 준거법에 따라 분쟁을 해결한다는 점에서는 국제소송과 동일하다. 국제중재는 당사자의 합의가 있는 경우에 행해지는데, 이를 중재계약이라 한다. 중재계약에는 분쟁이 발생하기 전 실체에 관한 계약을 체결하면서 중재의 합의를 하는 경우가 있는데 이를 중재조항이라하며, 대부분의 국제거래에 있어 당사자는 계약서에 준거법지정조항과 중재조항을 두는 것이 보통이다. 분쟁이 발생한 후 사후에 중재에 회부하기로 당사자가 합의한 경우 이를 중재부탁이라 하는데, 중재계약은 중재조항이건 중재부탁이건 서면에 의할 것을 원칙으로 하고 있다. 서면에 의하지 않은 중재합의와 그에 기초한 중재판정은 뉴욕협약상 집행력 있는 중재판정의 요건을 흠결한다. 우리 상사중재규칙도 중재 신청시에 중재합의를 인정하는 서면을 제출토록 하고 있다. 중재합의에 있어서는 중재기관에 회부되는 심판대상의 범위가 문제되므로, 중재합의를 함에 있어서는 회부할 심판대상의 범위를 가능하면 명확하고 광범위하게 작성하는 것이 실무상 요청된다. 그것은 분쟁을 일거에 효율적으로 해결할 수 있기 때문이다. 중재조항을 통한 중재합의가 있는 경우 당해 중재조항은 본안에 관한 실체계약이 취소되거나 무효가 되는 경우에도 그 효력을 계속 보지하는데, 이를 분리의 원칙이라고 한다. 한편 중재계약이 체결되면 당사자는 분쟁을 중재에 의해서만 해결할 수 있고, 법원은 관할권이 없게 된다. 이를 직소의 금지라 하는데, 만일 당사자가 중재계약이 있음에도 법원에 소송을 제기한 경우 반대 당사자가 관할권부재의 항변을 제출하지 않고 본안에 관하여 진술하면 관할권부존재의 하자가 치유된다.

상사중재에 관한 중재기관으로는 대한민국의 대한상사중재원이나 런던의 중재법원 등 국내에 기반을 둔 중재법원과 국제적 성격이 강한 ICC중재법원 등 세계에 약 70여 개의 중재기관이 활동하고 있다. 국내에 기반을 둔 중재법원은 국내기업간의 거래를 중재하는 국내중재와 국제중재를 모두 관장하는 데 반하여, ICC중재법원은 국제거래에 관한 국제중재만을 관장한다. 이러한 상설중재기관의 감독하에 행하여지는 중재를 기관중재라 하고, 상설중재기관을 이용하지 아니하고 계약에 의해 자신들의 분쟁을 해결하기 위한 틀을 정하여 행하는 중재를 임시 중재라 한다. 임시중재는 기관중재에 비하여 중재비용이 많이 들지만, 기관중재에 의하는 경우 중재인 선임에 있어 편리하고, 기관이 마련한 중재규칙에 따른 엄정한 절차를 이용할 수 있으며, 권위 있는 중재판정이 이루어질 수 있다는 장점이 있다. 그 밖에 곡물이나 천연자원과 같이 특별한 국제거래에 관한 중재는 사업자협회인 오일시드연합이나 곡물식량거래협회 등이 관여한다. 이는 거래의 특성이 단순하고 대량적으로 이루어지며, 분쟁이 주로 샘플의 확인 등 단순한 사실문제에 그쳐 중재에 있어서도 거래의 특성이 그대로 반영되며, 중재과정에서 법률가의 개입을 배제하고 있다.

중재에 있어서는 중요개념인 중재지(seatofarbitration)는 중재가 행하여질 장소 또는 국가로서 법적인 의미를 가지며, 실제로 중재가 행하여지는 장소인 중재 장소와는 구별하여야 한다. 따라서 중재계약에서 중재지를 명확히 합의하는 것이 중요하며, 중재조항이나 중재부탁에서 중재기관만을 정하고, 중재지를 명시하지 않은 경우에는 일반적으로 당해 중재기관이 소재하고 있는 지역이 중재지가 된다. 임시중재의 경우에는 당사자가 합의한 중재규칙이 정하는 바에 따른다. 중재지가 중요한 의미를 갖는 것은 합의한 중재지가 중재판정의 승인 집행에 관한 뉴욕협약이 적용되는 국가인가, 어느 나라의 중재법 또는 중재규칙에 따라 중재절차가 진행될 것인가를 결정하는 기준을 제공하기 때문이다.

중재절차, 가압류 및 가처분 등 중간구제절차, 중재판정의 승인 및 집행, 중재판정의 취소, 중재절차와 소송절차와의 관련성 등 국제중재에 적용되는 법은 일반적으로 각국의 국내법에 의한다. 중요한 국제협약으로는 1958년 외국 중재판정의승인및집행에관한뉴욕협약이 있는바, 동 협약은 현재 미국, 중국, 일본 및 EU 각국 등 세계 대부분의 국가가 가입하고 있고, 우리나라도 1973년 동 협약에 가입한 바 있다. 동 협약은 중재합의와 중재판정의 집행에 있어 중요한 성과라 할 수 있지만, 중재절차, 가압류 및 가처분 등 중간구제절차, 중재판정의 취소 등 중재에 관한 법원의 감독과 통제에 관한 통일적 국제규범 체계는 아직 미비하다. 그것은 중재절차 등이 비교적 단순하고 보편적일 뿐만 아니라, 중재절차의 선택에 있어 당사자의 의사를 존중할 필요가 있다는 점, 법원의 감독과 통제 등 소송절차와 관련이 있는 부분은 각국의 법제의 특성이 강하여 국제적 통일화가 어렵다는 점 등에 기인한 것으로 보인다. 그러나 구속력 있는 협약은 아니지만 중재규칙에 관한 1976년 UNCITRAL중재규칙이나, 1985년 UNCITRAL중재에관한 모범법 등이 중재절차에 관한 전형을 마련하여 당사자의 선택에 따라 중재절차를 규율하게 하고 있으며, 각국 또는 중재기관의 중재규칙에 관한 입법에 있어 참조가 되도록 하고 있다. 특히 전자는 선진국 위주의 국제중재라는 개도국의 불만을 반영하여 상당히 상세하고 공정한 중재규칙을 마련하였다는 의미를 갖는다.

　중재계약에 따라 중재판정부가 구성되고, 관련 중재절차에 관한 법과 적용될 실체법에 따라 중재판정이 내려지게 되면 중재판정의 승인 및 집행문제가 남게 된다. 중재판정은 그 자체로 집행력을 가지지 아니하므로 각국 법원의 승인을 받아 집행하게 되며, 대부분의 국가가 중재판정의 승인 및 집행에 관한 뉴욕협약에 가입하고 있음은 전술한 바와 같다. 우리나라도 중재법에서 외국중재판정의 승인집행에 관하여 규정하고 있는바, 중재판정이 뉴욕협약의 적용을 받는 경우에는 동 협약에 따르도록 하고, 그렇지 않은 경우에는 민사소송법에 의해 외국판결의 승인집행에 관한 규정을 적용하도록 하고 있다. 뉴욕협약은 외국중재판정은 원칙적으로 승인집행되어야 한다는 입장에서 소극적으로 승인집행을 거부할 수 있는 사유를 한정적으로 열거하고 있는바, 중재합의의 무효나 중재절차가 부적법한 경우 등 본래적이고 형식적 하자 외에 중재판정의 실체에 관한 사유를 들어 승인집행을 거부하지 못하도록 하고 있다. 다만 판정의 승인이나 집행이 그 국가의 공공의 질서에 반하는 경우에는 승인을 거부할 수 있다. 특히 중재판정의 신속하고 간이한 승인집행이 이루어지지 않는 경우 협약의 목적을 달성할 수 없으므로 내국중재판정의 승인 또는 집행에 있어서 부과하는 것보다 실질적으로 엄중한 조건이나 고액의 수수료 또는 과징금을 부과해서는 아니 된다고 하고 있다.

<사례5 해설> (국제중재)

국제거래의 분쟁해결수단으로 국제중재가 많이 이용되고 있는 현실이다. 국제중재는 소송에 비하여 비용이 저렴하고, 전문적인 판단을 받을 수 있으며, 법원의 자국기업 선호현상(homeward trend)으로 인하여 보다 공정한 판정을 받을 수 있다는 장점이 있다. 또한 중재판정은 뉴욕협약에 따라 간이한 절차를 거쳐 세계 어느 관할지역에서나 신속하고 편리하게 집행된다는 장점이 있다. 당사자는 계약을 체결함에 있어 중재에 합의하는 경우가 많으며, 분쟁이 발생한 이후에도 중재합의는 가능하다. 중재는 기관중재와 임의중재로 나눌 수 있는바, 기관중재를 위하여 국제상업회의소의 지원하에 파리, 런던, 서울 등지의 중재법원이 고객에게 중재서비스를 제공하고 있다. 또한 대부분의 국가는 국내법으로서 중재법을 제정·시행하고 있는바, 이의 국제적 통일을 위하여 유엔은 모범중재법을 제정한 바 있다. 국제중재에 관하여 중재지, 중재판정부의 구성, 중재규칙 등 중요한 내용에 관하여 숙지할 필요가 있으며, 국제계약에 있어 분쟁해결절차에 관한 사항은 세칭 boiler plate 조항의 하나로서 일반적으로 계약의 중대한 내용(material terms)으로 취급되고 있는 바, 국제계약의 성립이나 해제의 법적 효과에 있어 차이를 가져올 수 있다.

11. 경제법

제1. 공정거래법

* 제1-제6 집필: 박수영. 전북대학교 법학전문대학원 교수
* 별명이 없는 법조문명은 '독점규제 및 공정거래에 관한 법률'임

Ⅰ. 총 론

'독점규제 및 공정거래에 관한 법률'(이하 '공정거래법'이라 한다)이란 자본주의의 고도화로 인하여 나타나는 독과점의 폐해를 막고 공정한 경쟁을 보장하여 자유시장경제를 유지·촉진하기 위한 법을 말한다. 공정거래법은 경제법의 일반법으로서 모든 경제활동의 준칙 내지는 경제사회의 기본법으로서의 위치를 갖는다.

1. 공정거래법의 적용 범위

공정거래법의 적용을 받는 사업자는 제조업, 서비스업, 기타 사업을 행하는 자를 말한다. 따라서 영리, 비영리를 목적으로 어떤 경제적 이익의 공급에 대하여 그것에 대응하는 경제적 이익의 반대급부를 받는 행위(사업)를 영위하는 모든 사업자가 원칙적으로 공정거래법의 적용 대상이 되며, 국가나 지방자치단체도 사업자, 즉 사경제의 주체로서 활동하는 경우에는 그 적용 대상이 된다. 사업자에는 법인, 자연인은 물론 법인격없는 사단도 포함되며, 법인의 경우 공정거래법상의 사업자는 법인의 대표자가 아니라 법인 그 자체이다.

공정거래법은 원칙적으로 사업자의 행위를 대상으로 하기 때문에 사업자간의 거래나, 거래의 일방이 사업자인 거래에만 적용된다.

2. 공정거래법의 역외적용

공정거래법의 역외적용(extraterritorial application)이란 외국시장에서 행해진 외국사업자의 행위에 대하여 관할권을 행사하여 자국의 공정거래법을 적용하는 것을 말한다. 2002년부터 공정거래법의 역외적용을 실시하고 있으며, 2004년 개정에서 '공정거래법은 국외에서 이루어진 행위라도 국내시장에 영향을 미치는 경우에는 적용한다'고 하여(제2조의2), 외국사업자의 행위로부터 국내시장의 경쟁질서를 효과적으로 유지할 수 있도록 국외에서 이루어진 행위라 하더라도 국내시장에 영향을 미치는 경우에 대해서는 공정거래법이 적용되도록 하였다.

Ⅱ. 시장지배적 지위의 남용금지

사례 1   시장지배적 지위

시장지배적 사업자는 공정거래법상의 요건만 갖추면 법의 적용대상이 되는가?

1. 시장지배적 사업자

'시장지배적 사업자'라 함은 사업자 중에서 시장지배력을 가지고 있는 사업자, 즉 일정한 거래 분야의 공급자나 수요자로서 단독으로 또는 다른 사업자와 함께 상품이나 용역의 가격·수량·품질 기타의 거래조건을 결정·유지 또는 변경할 수 있는 시장지배적 지위를 가진 사업자를 말하며, 흔히 독과점 사업자(獨寡占事業者)라고도 한다.

시장지배적 사업자를 판단함에 있어서는 시장점유율, 진입장벽의 존재 및 정도, 경쟁사업자의 상대적 규모, 경쟁사업자간의 공동행위의 가능성, 유사품 및 인접시장의 존재, 시장봉쇄력, 자금력 등을 종합적으로 고려한다. 시장점유율은 시장지배적 사업자를 판단함에 있어 아주 중요한 요소이다. 일정한 거래 분야에서 시장점유율이, ① 1 사업자의 시장점유율이 50/100 이상, 또는 ② 3 이하의 사업자의 시장점유율의 합계가 75/100 이상(다만 이 경우에 시장점유율이 10/100 미만인 자를 제외한다)에 해당하는 사업자(일정한 거래분야에서 연간 매출액 또는 구매액이 40억원 미만인 사업자는 제외한다)를 시장지배적 사업자로 추정한다.

2. 금지되는 남용행위의 유형

공정거래법은 금지되는 시장지배적 사업자의 남용행위의 유형으로는 ① 상품의 가격이나 용역의 대가를 부당하게 결정, 유지 또는 변경하는 행위(부당한 가격결정행위), ② 상품의 판매 또는 용역의 제공을 부당하게 조절하는 행위(부당한 출고조절행위), ③ 다른 사업자의 사업활동을 부당하게 방해하는 행위(부당한 타사업자의 사업활동방해행위), ④ 새로운 경쟁사업자의 시장참가를 부당하게 방해하는 행위(신규진입방해행위), ⑤ 부당하게 경쟁사업자를 배제하기 위하여 거래하는 행위 및 ⑥ 소비자의 이익을 현저히 저해할 우려가 있는 행위 등을 규정하고 있다.

<사례1 해설> (시장지배적 지위)

시장지배적 사업자의 추정요건에 해당하더라도 시장지배력이 없으면 시장지배적 사업자에 관한 규정을 적용하지 않을 수 있으며, 추정요건에 해당하지 않더라도 시장지배력이 있으면 시장지배적 사업자에 관한 규정을 적용할 수 있다. 예컨대, 시장점유율이 50% 이상이라도 시장지배력이 없음을 입증하면 시장지배적 사업자에 관한 규정의 적용에서 제외될 수 있으며, 시장점유율이 50% 미만이라도 시장지배력이 있으면 시장지배적 사업자에 관한 규정을 적용할 수 있다. 다만, 공정거래위원회가 시장지배적 사업자의 추정요건에 해당하지 않음에도 시장지배적 사업자에 관한 규정을 적용한 것은 BC카드사건(의결 제2001-40호, 2001. 3. 28.)이 유일하며, 이 사건에 대해 대법원은 시장지배적 사업자의 성립을 부정하였다(대법원 2005. 12. 9. 선고 2003두6283 판결). 따라서 위와 같은 해석이 가능하지만, 현재 실무에서는 시장지배적 사업자의 추정요건에 해당하지 않는 사안에 대해서는 시장지배적 사업자에 대한 규정을 적용하지 않고 있다.

Ⅲ. 기업결합의 제한

1. 경쟁제한적 기업결합의 금지

공정거래법은 누구든지 직접 또는 대통령령이 정하는 특수한 관계에 있는 자를 통하여 기업결합, 즉 주식 취득·소유(다른 회사의 주식의 취득 또는 소유), 임원 겸임(임원 또는 종업원에 의한 다른 회사의 임원지위의 겸임), 합병, 영업양수(다른 회사의 영업의 전부 또는 주요 부분의 양수, 임차 또는 경영의 수임이나 다른 회사의 영업용 고정자산의 전부 또는 주요 부분의 양수) 및 새로운 회사설립에의 참여 등의 행위로서 일정한 거래 분야에서 경쟁을 실질적으로 제한하는 행위(경쟁제한적 기업결합)를 하여서는 아니 된다고 규정하고 있다.

2. 경쟁제한성의 추정

기업결합이 ① 기업결합의 당사회사(회사설립의 경우에는 회사설립에 참여하는 모든 회사를 말한다)의 시장점유율(계열회사의 시장점유율을 합산한 점유율을 말한다)의 합계가 i) 시장점유율의 합계가 시장지배적 사업자의 추정요건에 해당할 것, ii) 시장점유율의 합계가 당해거래분야에서 제1위일 것, iii) 시장점유율의 합계와 시장점유율이 제2위인 회사(당사회사를 제외한 회사 중 제1위인 회사를 말한다)의 시장점유율과의 차이가 그 시장점유율의 합계의 25/100 이상일 것 등의 요건을 갖춘 경우, 또는 ② 대규모회사가 직접 또는 특수관계인을 통하여 행한 기업결합이 i) 중소기업의 시장점유율이 2/3 이상인 거래 분야에서의 기업결합일 것, ii) 당해기업결합으로 5/100 이상의 시장점유율을 가지게 될 것 등의 요건을 갖춘 경우 등의 어느 하나에 해당하는 경우에는 일정한 거래 분야에서 경쟁을 실질적으로 제한하는 것으로 추정한다.

3. 기업결합의 신고

기업결합에 대한 일반적인 감시를 위하여 일정한 기업결합행위에 대해서는 공정거래위원회에의 신고의무가 규정되어 있다. 우리나라는 기업결합신고에 대해서 결합유형, 회사규모 등에 따라 사전신고제와 사후신고제를 모두 채택하고 있다.

4. 이행강제금

공정거래위원회는 기업결합 제한규정에 위반하여 시정조치를 받은 후 그 정한 기간 내에 이행을 하지 아니하는 자에 대하여 이행강제금을 부과할 수 있다.

Ⅳ. 경제력집중의 억제

1. 지주회사에 대한 규제

'지주회사'(holding company)라 함은 주식(지분을 포함한다)의 소유를 통하여 국내회사의 사업내용을 지배하는 것을 주된 사업으로 하는 회사로서 자산총액이 대통령령이 정하는 금액(1천억원) 이상인 회사를 말한다.

지주회사는 ① 자본총액의 2배를 초과하는 부채액을 보유하는 행위, ② 자회사의 주식을 그 자회사 발행주식총수의 40/100 미만으로 소유하는 행위, ③ 계열회사가 아닌 국내회사의 주식을 당해 회사 발행주식총수의 5/100를 초과하여 소유하는 행위 또는 자회사 외의 국내계열회사의 주식을 소유하는 행위, ④ 금융업 또는 보험업을 영위하는 자회사의 주식을 소유하는 지주회사(금융지주회사)인 경우 금융업 또는 보험업을 영위하는 회사 외의 국내회사의 주식을 소유하는 행위, ⑤ 금융지주회사 외의 지주회사(일반지주회사)인 경우 금융업 또는 보험업을 영위하는 국내회사의 주식을 소유하는 행위 등에 해당하는 행위를 하여서는 아니 된다.

2. 기업집단에 대한 규제

'기업집단'이라 함은 동일인이 회사인 경우 그 동일인과 그 동일인이 지배하는 하나 이상의 회사의 집단, 동일인이 회사가 아닌 경우 그 동일인이 지배하는

2 이상의 회사의 집단의 구분에 따라 대통령령이 정하는 기준에 의하여 사실상 그 사업내용을 지배하는 회사의 집단을 말한다. 공정거래위원회는 대통령령이 정하는 바에 의하여 상호출자제한기업집단 및 채무보증제한기업집단을 지정하고 동기업집단에 속하는 회사에 이를 통지하여야 한다.

　　상호출자의 금지규정에 의한 상호출자제한기업집단은 당해 기업집단에 속하는 국내 회사들의 상호출자제한기업집단 지정 직전사업연도의 대차대조표상의 자산총액의 합계액이 5조원 이상인 기업집단으로 한다.

　　상호출자제한기업집단에 속하는 회사는 자기의 주식을 취득 또는 소유하고 있는 계열회사의 주식을 취득 또는 소유하는 행위(상호출자 또는 주식의 상호소유라고도 한다)를 하여서는 아니 된다. 채무보증제한기업집단에 속하는 회사(금융업 또는 보험업을 영위하는 회사를 제외한다)는 국내계열회사에 대하여 채무보증을 하여서는 아니 된다. 채무보증제한기업집단은 상호출자제한기업집단으로 한다.

V. 부당한 공동행위의 제한

사례 2　　부당한 공동행위

사업자간의 공동행위가 행정관청의 행정지도로 인한 경우에는 위법이 아닌가?

1. 공동행위와 부당한 공동행위

　　공동행위란 사업자가 계약, 협정, 결의 등의 방법으로 다른 사업자와 공동으로 상품·용역의 가격, 거래조건, 거래량, 거래상대방 또는 거래지역 등을 제한하는 행위를 말하며, 부당한 공동행위란 공동행위가 일정한 시장(거래분야)에서 경쟁을 실질적으로 제한하는 경우를 말한다. 이는 여러 경쟁사업자들이 단일의 독점사업자와 같이 행동할 수 있게 하는 수단이 된다.

　　부당한 공동행위가 성립하기 위해서는 당해 행위가 다른 사업자와 공동으로 하는 행위로서 부당하게 경쟁을 제한하는 행위이어야 하며, 부당한 공동행위의 성립을 추정하기 위하여는 행위의 외형상 일치, 경쟁제한성 외에도 해당 거래 분야 또는 상품·용역의 특성, 해당 행위의 경제적 이유 및 파급효과, 사업자간 접촉의 횟수·양태 등 제반사정에 비추어 그 행위를 그 사업자들이 공동으로 한 것으로 볼 수 있는 상당한 개연성이 있어야 한다. 합의가 추정되는 경우, 사업자는 그 행위가 합의에 기한 것이 아님을 입증함으로써 추정을 복멸할 수 있다.

2. 제한되는 부당한 공동행위

공정거래법상 사업자는 계약, 협정, 결의 기타 어떠한 방법으로도 다른 사업자와 공동으로 부당하게 경쟁을 제한하는 ① 사업자가 다른 사업자와 공동으로 상품이나 용역의 가격을 결정·유지 또는 변경하는 행위, ② 상품 또는 용역의 거래조건이나, 그 대금 또는 대가의 지급조건을 정하는 행위, ③ 사업자가 공동으로 상품의 생산·출고·수송 또는 거래의 제한이나 용역의 거래를 제한하는 행위, ④ 거래지역 또는 거래상대방을 제한하는 행위, ⑤ 생산 또는 용역의 거래를 위한 설비의 신설 또는 증설이나 장비의 도입을 방해하거나 제한하는 행위, ⑥ 상품 또는 용역의 생산·거래시에 그 상품 또는 용역의 종류, 규격을 제한하는 행위, ⑦ 영업의 주요 부문을 공동으로 수행·관리하거나 수행·관리하기 위한 회사 등을 설립하는 행위, ⑧ 입찰 또는 경매에 있어 낙찰자, 경락자(競落者), 투찰가격(投札價格), 낙찰가격 또는 경락가격, 낙찰 또는 경락의 비율, 설계 또는 시공의 방법, 그 밖에 입찰 또는 경매의 경쟁 요소가 되는 사항 등을 결정하는 행위, ⑨ ① 내지 ⑧ 외의 행위로서 다른 사업자(그 행위를 한 사업자를 포함한다)의 사업활동 또는 사업내용을 방해하거나 제한함으로써 일정한 거래 분야에서 경쟁을 실질적으로 제한하는 행위 등에 해당하는 행위를 할 것을 합의하거나 다른 사업자로 하여금 이를 행하도록 하여서는 아니 된다.

3. 신고자 등에 대한 감면

공정거래위원회는 부당한 공동행위의 적발을 용이하게 하기 위해 부당한 공동행위에 참여한 기업이 담합사실을 신고 또는 조사에 협조할 경우 시정조치를 감경해 주는 감면제도를 도입, 운영해 오고 있다.

4. 사법상의 무효

부당한 공동행위를 할 것을 약정하는 계약 등은 사업자간에 있어서는 이를 무효로 한다. 따라서 참가사업자간에 있어서는 상호 이 약정을 토대로 발생한 권리를 주장할 수 없으며 의무를 이행할 필요도 없다. 그러나 이 무효인 협약을 토대로 결정된 가격 또는 거래조건 등으로 참가사업자와 그 외의 자간에 체결된 계약은 원칙적으로 무효가 되지 않는다. 부당한 공동행위로 인한 피해자에 대해 참가사업자는 손해배상책임을 부담한다.

<사례2 해설> (부당한 공동행위)

행정지도를 받은 사업자간에 명시적인 의사의 연락 및 합의가 있는 경우에는 이를 부당한 공동행위로 규제함에 있어서 문제가 없으나, 행정지도가 각 사업자에게 개별적으로 행하여져 각 사업자가 이에 따른 경우, 즉 사업자 상호간에 어떤 의사의 연락 내지 합의가 인정되지 않고 단순히 행정청과 개개의 사업자 사이에 개별적인 종속관계가 있음에 불과한 경우 이를 규제할 수 있는가 하는 문제가 생긴다. 이를 해결하기 위하여 공정거래위원회의 '행정지도가 개입된 부당한 공동행위에 대한 심사지침'은 '행정기관이 법령상 구체적 근거 없이 사업자들의 합의를 유도하는 행정지도를 한 결과 부당한 공동행위가 행해졌다 하더라도 그 부당한 공동행위는 원칙적으로 위법하다'고 규정하고 있다.

Ⅵ. 불공정거래행위의 금지

1. 불공정거래행위의 규제

공정거래법은 공정하고 자유로운 경쟁의 촉진을 그 고유의 목적으로 하고 있으며, 이를 위한 수단의 하나로 불공정거래행위에 대하여 규제하고, 그 금지되는 행위유형을 (예시적으로) 열거하고 있다. 공정거래법상의 불공정거래행위에 해당하는 행위형태는 대개 사법이론상으로는 각자의 자유활동에 맡겨지고 있는 것이나 자본주의의 발전에 따라 그 행위로 인한 피해가 특정한 사업자에 그치지 않고 동종의 사업자 또는 산업 나아가 국민경제 전체에 영향을 미치게 됨에 따라 경제법으로서 공정거래법이 공정거래 저해성이라는 기준을 가지고 개입, 규제하게 되는 것이다.

2. 일반불공정거래행위의 유형 및 기준

일 반 지 정		
거래거절	공동의 거래거절	정당한 이유 없이 자기와 경쟁관계에 있는 다른 사업자와 공동으로 특정사업자에 대하여 거래의 개시를 거절하거나 계속적인 거래관계에 있는 특정사업자에 대하여 거래를 중단하거나 거래하는 상품 또는 용역의 수량이나 내용을 현저히 제한하는 행위
	기타의 거래거절	부당하게 특정 사업자에 대하여 거래의 개시를 거절하거나 계속적인 거래관계에 있는 특정 사업자에 대하여 거래를 중단하거나 거래하는 상품 또는 용역의 수량이나 내용을 현저히 제한하는 행위
차별적 취급	가격차별	부당하게 거래지역 또는 거래상대방에 따라 현저하게 유리하거나 불리한 가격으로 거래하는 행위
	거래조건차별	부당하게 특정사업자에 대하여 수량, 품질 등의 거래조건이나 거래내용에 관하여 현저하게 유리하거나 불리한 취급을 하는 행위
	계열회사를 위한 차별	정당한 이유 없이 자기의 계열회사를 유리하게 하기 위하여 가격, 수량, 품질 등의 거래조건이나 거래내용에 관하여 현저하게 유리하거나 불리하게 하는 행위
	집단적 차별취급	집단으로 특정 사업자를 부당하게 차별적으로 취급하여 그 사업자의 사업활동을 현저하게 유리하게 하거나 불리하게 하는 행위
경쟁사업자 배제	부당염매	자기의 상품 또는 용역을 공급함에 있어서 정당한 이유 없이 그 공급에 소요되는 비용보다 현저히 낮은 대가로 계속하여 공급하거나 기타 부당하게 상품 또는 용역을 낮은 대가로 공급함으로써 자기 또는 계열회사의 경쟁사업자를 배제시킬 우려가 있는 행위
	부당고가매입	부당하게 상품 또는 용역을 통상거래가격에 비하여 높은 대가로 구입하여 자기 또는 계열회사의 경쟁사업자를 배제시킬 우려가 있는 행위
부당한	부당이익에 의한	정상적인 거래관행에 비추어 부당하거나 과대한

	고객유인	이익을 제공 또는 제공할 제의를 하여 경쟁사업자의 고객을 자기와 거래하도록 유인하는 행위
고객유인	위계에 의한 고객유인	부당한 표시, 광고 외의 방법으로 자기가 공급하는 상품 또는 용역의 내용이나 거래조건 기타 거래에 관한 사항에 관하여 실제보다 또는 경쟁사업자의 것보다 현저히 우량 또는 유리한 것으로 고객을 오인시키거나 경쟁사업자의 것이 실제보다 또는 자기의 것보다 현저히 불량 또는 불리한 것으로 고객을 오인시켜 경쟁사업자의 고객을 자기와 거래하도록 유인하는 행위
	기타의 부당한 고객유인	경쟁사업자와 그 고객의 거래에 대하여 계약성립의 저지, 계약불이행의 유인 등의 방법으로 거래를 부당하게 방해함으로써 경쟁사업자의 고객을 자기와 거래하도록 유인하는 행위
거래강제	끼워팔기	거래 상대방에 대하여 자기의 상품 또는 용역을 공급하면서 정상적인 거래관행에 비추어 부당하게 다른 상품 또는 용역을 자기 또는 자기가 지정하는 사업자로부터 구입하도록 하는 행위
	사원판매	부당하게 자기 또는 계열회사의 임직원으로 하여금 자기 또는 계열회사의 상품이나 용역을 구입 또는 판매하도록 강제하는 행위
	기타의 거래강제	정상적인 거래관행에 비추어 부당한 조건 등 불이익을 거래 상대방에게 제시하여 자기 또는 자기가 지정하는 사업자와 거래하도록 강제하는 행위
거래상 지위남용	구입강제	거래 상대방이 구입할 의사가 없는 상품 또는 용역을 구입하도록 강제하는 행위
	이익제공강요	거래 상대방에게 자기를 위하여 금전, 물품, 용역 기타의 경제상 이익을 제공하도록 강요하는 행위
	판매목표강제	자기가 공급하는 상품 또는 용역과 관련하여 거래 상대방의 거래에 관한 목표를 제시하고 이를 달성하도록 강제하는 행위
	불이익제공	가목 내지 다목에 해당하는 행위 외의 방법으로 거래 상대방에게 불이익이 되도록 거래조건을 설정 또는 변경하거나 그 이행과정에서 불이익을 주는 행위
	경영간섭	거래 상대방의 임직원을 선임, 해임함에 있어 자기의 지시 또는 승인을 얻게 하거나 거래상대방의 생산품목, 시설규모, 생산량, 거래내용을 제한함으로써 경영활동을 간섭하는 행위
구속조건부 거래	배타조건부거래	부당하게 거래 상대방이 자기 또는 계열회사의 경쟁사업자와 거래하지 아니하는 조건으로 그

		거래 상대방과 거래하는 행위
	거래지역, 상대방의 제한	상품 또는 용역을 거래함에 있어서 그 거래 상대방의 거래지역 또는 거래 상대방을 부당하게 구속하는 조건으로 거래하는 행위
사업활동 방해	기술의 부당이용	다른 사업자의 기술을 부당하게 이용하여 다른 사업자의 사업활동을 심히 곤란하게 할 정도로 방해하는 행위
	인력의 부당 유인, 채용	다른 사업자의 인력을 부당하게 유인, 채용하여 다른 사업자의 사업활동을 심히 곤란하게 할 정도로 방해하는 행위
	거래처이전 방해	다른 사업자의 거래처 이전을 부당하게 방해하여 다른 사업자의 사업활동을 심히 곤란하게 할 정도로 방해하는 행위
	기타의 사업활동	가목 내지 다목 외의 부당한 방법으로 다른 사업자의 사업활동을 심히 곤란하게 할 정도로 방해하는 행위
부당한 자금·자산·인력의 지원	부당자금지원	부당하게 특수관계인 또는 다른 회사에 대하여 가지급금, 대여금 등 자금을 현저히 낮거나 높은 대가로 제공 또는 거래하거나 현저한 규모로 제공 또는 거래하여 과다한 경제상 이익을 제공함으로써 특수관계인 또는 다른 회사를 지원하는 행위
	부당자산지원	부당하게 특수관계인 또는 다른 회사에 대하여 부동산, 유가증권, 상품, 용역, 무체재산권 등 자산을 현저히 낮거나 높은 대가로 제공 또는 거래하거나 현저한 규모로 제공 또는 거래하여 과다한 경제상 이익을 제공함으로써 특수관계인 또는 다른 회사를 지원하는 행위
	부당인력지원	부당하게 특수관계인 또는 다른 회사에 대하여 인력을 현저히 낮거나 높은 대가로 제공하거나 현저한 규모로 제공하여 과다한 경제상 이익을 제공함으로써 특수관계인 또는 다른 회사를 지원하는 행위
기타 공정한 거래를 저해할 우려가 있는 행위		

Ⅶ. 사업자단체, 재판매가격유지행위, 부당한 국제계약의 규제

1. 사업자단체의 행위제한

'사업자단체'라 함은 그 형태 여하를 불문하고 2 이상의 사업자가 공동의 이익을 증진할 목적으로 조직한 결합체 또는 그 연합체를 말한다. 사업자단체는 ① 부당한 공동행위에 의하여 부당하게 경쟁을 제한하는 행위(부당한 경쟁제한행위), ② 일정한 거래분야에 있어서 현재 또는 장래의 사업자수를 제한하는 행위(사업자 수의 제한행위), ③ 구성사업자의 사업내용 또는 활동을 부당하게 제한하는 행위(사업방해행위), ④ 사업자에게 불공정거래행위 또는 재판매가격유지행위를 하게 하거나 이를 방조하는 행위(불공정거래행위, 재판매가격 유지행의 사주, 방조행위), ⑤ 부당한 공동행위, 불공정거래행위 및 재판매가격유지행위에 해당하는 사항을 내용으로 하는 국제계약을 체결하는 행위(부당한 국제계약의 체결행위), ⑥ 구성사업자에 대한 표시, 광고제한행위 등을 하여서는 아니 된다.

2. 재판매가격 유지행위의 제한

사례 3　　재판매가격

판매업자에게 최저판매가격이나 최고판매가격을 지정하는 경우 모두 공정거래법 위반이 되는가?

'재판매가격 유지행위'란 사업자가 상품 또는 용역을 거래함에 있어서 거래상대방인 사업자 또는 그 다음 거래단계별 사업자에 대하여 거래가격을 정하여 그 가격대로 판매 또는 제공할 것을 강제하거나 이를 위하여 규약 기타 구속조건을 붙여 거래하는 행위를 말하며, 원칙적으로 재판매가격 유지행위를 금지하고 있다. 재판매가격 유지행위가 성립하기 위해서는 거래단계별 가격의 사전 지정이 존재할 것과 강제성 또는 구속성이 있을 것을 요한다.

공정거래법상의 사업자는 재판매가격 유지행위를 하여서는 아니 되며, 사업자단체는 사업자에게 재판매가격 유지행위를 하게 하거나 이를 방조하는 행위를 해서는 아니 된다.

> **<사례3 해설>** (재판매가격)
> 종전에는 재판매가격유지행위를 당연위법으로 하였으나, 최고가격유지행위는 가격
> 인상을 억제하는 효과가 있어 소비자에게 유리하기 때문에 정당한 이유가 있는 경
> 우에 한하여 허용하였다. 최근 대법원은 '최저재판매가격유지행위가 당해 상표 내
> 의 경쟁을 제한하는 것으로 보이는 경우라 할지라도, 시장의 구체적 상황에 따라
> 그 행위가 관련 상품시장에서의 상표간 경쟁을 촉진하여 결과적으로 소비자후생을
> 증대하는 등 정당한 이유가 있는 경우에는 이를 예외적으로 허용하여야 할 필요가
> 있다'고 판시하여 최저재판매가격유지행위도 정당한 이유가 있는 경우에는 허용된
> 다고 보고 있다(대법원 2011.3.10. 선고 2010두9976 판결; 대법원 2010.12.23. 선고
> 2008두22815 판결; 대법원 2010.11.25. 선고 2009두9543 판결).

3. 부당한 국제계약의 체결제한

사업자 또는 사업자단체는 부당한 공동행위, 불공정거래행위 및 재판매가격
유지행위에 해당하는 사항을 내용으로 하는 것으로서 대통령령이 정하는 국제적
협정이나 계약(산업재산권 도입계약, 저작권 도입계약, 노우하우 도입계약, 프랜차이즈 도
입계약, 공동연구개발협정, 수입대리점계약, 합작투자계약)을 체결하여서는 아니 된다.
부당한 국제계약의 체결제한규정의 적용 범위에는 외국사업자나 외국사업자단체
도 포함된다. 사업자 또는 사업자단체는 국제계약을 체결함에 있어 당해 국제계
약이 부당한 국제계약체결 제한규정에 위반하는지의 여부에 관하여 대통령령이
정하는 바에 따라 공정거래위원회에 심사를 요청할 수 있다.

Ⅷ. 공정거래위원회

1. 위원회의 설치와 권한

공정거래법은 동법에 의한 사무를 독립적으로 수행하기 위하여 국무총리소속
하에 공정거래위원회를 설치함을 규정하고 있다(공정거래위원회는 중앙행정기관으로서

그 소관사무를 수행한다).

공정거래위원회는 경쟁정책을 수립하고 공정거래제도를 운용하는 합의제 형태의 행정기관으로서 위원회의 심결절차를 통하여 사건을 처리하는 준사법적 기관이며, 중앙행정기관, 독립규제위원회, 준입법기관 등의 성격을 가지고 있다.

2. 위원회의 구성과 회의

공정거래위원회는 의사결정기구인 위원회와 실무기구인 사무처로 구성되어 있다. 위원회는 위원장(장관급) 1인(상임위원), 부위원장(차관급) 1인(상임위원), 기타 상임위원 3인 그리고 비상임위원 4인 등 9인의 위원으로 구성된다. 공정거래위원회의 위원장, 부위원장 및 다른 위원의 임기는 3년으로 하고, 1차에 한하여 연임할 수 있다. 공정거래위원회의 회의는 위원 전원으로 구성하는 회의(전원회의)와 상임위원 1인을 포함한 위원 3인으로 구성하는 회의(소회의)로 구분한다.

위원장은 각 소회의의 구성위원에게 특정사건에 대하여 위원의 제척·기피·회피규정에 의한 제척·기피·회피에 해당되는 사유가 있는 경우에는 당해 사건을 다른 소회의에서 심의하도록 하거나 당해 사건에 한하여 다른 소회의의 위원을 그 소회의의 위원으로 지정할 수 있다. 전원회의의 의사는 위원장이 주재하며 재적위원 과반수의 찬성으로 의결하며, 소회의의 의사는 상임위원이 주재하며 구성위원 전원의 출석과 출석위원 전원의 찬성으로 의결한다. 공정거래위원회의 심리와 의결은 공개한다(公開主義). 공정거래위원회의 사건에 관한 의결의 합의는 공개하지 아니한다.

IX. 분쟁조정

1. 공정거래분쟁 조정협의회

공정거래법은 불공정거래행위금지규정을 위반한 혐의가 있는 행위와 관련된 분쟁의 조정, 가맹사업 당사자간 분쟁의 조정, 시장·산업의 분석 및 사업자의 거래관행과 행태의 조사·분석, 그 밖에 공정거래위원회로부터 위탁받은 사업 등의 업무를 수행하기 위하여 한국공정거래조정원을 법인(무자본 특수공법인)으로 설립하도록 하고 있다.

불공정거래행위 금지규정을 위반한 혐의가 있는 행위와 관련된 분쟁을 조정하기 위하여 조정원에 공정거래분쟁 조정협의회를 두며, 협의회는 협의회 위원장 1인을 포함한 7인 이내의 협의회 위원으로 구성하고, 협의회는 재적위원 과반수의 출석으로 개의하고, 출석위원 과반수의 찬성으로 의결한다. 협의회의 회의는 공개하지 아니한다.

2. 조정의 신청

불공정거래행위 금지규정을 위반한 혐의가 있는 행위로 인하여 피해를 입은 사업자는 서면을 공정거래위원회 또는 협의회에 제출함으로써 분쟁조정을 신청할 수 있다. 공정거래분쟁 조정협의회가 분쟁조정을 할 수 있는 대상은 단독의 거래거절행위, 차별적 취급행위, 경쟁사업자 배제행위, 부당한 고객유인행위, 거래강제행위, 거래상 지위의 남용행위, 구속조건부 거래, 사업활동 방해행위 등이 해당하며, 분쟁조정에 있어 불공정거래행위 중 부당 내부거래행위, 공동의 거래거절행위, 계열회사를 위한 차별, 집단적 차별행위, 계속적 부당 염매로 인한 경쟁사업자 배제행위 등은 조정신청 대상에서 제외된다. 협의회는 분쟁조정신청서를 접수한 때에는 즉시 그 접수사실 등을 대통령령으로 정하는 바에 따라 공정거래위원회 또는 분쟁 당사자에게 통지하여야 한다.

X. 조사 등의 절차

1. 법 위반행위의 인지·신고

공정거래위원회는 공정거래법의 규정에 위반한 혐의가 있다고 인정(직권인지)할 때에는 직권으로 필요한 조사를 할 수 있으며, 법 위반사실이 직권인지되는 경우 심사관은 법 적용 대상 여부를 판단하여 법 해당사항인 경우 사건심사 착수보고를 하고 조사 및 심사에 착수한다. 누구든지 공정거래법의 규정에 위반되는 사실이 있다고 인정할 때에는 그 사실을 공정거래위원회에 신고할 수 있으며, 법 위반 사실이 신고된 경우에도 심사관은 법 적용 대상 여부를 판단하여 법 해당 사항인 경우 사건심사 착수보고를 하고 조사 및 심사에 착수한다. 여기서 신고는 법에 위반되는 사실에 관한 직권발동을 촉구하는 단서를 제공하는 것에 불과하다.

공정거래위원회는 공정거래법의 규정에 위반하는 행위가 종료한 날부터 5년을 경과한 경우에는 당해 위반 행위에 대하여 시정조치를 명하지 아니하거나 과징금 등을 부과하지 아니한다. 다만, 법원의 판결에 의하여 시정조치 또는 과징금 부과처분이 취소된 경우로서 그 판결이유에 따라 새로운 처분을 하는 경우에는 그러하지 아니하다.

2. 금융거래정보요구권

공정거래위원회는 탈법행위 금지규정을 위반하여 상호출자의 금지규정의 적용을 면탈하는 행위를 한 상당한 혐의가 있는 자의 조사와 관련하여 금융거래 관련 정보 또는 자료(금융거래정보)에 의하지 아니하고는 그 탈법행위 여부를 확인할 수 없다고 인정되는 경우 또는 불공정거래행위 중 부당한 자금·자산, 인력지원 금지규정을 위반한 상당한 혐의가 있는 내부거래 공시대상 회사의 조사와 관련하여 금융거래정보에 의하지 아니하고는 자금 등의 지원 여부를 확인할 수 없다고 인정되는 경우에는 회의의 의결을 거쳐 문서에 의하여 금융기관의 특정점포의 장에게 금융거래정보의 제출을 요구(금융거래정보 요구권, 계좌추적권)할 수 있으며, 그 특정점포의 장은 이를 거부하지 못한다.

3. 사건심사 및 위원회의 의결

공정거래위원회는 사건을 심사하여 법 위반 사실이 있다고 판단되는 경우 심사의견서를 작성하여 심사조정위원회에 상정하며, 시정명령 이상 해당사건은 심사보고서를 작성하여 위원회(소회의 또는 전원회의)에 상정한다. 위원회의 심판절차는 심판정에서 심사관과 피심인이 참여하여 구두변론을 하는 대립 당사자의 구조를 취한다. 위원회는 안건을 심의하여 법 위반 사실이 인정되는 경우 동 행위에 대한 시정조치(시정명령, 과징금 납부명령, 고발 등)를 의결한다.

XI. 사건의 처리

공정거래법 위반행위에 대하여 조사를 한 결과 위반행위에 해당되지 아니하거나 위반행위에 대한 증거가 없는 경우에는 무혐의, 종결처리, 조사 등의 중지·주의촉구 등을 취하게 되며, 위반행위에 해당하는 경우에는 경고, 시정권고, 시정명령, 과징금납부명령, 고발 등의 조치를 취한다.

1. 이의신청과 재결

공정거래위원회의 처분에 대하여 불복이 있는 자는 그 처분의 통지를 받은 날부터 30일 이내에 그 사유를 갖추어 공정거래위원회에 이의신청을 할 수 있다. 공정거래위원회는 이의신청에 대하여 60일 이내에 재결을 하여야 한다.

2. 소의 제기

공정거래위원회의 처분에 대하여 불복의 소(행정소송)를 제기하고자 할 때에는 처분의 통지를 받은 날(이의신청을 거치지 아니하고 바로 행정소송을 제기하는 경우) 또는 이의신청에 대한 재결서의 정본을 송달받은 날(이의신청을 거친 경우)부터 30일 이내에 이를 제기하여야 한다. 이 기간은 이를 불변기간(不變期間)으로 한다.

3. 동의의결

공정거래위원회의 조사나 심의를 받고 있는 사업자 또는 사업자단체는 당해 조사나 심의의 대상이 되는 행위로 인한 경쟁제한상태 등의 자발적 해소, 소비자피해구제, 거래질서의 개선 등을 위하여 동의의결을 하여 줄 것을 공정거래위원회에 신청할 수 있다. 동의의결(consent order)이란 공정거래사건의 조사·심의과정에서 사업자가 스스로 문제가 된 행위를 중지하고 소비자피해구제방안 등의 시정방안을 마련하여 신청하는 경우 공정거래위원회가 적정하다고 판단하면 이를 받아들여 위법 여부에 대한 판단 없이 사건을 종결하는 제도로 2011년 개정시 도입되었다. 공정거래위원회는 정당한 이유 없이 상당한 기한 내에 동의의결을 이행하지 아니한 자에게 동의의결이 이행되거나 취소되기 전까지 이행강제금을 부과할 수 있다.

XII. 과징금, 손해배상

1. 과 징 금

공정거래위원회는 과징금을 부과함에 있어서 위반행위의 내용 및 정도, 위반행위의 기간 및 회수, 위반행위로 인해 취득한 이익의 규모 등의 사항을 참작하여야 한다. 공정거래위원회는 과징금을 부과하고자 하는 때에는 그 위반행위의 종별과 당해 과징금의 금액 등을 명시하여 이를 납부할 것을 서면으로 통지하여야 한다. 통지를 받은 자는 통지가 있은 날부터 60일 이내에 과징금을 공정거래위원회가 정하는 수납기관에 납부하여야 한다.

2. 손해배상

사업자 또는 사업자단체는 공정거래법을 위반함으로써 피해를 입은 자가 있는 경우에는 당해 피해자에 대하여 손해배상의 책임을 지며, 사업자 또는 사업자단체는 고의 또는 과실이 없음을 입증한 때에는 책임을 지지 않는다. 손해배상청구권자는 사업자 또는 사업자단체의 공정거래법 위반으로 인하여 피해를 입은 자이다. 따라서 실제 피해를 입지 않은 자(예컨대 소비자단체 등)는 손해배상청구권이 없다. 다만, 사업자 또는 사업자단체의 공정거래법 위반행위는 소비자기본법상의 소비자단체소송의 대상이 될 수 있다.

3. 고발(전속고발권)

벌칙의 죄는 공정거래위원회의 고발이 있어야 공소를 제기할 수 있다. 이러한 전속고발제는 지나친 형사벌이 오히려 기업활동을 위축시킬 우려가 있으므로 공정거래위원회라는 전문기관으로 하여금 적절히 선택하도록 하여 신중한 법운용을 기한다는 데 있다.

제2. 소비자기본법

Ⅰ. 소비자의 권리와 책무

1. 소비자의 기본적 권리

1) 안전할 권리　　소비자는 물품 또는 용역으로 인한 생명, 신체 또는 재산에 대한 위해로부터 보호받을 권리가 있다.

2) 지식·정보를 제공받을 권리　　소비자는 물품 등을 선택함에 있어서 필요한 지식 및 정보(예컨대, 물품 등의 거래조건, 거래방법, 품질, 안전성 및 환경성 등에 관련되는 사업자의 정보)를 제공받을 권리가 있다.

3) 선택할 권리　　소비자는 물품 등을 사용함에 있어서 거래상대방, 구입장소, 가격 및 거래조건 등을 자유로이 선택할 권리가 있다.

4) 의견을 반영시킬 권리　　소비자는 소비생활에 영향을 주는 국가 및 지방자치단체의 정책과 사업자의 사업활동 등에 대하여 의견을 반영시킬 권리가 있다.

5) 피해보상을 받을 권리　　소비자는 물품 등의 사용으로 인하여 입은 피해에 대하여 신속·공정한 절차에 따라 적절한 보상을 받을 권리가 있다.

6) 교육을 받을 권리　　소비자는 합리적인 소비생활을 위하여 필요한 교육을 받을 권리가 있다.

7) 단체를 조직하고 활동할 수 있는 권리　　소비자는 소비자 스스로의 권익을 증진하기 위하여 단체를 조직하고 이를 통하여 활동할 수 있는 권리가 있다.

8) 소비자는 안전하고 쾌적한 소비생활 환경에서 소비할 권리가 있다.

소비자는 사업자 등과 더불어 자유시장경제를 구성하는 주체임을 인식하여 물품 등을 올바르게 선택하고, 소비자기본법상의 소비자의 기본적 권리를 정당하게 행사하여야 하며, 소비자는 스스로의 권익을 증진하기 위하여 필요한 지식과 정보를 습득하도록 노력하여야 한다.

2. 국가 및 지방자치단체의 책무

국가 및 지방자치단체는 소비자의 기본적 권리가 실현되도록 하기 위하여 ① 관계법령 및 조례의 제정 및 개정·폐지, ② 필요한 행정조직의 정비 및 운영의 개선, ③ 필요한 시책의 수립 및 실시, ④ 소비자의 건전하고 자주적인 조직활동의 지원·육성 등의 책무를 부담한다. 또한 국가는 지방자치단체의 소비자권익과 관련된 행정조직의 설치, 운영 등에 관하여 대통령령이 정하는 바에 따라 필요한 지원을 할 수 있다. 국가 및 지방자치단체는 그 밖에도 위해방지의무(안전기준제정의무), 계량 및 규격의 적정화의무, 표시기준제정의무, 광고기준제정의무, 거래의 적정화의무, 소비자에의 정보제공의무, 소비자의 능력 향상의무(소비자교육의무), 개인정보 보호의무, 소비자분쟁 해결의무, 시험·검사시설의 설치의무 등을 부담한다.

3. 사업자의 책무

사업자는 국가 및 지방자치단체의 소비자권익 증진시책에 적극 협력하여야 하며, 사업자는 소비자단체 및 한국소비자원의 소비자 권익증진과 관련된 업무의 추진에 필요한 자료 및 정보제공 요청에 적극 협력하여야 한다. 사업자는 안전하고 쾌적한 소비생활 환경을 조성하기 위하여 물품 등을 제공함에 있어서 환경친화적인 기술의 개발과 자원의 재활용을 위하여 노력하여야 한다. 사업자는 위해방지의무, 거래의 적정화의무, 정보제공의무, 개인정보보호의무, 소비자피해보상·손해배상의무 등의 책무를 지며, 위해방지기준·표시기준·광고기준·부당행위금지·개인정보보호기준 등의 준수의무를 부담한다.

Ⅱ. 소비자단체

1. 소비자단체의 업무

소비자의 권익을 증진하기 위하여 소비자가 조직한 단체인 소비자단체는 ①

국가 및 지방자치단체의 소비자의 권익과 관련된 시책에 대한 건의, ② 물품 등의 규격, 품질, 안전성, 환경성에 관한 시험·검사 및 가격 등을 포함한 거래조건이나 거래방법에 관한 조사·분석, ③ 소비자문제에 관한 조사·연구, ④ 소비자의 교육, ⑤ 소비자의 불만 및 피해를 처리하기 위한 상담, 정보제공 및 당사자 사이의 합의의 권고 등의 업무를 행한다. 소비자단체는 물품 등의 규격·품질·안전성·환경성에 관한 시험·검사 및 가격 등을 포함한 거래조건이나 거래방법에 관한 조사·분석의 결과를 공표할 수 있다.

2. 자율적 분쟁조정

공정거래위원회에 등록한 소비자단체의 협의체는 소비자의 불만 및 피해를 처리하기 위한 상담, 정보제공 및 당사자 사이의 합의의 권고규정에 따른 소비자의 불만 및 피해를 처리하기 위하여 자율적 분쟁조정을 할 수 있다.

3. 자료·정보 제공요청

공정거래위원회나 지방자치단체에 등록된 소비자단체는 그 업무를 추진함에 있어서 필요한 자료 및 정보의 제공을 사업자 또는 사업자단체에 요청할 수 있으며, 이 경우 그 사업자 또는 사업자단체는 정당한 사유가 없는 한 이에 응하여야 한다. 자료 및 정보의 제공을 요청하는 소비자단체는 그 자료 및 정보의 사용목적, 사용절차 등을 미리 사업자 또는 사업자단체에 알려야 한다. 소비자단체가 자료 및 정보를 요청하는 때에는 소비자 정보요청 협의회의 협의·조정을 미리 거쳐야 한다. 소비자정보요청협의회가 이에 따라 협의·조정을 하는 경우에는 해당 사업자 또는 사업자단체에 의견진술의 기회를 주어야 한다.

Ⅲ. 한국소비자원

1. 설립과 업무

　　소비자 권익증진시책의 효과적인 추진을 위하여 1987년 7월 1일 정부출연 특수법인으로 한국소비자원이 설립되었다. 한국소비자원은 공정거래위원회의 승인을 얻어 필요한 곳에 그 지부를 설치할 수 있다. 한국소비자원은 ① 소비자의 권익과 관련된 제도와 정책의 연구 및 건의, ② 소비자의 권익증진을 위하여 필요한 경우 물품 등의 규격·품질·안전성·환경성에 관한 시험·검사 및 가격 등을 포함한 거래조건이나 거래방법에 대한 조사·분석, ③ 소비자의 권익증진·안전 및 소비생활의 향상을 위한 정보의 수집·제공 및 국제협력, ④ 소비자의 권익증진·안전 및 능력개발과 관련된 교육·홍보 및 방송사업, ⑤ 소비자의 불만처리 및 피해구제, ⑥ 소비자의 권익증진 및 소비생활의 합리화를 위한 종합적인 조사·연구, ⑦ 국가 또는 지방자치단체가 소비자의 권익증진과 관련하여 의뢰한 조사 등의 업무, ⑧ 그 밖에 소비자의 권익증진 및 안전에 관한 업무 등을 수행한다.

2. 자료 및 정보 제공 요청

　　한국소비자원은 그 업무를 추진함에 있어서 필요한 자료 및 정보의 제공을 사업자 또는 사업자단체에 요청할 수 있으며, 이 경우 그 사업자 또는 사업자단체는 정당한 사유가 없는 한 이에 응하여야 한다. 자료 및 정보의 제공을 요청하는 한국소비자원은 그 자료 및 정보의 사용목적, 사용절차 등을 미리 사업자 또는 는 사업자단체에게 알려야 한다.

Ⅳ. 소비자 안전

1. 결함 정보의 보고의무

　　사업자는 소비자에게 제공한 물품 등에 소비자의 생명, 신체 또는 재산에 위해를 끼치거나 끼칠 우려가 있는 제조, 설계 또는 표시 등의 중대한 결함이 있는 사실을 알게 된 때에는 그 결함의 내용을 소관 중앙행정기관의 장에게 보고(전자적 보고를 포함한다)하여야 한다. 이에 따른 보고를 받은 중앙행정기관의 장은 사업자가 보고한 결함의 내용에 관하여 시험·검사기관 또는 한국소비자원 등에 시험·검사를 의뢰하고, 시험·검사의 결과 그 물품 등이 수거·파기 등의 권고 또는 수거·파기 등의 명령의 요건에 해당하는 경우에는 사업자에게 각각에 해당하는 규정에 따른 필요한 조치를 취하여야 한다.

2. 수거·파기(Recall)

사업자는 소비자에게 제공한 물품 등의 결함으로 인하여 소비자의 생명·신체 또는 재산에 위해를 끼치거나 끼칠 우려가 있는 경우에는 대통령령이 정하는 바에 따라 당해 물품 등의 수거·파기·수리·교환·환급 또는 제조·수입·판매·제공의 금지, 그 밖의 필요한 조치를 취하여야 한다. 중앙행정기관의 장은 사업자가 제공한 물품 등의 결함으로 인하여 소비자의 생명·신체 또는 재산에 위해를 끼치거나 끼칠 우려가 있다고 인정되는 경우에는 그 사업자에 대하여 당해 물품 등의 수거·파기·수리·교환·환급 또는 제조·수입·판매·제공의 금지 그 밖의 필요한 조치를 권고할 수 있다(Recall권고). 중앙행정기관의 장은 사업자가 제공한 물품 등의 결함으로 인하여 소비자의 생명·신체 또는 재산에 위해를 끼치거나 끼칠 우려가 있다고 인정되는 경우에는 대통령령이 정하는 절차에 따라 그 물품 등의 수거·파기·수리·교환·환급을 명하거나 제조·수입·판매 또는 제공의 금지를 명할 수 있고, 그 물품 등과 관련된 시설의 개수 그 밖의 필요한 조치를 명할 수 있다(Recall명령). 중앙행정기관의 장은 수거·파기 등의 명령 등의 조치를 하고자 하는 경우에는 청문을 실시하여야 한다.

3. 위해정보의 수집

소비자안전시책을 지원하기 위하여 한국소비자원에 소비자안전센터를 둔다. 소비자안전센터의 업무는 ① 위해정보의 수집 및 처리, ② 소비자안전을 확보하기 위한 조사 및 연구, ③ 소비자안전과 관련된 교육 및 홍보, ④ 위해 물품 등에 대한 시정 건의, ⑤ 소비자안전에 관한 국제협력, ⑥ 그 밖에 소비자안전에 관한 업무 등이다. 공정거래위원회는 소비자안전센터가 위해정보를 효율적으로 수집할 수 있도록 하기 위하여 필요한 경우에는 행정기관, 병원, 학교, 소비자단체 등을 위해정보 제출기관으로 지정·운영할 수 있다.

Ⅴ. 소비자분쟁의 해결

1. 한국소비자원의 피해구제

소비자는 물품 등의 사용으로 인한 피해의 구제를 한국소비자원에 신청할 수 있으며, 국가, 지방자치단체 또는 소비자단체는 소비자로부터 피해구제의 신청을 받은 때에는 한국소비자원에 그 처리를 의뢰할 수 있다. 사업자는 소비자로부터 피해구제의 신청을 받은 때에는 ① 소비자로부터 피해구제의 신청을 받은 날부터 30일이 경과하여도 합의에 이르지 못하는 경우, ② 한국소비자원에 피해구제의 처리를 의뢰하기로 소비자와 합의한 경우, ③ 그 밖에 한국소비자원의 피해구제의 처리가 필요한 경우로서 대통령령이 정하는 사유에 해당하는 경우 등의 어느 하나에 해당하는 경우에 한하여 한국소비자원에 그 처리를 의뢰할 수 있다.

원장은 피해구제신청의 당사자에 대하여 피해보상에 관한 합의를 권고할 수 있다. 원장은 피해구제의 신청을 받은 날부터 30일 이내에 합의가 이루어지지 아니하는 때에는 지체없이 소비자분쟁조정위원회에 분쟁조정을 신청하여야 한다.

2. 소비자분쟁의 조정

소비자와 사업자 사이에 발생한 분쟁을 조정하기 위하여 한국소비자원에 소비자분쟁조정위원회를 둔다(소비자분쟁조정위원회는 소비자분쟁에 대한 조정요청 사건을 심의하여 조정결정을 하는 준사법적인 기구이며, 소비자분쟁조정위원회의 분쟁조정은 법원에 의한 사법적 구제절차 진행 이전 당사자간의 분쟁해결을 위한 마지막 수단이다). 소비자와 사업자 사이에 발생한 분쟁에 관하여 소비자 피해 구제기구의 설치의무규정에 따라 설치된 기구에서 소비자분쟁이 해결되지 아니하거나 합의권고에 따른 합의가 이루어지지 아니한 경우 당사자나 그 기구 또는 단체의 장은 조정위원회에 분쟁조정을 신청할 수 있다.

조정위원장은 분쟁조정을 신청받은 경우에는 분쟁조정 업무의 효율적 수행을 위하여 10일 이내의 기간을 정하여 분쟁 당사자에게 보상방법에 대한 합의를 권고할 수 있다. 조정위원회는 분쟁조정을 신청받은 때에는 그 신청을 받은 날부터 30일 이내에 그 분쟁조정을 마쳐야 한다. 당사자가 분쟁조정의 내용을 수락하거나 수락한 것으로 보는 때에는 그 분쟁조정의 내용은 재판상 화해와 동일한 효력을 갖는다.

3. 집단분쟁조정

사례 1 집단분쟁조정

집단분쟁조정을 통하여 보호를 받는 방법은?

분쟁조정의 신청규정에 불구하고, 국가, 지방자치단체, 한국소비자원 또는 소비자단체·사업자는 소비자의 피해가 다수의 소비자에게 같거나 비슷한 유형으로 발생하는 경우로서, 피해가 계속되는 소비자가 50인 이상이고 사건의 중요한 쟁점이 사실상 또는 법률상 공통될 것 등의 요건을 모두 갖춘 사건에 대하여는 피해구제 절차 없이 조정위원회에 집단분쟁조정을 의뢰 또는 신청할 수 있다. 집단분쟁조정을 의뢰받거나 신청받은 조정위원회는 집단분쟁조정의 의뢰 또는 신청을 받은 날로부터 14일 이내에 집단분쟁 조정절차의 개시를 의결하여야 하며, 집단분쟁 조정절차의 개시를 결정한 경우 조정위원장은 14일 이상의 기간을 정하여 이를 한국소비자원 인터넷 홈페이지 및 전국을 보급지역으로 하는 일간신문에 게재하는 방법으로 공고하여야 한다.

조정위원회는 집단분쟁 조정의 당사자가 아닌 소비자 또는 사업자로부터 그 분쟁조정의 당사자에 추가로 포함될 수 있도록 하는 신청을 받을 수 있다. 조정위원회는 집단분쟁조정절차 개시 공고가 종료된 날의 다음 날부터 기산하여 30일 이내에 그 분쟁조정을 마쳐야 한다. 조정위원회의 위원장은 집단분쟁조정을 마친 때에는 지체없이 당사자에게 그 집단분쟁조정의 내용을 통지하여야 한다.

통지를 받은 당사자는 그 통지를 받은 날부터 15일 이내에 집단분쟁조정의 내용에 대한 수락 여부를 조정위원회에 통보하여야 하며, 이 경우 15일 이내에 의사표시가 없는 때에는 이를 수락한 것으로 본다. 이는 소비자보호차원에서 분쟁조정절차를 신속히 종결하기 위한 것이다. 수락거부의 의사표시는 서면으로 하여야 한다. 당사자가 수락을 거부하였을 경우의 피해구제방법은 법원에 의한 민사소송만이 남게 된다. 조정위원회는 사업자가 조정위원회의 집단분쟁조정의 내용을 수락한 경우에는 집단분쟁조정의 당사자가 아닌 자로서 피해를 입은 소비자에 대한 (사후)보상계획서를 작성하여 조정위원회에 제출하도록 권고할 수 있다.

<사례1 해설> (집단분쟁조정)

집단분쟁조정제도란 50명 이상의 소비자에게 동일하거나 유사한 피해가 발생한 경우 일괄적으로 분쟁을 조정하는 제도로 소비자피해를 신속하고 경제적으로 해결할 수 있는 제도이다. 집단분쟁을 통해 구제받을 수 있는 피해는 통신서비스, 아파트, 자동차, 네비게이션, 회원권, 보험 등 다수의 소비자 피해가 발생하는 영역으로 사건의 중요한 부분이 같다면 집단분쟁조정의 대상이 된다. 집단분쟁조정을 통해 피해를 구제받으려면 피해를 입은 소비자가 국가, 지방자치단체, 한국소비자원, 소비자단체, 사업자에게 개별적으로 또는 50명 이상이 함께 피해구제를 신청하면 위 기관에서 소비자분쟁조정위원회로 집단분쟁조정을 신청하게 된다. 소비자분쟁조정위원회는 집단분쟁조정이 개시하여 한국소비자원 홈페이지 및 일간신문 집단분쟁이 개시되었음을 공고한다. 이후 같은 피해를 입은 소비자는 참가신청을 통해 집단분쟁조정 절차에 참가할 수 있다. 사업자와 소비자가 조정결정을 수락한 경우 재판상 화해의 효력이 발생하게 된다. 따라서 당사자가 조정내용 대로 이행하지 아니한 경우 강제집행을 할 수 있다. 일정한 요건을 갖춘 소비자단체가 소비자 권익침해행위의 금지를 구하는 소송을 제기할 수 있다. 그러나 단체소송은 그 침해의 금지만을 구할 수 있을 뿐 소비자피해에 대하여 그 배상을 청구할 수는 없다. 따라서 손해배상을 받기 위해서는 민사소송을 제기하거나 집단분쟁조정제도를 이용하여야 한다.

4. 단체소송

단체소송제도는 다수가 피해를 당하는 경우 개개인들을 대신하여 일정한 요건을 충족한 특정단체가 집단적인 분쟁의 해결을 위한 원고적격자가 되어 부당·위법한 행위 금지 등의 청구소송을 제기하는 권리(소권)를 부여받고, 집단적인 이익(소비자보호목적)을 위하여 그 단체가 당사자로 되어 소송을 행하는 것을 인정하는 제도이다.

소비자기본법상 소비자단체소송은 소송의 목적으로서 금전적 손해배상은 배제되고 소비자 권익침해행위의 금지·중지 청구에 한정되며, 단체소송의 원고(단체)는 소송수행에 관하여 반드시 변호사를 소송대리인으로 선임하여 소송 수행업무를 위임하도록 하여 그 원고의 소송대리인을 변호사로 한정하고 있다. 소송허가신청 및 소송허가요건 등을 통하여 소송의 제기 전에 미리 법원의 허가를 얻은 경우에만 소송을 제기하게 된다. 원고의 청구를 기각하는 판결이 확정된 경우 이와 동일한 사안에 관하여 다른 단체는 단체소송을 제기할 수 없다.

제3. 약관규제법

*별명이 없는 법조문명은 '약관의 규제에 관한 법률'임

I. 총 칙

'약관'(보통거래약관)이란 그 명칭이나 형태 또는 범위를 불문하고 계약의 일방 당사자(사업자)가 다수의 상대방(고객)과 계약을 체결하기 위하여 일정한 형식에 의하여 미리 마련한 계약의 내용이 되는 것, 즉 계약의 초안을 말한다. 이러한 약관에 의한 계약을 '부합계약'(附合契約)이라 한다. '약관의 규제에 관한 법률'(이하 '약관규제법'이라 한다)은 약관을 사용하는 거래주체에 관계없이 원칙적으로 모든 거래의 약관에 적용되는 규범이다. 특정한 거래분야의 약관에 대하여 다른 법률에 특별한 규정(예컨대 상법의 보험편)이 있는 경우에는 약관규제법의 규정에 우선한다.

사업자는 고객이 약관의 내용을 쉽게 알 수 있도록 한글 및 표준화·체계화된 용어를 사용하고, 약관의 중요한 내용을 부호·문자·색채 등으로 명확하게 표시하여 약관을 작성하여야 한다. 약관의 중요내용을 쉽게 알 수 있도록 작성할 의무는 사업자의 명시·교부·설명 의무를 이행하기 이전의 의무로서, 그 이행 여부는 편입통제의 내용이라고 본다.

II. 약관의 명시·교부·설명 의무와 해석

1. 약관의 명시·교부·설명 의무

사업자는 고객이 약관의 내용을 쉽게 알 수 있도록 한글 및 표준화·체계화

된 용어를 사용하고, 약관의 중요한 내용을 부호·문자·색채 등으로 명확하게 표시하여 약관을 작성하여야 한다. 약관의 중요내용을 쉽게 알 수 있도록 작성할 의무는 사업자의 명시·교부·설명 의무를 이행하기 이전의 의무이다.

사업자는 계약체결에 있어서 고객에게 약관의 내용을 계약의 종류에 따라 일반적으로 예상되는 방법으로 명시하여야 하고(명시의무), 고객이 요구할 때에는 당해 약관의 사본을 고객에게 교부하여(교부의무) 이를 알 수 있도록 하여야 한다. 약관에 의한 거래를 하는 경우 당사자 사이에 약관편입의 합의가 성립하면 약관의 내용을 알지 못하더라도 약관은 계약내용이 된다. 사업자는 약관에 정하여져 있는 중요한 내용(해약사유 및 효과, 면책조항, 책임가중조항 등)을 고객이 이해할 수 있도록 설명하여야 한다(설명의무).

사업자가 명시·교부·설명의 의무를 위반하여 계약을 체결한 때에는 당해 약관을 계약의 내용으로 주장할 수 없다. 또한 판례는 보험계약자가 고지의무를 위반하였다 하더라도 명시·설명 의무를 위반한 경우에는 고지의무 위반을 이유로 보험계약을 해지할 수 없다는 입장을 취하고 있다. 명시·설명에 대한 입증책임은 사업자가 부담한다.

2. 개별약정의 우선

약관에서 정하고 있는 사항에 관하여 사업자와 고객이 약관의 내용과 다르게 합의한 사항이 있을 때에는 당해 합의사항은 약관에 우선한다(개별약정우선의 원칙).

3. 약관의 해석

약관은 신의성실의 원칙에 따라 공정하게 해석되어야 하며 고객에 따라 다르게 해석되어서는 아니 되며(신의성실의 원칙, 공정해석의 원칙, 객관적·통일적 해석의 원칙), 약관의 뜻이 명백하지 아니한 경우에는 고객에게 유리하게 해석되어야 한다(작성자불리의 원칙).

Ⅲ. 불공정약관조항

사례 1　　불공정약관조항

계약을 체결함에 있어 일방에게 불리한 약관을 그 내용으로 한 경우, 그 내용은 유효한가?

---

1. 일반조항

　　신의성실의 원칙에 반하여 공정을 잃은 약관조항은 무효이다(신의성실의 원칙). 약관에 ① 고객에 대하여 부당하게 불리한 조항, ② 고객이 계약의 거래형태 등 제반 사정에 비추어 예상하기 어려운 조항, ③ 계약의 목적을 달성할 수 없을 정도로 계약에 따르는 본질적 권리를 제한하는 조항 등에 해당되는 내용을 정하고 있는 경우에는 당해 약관조항은 공정을 잃은 것으로 추정된다. 당해 조항의 공정성에 대한 입증책임은 사업자가 부담한다.

2. 개별금지조항

　　개별금지조항의 무효사유는 엄격한 효과를 가진 금지규범으로서 법원에 의한 평가의 여지가 없이 절대적으로 금지되는 절대적 무효조항과 전적으로 금지되는 것이 아니고 일정 요소에 대한 평가가 부정적으로 되는 경우에 금지되는 상대적 무효조항으로 분류할 수 있다.

　　〈불공정약관조항의 유형〉

유　　형	내　　　　　　　용
일반원칙 (제6조)	1. 고객에게 부당하게 불리한 내용 2. 고객이 거래행태 등 제반 사정에 비추어 예상 곤란한 내용 3. 계약의 목적을 달성할 수 없을 정도로 계약의 본질적 권리 제한
면책조항의 금지 (제7조)	1. 사업자·이행보조자·피용자의 고의·중대과실로 인한 법률상 책임 배제 (절대적 무효조항)

	2. 상당한 이유없이 사업자의 손해배상 범위 제한, 사업자 부담위험의 고객 이전 3. 상당한 이유없이 사업자의 담보책임 배제·제한, 그 담보책임에 따르는 고객의 권리행사의 요건 가중, 계약목적물에 관하여 견본이나 품질·성능표시가 있는 경우 그 내용에 대한 책임 배제·제한
손해배상액의 예정 (제8조)	고객에게 부당하게 과중한 손해배상의무 부담
계약의 해제·해지 (제9조)	1. 고객에게 법률에 의한 해제권·해지권 배제·제한 (절대적 무효조항) 2. 사업자에게 법률에 없는 해제권·해지권 부여 또는 법률에 의한 해제권·해지권 행사요건 완화로 고객에게 부당한 불이익을 줄 우려 3. 계약 해제·해지로 인한 고객의 원상회복 의무를 과중하게 부담시키거나 원상회복 청구권을 부당하게 포기하도록 하는 조항 4. 계약 해제·해지로 인한 사업자의 원상회복의무·손해배상의무를 부당하게 경감 5. 계속적인 채무관계 발생을 목적으로 하는 계약에서 기간을 부당하게 단기·장기로 하거나 묵시의 기간연장·갱신이 가능하도록 하여 고객에게 부당하게 불이익을 줄 우려
채무의 이행 (제10조)	1. 상당한 이유없이 급부의 내용을 사업자가 일방적으로 결정·변경할 수 있는 권한 부여 2. 상당한 이유없이 사업자가 이행해야 할 급부를 일방적으로 중지하거나 제3자로 하여금 대행할 수 있도록 하는 조항
고객의 권익 보호 (제11조)	1. 법률에 의한 고객의 항변권·상계권 등의 권리를 상당한 이유없이 배제·제한 2. 고객에게 부여된 기한의 이익을 상당한 이유없이 박탈 3. 고객이 제3자와 계약을 체결하는 것을 부당하게 제한 4. 사업자가 업무상 알게 된 고객의 비밀을 정당한 이유 없이 누설하는 것을 허용하는 조항
의사표시의 의제 (제12조)	1. 일정한 작위 또는 부작위가 있을 때 고객의 의사표시가 표명되거나 되지 않은 것으로 보는 조항. 다만, 고객에게 상당기간 내에 의사표시가 없으면 의사표시가 표명되거나 되지 않은 것으로 본다는 뜻을 명확하게 따로 고지하거나 부득이한 사유로 고지를 할 수 없는 경우는 제외 2. 고객의 의사표시의 형식·요건을 부당하게 엄격하게 제한 3. 고객의 이익에 중대한 영향을 미치는 사업자의 의사표시가 상당한 이유없이 고객에게 도달된 것으로 간주

	4. 고객의 이익에 중대한 영향을 미치는 사업자의 의사표시에 부당하게 장기의 기한 또는 불확정한 기한을 정하는 조항
대리인의 책임가중 (제13조)	고객의 대리인에 의해 계약이 체결된 경우 고객의 의무 불이행시 대리인에게 책임을 지우는 조항 (절대적 무효 조항)
소 제기의 금지 등 (제14조)	1. 고객에 대하여 부당하게 불리한 소 제기 금지, 재판관할의 합의 2. 상당한 이유없이 고객에게 입증책임을 부담

3. 불공정약관조항의 무효

약관규제법에서 규정한 불공정약관조항의 일반원칙 및 개별금지조항에 반하는 약관조항은 특별한 절차를 거치지 않더라도 무효이다

약관의 전부 또는 일부의 조항이 사업자의 명시·교부·설명의무위반으로 계약의 내용이 되지 못하는 경우나 불공정약관조항으로서 무효인 경우 계약은 나머지 부분만으로 유효하게 존속하나, 유효한 부분만으로는 계약의 목적달성이 불가능하거나 일방 당사자에게 부당하게 불리한 때에는 당해 계약을 무효로 한다.

<사례1 해설> (불공정약관조항)

약관규제법상 신의성실의 원칙에 반하여 공정을 잃은 약관조항은 무효이고(제6조 제1항), 고객에 대하여 부당하게 불리한 조항은 공정을 잃은 것으로 추정된다(약관규제법 제6조 제2항 제1호). 여기서 고객의 이익은 개개의 계약당사자가 아니라 고객집단, 즉 전체로서의 고객의 전형적이고 평균적인 이익을 의미한다. 약관의 내용에 대한 통제는 기본적으로 이익형량에 기초한다. 즉 사업자가 어떤 특정조항으로 인하여 이익을 얻은 대가로 고객에게 어떠한 이익이 부여되고 있는가를 비교하는 것이다. 따라서 상대방에게 부당하게 불리한 약관조항은 공정을 잃은 것으로 추정되어 무효가 된다.

제4. 할부거래법

I. 총 칙

할부거래 또는 할부매매라 함은 매매계약의 특수한 형태로서 대금의 전부 또는 일부를 일정 기간에 분할하여 계속적으로 지급할 것을 특약으로 정한 신용 매매이다. 할부거래는 거래대금의 전부 또는 일부가 장래로 연기·분할되어 지급 되며 매매대금의 완납 전에 목적물의 인도가 이루어진다는 특징이 있다.

'할부거래에 관한 법률'(이하 '할부거래법'이라 한다)은 계약의 명칭·형식이 어떠 하든 동산이나 용역(일정한 시설을 이용하거나 용역의 제공을 받을 권리를 포함한다)에 관한 할부계약에 적용된다. 할부계약은 매도인이 자신의 부담으로 매수인에 대하 여 신용을 제공하여 할부로 판매하는 자체할부계약과 매도인이 아닌 제3의 신용 제공자가 매수인에 대해 신용을 제공하여 할부구입케 하는 간접할부계약으로 대 별된다. 최근에는 자체 할부계약에 의한 단순한 할부거래보다 제3자(할부금융회사) 가 신용을 제공하는 간접할부계약에 의한 금융할부거래가 일반화되어 있고, 제3 자를 매도인의 자회사나 계열회사로 하는 경우도 증가하고 있다.

II. 매도인의 의무와 권리

1. 할부거래내용의 표시·고지의무

할부거래법상 매도인은 할부계약을 체결하기 전에 매수인이 할부계약의 내 용을 이해할 수 있도록 ① 목적물의 종류 및 내용, ② 현금가격, ③ 할부가격, ④ 각 할부금의 금액·지급회수 및 시기, ⑤ 할부수수료의 실제연간요율, ⑥ 계약금, ⑦ 지연손해금 산정시 적용하는 비율(연 40/100 이내의 범위) 등의 사항을 표시하고 이를 매수인에게 고지하여야 한다.

2. 할부계약의 서면주의와 계약서교부의무

할부계약은 ① 매도인·매수인 및 신용제공자의 성명 및 주소, ② 목적물의 종류·내용 및 목적물의 인도 등의 시기, ③ 현금가격, ④ 할부가격, ⑤ 각 할부금의 금액·지급회수 및 시기(자체할부계약인 경우에 한함), ⑥ 할부수수료의 실제 연간 요율, ⑦ 목적물의 소유권의 유보에 관한 사항(당사자가 계약에 의해서 결정), ⑧ 매수인의 철회권과 행사방법에 관한 사항, ⑨ 매도인의 할부계약의 해제에 관한 사항, ⑩ 지연손해금 산정시 적용하는 비율, ⑪ 매수인의 기한이익상실에 관한 사항, ⑫ 매수인의 항변권과 그 행사방법에 관한 사항 등의 사항 등을 기재한 서면으로 체결하여야 한다(서면주의). 매도인은 할부계약을 체결한 경우에는 지체없이 계약서 1통을 매수인에게 내주어야 한다. 할부계약의 서면주의와 계약서 교부의무를 위반한 경우 당해 계약이 사법상 무효로 되는 것은 아니다.

3. 매도인의 계약해제권

매도인은 매수인이 할부금 지급의무를 이행하지 아니하면 할부계약을 해제할 수 있으며, 매도인은 그 계약을 해제하기 전에 14일 이상의 기간을 정하여 매수인에게 이행할 것을 서면으로 최고하여야 한다. 계약이 해제된 경우에는 각 당사자는 상대방에게 원상으로 회복하여 줄 의무를 지며(원상회복의무), 이 경우 동시이행의 관계가 성립되어 상대방이 그 이행의 제공을 할 때까지 자기의 의무이행을 거절할 수 있다. 목적물의 소유권이 매도인에게 유보된 경우(소유권유보부 특약이 있는 경우)에 매도인은 그 계약을 해제하지 아니하고는 그 반환을 청구할 수 없다.

4. 매도인의 손해배상청구금액의 제한

매도인이나 신용 제공자가 계약을 해제하지 않고 할부금 지급의무를 이행하지 아니한 것을 이유로 매수인에게 청구하는 손해배상액은 지연된 할부금에 연

40/100 이내의 범위에서 대통령령으로 정한 비율을 곱하여 산정한 금액에 상당하는 지연손해금을 초과하지 못한다. 매도인이 매수인의 할부금 지급의무 불이행으로 계약을 해제한 경우에 매수인에게 청구하는 손해배상액은 ① 목적물의 반환 등 원상회복이 된 경우에는 통상의 사용료와 계약체결 및 그 이행을 위하여 통상 필요한 비용의 합계액과 지연손해금의 합계액을, ② 목적물의 반환 등 원상회복이 되지 아니한 경우에는 할부가격에 상당한 금액과 지연손해금의 합계액을, ③ 목적물의 인도 등이 되기 전인 경우에는 계약체결 및 그 이행을 위하여 통상 필요한 비용 등과 지연손해금의 합계액을 초과하지 못한다.

Ⅲ. 매수인의 권리와 의무

1. 매수인의 철회권

할부거래법에서는 매수인을 보호하기 위하여 매수인의 철회권을 규정하고 있다. 매수인의 철회권은 할부계약을 체결한 후 일정기간 내에는 청약 또는 계약을 철회하여도 매수인이 불이익을 받지 아니하는 것으로, 특수판매방식이 적용되는 일정한 거래에서 소비자 일방에게 인정되는 법정권리이다. 매수인은 ① 계약서를 교부받은 날부터 7일(다만, 그 계약서를 교부받은 때보다 목적물의 인도 등이 늦게 이루어진 경우에는 목적물의 인도 등을 받은 날부터 7일) 또는 ② 계약서를 교부받지 아니한 경우, 매도인의 주소 등이 기재되지 아니한 계약서를 교부받은 경우 또는 매도인의 주소변경 등의 사유로 ①의 기간 이내에 청약을 철회할 수 없는 경우에는 그 주소를 안 날 또는 알 수 있었던 날 등 철회권을 행사할 수 있는 날부터 7일의 기간(거래 당사자가 위의 기간보다 긴 기간으로 약정한 경우에는 그 기간을 말한다) 이내에 할부계약에 관한 청약을 철회할 수 있다. 철회사유에는 제한이 없다. 청약의 철회는 서면을 발송한 날에 그 효력이 발생한 것으로 본다(발신주의).

2. 철회권 행사의 효과

매수인이 계약에 관한 청약을 철회한 경우에는 매수인은 이미 인도받은 동산이나 제공받은 용역을 반환하여야 하며, 매도인은 이미 지급받은 할부금을 동시에 반환하여야 한다. 따라서 매수인의 유효한 철회권 행사로 매도인과 매수인은 원상회복의무만을 부담할 뿐 위약금이나 손해배상의무가 생기지 않으며, 매도인과 매수인의 원상회복의무는 동시이행의 관계에 있다. 목적물의 반환에 필요한 비용은 매도인이 부담하며, 매도인은 매수인에게 위약금이나 손해배상을 청구할 수 없다.

3. 매수인의 기한이익상실

매수인은 할부금을 다음 지급기일까지 연속하여 2회 이상 지급하지 아니하고 그 지급하지 아니한 금액이 할부가격의 1/10을 초과하는 경우 또는 생업에 종사하기 위하여 외국에 이주하는 경우와 외국인과의 결혼 및 연고관계로 인하여 이주하는 경우에는 할부금의 지급에 대한 기한의 이익을 주장하지 못한다.

4. 매수인의 기한 전 지급

매수인은 기한이 되기 전이라도 나머지 할부금을 한꺼번에 지급할 수 있으며, 매수인이 한꺼번에 지급하는 금액은 나머지 할부금에서 나머지 기간에 대한 할부수수료를 공제한 금액으로 한다.

5. 매수인의 항변권

매수인은 ① 할부계약이 무효·취소 또는 해제된 경우, ② 목적물의 전부 또는 일부가 목적물의 인도 등의 시기까지 매수인에게 인도되거나 제공되지 아니한 경우, ③ 매도인이 하자담보책임을 이행하지 아니한 경우, ④ 그 밖에 매도인의 채무불이행으로 인하여 할부계약의 목적을 달성할 수 없는 경우 등의 어느 하나에 해당하는 사유가 있는 경우에는 매도인에게 할부금의 지급을 거절할 수 있다. 매도인과 매수인간의 할부계약 내용 중 매수인의 항변권에 관한 규정에 의한 내용보다 매수인에게 불리한 것은 그 효력이 없다.

제5. 방문판매법

*별명이 없는 법조문명은 '방문판매 등에 관한 법률'임

Ⅰ. 총 칙

_방문판매 등에 관한 법률'(이하 '방문판매법'이라 한다)은 최근 상품의 판매방법과 용역의 제공방법이 다양화됨에 따라 일반화되고 있는 방문판매, 전화 권유판매, 다단계판매, 후원방문판매, 계속거래 및 사업권유거래 등 6가지 판매방식을 규제대상으로 삼고 있다. 이들 거래에서의 소비자보호와 관련하여 방문판매법과 다른 법률의 적용이 경합하는 경우에는 방문판매법을 우선 적용하되, 다른 법률을 적용하는 것이 소비자에게 유리한 경우에는 그 법을 적용한다.

Ⅱ. 방문판매 및 전화권유판매

'방문판매'라 함은 재화 또는 용역(일정한 시설을 이용하거나 용역의 제공을 받을 수 있는 권리를 포함한다)의 판매(위탁 및 중개를 포함한다)를 업으로 하는 자가 방문의 방법으로 그의 영업소·대리점 기타 총리령이 정하는 영업장소 외의 장소에서 소비자에게 권유하여 계약의 청약을 받거나 계약을 체결하여 재화 또는 용역을 판매하는 것을 말한다. '전화권유판매'(telemarketing)라 함은 전화를 이용하여 소비자에게 권유하여 계약의 청약을 받거나 계약을 체결하는 등 총리령이 정하는 방법으로 재화 등을 판매하는 것을 말하며, 전화권유판매에는 '전화를 사용하여 소비자의 응답을 유도하고 대화를 함으로써 청약을 유인하여 어떤 장소에서 만나 청약을 받거나 계약을 체결하는 경우'도 포함된다.

1. 계약체결의 정보제공 및 계약체결에 따른 계약서 교부의무

방문판매자 등은 재화 등의 판매에 관한 계약을 체결하기 전에 소비자가 계약의 내용을 이해할 수 있도록 ① 방문판매업자 등의 성명·상호·주소·전화번호·전자우편주소, ② 방문판매원 등의 성명·주소·전화번호·전자우편주소, ③ 재화등의 명칭·종류 및 내용, ④ 재화 등의 가격과 그 지급 방법 및 시기, ⑤ 재화 등의 공급 방법 및 시기, ⑥ 청약의 철회 및 계약의 해제의 기한·행사방법·효과에 관한 사항 및 청약철회 등의 권리행사에 필요한 서식, ⑦ 재화 등의 교환·반품·수리보증 및 그 대금 환불의 조건과 절차, ⑧ 전자매체로 공급이 가능한 재화 등의 설치·전송 등과 관련하여 요구되는 기술적 사항, ⑨ 소비자피해보상·재화 등에 대한 불만 및 소비자와 사업자 사이의 분쟁처리에 관한 사항, ⑩ 거래에 관한 약관, ⑪ 기타 소비자의 구매 여부 판단에 영향을 주는 거래조건 또는 소비자의 피해구제에 필요한 사항으로서 대통령령이 정하는 사항 등의 사항을 설명하여야 한다(설명의무). 방문판매자 등은 재화 등의 판매에 관한 계약을 체결할 때에는 위의 사항을 기재한 계약서를 소비자에게 교부하여야 한다.

2. 청약의 철회

방문판매 또는 전화권유판매의 방법으로 재화 등의 구매에 관한 계약을 체결한 소비자는 ① 계약서(제7조 제2항)를 받은 날부터 14일(다만, 그 계약서를 받은 날보다 재화 등의 늦게 공급된 경우에는 재화 등을 공급받거나 공급이 시작된 날부터 14일), ② ㉠ 계약서(제7조 제2항)를 받지 아니한 경우, ㉡ 방문판매자 등의 주소 등이 적혀 있지 아니한 계약서를 받은 경우, ㉢ 방문판매자 등의 주소 변경 등의 사유로 ①에 따른 기간 이내에 청약철회 등을 할 수 없는 경우 의 어느 하나의 경우에는 방문판매자 등의 주소를 안 날 또는 알 수 있었던 날부터 14일, ③ 계약서에 청약철회 등에 관한 사항이 적혀 있지 아니한 경우에는 청약철회 등을 할 수 있음을 안 날 또는 알 수 있었던 날부터 14일, ④ 방문판매업자 등이 청약철회 등을 방해한 경우에는 그 방해 행위가 종료한 날부터 14일 등의 기간(거래 당사자 사이에 위의 기간보다 긴 기간으로 약정한 경우에는 그 기간) 이내에 그 계약에 관한 청약철회 등을 할 수 있다. 방문판매법에서는 서면주의를 요하지 않으므로 방문판매 또는 전화권유판매에 대한 청약철회는 소비자의 선택에 따라 구두(전화)나 서면으로 할 수 있다.

3. 철회권 행사의 효과

소비자는 청약철회 등을 한 경우에는 이미 공급받은 재화 등을 반환하여야 하고, 방문판매자 등은 재화 등을 반환받은 날부터 3영업일 이내에 이미 지급받은 재화 등의 대금을 환급하여야 하며(소비자에 대한 대금환급의무), 이 경우 방문판매자 등이 소비자에게 재화 등의 대금의 환급을 지연한 때에는 그 지연기간에 따라 연 40/100 이내의 범위에서 대통령령으로 정하는 이율(20%)을 곱하여 산정한 지연이자를 지급하여야 한다. 철회권 행사로 인한 원상회복은 동시이행관계가 성립하지 않고, 소비자의 방문판매자 등에 대한 재화반환의무가 우선 이행되어야 한다.

4. 손해배상 청구금액의 제한

소비자에게 책임 있는 사유로 인하여 재화 등의 판매에 관한 계약이 해제된 경우 방문판매자 등이 소비자에게 청구하는 손해배상액은 ① 공급받은 재화 등이 반환된 경우에는 i) 반환된 재화 등의 통상 사용료액 또는 그 사용에 의하여 통상 얻어지는 이익에 상당하는 금액, 및 ii) 반환된 재화 등의 판매가격에서 그 재화 등이 반환된 당시의 가액을 공제한 금액에 해당하는 금액 중 큰 금액, ② 공급받은 재화 등이 반환되지 아니한 경우에는 그 재화 등의 판매가격에 상당하는 금액에 대금미납에 따른 지연배상금을 더한 금액을 초과할 수 없다.

5. 방문판매자·전화권유판매자의 금지행위

방문판매자 등은 ① 재화 등의 판매에 관한 계약의 체결을 강요하거나 청약철회 등 또는 계약해지를 방해할 목적으로 소비자에게 위력을 가하는 행위, ② 거짓 또는 과장된 사실을 알리거나 기만적 방법을 사용하여 소비자를 유인 또는 거래하거나 청약철회 등 또는 계약 해지를 방해하는 행위, ③ 방문판매원 등이 되기 위한 조건 또는 방문판매원 등의 자격을 유지하기 위한 조건으로서 방문판매원 등 또는 방문판매원 등이 되려는 자에게 가입비, 판매 보조 물품, 개인 할당 판매액, 교육비 등 그 명칭이나 형태와 상관없이 대통령령으로 정하는 수준(1인당 연간 2만원)을 초과한 비용 또는 그 밖의 금품을 징수하거나 재화 등을 구매하게 하는 등 의무를 지게 하는 행위, ④ 방문판매원 등에게 다른 방문판매원 등을 모집할 의무를 지게 하는 행위, ⑤ 청약철회 등이나 계약 해지를 방해할 목적으로 주소·전화번호 등을 변경하는 행위, ⑥ 분쟁이나 불만 처리에 필요한 인력 또는 설비가 부족한 상태를 상당 기간 방치하여 소비자에게 피해를 주는 행위, ⑦ 소비자의 청약 없이 일방적으로 재화 등을 공급하고 재화 등의 대금을 청구하는 행위, ⑧ 소비자가 재화를 구매하거나 용역을 제공받을 의사가 없음을 밝혔음에도 불구하고 전화, 팩스, 컴퓨터통신 등을 통하여 재화를 구매하거나 용역을 제공받도록 강요하는 행위, ⑨ 본인의 허락을 받지 아니하거나 허락받은 범위를 넘어 소비자에 관한 정보를 이용(제3자에게 제공하는 경우를 포함한다)하는 행위 등에 해당하는 행위를 하여서는 아니 된다.

Ⅲ. 다단계판매 및 후원방문판매

'다단계판매'라 함은 판매업자가 특정인에게 ① 당해 판매업자가 공급하는 재화 등을 소비자에게 판매하거나(판매행위), ② ①에 의한 소비자의 전부 또는 일부를 당해 특정인의 하위판매원으로 가입하도록 하여 그 하위판매원이 당해 특정인의 활동과 같은 활동(회원모집활동, 판매활동)을 하면 일정한 이익을 얻을 수 있다고 권유하여 판매원의 가입이 단계적(판매조직에 가입한 판매원의 단계가 3단계 이상인 경우를 말한다)으로 이루어지는 다단계판매조직(판매조직에 가입한 판매원의 단계가 2단계 이하인 판매조직 중 사실상 3단계 이상인 판매조직으로 관리·운영되는 경우로서 대통령령이 정하는 판매조직을 포함한다)을 통하여 재화 등을 판매하는 것을 말한다.

후원방문판매란 방문판매 및 다단계판매의 요건에 해당하되, 대통령령으로 정하는 바에 따라 특정 판매원의 구매·판매 등의 실적이 그 직근 상위판매원 1인의 후원수당에만 영향을 미치는 후원수당 지급방식을 가진 경우(이 경우 방문판매 및 다단계판매에는 해당하지 아니하는 것으로 한다)를 말한다. 후원방문판매는 형식적으로는 방문판매의 형태를 취하고 있으면서 판매원들에게 후원수당 등을 지급하는 등 실질적으로는 다단계판매의 방식을 운용하는 변종 다단계를 규율하기 위하여 2012년 개정시 신설된 제도이다.

1. 다단계판매업자와 후원방문판매업자의 의무

다단계판매업자·후원방문판매업자는 공정거래위원회에 등록하거나 특별시장·광역시장 또는 도지사에게 등록하여야 한다. 다단계판매조직에 다단계판매원으로 가입하고자 하는 자는 그 조직을 관리·운영하는 다단계판매업자에게 등록하여야 한다. 다단계판매업자는 다단계판매원등록부를 작성하고, 후원방문판매업자는 후원방문판매원의 명부를 작성하여야 하며, 소비자피해의 방지 또는 구제를 위하여 필요한 경우 소비자로 하여금 등록된 다단계판매원·후원방문판매원의 신원을 확인할 수 있도록 하여야 한다.

2. 청약의 철회

다단계판매·후원방문판매의 방법으로 재화 등의 구매에 관한 계약을 체결한 다단계판매원·후원방문판매원은 다단계판매업자·후원방문판매업자에게 재고의 보유를 허위로 알리는 등의 방법으로 재화 등의 재고를 과다하게 보유한 경우, 재판매가 곤란한 정도로 재화 등을 훼손한 경우 기타 대통령령이 정하는 경우를 제외하고는 계약을 체결한 날부터 3월 이내에 서면으로 당해 계약에 관한 청약철회 등을 할 수 있다(서면주의).

다단계판매자·후원방문판매자는 청약철회 등에 따라 재화 등의 대금을 환급한 경우 그 환급한 금액이 자신이 다단계판매원·후원방문판매원에게 공급한 금액을 초과할 때에는 그 차액을 다단계판매원·후원방문판매원에게 청구할 수 있다. 청약철회 등의 경우 공급받은 재화 등의 반환에 필요한 비용은 다단계판매자·후원방문판매자가 이를 부담하며, 다단계판매자·후원방문판매자는 상대방에게 위약금 또는 손해배상을 청구할 수 없다.

3. 후원수당

후원수당이라 함은 판매수당, 알선 수수료, 장려금, 후원금 등 그 명칭 및 지급 형태와 상관없이 판매업자가 ① 판매원 자신의 재화 등의 거래실적, ② 판매원의 수당에 영향을 미치는 다른 판매원들의 재화 등의 거래실적, ③ 판매원의 수당에 영향을 미치는 다른 판매원들의 조직관리 및 교육훈련 실적, ④ 그 밖에 ①부터 ③까지의 규정 외에 판매원들의 판매활동을 장려하거나 보상하기 위하여 지급되는 일체의 경제적 이익 등의 사항과 관련하여 소속 판매원에게 지급하는 경제적 이익을 말한다.

4. 다단계판매자·후원방문판매자의 금지행위

다단계판매자·후원방문판매자는 ① 재화 등의 판매에 관한 계약의 체결을 강요하거나 청약철회 등 또는 계약 해지를 방해할 목적으로 상대방을 위협하는 행위, ② 거짓 또는 과장된 사실을 알리거나 기만적 방법을 사용하여 상대방과의 거래를 유도하거나 청약철회 등 또는 계약 해지를 방해하는 행위 또는 재화 등의 가격·품질 등에 대하여 거짓 사실을 알리거나 실제보다도 현저히 우량하거나 유리한 것으로 오인시킬 수 있는 행위, ③ 청약철회 등이나 계약 해지를 방해할 목적으로 주소·전화번호 등을 변경하는 행위, ④ 분쟁이나 불만 처리에 필요한 인력 또는 설비가 부족한 상태를 상당 기간 방치하여 상대방에게 피해를 주는 행위, ⑤ 상대방의 청약이 없는데도 일방적으로 재화 등을 공급하고 재화 등의 대금을 청구하는 등 상대방에게 재화 등을 강제로 판매하거나 하위판매원에게 재화 등을 판매하는 행위, ⑥ 소비자가 재화를 구매하거나 용역을 제공받을 의사가 없음을 밝혔는데도 전화, 팩스, 컴퓨터통신 등을 통하여 재화를 구매하거나 용역을 제공받도록 강요하는 행위, ⑦ 다단계판매업자·후원방문판매업자에게 고용되지 아니한 다단계판매원·후원방문판매원을 다단계판매업자·후원방문판매업자에게 고용된 사람으로 오인하게 하거나 다단계판매원·후원방문판매원으로 등록하지 아니한 사람을 다단계판매원·후원방문판매원으로 활동하게 하는 행위, ⑧ 소비자피해보상보험계약 등(제37조)을 체결하지 아니하고 영업하는 행위, ⑨ 상대방에게 판매하는 개별 재화 등의 가격을 대통령령으로 정하는 금액을 초과하도록 정하여 판매하는 행위, ⑩ 본인의 허락을 받지 아니하거나 허락받은 범위를 넘어 소비자에 관한 정보를 이용하는 행위, ⑪ 다단계판매조직·후원방문판매조직 및 다단계판매원·후원방문판매원의 지위를 양도·양수하는 행위 등의 행위를 하여서는 아니 된다.

5. 사행적 판매원 확장행위 등의 금지

　　누구든지 다단계판매조직·후원방문판매조직 또는 이와 비슷하게 단계적으로 가입한 자로 구성된 조직을 이용하여 ① 재화 등의 거래 없이 금전거래를 하거나 재화 등의 거래를 가장하여 사실상 금전거래만을 하는 행위로서 i) 판매원에게 재화 등을 그 취득가격이나 시장가격보다 10배 이상과 같이 현저히 높은 가격으로 판매하면서 후원수당을 지급하는 행위, ii) 판매원과 재화 등의 판매계약을 체결한 후 그에 상당하는 재화 등을 정당한 사유 없이 공급하지 아니하면서 후원수당을 지급하는 행위, iii) 그 밖에 판매업자의 재화 등의 공급능력, 소비자에 대한 재화 등의 공급실적, 판매업자와 소비자 사이의 재화 등의 공급계약이나 판매계약, 후원수당의 지급조건 등에 비추어 그 거래의 실질이 사실상 금전거래인 행위 등의 어느 하나에 해당하는 행위, ② 판매원 또는 판매원이 되려는 자에게 하위 판매원 모집 자체에 대하여 경제적 이익을 지급하거나 정당한 사유 없이 후원수당 외의 경제적 이익을 지급하는 행위 등의 어느 하나에 해당하는 행위를 하여서는 아니 된다.

Ⅳ. 계속거래와 사업권유거래

　　계속거래라 함은 1월 이상 계속하여 재화 등을 공급하는 계약으로서 중도에 해지할 경우 대금환급의 제한 또는 위약금에 관한 약정이 있는 거래를 말하며, 사업권유거래라 함은 사업자가 소득기회를 알선·제공하는 방법으로 거래 상대방을 유인하여 재화 등을 구입하게 하는 거래를 말한다.

1. 계약체결 전 정보제공 및 계약서 교부의무

계속거래 또는 사업권유거래를 업으로 하는 자는 대통령령이 정하는 금액 및 기간(각각 10만원 및 3월을 말하며, 사업권유거래의 경우에는 기간에 관계없이 그 금액을 30만원) 이상을 거래조건으로 하는 계속거래 등에 관한 계약을 체결하는 경우에는 계약을 체결하기 전에 소비자(사업권유거래에서 재화 등을 구매하는 자를 포함한다)가 계약의 내용을 이해할 수 있도록 ① 계속거래업자 등의 성명·상호·주소·전화번호·전자우편주소, ② 계속거래를 통하여 판매하는 재화 등이나 사업권유거래를 통하여 판매하는 재화 등의 명칭, 종류 및 내용, ③ 재화 등의 대금과 그 지급시기 및 방법, ④ 재화 등의 거래 방법과 거래기간 및 시기, ⑤ 사업권유거래의 경우에는 제공되는 사업에 관한 거래조건으로 대통령령이 정하는 사항, ⑥ 계약의 해지와 그 행사방법·효과에 관한 사항 및 해지권의 행사에 필요한 서식, ⑦ 소비자 피해보상·재화 등에 대한 불만 및 소비자와 사업자 사이의 분쟁처리에 관한 사항, ⑧ 거래에 관한 약관, ⑨ 기타 거래 여부의 판단에 영향을 주는 거래조건 또는 소비자의 피해구제에 필요한 사항으로서 대통령령이 정하는 사항 등의 사항을 설명하고 계약을 체결하는 때에는 위의 사항을 기재한 계약서를 소비자에게 교부하여야 한다.

2. 계약의 해지

계속거래업자 등과 계속거래 등의 계약을 체결한 소비자는 언제든지 계약기간중 계약을 해지할 수 있다(중도해지권). 계속거래 등의 계약이 해지 또는 해제된 경우 소비자는 반환할 수 있는 재화 등을 계속거래업자 등에게 반환할 수 있으며, 계속거래업자 등은 대통령령이 정하는 바에 따라 대금의 환급 또는 위약금의 경감 등의 조치를 취하여야 한다.

3. 금지행위

계속거래업자 등은 ① 계속거래 등의 계약을 체결하게 하거나 계약의 해지 또는 해제를 방해하기 위하여 소비자를 위협하는 행위, ② 거짓 또는 과장된 사

실을 알리거나 기만적 방법을 사용하여 소비자를 유인 또는 거래하거나 계약의
해지 또는 해제를 방해하는 행위, ③ 계속거래등에 필요한 재화 등을 통상적인
거래가격보다 현저히 비싼 가격으로 구입하게 하는 행위, ④ 소비자가 계속거래
등의 계약을 해지 또는 해제하였는데도 정당한 사유 없이 이에 따른 조치를 지연
하거나 거부하는 행위, ⑤ 계약의 해지 또는 해제를 방해할 목적으로 주소·전화
번호 등을 변경하는 행위, ⑥ 분쟁이나 불만 처리에 필요한 인력 또는 설비가 부
족한 상태를 상당 기간 방치하여 소비자에게 피해를 주는 행위, ⑦ 소비자의 청
약이 없는데도 일방적으로 재화 등을 공급하고 재화 등의 대금을 청구하는 행위,
⑧ 소비자가 재화를 구매하거나 용역을 제공받을 의사가 없음을 밝혔는데도 전
화, 팩스, 전자우편 등을 통하여 재화를 구매하거나 용역을 제공받도록 강요하는
행위 등에 해당하는 행위를 하여서는 아니 된다.

V. 기　타

1. 소비자피해보상보험계약

등록하고자 하는 다단계판매업자 및 후원방문판매업자는 소비자 피해보상을
위한 보험계약, 소비자 피해보상금의 지급을 확보하기 위한 금융기관과의 채무지
급 보증계약, 설립된 공제조합과의 공제계약 등을 체결하여야 한다. 공정거래위
원회는 방문판매, 전화권유판매 및 계속거래 등에서의 소비자보호를 위하여 소비
자피해보상보험계약 등을 체결하도록 권장할 수 있다.

2. 위반행위의 시효

공정거래위원회는 방문판매법의 규정에 위반하는 행위가 종료한 날부터 5년
을 경과한 경우에는 당해 위반행위에 대하여 시정조치를 명하지 아니하거나 과징
금 등을 부과하지 아니한다.

제6. 전자상거래소비자보호법

*별명이 없는 법조문명은 '전자상거래 등에서의 소비자보호에 관한 법률'임

Ⅰ. 전자상거래와 통신판매

1. 전자상거래소비자보호법의 적용 범위

'전자상거래 등에서의 소비자보호에 관한 법률'(이하 '전자상거래소비자보호법'이라 한다)은 모든 재화와 용역의 거래에 대해 적용되며, 그 적용대상은 전자상거래와 통신판매이다. 전자상거래는 재화나 용역의 거래에 있어서 대면거래이든 비대면거래이든 관계없이 그 전부 또는 일부가 전자문서에 의해 처리되는 상행위를 의미하며, 정보처리시스템을 이용하여 전자문서로 하는 거래 중 영리를 목적으로 하는 거래만을 의미한다. 통신판매란 판매자가 판매에 관한 정보를 우편, 전기통신, 광고물, 광고시설물, 전단지, 방송, 신문, 잡지 등을 통하여 불특정 다수에게 제공하고, 소비자가 우편환, 우편대체, giro, 계좌이체 등 직접 판매자를 대면하지 않는 방법(비대면거래)으로 청약토록 하여 재화 또는 용역을 판매하는 것을 말한다.

통신판매중개라 함은 사이버몰(cyber mall: 컴퓨터 등과 정보통신설비를 이용하여 재화 등을 거래할 수 있도록 설정된 가상의 영업장을 말한다)의 이용을 허락하거나 그 밖의 방법에 의하여 거래 당사자간의 통신판매를 알선하는 행위를 말한다. 통신판매 중개자의 예를 들자면, 경매업체나 오픈마켓의 경우를 들 수 있다. 즉, 어떤 사업자가 인터넷상에 사이버몰을 설치해 놓고, 다른 사업자들이 그 사이버몰에서 자기의 재화 등에 대한 광고를 하고 소비자로부터 직접 청약을 받아 판매를 할 수 있도록 하는 경우, 사이버몰을 개설한 사람은 통신판매 중개자로 볼 수 있고 (예컨대, 옥션, G마켓 등 온라인 마켓플레이스 등), 그 사이버몰에서 재화 등을 광고하고 판매한 자는 통신판매업자(전자상거래사업자)로 볼 수 있다.

2. 사업자의 의무

전자상거래소비자보호법은 전자상거래 관련 기본적 소비자보호조항을 신설하여 전자문서, 전자서명, 전자거래기록보존과 관련한 사업자의 의무 등을 명시하고, 사업자가 소비자와 사전에 약정하지 않은 주소로 전자문서를 송부하는 경우 권리를 주장할 수 없도록 하였다. 또한 사업자에 의한 특정 전자서명 인증기관의 인증사용 강제를 금지하고, 분쟁방지 등을 위해 사업자의 거래기록 보존의무를, 소비자의 조작실수 방지장치 마련의무, 전자적 대금지급의 신뢰확보의무, 배송사업자 등의 협조의무, 사이버몰 운영자의 표시의무·협력의무, 개인정보보호의무 등을 규정하고 있다.

3. 통신판매업자의 의무

통신판매에 있어 소비자의 구매의사는 전적으로 판매업자의 광고와 선전에 의존하므로, 통신판매업자는 판매를 촉진시키기 위하여 허위과장의 광고·선전, 비객관적이고 불확실한 표현 및 부당한 표시로 소비자의 오인을 유발하는 경우가 많다. 전자상거래소비자보호법은 이를 방지하기 위하여 통신판매업자의 신고의무, 신원·거래조건에 대한 정보제공의무, 청약확인의무, 공급의무 등을 규정하고 있다.

Ⅱ. 청약의 철회

1. 청약철회권의 행사기간

통신판매업자와 재화 등의 구매에 관한 계약을 체결한 소비자는 ① 계약내용에 따른 서면을 받은 날부터 7일(다만, 그 서면을 교부받은 때보다 재화 등의 공급이 늦게 이루어진 경우에는 재화 등의 공급을 받거나 공급이 개시된 날부터 7일), ② 계약내용에 관한 서면을 교부받지 아니 한 경우, 통신판매업자의 주소 등이 기재되지 아니한 서면을 교부받은 경우 또는 통신판매업자의 주소 변경 등의 사유로 위의 기간 이내에 청약철회 등을 할 수 없는 경우에는 그 주소를 안 날 또는 알 수 있었던 날부터 7일 등의 기간(거래당사자가 위의 기간보다 긴 기간으로 약정한 경우에는 그 기간) 이내에 해당 계약에 관한 청약철회 등을 할 수 있다. 전자상거래소비자보호법에서는 서면주의를 요하지 않으므로 청약철회는 소비자의 선택에 따라 구두(전화)나 서면으로 할 수 있다.

2. 청약철회의 효과

소비자는 청약철회 등을 행한 경우에는 이미 공급받은 재화 등을 반환하여야 하며, 통신판매업자(소비자로부터 재화 등의 대금을 지급받은 자 또는 소비자와 통신판매에 관한 계약을 체결한 자를 포함)는 재화 등을 반환 받은 날부터 3영업일 이내에 이미 지급받은 재화 등의 대금을 환급하여야 하며, 이 경우 통신판매업자가 소비자에게 재화 등의 대금의 환급을 지연한 때에는 그 지연기간에 대하여 연 20/100을 곱하여 산정한 지연이자를 지급하여야 한다.

Ⅲ. 통신판매업자에 대한 제한

1. 통신판매 중개자의 책임

사례 1 통신판매 중개자

오픈마켓(통신판매중개자)에서 위조상품이 판매된 경우에는 오픈마켓도 책임이 있는가?

통신판매중개자는 통신판매 당사자가 아니라는 사실의 고지를 하지 아니한 경우 통신판매중개의뢰자의 고의 또는 과실로 소비자에게 발생한 재산상 손해에 대하여 통신판매중개의뢰자와 연대하여 배상할 책임을 진다. 통신판매중개자는 통신판매중개의뢰자 정보제공의무규정에 따라 소비자에게 정보 또는 정보를 열람할 수 있는 방법을 제공하지 아니하거나 제공한 정보가 사실과 달라 소비자에

게 발생한 재산상 손해에 대하여 통신판매중개의뢰자와 연대하여 배상할 책임을
진다. 다만, 소비자에게 피해가 가지 아니하도록 상당한 주의를 기울인 경우에는
그러하지 아니하다.

통신판매 당사자가 아니라는 사실의 고지에도 불구하고 통신판매업자인 통
신판매중개자는 제12조(통신판매업자의 신고 등), 제13조(신원 및 거래조건에 대한 정보
의 제공), 제14조(청약확인 등), 제15조(재화 등의 공급 등), 제17조(청약철회등), 제18
조(청약철회등의 효과)에 따른 통신판매업자의 책임을 면하지 못한다. 다만, 통신판
매업자의 의뢰를 받아 통신판매를 중개하는 경우 통신판매중개의뢰자가 책임을
지는 것으로 약정하여 소비자에게 고지한 부분에 대하여는 통신판매중개의뢰자
가 책임을 진다.

> **<사례1 해설>** (통신판매 중개자)
> 위조상품판매로 인한 상표권자에 대한 오픈마켓의 책임성립에 관한 판례들을 살펴
> 보면 오픈마켓운영자가 오픈마켓에서 판매되는 상품에 대하여 위조상품판매를 방
> 지하기위한 프로그램을 두어 관리감독하고 있으며, 위조상품이 판매되었을 경우
> 그 사후조치를 빠른 시일내에 처리하는 경우에는 상표권침해에 대한 책임을 묻지
> 않고 있다.

2. 전자상거래사업자·통신판매업자의 금지행위

전자상거래사업자 또는 통신판매업자는 ① 거짓 또는 과장된 사실을 알리거
나 기만적 방법을 사용하여 소비자를 유인 또는 소비자와 거래하거나 청약철회
등 또는 계약의 해지를 방해하는 행위, ②청약철회 등을 방해할 목적으로 주소,
전화번호, 인터넷도메인 이름 등을 변경하거나 폐지하는 행위, ③ 분쟁이나 불만
처리에 필요한 인력 또는 설비의 부족을 상당기간 방치하여 소비자에게 피해를
주는 행위, ④ 소비자의 청약이 없음에도 불구하고 일방적으로 재화 등을 공급하
고 그 대금을 청구하거나 재화 등의 공급 없이 대금을 청구하는 행위, ⑤ 소비자
가 재화를 구매하거나 용역을 제공받을 의사가 없음을 밝혔음에도 불구하고 전화,
팩스, 컴퓨터통신 또는 전자우편 등을 통하여 재화를 구매하거나 용역을 제공받도
록 강요하는 행위, ⑥ 본인의 허락을 받지 아니하거나 허락받은 범위를 넘어 소비
자에 관한 정보를 이용하는 행위 등에 해당하는 행위를 하여서는 안 된다.

Ⅳ. 소비자권익의 보호

1. 소비자피해보상 보험계약

　　공정거래위원회는 전자상거래 또는 통신판매에서의 소비자 보호를 위하여 관련 사업자에게 보험계약, 채무지급보증계약, 공제조합과의 공제계약 등에 해당하는 계약을 체결하도록 권장할 수 있으며, 결제수단의 발행자는 소비자피해보상 보험계약 등을 체결하여야 한다. 통신판매업자는 선불식 통신판매에 있어서 소비자가 결제대금예치의 이용 또는 통신판매업자의 소비자피해보상 보험계약 등의 체결을 선택한 경우에는 소비자가 결제대금예치를 이용하도록 하거나 소비자피해보상 보험계약 등을 체결하여야 한다.

2. 결제대금예치제도

　　제3자에 대한 결제대금예치제도(Escrow)란 소비자가 구매의 안전을 위하여 원하는 경우에는 재화 등을 공급받을 때까지 대통령령이 정하는 제3자에게 그 재화 등의 결제대금을 예치하는 것을 말한다. 원래 Escrow란 계약자가 법률증서 또는 재산을 일정기간 동안 또는 일정 조건이 성취될 때까지 제3자에게 보관시키고 그 기간이 도래하거나 조건이 성취되면 상대방에게 양도하는 제도를 말하지만, 여기서는 Escrow(제3자에 대한 결제대금 예치제도)란 은행 등 믿을 수 있는 제3자에게 구매자의 결제대금을 예치하고 있다가 배송이 정상적으로 완료된 후 대금을 판매자에게 지급하는 거래안전장치를 말한다.

3. 위반행위의 시효

　　공정거래위원회는 전자상거래소비자보호법의 규정에 위반하는 행위가 종료한 날부터 5년을 경과한 경우에는 당해 위반행위에 대하여 시정조치를 명하지 아니하거나 과징금 등을 부과하지 아니한다. 다만, 소비자피해분쟁조정기구의 권고안 또는 조정안에 대하여 당사자가 수락하고도 이를 이행하지 아니하는 경우에는 그러하지 아니하다.

12. 지식재산권법

지식재산권법

* 집필: 한지영. 조선대학교 법과대학 글로벌법학과 교수

지식재산권(Intellectual Property, Gewerblicher Rechtsschutz, Propriété Intellectuelle)은 인간의 지적 창작물에 대한 권리와 표지(標紙)에 관한 권리를 총칭하는 용어로, 지적재산권, 지적소유권, 무체재산권으로 사용되어 왔는데 2011년 7월 20일부터 시행된 '지식재산기본법(법률 제10629호)'에서 지식재산권이란 용어로 통일해서 사용하도록 하고 있다. 한편 세계지식재산권기구(WIPO) 설립조약 제2조 제8항은 '지식재산권이라 함은 문학·예술 및 과학적 저작물, 실연자의 실연, 음반 및 방송, 인간 노력에 의한 모든 분야에서의 발명, 과학적 발견, 디자인, 상표, 서비스표, 상호 및 기타의 명칭, 부정경쟁으로부터의 보호 등에 관련된 권리와 그 밖에 산업, 과학, 문학 또는 예술 분야의 지적 활동에서 발생하는 모든 권리를 포함한다'고 규정하고 있다.

지식재산권을 분류하면 다음과 같다.

일반적으로 재산(財産)이라고 하면 부동산이나 귀금속, 현금과 같은 유형물을 생각하는데, 21세기에는 유형물보다 아이디어나 정보와 같이 보이지 않는 무형의 재산이 더욱 중요시되고 있다. 아이디어와 정보 등 무형 재산은 보이지 않기 때문에 제3자가 무단 사용하더라도 아이디어 창작자나 정보의 보유자가 가진 지식재산의 양이 줄어드는 것도 아니고, 질적으로 감소하였다고 말하기도 어려우

며, 보다 많은 사람들이 아이디어와 정보를 공유함으로써 오히려 사회에 유익될 수도 있다고 주장된다. 그러나 아이디어와 정보는 추가적으로 생산하는 데 소요되는 한계비용이 거의 제로에 가깝고, 복제나 모방이 매우 용이하기 때문에 많은 노력과 자본을 투입하여 창작한 아이디어와 정보를 제3자가 무단으로 사용하는 것을 허용할 경우에 단기적으로는 사회 이익이 클 수도 있겠지만, 장기적으로 볼 때에는 더 이상의 아이디어와 정보의 생산을 기대할 수 없게 되어 사회 전체의 이익이 감소한다는 문제가 발생한다. 따라서 아이디어 창작자와 정보의 보유자는 제3자의 무단 이용이 불법행위 또는 부당이득 요건을 충족하는 경우에 이에 상응하는 법적 구제를 받을 수 있으며, 오늘날 미국, 일본, 중국, 유럽, 우리나라 등의 국가들은 지식재산의 불법이용에 대한 법적 구제를 더욱 강화하는 지식재산정책을 펼치고 있다.

> **<아이디어 성공사례: 3M의 포스트잇>**
>
> 1970년 미국 회사 3M은 화학제품·의료기 제조회사였는데, 이 회사 연구원 스펜서 실버(Spencer Silver)는 강력 접착제를 개발하려고 하다가 실수로 접착력이 약한 끈적거리지 않는 접착제를 만들었다. 주변 사람들은 이 접착제를 신기하게 여겼지만 '붙었다가 떨어지는 접착제를 어디에 씁니까?'라는 반응을 보였다. 접착제의 본래 기능은 한 번 붙으면 잘 떨어지지 않아야 하는 건데 이 접착제는 반대였기 때문이었다. 그는 이 접착제를 사장시키지 않고 사내 기술 보고서에 보고하였다. 영영 잊혀질 뻔했던 스펜서 실버의 접착제를 되살린 것은 같은 회사 테이프 사업부에서 일하던 동갑내기 아트 프라이(Art Fry)였다. 교회의 성가대원이었던 프라이는 찬송가 페이지에 찾기 쉽도록 종이를 끼워 넣었는데, 그 종이가 자꾸 빠져 나가서 원하는 페이지를 찾는 데 고민을 하던 중, 그의 머리에 떠오른 것이 스펜서 실버의 접착제를 붙였다 뗐다 할 수 있는 서표를 만들면 어떨까 생각하게 되었다. 이 접착제를 종이에 바르면 쉽게 붙일 수 있고 다시 떼어낼 때 찬송가가 찢어지지 않을 것이라고 생각하였다. 아트 프라이는 3M 회사가 직원들의 창의성을 독려하기 위한 '15% 룰'(개인의 프로젝트에 근무 시간의 15%의 시간을 투자하도록 장려하는 방침) 덕택에 이 연구에 몰두하여 마침내 붙였다가도 말끔하게 떼어낼 수 있는 접착제를 바른 종이조각을 개발하는 데 성공하였고, 서표로서는 물론 메모지로도 활용할 수 있는 '포스트 스틱노트'(후에 '포스트잇'으로 변경)를 1981년에 출시하여 판매하기 시작하였다. 처음에는 제품에 대한 인식 부족으로 시장판매에 실패하였지만, 아서 프라이는 좌절하지 않고 3M사 회장 비서의 이름으로 포춘이 선정한 500대 기업의 비서들에게 견본품을 보냈다. 이를 써 본 비서들의 주문이 쇄도하기 시작하였고, 미국 전역에서 판매되었으며, 1981년에

는 캐나다와 유럽 등 전 세계로 판로를 확장했다. 포스트잇은 이렇게 쓸모없는 발명품에서 최고의 사랑을 받는 사무용품으로 거듭났다. 생각을 바꿔 새로운 사용 분야를 찾아낸 덕분이다. 이 상품은 AP통신이 정한 '20세기 10대 히트 상품'에 포함됐다.

Ⅰ. 산업재산권법

1. 특 허 법

사례 1　특허법

갑은 암연구소 X에서 간암을 치료하기 위한 약제를 연구하던 중 간암을 치료할 수 있는 획기적인 치료방법 A와 치료장치 B를 2011년 8월 28일에 개발하는 데 성공하여 2011년 9월 1일에 특허출원하였다. 한편 을은 스스로 간암을 치료할 수 있는 장치 B를 독자적으로 연구하여 2011년 8월 25일에 성공하여 2011년 9월 2일에 특허출원하였다.

(1) 간암 치료방법 A와 치료장치 B의 특허권자는 누구인가?

(2) 위 (1)문에서 특허권자는 병이 자신의 특허를 무단으로 실시하고 있다고 판단하여 법적 조치를 취하고자 한다. 특허권자가 취할 수 있는 법적 조치를 설명하고, 이에 대하여 병이 특허권자를 상대로 취할 수 있는 법적 조치에 대하여 설명하라.

(3) 정은 특허권자에게 매년 5천만원의 로열티를 지불하고 독점적 통상실시권 계약을 체결하였다. 그런데 무가 무단으로 특허권자의 발명을 실시하여 판매가 저조하게 되면서 손해가 발생하고 있다. 정은 무에 대하여 어떠한 법적 조치를 취할 수 있는가?

특허제도는 발명을 보호·장려하고, 그 이용을 도모함으로써 기술 발전을 촉진하여 산업발전에 이바지함을 목적으로 하며, 새로운 기술을 발명한 자에게 발명의 내용을 공개한 대가로 일정한 기간 동안 배타적 권리를 부여함으로써 경제적 이익을 누리게 하고, 공개된 발명을 이용하여 다시 새롭게 개량된 발명이 완성될 수 있도록 함으로써 산업발전을 도모하는 제도이다.

(1) 주요 제도

특허제도는 특허법의 목적을 달성하고, 특허제도의 원활한 운영을 위하여 선출원주의·1발명1특허(중복특허금지) 원칙·심사주의·출원공개제도·심사청구제도·심판제도 등을 채택하고 있다. 특허출원에 대한 심사는 특허청에서, 특허청 심사에 대한 심판은 특허심판원에서 담당한다. 특히 우리나라는 1998년 전문법원인 '특허법원'을 신설하였는데, 특허법원은 특허, 실용신안, 상표, 디자인 사건을 전문적으로 다루는 고등법원이다. 특허법원의 판결에 항소를 하려는 자는 대법원에 항고하면 된다.

(2) 특허 요건

발명을 완성한 자가 특허권을 획득하기 위해서는 특허법에서 규정하고 있는 특허요건을 충족하여야 한다. 우선 ① 특허법상 발명이어야 하고, ② 적극적 특허요건으로서 산업상 이용가능성, 신규성, 진보성을 충족하여야 하며, ③ 공공질서 또는 선량한 풍속에 위배되는 불특허사유에 해당해서는 안 되고, ④ 특허명세서 기재 요건에 적합하게 기재하여야 한다.

발명은 자연법칙을 이용한 기술적 사상의 창작으로서 고도한 것을 말한다. 특허법에서는 발명을 '물(物)발명'과 '방법의 발명'으로 대별하고, 여기에 방법의 발명으로서 '물을 제조하는 방법의 발명'을 추가하여 3가지로 분류하고 있다.

1) 계산방법이나 체스 등 게임의 법칙의 특허법상의 발명성   게임법칙과 같이 인간의 지능적 활동을 통해 안출되는 경우나 체스 등 유희기구와 같이 자연법칙과 관계없는 인위적인 방법은 발명에 속하지 않는다. 이 외에도 영구기관과 같이 자연법칙에 위배되는 것, 만유인력법칙과 같이 자연법칙 그 자체인 것, 최면술을 이용한 광고방법과 같이 심리법칙, 야구의 투수가 투구하는 방법 등은 특허법상 발명에 해당되지 않는다.

2) 특허 발명과 실용신안 고안의 차이   특허의 대상인 발명은 '고도성'을 요구하지만, 실용신안의 대상인 '고안'은 이러한 고도성을 필요로 하지 않는다. 따라서 특허발명을 대발명, 실용신안고안을 소발명이라고 부르기도 한다.

3) 발명과 .발견의 차이   발명(invention)은 지금까지 없었던 것을 새롭게 만들어내는 것인 반면, 발견(discovery)은 기존에 존재하고 있는 것을 새롭게 찾아낸

것을 말한다. 특허법에서 보호하고 있는 것은 발견이 아니라 발명이다.

가. 특허 요건

특허를 획득하기 위해서는 산업상 이용 가능성, 신규성(새로운 것), 진보성(개량된 것)을 충족하여야 한다. 이때 산업이란 공업·광업·농업 등 생산업은 물론 운수업 등 생산을 수반하지 않는 산업이나 보험업·금융업 등 서비스업도 포함한 광범위한 의미의 산업을 말한다. 또한 공서양속을 위반해서는 안 되며, 명세서의 기재요건을 충족시켜야 한다.

1) 수술·치료·진단하는 방법과 같은 의료업의 특허 여부 인간을 수술·치료·진단하는 방법 등 진료행위를 제공하는 의료업은 특허법상 산업에 해당되지 않는다고 보는 것이 통설이며, 치료나 진단방법 등은 산업상 이용 가능성이 없다는 이유로 특허거절하고 있다. 다만 인체로부터 분리된 물(혈액, 모발, 분뇨 등)에 관한 발명은 산업상 이용 가능성이 인정된다.

2) 특허법상 신규성(새로운 것) 충족의 시점 신규성이 있는지의 여부를 판단하는 시점은 '특허출원 시(時)'이다. 특허출원 전에 공지되었거나 공연히 실시되었거나 간행물에 게재되었거나 인터넷에 공표된 발명은 새로운 발명이 아니며, 따라서 신규성을 상실하게 되어 특허받을 수 없다.

3) 공서양속 위반의 경우 사회의 일반적인 도덕이나 윤리에 위반되는 발명이나 국민의 건강에 해를 끼칠 염려가 있는 발명은 산업상 이용 가능하고, 새로운 발명이며, 개량된 발명이라 할지라도 공익적 관점에서 특허받을 수 없다. 예를 들면, 화폐위조기계 발명, 금괴밀수용 조끼 발명, 아편흡입구, 절도에 사용되는 만능열쇠 등이 이에 해당된다.

나. 특허절차상 주요 제도

발명이 특허를 받기 위해서는 절차적 요건도 충족시켜야 한다. 우선 1특허 1출원주의에 따라 1발명에 대해서 1특허출원으로 할 수 있다. 1특허출원에 2개 이상의 발명이 포함된 경우에는 거절될 수 있으며, 이들을 분할하여 특허거절 사유를 극복할 수 있다. 또한 우리나라에서 채택하고 있는 특허제도로서 선출원주의(first-to-file)가 있다. 이 제도는 동일한 발명에 대하여 2개 이상의 특허출원이 경합한 경우에 가장 먼저 출원한 자에게 특허를 부여하는 원칙이다. 이에 대하여 가장 먼저 발명한 자에게 특허를 부여하는 제도는 선발명주의이다. 미국은 선발명주의를 계속 유지해 오다가 2011년 특허법 개정을 통해 선출원주의로 전환하였고, 현재 전세계 모든 국가가 선출원주의를 채택하고 있다. 이 외에도 특허제도에는 모든 특허출원을 출원일로부터 1년 6개월이 경과되면 공개하는 출원공개제도가 있으며, 출원한 발명 모두를 심사하는 것이 아니라 심사를 청구하는 특허출원에 대해서만 특허청 심사관으로부터 심사를 받는 심사청구제도가 있다. 만일 출원일로부터 5년 이내 심사청구를 하지 않으면 해당 특허출원은 취하된 것으로 간주한다.

> <링컨 대통령의 특허이야기 >
> 미국의 16대 대통령으로서 흑인노예해방으로 미국에서 가장 존경받는 대통령 중의 한명인 아브라함 링컨은 발명가로서 특허를 받기도 하였다. 링컨은 화물을 실은 배가 물이 얕은 곳에서 강바닥에 배 밑바닥이 걸렸을 때 무사히 빠져나가도록 하기 위한 장치를 발명하였는데, 원리는 '선체(船體)의 양현(兩舷)에 수축과 팽창이 가능한 부력실을 설치하여, 배가 강물이 얕은 곳에 도달하였을 때는 부력실을 팽창시켜 수면 밑으로 팽창하게 함으로써 그 부력을 이용하여 흘수(吃水)를 얕게 한다'고 하는 것이었다. 링컨은 이 발명으로 1849년 미국특허 제6,469호를 획득하였다. 링컨 대통령은 발명에 관심을 많이 가지고 있어서 특허에 관한 다음과 같은 유명한 말을 남기기도 하였다. '특허제도는 천재라는 불꽃에 이익이라는 기름을 붓는 것이다.'

다. 특허출원서 및 명세서

발명을 완성한 자가 특허권을 획득하려면 특허청(KIPO)에 특허출원절차를 밟아야 한다. 이때 출원인은 특허출원서에 명세서, 필요한 도면 및 요약서를 제출하여야 한다. 특허출원은 서류로 제출하는 방법과 전자출원을 하는 방법이 있다. 오늘날 대부분의 특허출원은 전자출원으로 제출되고 있다. 출원서에는 출원인의 서지적 사항을 기재한다. 특허명세서에는 발명자가 스스로 발명한 기술 내용을 기재하고, 특허로 보호받고자 하는 내용을 기재하여야 한다. 즉 명세서에는 발명의 명칭, 도면의 간단한 설명(도면이 있는 경우), 발명의 상세한 설명 및 특허청구의 범위(클레임)를 기재하여야 한다. 이때 특허청구의 범위는 특허로 보호받고자 하는 사항을 1 이상의 청구항을 통해 기재하여야 하며, 이때 청구항은 발명의 상세한 설명에 의해 뒷받침되어야 하고, 발명이 명확하고 간결하게 기재되어야 한다.

라. 특허심사 및 특허등록

특허청 심사관은 특허출원한 특허발명이 특허법 제63조의 특허거절이유에 해당하는지의 여부를 심사하고, 거절이유에 해당하지 않으면 특허결정을 하고, 거절이유에 해당하면 출원인에게 거절이유를 통지함과 동시에 일정 기간을 지정하여 의견서 제출기회를 부여한다. 출원인은 의견서 및 보정서를 제출할 수 있으며, 거절결정을 최후에 받은 자가 거절결정처분에 대해 불복할 경우에는 당해 등본을 송달받은 날부터 30일 내에 거절결정불복심판을 청구할 수 있다. 거절결정불복심판에서도 거절의 취지로 심결이 되면 특허법원에 항소할 수 있다. 심사관이 거절이유를 발견할 수 없거나 거절이유가 의견서 또는 보정서에 의해 해소된 경우에 심사관은 특허결정을 하여야 하며, 특허권 설정 등록을 받고자 하는 자는 특허료를 납부하여 특허권 설정등록을 한다.

마. 특 허 권

특허결정을 받고 특허료를 납부한 후 특허원부에 등록하면 특허권이 발생하며, 특허권의 존속기간은 설정등록시부터 특허출원일의 다음 날로부터 20년이 되는 날까지이다. 특허권의 존속기간은 1995년 발효된 무역관련 지식재산권 협정(TRIPs)에서 특허출원일로부터 20년을 규정하고 있으며, 현재 전 세계의 거의 모든 국가가 동일한 특허권 존속기간을 부여하고 있다.

특허권 존속기간이 만료된 경우에는 누구나 해당 특허발명을 이용할 수 있다. 최근 의약품 특허인 화이자(Pfizer)의 발기부전 치료제인 비아그라의 특허권 존속기간이 만료(2012년 5월 17일)되어, 우리나라 제약회사들이 경쟁적으로 비아그라와 효능이 유사한 복제약(제네릭)을 제조·판매하고 있다. 예를 들면 CJ 제일제당의 '헤라그라', 대웅제약의 '누리그라', 한미약품의 '팔팔정', SK케미칼의 필름형 '엠빅스S' 등 종류만 하더라도 수십 가지이며, 가격이 오리지널 비아그라 보다 약 1/3 수준으로 판매되고 있다. 이에 대해 비아그라 제조사인 화이자는 비아그라의 물질특허가 2012년 5월에 만료되었지만, 용도특허는 2014년까지 유효하므로 용도특허 기간까지는 제네릭이 판매되어서는 안 된다고 주장하면서 소송을 제기하였다. 특허법원은 2013년 2월 화이자의 소송을 인용하지 않는 판결을 하였다. 이에 따라 한미약품, CJ 제일제당, 일양약품, 삼진제약 등 7개 국내 제약회사들은 제네릭 판매를 계속할 수 있게 되었다. 특히 한미약품의 '팔팔정'은 2012년 200억원 어치가 팔린 것으로 추산되고 있다. 국내 제약사들의 저가 제네릭으로 비아그라 시장이 잠식되자 화이자는 비아그라 가격을 약 35% 인하하는 등 대책 마련에 부심하고 있다.

바. 특허발명의 실시허락(라이센스)

특허된 발명을 이용하려는 자는 특허권자로부터 허락을 받아야 하며, 무단으로 특허발명을 실시하는 자는 특허권침해가 된다. 특허권자가 아닌 제3자가 특허발명을 실시하는 경우로는 계약을 통해 실시허락을 얻는 경우(약정실시권), 법정요건에 해당되어 실시할 수 있는 경우(법정실시권) 및 정부의 시책이나 공공성 등으로 인해 강제로 실시허락을 하는 경우(강제실시권)가 있다. 이때 약정실시권은 전용실시권과 통상실시권으로 구분된다. 전용실시권(exclusive license)은 배타적 효력을 가지는 물권적 성질의 실시권을 말하며, 반면 통상실시권(non-exclusive license)은 비배타적 효력을 가지는 채권적 효력의 실시권을 말한다. 따라서 제3자가 무단으로 특허발명을 실시하는 경우에 전용실시권자는 제3자를 상대로 침해금지청구권과 손해배상청구권을 행사할 수 있지만, 통상실시권자는 단지 특허발명을 실시할 수 있는 허락을 받은 자이므로 무단실시자인 제3자를 상대로 이러한 법적 구제를 받을 수 없다. 한편 법정실시권과 강제실시권은 모두 통상실시권에 속한다.

<특허권은 사권(私權)인데 특허권자의 허락없이 국가가 정책적으로 제3자에게 강제실시권(compulsory licensing)을 허락할 수 있는가의 문제>
특허권은 사권인 재산권이므로, 국가라 하더라도 제3자에게 강제실시할 수 있는 권리를 부여할 수 없는 것이 원칙이다. 강제실시권 문제는 지식재산권 관련 국제회의에서 그동안 쟁점이 되어 왔다. 특히 지식재산권 분야의 선진국과 개발도상국 사이에서 강제실시권에 대한 논쟁이 계속 제기되어 왔으며, 결국 WTO/TRIPs에서 강제실시권 규정을 마련하였다. 우리나라 특허법에서 강제실시가 허용되는 경우로는 국방상 필요한 경우나 공공의 이익을 위하여 비상업적으로 실시할 필요가 있는 경우, 특허청장의 재정을 통해 이용하는 경우, 통상실시권 허여심판을 통해 이용하는 경우가 있다. 특히 특허법 제107조 이하에 재정실시권에 관한 조항을 마련하였다. 재정이 허용되는 경우로는 불실시의 경우, 특허의 불충분한 실시가 있는 경우, 공공의 이익을 위하여 특히 필요한 경우, 사법적 절차 또는 행정적 절차에 의해 불공정거래행위로 판정된 사항을 시정하기 위하여 특허발명을 실시할 필요가 있는 경우 및 자국민 다수의 보건을 위협하는 질병을 치료하기 위하여 의약품을 수입하고자 하는 국가에 그 의약품을 수출할 수 있도록 특허발명을 실시할 필요가 있는 경우이다.

< 우리나라에서 강제실시허락을 허락한 사례 >

우리나라에서 강제실시권 청구 사례는 총 5건으로, 이 중 1건만이 인용되어 (1978년 비스-티오 벤젠 제조방법) 강제실시권이 허용되었고, 나머지 3건은 기각 되었으며, 마지막 1건은 스스로 취하하였다. 이 중 기각된 1건은 공중보건에 관한 도하 선언 이후 의약품 접근성을 높이기 위한 방법으로 2002년 시민사 회단체가 '글리벡'에 대해서 강제실시권을 청구한 사건이다. '글리벡'은 백혈병 치료제로서 스위스 제약회사인 노바티스(Novartis)가 국내에서 특허권을 소유 하고 있다. 청구인측은 환자의 경제적 부담을 완화할 목적으로 노바티스를 상 대로 인도로부터 글리벡이 수입이 가능하도록 강제실시권을 청구하였으나, 특 허청은 2003년 2월 강제실시를 허용할 정도로 공공이익이 있다고 보기 어렵 다는 이유로 동 청구를 기각하였다.

사. 특허권 침해

특허권 침해란 특허발명을 실시할 정당한 권원이 없는 자가 타인의 특허 발명을 업으로서 실시하는 행위를 하는 경우를 말한다. 특허권은 독점배타적인 재산권이기 때문에 제3자가 무단으로 특허발명을 실시하는 경우에는 민법의 일 반원칙에 따라 그 침해의 제거·예방을 청구할 수 있으며, 손해배상·부당이득반환 등의 구제를 받을 수 있다. 특허권 침해자는 민사상 법적 책임을 질 뿐만 아니라, 침해죄 등 형사상 처벌도 받게 된다.

1) 개인적으로 또는 연구실에서 특허발명을 실시하는 경우의 특허 침해죄 여부   특허권 침해죄가 성립되려면 '업으로서 실시'이어야 하기 때문에, 개인 적·가정적 실시인 경우에는 침해가 성립되지 않는다. 또한 제3자의 행위가 '시 험·연구를 위한 실시'에 해당하는 경우에는 특허법 제96조(특허권의 효력이 미치지 않는 범위)에 해당되어 침해는 성립되지 않는다.

2) 엔진 전체 발명에 특허가 있는 경우에 피스톤만을 제조하는 행위

이러한 행위는 특허법 제2조 제3호의 실시에 해당하지 않으므로 특허권 침해가 성립되지 않는다. 다만 이러한 행위는 간접침해가 성립될 수 있다. 간접 침해란 현실로 침해로 보기는 어렵지만, 침해행위의 전(前) 단계에 있어서 특허침 해로 보이는 실시형태를 말하며, 이는 특허침해에 직결되는 예비적 침해행위를 효과적으로 방지하기 위한 차원에서 인정되는 것이다.

3) 특허침해소송을 제기당한 제3자 대응 방법   특허침해소송을 제기당 한 제3자는 자신의 실시행위가 특허권을 실시하였는지의 여부를 판단해야 한다.

이때 특허권을 침해하였다고 판단하면, 당장 실시행위를 중단하고, 특허권자로부터 실시허락을 받아내거나 화해를 한다. 그러나 특허권자의 특허침해소송이 부당하다고 판단하는 경우에는, 우선 특허권자의 특허권에 무효사유가 있는지의 여부를 판단하여 무효사유가 있다면 특허무효심판을 청구한다. 또한 자신의 실시행위가 특허권의 보호범위에 속하지 않는다는 소극적 권리범위확인심판을 청구한다. 이외에도 특허권자에 대하여 권리남용 또는 실효의 항변을 주장할 수도 있다. 우리나라 대법원은 2004년 '특허의 무효심결이 확정되기 이전이라도 특허침해소송을 심리하는 법원은 특허에 무효사유가 있는 것이 명백한지에 대하여 판단할 수 있고, 심리 결과 특허에 무효사유가 있는 것이 분명한 때에는 그 특허권에 기초한 금지와 손해배상청구는 특별한 사정이 없는 한 권리남용에 해당되어 허용되지 아니한다'고 판시하였다(대법원 2004.10.28. 선고 2000다69194 판결).

아. 심판제도

특허법은 다양한 심판제도를 마련하여 특허권의 발생·변경·소멸(무효 또는 취소 등) 등 일정한 사항에 관한 다툼을 해결하고 있다. 우리나라 특허법은 거절결정 또는 취소결정에 대한 심판, 특허무효심판, 권리범위확인심판, 정정심판, 정정무효심판, 통상실시권허여심판, 특허권존속기간연장등록무효심판의 7가지 심판제도를 두고 있다. 심판은 심결 또는 심판청구의 취하 등에 의하여 종료된다. 심결이 확정되면 누구든지 동일사실 및 동일증거에 의해 그 심판을 청구할 수 없는 일사부재리 효과가 발생한다. 또한 심결이 확정되면 당사자뿐만 아니라 제3자에게도 대세적으로 효력이 발생하며, 확정심결은 재심사유가 없는 한 소멸 또는 변경되지 않는다(특허법 제178조).

자. 직무발명

직무발명이란 종업원, 법인의 임원 또는 공무원이 그 직무에 관하여 발명한 것이 성질상 사용자·법인 또는 국가나 지방자치단체의 업무 범위에 속하고, 그 발명을 하게 된 행위가 종업원 등의 현재 또는 과거의 직무에 속하는 발명을 말한다. 이때 직무발명에 대한 특허권자는 종업원 등이 되고, 사용자 등은 법정 통상실시권을 가진다. 현재 우리나라 발명진흥법에는 직무발명에 관하여 규정하고 있다.

예를 통하여 살펴보자.

종업원 갑은 반도체칩 관련 부품을 제조하는 회사 을의 연구원으로 재직하면서 반도체칩에 관한 발명을 완성하고, 이를 특허출원하였다. 이 발명에 대하여 특허청에 의하여 특허가 부여된 후, 이 발명을 이용한 반도체칩과 관련하여 회사 을의 매출이 급격하게 상승하였다. 그후 갑은 퇴사를 하였고, 자신의 특허권인 반도체칩을 스스로 제조하여 판매하기 시작하였다. 이에 대하여 회사 을은 특허권침해라고 주장하면서 갑의 행위를 금지할 것을 요구하였다. 이 경우 갑의 법적 보호를 살펴보기로 한다.

　　종업원 갑이 회사 을에 재직중 완성한 발명은 소위 직무발명에 해당한다. 직무발명에 해당하게 되면, 특허권자는 종업원인 갑이고, 회사 을은 법정 통상실시권을 가지며, 무상으로 해당 특허발명을 이용할 수 있게 된다. 회사는 직무발명의 경우에 사전계약이나 직무발명규정 등을 통하여 특허를 받을 수 있는 권리나 특허권을 승계할 수 있으며, 전용실시권을 설정하는 것도 가능한데, 이 경우에는 정당한 보상을 지급하여야 한다.

　　한편 종업원이 퇴직한 경우에 직무발명 여부가 문제되기도 한다. 퇴직하기 이전에 완성한 발명은 직무발명으로 보며, 퇴직하기 전에 미완성한 발명으로 퇴직한 이후에 종업원이 연구한 결과 완성한 발명은 직무발명으로 보지 않는다.

<직무발명 보상금이 사회적 이슈가 된 사례>

일본에서 직무발명에 해당되어 그 보상금이 사회적 쟁점이 된 대표적인 사례는 '나카무라 슈지'의 사례이다. 니치아 화학에 종업원으로 재직하였던 나카무라 슈지는 '청색 발광다이오드(LED)'를 개발하는 데 성공하였다. 당시 중소기업이었던 니치아화학은 LED 개발에 성공하면서 연 10억 달러(약 1조원)의 매출을 올리는 대기업으로 급성장하였으나, 나카무라 슈지에게는 2001년 보상금 2만엔(약 16만원)과 과장 승진의 혜택만을 주었다. 이에 대해 슈지는 미국의 산타바버라 대학의 교수 제안을 받고 회사를 그만두고 도미하였다. 슈지는 2001년 200억 엔(약 2000억원)의 직무발명에 대한 대가를 요구하는 소송을 제기하였다(당시 200억엔은 일본에서 소송의 최대 한계 금액이었다). 이 소송에서 일본법원은 2004년 1월 회사측이 소송액인 200억엔을 슈지에게 지급할 것을 판결하였고, 이 판결은 일본은 물론 한국에서도 직무발명의 엄청난 보상금과 관련하여 쟁점이 되었다. 이에 니치아 화학은 항소하였고, 2005년 고등법원은 회사측의 지급액을 약 6억엔(약 57억원)으로 줄였다. 이 소송을 계기로 '피고용자의 직무발명으로 회사가 이익을 얻었을 경우에는 일정한 비율을 보상해야 한다'는 판례가 일본사회에 자리잡았고, 우리나라에서도 최근 직무발명에 관한 분쟁이 잦아지면서 산업계의 중요한 이슈로 떠오르고 있다.

<사례1 해설> (특허법)

(1) 간암치료 방법 A와 같이 인간을 치료하는 방법은 특허대상이 되지 않으므로, 특허를 받을 수 없다. 그러나 간암치료장치 B는 특허대상이 되므로 특허요건을 충족시키면 특허를 받을 수 있다. 이때 특허는 선출원한 갑이다.

(2) 병이 무단실시하고 있다고 판단한 경우에 갑은 병에 대하여 민사상 및 형사상 침해를 주장할 수 있다. 민사상은 침해의 제거 및 예방청구, 손해배상청구, 부당이득반환청구 등이 가능하고, 형사상 침해죄 등을 물을 수 있다.

이에 대해 병은 갑의 특허침해주장이 옳다고 판단하는 경우에는 우선 실시를 중지하고, 실시허락을 받거나 화해 또는 조정을 진행한다. 그러나 특허침해 주장이 부당하다고 판단하는 경우에는 특허무효심판, 소극적권리범위확인심판, 권리의 남용 등의 항변을 할 수 있다.

(3) 정은 독점적 통상실시권자로서, 통상실시권 계약은 일종의 채권효를 가진다. 따라서 정은 무에 대하여 침해금지청구권 등 민형사상 조치를 취할 수 없다. 정은 특허권자 갑에게 무에 대하여 법적 조치를 취해 줄 것을 요구할 수 있고, 만일 갑이 어떠한 조치도 취하지 않는다면 채권자대위권을 행사할 수는 있다.

2. 디자인보호법

사례 2   디자인보호법

(1) 삼성과 애플의 특허소송이 세간의 관심이다. 특히 애플은 스마트폰의 아이콘에 대하여 '화상 디자인이 표시된 이동통신기기'라는 명칭으로 디자인등록출원을 하였다. 이와 같이 화상 디자인도 디자인보호법에 의해 보호받을 수 있는가?

(2) 뽀로로 마시마로와 같은 캐릭터를 인형이나 휴대폰 아이콘 등으로 이용하는 경우에 디자인보호법에 의해 보호받을 수 있는가?

(1) 디자인 보호의 중요성

오늘날 물품을 제조하여 판매하는 기업들은 그 물건의 미적 형태를 매우 중요시하게 되었다. 예를 들면 자동차의 경우에도 과거에는 '어느 차가 성능이 좋다더라'에서 오늘날에는 '어느 차가 멋지더라, 모양이 좋다'라는 소비자의 구매형태가 바뀌고 있다. 과거의 성능 또는 품질 위주에서 성능과 품질이 비슷해지다보면 외관을 중시하게 되기 때문에 디자인은 가격 및 성능경쟁과 함께 소비자들에게 중요한 경쟁요소로 작용하게 된다. 그러나 디자인은 손쉽게 모방이 가능하고,

라이프사이클이 매우 짧아 권리자 보호에 미흡한 측면이 있어서 디자인보호법에는 일부 특이한 제도를 마련하고 있으며, 등록디자인은 물론 이와 유사한 디자인도 디자인 보호를 받는다.

(2) 디자인보호의 객체

예컨대, 갑은 커피잔의 손잡이를 디자인보호를 받으려고 디자인등록출원을 하였고, 을은 글자체를 디자인 등록받고자 하는 경우 갑과 을은 모두 디자인 등록을 받을 수 있는가를 살펴보자. 디자인보호법의 객체가 될 수 있는 디자인은 물품성, 형태성, 시각성, 심미성의 요건을 모두 충족하여야 한다.

디자인보호법상 물품은 대량생산, 운반이 가능해야 하고, 육안으로 식별 가능하고 일정한 형태가 있어야 하며, 독립적으로 거래대상이 될 수 있어야 한다. 따라서 부동산, 열, 기체, 액체, 전기 등과 같이 형체가 없는 것과 설탕 등과 같은 분상물이나 입상물은 디자인보호법상 물품성이 인정되지 않아 등록받을 수 없다. 그러나 커피잔의 손잡이, 병의 주둥이, 안경테의 귀걸이 부분, 양말의 뒷굽 등 물품의 부분에 관한 독창적인 창작은 부분디자인의 등록이 될 수 있다. 따라서 갑의 디자인등록출원은 다른 거절이유가 없는 한 디자인등록될 수 있다.

한편 글자체(typeface)에 대하여 우리나라는 물품성을 전제로 디자인등록거부를 하였는데, 2004년 개정법 제2조 제1의2호에서 글자체 정의규정을 신설하여 보호를 하기 시작하였다. 글자체가 디자인보호법상 디자인으로 성립되려면, 우선 글자체를 구성하여야 한다. 즉 ① 글자체는 기록이나 표시 또는 인쇄 등에 사용하기 위한 것이어야 하며, 단순히 장식을 위한 것은 디자인보호법의 보호대상인 글자체가 아니다. 또한 ② 글자체는 공통적인 특징을 가진 형태로 만들어야 한다. 따라서 한 벌 전체로의 글자꼴이 같은 경향, 같은 스타일이라는 특징을 가져야 한다. ③ 글자체는 한 벌이어야 한다. 이때 한 벌이란 개개의 글자꼴이 모인 그 전체로서의 조합이어야 한다는 것이다. 이 외에도 디자인보호법 제44조 제2항에 효력제한 규정을 신설하였는데, 글자체가 디자인권으로 설정등록된 경우 그 디자인권의 효력은 타자·조판 또는 인쇄 등의 통상적인 과정에서 글자체를 사용하는 경우 및 이 경우에 다른 글자체의 사용으로 생산된 결과물인 경우에는 미치지 않는다고 규정하고 있다. 따라서 본 사례에서 을의 글자체가 위의 등록요건을 충족시키는 한 디자인등록을 받을 수 있다.

또 다른 예로, 갑은 화상디자인이 표시된 휴대폰단말기를 디자인등록을 받으려고 출원하였는데 이것이 등록을 받을 수 있는가이다.

특허청의 디자인심사기준 제3조 제1호 다목에 의하면, '물품의 액정화면 등 표시부에 표시되는 도형 등(화상디자인)이 물품에 일시적으로 구현되는 경우에도 그 물품은 화상디자인을 표시한 상태에서 공업상 이용할 수 있는 디자인으로 취급한다'고 규정하고 있다. 따라서 디자인법상의 보호대상으로 인정되는 물품으로서 액정화면 등의 표시부를 가지고 있는 모든 정보화기기 등은 화상디자인을 표시한 상태에서 디자인등록을 받을 수 있다. 그러나 화상디자인 자체만은 디자인법상의 디자인에는 해당되지 않으므로 등록을 받을 수 없다. 만일 다수의 아이콘으로 구성된 화상디자인을 1디자인으로 등록받는 경우, 각각의 구성 아이콘은 보호되지 않으므로, 특정한 개개의 아이콘을 보호받기 위해서는 각각 1디자인으로 출원하여야 한다.

< 디자인보호법에만 있는 특유한 제도 >

디자인은 모방이 용이하고 유행성이 강한 특성으로 인하여 다른 산업재산권법제와는 다른 특유한 제도를 몇 가지 가지고 있다. 우선 권리의 신속화를 위해 출원을 공개하지 않고 등록된 디자인만 공고하는 제도, 타인의 침해나 모방방지를 위하여 유사디자인 및 비밀디자인제도, 유행성이 강하고 라이프사이클이 짧은 직물지, 벽지, 합성수지지, 의복류, 침구류 등 일부 물품에 대한 디자인무심사등록제도, 디자인특유의 한 벌물품 디자인과 동적디자인을 인정하고 있다.

<특허법이나 상표법 등의 산업재산권법에는 있는데, 디자인보호법에는 없는 제도 >

디자인은 다른 산업재산권법의 보호대상과는 달리 유행성 및 계절성에 매우 민감하며, 타인이 모방하기 쉽고 라이프사이클이 짧아서 침해하기도 용이하다. 이 때문에 출원공개제도, 심사청구제도, 이의신청제도(다만, 무심사디자인등록출원의 경우에는 있음)를 두고 있지 아니하다.

<사례2 해설> (디자인보호법)

(1) 특허청 디자인심사기준에 의거하여 화상 디자인도 디자인으로 취급하고 있으므로 화상 디자인도 디자인보호법에 의해 보호받을 수 있다. 디자인보호법에 의해 보호받을 수 있는 객체는 물품성, 형태성, 시각성, 심미성의 요건을 충족시켜야 한다.

(2) 디자인보호법이 물품의 외관을 보호하는 것이므로 뽀로로나 마시마로 등 캐릭터 그 자체는 디자인보호대상이 될 수 없다. 그러나 인형, 티셔츠, 휴대폰 아이콘 등으로 이용하는 경우 물품의 형태로 구현되면 디자인으로 보호받을 수 있다.

3. 상 표 법

> ### 사례 3　　상표법
>
> (1) 의류 브랜드 'POLHAM'이 유명해지자 갑은 'POLHAM'이 안경에는 등록받지 않았음에 착안하여 'POLHAM' 상표를 부착한 안경테를 상표등록출원하여 2007년 1월 19일에 등록을 받았다. 의류 브랜드 'POLHAM' 상표권자는 갑의 상표에 대하여 어떠한 조치를 취할 수 있는가?
> (2) 울릉도호박엿, 제주돼지고기, 순창고추장 등 지리적 표시를 이용하여 상품을 생산하는 법인이 상표등록출원할 경우에 상표등록이 인정되고 있다. 을은 제주산 돼지고기가 맛도 좋고 저명성을 획득한 것을 알고, 강원도에서 양육된 돼지를 상품 포장에 '제주산돼지고기'라고 표시하여 판매하고 있다. 을의 행위는 상표법상 문제가 되는가?
> (3) 병은 SK 통신회사에 근무하고 있는데 SK의 T벨소리를 경쟁회사에서 이와 유사한 소리를 사용하고 있는 것을 알게 되었다. 이러한 소리도 상표등록이 가능한가?

(1) 상　표

상표는 자타상품의 식별표지로, 상품을 생산, 가공, 증명 또는 판매하는 것을 업으로 영위하는 자가 자기의 상품을 타인의 상품과 식별하기 위하여 사용하는 표장을 말한다.

<2012년 브랜드 가치 >
세계적인 브랜드 컨설팅 회사인 브랜드 파이낸스(Brand Finance)는 2012년 500대 세계 기업들의 브랜드 순위를 발표하였다. 1위는 애플사로 706억5천만 달러, 2위는 구글 474억6300만 달러, 3위는 마이크로소프트(MS) 458억1200만 달러, 4위 IBM 391억3500만 달러, 5위 월마트(Walmart) 383억2000만 달러, 6위 삼성 381억9700만 달러, 7위 GE 332억1400만 달러, 8위 코카콜라 310억8200만 달러, 9위 보다폰(Vodafone) 300억4400만 달러, 10위 아마존 286억6500만 달러이다. 특이한 점은 삼성의 브랜드 가치가 2011년 18위에서 6위로 급상승하여 10위권 내 진입하였다는 점이다. 이는 전 세계에서 쟁점이 되고 있는 삼성과 애플간의 특허소송이 중요한 영향을 미친 것으로 판단된다. 2012년 현재 100위권 내에 진입한 삼성 이외의 한국 기업에는 현대(63위)와 LG 그룹(87위)이 있으며,

100위권 내에 총 3개의 기업이 진입하였다. 한편 일본 기업들은 100위권 내에 NTT (13위), 토요타(14위), 미쯔비시(27위), 히다찌(44위), 미쯔이(49위), 혼다(55위), 도시바(58위), 닛산(59위), 소니(69위), 캐논(93위), 파나소닉(94위), 스미토모(100위) 등 12개의 기업들이 포함되어 있다. 기업들의 브랜드 가치는 매년 등락이 달라지며 순위가 달라지고 있는데, 이는 기업들이 치열한 시장경쟁 속에서 살아남기 위하여 얼마나 노력하고 있는지를 잘 보여주는 것이다.

(2) 등록 가능한 상표

상표법상 상표등록을 받으려면 상표법 제6조(상표등록의 요건) 및 제7조(상표등록을 받을 수 없는 상표)를 모두 충족시켜야 하는 한편, 선출원, 1상표 1출원, 상표등록출원서 기재요건 등을 충족시켜야 상표등록을 받을 수 있다.

몇 가지 예를 보기로 한다.

1) 갑은 와인 제조회사로서 와인의 병을 특이하게 디자인하여 상표등록을 하고자 한다. 이 경우 이런 입체적인 형상도 상표등록이 가능한가 상표는 상품의 표장이며, 기호·문자·도형과 같이 평면적·시각적인 것은 물론 맛, 향기, 색채, 입체적 형상의 경우에도 그것이 자타상품 식별력을 위한 표지로 사용된다면 상표등록을 받을 수 있다. 우리나라는 1997년 상표법 개정할 때 입체상표제도를 도입하여 입체상표의 경우에도 상표등록요건만 충족시키면 등록을 받을 수 있도록 하였다. 미국의 경우에는 코카콜라병, 스카치 위스키의 'Pinch Bottle'도 입체상표로서 등록을 허용하고 있다. 유럽의 공동체상표규정에 의하면, 식별력이 있으면 상표등록을 인정하고 있으나, 상품 자체의 성질로부터 유래하는 형태, 기술적 효과를 얻기 위하여 필요한 상품의 형상 또는 상품에 실질적인 가치를 부가하는 형상은 상표등록에서 제외하고 있다. 갑은 와인 병에 대하여 디자인등록을 받을 수 있을 뿐만 아니라 입체상표로서 등록을 받을 수도 있다.

2) 향수 제조회사에 근무하고 있는 을이 여성용 향수를 개발하여 이를 특허출원을 함과 동시에 냄새상표로서 등록을 받고자 하는 경우 한미 FTA 이행을 위한 조치로서 우리나라에서는 2011년 상표법 개정작업이 이루어졌다. 이 중 특이한 점은 비시각표장인 소리상표·냄새상표를 상표의 범위에 추가한 점이다. 소리상표의 경우에는 예를 들면, MGM 영화사의 사자울음소리, SK회사의 휴대폰 벨소리 등의 경우에도 사용을 통한 식별력을 취득하면 상표등록이 가능하다. 또한 냄새상표와 관련하여 최초로 상표등록을 인정한 사례는 미국의 1990년

Clarke Osewez 사건이다. 즉 미국에서는 어떤 상품의 냄새라도 그것이 비기능적이고 사용에 의해 2차적 의미(secondary meaning)를 획득하고, 소비자가 구입하기 이전에 쉽게 접근할 수 있다는 사실 등을 상표 사용자가 입증하면 상표등록을 받을 수 있다. 이 예도 냄새상표는 자타상품식별력이 인정되고, 다른 상표등록요건을 충족시키면 상표등록을 받을 수 있다.

3) 병은 전라남도 담양에서 포도를 재배하여 판매하고 있는데 이를 '담양'이라는 원산지를 표기하여 '담양포도'로 상표등록을 받고자 하는 경우　상표법 제2조 제3호의2에 의하면, '지리적 표시'란 상품의 특정 품질·명성 또는 그 밖의 특성이 본질적으로 특정 지역에서 비롯된 경우에 그 지역에서 생산·제조 또는 가공된 상품임을 나타내는 표시를 말한다. 2007년에 개정 상표법에 도입된 '지리적 표시 단체표장'이란 지리적 표시를 할 수 있는 상품을 생산·제조 또는 가공하는 것을 업으로 영위하는 자만으로 구성된 법인이 직접 사용하거나 그 감독하에 있는 소속단체원으로 하여금 자기 영업에 관한 상품에 사용하게 하기 위한 단체표장을 말한다(상표법 제2조 제3호의4). 따라서 그 표장이 특정 상품에 대한 지리적 표시인 경우에는 지정상품과의 관계에서 산지를 보통으로 표시하는 방법으로 표시한 표장, 현저한 지리적 명칭이나 그 약어 또는 지도만으로 된 표장일지라도 그 지리적 표시를 사용한 상품을 지정상품으로 하여 지리적 표시 단체표장등록이 가능하다. 한편 한미 FTA 이행조치로 증명표장제도가 도입되었다. 증명표장이란 그 표장의 소유자 또는 그로부터 사용허락을 받은 자가 그 표장이 사용되는 상품이나 서비스업의 산지, 원재료, 제조방법, 수량, 정밀도 기타 특성을 증명하기 위하여 사용하는 표장으로, 주로 품질보증적 기능을 한다. 증명표장에는 세 가지 유형이 있다. 첫째, 상품 또는 서비스가 특정의 지리적 출처에서 기원하였음을 증명하는 것, 둘째, 상품 또는 서비스가 품질·원재료·제조방법 등에 관한 소정기준을 충족하고 있음을 증명하는 것, 셋째, 서비스제공자 또는 상품 제조업자가 특정 기준을 충족하거나 특정협회 또는 동맹 회원임을 증명하는 것이다. 지리적 표시로 구성된 증명표장의 등록여부는 개별 국가법에 의한다. 이 예에서 병의 '담양포도'는 지리적표시단체표장으로서 등록을 받을 수 있다. 즉 병은 담양에서 포도를 재배하는 단체 또는 법인을 통해 '담양포도'라는 명칭으로 지리적표시 단체표장 등록을 받을 수 있다. 이때 소비자들은 '담양포도'의 지리적 표시 단체표장을 통해 해당 포도가 담양에서 기원하고 있음을 알 수 있으며, 이러한 증명표장은 '담양'에서 제조·판매된 포도가 어느 정도의 품질을 가지는가에 대한 판단

을 할 수 있도록 근거를 제시한다.

　　4) 정은 카메라 제조업체 직원으로서 2013년에 개발한 신형 카메라의 상표명을 '슈퍼'(Super)라고 정하고 '슈퍼 카메라'라는 상표등록출원을 한 경우

　　상표가 등록을 받으려면 자타상품식별력이 있어야 한다. 식별력의 유무 판단은 지정상품과 관련하여 판단하는데, 상표법 제6조 제1항에는 식별력이 없는 상표로서 상품의 보통명칭, 관용상표, 성질표시표장(그 상품의 산지·품질·원재료·효능·용도·수량·형상·가격·생산방법·가공방법·사용방법 또는 시기를 보통으로 사용하는 방법으로 표시한 표장만으로 된 상표), 현저한 지리적 명칭, 그 약어 또는 지도, 흔한 성 또는 명칭, 간단하고 흔히 있는 표장을 기재하고 있다. 이 예에서 '슈퍼'라는 상표는 성질표시표장에 속하는 표장으로서, 식별력이 없으며, 따라서 상표등록을 받을 수 없다. 그러나 동법 제6조 제2항에서는 이러한 경우에도 출원 전에 사용한 결과 그 상표가 수요자간에 누구의 업무에 관련된 상품을 표시하는 것인지 현저하게 인식되어 있다면 등록을 받을 수 있도록 사용에 의한 식별력을 인정하고 있다. 따라서 이 예에서도 '사용에 의한 식별력'을 획득하였다면 예외적으로 상표등록을 받을 수 있게 된다.

<사례3 해설> (상표법)

(1) 등록상표의 지정상품 중 안경테는 의류 브랜드 'POLHAM'의 의류 브랜드와의 관계에서 수요자를 기만할 염려가 있으므로 상표법 제7조 제1항 제11호에 의해 무효되어야 한다(특허법원 2008허13053 판결).

(2) 지리적 표시는 원래 상표등록이 불허되지만, 단체표장으로 등록이 가능하다. 상표법 제7조에 의하면 등록된 타인의 지리적 표시와 동일하거나 유사한 상표로서 그 지리적 표시를 사용하는 상품과 동일하거나 유사하다고 인식되어 있는 상품에 사용하는 상표는 등록을 받을 수 없다. 따라서 을의 상표는 지리적 표시를 위반한 상표로서 등록받을 수 없을 뿐만 아니라 상표권 침해가 되어 민형사상 처벌대상이 될 수 있다.

(3) 마이크로소프트사의 윈도우 시작음, 영화 시작 전 MGM 회사의 사자 울음소리, SK의 T벨소리 등 소리상표는 한미 FTA 이행조치에 따라 상표법이 개정되어 우리나라에서 등록이 가능하다.

Ⅱ. 저작권법

사례 4 　저작권법

(1) 대학생 철수는 장래에 작가가 되기 위하여 초등학교 때부터 계속해서 써 온 습작들을 모두 자신의 블로그에 올려놓았다. 블로그에 올린 글들은 작품이라고 보기에는 수준이 아주 낮은데, 이러한 작품들도 저작권법으로 보호받을 수 있는가?

(2) 민희는 만화/애니메이션에 관심이 많은 대학생으로, 최근 '인어공주'라는 제목으로 5권의 시리즈로 된 만화를 완성하였는데 선풍적인 인기를 끌었다. 이에 병호도 내용은 다르지만 '인어공주'와 동일한 제목으로 만화를 그렸다. 민희는 병호에 대하여 저작권 침해 주장을 할 수 있는가?

(3) 수영이는 작은 커피숍을 운영하고 있다. 수영이는 인터넷에서 구매한 온라인 음악을 매장에서 손님들을 위하여 감상할 수 있도록 틀어주고 있다. 수영이는 저작권 침해문제가 발생하는가?

(4) 정훈이는 불법복제된 저작물을 가지고 있다. 배포는 하지 않고 개인 소장하고 있는 것도 저작권 침해에 해당하는가?

(5) 대학생 영호는 인터넷에서 다운로드 받은 이미지를 같은 과 친구들인 인규와 정호에게 보내려고 한다. 이러한 행위도 저작권 침해가 되는가?

1. 저 작 물

　저작물이란 인간의 사상 또는 감정을 표현한 창작물이다. 저작권법의 보호를 받는 저작물이 되려면 창작성이 있어야 하는데, 이때 창작성은 상대적 개념이다. 즉 타인의 저작물을 직접 보고 베낀 것이 아니라 저작자 스스로의 능력과 노력에 의해 만든 것이면 창작성이 인정된다. 저작권법에서 보호하는 저작물은 아이디어가 아니라 표현(expression)이다. 아이디어나 정보는 저작권법의 보호대상은 될 수 없지만, 특허권 또는 영업비밀의 보호대상은 될 수 있다. 저작권법에서 보호하는 저작물로서 9가지 저작물이 예시되어 있는데(저작권법 제4조), 즉 어문저작물(소설, 시, 논문, 강연, 연설, 각본), 음악저작물, 미술저작물(회화, 조각, 서예, 공예, 응용미술), 연극저작물(연극, 무용, 무언극), 사진저작물, 건축저작물(건축물, 건축을 위한 도형·설계도), 영상저작물, 도형저작물(지도, 도표, 설계도, 약도, 모형), 컴퓨터프로그램 저작물이 있다.

만화 또는 애니메이션의 제명, 소설제목 등 제호(titles)의 경우 대법원과 하급심 판례는 제호가 사상·감정의 표현으로 볼 수 없기 때문에 저작물로서 보호받을 수 없다고 판시하고 있다. 예를 들면, 만화제명 '또복이', 소설제목 '애마부인', 연극제목 '품바' 또는 '크라운'은 저작물로서 보호받을 수 없다(대법원 1977.7.12. 선고 77다90판결; 서울고등법원 1991.9.5. 선고 91라79판결 등).

캐릭터(Character)는 소설, 만화, 영화 등에 등장하는 가공 또는 실존 인물, 동물, 로봇 기타 도형의 명칭, 외형, 성격 등을 포함한 개념으로, 저작권법상 문제가 되는 것은 실존하지 않지만 소설, 만화, 영화 등에 의해서 창작되어 해당 작품 속에 존재하는 가공의 캐릭터이다. 저작권법상 캐릭터에는 어문캐릭터와 도형캐릭터가 있다. 어문캐릭터는 저작권법에 의해서 보호받을 수 있을 정도로 구체화된 캐릭터에 해당하는지의 여부가 문제되며, 도형캐릭터는 이미 구체화되기 때문에 훨씬 더 쉽게 저작권법에 의한 보호가 인정될 수 있다.

원저작물을 번역·편곡·변형·각색·영상제작 그 밖의 방법으로 작성한 창작물을 '2차적 저작물'(secondary works)이라고 한다. 2차적저작물은 원저작물을 토대로 창작하는 과정에서 저작권법상 창작성이 인정된 저작물로, 사회통념상 새로운 저작물이 될 수 있을 정도의 창작성이 있어야 한다. 만일 원래의 저작물에 다소의 수정 또는 증감을 가한 데 불과하여 독창적인 저작물이라고 볼 수 없는 경우에는 표절에 해당될 수도 있다. 2차적저작물은 원저작물과는 별도로 독자적인 저작물로 보호된다(저작권법 제5조). 원저작물의 저작자는 그 저작물을 원저작물로 하는 2차적저작물을 작성하여 이용할 권리를 가지고 있기 때문에(저작권법 제22조), 2차적저작물을 작성하고자 하는 자는 원저작물의 저작자로부터 허락을 받아야 하며, 허락없이 작성하게 되면 저작권침해가 된다. 한편 원저작자로부터 허락이 없이 작성된 '2차적저작물'이 저작권침해가 되는 것은 별론으로 하고, 2차적저작물은 원저작물과는 별도의 독립적인 저작물로서 보호받는다. 따라서 2차적저작물을 허락없이 이용하는 행위는 2차적저작물의 저작권 침해가 된다.

저작물 중에는 창작성이 인정되지만, 저작권법의 보호대상에서 제외되는 저작물이 있다. 저작권법 제7조에는 이와 같이 보호받지 못하는 저작물을 기재하고 있다. 즉 법령, 국가 또는 지방공공단체의 고시·공고·훈령 등, 법원의 판결·결정·명령 및 심판이나 행정심판절차 기타 이와 유사한 절차에 의한 의결·결정 등,

국가 또는 지방공공단체가 작성한 것으로서 앞의 것의 편집물 또는 번역물, 사실
의 전달에 불과한 시사보도 등이다.

2. 저 작 자

저작자는 저작물을 창작한 자로서, 자연인은 물론 법인이나 단체도 저작자가
될 수 있으며, 외국인이 작성한 창작물도 보호된다. 다만 외국인이 작성한 저작
물은 우리나라가 가입한 국제조약(베른협약, TRIPs, WCT, WPPT 등)에 따라 보호되
고, 우리나라에 상시 거주하는 외국인의 저작물과 맨 처음 우리나라에서 공표된
외국인의 저작물은 조약의 회원국 여부에 관계없이 내국민대우원칙에 의거하여
우리나라에서 저작물로서 보호받는다. 다만 상호주의 원칙에 따라 외국에서 우리
나라 저작물을 보호하지 않는 경우에는 우리나라에서도 그 국가의 국민이 작성한
저작물은 보호하지 아니한다.

3. 저 작 권

저작권은 저작물을 창작한 때부터 발생하며, 어떠한 절차나 형식의 이행을
필요로 하지 아니한다(저작권법 제10조 제2항). 즉 저작물을 완성하면 저작권이 발
생하며, 특별한 절차를 밟거나 형식을 필요로 하지 않는데, 이를 무방식주의라고
한다. 저작권은 인격권적 요소인 저작인격권과 재산권적 요소인 저작재산권으로
구분된다. 저작인격권에는 공표권, 성명표시권, 동일성유지권이 있고, 저작재산
권에는 복제권, 공연권, 전시권, 배포권, 대여권, 공중송신권, 2차적저작물작성권
이 있다. 저작인격권은 저작자의 일신전속적인 권리이기 때문에 제3자에게 양도
될 수 없는 저작자 고유의 권리인 반면, 저작재산권은 전부 또는 일부를 제3자에
게 양도할 수 있다. 우리나라는 한미 FTA를 위한 이행조치로서 2011년 저작권
법을 개정하여 저작권 보호기간을 저작권자 생존중 및 사후 70년으로 규정하고
있다.

저작물은 원형 그대로 이용되어야 하고, 제3자에 의해 무단 변경·삭제·개변
등을 통해 손상되면 안 되는데, 이를 동일성유지권이라고 한다. 다만 저작물의
성질이나 그 이용의 목적 및 형태에 비추어 부득이하다고 인정되는 범위 안에서
의 변경은 허용한다. 그러나 이 경우에도 본질적 내용의 변경은 허용되지 아니한

다. 극장용 영화를 텔레비전에 방영하기 위하여 필요한 단축·재편집을 할 경우에
는 저작자의 동의를 받아야 한다. 또한 나체화에 옷을 입은 효과를 얻기 위하여
나체화 소유자가 그림 위에 색을 덧칠하는 행위, 영화제목을 멋대로 바꾸는 행
위, 영화의 결말을 변경하는 행위, 흑백영화를 컬러화하거나 시대나 장소의 배경
을 대체하는 행위는 모두 동일성유지권 침해가 된다.

저작자는 자신의 저작물을 공중송신할 권리를 가진다. 이때 공중송신이란 저
작물 등을 공중이 수신하거나 접근하게 할 목적으로 무선 또는 유선통신의 방법
에 의하여 송신하거나 이용에 제공하는 것을 말한다. 공중송신에는 방송, 전송
및 디지털음성송신이 포함된다. 전송이란 '공중송신 중 공중의 구성원이 개별적
으로 선택한 시간과 장소에서 접근할 수 있도록 저작물 등을 이용자에게 제공하
는 것을 말한다'고 규정한다(저작권법 제2조 제10호). 따라서 인터넷에 저작물을 올
려놓는 행위는 저작권법상 '전송'에 해당하며, 저작권자의 허락없이 전송을 하는
것은 저작권침해가 된다.

4. 저작권의 제한

저작권은 사적인 재산적 권리이지만, 공공복리를 위하여 제한되기도 한다.
우리나라 저작권법 제23조부터 제35조의2까지 저작권을 제한하는 규정을 마련
하고 있는데, 여기에 속하면 저작권 문제 없이 저작물을 이용할 수 있다. 예를 들
면, 학교교육목적 등에의 이용(저작권법 제25조), 공표된 저작물의 인용(저작권법 제
28조), 비영리목적의 공연·방송(저작권법 제29조), 사적이용을 위한 복제(저작권법 제
30조), 도서관 등에서의 복제(저작권법 제31조) 등이다. 이 외에도 저작권보호기간이
만료된 경우, 저작권자가 저작권을 포기한 경우, 저작물로 보호받지 못하는 경우, 법
정허락제도에 해당하는 경우에는 저작권자의 허락 없이 저작물을 이용할 수 있다.

1) 저작권법 제25조(학교교육목적 등에의 이용)에 의하면, 대학에서의 수업을
지원하기 위하여 그 대학은 수업에 필요하다고 인정되는 경우에는 공표된 저작물
의 일부를 복제·배포·공연·방송 또는 전송할 수 있다. 다만 이때 고등학교 이하
의 학교라면 자유 이용할 수 있지만, 대학 이상의 교육기관의 경우에는 문화체육
관광부장관이 고시하는 보상금을 지급해야 한다.

2) 저작권법 제28조에 의하면, 공표된 저작물은 보도·비평·교육·연구 등을
위하여는 정당한 범위 안에서 공정한 관행에 합치되게 이를 인용할 수 있다고 규

정하고 있다. 공정한 인용인지의 여부와 관련해서는 미국의 유명한 두 판례가 있는데, 하나는 Folsom 사건(Folsom v. Marsh, 9 Fed. Cas. 342)이고, 다른 하나는 Time 사건(Time Inc. v. Bernard Geis Associates, 293 F. Supp. 130)이다. Folsom 판례에서 스토리 판사는 '어떤 저작물 사용이 공정한가릐 여부를 판단함에 있어서 법원은 사용된 발췌부분의 성질 및 목적, 사용된 저작물의 분량 및 그 가치 그리고 문제의 사용이 원저작물의 판매에 해를 끼치는 정도, 원저작물을 대체하여 그 이익을 감경시키는 정도 등에 유의하여야 한다'고 판시하고 있다. 만일 대학생 A가 상업용 인터넷 사이트에서 합법적으로 돈을 주고 리포트를 구매하여 '교육 또는 연구 목적으로' 자신의 리포트를 작성하였고, 출처인용도 확실하게 하였다면 저작권침해의 요소가 없다. 다만, 리포트를 작성할 때 제3자의 문헌을 인용하면서 정당한 범위 내에서 공정한 관행에 합치되게 인용하지 않은 경우에는 저작권침해의 개연성이 존재한다. 이때 정량적으로 볼 때, 본인이 작성한 리포트의 양이 대부분 타인의 선행문헌에서 인용한 경우에는 정당한 인용이 되기 어렵다. 더욱 중요한 것은 정성적 판단이다. 설령 본인이 작성한 리포트 분량이 피인용자의 선행문헌보다 정량적으로 적다 할지라도, 정성적으로 볼 때 논문의 본질적인 부분을 본인이 작성하였다고 한다면 저작권침해가 되지 않을 수도 있다.

　　3) 저작권법 제29조에 의하면, 청중이나 관중으로부터 당해 공연에 대한 반대급부(예: 입장료)를 받지 아니하는 경우에는 판매용 음반이나 판매용 영상저작물을 공중에게 공연할 수 있다고 규정하고 있다. 만일 대학동아리에서 영화의 DVD를 구매하여 동아리방에서 상영할 때 입장료를 받지 않고 무료로 상영하였다면 저작권침해가 아니다. 그러나 영화 DVD를 구매하여 영상저작물을 감상하게 하는 것을 영업의 일부로 하는 영업장(예: 비디오방)에서 저작권자의 허락없이 상영하는 행위는 저작권침해가 된다.

　　4) 저작권법 제30조에 의하면 공표된 저작물을 영리를 목적으로 하지 아니하고, 개인적으로 이용하거나 가정 및 이에 준하는 범위 안에서 이용하는 경우에는 그 이용자는 이를 복제할 수 있다고 규정하고 있다. 따라서 텔레비전에서 방영되는 다큐멘터리물을 가정 내에 있는 VTR을 이용하여 저장한 후 이를 다시 원하는 시간에 시청하는 행위는 저작권법 제30조에 해당되어 저작권침해가 되지 않는다. 또한 불법이기는 하지만 인터넷에서 음반을 무단 다운로드받아 이를 청취하는 행위는 사적 이용을 위한 복제행위에 해당될 가능성이 높아 저작권침해가 되지 않을 수 있다. 그러나 최근 서울중앙지법에서는 인터넷에서 불법파일임을

알면서(미필적 고의) 이를 다운로드받아 이용하는 행위가 사적이용을 위한 복제행위에 해당되지 않고 저작권침해가 될 수 있다고 판시하였다(서울중앙지법 2008.8.5.자 2000카합968 결정). 또한 우리나라 법원은 불법으로 다운로드받은 음원파일을 P2P 네트워크를 통해 인터넷 공간에서 자동으로 재송신하는 경우에는 사적 범위를 벗어난 이용행위라고 볼 수 없다고 판시하고 있다(서울고등법원 2005.1.12. 선고 2003나21140 판결; 서울고등법원 2005.1.25. 선고 2003나80798 판결).

5. 저작인접권

저작인접권(Neighboring Rights)이란 저작권에 인접하는 권리로, 저작자와 같은 저작물을 창작한 자는 아니지만, 저작물을 실연하고, 녹음·방송 등 배포에 기여하는 권리이다. 저작인접권에는 실연자의 권리, 음반제작자의 권리 및 방송사업자의 권리가 있다. 이때 실연자의 예로는 탤런트, 배우, 가수, 연주자, 무용가, 마술사, 서커스단원, 뮤지컬 연출자, 오케스트라 지휘자 등이 있다. 다만, 영화감독은 단순한 실연자가 아니라 '저작자'로 볼 수 있다.

음반제작자는 저작인접권자로서 복제권, 배포권, 대여권, 전송권, 방송사업자에 대한 보상청구권, 디지털음성송신사업자에 대한 보상청구권을 가진다. 음반제작자의 복제권은 저작인접권자로서 가지는 권리로서, 음악저작물의 저작권자, 실연자의 의사와 무관하게 자신의 권리를 행사할 수 있다(서울지방법원 2003.9.30. 선고 2003카합2114 판결).

6. 저작권 침해

저작권침해란 정당한 권원없이 타인의 저작물을 무단으로 이용하는 행위를 말한다. 저작권침해에는 저작재산권침해, 저작인격권침해, 배타적발행권(출판권)침해 및 저작인접권침해의 4가지 태양으로 구분할 수 있다. 이때 저작권침해행위가 되려면, 첫째 독자적으로 창작한 것이 아니고 저작물을 도용했다고 볼 만한 증거(접근, access)가 있어야 한다. 예를 들면 저작물이 널리 알려져 있거나 피고가 원고의 저작물에 접근할 기회가 있었거나 유사성이 현저하거나 공통의 오류가 있는 경우에는 '접근'이 추정된다. 둘째, 두 저작물 사이에는 실질적 유사성

(substantial similarity)이 있어야 한다.

1) 어문저작물로서 저작권법에 의한 보호를 받으려면 '창작성있는 표현'에 해당하여야 하고, 또한 저작권침해가 인정되려면 ① 주관적 요건으로서 침해자가 저작권이 있는 저작물에 의거하여 이를 이용하였을 것, ② 객관적 요건으로서 침해저작물과 피침해저작물의 실질적 유사성이 인정되어야 하는바, 특히 어문저작물의 경우에는 작품 속의 특정한 행이나 절 또는 기타 세부적인 부분이 복제됨으로써 양 저작물 사이에 문장 대 문장으로 대칭되는 부분적 문자유사성뿐만 아니라 작품 속의 본질 또는 구조를 복제함으로써 전체로서 포괄적인 유사성도 감안하여야 할 것이다. 만일 갑의 희곡에 '소통의 부재'라는 주제를 효과적으로 드러내기 위하여 '나 여기 있고, 너 거기 있어'라는 대사와 그것이 변주된 대사가 치밀하게 반복사용되었는데 이 대사를 영화 '왕의 남자'에서 조선시대 광대인 두 주인공 장생과 공길의 장님놀이 장면에 영화제작사 을이 갑의 허락없이 사용하였다면, 영화 '왕의 남자'에서 사용된 대사는 영화대본 중의 극히 일부분(영화대본은 전체 83장으로 되어 있는데, 이 중 2개 장의 일부에 인용되고 있다)에 불과할 뿐만 아니라, 관객으로 하여금 웃음을 자아내게 하거나, 영화가 끝난 뒤 엔딩크레딧과 함께 '맹인들의 소극' 장면을 보여줌으로써 관객으로 하여금 영화 '왕의 남자'가 광대들의 눈을 통하여 다소 무거운 이야기에서 벗어나 일상으로 돌아가 웃을 수 있게 한 것이어서, '이 사건 대사가 "소통의 부재"라는 주제를 나타내기 위한 표현으로 사용되었다고 볼 수 없으므로, 양 저작물은 실질적 유사성이 없다'고 판시한 바도 있다(서울고등법원 2006.11.14.자 2006라503 결정).

2) 저작권을 침해하면 저작권침해자는 민형사상 책임을 지게 된다. 저작권자는 침해자를 상대로 민사적으로 손해배상청구권, 부당이득반환청구권, 증거수집을 위한 정보제공명령 등을 요구할 수 있고, 형사상 침해죄, 몰수 등을 주장할 수 있으며, 행정상 불법복제물의 수거·폐기 및 삭제 등을 요구할 수 있다. 이때 저작권자가 침해자를 상대로 손해배상청구를 할 때 실제 손해배상액을 입증하는 것이 쉽지 않음을 고려하여 저작권법은 '저작권 침해자가 그 침해행위로 인하여 이익을 받은 때에는 그 이익액을 저작권자가 받은 손해액으로 추정하는 한편 침해자의 이익조차 산정하기 어려운 경우를 대비하여 저작권자가 저작권의 행사로 통상 받을 수 있는 금액을 손해배상액으로 청구할 수 있다'고 규정하고 있다(저작권법 제125조). 따라서 저작권을 침해한 경우에 침해자는 저작권자가 통상 받을 수 있는 금액 또는 침해로 인하여 침해자가 얻은 금액에 위자료를 합한 금액을 배상하

게 된다. 한편 저작권법은 2011년 한미 FTA 이행을 위한 조치로서 저작권법을 개정하여 법정손해배상제도(저작권법 제125조의2)를 도입하였다. 즉 저작재산권자는 실제 손해액이나 손해액에 갈음하여 각 저작물마다 1천만원(영리 목적의 고의성이 있는 경우에는 5천만원) 이하의 범위에서 상당한 금액의 배상을 청구할 수 있도록 손해배상액의 상한액을 규정하고 있다.

　　3) 저작권 침해죄에 해당하려면 저작물을 무단으로 이용(복제, 공연, 공중송신, 배포, 대여, 전시, 2차적저작물작성)해야 하므로, 단순히 불법 저작물을 소지하고 있다는 사실만 가지고는 침해죄를 물을 수 없다. 또한 불법저작물을 소지하고 있더라도 영리를 목적으로 하지 않고 이를 가정 및 이에 준하는 한정된 범위에서 직접 복제하여 사용하는 행위는 사적 이용을 위한 복제(저작권법 제30조)에 해당하여 저작권침해행위가 되지 않는다. 그러나 우리 저작권법 제124조(침해로 보는 행위)를 두어 직접 저작권을 침해하지 않더라도 침해에 상당하는 행위를 하는 경우에는 침해행위로 간주하고 있는데, 불법복제물의 소지죄가 이에 해당한다. 즉 불법복제물임을 알면서 그 복제물을 배포할 목적으로 소지하는 행위는 저작권침해행위로 간주한다(저작권법 제124조 제2호). 따라서 소지자가 불법 복제물이라는 사실을 몰랐거나, 불법복제물임을 알았더라도 배포할 목적이 없다면 불법복제물 소지죄는 성립되지 않는다.

7. 온라인서비스제공자의 법적책임 및 책임제한

　　인터넷에서의 불법복제방지를 위하여 온라인서비스제공자(OSP)(저작권법 제104조)의 책임이 강화되었고, P2P 등 특수한 유형의 온라인서비스제공자의 의무조항이 2006년 저작권법 개정시 신설되었다. 또한 불법복제물의 수거·폐기 및 삭제명령제도도 도입하였다. 특히 P2P와 같은 특수한 유형의 OSP에게도 권리자의 요청이 있는 경우에는 불법전송을 차단할 수 있는 기술적 보호조치(예: 필터링) 등의 법적 의무도 강화하였다. 저작권법 제104조의 기술적보호조치는 권리자의 요청에 따라 이루어지는 '소극적 필터링'인데, 특수한 유형의 온라인서비스제공자라면 '소극적 필터링'을 한다고 해서 민형사상 책임을 모두 면제받는 것은 아니다. 사안에 따라서는 보다 적극적인 기술적 보호조치를 요구하고 있고, 적극적 기술조치를 하지 않으면 미필적 고의에 의한 방조책임을 질 가능성도 있다(서울고등법원 1007.10.10.자 2006라1245 판결).

<사례4 해설> (저작권법)

(1) 저작물은 인간의 사상 또는 감정을 표현한 창작물로 단순히 남의 것을 보고 베끼거나 모방하지 않을 정도의 창작성이 있으면 저작권 보호대상이 된다. 따라서 작품의 수준이 낮다고 해서 저작권 보호대상이 되지 않는 것은 아니다.

(2) 만화, 소설 등의 제호는 저작권의 보호대상이 되지 않는다.

(3) 판매용 음반 또는 판매용 영상저작물을 재생하여 공연하는 경우에는 발행된 지 6개월이 경과한 판매용 음반으로서 당해 공연에 대한 반대급부를 받지 않는다면 가능하다.

(4) 불법 복제물임을 알면서 그 복제물을 배포할 목적으로 소지한 경우에 불법 복제물의 소지죄가 성립된다. 배포하지 않는다면 불법복제물 소지죄는 성립하지 않는다.

(5) 공표된 저작물을 영리를 목적으로 하지 않고 개인적으로 이용하는 경우에는 사적 이용을 위한 복제로서 허용하고 있다. 이때 사적 복제가 허용되는 범위는 소수의 인원 사이에서 이루어져야 한다. 따라서 인터넷에서 다운로드 받은 이미지를 저장(복제)하여 친구 1, 2명에게 이메일을 통해 보내는 것은 허용된다. 그러나 다수가 확인할 수 있는 온라인상 카페나 블로그에 업로드하거나 인적 유대관계가 없는 카페회원 전체에게 메일을 보내는 것은 사적 범주를 벗어난 행위로 저작권 침해가 된다.

13. 세 법

세 법

＊집필: 황남식. 경희대학교 법학전문대학원 교수

Ⅰ. 총 론

세법이란 무엇인가? 세법은 조세에 관한 법률이다. 그렇다면 다시 조세란 무엇인가? 종래 통설적 설명에 따르면, 조세는 ① 국가 또는 지방자치단체가, ② 국민에 대한 각종의 공공서비스를 제공하기 위한 재원을 마련할 목적으로, ③ 반대급부 없이, ④ 법률에 규정된 과세요건에 해당하는 모든 자에 대하여, ⑤ 일반적 기준에 의하여 부과하는, ⑥ 금전급부라고 정의할 수 있다.

조세는 여러가지 기준으로 나눌 수 있는데, 과세권을 행사하는 주체를 기준으로 나눈다면 국세와 지방세로 나눌 수 있다. 전자는 국가가 과세하는 조세이고, 후자는 지방자치단체가 과세하는 조세이다. 그리고 국세는 다시 외국으로부터의 수입화물에 부과되는 관세와 그 밖의 내국세로 구분된다.

세법은 민법과 같이 단일한 법전으로 구성되어 있지 않고, 수없이 많은 개별 세법의 총체이다. 대표적인 세법으로는 국세기본법, 국세징수법, 법인세법, 소득세법, 부가가치세법, 지방세기본법, 지방세법, 관세법 등이 있다. 그 중에서 전체 세법의 총론에 해당하는 내용은 국세기본법과 지방세기본법에 담겨 있는데, 지방세기본법은 대체로 국세기본법의 내용을 따르고 있으므로, 세법의 총론에서는 국세기본법의 주요한 내용을 훑어보기로 한다.

1. 세법의 법원

세법의 법원으로는 헌법, 법률, 조약 및 국제법규, 명령, 조례·규칙 등이 있다. 세법은 특히 헌법에서 명시적인 규정을 두고 있는 점이 흥미롭다. 헌법 제38조는 '모든 국민은 법률이 정하는 바에 의하여 납세의 의무를 진다'고 규정하고 있고, 제59조는 '조세의 종목과 세율은 법률로 정한다'고 규정하고 있다. 이처럼 헌법이 조세에 관한 규정을 두고 있는 것은 시민들이 절대왕정의 무분별한 과세에 투쟁한 결과물이 헌법 조항으로 남아 있기 때문이다. 물론 우리나라 헌법은 서구의 헌법 조항을 계수한 것이기는 하지만 우리나라의 경우에도 헌법재판소가 출범한 이래로 헌법에 규정되어 있는 위 조항들은 실제 헌법소송에서 중요한 규범으로 원용되고 있다.

그 다음으로 법률이 있다. 앞서 언급한 개별 세법 이외에도 조세 감면 및 특례에 관한 사항을 규정한 조세특례제한법도 중요한 법원에 해당한다.

헌법 제6조 제1항은 조약과 국제법규에 국내법과 같은 효력을 부여하고 있으므로 역시 세법의 법원에 해당한다. 다른 법률에 비하여 세법에서는 조약이 법원으로 크게 기능하고 있다.

명령으로는 각 세법마다 대통령령인 시행령과 부령인 시행규칙이 있다. 세법이 다른 법과 차이가 나는 부분 중 하나로 시행령과 시행규칙의 비중이 대단히 크다는 것을 들 수 있다. 그 이유는 세법이 다른 법률에 비하여 기술적인 측면이 강하기 때문에 일일이 법률에 규정할 경우 개정에 어려움이 있기 때문이다. 예를 들어, 일정한 규모 이상이 되는 사업에 대하여 조세상 특별한 조치를 취한다고 가정하여 보자. 시간이 흐름에 따라 그 일정한 규모라고 하는 것도 변하기 마련이다. 그러나 그 규모를 일일이 법률에 규정한다면, 사정의 변화에 따라 특별한 조치를 변경하고자 할 때 법률을 개정하여야 한다. 실제로 법률 개정은 생각만큼 용이하지 않으므로 법률에서는 대강의 범위만을 정하고 구체적인 범위는 시행령 혹은 그 아래 단계인 시행규칙에 위임하는 것이 과거의 입법 관행이었던 것이다. 하지만, 이와 같은 관행은 조세의 종목과 세율은 법률로 정한다고 규정한 헌법 제59조에 위반할 여지가 있는 것도 사실이었다. 따라서, 현재 기획재정부의 주도 하에 진행중인 '알기쉬운 조세법령' 사업에서는 가급적 모든 내용을 법률 단계에 규정하고자 하는 시도를 하고 있다.

조례·규칙은 지방자치단체 및 그 장이 정하는 규범으로서 지방세의 법원이 된다.

마지막으로 언급할 것은 행정해석의 의미이다. 행정해석은 과세관청이 정립한 개별 세법의 해석·적용기준이다. 세법은 궁극적으로 세금을 적정하게 계산하기 위한 것이므로 세무공무원의 업무가 통일적으로 이루어지도록 할 필요가 있다. 따라서 우리나라뿐만 아니라 전세계적으로 세법의 행정해석은 방대한 양에 이른다. 우리나라의 경우 대표적인 것으로 개별 세법의 기본통칙을 들 수 있다. 실제로 실무에서 위 행정해석은 대단히 큰 영향력을 지니고 있다. 그러나 법을 공부하는 입장에서 잊으면 안 되는 것은 위 행정해석은 어디까지나 행정규칙으로서 법원이나 국민을 법적으로 구속할 수 없으며 세법의 법원에도 해당하지 않는다는 것이다(대법원 1992.12.22. 선고, 92누7580 판결).

2. 세법의 기본원리

세법의 기본원리가 무엇인지에 관하여는 대체로 의견이 모아지고는 있지만 통일되어 있지 않다. 이하에서는 일반적으로 인정되는 세법의 기본원리들인 조세법률주의와 조세공평주의를 살펴본다.

(1) 조세법률주의

국가 또는 지방자치단체는 법률의 근거없이 조세를 부과·징수할 수 없고, 국민은 조세를 납부할 의무가 없다는 원칙이다. 우리 헌법 제59조는 이 조세법률주의를 규정하고 있다.

조세법률주의의 구체적인 내용을 이루는 하부 원리로 다시 과세요건법정주의, 과세요건명확주의, 소급과세금지의 원칙이 있다.

과세요건법정주의는 조세의 종목, 세율은 물론 그 밖의 과세요건(납세의무자, 과세물건, 과세표준, 과세기간 등)과 조세의 부과, 징수절차는 상세하고 엄격하게 유효한 법률로써 정하여야 한다는 원칙을 말한다.

과세요건명확주의는 과세요건과 부과, 징수절차를 규정한 세법의 규정은 그 내용이 일의적이고 명확하여야 한다는 것이다.

소급과세금지의 원칙은 새로운 세법 규정을 그 시행 전에 발생한 사실에 소급 적용하여 과세할 수 없다는 것이다. 그러나 소급과세금지의 원칙은 국민의 기득권을 침해하지 않고 당사자의 법적 안정성과 신뢰보호에 반하지 않는 경우 예외가 인정될 수 있다.

(2) 조세공평주의

국민은 조세법률관계에서 평등하게 취급되어야 하고 조세부담은 담세력에 따라 공평하게 배분되어야 한다는 원칙이다. 조세공평주의도 헌법상 평등의 원칙에서 도출된다(헌법 제11조 제1항).

3. 세법의 해석과 적용에 관한 기본원칙

(1) 실질과세의 원칙

국세기본법 제14조는 실질과세의 원칙을 규정하고 있다. 실질과세의 원칙이란 실질에 따라 과세한다는 것인데 이 원칙이 인정되는 이유는 조세회피행위를 부인하기 위한 것이라고 할 수 있다.

여기서 실질이란 무엇을 의미하는지에 대하여 과거에 견해의 대립이 있었다. 종래에는 '실질'의 의미에 관하여 법률적 형식과 법률적 실질에 차이가 있는 경우 법적 실질에 따라 과세한다는 법적 실질설과, 법률적 형식과 경제적 실질에 차이가 있을 경우 경제적 실질에 따라 과세한다는 경제적 실질설의 대립이 있었다.

법적 실질설은 예컨대, 영업허가를 다른 사람의 명의로 하였더라도 실제로 영업을 한 자가 그 법률관계의 당사자라는 것이다. 그러나 이러한 결과는 법률행위 해석론의 일반이론에 따라서도 당연히 도출되는 것으로 굳이 세법의 해석 및 적용 원리라고 할 수 없다.

경제적 실질설은 당사자가 취한 사법상의 거래구조도 그 경제적 효과를 기준으로 세법의 관점에서 재구성할 수 있다는 입장이다. 예컨대, 완전자회사가 취득한 자산을 완전모회사가 취득한 것으로 보고 과세할 수도 있다는 것이 경제적 실질설의 입장이다.

현재 판례의 입장이 분명하게 정립된 것은 아니지만, 점차로 경제적 실질설의 입장을 취하는 쪽으로 나아가고 있다(대표적으로 대법원 2012.1.19. 선고, 2008두8499 전원합의체판결).

(2) 신의성실의 원칙

국세기본법 제15조는 '납세자가 그 의무를 이행할 때에는 신의에 따라 성실하게 하여야 한다. 세무공무원이 그 직무를 수행할 때에도 또한 같다'고 규정하고 있다. 이는 행정법에서 배우는 신의성실의 원칙과 근본적으로 다르지 않다.

이와 관련하여 국세청은 세법해석 사전답변 제도를 운영하고 있다. 즉, 특정한 거래를 하기에 앞서서 그 세법상의 법률효과에 의문이 있는 경우 국세청장에게 사전에 답변을 요청할 수 있는 것이다.

(3) 비과세관행에 의한 소급과세금지

국세기본법 제18조 제3항은 '세법의 해석이나 국세행정의 관행이 일반적으로 납세자에게 받아들여진 후에는 그 해석이나 관행에 의한 행위 또는 계산은 정당한 것으로 보며 새로운 해석이나 관행에 의하여 소급하여 과세되지 아니한다'고 규정하고 있다. 신의성실의 원칙의 특수한 경우라고 이해할 수 있을 것이다. 다만, 적용대상이 과세관청에 한정된다는 점에서 신의성실의 원칙과 구별된다.

(4) 기업회계의 존중

국세기본법 제20조는 '세무공무원이 국세의 과세표준을 조사·결정할 때에는 해당 납세의무자가 계속하여 적용하고 있는 기업회계의 기준 또는 관행으로서 일반적으로 공정·타당하다고 인정되는 것은 존중하여야 한다. 다만, 세법에 특별한 규정이 있는 것은 그러하지 아니하다'고 규정하고 있다.

다른 법률에는 없는 이런 규정이 있는 것은 세법 중 많은 법률이 소득 또는 거래가액을 과세의 기준으로 하고 있는데 소득 또는 거래가액의 산정시 기업회계의 이론에 의존하고 있기 때문이다. 물론 독자적으로 세법의 이론을 구축하는 것도 가능하겠지만, 이미 기업회계의 이론이 정치하게 정립되어 있으므로 세법은 이를 그대로 혹은 변형하여 수용할 뿐이다. 이런 까닭에 세법은 변호사보다는 세무사·회계사에게 친숙한 것이 현실이다(다른 나라의 경우에도 사정은 크게 다르지 않다).

4. 조세채무의 성립과 확정

조세채무는 각 세법이 정하는 과세요건이 충족되어 과세표준의 산정 및 세율이 적용이 가능하게 될 때에 성립하고(국세기본법 제21조), 그 조세채무가 다시 일정액의 현실적인 금전채무로 구체화될 때 확정된다. 납세의무가 확정되려면 납세신고(신고납부방식) 또는 부과처분(부과과세방식)이라는 절차가 필요하다(예외적으로 자동적으로 확정되는 경우도 있다).

5. 조세채무의 소멸

국세기본법 제26조는 조세채무의 소멸사유를 규정하고 있다. 조세채무는 납부·충당되거나 부과가 취소된 때, 국세를 부과할 수 있는 기간 내에 국세가 부과되지 않고 그 기간이 끝난 때, 국세징수권의 소멸시효가 완성된 때에 소멸한다. 지방세, 관세도 마찬가지이다(지방세기본법 제37조; 관세법 제20조). 여기서 주목할 만한 것은 부과권이 제척기간을 갖는다는 점이다. 즉, 개별 세법에 따라 과세요건이 충족되더라도 제척기간 내에 부과권을 행사하지 않으면 조세채무는 소멸하는 것이다(국세기본법 제26조의2).

Ⅱ. 각 론

세법을 구성하는 개별 세법 중에서 중요한 것으로는 소득세법, 법인세법, 부가가치세법, '상속세 및 증여세법'을 들 수 있다. 물론 그 밖에도 많은 세법이 있지만 실무상·강학상의 중요성으로는 위 세법들이 가장 두드러진다. 따라서 이하에서는 위 세법의 기본 구조를 사례를 통해서 설명하고자 한다.

1. 소득세법

사례 1 　소득세

대한민국에 거주하는 갑은 2012년도에 요식업체에서 부장으로 근무하면서 급여로 1억원을 받았고, 부업으로 야간에 분식점을 운영하여 3천만원(총수입금액 4천만원, 필요경비 1천만원)을 벌었으며, 소유하던 집을 매도하여 3억원을 벌었다. 갑이 납부하여야 하는 소득세는 어떻게 계산하는가?

사례 2 　소득세

대한민국에 거주하는 개인인 갑은 2008년 1월 1일에 5억원에 매수한 아파트 1채를 2012년 3월 1일에 7억원에 매도하고자 한다. 갑의 양도소득세 부담은 어떠한가?

소득세는 개인의 소득에 대하여 부과하는 소득과세이다. 소득세는 국가의 조세에서 차지하는 비중이 매우 높다. 사례에서 갑이 2012년도에 거둔 소득에 대하여는 소득세가 과세된다.

(1) 소득세법상 소득의 개념

그렇다면, 소득세의 과세대상인 소득은 무엇인가? 소득의 개념에 관하여는 두 가지 견해의 대립이 있다.

소득원천설은 소득을 일정한 소득원천에서 계속·반복적으로 발생하는 수익으로 정의한다. 이 견해는 일정한 소득의 원천으로부터 발생한 소득을 소득세법에 열거하여 과세하고 그 이외의 소득은 과세하지 않는 입장을 취한다.

반면, 순자산증가설은 소득을 일정한 기간 동안의 순자산증가로 정의한다. 따라서, 특별히 소득세법에 열거하지 않더라도 순자산이 증가하는 경우에는 소득으로 과세하는 입장을 취한다.

사례1의 경우 순자산증가설을 취할 경우 순자산(자산-부채)만 증가한다면 소득이 발생한 것으로 보아 과세하겠지만, 소득원천설을 취할 경우에는 소득세법에 과세소득으로 열거되어 있는 경우에 한하여 과세한다. 우리 소득세법은 소득원천설을 취하고 있으며, 사례1에서 열거한 소득 모두를 과세한다.

(2) 납세의무자

소득세법의 납세의무자는 '개인'이다. 그런데, 개인은 민법상 자연인과 다르다는 점에 유의하여야 한다. 개인은 ① 자연인과 ② 세법에 따라 법인으로 의제되지 않는 법인격 없는 단체를 포함한다. 그리고 개인은 다시 국내에 주소를 두거나 1년 이상 거소를 둔 '거주자'와 거주자에 해당하지 않는 '비거주자'로 나뉜다. 즉, 소득세법의 납세의무자는 국적에 따라 구분되지 않는다는 점을 유의하여야 한다. 거주자의 경우 소득세법에 규정되어 있는 모든 소득에 대하여 과세되지만, 비거주자는 국내원천소득, 즉 국내에서 발생한 소득에 한하여 과세한다는 점에서 차이가 있다.

(3) 과세기간

과세기간은 과세표준 계산의 기준이 되는 기간을 말하는데, 소득세는 매년

1월 1일부터 12월 31일까지를 과세기간으로 한다.

(4) 과세소득의 구분

소득세법상 과세소득은 크게 종합소득, 퇴직소득, 양도소득으로 나뉘고, 종합소득은 다시 이자소득, 배당소득, 사업소득, 근로소득, 연금소득, 기타소득으로 나뉜다. 먼저 각각의 소득의 내용을 간단히 살펴 본다.

가. 각 소득의 내용

1) 이자소득 자금대여의 대가로 인한 소득을 말한다.

2) 배당소득 법인의 지분을 보유함에 따라 얻게 되는 이익을 말한다.

3) 사업소득 독립적·계속적·반복적으로 특정한 재화나 용역을 제공하는 활동인 사업에서 발생한 소득이다.

4) 근로소득 근로소득이란 고용관계·근로관계에 따라 비독립적으로 근로를 제공한 대가로 받은 소득을 말한다.

5) 연금소득 소득세법에서 정한 연금의 수령으로 인한 소득을 말한다.

6) 기타소득 위에서 본 종합소득에 속하지 않으나 소득세법이 열거하고 있는 소득을 말한다.

7) 퇴직소득 근로자가 현실적으로 퇴직함에 따라 사용자로부터 지급받는 소득을 말한다.

8) 양도소득 부동산, 주식 등 소득세법에서 정한 일정한 자산을 유상으로 양도함에 따라 발생하는 소득을 말한다.

나. 소득 구분의 취지

그렇다면 소득을 위와 같이 구분하는 이유는 무엇일까? 그 이유는 소득의 특성에 따라 과세표준과 세액계산방식 등이 달라져야 하기 때문이다.

퇴직소득 및 양도소득의 경우 장기간에 걸친 근로제공(퇴직소득)과 투자(양도소득)의 결과이므로 다른 소득과 합산하여 과세하면 누진세율로 인하여 특정한 과세연도의 조세부담이 지나치게 무겁게 되기 때문에 종합소득과 구분하는 것이다. 예를 들어 20년간 근속하고 받는 퇴직금은 20년간의 근로제공의 결과가 누적된 것인데, 이를 그 퇴직한 연도의 다른 소득과 동일하게 취급하면 그 퇴직소득에 대한 과세는 지나치게 무겁게 될 것이다. 따라서 퇴직소득 및 양도소득은 종합소득과는 구별하여 별도로 과세한다.

한편 종합소득에 속하는 소득들은 우선 각 소득별로 들어온 돈('총수입금액'
이라고 한다)에서 비용 또는 비용 상당액을 뺀 후에 모두 더하여 과세한다. 이를
종합과세방식이라고 한다. 소득세법은 부의 재분배를 위하여 종합소득에 대하여
는 누진세율을 적용하므로 모두 더하여 과세하는 것이다.

그런데 정책적인 이유에서 종합소득에 속하지만 누진세율을 적용하지 않
기로 한 경우가 있다. 이런 경우에는 소득을 지급하는 자가 미리 정해진 세율을
적용하여 계산한 금액을 세무서에 직접 지급하고(이를 '원천징수'라고 한다) 나머지
만을 소득을 가져가는 자에게 지급하는 것으로 하여 과세를 마친다. 이를 분리과
세방식이라고 한다. 예를 들어, 이자소득 및 배당소득의 합이 2천만원 이하라
면 14퍼센트에 해당하는 금액을 원천징수하는 것으로 과세를 마친다.

(5) 소득세액의 계산구조

가. 종합소득세액의 계산구조

종합소득세액의 계산구조를 엄밀하게 설명하는 것은 이 책의 범위를 벗어
나므로 개괄적으로 그 구조를 설명하기로 한다. 일단 개인에게 들어온 돈을 총수
입금액이라고 한다. 종합소득은 7가지이므로 7가지 소득의 총수입금액이 집계된
다. 여기서 필요경비를 뺀다. 필요경비는 총수입금액을 얻기 위하여 소요되는 비
용을 말한다. 필요경비를 빼야지만 실제로 개인에게 귀속된 순 금액이 나오기 때
문이다. 다만, 이자소득, 배당소득의 경우 연혁적인 이유에서 필요경비를 빼지 않
아 왔고, 근로소득과 연금소득은 실제로 소요된 비용이 아닌 법에서 일정한 공식
에 따라 계산한 금액을 각각 근로소득공제, 연금소득공제라는 이름으로 빼 준다.
그 결과 나오는 금액을 소득금액이라고 한다.

7가지 소득의 소득금액을 합산한 것을 종합소득금액이라고 하고, 다시 여
기서 납세의무자의 부양가족상황 및 납세의무자가 지출한 일정한 비용을 공제하
여 주는데 이를 종합소득공제라고 한다. 이를 인정하여 주는 것은 실제로 개인에
게 귀속된 소득에 비례하여 과세를 하거나 혹은 세금이 사회보장적 기능을 할 수
있도록 하기 위한 것이다. 예를 들어 보자. 개인 갑이 경제능력 없는 부모님을 부
양하고 산다고 가정하여 보자. 이 경우 부모님이 소비하는 돈은 개인 갑이 소비
하는 것은 아니지만, 현실적으로는 개인 갑의 호주머니에서 나간 돈일 가능성이
매우 높다. 따라서 그 금액만큼은 개인 갑의 소득이 준다고 할 수 있다. 따라서
이러한 점을 고려하여 종합소득금액에서 부양가족의 수를 고려하여 주는 것이다.

　　이처럼 종합소득공제를 뺀 금액을 종합소득과세표준이라고 하는데 여기에 종합소득세율을 곱하면 종합소득산출세액이 나온다. 여기서 다시 정책적인 이유에서 일정한 금액을 빼거나 면제해 주는데 이를 세액공제 및 세액감면이라고 한다. 그 이후의 금액을 종합소득결정세액이라고 하는데 여기서 각종 의무위반에 대한 제재로 부과하는 가산세를 더한 금액을 종합소득총결정세액이라고 하며, 그 금액 중에서 이미 납부한 세액을 빼면 최종적으로 납세의무자가 납부할 세액이 나오게 되는데 이를 차감납부할 세액이라고 한다. 납세의무자는 이 금액을 세무서에 납부하면 된다.

나. 퇴직소득세액의 계산구조

　　모든 퇴직급여에서 과세되지 않는 퇴직급여를 뺀 금액을 퇴직소득금액(총수입금액)이라고 한다. 여기서 퇴직소득공제를 뺀 것을 퇴직소득과세표준이라고 한다. 퇴직소득공제는 앞서 본 근로소득공제나 연금소득공제와 성격이 같다. 퇴직소득과세표준은 종합소득과세표준과 달리 수년간의 근로의 대가가 모여있는 것이므로 바로 세율을 곱할 수는 없고, 근무한 연수, 즉 근속연수로 나눈 후에 다시 5를 곱한다. 근속연수로 나누어 크기를 작게 하기는 하지만 너무 작아지기 때문에 다시 5를 곱하는 것이다. 이렇게 나온 숫자에 기본세율(종합소득세율과 같다)을 곱하고 다시 5로 나눈 후에 근속연수를 곱한다. 즉, 세율을 곱한 후에는 앞서서 근속연수로 나누고 5를 곱한 것을 다시 원상으로 복구하는 것이다. 이런 계산방법을 연분연승법이라고 한다(근속연수로 나눈 후에 다시 근속연수를 곱한다는 의미이다). 이 금액을 퇴직소득산출세액이라고 하며, 여기서 외국납부세액공제를 빼면 퇴직소득결정세액이 나오고 여기에 가산세를 곱하면 퇴직소득총결정세액이 나온다. 납세의무자는 이 퇴직소득총결정세액을 납부하면 된다.

다. 양도소득세액의 계산구조

　　먼저 총수입금액, 즉 양도가액에서 필요경비를 뺀다. 필요경비에는 그 자산의 취득가액, 양도에 드는 비용 등이 포함된다. 그 결과를 양도차익이라고 한다. 양도차익도 수년간의 가치 증가가 응축되어 있는 것이므로 장기간 보유하고 있었던 것을 고려하여 장기보유특별공제를 빼준다. 그 결과를 양도소득금액이라고 한다. 이 금액에서 양도소득기본공제를 빼 주면 양도소득과세표준이 나온다. 양도소득과세표준에 양도소득세율을 곱하면 양도소득산출세액이 나오고 여기서 세액감면을 빼면 양도소득결정세액이 나오며 여기에 가산세를 더하면 양도소득총결정세액이 나온다.

(6) 소득세의 신고·납부

종합소득이 있는 개인은 다음 연도 5월 1일부터 5월 31일까지 한 달 동안 세무서에 세액을 신고하고 납부하는 것이 원칙이다. 만일 개인이 신고하지 않을 경우에는 과세관청이 과세표준과 세액을 결정한다. 퇴직소득 및 양도소득이 있는 개인도 원칙적으로는 동일하다.

<사례1 해설> (소득세)

사례1의 경우에는 근로소득 1억원에서 근로소득공제를 뺀 것이 근로소득금액이 되고, 사업소득 총수입금액에서 필요경비를 뺀 3천만원이 사업소득금액으로 되며, 두 금액을 합하면 종합소득금액이 되는데, 그 이외의 사항에 관하여는 정보가 없어서 알 수가 없지만 앞서 서술한 계산구조에 맞추어 계산하면 납부할 세액이 도출된다. 사례1에는 퇴직소득은 없으며, 양도소득으로 3억원이 있는데 마찬가지로 계산구조에 따라서 계산하면 양도소득총결정세액이 나온다. 양도소득은 근로소득 및 사업소득과 합산하지 않는다는 점을 유의하여야 한다.

<사례2 해설> (소득세)

양도소득은 다음과 같이 계산한다. 우선, 총수입금액 즉 양도가액에서 필요경비를 뺀다. 문제에서 양도가액은 7억원이고, 대표적인 필요경비인 취득가액이 5억원이다. 그 이외의 필요경비에 대하여는 자료가 주어져 있지 않다. 따라서 일단 양도차익은 2억원으로 계산된다. 그 이후는 앞서 본 계산구조에 따라서 계산하면 최종적으로 양도소득총결정세액이 나오게 된다. 다만, 1세대가 국내에 등기된 1주택을 2년 이상 보유한 후 양도할 때에는 양도소득세를 과세하지 않는다. 사례2의 경우 만일 갑이 보유하고 있었던 주택이 위 아파트 1채밖에 없다면 양도소득세는 과세되지 않는다.

2. 법인세법

사례 3 법인세

국내·영리법인인 갑주식회사는 회계상 수익 100억원, 비용 30억원으로서, 비용 중에는 접대비 3억원(법인세법상 한도는 1억원), 법인세비용 4억원이 포함되어 있다. 갑주식회사의 각 사업연도소득금액은 얼마인가?

법인세는 법인 및 법인으로 보는 단체의 소득에 대하여 과세하는 조세이다. 소득과세라는 측면에서 소득세와 공통된다.

(1) 법인세법상 소득의 개념

법인세법상 소득은 소득세법과 달리 순자산증가설에 의하여 파악된다. 즉, 과세기간 동안 증가한 순자산을 소득으로 보아 이를 기준으로 과세하는 것이다. 법인세법에서 순자산증가설을 취하는 것은 개인과 달리 사생활의 보호가 문제되지 않기 때문이다. 개인의 경우에도 순자산증가설을 적용하려면 개인의 모든 생활관계에서 순자산의 증가를 파악하여야 하는데, 이는 필연적으로 사생활의 비밀을 침해하기 마련이다. 하지만 법인의 경우에는 그런 문제가 생기지 않는다.

(2) 납세의무자

법인세법상 납세의무자는 ① 법인 또는 ② 세법에 따라 법인으로 의제되는 법인격 없는 단체이다. 이들은 다시 영리성 유무에 따라 영리법인과 비영리법인으로 나뉘고, 본점, 주사무소, 사업의 실질적 관리장소가 국내에 있는지 혹은 국외에 있는지의 여부에 따라 다시 내국법인과 외국법인으로 나뉜다. 법인세법에서는 주로 내국·영리법인인 주식회사의 법률관계가 문제가 된다.

(3) 과세기간

법인세법상 과세기간은 소득세법과 달리 임의로 정할 수 있다. 법령 또는 법인 정관에서 정하는 법인의 1 회계기간이 사업연도로서 과세기간이 된다. 다만, 그 기간은 1년을 초과할 수 없다. 법령, 정관, 규칙 등에 사업연도의 규정이 없는 법인은 따로 신고를 하여야 하는데 신고를 하지 않으면 매년 1월 1일부터 12월 31일까지를 1년으로 한다.

(4) 과세소득의 구분

법인세법상 과세소득은 ① 각 사업연도 소득, ② 청산소득, ③ 토지등양도소득의 세 가지로 나뉜다. 법인세법상 과세소득을 세 가지로 나누는 것은 소득세법의 소득구분과는 취지가 다르다. 각 소득의 내용을 간단히 살펴본다.

가. 각 사업연도소득

각 사업연도소득은 과세기간중의 순자산증가로 인한 소득을 말한다. 쉽게 말하자면 과세기간중에 번 돈을 말한다. 대체로 각 사업연도소득이 법인세법상의 주된 과세소득이 된다. 소득세법과 달리 소득의 원천은 묻지 않는다.

나. 청산소득

내국·영리법인이 해산하여 청산할 경우에 청산을 통하여 번 돈을 말한다. 이 소득은 각 사업연도소득으로 포착되지 않던 것이 청산시에 비로소 모습을 드러낸 것이므로 청산을 계기로 과세하는 것이다.

다. 토지등양도소득

토지 등 특정한 부동산을 양도하는 경우 그로 인한 소득을 말한다. 토지등양도소득은 결국 각 사업연도소득에도 포함되는 것이다. 결과적으로 같은 돈을 한 번은 각 사업연도소득으로, 다른 한 번은 토지등양도소득으로서 과세하는 것이다. 이처럼 토지 등 특정한 부동산의 양도소득을 별도의 과세소득으로 취급하는 것은 법인의 투기행위를 방지하기 위한 것이다.

(5) 법인세액의 계산구조

가. 각 사업연도소득에 대한 법인세액의 계산구조

(가) 세무조정의 의의

각 사업연도소득은 익금에서 손금을 빼서 계산한다. 익금과 손금은 법인세법에 정의되어 있다. 익금이란 자본 또는 출자의 납입 및 법인세법에서 규정하는 것을 제외하고 해당 법인의 순자산(純資産)을 증가시키는 거래로 인하여 발생하는 금액이다(법인세법 제15조 제1항). 여기서 '자본 또는 출자의 납입'은 이른바 자본거래(법인과 사원간의 출자·환급·배당에 관한 거래)를 의미하고 '법인세법에서 규정하는 것'은 법인세법에서 규정한 예외를 의미하므로, 결국 익금이란 순자산증가를 가져오는 거래로서 자본거래 및 법인세법에서 규정한 것을 제외한 것이다. 손금은 그 반대거래를 말한다(법인세법 제19조 제1항). 따라서 이론적으로는 과세기간중 익금에 해당하는 금액과 손금에 해당하는 금액을 모두 집계하여 앞의 금액에서 뒤의 금액을 빼면 각 사업연도소득이 도출된다. 그러나 기업회계에 의하여 계산한 수익은 익금과 범위가 거의 일치하고 마찬가지로 계산한 비용은 손금과 범위가 거의 일치하며 상당수의 기업이 회계기간이 끝나면 결산을 거쳐 회계장부를 만들고 있다. 따라서, 수익, 비용을 출발점으로 하여 법인세법의 차이점만을 가감하면 익금, 손금에 대응하는 금액을 도출할 수 있으므로 실무는 이 방법으로 각 사업연도소득을 계산한다. 이런 방식을 간접법이라고 한다. 기업회계상 수익, 비용을 계산할 때에도 자본거래로 인한 순자산의 증감은 고려가 되지 않으므로 법인세법과 차이가 없고, 주로 법인세법에서 특별한 규정을 둔 사항을 가감하면 된다. 그 가감을 세무조정이라고 부른다.

(나) 세무조정의 종류

익금산입은 수익에는 해당하지 않지만 법인세법의 관점에서 익금에 해당하여 익금에 넣는 세무조정이고, 익금불산입은 수익에 해당하지만 법인세법의 관점에서 익금에서 빼는 세무조정이다. 반대로 손금산입은 비용에는 해당하지 않지만 법인세법의 관점에서 손금에 넣는 세무조정이고 손금불산입은 비용에 해당하지만 법인세법의 관점에서 손금에 넣지 않는 세무조정이다. 예를 들어 기업회계에서는 법인세를 비용으로 취급하지만 법인세법은 이를 손금으로 보지 않는다. 따라서 기업회계상 비용으로 되어 있는 법인세 부분을 손금불산입으로 세무조정하여야 한다.

(다) 각 사업연도소득에 대한 법인세액의 산출

위와 같이 세무조정한 각 사업연도소득에서 이월결손금(각 사업연도소득과 반대로 과세기간에 속하는 손금의 총액이 익금의 총액을 초과하는 금액을 결손금이라고 하고 과거 과세기간의 결손금을 이월결손금이라 함), 비과세소득, 소득공제를 빼면 과세표준이 나온다. 이 과세표준에 법인세율을 곱하면 법인세산출세액이 나오며 다시 여기서 세액면제 및 세액감면, 세액공제를 빼고 추징세액 및 가산세를 더하면 각 사업연도소득에 대한 법인세액이 산출된다.

나. 청산소득의 계산구조

청산소득은 잔여재산의 가액에서 해산등기일 현재 자기자본총액을 뺀 것이다. 해산등기일 현재 자기자본총액이란 본래 출자자의 것인 재산의 가액인데, 남아 있는 재산을 처분한 결과 그보다 큰 금액을 얻게 되었다면, 그 금액은 법인이 출자자가 출자한 재산을 넘어서서 번 소득이라는 것이다. 그 금액이 과거에 포착이 되었다면 그만큼 과세도 되고 자기자본총액도 증가하였을 것이다. 그러나 그렇지 않았기 때문에 청산시에 드러난 것이고 따라서 그 금액만큼을 청산소득으로 과세하는 것이다. 이 청산소득에 세율을 곱하면 청산소득에 대한 법인세액이 산출된다.

다. 토지등양도소득의 계산구조

토지등양도소득은 과세기간중에 처분한 특정한 토지 등의 양도차익(토지 등을 양도하고 받은 대가가 그 장부상 가액(대체로 취득한 금액)을 초과하는 금액을 말한다)의 합계와 양도차손(토지 등을 양도하고 받은 대가가 그 장부상 가액(대체로 취득한 금액)에 미달하는 금액을 말한다)의 합계를 더한 것을 과세표준으로 한다. 이 과세표준에 세율을 곱하면 토지등양도소득에 대한 법인세액이 산출된다.

(6) 법인세의 신고·납부

법인세의 경우 각 사업연도의 종료일이 속하는 달의 말일로부터 3개월 이내에 과세표준과 세액을 신고·납부하여야 한다. 신고기한이 소득세법과 다르다. 납세의무자가 신고하지 않을 겨우에는 소득세와 마찬가지로 과세관청이 결정한다.

<사례3 해설> (법인세)

회계상 수익 100억원은 그대로 법인세법상의 익금이 된다. 그러나 비용 30억원 중 접대비 3억원은 1억원까지만 손금으로 인정되므로 나머지 2억원은 손금불산입되어야 한다. 법인세비용도 법인세법은 손금으로 인정하지 않는다. 따라서 합계 6억원이 손금불산입되어야 한다. 결국 익금은 100억원이고 손금은 24억원(6억원은 손금불산입)이 되어 갑 주식회사의 각 사업연도소득금액은 76억원이 된다.

3. 부가가치세법

사례 4 부가가치세

사업자인 갑은 브라운관을 200원에 만들어서 사업자 을에게 공급한다. 을은 그 브라운관을 텔레비전으로 조립하여 소비자 병에게 300원에 공급한다. 사업자 을은 얼마의 부가가치세를 세무서에 납부하여야 하는가?

부가가치세는 재화나 용역이 생산되어 유통되는 모든 단계에서 창출된 부가

가치의 소비에 대하여 과세하는 소비세이다. 위 사례4에서 브라운관이 텔레비전으로 조립되어 소비자 병에게 공급될 때의 부가가치는 300원이고 소비자 병은 그 부가가치를 소비한다. 그 소비에 대하여 과세하는 조세가 부가가치세인 것이다.

(1) 납세의무자

부가가치세의 납세의무자와 부가가치세를 부담하는 자는 구별하여야 한다. 부가가치세의 납세의무자는 영리·비영리를 불문하고 사업상 독립적으로 재화 또는 용역을 공급하는 자와 재화를 수입하는 자이다. 소비자의 소비에 대하여 과세하므로 부가가치세를 궁극적으로 부담하는 자(이를 담세자라고 한다)는 소비자이지만 세무서에 가서 부가가치세를 납부할 '의무'를 부담하는 것은 소비자가 아닌 사업자인 것이다. 이는 국가가 부가가치세의 징수를 쉽게 하기 위한 것으로서 거래징수라고 하는 독특한 방식에 의하여 가능하게 된다. 이에 대하여는 아래 부가가치세의 계산구조에서 살펴보기로 한다.

(2) 과세기간

부가가치세의 과세기간은 원칙적으로 1년을 2개로 나누어 매년 1월 1일부터 6월 30일까지를 제1기, 매년 7월 1일부터 12월 31일까지를 제2기로 구분한다.

(3) 부가가치세액의 계산구조

위 사례4를 예로 들어 보자. 국가는 소비자 병이 소비하는 부가가치 300원에 대하여 10퍼센트인 30원의 부가가치세를 과세하고자 한다. 만일 소비자 병에게 그 납세의무를 지운다면 소비자 병이 과세기간중 구입한 재화나 용역의 부가가치, 즉 공급받는 가액의 10퍼센트를 집계하여 부가가치세로 신고·납부하여야 한다. 그러나 현실적으로 소비자 병이 그 의무를 이행하기는 쉽지 않다. 소비행위는 하루에도 수차례 일어나기 때문이다(점심을 사 먹는 것도 부가가치의 소비행위이다). 따라서 국가는 부가가치세의 납세의무자를 소비자 병이 아닌 그 전단계에서 재화·용역을 공급하는 사업자로 한 것이다. 사례4에서 사업자 갑은 사업자 을에게 200원에 브라운관(재화)을 공급하면서 그 10퍼센트인 20원을 더하여 사업자 을로부터 받고 그 20원을 과세기간이 종료하면 세무서에 납부한다. 여기서 20원은 본래 소비자 병이 부담할 것인데 을이 병을 대신하여 지출한 것으로 이해하면 된다. 사업자 갑의 입장에서는 매출을 하면서 상대방으로부터 거둔 세금이므로 이를 매출세액이라고 한다(이처럼 매출을 하면서 매출세액을 거두는 방식을 거래징수라고 부른다). 사업자 을의 입장에서는 매입을 하면서 낸 세금이므로 이를 매입세액이라고 한다. 한편 사업자 을은 소비자 병에게 텔레비전(재화)을 공급하면서 자신이 창출한 부가가치 100원의 10퍼센트가 아닌 전체 부가가치 300원의 10퍼센트인 30원을 공급가액 300원에 더하여 받는다. 즉, 매출세액 30원을 소비자 병으로부터 받는 것이다. 사업자 을이 스스로 창출한 부가가치 이외에 그 이전 단계에서 창출된 부가가치 200원에 대하여도 부가가치세를 받는 것은 그 200원에 대한 10퍼센트를 (소비자 병을 대신하여) 이미 사업자 갑에게 지출하였기 때문이다. 즉, 본래 200원에 대한 10퍼센트 부분을 소비자 병이 부담하였어야 하지만 소비자 병은 사업자 갑을 만날 길이 없기 때문에 을이 갑으로부터 브라운관을 공급받으면서 대신 사업자 갑에게 준 것이다. 이제 사업자 을은 300원의 10퍼센트인 매출세액 30원을 세무서에 갔다 내면서 자신이 사업자 갑에게 지출한 매입세액 10원을 다시 찾아오면 된다. 결과적으로 소비자 병이 소비하는 부가가치 300원의 10퍼센트인 30원은 소비자 병이 세무서에 가서 납부하지는 않았지만 소비자 병의 호주머니에서 나갔다. 그리고 사업자 갑, 을은 세무서에 가서 매출세액을 납부하기는 하였지만 사업자 갑은 자신의 호주머니에서 돈을 내지 않았고, 사업자 을은 자신의 호주머니에서 돈을 냈지만 다시 세무서로부터 돌려 받았다. 사업자를 납세의무자로 함으로써 세무서는 확실하게 부가가치세를 징수하면서도 그 부담은 소비자에게 돌릴 수가 있었던 것이다.

실정법에서는 사업자가 과세기간별로 매출세액을 합산한 후에 거기서 매입세액 합산액을 공제한 나머지를 납부(환급)세액이라고 하고, 여기서 경감·공제세액을 빼고 가산세를 더한 것을 차가감 납부(환급)세액이라고 하며 여기에 95퍼센트를 곱한 것을 납부(환급)할 부가가치세액이라고 한다(나머지 5퍼센트는 지방세법상 지방소비세로서 지방자치단체에 귀속된다).

(4) 부가가치세의 신고·납부

가. 예정신고·납부

예정신고기간은 제1기의 경우 매년 1월 1일부터 3월 31일까지, 제2기의 경우 매년 7월 1일부터 9월 30일까지이다. 이 예정신고기간이 종료하면 25일 이내에 각 예정신고기간에 대한 과세표준과 납부(환급)세액을 관할세무서장에게 신고하여야 한다. 예정신고를 하지 않으면 과세관청이 결정한다.

나. 확정신고·납부

제1기와 제2기의 확정신고기간이 종료하면 사업자는 각 과세기간에 대한 과세표준과 납부(환급)세액을 과세기간 종료일로부터 25일 이내에 관할세무서장에게 신고하여야 한다. 이때 예정신고시에 신고·납부한 부분은 뺀다. 확정신고를 하지 않으면 과세관청이 결정한다.

<사례4 해설> (부가가치세)

사업자 을은 매출세액 30원에서 매입세액 20원을 뺀 10원이 납부세액이 된다. 다른 사정을 고려할 것이 없다면 이 10원을 납부하면 된다.

---

4. 상속세 및 증여세법

사례 5   상속세 및 증여세

갑은 2013년 6월 사망하였는데, 그 이전에 가입한 생명보험계약에 따라 보험금으로 3억원이 상속인들에게 지급되도록 되어 있다. 이 경우 보험금 3억원은 상속세 및 증여세법상 상속재산에 포함되는가?

상속세는 자연인의 사망을 계기로 무상이전되는 재산을 과세물건으로 하여 그 취득자에게 과세하는 조세이고, 증여세는 재상의 수증을 과세물건으로 하여 과세하는 조세이다. 증여세는 상속세를 보완하는 기능을 한다. 만일 상속세만 있고 증여세가 없다면, 피상속인은 상속에 앞선 시점에서 증여를 할 것이기 때문이다. 이러한 점을 고려하여 우리법은 상속세 및 증여세를 '상속세 및 증여세법'이라는 단일법전으로 규율하고 있다.

(1) 납세의무자

상속세의 납세의무자는 상속인 또는 유증을 받은 자(사인증여에 의한 재산취득자를 포함한다)이고 증여세의 납세의무자는 증여 또는 유증에 따라 재산을 취득한 자이다.

(2) 상속세액 및 증여세액의 계산구조

가. 상속세액의 계산구조

총상속재산가액을 출발점으로 하여 비과세재산가액, 과세가액불산입액, 공과금·장래비용·채무를 공제하고 증여재산가산액을 더하면 상속세과세가액이 나온다. 다시 여기서 상속공제와 감정평가수수료공제를 빼면 과세표준을 구할 수 있다. 여기에 세율을 곱한 것을 산출세액이라고 하고 문화재등징수유예세액 및 세액공제를 빼면 최종적으로 신고납부세액이 산출된다.

나. 증여세액의 계산구조

증여재산가액의 합계액을 출발점으로 하여 부담부증여시 인수채무액, 비과세재산가액, 과세가액불산입액을 빼면 증여세과세가액이 나온다. 증여세과세가액에서 다시 증여공제, 감정평가수수료공제를 빼면 과세표준이 나오고 여기에 세율을 곱하면 산출세액이 나오는데 산출세액에서 징수유예세액 및 세액공제를 빼면 최종적으로 신고납부세액이 산출된다.

(3) 상속세 및 증여세의 부과

상속세 납세의무자는 상속개시일이 속하는 달의 말일로부터 6개월 이내에 상속세의 과세가액 및 과세표준을 납세지 관할세무서장에게 신고하여야 한다. 관할세무서장은 과세표준신고기한으로부터 6개월 이내에 상속세의 과세표준과 세액을 결정하여 통지한다. 즉, 상속세는 앞서 본 세목들과는 달리 과세관청의 부과처분에 의하여 납세의무가 확정되는 부과과세방식을 취하고 있다. 증여세의 경우 납세의무자는 증여받은 날이 속하는 달의 말일부터 3개월 이내에 증여세의 과세가액 및 과세표준을 납세지 관할세무서장에게 신고하여야 한다. 관할세무서장은 과세표준신고기한으로부터 3개월 이내에 증여세의 과세표준과 세액을 결정하여 통지한다. 증여세도 부과과세방식을 취하고 있다.

<사례5 해설> (상속세 및 증여세)

우리 '상속세 및 증여세법'은 상속재산의 범위를 규정하면서 경제적 실질에 입각하여 민법상 상속재산에 해당하지 않는 것도 상속재산으로 의제하고 있다. 그 대표적인 것이 피상속인이 보험계약자로 체결한 생명보험계약에 따라 상속인이 지급받는 보험금이다. 따라서 사례5에서 보험금은 상속재산에 포함되므로 상속세의 과세대상이 된다.

<저자 약력>

강동욱
한양대학교(법학사, 법학석사. 법학박사)
사법시험, 행정고시 출제위원
현 동국대학교 법과대학 교수
「형사소송법」(공저) 외

김기영
서울대학교(법학사, 법학석사)
위스콘신대학(법과학 박사)
사법고시, 행정고시, 외무고시 합격
서울지방법원 판사 역임
사법시험, 7급 및 지방공무원시험 등 시험위원
현 조선대학교 법과대학 교수
"국제거래법사례" 외

김동민
서울대학교(법학사, 법학석사. 법학박사)
사법시험, 공인회계사, 세무사, 법무사, 행정고시(PSAT) 출제위원
공인회계사회 강사, 국세공무원교육원 강사
현 상명대학교 법학과 교수
"회사분할에서 소수주주 및 채권자보호에 관한 연구" 외

김성필
한양대학교(법학박사)
한국법정책학회 부회장
현 호원대학교 법경찰학부 교수
"신탁재산의 법률관계"외

김용훈
서울대학교(법학사, 법학석사, 법학박사)
현 상명대학교 법학과 조교수
"유럽연합의 규범통제제도－유럽연합 정체성 평가와 남북한 통합에의 함의－" 외

김일룡
한양대학교(법학박사)
서울서부지검 등 검사, 인천지검 부천지청 부부장검사
사법시험 출제위원, 행정고시위원, 변호사시험위원
현 원광대학교 법학전문대학원 교수
「민사소송법강의」, 「민사집행법강의」 외

남선모
동국대학교(법학박사)
사법시험, 검찰사무관특별승진 출제위원
현 세명대학교 법학과 교수
「여성과 법률」 외

노기호
한양대학교(법학박사)
현 군산대학교 법학과 교수
사법시험, 5급·7급·9급공무원시험 출제위원
「교육권론」 외

노호창
서울대학교(법학사, 법학석사, 법학박사)
현 서울대학교 법학전문대학원 강사

박수영
전북대학교(법학사, 법학석사. 법학박사)
현 전북대학교 법학전문대학원 교수
「공정거래법해설」 외

박수희
이화여자대학교(법학석사), 경희대학교원(법학박사)
현 관동대학교 경찰행정학과 교수

박찬걸
경희대학교(법학사), 한양대학교(법학석사, 법학박사)
현 대구가톨릭대학교 경찰행정학과 교수
「형법총론 쟁점연구」, 「형법각론 쟁점연구」 외

변환철
서울대학교 법과대학 졸업
중앙대학교법학전문대학원 교수, 부산지방법원·인천지방법원·서울동부지방법원·서울중앙지방법원 판사 역임
현 법무법인 일흥 변호사

성재호
성균관대학교(법학사, 법학석사. 법학박사)
Georgetown Law Center SJD 과정수학
사법시험, 행정고시, 외무고시, 입법고시 출제위원
현 성균관대학교 법학전문대학원 교수
「국제법」(공저), 「국제경제법」 외

송강직
동아대학교(법학사),
　　일본 와세다대학(석사 및 법학박사과정수료), 일본 호세이대학(법학박사)
사법시험, 공인노무사시험 출제위원
현 동아대학교 법학전문대학원 교수
「한국노동법」 외

안택식
한양대학교(법학사, 법학석사, 법학박사)
사법시험, 공인회계사 시험위원
현 강릉원주대학교 법학과 교수
"기업의 사회적 책임론과 회사법의 변화" 외

오승규
한양대학교(법학사, 법학석사),
　　프랑스 Aix-Marseille대학교(법학박사)
강릉대학교 강사, 법무부 법무자문위원회 연구위원, 대법원 재판연구관 역임
현, 중원대학교 법학과 교수

이동률
건국대학교(법학사, 법학석사. 법학박사)
사법시험, 행정고시, 입법고시, 변리사시험 출제위원
일본 게이오대학 방문교수
현 건국대학교 법학전문대학원 교수
「민사소송의 당사자론」 외

이성우
서울대학교(법학사, 법학석사. 법학박사)
현 동아대학교 법학전문대학원 교수

이준형
서울대학교(법학사, 법학석사. 법학박사)
사법시험 출제위원
현 한양대학교 법학전문대학원 교수
"수급인의 하자담보책임에 관한 연구" 외

장용근
서울대학교 법과대학 헌법박사
현 홍익대학교 법과대학 교수
"전자민주주의와 재정법" 외

정구태
고려대학교(법학사, 법학석사, 법학박사)
현 조선대학교 법과대학 교수

정재길
서울대학교(법학사, 법학석사. 박사과정수료)
동경대학 법학부 객원연구원, 일본 독협대학 객원교수
사법시험, 행정고시 출제위원
현 전북대학교 법과대학 교수

진도왕
위스콘신 주립대학 로스쿨(법학박사)
현, 인천대학교 법과대학 교수
"미국 계약법상의 무효법리" 외

채우석
일본 메이지대학(법학박사)
행정고시 등 다수의 국가시험 및 자격시험 출제위원
현 숭실대학교 법과대학 교수
"행정절차법의 문제점과 개선방안" 외

최병호
육군사관학교 졸업, 고려대학교(법학박사)
사단 헌병대장, 군단 수사과장, 국방부 범죄정보분석실장 역임
현 수도방위사령부 헌병단장
"군형사법상 비범죄화 방안에 관한고찰, 범죄피해자보호와 피해회복에 관한 연구" 외

한지영
연세대학교(공학사, 법학석사), 독일 Ludwig-Maximilians-München대학(법학박사)
변리사 시험 출제 및 채점위원
현 조선대학교 법과대학 부교수
「영화산업과 법」 외

황경웅
서울대학교 법과대학 졸업
부산지방법원, 인천지방법원, 서울가정법원 판사 역임
현 중앙대학교 법학전문대학원 교수
「물권법」

황남식
서울대학교(법학사),
　　서울시립대학교(세무학박사)
사법시험, 5급공채, 세무사시험, 관세사시험 시험위원
현 경희대학교 법학전문대학원 부교수
「회사분할과세론」, 「법인세법론」(공저)

생활법률

초판인쇄 2014. 2. 20
초판발행 2014. 2. 28

저　자　정재길 외
발행인　황 인 욱
발행처　**도서출판 오 래**
　　　　서울특별시용산구한강로2가 156-13
　　　　전화: 02-797-8786, 8787; 070-4109-9966
　　　　Fax: 02-797-9911
　　　　신고: 제302-2010-000029호 (2010. 3. 17)

ISBN 978-89-94707-96-9 93360

http://www.orebook.com
email orebook@naver.com

정가 30,000원

이 도서의 국립중앙도서관 출판시도서목록(CIP)은
서지정보유통지원시스템 홈페이지(http://seoji.nl.go.kr)와
국가자료공동목록시스템(http://www.nl.go.kr/kolisnet)에서 이용하실 수 있습니다. (CIP제어번
호: CIP2014006171)